INTRODUCTION
A L'HISTOIRE
MODERNE, GÉNÉRALE ET POLITIQUE
DE
L'UNIVERS.

TOME SECOND.

INTRODUCTION A L'HISTOIRE MODERNE, GENERALE ET POLITIQUE DE L'UNIVERS;

Où l'on voit l'origine, la révolution & la situation présente des différens Etats de l'Europe, de l'Asie, de l'Afrique & de l'Amerique :

Commencée par le Baron DE PUFENDORFF, augmentée par M. BRUZEN DE LA MARTINIERE.

NOUVELLE EDITION,

Revûe, considérablement augmentée, corrigée sur les meilleurs Auteurs, & continuée jusqu'en mil sept cent cinquante,

Par M. DE GRACE.

TOME SECOND.

A PARIS,

Chez
{
MERIGOT, pere & fils, Quai des Augustins, près de la rue Gille-Cœur.
GRANGE', au Palais & rue de la Parcheminerie, vis-à-vis le passage de S. Severin.
HOCHEREAU, l'aîné, Quai de Conti, vis-à-vis la Descente du Pont-Neuf, au Phenix.
ROBUSTEL, Quai des Augustins, près la rue Pavée,
LE LOUP, Quai & grande porte des Augustins, près la rue Dauphine.
}

M. DCC. LIV.
AVEC APPROBATION ET PRIVILEGE DU ROI.

de piéces de monnoye. Un de ces Insulaires tourne la tête, & porte la main sur la garde de son épée, comme pour désavouer l'hommage de sa nation.

Le sujet de la Vignette de l'Histoire de Savoye représente le couronnement du feu Roi Victor-Amedée. Ce Prince est assis sur un trône, & d'une main il pose sur un carreau une couronne ducale, & de l'autre il tient une couronne fermée qu'il éleve pour mettre sur sa tête. On voit les différens Ambassadeurs des Cours étrangeres, qui sont caractérisés par leurs habillemens.

Les deux fleuves qui servent alternativement de Cul-de-Lampe, sont:

1°. Le Tibre caractérisé par des lauriers qui garnissent ses bords, & par la figure de la Louve qui allaite Remus & Romulus.

2°. Le Pô dont les eaux sont couvertes de cignes, & les bords garnis de peupliers.

TABLE

Des Chapitres qui font contenus dans le second Volume.

CHAPITRE I. De la Lorraine.	Page 1
CHAPITRE II. De l'Italie en général.	1
CHAPITRE III. Des Royaumes de Naples & de Sicile	87
CHAPITRE IV. Du Grand Duché de Toscane.	229
De la République de Lucques.	331
De Pise.	332
De S. Marin.	333
CHAPITRE V. De la République de Venise.	335
Des Uscoques.	425
Du Duché de Parme.	427
De Mantoue.	436
Maison de Guastalla.	439
De Sabioneta.	Ibid. & suiv.
De Castiglione.	441
De Novellara.	Ibid. & suiv.
Du Duché de Modene.	442
CHAPITRE VI. De la République de Gênes.	447
De l'Isle de Corse	482
Du Duché de Milan.	498
CHAPITRE VII. Du Duché de Savoye.	511

INTRODUCTION

INTRODUCTION
A L'HISTOIRE
UNIVERSELLE.

CHAPITRE PREMIER.
DE LA LORRAINE.

E Pays, qui comprenoit autrefois une grande partie de la Gaule-Belgique, sçavoir la Belgique superieure ou orientale, arrosée par la Meuse, la Mozelle, la Sâre, la Seille & la Meurthe, ayant à l'orient le Rhin & les montagnes de Vôge ; au septentrion, les pays de Cologne, de Limbourg & de Liege ; à l'occident, le pays de Rheims, & au midi celui de Langres & de la Franche-Comté, étoit habité par les Tréviriens, les Mediomatriciens, les Leuquois & les Claviens, dont les capitales étoient Treves, Metz, Toul & Verdun. Ces pays ont éprouvé les mêmes révolutions que le reste des Gaules ; c'est-à-dire, qu'après avoir passé sous la domination des Romains, ils sont tombés au pouvoir des Francs, lorsque ces Peuples traverserent le Rhin pour se jetter dans les Gaules. Il est inutile de repeter ici ce que j'ai dit de leurs expéditions dans l'Histoire de France ; je me

contenterai de rappeller sommairement l'histoire des differens Souverains qu'ils ont eus jusqu'au temps que cette province a été gouvernée par ses Ducs.

DE LA LORRAINE.

ROYAUME D'AUSTRASIE.
511.

Après la mort de Clovis, son Royaume fut partagé entre ses enfans. Theodoric I. ou Thierri, fils naturel de ce Prince, eut part à la succession de son pere, & fut reconnu Roi d'Austrasie, dont Metz étoit la capitale. Il eut pour successeur son fils Theodebert, qui, à sa mort laissa ses Etats à son fils Theodebalde. Clotaire I. resté seul maître de la Monarchie Françoise par la mort de ses freres, laissa quatre fils qui partagerent entr'eux ses Etats, & Sigibert I. monta sur le trône d'Austrasie. Il eut pour successeur son fils Childebert. Thodebert son fils aîné regna après lui. Ce Prince ayant perdu la vie par les ordres de la Reine Brunehault, les Seigneurs Austrasiens inviterent Clotaire II. à entrer promptement sur leurs terres. Ce Prince réunit une seconde fois toute la Monarchie sous sa puissance ; que Dagobert I. son fils conserva seul pendant quelque temps. A sa mort Sigebert II. l'un de ses fils eut le Royaume d'Austrasie avec ses dépendances. Childeric II. fils de Clovis II. Roi de Neustrie & de Bourgogne, fut proclamé Roi d'Austrasie ; mais son fils Daniel ne put lui succéder, & Dagobert II. fils de Sigebert monta sur le trône dont il avoit été privé jusqu'alors par la perfidie de Grimoalde Maire du Palais. Le royaume d'Austrasie, après la mort de ce Prince, demeura vacant & tomba sous la puissance de Martin & de Pepin fils d'Ansegise. Ce dernier resta souverain de cette province sans prendre le titre de Roi. Charles son fils qui lui succeda ne fut reconnu que Duc d'Austrasie. Carloman & Pepin le Bref, Ducs des François, tous deux fils de Charles Martel devinrent si puissans, que le dernier trouva moyen de se faire proclamer Roi des François. L'Austrasie n'eut plus alors de Rois particuliers, & ce royaume prit le nom de Lorraine sous Lothaire, fils de l'Empereur Lothaire.

ROYAUME DE LORRAINE.
855.

Ce Royaume comprenoit alors tout le pays qui est entre le Rhin & la Meuse, à l'exception des territoires de Mayence, Spire & Worms qui avoient été cédés auparavant à Louis de Germanie. Il comprenoit outre cela ce qui est entre la Meuse & l'Escaut, le Brabant, la Flandres, le Hainaut, le Comté de Namur, l'Alsace, le Cambresis, les Comtés des environs de la Meuse ; le pays remontant vers la Bourgogne, jusqu'au confluant du Rhône & de la Saône, jusqu'aux montagnes qui séparent les Suisses de ce qu'on appelle aujourd'hui la Franche-Comté, Geneve, Lausanne & Sion en Valais étoient aussi de sa dépendance. Telle étoit l'étendue du royaume de Lothaire. Ce Prince étant mort sans enfans en 869, Charles le Chauve & Louis Roi de Germanie, ses oncles partagerent sa succession. Louis eut pour sa part, les villes de Cologne, d'Utrecht, de Strasbourg & de Bâle, avec leurs dépendances ; les villes de Treves & de Metz avec leur territoire ; tout ce qui est compris entre les rivieres d'Ourt & de Meuse ; Aix-la-Chapelle & presque tout ce qui est de ce côté-là entre le Rhin & la Meuse. Charles eut tout le reste de la Lorraine ; sçavoir Toul, Verdun, Tongres, Cambrai, Viviers, Usez, Lyon, Besançon, Vienne, le Hainaut, le tiers de la Frise, presque toute la basse-Lorraine, une partie considerable des pays-bas, de la Bourgogne, du Dauphiné & du Languedoc. Cette partie porta dans la suite plus particulierement & plus communément le nom de Lorraine (1). Mais du temps de Gerard d'Alsace, la Lorraine qui avoit souffert plusieurs démembremens, étoit comme aujourd'hui renfermée entre l'Alsace, le Palatinat du Rhin à l'orient, le Luxembourg au nord, le Comté de Bourgogne au midi, la Champagne & le Barrois au couchant.

À la mort de Charles le Chauve, Louis le Begue posseda ce qui avoit été cédé à son pere. Ce qu'on appelle proprement la Lorraine, c'est-à-dire, les trois Evêchés, Metz, Toul & Verdun, une partie des Pays-bas & plusieurs autres places entre le Rhin & la Meuse devinrent dans la suite l'héritage de Louis de Germanie. Louis III. Roi de France ayant refusé de réunir la Lorraine à la couronne après la mort de Louis de Germanie, Charles le Gros frere de ce dernier, se mit en possession de cet Etat. Charles étant monté sur le trône de France après la mort de Carloman, posseda cette vaste Monarchie jusqu'en 886 qu'il fut obligé d'abandonner la couronne. Arnoul Duc de Carinthie, fils naturel de Carloman Roi de Baviere fut alors reconnu Roi de Germanie & de Lorraine. Il donna ce dernier Royaume à Zuindebolde son fils, qui le conserva jusqu'en 900. Celui-ci le laissa par sa mort à Louis son frere, qui regna jusqu'en 912. Alors Charles le Simple, Roi de France fut reconnu Souverain de la Lorraine, par les Seigneurs de ce pays. C'est vers ce temps-là, selon Dom Calmet, qu'il faut placer l'origine des Duchés & Comtés héréditaires dans la Germanie, la France & la Lorraine. La puissance que ces Seigneurs s'attribuerent insensiblement leur fut confirmée dans la suite, par la foiblesse ou la crainte des Rois & des Empereurs. Dès l'an 906 ou 907, on trouve dans l'Histoire, Renier premier Duc de Lorraine qui eut pour successeur Gislibert son fils. Il y avoit en même-temps dans ce pays, des Comtes de Metz, de Toul, de Verdun & des Ardennes.

Pendant que Charles le Simple étoit prisonnier à Peronne, une partie des Lorrains reconnurent Raoul Roi de France, tandis qu'une autre partie à la tête, desquels étoient le Duc Gislibert & l'Archevêque de Treves, se donnoit au Roi de Germanie, Henri fils d'Othon Duc de Saxe; mais peu de temps après Raoul trouva moyen de réunir toute la Lorraine sous sa domination, & il la conserva jusqu'à sa mort arrivée en 936. Gislibert se révolta en 939 contre l'Empereur Othon, & offrit la Lorraine à Louis d'Outremer Roi de France. La guerre s'alluma entre les deux Monarques, & Louis s'empara de la Lorraine; mais Othon la reprit en 940. Le Duché de Lorraine tomba alors entre les mains d'Othon fils de Ricuin, qui en 944 eut pour successeur Conrad fils de Verinhere. Ce Duc s'étant soulevé en 952 contre l'Empereur, fut depouillé de ce Duché, qui fut donné à Brunon Archevêque de Cologne. Ce Prélat partagea la Lorraine avec Frideric son neveu, qui fut créé Duc de la haute Lorraine en 959 & Brunon gouvernoit pendant ce temps-là la basse-Lorraine. Theodoric succeda en 984 à Frideric; & laissa en 1024 ses Etats à Frideric II. qui les posseda jusqu'en 1034 ou 1033. Ce Seigneur ne laissa que deux filles; sçavoir Sophie qui épousa Louis Comte de Monçon & Beatrix qui fut femme de Boniface Marquis de Montferrat. L'Empereur accorda alors la haute-Lorraine à

(1) Dom Calmet Hist. Lor.

4 INTRODUCTION A L'HISTOIRE

DE LA LORRAINE.

Gothelon où Gozilon Duc de la basse; ce qui rendit ce Prince très-puissant. Il mourut en 1043 & laissa deux fils, dont le premier porta le même nom que lui, & le second fut appellé Godefroi. Il avoit donné à son cadet la basse-Lorraine dans l'esperance que l'Empereur Henri accorderoit la haute-Lorraine à son fils aîné; Gothelon n'ayant point les qualités requises pour une place de cette importance, l'Empereur créa (2) Albert ou Adelbert Duc de la haute-Lorraine; ce qui porta Godefroi à se révolter contre lui.

ALBERT I. Duc de la Maison d'Alsace.

1043.

Les sentimens sont assez partagés sur la personne de ce Duc. Quelques-uns veulent que ce soit Albert frere de Poppon Archevêque de Treves, fils de Luitpolde Marquis d'Autriche, dont il est parlé dans Herman le Contract, sous l'an 1042. D'autres au contraire soutiennent qu'Albert dont il est ici parlé, étoit fils de Gerard d'Alsace I. du nom, fils d'Albert Duc & Marchis, & fondateur de Bouzonville (3). La guerre que Godefroi entreprit contre l'Empereur, ne fut pas heureuse; trop foible pour se soutenir contre ce Monarque; il fut obligé d'avoir recours à sa clémence. Henri touché de son repentir lui rendit la liberté avec ses Etats, mais aux conditions qu'il lui laisseroit son fils en ôtage. La mort de ce jeune Seigneur arrivée quelque mois après, fut un prétexte dont Godefroi se servit pour dégager sa parole. Il reprit les armes, & attira dans son parti Baudoin, surnommé de l'Isle, Comte de Flandres son parent. Les differentes expéditions de cette guerre ne nous sont pas connues: la prise de Nimegue en 1046, & celle de Verdun par le Duc Godefroi, sont les seules dont il nous reste des monumens. Le ravage que Godefroi fit dans cette derniere ville fut si considerable, que le vainqueur en fut lui-même touché, & qu'il en fit une pénitence publique. Albert de son côté entra sur les terres de Godefroi; mais pendant que ses troupes étoient occupées au pillage, il fut attaqué par celles de Godefroi, & il perit lui-même dans le combat.

Mort d'Albert Gerard d'Alsace III. premier Duc héréditaire.

1048.

L'Empereur Henri III. donna le duché de la haute-Lorraine à Gerard d'Alsace IIIe. du nom (4), & fils de Gerard second fils d'Albert fondateur

---

(2) On voit par-là que le duché de Lorraine n'étoit pas encore héréditaire, & que les Empereurs gratifioient de cette dignité ceux qu'ils jugeoient à propos. Les Seigneurs qui la possedoient, en jouissoient d'ordinaire toute leur vie: ils la transmettoient même à leurs enfans, les Empereurs la conservoient ordinairement dans une même famille, lorsque les Sujets faisoient voir qu'ils étoient capables de gouverner un tel Etat; mais ils se réservoient la liberté de la transporter dans une autre, comme on vient de le voir.

(3) D. Calmet.

(4) » Hugues Comte d'Alsace eut trois fils, » sçavoir Eberard, Hugues & Gontrand, » qui après avoir fait de grands maux à » l'abbaye de Lure en Bourgogne, se con- » vertirent, & moururent Religieux dans » cette abbaye. Avant leur retraite & leur » conversion, ils avoient eu des enfans qui » demeurerent dans le siecle, & furent la » tige de trois grandes & illustres maisons. »
» Eberard l'aîné des trois, fut chef de la » maison de Lorraine d'aujourd'hui. Hugues » le second fut pere des Comtes d'Egesheim » & de Dasbourg, d'où est sorti le Pape Saint » Leon IX. famille éteinte il y a quelques » siecles. Le troisiéme nommé Gontran fut » pere de Landelin, tige de l'auguste maison « d'Autriche. »
» Eberard dont nous venons de parler eut » deux fils & une fille. Les fils furent 1°. Al- » bert fondateur de l'abbaye de Bouzon- » ville, époux de Judith sœur de Sigefroi I. » Comte de Luxembourg. 2°. Gerard I. » Comte de Merz époux d'Eve, dont il eut » un fils nommé Sigefroi, tué en 1014. » 3°. Adelberte ou Adelaïs, qui épousa Henri » Duc de Franconie, & qui fut mere de » l'Empereur Conrad le Salique. »

DE L'UNIVERS. Liv. II. Ch. I.

de Bouzonville, & la basse-Lorraine à Frideric de Luxembourg; de sorte que Godefroi fut entierement dépouillé de ses gouvernemens. Ce Seigneur que Baudoin n'avoit point abandonné, chercha tous les moyens de se venger de l'Empereur; ses fréquentes révoltes furent la cause des troubles qui agiterent la basse-Lorraine pendant plusieurs années; ils furent enfin appaisés en 1057 dans la diete générale qui se tint à Cologne en présence du Pape Victor. Baudoin & Godefroi se reconcilierent avec le jeune Henri Roi de Germanie fils de l'Empereur Henri III. La mort de Frideric Duc de la basse-Lorraine arrivée en 1065, reveilla les prétentions que Godefroi avoit toujours conservées sur cet Etat, malgré sa réconciliation avec l'Empereur. Il s'en mit en possession, & le laissa à sa mort à Godefroi le Bossu son fils. Ce Prince à qui la nature avoit refusé les avantages extérieurs de la taille, avoit en même-temps orné son cœur des plus grandes qualités. Depuis que la paix fut retablie entre Godefroi & Gerard d'Alsace, l'Histoire ne fait mention d'aucun évenement considerable sous le regne de ce dernier. Il mourut à Remiremont en 1070, & fut enterré dans l'Eglise de l'abbaye. On soupçonna qu'il avoit été empoisonné par les marques qui en parurent & par sa mort précipitée. On nous le représente comme un Prince ardent, résolu, entreprenant, qui se rendit extrêmement odieux à la noblesse du pays par la hardiesse de ses entreprises. Il laissa trois fils, sçavoir Thierri qui lui succeda dans le Duché de Lorraine; Gerard Comte de Vaudemont &, à ce qu'on croit, Bertrice qui fut abbé de Moyenmoutiers.

Thierri étoit encore fort jeune lorsqu'il succeda à son pere. Louis Comte de Montferrat & époux de Sophie, fille de Frideric Duc de la basse-Lorraine, prétendant avoir quelques droits sur ce pays, voulut les faire valoir; mais il ne put en venir à bout, & Thierri fut maintenu dans la possession du duché. Un autre ennemi plus redoutable se présenta bien-tôt sur les rangs. Gerard peu content de son appanage, & s'imaginant que son frere ne lui avoit pas fait justice dans le partage des biens de leur pere, prit les armes & entreprit une guerre qui causa bien du désordre dans le pays. Elle ne put être terminée que par l'entremise de l'Empereur. Gerard eut pour son partage Vaudemont que l'Empereur érigea en Comté, & le Château de Suniac ou Savigni. Cette nouvelle dignité rendit Gerard si fier qu'il se regarda comme Souverain, & même indépendant de l'Empereur; il pilla les villes, les châteaux & les terres des Seigneurs ses voisins, laissant par tout des marques de sa violence & de sa cruauté: il attaqua & défit les habitans de Commerci qui assiegeoient la ville de Toul. Il ne fut pas si heureux dans la guerre qu'il entreprit contre Humbert Duc de Bourgogne. Il fut

DE LA LORRAINE.

THIERRI IIe. Duc héréditaire.

1070.

Comté de Vaudemont.

1071 ou 1072.

» Adelbert fondateur de Bouzonville eut deux fils, 1°. Albert qui fut Duc de Lorraine, tué en 1048. 2°. Gerard II. du nom, Comte de Metz, qui épousa Gisele de Luxembourg sa niece, ou plutôt sa cousine-germaine, niece de sa mere Judith. Gerard mourut vers l'an 1046, & eut pour fils, 1°. Gerard III. du nom, qui après la mort du Duc Albert son oncle fut fait Duc héréditaire de Lorraine en 1048. 2°. Odalric. 3°. Adelbert. Gerard III. épousa Hadvide de Namur, qui tiroit son origine de Saint Arnou & de Charlemagne; elle donna plusieurs fils à Gerard son époux, & fonda le Prieuré de Châtenois en 1079. « *Dom Calmet.*

fait prisonnier, & Humbert le traita avec toute la rigueur possible; & malgré les efforts que fit son frere Thierri, il resta prisonnier jusqu'en 1089. qu'il fut obligé de racheter sa liberté par une grosse somme d'argent, & de donner Châtel-sur-Moselle en échange de *Suniacum*. Ce revers fit rentrer Gerard en lui-même; il changea de conduite, & crut réparer les désordres de sa vie passée en faisant de grands biens à plusieurs monasteres. Ce Comte laissa un fils nommé Hugues qui lui succeda dans le Comté de Vaudemont, & une fille nommée Gertrude qui épousa Godefroi II. Baron de Joinville. Celui-ci eut de son mariage deux fils, sçavoir Godefroi III. Baron de Joinville, & Gui Evêque de Châlons en Champagne. Godefroi III. fit le voyage de la Terre Sainte, & mourut environ l'an 1200. Il avoit épousé Jeanne fille de Guillaume, Baron Rinel & de Vaucouleurs, qui lui donna trois fils, sçavoir Simon, Godefroi surnommé Troulart & Guillaume.

Cependant Thierri delivré de la guerre que son frere lui avoit faite au sujet de la succession de leur pere, ne resta pas long-temps tranquille dans ses Etats. La Noblesse du pays profitant de sa jeunesse, s'étoit portée à une licence extrême; & les guerres que les Seigneurs se faisoient entr'eux, causoient des désordres effroyables. Thierri ne put remédier à tant de maux qu'en se mettant à la tête de ses troupes l'an 1089 : ce qui fit rentrer tous les Seigneurs dans le devoir.

Troubles dans l'Empire au sujet des investitures.

De nouveaux troubles, mais d'une espece bien differente, agiterent bien-tôt la Lorraine. La dispute des Papes avec les Empereurs au sujet de l'investiture des évêchés, causa une querelle qui fit répandre bien du sang & qui mit l'Allemagne en combustion. Les brouilleries commencerent entre le Pape Gregoire VII. & l'Empereur Henri IV. Thierri attaché au parti de l'Empereur, se brouilla avec le Pape, & fut excommunié par Heriman Evêque de Metz, pour s'être emparé de la ville & des biens de l'évêché. Après plusieurs hostilités qui durerent tout le temps du Schisme, Heriman se reconcila avec Thierri. Elles recommencerent sous Popon successeur d'Heriman; mais elles ne durerent pas long-temps. Ce Duc voulant en quelque sorte réparer le tort qu'il avoit fait aux Eglises, fit plusieurs fondations, & l'an 1096 il s'engagea à faire le voyage de la Terre Sainte. La foiblesse de son tempérament ne lui ayant pas permis d'exécuter son vœu, il en fut relevé, à condition qu'il enverroit à sa place quatre cavaliers & un arbalêtrier. Il mourut en 1115 dans un âge fort avancé. On ignore le lieu de sa sépulture. Il laissa quatre fils, sçavoir Simon, Thierri, Gerard & Henri. Le premier lui succeda; Thierri fut Seigneur de Bitche & Comte de Flandre; Gerard eut en partage les biens que son pere possedoit, & Henri fut Evêque de Toul. Ses deux filles Hara & Fronica prirent le voile, l'une fut Abbesse de Bouxieres, & l'autre de Remiremont. Thierri étoit hardi & vaillant dans la guerre, mais clement dans la victoire. Il se laissoit difficilement surprendre par ses ennemis.

Godefroi le Bossu Duc de la Basse-Lorraine.

Cependant Godefroi le Bossu, fils & successeur de Godefroi de Bouillon dit le Barbu, avoit été assassiné, & l'Empereur Henri IV. avoit donné à Godefroi fils du Comte Eustache de Boulogne, le Marquisat d'Anvers, & le Duché de la basse-Lorraine à Conrad son propre fils. Conrad ayant usurpé l'Empire sur son pere en 1089, à la sollicitation du Pape, accorda à Godefroi de Bouillon le Duché de Lorraine pour le récompenser des services qu'il lui avoit rendus. La valeur de ce dernier le fit monter sur le trône de Jerusalem, où il mourut en 1100. Le Duché de la basse-Lorraine fut alors donné à Henri Comte de Limbourg, que l'Empereur avoit forcé de quitter les armes, & de racheter ses bonnes graces par une grande somme d'argent. Ce Seigneur, qui avoit pris tantôt le parti du pere contre le fils, tantôt celui du fils contre le pere, voulut réparer sa faute en se déclarant lui-même coupable de Leze-Majesté. Henri V. alors sur le trône de l'Empire par la déposition de son pere, peu touché de la sincerité de son aveu, le condamna à une prison perpétuelle, & le priva de son Duché de Lorraine, qui fut donné à Godefroi Comte de Louvain.

L'Histoire de Lorraine est si obscure dans cet endroit, & on a si peu de monumens, qu'il n'est pas facile de débrouiller un tel cahos, & de donner une suite exacte des Ducs de la haute & basse-Lorraine. On trouve que Veleran de Limbourg prenoit le nom de Duc de Lorraine dès l'an 1130, & qu'il le portoit encore en 1138 & 1148. Il se faisoit nommer, non-seulement Duc de Lorraine en général, mais de Lorraine Mosellane, c'est-à-dire de la haute. Sigebert & Othon de Frisingue nous apprennent que Godefroi Comte de Louvain ayant été dépouillé du Duché de Lorraine, ce Duché fut donné non à Henri Comte de Limbourg, dont on a parlé ci-devant, mais à Valeran son fils. Celui-ci dans une charte de l'abbaye de Saint-Tronc, datée de l'an 1130, prend la qualité de Duc de Lorraine Marchis, & dans trois chartes de l'abbaye de Stavelo des années 1138 & 1148, il se qualifie Duc de Mosellane. Il y nomme sa femme Judith, & son fils Henri: Cependant Simon étoit Duc de la haute-Lorraine en 1138 & 1148, & Mathieu gouvernoit ce même Duché. Il n'est pas aisé de deviner pourquoi Valeran, sans faire mention du Duché de la basse-Lorraine, qu'il avoit certainement reçu en 1126, ne se qualifie que Duc de la Mosellane en 1138. Ne pourroit-on pas croire que l'Empereur Conrad III. ayant rétabli en 1137 le Duc Godefroi dans le Duché de la basse-Lorraine, & l'ayant même rendu héréditaire dans sa famille, auroit donné à Valeran en récompense, ou par forme de dédommagement, le Duché de la haute-Lorraine ? On pourroit encore ajouter que le Duché de Lorraine, d'héréditaire qu'il avoit été sous Gerard & sous Thierri, avoit souffert quelques difficultés sous leurs successeurs. Les guerres qui survinrent dans l'Empire à l'occasion des schismes & des excommunications portées contre les Empereurs, donnerent lieu à bien des changemens que l'Histoire ne nous a pas conservés. Conrad ayant rétabli Godefroi dans le duché de la basse-Lorraine, l'Empereur Philippe voulut que cette grace fut commune pour tous ses successeurs de mâles en mâles : elle s'étendit dans la suite aux femmes mêmes. (5)

Simon fils de Thierri commença à regner dans la haute-Lorraine aussi-tôt après la mort de son pere. Il est nommé Sigismond dans quelques autres chartes du pays. Ce Prince épousa Adelaïde fille de Gerard Comte de Querfort, & sœur de l'Empereur Lothaire II. Il fixa son séjour ordinaire à Nanci. La qualité de Duc de Lorraine qu'Adalberon Archevêque de Treves avoit

(5) Dom Calmet.

prise, & l'alliance que ce Prélat avoit faite avec Etienne Evêque de Metz, Renault Comte de Bar & Godefroi Comte de Louvain, causerent de grands troubles dans ce pays. Les ennemis au nombre de dix mille hommes, se jetterent dans la haute-Lorraine, mais Simon auquel s'étoient joints le Duc de Baviere & les Comtes Palatins, & de Salm, les battit deux fois, la premiere près de Macheren, & la seconde près de Château-Jule. Cette défaite porta les ennemis à desirer la paix: elle fut conclue par la médiation de l'Empereur Lothaire II. mais elle ne fut pas de longue durée. Simon résolu de se venger de l'Archevêque de Treves, se mit bien-tôt à la tête de ses troupes, & fit plusieurs conquêtes dans le pays de Treves. L'Archevêque forcé à se défendre, leva promptement une armée dont il donna la conduite à Geofroi le jeune, Comte de Faukemont son cousin. Ce jeune Seigneur entra en Lorraine, & ayant rencontré le Duc Simon près de la ville de Toul, il lui tailla son armée en pieces, & l'obligea de se sauver dans la ville de Nanci. Le vainqueur mit le siége devant cette place, & le poussa si vivement que le Duc fut réduit aux dernieres extrêmités. Il étoit près de tomber entre les mains de ses ennemis lorsqu'ils abandonnerent leur entreprise. On ignore le motif qui engagea Geofroi à se retirer avec tant de précipitation. Simon délivré d'un tel danger se retira auprès de l'Empereur Lothaire son beau-frere, pour lui demander du secours contre le Duc Godefroi. L'Empereur lui ayant accordé une puissante armée commandée par le Marquis de Saxe, il chassa le Duc Godefroi de la Lorraine, & demeura paisible possesseur de ses Etats. Quelques Historiens nous apprennent que Simon fit le voyage de la Terre Sainte, & qu'il fit dans ce pays plusieurs belles actions. Après y avoir resté deux ans, il repassa la mer pour retourner en Lorraine; mais étant arrivé à Venise, il y tomba malade & y mourut en 1141. Ce voyage d'outre-mer paroît une véritable fiction, & la date de sa mort n'est pas plus exacte, puisqu'on a des preuves qu'il mourut le 19 d'avril 1138-(1139) au retour de son voyage d'Italie, où il avoit accompagné l'Empereur Lothaire qui étoit passé dans ce pays pour faire la guerre à Roger Roi de Sicile. Il laissa plusieurs enfans: Mathieu qui lui succeda, Baudoin, Agathe qui épousa Renaud III. Comte de Bourgogne, Robert de Florenge chef de la tige de ce nom, Helvide mariée à Frideric IV. Comte de Toul, Adalberon Moine de Clervaux, Gautier de Gerbeviller époux d'Agnes ou d'Anne d'Haraucourt, Sigebert d'Alsace Comte de Castres, & Thierri d'Attinville. Ces deux derniers sont denommés dans des chartes de Vautier ou Gautier de Gerbeviller.

Mathieu, comme l'aîné de la famille fut reconnu Duc de la haute-Lorraine. Il eut plusieurs demêlés, tant avec l'abbesse de Remiremont qu'avec les Evêques de Toul & de Metz. Le Pape Eugene III. qui prit la deffense de l'Abbesse de Remiremont, mit les terres du Duc en interdit. Dans l'assemblée que Hillin Archevêque de Treves tint à ce sujet en 1152. Mathieu promit de réparer le tort qu'il avoit fait à l'Abbesse de Remiremont, & reçut l'absolution de son excommunication. Mais ayant commis de nouveaux excès, le Pape Adrien IV. lui envoya un rescrit très-sévere, & ce ne fut que par l'entremise de l'Empereur, que les parties purent s'accommoder. Cette affaire étoit à peine terminée qu'il se mit dans le cas d'encourir les censures ecclésiastiques. L'Evêque & le Chapitre de Toul ne voyant pas tranquillement

ment que Mathieu avoit fait bâtir un château à Gondreville, firent plusieurs remontrances au Duc. Ce Seigneur n'ayant point voulu se rendre à leurs représentations, Henri Evêque de Toul prit le parti de l'excommunier. La conduite de l'Evêque irrita le Duc à un tel point, que pour s'en venger, il s'empara de plusieurs terres qui appartenoient à l'Eglise de Toul. Henri porta ses plaintes au Pape Adrien IV. Ce Pontife ordonna aux Evêques de Metz & de Verdun, de mettre en interdit toutes les terres du Duc. Mathieu effrayé de tant de censures, ou las de faire du mal, répara tout le tort qu'il avoit fait à l'Eglise de Toul, & fit plusieurs donations à divers monasteres.

Mathieu se vit encore obligé de prendre les armes contre Etienne de Bar Evêque de Metz, qui à son avenement à l'épiscopat avoit voulu se remettre en possession des biens que le Duc de Lorraine & plusieurs autres Seigneurs avoient enlevés à son Eglise. Par le moyen des troupes de l'Empereur Frideric Barberousse, il se rendit maître d'un grand nombre de châteaux & de petites places qui incommodoient les villes de Vic & de Marsal. Mathieu s'étant mis en campagne, remporta quelques legers avantages sur les troupes d'Etienne. Mais le Comte Renaud ayant assiégé le château de Perny qui étoit comme le Boulevard des Etats du Duc du côté de Metz, la paix se fit par les négociations de Renaud. Il aima mieux procurer la paix entre le Duc & l'Evêque, que de leur laisser continuer une guerre si ruineuse pour les deux partis.

Le Duc de Lorraine ayant épousé dans la suite Berthe fille de Frideric, Duc de Suabe & sœur de l'Empereur Frideric Barberousse, fut en grande estime dans l'Allemagne & sur-tout à la Cour de l'Empereur, qui le regardoit comme son véritable ami. Il l'accompagna dans ses differentes expéditions, & dans tous ses voyages, & fut invité à une assemblée que Frideric fit tenir à Dôle sur la Saône, pour chercher les moyens d'arrêter le schisme qui divisoit alors l'Eglise, au sujet de l'anti-Pape Victor III. Une autre preuve de la considération que l'Empereur avoit pour Mathieu, c'est qu'il le donna en ôtage au Roi de France, dans une assemblée qui se tint à Vaucouleurs sur la Meuse, au sujet de la résolution que les deux Monarques avoient prise d'exterminer des brigands publics qui désoloient les provinces en-deçà des Alpes. Ce Duc mourut à Nanci l'an 1176, d'une maladie de langueur. Il laissa huit enfans; sçavoir, Simon, qui lui succeda; Frideric ou Ferri Seigneur de Bitche, qui gouverna aussi après Simon; Mathieu Comte de Toul, qui épousa Beatrix de Fontenoi, dont il eut deux fils Frideric & Renard ou Renaud, Frideric fut Comte de Toul, & Renaud Seigneur de Coussey. Thierri Evêque ou Elû de Metz, Alix femme de Hugues III. Duc de Bourgogne, une fille morte en bas âge. Quelques-uns y ajoutent Judith, mariée à Etienne I. Comte d'Auxsonne, & Sophie femme de Henri Duc de Limbourg.

Simon ayant succedé à son pere, eut un different avec Ferri son frere, qui n'étoit pas content de la part qu'il avoit eue de la succession de son pere. Simon ayant refusé de lui accorder quelques places pour aggrandir son domaine, Ferri crut pouvoir l'y contraindre par la voie des armes. Ce moyen ne lui réussit pas, car après la perte d'une bataille considérable, il se vit obligé de demander la paix. Simon y consentit & lui donna Vienne, Conche, Neuf-Château & Châtenois. La bonne intelligence ne regna pas long-temps entre

DE LA LORRAINE.

les deux freres, & soit que Frideric ou Ferri ne fut pas content de ce qu'il avoit obtenu, ou que Simon n'eut pas exécuté fidellement ce qu'il avoit promis; Ferri se retira mécontent auprès de Pierre d'Alsace son cousin, Comte de Flandres. Philippe lui donna des troupes; mais Simon ne voulant pas recommencer la guerre avec son frere, consentit à ce qu'on exigeoit de lui, & le traité fut conclu à Riblemont en 1179. Les conditions furent que Frideric jouiroit du fief d'Ormes, du château de Gerbeviller, du fief du Comte Seibert ou Sigebert, de la Cour de Chansey, & de tout ce qui appartenoit au Duc Simon, depuis Metz jusqu'à Treves, du fief de l'Archevêque, après le fief du Comte de Sarbruch qui appartenoit au duché, & après l'hommage du Comte Robert leur oncle, sauf les redevances & gardes des nobles, le droit & la justice du duché, & après l'hommage du Comte, des Clercs & des autres Seigneurs demeurant proches le Rhin. De toutes ces choses Frideric fit hommage au Duc son frere, & lui rendit le château de Bruieres. En même-temps le Duc Simon le déclara héritier du duché, en cas qu'il mourut sans enfans (6). Simon fit plusieurs sages reglemens pour maintenir la tranquillité dans ses Etats, & deffendit les petites guerres que les Seigneurs du pays se faisoient continuellement, & qui occasionnoient souvent de grands désordres. Il réprima aussi par de severes ordonnances, les blasphêmes & les juremens, & condamna ceux qui tomberoient dans ces excès à être jettés dans la riviere. Il exclut aussi de sa Cour, les farceurs, bâteleurs & joueurs d'instrumens. Il détruisit une secte de bandits, nommés *Cotteraux*, qui ne vivoient que de rapines. Ce Seigneur sur la fin de ses jours se retira vers l'an 1205, dans l'abbaye de Stulzbronn, fondée par son ayeul Simon I. Il y mourut en 1207 sans laisser de posterité. On ne convient pas bien du nom de son épouse, & ses voyages d'outre-mer paroissent de pures fables, ou du moins on n'en a aucunes preuves certaines.

FERRI I. VIe. Duc héréditaire.

1206.

Le duché de Lorraine devoit appartenir à Ferri de Bitche après la retraite de son frere; mais Thiebaut Comte de Bar trouva moyen d'engager Ferri de Bitche à renoncer à son droit en faveur de son fils, nommé Ferri comme lui. Ce jeune Prince commença à regner en 1205 ou 1206 après la retraite de son oncle, & du vivant de son pere il avoit épousé Agnès, connue aussi sous le nom de Theomacete, fille de Thiebaut Comte de Bar. Le gouvernement de ce Prince ne nous offre rien de considerable, si ce n'est la guerre qu'il eut avec Henri Comte de Salm, à l'occasion de l'abbaye de Senones; mais on ignore les particularités de cette guerre. Il mourut à Nanci le 10 d'octobre de l'an 1213. Il eut sept enfans; Thiebaut I. qui lui succeda; Mathieu II. qui regna aussi après Thiebaut; Jacques Evêque de Metz; Renaud Seigneur de Bitche; Alix, qui épousa le Comte de Kibourg; Berthe, qui fut femme de Gautier de Vignory; Laurette, mariée à Simon de Sarebruch.

THIÉBAUT I. VIIe. Duc héréditaire.

1213.

Thiebaut I. du nom fut reconnu Duc de Lorraine après la mort de son pere. Il avoit épousé en 1206 Gertrude, fille d'Albert de Dasbourg, dont il n'eut aucun enfant. En consideration de ce mariage, il s'engageoit à restituer au Comte de Dasbourg le château de Thiacourt, situé à trois lieues de Fauquemont, & à neuf lieues de Metz, pour en jouir pendant sa vie, à condition

(6) Dom Calmet.

qu'après sa mort il retourneroit à son fils Thiebaut & à sa bru ; & au cas qu'ils n'eussent point d'enfans, ce château retourneroit aux Ducs de Lorraine ses successeurs. Ainsi Thiebaut se trouva maître du duché de Lorraine, du comté de Metz, & de celui de Dasbourg qui étoit fort considerable. L'Empereur Friderīc II. l'avoit créé Vicaire de l'Empire le jour de la cérémonie de ses nôces, & lui avoit accordé en même-temps pour lui & ses successeurs le privilége de porter l'Aigle Romaine dans sa banniere, étendards & écussons. Ce fait se trouve dans une Histoire manuscrite du Duc Ferri I. mais on ne sçait où l'Ecrivain a pris cette particularité. Ce qu'il y a de certain, c'est qu'avant Mathieu, les Ducs de Lorraine ne portoient point dans leurs armes les trois Aiglons ou Alerions ; au lieu que depuis ce Prince on les voit dans leurs écus, étendards, armes & monnoies. A l'égard du mariage de Thiebaut, il n'est gueres croyable qu'ayant été marié dès l'an 1206, on ait differé la cérémonie de ses nôces jusqu'en 1214. (7) Thiebaut, maître du Duché de Lorraine, signala les commencemens de son regne par la guerre qu'il fit contre le Roi Frideric qui s'étoit emparé de la terre de Rosshem. Lambirin Général de ses troupes, surprit bien-tôt cette ville ; mais au lieu de profiter de sa conquête, il laissa la liberté à ses soldats de piller & de faire bonne chere. Les ennemis les ayant surpris dans le temps qu'ils étoient accablés de vin & de sommeil, les égorgerent tous à la réserve de Lambirin, & d'un petit nombre qui eurent le bonheur de se sauver. Quelque temps après, la guerre s'étant allumée entre Philippe Auguste Roi de France, & Jean-Sanserre Roi d'Angleterre, Othon IV. Empereur prit le parti de ce dernier qui étoit son parent & son ami. Le Duc de Lorraine se joignit à l'Empereur, selon le sentiment d'un Historien contemporain, & se trouva à la célebre bataille de Bovines, donnée le 27 Juillet en 1214. De retour dans ses Etats, il fit avec son oncle Henri Comte de Bar un traité, par lequel lui & sa mere s'engageoient de rendre au Duc Henri tout ce qu'il repetoit, tant en châteaux qu'en autres biens ; & lui garantissoient cette restitution contre tous ceux qui pourroient y contredire. Le Comte de Bar de son côté cédoit au Duc Thiebaut tout ce qui pouvoit lui appartenir à Veheçourt, Hattancourt, Morville, Villecourt & Vieuville. Il fit aussi cette même année un autre traité de confédération avec Conrad Evêque de Metz. Les deux Contractans s'engageoient à se secourir mutuellement envers & contre tous, à l'exception du Roi des Romains & de l'Archevêque de Treves, avec lequel Conrad ne vouloit point entrer en guerre.

Ces deux traités assurant en quelque sorte à Thiebaut, la tranquille possession de ses Etats, il fit une nouvelle tentative en 1218 pour s'emparer de Rosshem ; ce qu'il n'eut pas de peine à exécuter. Frideric Roi des Romains, ne tarda pas à se venger ; & étant entré dans la Lorraine, il mit le siége devant la ville d'Amans, dans laquelle Thiebaut s'étoit enfermé. Les amis du Duc l'ayant abandonné dans cette occasion périlleuse, & ses Ennemis ayant profité de ces circonstances pour piller ses terres, il ne trouva point d'autre parti que celui d'avoir recours à la clémence du vainqueur. Frideric voulut bien lui pardonner ; mais il le retint prisonnier, & le mena avec lui en Allemagne. Il fut alors obligé de faire un traité tel que la Comtesse de Champagne l'exigeoit de

(7) Dom. Calmet.

INTRODUCTION A L'HISTOIRE

DE LA LORRAINE.

lui, & par lequel il reconnoissoit qu'il étoit Homme-lige du Comte de Champagne pour certaine terre qu'il tenoit de lui. Il mit outre cela entre les mains d'Eudes Comte de Bourgogne, sa terre de Chantenois, & entre celles de la Comtesse & du Comte de Champagne, le fief que Henri Comte de Bar tenoit de lui, & celui que Hugues Seigneur de la Fauche en tenoit aussi. L'acte fut passé à Amans le premier jour de Juin 1218. Le Roi des Romains qui l'avoit emmené avec lui, le faisoit manger à sa table, & lui fournissoit tout ce qui lui étoit nécessaire; mais sa suite n'étoit que de quatre Gentilshommes & d'un Page, & il étoit logé dans une hôtellerie. Frideric lui rendit enfin sa liberté au mois de mai 1219, moyennant la somme de 1200 livres. Ce Duc étoit à peine en-deçà du Rhin, qu'il fut empoisonné par une Courtisanne qu'on soupçonna Frideric de lui avoir envoyée. Depuis ce temps-là il mena une vie languissante jusqu'en 1220 qu'il mourut à Nanci, sans laisser d'enfans.

MATHIEU II. VIII. Duc héréditaire.

1220.

Mathieu se trouva héritier du duché de Lorraine par la mort de Thiebaut son frere. Le mariage de Gertrude de Dasbourg avec le Comte Thiebaut de Champagne l'obligea à faire divers accommodemens avec eux. Ce Prince eut plusieurs guerres avec ses voisins. Le Seigneur de Rodemach fut le premier qui l'attaqua, en faisant le ravage sur ses terres du côté de l'archevêché de Treves. Mathieu s'en vengea par la prise du château de la Haute-Pierre. Il songea en même-temps à fortifier son parti par les alliances qu'il fit avec les habitans de Metz & avec le Comte de Châlons sur Saône. Il se vit obligé en 1228 de donner du secours à Thiebaut Comte de Champagne, qui étoit attaqué par plusieurs Seigneurs de France; à l'occasion d'Alix Reine de Chypre, qui avoit des prétentions sur la Champagne comme fille du Comte Henri. Cette guerre étoit à peine terminée, que Thiebaut l'engagea de marcher contre le Comte de Bar, avec lequel il étoit brouillé. Le sujet de leur querelle étoit le mariage de Hugues Duc de Bourgogne avec la fille de Robert Comte de Braine. Le Comte de Champagne, prétendant que cette alliance lui portoit préjudice, fit arrêter secretement Robert qui avoit fait ce mariage, & le mena de nuit, les yeux bandés, de châteaux en châteaux. Le Comté de Bar ayant trouvé moyen d'enlever le Prélat, Thiebaut en fut si irrité, qu'il déclara la guerre au Comte de Bar. Elle fut suspendue par les différentes trèves que l'on fit; mais enfin elle éclata à la fin de l'année 1229. Le Comte de Bar entra dans la Lorraine, & y brûla 70 villages. Le Duc Mathieu avec le Comte de Champagne, s'en vengerent par le ravage qu'ils firent dans le Barrois. Ce ne fut alors que pillages de part & d'autre; & on ignore comment cette affaire fut terminée. Une autre guerre allumée en 1231 entre Jean d'Apremont Evêque de Metz, & les Echévins & Bourgeois de la même ville, obligea le Duc de Lorraine & le Comte de Bar de porter leurs armes de ce côté-là. Le Comte de Bar prit le parti de ceux de Metz contre leur Evêque, dont il avoit abandonné les intérêts. En même-tems il se jetta sur les terres du Duc Mathieu son neveu. Le Duc de Lorraine de son côté brûla la petite ville du Pont, & alla mettre ensuite le siége devant le château de Foug, qu'il fut obligé d'abandonner avec perte. Ses troupes se retirerent en désordre dans le château de Gondreville, pour éviter la fureur du vainqueur. On parla alors de paix, & elle fut conclue par l'entremise de Philippe Comte de Boulogne, & de Thiebaut Comte de Champagne, qui avoient été choisis pour Arbitres par les parties. Le Duc Mathieu n'ayant plus rien à craindre du Comte de Bar, se joignit aux Bourgeois de Metz, & pressa vivement l'Evêque. Ce Prélat ayant reçu du secours, il y eut plusieurs propositions de faites, & le traité de paix fut signé en 1234. Le Pape Innocent IV. ayant convoqué une assemblée à Francfort en 1245 pour déposseder l'Empereur Frideric qui méprisoit les censures de Rome, le Duc Mathieu soutint le parti du Pape & de Guillaume Comte de Hollande, élu Roi des Romains à la place de Frideric après la mort de Henri de Thuringe : on pense qu'il avoit été bien-aise de se venger de Frideric, qui avoit fort maltraité Thiebaut son pere. Le Duc Mathieu mourut en 1251. Il avoit acquis le comté de Toul, & avoit été fait protecteur de la même ville. Il avoit aussi acheté les châteaux de Spifemberg, de Luneville, de Gerbeviller, & de Valfroicourt, & avoit vendu à Henri Comte de Luxembourg la terre de Thionville. Je ne ferai point mention de ses voyages d'outre-mer, qui ne sont pas plus certains que ceux de ses prédécesseurs.

DE LA LORRAINE.

La jeunesse de Ferri fils du Duc Mathieu, ne lui permit pas de gouverner par lui-même ses Etats; & il fut élevé sous la tutelle de Catherine sa mere. Cette Princesse s'occupa pendant tout le temps de sa régence à maintenir la paix avec ses voisins, & à se mettre en état de supporter la guerre en cas qu'elle fut obligée de l'entreprendre. Elle fit pour cet effet alliance avec les Comtes de Bar & de Luxembourg. Ils convinrent de s'en rapporter aux décisions du Roi de Navarre, en cas qu'il survint entr'eux quelques difficultés, & consentirent de forcer celui qui ne voudroit s'y rendre à payer dix mille marcs d'argent. On regla en même-temps que nul d'entr'eux ne pourroit prendre la garde des cités de Toul & de Metz, ni emprunter le secours de ces villes pour se faire la guerre. Ces derniers articles ne furent pas observés exactement; puisque dès l'an 1253 Catherine & Ferri son fils reçurent la ville & les bourgeois de Toul sous leur garde & protection; & pour cette garde, ceux de Toul s'obligerent de leur payer chaque année cent livres de Toulois. La mort de Thiebaut Roi de Navarre arrivée en 1254, empêcha sans doute que la Régente ne fut inquiétée sur la contravention formelle du traité qu'elle avoit fait.

FERRI III. IXe. Duc héréditaire.

1251.

Ferri ayant été déclaré majeur cette même année, donna des marques de son amour pour la justice. Il fit aussi quelques alliances avantageuses, & transigea avec Henri Comte de Luxembourg son oncle sur toutes les prétentions qu'il pouvoit avoir dans la succession de la Duchesse Catherine sa mere. Il acheta aussi à diverses reprises, les salines de Rosieres. Il ne refusa point son secours à Gilles de Sorcy Evêque de Toul, dont les terres étoient ravagées par des brigands. Ferri reçut en 1259 d'Alfonse Roi de Germanie & d'Espagne, l'investiture des fiefs qu'il tenoit de l'Empire. Cette cérémonie se fit en lui mettant entre les mains cinq bannieres ou étendards, pendant qu'il étoit à genoux devant le trône du Roi. La première étoit pour son emploi de grand Sénéchal de l'Empereur, lorsqu'il tient sa cour aux environs du Rhin : & en cette qualité Ferri devoit lui servir le premier plat les jours de fêtes & de cérémonies. Dans le cas où l'Empereur marchoit en personne à la guerre contre le Roi de France, le Duc étoit obligé de faire l'avant-garde en allant, & l'arriere-garde à son retour. Le second étendard marquoit que le Duc devoit reprendre de l'Empereur, les duels des nobles entre la Meuse & le Rhin, c'est-à-dire, assigner le champ de bataille, & présider au nom de l'Empereur à ces combats qui se faisoient avec beaucoup de solemnité, soit pour découvrir la vérité, soit pour vuider les procès & les differends. Le troisiéme étendard que reçut Ferri, fut pour l'investiture du Comté de Remiremont. Le quatriéme étoit pour l'investiture de la charge de Marchis ou grand Voyer de l'Empire dans toute l'étendue du duché, tant sur la terre que sur l'eau. Le cinquiéme enfin étoit donné pour l'investiture de la régale que l'Empereur avoit dans les abbayes de Saint Pierre & de Saint Martin de Metz, dont il investissoit le Duc. (8)

Eudes de Lorraine Sire de Fontenoi avoit engagé le comté de Toul à Ferri, & celui-ci le réunit à l'évêché, à la priere de l'Evêque, qui s'obligea avec le Chapitre de n'aliéner jamais ce comté, sous peine de douze mille marcs d'argent. Ferri comprenant que cette deffense le regardoit, conclut un traité avec les Bourgeois, qui lui promirent de l'aider dans toutes les guerres qu'il auroit à soûtenir. Cette ligue leur attira l'excommunication & l'interdit de la part de Robert, Grand-Archidiacre de Toul. Ferri fut long-temps en guerre avec Laurent Evêque de Metz. elle avoit commencé en 1270, & ne fut entierement terminée qu'en 1291. Elle avoit été interrompue à la vérité par plusieurs traités de paix qui n'avoient fait que suspendre les hostilités pour quelque temps. L'Empereur Adolphe ayant déclaré la guerre à Philippe le Bel, en faveur d'Edouard Roi d'Angleterre, voulut engager le Duc de Lorraine à se joindre au Comte de Bar, qu'il avoit nommé Lieutenant-Général de l'Empire; mais Ferri refusa ce que l'Empereur exigeoit de lui, & parut au contraire à la tête de quelques troupes dans l'armée du Roi.

Albert étant monté sur le trône Imperial après la mort d'Adolphe de Nasseau (9), accorda au Duc de Lorraine pour lui & ses successeurs, le droit de battre monnoye dans la ville d'Yves (10), que Ferri inféoda à cet effet à l'Empereur, & qu'il reprit de lui. Ferri mourut le dernier de décembre 1303 âgé de quatre vingt-dix ans. Il laissa plusieurs enfans. Si les évenemens de l'Histoire de ce Duc nous étoient mieux connus & plus circonstanciés, son regne seroit un des plus beaux & des plus brillans, que l'on connoisse dans l'Histoire de Lorraine.

Ferri eut pour successeur Thiebaut son fils. Ce jeune Prince s'étoit déja signalé dans la bataille qui se donna près de la ville de Spire, entre les armées d'Albert & d'Adolphe. Il avoit pris le parti du premier, & après la victoire que ce Monarque remporta sur son Compétiteur, il l'avoit suivi à Francfort, & avoit assisté à son élection. Thiebaut avoit toujours été attaché au service de Philippe le Bel, & s'étoit trouvé à la bataille qui se donna près de Courtrai contre Gui, fils du Comte de Flandres. Il y fut fait prisonnier, & il ne put obtenir sa liberté qu'en promettant six mille livres de petits tournois, pour lesquels le Duc Ferri son pere fut obligé d'engager plusieurs belles terres. Thiebaut ne fut pas plutôt entré en possession de la Lorraine après la mort de son pere, qu'il fut obligé de prendre les armes contre la noblesse qui s'étoit soulevée contre lui, parce qu'il avoit voulu lui enlever les priviléges

---

(8) D. Calmet.
(9) En 1298.

(10) On ignore aujourd'hui ce que c'est que cette ville.

que Ferri lui avoit accordés. Il vint enfin à bout de réduire tous ces Seigneurs, & punit les uns par l'exil, & les autres par la destruction de leurs châteaux.

Le malheur qu'il avoit essuyé en Flandres, en prenant le parti de Philippe le Bel ne l'empêcha pas d'entrer de nouveau dans les interêts de ce Prince, & de se joindre à lui contre les Flamands. Cette guerre plus heureuse que la précédente, fut célebre par la bataille de Mons en Puelle, que Philippe gagna sur les Flamands, & par la prise de Lille. Les Flamands alors désespérés demanderent la paix. Thiebaut se joignit au Duc de Brabant & au Comte de Savoyë, pour engager le Roi à écouter les propositions des Flamands. Philippe le Bel accepta leur médiation, & la paix générale, qui avoit été précédée d'une treve, fut signée en 1305. Thiebaut reçut avec beaucoup de magnificence Philippe le Bel dans le voyage qu'il fit en Lorraine, & il accompagna même ce Monarque dans son retour à Paris. Philippe voulut qu'il assista au couronnement de Clement V. qui se fit à Lyon le 14 de novembre 1305. Mais il eut le malheur d'y avoir le bras & la cuisse cassés. Cet accident fut causé par l'écroulement d'un vieux mur qui écrasa plusieurs Seigneurs. Le Pape même fut renversé de dessus son cheval. Quelque temps après, Henri Comte de Vaudemont étant entré en Lorraine, à la tête de six cens hommes, y fit plusieurs ravages. Thiebaut de son côté se jetta dans le comté de Vaudemont; mais ayant voulu surprendre Henri, il fut battu par ce Seigneur, qui remporta sur lui un second avantage à Puligny. Enfin les deux Princes firent la paix par la médiation d'Othon Evêque de Toul, moyennant le mariage d'Isabelle sœur du Duc Thiebaut, avec Henri III. Duc de Vaudemont. Elle avoit épousé en premieres nôces Louis de Baviere.

Il s'éleva en 1306, quelques difficultés sur la succession au duché de Lorraine, quoique Thiebaut eut alors trois fils, & quatre filles de son mariage avec Isabelle de Rumigny. Il fit tenir au mois d'août une assemblée à Colombé. Les Evêques & Seigneurs qui s'y rendirent, attesterent que la coutume observée en Lorraine de temps immémorial, étoit, que si le fils d'un Duc de Lorraine venoit à mourir avant son pere, & qu'il laissa des enfans légitimes mâles ou femelles, ces enfans devoient succeder au duché, à l'exclusion de tous autres héritiers. Les Seigneurs qui étoient dans cette assemblée, promirent d'observer & de faire observer à l'avenir cette Loi selon leur pouvoir.

Les secours que Clement V. vouloit procurer à la Palestine, l'engagerent à faire lever une décime sur les Eglises. Le Duc de Lorraine fut chargé de la lever sur les Eglises de son pays; & cette commission du Pape lui attira une guerre de la part de Renaud de Bar Evêque de Metz, qui étoit jaloux contre le Duc. L'Evêque, secondé d'Edouard Comte de Bar son neveu, & du Comte de Salm, attaqua la ville & château de Frouart. Thiebaut marcha au secours de la place avec une armée inférieure à celle de ses ennemis; mais son habileté lui fit remporter une victoire complette; & les Comtes de Bar & de Salm furent faits prisonniers avec plusieurs autres Gentilshommes. L'Evêque de Metz fit alors tout ce qu'il put pour leur procurer la liberté, & s'accommoder avec le Duc; mais l'affaire traîna si fort en longueur, que le Duc étoit mort avant qu'elle fut terminée.

Cependant Albert Roi des Romains, ayant été tué en 1308 par Jean Duc de

INTRODUCTION A L'HISTOIRE

DE LA LORRAINE.

Suabe son neveu, Henri de Luxembourg fut élu en sa place. Ce Monarque accorda à Thiebaut la garde & la préfecture de la ville de Toul, qui appartenoit à l'Empire, pour lui & ses successeurs, avec ordre aux Bourgeois de le reconnoître en cette qualité. L'Evêque n'ayant pû s'opposer à la volonté de l'Empereur, trouva moyen d'engager le Duc de Lorraine à céder la qualité de Gouverneur moyennant une pension annuelle de cent livres. L'Empereur ayant dessein de passer en Italie en 1310, voulut que le Duc de Lorraine l'accompagna jusqu'à Milan, où l'on prétend qu'on lui donna un poison lent qui l'obligea de retourner en Lorraine. Depuis ce temps il ne mena plus qu'une vie languissante ; & ce Prince connoissant que sa santé s'affoiblissoit de jour en jour, fit son testament le 24 d'avril 1312, & mourut l'année suivante, laissant sept enfans ; sçavoir, Ferri qui regna après lui, Mathieu époux de Mathilde de Flandres, Hugues Seigneur de Rumigny & de Boves. On ne sçait pas le nom du quatriéme fils. Ces trois filles furent Marie de Lorraine, qui épousa Gui de Châtillon ; Marguerite, mariée à Gui de Flandres, & Isabelle femme d'Etard de Bar.

FERRI IV. XIe. Duc héréditaire.

1313.

Ferri porta le nom de Seigneur de Florine jusqu'à la mort de son ayeul, arrivée en 1303, & il prit ensuite le nom de Rumigny que Ferri III. avoit porté avant qu'il fut Duc de Lorraine. Il porta le surnom de *Luiteur* ; nom qui lui fut donné à cause de sa valeur, dont il avoit donné des preuves en differentes occasions. Il avoit épousé en 1304 Isabelle d'Autriche, fille d'Albert. Dès la premiere année de son regne il fut en guerre avec Jean Comte de Dasbourg, & Louis Comte de Richecourt. On croit que ce differend vint de ce que ces Seigneurs refusoient de reprendre de lui les fiefs qui relevoient du duché de Lorraine. Ferri les ayant battus entre Hesse & Lorquin, les Comtes demanderent la paix, & furent obligés de venir à Nanci faire leur reprise des fiefs qu'ils tenoient du Duc. L'affaire des Comtes de Bar & de Salm, faits prisonniers à la bataille de Frouart en 1308, fut enfin terminée en 1314 ; & le Comte de Bar fut remis en liberté, ainsi que les autres Seigneurs qui avoient été pris avec lui, moyennant la somme de quatre-vingt-dix mille livres tournois de rançon, & la paix fut rétablie entre Ferri & Edouard.

La mort de Henri VII. arrivée en 1313, causa de grands troubles dans l'Allemagne. Frideric III. Duc d'Autriche fut élu Empereur par ceux de son parti, & Louis de Baviere le fut en même-temps par d'autres Electeurs. Le Duc de Lorraine embrassa les interêts de Frideric, & se distingua dans les differens combats qui se donnerent entre les deux concurrens à l'Empire. Frideric ayant été défait l'an 1322 près de la riviere de Bruch, le Duc de Lorraine fut fait prisonnier en cette occasion avec l'Empereur Frideric. Charles le Bel obtint sa liberté aux conditions qu'il ne donneroit aucuns secours à Frideric d'Autriche ; ce que le Duc promit & exécuta fidellement. Deux ans après il eut une guerre à soutenir contre les habitans de Metz, qui ne vouloient pas reconnoître l'Empereur Louis. Il s'étoit ligué avec Baudouin Archevêque de Treves, Jean Roi de Bohême & Comte de Luxembourg, & le Comte de Bar. Les Conféderés n'oserent cependant pas faire le siége de cette place qui étoit très-forte & bien peuplée ; ils se contenterent de ravager les environs. Les Messins pour empêcher le pillage, offrirent une grosse somme d'argent qui fut acceptée, & les hostilités cesserent.

Ferri

Ferri pour reconnoître le service que Charles le Bel Roi de France lui avoit rendu, passa en Guyenne qui étoit alors le théatre de la guerre que les Rois de France & d'Angleterre se faisoient entr'eux au sujet d'un château que le Seigneur de Montpesat avoit fait bâtir sur un fonds que le Roi d'Angleterre prétendoit être à lui. Le Duc de Lorraine ne témoigna pas moins de zele pour les interêts de Philippe de Valois, & il se joignit à lui contre les Flamands qui s'étoient revoltés. Quelques Historiens prétendent que Ferri fut tué à la bataille de Montcassel qui se donna en 1327 (11). Ferri avoit eu de son mariage avec Isabelle d'Autriche, quatre fils & cinq filles ; sçavoir, Raoul qui lui succeda, Frideric Comte de Luneville, Thiebaut Chanoine de Treves & de Liege, Albert Chanoine de Liege & Archidiacre d'Hasbene, Anne morte sans avoir été mariée, Agnès qu'on dit avoir épousé Louis de Gonzague Seigneur de Mantoue, Marguerite femme d'Olry de Ribaupierre, Elisabeth mariée à Philippe de Sarbruch, Blanche Religieuse d'Andlau. Il eut aussi un fils naturel, nommé Aubert.

Raoul ou Rodolphe, fils de Ferri IV. n'étoit pas encore en âge de gouverner la Lorraine à la mort de son pere, & la régence en fut confiée à Isabelle d'Autriche sa mère. L'Evêque de Toul eut aussi part au gouvernement avec cette Princesse. Il eut dans la suite un gros procès à soutenir au sujet d'une somme considerable d'argent qu'il avoit touchée, & dont on vouloit lui faire rendre compte. Il fut enfin condamné à payer deux mille livres. Raoul devenu majeur, força les habitans de Toul à lui payer les cent livres de pension qui lui étoient dues en qualité de Gouverneur de cette ville. Il eut aussi un autre démêlé avec l'Evêque. Ce Prélat avoit fait un traité avec Henri Comte de Bar, par lequel il lui cédoit le château de Liverdun, à condition qu'il feroit réparer les fortifications qu'Isabelle d'Autriche avoit fait détruire pendant sa régence. Le Comte fit travailler avec tant de diligence, que la place se trouva en état de défenses en moins de six semaines, & dès-lors la garnison commença à faire des courses sur les terres de Lorraine. Le Duc de Lorraine trouva moyen de faire rompre le traité de l'Evêque avec le Comte de Bar, & de faire entrer ses troupes dans Liverdun. L'Evêque s'étant laissé de nouveau gagner par le Comte de Bar, Raoul força l'Evêque à lui payer six mille francs pour les frais de la guerre. Philippe de Valois ayant ensuite employé ses bons offices, le Duc de Lorraine & le Comte de Bar firent la paix entr'eux en 1338. Deux ans après, Raoul prit la croix pour aller combattre les Maures en Espagne, où il se distingua beaucoup sur-tout dans la bataille de Gibraltar, donnée le 30 d'octobre 1340. Il y commandoit l'aîle gauche de l'armée des Chrétiens, & soutint avec beaucoup de valeur l'effort des Mahométans. De retour de cette expédition, il aida de sa personne & de ses troupes Philippe de Valois dans la guerre qu'il faisoit alors dans la Bretagne. L'année suivante il se brouilla avec l'Evêque de Metz ; mais on ignore le motif de cette querelle. La guerre qui s'alluma entr'eux fut terminée en peu de temps comme la plupart de celles qui s'étoient faites jusqu'alors entre les Seigneurs Lorrains. Raoul se trouva engagé dans une autre bien plus considérable, je veux dire dans celle qui se fit entre Philippe de Valois & Edouard Roi d'Angleterre en 1346.

DE LA LORRAINE.

RAOUL XIIe. Duc héréditaire.

1327.

(11) D. Calmet place cependant cette bataille & la mort du Duc de Lorraine en 1329.

Tome II. C

Il fut tué à la bataille de Creci qui se donna le 26 d'août de la même année. C'étoit un des plus vaillans & des plus sages Princes de son temps ; & l'on rapporte qu'il avoit fait dans cette bataille des actions d'une valeur extraordinaire. Il ne laissa aucun enfant de sa premiere femme Alienor de Bar ; mais Marie de Blois lui donna le Duc Jean qui lui succéda.

<small>De la Lorraine.</small>

<small>Jean I. XIIe. Duc héréditaire.
1346.</small>

Ce Prince étoit encore enfant lorsqu'il succéda à son pere. Raoul par son testament avoit donné la régence de ses Etats à Marie de Blois son épouse. Il avoit ordonné par un codicile, que le Comte de Virtemberg seroit chargé du gouvernement du duché, en cas que la Duchesse Marie songeât à prendre un second époux : ce qui arriva en effet quelque années après. Elle épousa Frideric Comte de Linange, qui fut reconnu gouverneur de Lorraine. Deux Princesses gouvernoient alors en même-temps deux Etats differens ; l'une étoit Régente de la Lorraine & l'autre du Barrois, toutes deux habiles dans l'art de gouverner, hardies, entreprenantes, & capables des plus grandes choses. Marie de Blois au commencement de sa régence, obtint de Philippe de Valois son oncle, que les habitans de Neuf-château, de Fouart, de Monfort & de Châtenois, seroient déclarés quittes, francs & exempts de toutes charges & impositions pour les besoins du royaume de France. Elle fit ensuite ses reprises auprès d'Ademar Evêque de Metz, pour tous les fiefs que les Ducs de Lorraine prédécesseurs de Jean, tenoient de cet évêché. Cette demarche n'empêcha pas l'Evêque, de sommer la Duchesse, de lui faire hommage du château de Salin, & de cesser de bâtir dans les fiefs dépendans de son évêché. Sur le refus de la Régente, Ademar fit marcher ses troupes contre la place. La garnison fit une sortie, & engagea un combat long & opiniâtre qui dura jusqu'au soir, sans qu'aucun des deux partis put s'attribuer la victoire. Marie de Blois ne se croyant pas assez forte pour résister long-temps seule contre ses ennemis, fit alliance avec les Comtes de Luneville, de Salm & le Seigneur de Rodemach. Ils vinrent promptement à son secours en ravageant tout le pays par où ils passoient, ils firent le siége de Saint Avold. Ademar les attaqua, & leur tua deux mille trois cens hommes. Profitant de son avantage, il entra sur les terres de Lorraine qu'il ravagea, & se présenta ensuite devant Château-Salin. La Régente n'ayant plus d'esperance de sortir avec honneur de cette affaire, proposa à Ademar d'acheter la place qui faisoit le sujet de leurs differends. L'Evêque y consentit, mais comme il n'avoit pas la somme dont on étoit convenu, il donna pour gage le château de Beau-Repaire. La Régente maîtresse de ces deux places, refusa de les rendre jusqu'à ce que l'Evêque eut delivré la somme qu'il avoit promise, & lorsqu'il eut satisfait à ses engagemens, elle chercha de nouveaux détours, & enfin ordonna de démolir Beau-Repaire jusqu'aux fondemens. La conduite de la Duchesse obligea l'Evêque à se mettre de nouveau en campagne. Il attaqua Château-Salin, le prit & en renversa les murailles. Il traita de même plusieurs autres places qui appartenoient à la Duchesse. Cette Princesse se vit forcée de faire la paix avec l'Evêque, & de renoncer aux prétentions quelle avoit sur les terres & châteaux qui étoient l'occasion de la guerre présente. Cette paix ne fut pas de longue durée. La Régente qui conservoit toujours l'envie de se venger de l'Evêque de Metz, n'eut pas plutôt reçu les secours qu'elle attendoit du Comte de Virtemberg & de ses alliés, qu'elle entreprit le siége de Metz avec une armée compofée d'Allemands, de François & de fes propres fujets. Cette entreprife n'eut pas fon effet, & les troupes de la Duchesse s'étant contentées de ravager la campagne, rentrerent en Lorraine. Les habitans de Metz userent bien-tôt de represailles: ils fe jetterent dans la Lorraine, & ruinerent une grande étendue de pays. Le Comte de Linange qui les attendoit près de Pont-à-Mousson, les attaqua & les auroit défaits fans Thiebaut Comte de Blamont qui vint à leur fecours. La victoire fe déclara alors pour ceux de Metz, & les Lorrains furent entierement vaincus. La guerre auroit peut-être encore duré long-temps, fi Jean II. Roi de France n'eut employé fes bons offices, pour pacifier les troubles de la Lorraine. Les parties s'accommoderent enfin, & la paix fut fignée en 1351, entre la Régente de Lorraine d'une part, l'Evêque & la ville de Metz, & la Comtesse Régente de Bar d'autre part. Les comtés de Luxembourg & de Bar furent érigés en duchés l'an 1354 par Charles de Luxembourg, élû Roi des Romains en 1346, le premier en faveur de Wladiflas fon frere Comte de Luxembourg, & le fecond en faveur de Robert Comte de Bar fon coufin. Les Hiftoriens François, & même quelques Hiftoriens Lorrains en rapportent l'érection à Jean de Valois. (12) Mais D. Calmet apporte des preuves qui femblent détruire cette derniere opinion. Le Duc Jean à l'imitation de fes ayeux s'attacha au parti de la France, & fe trouva en 1356 à l'affaire de Poitiers, où le Roi Jean II. fut fait prifonnier, mais ce ne fut qu'en 1360 qu'il prit le gouvernement de fes Etats. Ce Prince qui defiroit fatisfaire fon ardeur martiale, en trouva une occafion en 1363. Le Roi de France s'étoit croifé, mais diverses circonftances l'ayant empêché d'exécuter fon vœu, il en chargea le Duc de Lorraine. Ce Prince parut accepter avec joye la propofition du Roi de France; cependant au lieu de paffer en orient, il fe rendit dans la Pruffe royale, à deffein de fecourir les Chevaliers teutoniques, qui étoient attaqués par le Duc de Lithuanie. Les Allemands s'étant joints à lui, il fe vit à la tête de cent foixante bannieres. Les deux armées s'étant rencontrées en 1365, dans les plaines de Hazeland près de la ville de Torn fur la Viftule, le combat s'engagea & le choc des chrétiens fut fi grand, que les infidéles en furent ébranlés. Le Roi de Bohême & le Duc de Lithuanie s'avancerent auffi-tôt pour les foûtenir, alors la mêlée fut terrible, & les chrétiens ne dûrent la victoire qu'à l'habileté, & à la valeur de Geofroi de Salles & de Jean de Saintré. Les ennemis furent entierement défaits, & on en fit un grand carnage.

Cependant une troupe de brigands connus fous le nom de Bretons, qui avoient un chef nommé l'Archiprêtre, après avoir ravagé une partie de la France, fe jetterent dans la Lorraine où ils commirent des défordres effroyables. Le Duc de Lorraine ayant joint fes troupes à celles de l'Empereur, attaqua ces brigands & les battit à deux lieues de Nanci. Il les fuivit auffi jufques dans le pays de Luxembourg, où ils étoient retirés. Malgré cet avantage, la Lorraine fe trouva encore long-temps expofée à la fureur de troupes étrangeres, & de brigands que les Seigneurs du pays appelloient à leur fecours, pour fe faire mutuellement la guerre. Les Ducs de Lorraine & de Bar

(12) M. Bonamy dans un de fes Mémoires Academiques, fait voir que le Roi Jean, eft l'auteur de l'érection du comté de Bar en duché, & que l'époque en doit être placée à l'an 1355. Voyez les Mémoires de l'Acad. des bel. let. Tom. xx. p. 486.

DE LA LORRAINE.

voülant remédier à tănt de maux, firent alliance avec Charles V. Le traité en fut figné le 19 de novembre 1366.

Les habitans de Metz ne pouvoient pas refter long-temps tranquilles, ils étoient à peine fortis d'une guerre qu'ils avoient faite contre le Duc de Bar, qu'ils fe virent attaqués par le Duc de Lorraine, & ce fut fans doute Pierre de Bar qui engagea le Duc Jean dans fa querelle contre ceux de Metz. Ceux-ci ayant reçu du fecours, firent une irruption dans la Lorraine, d'où ils remporterent un butin confiderable. Le Duc Jean à la tête d'une armée affez forte, mit le fiége devant Metz, où il refta trois mois entiers fans remporter aucun avantage; ce qui le porta à faire une treve qui devoit commencer au mois de novembre, & finir à la Pentecôte de l'an 1372.

Charles VI. Roi de France étant obligé de paffer en Flandres en 1381, pour punir les Gantois de leur révolte, engagea le Duc de Lorraine à fe joindre à lui. Jean ayant mis fur pied une armée de trois mille chevaux, outre les gens de pied & les volontaires qui fuivoient fon armée, fe rendit d'abord en France, & accompagna le Roi dans cette expédition. Les Gantois ayant été foumis, il retourna à Paris avec fes troupes, & fe difpofa à paffer en Italie avec Louis de France Duc d'Anjou, oncle du Roi Charles VI. mais il fut empoifonné par un Sécretaire qui avoit été gagné par ceux de Neuf-Château. Ce fait ne paroît cependant pas bien certain, puifqu'on trouve dans d'autres écrits qu'il mourut en 1389 ou 1390. Les Hiftoriens ne font pas d'accord fur le temps de fon mariage, les uns le placent en 1356 après la bataille de Poitiers, d'autres en 1362, & d'autres en 1366 après la bataille de Pruffe. Il époufa en premieres nôces Sophie fille d'Eberard IV. Comte de Virtemberg, dont il eut deux fils Charles & Frideric, & une fille nommée Elifabeth; il époufa en fecondes nôces Marguerite, fille de Louis Comte Chiny, dont il n'eut point d'enfans.

CHARLES I. XIVe. Duc héréditaire.

1389 ou 1390.

Charles fils aîné de Jean fut reconnu Duc de Lorraine à la mort de fon pere, & il avoit environ vingt-cinq ans lorfqu'il commença à gouverner. Il partagea la fucceffion du Duc Jean avec Ferri fon frere, Comte de Vaudemont. Perfuadé que les habitans de Neuf-Château étoient coupables de la mort de fon pere, il les traita avec la derniere féverité. Il avoit réfolu d'époufer Marguerite de Vaudemont, mais il l'abandonna à Frideric fon frere qui l'avoit demandée pour lui-même. Ce mariage ayant été manqué, il prit pour femme en 1393, Marguerite fille de Rupert Duc de Baviere, qui fut élû Empereur en 1400, à la place de Winceflas dépofé par les Princes de l'Empire. Charles paffa en Hongrie à deffein de venger la mort d'Enguerrand de Couci fon beau-frere, fait prifonnier par les Turcs à la bataille de Nicopoli, & de fecourir le Roi de Hongrie qui étoit en guerre avec cette nation. Il fut fuivi par l'élite de la nobleffe de la Lorraine & du pays Meffin, qui partit avec lui le 25 de novembre 1399. Ceux de Metz ayant réfolu d'aller plutôt en Pruffe qu'en Hongrie, le Duc Charles fe vit forcé de prendre cette route. Ayant rencontré le Chef des Pruffiens près de Vilna, il tailla fon armée en pieces, le fit lui-même prifonnier, & l'envoya à Marienbourg. Il revint par l'Allemagne, où il fut obligé de livrer bataille au Duc de Stalpe (ou de Suabe) fur lequel il remporta une victoire complette, quoique l'armée de ce Prince fut plus nombreufe que la fienne. Il s'avança enfuite vers

Francfort, où il joignit Robert ou Rupert Duc de Baviere son beau-pere, qui venoit d'être élû Empereur à la place de Winceslas.

Les habitans de Metz & de Toul ayant refusé de reconnoître le nouvel Empereur, Charles leur déclara la guerre. Il força la ville de Metz à lui donner une pension de trois mille francs, & il assiégea ensuite la ville de Toul, qui après deux mois de siége, se rendit faute de vivres. Les hostilités qui avoient été suspendues par le traité de paix, recommencerent bien-tôt, mais elles ne furent pas de longue durée, & l'on convint de nouveaux articles qui terminerent tous differends. La guerre que le Duc de Lorraine eut avec le Duc de Bar au sujet du château de l'Avant-garde, paroissoit devoir être d'une plus grande importance. Cependant ces deux Princes ne tarderent pas à s'accommoder. De nouvelles circonstances les ayant brouillés presque aussi-tôt, le Roi de France envoya du secours au Duc de Bar, ce qui engagea le Duc de Lorraine à demander la paix, & à promettre de rebâtir le château de l'Avantgarde qu'il avoit fait démolir.

Les Princes de l'Europe étoient encore partagés entre Rupert & Winceslas, & Louis Duc d'Orleans frere du Roi Charles VI. avoit pris le parti du dernier, moins par estime pour ce Prince, que par la haine qu'il portoit au Duc de Bourgogne. En conséquence, il forma en 1407 une ligue avec plusieurs Princes, & après avoir ainsi fortifié son parti, il déclara la guerre au Duc de Lorraine le plus zelé deffenseur de l'Empereur Rupert. Les alliés du Duc d'Orleans firent le dégat sur les terres du Duc de Lorraine, & dans le pays Messin. Ils s'avancerent ensuite vers Nanci qu'ils voulurent prendre d'assaut. Le Duc de Lorraine étant sorti de la place à la tête de ses troupes, fondit sur les ennemis avec tant de valeur, qu'il les força de prendre la fuite après un combat sanglant & opiniâtre. Le Maréchal de Luxembourg & plusieurs autres Princes, furent faits prisonniers en cette occasion. Ils obtinrent peu de temps après leur liberté, aux conditions que chaque Comte payeroit pour lui & ses gens soixante mille écus, & chaque Baron trente mille. Telle fut l'issue de cette guerre. Le Duc d'Orleans ayant été assassiné par les ordres du Duc de Bourgogne, ce dernier fut obligé de sortir pendant quelque temps du royaume. Le Duc de Lorraine lui rendit de grands services en cette occasion ; ce qui indisposa la cour de France contre lui.

Le Duc Charles avoit perdu les deux seuls fils qu'il avoit eus de Marguerite de Baviere son épouse, & il ne lui restoit plus que deux filles. Il maria l'aînée qui s'appelloit Isabelle, avec René d'Anjou fils d'Isabelle Reine de Sicile. En considération de ce mariage, il s'engagea de faire reconnoître sa fille pour Duchesse de Lorraine, à l'exclusion du Comte de Vaudemont son neveu, en cas qu'il mourut sans enfans mâles. La Reine de Sicile avoit consenti que René portât les armes de Bar, suivant le desir du Cardinal de Bar qui l'avoit institué son héritier. Ainsi par ce moyen, les deux maisons de Bar & de Lorraine se trouverent réunies. Depuis la conclusion de cette affaire, Charles fit en 1425 un second testament dans lequel il prend des précautions pour assurer la souveraineté de la Lorraine à René d'Anjou, contre les prétentions du Comte de Vaudemont. Il y est dit de plus, que dans le cas où Isabelle femme de René viendroit à mourir sans enfans, ce Prince remettroit le duché & toutes les villes, fiefs & arriere-fiefs entre les mains de sa seconde fille

DE LA
LORRAINE.

Catherine de Lorraine, épouse du Marquis Charles de Bade. Que si cette Princesse ne laissoit point d'enfans, le duché seroit remis entre les mains des Seigneurs, que lui Duc désignera. Antoine de Vaudemont fit connoître qu'il n'étoit pas content de l'arrangement que le Duc de Lorraine venoit de prendre. Charles ayant eu connoissance des sentimens de son neveu, voulut exiger de lui ses lettres patentes, par lesquelles il jureroit que lui & les siens ne pourroient jamais parvenir au duché de Lorraine, tant que lui Charles & les siens vivroient. On ne trouve pas que le Comte ait répondu aux differentes sommations de son oncle à ce sujet, & la conduite qu'il tint dans la suite, fait assez connoître quelles étoient dès-lors ses intentions.

La ville de Metz n'étoit pas long-temps en paix avec le Duc de Lorraine; elle se brouilla de nouveau en 1427. La querelle commença pour un sujet assez simple. L'Abbé de Saint-Martin avoit fait cueillir dans son jardin un panier de fruits qu'il avoit fait transporter dans la ville de Metz où il avoit sa maison. On avoit oublié de payer les droits de sortie des Etats de Lorraine; & les Officiers du Duc voulurent exiger ce péage des habitans de Metz. Leur demande ayant été rejettée, les Officiers du Duc commencerent à enlever du bétail dans les environs de la ville. Les habitans de Metz userent bien-tôt de représailles; & ces petites hostilités dégénererent enfin en une guerre ouverte. Au mois de mai 1429, Charles envoya son Hérault d'armes défier les Sires & tous les Bourgeois de Metz. Il étoit alors d'usage que le Prince qui faisoit un tel défi restât huit jours sans rien entreprendre contre son ennemi; cependant dès le lendemain il fit attaquer un petit poste qui appartenoit aux habitans de Metz, & huit jours après il envoya quinze cens cavaliers & cinq mille hommes d'infanterie pour piller les environs de Metz: malgré cela les habitans resterent tranquilles dans leur ville. Le Duc de Bar, que Charles avoit engagé dans sa querelle, se présenta devant la place, & envoya son Hérault, pour faire le même défi que le Duc de Lorraine avoit fait auparavant. L'armée des deux Princes se trouvant alors composée de trente mille hommes, on résolut de faire le siége de cette place; & l'on continua, en approchant de la ville, à ravager tous les environs, & à mettre le feu à plusieurs villages. Il y eut plusieurs escarmouches dans lesquels les Lorrains eurent souvent l'avantage. Enfin l'Evêque de Metz & le Comte de Salm vinrent à bout d'accommoder les deux parties. Charles mourut le 25 de janvier 1431. Son attachement pour Alix du May a laissé une tache à sa vie. Cette fille étoit d'une naissance fort obscure; mais elle étoit extrêmement belle, & avoit beaucoup d'esprit. Elle avoit un si grand ascendant sur le Duc, qu'elle lui fit faire tout ce qu'elle voulut. Il ne l'oublia pas dans son testament, ainsi que les cinq enfans qu'il eut d'elle. Le Duc Charles étoit très-brave, & aimoit beaucoup la guerre. On assure qu'il se plaisoit extrêmement à la musique, & qu'il avoit toujours des Musiciens à sa suite. Il faisoit aussi ses délices de la littérature, principalement de l'Histoire: il portoit toujours dans ses voyages & expéditions Tite-Live & les Commentaires de César; & il ne passoit gueres quelques jours sans en lire plusieurs pages. Ce Prince fit aggrandir la ville de Nanci, & dessécher les marais des environs, qui rendoient l'air mal sain.

RENÉ d'Anjou XVe. Duc héréditaire.

1431.

Charles eut pour successeur René d'Anjou Comte de Guise, qui avoit épousé Isabelle sa fille. Il étoit né à Angers le 26 de janvier 1408. Son pere Louis II,

Roi de Naples, lui fit porter le nom de Comté de Guife; & Louis Cardinal & Duc de Bar fon oncle, le fit venir auprès de lui pour l'élever à fa Cour, & le faire fon héritier. A peine ce Prince avoit-il été reconnu par les Etats de Lorraine, qu'Antoine Comte de Vaudemont fignifia fes prétentions fur le duché, & foutint que les filles n'étoient point habiles à hériter. Les nobles prévenus en faveur de René, ne lui rendirent aucune réponfe favorable. Réfolu de venir à bout de fon entreprife, il eut recours à la voie des armes; mais René prévoyant qu'il alloit avoir une guerre confidérable à foutenir, fit tous les préparatifs néceffaires pour obliger fon ennemi à fe défifter de fes prétentions. Il commença par fommer le Comte de Vaudemont de lui venir faire hommage pour fon comté. Sur fon refus il alla mettre le fiége devant cette ville, & fit beaucoup de dégat dans les environs. Antoine averti du danger où étoit cette ville, marcha promptement à fon fecours; mais étant arrivé à Sandaucourt, fon Confeil fut d'avis qu'on fe retirât en Bourgogne, parce qu'on manquoit de provifions pour fubfifter long-temps, & que l'armée n'étoit pas affez nombreufe pour attaquer les Lorrains. Obligé de prendre ce parti, il donna les ordres pour décamper. A peine avoit-il abandonné Sandaucourt, que l'armée du Duc de Lorraine s'avança pour l'attaquer. Il mit auffi-tôt fon armée en bataille; & les Picards & les Anglois n'ayant point voulu combattre à cheval, on ordonna que toutes les troupes combattroient à pied. Pendant que les deux armées étoient en préfence, René & Antoine eurent une conférence enfemble; mais elle n'eut aucun effet. Antoine avoit eu foin de fortifier fon camp, fitué d'ailleurs dans un terrein plus avantageux que celui du Duc; mais il manquoit de vivres, comme nous venons de le dire. Cette raifon avoit porté la plûpart des Seigneurs & Barons à ne point hazarder le combat, dans l'efperance que le Comte de Vaudemont feroit bien-tôt forcé de fe rendre. Les jeunes Seigneurs ne purent goûter un avis fi fage; & il fut réfolu qu'on livreroit bataille au Comte. Le fuccès n'en fut pas auffi heureux qu'on s'étoit attendu; & dès le premier choc, l'armée du Duc de Lorraine fut mife en déroute. René y fut bleffé & fait prifonnier. Ce combat qui fut donné près de Bulgneville, ne dura qu'un quart d'heure: les Lorrains y perdirent plus de deux mille hommes; & elle ne coûta au Comte de Vaudemont qu'environ deux cens. Cette défaite jetta la confternation dans toute la Lorraine, & fut caufe que les troupes qui affiégeoient Vaudemont, fe retirerent fans ordre, laiffant leurs vivres & leurs bagages dans le camp. La Ducheffe Douairiere Marguerite, & Ifabelle femme de René, engagerent le Comte de Vaudemont à accorder une treve, pendant laquelle on entama differentes négociations. Enfin l'affaire fut renvoyée au Tribunal de l'Empereur Sigifmond. Les deux concurrens furent cités; mais le Duc de Bourgogne entre les mains duquel on avoit remis le Duc de Lorraine, refufa de rendre le prifonnier; & l'empêcha par ce moyen de comparoître devant l'Empereur. La Régente de Lorraine employa toutes fortes de moyens pour procurer au Duc fa liberté. Le Duc de Bourgogne ne pouvant réfifter plus long-temps aux vives follicitations de ceux qui s'intéreffoient au Duc René, confentit enfin à fon élargiffement, mais à des conditions fort dures. La premiere, qu'il fortiroit de prifon le 1ᵉʳ de mai 1432, & y rentreroit à pareil jour au bout d'un an; qu'il lui livreroit fes deux fils, Jean & Louis, pour lui fervir d'ôtages;

qu'outre cela il lui feroit délivrer les lettres de plufieurs Seigneurs Lorrains pour gages de fa parole. Il exigea encore que René lui remît les châteaux & donjons de Clermont en Argonne, Châtillon fur Saône, & Bourmon au duché de Bar, & les château & ville de Charmes au duché de Lorraine, lui promettant de les rendre après qu'il feroit rentré prifonnier. René profita de cet intervalle pour rétablir la paix dans fes Etats, & faire un accord avec le Comte de Vaudemont. Par le confeil du Duc de Bourgogne, le Duc René donna fa fille en mariage au fils du Comte de Vaudemont ; le Duc de Bourgogne fe réferva enfuite le droit de prononcer entre les deux concurrens au fujet de la propriété de la Lorraine. A ces conditions la paix fut faite le 13 de février 1432 (c'eft-à-dire 1433). Les deux Princes n'étoient cependant pas contens du reglement que le Duc de Bourgogne venoit de faire ; & le Comte de Vaudemont prétendoit avec juftice, que la rançon du Duc René devoit lui appartenir. La bonne intelligence qui avoit paru être établie entre les deux Princes, & qui avoit fait concevoir de fi grandes efperances, ne dura pas long-temps. Le Comte de Vaudemont fit revivre fes prétentions, & demanda juftice au Duc de Bourgogne. Ce Prince cita le Duc René, qui fut obligé de fe rendre à la Cour du Duc de Bourgogne. Sur ces entrefaites on lui apporta la nouvelle que la Reine de Naples étoit morte, & qu'il étoit déclaré fon héritier. Cette nouvelle dignité ne fervit qu'à prolonger fa captivité & à augmenter fa rançon. On le tranfporta de Dijon dans fa premiere prifon de Bracon, où il demeura encore deux ans, plus refferré qu'il ne l'avoit été jufqu'alors. René déclara fon époufe Lieutenante-générale de fes Etats de Provence, d'Anjou, de Naples & de Sicile, & la chargea d'aller en perfonne recueillir la fucceffion du royaume de Naples. Il commit en fon abfence les Evêques de Metz & de Verdun pour gouverner les duchés de Lorraine & de Bar. On nous repréfente Ifabelle comme une Héroïne, d'une taille avantageufe, d'un tempérament robufte, vif & ardent, d'un grand courage, & capable des plus grandes entreprifes ; infatigable dans les travaux, joignant beaucoup de vivacité d'efprit à une grande politeffe & à une éloquence mâle. Cette Princeffe arriva à Naples le 18 d'octobre 1435, & fa réception fut des plus magnifiques. Elle n'y fut pas long-temps tranquille, & eut à foutenir une guerre contre Philippe Duc de Milan & le Roi d'Arragon. Cependant on travailloit à la délivrance du Duc René ; ce Prince de fon côté avoit donné commiffion aux Adminiftrateurs de fes duchés, d'engager les terres de fon domaine pour fubvenir aux frais de fa rançon. Le Duc de Bourgogne exigeoit un million de falus ; fçavoir, deux cens mille livres à la fin de la premiere année de fa délivrance, deux cens mille à la fin de la feconde ; & au cas qu'il fût reçu dans la poffeffion du Royaume de Naples, il demandoit que René lui payât fix cens mille livres. Le Duc de Bourgogne vouloit pour affurance de toutes ces chofes, que le Roi René reçût garnifon Bourguignone dans la ville de Neuf-Château en Lorraine ; il demanda de même le duché de Bar en chef & en membre, avec tout le revenu pour la garde des Places, & qu'on lui donnât en ôtage le fils aîné de René. Ces propofitions exorbitantes ne furent pas acceptées, & on en fit de nouvelles. René s'engagea de donner le Prince Jean fon fils en ôtage pendant les fix femaines qu'il demandoit pour avoir le temps de négocier avec le Duc de Bourgogne, fous promeffe de

retourner

retourner en prison quinze jours après l'expiration du terme marqué. Enfin cette affaire fut entierement terminée le 24 de février 1436 (1437). René ayant mis ordre aux affaires de la Lorraine, se mit en marche pour se rendre à Naples, où il arriva le 9 de Mai 1438. Cette expédition ne fut pas heureuse; & il fut obligé de céder en 1442 le Royaume de Naples à Alfonse Roi d'Arragon.

Cependant le Comte de Vaudemont avoit excité de grands troubles dans la Lorraine pendant l'absence de René. Les Gouverneurs & le Conseil de régence ayant reçu quelques secours de Charles VII. Roi de France, s'étoient vengés du Comte de Vaudemont en ravageant ses terres. Ce n'étoit alors que pillages par toute la Lorraine; car chaque Seigneur s'étoit aussi donné la liberté de faire la guerre à ses voisins. Ce fut l'état où René trouva la Lorraine à son retour d'Italie: & il ne lui fut pas facile de mettre fin à tant de désordres.

Dans l'assemblée qui termina la guerre entre Charles VII. Roi de France & Henri VI. Roi d'Angleterre, on arrêta le mariage de Marguerite fille de René avec Henri d'Angleterre, à condition que ce Monarque rendroit à René la ville du Mans, & les autres villes, places & châteaux qu'il occupoit dans le Comté du Maine. Le grand nombre de troupes que Charles VII. avoit sur pied, lui devenant inutiles par la paix qu'il venoit de faire; René l'engagea à se joindre à lui pour réprimer l'insolence des habitans de Metz. Charles y consentit, & les habitans de Metz ne pouvant résister à tant de forces réunies contr'eux, furent obligés de se soumettre. Les articles de la paix furent publiés le 5 de mars 1445. Charles VII. avant que de sortir de la Lorraine, contraignit ceux de Toul à lui payer cinq cens florins de pension annuelle pour la garde & protection de leur ville. Ceux de Verdun obtinrent en même-temps des lettres de sauve-garde & protection du Roi de France. René dégoûté d'une vie si pleine de troubles, prit la résolution de se retirer pour passer le reste de ses jours plus tranquillement. Il céda en 1452, le Duché de Lorraine à Jean Duc de Calabre son fils, & son héritier présomptif, & fit son séjour, tantôt en Provence & tantôt dans l'Anjou. Sa retraite fut cependant interrompue l'année suivante. Les Florentins l'engagerent d'entrer en confédération avec eux & le Duc de Milan, contre le Roi d'Arragon. Pour l'obliger davantage à cette démarche, ils lui promirent de l'aider de leurs forces & de leur argent, pour conquérir le Royaume de Naples. De si flateuses esperances le porterent à rassembler promptement un corps de troupes, & à marcher au secours des Florentins. Les passages se trouvant fermés par le Marquis de Montferrat & le Duc de Savoye, il retourna promptement en Provence, & ayant équipé une flotte, il alla débarquer en Toscane. Cependant le Roi de France avoit menagé un passage par la Savoye, & les troupes de Provence s'étant jointes à celles de Milan, elles pénétrerent dans l'Etat de Venise, où elles firent plusieurs conquêtes. La bonne volonté des Florentins pour René se rallentit par l'éloignement du danger, & ce Prince s'en étant apperçu, retourna en Provence. Il consentit que le Duc de Calabre son fils continua à les proteger. Ce Prince mourut l'an 1480 à Aix en Provence, regretté de ses sujets, & aussi célèbre par ses malheurs, que recommandable par ses vertus. Il avoit épousé en premières nôces Isabelle de Lorraine, dont il eut cinq fils ausquels il survécut: Jean Duc de Calabre, Louis Marquis de Pont,

D

DE LA LORRAINE.

Nicolas Duc de Bar, Charles & René. Il eut outre cela quatre filles : Yolande mariée à Ferri, second Duc de Lorraine. Ce mariage termina les differends de la maison d'Anjou & de celle de Vaudemont, touchant le duché de Lorraine, en réunissant les droits des deux maisons sur ce duché. Cette Princesse porta encore par ce mariage, les droits de la maison d'Anjou sur le Royaume de Naples, dans celle de Vaudemont. Marguerite, premiere femme de Henri VI. Roi d'Angleterre, Isabelle & Anne. René n'eut point d'enfans de sa seconde femme Jeanne fille de Gui XIII. (XIV.) Comte de Laval. Il disposa par son testament de la Provence, & de ses droits sur le royaume de Naples, en faveur du seul mâle qui restoit de sa maison, Charles son neveu fils du Comte du Maine. René avoit institué le 11 d'août 1448 l'Ordre de Chevalerie du croissant émaillé sous l'invocation de Saint Maurice dans sa Ville d'Angers.

JEAN II. XVIe. Duc héréditaire.
1452.

René ayant cédé le duché de Lorraine au Duc Jean son fils, ce Prince fit son entrée à Nanci le 22 de mai 1453. Il partit deux ans après pour secourir les Florentins qui l'avoient demandé à son pere comme nous l'avons dit plus haut. Il arriva heureusement en Italie, se mit à la tête des troupes Toscanes & obligea Alfonse à laisser tranquille les Florentins. Ils payerent tous les frais de cette guerre, & firent au Duc de Calabre un présent de soixante-dix mille florins. Après cette expédition il retourna en Lorraine, mais trois ans après il entreprit de nouveau le voyage d'Italie, à dessein de tenter la conquête du royaume de Naples, dont les Seigneurs l'avoient appellé après la mort d'Alfonse. La bataille de Sarno qu'il gagna sur Ferdinand l'an 1460, sembloit devoir le rendre maître de Naples, lorsque Pie II. protecteur de Ferdinand, fit venir au secours de ce dernier Scanderberg Roi d'Albanie. Ferdinand renforcé par ces nouvelles troupes, battit le Duc Jean à Troïa dans la Pouille l'an 1462. La trahison de son Général, & l'abandon de la plûpart de ceux qui l'avoient appellé, obligerent le Duc à renoncer à son entreprise, & à repasser en Provence l'an 1463. C'est ainsi que la maison d'Anjou perdit sans retour pour elle le royaume de Naples.

Jean se rendit ensuite en Lorraine, où il resta jusqu'à la mort de Charles VII. Roi de France. Il avoit toujours été attaché aux intérêts de ce Monarque ; mais il se laissa entraîner dans le parti des rebelles, qui se forma contre Louis XI. son successeur. Il rentra cependant en graces avec ce Prince, qui lui donna même des marques de sa confiance, en le chargeant de traiter avec le Duc de Normandie. Le mauvais succès de l'entreprise du Duc Jean sur le royaume de Naples, ne l'empêcha pas de former de nouveaux projets, & il ne cherchoit qu'une occasion favorable pour passer en Italie, lorsque les Catalans revoltés contre Jean II. Roi de Navarre & d'Arragon, députerent vers René d'Anjou pour lui offrir leur Royaume. Le grand âge de ce Prince ne lui permettant pas d'accepter les offres des Catalans, Jean son fils se chargea de cette expédition. Louis XI. lui avoit promis un corps de troupes considérable ; mais des raisons de politique l'empêcherent d'exécuter sa promesse. Le Duc ne pouvant plus compter sur ce secours, leva des troupes de tous côtés, & tous ses amis & ses sujets s'empresserent à lui fournir l'argent dont il avoit besoin. Lorsqu'il fut arrivé en Catalogne, presque toute la Province se soumit à lui. S'étant mis ensuite à la tête de l'armée, il

1468.

fit de grandes conquêtes, & battit les Arragonois en diverses rencontres. Tant de succès le rendirent maîtres de la Catalogne ; mais il avoit résolu de réduire l'Arragon. Il s'empara en effet de plusieurs villes, & ces succès sembloient en promettre de nouveaux lorsqu'il mourut à Barcelone, pendant le siége de Cadequieres, le 13 de décembre 1470. » Jean fut un des plus » grands Capitaines de son siécle, quoique souvent malheureux ; mais plus » admirable dans ses disgraces, dit un moderne, que brillant dans ses succès : » il n'éprouva jamais de revers, qui n'ajoutât encore à sa gloire ? s'il fut » souvent malheureux, il ne cessa jamais d'être grand. « Il fut sincerement regretté des Barcelonois. Il fut inhumé dans la cathédrale de Barcelone, dans les tombeaux des Rois, & sa pompe funébre fut d'une magnificence extraordinaire. Il avoit épousé Marie fille de Charles I. Duc de Bourbon, dont il eut René, mort jeune ; Jean II. Duc de Calabre, qui survécut peu à son pere ; Nicolas Duc de Calabre & de Lorraine, & Marie morte dans l'enfance.

Nicolas fils & successeur du Duc Jean, ne profita point des conquêtes que son pere avoit faites. Les Comtes qui commandoient l'armée de Lorraine, qui étoit encore en Catalogne, le presserent cependant de venir se mettre à leur tête. Ils l'attendirent long-temps, & dans cet intervalle ils remporterent un nouvel avantage sur les Arragonois. Les Lorrains ennuyés d'attendre inutilement leur Duc, prirent la route de leur pays, où ils arriverent en 1471. La Lorraine fut continuellement agitée pendant le regne de Nicolas, & les Bourguignons sur-tout y firent beaucoup de désordres. Nicolas qui avoit été élevé à la Cour de France, & qui même y avoit fait plusieurs séjours depuis qu'il étoit devenu maître de la Lorraine, étoit resté jusqu'alors dans le parti de Louis XI. mais le refus qu'il lui fit de lui donner du secours pour recouvrer le royaume d'Arragon, & l'empêchement qu'il apporta à son mariage avec la Princesse Anne, l'irrita si fort qu'il se retira de la Cour. Le Duc de Bourgogne, profitant des circonstances, engagea le Duc de Lorraine dans ses intérêts. Ce Prince à la tête d'un corps de troupes, se rendit en Flandres où le Duc de Bourgogne avoit assemblé son armée ; & il ne quitta ce Prince que sur la fin de novembre 1472. A son retour il forma le projet de surprendre la ville de Metz. Un Capitaine nommé Crantz, homme hardi & entreprenant, s'offrit à l'aider dans ce dessein. Il fit un amas considérable de charrettes & de tonneaux, dans lesquels il enferma des soldats, & s'étant déguisé en marchand, il s'approcha de la ville avec tout cet équipage, & une machine que le Duc avoit fait faire, & par le moyen de laquelle on devoit arrêter la herse de la porte. Quelques-unes des charrettes étant entrées dans la ville, il se saisit de la principale sentinelle, & intimida les autres. Il y avoit déja quatre ou cinq cens hommes de ses troupes repandus dans la ville, lorsqu'un boulanger abbattit la herse de la porte, où la machine s'étoit arrêtée. Cependant le Duc Nicolas s'étoit avancé avec ses gens ; mais n'ayant pu obliger les Allemands à mettre pied à terre pour passer par-dessous la machine, le Capitaine Crantz fut obligé de songer à la retraite. La plus grande partie de son monde fut taillée en pieces, & lui-même fut tué par les Messins qui l'avoient fait prisonnier. Cet événement se passa la nuit du 9 d'avril 1473. (1474.) Nicolas avoit résolu de réparer l'affront qu'il avoit reçu devant Metz, & il faisoit pour cela des préparatifs considérables, lorsque la mort mit fin à ses

DE LA LORRAINE.

projets. Elle arriva le 27 de juillet 1474. Tous ſes ſujets témoignerent un grand chagrin, & le pleurerent pendant long-temps. L'Evêque de Metz par ordre de l'Empereur, travailla à rétablir la paix entre cette ville & la Lorraine. Ses négociations ne furent point infructueuſes : on convint d'abord d'une treve, & la paix fut conclue l'année ſuivante.

RENE' II. d'Anjou XVIII Duc héréditaire.

1474.

Nicolas n'avoit que vingt-cinq ans lorſqu'il mourut, & comme il n'avoit jamais été marié, il ne laiſſa point d'enfans légitimes. Les Seigneurs embarraſſés ſur le choix de ſon ſucceſſeur, s'aſſemblerent à ce ſujet, & il y eut entr'eux de grands débats. Les uns étoient d'avis d'appeller à la ſucceſſion le Bâtard de Calabre fils du Duc Jean ; les autres le Duc René I. qui vivoit encore. Quelques-uns vouloient que l'on reconnut Charles, fils de Jacques Marquis de Bade, époux de la Princeſſe Catherine, ſœur cadette d'Iſabelle ; mais aucun de ces ſentimens ne prévalut. On réſolut enfin de reconnoître pour Ducheſſe de Lorraine Yolande d'Anjou, époufe de Ferri II. Comte de Vaudemont, mere de René II. & fille du Roi René, & d'Iſabelle de Lorraine, qui étoit la légitime héritiere du duché, comme fille aînée du Duc Charles II. & qui réuniſſoit en ſa perſonne, les droits de la ligne maſculine & féminine. Yolande accepta les offres des Etats, & pour aſſurer au Prince René ſon fils la ſucceſſion de la Lorraine, elle lui fit une ceſſion de tous ſes droits. Le Roi René lui céda auſſi le duché de Bar : ainſi la jouiſſance de ces deux duchés fut aſſurée à René II.

Ce Prince avoit environ vingt-deux ans lorſqu'il ſuccéda au Duc Nicolas ſon couſin. Charles le Hardi Duc de Bourgogne, Prince ambitieux, avoit dès-lors formé le deſſein de s'emparer de la Lorraine, perſuadé que la jeuneſſe & la foibleſſe de René étoient pour lui une occaſion favorable. Il avoit eu une entrevûe avec le jeune Duc, lorſqu'il paſſa par Nanci dans le temps qu'il conduiſoit le corps de ſon pere qu'il faiſoit tranſporter à Dijon, & les deux Princes s'étoient ſéparés en apparence les meilleurs amis du monde. Cependant Charles fit avancer ſes troupes ſur les frontieres de Lorraine, de Bourgogne & de Luxembourg, ſous prétexte de ſecourir le Duc René en cas qu'il y eut quelques troubles à ſon avenement à la couronne. Le Duc de Lorraine prenant ombrage de la conduite du Duc de Bourgogne, le pria de retirer ſes troupes, qui n'obſervant pas une exacte diſcipline, faiſoient des ravages ſur ſes terres. Charles ne diſſimulant plus ſes véritables ſentimens, déclara que ſes troupes reſteroient toujours dans les poſtes qu'elles occupoient juſqu'à ce que le Duc René eut fait avec lui une ligne offenſive & deffenſive. René refuſa d'abord la propoſition du Duc de Bourgogne, parce qu'il vouloit reſter dans le parti de Louis XI. mais ſe voyant abandonnée de tous ſes alliés, il fut contraint malgré ſa répugnance de conſentir à ce que Charles exigeoit de lui. Cependant il traita en ſecret avec le Roi de France, & quelque temps après il fit alliance avec l'Empereur. Appuyé par deux puiſſances ſi conſidérables, il ne redouta plus les forces du Duc de Bourgogne, & lui déclara même la guerre. Il commença les hoſtilités par le ſiége de Danviller, dont il ſe rendit maître en huit jours. Ces nouvelles obligerent Charles à abandonner le ſiége de Nuits qu'il faiſoit alors, & à ſe rendre à Calais où étoit le Roi d'Angleterre, pour l'engager à faire avec lui une ligue contre la France. Les Généraux du Duc qui avoient reçu ordre de marcher vers la Lorraine, étoient déja arrivés à Conflans, dont ils firent le ſiége qu'ils abandonnerent à l'approche des Lorrains.

Le Duc de Bourgogne ayant rassemblé une armée de quarante mille hommes, attaqua la ville de Briey qui est à quatre lieues de Thionville, dont il s'empara. Plusieurs autres petites villes eurent bien-tôt le même sort : la ville de Nanci fut même obligée de se rendre, ne pouvant être secourue par le Duc René. Ce Prince étoit à la Cour de France, où il s'étoit rendu pour engager Louis XI. à lui fournir des troupes. Ce Monarque lui faisoit de belles promesses ; mais elles étoient toujours sans exécution. Cependant le Duc de Bourgogne continuoit ses conquêtes, & il étoit déja maître d'une grande partie de la Lorraine. Il tint même à Nanci les Etats du pays.

DE LA LORRAINE.

Charles fut obligé de suspendre ses conquêtes en Lorraine pour passer en Bourgogne, où sa présence étoit nécessaire. Deux grandes affaires l'y appelloient ; la premiere étoit le recouvrement du comté de Ferrette, & la seconde, la deffense du Comte de Romont frere du Duc de Savoye, qui avoit été attaqué par les Suisses. Le Duc de Lorraine s'ennuyoit beaucoup à la Cour de France, où il n'avançoit rien. Les Suisses qui avoient déja remporté quelques avantages sur le Duc de Bourgogne, inviterent René à se mettre à leur tête. Ce Prince accepta volontiers leurs offres, & battit le Duc de Bourgogne devant Morat le 22 de juin 1476. Les Seigneurs Lorrains avertis des pertes que Charles avoient faites, s'étoient réunis pour chasser les Bourguignons de leur pays, & en peu de temps plusieurs villes se virent délivrées de ces étrangers. Les Suisses pour reconnoître le service que le Duc René leur avoit rendu, lui fournirent les troupes & l'artillerie dont il avoit besoin pour recouvrer ses Etats. Avec ce secours & ceux qu'il reçut des habitans de Strasbourg, il se vit en état d'attaquer les Bourguignons. Il ne tarda pas à faire de grandes conquêtes, & se rendit bien-tôt maître de plusieurs villes : Nanci même fut obligé de capituler.

1475.

Le Duc de Bourgogne qui avoit rassemblé les débris de son armée, s'avança promptement pour venir au secours de la place ; mais il arriva trop tard. René après avoir laissé une forte garnison dans Nanci, se retira vers la Suisse, à dessein d'engager ces peuples à lui fournir de nouvelles troupes. Le Duc de Bourgogne profitant de l'absence de René, mit le siège devant Nanci, qu'il continua pendant les plus grands froids du mois de décembre. Ses troupes y eurent beaucoup à souffrir, tant de la rigueur de la saison, que des fréquentes sorties de la garnison de Rosieres, commandée par Malhortie le plus brave Capitaine de son temps. Cependant la ville de Nanci étoit réduite aux dernieres extrémités : les vivres & les munitions de guerre commençoient à manquer, & elle se voyoit bien-tôt forcée à se rendre au Duc de Bourgogne, lorsque René reçut un secours considerable de la part des Suisses. Le Duc de Bourgogne délibera quelque temps s'il livreroit bataille au Duc René, ou s'il prendroit le parti de la retraite. Ce dernier étoit le plus sage, mais il résolut malgré le petit nombre de troupes qui lui restoit alors, d'attaquer le Duc René. La bataille se donna le cinq de janvier 1476 (1477.) Les Bourguignons furent entierement taillés en pieces, & le Duc de Bourgogne fut obligé de chercher son salut dans la fuite. Son cheval s'étant enfoncé dans un endroit marecageux, il fut tué par un gentil-homme Lorrain, qui ne le connoissoit pas, & l'on trouva le lendemain son corps qui étoit pris dans la glace. La bataille avoit commencé entre dix & onze heures du matin, & ne finit qu'à la nuit. René entra dans la ville de Nanci le soir même, & cette entrée fut remarquable par les témoignages de joye que les habitans de la ville donnerent en cette occasion. Ils dresserent un arc de triomphe construit des os de chevaux, de chiens, & d'autres animaux qu'ils avoient mangés pendant le siége. Invention bizarre, mais qui devoit persuader le Duc de l'attachement qu'ils avoient pour lui.

Les Venitiens qui avoient pris querelle contre Hercule d'Est Duc de Ferrare, inviterent René à se mettre à la tête de leurs troupes ; lui promettant de lui fournir ensuite les moyens pour faire la conquête du royaume de Naples. Ils le créerent en même-temps noble Venitien, & l'admirent dans le conseil de la ville. René accepta ces offres, & partit au commencement de l'an 1482. On lui fit à Venise une réception des plus magnifiques, & il fut déclaré Capitaine-général de la République. Il se mit en campagne dès le 26 d'avril, & attaqua les Ferrarois près de la ville d'Adria, & les tailla en pieces. Cette victoire le mit en état de faire le siége de Ferrare, où il se fit plusieurs beaux faits d'armes. La rigueur que le Duc René exerça envers les prisonniers qu'il fit dans ces differentes occasions, indisposa les Venitiens contre lui. On diminua peu-à-peu l'autorité qu'il avoit ; ce qui l'empêcha de terminer heureusement cette guerre. René mécontent de la conduite des Venitiens retourna en Lorraine vers la fin de la même année. Cependant on le revit l'année suivante en Italie, & il continua la guerre contre le Duc de Ferrare. La mort de Louis XI. & les brouilleries qui survinrent ensuite à la Cour de France, servirent de prétexte à René pour quitter de nouveau l'Italie. Il se rendit en France, & entra dans les intérêts du jeune Roi contre le Duc d'Orleans. Dans les Etats qui se tinrent à Tours, il demanda qu'on lui rendît le comté de Provence, & les duchés d'Anjou & de Bar, qui lui appartenoient depuis la mort de René I. On lui répondit que le duché d'Anjou & le comté de Provence étoient des appanages de la couronne, ayant été cedés au Roi Louis XI. par Charles Comte du Maine, à qui le Roi René I. les avoit laissés ; qu'à l'égard du duché de Bar, le Roi n'y prétendoit rien, & qu'il ne s'en étoit emparé que pour la garantie de quelques sommes qu'il avoit prêtées au Roi René : que dès-lors le jeune Roi Charles VIII. étoit disposé à en retirer ses troupes & à lui restituer, en lui donnant quittance des sommes prêtées au Roi René.

La révolte des Napolitains contre Ferdinand, paroissoit une occasion favorable aux intérêts du Duc de Lorraine. Malgré les mécontentemens qu'il avoit reçus de la Cour de France, & qui l'avoient engagé à se retirer dans ses Etats, il ne laissa pas de faire quelques tentatives auprès de Charles VIII. pour en obtenir les secours dont il avoit besoin. Le Roi lui donna de grandes esperances qui n'eurent aucun effet. On lui fit même entendre dans la suite, que si la France faisoit quelques efforts pour conquerir ces deux royaumes, elle pretendroit les garder pour elle-même. Rebuté du peu de succès de ses négociations, il s'en retourna dans ses Etats. Sur ces entrefaites, Charles VIII. mourut, & le Duc d'Orleans connu sous le nom de Louis XII. monta sur le trône à sa place. Le Duc de Lorraine qui jusqu'alors avoit été l'ennemi de ce Prince, ne lui vit pas plutôt la couronne sur la tête, qu'il songea à se reconcilier avec lui.

DE L'UNIVERS. Liv. II. Ch. I.

René avoit atteint la cinquante-septiéme année de son âge lorsqu'il fut attaqué d'apoplexie. Il mourut le 10 de décembre 1508. René ne laissa aucun enfant de Jeanne d'Harcourt, & la stérilité de cette Princesse fut une des principales causes de son divorce. Il avoit épousé ensuite Philippe de Gueldres, dont il eut douze enfans; sçavoir, Charles, mort en bas âge; François, mort aussi en bas âge; Antoine qui lui succéda; Anne, Nicolas, Isabelle, morts en bas âge; Claude Duc de Guise, tige des Princes de Lorraine établis en France; Jean Cardinal de Lorraine, Louis Evêque de Verdun Comte de Vaudemont, Madame Claude, Madame Catherine sa sœur jumelle, François II. Comte de Lambesq & d'Orgnon, qui fut tué à la bataille de Pavie en 1524. René étoit un des Princes le plus accompli de son siécle. Il étoit libéral, magnifique, courageux, aimant à récompenser ceux qui lui avoient rendu service. Il aimoit la justice, & vouloit qu'elle fut rendue avec toute l'exactitude possible.

De la Lorraine.

Antoine, fils de René fut reconnu Duc de Lorraine aussi-tôt après la mort de son pere. Il naquit à Bar-le-Duc le 4 Juin 1489, & il avoit par conséquent environ dix-neuf ans lorsqu'il succéda à son pere. Il porta dans sa jeunesse le titre de Duc de Calabre, & fut élevé à la Cour de Louis XII. pour lequel il eut toujours un attachement sincere. Il accompagna ce Prince dans son expédition d'Italie, & y acquit beaucoup de gloire. Il aida le Roi de France à soumettre les Venitiens. Il ne fut pas moins dans les interêts de François I. successeur de Louis XII. & il se trouva avec ce Monarque à la bataille de Marignan. Il étoit si fort attaché à François I. qu'après la mort de Maximilien, il employa toutes sortes de moyens pour procurer l'Empire au Roi de France; ce qui lui occasionna plusieurs voyages en Allemagne.

Antoine XIXe. Duc héréditaire.

1508.

Luther avoit prêché sa doctrine en Allemagne, & il s'étoit fait un grand nombre de disciples. Ceux-ci voulurent s'établir dans la Lorraine; mais le Duc Antoine aidé des troupes de France, remporta sur eux plusieurs avantages. Cependant François I. étoit sorti de sa prison de Madrid, où Charles V. l'avoit retenu si long-temps; mais la guerre avoit bien-tôt recommencée entre ces deux Monarques. Antoine fit tous ses efforts pour rétablir s'il étoit possible la bonne union entre ces deux Princes. Il étoit occupé de cette grande affaire, & il se flattoit même d'en venir à bout lorsqu'il mourut. Cet évenement arriva à Bar-le-Duc le 14 de juin 1544. Il fut fort regretté de ses sujets pour lesquels il avoit toujours eu des entrailles de pere. Antoine laissa de Renée de Bourbon son épouse trois enfans; sçavoir, le Duc François qui lui succéda, Nicolas Evêque de Metz & de Verdun, puis Comte de Vaudemont, de Mercœur & Marquis de Nommeny & mort en 1577, & Anne de Lorraine qui épousa René de Châlons Prince d'Orange. Il avoit eu outre cela trois autres enfans morts en bas âge.

François fils & successeur d'Antoine étoit né à Nanci le 15 de février 1517, & il y avoit eu un magnifique tournois à sa naissance. François I. Roi de France, lui avoit donné son nom, & avoit voulu qu'il fut élevé à sa Cour. Animé du même zele que son pere, il travailla fortement à faire cesser la guerre qui duroit depuis si long-temps entre le Roi de France & l'Empereur. Les Lorrains se flattoient d'un regne aussi heureux que le précédent. Il le fut en effet, mais il ne dura pas long-temps: François mourut d'apoplexie dès la premiere année de son regne. Il laissa de sa femme Christine de Dannemark, niece de Charles V. un fils nommé Charles.

François XXe. Duc héréditaire.

1544.

DE LA LORRAINE.

CHARLES II. XXIe. Duc héréditaire.

1545.

Ce Prince n'avoit environ que trois ans lorsque son pere mourut. Après bien des difficultés, la Duchesse douairiere & le Prince Nicolas de Vaudemont eurent la régence pendant la minorité du jeune Duc. Henri II. étoit monté sur le trône de France, & il avoit pris la résolution au commencement de son regne de parcourir les frontieres de ses Etats. Etant arrivé à Nanci en 1552, il y fut reçu avec toute la magnificence possible; mais la Régente ne vit pas sans chagrin des troupes étrangeres placées dans sa capitale, & jusqu'au milieu de son Palais. Il fut résolu dans un des conseils du Roi qui se tinrent dans cette ville, de faire conduire en France le jeune Duc de Lorraine, à qui le Roi destinoit dès-lors la Princesse Claude sa fille. On y décida encore d'ôter à la Duchesse douairiere le commandement des places & des frontieres du pays, & de donner le gouvernement & la régence de la Lorraine au Prince Nicolas Duc de Mercœur & Comte de Vaudemont; qu'on mettroit dans Nanci une garnison de Lansquenets & de Lorrains, commandée par des officiers Lorrains, & qui prêteroient serment au Duc; que les domestiques de ce Prince, qui pour la plûpart étoient Allemands ou Flamands, & sujets de l'Empereur, seroient renvoyés incessamment & dans un certain temps limité; qu'au lieu du Seigneur Montbardon, on donneroit pour Gouverneur au jeune Prince le Seigneur de la Brosse-Mailly, ci-devant Gouverneur de M. le Duc de Longueville; que le nouveau Gouverneur seroit Lieutenant de cinquante hommes d'armes la plûpart Lorrains, qui seroient pour la garde du jeune Duc; qu'on assigneroit à ce Prince une pension annuelle de quarante mille livres, & une de deux mille au Comte de Vaudemont son oncle, avec une compagnie de cinquante hommes d'armes. La Duchesse douairiere fit tout ce qu'elle put pour engager le Roi à changer de résolution, mais ses prieres & ses larmes furent inutiles. Le Roi ayant assemblé les nobles du pays, leur fit entendre les motifs qui l'obligeoient à en user ainsi envers le Duc Charles, protestant qu'il ne prétendroit causer aucun préjudice ni à la Duchesse ni au Prince son fils. La noblesse prêta alors serment au jeune Duc Charles en présence du Roi & des Princes de son sang, & renonça au serment qui avoit été fait à la Duchesse douairiere. Les Lorrains parurent fort sensibles au départ de la mere & du fils, & au changement qui arriva tout-à-coup dans le gouvernement de la province. Je ne rapporterai point les différentes expéditions que Henri fit à Metz, à Toul & à Verdun. J'en ai fait mention dans l'Histoire de France, & je ne ferois que répéter ce que j'en ai déja dit.

Cependant le jeune Duc de Lorraine étoit à la Cour de France, où on lui procureroit tous les moyens de perfectionner son excellent naturel, & de faire briller ses grandes qualités. Il étoit si beau, & si bien fait que tous les Princes de l'Europe vouloient avoir son portrait, & Amurat III. Empereur des Turcs se le faisoient apporter tous les ans. "Dans un voyage qu'il fit en France à l'âge de soixante ans,
" une infinité de personnes se rendirent à la Cour pour le seul plaisir de l'y voir.
" Infatigable dans les travaux de la guerre, adroit dans tous les exercices du
" corps, de la chasse, des armes, il jouit d'une santé ferme & robuste jusqu'à la
" derniere extrémité de sa vie, ayant conservé jusqu'à la mort tous ses sens
" sains & entiers, sans aucuns besoins de secours extérieurs pour les fortifier
" ou les soutenir. On l'a vû dans un tournois qu'il donnoit pendant un carnaval,
" être blessé d'un éclat de lance à la gorge. Le bois étoit entré bien avant dans

la

DE L'UNIVERS. Liv. II. Ch. I.

» la chair, sans que le Prince changeât de couleur, ni qu'il témoignât la
« moindre frayeur. Il se le fit arracher sans jetter le moindre cri, & sou-
» tenant au contraire par sa fermeté & par ses discours tous les assistans
» allarmés. Les qualités de son cœur & de son esprit égaloient ou surpas-
» soient celles de son corps. Magnanime, libéral, prudent, sage, prévoyant,
» il sçut gouverner ses Etats avec la bonté & la modération d'un pere; il les
» rendit florissans par sa prudence & son économie. Il y attira de toutes parts
» des personnes habiles dans tous les arts. Il les aggrandit sans violence &
» sans effusion de sang, par une sage & éclairée politique. Il cultiva son
» esprit par toutes les belles connoissances dignes d'un grand Prince; sça-
» chant les langues de l'Europe, l'histoire & les intérêts des Princes: éclairé
» dans toutes les choses utiles à la vie. Sa grande experience dans les
» affaires l'avoit rendu un des plus grands politiques de l'Europe, & l'édu-
» cation qu'il avoit reçue dans la Cour de France, lui avoit procuré la con-
» noissance & l'estime de tous les premiers hommes de son siecle. Sçavant
» même dans les choses qu'il n'avoit pas étudiées exprès, mais qu'il avoit
» pour ainsi dire saisies dans les conversations des personnes éclairées &
» intelligentes. Il raisonnoit juste sur toutes choses. Habile physionomiste,
» il pénétroit jusqu'au fond de l'ame de ceux qui l'approchoient. «

DE LA
LORRAINE.

Le Duc de Lorraine retourna dans ses Etats après la mort de Henri II. Ils
avoient beaucoup soufferts pendant les longues guerres de la France & de
l'Empire. Il fit des reglemens pour remédier à tant de désordres, & ayant
donné le gouvernement de la province à la Duchesse sa mere, il retourna
en France; mais il n'y fit pas un long séjour. Pendant les guerres de religion
qui désoloient la France, l'Allemagne & les Pays-bas, & les différens troubles
qui agitoient l'Empire, le Duc Charles prit toutes les précautions nécessaires
pour maintenir la tranquillité dans son pays. Cependant il fut soupçonné
d'avoir favorisé la faction des Guises. Dans la querelle qui s'éleva entre Clement VIII. & la République de Venise, il ne voulut point souffrir que le
Comte de Vaudemont entrât au service des Venitiens contre le Pape; il
travailla au contraire à rétablir la paix entre ces deux puissances. Charles,
après avoir porté la Lorraine au plus haut point de gloire où elle avoit jamais
été, en y faisant fleurir les sciences & les arts, & en augmentant considérablement les revenus de ce duché par le moyen des salines, mourut à Nanci le 8
de mai 1608, ce qui jetta une grande consternation dans toute la Lorraine.
Il eut de Claude de France plusieurs enfans; sçavoir, Henri Marquis du Pont,
né à Nanci le 8 de novembre 1563, & qui prit ensuite le nom de Duc de
Bar lorsqu'il voulut épouser Catherine de Bourbon, sœur unique du Roi Henri
IV. ce qui souffrit plusieurs difficultés de la part de Rome. Son second fils
fut Charles Cardinal de Lorraine né à Nanci le 1 de juillet 1567. Le troisiéme François Comte de Vaudemont né à Nanci le 27 de février 1571. Le
Duc Charles eut aussi plusieurs filles; 1°. Christine née à Nanci le 6 d'août
1565, mariée à Ferdinand Gerard Duc de Toscane. Elle fut élevée à la Cour
de France par son ayeule Catherine de Medicis, & mourut le 19 de septembre
1636. 2°. Antoinette née à Gondreville le 23 d'août 1566, qui fut mariée
à Jean-Guillaume Duc de Juillers & de Cleves, Prince imbécille & frénétique.
3°. Anne née à Nanci le 10 d'octobre 1569. 4°. Catherine née à Nanci

1559.

Tome II. E

le 3 de novembre 1573. Cette Princesse fut Abbesse de Remiremont, & mourut à Paris en 1648. 5°. Elisabeth & Claude sœurs jumelles, nées à Nanci le 9 d'octobre 1574. Claude ne vécut pas ; mais Elisabeth épousa en 1594 Maximilien Duc de Baviere, & mourut en 1635 sans avoir eu d'enfans.

<small>DE LA LORRAINE.</small>

<small>HENRI XXIIe. Duc héréditaire.</small>

<small>1608.</small>

Le duché de Lorraine fut occupé après la mort de Charles II. par son fils Henri surnommé le Bon. Ce Prince avoit déja donné des preuves de sa valeur contre les troupes Allemandes qui étoient entrées en Lorraine, & en France au secours des Protestans. Le mariage qu'il avoit contracté avec Catherine de Bourbon, sœur de Henri IV. l'engagea par trop de scrupule à faire le voyage de Rome, pour tâcher d'en obtenir la dissolution ou la dispense. Cette Princesse étant morte en 1604, il épousa en secondes nôces Marguerite de Gonzague, fille de Vincent de Gonzague premier du nom, Duc de Mantoue, & d'Eleonor de Medicis, niece de Marie de Medicis Reine de France. Le regne de ce Prince ne nous offre aucun événement considérable : naturellement porté à la paix, il employa tous les ressorts pour la maintenir dans ses Etats. Jaloux de se faire aimer de ses sujets, il chercha tout ce qui pouvoit contribuer à leur bonheur. Il étoit en si grande vénération chez ses voisins, que les Suisses catholiques qui s'étoient brouillés avec les Protestans le prirent pour arbitre de leur querelle. Il termina aussi par la voye de la négociation, les differends qui étoient depuis long-temps entre lui & le Comte de Nassau Sarbruch & Sarwerden au sujet des villages de Veisvillers & de Volflingen, dont la souveraineté étoit disputée entre les Officiers de ces deux Princes. Elle fut cédée au Duc de Lorraine par le traité qu'il fit avec le Comte de Nassau. Le mariage de Nicole sa fille aînée souffrit plusieurs contradictions. Elle avoit à peine deux ans, que Henri IV. la fit demander en mariage pour le Dauphin ; le Roi d'Espagne avoit fait quelques jours auparavant la même demande pour l'Infant Philippe IV. & le Duc avoit envie de lui faire épouser Louis de Guise, Baron d'Anserville, depuis Prince de Phalzbourg, fils naturel du Cardinal de Guise. L'amour qu'il avoit pour ce jeune Prince, le portoit à vouloir le faire Duc de Lorraine. Mais dans la suite il consentit que la Princesse Nicole épousât Charles de Lorraine, fils aîné de François Comte de Vaudemont son frere. Henri mourut à Nanci le 31 de juillet 1624. La seiziéme année de son gouvernement, & la soixante-deuxiéme de son âge. Il n'eut de son second mariage que deux Princesses, Nicole dont nous venons de parler, & Claude qui fut mariée au Duc Nicolas-François. On lui reproche sa magnificence & sa liberalité qu'il poussa en effet jusqu'à l'excès.

<small>CHARLES III. XXIIIe. Duc héréditaire.</small>

Le mariage de Charles avec la Princesse Nicole lui donnant un droit sur les duchés de Lorraine & de Bar, il s'en mit en possession après la mort du Duc Henri. L'inclination n'avoit point fait ce mariage ; ainsi rien n'étant plus capable de retenir le Duc Charles, l'indifference naturelle qu'il avoit pour la Princesse son épouse, passa bien-tôt en mépris. Cette conduite irrita la Duchesse de Lorraine, & elle chercha dès-lors à marier sa sœur avec quelque Prince pour soutenir ses droits & ceux de sa sœur contre les entreprises de son époux. François Comte de Vaudemont pere de Charles, voulant assurer la Lorraine à son fils, reclama hautement ses droits, & se fit reconnoître dans les états tenus à Nanci, Duc de Lorraine à l'exclusion de Nicole sa niece.

Mais comme il n'avoit agi que pour les interêts de son fils, il lui céda & transporta tous ses droits après quelques jours de gouvernement. Charles reconnu de nouveau Duc de Lorraine en prit seul le titre dans tous les actes publics, sans faire mention de la Princesse son épouse, dont la condition ne paroissoit pas moins brillante au-dehors, puisqu'elle partageoit toujours les honneurs souverains avec Charles.

DE LA LORRAINE.

Le caractere belliqueux de ce Prince le porta à une vie plus conforme à celle d'un aventurier, qu'à celle d'un Souverain. Toujours les armes à la main, & ne respirant que les combats, on le vit tantôt dans le parti de la France, tantôt dans celui de la maison d'Autriche : aujourd'hui maître de ses Etats, & d'autres fois obligé de chercher un asyle chez ses voisins, & n'ayant souvent d'autres sujets que des soldats. Le premier mécontentement qu'il donna à la France, fut le traité secret qu'il fit avec Charles I. Roi d'Angleterre. On le découvrit dans les papiers de Montaigu qui fut mis à la bastille. Le Duc de Lorraine étant venu quelque temps après en France, pour accommoder l'affaire de l'Evêque de Verdun, qui s'étoit opposé à la construction d'une citadelle que le Cardinal de Richelieu avoit résolu de faire bâtir près de cette ville, & ayant demandé l'investiture du duché de Bar, ne reçut de la Cour aucune réponse favorable. On ne voulut lui accorder de recevoir son hommage, qu'en qualité d'époux de la Princesse Nicole. La retraite qu'il accorda à Gaston Duc d'Orleans, frere unique de Louis XIII. & le mariage de ce Prince avec sa sœur acheverent de le brouiller entierement avec la France. On dissimula cependant encore quelque temps de part & d'autre, & Charles qui ne vouloit pas encore se déclarer ouvertement, sembloit satisfaire à tout ce que Louis XIII. exigeoit de lui. Il s'excusa d'abord sur l'arrivée de Gaston en Lorraine, & déclara que les troupes qu'il avoit levées étoient destinées à secourir l'Empereur contre le Roi de Suede. Pour ôter tout soupçon, il leur fit passer le Rhin, & les employa à faire diverses conquêtes dont elles eurent seules toute la gloire; car les Impériaux intimidés par les succès des Suedois, n'avoient osé faire quelque entreprise considerable. La mauvaise saison ayant arrêté le cours des exploits du Duc de Lorraine, il renvoya ses troupes dans ses Etats, & se rendit à la cour de Munich. Le Duc de Baviere sollicité par la France, étoit près de prendre le parti du Roi de Suede; mais le Duc de Lorraine l'ayant bien-tôt fait changer de résolution, il leva une armée de vingt mille hommes, dont il donna le commandement au Duc Charles. La joye que ce Prince ressentoit de se voir en état d'acquerir de la gloire, fut troublée par les nouvelles qu'il reçut. Louis XIII. qui n'ignoroit pas sa conduite, étoit à Metz avec une armée considerable, & avoit fait mettre le siége devant Moyenvic. Obligé de deffendre ses propres Etats, il se vit contraint d'abandonner l'Allemagne & de repasser en Lorraine. Il n'y fut pas plutôt arrivé qu'il alla à Metz pour y voir le Roi. Ce Monarque lui fit tout l'accueil possible, mais il évita toujours de parler d'affaires, & cependant la ville de Moyenvic se trouva dans la nécessité de capituler. Le voisinage de l'armée Françoise ne permit pas au Duc de Lorraine, de rester du moins en apparence dans les interêts des ennemis du Roi. Il se vit forcé d'engager le Duc d'Orleans à sortir de ses Etats, & de signer en 1632 avec Louis XIII. un traité désavantageux. Il y étoit dit en

E 2

DE LA LORRAINE.

substance, que le Duc s'obligeoit à renoncer à tous les engagemens qu'il pourroit avoir contractés au préjudice du Roi, & qu'il n'en pourroit faire aucun sans son consentement ; que Charles ne permettroit dans ses Etats aucune levée de troupes contre le service de la France ; que le Duc donneroit toute liberté d'arrêter les sujets rebelles du Roi ; que si ce Monarque se trouvoit dans la nécessité de porter les armes en Allemagne, le Duc donneroit passage à ses troupes, leur fourniroit pour de l'argent, des vivres & autres choses nécessaires, & joindroit du moins quatre mille hommes de pied, & deux mille chevaux de ses forces à celles du Roi ; que dans ce cas le Duc participeroit pour un tiers aux conquêtes qui pourroient être faites. Enfin, que le Duc mettroit la Ville de Marsal en dépôt entre les mains du Roi pendant trois ans, durant lesquels le Duc jouiroit du domaine, de la ville & de ses dépendances.

Ce traité ne fut pas capable d'arrêter les desseins du Duc de Lorraine, & de l'empêcher de rester dans les intérêts de l'Empereur. Louis XIII. fut obligé de faire plusieurs voyages en Lorraine, & de se rendre maître de cette province pour forcer, s'il eut été possible, le Duc de Lorraine à rester tranquille. Ce Prince entraîné par son penchant pour la maison d'Autriche & pour le Duc de Baviere, aima mieux renoncer à ses Etats que d'embrasser un parti contraire à son inclination. Il se démit des duchés de Lorraine & de Bar, entre les mains du Cardinal de Lorraine son frere. L'acte fut passé à Mirecourt le 19 de janvier 1634. Après cette démission, Charles se retira en Alsace où il fut suivi par un grand nombre de personnes de la principale noblesse du pays, & par treize compagnies de cavalerie. Charles en sortant de ses Etats, avoit recommandé au Duc François son frere, de prendre garde qu'on ne lui enlevât la Princesse Claude & la Duchesse Nicole son épouse. Comme il n'avoit point eu d'enfans de cette Princesse depuis douze ans qu'il étoit marié, il appréhendoit que le Cardinal de Richelieu ne la portât à épouser quelque Prince François, qui par ce mariage auroit un droit au duché de Lorraine.

Le nouveau Duc signifia à la Cour de France la démission de son frere. Le Cardinal de Richelieu lui fit entendre que s'il vouloit rester ami de la France, il devoit tenir les traités qui avoient été faits avec le Duc Charles son frere, & remettre entre les mains du Roi, la minute du contract de mariage de Gaston d'Orleans avec Marguerite de Lorraine, & le nom des témoins qui avoient assisté à ce mariage, & du Prêtre qui l'avoit beni. Le nouveau Duc n'ayant pu satisfaire le Cardinal de Richelieu sur ces articles, ou n'ayant pas voulu le faire, le Ministre de France déclara que le Roi ne recevroit pas son hommage pour le duché de Bar, que ce Monarque regardoit comme réuni à la couronne de France par la félonie du Duc Charles, & que quant à la qualité du Duc de Lorraine que François prenoit depuis la démission de son frere, on avoit plus d'une raison pour la lui contester.

Jusqu'alors, il avoit été question du mariage du Duc François, qui avoit quitté la pourpre Romaine, avec la niece du Cardinal de Richelieu ; le Duc François craignant qu'on enlevât la Princesse Claude, & que le mariage de cette Princesse ne causât la ruine de sa maison, il résolut de l'épouser. Le temps pressoit, & l'on ne pouvoit attendre la dispense de la Cour de Rome :

il fallut donc paſſer par-deſſus toutes ces formalités, & le Prieur de Saint Remy leur donna la bénédiction nuptiale. Ce mariage leur attira bien des traverſes de la part de la Cour de France. Ils furent obligés de ſe ſauver ſous des habits de payſans, & de ſe rendre avec bien des peines & des fatigues à Beſançon, où étoit alors le Duc Charles. Ils paſſerent enſuite à Milan, où le Cardinal Infant leur fit tout l'accueil poſſible. Quant à la Ducheſſe Nicole, elle alla trouver à Fontainebleau Louis XIII. qui l'avoit invitée à faire ce voyage. Pendant qu'on la combloit d'honneurs en France, le Roi ſongeoit à conquerir le reſte de la Lorraine, & il en fut entierement le maître après la priſe de la Mothe qui ſe deffendit long-temps.

Cependant le Duc Charles qui étoit toujours à Beſançon, penſa plus d'une fois perdre la vie par les intrigues de quelques perſonnes mal intentionées. Peu de temps après, ce Prince ſe rendit à Milan, où il concerta avec le Cardinal Infant ſur les opérations de la campagne. Il s'avança enſuite avec ſon armée juſqu'en Tirol, & étant arrivé à Bruns où étoit alors la Cour de Baviere, il accepta le commandement de la Ligue catholique. Je ne ſuivrai point le Duc Charles dans ſes differentes expéditions en Allemagne ; parce que ces faits appartiennent à l'hiſtoire de ce pays. Il me ſuffit d'obſerver ici que ce Prince y acquit beaucoup de gloire, & remporta de grands avantages ſur les ennemis. Il ſe menagea ſi peu pendant la campagne de 1634 & pendant tout l'hyver de 1635, qu'il tomba dangereuſement malade. Après le rétabliſſement de ſa ſanté, il ſe mit de nouveau à la tête des troupes, & eut encore occaſion de ſe ſignaler. On lui avoit conſeillé de demander le duché de Virtemberg en attendant qu'il pût rentrer en poſſeſſion de ſes Etats ; mais il aima mieux repaſſer en Lorraine, & s'y rétablir par la voye des armes. En conſéquence, il ſe rendit à Remiremont, dont ſes troupes s'étoient déja emparés. Ce premier ſuccès fut ſuivi de pluſieurs autres ; ce qui engagea Louis XIII. à aller en Lorraine pour ſe mettre à la tête de ſes troupes. La priſe de Saint Michel inquietât beaucoup le Duc Charles ; mais ce Prince ayant été joint par le Comte de Galas, il ſe trouva en état de faire quelques conquêtes. Cet avantage ne fut pas de longue durée : les Généraux François ayant réuni toutes leurs forces, allerent camper entre Vic & Moyenvic. Par cette poſition, ils trouverent moyen de couper les vivres aux troupes du Duc Charles, & le contraignirent à ſortir de nouveau de la Lorraine. Galas paſſa en Alſace, & le Duc Charles ſe retira à Beſançon. Il en ſortit au bout d'un mois pour ſe rendre à Bruxelles. Il y eut quelques conférences avec l'Infant.

Charles ne cherchoit que de nouvelles occaſions d'acquerir de la gloire, & de faire uſage de ſes troupes. La guerre que l'Electeur de Cologne faiſoit avec les Bourgeois de Liege, lui en préſenta une. Il conſentit à marcher au ſecours de cet Electeur avec Jean de Wert qui l'étoit venu joindre. Il ſe préſenta en effet devant la ville, & incommoda beaucoup les habitans ; mais n'ayant point reçu de nouvelles troupes de l'Archevêque de Cologne, & d'ailleurs ſon armée ayant beaucoup de peine à ſubſiſter, il s'offrit pour être médiateur, & rétablit la paix entre l'Electeur & les habitans de Liege. La Lorraine étoit alors expoſée aux plus grands maux : elle ſouffroit ce que la guerre, la peſte & la famine ont de plus affreux. Toutes les places forts & les châteaux furent démolis, & la Lorraine n'offroit par-tout qu'un pays ruiné & défolé.

Les Espagnols avoient résolu d'entrer en France au commencement du printems, & le Cardinal Infant engagea le Duc Charles à se joindre avec lui. Ce Prince y consentit volontiers, & ayant rassemblé toutes ses troupes, qui formoient un corps d'environ neuf à dix mille hommes, il entra en France avec l'armée Espagnole, & commença les hostilités par la prise de la Cappelle. Les commencemens de cette guerre furent assez heureux pour les ennemis de la France; mais dans la suite les choses changerent de face, & le Duc de Lorraine échoua devant Saint-Jean-de-Lône : une violente tempête & le débordement subit de la Saône le forcerent à décamper si promptement, qu'il laissa son artillerie & une partie du bagage. Sur la fin de la campagne, le Duc Charles entreprit de se rendre maître de quelques places de la Lorraine. Il s'empara en effet de Remiremont, d'Epinal, de Châtel-sur-Moselle, de Charmes & de quelques autres places. Il battit aussi quelques corps de François & de Suedois qui avoient voulu arrêter ses progrès. Il partagea ensuite ses troupes, & les ayant envoyées sous la conduite de ses Généraux, il se retira à Besançon où son inclination pour la Princesse de Cante-Croix le rappelloit. Il profita du temps que l'hyver lui donnoit pour conclure son mariage avec cette Dame, & il fut célébré au mois d'avril 1637.

Cependant les Généraux François avoient repris toutes les places, dont le Duc Charles s'étoit rendu maître quelque temps auparavant, & le pays avoit été ruiné de nouveau, tant par les François que par une troupe de bandits qui faisoient le dégat de tous côtés, sous prétexte de servir le Duc de Lorraine.

Le Roi d'Espagne pour recompenser le Duc Charles des services qu'il lui avoit rendus, le déclara Capitaine-général de Bourgogne, avec ordre à ses Ministres de lui offrir un entretien proportionné à sa naissance. Le Duc accepta la charge ; mais il ne voulut pas recevoir plus que ce qu'on auroit donné à un soldat de fortune. Le Ministre parut étonné de sa déclaration & lui dit que le Roi d'Espagne ne consentiroit jamais qu'il se contentât d'une pension si modique. Charles lui repliqua que sa naissance lui deviendroit incommode si elle l'empêchoit de vivre de son épée comme tant de soldats de fortune. L'armée de ce Prince étoit ordinairement sans paye, sans argent, sans artillerie & autres munitions de guerre. Le grand nombre d'ennemis que Charles eut à combattre dans cette Province, ne servit qu'à lui fournir l'occasion de donner de nouvelles preuves de sa valeur & de son intrepidité. Après avoir soutenu les efforts des François en plusieurs occasions & même souvent avec avantage, il trouva moyen de les empêcher de se rendre maîtres de Salins.

Le Vicomte de Turenne qui traversoit alors la Lorraine pour aller joindre le Duc de Weymar, fit assiéger Remiremont ; mais après quelques jours de siege, les François furent obligés d'abandonner leur entreprise. Les troupes que le Duc avoit envoyées au secours de cette place, étant arrivées après la retraite du Vicomte de Turenne, surprirent Ramberviller, Baccarat & Domevre, Epinal eut bien-tôt le même sort. L'Abbesse de Remiremont obtint une neutralité pour les villes de Remiremont & d'Epinal, & pour les quatre Prevôtés qui en dépendent ; mais aux conditions qu'on payeroit certaines contributions pour l'entretien des troupes Françoises. On trouva cette charge bien légere en comparaison des maux auſquels on étoit expoſé auparavant, & le pays de Vôge reſpira un peu, pendant les trois ans que la neutralité dura. Ces petits ſuccès engagerent le Duc Charles à faire un voyage dans ſes Etats. Il n'y reſta que huit jours, ſon armée qu'il avoit laiſſé en Franche-Comté ſouffrit de ſon abſence, & il la trouva conſidérablement diminuée, tant par la deſertion que la diſette des vivres avoit occaſionnée, que par la contagion qui en avoit enlevé une grande partie.

Malgré la foibleſſe de ſon armée, Charles ne perdoit point de vûe ſes grands projets. D'un côté, il ſongeoit à reprendre ſes Etats ; & de l'autre, à ſecourir Briſac, que le Duc de Weymar aſſiégeoit. Les troupes qu'il avoit en Lorraine, avoient chaſſé les François de Luneville, & étoient déja occupées à relever les fortifications de cette place. Cependant, il ſe diſpoſoit à marcher au ſecours de Briſac. Il n'avoit avec lui que trois mille hommes. Le Duc de Weymar inſtruit de ſon arrivée, envoya contre lui un détachement conſidérable. L'habileté de Charles ſuppléa au nombre dans cette occaſion ; & avec une ſi petite troupe, il trouva moyen de défaire ſes ennemis (13). Charles, déſeſperant de ſecourir Briſac, tourna tous ſes ſoins du côté de Luneville, qui étoit aſſiégée par le Duc de Longueville ; mais pendant qu'il faiſoit tous les préparatifs néceſſaires pour ſecourir la place, il apprit qu'elle avoit été obligée de capituler ; ce qui le détermina à prendre ſes quartiers d'hyver en Bourgogne. La France ne pouvoit s'empêcher de rendre juſtice à la valeur de Charles, & elle auroit deſiré que ce Prince employât ſes talens militaires pour ſes intérêts. Dès l'an 1639, on lui fit quelques propoſitions d'accommodement ; mais elles furent ſans ſuccès, & ce Prince ſervit encore en Flandres l'année ſuivante, dans les troupes Eſpagnoles. Pendant cette campagne, où il s'étoit beaucoup diſtingué, ſur-tout devant Arras, il avoit trouvé moyen de reprendre pluſieurs places dans la Lorraine.

Charles, dégoûté depuis quelque temps de la conduite des Eſpagnols & des Impériaux à ſon égard, commença à écouter plus volontiers les propoſitions de la Cour de France ; & ſur le ſimple paſſeport du Roi, il eut la hardieſſe de ſe rendre à Paris. On le reçut avec tous les honneurs dûs à ſa naiſſance. Le Cardinal de Richelieu lui témoigna l'envie qu'il avoit de le bien ſervir. Un accueil ſi favorable relevoit déja les eſpérances du Duc de Lorraine, lorſque les propoſitions du traité qu'on lui préſenta lui fit reconnoître qu'il s'étoit abuſé. Il contenoit en ſubſtance :

» 1°. Que durant la guerre préſente & après la paix, Charles & ſes ſuc-
» ceſſeurs demeureront inviolablement attachés aux intérêts de la Couronne
» de France. 2°. Qu'ils n'auront aucune intelligence avec les Princes de la
» maiſon d'Autriche, ou les autres ennemis de la France. 3°. Que le Duc
» renoncera à tous les traités qu'il peut avoir fait auparavant en ce qu'ils
» contiennent de contraire à celui-ci. 4°. A ces conditions, le Roi le réta-
» blira en poſſeſſion du duché de Lorraine & de celui de Bar, relevant de

---

(13) D'autres hiſtoriens prétendent que le Duc de Lorraine ne battit point les enne- | mis, mais qu'il fit une des plus belles retraites dont l'hiſtoire faſſe mention.

DE LA LORRAINE.

» la Couronne de France, & tous les Etats qu'il avoit possédés auparavant,
» excepté le comté de Clermont & ses dépendances, les terres de Stenay &
» de Jametz; la ville de Dun & ses fauxbourgs, qui sont cédés au Roi &
» à ses successeurs. 5°. Que jusqu'à la fin de la guerre présente, Nanci de-
» meurera entre les mains du Roi, qui se réserve la liberté d'en démolir
» les fortifications, s'il le juge à propos. Par l'article secret, il étoit dit que
» le Roi ne restitueroit au Duc les deux villes de Nanci, qu'après en avoir
» détruit les fortifications, que le Duc ne pourroit faire sa demeure ordinaire
» à Luneville, comme trop proche de Nanci. 6°. Que le Duc ne pourra,
» pendant tout le temps que le Roi tiendra cette place, mettre ses troupes
» en quartiers plus près qu'à cinq lieues de Nanci. 7°. Que les fortifications
» de Marsal seront rasées, avant que la place soit restituée à Charles, & qu'elle
» ne pourra être fortifiée à l'avenir. 8°. Que ce Prince joindra les troupes
» qu'il a présentement, & celles qu'il aura dans la suite, aux armées du Roi.
» 9°. Que les officiers & les soldats du Duc feront serment de fidélité au Roi,
» & promettront de le bien servir envers & contre tous ceux avec qui le Roi
» sera en guerre, en tels lieux, & ainsi qu'il l'ordonnera. 10°. Que Charles ac-
» cordera dans ses Etats un libre passage aux troupes que le Roi voudra envoyer
» en Alsace, en Allemagne, dans le Luxembourg & dans la Franche-comté.
» 11°. Que tous les Lorrains, qui sont passés à la Cour de France, & qui ont
» fait au Roi le serment de fidélité, ne seront pas pour cela recherchés par le
» Duc; mais qu'il les traitera comme ses autres sujets. 12°. Que les différends
» qui étoient à décider auparavant la guerre, pour raison de diverses parties
» des Etats du Duc, seroient terminés à l'amiable. 13°. Qu'en cas de contraven-
» tion de la part du Duc au présent traité, il consent que tout ce que le Roi
» lui rend, soit inséparablement uni à la Couronne de France. 14°. Le Roi
» déclare qu'il n'entre point dans ce qui concerne la dissolution du mariage
» du Duc avec la Princesse Nicole, l'affaire étant purement du tribunal ecclé-
» siastique; mais il fut arrêté que le Duc donneroit par forme de pension à la
» Duchesse son épouse, six-vingt mille livres monnoye de France par cha-
» cun an. «

Charles, qui n'avoit point envie d'observer les articles de ce traité, le signa le 2 d'avril, quelque dures que fussent les conditions. Il se rendit ensuite dans ses Etats, où ses sujets le reçurent avec des démonstrations de joie extraordinaires. A peine fut-il arrivé à Bar, qu'on lui fit signer la ratification du traité qu'il avoit passé à Paris; mais quelques jours après, il fit une protestation contre tout ce qu'il avoit fait. Le Duc Nicolas-François, qui étoit alors à Vienne en Autriche, en fit aussi une contre tout ce que le Duc Charles avoit fait & signé à Paris, au préjudice des droits de souveraineté de la maison de Lorraine, & en particulier contre les articles du traité. Le Duc Charles étant entré en possession de tous ses Etats, demanda la démolition de Marsal. On fut surpris à la Cour de France, d'une demande qui paroissoit si contraire à ses intérêts. On prétend que le dessein du Duc étoit de s'emparer de la ville aussi-tôt qu'on auroit démoli un bastion, & de la mettre en état de défense avant qu'on eut envoyé une armée pour la reprendre.

Charles, mécontent du traité qu'il avoit fait, ne cherchoit que les occasions de le rompre, & il avoit déja contracté une alliance secrette avec le Comte

de

de Soissons & le Duc de Bouillon, qui occasionnoient alors quelques troubles dans la France. Le Cardinal de Richelieu avoit découvert ses desseins, & pour l'empêcher de les exécuter, il l'avoit pressé de joindre ses troupes à celles du Roi. La mort du Comte de Soissons arrivée vers ce temps-là, & la paix que le Duc de Bouillon avoit été contraint de faire avec le Roi, rompirent toutes les espérances du Duc Charles, & l'engagerent à sortir une seconde fois de ses Etats pour prévenir les effets du ressentiment de la France. Il alla avec ses troupes se camper dans son ancien poste entre la Sambre & la Meuse, d'où les François ne purent jamais le débusquer pendant tout le temps que la guerre dura. Un de ses principaux talens avoit toujours été de sçavoir se camper avec avantage.

DE LA LORRAINE.

Le Duc Charles, qui ne cherchoit que les occasions de se déclarer l'ennemi de la France, se joignit au Duc de Baviere, qui étoit entré en guerre avec cette puissance pendant la minorité de Louis XIV. Les troupes de Suede devoient se joindre aux François pour pénétrer dans la Baviere; mais la manœuvre du Duc Charles empêcha la jonction, & il se posta si avantageusement, que les ennemis ne purent rien entreprendre. Le Duc de Lorraine, profitant de la rigueur de l'hyver, surprit les Suedois dans leurs quartiers, en tailla une grande partie en pieces & fit un grand nombre de prisonniers, parmi lesquels il y avoit plusieurs officiers généraux. Le Duc, profitant de cet avantage, s'empara de Rotteweil; il prit ensuite la route des Pays-bas, pendant que le Comte de Ligniville se rendoit maître de quelques places dans la Lorraine, que le Duc conserva jusqu'à l'arrivée du Marquis de la Ferté. Charles aida les Espagnols à reprendre plusieurs villes dans la Flandres. L'Empereur & la France avoient enfin signé à Munster un traité, dans lequel le Duc de Lorraine n'avoit point été compris; & l'on avoit remis à discuter les intérêts de ce Prince lorsque Louis XIV. feroit la paix avec le Roi Catholique. Les Espagnols avoient refusé d'accéder au traité, dans l'esperance de profiter des troubles dont la France étoit alors agitée, & la guerre continua encore quelque temps. Charles se voyant sans ressource par le traité de Munster, proposa un nouvel accommodement avec la France: les propositions qu'on lui fit lui paroissant trop dures, les choses demeurerent dans le même état où elles étoient auparavant, & le Duc de Lorraine servit encore dans l'armée d'Espagne, qui étoit dans les Pays-bas; mais les railleries que l'Archiduc essuya plusieurs fois de ce Prince, l'indisposerent contre lui & le porterent à en prendre vengeance. Cependant il n'exécuta son dessein que quelques années après. Charles profitant de la querelle qui s'étoit élevée entre les Princes & le Cardinal Mazarin, prit le parti des premiers & joignit ses troupes au Vicomte de Turenne.

1643.

1648.

La valeur de Charles étoit connue de toute l'Europe, & chacun souhaitoit l'attirer dans son parti. L'Irlande obligée de plier sous la tyrannie de Cromwell, crut trouver dans le Duc de Lorraine un défenseur capable de la soustraire au joug que ce fameux politique lui avoit imposé. Les Archevêques & Evêques d'Irlande lui envoyerent une députation, pour le conjurer de marcher promptement à leur secours. Charles, toujours avide de gloire, signa le 3. de juillet 1651 un traité, par lequel il s'engageoit de remettre le Roi Charles II. sur le trône à quelque prix que ce fut, & à passer en personne en

1650.
1651.

Tome II. F

DE LA
LORRAINE.

Irlande, avec sept mille hommes. Le Duc rencontra tant d'obstacles dans l'exécution de ce grand dessein, qu'il fut obligé de l'abandonner. Cependant la guerre des Princes continuoit toujours en France ; & Charles qui étoit dans leurs intérêts, s'avança jusqu'à Paris. Il demeura dans cette ville pendant trois jours, & l'on prétend qu'il fit en cette occasion un accommodement avec la Reine. Quoiqu'il en soit, il décampa le 17 de juin 1652, & se retira en Lorraine. Il pouvoit alors y rester tranquillement ; & cependant il alla de nouveau offrir ses services aux Espagnols, dont il avoit si souvent éprouvé la mauvaise volonté & les hauteurs. Il n'eut pas lieu d'être content de sa réception : on lui imputa le mauvais succès du combat de la porte saint Antoine, donné le 2 de juillet 1652. Il se vit obligé de prendre une seconde fois le parti du Prince de Condé, & il promit de le servir pendant deux mois.

1654.

Les Espagnols qui croyoient n'avoir plus besoin du bras du Duc de Lorraine, ou qui craignoient que ce Prince n'exécutât quelque dessein contraire à leurs intérêts, l'arrêterent prisonnier & l'enfermerent dans la citadelle d'Anvers. On eut même la lâcheté de se saisir de ses pierreries, & de tout l'argent qui lui appartenoit. Telle fut la récompense qu'il reçut des grands services qu'il avoit rendus à l'Espagne. Sa disgrace ne lui fit rien perdre de la liberté de son esprit ni de son humeur enjouée. Il resta enfermé près de cinq mois, sans qu'on permît à ses parens mêmes de le voir. Cependant le tribunal de la Rote avoit enfin prononcé sur la validité de son mariage avec la Princesse Nicole, & avoit déclaré que la Princesse de Cante-Croix n'avoit aucune action contr'elle. Le Duc François, qui étoit encore à la Cour de Vienne, ayant appris la détention de son frere, alla se mettre à la tête des troupes Lorraines qui étoient en Flandres. Il les exhorta à servir fidelement l'Espagne, comme étant l'unique moyen d'obtenir la liberté du Duc Charles. La cour souveraine de Lorraine & Barrois prit en même-temps toutes les précautions nécessaires pour maintenir l'autorité de ce Prince dans la petite partie de ses Etats qui lui restoient. Toute l'Europe vit avec étonnement la conduite que les Espagnols tenoient à l'égard du Duc Charles. L'Archiduc publia un manifeste, par lequel il prétendoit se justifier de l'emprisonnement du Duc de Lorraine ; en chargeant ce Prince de plusieurs choses qui sembloient autoriser l'Archiduc à le traiter en ennemi. Le Duc François fut aussi soupçonné d'avoir eu part à l'emprisonnement de son frere, & ce soupçon étoit fondé sur l'attachement qu'il parut d'abord avoir pour les Espagnols. Il resta cependant long-temps incertain sur le parti qu'il devoit prendre, & les différens conseils qu'on lui donna, ne servant qu'à augmenter son irrésolution, il fit de grandes fautes avec les meilleurs intentions du monde. Le Duc Charles ayant été transferé d'Anvers à Dunkerque, fut enfin conduit en Espagne. On l'enferma à Tolede dans une ancienne tour, où on le traita assez durement. Le Duc François qui étoit resté à l'armée d'Espagne, ne fut pas long-temps sans avoir lieu de se plaindre de Fuenseldagne ; & les troupes Lorraines furent mises dans les plus mauvais quartiers d'hyver. Ces mauvais traitemens n'empêcherent pas les Lorrains de faire leur devoir dans la campagne suivante. Le Cardinal Mazarin avoit déja fait tous ses efforts pour les attirer au service de la France, & quelques officiers généraux avoient déja accepté les propositions qu'on leur avoit faites; ce qui avoit fait perdre au Duc François une partie de son crédit auprès des Espagnols.

Charles s'ennuyoit dans sa prison, & il étoit résolu à tout faire pour en sortir. Il fit donc proposer à la Cour d'Espagne de lui donner ses troupes & une grosse somme d'argent en ôtage de sa fidelité. Les Cours de Rome, de Vienne & la République de Venise s'employerent avec zele pour lui procurer la liberté. La Princesse Nicole travailla plus efficacement. Le Duc Charles lui avoit envoyé un acte, par lequel il lui transportoit toute son autorité, & ne laissoit au Duc François que la qualité de Lieutenant-général. La Duchesse Nicole traita avec la France, pour faire passer à son service toutes les troupes Lorraines. Elle rendit ensuite une déclaration, par laquelle elle ordonnoit aux officiers & aux soldats du Duc Charles de quitter incessamment le service de l'Espagne, & de se rendre sur les frontieres de France. Les troupes refuserent de reconnoître d'autre autorité que celle du Duc François. La cour souveraine de Lorraine refusa d'abord d'obéir à la Duchesse Nicole; mais enfin elle la reconnut pour Régente pendant l'absence du Duc. Ce Prince traitoit toujours avec l'Espagne, pendant que son épouse étoit en négociation avec la France. Le traité paroissoit conclu avec les Espagnols, & Charles avoit déja donné ses ordres pour que ses troupes s'engageassent à leur service; mais le Duc François, qui avoit d'abord été si fort attaché à l'Archiduc, trouva moyen de passer en France avec les troupes Lorraines. Il se rendit à la Cour, & obtint la restitution de ses châteaux, terres & bénéfices. Charles craignant que la conduite du Duc François ne fut un obstacle à son élargissement, en conçut une étrange indignation contre son frere. Une partie des Princes & Seigneurs François étoient dans le parti de la Duchesse Nicole, qui prétendoit jouir de tous les droits de la souveraineté à l'exclusion du Duc François; l'autre penchoit du côté de ce Prince, sur-tout à cause de Ferdinand & de Charles ses fils, à qui il étoit mal-aisé de refuser son estime. Dans la suite la Duchesse Nicole prit le parti de François, dans la crainte que le Duc Charles ne voulût céder ses duchés de Lorraine & de Bar au Prince de Vaudemont fils de la Princesse de Cante-Croix.

La Duchesse Nicole travailloit toujours avec beaucoup d'ardeur pour procurer la liberté à son époux; mais elle mourut avant que d'avoir pu réussir. La mort de cette Princesse arrivée au commencement de février 1657, parut à la Princesse de Cante-Croix un évenement favorable pour la fortune de ses enfans. Elle fit presser le Duc de déclarer & de ratifier son mariage avec elle. Le Duc Charles alors prévenu contr'elle, refusa de lui donner satisfaction.

Les Espagnols croyant n'avoir plus rien à craindre de la part du Duc Charles, & d'ailleurs ne pouvant résister aux vives sollicitations de plusieurs Princes de l'Europe, consentirent enfin à son élargissement; mais ils ne le firent que par degrés. Les Cours de France & d'Espagne étoient alors entrées en négociations ensemble, pour conclurre une paix solide & durable. Le Duc Charles n'y fut pas traité comme un allié, mais comme un Prince qu'on vouloit mettre hors d'état de brouiller à l'avenir les deux royaumes bornés par ses Etats. Il fut donc reglé que le Duc Charles seroit remis en possession de ses biens sous ces conditions : qu'il démoliroit Nanci : qu'il céderoit à la France Moyenvic, le duché de Bar, le comté de Clermont, Stenay,

DE LA LORRAINE.

1655.

1659.

Dun & Jametz, & qu'il donneroit un passage libre & ouvert aux troupes que le Roi de France voudroit envoyer en Alsace ; que le Duc Charles ni aucuns Princes de sa maison ne pourroient demeurer armés ; mais qu'ils seroient obligés de licentier leurs troupes à la publication de la paix ; que le Duc Charles renonceroit à toute intelligence, ligue & association qu'il pourroit avoir avec quelque puissance que ce fût, au préjudice de la couronne de France. Après ces reglemens, le Duc de Lorraine fut remis en pleine liberté. Charles n'étoit pas content des articles du traité, & il ne fut pas plutôt devenu libre qu'il se plaignit hautement de l'ingratitude des Espagnols & de la maison d'Autriche. On fut obligé de tenir plusieurs conférences pour signer le traité, parce que le Duc faisoit tous les jours naître de nouvelles difficultés. Il se rendit en France, & fut obligé d'avoir recours au Cardinal Mazarin pour obtenir des conditions moins dures. Il conclut en 1661 à Vincennes un nouveau traité par lesquels les duchés de Lorraine & de Bar lui étoient rendus, à la réserve de Sirk & de quelques autres villages. Le Roi retenoit Moyenvic, le comté de Clermont, Stenay & Jametz. Il fut de plus résolu, que les fortifications de Nanci seroient démolies ; que le Duc n'en pourroit faire de nouvelles en aucunes places de ses Etats, sans l'agré-ment du Roi ; que ce Monarque seroit mis en possession de Sarbourg & Phalsbourg, & des postes nécessaires pour conserver un chemin libre, depuis l'entrée des terres de son domaine jusqu'en Allemagne. En consé-quence il rendit au Roi foi & hommage pour le duché de Bar. Après cette cérémonie il retourna en Lorraine dont il visita les places.

Quelques temps après il retourna en France, où il s'attira du chagrin par ses irrésolutions continuelles. Le mariage du Prince Charles son neveu avec Mademoiselle de Nemours souffrit bien des difficultés de sa part. Il y avoit d'abord consenti : mais les délais qu'il occasionnoit lui-même fai-soient assez voir qu'il s'y opposoit secretement. Enfin, on ne sçait par quel motif Charles signa en 1662 un nouveau traité avec la France, dont voici les principaux articles : " Que le Duc Charles céde & transporte au
» Roi la propriété de ses Etats & duchés de Lorraine & de Bar, leurs dé-
» pendances & annexes pour en jouir après son décès, en tout droit de
» souveraineté pour être unis & incorporés à la Couronne de France à ja-
» mais. Il est dit en conséquence que le Duc jouira sa vie durant des
» duchés de Lorraine & de Bar en toute souveraineté, en la maniere qu'il
» auroit fait ou pu faire avant le présent traité. Et en considération de
» cette cession, le Roi déclare dès-à-présent tous les Princes de la maison
» de Lorraine, habiles & capables de succéder à sa couronne, les aggré-
» geant à sa famille royale, & les adoptant à cet effet ; veut qu'ils y soient
» appellés selon leur rang de mâles en mâles après l'auguste maison de
» Bourbon ; qu'ils marchent devant tous les Princes issus des maisons sou-
» veraines étrangeres, ou enfans naturels des Rois & leurs descendans ; &
» jouissent des priviléges & prérogatives des Princes de son sang, à con-
» dition néanmoins que dans les lieux où les Pairs du royaume ont rang
» & séance, en qualité de Pair, les Princes de la maison de Lorraine ne
» s'y pourront trouver en plus grand nombre, que quatre, selon l'ordre &
» le rang de leur aînesse, pour y prendre leur rang comme les Princes du
» sang. "

Ce traité fut signé à Montmartre le 6 de février 1662, en présence du Duc de Guise & de l'Abbesse de Montmartre sa sœur. Le Duc François & le Prince Charles son fils apprirent cette nouvelle avec beaucoup de chagrin, & la Cour souveraine de Lorraine & du Barrois crut voir son anéantissement dans le traité que Charles venoit de passer. Elle ne put retenir ses plaintes, & tous les Lorrains témoignerent leur mécontentement. Le Duc François écrivit à tous les Gouverneurs des places pour les engager à ne les point céder aux troupes Françoises. Le Prince Charles ayant employé inutilement tous les moyens pour porter le Roi à renoncer à ce traité, se retira d'abord à Besançon, ensuite en Italie & de-là à Vienne. Pendant son absence le Duc François, son pere fondé de procuration, épousa au nom de son fils Mademoiselle de Nemours. Il fit ensuite de très-humbles remontrances au Roi, au sujet de la cession que le Duc son frere lui avoit faite. Le Duc Charles de son côté déclara qu'on avoit inséré trois ou quatre articles faux ou altérés, & qui étoient contraires à ses intérêts. Il demanda au Roi, ou son exécution dans toute son étendue, ou sa cassation entiere. Le Roi sans avoir égard à toutes ces remontrances, somma le Duc Charles de lui remettre Marsal entre les mains pour la sûreté de la cession, & le Duc lui demanda en même-temps de faire accepter le traité par les Etats du royaume & par les Princes du sang, persuadé que ces derniers n'y consentiroient jamais.

Au milieu de tant de troubles, l'amour avoit encore un empire absolu sur le cœur de ce Prince; & les charmes de Marie-Anne Pajot fille d'un Apoticaire, le captiverent au point qu'il résolut de l'épouser. Pour calmer les inquietudes du Duc François, il promit par un acte autentique de reconnoître le Prince Charles son neveu pour son unique & légitime héritier des duchés de Lorraine & de Bar, & déclara en même-temps que s'il lui naissoit des enfans de ce mariage, ils ne pourroient jamais prétendre à ces duchés. Le contract de mariage avec Mademoiselle Pajot fut fait en secret le 18 d'avril. Cependant le traité de Montmartre souffroit de grandes difficultés. Le Roi lassé des remises continuelles du Duc à l'égard de Marsal, donna ordre de lui saisir tous ses domaines, & contraignit par les armes, ses Officiers à se désaisir de leurs deniers entre ses mains. Charles privé de nouveau de ses revenus envoya ses députés à la Diete de Ratisbonne. Les instructions qu'il leur avoit données rouloient principalement sur la nullité du traité de Montmartre, & sur la qualité du fief de l'Empire, qu'il prétendoit appartenir à la Lorraine, malgré le traité de Nuremberg de l'an 1542.

Une nouvelle inclination troubla le repos dont Charles jouissoit à Mirecourt. Une jeune Chanoinesse nommée Isabelle Comtesse de Ludre le charma si fort qu'il lui parla de mariage. Des propositions il en vint bien-tôt à l'effet, puisqu'il fut fiancé à cette Dame. La Princesse de Cante-Croix fit alors de nouvelles tentatives pour engager le Duc, ou à déclarer son mariage avec elle, ou à le rehabiliter. Le Prince trop passionné pour sa nouvelle maîtresse, alloit faire célébrer le mariage lorsque la mere de la Comtesse de Ludre rompit tout commerce avec le Duc. Le chagrin que les refus du Duc avoient causé à la Princesse de Cante-Croix, lui occasionnerent une maladie qui la conduisit au tombeau. Le Duc informé de son état consentit alors à l'époufer par Procureur, & comme le danger preffoit on ne put attendre les difpenfes de la Cour de Rome, qui dans la fuite refufa de les accorder.

Louis le Grand perfuadé que toutes les voyes de négociations étoient inutiles avec le Duc Charles, fe rendit à Metz avec fon armée, & fit faire le fiége de Marfal. Le Duc de Lorraine défefperant de pouvoir fauver cette place, & craignant d'ailleurs la perte de fes Etats, figna un nouveau traité par lequel il s'engageoit de remettre cette ville entre les mains du Roi dans trois jours fans rien endommager. Le Roi lui promettoit après la remife de la place, de retirer toutes les troupes qu'il avoit dans fes Etats, dont il lui laifferoit la jouiffance libre & entiere. Ce Monarque s'obligeoit en même-temps à lui faire reftituer les deniers qu'on avoit retenus fur fes domaines. Le Duc auroit fouhaité que le Roi renonçât au traité de 1662; mais on lui fit entendre qu'il devoit être content que ce Monarque y derogeât tacitement en le remettant au traité de Vincennes fait l'année précédente.

Le Duc de Lorraine s'étant raccommodé avec la France, fe retira à Nanci que le Roi avoit permis de fermer d'une fimple muraille. Le Duc François & le Prince Charles voulurent fe rendre à fa Cour; mais il refufa de les y recevoir, ce qui obligea le Duc François à fe retirer à Pont-à-Mouffon, & le Prince Charles n'ayant pu trouver de retraite à Paris, paffa à la Cour de Vienne. Le Duc de Lorraine ne fongeant plus qu'à vivre en paix, s'occupa à rétablir fes finances par de nouveaux impôts qui jufqu'alors avoient été inconnus dans fes Etats. Il évitoit la dépenfe, & trouvoit dans la frugalité de fa table dequoi remplir fes coffres. Il contraignoit par des moyens violens ceux qui tenoient fes domaines en gages, à les réunir à la couronne fans en rembourfer le prix. La chaffe, les bals, la comédie, les carouzels étoient fes exercices ordinaires. Il fe trouvoit cependant embarraffé de fes troupes, fa principale reffource. Il avoit été obligé, pour ne pas laiffer languir les officiers dans une honteufe pauvreté, de leur donner des charges dans fa maifon; mais la plupart fe lafferent d'une vie oifive & tranquille. Ayant obtenu la permiffion de la France, il les envoya à l'Electeur de Mayence fous la conduite du Prince de Vaudemont fon fils. Pendant que ce jeune Prince cherchoit à acquerir de la réputation, Charles fon pere fe livroit à de nouvelles amours. Le différend qu'il avoit eu avec le Comte d'Apremont au fujet de ce comté, & les conférences qui fuivirent cette petite guerre, donnerent occafion au Duc Charles de voir la fille de ce Seigneur. Il fut frappé de fa beauté, & l'époufa quelque temps après, quoiqu'elle n'eut que treize ans accomplis, & qu'il fut dans la foixante & deuxiéme année de fon âge. Il ne déclara ce mariage que quelques jours après, & il voulut qu'elle fit fon entrée folemnelle à Nanci, mais feulement pendant la nuit pour qu'il s'y trouvât moins de monde.

La guerre étant terminée entre les Electeurs Palatin & de Mayence par le traité d'Heilbron fait en 1667. Les troupes Lorraines entrerent au fervice de la France. Le Duc Charles fit alors de nouvelles levées fur differens prétextes; mais il fut obligé de les licentier en 1668. Les hoftilités que l'Electeur Palatin commit fur fes terres, l'obligea à raffembler fon armée & à l'envoyer au devant de l'ennemi. Les Lorrains pénétrerent bien-tôt par le duché des deux Ponts dans les Etats de l'Electeur, ayant à leur tête les Princes de l'Islebonne & de Vaudemont. Les deux armées s'étant trouvées en présence près de Binghen on en vint aux mains, & la victoire qui avoit long-temps penché pour les Palatins, se déclara pour les troupes de Lorraine. La rigueur de la saison, & le défaut de canon de batterie empêcherent le Prince de l'Islebonne de profiter de sa victoire. L'Electeur Palatin ayant rassemblé les débris de son armée, s'empara de plusieurs châteaux; ce qui mit le Duc de Lorraine dans la nécessité de faire de nouvelles levées. Louis XIV. prenant ombrage du grand armement que le Duc de Lorraine faisoit alors, lui envoya de nouveaux ordres de licentier ses troupes, sous la garantie qu'on obligeroit l'Electeur à cesser les hostilités. Charles fit d'abord quelques difficultés, mais enfin craignant le ressentiment de la France, il consentit à tout ce qu'on exigeoit de lui, & le Roi retira ses troupes.

Le Duc qui ne pouvoit jamais rester tranquille, négocia secretement avec diverses puissances pour se mettre à couvert des entreprises de la France. Ses intrigues furent découvertes, & le Roi le menaça de le faire repentir de sa conduite, & en effet comme on voyoit qu'il n'y avoit pas à compter sur les promesses du Duc de Lorraine, il fut résolu de se saisir de sa personne; mais il n'étoit plus à Nanci lorsque les François y arriverent. La ville fut livrée au pillage; on désarma les bourgeois, on enleva les chartes du trésor, & les registres de la Chambre des comptes qu'on transporta à Metz. Le Maréchal de Crequi s'empara ensuite de toutes les places fortes de la Lorraine, & le Duc à l'âge de soixante & quatre ans, sans aucunes commodités d'équipages, & suivi seulement de quatre Seigneurs, se vit contraint de chercher un asyle à Cologne, où il demeura jusqu'au commencement de la guerre de Hollande. L'Empereur & les Princes d'Allemagne s'intéresserent vivement à son rétablissement. L'Electeur de Cologne & les Evêques de Munster & de Strasbourg travaillerent plus efficacement que les autres, & le Roi content de leur médiation consentit à rendre la Lorraine au Duc Charles aux conditions suivantes. » Que le Roi fera bâtir à
» ses frais une citadelle en Lorraine, en tel lieu qu'il jugera plus utile
» pour son service; que le Duc de Lorraine assignera dans son pays une
» route pour passer la garnison que le Roi enverra dans la citadelle; que
» jusqu'à ce qu'elle soit achevée, le Roi aura en Lorraine un corps de
» deux mille chevaux & de deux mille hommes d'infanterie, qui se reti-
» reront de la Lorraine après que l'ouvrage sera achevé; qu'au cas de
» guerre & même en temps de paix, le Roi pourra faire entrer en Lor-
» raine jusqu'à deux mille chevaux & six mille hommes de pied que le
» Duc sera obligé de recevoir, de loger dans ses Etats, & d'entretenir en
» payant sept sols par cavalier & trois sols par fantassin, &c. Que le
» Duc ne pourra fortifier aucune place, faire aucun traité ou alliance
» avec qui que ce soit, ni lever aucunes troupes sans l'agrément du Roi,
» & qu'il se contentera de trois compagnies de gardes de soixante hom-
» mes chacune, à sçavoir de deux à cheval & d'une de Mousquetaires à
» pied; & que dès-à-présent le Roi disposera de toutes celles qui sont sur

1669.

DE LA
LORRAINE.

» pied ; que ce préfent traité fe fera perfonnellement pour le Duc fans
» parler de fes fucceffeurs ; qu'en cas que le Duc contrevienne directement
» ou indirectement à aucuns des articles du préfent traité, il confent que
» fes Etats demeurent pour toujours acquis au Roi, &c. «

Ce traité parut fi dur, que le Comte de l'Iflebonne déclara que le Duc ne le fignéroit jamais. Cette déclaration fit rompre les négociations, mais on les entama de nouveau l'année fuivante, c'eſt-à-dire l'année 1672. Elles n'eurent pas un meilleur fuccès, parce que la France ne voulut point fe relâcher fur aucuns des articles. Charles fe flattant d'un meilleur fort à la paix future, prit le parti de la guerre, & fe joignit à l'Electeur de Brandebourg. Ce Prince ayant fait fon accommodement avec la France, renvoya les troupes au Duc de Lorraine. Ce Prince propofa une ligue entre l'Empire, l'Efpagne & la Hollande contre la France, & voulut les engager à ne point figner la paix qu'il ne fut compris dans le traité. Pendant que les confédérés réuniffoient leurs forces pour arrêter les progrès de Louis XIV. le Duc de Lorraine s'étoit mis fur les rangs pour fe faire élire Roi de Pologne.

1674.

Cette entreprife ne réuffit pas ; Sobieski ayant été reconnu par la plus grande partie des Polonois. Charles n'ayant plus d'efperance de ce côté, partit de Vienne pour fe rendre à l'armée Impériale qui étoit en Flandres. Il paſſa enfuite en Alface, & fe trouva à tous les combats qui fe donnerent en differens endroits. Il fe préparoit à joindre fes troupes à l'armée de Montecuculli, qui étoit dans le bas Palatinat lorfqu'il fut attaqué d'une maladie dont il mourut le 18 de feptembre 1675 ; dans la foixante & douxième année de fon âge. Son corps fut porté à Coblentz, & dépofé dans l'Eglife des Capucins. Il ne fut tranfporté dans fes Etats que le 20 de mai 1717. Ce Prince dont il n'eft pas facile de définir le caractere, difoit quelquefois à fes confidens qu'il auroit defiré être né fimple gentilhomme, pour voir jufqu'où il auroit pu pouffer fa fortune.

CHARLES LEOPOLD OU CHARLES IV. XXIVe. Duc héréditaire.

Le fucceffeur de ce Prince fut Charles Léopold fon neveu, & fils du Duc Nicolas François. Il étoit né à Vienne le 3 d'avril 1643. L'envie d'acquérir de la gloire l'avoit porté à faire la campagne en Hongrie en 1663 ; & il s'étoit mis à la tête d'un efcadron que l'Empereur lui avoit donné. Il fut le premier à attaquer les Turcs près de Raab ; & il fe comporta en Héros dans cette occafion. Il continua depuis ce temps-là à fervir dans les troupes Impériales, où il fit voir qu'il avoit hérité de la valeur & des autres talens militaires de fon oncle. Sa prudence & fon habileté étoient fi connues de Montecuculli, que ce grand Général en demandant fa retraite à caufe de fes infirmités, engagea l'Empereur à nommer Charles Leopold pour prendre le commandement général de fon armée fur le Rhin.

1675.

1676 &
1677.

Ce Prince eut la gloire de prendre Philisbourg à la vûe de l'armée Françoife, & l'Empereur lui en accorda le gouvernement. Il ne fe comporta pas avec moins de valeur pendant que la guerre continua, & fi le Duc n'eut pas toujours des fuccès favorables, il ne donna pas moins des preuves de fa capacité & de fon courage. Enfin, la paix ayant été conclue avec l'Empereur en 1679, il fut dit dans ce traité que le Duc de Lorraine feroit rétabli dans les Etats que le feu Duc fon oncle poffédoit en 1670.

1683.

Charles refta tranquille à Infpruck jufqu'au commencement de la guerre

de

de Hongrie, c'est-à-dire jusqu'en 1683. Il fut chargé de cette guerre, où il acquit une nouvelle gloire. La délivrance de Vienne, la victoire que les Chrétiens remporterent sur les Turcs à Gran, la prise de Bude & celle de Belgrade furent les fruits de sa prudence & de sa valeur (12). La guerre s'étant allumée entre la France & l'Empire pendant qu'elle continuoit toujours en Hongrie, l'Empereur chargea le Duc de Lorraine de la conduite de l'armée qu'il se proposoit d'envoyer sur le Rhin. Il se distingua beaucoup dans les deux campagnes qu'il fit, quoique la fortune n'eût pas toujours favorisé ses entreprises : mais comme il faisoit les préparatifs nécessaires pour la troisiéme campagne, il fut attaqué d'une maladie dont il mourut le 18 d'avril 1690, dans la quarante-huitiéme année de son âge. Ce Prince étoit grand, bien fait & avoit l'air noble & majestueux. Il affectoit beaucoup de modestie dans ses habits; avoit l'esprit élevé, solide, judicieux : il sçavoit parfaitement prendre son parti : étoit capable des plus grandes affaires, tant dans le conseil que dans l'exécution : prévoyant, attentif, vigilant, moderé, vif & ardent dans les affaires qui demandoient de la promptitude & de la diligence, & circonspect dans celles qui ne demandoient point de précipitation. Il aimoit les belles-lettres & la lecture, sur-tout celle de l'histoire. Il possedoit parfaitement plusieurs langues. Ce Prince laissa en mourant quatre fils d'Eleonor son épouse, 1°. Leopold I. Duc de Lorraine qui lui succeda, né à Inspruck le 2 de septembre 1679, 2°. le Prince Charles-Joseph-Ignace-Antoine-Jean-Felicité Grand-Prieur de Castille, Electeur de Treves, né à Vienne le 24 de novembre 1680, & mort le 4 de decembre 1715, 3°. le Prince Joseph-Innocent-Emanuel-Felicien-Constant, né à Inspruck le 20 d'octobre 1685, mort à la bataille de Cassano le 18 d'août 1705. 4°. Le Prince François-Antoine-Joseph-Ambroise Abbé de Stavelo, né à Inspruck le 8 de decembre 1689, mort le 27 juillet 1715. 5°. La Princesse Eleonor, morte quelques jours après sa naissance. 6°. Le Prince Ferdinand, né le 9 d'août 1683, & qui ne vecut que deux mois.

DE LA LORRAINE.

Leopold Joseph-Charles fut reconnu Duc de Lorraine après la mort de son pere; mais il n'entra en possession de ses Etats qu'en 1697, en vertu du traité de Riswic & à peu-près sous les mêmes conditions que son grand oncle les avoit possedés en 1670. Ce Prince épousa l'an 1698 Elisabeth-Charlotte fille de M. le Duc d'Orleans, ce qui acheva d'assurer à ses sujets une heureuse tranquillité pour laquelle ils soupiroient depuis long-temps. Après la mort de Charles IV. dernier Duc de Mantoue, celui de Lorraine voulut faire valoir ses prétentions sur le Mantouan & le Mont-ferrat du chef de son ayeul Eleonor femme de l'Empereur Ferdinand III. Le Duc de Guastalla lui disputa cette succession; mais l'Empereur les mit d'accord en donnant le Mont-ferrat au Duc de Savoye, & en se reservant le Mantouan. Le Duc de Lorraine s'appliqua à procurer la paix à ses Etats; & il n'entra dans aucunes des guerres qui s'éleverent au sujet de la succession de l'Espagne. L'Empereur fut si content de sa conduite, qu'il garda long-temps à Vienne le Prince héréditaire de Lorraine, pour lequel il avoit une tendresse vraiment paternelle. Charles s'occupa à rétablir le bon ordre dans son duché :

CHARLES V. XXVe. Duc héréditaire.

1690.

(12) On verra les détails de cette guerre dans l'article d'Allemagne.
Tome II.   G

il y fonda une academie pour l'éducation de la noblesse, ce qui attira dans son pays un grand nombre de jeunes seigneurs étrangers. Il mourut le 27 de mars 1729. De cinq Princes & de huit Princesses qu'il eut de son mariage il ne reste plus que deux Princes ; sçavoir François-Etienne aujourd'hui Empereur, né le 8 de décembre 1708, & Charles né le 12 de décembre 1712, & la Princesse Anne-Charlotte née le 17 mai 1714.

François-Etienne étoit à Vienne lorsque son pere mourut ; il en partit au mois d'octobre suivant pour se rendre dans ses Etats. Il avoit tâché d'obtenir la grace de rendre l'hommage au Roi de France par Procureur pour le duché de Bar ; mais elle lui fut refusée, & il fut obligé de se rendre en personne à Paris. Il garda sur la route l'incognito, & ne prit que le titre de Comte de Blamont. Il prêta foi & hommage le premier de février 1730, & après avoir resté quinze jours à Paris il s'en retourna dans ses Etats.

L'Empereur Charles VI. qui le destinoit pour son gendre, prenoit un soin tout particulier de ce Prince. La guerre où l'Empereur s'engagea contre la France au sujet de la couronne de Pologne, fit retarder le mariage de sa fille avec le Duc de la Lorraine, mais les préliminaires de Vienne ayant rétabli la tranquillité, ce mariage fut célebré à Vienne le 12 de février 1736. En vertu du traité qui avoit été signé entre l'Empereur & la France, le Roi Stanislas fut mis en possession des duchés du Bar & de Lorraine & de leurs dépendances, dans la même étendue que les possedoit alors la maison de Lorraine ; mais sous la clause qu'après la mort de ce Prince, ces duchés seroient réunis en pleine souveraineté & pour toujours à la couronne de France. En conséquence de cette cession, il fut décidé que le duché de Toscane appartiendroit à la maison de Lorraine après la mort du Prince qui possedoit alors ce duché. Le throne Imperial étant devenu vacant par la mort de Charles VII. François-Etienne fut élu Roi des Romains le 13 de septembre 1745.

Les différentes révolutions que le Roi Stanislas avoit éprouvées dans sa fortune, ne lui avoient pas permis de faire connoître jusqu'à quel point il étoit pénétré d'un tendre amour pour ses sujets ; mais il ne se vit pas plutôt dans une situation tranquille & assurée, qu'il voulut en même-temps travailler au soulagement de l'ame & du corps de ceux que la Divine Providence avoit commis à ses soins, en augmentant la pieté & en bannissant l'indigence.

Dans cette vûe, il donna dès le 21 mai 1739 ses lettres-patentes pour l'établissement à perpétuité de Missionnaires, qui, répendans la parole de Dieu, & distribuans des Aumônes successivement dans les paroisses de ses Etats, contribuassent à y entretenir la pieté & à soulager ses peuples : sur tous ceux de la campagne où ces secours sont moins abondans.

Mais l'éducation de la jeunesse Chrétienne étant l'une des principales sources du soutien des Etats, par les dispositions qu'elle répand dans le cœur des Sujets à la fidelité envers Dieu & leur Souverain, à l'observance des Loix & à tout ce qui peut contribuer à l'avantage commun de la société civile ; non-content d'avoir déja donné son attention à procurer ce secours à la Noblesse de ses Etats par des établissemens solides, il pensa que ses soins paternels devoient s'étendre à tous les ordres sur un point aussi essentiel, & principalement aux pauvres.

Occupé de ce deſſein, il ordonna qu'à commencer du 2 novembre 1749, il ſeroit ouvert à perpétuité deux écoles publiques & gratuites aux pauvres enfans des trois paroiſſes de la ville-neuve de Nancy & fauxbourgs en dépendans, aux conditions énoncées au contrat paſſé le 29 juillet précédent, accepté le même jour par les Officiers Municipaux de la ville de Nancy, avec le fondé de procuration des Freres de l'inſtitut des Ecoles-Chrétiennes, ratifié par les Supérieurs du même inſtitut le ſix août ſuivant; auxquels Freres la maiſon de Maréville ſeroit abandonnée pour y recevoir, garder & entretenir à titre de correction tous les ſujets qui y ſeroient envoyez.

Après avoir élevé des Temples dignes de la Majeſté-Divine, & bâti des aſyles à ces malheureux que la douleur accable; il fit une fondation pour ſubvenir au ſoulagement des maladies épidémiques & populaires qui pourroient ſurvenir aux gens de la campagne, & enſuite procurer quelque ſecours aux mêmes habitans qui auroient perdu leurs récoltes par la grêle, les orages, les débordemens ou les gelées, de même qu'à ceux dont les maiſons ou habitations auroient été incendiées par accidens.

Il n'y avoit à la Cour ſouveraine de Nancy qu'un ſeul Avocat, par lequel les ſujets indigens pouvoient être aidés à titre de *charité*. Ce ſecours leur manquoit aſſez ſouvent à cauſe de la multiplicité des affaires, des exercices ordinaires de la profeſſion & du temps néceſſaire à un mur examen. Le Prince voulant procurer à cette portion de ſon peuple les moyens d'obtenir juſtice, établit par ſa déclaration du 20 juillet 1750 une chambre des conſultations compoſée de Juriſconſultes diſtingués par leurs lumieres & leur probité, pour prendre connoiſſance des affaires que les pauvres ſe trouveroient dans le cas de porter par appel en cette Cour, & leur en donner gratuitement leur avis, ſans lequel l'appel ne pouvoit être reçu, & l'utilité de cet établiſſement fut étendu à tous ſes ſujets de tous états & conditions qui voudroient en profiter.

Le progrès des ſciences, des lettres & des arts attira enſuite l'attention du Souverain. Afin de fournir à ſes Sujets les ſecours néceſſaires pour augmenter leurs connoiſſances, & diminuer leurs beſoins, il établit par ſa déclaration du 28 décembre de la même année, une bibliothéque publique dans la ville de Nancy, & fonda des prix annuels à diſtribuer aux Auteurs des piéces qui en ſeroient jugées dignes par les Cenſeurs nommés à cet effet.

Il donna encore le 19 avril 1751 ſes lettres-patentes confirmatives de la fondation d'une troiſieme école gratuite en la ville neuve de Nancy faite par le Prélat de Bouzey, & contenant nouveau un reglement pour les écoles charitables.

L'établiſſement de douze places dans le collége de Pont-à-Mouſſon en faveur des Gentilshommes par contrat du 14 ſeptembre 1748, ſecondoit les vûes du Prince. Il vouloit procurer au moins à une partie de la Nobleſſe de ſes Etats, dont les facultés ſeroient médiocres, les moyens de faire élever leurs enfans conformement à leur naiſſance, & les rendre utiles par cette voye au ſervice de la patrie, ſoit dans l'Egliſe, ſoit dans la profeſſion des armes. Mais la création d'une école militaire que le Roi de France venoit de faire, préſentant des avantages biens ſupérieurs à ceux que ce Prince s'étoit propoſé d'aſſurer à ſes Etats, il crut faire un plus grand bien en les associant du consentement du Roi très-Chrétien à cette magnifique fondation. Il supprima donc celle qu'il avoit faite à Pont-à-Mousson, après avoir obtenu que 12 jeunes Gentilshommes Lorrains auroient place dans l'école militaire de France. Pour ne point priver ses sujets de ce qu'il avoit déja fait en leur faveur, il transporta cette même fondation à l'établissement de douze pauvres Demoiselles. En conséquence il créa par ses lettres-patentes du 14 juillet 1751 huit pensions viagères de six cens livres pour huit Demoiselles qui voudroient se marier, & quatre autres pensions de 300 livres pour celles qui desireroient se consacrer à Dieu par des vœux de religion. Le fond de cet établissement, qui est à perpétuité, doit être pris sur le tréfor royal de sa Majesté-Polonoise, sans aucune retenue sous quelque dénomination qu'elle puisse être. Les places seront remplies en vertu des brevets qu'on expédiera à mesure qu'il y aura des places vacantes.

La médecine étant la science la plus importante & la plus nécessaire à la conservation des sujets, il crut devoir porter plus particulierement son attention à tout ce qui peut contribuer à ses progrès & à sa perfection, & dans cette vûe par les lettres-patentes du 15 mai 1752, il établit dans la ville de Nancy un collége de Médecine à l'instar de ceux qui sont établis dans quelques-unes des grandes villes de France. Ce college étant composé de Docteurs Médecins d'une habileté & d'une expérience reconnue, ils se communiqueroient respectivement leurs connoissances & leurs lumieres, rassembleroient les observations & les découvertes qu'ils feroient dans l'exercice de leur profession & les ouvrages qu'ils composeroient; feroient des cours d'Anatomie, de Botanique & de Chimie, ce qui formeroit successivement des éleves, & donneroit des sujets utiles à l'Etat dans une partie aussi essentielle. Et par arrêt de son conseil du 4 mai 1753, il associa ce collége royal à la faculté de Médecine de l'Université de Pont-à-Mousson.

Il y avoit dans cette Université deux chaires & deux Professeurs de Mathématiques; mais le Prince considérant que la plus ancienne de ses écoles devenoit inutile au moyen de la fondation par lui faite le 8 septembre 1749, d'une nouvelle chaire de Mathématique en la même Université, laquelle renferme toutes les parties de Mathématiques, il ordonna par arrêt de son conseil du 5 janvier 1753, que cette ancienne école seroit convertie en une chaire de Professeur d'Histoire qui en enseigneroit un cours, & à cet effet donneroit une leçon d'une heure tous les jours qui ne seroient pas congé pour les Philosophes, & à tout autre heure que celle des leçons de Philosohie. Toutes personnes, quand même elles ne suivroient aucune autre leçon du Collége ou de l'Université, ont la liberté d'assister à ces leçons d'histoire.

Tous ces établissemens ne satisfaisoient pas encore les vûes du Prince, quoiqu'on ne put, dans la capitale de ses Etats, lever les yeux sans rencontrer par tout des monumens de la magnificence d'un grand Monarque, il voulut que tous ses Sujets se ressentissent de la tendresse d'un pere bienfaisant.

Il fit remplir des magazins vastes & nombreux, qui par leur abondance toujours uniforme & toujours renaissante, pussent tromper en même-temps la dureté de l'avare qui entasse le superflu, & prévenir le désespoir de l'indigent qui manque du nécessaire.

DE L'UNIVERS. Liv. II. Ch. I.

Ne pouvant parer les coups de la fortune, ni prévenir les fautes des commerçans, il voulut au moins les mettre en état de les réparer, & pour cet effet il assigna un fond où les Marchands pourroient trouver aisément de quoi soutenir leur commerce.

L'établissement sous ses yeux d'une compagnie de cadets, par laquelle il leur avoit ouvert la voye de se placer dans le service militaire, lui donna une si grande satisfaction, qu'il voulut que les dotations de colléges & d'écoles gratuites qu'il avoit faites, fussent durables après lui, & même les étendre dans les lieux où il jugeoit qu'il pouvoit être fructueux.

Après avoir obtenu pour ses Sujets douze places dans la nouvelle école militaire de France, il destina les revenus de l'abbaye de S. Pierremont, à former ceux du collége de S. Simon, dans lequel on doit fournir tout ce qui est nécessaire pour l'entretien de huit pauvres Gentilshommes de ses Etats qu'il nommeroit successivement. Il résolut aussi d'assurer après son décès à douze de ses Sujets d'âge & de condition requises, une somme à titre de gratification par chacune des deux années, qu'ils seroient attachés en qualité de volontaires aux corps où ils desireront d'être placés sous l'agrément des Commandans.

Le grand nombre des habitans de la ville de Bar méritant son attention, il leur procura des secours pour l'éducation des enfans. Il ajouta annuellement aux revenus de son collége, sous la direction des Peres de la Compagnie de Jesus, une somme à prendre sur son domaine, & fonda deux écoles de charité, lesquelles seroient desservies chacune par deux Freres de l'institut des écoles Chrétiennes.

Il fonda une pareille école dans la ville de Commercy.

Et comme l'éducation des filles, sur-tout de celles qui sont favorisées de la naissance, lui parut aussi digne de ses soins, en ce qu'elle peut leur procurer des établissemens plus avantageux, & les rendre plus propres à bien élever un jour leurs enfans, il destina un fond dont le revenu serviroit après lui & les usufruitiers, à procurer dans un couvent distingué l'entretien à douze pauvres Demoiselles, jusqu'à ce qu'elles se trouvassent en état d'entrer dans le monde.

Tous ces bienfaits répandus sur un peuple qui a toujours pour ainsi dire adoré ses Maîtres, sont autant de voix qui s'éleveront jusqu'à la fin des siécles pour chanter les loüanges, & rappeller continuellement la mémoire d'un si bon Prince.

» Il y a en Europe, dit un auteur Moderne [13], un grand Prince qu'un
» singulier enchaînement de prospérités & de malheurs a rendu célébre.
» Personne ne sçait mieux imaginer un projet, & l'exécuter avec autant
» d'économie que de promptitude...... Ses maisons de plaisance sont rem-
» plies d'objets agréables & d'enjolivement d'un goût exquis...... Là, on
» voit des bâtimens de toutes sortes de formes, qui plaisent par la richesse
» des matieres, par la nouveauté du dessein, l'élégance de la forme, le
» bon goût des ornemens..... Là, on se promene dans des jardins où la
» nature est dans son beau & infiniment diversifiée..... Que nos Artistes
» aillent à l'école de ce grand Prince, & ils apprendront mille manieres de

---

[13] Essai sur l'Architecture in-12. 1743. A Paris chez Duchêne.

DE LA LORRAINE.

» nous surprendre, de nous plaire, de nous enchanter « (14).

La Lorraine, comme on vient de le voir par cet abregé, a long-temps été le sujet des guerres & des disputes entre la France & l'Allemagne, qui s'en contestoient reciproquement la souveraineté & le domaine. Les fréquentes divisions qui regnerent entre ces deux puissances, produisirent entre la Meuse & le Rhin cette multitude de petites souverainetés, de Républiques & de seigneuries regaliennes qu'on y vit depuis le dixieme siecle & qui ont subsisté jusqu'au seixieme. Les Princes qui se disputoient l'Empire, voulant chacun de leur côté se faire des créatures, accordoient aux Evêques, aux Abbayes, aux Eglises, aux Seigneurs, des priviléges & des droits très-étendus. Ils y ajoutoient souvent de grands domaines ; ce qui fut l'origine des différentes maisons souveraines, telles que furent celles de Luneville, de Daibourg, de Bouillon, de Salm, de Blamont, de Hombourg, de Castres, de Saverden, de Sarbourg, des deux Ponts, de Sarbruch, de Commercy, d'Aprémont, de Pierre-Fort, de Sedan, de Chiny, de Luxembourg, &c. De-là vint aussi la puissance des Evêques de Metz, de Toul, de Verdun, de leurs chapitres, de leurs villes episcopales, qui se gouvernoient comme Républiques & villes libres relevantes de l'Empire. Plusieurs abbayes mêmes exerçoient sur leurs terres, une espece de pouvoir regalien subordonné à l'Empire, au Duc de Lorraine, au Duc de Bar ou à l'Evêque de Metz, à qui ils devoient respectivement l'hommage. Le duché de Lorraine n'en étoit pas pour cela moins étendu & moins considérable; mais les entreprises de ces petits Seigneurs obligeoient souvent les Ducs, d'avoir les armes à la main pour les contraindre à rester tranquilles. Telles furent les sources de ces guerres si fréquentes contre les Evêques de Metz & de Toul, & contre les Seigneurs qui se liguoient avec eux pour s'opposer aux Ducs de Lorraine. Ces Princes malgré ces petites dominations, avoient toujours le droit de glaive, le sauf conduit par terre & par eau dans toute l'étendue de leurs marchisies & de leurs duchés. Les droits de souveraineté ont beaucoup varié dans ce pays comme dans le reste de l'Europe.

Tous les peuples de ce pays étoient anciennement Serfs ; les Evêques étoient maîtres des biens de l'Eglise ; & les terres cultivées par des particuliers, appartenoient à leurs Seigneurs, qui exerçoient sur leurs sujets une autorité presque absolue, puisque leur volonté seule tenoit lieu souvent de loi & de regle. Les villages ne furent affranchis qu'assez tard ; & les affranchissemens étoient encore rares au douzieme siécle. De-là se formerent les communautés & les coutumes qui sont en si grand nombre dans ce pays. Les villes & les châteaux doivent en quelque sorte leur origine aux petites guerres que les Seigneurs se faisoient les uns aux autres. Toutes les querelles & disputes étoient ordinairement décidées par le Seigneur, qui imposoit des punitions aux coupables. On en appelloit rarement au Prince souverain, & les appels n'avoient ordinairement lieu qu'entre des Seigneurs ou des Eglises dont les Souverains étoient toujours les deffenseurs naturels. Les Ducs de Lorraine en qualité d'*Avoués* de la

(14) On fera mention des autres actions de ce Prince à l'Article de Pologne.

plupart des Abbayes du pays, rendoient la justice aux sujets de leurs Eglises, présidoient à leurs plaids, y jugeoient souverainement, prenoient les armes pour leur deffense, & se mettoient à la tête de leurs vassaux pour les conduire à la guerre. En conséquence on leur abandonnoit certain domaine ou certaine rétribution & on partageoit avec eux les biens des Eglises, afin qu'ils les garantissent de l'oppression & du pillage (15).

La maison de Lorraine a produit diverses branches, dont les principales sont Vaudemont, Mercœur, Guise, Joyeuse, Chevreuse, Mayenne, Aumale, Elbeuf, Harcourt, Armagnac & Lillebonne.

La Lorraine peut avoir quarante lieues d'Orient en Occident depuis Biche jusqu'à Sainte-Menehoult, & près de cinquante lieues du Sud-ouest au Nord-est depuis la Marche jusqu'à Chombourg. Elle est bornée à l'Orient par le Palatinat du Rhin & l'Alsace; au Nord par le Luxembourg; à l'Occident par la Champagne; & au Midi par la Franche-Comté. Ses rivieres principales sont la Meuse, la Moselle & la Sare. Cet Etat se divise en trois parties; sçavoir le Duché de Lorraine, les trois Evêchés & le Duché de Bar (16).

Le pays est fertile & abondant en grains, quoiqu'il y ait beaucoup de montagnes & de forêts. On y trouve toutes les choses nécessaires à la vie, & même avec tant d'abondance, qu'on est en état d'en transporter dans les pays voisins. Les mines donnent du cuivre, du fer, de l'étain & du plomb. Le commerce du sel est si grand, qu'il fait une grande partie du revenu du Prince. Sur la montagne de Vosge on trouve des bains chauds, des perles & des calcedoines.

---

(14) D. Calmet, préf. de son hist. de Lor.

(16) Je crois devoir donner ici une courte description de quelques décorations particulieres qu'on voit dans les châteaux de Luneville & de Commercy, d'autant plus volontiers que la plus grande partie de ces embelissemens ont été faits par les ordres du Roi Stanislas qui a lui-même dirigé les travaux.

Entre les differens morceaux qu'on admire dans le premier, il y en a quatre principaux; sçavoir 1°. la cascade & le pavillon au bout du canal des jardins de Luneville. 2°. Le *Kiosque* ou bâtiment turc. 3°. Le *Tresse* ou bâtiment chinois. 4°. Le *Rocher* situé au bas de la terrasse du même palais. Ce dernier morceau est une des choses les plus singulieres que l'art ait jamais entreprises & exécutées. On y voit 86 figures de grandeur naturelles que l'eau fait mouvoir. Elles représentent des bergeres qui conduisent leurs troupeaux, des atteliers, des forgerons, des fileuses, des lavandieres, des menageres de campagne, des enfans qui jouent, des buveurs, un hermite en contemplation, &c.

Dans le château de Commercy, on remarque deux morceaux singuliers. 1°. Une colonnade hydraulique bordant le pont qui est situé au bas de la terrasse du château. Des deux côtés s'élevent sept colonnes couvertes & revêtues d'eau, portant une corniche surmontée de vases & de bouquets de fleurs en amortissement. Dans chaque intervalle de colomnes est un bocal de verre, contenant des bougies & servant aux illuminations. Les colomnes ont des pieds d'estaux auxquels sont ajustés des Mascarons qui versent de l'eau sans cesse dans leurs coquilles; & pour la sureté autant que pour la décoration & l'ornement, le bas des entre-colomnes est rempli par des balustrades proprement travaillées. 2°. Le grand pavillon. Ce bâtiment est magnifique; au milieu s'éleve un superbe salon, dont l'on passe par trois portes vitrées à un balcon posé sur l'entablement. Ce balcon paroît appuyé sur six colonnes d'eau, qui par des Mascarons placées à leurs socles, ont leur issue dans un vaste bassin. L'intérieur de ce pavillon répond par sa magnificence à la décoration de la façade. On y voit sur-tout un lustre singulierement imaginé & construit. Le lustre & son surtout, c'est-à-dire la base & son pied d'estal tiennent à un cordon qui forme une colomne d'eau de 5 pieds de haut. Le cordon tient au

INTRODUCTION A L'HISTOIRE

DE LA LORRAINE.

couronnement du luftre chargé d'un grand nombre de bougies, & ce couronnement eft foûtenu par quatre colomnes d'eau, dans le milieu defquelles on voit un Neptune monté fur des monftres marins qui jettent de l'eau, dont la chute fert à former une cafcade. Le luftre fe termine en cul de lampe auffi chargé de bougies. De ce cul de Lampe fort une colomne d'eau, qui fait communication avec le couronnement du furtout, lequel eft foûtenu par 8 colomnes d'eau, & dans le milieu il y a une grande cafcade. Toute la machine eft pofée fur une table, & frappe agréablement les Spectateurs par les cifelures, dorures & ornemens de toute efpéce.

Fin de l'Hiftoire du duché de Lorraine.

INTRODUCTION A L'HISTOIRE UNIVERSELLE.

CHAPITRE SECOND.
DE L'ITALIE.

SI nous avons eu lieu d'être surpris à la vûe des révolutions arrivées dans l'Espagne & dans les Gaules, nous le serons encore plus en considérant celles dont l'Histoire d'Italie nous fait le tableau. Nous verrons un pays d'abord habité par quelques sauvages devenir ensuite plus célébre, tant par le nombre de ses premiers habitans qui se multiplient insensiblement, que par les differentes colonies qui viennent s'y établir, & qui s'agrandissent aux dépens les unes des autres. Du sein de ces mêmes nations il sort un nouveau peuple dont la puissance devient si formidable, qu'elle donne des loix à tous ses voisins. Mais se trouvant bien-tôt resserrée dans des bornes trop étroites, elle étend sa domination par toute la terre. Ce vaste Empire, dont la forme du gouvernement a varié tant de fois, ne peut plus enfin se soûtenir, & sa grandeur fait sa foiblesse. Diverses nations l'attaquent de toutes parts, & en

Tome II.   A*

AVANT-PROPOS.

PREMIERS HABITANS DE L'ITALIE.

partagent enfin les dépouilles. La face de l'Italie est alors changée : de nouveaux Etats formés sur les débris de l'Empire s'élevent de tous côtés, & font redouter leur puissance. Charlemagne met fin au royaume des Lombards, se fait reconnoître Souverain de l'Italie, & fonde la puissance temporelle des Papes. La forme de l'Italie devient encore différente dans la suite, & chaque siecle, pour ainsi dire, y apporte de nouveaux changemens. Telles sont les révolutions dont il sera fait mention dans ce Chapitre.

Il paroît naturel de croire que les premieres Peuplades se sont faites par terre, & que par conséquent, l'Italie qui est une espece de presqu'isle, n'a pu recevoir ses premiers habitans que par la chaîne de montagnes qui la joint à l'Europe.

On trouve dans ces montagnes deux chemins assez courts; l'un qui est au nord, conduit de la Carniole dans le Frioul, & l'autre est placé au midi, vers l'endroit où la chaîne des Alpes aboutit à la Méditerranée. Il y en a encore un troisiéme qui est celui du Tirol & du Trentin. Il n'est pas possible de déterminer le temps du passage des premieres Peuplades en Italie, ni quelle a été la premiere Nation qui soit entrée dans ce pays. Mais comme il paroît probable, que les premieres colonies ayant été repoussées par celles qui vinrent dans la suite, les peuples qui étoient à l'extrêmité méridionale, doivent être regardés comme les premiers habitans de l'Italie. En suivant ce plan, on peut déterminer à peu-près l'ordre des Nations qui allerent habiter l'Italie. Elles sont au nombre de cinq : les Illyriens, les Iberes ou Espagnols, les Celtes ou Gaulois, les Pelasges ou les Grecs & les Toscans. Ces colonies sont l'origine des autres peuples qui furent connus dans la suite en Italie.

Illyriens.

On peut réduire les peuplades Illyriennes à trois nations principales, sçavoir les Liburnes, les Sicules & les Henetes ou Venetes. Ces peuples, qui sans doute étoient entrés par la partie septentrionale de l'Italie qui conduit de la Carniole dans le Frioul, comme étant le chemin le plus court & le plus facile, occuperent d'abord les terres les plus voisines de ce passage. Repoussés dans la suite par d'autres peuplades, il se retirerent dans la partie de l'Italie connue aujourd'hui sous le nom de la Pouille : ainsi les Liburnes occuperent la Pouille, l'Abruzze, & généralement toute cette partie du royaume de Naples & de la Romagne. Les Sicules originaires des confins de la Dalmatie entrerent en Italie après les Liburnes. Les Sicules, nation nombreuse, peuplerent l'Ombrie du milieu, la Sabine, le Latium, & tous les cantons dont les peuples ont été connus depuis sous le nom d'Opiques. Les ligues particulieres des Sabins, des Latins, des Samnites, des Œnotriens & des Italiens furent formées de ces peuples. Les Sicules, selon Denys d'Halicarnasse, passerent l'an 1364 avant l'Ere chrétienne dans l'isle qui est à l'extrêmité méridionale de l'Italie, & qui fut depuis appellée la Sicile. Les Henetes ou Venetes, troisiéme peuple Illyrien s'établirent au nord du Pô, & furent long-temps sans se mêler aux autres nations. Ils furent toujours en guerre avec les Gaulois établis en Italie, & firent de bonne heure alliance avec les Romains. Le voyage d'Antenor en Italie étoit vraisemblablement fondé sur la ressemblance du nom de Venetes avec celui des Henetes de l'Asie mineure, dont parle Homere ; mais on ne trouve aucun monument pour appuyer cette opinion. L'ancienne *Venetia* est aujourd'hui le Frioul, le Vicentin & toute la partie maritime de l'état de Venise qui borde le fond du golfe Adriatique.

<small>PREMIERS HABITANS DE L'ITALIE.</small>

Les Iberiens, qui habitoient toute la côte de la mer Méditerranée depuis les Pyrennées jusqu'aux Alpes, entrerent dans l'Italie près de 1500 ans avant l'Ere chretienne par le passage méridional des Alpes. Ils occuperent d'abord l'ancienne Ligurie, aujourd'hui l'état de Gênes : ils pénétrerent ensuite dans la Toscane, le Latium & la Campanie ; mais pressés par les Liguriens, un partie d'entr'eux resta avec les nouveaux possesseurs, & l'autre se retira plus loin. Ceux du Latium & de la Campanie passerent en Sicile ; & ceux qui étoient établis en Toscane, passerent d'isles en isles jusques dans la Corse (1).

<small>Iberiens ou Espagnols.</small>

La troisiéme colonie, qui alla chercher des établissemens dans l'Italie, sortoit de la Gaule celtique. Elle pénétra par les gorges du Tirol & du Trentin. Le nom d'*Ombri*, sous lequel cette colonie a été designée par plusieurs Historiens, n'étoit qu'une épithete qui signifioit *grand*, *noble*, &c. Les Ombriens s'emparerent des terres qui sont des deux côtés du Pô au nord & au sud. Elles étoient alors occupées par les Illyriens Liburnes. Les Ombriens ne resterent pas long-temps maîtres de ce pays : ils en furent chassés à leur tour par les Toscans environ l'an 1000 avant JESUS-CHRIST. Quoiqu'on n'ait point d'époque certaine du passage des Celtes en Italie, on peut cependant conjecturer avec raison que cet événement est environ de l'an 1100 avant l'Ere chretienne, puisque la fondation d'Ameria, ville bâtie par cette nation, est de l'an 1136. Quelques siecles après, c'est-à-dire l'an 591 avant J. C. Bellovese, à la tête d'une troupe considerable de Gaulois traversa les Alpes, se rendit maître du pays qui est entre ces montagnes, l'Apennin, la riviere du Tesin & celle de Jesi qui se décharge dans la mer un peu en-deça d'Ancone. Les Gaulois établis dans cette contrée bâtirent Milan, Veronne, Padoue, Bresse, Come & plusieurs autres villes qui subsistent encore aujourd'hui. L'invasion de ces peuples étoit moins une usurpation que la conquête d'un pays possedé dans l'origine par ceux de leur nation que les Toscans en avoient dépouillés.

<small>Les Celtes ou Gaulois.</small>

On ignore la date précise & les véritables circonstances du passage d'une colonie Grecque en Italie, & de son établissement. Denys d'Halicarnasse suppose deux peuplades Grecques differentes ; sçavoir, celle des Aborigenes & celle des Pelasges. Il fait venir les premiers d'Arcadie par mer, & les autres de Thessalie. Ces derniers, selon lui, n'avoient entrepris le voyage d'Italie que par l'ordre de l'oracle de Dodone, qui leur avoit indiqué l'Italie sous le nom de *terre de Saturne*. Leur flote ayant été poussée jusqu'au fond du golfe, ils s'y arrêterent & bâtirent la ville de *Spina*. Une partie de ces Pelasges s'étant avancée dans la suite vers le milieu des terres, traverserent l'Ombrie, & furent se joindre aux Aborigenes. L'union de ces deux peuples forma un Etat puissant.

<small>Grecs ou Pelasgiens.</small>

Il n'est pas difficile de réfuter ce que Denys d'Halicarnasse rapporte du voyage des Pelasges, & la distinction qu'il fait de deux colonies Grecques.

---

(1) Voyez les preuves que M. Ferret rapporte dans son Mém. sur les premieres peuplades d'Italie. Mém. de l'Acad. des bel. Let. tom. xviij. part. Hist. p. 72.

PREMIERS HABITANS DE L'ITALIE.

Entre les differentes objections que l'on pourroit faire à l'hypothese de ce judicieux Ecrivain, je ne m'arrêterai qu'aux suivantes. Denys suppose que les Aborigenes sont Arcadiens, & cependant il les fait arriver par mer en Italie. On sçait que les Arcadiens qui habitoient au milieu des terres, n'avoient ni ports ni vaisseaux; & que d'ailleurs la navigation étoit encore inconnue chez les Grecs dans le temps où Denys d'Halicarnasse suppose le passage des Grecs en Italie. La colonie conduite par Danaüs en Argolide, long-temps après ce prétendu embarquement des Pelasges, fut la premiere qui conserva les vaisseaux sur lesquels elle étoit venue, & ce sont ces vaisseaux qui servirent de modele aux premiers navires construits par les Grecs. De plus si les Grecs d'Œnotrus étoient venus par mer, ils auroient rencontré sur leur route la Sicile, dont les côtes sont remplies de ports & de rades. Elle n'étoit point encore habitée, & ils auroient pu y fixer leur demeure. On peut ajouter encore que les Romains & les anciens peuples d'Italie n'ont jamais connu le nom d'Hellenes ni celui des Pelasges, ils se servoient de celui de *Græci* pour désigner les habitans de la Grece. Ce nom de Pelasges est le nom général sous lequel on désigna les premiers Grecs avant la formation des Cités. Les habitans de chaque contrée le quitterent à mesure qu'ils se policerent, & il disparut enfin quand il n'y eut plus de sauvages dans la Grece. Les noms d'Aborigenes & des Pelasges portés par les anciens peuples d'origine grecque qui se trouvoient en Italie, étoient deux noms généraux qui ne désignerent aucun peuple particulier, & dont l'usage cessa lorsque ces Aborigenes s'étant mêlés avec les Ombriens & les Sicules formerent differentes Cités, sous les noms d'Ombriens, de Sabins, de Latins, de Samnites, de Tyrrhenes, d'Ausones, d'Osques, d'Œnotres, de Lucaniens, de Brutiens, &c. Les Grecs n'ayant pû venir par mer en Italie, il s'ensuivra nécessairement qu'ils y pénétrerent par les passages septentrionaux des Alpes.

Les Etrusques.

L'ancienne Etrurie avoit beaucoup plus d'étendue que le grand duché de Toscane qui lui répond aujourd'hui: l'Arno, qui la traverse d'orient en occident, la coupoit en deux parties à peu près égales, dont l'une alloit presque jusqu'aux portes de Rome; l'autre frontiere de Ligurie renfermoit outre le Pisan, qui de nos jours appartient à la Toscane, une portion de l'Etat de Gênes, le Val de Magra, le duché de Carrera & le territoire de la République de Luques. Quelques villes qui dépendent du duché de Spolete & de celui d'Urbin, comme Perouse, Eugubio, appartenoient encore à l'Etrurie.

Leur origine.

L'origine des Etrusques, ainsi que celle des autres peuples, a occasionné un grand nombre de systêmes moins satisfaisans les uns que les autres, & qui, loin de jetter quelque jour sur les antiquités de ces peuples, n'ont servi qu'à augmenter les tenebres dont elles sont enveloppées. Sous le nom général de Toscans ou d'Etrusques, on a souvent confondu des peuples très-differens les uns des autres. Presque tous les Historiens qui n'ont fait que copier Herodote, font venir ces peuples de la Lydie; mais ils n'ont pas fait en même-temps attention, que ce célébre Historien n'assure point ce qu'il avance, & qu'il se contente seulement de rapporter l'opinion des Lydiens mêmes, qui regardoient les Toscans de l'Ombrie comme un peuple originaire de leur pays. Selon le récit d'Herodote, ce fut à l'occasion d'une grande famine, que la moitié des Lydiens résolurent après dix-huit ans de disette d'aller chercher de nouvelles demeures, sous la conduite de Tyrrhenus, fils d'Atys leur Roi. L'absurdité de cette Histoire se fera sentir naturellement, si l'on veut seulement faire reflexion que du temps d'Atys, qui vivoit long-temps avant la guerre de Troyes, la navigation étoit encore inconnue chez les Grecs, & que d'ailleurs les Lydiens n'ont jamais eu ni port ni vaisseaux, non pas même dans le temps de leur plus grande puissance, sous Alyattes & sous Cresus. Ajoutons à cela qu'il paroît fort étonnant qu'au bout de dix-huit ans d'une extrême famine, on ait pu ramasser assez de vivres pour faire subsister la moitié d'une nation pendant le trajet qu'elle avoit à faire. D'ailleurs, pourquoi les Lydiens ne s'arrêterent-ils pas plutôt dans les isles voisines de la Lydie qui étoient très-fertiles & alors inhabitées, que d'aller chercher un pays sur lequel on n'avoit encore que des idées très-fausses dans le siecle d'Homere (2). De plus, Denys d'Halicarnasse observe que les Tyrrhenes d'Italie differoient absolument des Lydiens pour la langue, les loix, les mœurs & la religion. Ainsi ce n'est point chez les Lydiens qu'il faut chercher l'origine des Toscans.

PREMIERS HABITANS DE L'ITALIE.

Les Toscans étoient appellés Tyrrhenes ou Tyrséñes, & même Pelasges par les Grecs qui les confondoient ensemble. Les Romains les connoissoient sous le nom de *Tusci* ou *Etrusci*, & leur pays sous celui d'*Etruria*; mais les Toscans eux-mêmes ignoroient l'usage de ces differens noms. » Chaque canton de
» la Toscane étoit distingué par une dénomination particuliere, & le nom
» général de la nation étoit celui de *Rasena*. Ces *Rasena* étoient originai-
» rement le même peuple que les *Rhæti*, anciens peuples du Trentin &
» de la partie du Tirol qui comprend la portion des Alpes, où coule
» l'Athesis. Tite-Live & Pline sont l'un & l'autre de cet avis. Il est vrai
» qu'ils nous donnent ces *Rhæti* pour des Toscans chassés des plaines par
» les Gaulois, lorsque ces derniers envahirent l'Italie vers l'an 600 avant
» l'Ere chretienne; & c'est même à cette situation des *Rhæti* dans les mon-
» tagnes, que le premier attribue la barbarie de leurs mœurs, aussi grossie-
» res que celles des autres Toscans étoient douces & polies. Mais cette
» méprise est une conséquence naturelle de la fausse origine qu'ils don-
» noient aux Toscans. Ils les regardoient comme une colonie venue par mer,
» & qui s'étoit d'abord établie dans la Toscane. Or il est bien plus probable
» que la *Rhetie*, loin d'être peuplée dans la suite par les Toscans, avoit
» elle-même fourni à la Toscane ses premiers habitans. En effet les *Rasena*
» étoient venus par terre en Italie. Ils y pénétrerent par le Trentin & par
» les gorges de l'Adige, & le pays qu'ils occuperent d'abord, avoit toute
» une autre étendue que l'Etrurie proprement dite, comme Polybe l'assure en
» termes formels. Au temps de leur plus grande puissance, ils avoient été
» maîtres non-seulement de l'Etrurie, mais encore de presque toute l'Ombrie,
» & de tout ce qu'envahirent depuis les Gaulois *Cenomani*, *Boii* & *Lingones*;
» c'est-à-dire de toute la contrée qui s'étend des deux côtés du Pô, depuis
» l'Adda jusqu'à la mer. Ainsi, pour lors il touchoient aux Alpes dont ils
» étoient originaires, & n'avoient fait à proprement parler que reculer les

(2) Voy. les autres preuves que M. Ferret rapporte dans son Mémoire déja cité.

PREMIERS HABITANS DE L'ITALIE.

« bornes de leur ancienne patrie sans en sortir. Les pays qui séparent la Rhé-
» tie de la Toscane, ayant été dans la suite conquis sur eux par d'autres
» peuples, cette séparation fit perdre de vûe la trace de leur premiere
» origine (3). «

Les Toscans étant arrivés en Italie s'arrêterent au nord du Pô, où ils bâtirent deux villes, Mantoue & Adria. Cette derniere donna son nom au Golfe
Adriatique. Les Toscans ne resterent pas long-temps dans des bornes si étroites: ils étendirent leur état au midi du Pô, par les conquêtes qu'ils firent
sur les Ombriens, ce qui obligea sans doute ces derniers peuples à refluer
vers le midi, & à repousser de proches en proches les peuples meridio-
naux de l'Italie. Nous n'avons point de date précise de cette conquête des
Toscans; mais elle ne doit pas être de la premiere antiquité, puisque les
Ombriens étoient déja établis dans ce pays. Cependant en suivant la maniere de compter des Toscans, qui donnoient le nom de siecle ou de *sæcu-
lum* à des espaces de temps, dont la durée inégale se mesuroit sur la vie
de certains hommes, il est possible de déterminer à-peu-près le temps de
la conquête des Toscans: Les devins Etrusques avoient déclaré l'année du
premier consulat de Sylla, qu'il y avoit déja eu huit âges differens par les
mœurs & par la durée de la vie des hommes, d'où il faut conclurre que le
huitiéme siecle des Toscans de l'Etrurie, finissoit cette année-là, qui étoit la
quatre vingt-huitiéme avant J. C. » En supposant la durée de ce huitiéme
» âge égale à celle du plus long des âges précedens, elle aura été de cent
» vingt-trois ans, & ainsi leur huitiéme siecle aura commencé l'an 211 avant
» J. C.; joignons-y les sept cens quatre-vingt-un an des sept siecles précé-
» dens, nous aurons l'an 992 avant l'Ere chretienne pour l'époque de l'éta-
» blissement des Toscans en Etrurie. Cette époque est posterieure de cent
» quarante-quatre ans à la fondation d'*Ameria* pas les *Ombri*, mais antérieu-
» re de deux cens quarante à celle de Rome. D'où il résulte que la con-
» quête de l'Etrurie sur les Ombri est au-plutôt de l'an mil avant l'Ere chré-
» tienne; ce qui s'accorde parfaitement avec le temps où Thucydide fait
» passer en Sicile les Sicules, chassés de l'extrêmité meridionale de l'Italie,
» par quelques révolutions arrivées vers le nord; révolution qui ne peut
» être que l'invasion des *Rasena* ou *Toscans*, par qui les *Ombri* furent chassés
» de la Toscane. »

Les Gaulois sous la conduite de Bellovese étant arrivés en Italie, battirent les Toscans d'au-delà du Pô, qui étoient venus à leur rencontre sur
les bords du Tesin, & s'établirent dans le Milanès ou l'Insubrie. D'autres
Gaulois ayant passé les Alpes quelque temps après, acheverent de chasser
les Toscans, & leur enleverent tout ce qu'ils possedoient au nord du Pô,
à la réserve de Mantoue. Les Toscans se retirerent d'abord en Ombrie, &
de-là dans le Picenum. Une partie s'y étant arrêtée, fonda les villes de
Cupra & d'*Atria*; l'autre traversa l'Apennin, & s'empara de la Campanie,
alors occupée par les Opiques. Ces Toscans y formerent une Cité divisée en
douze cantons, dont *Vulturum* étoit la capitale (4).

Il faut distinguer trois corps differens des Toscans: ceux de l'Etrurie,

(3) M. Ferret. ibid.
(4) Cette ville fut nommée depuis Capoue, lorsqu'elle eut passé sous la domination des Samnites.

ceux de la Campanie & ceux qui habitoient au-delà du Pô; ces trois corps ne dependoient point l'un de l'autre. On a souvent confondu les Toscans de l'Etrurie avec les Pelasges, à cause de plusieurs cités Pelasgiques qui se trouvoient enclavées dans l'Etrurie. Telles étoient la ville de Falerie, de Veïes, de Tarquinium dont le nom véritable étoit *Trachinia*, que les Sicules nommoient *Tarracina Cosa* ou *Cossa* & celle d'*Agylla*.

ROIS DE ROME.

La Toscane ou l'Etrurie étoient anciennement partagée en douze cités, qui avoient chacune un Chef électif auquel les Romains donnoient le nom de *Roi*. Presque tous les anciens supposent qu'il avoit le titre de *Lucumon*. Ce n'étoit cependant qu'un seul corps, dont chaque membre envoyoit ses députés aux assemblées qui se tenoient pour les intérêts généraux de la nation. Les Romains ne dûrent la conquête de ce pays qu'à la mésintelligence qui regnoit alors dans la cité. Les Anciens ont parlé de ces douze cantons de l'Etrurie; mais aucun n'en a fait l'énumération, & les Modernes qui l'ont entreprise ne sont pas d'accord entr'eux.

Les noms de *Tuscus* & d'*Etruria* n'étoient pas latin: il est probable que c'étoit ceux de quelques cantons particuliers des Toscans ou *Rasenæ*: c'étoient peut-être aussi les noms que leur donnoient les Ombriens, les Sicaniens ou les Liburnes.

Telles sont les origines des differens peuples, qui dans la suite parurent en Italie, & dont nous n'avons aucune histoire bien suivie. De ces mêmes peuples on en vit sortir un nouveau, qui foible dans ses commencemens, sçut bien-tôt étendre sa puissance par toute la terre, & faire respecter ses loix. Je ne rapporterai point ici les diverses questions qui se sont élevées au sujet de l'origine des Romains, que la plûpart des Historiens ont fait descendre des Troyens. Il me suffit d'observer que les meilleures critiques font voir que le voyage d'Enée en Italie n'est qu'une pure fiction adoptée par les Historiens, & que c'est des colonies Grecques dont nous venons de parler que les Romains tirent leur origine. La fondation de Rome ne souffre pas moins de difficultés dans l'Histoire, soit par rapport à son Fondateur, soit par rapport à l'époque de son établissement, soit enfin par rapport aux premiers habitans de cette ville.

Fondation de Rome.

ROMULUS I. Roi.

En suivant le plus grand nombre des Historiens, nous reconnoîtrons pour Fondateurs de Rome deux freres jumeaux nommés Remus & Romulus, issus du sans royal d'Albe. Je passe sous silence la fable de la naissance, & de l'éducation de ces deux freres. Accoutumés dès leur jeunesse au brigandage, ils continuerent long-temps à mener la même vie; mais enfin ils résolurent de bâtir une ville (si on peut lui donner ce nom) pour renfermer le butin qu'ils enlevoient aux nations voisines. Cette ville (4) n'avoit

An. de Rome 1. Avant J. C. 751.

---

(5) Le nom de Rome est grec, & signifie *force* ou *vaillance*, & en latin *valentia*. C'étoit le nom sécret de la ville, & Valerius Soranus fut severement puni pour l'avoir découvert. Les Romains avoient des Dieux tutelaires, & il les cachoient à dessein, de peur que les ennemis venant à les connoître, ne les forçassent par des sacrifices évocatoires d'a- | bandonner ceux qu'ils avoient protegés jusqu'alors. Le nom propre des villes étoit en quelque sorte regardé comme le genie tutelaire, & il n'étoit connu que de très-peu de personnes. On n'osoit le proférer de peur que les ennemis ne s'en servissent dans ces sortes d'évocations qu'ils croyoient n'avoir aucune force, si le vrai nom des villes n'y étoit ex-

ROIS DE ROME.

pas même de rue à moins qu'on ne voulut donner ce nom à une continuation de chemins qui aboutissoient les uns aux autres. Les maisons étoient placées sans ordre & très-petites ; car les hommes toujours occupés au travail ou à la guerre, ou dans la place publique, se tenoient rarement dans les maisons. L'ambition rompit bien-tôt l'union qui avoit regné jusqu'alors entre les deux freres. Chacun vouloit dominer ; mais il ne falloit qu'un seul maître, & les armes déciderent enfin en faveur de Romulus. Ce Prince après la mort de son frere n'ayant plus de compétiteur, fut reconnu Roi par tous ceux qui s'étoient joints à lui & à son frere, pour habiter la nouvelle ville (6).

Romulus ne fut pas plutôt sur le trône qu'il songea à établir des loix pour tenir en bride son nouveau peuple, & il nomma en même-temps des Senateurs pour les faire exécuter. Voulant s'attirer plus de respect de la part des Romains, & donner en quelque sorte de l'éclat à sa dignité, il prit des ornemens qui le distinguoient de ses sujets ; il voulut même se faire accompagner par douze gardes qui furent nommés Licteurs.

Enlevement des Sabines.

Rome n'avoit alors que des hommes pour habitans, & les nations voisines avoient refusé de donner leurs filles en mariage à un peuple composé de brigands & d'esclaves fugitifs. Romulus eut recours à la ruse pour forcer les peuples des environs à lui accorder ce qu'ils avoient refusé avec tant de mépris & de hauteur. Des jeux qu'il fit célebrer avec autant de magnificence que les circonstances le pouvoient permettre attirerent ses voisins, plus curieux sans doute de voir cette nouvelle ville que d'assister aux fêtes qu'on devoit y donner ; mais pendant qu'on étoit attentif au spectacle, Romulus ayant donné le signal dont il étoit convenu, les Romains enleverent toutes les filles. Cette entreprise hardie pensa causer la ruine de la ville. Les peuples résolus de se venger de l'affront qu'ils avoient reçu, formerent une ligue contre les Romains. La lenteur des Sabins sauva Rome. Les autres nations se croyant assez fortes, prirent les armes & commirent quelques hostilités. La valeur des Romains rendit inutiles les efforts de ces en-

primé. Les Romains n'étoient pas les seuls qui fussent persuadés de la vertu de ces especes d'enchantemens. Les Egyptiens & les Perses qui avoient les mêmes idées, ne vouloient point reconnoître des Dieux particuliers pour leurs Protecteurs. Les Lacedemoniens enchaînerent le Dieu Mars qu'ils adoroient sous le nom d'*Enialius*, & les Atheniens avoient une *Victoire* à laquelle on n'avoit point mis d'ailes. Les Tyriens enchaînerent pareillement leur Dieu, dans le temps qu'Alexandre faisoit le siége de leur ville. Voici une formule d'évocation que Macrobe nous a conservée, & qu'il dit avoir trouvée dans le Livre cinquième des choses secretes de *Sammonicus Serenus*.

» Dieu ou Déesse qui avez pris sous votre » protection le peuple & la ville de Cartha-» ge, & vous sur-tout qui avez reçu la garde » de cette ville, je vous prie & vous conjure » d'abandonner le peuple & la ville de Carthage, & de sortir sans eux des lieux, des » temples, des endroits les plus secrets, & » de la ville ; d'oublier entierement ce peu-» ple, & d'y répandre la terreur : de venir à » Rome vers moi & mes citoyens : de trouver » plus agréable notre ville, nos temples, » nos sacrifices. Je vous prie de faire ensorte » que nous puissions connoître que vous » venez présider au bonheur du peuple Romain & des soldats. Si vous le faites je » promets de vous bâtir un temple, & d'instituer des jeux en votre honneur. «

Mém. de l'Ac. des bel. let. T. iv. p. 560 & suiv. 581 & suiv.

(6) Les Historiens anciens ne sont pas d'accord sur les circonstances de la mort de Remus.

DE L'UNIVERS. Liv. II. Ch. II.

nemis. La guerre que les Sabins entreprirent deux ans après fut beaucoup plus dangereuse, & elle auroit peut-être eu des suites fâcheuses pour Rome, si les Sabines n'eussent employé leurs larmes & leurs prieres pour reconcilier ces deux peuples. Ils contracterent alors une alliance si étroite, qu'une partie des Sabins voulut s'établir à Rome, & que Romulus consentit, du moins en apparence, que Tatius un de leurs chefs partageât le trône avec lui. La politique seule étoit le motif qui avoit fait agir Romulus ; car il n'est pas naturel de croire que celui qui n'avoit pu souffrir son frere pour égal, voulut remettre une partie de sa puissance entre les mains d'un étranger. La mort de Tatius arrivée quelque temps après fit bien voir que Romulus vouloit seul porter la Couronne ; puisqu'il ne donna point de successeur au chef des Sabins.

Les victoires des Romains & l'alliance qu'ils avoient faite avec les Sabins n'empêchèrent pas les nations voisines de faire de nouveaux efforts pour abbatre une puissance qu'elles voyoient s'élever au milieu d'elles, & dont elles sembloient présager une grandeur qui devoit un jour leur être si funeste. Leurs entreprises ne servirent qu'à relever la gloire des Romains. Rome enfin étoit déja redoutable, & devoit en partie ses triomphes à la valeur & à la prudence de son chef. Trop ingrate pour reconnoître les obligations qu'elle avoit à son Roi, elle oublia bien-tôt ce qu'elle lui devoit & jura sa perte. Les Senateurs jaloux de l'autorité de Romulus, massacrerent ce Prince un jour qu'il faisoit la revue de ses troupes. Il regna trente-sept ans & en vecut cinquante-cinq.

Les Senateurs, qui n'avoient fait mourir Romulus que pour s'emparer de la souveraine puissance, ne pouvant s'accorder entr'eux pour le choix d'un Roi, parce que chacun d'eux vouloit monter sur le trône, se virent obligés après un an d'interregne d'offrir la couronne à un étranger. Le peuple à qui les Senateurs avoient voulu remettre le droit d'élection, consentit que les Senateurs nommassent celui qu'ils croiroient le plus capable de les gouverner. Cette déference du peuple pour les Senateurs ne levoit point encore tous les obstacles qui retardoient l'élection du Roi. Le Senat composé de Romains & de Sabins étoit partagé en deux factions, & chacun prétendoit avoir un Roi de sa nation. Enfin, on s'accorda à reconnoître pour Roi Numa Pompilius qui demeuroit à Cures, ville des Sabins. Les Romains, plus semblables à des barbares qu'à une nation policée, avoient besoin d'un Roi du caractere de Numa, pour adoucir la ferocité de leurs mœurs. Ce Prince voulant, pour ainsi dire, former de nouveaux hommes, employa tout le temps de son regne à établir un sage gouvernement, à bâtir des temples, à instituer des fêtes & des sacrifices, à créer des Prêtres pour chaque divinité & à regler les differentes cérémonies religieuses. Numa craignant que la guerre n'interrompit les exercices de pieté auxquels il vouloit accoutumer ses sujets, trouva moyen d'entretenir la paix avec ses voisins pendant son regne qui fut de quarante-trois ans.

La longue paix dont les Romains avoient joui sous ce Prince avoit enervé leur courage, & ils seroient restés dans la médiocrité où ils étoient alors s'ils eussent toujours été gouvernés par des Princes du caractere de Numa. Mais Tullus Hostilius son successeur, reveilla bien-tôt dans le cœur des Ro-

Rois de Rome.

Mort de Romulus.
An. de R. 37.
Av. J. C. 715.

Numa Pompilius IIe. Roi

Tullus Hostilius IIIe Roi
An. de R. 82.
Av. J. C. 670.

Tome II.   B*

mains cette ardeur martiale qui leur étoit si naturelle. Albe soumise par les intrigues de ce Prince fut le prélude des conquêtes que les Romains firent dans la suite. Rome devenue puissante par la réunion des Albains ne pouvoit plus renfermer ses habitans.

<small>Rois de Rome.</small>

<small>Ancus Martius IVe. Roi. An. de R. 114. Av. J. C. 639.</small>

Ancus Martius, petit-fils de Numa Pompilius, étant monté sur le trône après la mort de Tullus, s'occupa non-seulement à augmenter le nombre des édifices, mais encore à embellir la ville par divers monumens publics. Il bâtit aussi la ville d'Ostie entre Rome & l'embouchure du Tibre, éloignée de la mer d'environ une lieue. Il fit en même-temps refleurir la religion qui avoit été négligée sous son prédécesseur. Quoique ce Prince ne fut pas guerrier, il ne laissa pas que de faire la guerre aux Latins, & il remporta sur eux des avantages considérables. Ce Prince mourut après un regne de vingt-quatre ans.

<small>Tarquin l'Ancien Ve. Roi. An. de R. 138. Av. J. C. 614.</small>

Ancus laissa deux fils ; mais Tarquin l'ancien Prince de Tarquinium ayant gagné l'affection des Romains sous le regne précedent, trouva moyen de se faire élire Roi à la place des enfans d'Ancus dont il étoit tuteur. A l'exemple de son prédécesseur, il éleva dans Rome plusieurs beaux édifices, fit creuser des aqueducs & des égoûts; bâtit le Cirque pour représenter les jeux publics & prépara les fondemens du Capitole. Il augmenta aussi le nombre des Senateurs. En même-temps qu'il songeoit à l'embellissement de la ville, il ne négligeoit rien pour sa gloire; & les victoires qu'il remporta sur les peuples voisins, étendirent les bornes de la domination Romaine.

<small>Servius Tullius VIe. Roi. An. de R. 176. Av. J. C. 576.</small>

Tarquin ayant été assassiné par les enfans d'Ancus, eut pour successeur Servius Tullius, fils d'une Reine qui avoit été conduite captive à Rome. Ce Prince voulut donner une nouvelle forme au gouvernement. Il fit le dénombrement de ses sujets qu'il partagea en dix-neuf tribus, & étendit les privileges du peuple pour abaisser le Senat. Mais le Peuple devenu plus hardi dans la suite, anéantit la Royauté & mit des bornes étroites à la puissance du Senat. Ce Prince cheri de son peuple, s'étoit attiré la haine des Senateurs, & le jeune Tarquin (7) son gendre profitant de la disposition des Senateurs se fit proclamer Roi du vivant même de son beau-pere qu'il fit ensuite assassiner.

<small>Tarquin le Superbe VIIe. Roi. An. de R. 220. Av. J. C. 532.</small>

Jusqu'alors les Rois de Rome avoient vecu dans une sorte de simplicité; mais Tarquin s'étant emparé du trône par la force & contre toutes les loix des Romains, voulut paroître avec plus de pompe & de faste que les Rois ses prédécesseurs. Il prit une nouvelle garde qu'il arma d'épées & de lances, & chercha par ce moyen à inspirer de la terreur à des sujets dont il avoit raison de redouter la haine. Si les Romains souffrirent de sa tyrannie, ils lui dûrent une partie de l'embellissement de leur ville & la conquête de la ville de Gabies. Ce Prince acheva aussi de bâtir le Capitole, qui avoit été commencé sous le regne de Tarquin l'ancien. Les peuples fatigués par les travaux sans nombre qu'il leur faisoit faire, supportoient avec peine un joug si tyrannique.

<small>Etablissement de la République. An. de R. 244. Av. J. C. 508.</small>

L'outrage fait à Lucrece par Sextus fils de ce Prince, servit de prétexte

---

(7) On ignore de quelle famille étoit ce Prince, & s'il étoit parent de Tarquin l'ancien. On pourroit croire que c'étoit un Seigneur de Tarquinium qui avoit suivi Tarquin l'ancien, lorsqu'il étoit venu à Rome.

aux Romains pour ſe ſouſtraire à la puiſſance des Rois. La forme du gouvernement changea dès cet inſtant, & à la place de Rois, on créa deux Conſuls dont le pouvoir ne pouvoit durer qu'un an conformément au plan qu'on trouva dans les mémoires de Servius Tullius. Les Conſuls devinrent les chefs du Senat & du Peuple & avoient autorité ſur toutes les autres Magiſtratures. L'adminiſtration générale & particuliere de la juſtice & celle des fonds publics étoient de leur reſſort. Ils avoient ſeuls droit de convoquer le Senat, d'aſſembler le Peuple, de lever des armées & de nommer des Officiers. Ils étoient élus par le Peuple, & les Patriciens pouvoient d'abord ſeuls prétendre à cette élection. Les Conſuls avoient les mêmes marques de dignité que les Rois, à l'exception de la couronne d'or & du ſceptre; mais il n'y avoit que ſix Licteurs armés de haches & de faiſceaux qui marchaſſent devant l'un des deux Conſuls; l'autre étant également précédé de ſix Licteurs, mais qui n'avoient que des faiſceaux ſans haches. Les deux premiers Conſuls furent Junius Brutus qui avoit ſoulevé le peuple contre Tarquin, & Tarquin Collatin mari de Lucrece.

Tarquin employa tous les moyens poſſibles pour remonter ſur le trône, & il engagea même dans ſa querelle Porſenna Roi des Cluſiens peuple de Toſcane. Toutes ſes tentatives furent inutiles : il fut enfin obligé de renoncer à ſon projet, & de ſe retirer dans une ville de Toſcane, pour y vivre en ſimple particulier. » Sa conduite avant ſon malheur, ſa douceur pour
» les peuples vaincus, ſa libéralité envers les ſoldats, cet art qu'il eut d'in-
» téreſſer tant de gens à ſa conſervation, ſes ouvrages publics, ſon cou-
» rage à la guerre, ſa conſtance dans ſon infortune, une guerre de vingt
» ans qu'il fit, ou qu'il fit faire au peuple Romain ſans royaume & ſans
» bien, ſes continuelles reſſources font bien voir que ce n'étoit pas un
» homme mépriſable. «

Rome ſous le gouvernement des Conſuls changea bien-tôt de face : ces Chefs de la République cherchant à ſignaler leur magiſtrature pour en obtenir d'autres en ſortant du Conſulat, engageoient tous les jours de nouvelles guerres, qui en même-temps qu'elles leur fourniſſoient l'occaſion de ſe couvrir de gloire, étendoient la domination Romaine, & la faiſoit monter comme par degrés à ce haut point où elle ſe trouva dans la ſuite. Ce n'étoit que par une conquête ou par une victoire ſignalée que les Conſuls pouvoient obtenir l'honneur du triomphe. Cette récompenſe qui flattoit tant leur ambition, les portoit à pouſſer la guerre avec ardeur & à ne la point traîner en longueur. Le butin mis en commun & diſtribué enſuite aux ſoldats avec toute l'équité poſſible; les terres des vaincus partagées entre les citoyens, ou vendues au profit du public, toutes ces choſes en un mot portoient à la guerre un peuple naturellement belliqueux. Cette nation retiroit encore deux avantages des guerres où elle étoit occupée continuellement : elles ſervoient à leur donner une profonde connoiſſance de l'art militaire, & ſuſpendoient les querelles domeſtiques qui déchiroient ſouvent le ſein de la patrie. Les Romains avoient auſſi pour principe de ne jamais faire la paix que lorſqu'ils étoient vainqueurs; & par ce moyen ils conſternoient leurs ennemis, & s'impoſoient à eux-mêmes une plus grande néceſſité de vaincre. Les obſtacles qu'ils y rencontroient ſouvent, ſervirent à faire éclater leur valeur & leur conſtance.

HISTOIRE DE LA RÉPUBLIQUE ROMAINE.

Les Romains n'avoient chassé les Rois que pour jouir de la liberté, mais cet amour de la liberté ne servit qu'à les rendre malheureux, & à bannir le repos que leur pouvoit procurer un Roi sage & vertueux. Le Senat croyant que toute l'autorité devoit lui appartenir, prétendoit que le peuple lui fut soumis. Le peuple de son côté voyoit d'un œil jaloux la tyrannie des Senateurs, & cherchoit les moyens de s'attribuer toute la puissance. De-là ces disputes continuelles entre ces deux membres de la République, ces retraites fréquentes du peuple, ces demandes séditieuses qu'il faisoit au Senat, & ces dissentions dont quelques particuliers ambitieux cherchoient à profiter pour donner des fers à sa patrie. De-là ces differens changemens dans la magistrature, la création des Tribuns militaires, des Decemvirs, & le partage du consulat entre les Patriciens & les Plebeïens.

Prise de Rome par les Gaulois An. de R. 364. Av. J. C. 388.

Cependant au milieu de tant de troubles, Rome faisoit de nouvelles conquêtes, & se rendoit redoutable à ses voisins. Depuis l'expulsion des Rois, elle avoit soumis les Volsques, les Veïens, les Falisques & quelques autres peuples des environs. Un nouvel ennemi jusqu'alors inconnu, pensa d'un seul coup abattre une puissance qui se rendoit déja formidable à l'Italie. Les habitans de Clusium ayant été attaqués par les Gaulois, les Romains furent obligés de voler au secours des premiers qui étoient leurs alliés. Accoutumés à vaincre, ils se flattoient de remporter une victoire facile sur les Gaulois; mais tant de présomption eut un retour funeste. Battus & entierement mis en fuite par cette nation qu'ils meprisoient, ils se retirerent à Rome en désordre, où ils repandirent l'allarme & l'épouvante. Le trouble & la confusion s'emparerent alors des esprits, & les Romains incapables de prendre un conseil salutaire, ne songerent plus qu'à la retraite & à quitter la ville. Les vieillards conduits par le désespoir, résolurent de s'ensevelir sous les ruines de Rome; cependant la jeunesse est enfermée dans le Capitole, à dessein de le deffendre jusqu'à l'extrémité. Les vainqueurs furent bien-tôt aux portes de Rome, dont ils n'eurent point de peine à se rendre maîtres. Après avoir massacré les vieillards qu'ils trouverent dans la ville, & ruiné les édifices, ils attaquerent le Capitole. La valeur des Romains rendit tous leurs efforts inutiles, & les Gaulois s'ennuyant enfin de la longueur du siege, & ayant d'ailleurs appris que les Venetes profitant de leur absence étoient venus sur leurs terres, consentirent à recevoir une grosse somme d'argent pour se retirer. (8)

Rome délivrée d'un ennemi si dangereux, ne tarda pas à reprendre son premier éclat, & trouva moyen dans la suite de se venger des Gaulois, & d'effacer la honte qu'elle avoit reçue près la riviere d'Allia.

Guerre des Samnites. An. de R. 412. Av. J. C. 340.

Les alliés que les Romains avoient dans l'Italie, leur occasionnoient souvent des guerres, & leur suscitoient de nouveaux ennemis. La deffense qu'ils avoient prise des Clusiens attaqués par les Gaulois, avoit pensé causer leur ruine, & la guerre qu'ils entreprirent contre les Samnites pour secourir les Campaniens, fut longue & cruelle. L'armée Romaine commandée

(8) Polybe, Paul Orose, dans Trogue Pompée & Suetone dans la vie de Tibere, nous apprennent contre le sentiment de Tite-Live, que les Gaulois emporterent avec eux l'argent que les Romains leur avoient donné pour leur rançon, & que la victoire de Camille est une pure fiction.

par deux Confuls fe trouvant furprife dans les fourches caudines, fut obligée de paffer fous le joug. Elle s'en vengea bien-tôt par les avantages confidérables qu'elle remporta fur ces peuples qui furent enfin foumis.

 La guerre des Samnites en occafionna une nouvelle. Pyrrhus Roi d'Epire, qui méditoit la conquête de l'Italie, prit occafion des troubles dont ce pays étoit alors agité, & attaqua les Romains fous prétexte de donner du fecours aux habitans de Tarente. Les éléphans que ce Prince avoit dans fon armée, épouvanterent tellement les Romains dans la premiere rencontre, qu'ils furent entierement défaits; mais une feconde & troifiéme bataille gagnée fur les Epirotes, obligerent Pyrrhus à faire la paix avec les Romains. La conquête entiere de toute l'Italie, & la réduction de ce pays en Province Romaine, furent les fruits que les Romains retirerent de toutes ces guerres.

 Animés par tant de fuccès, ils mediterent bien-tôt de nouvelles conquêtes, & la jaloufie que leur donnoit la puiffance de Carthage, les engagea à porter leurs armes au-delà des mers. Carthage ofa lutter contre Rome, & lutta long-temps avec fuccès. La domination de cette République guerriere & commerçante embraffoit les deux côtes de la méditerranée. Outre celle d'Afrique qu'elle poffedoit prefque toute entiere, elle s'étoit étendue du côté de l'Efpagne par le détroit de Gibraltar. Maîtreffe de la mer & du commerce, elle avoit envahi les ifles de Corfe & de Sardaigne: la Sicile avoit peine à fe deffendre, & l'Italie étoit menacée de trop près pour n'avoir pas un fujet ou de moins un prétexte de craindre. De-là vinrent les guerres puniques, dont l'iffue malgré les grands avantages d'Annibal, fut fi funefte aux Carthaginois, puifque la derniere guerre ne fut terminée que par la deftruction de la rivale de Rome.

 La révolte des Mamertins ou Meffinois en Sicile, occafionna la premiere guerre punique. Une partie des Meffinois implora l'affiftance des Romains, tandis que l'autre appelloit à fon fecours les Carthaginois. La guerre fe fit par terre & par mer, & quoique les Romains fuffent fort ignorans dans la navigation ils battirent la flotte Carthaginoife, & Attilius Regulus s'empara des ifles de Lipari & de Malthe occupées alors par les Carthaginois. Excité par fes victoires, il porta la guerre en Afrique, où il remporta des avantages fi confidérables, que les Carthaginois fe virent contraint de demander la paix. Regulus ne voulant l'accorder qu'à des conditions trop dures, la guerre continua, & la fortune qui jufqu'alors s'étoit déclarée pour le Général Romain lui étant devenue contraire, fon armée fut entierement taillée en piéces, & il fut fait prifonnier. Les Carthaginois crurent que cette victoire étoit un moyen pour faire une paix avantageufe; mais l'inflexibilité de Regulus rendit leurs efperances vaines, & les Carthaginois ayant été défaits dans la fuite, furent forcés d'accepter la paix aux conditions que le vainqueur voulut leur impofer. Les principales étoient que les Carthaginois abandonneroient entierement la Sicile; qu'ils rendroient les prifonniers fans aucune rançon, & qu'ils payeroient aux Romains trois mille deux cens talens pour les frais de la guerre.

 Elle étoit à peine finie que les Romains fe virent engagés dans deux nouvelles guerres; fçavoir, celle d'Illyrie & celle des Gaulois. La premiere commença 219 ans avant l'Ere chretienne. Les Illyriens qui étoient puiffans

HISTOIRE DE LA REPUBLIQUE ROMAINE.

Guerre contre Pyrrhus.
An. de R. 471.
Av. J. C. 281.

Guerres puniques.
An. de R. 488.
Av. J. C. 264.

sur mer, avoient fait plusieurs descentes sur les côtes d'Italie ; ce qui obligea les Romains à armer contr'eux par mer & par terre. Ils ne purent résister aux efforts des Romains & devinrent leurs tributaires. La guerre que Rome entreprit contre les Gaulois, ne fut pas sitôt terminée, & coûta bien du sang aux deux partis ; mais les grandes victoires que les Romains remporterent, leur donnerent lieu dans la suite de pénétrer dans les Gaules.

<small>Histoire de la République Romaine.</small>

<small>Seconde guerre punique.
An. de R. 534.
Av. J. C. 218.</small>

La paix qui avoit été conclue entre les Romains & les Carthaginois, étoit plutôt une suspension d'armes qu'une réconciliation sincere entre les deux peuples. Carthage n'avoit cedé qu'aux circonstances, & n'avoit signé un traité si désavantageux pour elle que dans l'esperance de se venger un jour des Romains. Elle n'avoit employé le temps de la paix, qu'à faire des préparatifs pour recommencer la guerre avec avantage. La haine d'Amilcar pour les Romains, devenu héréditaire dans son fils Annibal, pensa devenir funeste à la République Romaine. Ce jeune Héros porta d'abord la guerre en Espagne, & ses premiers exploits furent la prise de Sagunte. La nouvelle de cette conquête allarma les Romains. Ils envoyerent des Ambassadeurs à Carthage pour se plaindre de ce qu'on avoit attaqué leurs alliés. Carthage refusa de les satisfaire, & la guerre fut résolue. Annibal conçut alors le projet de pénétrer jusqu'au sein de l'Italie, & de faire soulever en même-temps tous les Gaulois contre les Romains. Ce Général ayant passé les Pyrennées, arriva sur les bords du Rhône qu'il remonta heureusement. Les troupes Romaines n'ayant pu s'opposer au passage des Carthaginois, ceux-ci arriverent bien-tôt au pied des Alpes. Les obstacles qu'Annibal trouva dans ce passage, ne furent pas capables de le faire changer de dessein. Après une marche de quinze jours, pendant lesquels les Carthaginois essuyerent toutes sortes de fatigues, soit par rapport à la difficulté des chemins qu'ils étoient obligés de se frayer, soit de la part des ennemis qu'ils rencontroient, arriverent enfin dans les fertiles campagnes du Pô. Les pertes qu'Annibal avoient faites pendant cette traverse, furent reparées par une partie des troupes Gauloises qui se joignirent à lui. Cependant Scipion s'étoit avancé vers le Pô pour disputer le passage de ce fleuve aux ennemis, & Sempronius son collégue eut ordre de venir joindre Scipion qui étoit sur la riviere du Tesin. Mais les Carthaginois s'étant avancés avant que la jonction pût se faire, Scipion se vit dans la nécessité de se préparer au combat. Annibal saisissant avec joye l'occasion d'en venir aux mains, attaqua l'armée Romaine, & eut la gloire de la mettre en fuite. Les Gaulois, qui d'abord n'avoient osé se déclarer en sa faveur, passerent dans son camp après la victoire qu'il venoit de remporter sur les Romains, ce qui obligea Scipion de se retirer vers la Trebie. Sempronius y étant arrivé, résolut de livrer une seconde bataille à Annibal, dans l'esperance de réparer la honte que son collegue avoit reçue quelques jours auparavant, mais la défaite de son armée lui apprit que la valeur ne suffit pas toujours à un Général. Ces deux victoires consécutives mirent Annibal en état de s'avancer avec plus de sûreté en Italie. Ce Général politique & guerrier sçut attirer dans son parti les alliés des Romains, par ses manieres douces & insinuantes. Résolu d'attaquer les Romains sur leurs terres mêmes, il prit le chemin le plus court, mais en même-temps le plus difficile. Pendant trois jours il fut obligé de traverser des marais où ses troupes souffrirent beaucoup, & où il perdit même un œil. Le Consul Flaminius homme vain & sans experience, eut l'imprudence d'attaquer les Carthaginois campés dans une vallée étroite, qui étoit bordée d'un côté par le Lac Trasymene & de l'autre par une chaîne de montagnes. Annibal ayant posté ses troupes sur les hauteurs, fit attaquer les Romains de tous côtés. La confusion se mit bien-tôt dans leur armée, & les Carthaginois en firent un grand carnage. Plus de quinze mille Romains furent tués dans cette journée, où le Consul perdit la vie, autant resterent prisonniers, & un grand nombre se précipita dans le lac.

Jusqu'alors les troupes Carthaginoises n'avoient pris aucun repos ; ce qui engagea Annibal à permettre à ses troupes de se répandre dans les campagnes, où elles firent un butin considérable, qui les dédommagea de tout ce qu'elles avoient souffert depuis leur départ de Carthage. Tant de succès consécutifs de la part des Carthaginois, avoient jetté la consternation dans Rome. On y fit de nouveaux préparatifs pour arrêter les progrès de l'ennemi, & l'on créa pour Dictateur Quintus Fabius Maximus, l'homme de son siecle le plus sage & le plus prudent. Sa conduite bien differente de celle de ses prédécesseurs, arrêta l'impétuosité des Carthaginois, & rompit toutes leurs mesures. Il ne remporta pas à la vérité de grands avantages sur eux, mais il les empêcha de rien entreprendre, & par ce moyen il refroidissoit l'ardeur des ennemis. Cette maniere d'agir si nécessaire dans les circonstances où Rome étoit alors, ne fut point approuvée, & fit donner à Fabius le surnom de Temporiseur. Après qu'il se fut demis de la Dictature, on créa de nouveau deux Consuls qui furent Emilius Paulus & Terentius Varron. Le premier vouloit profiter des sages avis de Fabius, & se contenter de couper les vivres aux Carthaginois sans en venir aux mains ; mais son collegue, homme présomptueux ne put gouter un conseil si prudent, & il chercha l'occasion de livrer bataille. Annibal qui avoit le même dessein ne tarda pas à lui en fournir les moyens. Les deux armées se rencontrerent près de Cannes, village de la Pouille. La position désavantageuse de celle des Romains, n'empêcha pas Varron d'engager le combat. Il fut long & sanglant : l'armée Romaine enveloppée de toute part, fut taillée en pieces, & jamais victoire ne fut plus complette. Emilius Paulus qui avoit été blessé dans l'action, se fit tuer par un soldat Carthaginois, ne voulant pas survivre à la perte de sa patrie. Un nombre considérable de Senateurs & de Chevaliers Romains périrent dans cette journée, & quelques Historiens font monter le nombre des morts à près de soixante & dix mille hommes. Varron ayant rassemblé les débris de son armée, retourna à Rome, où l'on croyoit déja voir l'ennemi aux portes de la ville. On y fit tous les préparatifs nécessaires pour se mettre en état de deffense ; mais Annibal ne songeoit point à porter ses pas de ce côté-là.

Tous les critiques ont blâmé Annibal de n'avoir point sçu profiter de sa victoire en marchant droit à Rome, dont il se seroit rendu maître. Il me semble qu'il n'est pas difficile de justifier ce grand Général sur ce point, si l'on fait attention aux circonstances dans lesquelles il se trouvoit. Peut-on douter qu'Annibal ne sentît de quelle importance il étoit de s'emparer de

HISTOIRE DE LA REPUBLIQUE ROMAINE.

Rome, avant que les Romains eussent eu le temps de s'y fortifier ? mais il sçavoit aussi que c'étoit l'unique moyen de terminer une guerre que ses intérêts particuliers vouloient qu'il prolongeât. Rome étant détruite & toute l'Italie au pouvoir des Carthaginois, Annibal ne devenoit plus nécessaire à sa patrie; car il avoit tout lieu de craindre qu'on ne lui ôtât le gouvernement de ce pays. Le grand nombre d'ennemis qu'il avoit à Carthage, auroit cherché à diminuer la grandeur de ses exploits; & après s'être vû à la tête des armées, & donner pour ainsi dire la loi à sa nation, il auroit été réduit à vivre comme un simple particulier ; & n'auroit retiré aucun fruit de ses conquêtes. Il étoit donc de sa politique de ne point abbatre entierement le nom Romain; mais de l'empêcher seulement de se relever. Il auroit exécuté facilement ce projet, si la République de Carthage lui eut fourni les troupes & l'argent qu'il avoit demandés après la bataille de Cannes. L'irrésolution des Carthaginois ou plutôt la jalousie qu'ils avoient conçue contre ce grand homme, fut le salut des Romains, en leur donnant le temps de revenir de leur premiere frayeur, & de rassembler une nouvelle armée. Dès cet instant la fortune se déclara pour eux, & abandonna le parti d'Annibal. Ce Général n'ayant pas assez de troupes pour tenir la campagne, & garnir toutes les places qu'il avoit conquises, reçut plusieurs échecs considérables en différentes occasions. Les succès des Romains étoient encore plus considérables en Espagne, où les Carthaginois étoient continuellement battus par les deux Scipion. Ces deux grands Capitaines ayant été tués, un autre Scipion leur neveu eut le commandement de l'armée Romaine. Héritier de la valeur de ses Ancêtres, il ne fut pas moins redoutable aux Carthaginois que ses oncles, car après les avoir chassés de l'Espagne, il porta la guerre en Afrique. Le Senat de Carthage obligea alors Annibal à quitter l'Italie pour marcher au secours de sa patrie. Ce Général contraint d'obéir, ne put s'empêcher de verser des larmes en abandonnant un pays où il avoit acquis tant de gloire, & où il esperoit faire encore d'autres conquêtes. Etant arrivé en Afrique, il eut une conférence avec Scipion ; mais n'ayant pu convenir d'un accommodement avec ce Général, il se vit obligé de livrer combat. Les deux plus grands Généraux de leur siecle en étoient alors aux mains ensemble, & chacun d'eux fit des efforts incroyables pour l'emporter sur son émule ; enfin la victoire se déclara pour les Romains. Les Carthaginois ayant lieu de craindre que Scipion ne se rendit maître de leur pays, consentirent à faire la paix malgré la dureté des conditions que le vainqueur leur imposa. Ainsi finit la seconde guerre punique qui avoit duré seize ans.

Depuis ce temps-là, Annibal ne mena plus qu'une vie errante. Il s'étoit rendu si redoutable aux Romains, qu'ils eurent la lâcheté de le poursuivre chez les peuples où il étoit allé chercher un asyle contr'eux. Il étoit d'abord passé à la cour d'Antiochus Roi de Syrie, qu'il engagea à faire la guerre aux Romains; mais craignant d'être livré entre les mains de ses ennemis lorsque ce Prince fit la paix avec eux, il se retira chez Prusias Roi de Bithynie. Il ne fut pas plus en sûreté chez ce Prince, qui étoit convenu de le remettre au pouvoir des Romains. Annibal n'esperant plus pouvoir échapper de leurs mains, prévint une captivité ou peut-être un supplice honteux, en prenant du poison. Tel fut le fort de ce grand homme auquel les Historiens n'ont pas rendu justice, & à qui ils ont attribué des défauts qu'il n'avoit pas.

La seconde guerre de Carthage étant terminée, les Romains marcherent en Macedoine contre Philippe & son fils Persée. Philippe fut vaincu & réduit à demander la paix. Persée son fils se flattant de reprendre tout ce que son pere avoit perdu, entreprit une nouvelle guerre qui lui devint funeste, car ayant été fait prisonnier après la perte d'une bataille, il fut mis à mort par l'ordre des Romains. La Macedoine fut alors réduite en province romaine.

Rome qui s'étoit remise de ses pertes, voyoit toujours d'un œil jaloux la puissance de Carthage. Elle ne cherchoit qu'une occasion de recommencer la guerre contre cette nation; & celle que les Carthaginois avoient déclarée à Massinissa Roi de Numidie, fut un prétexte pour faire passer des troupes en Afrique. Les Carthaginois voulurent entrer en négociations, mais les Romains refuserent de rien écouter, & le siége de Carthage fut résolu contre le sentiment de Scipion Nasica. Cette ville se deffendit avec un courage égal à son désespoir. Mais enfin P. Corn. Scipion s'en étant rendu maître, la ruina entierement.

Les Romains vainqueurs de Carthage, le furent bien-tôt de la Grece, dont les villes s'étoient liguées contre eux: Corinthe fut détruite, & toute la province passa sous la domination Romaine. Numance ville d'Espagne qui s'étoit révoltée, fut traitée avec la même rigueur que Carthage & Corinthe. Pendant que Rome faisoit redouter sa puissance au-dehors, des dissentions domestiques troubloient le repos dont ses citoyens pouvoient jouir dans le temps de guerre même. Les Tribuns toujours zelés pour les intérêts du peuple au préjudice du Sénat, proposoient de nouvelles loix qui étoient souvent onéreuses à l'Etat. Tiberius Gracchus & Caius son frere, les plus séditieux des Tribuns, voulurent qu'outre le partage des terres en faveur des pauvres citoyens, on leur distribuât encore tout l'argent qu'Attalus Roi de Pergame avoit laissé au peuple Romain. Ces propositions troublerent l'ordre public, en animant le peuple contre le Senat; mais ces deux factieux ayant été tués, le calme fut rétabli pour quelque temps.

Tout cédoit alors aux Romains, & les guerres qu'ils entreprenoient étoient pour eux de nouveaux sujets de triomphes. La cruauté de Jugurta Roi de Numidie qui avoit fait mourir ses freres pour s'emparer de leurs Etats, attira sur ses terres l'armée des Romains. Il avoit d'abord trouvé moyen par ses présens de se rendre Rome favorable; mais enfin Metellus qui eut ordre de l'attaquer, lui enleva plusieurs places. Marius homme sans naissance, mais qui avoit de grands talens pour la guerre, ayant été nommé Consul acheva la conquête de Numidie, & emmena Jugurta prisonnier à Rome où on le laissa mourir de faim. Marius battit ensuite les Teutons, les Cimbres & les autres peuples du Nord qui avoient pénétré dans les Gaules, l'Espagne & l'Italie. Ce pays étoit d'ailleurs agité de troubles. Les villes d'Italie se souleverent contre Rome pour obtenir le droit de bourgeoisie. Après trois années de guerres, les Romains quoique vainqueurs consentirent à accorder à ces villes ce qu'elles leur demandoient; ce qui causa

HISTOIRE DE LA REPUBLIQUE ROMAINE.

Troisiéme guerre punique.

Differentes guerres.

dans la suite de grands troubles dans la République.

HISTOIRE DE LA RÉPUBLIQUE ROMAINE.

Guerre de Mithridate.

La puissance de Rome avoit excité l'envie de plusieurs Princes, & avoit attiré à cette République un grand nombre d'ennemis ; mais le plus redoutable de tous fut Mithridate Roi de Pont dans l'Asie mineure. Ce Prince résolu d'abbatre l'orgueil des Romains, leur fit tous les maux dont il fut capable. Il commença les hostilités par la prise de plusieurs provinces de l'Asie, alliées ou tributaires de Rome. Sylla qui avoit été nommé Consul fut d'abord chargé du soin de cette guerre ; Marius vint à bout par ses intrigues de se faire nommer à la place de Sylla, ce qui occasionna une guerre civile qui fit périr un grand nombre de citoyens tant en Italie que dans l'Espagne où Sertorius partisan de Marius s'étoit retiré. Sertorius ayant été tué par un de ses Lieutenans le calme fut rétabli dans l'Espagne, le parti de Marius fut éteint la seconde année de cette guerre par la mort de celui qui en étoit le chef. Cependant Mithridate ayant été défait sur terre & sur mer, se vit contraint de demander la paix. Elle ne fut pas de longue durée : Murena Lieutenant de Sylla ayant enfreint le traité, Mithridate se servit de ce prétexte pour recommencer la guerre. Tygrane Roi d'Arménie s'étant joint au Roi de Pont, ces deux Princes battirent les Romains & s'emparerent de la Bithynie. Le Consul Lucullus étant passé en Asie fit changer les choses de face, rompit toutes les mesures de Mithridate, & remporta de si grands avantages, qu'il força ce Prince à chercher une retraite dans l'Arménie. Lucullus poursuivant ses conquêtes, entra dans ce pays, où il gagna deux batailles. Il étoit sur le point de terminer cette guerre lorsque Glabrion se fit nommer à sa place. Mithridate connoissant l'incapacité de ce nouveau Général, parut bien-tôt en campagne avec une nouvelle armée. Ses conquêtes furent si rapides, qu'il recouvra son Royaume & ravagea la Capadoce. On résolut alors à Rome d'envoyer un nouveau Commandant, & Pompée qui s'étoit déja fait connoître par la guerre d'Espagne & par celle des Pirates de Cilicie, fut chargé du commandement de l'armée Romaine qui étoit en Asie. Ce Général eut la gloire de terminer cette guerre qui avoit durée vingt ans, & de réduire tout le pays sous la domination Romaine.

Conjuration de Catilina.

Cependant un célebre factieux, je veux dire Catilina, homme de la premiere naissance, mais perdu de dettes & de débauche, avoit formé le projet de s'emparer de la souveraine autorité. La prudence de Ciceron qui étoit alors Consul, étouffa cette conjuration. L'armée que Catilina avoit ramassée fut taillée en pieces, & il fut tué lui-même en combattant au premier rang. La plupart de ses complices furent mis à mort par un decret du Sénat.

Triumvirat.

Cet exemple de sévérité ne fut pas capable d'empêcher plusieurs citoyens d'attenter à la liberté publique. Pompée, Crassus & Cesar excité par le même motif, se joignirent ensemble pour donner des loix aux Romains. Cesar qui s'étoit attaché Pompée par les liens du sang, en lui faisant épouser sa fille, obtint le Consulat & le gouvernement des Gaules pour cinq ans. Pompée & Crassus resterent à Rome pendant que Cesar passa dans les Gaules dont il fit la conquête. Cette liaison formée entre trois personnes qui avoient la même ambition ne pouvoit subsister qu'autant qu'il seroit de leur politique de rester unies. La mort de Crassus arrivée en combattant contre les Parthes délivroit Cesar d'un rival, mais il en restoit encore un autre beaucoup plus dangereux. Les belles actions de Cesar exciterent la jalousie de Pompée. Il employa toutes sortes de moyens pour lui faire ôter son gouvernement, & pour s'emparer seul de la souveraine puissance. Cesar assuré de la fidelité de ses troupes marcha droit à Rome, mais Pompée & ses partisans se retirerent à son approche. Cesar ayant obtenu de nouveau le Consulat, poursuivit Pompée jusques dans la Grece. Après divers évenemens, ces deux rivaux en vinrent aux mains dans la plaine de Pharsale où la fortune se déclara pour Cesar. Pompée croyant trouver un asyle assuré dans l'Egypte se retira auprès de Ptolemée Roi du pays, mais ce Prince perfide le fit inhumainement assassiner. Cesar ne put s'empêcher de verser des larmes en voyant la tête de ce grand homme, & résolut de venger sa mort. Ce fut en cette occasion que Cesar connut la belle Cleopatre, derniere Princesse du sang de Ptolemée. Les deux fils de Pompée s'étant mis à la tête de ceux qui avoient pris le parti de leur pere, se déclarerent contre Cesar ; mais ayant été vaincus, Cesar se vit entierement maître de la République qu'il gouverna sous le nom de Dictateur. Quelques zelés republicains formerent une conjuration contre lui & l'assassinerent dans le Senat.

La mort de Cesar ne rendit point la liberté aux Romains, elle servit au contraire de prétexte à l'ambition d'Antoine, de Lepidus & d'Octave. Ces trois Senateurs formerent un nouveau triumvirat. Le dessein de venger la mort de Cesar fut le voile dont ils couvrirent leur ambition. Ils attaquerent Brutus & Cassius chefs des meurtriers de Cesar & les défirent dans les champs de Philippes ville de Macedoine. Cassius se tua sur le champ de bataille, & Brutus ne lui survecut que jusqu'au lendemain. Les Triumvirs partagerent alors l'Empire entr'eux. Lepidus eut la moindre part. Octave resta à Rome, & Antoine se rendit en Asie. Cleopatre qui avoit pris le parti de Brutus & de Cassius craignant qu'Antoine ne la privât de son Royaume, alla le trouver pour implorer sa clémence. Antoine épris de ses charmes, devint bientôt son esclave & la suivit en Egypte. La bonne intelligence qui jusqu'alors avoit regné entre les Triumvirs fut rompue. Lepidus ayant été dépouillé de ce qu'il possedoit, Octave forma le dessein de contraindre Antoine à lui céder toute l'autorité. Il alla chercher son ennemi jusques dans l'Egypte, & lui présenta le combat près d'Actium. Cleopatre s'étant retirée avec ses vaisseaux pendant l'action, Antoine la suivit & abandonna la victoire à son ennemi. Se voyant alors sans esperance & craignant de tomber entre les mains d'Auguste, il se donna la mort.

Octave se trouvoit alors sans Compétiteur ; car il y avoit déja long-temps qu'il avoit forcé Lepidus à mener la vie d'un simple particulier. Les temps étoient changés, & les Romains ne soupiroient plus que foiblement après une liberté dont ils n'avoient fait usage que pour se détruire ; tout en un mot favorisoit les desseins ambitieux d'Octave. Sa politique le porta à gagner les esprits, & à ne s'emparer du souverain pouvoir qu'après avoir fait sentir aux Romains la nécessité du gouvernement d'un seul homme. Il voulut cependant en établir un qui leur fut agréable, & qui en même-temps

EMPEREURS ROMAINS.

Second Triumvirat.

OCTAVE I.er EMPEREUR. An. de R. 723. Av. J. C. 31.

EMPEREURS ROMAINS.

ne fut point contraire à ses intérêts. Il en fit un Aristocratique par rapport au civil, & Monarchique par rapport au militaire. Ce Prince, pour ne point effraier les Romains ne voulut pas prendre d'autre titre que celui d'Empereur ou de Général des armées ; mais comme cette dignité ne lui donnoit pas assez de pouvoir, il eut soin dans la suite de réunir en sa personne les autres charges de la République, par le moyen desquelles il s'empara par degrés de la souveraine puissance. Ce qui a fait dire à un Auteur moderne : *Que Sylla homme emporté avoit mené violemment les Romains à la liberté : & qu'Auguste rusé tyran les avoit conduit doucement à la servitude.* Et il ajoute que *pendant que sous Sylla la République reprenoit des forces, tout le monde crioit à la tyrannie & pendant que sous Auguste la tyrannie se fortifioit, on ne parloit que de liberté.*

Octave, connu depuis sous le nom d'Auguste, étant devenu maître de l'Empire, ferma les portes du Temple de Janus qui avoient resté ouvertes depuis si long-temps. Il ne s'occupa alors qu'à établir de sages reglemens soit pour l'utilité de ses nouveaux sujets, soit pour affermir son autorité. Tranquille possesseur de l'Empire, il voulut en reculer les bornes soit du côté des Parthes qu'il vainquit, soit du côté de l'Espagne dont il appaisa les fréquentes révoltes. Les peuples de Germanie l'obligerent souvent à envoyer des armées de ce côté-là, & il eut le chagrin de voir battre ses légions sous la conduite de Varus. Ces pertes furent réparées par les autres avantages qu'il remporta en Dalmatie, qui depuis plus de deux cens ans avoit été un théatre de guerre. Il eut aussi la gloire de recouvrer les aigles Romaines que les Parthes avoient enlevées dans la bataille où Crassus perdit la vie. Les Romains paroissoient contens du regne d'Auguste, & les Sénateurs même ne cherchoient que les occasions de flatter ce Prince ; cependant sa vie fut plus d'une fois en danger par les differentes conjurations qui se formerent contre lui. La plus dangereuse fut celle de Cinna fils d'une fille du grand Pompée. Les principaux de Rome étoient entrés dans cette conspiration ; mais la modération d'Auguste à l'égard des conjurés, acheva de dissiper entierement les ennemis que ce Prince pouvoit avoir, & depuis cet instant il posseda tranquillement le trône. Il mourut après un regne de quarante-quatre ans, étant âgé de près de soixante-seize ans. On a dit de ce Prince qu'il ne devoit jamais naître, à cause des maux qu'il avoit fait pour se rendre maître de la République, ou qu'il ne devoit jamais mourir, à cause de la sagesse & de la moderation avec laquelle il avoit gouverné après être venu à bout de ses desseins. Les deux premiers favoris d'Auguste étoient Agrippa & Mecenas. Le premier étoit le plus grand Capitaine qui fut alors dans l'Empire, & qui auroit donné de la jalousie à Auguste s'il n'eut pas eu une extrême modestie, qui lui fit même refuser les honneurs du triomphe. L'autre habile politique, se servoit de l'ascendant qu'il avoit sur l'esprit de l'Empereur pour lui donner de sages avis & regler sa conduite. La protection que ce favori a accordé aux Sçavans & les graces qu'il leur a fait obtenir d'Auguste, ont rendu son nom illustre. Le regne d'Auguste fut célebre par les grands hommes, soit dans la guerre, soit dans les lettres, qui parurent de son temps. Auguste étoit sensible à tout ce qu'on disoit de lui. Il suivit le sage conseil de Mecenas qui l'avertissoit de se corriger, si ce qu'on disoit de lui étoit véritable, ou de s'en mettre peu en peine s'il n'y avoit aucun fondement dans ce qu'on lui reprochoit.

DE L'UNIVERS Liv. II. Ch. II.

Auguste, deux ans avant que de mourir, avoit associé à l'Empire Tibere fils de Tibere Neron & de Livie, & lui avoit fait donner par le Senat & le Peuple un pouvoir égal à celui qu'il avoit lui-même. Après la mort d'Auguste les Romains ne firent aucunes difficultés de le reconnoître pour le succeffeur de ce Prince. A peine fut-il monté sur le trône, qu'il fit éclater tous les vices qu'il avoit eu soin de cacher jusqu'alors. Il affecta d'abord de refuser l'Empire, & sçut mauvais gré à quelques Senateurs qui avoient paru accepter sa proposition. Il fit connoître son caractere cruel par le massacre d'Agrippa petit fils d'Auguste, & par la mort de Germanicus que les légions Romaines, qui étoient en Allemagne, avoient voulu élire Empereur. Il n'épargna pas même les deux fils de ce Prince. Il ne fut pas moins cruel à l'égard de ses autres sujets, & fit périr les plus riches familles sous divers prétextes, afin de s'emparer de leurs biens. Tant de cruautés lui étoient inspirées non-seulement par son caractere dur & féroce, mais encore par les sollicitations de Sejan son Ministre, le plus méchant homme de son siecle. Ce favori porta le crime jusqu'au point de faire empoisonner Drusus, fils de l'Empereur. Il devint dans la suite si redoutable à Tibere, que ce Prince fut obligé d'engager le Senat à le faire arrêter. Il périt par la main du bourreau, son corps fut traité avec ignominie, ses statues furent renversées, & l'on sacrifia ses amis à la vengeance publique. Après la mort de Sejan, Tibere ne changea pas pour cela de conduite, il continua à se livrer à toutes les débauches que son imagination lui suggeroit, & fit mourir une infinité de citoyens faussement accusés d'être amis de Sejan. Cependant la dignité de l'Empire se soutenoit : les armées Navales d'un côté, d'un autre les légions faisoient respecter le nom Romain, & empêchoient tant de nations soumises de se révolter. Tibere mourut le seize ou le vingt-six de mars de l'an 37 de J. C., dans la soixante & dix-huitiéme année de son âge, après avoir regné depuis la mort d'Auguste 22 ans. La dureté du gouvernement de Tibere, a fait croire qu'Auguste l'avoit choisi pour se faire regretter.

EMPEREURS ROMAINS.

TIBERE IIe. EMPEREUR. An. de J. C. 14.

Caius Julius Cesar Germanicus, dernier fils de Germanicus, neveu de Tibere & d'Agrippine petite fille d'Auguste, surnommé Caligula du nom d'une chaussure militaire, succeda à Tibere. Le respect que les Romains avoient pour la mémoire de Germanicus, les avoient portés à faire monter son fils sur le trône des Césars, dans l'esperance qu'il ressembleroit à son pere. Les commencemens de son regne répondirent à l'idée flateuse qu'on avoit conçue de ce jeune Prince, qui n'avoit alors que vingt-cinq ans. Il diminua en effet les impôts dont Tibere avoit accablé les Romains, fit ouvrir les prisons, & rappella ceux que son prédécesseur avoit exilés. Les flatteurs qui l'environnerent dans la suite, & ausquels il abandonna l'administration des plus grandes affaires, corrompirent son caractere. Il n'y eut plus alors d'excès qu'il ne commit ; & il se montra encore plus cruel que celui auquel il avoit succedé. Sa conduite inhumaine & barbare le rendit l'horreur du Peuple Romain. Il poussa la folie jusqu'à se faire bâtir un temple, & s'y faire adorer comme un Dieu. En un mot la vie de ce Prince ne fut qu'un tissu d'extravagances & de cruautés. Il se forma enfin plusieurs conspirations contre lui. Cassius & Sabinus Capitaines de ses gardes, le poignarderent le 24 de janvier de l'an 41 de J. C. après avoir regné trois ans &

CALIGULA IIIe. Empereur. An. de J. C. 37.

quelques mois. Cesonia son épouse fut pareillement massacrée aussi-bien qu'une petite fille issue de leur mariage, qui en haine de son pere fut écrasée contre la muraille. Après la mort de ce Prince, on trouva dans son cabinet un registre dans lequel étoient marqués les noms d'un grand nombre de citoyens qu'il avoit résolu de faire mourir. Il y avoit même un coffre rempli de poisons qu'on jetta dans la mer; ce qui fit périr une grande quantité de poissons. On prétend que sa folie avoit été occasionnée par un breuvage que l'Imperatrice lui avoit fait prendre à dessein d'en être toujours aimée, & qui, en lui faisant perdre le jugement, le rendit comme furieux. Cette disposition étrangere jointe à son mauvais naturel, l'avoit jetté dans de si grandes agitations, qu'il paroissoit toujours saisi d'épouvante. Il avoit résolu d'abolir la religion des Juifs, parce que cette nation avoit refusé de placer sa statue dans le temple de Jerusalem.

Après la mort de Caligula, les Romains reconnurent pour Empereur Tiberius Claudius Neron Drusus, oncle de Caligula. La crainte d'être enveloppé dans le massacre de la famille de Caligula, l'avoit obligé de se cacher dans le palais d'où les soldats, qui l'avoient proclamé, le retirerent tout tremblant. Les Senateurs qui vouloient faire revivre la République Romaine, furent obligés d'aller lui rendre leurs hommages. Les premiers actes d'autorité que fit cet Empereur, furent de poursuivre les meurtriers de Caligula. Mais en même-temps qu'il vengeoit la mort de son neveu, il se déclara contre les injustices & les cruautés de ce Prince : puisqu'il fit casser tous les testamens que Caligula avoit fait faire en sa faveur, & qu'il ordonna qu'on rendit les biens aux légitimes héritiers des testateurs. Il fit en même-temps brûler les rolles des Proscrits que son neveu avoit fait mourir. Ce ne furent pas les seuls actes de justice qu'il fit à son avenement à l'Empire, il rendit à Antiochus le royaume de Comagene, dont il avoit été depouillé par le dernier Empereur; il mit en liberté Mithridate Roi d'Iberie; combla de faveurs Agrippa Roi des Juifs, dont les conseils lui avoient été salutaires; il lui accorda même les prérogatives des personnes consulaires, & lui donna entrée au Senat. La quatriéme année de son regne, il fut obligé de passer en Bretagne pour soumettre les habitans de cette isle qui s'étoient revoltés; ce qui lui fit donner le surnom de Britannicus, qui passa jusqu'à son fils. La bonté de ce Prince n'empêcha pas quelques sujets mal intentionnés, de conspirer contre lui. La conjuration qui éclata le plus, fut celle d'Annius Vinicianus, qui eut pour complice Cecinna Petus alors Consul. Leurs desseins ayant été découverts, Aria femme de Petus, craignant que son mari ne périt par la main des bourreaux, se perça le sein d'un poignard qu'elle présenta aussi-tôt à son mari, en ajoutant qu'il ne faisoit point de mal *Pete non dolet*. Le regne de Claude auroit été assez heureux s'il n'eut pas eu pour femme Messaline & Agrippine. La premiere le deshonora par ses infâmes débauches, & l'autre l'empoisonna pour faire regner son fils Neron qu'elle avoit eu de son mariage avec Domitius. Claude mourut le 13 d'octobre de l'an 54 de J. C. dans la soixante quatriéme année de son âge, après un regne de treize ans. Ce Prince étant monté sur le trône, prit les noms de César & d'Auguste, quoi qu'il ne fut point de cette maison, ni par adoption comme ses prédécesfeurs, ni par la naissance. Il n'étoit allié à cette famille, que du côté des femmes. Ses successeurs ont pris ces mêmes noms ; celui de César est devenu le titre de l'héritier présomptif de l'Empire, & celui d'Auguste a été la marque de l'autorité suprême & absolue.

{EMPEREURS ROMAINS.}

Agrippine avoit préparé tous les esprits en faveur de Neron Claudius César Drusus Germanicus, de sorte que ce Prince ne trouva plus de difficultés à monter sur un trône, qui cependant devoit plutôt appartenir à Britannicus, fils de l'Empereur Claude & Prince d'un grand mérite. Neron se laissa d'abord conduire par sa mere ; mais sur les avis de Seneque & de Burrhus ses Gouverneurs, il prit lui-même les rênes de l'Empire. La conduite qu'il tint alors, fut si agréable aux Romains, qu'on s'imagina avoir retrouvé dans le jeune Neron, les dernieres années du regne de l'Empereur Auguste. Mais si-tôt qu'il eut cessé d'écouter les avis de ces deux hommes célébres, il se précipita dans le luxe, dans les festins & dans une prodigalité extraordinaires. Ses débauches le porterent insensiblement à la cruauté, & l'on pourroit dire qu'il surpassa même Caligula. Abandonné à lui-même & à ses folles passions, on vit bien-tôt ce Prince monter sur les théatres, y reciter publiquement les pieces qu'il avoit composées, & conduire des chariots dans les jeux qu'il faisoit célébrer.

{NERON Ve. Empereur. An. de J. C. 54.}

Agrippine voyant que son crédit étoit perdu, ne put retenir ses plaintes, & reprocha à son fils qu'il lui devoit le trône. Ces reproches ne servirent qu'à aigrir l'esprit de Neron, & le porterent à faire mourir Britannicus. Agrippine n'ayant plus d'espérance de rentrer dans les bonnes graces de son fils, résolut sa perte. Neron ayant découvert les differentes conspirations dans lesquelles sa mere étoit entrée, consentit à la faire mourir. Il traita avec la même inhumanité Octavie sa femme, Princesse très-vertueuse, & qu'il avoit d'abord répudiée à la sollicitation de Poppée, pour laquelle il avoit conçu une passion déreglée. Il fit aussi périr Burrhus & Seneque, dont les sages conseils l'importunoient. Neron forma un dessein extravagant & en même-temps cruel, & qui jusqu'alors n'avoit point encore eu d'exemple. Pour se former l'image de l'incendie de Troye, il fit mettre le feu à la ville de Rome, & contempla avec une satisfaction cruelle cet embrasement du haut d'une tour qui étoit à quelque distance de la ville. Il fit mourir un grand nombre de chrétiens qu'il accusa de cet incendie. Les Romains se lasserent enfin de tant de cruautés : les troupes se révolterent dans les differentes provinces qui étoient soumises à l'Empire, & les légions qui étoient en Espagne proclamerent Galba. Neron saisi de crainte à cette nouvelle, sortit de Rome comme un fugitif, n'étant accompagné que de cinq personnes. Le Senat rendit contre lui un arrêt de mort, & le déclara ennemi de la République. L'Empereur voyant qu'il étoit prêt de tomber au pouvoir de ses ennemis, se poignarda pour éviter de périr par les mains d'un bourreau. Il avoit regné treize ans, & étoit alors âgé d'environ 31. ans. Les Romains firent quelques conquêtes sous son regne ; & remporterent de grands avantages sur les Bretons, les Germains, les Parthes & les Frisons. Neron suscita la premiere persécution contre les chrétiens, & ce fut sous son regne que les Apôtres Saint Pierre, & Saint Paul fonderent l'Eglise de Rome, autant par leur sang que par leurs prédications.

EMPEREURS ROMAINS.

GALBA VIe. Empereur.
An. de J. C. 68.

Servius Sulpicius Galba ayant appris la mort de Neron, se rendit à Rome où il fut reçu avec de grandes démonstrations de joye. Il étoit alors âgé de soixante & treize ans. Il s'attira la haine des troupes par sa trop grande sévérité pour la discipline militaire. Ses Ministres voyant que son regne ne seroit pas long, ne songerent qu'à s'enrichir par toutes sortes de voyes illicites, & porterent même ce Prince, qui étoit naturellement doux, à faire périr sur leurs rapports, les personnes les plus illustres de Rome. Cette conduite irrita tellement les légions, que celles qui étoient dans la Germanie inférieure, engagerent Vittellius qui les commandoit à accepter l'Empire. Galba s'associa alors Pison: mais son choix ne fut point approuvé, & Othon profitant du désordre, se fit déclarer Empereur. Galba fut aussi-tôt abandonné des siens, & massacré par ses propres troupes. Il lui couperent ensuite la tête qu'ils porterent à Othon avec celle de Pison. Galba n'avoit regné que 9 mois & 13 jours, & fut assassiné le 15 de janvier de l'an 69 de J. C.

OTHON & VITTELLIUS VIIe. & VIIIe. Empereurs.
An. de J. C. 69.

Othon qui étoit d'une famille très-distinguée de Rome, commandoit en Lusitanie lorsqu'il fut nommé Empereur. Il étoit entierement perdu de dettes & de débauches, & cependant les Romains s'empresserent de le féliciter sur son élevation. Vitellius résolu de lui disputer l'Empire, s'avança à grandes journées, pour lui présenter la bataille. L'armée d'Othon ayant été taillée en pieces, ce Prince se précipita lui-même sur son épée, & mourut à l'âge de 38 ans après un regne de trois mois & deux jours.

Vitellius resté seul maître de l'Empire, loin de s'appliquer aux affaires du gouvernement, ne songea qu'à passer son temps dans toutes sortes de débauches, & il ne fut pas moins cruel que Neron & Caligula. Il eut l'imprudence de réformer les cohortes prétoriennes, & d'autres corps de troupes qui se donnerent à Vespasien alors Gouverneur de Judée. Vespasien en profita pour s'emparer de l'Empire, & ses troupes ayant battu près de Cremone l'armée de Vitellius, elles entrerent dans Rome. Vitellius fut fait prisonnier, & ensuite massacré sans être regretté, ni des soldats ni du peuple. Il étoit âgé de plus de cinquante-quatre ans, & avoit regné un an & quelques jours.

VESPASIEN IXe. Empereur.
An. de J. C. 69.

Vespasien étoit occupé au siège de Jerusalem lorsqu'il apprit la victoire que ses troupes avoient remportée, & la mort de Vitellius. Cette nouvelle l'engagea à donner la conduite du siege à Titus son fils, & à prendre la route d'Italie. La maniere dont Vespasien s'étoit conduit dans les differens Gouvernemens où il avoit été, faisoit concevoir de grandes esperances de ce Prince, qui étoit alors âgé de soixante ans. Cependant Titus pressoit vivement le siege de Jerusalem; mais il auroit eu beaucoup de peine à se rendre maître de cette ville, si la division ne se fut mise parmi les Juifs mêmes. Les differentes factions qui s'étoient formées dans Jerusalem, causerent plus de maux aux Juifs qu'ils n'en auroit eu à souffrir de la part de leurs ennemis. Enfin, cette ville reduite aux dernieres extrêmités tomba sous la puissance des Romains. Il périt dans ce siege plus d'onze cens mille Juifs, & la ville ainsi que le temple furent entierement détruits l'an 70 de J. C. Titus étant retourné à Rome après cette expédition, reçut les honneurs du triomphe. Les vaisseaux sacrés, le chandelier d'or

&

& le livre de la Loi furent portés parmi les dépouilles de la Nation Judaïque. La Germanie & l'Armenie, s'étant revoltées au commencement du regne de Vespasien, furent bien-tôt obligées de rentrer dans le devoir. Cet Empereur soumit aussi les Parthes & les Bretons, & après avoir pacifié tous les troubles de l'Empire, il fit fermer le temple de Janus. La moderation avec laquelle il gouverna les Romains, lui attira l'amitié de ses sujets. On lui reprocha seulement son avarice, qui étoit vraisemblablement occasionnée par l'envie qu'il avoit d'enrichir sa famille ; ce qui le porta à mettre sur le peuple des impôts fort onéreux. Sa réputation étoit si grande, que les nations étrangeres lui envoyerent des Ambassadeurs pour l'assurer de leur fidélité, & sans être obligé de faire la guerre, il rendit plusieurs Provinces tributaires de l'Empire. Il souilla son regne par la mort de Sabinus qui s'étoit révolté contre lui dans les Gaules, & par celle de Cecinna Auteur d'une conspiration formée contre lui. Vespasien mourut à l'âge de 69 ans, après en avoir regné 9. EMPEREURS ROMAINS.

Ce Prince laissa l'Empire à Titus son fils. Sa douceur lui acquit le titre glorieux de l'amour & des délices du genre humain, mais la brieveté de son regne ne lui permit pas de faire tout le bien qu'il vouloit. Il se plaisoit tant à rendre service, que s'étant souvenu un soir qu'il n'avoit rien donné dans la journée, il dit cette parole mémorable : *mes amis, voilà un jour que j'ai perdu*. Un regne si heureux ne fut que de deux ans & quelques jours, Titus étant mort le 13 de décembre, de l'an 81 de J. C. dans la quarante & uniéme année de son âge. TITUS Xe. Empereur. An. de J. C. 79.

Rome avoit respiré sous ces deux derniers regnes, mais elle tomba de nouveau dans la tyrannie sous celui de Domitien, frere de Titus & fils de Vespasien. Domitien étant parvenu à l'Empire, fit mettre Titus au rang des Dieux, afin de se faire considérer comme le frere d'une Divinité. Il bannit les comediens de Rome, fit arracher la moitié des vignes de l'Empire, & empêcha qu'on en plantât de nouvelles. Ce Prince entierement semblable à Neron, se déclara ennemi de toute vertu, & porta la cruauté jusqu'aux derniers excès. Il y eut quelques guerres sous son regne contre les Germains & les Bretons. Ses armées furent battues par les premiers ; mais Julius Agricola eut la gloire de vaincre les Bretons. Ce grand Capitaine fut empoisonné par les ordres de Domitien qui n'avoit pu voir sans jalousie les belles actions de son Général. Il fut lui-même assassiné par un Capitaine de ses Gardes, le 18 de septembre, à l'âge de 44 ans, & la seizieme année de son regne. DOMITIEN XIe. Empereur. An. de J. C. 81.

Après la mort de Domitien, Cocceïus Nerva fut déclaré Empereur. Ce Prince qui étoit né d'une illustre famille d'Ombrie, avoit beaucoup de douceur. Comme il étoit fort âgé, & qu'il craignoit que les peuples ne respectassent pas assez son autorité, il associa à l'Empire Ulpius Trajan. Le regne de ce Prince, qui ne fut que de seize mois, ne nous offre rien de considerable. Il mourut au mois de janvier de l'an 98. NERVA XIIe. Empereur. An. de J. C. 96

L'élévation de Trajan fut généralement approuvée de tout le monde, quoique ce Prince ne fut ni Romain ni Italien, puisqu'il étoit né à Seville en Espagne. La réputation qu'il s'étoit acquise & ses talens, soit dans l'art militaire, soit dans le gouvernement civil, lui avoient attiré l'estime des TRAJAN XIIIe. Empereur. An. de J. C. 98.

Tome II.   D *

EMPEREURS ROMAINS.

Romains. Ce Prince guerrier & politique releva la gloire du nom Romain, qui avoit été flétrie sous les autres Empereurs. Il s'occupa pendant la paix à faire fleurir les arts & à embellir la Capitale de l'Empire par des édifices qui ont rendu son nom immortel, & dont il nous reste encore quelques monumens.

Les guerres que les ennemis du peuple Romain entreprirent contre lui, ne servirent qu'à lui fournir de nouvelles occasions de signaler sa gloire. Les Germains, toujours rebelles, se virent obligés d'avoir recours à sa clémence. Il battit Decebale Roi des Daces, & réduisit son Royaume en Province. Les Parthes vaincus sous leur Roi Cosroès, se virent forcés d'obéir à un Roi du sang des Arsacides que le vainqueur leur donna. L'Armenie, l'Iberie, l'Arabie & plusieurs autres Royaumes qui sont au centre de l'Asie, ayant subi le joug des Romains, Trajan passa l'Euphrate, imposa des loix aux peuples qui sont au-delà du fleuve, & pénétra jusqu'aux Indes. La rapidité de ces conquêtes avoit effrayé les peuples nouvellement vaincus; mais revenus de leur première surprise, ils se révolterent de tous côtés, & massacrerent les garnisons Romaines. D'un autre côté les Juifs s'étant rassemblés, firent périr plus de deux cens mille Romains. Trajan ne tarda pas à se venger de ces rebelles: il en détruisit une grande partie, & contraignit les autres à rester tranquilles. La douceur de ce Prince & ses autres grandes qualités n'empêcherent pas qu'il ne se formât contre lui plusieurs conspirations; mais il refusa toujours d'en punir les complices. Ce qui engagea le Senat, qui avoit découvert celle de Crassus à en punir l'auteur.

Ce Prince étoit âgé de soixante & trois ans lorsqu'il fut attaqué d'une maladie qui le conduisit au tombeau. Il mourut à Selinunte ville de la Cilicie, & ses cendres furent portées à Rome. Trajan dont le caractere étoit humain & moderé, vivoit sans faste, & même d'une maniere populaire. On lui reproche d'avoir aimé le vin & d'avoir mené une vie un peu trop licentieuse. Il persécuta les Chrétiens; mais Pline le jeune parla si bien en leur faveur, que la persécution fut rallentie. Il avoit épousé Plotine, Princesse d'une grande vertu, & qui l'accompagna dans ses differentes expéditions. Rome fut dans la consternation à la mort de ce Prince, qu'elle regardoit comme son pere ou son protecteur.

ADRIEN XIVe. Empereur. An. de J. C. 117.

Publius Ælius Adrien monta sur le trône par le crédit de Plotine, & soutenu des légions Romaines dont il avoit le commandement en Syrie. Ce Prince, qui ne cherchoit point à faire des conquêtes du côté de l'Orient, voulut que l'Euphrate servît de bornes à l'Empire Romain du côté de l'Asie. Les révoltes des divers peuples de son Empire, l'obligerent à en parcourir les differentes provinces. Il appaisa les troubles qui s'étoient élevés en Illyrie, défit les Alains & les Sarmates qui avoient fait des courses sur les terres de l'Empire, vainquit les peuples de la Grande-Bretagne, & y fit faire un mur pour s'opposer aux incursions des Pictes. Il fut aussi obligé de marcher contre les Juifs qui s'étoient soulevés, parce qu'il vouloit les empêcher de se circoncir, & qu'il avoit bâti à Jerusalem un Temple à Jupiter dans l'endroit même où étoit autrefois celui de Salomon. Ayant fait réparer cette ville, il la ferma de murailles & lui donna le nom d'Ælia Capitolina. Il la eupla d'un grand nombre de Gentils, à qui il permit d'élever des Temples aux Divinités qu'ils adoroient. Les Juifs firent de nouveaux efforts pour entrer dans leur ville ; mais leur puissance fut entierement abbatue, & c'est depuis ce temps qu'ils sont dispersés par toute la terre.

EMPEREURS ROMAINS.

La guerre ne fut pas toujours le motif des differens voyages que ce Prince fit dans toute l'étendue de son Empire. Le bonheur de ses sujets, le soulagement des peuples, le rétablissement de la discipline militaire & le desir de faire rendre exactement la justice & d'entretenir le bon ordre en furent souvent le but. Il fit rétablir les villes de Nicopolis & de Cesarée, & en bâtit une nouvelle en Egypte appellée Antinoé, du nom d'Antinoüs. L'amour criminel qu'il eut pour ce favori le deshonora beaucoup, ainsi que les cruautés qu'il exerça sur la fin de ses jours contre les Senateurs. Ce Prince, après avoir ainsi parcouru tout son Empire, se rendit à Rome la dix-neuvieme année de son regne, & mourut l'année suivante, après avoir regné vingt ans, dans la soixante & treizieme année de son âge. Ce Prince avoit de grandes vertus qui étoient obscurcies par de grands défauts. Il laissa plusieurs monumens de sa magnificence.

Adrien, avant que de mourir avoit désigné pour son successeur Titus Antonin, originaire de Nîmes. Il fut surnommé le Pieux ou le Bon, à cause de la douceur de son caractere & de ses autres vertus. A son avenement au trône, il sauva tous ceux qu'Adrien avoit proscrits pendant les derniers temps de sa vie, & chassa les calomniateurs qui avoient fait périr tant de monde sous les regnes précédens. Ce Prince vraiment digne du trône, ne négligea rien pour soutenir l'éclat de l'Empire qui lui étoit confié, & pour le soulagement de ses sujets. Il s'appliqua sur tout à connoître les forces des provinces, l'état de leur revenu & les impôts qu'elles pouvoient supporter. Quoiqu'il aima la paix, parce qu'il aimoit la tranquillité de ses peuples, il se vit obligé de faire marcher ses troupes contre les Bretons & les habitans de la Mauritanie qui s'étoient révoltés ; mais il évita la guerre que le Roi des Parthes vouloit lui déclarer, & il l'appaisa par une seule lettre. Il mourut à l'âge de 76 ans, après un regne de 22 ans & quelques mois. Il fut sincerement regretté du peuple & du Senat, & il fut mis au nombre des Dieux.

ANTONIN XVe. Empereur. An. de J. C. 136.

Après la mort d'Antonin, on vit pour la premiere fois deux Chefs égaux en puissance gouverner l'Empire. Marc-Aurele qui avoit épousé la fille d'Antonin, avoit en même-temps été désigné son successeur ; & ce Prince ayant donné sa fille Lucille en mariage à Lucius Ceionius Commodus Verus voulut partager avec lui le souverain pouvoir. Ces deux Princes étoient de caractere bien opposé : le premier doux & bienfaisant, étoit né pour faire le bonheur de ses peuples & se plaisoit à l'étude des belles-Lettres & de la Philosophie ; l'autre au contraire abandonnant entierement le soin des affaires, étoit continuellement plongé dans toutes sortes de débauches. Des sentimens si peu conformes n'alterent cependant point la bonne intelligence, & ces deux Princes vecurent toujours dans une parfaite union.

MARC-AURELE, LUCIUS CEIONIUS COMMODUS VERUS XVI. & XVIIe. Empereurs. An. de J. C. 161.

Vologeses Roi des Parthes, ayant déclaré la guerre aux Romains, Lucius Verus fut envoyé contre lui ; mais ce Prince mol & effeminé chargea du soin de cette guerre ses Lieutenans, qui remporterent plusieurs victoires sur

EMPEREURS ROMAINS.

les Parthes. Quelques années après les Bretons firent de nouveaux efforts pour secouer le joug des Romains; mais ils ne tarderent pas à porter la peine de leur rebellion. La guerre contre les Marcomans, peuple de la Germanie ne fut pas si facile à terminer. La peste ayant fait de grands ravages à Rome pendant ce temps-là, empêcha les Romains de poursuivre vivement ces nouveaux ennemis, qui remporterent même sur eux un avantage considerable. Les Empereurs furent obligés d'aller en personne pour s'opposer à leurs progrès. Leur présence obligea ces peuples à faire un traité avec les Romains. L'Italie se vit aussi exposée à la fureur des Celtes, qui y firent de grands ravages. Après differentes expéditions, ils furent chassés de l'Italie & de la haute Germanie, par où ils se retiroient dans leur pays.

Lucius Verus étant mort sur la fin de l'an 169 dans la quarantieme année de son âge, Marc-Aurele resta seul possesseur de l'Empire. Il se vit obligé de marcher de nouveau contre les Marcomans, & de se servir contr'eux de troupes étrangeres, parce que ses légions étoient considerablement affoiblies. Les Marcomans furent entierement défaits au passage du Danube, & la Pannonie fut délivrée des courses de ces barbares. Cependant les autres provinces de l'Empire n'étoient pas plus tranquilles. Les légions Romaines furent maltraitées en Egypte, par les séditieux; les peuples de la Mauritanie firent quelques courses en Espagne, & les habitans de la Grande-Bretagne leverent l'étendart de la révolte; mais tous ces troubles n'eurent point de suite. Marc-Aurele avant que de retourner en Italie attaqua les Quades alliés des Marcomans. Son armée se trouva dans un danger éminent de périr, & elle étoit accablée de fatigue & d'une soif insupportable, lorsqu'une grosse pluye qui survint dans ce moment si critique désaltera l'armée & rendit la vigueur aux soldats. Les Payens attribuerent cette faveur du Ciel à leur Divinité; mais les Chrétiens reconnurent que c'étoit un effet de la Providence divine. La révolte d'Aufidius Cassius qui s'étoit fait déclarer Empereur en Asie, empêcha Marc-Aurele d'exécuter le projet qu'il avoit formé de réduire le pays des Sarmates en province Romaine. Les troupes qui avoient reconnu pour Empereur Aufidius, massacrerent ce Général aussi-tôt qu'elles eurent appris que Marc-Aurele s'étoit mis en marche pour passer en Asie. Après cette expédition, il continua la guerre contre les Marcomans, & il avoit conçu le dessein d'en entreprendre une nouvelle lorsqu'il mourut à Sirmium dans la cinquante-neuvieme année de son âge, & après un regne de dix-neuf ans. Ce Prince avoit été instruit dans les lettres Grecque par Sextus de Cheronnée petit-fils de Plutarque: il avoit été formé dans la Rhétorique par Ponton, le plus fameux Orateur de son temps, & il avoit étudié la Philosophie Stoïcienne sous Apollonius de Chalcis. Les Romains le regarderent comme le pere de la Patrie & comme l'un de leurs meilleurs Souverains. Il avoit en effet soulagé ses peuples de son propre argent dans les temps de calamités publiques, & avoit réparé les pertes qu'ils avoient faites.

COMMODE XVIIIe. Empereur. An. de J.C. 180.

Les beaux jours de l'Empire Romain étoient finis avec la vie de Marc-Aurele, & cet Empire jadis si florissant, alloit se voir exposé pendant plus d'un siecle à la fureur des Tyrans qui le désolerent. Lucius Ælius Aurelius Commode, plus semblable à Neron qu'à Marc-Aurele son pere, monta sur le trône dont il étoit si peu digne. La bonne éducation que son pere lui avoit donnée ne fut pas capable de réprimer ses mauvaises inclinations. Il ressembloit plutôt à un vil Gladiateur qu'à un Prince né pour commander. Sa mollesse & sa lâcheté ne lui permirent pas de continuer la guerre que son pere avoit commencée contre les Marcomans, & il se crut trop heureux d'acheter la paix à prix d'argent ; mais deux ans après ces mêmes peuples se révolterent, ce qui l'obligea d'envoyer en Germanie Pescennius Niger & Albinus qui soumirent ces peuples. Ces deux Généraux battirent aussi les Frisons, & l'Empereur par reconnoissance leur accorda le titre de Cesar (9). Les Bretons ne cessoient de donner de l'inquietude aux Romains par leurs fréquentes révoltes, & les avantages qu'on avoit toujours remportés sur eux, n'avoient jamais été capables de les forcer à rester tranquilles. Supportant avec peine le joug qu'on vouloit leur imposer, ils faisoient de continuels efforts pour le secouer. Sous le regne de Commode, ils firent beaucoup de maux aux Romains, & les victoires qu'Ulpius Marcellus remporta sur eux, ne les empêcherent pas de prendre de nouveau les armes, & Helvius Pertinax fut contraint de passer dans cette Isle pour les combattre. Les autres Généraux de Commode furent aussi employés contre les Sarmates, les Gaulois & les Espagnols ; car ces peuples ne cherchoient que des occasions de se souftraire à la domination Romaine.

EMPEREURS ROMAINS.

Cependant Commode n'étoit occupé que de ses plaisirs, & se rendoit odieux aux Romains par ses débauches & ses cruautés. On forma plusieurs conspirations contre lui qu'il vint à bout de découvrir ; mais enfin il ne put éviter de succomber aux artifices de Marcia sa concubine, qui s'étoit jointe à Letus & Electus Capitaine de ses Gardes. On lui donna du poison ; mais la force du temperamment lui ayant fait rejetter ce qu'on lui avoit fait prendre, on chargea un Athlete des plus robustes de l'étouffer. Son corps fut jetté dans le Tibre par ordre du Senat, & il fut traité d'ennemi des Dieux & de la République. Il étoit âgé de 31 ans, & en avoit regné 12.

Commode ne fut pas plutôt mis à mort, que les Pretoriens proclamerent Helvius Pertinax, homme d'une naissance obscure ; mais qui s'étoit élevé par son mérite & ses grandes qualités. Il auroit ramené les siecles glorieux de Marc-Aurele, si son regne eut été plus long. Il avoit en effet déja commencé à soulager ses sujets, & le Senat & le peuple voyoient avec plaisir ce Prince sur le trône. Mais la réforme qu'il vouloit mettre dans la discipline militaire ayant déplu aux soldats, ils se révolterent contre lui & lui couperent la tête. Ce Prince avoit alors soixante-sept ans, & n'avoit regné que quatre-vingt-sept jours.

PERTINAX XIXe. Empereur. An. de J.C. 193.

Après la mort de Pertinax, l'Empire devint la proye de celui qui offroit aux soldats les plus grosses sommes d'argent. Didius Julianus l'emporta d'abord sur ses Competiteurs ; mais il ne conserva que deux mois un trône qu'il n'avoit obtenu qu'à prix d'argent. Plusieurs prétendans s'étant élevés contre lui, il fut déclaré ennemi de l'Etat, & ensuite massacré dans son Palais.

JULIEN XXe. NIGER XXIe. SEVERE XXIIe. Empereurs. An. de J.C. 193. Mort de Julien.

Les plus célèbres concurrens à l'Empire étoient Septime Severe qui com-

---

(9) Art de vérifier les dates.

mandoit dans la Pannonie, Albinus Gouverneur de la Grande-Bretagne & Pescennius Niger qui avoit le commandement des troupes de Syrie. Septime Sévere ayant été reconnu Empereur en Pannonie & ensuite en Illyrie, marcha droit à Rome. Se croyant trop foible contre deux rivaux, il gagna Clodius Albinus, en lui promettant de l'associer à l'Empire, & de le faire déclarer Cesar. Severe ayant réglé à Rome les affaires les plus pressantes, passa en Asie pour attaquer Pescennius Niger. Celui-ci ayant été battu, rassembla les debris de son armée, & se présenta de nouveau devant son ennemi. Il fut défait une seconde fois, & tué par les soldats qui le poursuivoient. Ce Prince n'avoit regné qu'un an. Après cette victoire, le vainqueur fit le siege de Byzance qui dura trois ans. Cependant il attaqua les Parthes, les Arabes & d'autres Peuples qui avoient pris le parti de Pescennius Niger.

Albinus craignant que Severe ne changeât de sentimens à son égard, fit soulever les Gaules & la Grande-Bretagne en sa faveur. Severe marcha aussi-tôt contre lui, & ces deux rivaux en vinrent aux mains près de la ville de Lyon. Le combat fut long & sanglant, & Albinus perdit la vie sur le champ de bataille. Il avoit commandé environ trois ans en qualité de Cesar.

Severe resté sans concurrent, retourna à Rome où il fit perir ceux qui avoient été dans les intérêts d'Albinus. Les Parthes, qui ne cherchoient que l'occasion de faire des maux aux Romains, avoient profité des troubles de l'Empire, & s'étoient jettés dans la Syrie. L'approche de l'armée Romaine, commandée par l'Empereur, les obligea bien-tôt à se retirer. Severe les poursuivit jusqu'au-delà de l'Euphrate, prit & pilla Seleucie, Babylone & Cresiphonte. Il attaqua ensuite les Arabes sur lesquels il remporta quelques avantages; mais il ne put se rendre maître de leur Capitale. Etant passé de-là en Egypte, il persécuta les Chrétiens. Severe de retour de ses expéditions, fit célébrer à Rome des jeux séculaires. Le mariage de son fils Antoninus avec la fille de Plautianus, pensa lui devenir funeste. Plautianus irrité de ce que le fils de l'Empereur avoit conçu une aversion insurmontable pour sa nouvelle épouse, conspira contre son Souverain. La conjuration fut découverte, & Plautianus fut mis à mort par ordre de Severe.

De nouveaux troubles qui s'étoient élevés dans la grande-Bretagne, obligerent ce Prince à passer dans cette isle, où il perdit un grand nombre de ses troupes, sans avoir cependant livré aucune bataille. Severe étoit encore à Yorck lorsqu'il fut attaqué d'une maladie, dont il mourut dans la 67e. année de son âge, après avoir regné 17 ans & quelques mois. Septime Severe s'étoit signalé par beaucoup de victoires. Il étoit indulgent pour ses amis, mais cruel pour ses ennemis. Il avoit l'esprit excellent, & s'étoit adonné aux belles-lettres.

Severe avoit déclaré Cesars ses deux fils, Antoninus Caracalla & Septimius Geta, & étant près de mourir, il les avoit exhortés à vivre en bonne intelligence. L'envie de regner seul, porta l'aîné de ces deux Princes, à faire mourir son frere au bout d'un an. Il traita avec la même inhumanité ceux qui étoient attachés au parti de Geta, Prince d'un caractere doux & moderé. Il eut la cruauté de faire enterrer toutes vives, les Vestales qui refusoient de se livrer à ses infamies. Une conduite si barbare irrita contre lui les Romains, & comme il appréhendoit qu'il ne se formât

DE L'UNIVERS. Liv. II. Ch. II. 31

quelque parti contre lui, il résolut de ne pas rester plus long-temps à Rome, & de parcourir les differentes provinces de son Empire. Etant arrivé dans la Thrace, il prit le nom d'Alexandre, & forma une Phalange nommée Macedonienne. Il se rendit ensuite à Alexandrie, où il fit massacrer la jeunesse dont il avoit essuyé de piquantes railleries. Etant passé delà en Armenie, il déclara la guerre aux Armeniens & aux Parthes. Elle étoit à peine terminée qu'il se disposa à la recommencer : mais la mort mit fin à ses projets & à ses cruautés. Un soldat de sa garde dont il avoit fait mourir le frere, l'assassina dans la ville de Carres. Ce Prince étoit alors dans la 29e. année de son âge, & dans la 7e. de son regne. Il n'y eut que les troupes qui le regretterent, parce qu'il leur permettoit le pillage ; cependant les Senateurs le mirent au rang des Dieux, sur la demande de l'armée. Ce monstre avoit avancé la mort de son pere, tué son frere, & s'étoit porté à toutes sortes de crimes.

EMPEREURS ROMAINS.

Caracalla eut pour successeur Marcus Opilius Macrin, né en Mauritanie d'une famille très-obscure. Il étoit en Asie lorsque Caracalla fut assassiné, les troupes n'ayant plus de Chef, le proclamerent Empereur, & le Senat y consentit. Son mérite l'avoit élevé au poste éminent qu'il occupoit ; mais à peine fut-il sur le trône qu'il negligea de prendre soin des affaires de l'Etat, & qu'il se livra entierement à ses passions. Il devint même si cruel, qu'il inventoit de nouveaux supplices pour tourmenter ceux qui étoient devenu l'objet de sa haine. Les troupes qui l'avoient élevé à l'Empire voyant qu'il oublioit leurs services, mirent à leur tête Elagabale que l'on disoit fils naturel de Caracalla. On en vint aux mains dans un bourg du territoire d'Antioche, & Macrin ayant été vaincu & fait prisonnier, fut massacré par les soldats après un regne de 13 mois & quelques jours.

MACRIN XXVe. Empereur. An. de J.C. 217.

La mort de Macrin laissa Elagabale tranquille possesseur de l'Empire. Ce Prince nommé Bassien étoit Pontife du Soleil adoré sous le nom d'Elagabale (10), & qui avoit un temple fameux dans la ville d'Emese en Syrie : son Idole étoit une pierre de figure conique. Bassien qui avoit pris le nom de ce Dieu dont il avoit conservé le Sacerdoce, fit transporter à Rome cette Idole d'Emese, bâtit un temple en son honneur, & voulut la faire regner seule dans la capitale du monde, en abrogeant tout autre culte religieux. Ce Prince conduisoit de la ville dans sa maison de plaisance, cette Idole sur un char attelé de six chevaux de front, d'une taille & d'une beauté singuliere. Personne ne menoit le char ; on marchoit seulement au tour, comme pour accompagner le Dieu qui sembloit en être le conducteur. Après la mort de l'Empereur, le culte du Soleil paroît s'être aboli, même à Emese. Elagabale étant monté sur le trône, se plongea dans les plus horribles infamies, & donna en toute occasion des preuves de son naturel sanguinaire. Il avoit adopté Severe Alexandre, fils de Mammée, sage & vertueuse Princesse. Ayant ensuite conçu de la jalousie contre lui,

ELAGABALE XXVIe. Empereur. An. de J.C. 218.

---

(10) Ce nom signifie selon quelques-uns *Deus montis*, le Dieu de la Montagne, en le tirant de deux racines Phéniciennes *Mats-Gabale*, M. l'Abbé Belley fait venir ce nom de *El, Al, Allah*, qui en Hebreu, en Phenicien, en Arabe signifient *Dieu*, & de *Gabil*, Createur ; & c'est en effet le sentiment de Bochard. *Mémoires de l'Academie des belles-lettres, dans la Part. Histor.* T. xviij p. 233.

EMPEREURS ROMAINS.

il voulut le faire empoisonner. Les troupes qui aimoient Alexandre, & qui étoient lasses des excès auxquels Elagabale se portoit, se révolterent contre lui, & le massacrerent la 4e. année de son regne & la 18e. de son âge. Son corps fut traité avec ignominie, & jetté dans le Tibre.

ALEXANDRE SEVERE XXVIIe. Empereur. An. de J.C. 222.

Alexandre Severe avoit à peine treize ans & demi lorsqu'il succeda à Elagabale. A son avenement à la couronne, il chassa du palais & de tous les ordres de l'Etat, ceux qui à l'exemple du dernier Empereur avoient mené une vie aussi licentieuse que celle de ce Prince, & il mit en leur place des personnes capables de travailler avec lui à reformer les abus qui s'étoient glissés dans le gouvernement. Ce Prince politique & guerrier tout ensemble, eut bien-tôt des occasions de signaler sa valeur. Le dessein qu'Artaxar ou Artaxerxès usurpateur du trône des Parthes, avoir formé d'enlever aux Romains toutes les conquêtes qu'ils avoient faites sur les Parthes, obligerent Alexandre à marcher contre lui. Son courage & son habileté le firent triompher d'un ennemi si dangereux. Après cette glorieuse expédition, il se préparoit à passer en Germanie pour y appaiser les troubles qui s'y étoient élevés ; mais les légions Romaines conduites par la seule avidité de l'argent, ne purent souffrir la trop grande économie de l'Empereur, & se révolterent contre lui. Il fut poignardé à Mayence la 14e. année de son regne, & la 27e. de son âge. On croit que Julie Mammée sa mere étoit chrétienne. Alexandre même avoit du respect pour J. C., & l'adoroit en mêlant son culte avec celui des faux Dieux, parmi lesquels il voulut le faire recevoir par le Senat ; ce qui n'eut pas lieu. Les Chrétiens vecurent dans une grande liberté sous son regne : il y eut cependant quelques martyrs. Ce Prince aimoit la justice, & ne souffroit pas que les soldats fissent tort à personne. Il avoit souvent à la bouche cette belle maxime, de ne jamais faire aux autres ce qu'il ne voudroit pas qu'on lui fît.

MAXIMIN XXVIIIe. Empereur. An. de J.C. 235.

Julius Verus Maximin qui avoit fait massacrer Alexandre par quelques soldats mécontens, fut proclamé Empereur après sa mort. Il étoit Goth, d'une naissance obscure, d'une taille & d'une force extraordinaire, & il avoit un courage qui répondoit à sa force. Il se comporta sur le trône avec tant de cruauté, qu'on lui donna les noms de Cyclope, de Phalaris, &c. Il vouloit soumettre toute la Germanie, mais la révolte des troupes l'empêcha d'exécuter son dessein. Il fut massacré l'an 238 devant Aquilée, dont il faisoit le siege après avoir vu égorger son fils à ses yeux.

Les deux GORDIENS XXIXe. Empereur. An. de J. C. 37.

Les troupes d'Afrique qui s'étoient révoltées contre Maximin avoient proclamé Gordien malgré sa vieillesse & sa résistance. Il associa à l'Empire son fils Gordien, & cette élection fut confirmée par le Senat le 27 de mai 237 ; mais ce jeune Prince ayant perdu la vie dans un combat que lui livra Capellien Gouverneur de Mauritanie, Gordien le pere finit la sienne en s'étranglant.

PUPPIEN & BALBIN XXX. XXXIe. Empereurs.
GORDIEN le jeune XXXIIe. Empereur. An. de J.C. 237.

Après la mort des deux Gordiens & celle de Maximin, le Senat reconnut pour Empereurs Puppien & Balbin. Le premier qui étoit habile, fut chargé de commander les armées, & Balbin devoit rester à Rome pour la gouverner. Les Pretoriens ne voyant qu'à regret des Empereurs choisis par le Senat, & craignant d'ailleurs la severité de Puppien, qui vouloit rétablir l'ancienne discipline militaire, massacrerent les deux Empereurs trois mois

DE L'UNIVERS. Liv. II. Ch. II. 33

mois depuis la mort de Maximin, & un an depuis leur élection.

Ils eurent pour succeſſeur Gordien le jeune, fils du ſecond Gordien ou ſeulement ſon neveu, qu'il avoit adopté. Son élection qui avoit été faite par les Prétoriens, fut confirmée avec joye par le Senat & par toutes les provinces de l'Empire. Cependant Sabinianus fit quelques mouvemens en Afrique pour ſe faire élire Empereur ; mais la conduite du Gouverneur de Mauritanie, rendit ſes efforts inutiles. L'autorité du jeune Gordien étant reconnue par tout l'Empire; ce Prince paſſa en Aſie pour reprendre ſur les Perſes, les villes qu'Artaxerxès avoit enlevées aux Romains. Il fut tué pendant cette expédition, par les intrigues de Philippe Préfet du Pretoire dans la ſixieme année de ſon regne.

Philippe ayant gagné les Officiers, ſe fit donner le titre d'Empereur par les ſoldats. Il étoit alors en Orient, & il ſe preſſa de faire la paix avec les Perſes, même à des conditions honteuſes pour les Romains. Le regne de ce Prince, qui étoit Arabe de nation & d'une famille obſcure, fut continuellement agité de troubles. Il feignit pluſieurs fois de vouloir ſe demettre de l'Empire ; enfin les troupes, irritées de ſa tyrannie le poignarderent à Verone, & ſon fils fut aſſaſſiné à Rome. Philippe n'avoit regné que cinq ans.

On élut à ſa place Caius Meſſius Quintus Trajanus Decius. Philippe avoit envoyé ce Prince, pour punir les Auteurs d'une révolte dans la Mœſie & la Pannonie. Les troupes de ce pays, pour éviter la punition qu'elles meritoient, offrirent l'Empire à Decius, qui l'accepta volontiers. Il s'éleva alors quelques tyrans dans l'Empire, dont les plus célébres furent Marcus Marcius, Lucius Severus & Julius Valens; mais leurs factions furent bien-tôt diſſipées. Ce Prince eut pluſieurs guerres à ſoutenir contre les nations barbares ; il auroit terminé celles des Scythes & des Goths, s'il n'eut été tué avec ſes enfans dans une bataille qu'il livra à ces derniers. Il n'avoit regné que deux ans. Ce fut ſous ce Prince, que la perſécution contre les Chrétiens fut la plus ſanglante, & ce fut le temps le plus illuſtre pour les Martyrs, dont les actes marquent toujours le nom de L'Empereur Decius.

Caius Vibius Trebonianus Gallus ſoupçonné d'avoir contribué à la mort de Decius, fut reconnu Empereur par les armées qui reſtoient dans la Mœſie & dans la Thrace. Il donna le nom de Ceſar à Voluſien ſon fils, & le déclara Auguſte l'année ſuivante. L'avantage que les Goths & les Scythes avoient remporté, étoit ſi conſidérable que le nouvel Empereur fut obligé de leur payer un tribut annuel ; ce qui n'étoit jamais arrivé aux Romains. Ces barbares cependant ſe jetterent quelque-temps après ſur les frontieres de l'Empire. Les Perſes profitant de tant de troubles, s'emparerent de quelques villes d'Aſie ſoumiſes aux Romains.

L'irruption des Scythes obligea l'Empereur d'envoyer contr'eux Caius Julius Emilianus Gouverneur de Mœſie. Les troupes furent ſi contentes de ſa conduite, qu'après avoir maſſacré Gallus & Voluſianus qui n'avoient regné que 18 mois, elles élurent à leur place Emilien. Ce Prince ne jouit que trois mois de l'Empire qui lui fut ôté avec la vie, par les ſoldats mêmes qui l'avoient proclamé.

Publius Lucinius Valerien fut proclamé Empereur par les troupes qu'il

Tome II. E*

EMPEREURS ROMAINS.

PHILIPPE XXXIIIe. Empereur.
An. de J.C. 244.

DECE XXXIVe. Empereur.
An. de J.C. 249.

GALLUS & VOLUSIEN ſon fils XXXVe. Empereur.
An. de J.C. 251.

EMILIEN XXXVIe. Empereur.

VALERIEN & GALLIEN XXXVIIe. & XXXVIIIe. Empereurs.
253.

menoit au secours des Gallus contre Emilien, & ensuite par celles de ce dernier Empereur. Il associa aussi-tôt à l'Empire Publius Licinius Gallien son fils, que le Senat avoit déclaré Cesar. L'Empire étoit alors attaqué de tous côtés par les Barbares ; ce qui obligea les deux Empereurs à partager leurs forces. Valerien passa en Asie pour attaquer les Perses. La peste qui se mit dans son armée, facilita à Sapor la victoire qu'il remporta sur les Romains. Tout vainqueur qu'il étoit, il paroissoit desirer la paix, & voulut avoir une entrevue avec Valerien. L'Empereur eut l'imprudence de se rendre au rendez-vous avec un très-petit nombre de troupes. Sapor contre le droit des gens, fit arrêter l'Empereur & le retint prisonnier. Cet évenement arriva la septieme année du regne de ce Prince. Le Roi de Perse le traita avec toute l'indignité possible, dont les Historiens rapportent differens traits. Valerien étoit un Prince qui avoit beaucoup de courage, de la conduite & de la vertu. Il étoit capable de gouverner un grand Empire, & de commander les armées.

Gallien insensible à l'outrage qu'on avoit fait à son pere, ne songea point à le venger. D'ailleurs il n'étoit gueres en état de rien entreprendre quand il l'auroit voulu. D'un côté, les Tyrans désoloient les provinces Romaines, d'un autre les Scythes avoient pénétré jusques dans l'Italie, & s'avançoient jusqu'à Rome, où tout étoit dans la confusion. Le peu de soin que Gallien prenoit des affaires de l'Empire, obligerent les Romains d'élire pour Empereur Macrien & ses enfans. Les Tyrans s'emparerent alors de l'Empire. Auréole Tyran d'Illyrie, qui aspiroit au trône, défit & tua Macrien. De tous ces Tyrans, il y en eut quelques-uns qui se distinguerent, ou par leur valeur ou par les intérêts qu'ils prenoient aux affaires de l'Etat.

Odenat Prince de Palmyre, à l'extrêmité de la Syrie, déclara la guerre aux Perses pour venger la mort de Valerien. Les grands avantages qu'il remporta sur ces peuples, engagerent Gallien à l'associer à l'Empire. Cette dignité lui fut fatale, & il fut assassiné par Mæonius son parent qui étoit jaloux de sa fortune. La mort d'Odenat ne rendit pas la paix aux Perses : Zenobie sa veuve femme d'un grand courage, & qui avoit beaucoup d'expérience dans le gouvernement, continua la guerre que son mari avoit commencée. Cette Princesse avoit pris la qualité de Reine de l'Orient, & avoit résolu de terminer seule la guerre contre les Perses. Les Romains jaloux la gloire que cette Princesse vouloit acquérir, envoyerent des troupes contr'elle. Elle fut prise & conduite en triomphe à Rome par l'Empereur Aurelien.

Les autres Tyrans les plus célebres furent Emilianus Alexandre, qui s'étoit fait proclamer en Egypte. Il fut défait par Theodoctus, Général des troupes de Gallien. Saturninus le fut ensuite dans le même pays. Caius Cassius Postumius dans les Gaules ; Ingenuus, & après lui Regillianus & Macrianus dans l'Illyrie ; Trebellianus en Isaurie, Celsus en Afrique ; & Ballista en Asie. Cependant les Scythes avoient passé le Danube, & la bataille qu'on avoit gagnée sur eux, ne les avoit pas empêchés de se jetter dans l'Asie & dans la Grece. On les battit de nouveau ; mais tout vaincus qu'ils étoient, ils firent encore de grands ravages dans l'Epire, la Beotie & l'Illyrie.

Ce n'étoit pas les seuls Barbares qui attaquoient l'Empire, les Goths, les Ostrogoths, les Turingiens, les Herules & les Francs cherchoient alors à s'emparer de quelques provinces qui étoient sous la domination Romaine. Gallien trop foible pour résister à tant de forces réunies contre lui & contre l'Empire, se joignit avec Aureolus qui gouvernoit dans l'Illyrie : mais celui-ci se déclara bien-tôt lui-même contre l'Empereur. Son exemple fut suivi par Valens qui étoit en Grece, & par Pison. Gallien ayant appris qu'Aureolus s'étoit emparé de Milan, alla mettre le siege devant cette place. Pendant qu'il cherchoit les moyens de l'enlever à son ennemi, il fut tué par ses propres soldats, dans une allarme qui se donna la nuit. On témoigna beaucoup de joye à Rome à la mort de l'Empereur, & ses parens, ses favoris & ses Ministres furent condamnés à mort ; cependant les Senateurs furent assez lâches quelque tems après, pour mettre au rang des Dieux, celui qu'ils avoient déclaré ennemi de la patrie. Il avoit regné 15 ans : sçavoir 7 avec son pere, & 8 depuis la prison de ce Prince.

EMPEREURS ROMAINS.

L'état où l'Empire se trouvoit alors, avoit besoin d'un Chef capable de le deffendre, & de lui rendre s'il étoit possible son premier éclat. Les qualités éminentes de Marcus Aurelius Claudius, déterminerent les légions Romaines à lui mettre la couronne Impériale sur la tête, & ce choix fut généralement approuvé par le Senat & par le peuple. A peine fut-il revêtu de la pourpre, qu'il marcha contre le Tyran Aureolus. Il le battit, & l'ayant fait prisonnier, il l'abandonna à la fureur des soldats qui le massacrerent. Il entreprit ensuite de repousser les Scythes, les Frisons & les Francs, & il avoit même taillé entierement en piéces l'armée des Goths près de Naïsse ; mais il ne put terminer ces guerres, étant mort à Sirmich de la peste la troisieme année de son regne.

CLAUDE II. XXXIXe. Empereur.

268.

Après la mort de Claude, Marcus Aurelius Claudius Quintillus frere de ce Prince, fut élu Empereur par le Senat & par les troupes qui étoient en Italie. Mais Aurelien, qui se trouvoit à Sirmich, ayant été déclaré Empereur par l'armée, Quintille fut tué le dix-septieme jour de son regne. Quelques-uns prétendent que ce Prince se voyant abandonné de ses soldats, se fit ouvrir les veines & se laissa mourir.

QUINTILLE XLe. Empereur.

270.

Aurelien, natif de Pannonie, d'une famille peu illustre pour la naissance, étoit monté par son mérite au dernier grade de la milice. Lorsqu'il fut maître de l'Empire, il songea à terminer la guerre contre les Scythes du côté de la Pannonie ; & les avantages qu'il remporta sur eux furent si considérables, qu'ils se virent dans l'obligation de demander la paix. Quelques troubles qui s'éleverent à Rome où les Germains, les Marcomans & d'autes Peuples barbares avoient porté l'épouvante, le mirent dans la nécessité de se rendre dans la Capitale de son Empire. Il y punit de mort les auteurs de la rebellion & n'épargna pas même quelques Senateurs qui s'y trouvoient compris. Il partit ensuite pour l'Asie. En traversant l'Illyrie & la Thrace, il défit quelques troupes de barbares, & passant de-là dans la Bithynie & la Syrie, il se rendit maître d'Antioche & de quelques autres villes. Ce fut dans cette guerre que Zenobie tomba entre les mains du vainqueur : comme on l'a vû plus haut. Les victoires qu'il remporta sur cette Princesse, rendirent aux Romains toutes les conquêtes qu'elles avoit faites sur eux. La

AURELIEN XLIe. Empereur.

270.

EMPEREURS ROMAINS.

révolte des habitans de Palmyre obligea l'Empereur à marcher de ce côté-là. Les rebelles furent soumis, & leur ville fut détruite. Les troubles que Firmus avoit élevés en Egypte furent aussi bien-tôt appaisés. Aurelien n'eut pas plus de peine à vaincre Tetricus & son fils tous deux du nombre des tyrans, & qui tenoient encore les Gaules où ils commandoient en maîtres absolus. Après de si glorieuses expéditions, il entra en triomphe à Rome, où il conduisit Zenobie & des captifs de toutes sortes de nations. L'irruption des peuples de Bohême sur les terres de l'Empire, ne lui permit pas de jouir tranquillement du fruit de ses victoires. Il fut contraint de passer en Germanie pour repousser ces barbares. Une sédition excitée à Rome par les Directeurs des monnoyes, l'obligea à retourner promptement dans la Capitale. Il eut beaucoup de peine à en arrêter les suites, & il perdit sept mille soldats en cette occasion. Le calme étant rétabli dans Rome, il partit pour faire la guerre aux Perses, qui avoient donné du secours à Zenobie. Il étoit encore en Europe entre Bysance & Heraclée lorsqu'il fut assassiné par Mnesteus son secretaire, qu'il avoit résolu de punir pour quelque faute. Il étoit dans la cinquieme année de son regne. Le siege Imperial vaqua sept mois & vingt-huit jours, le Senat & les légions ayant voulu se céder réciproquement le droit d'élire un Empereur.

TACITE XLIIe. Empereur.

275.

Le Senat proclama enfin Marcus Claudius Tacitus qui se trouvoit alors à la tête de ce corps respectable. Il avoit passé par tous les emplois de la République où il s'étoit toujours distingué par sa probité, comme il l'étoit d'ailleurs par sa naissance. Il se faisoit gloire de descendre de Corneille Tacite célebre Historien & Chevalier Romain. Il se plaisoit beaucoup à l'étude des belles-Lettres, & il étoit si modeste, qu'il ne souffroit pas que son épouse parut en public avec les ornemens des Impératrices. Il vouloit par-là maintenir les édits qu'il avoit faits contre le luxe des Dames Romaines. Ses premieres expéditions furent contre les Scythes; & après avoir terminé cette guerre, il se préparoit à marcher contre les Perses lorsqu'il mourut à Tarse en Cilicie. Quelques-uns prétendent qu'il fut tué par ses propres soldats. Ce Prince n'avoit regné qu'environ six mois.

FLORIEN XLIIIe. Empereur.

276.

Claudius Annius Florianus se fit proclamer à Rome après la mort de Tacite son frere; mais ayant appris que les troupes avoient élu Marcus Aurelius Valerius Probus, il se laissa mourir volontairement. Des Auteurs ont cependant écrit qu'il fut assassiné par ses troupes deux mois après son élection.

PROBUS XLIVe. Empereur.

276.

La mort de Florien laissa Probus tranquille possesseur du trône. Les Francs faisoient alors de grands ravages dans les Gaules, & les Gaulois eux-mêmes cherchoient les moyens de se soustraire à la domination Romaine. La présence de l'Empereur rendit le calme dans ces provinces, & la victoire qu'il remporta sur les Francs, forcerent les peuples de cette ligue à rester tranquilles pour quelque temps. Il profita de cette intervalle pour passer en Illyrie, d'où il chassa les Sarmates qui s'y étoient cantonnés: étant ensuite arrivé dans la Thrace, il soumit les Getes. Il poussa ses conquêtes jusques dans l'Isaurie & la Pamphilie, & délivra ces provinces de l'Asie des barbares & des tyrans qui la désoloient. Tant de succès effrayerent tellement le Roi de Perse, qu'il envoya demander la paix à l'Empereur. Ce

Prince la lui accorda à des conditions très-avantageuses pour les Romains. À la faveur de tant de troubles, Saturnin se flattant de réussir dans ses projets ambitieux, se fit proclamer Empereur en Egypte. Il ne jouit pas long-temps de cette nouvelle dignité; car il fut massacré par les troupes de Probus. Cependant Proculus & Bonnosus avoient formé deux partis considerables dans les Gaules, & s'étoient fait reconnoître dans l'Espagne & la Grande-Bretagne. Probus marcha contr'eux, les attaqua, les vainquit près de Cologne, & ordonna qu'on les fît mourir. L'Empereur de retour à Rome, reçut les honneurs du triomphe. Pour montrer ensuite sa magnificence aux Romains, il fit faire dans le Cirque une chasse où il y avoit mille autruches, autant de cerfs, de daims & de sangliers avec beaucoup d'autres animaux champêtres & sauvages. Il fit paroître & combattre dans un autre spectacle cent lions, autant de lionnes & de leopards. Il ne resta pas long-temps en repos. Les Perses ayant commis des hostilités contre les Romains, il se mit en marche pour aller les attaquer. Il ne put achever ce voyage, ayant été assassiné par ses soldats en Illyrie. Le Senat fut fort touché de sa mort, & les soldats mêmes se repentirent dans la suite de leur crime. Ce Prince n'avoit regné que six ans. M. de Tillemont remarque dans ses notes que le commencement du regne de Probus en 276 & la fin en 282, sont un des points les plus importans de toute l'Histoire.

<small>EMPEREURS ROMAINS.</small>

Les soldats qui avoient massacré Probus, lui donnerent aussi-tôt pour successeur Marcus Aurelius Carus. Ce Prince étoit natif de Narbonne & avoit passé par tous les degrés d'honneurs civils & militaires. Lorsqu'il fut proclamé Empereur, il étoit en Illyrie où il faisoit la guerre aux Sarmates. Il continua de poursuivre ces barbares, & les chassa de la Pannonie. Il ne remporta pas de moindres avantages contre les Perses; mais la mort l'empêcha de poursuivre ses conquêtes. On le trouva mort dans sa tente après un grand orage, & l'on crut qu'il avoit été tué d'un coup de tonnerre après un an & quelques mois de regne.

<small>CARUS XLVe. Empereur. 282.</small>

Après la mort de Carus, ses deux fils Carin & Numerien furent reconnus Empereurs. Numerien, qui étoit en Perse, fut poignardé dans sa tente au bout de quelques mois. Carin, cependant étoit dans les Gaules où il se livroit à toutes sortes de débauches. Il fut tué par ses troupes en combattant contre Dioclétien, qui avoit été élu Empereur.

<small>CARIN & NUMERIEN XLVIe. & XLVIIe. Empereurs.</small>

Ce Prince, nommé auparavant Dioclès, étoit né en Dalmatie. Les fréquentes révoltes des differentes provinces de l'Empire, firent connoître à Dioclétien, qu'il ne pouvoit seul conserver un si vaste Empire, & le défendre contre tant de peuples ligués pour le détruire. Il s'associa Marcus Aurelius Valerius Maximianus, qui se fit surnommer Herculius. Il lui confia tout l'Occident, & se réserva l'Orient. Dioclétien se rendit d'abord en Pannonie pour s'opposer aux courses des Sarmates. Il passa ensuite en Orient, où il battit les Sarrasins & les Parthes. Narsès, Roi des Perses, redoutant l'approche de l'armée Romaine, envoya des présens à Dioclétien, pour gagner son amitié.

<small>284. DIOCLETIEN & MAXIMIEN XLVIIIe. Empereurs. 284 & 286.</small>

Cependant Maximien étoit dans les Gaules, où il avoit vaincu Amandus & Ælianus qui y avoient excité des troubles: ce Prince défit aussi le tyran Julianus qui faisoit de grands ravages en Italie. Il tailla encore en

EMPEREURS ROMAINS.

pieces les Germains qui étoient entrés dans les Gaules, & ayant passé le Rhin, il fit de grands ravages dans la Germanie & s'avança jusqu'au Danube. Constantin Chlorus qu'on envoya dans la Grande-Bretagne, ruina entierement le parti de Carausius qui s'étoit emparé de cette isle, & qu'il posseda pendant sept ans.

D'un autre côté, Diocletien ayant passé l'Ister ou le Danube inferieur, battit une nation Scythique, & l'obligea à lui demander la paix. Après cette expédition, il attaqua les Goths, les Quades & les Marcomans voisins de la Germanie.

CONSTANTIUS & GALERIUS XLIXe. Empereur.

292.

Les révoltes d'Egypte & de Mauritanie obligerent Diocletien de se donner encore deux nouveaux Collegues qui furent Flavius Valerius Constantius Chlorus, & Caius Galerius Valerius Maximianus. Galerius fut envoyé sur le Danube; Constantius eut dans son partage les Gaules & la Grande-Bretagne; Diocletien passa en Egypte & Maximien en Mauritanie. Ces quatre Princes vinrent heureusement à bout de leurs entreprises. Constantius après avoir vaincu les Bataves, se rendit dans la Grande-Bretagne, où il battit le tyran Alectus, qui avoit pris la place de Carausius. Diocletien, pour terminer plus promptement la guerre en Egypte fit venir Galerius qui étoit en Mesie. Ces deux Princes ayant réuni leurs forces, taillerent en pieces l'armée du tyran Achillas, & ruinerent ensuite Alexandrie, ce qui mit fin aux troubles de l'Egypte. Galerius étant ensuite passé en Armenie, remporta une victoire sur les Perses qui avoient fait révolter cette province. Les Perses s'en vengerent bien-tôt par la défaite de l'armée Romaine. Galerius répara ce malheur, battit les Perses en diverses rencontres, pénetra dans leur Royaume & poussa ses conquêtes jusqu'au Tigre. Les Perses demanderent alors la paix, & on la leur accorda à des conditions avantageuses pour les Romains. Maximien avoit toujours d'heureux succès en Afrique, & y avoit rétabli la tranquillité.

Diocletien ne profita du temps de la paix que pour persécuter les Chretiens, & faire démolir leurs Temples. Enfin il quitta l'Empire en 305, & se retira à Salone où il vécut encore neuf ans. Il eut avant sa mort la douleur de voir Constantin faire ouvertement profession de la Religion chrétienne qu'il s'étoit flatté de détruire. Il mourut de désespoir au mois de mai de l'an 313, âgé de soixante-huit ans. Il en avoit regné vingt fort heureusement, & passé neuf dans la retraite avec le cruel chagrin de se voir maltraité & méprisé. Maximien fut obligé de quitter la pourpre le même jour que Diocletien renonça à l'Empire. Constantius & Galerius, après la retraite de Diocletien & de son Collegue, firent un nouveau partage de l'Empire. Les Gaules, la Grande-Bretagne, l'Italie & l'Afrique échurent en partage au premier, & Galerius eut pour sa part l'Illyrie, l'Asie & le reste de l'Orient. Constantius ne conserva l'Empire que quinze mois depuis l'abdication de Diocletien. Il mourut à Yorck en Angleterre le 25 de juillet 306.

SEVERE Le. MAXIMIEN ou MAXIMIN LIe. Empereurs.

306.

Galerius ne se croyant pas capable de porter seul le poids du gouvernement, déclara Augustes Flavius Valerius Severus & Caius Valerius Maximianus ou Maximinus, nommé auparavant Daïa ou Daza, fils de sa sœur, à l'exclusion de Maxence, fils de Maximien & de Constantin fils de Constantius Chorus, que Diocletien avoit voulu faire Cesars. Galerius ayant donné quelque sujet de mécontentement aux troupes, elles accordérent à Maxence le titre d'Empereur. Maximien son pere voulut alors remonter sur le trône ; mais les troupes refuserent de le reconnoître. Galerius associa encore à l'Empire Caius Flavius Valerianus Licianus ou Licinius, homme de mérite.

EMPEREURS ROMAINS.

D'un autre côté, les troupes qui étoient en Angleterre avoient proclamé Caius Flavius Valerius Aurelius Claudius Constantinus, fils de Constantius & d'Helene, premiere & légitime femme de ce Prince. Constantin étoit né à Naïsse ville de Dardanie le 27 de février de l'an 274. Le premier usage que Constantin fit de son autorité, fut de donner une ordonnance pour faire cesser la persécution contre les Chrétiens qui étoient dans les Gaules, l'Espagne & la Grande-Bretagne, province de son département. Il marcha ensuite contre les Francs qui avoient fait de nouvelles irruptions dans les Gaules, remporta sur eux de grands avantages, & fit exposer aux bêtes deux Rois de cette nation, qui avoient été pris dans cette bataille. Cependant Maximien qui étoit sorti de sa retraite, se mit à la tête de quelques troupes pour aller assieger Severe dans Ravenne. N'ayant pu venir à bout de les forcer dans cette place, il l'attira en plaine, sous prétexte de le mettre en possession de la ville de Rome. Severe se voyant abandonné de ses soldats, se rendit à Maximien l'an 307, lui remit la pourpre qu'il avoit reçu il n'y avoit pas encore deux ans, & fut conduit prisonnier à Rome. Il fut mis à mort contre la parole que lui avoit donné Maximien, qui lui accorda seulement la grace de se faire ouvrir les veines pour mourir plus doucement. Galerius s'étant rendu en Italie pour venger la mort de Severe, Maximien se prépara à lui livrer bataille ; mais ses troupes ayant refusé de lui obéir, il fut obligé de se retirer en Dalmatie auprès de Dioclétien. N'ayant pu engager ce Prince à reprendre la pourpre ; il alla trouver Constantin qui étoit à Treves & qui se disposoit à marcher de nouveau contre les Francs, & il avoit même fait faire un pont sur le Rhin, vis-à-vis de Cologne pour passer plus facilement en Germanie. Constantin le reçut avec bonté, & lui donna même le commandement de quelques troupes. Maximien en abusa, & voulut s'en servir pour remonter sur le trône. Constantin l'attaqua, le fit prisonnier, & lui laissa la vie. Ce Prince ne pouvant rester tranquille, forma quelque-temps après une conjuration ; mais ayant été convaincu de sa perfidie, il fut réduit à s'étrangler ; ce qui arriva au plûtard dans le mois d'Avril de l'an 310. L'année suivante l'Empire perdit encore un de ses Chefs. Galerius mourut d'une maladie honteuse & cruelle après un regne de 19 ans, à compter du temps qu'il fut fait César l'an 292. Cependant il restoit encore quatre Princes qui gouvernoient l'Empire : Maximin avoit tout l'orient ; Licinius l'Illyrie, la Dalmatie, la Pannonie & toute la Grece ; Maxence l'Italie & l'Afrique ; & Constantin les Gaules, l'Espagne & la grande-Bretagne.

Le grand CONSTANTIN Ie. Empereur chrétien. LIIe. Empereur.

306.
LICINIUS LIIIe. Empereur.

307.

Morts de Maximien & de Valerius.

Maxence ne se trouvant pas content de la portion de l'Empire qui lui étoit échue, forma le projet de s'emparer de celle qui appartenoit à Constantin. Ce dernier se hâta de le prévenir, & s'avança dans l'Italie avec une armée considérable. Comme il étoit en marche un jour après midi, il vit au-dessous du Soleil une croix lumineuse avec cette inscription : *In hoc signo vinces.* Animé par ce prodige, il attaqua & défit auprès de Turin

EMPEREURS ROMAINS.

une des armées de Maxence, & un autre corps de troupes près de Verone. Il se rendit ensuite à Rome, où Maxence osa hazarder une nouvelle action. Elle lui fut fatale, car il perdit la bataille & la vie. Cet évenement arriva l'an 312. Le lendemain de cette victoire, Constantin entra en triomphe dans la ville, où il fut reçu comme un libérateur. Il donna conjointement avec Licinius un édit en faveur des Chrétiens, & l'année suivante il accorda des priviléges & des immunités aux Eglises & aux Clercs. Pendant que Constantin se plaisoit à favoriser la Religion chrétienne, Maximin s'étoit déclaré son plus grand ennemi. Il fit même la guerre en 312 aux peuples de la grande Arménie, parce qu'ils étoient chrétiens : ce qui mérite d'être remarqué comme le premier exemple d'une guerre pour la Religion. Elle ne fut pas toujours le motif de celles que Maximin entreprit ; l'envie de s'emparer des provinces qui étoient gouvernées par ses collégues, le porta à attaquer Licinius. Le succès n'ayant pas répondu à son attente, & se voyant vaincu & poursuivi, il prit inutilement du

Mort de Maximin.

poison, & fut frappé tout d'un coup d'une playe mortelle : au lieu de nourriture propre à le soutenir, il prenoit de la terre à pleines mains & la devoroit. Son corps n'étoit qu'un squelette, & les yeux lui sortoient de la tête. Il mourut vers le mois d'août de l'an 313.

L'Empire n'étoit plus alors partagé qu'entre Licinius & Constantin. Ces deux Princes ne vecurent pas long-temps en bonne intelligence ensemble : La jalousie que Licinius avoit conçûe contre son collegue dégenera bien-tôt en guerre civile. Constantin toujours vainqueur, obligea Licinius à avoir recours à sa clémence. Il lui avoit accordé la vie à la priere de

Mort de Licinius.

Constancie sa femme (sœur de Constantin,) mais peu après il le fit étrangler : ce qui arriva le 16 de mai de l'an 324.

Les premiers soins de Constantin lorsqu'il fut seul maître de l'Empire, furent de pacifier les troubles qui l'agitoient depuis long-temps, & de rendre des édits pour permettre le libre exercice de la Religion chrétienne. Il profita de la paix pour exécuter un dessein qu'il avoit depuis quelque temps. La situation de la ville de Byzance l'avoit frappé, & il vouloit en faire le siége de son Empire, parce quelle étoit également à portée de l'Europe & de l'Asie. Il y fit des augmentations considérables, & lui donna le nom de Constantinople. Ainsi Rome perdit beaucoup de son lustre par ce nouvel établissement, dont il fit la dédicace le 19 de mai 330.

Siége de l'Empire transporté à Constantinople.

La paix que Constantin avoit procuré à l'Empire, ne fut pas de longue durée, & elle fut troublée par les incursions des Nations septentrionales qui cherchoient à s'établir sur les terres de l'Empire. Constantin après plusieurs victoires remportées sur elle, les reçut à son service. Il se préparoit à marcher contre les Perses qui s'étoient emparés de la Mesopotamie ; mais il n'eut pas le temps de commencer cette guerre, étant mort le 22 de mai 337, après avoir reçu le Baptême. Il étoit âgé de soixante-trois ans, dont il en avoit regné trente. Constantin étoit d'un caractere doux & humain. L'équité de son gouvernement lui gagna la confiance des troupes & le cœur des Peuples. Il avoit l'ame grande & généreuse : outre les talens politiques, il avoit encore toutes les vertus militaires qui conviennent à un grand Prince, & c'est à juste titre qu'il a mérité le surnom de Grand.

Constantin

Constantin deux ans avant sa mort avoit partagé l'Empire entre ses trois fils, & il confirma ce partage par son testament. Constantin qui étoit l'aîné eut les Gaules, l'Espagne & la grande-Bretagne : Constantius l'Asie, la Syrie & l'Egypte ; & Constant eut l'Illyrie, l'Italie & l'Afrique. Les neveux de Constantin Dalmace & Annibalien, eurent aussi part à ce partage ; mais les armées ne voulurent point d'autres Empereurs que les enfans de ce Prince, & demanderent qu'ils prissent le titre d'Auguste ; ainsi les trois freres furent proclamés seuls Empereurs & Augustes par le Senat de Rome ; ils ne prirent cependant ce titre que trois mois après. Les soldats sous prétexte de n'avoir point d'autres maîtres que les fils de Constantin, firent mourir presque toute la famille Impériale : Jules Constance oncle paternel des trois Empereurs, un autre frere du Grand Constantin, cinq neveux du même Empereur furent massacrés avec Dalmace & Annibalien ; & ce fut avec beaucoup de peine que Gallus & Julien échapperent à ce massacre.

Les mouvemens que les Francs & les autres Nations de la Germanie, les Scythes & les Sarmates firent au commencement du regne de ces Princes, obligerent Constant à marcher contr'eux. Constantin profitant de ces troubles, voulut s'emparer d'une partie des provinces qui appartenoient à Constant, & se servit des Francs dans cette expédition ; mais il périt l'an 340, étant tombé dans une embuscade que les Généraux de Constant lui tendirent près d'Aquilée.

Constant s'empara aussi-tôt après la mort de son frere de tout l'Occident. Il continua ensuite la guerre contre les Scythes & les Sarmates. Il fut obligé de l'interrompre pour s'opposer aux progrès que les Francs faisoient dans les Gaules. Après plusieurs victoires remportées sur ces Peuples, il jugea à propos de faire alliance avec eux. Ce traité est de l'an 342. Constantius étoit en Orient, où les Perses faisoient de grands ravages. Leurs succès furent même si considérables, que l'Empire fut en danger de ce côté-là. La mauvaise conduite de Constant donna occasion à Magnence, homme de basse naissance & François de nation, de prendre le titre d'Empereur. Cette concurrence excita une guerre entre les deux partis. Constant ayant été entierement défait, vouloit se retirer en Espagne lorsqu'il fut arrêté par un corps de troupes de Magnence. Il fut mis à mort à Elne, ville frontiere des Gaules & de l'Espagne. Constant n'avoit que trente ans, & c'étoit la douziéme année de son regne depuis qu'il eut pris le titre d'Auguste.

A peine Constant fut-il mort, qu'on vît paroître un grand nombre de Tyrans qui vouloient partager l'Empire. Nepotien se fit proclamer à Rome : mais son regne ne fut que de peu de jours. Vetranion le fut en Pannonie ; il se soumit néanmoins à Constantius. Decentius & Desiderius s'emparerent de l'Espagne & des Gaules. Tant de troubles obligerent Constantius à revenir d'Orient, & à faire déclarer Cesar son cousin, Constantius Gallus à qui il fit épouser sa sœur Constantia. Il laissa ce Prince en Asie pour continuer la guerre contre les Perses, & il s'avança vers l'Occident à dessein de s'opposer à Magnence. Cet usurpateur ayant été entierement défait, quitta l'Italie, abandonna Rome à Constantius, & se retira dans les Gaules où il fut battu une seconde fois. Se voyant alors sans ressources, & prêt à

EMPEREURS ROMAINS.

CONSTANTIUS, CONSTANTIN & CONSTANT LIIIe. Empereur.

337.

Mort de Constantin.

Mort de Constant.

EMPEREURS ROMAINS.

tomber entre les mains du vainqueur par la trahison de ses propres troupes; il entra dans un désespoir si grand qu'il fit tuer ses parens, ses amis, sa propre mere & son frere Desiderius qu'il avoit déclaré Cesar. Il ne s'épargna pas lui-même, & Decentius son autre frere, termina sa vie en s'étranglant. Cependant Gallus, au lieu de s'opposer aux progrès des Perses, ne se distinguoit en Orient que par ses cruautés, ausquelles il étoit porté par Constantia sa femme. Cette Princesse étant morte, Constantius rappella Gallus & lui fit couper la tête à Pola l'an 354.

La défaite de tant de Tyrans, ne rendit pas pour cela la tranquillité à l'Empire. Il étoit continuellement attaqué du côté des Gaules par les Francs, les Allemands, les Saxons & les Sarmates qui faisoient de grands ravages dans la Pannonie. Constantius ne pouvant seul s'opposer à tant d'ennemis, déclara Cesar Julien son parent, qui s'étoit retiré à Athènes, où il menoit la vie d'un Philosophe. Il lui donna en mariage sa sœur Helene. Julien se rendit dans les Gaules, & défit en plusieurs rencontres divers peuples de la Germanie qui cherchoient des établissemens en-deçà du Rhin. Après ces expéditions, il alla passer l'hyver à Paris en 359. Il y fit faire de grands édifices pour y donner des spectacles, & il sçut tellement gagner l'esprit des soldats, que l'an 360 ils le déclarerent Auguste. Constantius voulut engager Julien à renoncer à ce titre; mais celui-ci ayant refusé de le satisfaire, l'Empereur se disposa à l'y forcer par la voye des armes. Après avoir mis ordre à ce qui regardoit l'orient, il prit le chemin des Gaules, & étant arrivé à Tarse en Cilicie, il y mourut l'an trois cent soixante-un dans la quarante-cinquieme année de son âge; la trente-huitieme de son regne depuis qu'il eut été fait Cesar par Constantin, la vingt-cinquieme depuis qu'il eut été proclamé Auguste, & la neuvieme depuis qu'il étoit maître de tout l'Empire. Ce Prince n'avoit ni les vertus politiques, ni les talens nécessaires pour soutenir de grands Etats. Les Eunuques & les femmes avoient seuls du crédit à la Cour.

JULIEN L'APOSTAT LIVe. Empereur.

361.

Après la mort de Constantius, Julien se trouva entierement maître de l'Empire. Ce Prince, fils de Jule Constance, frere du Grand Constantin & de Basilide sa seconde femme, étoit né à Constantinople au mois de juin de l'an 331. La nature lui avoit refusé tous les agrémens du corps, mais elle l'avoit recompensé du côté de l'esprit. Il fut élevé avec un soin particulier dans la Religion chrétienne, dont il fit profession pendant 20 ans, & il fut même Lecteur. Ayant été de nouveau proclamé à Constantinople, il fit mourir la plûpart des amis de Constantius, condamna les autres à de grosses amendes. Il ordonna aux Evêques des differentes sectes du Christianisme de vivre en paix les uns avec les autres, & permit à chacun d'eux de suivre sur la foi, les sentimens qu'il jugeroit à propos. Il fit en même-temps rouvrir les temples des faux Dieux, qui avoient été fermés depuis le commencement du regne du grand Constantin; & s'en fit lui-même déclarer souverain Pontife. Pour empêcher que le Christianisme ne fit quelques progrès par les lettres & par les sciences, il deffendit aux Chrétiens de tenir aucune école où l'on enseignât la Poësie, la Philosophie & les autres sciences profanes.

L'Oracle de Delphes lui ayant promis une victoire complette sur les

DE L'UNIVERS. Liv. II. Ch. II. 43

Perses, il refusa de leur accorder la paix qu'ils demandoient, & fit des préparatifs extraordinaires pour marcher contr'eux. Lorsqu'il fut arrivé dans leur pays, il fut assez insensé pour faire mettre le feu à sa flotte qui étoit de douze cens galeres ou vaisseaux de transport : il s'engagea ensuite dans un pays impraticable, où son armée fut en même-temps attaquée par les Perses & par la faim. Dans une si dure extrêmité, il fut assez heureux pour battre les ennemis ; mais comme il les poursuivoit, il fut frappé d'une fléche dans le côté. Ainsi mourut le dernier Prince de la maison de Constantin, l'an 363. Ce Prince étoit dans la trente-deuxieme année de son âge, après avoir regné sept ans & demi depuis qu'il avoit été fait Cesar, environ trois ans depuis qu'il avoit pris le titre d'Auguste, & vingt mois depuis la mort de Constantius.

Empereurs Romains.

Julien eut pour successeur Flavius Claudius Jovianus qui étoit né dans la Pannonie. Il ne voulut accepter l'Empire qu'aux conditions que tous les soldats embrasseroient la Religion chrétienne. Il étoit tellement aimé & estimé des troupes, qu'elles firent tout ce qu'il exigeoit d'elles. Les temples des faux Dieux furent alors fermés, leurs Sacrifices abolis, les Evêques Orthodoxes rappellés de l'exil, & la paix fut rendue à l'Eglise. L'extrêmité où l'armée Romaine se trouvoit en Perse, l'obligea à faire la paix pour trente ans avec ses ennemis, à des conditions avantageuses pour eux. Comme il revenoit à Constantinople pour y regler les affaires du gouvernement, on le trouva mort dans son lit la nuit du seize au dix-sept de février de l'an 364, après un regne d'environ 8 mois.

Jovien LVe. Empereur.
363.

Il y eut un interregne de quelques jours, après lequel l'armée qui étoit à Nicée, proclama Empereur Valentinien I., Officier de peu de naissance, mais très-distingué par ses services. Il avoit été envoyé en exil par Julien, parce qu'il professoit la Religion chrétienne : il en avoit été rappellé par Jovien. Persuadé qu'il ne pouvoit supporter seul le poids d'un si vaste Empire continuellement attaqué par les Barbares, il choisit son frere Valens pour gouverner l'Orient, & se réserva l'Occident. C'est ici l'époque de la division de l'Empire Romain, & le commencement de celui d'Orient (11). Les deux freres étoient de caracteres entierement opposés. Valentinien joignoit à la dignité de sa personne, une grande vigilance & un esprit juste. Il étoit ennemi du vice, courageux, sévere dans la discipline militaire ; grand Capitaine & grand politique, mais cependant trop enclin à la cruauté. Valens au contraire étoit un assemblage confus de vertus & de vices : cruel & compatissant, indolent & sévere. Il étoit capable d'amitié, mais il étoit extrêmement colere.

Valentinien I. & Valens son frere, LVIe. Empereur.
364.

Valentinien n'ayant plus que l'Occident à deffendre, commença par s'opposer aux incursions des Germains qui ravageoient les Gaules, & la victoire qu'il remporta sur eux entre Toul & Metz, les empêcha de passer davantage le Rhin, sous le regne de cet Empereur. L'Empire ne fut pas pour cela plus tranquille : d'un côté, les Pictes & les Ecossois, commettoient toutes sortes de désordres dans la grande-Bretagne ; d'une autre part, les Francs & les Saxons menaçoient les frontieres de l'Empire du côté

---

(11) Je donnerai un abregé de l'Histoire de cet Empire, dans le Chapitre qui traitera de la Turquie.

F 2

du nord. Il y avoit aussi de grands mouvemens dans l'Afrique, causés par les impôts excessifs que l'Empereur y avoit mis, & par les entreprises de Firmus qui s'étoit fait déclarer Empereur : mais l'irruption des Quades & des Sarmates causoient encore de plus grands désordres dans l'Empire. Valentinien ayant fait avancer son armée en Illyrie, des Quades effrayés vinrent lui demander la paix. Valentinien leur parla avec tant de force & de chaleur, qu'il tomba en apoplexie. D'autres prétendent que ce fut d'une hemorragie dont il mourut le 17 de novembre de l'an 365, dans la cinquante-cinquieme année de son âge, & la douzieme de son regne. Il laissa deux fils : sçavoir, Gratien qu'il eut de Severa sa premiere femme, & Valentinien II. qu'il eut de Justine.

Valentinien eut pour successeur Gratien son fils aîné, qui étoit né à Sirmich le 18 d'avril ou le 13 de mai 359. Il fut fait Auguste par son pere le 24 d'août 367, sans avoir passé par la dignité de Cesar, & il monta sur le trône à l'âge de seize ans & demi. Un heureux naturel fortifié par une bonne éducation, rendit ce Prince recommandable, & lui attira l'affection des peuples. Cependant l'amour du plaisir l'emporta souvent sur les affaires les plus importantes. Il eut pour collegue Valentinien II. & les deux freres sans consulter leur oncle Valens, partagerent entr'eux l'Empire d'Occident. Valentinien eut l'Italie, l'Afrique & l'Illyrie ; & Gratien retint les Gaules, l'Espagne & l'Angleterre. Le commencement de leur regne fut assez tranquille ; mais les intrigues de Maxime Préfet des Gaules, & l'irruption des Allemans qui avoient passé le Rhin, obligerent Gratien à prendre les armes. Il battit ces Barbares, & après cette victoire, il se disposoit à marcher au secours de Valens son oncle, qui étoit attaqué par les Goths ; mais son oncle jaloux du mérite de ce jeune Prince, avoit eu l'imprudence de donner la bataille sans attendre de secours. Son armée avoit été entierement défaite près d'Andrinople, & il avoit été consumé par le feu que les ennemis avoient mis dans une chaumiere où il s'étoit retiré. Valens étant mort sans enfans mâles, l'Empire d'Orient fut réuni à celui d'Occident. Gratien se choisit un nouveau collegue, & associa à l'Empire Theodose, qui depuis long-temps s'étoit distingué dans les armées. Cependant les Vinules ou Lombards étoient entrés en germanie, où ils attaquerent les Vandales ; & le Tyran Maxime s'étoit fait déclarer Empereur. Gratien marcha contre lui, & l'attaqua aux environs de Paris : l'Empereur ayant été abandonné de ses troupes, ne trouva aucun asyle pour se mettre en sûreté, & il fut arrêté à Lyon par les emissaires de Maxime qui le firent mourir. Il étoit alors âgé de vingt-quatre ans, dont il en avoit regné seize depuis qu'il avoit été fait Auguste, & sept depuis la mort de son pere. Ce Prince fut beaucoup regretté pour la douceur de son gouvernement. Il avoit fait des loix très-sages, sur-tout contre les faineans & les gens oisifs. Ce Prince avoit aussi détruit l'autel de la Victoire, & il avoit aboli les priviléges accordés aux Vestales, aux temples & aux Prêtres des Idoles.

La mort de Gratien avoit fortifié le parti de Maxime dans les Gaules, & il avoit choisi Treves pour la capitale de sa domination. Ayant formé le dessein de se rendre maître de l'Empire, il marcha vers l'Italie. Valentinien, qui étoit alors à Milan, ne se croyant pas en sûreté dans cette place, se retira avec sa mere en Orient où étoit Theodose. Cet Empereur prenant les intérêts de Valentinien, s'avança avec tant de promptitude, qu'il surprit le Tyran Maxime sur les bords de la Save, où il le défit. Une seconde bataille qu'il gagna sur le Tyran, lui ouvrit le passage des Alpes. Maxime obligé de fuir, s'enferma dans Aquilée, où Arbogaste François de nation & Général des troupes de Theodose, l'assiégea & le fit prisonnier. On le conduisit ensuite devant les Empereurs qui lui firent trancher la tête. Arbogaste fit mourir aussi Victor, que Maxime son pere avoit déclaré Auguste. Le calme fut alors rétabli dans les Gaules ; & Theodose donna de quoi entretenir l'épouse & les filles du Tyran Maxime.

Valentinien, croyant sa présence nécessaire dans les Gaules pour s'opposer aux Francs, qui cherchoient à y étendre leur domination, mena avec lui Eugene & Arbogaste, auxquels il laissa le soin du gouvernement & se retira dans son palais à Vienne sur le Rhône. Valentinien ne tarda pas à reconnoître qu'il avoit donné trop de pouvoir à Arbogaste. Il voulut en moderer la puissance ; mais il ne put exécuter son dessein. On le trouva étranglé dans sa chambre le 15 de mai de l'an 392. Il étoit âgé de vingt ans & quelques mois. Il portoit le titre d'Auguste depuis seize ans ; mais on ne peut gueres compter son regne que depuis la mort de Gratien, & il fut par conséquent de près de neuf ans. Arbogaste, soupçonné du meurtre de Valentinien, n'osa s'emparer du trône. Il y fit monter le tyran Eugene, homme de fortune, qui de simple maître d'école, s'étoit avancé aux premieres charges de l'Empire. Theodose refusa de le reconnoître pour son Collegue à l'Empire, & lui déclara la guerre après avoir donné le titre d'Auguste à son second fils Honorius. Theodose attaqua le Tyran près d'Aquilée, mais la fortune ne le favorisa pas d'abord, & ses troupes furent obligées de plier. Il s'en vengea le lendemain par la défaite entiere des ennemis & par la prise d'Eugene. Il lui fit couper la tête, & Arbogaste ayant appris cette nouvelle, se tua lui-même.

Honorius, second fils de Theodose, né le 9 de septembre de l'an 384, avoit été fait Auguste en 393. Theodose étant tombé malade à Milan, le déclara Empereur d'Occident. Comme il n'avoit pas encore dix ans, son pere lui donna pour conseil Stilicon, l'un des plus grands hommes de son siecle. Cependant Arcadius son frere étoit monté sur le trône d'Orient depuis la mort de Theodose le grand. L'Empire d'Occident, sous le regne d'Honorius fut continuellement agité, & éprouva les plus grands malheurs. La révolte de Gildon en Afrique, obligea Stilicon à faire venir en Italie Alaric Roi des Visigoths avec lequel il avoit fait un traité ; mais craignant ensuite qu'Alaric ne se rendit maître de l'Italie, il marcha au-devant de lui, & le battit à l'entrée du Piémont. Son bagage fut pris avec sa femme & ses filles : ce qui l'obligea à faire la paix avec les Romains. L'Empereur & Stilicon entrerent en triomphe à Rome, montés tous deux sur le même char.

L'Italie, délivrée d'un si redoutable ennemi, se vit bien-tôt exposée à la fureur des Huns. Radagaise leur Roi, à la tête de quarante mille hommes étoit entré en Italie, & il faisoit déja le siege de Florence lorsqu'il fut battu par Stilicon. Radagaise fut fait prisonnier, & il eût la tête tran-

EMPEREURS ROMAINS.

chée à Rome, qu'il avoit juré de détruire. Ces deux grandes victoires ne rendirent pas la tranquillité à l'Empire; les desseins ambitieux de Stilicon le porterent à animer secrement les barbares à troubler l'Etat, se flattant de monter sur le trône, à la faveur de tant de révolutions. Bien-tôt l'Empire fut inondé par differentes nations étrangeres, qui se préparoient à le partager entr'elles: telles étoient les Alains, les Goths, les Vandales, les Sueves, les Francs & les Bourguignons, qui causerent d'étranges révolutions en Afrique, en Espagne & dans les Gaules. Honorius ayant enfin découvert les intrigues secrettes de Stilicon, le fit arrêter avec son fils, & les fit mourir. Alaric voulut alors exiger une grosse somme de l'Empereur pour se retirer de l'Italie; mais ce Prince l'ayant refusé, le Roi des Goths alla mettre le sigé devant Rome; & cette ville ne put se retirer de l'extrêmité où elle étoit réduite, qu'en donnant tous les trésors. Alaric se présenta l'année suivante devant cette ville; qui ne put arrêter le vainqueur qu'en faisant avec lui un traité honteux pour elle; elle fut enfin prise & pillée l'an 410. Cependant Honorius étoit à Ravenne, où il mourut d'hydropisie l'an 423, dans la trente-huitieme année de son âge, après un regne de vingt-huit ans. Il ne laissa point d'enfans, quoiqu'il eut eu deux femmes, toutes deux filles de Stilicon. Constance, son Général, empêcha la ruine totale de l'Empire d'Occident, le délivra de plusieurs Tyrans qui avoient pris le titre d'Empereurs; tels étoient Constantin, Jovin, Sebastien, Attale. Constance avoit été élevé par Honorius à la dignité d'Auguste & d'Empereur; mais il n'en jouit qu'environ sept ou huit mois.

VALENTINIEN III. LXe. Empereur.

424.

Le trône Imperial fut alors occupé par Valentinien III. fils du Général Constance & de Placidie fille du grand Theodose. Il étoit né le 2 ou le 3 de juillet de l'an 419, fut déclaré Cesar en 424 à Thessalonique, & reçut à Rome la couronne & le titre d'Auguste le 23 d'octobre de l'an 425. A peine Valentinien, qui n'avoit que cinq ans étoit-il monté sur le trône, qu'il s'éleva un nouveau Tyran nommé Jean, qui gouverna environ 2 ans. Cependant Theodose II. Empereur d'Orient, donna au jeune Prince Ardabure & Aspar pour commander ses armées. Ces deux habiles Généraux se saisirent du Tyran, qu'ils envoyerent à Placidie mere de Valentinien. Cette Princesse l'ayant fait mourir, l'Empereur fut maintenu tranquille possesseur du trône. On fit grace à ceux qui avoient pris son parti, & Aëtius même qui l'avoit favorisé eut le gouvernement des Gaules. Le Comte Boniface, qui commandoit en Afrique, rendit inutiles tous les efforts de Castinus qui avoit voulu exciter de grands troubles dans ce pays. Sa fidelité à l'égard de l'Empereur fut mal interprétée par ses ennemis, & il fut déclaré criminel d'Etat. Résolu de se venger de l'outrage qu'on lui faisoit, il fit venir en Afrique les Vandales, qui y commirent d'horribles excès. Ce fut en vain que l'Empereur voulut s'opposer à leurs progrès: ses troupes y furent battues plusieurs fois, & il ne put venir à bout de les chasser.

Valentinien, pouvoit à peine se deffendre contre tant de nations qui cherchoient à envahir l'Empire, ou qui même s'étoient deja emparé de plusieurs provinces. Les Goths & les Francs occupoient alors une partie des Gaules, & cherchoient à y faire de nouvelles conquêtes: les Bourguignons avoient passé le Rhin: la Grande-Bretagne étoit continuellement désolée par les courses des Pictes : les Goths s'étoient emparés de l'Espagne, l'Afrique étoit au pouvoir des Vandales ; mais les plus redoutables de tous ses ennemis étoient les (12) Huns, conduits par Attila, Prince d'un caractere fier & arrogant, né pour commander une nation guerriere, & capable des entreprises les plus téméraires. Valentinien, pour s'opposer à Attila dont l'armée formidable sembloit devoir envahir tout l'Empire, fut obligé de céder l'Afrique à Genseric, d'abandonner l'Espagne à Theoderic & de faire alliance avec eux. Le secours qu'il en reçut, & celui que Martien Empereur d'Orient lui envoya, le mirent en état d'attaquer les Huns. Attila fut battu près de Châlons par Aëtius, & après sa défaite il fut contraint de se retirer dans la Pannonie.

La valeur d'Aëtius avoit sauvé l'Empire, mais elle devint funeste à ce Général. Les flatteurs qui environnoient l'Empereur, firent entendre à ce Prince foible qu'Aëtius songeoit à le détrôner. Valentinien, écoutant trop facilement les discours de Maxime, qui cherchoit à se venger de l'Empereur dont il avoit sujet de se plaindre, poignarda Aëtius de sa propre main. Un des Officiers de ce Général vengea sa mort en assassinant l'Empereur. Ce Prince mourut l'an 455, dans la trente-quatrieme année de son âge, après un regne de vingt-neuf ans. L'Empire d'Occident tomba alors dans une entiere décadence, & ne s'en releva jamais : la mort d'Aëtius y contribua beaucoup. Les neuf successeurs de Valentinien sont à peine connus de nom, & l'Empire ne fut proprement qu'une ombre d'Empire jusqu'à ce qu'il fut entierement détruit.

Après la mort de Valentinien III. Petrone Maxime prit la pourpre, & fut dès le lendemain déclaré Auguste à Rome. Il étoit illustre par la noblesse de ses ancêtres, & il avoit passé par tous les honneurs. Il avoit épousé Eudoxie femme de Valentinien. Cette Princesse, pour venger la mort de son premier mari dont Maxime étoit regardé comme l'auteur, fit venir Genseric Roi des Vandales. Maxime voulut fuir ; mais il fut arrêté & mis en pieces le 12 de juin, trois mois après qu'il se fut emparé de l'Empire.

La couronne Imperiale fut alors donnée à Avitus, Seigneur Gaulois du pays d'Auvergne, & il fut proclamé Auguste à Toulouse par les Goths, vers lesquels Maxime l'avoit envoyé pour les engager à continuer la paix. Il le fut de nouveau à Arles par les armées qui étoient dans les Gaules, & cette dignité fut confirmée à Rome, où il se rendit ensuite. Son regne ne fut pas de longue durée ; car il fut privé du trône quatorze mois après par le Senat à l'instigation de Ricimer Goth de nation & Général des troupes de l'Empire en Occident.

Ce Seigneur ne pouvant ou n'osant monter sur le trône, fit reconnoître Empereur Majorien après un interregne de dix mois. Ce Prince avoit tous les talens nécessaires pour bien gouverner, & il auroit pu même rétablir l'Empire dans son ancienne splendeur, si le perfide Ricimer, jaloux de la réputation qu'il s'acqueroit, n'eut trouvé moyen de lui faire perdre la couronne & la vie après un regne de trois ans & quelques mois.

Ricimer éleva alors à l'Empire Libius Severus, & le fit proclamer à Ra-

(12) Voyez ce qu'on a dit de ces Peuples dans la note 38 de la page 33. Tome I. | II. partie de cette Introduction.

EMPEREURS ROMAINS.

MAXIME LXIe. Empereur.

455.

AVITUS LXIIe. Empereur.

455.

MAJORIEN LXIIIe. Empereur.

457.

SEVERE II. LXIVe. Empereur.

461.

EMPEREURS ROMAINS.	venne le 19. novembre. Ce Prince eut une guerre à soutenir contre Genseric Roi des Vandales, sur lequel il remporta plusieurs avantages. Il fut empoisonné après un regne de trois ans & neuf mois par ordre de Ricimer. Ce Général, qui étoit maître de tout l'Occident, laissa le trône vacant pendant plus de vingt mois.
ANTHEME LXVe. Empereur. 467.	Antheme fils du Patrice Procope gendre de Marcien, & Général d'armée dans l'Empire d'Orient, fut élû Empereur d'Occident par le Senat, l'armée & le peuple Romain. Leon, alors sur le trône d'Orient, agréa ce choix. Antheme partit de Constantinople & arriva à Rome, où il fut proclamé Auguste. Pour se soutenir dans cette nouvelle dignité, il donna sa fille en mariage à Ricimer avec le gouvernement de la Gaule Narbonnoise ; mais cette alliance n'empêcha point Ricimer de se soulever contre lui ni de le faire mourir après un regne de cinq ans.
OLYBRIUS LXVIe. Empereur. 472.	Ricimer mourut quarante jours après ce Prince ; mais il avoit auparavant placé sur le trône d'Occident, ou du moins confirmé Anicius Olybrius ; car on croit qu'il fut envoyé par l'Empereur Leon. Olybrius ne regna que trois mois & quelques jours.
GLYCERIUS LXVIIe. Empereur. 473.	Le trône resta vacant pendant quelques mois ; & Glycerius profitant de cet interregne, prit le titre d'Auguste à Ravenne ; mais il ne le porta qu'un an. Nepos le surprit dans le port de Rome, l'obligea avant que d'en sortir de quitter l'Empire, lui fit couper les cheveux, & le fit ordonner Evêque pour l'Eglise de Salone en Dalmatie.
JULIUS NEPOS LXVIIIe, Empereur. 474.	Julius Nepos avoit été déclaré Empereur à Ravenne par Domitien Officier de l'Empereur Leon, & il fut proclamé de nouveau à Rome, après qu'il eut privé du trône Glycerius. Les Vandales desoloient alors l'Italie, & ils s'en seroient rendu maîtres sans les troupes de Julius Nepos, qui arrêta les progrès de ces barbares. Mais la révolte de son Général nommé Oreste l'obligea après un an de regne à se retirer près de Solone où il fut tué le 9 de mai 480.
AUGUSTULE LXIX. & dernier Empereur d'Occident. 475. Fin de l'Empire d'Occident. 23 d'août 476.	Oreste, maître de l'Empire, pouvoit alors en disposer en sa faveur ; mais il crut qu'il gouverneroit également en mettant sur le trône son fils Romulus Momillus, surnommé Augustulus par mépris, parce que ce n'étoit qu'un enfant. Les partisans de Julius Nepos ayant appellé à leur secours Odoacre Roi des Herules. Ce Prince battit Oreste, & le fit mourir. Comme il méprisoit le jeune Augustule, il se contenta de le reléguer. Ainsi l'Empire Romain qui devoit son origine à Auguste finit par un autre Auguste en Occident où il avoit pris naissance, après avoir duré 507 ans, à quelques jours près, depuis la bataille d'Actium ; & la ville de Rome fondée par un Romulus, perdit sous un autre Romulus l'an 1229 de sa fondation, sa liberté avec le titre de maîtresse du monde, & devint la proye de toutes les nations septentrionales qui s'en emparerent.
ODOACRE ROI d'Italie. 476.	L'Empire d'Occident se trouvoit alors entierement éteint. Les Vandales, les Visigoths & les Sueves possedoient l'Espagne : les François & les Bourguignons étoient maîtres d'une partie des Gaules : d'autres ligues Germaniques avoient secoué le joug des Romains dans la Germanie : les Empereurs d'Orient ne pouvant deffendre l'Italie, l'avoient abandonnée & laissée en proye aux barbares. Odoacre, maître de cette presqu'isle, ne voulut prendre

dre que le titre de Roi d'Italie, sur laquelle il regna environ quatorze ans, pendant lesquels il n'y eut que desordres, confusions, troubles continuels. Tous les Historiens nous apprennent qu'Odoacre gouverna plutôt en tyran qu'en Roi les nouveaux Etats qu'il avoit conquis ; mais ils ne nous donnent point les détails des évenemens qui se sont passés sous le regne de ce Prince.

 Les Ostrogoths (13) regnoient alors en Illyrie dont ils avoient fait la conquête, & ils avoient pour Roi Théodoric fils de Theodemir. Ce jeune Prince avoit été élevé à la Cour de Leon Empereur de Constantinople, d'où il s'étoit retiré pour monter sur le trône. Zenon, successeur de Leon, craignant que le nouveau Roi ne formât quelqu'entreprise contre ses intérêts, l'invita à retourner à Constantinople, où il l'adopta par les armes (14) & le fit Consul. Pour donner à ce Prince de nouvelles marques d'affection pour lui, il fit élever sa statue équestre devant le palais Imperial. Ce fut au milieu de tous ces honneurs qu'il conçut le dessein de faire la conquête de l'Italie, & d'en chasser les Herules. Quelques Historiens prétendent que l'Empereur l'avoit excité lui-même à cette entreprise, afin d'occuper la valeur des Goths qu'il redoutoit. Quoiqu'il en soit, il partit de Constantinople comblé de riches présens de la part de l'Empereur, ayant déterminé une grande partie des Goths à le suivre ; il entra en Italie par le territoire de Venise, & campa aux environs d'Aquilée. A cette nouvelle, Odoacre se mit en marche à dessein d'arrêter son ennemi. Les deux armées en vinrent aux mains dans la plaine de Verone, & la victoire se déclara en faveur de Theodoric. Le vainqueur ne trouvant plus d'obstacles, passa le Pô & alla attaquer Ravenne, où Odoacre s'étoit retiré. Le siége de cette place dura trois ans, pendant lesquels il se fit un grand nombre de partisans dans l'Italie, & déja la plus grande partie le reconnoissoit pour son Roi. Odoacre ne pouvant plus se deffendre, fut obligé de demander la paix, & de se soumettre aux conditions qu'il plairoit au vainqueur de lui imposer. Theodoric lui accorda la vie ; mais quelque-temps après il le fit mourir, l'ayant soupçonné de faire des tentatives pour remonter sur le trône. Odoacre avoit regné seize ans & demi, en comptant jusqu'au jour de sa mort.

 Theodoric maître de l'Italie par une conquête, dont la possession lui étoit confirmée par Zenon, & dans la suite par ses successeurs, ne prit pas le titre d'Empereur d'Occident, & se contenta de celui de Roi d'Italie. Il gouverna cependant ses nouveaux Etats suivant les usages des Romains, dont il conserva les loix & les mêmes charges. Il distribua les Ostrogoths dans les differens endroits, & leur donna des Chefs pour les gouverner pendant la paix & pendant la guerre. A l'exception des emplois militaires, il rendit aux Romains tous ceux qu'ils avoient possedés. Il ordonna par un

---

(13) Les Goths furent partagés selon la situation des pays qu'ils habitoient, en Goths Orientaux ou Ostrogoths, & en Goths Occidentaux ou Vestrogoths, que les Latins ont nommés par corruption Visigoths. Il est très-important de bien faire cette distinction, afin de ne pas attribuer aux uns ce qui regarde les autres, & de ne pas confondre leurs mœurs & leurs coutumes. On donnera dans l'article d'Allemagne, l'Histoire suivie de ces Peuples, qui tiroient leur origine de la Scandinavie ainsi que les Herules.

(14) On voit dans du Cange plusieurs exemples de ces sortes d'adoptions, & de la maniere dont elles se faisoient.

Tome II.   G*

édit l'observation des loix Romaines, & y soumit également les Goths & les Romains. Sa valeur & ses autres grandes qualités inspirerent sans doute tant de respect aux Nations Barbares, qu'aucune d'elles n'entreprit d'entrer dans ses Etats. Il avoit pris d'ailleurs différentes précautions pour fermer les passages de l'Italie, en faisant bâtir plusieurs châteaux & forts entre la pointe de la mer adriatique & les Alpes. Il employa le temps de la paix, à faire faire plusieurs ouvrages considérables à Rome & à Ravenne, tant pour l'embellissement de ces deux villes que pour leur utilité. L'Italie alors eut le bonheur de jouir d'un repos qu'elle n'avoit pu goûter depuis tant de siecles. Theodoric, dont on ne sçauroit trop faire l'éloge, mourut l'an 526, étant fort âgé, & après avoir regné trente-trois ans, à compter depuis la mort d'Odoacre, & trente-sept depuis son entrée en Italie. Ce Prince se repentit sincerement d'avoir fait mourir sur des calomnies, les célebres Boëce & Symmaque. La mort de ces deux grands hommes, qui peut cependant être justifiée sur des raisons d'Etat, font une grande tache à la mémoire de ce Monarque.

<small>ROIS GOTHS EN ITALIE.</small>

<small>ATHALARIC IIe. ROI.</small>

<small>526.</small>

Theodoric avoit designé pour son successeur Athalaric, fils d'Amalasonthe sa fille, & d'Eutharic qui étoit de l'illustre famille des Amales. La jeunesse de ce Prince ne lui permettant pas alors de gouverner seul ses Etats, la régence fut déférée à sa mere, Princesse capable par son mérite & ses vertus, de conduire un vaste Empire. Suivant le conseil de Theodoric, elle eut soin d'entretenir la bonne intelligence avec l'Empereur d'Orient. Elle voulut que les choses restassent dans le même état que Theodoric les avoit laissées, & elle eut soin de faire élever son fils à la Romaine. Les Goths oubliant les sages avis qu'ils avoient reçus du dernier Roi, obligerent la Régente à donner une autre éducation au Prince. Athalaric s'abandonna alors à la débauche, ruina sa santé, & tomba dans une langueur dont il mourut l'an 534, dans la dix-huitieme année de son âge, & dans la huitieme de son regne. Telle fut l'origine du malheur & de la ruine des Goths en Italie, & des révolutions qui y arriverent dans la suite.

<small>THEODAT IIIe. ROI.</small>

<small>534.</small>

Amalasonthe qui avoit apprehendé qu'après la mort de son fils, elle ne fut pas en sûreté parmi les Goths qui la haïssoient beaucoup, avoit traité secretement avec Justinien Empereur d'Orient, pour le rendre maître du Royaume d'Italie. La mort de son fils ne lui ayant pas donné le temps de prendre les mesures nécessaires pour l'exécution de son dessein, elle mit sur le trône Theodat son cousin, fils d'Amalafride sœur de Theodoric le Grand. Theodat avoit passé sa vie dans les solitudes de la Toscane, où il s'étoit adonné à l'étude de la Philosophie de Platon. Il étoit d'ailleurs fort sçavant, & possedoit parfaitement la langue Latine, qui étoit alors presque oubliée. Mais toutes ces sciences n'avoient pu changer son mauvais naturel. Ce Prince n'avoit nulle connoissance dans l'art militaire, & étoit timide, paresseux, avare, sans probité & capable des actions les plus méchantes. Theodat oubliant bien-tôt les obligations qu'il avoit à Amalasonthe, écouta les conseils des ennemis de cette Princesse, & pour satisfaire leur injuste vengeance, il la fit conduire prisonniere dans une isle située au milieu du Lac Bolsena, où quelques jours après il la fit étrangler dans un bain. On a prétendu qu'il s'étoit prêté en cela aux vives sollicitations de l'Impératrice Theodora, jalouse de l'attachement que Justinien avoit pour Amalasonthe.

 La mort de cette Princesse fut une occasion favorable aux projets de Justinien, qui avoit résolu de réunir l'Italie à son Empire. Après avoir soumis l'Afrique, il avoit voulu exiger des Goths, qu'on lui remît le Promontoire ou le château de Lilibée en Sicile, comme devant appartenir à l'Afrique. Amalasonthe avoit toujours traîné l'affaire en longueur : mais après sa mort, l'Empereur n'ayant plus rien qui fut capable de l'arrêter, il fit des préparatifs considérables pour attaquer la Sicile. Il voulut mettre les Francs dans ses intérêts ; Theodebert petit-fils du Grand Clovis, irrité de ce que Justinien prenoit le titre de Francique, se déclara pour les Goths.

 La conquête de la Sicile ne coûta pas beaucoup de peine à Belisaire Général de l'Empereur. Maître de cette isle, il s'empara de Reggio qui lui ouvrit ses portes ; il prit ensuite la route de Rome, & ne trouvant aucun obstacle il soumit la Lucanie, la Pouille, la Calabre, le Samnium, Benevent & presque toutes les principales villes de ces provinces. La Campanie fit quelques résistances : Naples & Cumes se défendirent autant qu'il leur fut possible. Rome enfin tomba sous la puissance de Belisaire. Cependant les Goths n'avoient osé se mettre en campagne, & Theodat leur Roi employoit toutes sortes de moyens pour obtenir la paix, aux conditions même les plus honteuses. Les Goths de leur côté, représenterent inutilement à Belisaire, qu'ils étoient amis & alliés des Grecs, & que Theodoric leur Roi ne s'étoit rendu maître de l'Italie, que du consentement de l'Empereur Zenon ; mais rien ne fut capable d'ébranler le Général Grec, & il déclara ouvertement qu'il étoit résolu de réduire l'Italie sous la domination de l'Empereur d'Orient.

 Les Goths n'ayant plus de ressource que dans leur courage, & connoissant l'incapacité de leur Roi Theodat, le priverent du trône & de la vie, & proclamerent Vitiges à sa place. Ce Prince avoit épousé Matalasonte, fille d'Amalasonthe, & avoit donné des preuves de sa valeur & de sa capacité en differentes occasions. Lorsqu'il fut monté sur le trône, il fit de nouveaux efforts pour engager Justinien à retirer ses troupes : mais n'ayant pu réussir, il prit le parti de repousser l'ennemi par la voye des armes, & commença par le siège de Rome. Vitiges obligé de le lever en 538, se retira à Ravenne, où Belisaire le força à se rendre prisonnier. Le Général Grec le conduisit en triomphe à Constantinople, où Justinien l'avoit rappellé sur quelques soupçons qu'il avoit eu contre lui.

 L'incapacité de Jean & de Vitalis, que l'Empereur envoya en Italie, fit reprendre courage aux Goths, & ils élurent pour Roi Heldibade ou Theodebalde, ou Ildibade qui étoit Gouverneur de Verone. Sa cruauté irrita ses sujets, & ils le tuerent au bout d'un an de regne, dans le temps qu'il prenoit toutes les mesures convenables pour rétablir la domination des Goths.

 Eraric fut choisi pour commander les Goths après la mort d'Ildibade, & il eut le même sort que lui cinq mois après, parce qu'il étoit soupçonné d'être d'intelligence avec les ennemis de l'Etat.

 Les Goths choisirent enfin un Prince capable de ranimer leur courage, en faisant monter sur le trône Totila, dont ils connoissoient la valeur. En

Rois Goths en Italie.

Vitiges IVe. Roi.
536.

Ildibade Ve. Roi.
540.

Eraric VIe. Roi.
541.

Totila VIIe. Roi.

effet, à peine eut-il la couronne sur la tête qu'il songea à reprendre tout ce que les Grecs avoient enlevés aux Goths. La bataille qu'il gagna sur l'armée Impériale, le mit en état de remporter de nouveaux avantages. Il se rendit bien-tôt maître de la Toscane, & des provinces qui composent aujourd'hui le royaume de Naples. Pendant qu'il faisoit le siége de la capitale de ce royaume, ses Généraux s'emparerent de la Pouille & de la Calabre. Les Napolitains se soumirent d'eux-mêmes, & Totila les traita avec beaucoup de douceur & d'humanité. La valeur de ce Prince fit rentrer sous la domination des Goths, toutes les provinces que la lâcheté de Theodat leur avoit fait perdre.

Tant de succès consécutifs obligerent l'Empereur de renvoyer Belisaire en Italie ; mais comme il n'avoit pas assez de force pour s'opposer aux Goths, Totila fit encore de nouvelles conquêtes, & s'empara en présence même de l'armée des Grecs, de la ville de Rome dont il fit détruire la plus grande partie, parce qu'il ne pouvoit pas la conserver. La guerre que les Perses & ensuite les Sclaves déclarerent alors à Justinien, obligea Belisaire à quitter de nouveau l'Italie, & à rester quelque temps dans la Germanie. Totila profita de son absence pour soumettre le reste de l'Italie. Il ne put cependant conserver long-temps ses conquêtes, & le passage de Narsès en Italie devint funeste à la souveraineté des Goths. Ce Général Grec à la tête d'une puissante armée qui fut encore augmentée par les Herules, les Huns, les Gepides & les Lombards, pénétra dans l'Italie malgré les précautions que Totila avoit prises. Il fut obligé d'en venir aux mains avec les Grecs ; mais sa valeur lui devint inutile en cette occasion. Accablé par le nombre, il perdit la bataille & la vie.

Les débris de l'armée des Goths s'étant retirés à Pavie, on élut pour Roi Teja dont le courage & la fermeté étoient les seules ressources qui restassent aux Goths. Ils firent cependant d'inutiles efforts pour engager les François à leur donner du secours. Teja n'ayant plus d'espérance que dans ses propres forces, fit tout ce qui dépendoit de lui pour conserver l'Italie. Il se campa si avantageusement au pied du Mont-Vésuve, où il avoit rencontré l'armée de Narsès, que ce Général fut deux mois sans oser passer le Sarno. Narsès ayant reçu de nouveaux secours, se détermina enfin à attaquer les Goths. La bataille fut sanglante & la victoire long-temps disputée par la valeur de Teja, mais ce Prince ayant perdu la vie, les Goths réduits au désespoir, se soumirent à Narsès qui leur accorda la permission de sortir des terres de l'Empire avec tout ce qui leur appartenoit. Le traité fut exécuté de bonne foi de part & d'autre, & les places furent remises entre les mains des Commissaires de Narsès. Les Goths sortirent de l'Italie l'an 553 ; après y avoir regné environ soixante ans.

Ce pays se trouva alors sous la domination des Empereurs d'Orient. Justinien étant mort l'an 565, eut pour successeur Justin II. Prince d'un caractere indolent, & qui se laissoit gouverner par sa femme Sophie. Il rappella d'Italie Narsès, & envoya à sa place Longin. Ce nouveau Gouverneur fit des changemens considérables dans l'Italie, supprima les emplois consulaires & mit dans les lieux de quelque importance, des Chefs qu'il nomma Ducs. Rome ne fut pas traitée avec plus de distinction que les autres villes: elle fut également soumise au gouvernement d'un Duc annuel, & fut privé de ses Consuls & de son Senat, dont les noms s'étoient conservés jusqu'alors. Le Magistrat suprême qui résidoit à Ravenne, & duquel les autres Juges relevoient uniquement, porta le titre d'Exarque (15) à l'imitation de l'Exarque d'Afrique. Ce fut de ces changemens considérables que vinrent ce grand nombre de duchés dans les differentes provinces de l'Italie. Cette division de provinces en tant des petites parties, facilita aux Lombards les moyens de s'en rendre plutôt maîtres. Ces peuples y furent appellés par Narsès, qui avoit résolu de se venger de l'outrage que l'Empereur lui avoit fait en lui ôtant le gouvernement d'un pays dont il lui devoit la conquête. L'Imperatrice Sophie avoit ajouté les railleries à l'injustice de son rappel, & lui avoit proposé d'aller filer avec les autres Eunuques & les femmes du palais. Narsès ne pouvant retenir sa colere, repondit qu'*il lui ourdiroit une trame que l'Empereur ne pourroit rompre*. Passant bien-tôt des menaces à l'exécution, il engagea Alboin Roi des Lombards (16) qui regnoit alors dans la Pannonie, à passer en Italie avec sa Nation.

Rois Goths en Italie.

Ce Prince reçut avec joye la proposition de Narsès, & ayant fait tous les préparatifs nécessaires pour une si grande entreprise, il se mit en marche avec tous ses sujets qui emmenerent avec eux leurs femmes & leurs enfans. Il abandonna la Pannonie aux Huns, à condition qu'ils lui rendroient ce pays s'il étoit obligé de revenir. Alboin n'ayant trouvé aucun obstacle sur sa route, entra en Italie par le pays de Venise, & se rendit bien-tôt maître d'Aquilée & de plusieurs autres places. Il s'empara ensuite de Friuli qu'il érigea en duché, en faveur de Gisulphe son neveu. Telle est l'origine du duché de Frioul & de son titre. Ses premieres conquêtes lui ouvrirent le chemin à des nouvelles; & l'année suivante Trevizo, Oderzo, Padoue, Monte Felice, Mantoue, Cremone, Vicense, Verone, Trente, &c. furent obligées de reconnoître ses loix. Il n'eut pas de moindres succès en Ligurie.

Etablissement des Lombards en Italie.
568.

Après la prise de Milan, les Lombards proclamerent Alboin Roi d'Italie, & lui rendirent hommage en cette qualité. Ce Prince cherchant à étendre de plus en plus sa domination, fit mettre le siége devant Pavie, pendant qu'il soumettoit l'Emilie, la Toscane & l'Ombrie. Maître de ces provinces, il retourna devant Pavie dont il avoit résolu de faire passer les assiegés au fil de l'épée, pour les punir de leur trop longue résistance. S'étant enfin laissé toucher, il pardonna aux habitans de cette ville, dans laquelle il entra aux acclamations du Peuple qui le reconnut pour son Roi. Pavie devint alors la capitale de ses Etats.

Alboin Ir. Roi des Lombards en Italie.
Janvier 570.

Alboin se flattoit de jouir tranquillement de ses conquêtes, lorsqu'une action inhumaine occasionna sa mort. Ce Prince d'un naturel féroce s'étant trop livré aux plaisirs dans un festin qu'il donnoit à Verone, ordonna qu'on présentât du vin à la Reine dans une tasse faite du crâne de Cunimond Roi

---

(15) Les Grecs donnoient ce titre à ceux qui commandoient dans un diocèse, c'est-à-dire à plusieurs provinces qui formoient un diocèse.

(16) Ces peuples, suivant le sentiment le plus général, étoient originaires de la Scandinavie, d'où il étoit sorti une colonie qui avoit été s'établir en Germanie. J'aurai occasion de parler de ces Peuples dans l'article d'Allemagne, & de donner l'Histoire de leurs différentes migrations, & des Rois qui précéderent Alboin.

ROIS DES LOMBARDS, EN ITALIE.

des Gepides, pere de cette Princesse, qu'il invita à boire avec son pere. Rosemonde irritée, résolut d'en tirer vengeance. Elle se servit de la passion qu'Almachilde jeune Seigneur Lombard avoit pour une Demoiselle de sa suite ; & s'étant trouvé au lieu du rendez-vous à la place de cette Demoiselle, elle mit le Seigneur Lombard dans le cas d'être puni comme un adultere, ou d'assassiner le Roi. Almachilde ne balança pas à accepter le dernier parti qui sembloit lui frayer un chemin au trône, & Alboin fut assas-

Mort d'Alboin.

574.

siné après un regne de trois ans & demi, à compter depuis la prise de Milan. La Reine & le meurtrier du Roi craignant que les Lombards ne cherchassent à venger la mort d'Alboin, se retirerent à Ravenne auprès de Longin, qui se flatta alors de s'emparer de toute l'Italie, & de devenir Roi des Lombards, par le moyen de Rosemonde. Il persuada à cette Princesse de faire périr Almachilde, & lui promit de l'épouser. La Reine accepta la proposition, & fit préparer une coupe empoisonnée qu'elle présenta à Almachilde. Ce Seigneur en ayant bu la moitié, sentit tout d'un coup l'effet du poison, & mettant l'épée à la main, il força Rosemonde à boire le reste. Quelques heures après ils expirerent tous deux, & Longin vit par ce moyen tous ses projets s'évanouir.

CLEPH IIe. ROI.

574.

Les Lombards consternés de la mort d'Alboin, élurent à sa place Cleph, appellé aussi Cleh, Clohem, & Clephem Prince d'une naissance illustre ; mais fier & cruel. Le regne de ce Prince qui ne fut que de 18 mois, ne fut marqué que par des cruautés. Il fit cependant quelques conquêtes, & se rendit maître de Rimini & de plusieurs autres villes aux environs de Rome. Il fut enfin assassiné par un de ses Officiers. Les Lombards furent 10

Interregne.

576.

ans sans donner de successeur à Cleph, & pendant cet interregne ils eurent seulement des Ducs, dont chacun gouvernoit sa ville : elles étoient au nombre de trente. Les Lombards firent de grands ravages dans l'Italie, pillerent les Eglises, détruisirent les villes, massacrerent les Peuples. Ils firent aussi beaucoup de maux dans les Gaules, où ils pénétrerent en différens temps. Paul Diacre & Gregoire de Tours ne nous donnent point la date de ces événemens.

AUTHARIS IIIe. ROI.

585.

Cependant Maurice qui étoit sur le trône d'Orient, voulut profiter de la situation des Lombards & de la mésintelligence qui regnoit parmi eux. Ayant rappellé Longin, dont la fidelité lui étoit suspecte, il envoya à sa place l'an 584 Smaragdus, homme très-experimenté dans l'art militaire. L'Empereur engagea en même-temps Childebert Roi d'Austrasie à se joindre à lui pour attaquer les Lombards. Ces peuples considerant alors la grandeur du péril qui les menaçoit, reconnurent qu'ils avoient besoin d'un Chef pour les deffendre contre tant d'ennemis, & ils élurent pour Roi d'un commun consentement Autharis fils de Cleph. Il commença son regne par chercher les moyens de contenir tous les Ducs dans l'obéissance & à prévenir leur desertion. Il s'attacha en même-temps à rendre ses Etats florissans, & à affermir la forme du gouvernement. Depuis dix ans les Ducs étoient accoutumés à commander avec un pouvoir absolu, & il y avoit à craindre qu'ils ne prissent les armes si l'on vouloit les réduire à leur premier état. Autharis, pour prévenir les désordres qui pourroient arriver, fit un reglement par lequel il ordonnoit que chaque Duc feroit remettre au Roi dans son palais la moitié des tailles & gabelles qu'il percevroit ; que cet argent feroit employé au foutien de l'autorité & de la dignité royale ; que l'autre moitié refteroit aux Ducs pour payer les gages des Officiers fubalternes, & fournir aux autres dépenfes que demanderoient les befoins de leurs Duchés ; il leur laiffa auffi le gouvernement des villes dont ils avoient été établis Ducs ; mais il s'en réferva la fouveraineté, & les obligea de marcher à fon fecours avec toutes leurs forces, lorfqu'il feroit attaqué par fes ennemis. Autharis s'étoit réfervé le droit de les priver de leurs Duchés lorfqu'il le jugeroit à propos ; cependant il ne leur donna jamais de fucceffeur que lorfqu'ils mouroient fans enfans mâles, ou qu'ils étoient coupables de quelque crime d'Etat. Il fit outre cela plufieurs fages reglemens pour faire régner la juftice dans fes Etats, & rendit plufieurs ordonnances pour la punition des criminels. Autharis ayant embraffé la Religion chrétienne, fes fujets fe déterminerent bien-tôt à fuivre fon exemple.

En même-temps que ce Prince s'occupoit des moyens de rendre fes Etats floriffans, il fongeoit à les conferver & à en reculer les bornes. Il s'empara de Briffello dont il fit rafer les murailles, afin d'empêcher les ennemis de s'en emparer. Le nombre de fes troupes n'étant pas affez confidérable pour tenir la campagne contre l'armée de Childebert, il ordonna à fes Ducs de mettre de fortes garnifons dans leurs places, de s'y deffendre jufqu'à la derniere extrêmité. Cette fage précaution produifit l'effet qu'il en attendoit : le grand nombre de fieges que Childebert fe voyoit obligé de faire, l'engagea à écouter les propofitions d'Autharis, & à lui accorder la paix. Mais ce Monarque n'ayant pu réfifter aux reproches de Maurice, & aux vives follicitations que cet Empereur lui faifoit continuellement, il repaffa en Italie avec une armée plus puiffante que la premiere. Autharis prit alors d'autres mefures pour fauver fes Etats, & réfolut de rifquer le fort d'une bataille. Ayant raffemblé en un feul corps toutes les forces de fon Royaume, il préfenta le combat aux François. Les Lombards les attaquerent avec tant de vivacité & d'intrépidité, que l'aîle droite de l'armée ennemie fut obligée de plier. Les Lombards redoublerent alors leurs efforts, & bien-tôt toutes les troupes Françoifes furent obligées de prendre la fuite. Autharis n'ayant plus rien à craindre des François, forma le deffein de fubjuguer le refte de l'Italie, qui étoit encore au pouvoir des Grecs. Il ne tarda pas en effet à foumettre toute l'Italie citerieure, à la réferve du duché de Rome & de l'exarchat de Ravenne, où commandoit alors Romanus pour l'Empereur Maurice. Ces deux conquêtes lui paroiffant trop difficiles, il prit la réfolution de fe rendre maître des provinces qui compofent aujourd'hui le royaume de Naples, & qui étoient alors fous la domination des Empereurs d'Orient. Les villes de ces provinces n'étoient gardées que par de foibles garnifons, & par conféquent le fuccès de l'entreprife paroiffoit affez facile. Autharis étant tout d'un coup entré dans le Samnium n'eut pas de peine à l'enlever aux Grecs. On prétend que ce Prince traverfa enfuite la Calabre, & ayant pénétré jufqu'à Reggio, frappa de fa lance contre une colomne en prononçant ces mots : *La domination des Lombards s'étendra jufqu'ici.* On attribue auffi à Autharis l'érection du duché de Benevent, dont Zoton fut créé Duc. Ce troifieme duché qu'il ajouta à ceux de Spolete & de Frioul, devint par la fuite des temps fi confiderable qu'il s'éleva au-deffus des deux premiers.

ROIS DES LOMBARDS, EN ITALIE.

Après ces différentes conquêtes, Autharis songea à se marier. N'ayant pu obtenir la sœur de Childebert qui fut donnée à Recarede Roi d'Espagne, il épousa Theodelinde, fille de Garibalde Roi de Baviere. Le mariage se fit à Verone l'an 590. Quelque temps après Childebert repassa en Italie, & engagea plusieurs Ducs Lombards à entrer dans son parti. Autharis, ne jugeant pas alors à propos de se tenir en campagne, obligea ses Ducs à s'enfermer dans leurs places comme ils avoient fait la premiere fois que Childebert étoit entré en Italie. L'armée Françoise ayant resté trois mois en Italie sans pouvoir rien entreprendre, fut attaquée d'une violente dycenterie, ce qui força le Roi d'Austrasie à retourner dans son pays. Autharis profita des circonstances pour faire la paix avec ce Prince. Il ne lui survecut pas long-temps, étant mort à Verone d'un breuvage empoisonné.

AGILULPHE IVe. ROI.

590.

Les Lombards avoient tant d'attachement pour Theodelinde veuve d'Autharis, qu'ils lui promirent de reconnoître pour Roi celui qu'elle choisiroit pour époux. Elle se déclara en faveur d'Agilulphe parent d'Autharis, & qui étoit alors Duc de Turin. Ce choix fut universellement approuvé de tous les Lombards. Le premier usage qu'elle fit du crédit qu'elle avoit sur son nouvel époux qui lui devoit la couronne, fut d'obtenir de ce Prince qu'il renonceroit à l'Arianisme. Les Lombards ne tarderent pas à suivre son exemple. Le duché de Benevent obéissoit alors immédiatement à son Duc, qui tenoit son autorité du Roi des Lombards ; mais la Pouille, la Calabre, la Lucanie, les Brutiens, les duchés de Naples, Gaëte, Surrente, Amalphie, &c. étoient gouvernés par leurs Ducs, subordonnés à l'Exarque de Ravenne qui représentoit les Empereurs d'Orient. Agilulphe avoit projetté de se rendre maître de ces provinces où les Grecs avoient assez de peine à se maintenir. Il ne put exécuter son dessein ni s'emparer de Rome, ayant été obligé de se deffendre contre les Avares qui s'étoient jettés dans le Frioul. Ce Prince mourut après un regne de vingt-cinq ans, pendant lesquels il s'étoit acquis beaucoup de gloire, & avoit donné un nouveau lustre au royaume des Lombards.

ADOALDE Ve. ROI.

616.

Agilulphe eut pour successeur Adoalde ou Adalaoade ou Adawalde son fils qu'il s'étoit associé. Le commencement du regne de ce Prince, qui marchoit sur les traces de son pere fut assez heureux, & ne fut troublé par aucune guerre ; mais un breuvage que l'Ambassadeur d'Heraclius lui fit prendre la huitieme année de son regne, troubla son esprit & le rendit furieux. Dans sa phrénesie il fit mourir douze des principaux Seigneurs Lombards. Ces excès de cruautés irriterent ses peuples à un tel point qu'ils se souleverent contre lui, le chasserent du trône avec la Reine Theodelinde sa mere, & mirent à sa place Ariobalde Duc de Turin son beau-frere. Cet événement arriva l'an 624. On voit par une charte d'Adoalde, datée de Pavie, qu'il regnoit sur les Lombards l'an 628, ainsi le regne de ce Prince a été de douze ou treize ans. Tous les Chronologistes modernes, en suivant Paul Diacre, sont tombés, selon la remarque du P. Pagi, dans des fautes perpetuelles jusqu'au regne de Grimoalde, pour n'avoir pas fait attention qu'Adoalde avoit remonté sur le trône, & qu'il avoit regné quelques années sur une partie des Lombards, tandis qu'Arioalde regnoit sur l'autre (17).

(17) Art de vérifier les dates.

L'expulsion

L'expulsion d'Adoalde occasionna de grands troubles dans l'Italie. Les Seigneurs, les Evêques & le Peuple s'étoient déclarés pour Arioalde ou Ariobalde, mais le Pape Honorius avoit pris le parti d'Adoalde. Les services que Theodelinde avoit rendus à la Religion, & l'Arianisme qu'Arioalde professoit, étoient les deux principaux motifs qui faisoient agir le Pape. D'un côté, il engagea l'Exarque de Ravenne à se servir de ses troupes pour rétablir Adoalde sur le trône ; & d'un autre, il menaça de censures Ecclesiastiques les Evêques qui favorisoient son concurrent. Cette entreprise ne put avoir son exécution ; Adoalde ayant été empoisonné (18). Arioalde resté seul maître du trône par la mort de son rival, satisfit la haine qu'il avoit contre les Catholiques, & occasionna de grands désordres en Italie. Ce Prince mourut l'an 630, selon les Benedictins, & 636, suivant Giannone, qui cite le Pellerin.

<small>ROIS DES LOMBARDS EN ITALIE. ARIOALDE VIe Roi.
628.</small>

Arioalde ne laissant aucun enfant mâle, les Lombards accorderent à Gondeberge son épouse le même pouvoir qu'ils avoient donné à Theodelinde. Rotharis Duc de Bressia fut l'époux que cette Princesse choisit, & les peuples ne firent aucune difficulté de reconnoître pour leur Roi un Prince dont ils connoissoient les grandes qualités. Il fut le premier qui donna des loix écrites aux Lombards. Ses successeurs en publierent de nouvelles à son imitation, ce qui forma dans la suite un recueil auquel on donna le nom de *Loix Lombardes*, qui l'emporterent pendant quelque temps sur les Loix Romaines. Rotharis ne se contenta pas de faire fleurir ses Etats par l'équité de ses Loix, il voulut encore les étendre, & fit la conquête des Alpes Cottiennes & de la ville d'Oderzo. Ce Prince, après un regne de seize ans, mourut à Pavie l'an 646, selon *l'Art de verifier les dates* par les Benedictins ; & 652 suivant Giannone. Rotharis, qui étoit Arien, permit à ses sujets de professer la Religion qu'ils voudroient, & il établit dans toutes les villes de son royaume deux Evêques, dont l'un étoit Catholique & l'autre Arien.

<small>ROTHARIS VIIe. ROI.
630.</small>

Il eut pour successeur son fils Rodoalde, qui loin de marcher sur les traces de son pere, ne songea qu'à satisfaire ses passions déreglées, & s'inquietta peu des affaires de son royaume. Une conduite si irréguliere le rendit bien-tôt odieux à ses sujets, qui conspirerent contre sa vie. Il fut assassiné en 651, comme le marque Sigebert, & non en 659, comme le veut Baronius. Giannone ne donne qu'un an de regne à ce Prince.

<small>RODOALDE VIIIe. ROI.
646.</small>

Il n'avoit laissé aucun enfant mâle, ce qui obligea les Lombards à s'assembler pour l'élection d'un Roi. Aribert ou Aripert fut celui sur lequel le choix tomba. Il étoit fils de Gondoalde, frere de Theodelinde. L'Histoire ne nous apprend aucun évenement du regne de ce Prince, qui fut de huit ans, étant mort l'an 659 ou 661, selon Giannone.

<small>ARIBERT IXe. Roi.
651.</small>

Aribert avoit laissé deux fils Pertharit & Gondebert, qui partagerent entre eux ses Etats ; mais ce partage mit bien-tôt la désunion entre les deux freres, & l'ambition de regner seul occasionna une guerre civile. Gondebert trop foible pour exécuter son projet, eut recours à Grimoalde Duc de Benevent par l'entremise de Garibalde Duc de Turin. Ce Seigneur, au lieu de parler en faveur de Gondebert, engagea le Duc de Benevent à se servir

<small>GONDEBERT & PERTHARIT Xe. Roi.
659.</small>

---

(18) C'est le sentiment de Pietro Giannone qui cite Paul Diacre & Sigonius. Il se trouve contredit par la charte dont on a parlé ci-dessus, qui fait voir qu'Adoalde étoit effectivement remonté sur le trône, & qu'il ne peut être mort au plutôt que l'an 628.

Tome II. H *

des circonstances pour s'emparer du royaume des Lombards. Grimoalde, profitant d'un conseil qui s'accordoit avec son ambition, se mit à la tête de ses troupes & se rendit à Plaisance, où il rencontra Gondebert. Le Duc de Benevent, en embrassant ce Prince, sentit la cuirasse qu'il avoit mise par le conseil du Duc de Turin. Craignant alors que Gondebert n'eut formé le dessein de le tuer, il voulut le prévenir, & le perça de son épée au défaut de la cuirasse. Grimoalde se trouva maître du royaume des Lombards par la mort de Gondebert. Il avoit cependant laissé un fils nommé Rambert, qui étoit en bas âge. Grimoalde négligea de s'assurer de ce Prince, que de fideles serviteurs du Roi eurent soin de cacher. Pertharit, loin de songer à conserver la partie du royaume dont il étoit en possession, prit la fuite aussitôt qu'il eut appris la mort de son frere, & chercha un asyle auprès du Cacan, Chef ou Roi des Avares.

Tout favorisoit alors les desseins de Grimoalde : la mort de Gondebert & la retraite de Pertharit le laissoient libre possesseur du royaume. Il se fit proclamer Roi à Pavie, où il épousa la sœur de Gondebert. Il renvoya ensuite son armée à Benevent, dont il avoit laissé le gouvernement à Romualde son fils.

Cependant Constans, fils de Constantin, qui étoit monté sur le trône d'Orient en 641, avoit formé le projet de réunir l'Italie à son Empire. Les Grecs étoient encore maîtres de plusieurs villes des provinces qui composent aujourd'hui le royaume de Naples, & de quelques places sur les côtes de la Calabre, comme Tarente dont les Lombards de Benevent ne s'étoient pas emparés. Ils possedoient aussi l'exarchat de Ravenne, & le duché de Rome. Constans ne voulant confier à aucun de ses Généraux le soin d'une entreprise si importante, se mit à la tête de son armée, & s'embarqua en 663 à Constantinople sur une flotte considérable, & se rendit à Tarente. L'arrivée imprévue des Grecs inspira tant de frayeur aux Beneventains qu'ils abandonnerent plusieurs villes de la Pouille ; ce qui facilita à l'Empereur les moyens de s'en emparer. Il alla ensuite attaquer Benevent, dont il fit le siége avec tant de vivacité, que la ville étoit prête à être forcée, lorsque Romualde averti du danger que couroit cette place, marcha promptement à son secours. L'Empereur ne se trouvant pas assez fort pour continuer le siége, & faire face en même-temps aux Lombards, décampa en diligence & se retira à Naples. Il fut attaqué dans sa retraite par le Comte de Capoue, qui tailla en pieces une partie de son armée près de la riviere de Calore.

Après cet échec, Saburrus lui offrit vingt mille hommes qu'il commandoit, & il se flattoit avec cette troupe, de soumettre entierement les Lombards. Constans lui donna à garder le passage de Formia, aujourd'hui Castellone ou *Mola di Gaeta*, dans l'esperance que cette armée seroit capable d'arrêter l'ennemi pendant qu'il prendroit la route de Rome, où il avoit résolu de se rendre. Romualde avec une partie de l'armée de son pere, alla attaquer Saburrus & remporta sur lui une victoire complette. Cette nouvelle défaite fit perdre à l'Empereur l'envie de chasser les Lombards de l'Italie. Après avoir demeuré pendant douze jours à Rome, il reprit la route de Naples pour retourner à Constantinople, emportant avec lui tout ce qu'il avoit trouvé de plus rare en or, en argent, en bronze & en marbre. Toutes ces richesses tomberent entre les mains des Sarrasins qui les transporterent à Alexandrie. L'Empereur étant arrivé à Reggio, y fut battu pour la troisieme fois par ceux de Benevent. Il passa de-là en Sicile, & fut assassiné à Syracuse l'an 668.

Rois des Lombards en Italie.

Tel fut le succès de l'entreprise des Grecs en Italie. Romualde profitant de la terreur que ses victoires avoient inspirée, joignit au duché de Benevent Bari, Tarente, Brindes, & tout le pays de la Calabre connu aujourd'hui sous le nom de *terre d'Otrante*, & les Grecs furent réduits aux seuls duchés de Naples, d'Amalphi, & d'Otrante avec les villes de Gallipoli, Gaëte & quelques autres places sur les bords de la mer dans le pays des Brutiens, qu'on nomme aujourd'hui la Calabre ulterieure. Ce fut vers ces temps-là que les Lombards de Benevent renoncerent entierement à l'idolâtrie, & embrasserent la Religion catholique (19).

Grimoalde ne croyant plus sa présence nécessaire à Benevent, retourna à Pavie. Il songea alors à se venger du Duc de Frioul, qui s'étoit revolté. Pendant qu'il étoit occupé à cette guerre, Alezec Duc des Bulgares (20), qui étoit arrivé en Italie, offrit ses services au Roi des Lombards, & le pria de vouloir bien lui accorder quelques terres où il pût s'établir avec ceux de sa nation. Grimoalde persuadé que ces Peuples seroient d'un grand secours à son fils contre les Grecs, l'engagea à leur donner un établissement dans le duché de Benevent. Romualde leur permit de s'établir à Sepino, Bojano, Isernia, & dans quelques autres villes. Il n'accorda point ces places à Alezec à titre de seigneurie ou de perpétuité : il ne voulut pas non plus qu'il prit la qualité de Duc; mais seulement celle de *Gastaldo*, qui signifie Gouverneur ou Commandant.

Entrée des Bulgares en Italie.

Grimoalde avoit enfin rétabli la paix dans ses Etats, & il avoit eu soin de l'affermir de telle sorte, qu'il ne devoit pas craindre qu'elle fut si-tôt rompue. Il employa ce temps de repos à faire de nouvelles loix, & à changer même quelques-unes de celles de Rotharis qui étoient trop severes ou trop cruelles. Quoiqu'on n'eut point interdit l'usage du Droit Romain, les loix Lombardes étoient suivies par la plus grande partie des peuples de l'Italie. Pendant que Grimoalde étoit occupé à faire le bonheur de ses peuples par l'équité de ses loix, un accident imprévu les priva d'un Prince si digne du trône qu'il occupoit. Ce Monarque voulant bander un arc neuf jours après avoir été saigné, fit un effort qui rouvrit la veine. Il fut impossible d'arrêter le sang, & il mourut l'an 671 après un regne de neuf ans.

Grimoalde avoit nommé pour son successeur Garibalde son fils, qui étoit encore dans l'enfance, à l'exclusion de Romualde qui passoit pour son fils

Pertarit XIIe. Roi.
671.

---

(19) Voyez les preuves que Giannone en rapporte dans son histoire de Naples.

(20) Ces Peuples étoient sortis de la partie de la Sarmatie Asiatique qui est arrosée par le Volga. Après avoir traversé tous les pays qui s'étendent depuis cette contrée jusqu'aux embouchures du Danube, ils passerent ce fleuve pour la premiere fois sous l'Empereur Anasthase. Ils firent souvent de grands dégats dans la Thrace & dans l'Illyrie, & s'établirent enfin le long du Danube, dans cette étendue de pays qui comprend les deux Mysies avec la petite Scythie, appellée aujourd'hui Bulgarie du nom de ces Peuples. Les Historiens ne nous ont pas bien informé des raisons qui obligerent Alezec & les Bulgares à quitter leur ancienne habitation.

naturel. Ce jeune Prince ne porta pas long-temps la couronne, & l'attachement que les Lombards avoient eu pour Grimoalde, ne fut pas assez fort pour les empêcher de reconnoître pour leur souverain Pertharit ou Bertharit fils d'Aripert leur Roi légitime. Ce Prince qui s'étoit réfugié en France, pensa que la mort de Grimoalde étoit une occasion favorable pour remonter sur un trône qui lui appartenoit. Il se rendit en Italie, & eut la satisfaction de voir ses sujets s'empresser à lui rendre leurs hommages. Garibalde abandonné de presque tous les Lombards, fut obligé de prendre la fuite après avoir regné environ trois mois.

<small>ROIS DES LOMBARDS EN ITALIE.</small>

Rodelinde femme de Pertharit & Cunipert son fils, qui avoit été relegués à Benevent, retournerent alors à Pavie. Ce jeune Prince fut associé au trône en 678 ou 679. Les deux Rois eurent soin de maintenir la tranquillité dans leurs Etats, & d'y faire regner si exactement la justice qu'on n'entendit parler d'aucune violence tant qu'ils furent sur le trône. Pertharit mourut l'an 688 ou 689. Cunipert porta seul la couronne jusqu'à sa mort arrivée l'an 700 ou 703, suivant Giannone.

<small>CUNIPERT XIIIe. ROI.
678. ou 679.</small>

Ce Prince laissa le trône à Luitpert son fils unique, qui étoit encore en bas âge. Ansprand, Seigneur distingué par son merite & par sa naissance, étoit chargé de la tutelle du jeune Roi & de l'administration du royaume. Il ne put cependant le deffendre long-temps contre les efforts de Ragumbert Duc de Turin & fils du Roi Gondebert, détrôné par Grimoalde. Luitpert fut privé de la couronne après l'avoir porté pendant huit mois.

<small>LUITPERT XIVe. ROI.
700.</small>

Ragumbert ne conserva pas long-temps le trône, étant mort la même année qu'il y étoit monté.

<small>RAGUMBERT XVe. ROI.
701.</small>

Aripert son fils fut reconnu pour son successeur. Ce Prince craignant que Luitpert ou quelqu'un de ses partisans ne formât quelque entreprise, le fit mourir, & Ansprand auroit eu le même sort s'il n'eut pris la fuite. Luithprand fils de ce Seigneur, eut cependant la liberté de se retirer auprès de son pere.

<small>ARIPERT II. XVIe. ROI.</small>

Ansprand, après un séjour de neuf ans en Baviere, ayant trouvé moyen de lever une armée, entra en Italie, & attaqua Aripert. Mais la victoire s'étant déclarée en faveur du premier, Aripert perdit le trône & la vie. Ansprand ne lui survecut pas long-temps, étant mort trois mois après.

<small>ANSPRAND XVIIe. ROI.
712.</small>

Luithprand son fils lui succeda. Il signala les commencemens de son regne par faire de nouvelles loix, qui rendirent son nom célébre. Ce Prince ne se contenta pas du titre de sage Législateur, né guerrier & plein d'une noble ambition, il voulut obtenir celui de conquerant. Peu satisfait des Etats que son pere lui avoit laissés, il songea bien-tôt à en reculer les bornes, & à enlever aux Grecs tout ce qu'ils possedoient encore en Italie. Il priva les Papes, des patrimoines des Alpes cottiennes (21) qu'Aripert avoit remis peu de temps auparavant à l'Eglise de Rome, & s'empara en même-temps du patrimoine que cette Eglise avoit dans la Sabine. Il ne negligea aucune occasion d'aggrandir ses Etats aux dépens des Grecs. Ses prospérités inquiéterent les Papes & les Empereurs d'Orient, & les porterent à s'opposer à ses progrès; mais sa valeur & son habileté le firent toujours triompher de ses ennemis.

<small>LUITHPRAND XVIIIe. ROI.
712.</small>

(21) Aujourd'hui, le mont Genevre & le mont Cenis.

Cependant l'Empereur Leon surnommé l'Isaurien avoit résolu de détruire entierement le culte des images, & il avoit donné à ce sujet plusieurs édits dont il vouloit faire exécuter la teneur dans toute l'étendue de son Empire. Ces édits revolterent tous les peuples d'Italie, & les Officiers de l'Empereur ne purent empêcher plusieurs villes qui étoient sous la domination des Grecs, de conserver leurs images. Ravenne même se révolta, & Luithprand profitant des circonstances, assiégea cette ville par mer & par terre, & battit la flotte des Grecs, qui étoit venue au secours de l'Exarque. Les habitans de cette ville s'étant soumis volontairement au Roi des Lombards, ce Prince changea l'exarchat en duché, qu'il donna à Hildeprand son neveu.

<small>ROIS DES LOMBARDS EN ITALIE.

Troubles en Italie, au sujet des édits de Leon l'Isaurien sur le culte des images.

726.</small>

Le Pape Gregoire II. se trouvoit alors dans un extrême embarras : d'un côté il redoutoit la puissance des Lombards, & de l'autre il étoit menacé par l'Empereur d'Orient, aux desseins duquel il s'étoit fortement opposé ; mais préférant la cause publique à ses intérêts particuliers, il retint autant qu'il put les sujets de l'Empereur dans le devoir, & fit tous ses efforts pour empêcher les Lombards de s'emparer des terres de l'Empire. Il engagea même les Venitiens à prendre le parti de Leon, & à rétablir l'Exarque à Ravenne. Ses sollicitations furent si pressantes que cette place fut reprise, & qu'elle rentra sous la domination des Grecs. Le service que le Souverain Pontife venoit de rendre à l'Empereur ne fut pas capable de le toucher. Persuadé que Gregoire avoit plutôt agi pour lui-même que pour les intérêts de l'Empire, il résolut de le perdre à quelque prix que ce fut. Plusieurs conjurations formées contre ce Pontife ayant été découvertes, ne purent avoir leur effet ; mais enfin il auroit succombé si le Roi des Lombards qui avoit lieu de se plaindre de lui, n'eut fait marcher des troupes à son secours pour s'opposer à celles que l'Exarque de Ravenne envoyoit à Rome. Leon désesperant alors de pouvoir se rendre maître de la Personne du Pape, donna de nouveaux édits pour faire enlever les images de toutes les Eglises. Il promettoit en même-temps au Pape, s'il vouloit lui obéir, de lui accorder toutes sortes de faveurs, & le menaçoit au contraire de le priver du Pontificat s'il continuoit à s'opposer à ses desseins. Les Romains soutenus des Lombards, ne garderent plus aucunes mesures à l'égard de l'Empereur. Ils se joignirent à ceux de la Pentapole (22) & aux Venitiens, & ayant pris les armes ils abbatirent les portraits & les statues de Leon, ne voulurent plus le reconnoître pour Empereur, & nommerent de leur propre autorité des Magistrats pour les gouverner pendant l'interregne. Ils avoient même résolu d'aller jusqu'à Constantinople pour le déposer ; mais le Pape trouva moyen d'empêcher l'exécution de ce projet. Ravenne n'étoit pas dans une moindre agitation : il s'y étoit formé deux partis, & l'on en étoit venu aux mains : la plus grande partie des Iconoclastes avoit été massacrée, & l'Exarque lui-même avoit été tué dans le tumulte.

Luithprand en habile politique, persuada aux habitans de plusieurs villes de la Romagne & de la marche d'Ancône, de le reconnoître pour leur Souverain, leur représentant qu'ils étoient trop foibles pour résister à l'Em-

---

(22) Aujourd'hui la marche d'Ancône.

pereur, ou qu'ils ne pourroient conserver leur religion s'ils étoient obligés de se soumettre à ce Prince. Peu s'en fallut qu'il ne se rendit maître avec la même facilité du duché de Naples ; mais le grand attachement que les Napolitains avoient pour l'Empereur & la haine qu'ils avoient conçue contre les Lombards, empêcherent que ce Prince ne réussît dans cette entreprise. Rome ne tarda pas à se soustraire entierement à la domination de l'Empereur ; elle évita en même-temps de tomber sous celle des Lombards. Les Romains s'étant réunis sous l'obéissance du Pape, lui jurerent de le deffendre contre les efforts de Leon & de Luithprand, & le reconnurent pour leur Chef ; mais non pas encore pour leur Prince.

Cependant l'Exarque Eutichius avoit trouvé moyen de rentrer dans Ravenne ; mais ce succès ne le mettoit pas en état d'empêcher les autres villes d'Italie de se soustraire à la domination des Grecs, & d'obliger les Romains à se soumettre. En effet, il avoit tout à craindre tant que le Roi des Lombards prendroit le parti des rebelles. En habile politique, il sçut faire envisager à Luithprand qu'il ne devoit pas se flatter de réduire les Romains sous sa domination, depuis la résolution qu'ils avoient prise de former une République. Ces réflexions engagerent le Roi des Lombards à conclurre un traité avec Eutichius ; qui en conséquence se joignit à lui pour punir le Duc de Spolete de sa révolte. Ce Seigneur ne se flattant point de pouvoir résister à tant de forces réunies, alla se jetter aux pieds de Luithprand, qui, touché de sa soumission, lui pardonna sa félonie, & le conserva dans sa place.

Les Confederés marcherent ensuite vers Rome ; & leurs armées étoient déja campées dans les prairies de Neron, situées entre le Tibre & l'Eglise de Saint Pierre, vis-à-vis le château Saint Ange, lorsque le Pape déterminé par l'exemple du Duc de Spolete, sortit de Rome & alla se présenter au Roi. Luithprand ne put alors se refuser un mouvement d'une générosité qui lui étoit naturelle, & touché des remontrances du Pape, il promit de le prendre sous sa protection, & de ne point souffrir qu'on fît aucun mal aux Romains. L'Exarque voyant tous ses projets détruits par ce nouvel accord, fit inutilement tout ce qu'il put pour engager Luithprand à rester dans les intérêts de l'Empereur. Rien n'ayant été capable de faire changer de sentimens le Roi des Lombards, il employa ses bons offices pour reconcilier Gregoire II. avec l'Exarque.

Le Pape se flattoit toujours que Leon reconnoîtroit enfin son erreur, & il cherchoit de nouvelles occasions de lui donner des preuves de son attachement pour lui. L'imposture d'un nommé Tibere, qui se disoit de la race des Empereurs, & qui avoit déja été reconnu Auguste par quelques peuples de la Toscane, faisoit craindre à l'Exarque que la révolution ne devînt générale. Gregoire engagea alors les Romains à se joindre à l'Exarque pour s'opposer aux progrès de Tibere. Le parti de l'imposteur fut bien-tôt dissipé, & ce fourbe ayant été pris dans un château, fut mis à mort, & l'on envoya sa tête à l'Empereur. Leon peu touché du service que le Pape lui avoit rendu, continua à persécuter ceux qui soutenoient le parti contraire au sien. Gregoire, persuadé que rien n'étoit capable de faire changer ce Prince de sentiment, & appréhendant d'ailleurs que les provinces de l'Occident ne fussent exposées aux mêmes malheurs que celles de l'Orient, consentit enfin que les Romains prissent le parti qu'il avoit jusqu'alors fortement combattu. Ils déclarerent donc qu'ils ne vouloient plus dépendre de l'Empereur, ni lui payer à l'avenir aucun tribut, & ils formerent en conséquence un Etat Républicain, dont le Pape fut le Chef & non pas le Prince (23). Les Souverains Pontifes ne devinrent Seigneurs de Rome que long-temps après, & ce ne fut pas même dans cette ville qu'ils obtinrent d'abord la Souveraineté temporelle; mais bien plutôt dans l'exarchat de Ravenne, dans la Pentapole & dans le duché de Rome. Pendant cette espece d'interregne que les Romains se procurerent par leur rebellion, il y eut toujours dans leur ville quelques Officiers des Empereurs Grecs (24).

ROIS DES LOMBARDS EN ITALIE.
Origine de la souveraineté temporelle des Papes.

L'Empereur ne vit pas sans chagrin la résolution que les Romains avoient prise, & résolut de s'en venger; il confisqua les patrimoines que l'Eglise de Rome possedoit en Sicile, dans la Calabre & dans les autres provinces de l'Empire. Il se disposa en même-temps à marcher en Italie avec une puissante armée pour punir les Romains, & se venger du Pape, qu'il regardoit comme l'Auteur du soulevement. Gregoire n'osant se fier aux Lombards dont il connoissoit les vûes, & n'esperant point de secours de la part des Venitiens, trop foibles contre un ennemi si puissant, implora la protection de la France. Il envoya une ambassade solemnelle à Charles Martel, qui gouvernoit alors ce Royaume comme s'il en eut été le Souverain. Charles promit de deffendre l'Eglise & les Romains, en cas que les Grecs ou les Lombards voulussent les attaquer. Les Romains reconnurent Charles Martel pour leur protecteur, & lui accorderent l'honneur du Consulat (25).

Ce traité n'eut pas lieu; Charles Martel étant mort comme il se disposoit à son voyage d'Italie. Gregoire III. & l'Empereur Leon ne lui survecurent pas long-temps. Constantin Copronyme fils de ce dernier & son successeur, témoigna encore plus d'aversion que son pere pour le culte des images, & il attaqua même celui que l'on rendoit aux Saints. Cette conduite irrita tellement ses sujets, qu'ils le priverent du reste de l'autorité dont il jouissoit encore à Ravenne.

Zacharie occupoit alors la Chaire de Saint Pierre. Ce Pape gagna tellement les bonnes graces de Luithprand, qu'il obtint de ce Prince le patrimoine de l'Eglise de Rome dans la Sabine, & la restitution de plusieurs autres places dependantes du duché de Rome. Il auroit pu tirer de plus grands avantages de l'amitié de ce Prince, si la mort ne l'eut privé d'un si puissant protecteur. Luithprand mourut l'an 744, après un regne de trente & un ans & sept mois.

Ce Prince avoit laissé le trône à Hildeprand son neveu; mais son peu de capacité ne promettant pas un regne heureux, les Lombards nommerent à sa place Rachis Duc de Frioul, Prince orné des plus belles qualités. A son

RACHIS XIXe Roi.
744.

---

(23) Giannone.
(24) Ibid.
(25) Quelques Ecrivains pretendent que ce fut Gregoire III. qui envoya une ambassade à Charles Martel pour lui demander du secours contre Luithprand, qui après avoir puni Trasimond Duc de Spolete de sa nou- velle révolte, avoit mis le siege devant Rome, & ne s'étoit point laissé fléchir par les prieres du Pape, qu'il soupçonnoit d'avoir favorisé Trasimond. Quoiqu'il en soit, c'est depuis ce temps que les François de concert avec les Romains, se sont interessés aux affaires d'Italie.

avenement à la couronne ; il confirma le traité de paix que Luithprand avoit fait avec Zacharie, & s'occupa à publier de nouvelles loix, à l'imitation de ses prédécesseurs. Après avoir ainsi travaillé à la sûreté de ses sujets, il ne négligea rien pour aggrandir ses Etats. Il étoit déja maître d'une partie de la Pentapole ; & il avoit mis le siege devant la ville de Perouse, lorsque Zacharie se transportant à son camp, obtint qu'il retireroit ses troupes. Rachis, fortement touché des discours du Pape, se rendit l'année suivante à Rome, & déposa sa couronne aux pieds du Souverain Pontife. Il se retira ensuite au Mont Cassin l'an 749, après cinq ans de regne. Cependant Zacharie qui redoutoit toujours la puissance des Lombards, & qui cherchoit à établir l'autorité temporelle des Papes, avoit fait un traité avec Pepin, par lequel ce Monarque s'obligeoit de protéger le Pape contre tous ses ennemis, & particulierement contre les Lombards.

Après la retraite de Rachis, Astolphe ou Aistulphe son frere fut reconnu Roi par les Lombards. Rival de la gloire que Luithprand s'étoit acquise, il voulut à l'imitation de ce Prince, étendre la domination des Lombards dans toute l'Italie. Il consentit cependant à ratifier le traité que Luithprand & ensuite Rachis avoit fait avec le Pape ; mais ces apparences d'un caractere pacifique, voiloient les desseins les plus ambitieux & assuroient en même-temps les conquêtes qu'il méditoit. Ayant passé deux ans à rassembler ses forces, il choisit le temps que l'Empereur d'Orient étoit occupé en Asie, pour attaquer Ravenne. La place étant hors d'état de se défendre, fut bien-tôt obligée de se rendre ; & les autres villes de l'exarchat ne tarderent pas à reconnoître les loix du vainqueur. Telle fut la fin de l'exarchat de Ravenne qui avoit duré cent quatre-vingt ans, ayant commencé sous Justin II. & fini sous Constantin Copronyme.

Etienne, alors Souverain Pontife, effrayé de la rapidité de ces conquêtes, envoya demander du secours à l'Empereur, & fit entrer dans Rome autant de troupes qu'il lui fut possible. Cependant Astolphe somma les habitans de Rome de le reconnoître pour leur Souverain, & de lui payer le même tribut qu'ils avoient coutume de payer à l'Exarque. Ce Prince fondoit ses prétentions sur ce que cette ville faisant partie de l'exarchat de Ravenne dont il étoit maître devoit en suivre le sort, & se soumettre à lui. Pour déterminer plus promptement les citoyens de cette ville à lui en ouvrir les portes, il entra à la tête de son armée sur son territoire, ravagea la campagne, pilla les maisons & les châteaux, sans épargner ceux du Pape. On attendoit toujours avec impatience à Rome les secours de Constantinople ; mais il n'arriva qu'un Ambassadeur nommé Jean le Silentiaire, qui étoit chargé d'aller trouver le Roi des Lombards pour se plaindre de l'infraction de la treve, & reclamer l'exarchat avec toutes ses dépendances ; Astolphe, ne voyant qu'un simple négociateur sans les forces nécessaires pour appuyer ses plaintes, prit le parti d'amuser l'Empereur & les habitans de Rome, en envoyant un Ambassadeur à Constantinople. Pendant cet intervalle la ville étoit toujours bloquée.

Dans cette extrémité, le Pape eut recours à Pepin, & le conjura de le délivrer de la tyrannie des Lombards. Pepin ayant égard aux prieres du Souverain Pontife envoya l'Evêque Rodegand & le Duc Antoine pour le conduire en France.

Ces

Ces deux Seigneurs allerent trouver Aſtolphe, pour l'engager à terminer à l'amiable ſes differends avec le Pape. Aſtolphe, qui ne vouloit point s'attirer un ennemi tel que Pepin, fit lever le blocus, & conſentit à une entrevûe avec Etienne. Le Pape & un Envoyé ſe mirent en marche pour ſe rendre à Pavie; mais lorſqu'ils furent près de cette ville, Aſtolphe leur fit déclarer qu'il étoit inutile de lui propoſer de rendre Ravenne, & qu'il étoit réſolu de garder cette place avec toutes ſes dépendances. Les Envoyés de Pepin demanderent un paſſe-port pour mener le Pape en France. Cette propoſition ſurprit Aſtolphe qui avoit réſolu, à ce qu'on prétend, de le faire arrêter; mais ne pouvant refuſer le Roi de France, il conſentit qu'Etienne ſe retirât dans ce Royaume.

<small>Rois des Lombards en Italie.</small>

Etienne fut reçu à la Cour de France avec de grandes marques de reſpect, & le lendemain de ſon arrivée il eut une audience publique, dans laquelle il engagea le Roi & les principaux Seigneurs à lui accorder leur protection. Le Pape & le Roi avoient alors beſoin l'un de l'autre. Pepin n'étoit pas ſans inquietude au ſujet de ſon ſucceſſeur : les François, à la vérité l'avoient couronné; mais ils ne s'étoient pas encore expliqué ſur ſa poſtérité. Dans la premiere Race la couronne avoit été héreditaire : la forme du gouvernement ſembloit avoir changé par la dépoſition de Childeric III. & il craignoit que les François ne préféraſſent à ſes enfans ceux de ſon aîné. Pepin, ſous prétexte de renouveller ſon ſacre, ſouhaita que ſes deux fils Charles & Carloman fuſſent auſſi ſacrés par le Pape, dans la perſuaſion où il étoit que la vénération des François pour le Souverain Pontife, les porteroit à reconnoître les deux jeunes Princes pour ſes ſucceſſeurs. Cet intérêt réciproque forma entr'eux une alliance très-étroite. Pepin promit au Pape de ne rendre ni aux Empereurs d'Orient ni aux Lombards l'exarchat de Ravenne & la Pentapole lorſqu'il s'en ſeroit rendu maître. Il en fit même dès-lors une donation anticipée, que les Princes ſes enfans ſignerent conjointement avec lui. Cependant Carloman, frere aîné de Pepin & Moine du Mont Caſſin, étoit paſſé en France par ordre de ſes Superieurs pour traverſer les deſſeins du Pape. Il repréſenta au Roi les ſuites funeſtes d'une guerre dans un pays éloigné, l'incertitude des ſuccès, & obtint qu'on tiendroit des conférences avant que de commencer la guerre. Aſtolphe conſentit à ſe déſiſter de ſes prétentions ſur le duché de Rome; mais il prétendit garder l'exarchat & la Pentapole.

<small>Retraite du Pape en France.</small>

Toutes les négociations ayant été inutiles, Pepin ſe mit en marche; força les paſſages, & après avoir ravagé tout le pays, il alla mettre le ſiége devant Pavie. Il fut long par la vigoureuſe deffenſe des aſſiegés; mais Aſtolphe craignant de ſuccomber à la fin, entra en négociation. On convint que le Roi des Lombards remettroit entre les mains de Pepin l'exarchat, & qu'il rendroit au Pape les juſtices de Saint Pierre. Pour gage de l'exécution de ſa parole, il donna en ôtage quarante des principaux Seigneurs de ſon Royaume. A peine Pepin fut-il retourné en France qu'Aſtolphe, contre la foi des traités, raſſembla ſes troupes & alla inveſtir Rome. Il fit ſommer les habitans de lui livrer le Pape, dans l'eſperance que les Romains intimidés, lui ſacrifiroient volontiers le Pontife. Ses menaces n'eûrent aucun effet, & les Romains au contraire deffendirent Etienne avec tout le courage & la perſéverance poſſibles. Etienne fit ſçavoir au Roi de France le triſte

<small>Succès de Pepin en Italie.

754.</small>

Tome II.   I*

ROIS DES LOMBARDS EN ITALIE.

état où il étoit réduit, & le preſſa de marcher à ſon ſecours. Pepin repaſſa promptement les Alpes, battit Aſtolphe, fit lever le ſiége de Rome, attaqua Pavie, & força le Roi des Lombards à tenir le premier traité qui avoit été fait.

La donation que Pepin avoit faite en France de l'exarchat, de la Pentapole &. de leurs dépendances en faveur du Pape, n'étoit plus un myſtere: L'Empereur Grec qui en étoit informé, envoya des Ambaſſadeurs à Pepin pour lui repréſenter qu'il ne pouvoit diſpoſer d'un bien qui ne lui appartenoit pas. Pepin répondit que l'exarchat de Ravenne appartenoit au vainqueur des Lombards qui l'avoient acquis par le droit de guerre; & que s'en étant rendu maître ſur ces peuples, il pouvoit en faire l'uſage qu'il jugetoit à propos. Ce fut avec une réponſe ſi ſeche qu'il renvoya les Ambaſſadeurs de Conſtantin. Pepin voulut que le traité eut ſur le champ ſon exécution ; tous les Lombards ſortirent des places de l'exarchat dont le Roi de France avoit fait au Pape la donation en bonne forme & avec toutes les ſolemnités néceſſaires : Pepin la fit encore ſigner par ſes deux fils Charles & Carloman, par les Seigneurs & les Prélats les plus diſtingués de la France. L'exarchat, ſuivant le rapport de Sigonius, renfermoit alors les villes de Ravenne, Bologne, Imola, Faenza, Forlimpopoli, Forli, Cezena, Ferrare, Commachio, Adria, Servia & Secchia. Toutes ces places furent miſes au pouvoir du Pape, à l'exception de Faenza & de Ferrare. La Pentapole où Marche d'Ancône comprenoit Arimini, Peſaro, Conca, Fano, Sinigaglia, Ancône, Oſimo, Umana, aujourd'hui ruinée, Jeſi, Foſſombrone, Monfeltro, Urbin, le territoire de Balni, Cagli, Luceoli, Ugubio, avec tous les châteaux & terres qui en dépendoient. Telle eſt la deſcription qu'en donne Louis le Debonnaire dans le privilége par lequel il confirma la donation de Pepin (26). Le Pape devenu maître de l'exarchat de Ravenne, en donna l'adminiſtration à l'Archevêque. C'eſt de-là que quelques Ecrivains ont prétendu que ces Prélats prenoient encore le titre d'Exarques, non en qualité d'Archevêques de Ravenne, mais comme Officiers du Pape. Tel fut le commencement de cette puiſſance temporelle que les Papes acquirent en Italie. Aſſurés de la protection du Roi de France, ils ne voulurent plus reconnoître les Empereurs d'Orient pour leurs maîtres, ni être regardés comme leurs ſujets ; & depuis ce temps les Papes ont ceſſé de dater leurs lettres & leurs diplomes par les années du regne des Empereurs. Quelques Hiſtoriens veulent que toutes les villes qui furent données par Pepin à l'Egliſe, ne paſſerent entre les mains des Papes qu'à titre de domaine utile, dont Pepin s'étoit réſervé la ſouveraineté pour lui & ſes ſucceſſeurs. Ils ajoutent que les Papes ne devinrent ſouverains de ces provinces & de la ville de Rome que long-temps après, lorſque l'Empire ſe trouva renfermé dans les bornes de l'Allemagne. Pierre de Marca dit que c'eſt uniquement à titre d'Exarques que les Papes commencerent à exercer une autorité dans Rome, & il prétend que Pepin & Charlemagne ayant été créés Patrices de Rome on vit alors deux maîtres dans cette ville, le Pape & le Patrice. Charlemagne ayant été élevé à la dignité d'Empereur, pourſuit le même Ecrivain, ce Prince

(26) Giannone.

acquit par ce titre la souveraineté sur Rome. Les Papes ne prirent plus alors aucune part au gouvernement de cette ville jusqu'à ce que l'autorité des successeurs de Charlemagne venant à décliner insensiblement en Italie, Charles le Chauve se dépouilla en 876 de tous ses droits, & céda au Souverain Pontife la souveraineté de Rome. La donation faite par Constantin le grand, est regardée par les Historiens les plus judicieux comme une pure fiction. Les Papes ne possedoient pour lors que ce qu'ils tenoient de la liberalité des Princes ou de la dévotion des particuliers, de la même manière que les autres Ecclésiastiques possedent aujourd'hui leurs bénéfices (27).

<small>Rois des Lombards en Italie.</small>

Les pertes qu'Astolphe avoit faites, sembloient devoir le mettre hors d'état de rien entreprendre de nouveau, & l'obliger à rester tranquille. Il passa en effet quelque temps à donner de nouvelles loix, & à faire les changemens qu'il crut nécessaires dans celles que ses prédecesseurs avoient laissées. Il ne perdoit pas cependant de vue le projet de reprendre les villes qu'il avoit été obligé de céder, & il étoit occupé des moyens de réussir dans cette entreprise, lorsqu'il mourut d'une chute de cheval l'an 756, ayant à peine achevé la septieme année de son regne.

Astolphe, n'ayant point laissé d'enfans, Didier ou Desiderius Duc de Toscane, se fit proclamer Roi. Rachis eut alors dessein de quitter son Monastere pour remonter sur le trône; mais le Pape Etienne, à qui Didier avoit promis de rendre les villes qu'Astolphe avoit retenues, engagea Rachis à rester dans son couvent, & par ce moyen affermit Didier sur le trône des Lombards. Ce Prince ne vecut pas en si bonne intelligence avec les successeurs d'Etienne, & il eut un différend avec un autre Etienne III. ou IV. Le Roi des Lombards craignant que Charles & Carloman, qui occupoient alors le trône de France, ne prissent le parti du Pape, résolut de mettre ces Princes dans ses intérêts, en leur donnant ses deux filles en mariage. Etienne s'y opposa inutilement, & les deux Princesses Lombardes épouserent les deux Princes François. Charlemagne ayant dans la suite répudié son épouse, sous prétexte qu'elle ne pouvoit pas avoir d'enfans, & la veuve de Carloman, mort quelque temps après ce divorce, s'étant retirée auprès de Didier son pere, ce Prince résolut de s'en venger en excitant de grands troubles en France. Il crut avoir trouvé dans Adrien Ier, successeur d'Etienne, un Pontife attaché à ses intérêts; & dans cette idée il voulut l'engager à sacrer les deux fils de Carloman, & à les nommer Roi d'Austrasie.

<small>Didier XXIe. & dernier Roi.

756.</small>

Le refus du Pape lui fit bien-tôt connoître que ce Souverain Pontife étoit dans les mêmes sentimens que ses prédecesseurs; ce qui le porta à la vengeance. Il entra tout d'un coup dans l'exarchat, & se rendit maître en peu de temps de Ferrare, de Commachio & de Faenza. Adrien envoya des Légats à Didier, pour demander la restitution de ces places, & il l'auroit obtenue s'il eut voulu consentir à une entrevûe avec le Roi des Lombards. Didier irrité de la hauteur du Pape, fit saccager Sinigaglia, Urbin & plusieurs autres Villes du patrimoine de S. Pierre, jusqu'aux environs de Rome. Adrien hors d'état de résister à un ennemi si puissant, implora

(27) Giannone.

DOMINATION DES FRANÇOIS EN ITALIE.

Conquêtes de Charlemagne.

773.

le secours de Charlemagne, & l'invita à faire la conquête du royaume d'Italie. Didier de son côté envoya des Ambassadeurs en France pour détruire les accusations formées contre lui, & pour assurer le Roi qui étoit prêt à faire la paix avec le Pape.

Charles qui cherchoit depuis long-temps l'occasion de se venger de Didier, écouta volontiers les propositions que le Pape lui faisoit, & renvoya les Ambassadeurs Lombards sans rien conclurre avec eux. Le Roi de France s'étant mis à la tête d'une puissante armée, força les passages des Alpes & battit les Lombards qui s'étoient présentés pour les deffendre. Didier ayant appris que Charles étoit entré en Italie, marcha au devant de lui à dessein de lui livrer combat; mais son armée ayant été taillée en piéces, il fut contraint de se retirer à Pavie. Le vainqueur mit le siége devant cette place, & envoya en même-temps investir Verone, où Adalgise fils de Didier s'étoit enfermé avec Berthe veuve de Carloman & ses deux fils. Adalgise désesperant de sauver cette place, sortit secretement de Verone & fut assez heureux pour se sauver par mer à Constantinople, où l'Empereur Leon fils de Copronyme le reçut avec bonté. Les habitans de Verone se voyant abandonnés, se rendirent à Charles, qui par ce moyen se trouva maître de Berthe & de ses deux fils. Les autres villes qui dependoient des Lombards ne tarderent pas à ouvrir leurs portes à Charlemagne, & Pavie seule restoit au Roi des Lombards.

Pendant que le siége de cette place continuoit, Charles se rendit à Rome pour la fête de Pâques, & il y fut reçu au milieu des acclamations du Peuple, qui témoigna la joye qu'il avoit de voir ce Prince dans leur ville. Il y fut salué Roi de France & des Lombards, & reçut les hommages publics en qualité de Patrice de Rome. Ce fut en cette occasion qu'il dressa un nouvel acte de donation en faveur de l'Eglise de Rome. Il retourna ensuite au siége de Pavie qu'il pressa avec beaucoup de vigueur. Didier s'y deffendit jusqu'à l'extrêmité, mais la plus grande partie de ses troupes étant périe par la famine & par la peste, il fut contraint de rendre la place & de se mettre à la discretion du vainqueur. Charles le fit conduire en France avec sa femme & ses enfans, & ils furent enfermés dans l'abbaye de Corbie où ils finirent leurs jours. Telle fut la fin du royaume des Lombards en Italie, après avoir duré 206 ans, à compter de l'an 568 qu'ils y entrerent sous la conduite d'Alboin.

Extinction du royaume des Lombards.

774.

CHARLEMAGNE Roi d'Italie.

Charlemagne maître de la plus grande partie de l'Italie par la conquête du royaume des Lombards, ne fit aucun changement dans ses nouveaux Etats, & permit aux Peuples de suivre les loix Romaines ou Lombardes comme ils le jugeroient à propos. Il déclara en même-tems qu'il conservoit aux Ducs de Frioul, de Spolete & de Benevent, les mêmes droits, pouvoirs & prérogatives dont ils avoient joüis sous les Rois Lombards. Cependant quelques tentatives que fit Charlemagne, il ne put jamais venir à bout de se rendre maître de ce dernier duché qui étoit très-considérable: il exigea seulement de ces Ducs, qu'ils le reconnussent comme Roi d'Italie, & qu'ils relevassent de lui en formant toujours une espece de République. Charles ayant mis le Pape en possession de l'exarchat de Ravenne, de la Pentapole & du duché de Rome, dont il retint les droits de souveraineté, se réserva pour lui & à titre de royaume la Ligurie, l'Emilie, Venise, la Toscane & les Alpes cottiennes, qui forment cette partie de l'Italie improprement dite Lombardie. Il exigea aussi que les autres Ducs lui prêtassent serment de fidelité, & il les laissa en conséquence dans la place qu'ils occupoient.

DOMINATION DES FRANÇOIS EN ITALIE.

Les villes de la nouvelle Lombardie furent gouvernées par des Comtes auxquels Charlemagne accorda toute jurisdiction. Il regla en même-temps les limites du territoire de chacune de ces villes, afin d'éviter les contestations qui pouvoient survenir à ce sujet. Il leur imposa une sorte de tribut qu'elles seroient obligées de payer, principalement quand le Roi feroit le voyage de France en Italie. Charlemagne ayant enfin reglé toutes les affaires de ce pays, & laissé une forte garnison dans Pavie, retourna en France, emmenant avec lui Didier & sa femme. Pendant son absence, les Ducs de Frioul & de Spolete formerent le dessein de secouer le joug que Charlemagne leur avoit imposé. Ils se flattoient d'autant plus de réussir qu'Adalgise fils de Didier, qui s'étoit retiré à Constantinople, leur faisoit esperer que l'Empereur enverroit une flotte pour les seconder. Le Duc de Frioul fut le premier à lever l'étendart de la révolte, & il prit le temps que Charles étoit embarrassé dans la guerre contre les Saxons. Charles ayant vaincu ces derniers, passa promptement en Italie, attaqua Rodgand, le battit, & l'ayant fait prisonnier lui fit trancher la tête. Le vainqueur joignit ce duché à son royaume d'Italie, & il établit des Comtes pour gouverner les villes qui en dependoient. Ce duché étoit le premier qu'Alboin avoit créé, & il fut le premier que Charles supprima. Cet exemple de severité retint le Duc de Spolete dans le devoir, & le détermina à vivre tranquillement.

Les Empereurs d'Orient ne possedoient plus alors que la Sicile, la Calabre, le duché de Naples, celui de Gaëte & quelques villes sur les bords de la mer. Ils en confioient le gouvernement à une nouvelle sorte de Magistrat appellé Patrice ou *Stratico*. Charlemagne ne fit aucune tentative pour enlever aux Grecs ces places, & il y avoit tout lieu de croire que l'Italie jouiroit d'un repos dont elle avoit été privée depuis si long-temps. Mais l'ambition d'Arechis Duc de Benevent, obligea bien-tôt Charlemagne à prendre les armes.

Arechis ne pouvant se résoudre à obéir à un Prince étranger, résolut de se soustraire entierement à la domination des François. Peu content du titre de Duc qu'il avoit eu jusqu'alors, il prit la qualité de Prince de Benevent. Il prit en même-temps les marques de la royauté, se couvrit du manteau royal, porta le sceptre & ceignit sa tête d'une couronne; il voulut aussi être sacré par les Evêques, de la même maniere que cette cérémonie se pratiquoit en France. Enfin il s'attribua tous les droits de la souveraineté, en faisant administrer la justice en son nom, & frapper la monnoye à son coin. Charles ne le laissa pas long-temps tranquille possesseur de sa nouvelle dignité. Il passa en Italie au mois d'avril de l'an 787, & après avoir fait des courses sur les terres de Benevent, il se disposa à assieger cette place. Cette nouvelle obligea Arechis de terminer promptement la guerre qu'il faisoit aux Napolitains, afin de n'être plus occupé que du soin de deffendre ses propres Etats. Ce Prince n'ayant pû arrêter la marche

Révolte du Duc de Benevent.

DOMINA-
TION DES
FRANÇOIS
EN ITALIE.

de l'armée Françoise, se contenta d'augmenter la garnison de la ville ; & se retira à Salerne qu'il fortifia par le moyen de plusieurs tours élevées, & en faisant construire de fortes murailles. Les François ne trouvant rien qui fut capable de leur résister, ravagerent tout le pays, & s'avancerent jusqu'à Capoue. Arechis désesperant de s'opposer aux progrès de Charles, députa plusieurs Evêques vers ce Monarque pour l'engager à lui accorder la paix. Le Roi satisfait de la soumission d'Arechis, accepta les ôtages qu'il lui offroit, fit un traité de paix avec lui, & le laissa en possession du Duché de Benevent aux conditions qu'il lui payeroit un certain tribut, & lui donneroit son trésor. Le Duc ayant satisfait à tout ce que le vainqueur avoit exigé de lui, Charles retourna en France.

Arechis ne se vit pas plutôt delivré de la crainte que l'armée Françoise lui avoit causée, que sans avoir égard au traité qu'il avoit fait avec Charlemagne, il en fit un contraire avec Constantin, fils d'Irene, Empereur d'Orient. Il promettoit par ce traité de se soumettre à l'Empereur, de vivre selon les usages des Grecs, & de ne plus reconnoître le Roi Charles, aux conditions que Constantin lui accorderoit le Patriarchat, l'investiture du duché de Naples, & les secours dont il auroit besoin pour se deffendre contre les François. Constantin avoit consenti à toutes ces choses, & il avoit même envoyé ses Commissaires à Naples, lorsque la mort de Romuald dernier fils d'Arechis, qui devoit servir d'ôtage, & celle du Duc de Benevent arrivée peu de temps après, mirent fin à de si beaux projets.

Les Beneventins envoyerent alors prier Charlemagne de leur accorder pour Prince Grimoalde fils d'Arechis, & qui étoit en ôtage en France. Le Roi qui ignoroit encore le traité que le pere de ce jeune Prince avoit fait avec l'Empereur d'Orient, ne fit aucune difficulté de l'investir du duché de Benevent : il exigea seulement de lui qu'il obligeroit les Lombards à raser leur barbe ; que dans les actes publics & dans les monnoyes, on employeroit premierement le nom du Roi & ensuite celui de Grimoalde, enfin qu'il feroit abattre les murs des villes de Salerne, d'Acerenza & de Consa. Grimoald de retour à Benevent, exécuta une partie du traité, c'est-à-dire que pendant quelque temps, il fit mettre le nom de Charles dans les actes publics & sur les monnoyes, mais il differa de faire raser les fortifications des places que Charlemagne lui avoit désignées. Il parut cependant rester dans les intérêts de ce Monarque, & il refusa même de seconder l'entreprise de son oncle Adalgise, qui étoit passé en Sicile l'an 788, avec une flotte à dessein de se faire proclamer Roi d'Italie. Cette expédition ne fut pas heureuse, & Pepin que Charles avoit déclaré Roi d'Italie en 781, battit les Grecs & fit mourir Adalgise qu'on avoit fait prisonnier. Quelques Auteurs prétendent cependant que ce Prince trouva moyen de se sauver à Constantinople, où il mourut dans une extrême vieillesse.

Ce que Grimoalde venoit de faire en faveur de Charles, sembloit devoir dissiper les soupçons que le Roi de France auroit pu avoir de sa fidelité ; mais ces apparences d'attachement n'étoient qu'extérieures, & il conservoit au fond du cœur les mêmes desseins qu'Arechis son pere. Il les fit bien-tôt connoître en retranchant de dessus ses monnoyes le nom de Charles, en differant de démolir les murs de Salerne & des autres villes, & en époufant Wanfia niéce de l'Empereur Grec. Charles qui étoit occupé ailleurs, ne pouvoit s'oppofer aux projets de Grimoalde; mais Pepin jeune Prince plein d'ardeur, entra dans la principauté de Benevent avec une nombreufe armée. Grimoalde pour appaifer ce Prince, répudia la niéce de l'Empereur, fous prétexte qu'elle étoit ftérile, & la fit reconduire en Grece: cette diffimulation ne fut pas capable d'arrêter Pepin; & Louis fon frere Roi d'Aquitaine étant paffé en Italie, ces deux freres employerent toutes leurs forces pour foumettre Grimoalde. Cette guerre fut longue, & les fuccès en furent variés, puifque le Duc de Benevent reprenoit fur les François, les places qu'ils lui avoient enlevées. Le plus grand nombre des Hiftoriens affure que Pepin & Grimoalde furent continuellement en guerre. Ce dernier mourut l'an 806, fans laiffer de poftérité.

<small>DOMINATION DES FRANÇOIS EN ITALIE.

793.</small>

Cependant le Pape Adrien étoit mort l'an 796, & il avoit eu pour fucceffeur Leon III. Le nouveau Pape envoya des deputés à Charlemagne pour lui faire part de fon élection, & lui remettre comme au Patrice de Rome, l'étendart de la ville avec d'autres préfens. Charlemagne accepta l'hommage qu'on lui offroit : il fit partir en même-temps Anghilbert pour recevoir le ferment de fidelité des Romains, & affurer le Pape de la protection qu'il lui accordoit.

<small>CHARLEMAGNE couronné Empereur.</small>

Leon étoit à peine fur la chaire de Saint Pierre, qu'il penfa devenir la victime de deux ennemis qui employerent la violence & la calomnie pour le faire périr. Pafcal & Compulus neveux d'Adrien, foutenus de plufieurs Seigneurs, accuferent le Pape d'une infinité de crimes. Ces calomnies n'ayant point eu l'effet qu'ils en attendoient, ils le maltraiterent de coups & firent tous leurs efforts pour lui crever les yeux & lui couper la langue. Après l'avoir ainfi meurtri, ils le mirent en prifon dans le couvent de Saint Gerafimi, d'où fes Partifans le tirerent enfuite. Comme il ne pouvoit refter en fûreté à Rome, on le conduifit à Paderbornn où Charlemagne étoit alors. Ses ennemis envoyerent en même-temps les chefs d'accufation qu'ils avoient intentés contre lui. Le Roi après une réception des plus magnifique, le renvoya à Rome fuivi d'un grand nombre de François, pour y prendre une connoiffance juridique de cette affaire.

Charlemagne ayant terminé glorieufement la guerre contre les Huns, paffa en Italie à la priere de fon fils Pepin, qui faifoit encore d'inutiles efforts pour foumettre Grimoalde. Charlemagne étant arrivé à Rome, fit examiner l'affaire du Pape, & ce Pontife s'étant juftifié par fon ferment, on réfolut de pourfuivre Pafcal & fes complices qui n'avoient pû donner aucune preuve des crimes dont ils avoient accufé Leon. Les obligations que ce Pontife avoit à Charlemagne, & les autres fecours qu'il en efperoit le porterent à le proclamer Empereur d'Occident. Pendant que ce Prince étoit en priere le jour de Noël dans la Bafilique de Saint Pierre, le Pape le revêtit des ornemens Impériaux, & le fit reconnoître en qualité d'Empereur par tous les affiftans. Quelques jours après on fit le procès à Pafcal, à Compulus & à tous ceux qui avoient attenté à la vie du Pape. Les coupables furent condamnés à perdre la vie; mais le Pape qu'ils avoient fi cruellement outragé, obtint du nouvel Empereur qu'elle leur feroit confervée. Charlemagne les envoya en France, où ils finirent leurs jours. Ce

<small>800.</small>

DOMINATION DES FRANÇOIS EN ITALIE.

Monarque passa tout l'hyver à Rome, à régler les affaires de l'Eglise & de l'Italie, & il renvoya Pepin dans le duché de Benevent pour y continuer la guerre contre Grimoalde.

Ce Duc étant mort comme nous l'avons dit plus haut, eut pour successeur son trésorier nommé aussi Grimoalde. Ce nouveau Prince qui étoit d'un caractere doux & pacifique, ne songea qu'à procurer la paix à ses Etats, & à les délivrer des courses des François. Il conclut pour cet effet un traité avec Charlemagne, moyennant un tribut qu'il consentit de payer à ce Monarque. Depuis ce temps, la principauté de Benevent resta tributaire des Empereurs d'Occident comme Rois d'Italie, & les Peuples de ce duché furent long-temps en paix avec les François. Pepin étoit mort sur la fin de 810, ainsi ce fut avec Charlemagne que ce traité fut signé; car Bernard fils de Pepin, ne fut déclaré Roi d'Italie que 2 ans après. Il eut pour successeur Louis le Debonnaire fils & héritier de Charlemagne. Ce Monarque dans une assemblée qu'il tint à Aix-la-Chapelle en 817, associa à l'Empire Lothaire son fils aîné, & le fit reconnoître en même-temps Roi d'Italie. Lothaire donna en 844 ce même royaume à Louis son fils aîné, lorsqu'il l'envoya à Rome au sujet de l'élection & de l'ordination du Pape Sergius, qui avoient été faites sans la participation de l'Empereur. Louis fut associé à l'Empire en 849, & il fut sacré Empereur en 850 par Leon IV. enfin il succeda à son pere l'an 855.

Expéditions de l'Empereur Louis contre les Sarrasins.

867.

Cependant les Sarrasins qui étoient entrés en Sicile dès l'an 820 ou 828 continuoient à ravager ce pays, & profitoient des troubles qui agitoient depuis long-temps les duchés de Benevent & de Naples. Les Beneventins malgré les secours qu'ils avoient reçus des François & de Lambert Duc de Spolete, n'étoient pas encore en état de résister aux Sarrasins. Ils supplierent l'Empereur Louis de vouloir bien les deffendre contre de si formidables ennemis. Ce Prince ne pouvant refuser leur demande, se rendit avec une puissante armée à Benevent, où il trouva les deputés de plusieurs villes qui implorerent sa protection. Les Princes Lombards ayant réuni toutes leurs forces sous les ordres de l'Empereur, ce Prince marcha vers Bari. Il attaqua les Sarrasins qui étoient de ce côté-là, & remporta sur eux une victoire complette. Le fruit de ce grand avantage fut la prise de Bari, qu'il rendit au Prince de Benevent, & celles de Matera & de Canosa. Il poursuivit ensuite les Sarrasins jusqu'à Tarente, & pendant que ses troupes en faisoient le siége, il retourna à Benevent. Voulant profiter des circonstances qui s'accordoient avec ses desseins, il chercha les moyens d'établir son autorité à Amalfi & dans le duché de Naples, sous prétexte de leur accorder sa protection contre les Arabes. Basile le Macedonien Empereur d'Orient, ne put s'empêcher de se plaindre de la conduite de l'Empereur Louis; mais ce Monarque craignant de se brouiller avec les Grecs, calma les soupçons de Basile en lui protestant qu'il n'avoit aucune vûe sur le duché de Naples; & que tout ce qu'il avoit fait jusqu'alors n'avoit été que pour secourir ces peuples opprimés par les Sarrasins. Les services qu'il venoit de rendre aux Beneventins, furent payés de la plus noire ingratitude. Ces Peuples irrités des manieres dures & hautaines avec lesquelles il les traitoit,

871.

l'arrêterent prisonnier dans leur ville, & s'emparerent de tout ce qui lui appartenoit.

appartenoit. Ce Prince avoit eu l'imprudence de renvoyer son armée, & il n'avoit alors au tour de lui qu'une garde peu nombreuse. Quelques Auteurs ont prétendu qu'Adelgise Prince de Benevent n'avoit agi avec tant de rigueur à l'égard de Louis, que pour céder aux vives sollicitations de Basile. Louis demeura en prison pendant 40 jours, & il ne dût sa liberté qu'à une nouvelle irruption des Sarrasins. Adelgise lui fit jurer qu'il ne rentreroit jamais dans le territoire de Benevent, & qu'il ne tireroit point vengeance de l'injure qu'on lui avoit faite. Louis promit avec serment tout ce que le Prince de Benevent exigea de lui, & il se rendit à Veroli d'où il passa à Rome. Ce Monarque sans avoir égard à ses sermens, rentra deux ans après dans la principauté de Benevent, & s'avança jusqu'à Capoue. Il y remporta de nouveaux avantages sur les Sarrasins, & chercha en même-temps à se venger d'Adelgise en s'emparant de Benevent. Ce Prince ne tarda pas à faire sa paix avec l'Empereur, & à rentrer même dans ses bonnes graces.

<small>DOMINATION DES FRANÇOIS EN ITALIE.</small>

L'Empereur Louis étant mort, Charles le Chauve & Louis de Germanie ses oncles prétendirent à l'Empire. Mais Charles s'étant rendu en diligence à Rome, reçut la couronne Imperiale des mains du Pape Jean VIII. Il alla ensuite à Pavie où il fut proclamé Roi d'Italie, suivant l'usage des autres Rois. Après cette cérémonie il retourna en France, qui étoit attaquée par Louis de Germanie. Sous le regne de ce Prince, les Sarrasins tenterent de nouvelles conquêtes en Italie, & ils devinrent si redoutables que les Napolitains se virent dans la nécessité de leur demander la paix. Charles avoit résolu de marcher en Italie, & il avoit même déja passé les Alpes lorsqu'il apprit que Carloman Roi de Baviere & son neveu étoit entré dans ce pays avec une puissante armée. Cette nouvelle le détermina à prendre la route de ses Etats ; mais il ne put y arriver, étant mort en chemin.

<small>CHARLES LE CHAUVE Empereur & Roi d'Italie.

875.</small>

Cependant les Napolitains, qui n'avoient obtenu la paix qu'à condition qu'ils joindroient leurs armes aux Sarrasins pour les porter contre Rome même, se disposoient à exécuter le traité. Le Pape, dans un danger si éminent, se mit à la tête des troupes que le Duc de Spolete avoit amenées à son secours, & il n'épargna rien pour rompre cette ligue si dangereuse pour l'Italie. Il vint à bout d'en détacher Guaiferio Prince de Salerne, il l'engagea même à se joindre à lui contre les Napolitains ; mais ses remontrances furent inutiles auprès de Sergio Duc de Naples. Atanase son frere & Evêque de Naples, vengea cruellement le Pape par une action des plus inhumaine. Il fit crever les yeux à Sergio, & le livra entre les mains du Pape. Atanase, Evêque & Duc de Naples en même-temps, abandonna bien-tôt le parti du Pape, & fit alliance avec les Sarrasins. Ces barbares attaquerent ceux de Benevent, de Capoue, de Salerne, ravagerent tout le pays, s'avancerent même jusqu'aux portes de Rome.

Le Pape se trouvoit alors dans un extrême embarras ; car il n'avoit aucun secours étranger à esperer : les Empereurs d'Orient étoient trop éloignés, & Carloman Roi d'Italie étoit occupé à se deffendre contre Louis le Begue fils de Charles le Chauve. Carloman étant mort l'an 880, le Pape eut recours à Charles le Gros, qui avoit alors réuni en sa personne toute la Monarchie Françoise. Ce Prince ne pouvant se refuser aux vives sollicitations du Pape,

Tome II. K*

ROIS ITA-LIENS.

passa en Italie & se rendit même à Ravenne ; mais les troubles qui s'éleverent sur ces entrefaites dans son Royaume, l'obligerent à y retourner promptement. La difficulté de recevoir des secours dégoûta les Italiens d'une domination étrangere, & leur fit concevoir dès-lors le dessein de s'emparer de la couronne d'Italie & de la dignité Imperiale, persuadés que c'étoit l'unique moyen de remédier aux maux dont ils étoient accablés, & de rétablir le bon ordre dans les provinces. Ce projet eut son exécution à la mort de Charles le Gros, arrivée l'an 888.

BERENGER & GUI couronnés Roi d'Italie.
888.

Ce Monarque n'ayant point laissé d'enfans mâles, les Princes d'Italie résolurent de s'emparer de ce Royaume & de la dignité Imperiale. La puissance de Berenger Duc de Frioul, & celle de Gui Duc de Spolete relevoient les prétentions de ces deux Seigneurs à la souveraineté de l'Italie. Le Prince de Benevent dont les Etats avoient soufferts tant de démembremens, ne pouvoit plus leur disputer la couronne. Berenger & Gui étant donc les seuls concurrens, crurent qu'il leur seroit plus avantageux de réunir leurs forces & de s'accorder ensemble, que de s'affoiblir mutuellement par une guerre civile. Ils convinrent entr'eux que Berenger seroit chargé de soumettre l'Italie, tandis que le Duc de Spolete porteroit la guerre dans le royaume de France. Berenger bien-tôt maître de l'Italie, se fit couronner à Pavie par Anselme Archevêque de Milan. Gui n'ayant pu réussir dans son entreprise, fut obligé de retourner en Italie, où son ambition le porta à chercher les moyens d'enlever la couronne à Berenger. Soutenu d'un parti considérable, il vint à bout de se faire couronner Roi d'Italie par les mains du Pape : ce qui forma deux factions qui causerent de grands maux à ce pays. Il ne s'agissoit point alors de partager l'Empire : chacun vouloit regner seul avec un pouvoir absolu. La guerre s'alluma avec fureur entre ces deux rivaux, & l'on en vint plusieurs fois aux mains avec divers avantages ; mais enfin Berenger ayant été entierement défait, fut obligé d'abandonner le Royaume.

BERENGER chassé du trône.

Le vainqueur se rendit à Pavie, & soumit en peu de temps toute la Lombardie. Il prétendit bien-tôt au titre d'Empereur, & se fit proclamer Auguste à Rome, où il reçut la couronne Imperiale. La mort du Pape Etienne V. arrivée en 891, causa de nouveaux troubles en Italie. Sergius & Formose ayant été élûs en même-temps par ceux de leur parti, occasionnerent un schisme dans toute l'Europe. Gui étoit dans les intérêts de Sergius, & Berenger se déclara pour Formose. Cependant Berenger avoit engagé Arnolphe ou Arnoul Roi d'Allemagne, fils naturel de Carloman, à lui prêter du secours pour l'aider à remonter sur le trône. Arnolphe étoit d'autant plus volontiers porté à rendre service à Berenger, qu'il se flattoit de se rendre maître de l'Empire d'Occident, s'il pouvoit venir à bout de ruiner le parti de Gui. Il envoya pour cet effet en Italie Zuendebaud ou Zuendebold son fils à la tête d'une puissante armée ; mais ce jeune Prince n'ayant pu réussir, il retourna en Allemagne. De si mauvais succès ne furent pas capables de rebuter Berenger : il se rendit à Vorms où étoit Arnolphe, & fit tant d'instances auprès de ce Prince, qu'il l'engagea à passer en Italie. La présence du Roi d'Allemagne fit changer les choses de face : Bergame, Milan, Pavie & Plaisance se soumirent à Berenger, & Gui avec son fils Lambert furent contraints de prendre la fuite. Gui ne survecut pas long-temps à son malheur, & mourut d'un vomissement de sang l'an 894.

Mort de Gui.

Berenger ne resta pas tranquille possesseur du trône sur lequel il étoit remonté par le secours d'Arnolphe : Lambert fils de Gui lui disputa la couronne, & le força de la lui abandonner. Berenger, ayant une seconde fois quitté l'Italie, Lambert se fit proclamer Roi. Arnolphe marcha de nouveau au secours de Berenger, s'empara de Rome, d'où il chassa le Pape Sergius & tous ses partisans, rétablit Formose sur la chaire de Saint Pierre, & se fit couronner Empereur par les mains de ce Pontife, qu'il engagea à lui prêter serment de fidelité. Il attaqua ensuite Lambert, & le poursuivit avec vigueur. Mais il ne put venir à bout de lui enlever la couronne. La conduite de Lambert ayant enfin déplu aux Italiens, ils formerent contre lui divers conspirations. Ce Prince fut tué l'an 898 ou 899.

Rois Italiens.
Lambert proclamé Roi d'Italie.
894.
896.
Mort de Lambert.

Berenger se vit alors maître du trône d'Italie, mais les partisans de Lambert lui susciterent bien-tôt de nouveaux embarras. Ils engagerent Louis Roi d'Arles à chasser Berenger du trône. Ce Prince charmé de l'occasion qui se présentoit de satisfaire ses desseins ambitieux, entra en Italie, où il remporta de grands avantages sur Berenger qui se vit contraint de se retirer en Baviere. Louis se trouvant maître de l'Italie par la retraite de Berenger, se fit d'abord reconnoître Roi, & prit ensuite la couronne Impériale. Il ne jouit pas long-temps de cette dignité. Berenger, de retour en Italie avec de nouvelles forces, attaqua & défit Louis; & l'ayant surpris dans Verone, il lui fit crever les yeux. Il se vit enfin seul possesseur du trône & sans aucun concurrent, & quelques années après il fut couronné Empereur par le Pape Jean X. Ce nouveau titre ne le mit pas à l'abri de l'inconstance des Italiens, qui appellerent en Italie Rôdolphe II. Roi de Bourgogne, après l'avoir reconnu pour leur Souverain. Ces deux rivaux ne furent pas long-temps sans en venir aux mains; mais Berenger ayant été défait, toutes les villes d'Italie, à l'exception de Verone, se soumirent au vainqueur. Berenger, ayant trouvé moyen de relever son parti attaqua Rodolphe; & la victoire s'étoit même déclarée pour lui lorsque les Comtes Boniface & Girard fondirent inopinement sur l'armée de Berenger & la taillerent en pieces. Berenger fut tué en trahison l'année suivante, c'est-à-dire l'an 824.

Louis III. Roi d'Arles vient se rendre maître de l'Italie.
899.
902.
Berenger reconnu Empereur.
916.
Rodolphe Roi d'Italie.
922.
Mort de Berenger.

Rodolphe, après sa victoire retourna en Bourgogne; mais les ravages que les Hongrois firent en Italie pendant son absence, l'obligerent à repasser les Alpes. Deux ans après cette expédition les Italiens conjurerent contre lui, & envoyerent une ambassade à Hugues Comte de Provence pour lui offrir le royaume d'Italie. Ce Prince s'étant rendu à Pavie, y fut couronné avec les cérémonies ordinaires. Rodolphe ne jugeant pas à propos de lui disputer le trône, se retira dans son royaume de Bourgogne, d'où il fut rappellé en 930 par les Italiens qui étoient dégoûtés du gouvernement de Hugues. Celui-ci prévint l'orage qui le menaçoit en cédant à Rodolphe une partie de ce qu'il possedoit en Provence, à condition que ce Prince le laisseroit tranquille possesseur du royaume d'Italie. Hugues, voulant s'affermir sur le trône, s'unit d'une étroite amitié avec Henri Roi d'Allemagne & Romain Empereur d'Orient, & s'associa Lothaire son fils, afin de lui faire passer sa couronne sur la tête. Il songea ensuite à se rendre maître de Rome, où Gui fils de Berthe & d'Adalbert Marquis de Toscane commandoit. Il avoit été invité à cette entreprise par la célebre Marozie.

Hugues Roi d'Italie.
926.

qui lui avoit proposé de l'épouser & de le mettre en possession de la ville. Il ne garda cette conquête qu'environ cinq ans, & il en fut chassé par Alberic fils de Marozie. Ce Prince acquit beaucoup de gloire dans la guerre qu'il fit contre les Sarrasins, qu'il obligea d'abandonner le fort de Fraxinet, situé sur les frontieres de Provence & de Lombardie. La conduite de Hugues ayant déplu de nouveau aux Italiens, ils appellerent Berenger II. fils du Marquis Adalbert & de Gisele fille de Berenger I. Hugues se voyant abandonné de tous ses sujets, retourna en Provence & laissa ses Etats à Lothaire son fils, qui ne put se faire reconnoître Souverain que par les habitans de Milan.

Ce Prince étant mort, Berenger II. commença à regner en Italie. Il assiégea & prit la ville de Pavie, où Adelaïde veuve de Lothaire s'étoit retirée. Il fit enfermer cette Princesse dans une étroite prison; mais elle en fut délivrée par Othon I. Empereur d'Allemagne, qui l'épousa & l'emmena avec lui en Allemagne. Berenger ayant été obligé de rendre hommage & de prêter serment de fidelité à l'Empereur, fut confirmé dans la possession du royaume d'Italie à la réserve du Veronois & du Frioul qu'Othon donna à son frere Henri Duc de Baviere. Berenger fut à peine rentré dans ses Etats qu'il conspira contre l'Empereur, maltraita les sujets de ce Prince & se conduisit en tyran à l'égard du Pape, des Evêques & des Seigneurs du pays. Les Italiens irrités contre ce Prince, offrirent le royaume d'Italie & la couronne Imperiale à Othon, pour l'engager à les délivrer des maux qu'ils souffroient sous le regne de Berenger. Othon ne tarda pas à passer en Italie avec une armée considérable, & tous les peuples s'étant soumis à son arrivée, il fut proclamé à Milan Roi d'Italie dans une assemblée d'Evêques, où Berenger fut déposé. S'étant rendu à Rome l'année suivante, il fut reconnu Empereur Romain avec les mêmes cérémonies & les mêmes acclamations dont on s'étoit servi au couronnement de Charlemagne. C'est ainsi que le royaume d'Italie passa entre les mains des Empereurs d'Allemagne.

Othon, après son couronnement, établit son autorité dans toutes les provinces d'une façon beaucoup plus absolue que ne le put faire Charlemagne. Tous les Princes & Seigneurs Lombards se déclarerent ses vassaux liges & feudataires, & le reconnurent Roi d'Italie avec les mêmes droits de souveraineté que les anciens Rois des Lombardie avoient eus sur leurs ancêtres. L'Empereur, pour s'assurer davantage de la fidelité de ces Princes se rendit dans les differentes provinces dont ils avoient le commandement : il fut reçu à Capoue avec toutes les marques de respect & de zele par Pandolfe surnommé *tête de fer*, & Landolfe son frere : l'un étoit Comte de Capoue & l'autre Prince de Benevent. Gisulfe Prince de Salerne, soupçonné d'être dans le parti des Grecs dont il avoit reçu la dignité de Patrice, fut aussi invité par l'Empereur à se rendre à Capoue. Othon lui fit un accueil très-favorable, ce qui le détermina entierement à abandonner les intérêts des Grecs. Ce fut dans ces circonstances qu'Othon érigea le comté de Capoue en principauté en faveur de Pandolfe & de ses successeurs.

Tous ces Princes ayant reconnu Othon pour leur Souverain, ce Monarque, en vertu des droits attachés ce à titre, forma le dessein d'enlever aux

Grecs la Pouille, la Calabre & le duché de Naples. Luithprand Evêque de Cremone proposa à l'Empereur de demander en mariage pour Othon son fils, Anne ou Theophanie fille de Romain Empereur d'Orient, prédecesseur de Nicephore, qui étoit alors sur le trône, & d'exiger en même-temps les provinces de la Pouille & de la Calabre pour la dot de cette Princesse. Luithprand, qui avoit donné ce conseil, fut chargé lui-même de l'ambassade auprès de Nicephore; mais quelque habile que fut le négociateur, il ne put venir à bout de gagner l'Empereur d'Orient qui étoit indisposé contre Othon. Nicephore cependant, dissimulant ses véritables intentions, fit sçavoir à Othon qu'il lui accordoit Theophanie, & qu'il pouvoit faire tous les préparatifs nécessaires pour recevoir cette Princesse. L'Empereur, persuadé de la bonne-foi de Nicephore, fit venir son fils en Italie, & envoya en Calabre un grand nombre de personnes pour se trouver à l'arrivée de Theophanie. A peine se furent-ils rendus dans cette province, qu'ils furent attaqués de tous côtés par les Grecs. Une partie perdit la vie dans cette occasion, & l'autre fut conduite à Constantinople.

Un si sanglant outrage irrita l'Empereur à un tel point, qu'il entra en Calabre & y fit de grands ravages. Les Princes Lombards, en qualité de vassaux, & Gisulfe lui-même Prince de Salerne, se joignirent à Othon contre les Grecs & les Sarrasins qui étoient venus au secours de ces derniers. L'Empereur étant retourné à Ravenne, laissa le soin de la guerre à Pandolphe *tête de fer*, & le chargea de faire une irruption dans la Pouille. Cette expédition ne fut pas heureuse : les Grecs renfermés dans Bovino firent une vigoureuse sortie, & défirent entierement les troupes qui étoient sous les ordres de Pandolfe ; ce Prince même fut fait prisonnier & conduit à Constantinople. Les vainqueurs s'emparerent ensuite d'Avellino, firent le dégat sur les terres de Capoue, & mirent le siége devant cette place. Marino Duc de Naples, prenant le parti des Grecs, renforça leur armée avec les troupes Napolitaines. Othon, informé de ce qui se passoit, rassembla promptement son armée & marcha au secours de Capoue. Le Patrice Eugene ne jugeant pas à propos de l'attendre, se retira promptement à Salerne, où le bon accueil que lui fit Gisulfe confirma les soupçons que l'Empereur avoit sur la fidélité de ce Prince. Eugene ne se croyant pas encore en sûreté dans cette place se retira dans la Pouille. L'armée d'Othon ne trouvant plus d'ennemis, ravagea les terres des environs de Naples, & assiegea même cette ville. Mais cette entreprise ne paroissant pas facile, elle abandonna le siége & marcha vers Avellino qu'elle enleva aux Grecs. Après cette expédition, l'Empereur s'avança dans la Pouille, où il battit les Grecs.

Cependant Nicephore étoit péri par les intrigues de Theophanie sa femme, & de Jean Zimisces ou Zimisques qui fut élu Empereur d'Orient, & porta le nom de Jean I. Le nouvel Empereur résolu de vivre en bonne intelligence avec Othon, rendit la liberté à Pandolfe, & envoya Theophanie à Rome où elle épousa le jeune Othon. Le Pere de ce Prince connoissant les bonnes intentions de l'Empereur Jean se determina à abandonner son entreprise sur la Pouille & la Calabre, & à faire même un traité de paix. Tout paroissant alors tranquille en Italie, l'Empereur retourna en Allemagne où il mourut l'an 973.

Ce Prince eut pour succeſſeur ſon fils Othon, dont le pouvoir fut encore plus abſolu en Italie que ne l'avoit été celui de ſon pere. Les diviſions des Princes Lombards y contribuerent beaucoup, & occaſionnerent leur propre chute. Les partages qu'ils firent de leurs terres, affoiblirent tellement leur puiſſance qu'ils ne ſe trouverent plus en état de ſe ſoutenir lorſqu'ils étoient attaqués. Cependant Zimiſces étoit mort, & le trône d'Orient étoit occupé par Baſile & par Conſtantin. Othon II. qui n'avoit aucune raiſon pour menager ces deux Princes, reſolut de s'emparer de la Pouille & de la Calabre. Ayant mis ordre à ſes affaires en Allemagne, il paſſa en Italie l'an 980 avec Theophanie ſon épouſe. Lorſqu'il fut arrivé à Plaiſance, il tint une grande diete à Roncaglia ſuivant l'uſage des Empereurs d'Occident. Il paſſa enſuite à Rome où il fit maſſacrer pluſieurs Seigneurs dont il ſoupçonnoit la fidélité.

L'année ſuivante il conduiſit ſon armée à Benevent, ou ayant reçu des nouvelles troupes de la part des habitans de cette ville, de Capoue, de Salerne & de Naples, il ne balança plus à entrer dans la Pouille. Une ſi puiſſante armée ſembloit devoir ſoumettre tout le pays ; mais les Grecs ſoutenus des Sarraſins ſe battirent avec tant de courage, que les troupes de l'Empereur furent entierement defaites près de Tarente. La déroute fut ſi générale qu'Othon eût beaucoup de peine à ſe ſauver, & que Rome ſeroit tombée au pouvoir des Grecs, s'ils euſſent oſé profiter de leur victoire. L'Empereur attribua la perte de la bataille aux Romains & à ceux de Benevent, qui n'avoient pas ſoutenu le combat avec aſſez de courage, & plein de cette idée il alla avec les débris de ſon armée ſaccager Benevent. Le grand avantage que les Grecs venoient de remporter ſur l'armée Impériale, mit les Empereurs Baſile & Conſtantin en état de faire des conquêtes ſur les terres de Benevent & de Salerne, & ſur les autres principautés des Lombards. Dans la crainte qu'Othon ne fit quelques nouvelles tentatives, ils fortifierent pluſieurs places, les mirent en état de deffenſe & prirent en même-temps d'autres précautions contre les irruptions des Sarraſins. Enfin le pouvoir des Grecs s'augmenta conſidérablement dans toutes ces provinces juſqu'à l'arrivée des Normands.

Le mauvais ſuccès que l'entrepriſe d'Othon avoit eu, n'avoit pas été capable de rebuter ce Prince, & il ſe préparoit à faire de nouveau la guerre aux Grecs lorſqu'il fut attaqué d'une maladie qui le conduiſit au tombeau. Il laiſſa ſes Etats à ſon fils Othon : la jeuneſſe de ce Prince qui n'avoit alors que 17 ans, occaſionna de grands troubles en Allemagne & en Italie. Le Pape Benoît étant mort à Rome, Pierre Evêque de Pavie qui prit le nom de Jean XIV. fut élu en ſa place, Boniface Cardinal Diacre qui avoit été dépoſſedé du Saint Siége, s'étoit retiré à Conſtantinople ; mais ſitôt qu'il eut appris l'élévation de Jean XIV. au Pontificat, il retourna à Rome, où ayant mis le Peuple dans ſon parti, il fit enfermer le Pape Jean dans le château Saint Ange, & l'y laiſſa mourir de faim. Boniface étant mort quatre mois après, eut pour ſucceſſeur Jean XV. Cependant Creſcentius qui avoit pris à Rome le titre de Conſul, s'étoit emparé du château Saint Ange. Le Pape redoutant ſon pouvoir, ſe retira en Toſcane & fit prier l'Empereur Othon de ſe rendre en Italie pour le retablir ſur ſon ſiége. Les

Romains craignant la colere de l'Empereur, rappellerent le Pape Othon étant arrivé en Italie & ayant appris la mort de ce Pontife, obligea les Romains d'élire Bruno, cousin du Pape qui venoit de mourir: (il prit le nom de Gregoire V.) Crescentius qui avoit conservé toute son autorité dans Rome le chassa, & mit à sa place Jean Evêque de Plaisance.

Othon ne pouvant souffrir qu'on attentât ainsi à son autorité, se rendit à Rome avec son armée & retablit le Pape Gregoire sur le siége Apostolique. Jean & Crescentius crurent alors trouver un asyle dans le château Saint Ange; mais il y furent aussi-tôt assiégés par l'Empereur, & Crescentius ayant été tué par trahison, on se saisit du Pape Jean qui fut traité avec la derniere cruauté. Les provinces de Naples n'étoient pas plus tranquilles. Landenulfe qui commandoit à Capoue ayant été assassiné par ses sujets, eut pour successeur Laidolfe son frere. Trasimond Comte de Chieti résolu de venger la mort de Landenulfe, intéressa dans sa querelle Raimond & Oderisio Comte de Marsi. Ces Princes mirent le siége devant Capoue, & ravagerent tout le pays des environs. L'Empereur prit en même-temps le parti de Landenulfe, & força les habitans de Capoue à lui livrer les meurtriers de leur Prince. Ils expierent leur crime par divers supplices, & Laidolfe qui avoit eu part à la mort de son frere, fut privé de la principauté & envoyé en exil.

La faction de Crescentius avoit été éteinte par la mort de ce rebelle: cependant l'Empereur craignant quelques nouvelles entreprises de la part des Romains, se retira en Lombardie. Ce Prince étant arrivé à Paterne près de la ville de Castellina, y fut attaqué d'une maladie dont il mourut en 1001 ou 1002, suivant les differens sentimens des Auteurs qui nous ont donné l'histoire de la vie de ce Prince.

Othon étant mort sans enfans, il s'éleva de grands troubles en Allemagne & en Italie, au sujet de sa succession. Les Italiens profitant des circonstances pour s'emparer de l'Empire & du Royaume d'Italie, élurent à Pavie Hardouin ou Harduic Seigneur Lombard Marquis d'Yvrée, tandis que les Allemans firent monter sur le trône Impérial Henri II. de la maison de Saxe, Duc de Baviere, & petit fils du Duc Henri, frere d'Othon I. Henri ayant appris qu'Hardouin s'étoit fait reconnoître souverain d'Italie, envoya contre ce Prince Othon Duc de Saxe, pour le chasser du trône. Hardouin soutenu d'un fort parti, résista aux efforts du Général de l'Empire, & ravagea tout le Milanès: ce qui engagea Henri à se rendre à Verone avec une puissante armée. Hardouin qui s'étoit fortifié dans cette place, s'y deffendit pendant quelque temps; mais enfin obligé de céder à la force, il se retira dans Pavie qu'il fut encore contraint d'abandonner. La ville fut prise, saccagée & réduite en cendres. L'Empereur se rendit ensuite à Milan où il se fit couronner Roi d'Italie par l'Archevêque de cette ville. Hardouin qui avoit regné environ deux ans, voyant son parti entierement ruiné & n'ayant plus d'esperance d'être rétabli, prit l'habit de Moine dans un couvent près de Turin. Henri se trouvant sans Competiteur, tint une diete générale à Roncaglia où il fit diverses loix en qualité de Roi d'Italie. Quelque temps après il alla à Rome où il reçut la couronne Impériale avec les cérémonies accoutumées. C'est ainsi que l'Empire & le Royaume d'Ita-

---

L'ITALIE sous la domination des Empereurs d'Allemagne.

996.

999.

HARDOUIN Roi d'Italie & HENRI II.

1002.

1013.

L'ITALIE sous la domination des Empereurs d'Allemagne.

1022.

lie passerent de la maison des Othon à celle des Ducs de Baviere en la personne de Henri II.

Henri ayant établi son autorité en Italie, retourna en Allemagne où sa présence étoit nécessaire. Cependant de nouveaux troubles qui s'eleverent dans la Calabre & dans la Pouille, firent craindre à l'Empereur de perdre ces provinces avec Rome & toute l'Italie. Cette inquietude le détermina à se rendre en ce pays, & à partager son armée en trois corps. Pepon Patriarche d'Aquilée, qui commandoit le premier corps, eut ordre de prendre sa route par l'Abruzze pour attaquer les Grecs de ce côté-là; Belgrime Archevêque de Cologne marcha avec le second corps de troupes du côté de Rome, & Henri à la tête du troisieme, s'avança par la Lombardie. Pandolfe Prince de Capoue, fortement attaché au parti des Grecs, craignant d'être trahi par ses propres sujets qui le haïssoient mortellement, se livra lui-même entre les mains de l'Archevêque de Cologne, qui avoit mis le siége devant Capoue. Henri pour le punir de sa perfidie, voulut le faire mourir, mais enfin il se détermina sur les prieres de Belgrime à le condamner à un exil perpétuel. Son armée composée en grande partie d'Allemans, ne pouvant supporter les chaleurs excessives qu'il faisoit alors, l'Empereur chargea les Normans (28) d'expulser les Grecs. Ce Prince étant retourné en Allemagne y mourut l'an 1024, selon les Benedictins dans le livre de l'Art de vérifier les dates; & suivant les Auteurs Allemans en 1025, si l'on en croit Leon d'Ostie & Othon de Frisengen.

CONRAD II. dit le SALIQUE Empereur & Roi d'Italie.

1024.

1026.

Après la mort de Henri qui ne laissoit point d'enfans, les Seigneurs Allemans élurent Roi de Germanie Conrad II. dit le Salique. Ce Prince descendoit d'Othon le Grand, par Luitgarde fille de ce Monarque, épouse de Conrad Duc de Lorraine & de Franconie. Les violences de Pandolfe IV. que Conrad avoit rétabli dans la principauté de Capoue, & les troubles qui étoient arrivés en Lombardie, obligerent cet Empereur à passer les Alpes. Après avoir pacifié le Milanès en faisant emprisonner l'Archevêque & les autres séditieux, il se rendit à Rome où il reçut les plaintes qu'on faisoit contre le Prince de Capoue. Informé de la mauvaise conduite de Pandolfe, il marcha contre lui; ce Prince n'osant pas l'attendre dans Capoue, se retira dans le château de Sainte Agathe. L'Empereur le força enfin à implorer sa clémence, & à lui offrir trois cens livres d'or dont il devoit payer la moitié sur le champ, & l'autre dans un certain temps limité. Il promit aussi de remettre une de ses filles en ôtage & un de ses petits-fils, jusqu'à l'entier payement. Pandolfe donna une partie de la somme dont il étoit convenu, & il refusa dans la suite de payer le reste. L'Empereur irrité de ce procedé, fit déposer Pandolfe dans une assemblée qu'il fit tenir à ce sujet, & donna l'investiture de la principauté de Capoue au Prince de Salerne.

HENRI III. surnommé le NOIR Roi d'Italie & Empereur.

1039.

Conrad étant mort à Utrecht, eut pour successeur Henri son fils. La confusion qui regnoit dans Rome depuis long-temps, le désordre que l'élection des Papes causoit, enfin les conquêtes que les Normans faisoient dans la Pouille, rendoient la présence de l'Empereur nécessaire dans l'Italie.

(28) Je parlerai de leur arrivée en Italie dans l'article suivant, qui traitera du royaume de Naples.

Ce Prince s'y rendit en 1047, & chaſſa de Rome les trois Papes qui occupoient en même-temps le ſaint Siége au ſcandale des Fideles. On élut à leur place l'Evêque de Bamberg, qui prit le nom de Clement II. Les Romains reconnoiſſans du ſervice que Henri venoit de leur rendre en leur procurant le repos pour quelque temps, lui accorderent la couronne Imperiale & celle de Patrice. La tranquillité étant rétablie dans Rome, il alla viſiter les provinces de la Pouille & de la Calabre, & il fut accompagné dans ce voyage par le Pape Clement. Les Empereurs d'Orient & d'Occident prétendoient en même-temps à la ſouveraineté de la Pouille & de la Calabre; les premiers en qualité de maîtres de l'ancien Empire Romain, & les autres comme Rois d'Italie. Dans la ſuite, les Papes voulurent s'arroger les mêmes droits, ce qui occaſionna de longues & ſanglantes guerres entre les ſouverains Pontifes & les Empereurs d'Allemagne.

Leon IX. élevé au Pontificat en 1049, fut l'Auteur de pluſieurs nouveautés qui eurent dans la ſuite des conſéquences très-dangereuſes. Par le conſeil de Hildebrand Moine de Cluny, Leon voulut être élu Pape par le Clergé, & ne point recevoir cette ſuprême dignité d'une main laïque. Hildebrand qui fut placé ſur le ſaint Siége pluſieurs années après, s'obſtina à ſoutenir cette entrepriſe qui n'étoit fondée que ſur l'exemple de Leon. Les autres Papes qui furent élus dans la ſuite, réfuſerent de reconnoître la néceſſité de l'approbation des Empereurs pour la validité de leur élection, & c'eſt ainſi qu'ils arriverent par degrés au ſouverain pouvoir dont ils jouiſſent maintenant.

La puiſſance des Normans qui s'augmentoit de jour en jour, inquietoit beaucoup le Pape Leon, & il forma le projet d'arrêter les progrès de cette nation, & même de la chaſſer de l'Italie. Occupé de ce deſſein, il ſe rendit en Allemagne où l'Empereur étoit retourné, & l'engagea par ſes preſſantes ſollicitations, à lui remettre le commandement d'une armée nombreuſe pour attaquer les Normans. Cependant l'Empereur par le conſeil de Gebehard Evêque d'Aichſtet, retira une partie des troupes qu'il avoit confiées à Leon, mais l'armée de ce Pontife s'étant augmentée par les troupes Italiennes qui s'étoient jointes à lui, il la fit marcher vers la Pouille. Les Normans ſe croyant hors d'état de réſiſter à tant de forces réunies pour leur perte, envoyerent au Pape des Ambaſſadeurs pour lui demander la paix, aux conditions qu'il jugeroit à propos de leur impoſer. Leon refuſa d'écouter leurs propoſitions, & voulut exiger qu'ils abandonnaſſent l'Italie. Le Pape eut bien-tôt lieu de ſe repentir de ſa conduite à l'égard des Normans: ces Peuples n'écoutant plus que leur déſeſpoir, ſe préſenterent en bataille devant l'armée ennemie, & l'attaquerent avec tant de vigueur qu'ils l'enfoncerent entierement. Leon après la deroute de ſon armée ſe ſauva dans la ville de Civitade, mais y ayant été auſſi-tôt aſſiégé, il fut obligé de ſe rendre. Les bons traitemens qu'il reçut des Normans, & la liberté qu'ils lui rendirent, le firent changer de ſentimens à leur égard. Ce Pape de retour à Rome y mourut quelque temps après, & eut pour ſucceſſeur Gebehard Evêque d'Aichſtet qui prit le nom de Victor II. Ce Pontife étant mort au bout de deux ans; on mit en ſa place Frederic Abbé du Mont-Caſſin, connu ſous le nom d'Etienne IX. ou X.

L'ITALIE ſous la domination des Empereurs d'Allemagne.

1054.

Henri III. étoit mort l'an 1056, & Henri.IV. son fils, âgé d'environ cinq ans, avoit été reconnu son successeur. Pendant la minorité de ce Prince, le Pape Etienne conçut le dessein de placer sur le trône Imperial, le Duc Godefroy son frere dans l'esperance que ce Prince aideroit à chasser les Normans de l'Italie, mais sa mort qui arriva deux ans après mit fin à tous ses projets. Une troupe de factieux élurent Jean Evêque de Velletri, qui prit le nom de Benoît. Les autres Cardinaux qui n'avoient point eu part à l'élection de Benoît, reconnurent pour souverain Pontife Gerard Archevêque de Florence. L'Imperatrice Agnès mere & tutrice de Henri, confirma cette élection & fit mettre Gerard en possession du saint Siége. Ce Pape qui est connu sous le nom de Nicolas II. tint un Synode composé de 113 Evêques. Benoît y comparut, demanda pardon, & protesta qu'on l'avoit élu malgré lui. Dans ce même Concile, on fit des reglemens pour assurer la liberté de l'élection des Papes, & il y fut décidé que la nomination dépendroit des Cardinaux; que celui qu'on éliroit seroit proposé au Clergé & au Peuple, & qu'en dernier lieu il obtiendroit le consentement de l'Empereur (29).

Nicolas étant mort à Florence l'an 1061, les Cardinaux & la noblesse Romaine, à la tête desquels étoit Hildebrand, élurent l'Evêque de Luques surnommé Alexandre II. L'Empereur à qui l'on n'avoit point fait part de cette élection, nomma de son côté l'Evêque de Parme, qui fut appellé Honorius II. & il l'envoya à Rome avec un grand nombre de troupes pour en chasser Alexandre. La plupart des Prélats, & l'Archevêque de Cologne même soutenoient qu'Alexandre avoit eu tort d'accepter le Pontificat sans le consentement de l'Empereur, suivant l'usage qui s'étoit constamment pratiqué depuis que Charlemagne avoit établi la puissance temporelle des Papes. Hildebrand, au contraire prétendoit qu'on devoit abolir cette coutume, & que les Empereurs n'avoient aucuns droits d'élire les Souverains Pontifes. Cette dispute aigrit beaucoup les esprits; mais Hildebrand ayant trouvé moyen de fortifier le parti d'Alexandre, Honorius fut déposé. Alexandre mourut après onze ans & six mois de Pontificat. On lui donna pour successeur Hildebrand, qui prit le nom de Gregoire VII. Il envoya aussi-tôt des députés à l'Empereur pour lui en donner avis, le priant de n'y pas consentir, parce que s'il restoit sur la chaire de Saint Pierre, il ne laisseroit pas ses crimes impunis. Gregoire differa son ordination jusqu'à ce qu'il eut eu réponse de Henri. Ce Prince voyant qu'il s'opposeroit envain à cette élection à cause du grand crédit que le nouveau Pape avoit à Rome, ne put s'empêcher d'accorder son consentement (30). Gregoire, résolu de porter le dernier coup aux droits des Empereurs, éleva au sujet des investitures cette fameuse querelle qui causa des maux infinis à l'Eglise & à l'Etat. Les excommunications, les dépositions, les schismes, les révoltes, les horreurs de la guerre furent les suites funestes de cette dispute entre les Papes & les Empereurs (31). Les Empereurs, les Rois, les Princes mêmes ayant

---

(29) Giannone.

(30) Le Pere Pagi soutient que Gregoire VII. est le dernier Pape dont le decret d'élection ait été envoyé à l'Empereur pour en obtenir sa confirmation.

(31) On en verra les détails dans l'article d'Allemagne, & je ne les place point ici pour éviter les repetitions.

accordé des terres, des revenus pour les Evêques & les Abbés; ils ont conservé les droits regaliens ou de souveraineté sur les premiers Bénéficiers; & les Evêques se sont toujours regardés, quant au temporel, comme vassaux de leurs Souverains & leur ont rendu dans les occasions les devoirs auxquels les vassaux sont obligés. En conséquence de cette mouvance & reconnoissance du fief, le Seigneur ou le Souverain donnoit anciennement aux Evêques comme aux autres vassaux l'investiture, & en recevoit pareillement la foi & hommage. Cette investiture se donnoit differemment, & l'usage seul en décidoit. Les Rois de Germanie & ensuite les Empereurs avoient accoutumé de donner aux Evêques cette investiture avec l'anneau & le bâton pastoral. Gregoire VII. voulant ôter aux Empereurs cette manière de la donner, tint un Concile à Rome, où il excommunia tous ceux qui recevroient d'une puissance laïque l'investiture de quelque bénéfice que ce fut. Le Pape fit signifier son decret à l'Empereur, & le menaça de l'excommunication s'il ne s'y conformoit. Ces démêlés coûterent bien du sang à l'Allemagne & à l'Italie, & priverent Henri de l'Empire.

L'ITALIE sous la domination des Empereurs d'Allemagne.

La mort de Gregoire VII. arrivée en 1085 & celle de Henri en 1106 ne terminerent point ce differend. Henri V. son fils, qui s'étoit révolté contre lui, & qui avoit été reconnu Empereur dès l'an 1104, eut la même dispute avec Pascal II. & ce ne fut que l'an 1122 que la paix fut rendue à l'Eglise par l'accord qui se fit entre Calliste & l'Empereur.

HENRI V. Empereur & Roi d'Italie.

1106.

Henri étant mort sans enfans l'an 1125, Lothaire II. Saxon de naissance fils de Gebehard fut élu Roi de Germanie dans une assemblée tenue à Mayence. Il fut couronné à Aix-la-Chapelle, & reçut la couronne par les mains d'Innocent II. l'an 1131 dans l'Eglise du Sauveur à Latran, parce qu'alors l'anti-Pape étoit maître de celle de Saint Pierre. Lothaire n'ayant pas les forces suffisantes pour se soutenir en Italie, retourna en Allemagne; mais l'an 1136 il repassa les Alpes à la sollicitation du Pape, & mourut en chemin l'année suivante, comme il revenoit de son voyage.

LOTHAIRE II. Empereur & Roi d'Italie.

1125.

Ce Prince eut pour successeur Conrad III. neveu de Henri V. fils d'Agnès sœur de cet Empereur. Ce Monarque, presque continuellement occupé aux guerres des Croisades ne fit aucun voyage en Italie; Frederic I. qui monta sur le trône Imperial après la mort de Conrad, causa de grands troubles dans ce pays, & fut continuellement en guerre avec les Papes; mais la bataille qu'il perdit en 1177 contre les Milanès, ruina en Italie la puissance des Empereurs Allemans.

CONRAD III. Empereur & Roi d'Italie.

1138.
FREDERIC I. Empereur & Roi d'Italie.

1152.

Henri VI. son fils & son successeur s'étant rendu à Rome pour se faire couronner, ne reçut la couronne qu'après s'être rendu vassal & tributaire du Saint Siége pour le royaume des deux Siciles qui appartenoit à sa femme Constance. Les actions de ce Prince & celles de ses prédécesseurs appartenant à l'histoire d'Allemagne ou à celles de Naples & de Sicile, on en verra le détail dans l'histoire de ces Pays. Les Papes étant venu à bout de se rendre souverains dans une partie de l'Italie, & d'étendre leurs droits sur les royaumes de Naples & de Sicile, qui s'étoient formés à la faveur des troubles, celui d'Italie fut entierement éteint, & Henri VI. est regardé comme le dernier Roi.

HENRI VI. Empereur & dernier Roi d'Italie.

1190.

86   INTRODUCTION A L'HISTOIRE

Après avoir donné une idée générale de l'Etat de l'Italie depuis ses premiers habitans jusqu'au treizieme siecle, je vais parler en particulier & avec plus d'étendue des differens Etats qui se sont formés dans ce pays depuis la destruction de l'Empire Romain. Je commence par les royaumes de Naples & de Sicile.

Fin de l'Histoire générale de l'Italie.

INTRODUCTION
A L'HISTOIRE UNIVERSELLE.

CHAPITRE TROISIEME.

DES ROYAUMES DE NAPLES ET DE SICILE.

'EMPIRE Romain étant devenu la proye des nations Barbares, comme on l'a vû plus haut, l'Italie après avoir passé sous la puissance des Herules, tomba sous la domination des Ostrogoths. Les Provinces qui composent aujourd'hui le royaume de Naples, furent alors gouvernées par les mêmes Magistrats que les Empereurs Romains y avoient envoyés. Cette partie de l'Italie étoit divisée en quatre provinces; sçavoir la Campanie; la Calabre avec la Pouille; la Lucanie & les Brutiens; & le Samnium. Le gouvernement de la Campanie fut confié à des Consulaires, ceux de la Calabre & de la Lucanie à des Correcteurs, & celui du Samnium à des Présidens. Ces provinces resterent au pouvoir des Goths jusqu'au regne de Theodat, sous lequel Belisaire Général de l'Empereur Justinien, entra en Italie pour la soumettre à l'Empire d'Orient. Belisaire s'étant rendu maître de la Sicile, s'empara de la Lucanie, de la Pouille, de la Calabre, du Samnium, & de Be-

nevent. Les choses changerent de face sous Totila septieme Roi des Goths; mais Narsès que Justinien avoit envoyé en Italie à la place de Belisaire, ayant trouvé moyen de chasser les Goths, toute l'Italie reconnut l'Empereur d'Orient pour son souverain. Les conquêtes des Lombards firent perdre aux Grecs la plus grande partie de ce pays, & ces derniers ne purent conserver que l'exarchat de Ravenne, le duché de Rome, & la plus grande partie des provinces connues aujourd'hui sous le nom de Royaume de Naples. Elles furent alors partagées en plusieurs duchés, & la forme du gouvernement fut differente de celle qui y avoit été établie auparavant. C'étoit des especes de Républiques qui reconnoissoient cependant l'Empereur d'Orient pour leur souverain. Les Ducs profitant quelquefois de l'éloignement des Empereurs & de la foiblesse de l'exarque de Ravenne, chercherent à se rendre indépendans, & leverent même souvent l'étendart de la révolte.

Du Duché de Naples.

Le duché de Naples fut le seul dont les Lombards ne purent entierement s'emparer : il devint seulement tributaire des Princes de Benevent, l'an 818 sous le Prince Sicon IV. Le duché de Naples étoit d'abord resserré dans les limites étroites de la ville & de ses dépendances ; mais dans la suite il devint beaucoup plus considérable. L'Empereur Maurice y ajouta les isles d'Ischia, de Nicida & de Procida : les villes de Cumes, de Stabia, de Surrante & d'Amalfi furent aussi jointes à ce duché, qui étoit ordinairement nommé la Campanie. Celui de Benevent, qui étoit devenu très-considérable l'empêcha de s'étendre à l'occident, au nord & à l'orient. A peine reste-t'il quelques vestiges de ce dernier, au lieu que Naples est devenue la capitale d'un royaume florissant. Charlemagne ayant mis fin au royaume des Lombards, il ne songea point à attaquer les villes du duché de Naples ni les autres places que les Grecs possedoient encore de ce côté-là. Mais les Lombards, qui s'étoient soutenus dans le duché de Benevent, firent tous leurs efforts pour s'emparer de celui de Naples; ce qui donna occasion aux guerres continuelles que les Beneventins & les Napolitains eurent ensemble. Ces derniers se virent dans la suite exposés à des ennemis encore plus dangereux, je veux dire les Sarrasins qui, ayant passé la mer en 820, se jetterent dans la Sicile, & la ravagerent entierement. Après cette conquête, ils allerent attaquer Tarente, & jetterent l'épouvante dans tous le pays. Les maux que les Grecs eurent alors à souffrir, furent encore moins considérables que ceux qu'ils éprouverent lorsque, déchirés par des divisions intestines, ils appellerent les Sarrasins à leur secours; ce qui acheva de porter la désolation dans ces provinces.

Arrivée des Normans en Italie environ 1002.

Elles se trouvoient dans ces malheureuses circonstances, lorsqu'une troupe de Normans qui revenoient de la Terre sainte débarquerent à Salerne, alors érigée en principauté. Guimar III. qui commandoit dans cette ville, fit un accueil favorable à ces étrangers, & les invita à se reposer dans Salerne des fatigues de leur voyage. Ils eurent bien-tôt occasion de marquer leur reconnoissance des bienfaits qu'ils avoient reçus. Les Sarrasins s'étant approchés de la ville, Guimar étoit prêt à leur livrer une somme considérable pour les empêcher de faire le dégat sur ses terres, lorsque les Normans s'y opposerent. Ces braves guerriers passant des paroles à l'exécution, fondirent fur les barbares accablés de fommeil & de vin. Ils les chargerent fi à propos, qu'ils en taillerent en pieces une grande partie, le refte s'étant fauvé avec précipitation dans les vaiffeaux. Les Normans, après cette glorieufe expédition, retournerent à Salerne chargé d'un riche butin qu'ils avoient enlevé aux Infideles. Ces exploits leur attirerent l'admiration de toute la ville, & on chercha par toutes fortes de bons traitemens à les engager à s'établir à Salerne; mais rien ne fut capable de les faire renoncer à leur patrie. Ils partirent avec tout le butin qu'ils avoient fait fur les barbares, & les autres préfens que Guimar y avoit ajouté. La maniere dont ils avoient été reçus à Salerne, engagea bien-tôt un grand nombre de leurs compatriotes à s'y rendre.

Ofmon Drango obligé de quitter la cour de Robert Duc de Normandie, qui vouloit le faire arrêter pour avoir tué Guillaume Repoftel, profita de l'idée favorable qu'on avoit des Normans dans l'Italie, & y alla chercher un afyle avec toute fa famille. Il paroît vrai-femblable qu'ils s'établirent à Capoue vers l'an 1016, puifque ce fut dans cette ville qu'ils promirent de feconder les deffeins de Melo. Ce capitaine Lombard s'étoit mis à la tête des habitans de Bari, qui avoient réfolu de fe fouftraire à la domination des Grecs. Mais la préfence des troupes les ayant fait rentrer dans leur devoir, ils crurent obtenir grace en livrant leur chef. Melo, inftruit de leurs intentions, fe rendit à Capoue pour demander du fecours au Duc Pandolfe. Les Normans s'étant joints aux autres troupes que Melo avoit raffemblées, ce Général Lombard battit trois fois les Grecs; mais ayant été enfin vaincu malgré la valeur des Normans, il alla en Allemagne pour engager l'Empereur à paffer en Italie. Melo étant mort à la cour de Henri, les Normans fe trouverent fans chef. Une partie entreprit de garder les terres de l'abbaye du Mont-Caffin, dont Adinolfe frere de Pandolfe Prince de Capoue étoit alors abbé, tandis que l'autre parti qui s'étoit mis fous la protection du Pape Benoît VIII. étoit chargée de la garde de la tour du Garillan. Les Normans la deffendirent contre l'attaque des Grecs avec toute l'intrépidité poffible; mais enfin ils furent obligés de céder au grand nombre. Dato frere de Melo qui s'étoit retiré dans cette tour, fut fait prifonnier & jetté à la mer renfermé dans un fac: à l'égard des Normands, ils furent traités avec douceur fur les inftantes prieres de l'Abbé Adinolfe, & on leur rendit la liberté.

Henri II. qui étoit entré en Italie, pour reprendre fur les Grecs les places qu'ils lui avoient enlevées, & venger la mort de Dato, n'ayant pu terminer entierement cette expédition, chargea les Normans d'exécuter cette entreprife. Les Princes de Benevent, de Salerne & de Capoue à qui l'Empereur avoit recommandé les Normans, oublierent bien-tôt les fervices qu'ils en avoient reçus, & refuferent de leur payer la folde qui leur avoit été accordée. Les Normans outrés de ce mauvais traitement, réfolurent de fe procurer un afyle par la voie des armes. Ils choifirent d'abord pour chef Turftin, vaillant capitaine & qui étoit d'une force prodigieufe. Mais ce Général étant mort peu de temps après, on lui donna pour fucceffeur Rainolfe ou Rainulfe.

Les Normans réfolus de fe venger de Pandolfe de Tiano, fe joignirent à Pandolfe IV. & le rétablirent dans Capoue. Ce Prince ne fut pas plus re-

<small>Du Duché de Naples.

Ville bâtie par les Normans.</small>

connoiſſant que les autres, ce qui indiſpoſa tellement les Normans contre les Lombards, qu'ils chercherent enfin à ſe procurer une habitation commode. Ils bâtirent pour cet effet dans les environs de Naples une ville qui fut appellée Averſe la Normande. Ils étoient à peine établis dans cette ville que Sergio, qui avoit été chaſſé du duché de Naples par Pandolfe IV. Prince de Capoue, les engagea à prendre ſes intérêts. Rainolfe charmé de l'occaſion qui ſe préſentoit de tirer vengeance de l'ingratitude de Tiano, accepta les propoſitions du Duc de Naples, & le remit en poſſeſſion de ſon duché. Sergio exécuta fidellement les promeſſes qu'il avoit faites aux Normans, & il épouſa même une parente de Rainolfe leur chef. Il lui donna le titre de Comte, & lui accorda tout le territoire qui étoit autour de la ville d'Averſe. Tel fut le premier établiſſement des Normans dans le royaume de Naples.

<small>1035.</small>

Rainolfe ſe voyant en poſſeſſion de ce nouveau comté, invita ſes anciens compatriotes à ſe rendre en Italie. Ses exhortations eurent tout l'effet qu'il pouvoit en eſperer. Les fils aînés de Tancrede de Hauteville, après avoir tenté la fortune en divers endroits, paſſerent en Italie & s'arrêterent à Salerne. Tous ces Princes ne paſſerent pas en même-temps dans ce pays; les premiers qui y entrerent, furent Guillaume, Drogon & Humbert. Guimar IV. Prince de Salerne, en reconnoiſſance des obligations qu'il avoit aux Normans, engagea l'Empereur Conrad à donner à Rainolfe l'inveſtiture du comté d'Averſe, afin de rendre plus ſolide l'établiſſement des Normans dans ce comté. En vertu de cette inveſtiture, la ville & le comté appartenoient en toute propriété à Rainolfe, avec les prérogatives attachées à des ſemblables conceſſions. Les obligations que les Normans avoient alors à Guimar, les porterent à le ſeconder dans toutes ſes entrepriſes.

<small>Leurs conquêtes dans la Pouille.</small>

La valeur des Normans les rendit dans la ſuite ſi puiſſans, que Guimar ne put s'empêcher d'en prendre ombrage, & la réputation que les fils de Tancrede s'étoient faite, lui cauſa beaucoup d'inquiétude. Il cherchoit un prétexte ſpécieux pour les éloigner de ſes Etats, lorſque l'entrepriſe de Michel le Paphlagonien ſur la Sicile lui fournit une occaſion favorable à ſes deſſeins. L'Empereur Grec, inſtruit de la gloire que les Normans s'étoient acquiſe, leur fit propoſer de ſe joindre à ſes troupes, pour lui aider à chaſſer les Sarraſins de la Sicile. Guimar leur fit ſentir tous les avantages qu'ils pouvoient retirer de cette expédition, & il ajouta en même-temps differentes promeſſes de ſa part & de celle de l'Empereur. On n'eut pas de peine à les gagner, & ils partirent de Salerne au nombre de trois cens, ayant à leur tête Guillaume, Dragon & Umfroy fils de Tancrede. Manaſſès ou Maniace Général de l'armée des Grecs, s'embarqua alors pour la Sicile, & alla mettre le ſiége devant Meſſine. Il s'en rendit bien-tôt maître, & reconnut qu'il étoit redevable de cette conquête à la valeur des Normans, qui lui aiderent à s'emparer de pluſieurs autres poſtes importans. Ces grands avantages mirent le Général Grec en état d'attaquer Syracuſe. Le Commandant de cette place ayant fait une vigoureuſe ſortie, mit l'armée des Grecs en déſordre; mais Guillaume l'ayant renverſé mort d'un coup de lance, la victoire ſe déclara pour les Grecs qui reſterent maîtres du champ de bataille. Les Normans à qui on avoit obligation

de

de ce grand succès, furent injustement privés de la part du butin, & le commandement des places conquises ne fut confié à aucun d'eux. Ils en porterent leurs plaintes au Général des Grecs, par le ministere d'Hardouin qui étoit Lombard. Manassès ou Doceano son successeur, offensé des représentations des Normans, fit sentir à Hardouin les effets de son injuste colere. Les Normans étoient résolus de venger l'outrage qui avoit été fait au Lombard; mais celui-ci les engagea à dissimuler jusqu'à ce qu'il eut pris les mesures nécessaires pour l'exécution d'un projet qui leur ouvriroit le chemin à de grandes conquêtes.

La Pouille & la Calabre se trouvoient alors sans deffense, parce que la plupart des troupes Grecques étoient passées en Sicile : les Peuples fatigués du severe gouvernement des Grecs attendoient avec ardeur le moment qui devoit les délivrer d'un joug si insupportable : affoiblis d'ailleurs par les guerres continuelles qu'ils avoient eu à soûtenir contre les Princes Lombards, & par le ravage que les Sarrasins faisoient souvent sur leurs terres, ils ne se trouvoient point en état de s'opposer aux entreprises qu'on pourroit former contr'eux. Ajoutons à cela les troubles qui agitoient alors la Cour de Constantinople. Toutes ces circonstances sembloient engager les Normans à se rendre maîtres de la Pouille & de la Calabre ; mais il étoit encore à propos de dissimuler. Hardouin ayant enfin cru trouver le moment favorable pour l'exécution de son projet, s'embarqua pendant la nuit avec les Normans & se rendit en Calabre. A peine furent-ils débarqués, qu'ils ravagerent tout le pays, & ils s'avancerent ensuite vers la Pouille. Hardouin se rendit en même-temps auprès de Rainolfe, pour l'engager à se joindre aux autres Normans qui avoient commencé la conquête de la Pouille. Rainolfe fit aussi-tôt partir un corps de troupes sous la conduite de douze braves Capitaines. Ce nouveau secours facilita aux Normans la conquête d'une partie considérable de la Pouille, dont ils se rendirent maîtres insensiblement. Les Grecs firent inutilement tous leurs efforts pour chasser les Normans de ces provinces ; mais leurs différentes tentatives tournerent toujours à leur confusion.

Les Normans craignant d'exciter la jalousie des Princes Lombards, & cherchant d'ailleurs à gagner l'affection des habitans du pays, reconnurent pour leur chef suprême Adinolfe frere de Pandolfe, Prince de Benévent. Peu satisfaits de la conduite de ce Prince à leur égard, ils choisirent en sa place Argire fils de Melo qui s'étoit échappé de Constantinople, où il étoit retenu prisonnier. Ce fut sous le gouvernement de ce Prince, que Constantin Monomaque monta sur le trône d'Orient. Manassès Général des troupes de l'Empire, & que la Cour de Constantinople avoit envoyé de nouveau en Italie contre les Normans, irrité de la préférence qu'on avoit donnée à Constantin, se fit proclamer Empereur par ses partisans. Pardo que Constantin avoit envoyé contre lui, ayant été battu, Manassès alla faire le siége de Bari. Ayant été obligé de le lever, il se retira à Tarente dont il fit sa place principale. Argire à la tête des Normans, alla l'assiéger dans cette ville ; mais il ne put venir à bout de l'y forcer. Les Normans ne laisserent pas de faire diverses conquêtes, & d'étendre de plus en plus leur domination. Résolus alors de n'être commandés que par quelqu'un de leur

Tome II.   M

1041.

Royaumes de Naples et de Sicile.

Guillaume, dit Bras-de-fer Ier. Comte de la Pouille.

1043.

nation, ils reconnurent pour leur chef Guillaume, dit Bras-de-fer, qui fut le premier qu'on appella Comte de la Pouille.

Le titre qu'on avoit accordé à Guillaume, ne lui donnoit point un pouvoir absolu sur toute la Pouille : on étoit convenu d'un commun consentement, que toutes les conquêtes n'appartiendroient point à un seul ; mais qu'elles seroient divisées par égales portions. Ainsi dans ces commencemens, le gouvernement étoit plutôt Aristocratique que Monarchique. Dans une diete qui fut tenue à Melfi, les villes conquises furent partagées de la maniere suivante. La ville de Siponto avec le Mont-Gargan ou Saint-Ange, & toutes les terres qui en dépendoient, furent données à Rainolfe Comte d'Averse. Guillaume dit Bras-de-fer eut pour sa part les villes d'Ascoli avec la confirmation du titre de Comte. Drogon eut en partage Venose ; Arnolin, la ville de Lavello ; Hugues, celle de Monopoli ; Pierre, celle de Trani ; Gautier, celle de Civita ; Rodolfe, celle de Cannes ; Tristan, celle de Montepiloso ; Hervé, celle de Trigento ; Asclittin, celle d'Acerenza ; Rainfroid, celle de Minervino ; enfin Hardouin auteur de ces conquêtes, eut la part qui lui avoit été promise. La seule ville de Melfi resta en commun, & on la réserva comme un lieu où toute la nation pourroit se rassembler pour délibérer sur les affaires importantes qui l'intéressoient (1).

Argire, à qui on n'avoit donné aucune ville ; obtint de l'Empereur de Constantinople avec lequel il étoit rentré en grace, la principauté de Bari avec le titre de Duc de la Pouille ; ainsi cette province se trouva partagée entre lui & les Normans. Ces Peuples perdirent en 1046, deux de leurs plus fameux Capitaines, je veux dire, Rainolfe & Guillaume. Le premier eut pour successeur Asclittin qui mourut l'année suivante. Rodolfe s'empara du comté d'Averse, au préjudice des enfans d'Asclittin. Les habitans ne le laisserent pas tranquille possesseur de cet Etat, & ils mirent à sa place un autre Rodolfe surnommé Frinclinotte. Ce Comte étant mort peu de temps après, fut remplacé par Richard fils d'Asclittin, qui se trouvoit alors dans la Pouille au service de Drogon, dont il avoit épousé une sœur. Les Princes Normans de Capoue tirent tous leur origine d'Asclittin : il ne faut pas les confondre avec les autres Normans de la Pouille & de la Calabre, qui descendent de Tancrede Comte de Hauteville.

Drogon II. Comte de la Pouille.

Les Normans de la Pouille élurent à la place de Guillamume Bras-de-fer, Drogon son frere brave & prudent Capitaine. Les freres de ce Prince informés des conquêtes que les Normans avoient faites en Italie, prirent la résolution de venir joindre leur frere, & Tancrede put à peine engager un d'entr'eux à rester auprès de lui, pour soutenir sa maison en Normandie. Robert & ses autres freres passerent en Italie avec plusieurs Gentilshommes de leur nation. Comme ils appréhendoient également les Grecs & les Romains, qui ne voyoient pas sans inquietude l'accroissement de cette nation, ils étoient obligés de se travestir en habits de pelerins comme s'ils alloient visiter le Mont-Cassin ou celui de Saint-Ange. Malgré toutes ces difficultés, le nombre des Normans s'augmentoit tous les jours dans la Pouille, & Drogon pour assurer son Etat, fit créer Comte Umfroy

---

(1) Giannone histoire de Naples.

son frere. Il confia en même-temps la garde du château de Saint-Marc, dont il avoit fait la conquête, à Robert surnommé Guiscard, l'aîné du second mariage de Tancrede.

Henri II. Empereur d'Allemagne, voyoit sans peine les conquêtes que les Normans faisoient dans la Pouille & dans la Calabre; mais il desiroit que ces peuples relevassent de lui, & le reconnussent pour leur Souverain, comme les Princes Lombards l'avoient fait. Il accorda en conséquence aux Normans l'investiture de tout ce qu'ils possédoient, & il leur donna encore peu de temps après, celle du territoire de Benevent. Ce fut donc en l'année 1047 que la maison de Normandie commença à se soumettre à l'investiture & à l'inféodation des Empereurs d'Occident, qui en qualité de Rois d'Italie, prétendoient que toutes ces provinces dépendoient de l'Empire. Les Empereurs Grecs voyoient avec chagrin la puissance des Normans, & ils chercherent les moyens de les faire sortir de ce pays. Constantin Monomaque leur fit offrir des sommes considérables d'or & d'argent & de riches étoffes pour les engager à le servir dans la guerre qu'il vouloit faire aux Persans. Les Normans qui reconnurent le piége qu'on vouloit leur tendre, déclarerent qu'ils ne sortiroient jamais de l'Italie, à moins qu'ils n'y fussent contraints par la force. Argire Ministre de Constantin, n'ayant pu réussir, corrompit plusieurs habitans de la Pouille, afin de faire périr Drogon & les Normans. Cette conjuration eut tout l'effet qu'Argire en avoit attendu. Drogon fut assassiné, & un grand nombre de Normans subirent le même sort dans divers endroits de la Pouille. Umfroy n'eut pas plutôt appris la mort de son frere, qu'il rassembla ses troupes & alla assiéger le fort Montoglio dont il se rendit maître. L'assassin & ses complices tomberent entre ses mains, & perdirent la vie dans les supplices les plus rigoureux. Umfroy battit aussi Argire, & l'obligea de se retirer honteusement. Les Normans irrités contre les Grecs, songerent à les chasser entierement de la Calabre, & ils traiterent avec beaucoup de dureté les habitans de la Pouille. Cette conduite sévere indisposa les habitans de ces provinces, & les porta à s'adresser à l'Empereur Henri & ensuite au Pape Leon IX. Ce Pontife ne fut pas heureux dans l'expédition qu'il fit contre les Normans, comme on l'a dit plus haut. La victoire qu'ils avoient remportée sur l'armée que le Pape commandoit en personne, leur ouvrit le chemin à de nouvelles conquêtes dans la Pouille. Après une guerre de treize ans, ils se trouverent maîtres de cette province; ce qui les mit en état de soumettre entierement la Calabre. Le Pape Etienne successeur de Leon voulut s'y opposer, mais il ne vecut pas assez long-temps pour l'exécution de ces projets.

Les Normans, sous les ordres de Robert Guiscard, profitant des troubles qui agitoient alors Rome & la cour de Constantinople, s'emparerent de presque toute la Calabre. Ils prirent Cariati & plusieurs autres places voisines: Reggio capitale de cette province, ne fit pas une plus longue résistance & se rendit à Robert. Ce Prince se voyant maître d'une ville si illustre & si ancienne, se fit proclamer avec beaucoup de solemnité Duc de la Pouille & de la Calabre.

D'un autre côté, Richard qui commandoit les Normans d'Averse, ne faisoit pas de moindres conquêtes sur ses voisins. Il avoit mis le siége de-

ROYAUMES DE NAPLES ET DE SICILE.

ROBERT GUISCARD Duc de la Pouille & de la Calabre.

1054.

1059. Principauté de Capoue sous la domination des Normans.

vant Capoue ; mais il s'étoit retiré moyennant sept mille écus d'or que Pandolfe V. lui avoit donnés. Après la mort de ce Prince, il attaqua de nouveau la ville, & força les habitans à le reconnoître pour leur Souverain. Richard se voyant en possession de cette ville, voulut à l'exemple d'Arechis Prince de Benevent, se faire oindre de l'huile sainte. Les autres Princes Normans, qui commanderent ensuite à Capoue, conserverent cet usage. Par un des articles de la capitulation que Richard avoit accordée aux habitans de Capoue, ils devoient conserver les portes & les tours de leur ville. Cet article fut observé pendant quelque temps ; mais Richard voulant enfin en être le maître, fit assembler toute la noblesse, & lui déclara qu'il vouloit qu'on lui remît les portes & les tours de la ville. Cette demande ayant été absolument refusée, Richard se vit contraint d'assiéger la ville pour la troisieme fois. Les habitans de Capoue ayant inutilement demandé du secours à l'Empereur Henri, se virent dans la nécessité d'avoir recours à la clémence de Richard & de se rendre à discrétion. Ainsi les Capouans passerent de la domination des Lombards sous celle des Normans.

1062.

Cependant Robert commandoit dans la Pouille & la Calabre au préjudice de Bacelard son neveu. Ce jeune Prince, privé des Etats du Comte Umfroy son pere, trouva moyen de mettre une partie des peuples dans ses intérêts & de les faire soulever contre son oncle. L'activité de Robert mit bien-tôt fin à ces troubles, & il fit rentrer sous ses ordres les villes dont son neveu s'étoit emparé. La prise de Troja, qu'il enleva aux Grecs dans ces circonstances, réveilla l'attention de Nicolas II. qui prétendoit que cette ville lui appartenoit par un droit spécial. Le Pontife ne pouvant faire valoir ce droit par les forces humaines, se servit des armes spirituelles, c'est-à-dire, qu'il excommunia solemnellement Robert & tous les Normans. Les excommunications ne produisirent pas l'effet que le Pape en avoit attendu : les Normans persisterent à conserver ce qu'ils avoient conquis, & refuserent de rendre ce qu'ils regardoient comme le fruit de leurs travaux. Tout sembloit donc annoncer une rupture ouverte entre le saint Siége & les Normans ; mais les intérêts de ces deux Etats réunirent bien-tôt les parties. D'un côté le Pape cherchoit un puissant appui contre les Empereurs d'Occident, & les Normans étoient les seuls dont il pût recevoir les secours qu'il espéroit ; d'un autre côté, Robert faisoit réflexion qu'il assureroit davantage ses conquêtes, s'il avoit l'approbation des Papes. Les esprits ainsi disposés, le Pape consentit à accepter le traité que Robert lui avoit envoyé proposer. Ils convinrent donc que Robert & tous les Normans seroient absous de l'excommunication prononcée contr'eux : qu'on confirmeroit en faveur de Robert la possession des duchés de la Pouille & de la Calabre ; & qu'en cas qu'il chassât les Grecs & les Sarrasins qui occupoient une grande partie de la Sicile, le Pape lui donneroit l'investiture de cette isle à titre de duché ; enfin qu'il confirmeroit Richard dans la principauté de Capoue. On convint en échange que Robert, Richard & leurs successeurs se mettroient sous la protection du Pape, qui leur confirmeroit la possession de tous les Etats qu'ils avoient en Italie & de ceux de la Sicile, lorsqu'ils l'auroient conquise sur les Sarrasins ; qu'en conséquence ils prêteroient serment de fidélité comme feudataires du saint Siége, auquel Robert seroit obligé de payer chaque année un tribut de douze deniers de Pavie pour chaque paire de bœufs (2).

Ce traité fut exécuté de bonne-foi de part & d'autre, & Robert prêta serment de fidélité. Tel est le fondement du droit que les Pontifes Romains ont sur les royaumes de Naples & de Sicile. A l'égard de Richard, son investiture ne comprenoit que la principauté de Capoue. Robert n'ayant plus rien à redouter du saint Siège, acheva de soumettre le reste de la Calabre par le moyen du Comte Roger son frere, tandis que de son côté, il affermissoit sa puissance dans la Pouille. Sa politique le porta en même-temps à faire alliance avec les Princes Lombards, afin qu'ils ne s'opposassent pas à ses conquêtes, ou même qu'ils l'aidassent dans ses entreprises : peut-être formoit-il le dessein de se rendre maître dans la suite de leurs Etats, en vertu de ces alliances. En conséquence il fit proposer à Gisulfe II. Prince de Salerne de lui accorder sa sœur en mariage. Gisulfe avoit plusieurs raisons pour refuser cette alliance ; d'un côté il craignoit qu'elle ne servît de prétexte à Robert pour s'emparer de ses Etats, & de l'autre il sçavoit que Robert étoit déja marié, & qu'il avoit un fils nommé Boëmond. Le Duc Robert ayant assuré qu'il répudieroit sa femme à cause du degré de parenté, Gisulfe consentit enfin à lui accorder l'aînée de ses sœurs nommée Sicalgaita. Un Prince Norman épousa une autre sœur du Prince de Salerne, & elle lui porta en dot Nola, Mariglian, Palme, Sarno & quelques autres lieux voisins.

Royaumes de Naples et de Sicile.

Ce fut alors que Robert forma le projet de se rendre maître de la Sicile. Cette isle avoit été délivrée du joug des Sarrasins par la valeur des Normans, sous la conduite de Manassès Général des Grecs. Mais la retraite de ces braves guerriers avoit mis les Sarrasins en état de reprendre les places qu'on leur avoit enlevées, & enfin ils étoient venus à bout de chasser les Grecs de toute l'isle ; de sorte qu'ils en étoient seuls maîtres lorsque Robert & Roger y firent une descente. Ils ne tarderent pas à s'emparer de plusieurs places d'importance ; mais la plus célebre conquête qu'ils y firent fut celle de Palerme. Les Sarrasins, qui y avoient rassemblé toutes leurs forces, s'y deffendirent pendant cinq mois avec toute la vigueur possible. Au bout de ce temps, ils furent enfin forcés de rendre la ville à Robert qui y fit son entrée au milieu des acclamations du peuple. Le vainqueur, pour gagner l'affection des Sarrasins qui s'étoient établis dans l'isle, leur permit de professer le Mahometisme. Il donna ensuite l'investiture de toute cette isle à Roger son frere, & le créa Comte de Sicile : il garda cependant pour lui la moitié de Palerme, de la vallée de Démona & de Messine. Pendant le cours de ces expéditions, & même avant la prise de Palerme, Robert étoit retourné dans la Calabre.

Conquêtes des Normans en Sicile.

Les Grecs y possédoient encore Bari, Otrante & quelques autres places de l'ancienne Calabre. Robert avoit résolu de se mettre en possession de la ville de Bari ; mais avant que d'entreprendre le siége de cette place, il se présenta devant Otrante, & obligea cette ville de lui ouvrir ses portes. Son armée ayant été renforcée par de nouvelles troupes, il attaqua Bari par mer & par terre. Ce siége célebre dans l'Histoire, dura près de quatre ans, & la ville n'auroit peut-être pas été prise si Roger n'eut envoyé un

Prise de Bari par Robert.

1067.

---

(2) Giannone, ibid.

nouveau corps de troupes au secours de son frere. Cette place capitula enfin au mois d'avril de l'année 1070, & se rendit à la discrétion du vainqueur. Robert en usa avec toute la modération possible, & laissa même aux Grecs la liberté de rester dans la ville ou de se retirer à Constantinople. C'est ainsi que le Duché de Bari passa des Grecs aux Normans sous le Prince Robert, qui y établit un nouveau Duc dépendant de lui. Robert ayant séjourné trois mois dans cette ville, partit avec une flotte composée de cinquante huit vaisseaux pour aller assiéger Palerme, dont il se rendit maître ainsi que de toute la Sicile, comme on vient de le dire.

Robert animé par tant de succès, songea à conquérir les provinces du royaume de Naples qui ne lui étoient pas encore soumises ; mais avant que de faire cette entreprise, il profita de l'occasion favorable qui se présentoit de s'emparer de la principauté de Salerne. Les habitans d'Amalfi mécontens du gouvernement de Guimar Prince de Salerne, sous la domination duquel ils étoient passés, se révolterent contre ce Prince & le firent périr. Gui son frere ayant repris la ville, la remit à Gisulfe son neveu, fils de Guimar. La rigueur avec laquelle ce nouveau Prince traita ses sujets, les obligea à porter leurs plaintes à Robert son beaufrere. Les remontrances de Robert ne servirent qu'à aigrir l'esprit de Gisulfe. Il voulut même élever une querelle au sujet des prétentions qu'il formoit sur la côte depuis Salerne jusqu'au Port de Fico, & il déclara en même-temps qu'il vouloit rentrer en possession d'Areco & de Sainte-Euphemie, dont le Duc s'étoit emparé. Robert n'ayant pu engager son beau-frere à faire un accommodement avec lui, termina d'abord les differends qu'il avoit depuis quelque-temps avec Richard, & le mit dans ses intérêts. Il fit ensuite un traité avec les habitans d'Amalfi en conséquence duquel, il mit une forte garnison dans leur ville. Après toutes ces précautions, il alla mettre le siége devant Salerne. Gisulfe qui avoit refusé de suivre les sages avis de tous ceux qui s'intéressoient à lui, se vit dans la nécessité, au bout de cinq mois de siége de se remettre à la clémence du vainqueur, dont il n'obtint que la liberté. Ce Prince dépouillé de ses états, se retira auprès de Gregoire VII. qui lui accorda quelques terres dans la campagne de Rome.

Robert se trouvoit donc alors maître de la principauté de Salerne ; mais tant de conquêtes loin de satisfaire son ambition, sembloient l'exciter encore à en faire de nouvelles. Ayant joint ses troupes à celles de Richard, il marcha vers la campagne de Rome, & s'empara d'une partie de la Marche d'Ancône. Gregoire VII. qui ne cherchoit que les occasions de se brouiller avec les Normans, employa d'abord contr'eux les foudres du Vatican, & envoya ensuite une puissante armée, qui les obligea à renoncer à leur entreprise. Ces deux Princes tournerent ailleurs leurs pas, & Robert alla assiéger Benevent, tandis que Richard s'avançoit vers Naples. Ce dernier étant mort pendant le siége de cette ville, eut pour successeur Jourdan son fils, qui se réunit au Pape contre Robert. Celui-ci étoit alors occupé au siége de Benevent, que Gregoire VII. prétendoit devoir être remise au saint Siége, Landolfe VII. dernier Prince de cette ville, étant mort sans laisser d'enfans. Robert qui étoit déja maître de plusieurs terres qui appartenoient à cette principauté, soutenoit que la capitale devoit lui appartenir. Robert ayant appris que son neveu s'étoit déclaré contre lui, abandonna Benevent & passa de la Calabre dans la Pouille où il prit Ascoli, Monte-vico & Ariano. Il marcha ensuite contre Jourdan, & les deux armées étoient prêtes à en venir aux mains, lorsque l'Abbé Didier trouva moyen de reconcilier ces deux Princes. Il travailla en même-temps à obtenir du Pape, qu'il levât l'excommunication prononcée contre Robert. Cette absolution fut suivie de la paix entre le Pape & les Normans. Robert qui avoit conquis les terres de Monticulo, de Carbonara, de Pietra Palumbo, de Monte-Verde, de Genziano & de Spinazzola, abandonna la ville de Benevent au Pape, qui la fit gouverner par des Recteurs. Tel fut le sort de la principauté de Benevent, qui étoit devenue si célebre.

ROYAUMES DE NAPLES ET DE SICILE.

Robert Guiscard étoit alors maître de la Pouille, de la Calabre, des principautés de Bari, de Salerne, d'Amalfi, de Sorrente & des terres du duché de Benevent: Jourdan fils de Richard possedoit la principauté de Capoue & le duché de Gaëte: ainsi il ne restoit plus à conquerir aux Normans que le duché de Naples. Un objet plus considérable occupoit le Prince Robert, & il avoit porté ses desseins ambitieux jusqu'au trône de l'Orient. Il avoit donné en mariage quelques années auparavant Helene, l'une de ses filles à Constantin, fils de l'Empereur Michel Ducas. Nicephore surnommé Botoniates ayant chassé Michel du trône, fit enfermer sa famille dans un monastere, & par son ordre Constantin cessa d'être homme sans cesser de vivre. Robert en cherchant à tirer vengeance d'un affront aussi sanglant, satisfaisoit en même-temps le desir qu'il avoit de porter ses armes en Orient. Pour avoir un prétexte plausible d'y passer avec une armée, il feignit d'ajouter foi aux discours d'un imposteur Grec, qui se disoit être l'Empereur Michel, & en cette considération il fit rendre de grands honneurs à cet aventurier. Cependant Alexis Comnene, qui étoit monté sur le trône Impérial, avoit fait raser Nicephore & avoit rendu la liberté à la Princesse Helene. Ces circonstances ne furent pas capables d'arrêter le Prince Robert; il s'embarqua à Otrante avec Boëmond fils de sa premiere femme, & arriva en 1081 à l'isle de Corfou, dont il se rendit maître. Après cette conquête, il entra dans la Bulgarie où il remporta des avantages considérables. Il se disposoit à profiter de ses victoires lorsqu'il reçut des lettres de Gregoire VII. qui le pressoit de venir promptement à son secours, pour le défendre contre l'Empereur d'Occident, avec lequel il étoit en guerre au sujet des investitures. Robert informé de la pressante nécessité dans laquelle le Pape se trouvoit, laissa le commandement de son armée à son fils Boëmond, & au Comte de Brienne, & repassa en Italie.

Expedition de Robert en Orient.

1081.

Sa présence y étoit nécessaire pour ses propres intérêts : plusieurs villes s'étoient revoltées & avoient refusé de payer le tribut à son fils Roger. Après les avoir forcé à rentrer dans le devoir, il marcha contre Jourdan qui avoit pris le parti de l'Empereur Henri, & qui tenoit la campagne avec son armée. Pour faire diversion il alla mettre le siége devant Averse, mais la difficulté de se rendre maître sitôt de cette place, l'obligea à décamper & à s'avancer vers Rome. Gregoire étoit assiégé dans le château saint-

courir, le Pape se présenta devant l'Empereur à la tête de son Clergé, esperant le fléchir par la soumission. Mais Henri, peu sensible à la démarche du
Pape, le retint prisonnier, le força de renoncer au droit de l'investiture, &
le contraignit à le couronner suivant l'usage & les cérémonies ordinaires. A
peine Henri eut-il quitté l'Italie, que le Pape annulla tous les actes qu'il avoit
faits, se flattant avec le secours des Normans, d'être en état de résister à
ce Prince. La mort du Duc Roger dérangea tous ses projets. Ce Prince eut
pour successeur Guillaume son fils, qui à l'imitation de son pere, prit toujours les intérêts du Pape. Il en obtint l'investiture des duchés de la Pouille
& de la Calabre de la maniere que ses prédécesseurs l'avoient reçue. Cependant Boëmond étoit mort en 1110 dans la ville d'Antioche dont il avoit fait
la conquête. Il laissa aussi un fils qui s'appella aussi Boëmond, & qui lui succéda tant à la principauté d'Antioche qu'à ses autres États. Il avoit encore
une fille, & il recommanda ses deux enfans à Tancrede son neveu.

La race d'Asclittin se trouvant éteinte par la mort de Robert II. Prince de
Capoue, & celle de Robert Guiscar ayant eu le même sort par la mort de
Guillaume Duc de la Pouille, qui ne laissoit point d'enfans, Roger Comte
de Sicile, étoit le seul qui put succéder à leurs Etats. Craignant d'être prévenu par quelqu'un, il partit de Messine & se rendit à Salerne, où il se fit
sacrer par l'Archevêque de Capoue. Il passa ensuite dans les autres provinces, dont il se fit reconnoître Souverain. Le Pape Honorius ne put voir sans
inquiétude, la trop grande puissance de Roger, appréhendant qu'elle ne
devint préjudiciable au saint Siége. Il étoit d'ailleurs offensé de ce que ce
Prince ne lui avoit pas demandé l'investiture de toutes ces provinces. Résolu de
mettre des bornes à sa puissance, il commença par excommunier ce Prince
jusqu'à trois fois; mais ces armes spirituelles ne lui paroissant pas suffisantes, il rassembla une armée & la fit marcher dans la Pouille où le Comte
Roger étoit alors. Ces troupes levées à la hâte, & composées de quelques
rebelles, n'étoient pas capables de résister long-temps. Roger, qui ne cherchoit qu'à appaiser le Pape, & qui prévoyoit que cette armée se dissiperoit
d'elle-même, se tint sur la deffensive pendant tout l'été. En effet à peine la
mauvaise saison commença-t'elle à se faire sentir que le Pape se vit entierement abandonné. Roger profitant de cette occasion favorable fit faire de
nouvelles propositions au Pape qui furent enfin acceptées. La paix fut conclue au commencement de l'an 1128 sous les conditions que Roger jureroit fidelité au Pape, & qu'il lui payeroit le tribut ordinaire.

Ce Prince se voyant maître d'un si grand nombre de provinces, crut qu'il
devoit prendre le titre de Roi, & déclara Palerme capitale de son royaume.
Il se fit oindre d'une huile sainte en présence de ses principaux Barons, de
plusieurs Evêques & Abbés, de toute la Noblesse & du Peuple : les Archevêques de Palerme, de Benevent, de Capoue & de Salerne qui avoient
assisté à cette cérémonie, le couronnerent Roi de Sicile, de la Pouille &
de la Calabre. Tous les Ecrivains ne sont pas d'accord sur ce premier couronnement de Roger, & la plûpart prétendent que ce Prince ne prit le titre
de Roi que l'an 1130 sous l'autorité d'Anaclet II. anti-Pape ; c'est-à-dire,
pendant le schisme qui s'étoit élevé au sujet de l'élection d'Innocent II. &
d'Anaclet II. Les obligations que ce dernier avoit à Roger, qui s'étoit déclaré

pour lui, porterent ce Pontife à lui donner le nom de Roi par une Bulle datée du 27 de septembre. Au reste on pourroit peut-être regarder cette Bulle comme une confirmation du titre que Roger avoit déja pris, & que ce Prince auroit pu demander afin d'éviter les difficultés qu'on auroit pu lui faire dans la suite. Quoiqu'il en soit, Anaclet accorda à Roger une investiture plus étendue que celle que ses prédécesseurs avoient jamais donnée ; puisqu'outre la Sicile, la Pouille & la Calabre, il y joignoit la principauté de Capoüe & même le duché de Naples qui étoit encore au pouvoir des Empereurs d'Orient.

Innocent II. trop foible pour se soutenir contre le parti d'Anaclet, passa d'abord en France pour engager le Roi à prendre ses intérêts ; mais voyant qu'il ne pouvoit en esperer de secours, il se retira en Allemagne, qu'il trouva plus disposé à le seconder. En effet l'Empereur avoit formé le projet d'enlever à Roger les provinces de la Pouille & de la Calabre, dont le Pape lui accorda l'investiture, suivant Pierre le Diacre. Sur ces entrefaites plusieurs Barons de la Pouille, encouragés par la présence de Lothaire qui étoit venu à Rome, se souleverent & se joignirent au Duc de Naples pour chasser Roger de la Pouille. Un si grand nombre d'ennemis ne fut pas capable d'ébranler le courage de Roger. Il passa promptement de la Sicile dans la Pouille, & après divers succès qui furent souvent variés, il resta vainqueur de ses ennemis & força Lothaire à repasser en Allemagne. Innocent ne pouvant plus rester en sûreté à Rome, se retira à Pise où il tint un second Concile. Après la retraite de Lothaire & celle d'Innocent II. Roger fit les préparatifs nécessaires pour entrer dans la Pouille à dessein de punir les Barons Normans qui s'étoient révoltés contre lui. Il voulut auparavant faire le siége de Naples ; mais la valeur avec laquelle cette ville se deffendit, l'obligea de renoncer à son entreprise. Il n'eut pas tant de peine à se rendre maître de Capoüe & des autres places de cette principauté qu'il réunit à ses autres Etats. Il en donna l'investiture à son fils Anfuse ; à condition qu'elle releveroit de la Couronne. Il retourna ensuite devant Naples, qu'il attaqua par terre & par mer. Voyant que le siége traînoit en longueur, il repassa en Sicile afin d'y lever une nouvelle armée.

Pendant qu'il étoit occupé à faire des préparatifs pour cette expédition, Robert Prince de Capoüe étoit allé à Pise pour demander du secours. Le Pape Innocent qui y étoit l'engagea à s'adresser à l'Empereur Lothaire. Ce Prince d'ailleurs vivement sollicité par les exhortations de Saint Bernard se disposa à faire une seconde fois le voyage d'Italie, dans l'esperance de mettre fin au schisme, & d'enlever à Roger la Pouille & la Calabre. De si grands projets penserent avoir leur exécution. Lothaire étant entré en Italie en 1136, y eut des succès si rapides que Roger perdit les plus belles provinces de son royaume, qui étoient en-deçà du Phare. D'un autre côté, le Pape Innocent à la tête des troupes que l'Empereur lui avoit confiées, & de celles qu'il avoit trouvé moyen de rassembler, s'empara de Capoüe & de plusieurs autres places voisines de cette ville. Lothaire, maître de toute la Pouille, marcha vers Naples pour délivrer cette ville, qui étoit fort resserrée. La flotte des Pisans étant arrivée, les troupes du Comte Roger se virent forcées de lever le siége. Ce succès fut suivi de la prise d'Amalfi & de tous les lieux

ROYAUMES DE NAPLES ET DE SICILE.

1133.

ROYAUMES
E NAPLES
DE SICILE.

voifins, qui furent obligés de fe rendre aux Pifans. Lothaire fit enfuite entreprendre le fiége de Salerne, & cette ville après avoir réfifté auffi long-tems qu'il lui fut poffible, fe vit réduite à la néceffité de fe foumettre. La prife de cette place penfa occafionner une rupture entre l'Empereur & le Pape, ce dernier prétendant que cette ville lui appartenoit. Innocent qui avoit befoin de l'Empereur, voyant la réfiftance de Lothaire, jugea à propos de diffimuler; mais il n'y eut plus dès-lors entre ces deux Princes la même union qui avoit régné auparavant. L'Empereur ayant confié le foin de fes conquêtes au Duc Rainolfe, retourna en Allemagne.

1137.

A peine ce Prince eut-il quitté l'Italie, que Roger qui avoit jugé à propos de refter tranquille, parut à Salerne avec une armée confidérable. Cette ville ne tarda pas à lui ouvrir fes portes, & Roger fe vit bien-tôt maître non feulement de tous les environs; mais de Capoue même qu'il livra à la fureur du foldat pour fe venger du Prince Robert auteur de ces troubles. Ces premiers avantages jetterent la terreur de tous côtés, & la plupart des villes s'empreffferent à fe foumettre à lui. Maître de Benevent & de Monte-Sarchio, il entra dans la Pouille où il fit plufieurs conquêtes. Rainolfe s'étant mis alors à la tête de quinze cens braves foldats, réfolut d'arrêter les progrès de Roger. Innocent craignant les fuites de cette guerre, envoya Bernard Abbé de Clairvaux pour négocier la paix entre le Duc & le Roi de Sicile. Les repréfentations de Bernard ayant été inutiles, le Roi & le Duc en vinrent aux mains & Roger fut vaincu. La perte de cette bataille n'eut aucune mauvaife fuite pour Roger, & ce Prince s'étant retiré à Salerne pour y rétablir fon armée, fe difpofa à entrer de nouveau dans la Pouille. L'Abbé de Clairvaux fe flattant que Roger feroit volontiers porté à la paix, fe rendit auprès de lui pour en faire de nouvelles propofitions. Le Roi parut les accepter, & confentit d'affembler quelques partifans d'Anaclet & d'Innocent II. afin d'examiner les raifons des uns & des autres. Ces conférences n'eurent aucun effet & Roger s'occupa toujours de la conquête de la Pouille. Pendant qu'il étoit en Sicile à faire les préparatifs néceffaires pour cette expédition, Anaclet mourut; mais cette mort ne mit pas encore fin au fchifme. Les partifans de cet anti-Pape élurent par le confeil de Roger, Gregoire qui prit le nom de Victor IV. Ce Pontife ne conferva pas long-temps la nouvelle dignité à laquelle il renonça volontairement par les exhortations de Bernard.

1138.

Le calme étoit rétabli dans Rome, ce qui mit le Pape en état de s'oppofer aux entreprifes de Roger. Cependant tous fes efforts furent inutiles, & la mort du Comte Avellino nouveau Duc de la Pouille, facilita au Roi de Sicile les moyens de rentrer en poffeffion de la Pouille. Ce Prince fecondé par la valeur de fon fils aîné nommé Roger comme, lui fe vit bien-tôt maître de la plus grande partie des places qu'on lui avoit enlevées. Il eut même l'avantage de battre l'armée à la tête de laquelle le Pape s'étoit mis. Ce Pontife fut fait prifonnier en cette occafion, & fes riches équipages devinrent la proye des foldats. Les bons traitemens que le Pape reçut de Roger le porterent à la paix, & elle fut enfin conclue le 25 juillet 1139. Roger abfous des excommunications reconnut Innocent pour Pape légitime, & lui prêta ferment de fidelité. Il fe reconnut en même-temps fon homme-lige, & promit de lui rendre Benevent. Le Pape l'inveftit du royaume de Sicile, du

1139.

duché de la Pouille & de la principauté de Capoue. Il n'est fait aucune mention dans cette investiture de la principauté de Salerne, parce que le saint Siége a toujours prétendu qu'elle lui appartenoit ainsi que Benevent. Les Napolitains redoutant la valeur de Roger n'attendirent pas qu'il les forçât à se rendre. Ils se soumirent d'eux-mêmes, & élurent pour Duc Roger fils du Roi. Ce Monarque laissa subsister la même forme de gouvernement, & confirma à cette ville les priviléges & prérogatives dont elle avoit joui jusqu'alors; mais il s'en réserva la souveraineté. Il restoit encore quelques villes rebelles dans la partie de l'Abruzze, qui est au-delà de la riviere de Pescara, qui dépendoient de la principauté de Capoue. Anfuse & Roger son frere furent chargés de les faire rentrer dans le devoir, & bien-tôt le Roi de Sicile se vit tranquille possesseur de toutes ces provinces, qui furent enfin réunies sous l'autorité d'un seul Souverain.

 Roger n'ayant plus d'ennemis à combattre, s'occupa à donner une meilleure forme au gouvernement de son Royaume, & à y établir de nouvelles loix. Il institua aussi les sept grands Officiers de la couronne, dont le titre supprimé pour la Sicile depuis les Vêpres Siciliennes, subsiste encore aujourd'hui à Naples: tels sont ceux de Connetable, de Chancelier, de Justicier, d'Amiral, de Camerier, de Protonotaire & de Sénechal, qui résidoient à Palerme auprès de sa personne. Il divisa les provinces de ses Etats en divers départemens, & y envoya des Officiers subalternes & dépendans de ceux qui résidoient à Palerme. Mais dans la suite ceux-ci prirent le nom de grand Chancelier, de grand Connetable, &c. Il permit aux François qui l'avoient accompagné dans ses expéditions militaires, de régir suivant le droit François les fiefs qu'ils tenoient de sa générosité à titre de récompense, afin que ces fiefs fussent transmis à leur postérité, sans partage & avec plus de distinction. Ainsi le droit François s'introduisit dans les Etats de Roger, & y devint, comme il l'est encore aujourd'hui, la loi particuliere en matiere féodale, à la différence du droit Lombard regardé comme droit commun.

 Roger resta en paix avec le saint Siége jusqu'à la mort d'Innocent II. arrivée en 1143. Celestin II. son successeur ne voyoit pas sans inquietude la puissance du Roi de Sicile, & il cherchoit les occasions de rompre la paix avec ce Prince, lorsqu'il mourut l'an 1144. Luce II. qui fut mis à sa place, avoit hérité des sentimens de son prédécesseur. Roger, cependant fit tout ce qu'il put pour gagner l'amitié de ce Pontife, mais toutes voies de négociations ayant été rompues, le Roi entra sur les terres de l'Eglise; s'empara de Terracine & de plusieurs autres places dans la campagne de Rome. Ces succès forcerent le Pape à accepter la paix; & tout ce qui avoit été pris fut rendu en conséquence du traité. Luce donna alors à Roger le droit de porter l'anneau, les sandales, le sceptre, la mitre & la dalmatique.

 Roger toujours avide de gloire, n'ayant pas voulu se joindre aux croisés de la Palestine, se détermina à passer en Afrique. Il s'y rendit maître de Tripoli, d'Africa, de Stace, de Cassia, & imposa aux Afriquains un tribut annuel qu'ils payerent pendant trente ans de suite. L'outrage qu'Emmanuel fils de Jean VI. Empereur de l'Orient avoit fait aux Ambassadeurs de Roger, obligea ce Prince à envoyer ſes troupes dans la Grece, ſous la conduite de George d'Antioche ſon grand Amiral. Ce Général s'étant emparé de la ville de Mutine, attaqua l'iſle de Corfou, & mit à feu & à ſang toute la Morée & le Golfe de Sarone. Il ravagea enſuite l'Achaïe, détruiſit la ville de Thebes, & ruina tous les environs de l'iſle de Negrepont & de la Beotie. Il auroit pénétré juſqu'à Conſtantinople, ſi les Venitiens ne fuſſent venus au ſecours de l'Empereur.

<small>ROYAUMES DE NAPLES ET DE SICILE.</small>

La ſatisfaction que Roger devoit reſſentir de tant de conquêtes fut troublée par la perte qu'il fit de la plus grande partie de ſes enfans, & d'une nombreuſe famille qu'il avoit eue, il ne lui reſta plus que Guillaume qu'il fit couronner & oindre à Palerme l'an 1150. Roger ayant terminé heureuſement la guerre d'Afrique par la priſe d'Hippone, employa les dernieres années de ſa vie à élever des monumens de ſa pieté & de ſa magnificence. Ce Prince mourut à Palerme le 27 de février 1154, dans la vingt-quatrieme année de ſon regne comme Roi de Sicile, & la cinquante-huitieme de ſon âge. Ce Prince ne fut pas moins célebre par ſes belles qualités que par ſes grands exploits, & il peut à juſte titre être regardé comme un des plus grands Princes de ſon ſiecle.

<small>1150.</small>

<small>Mort de Roger Roi de Sicile.</small>

Guillaume qui avoit été aſſocié au trône du vivant de ſon pere, fut reconnu ſon ſucceſſeur après la mort de ce Prince. Le peu de cas que Guillaume fit des ſages reglemens que ſon pere avoit faits, & les changemens qu'il introduiſit dans l'ordre de l'Etat, furent la ſource des troubles qui agiterent le regne de ce Monarque. Ajoutons à cela la trop grande confiance qu'il avoit en Majone de Bari, entre les mains duquel il remit le gouvernement général de tous ſes Etats. Ce Courtiſan qu'il avoit fait ſon grand Amiral, étoit orné d'un génie vif & pénétrant, incapable de ſe rebuter par les entrepriſes les plus difficiles : liberal, diſſimulé, ambitieux, & continuellement occupé des moyens de parvenir aux plus grands honneurs. Adrien IV. étant monté ſur la chaire de Saint Pierre, fut irrité de ce que Guillaume s'étoit fait couronner ſans ſa permiſſion, & refuſa de recevoir les Ambaſſadeurs de ce Prince, qui venoient demander la confirmation des traités faits avec ſes prédéceſſeurs. Guillaume de ſon côté ne voulut point donner audience à ceux que le Pape lui envoya quelque temps après. Offenſé de ce qu'Adrien ne lui donnoit point le titre de Roi dans ſes lettres, il ordonna à Aſclittin Archidiacre de Catanée, à qui il avoit confié le gouvernement de la Pouille, d'aller attaquer Benevent. Le Pape informé des deſſeins de Guillaume, eut recours aux excommunications. Le Roi de ſon côté deffendit à tous les Evêques de ſon Royaume, de reconnoître Adrien pour Pape, & de ſe faire ſacrer par ce Pontife. Cependant l'Archidiacre de Catanée après avoir ravagé le territoire de Benevent, attaqua cette ville dont les habitans ſe deffendirent avec une vigueur incroyable. Un grand nombre de Barons mécontens du gouvernement, ayant quitté l'armée, Aſclittin ſe vit dans la néceſſité d'abandonner le ſiége. D'un autre côté, le grand Chancelier enleva pluſieurs places dans la campagne de Rome, & s'empara de divers châteaux appartenans aux Religieux du Mont-Caſſin, qui tenoient le parti du Pape. Ce Général mena enſuite ſon armée à Capoue, afin de tenir en reſpect les Barons qui étoient mé-

<small>Guillaume I. dit le Mauvais IIe, Roi de Sicile.</small>

<small>1154.</small>

<small>1155.</small>

contens de la trop grande puissance du grand Amiral. Il falloit d'ailleurs s'opposer aux entreprises de Frederic Barberousse qui avoit fait une ligue avec Emmanuel Comnene Empereur d'Orient, & Adrien IV. contre le Roi Guillaume.

ROYAUMES DE NAPLES ET DE SICILE.

Ce Prince effrayé à la vûe de tant d'ennemis, & incapable de prendre une ferme résolution, se renferma dans son palais, où il ne se laissoit voir qu'à Majone & à l'Archevêque de Palerme. Ces deux favoris aveuglés par leur ambition, regarderent ces circonstances comme des moyens favorables pour l'exécution de leurs desseins criminels. Ils étoient venus à bout de rendre suspects les Comtes Robert & Simon, & à faire exiler de la cour ceux qui pouvoient leur être contraires.

Le Roi ayant ainsi resté enfermé pendant long-temps sans se communiquer à ses suj :s., le bruit courut qu'il avoit été empoisonné par l'Amiral. A peine cette nouvelle se fut-elle répandue, que la Pouille, la Calabre & la terre de Labour furent en combustion. Le Comte Robert se saisit aussi-tôt de plusieurs villes de la Pouille, & Emmanuel Empereur d'Orient fit passer en diligence un grand nombre de troupes dans cette province; d'un autre côté le Prince Robert de Sorrente qui avoit été dépossédé de la principauté de Capoue, profita de ces troubles pour rentrer dans ses Etats. On avoit tout lieu de craindre que l'Empereur Frederic ne saisit cette occasion pour satisfaire la haine qu'il portoit à Guillaume; mais la contagion s'étant mise dans son armée, il fut obligé de retourner en Allemagne. Cependant le Roi étoit toujours dans sa retraite où Majone lui deguisoit une partie du danger; il l'engagea seulement à écrire aux Barons qui lui étoient restés fidéles, que la nouvelle de sa mort n'avoit été supposée que par les rebelles. Jusqu'alors la Sicile ne s'étoit point encore ressentie de tous ces désordres; mais la tranquillité dont elle jouissoit, ne pouvoit être de longue durée, & il y avoit lieu de croire que les Confédérés, après s'être rendu maîtres des provinces en-deçà du Phare, songeroient à s'emparer de la Sicile. Le Comte Geoffroy ayant découvert la conduite de l'Amiral & de l'Archevêque de Palerme, trouva moyen d'en informer le Roi, & de lui faire connoître la trahison de ses deux favoris; Guillaume reçut mal un avis si salutaire, & refusa d'ajouter foi aux discours du Comte. Celui-ci voyant que rien n'étoit capable de désabuser le Roi, & qu'il s'étoit même attiré la haine de ce Prince en voulant le servir, se mit à la tête des Siciliens qui ne pouvoient plus supporter la tyrannie de l'Amiral. Cet événement détermina enfin Guillaume à sortir de son palais, & il reconnut trop tard les malheurs que son inaction avoit causés. Il fut cependant assez heureux pour appaiser le tumulte, & rétablir le calme dans la Sicile. Cette premiere demarche le porta à prendre la résolution de passer dans la Pouille pour y soumettre les rebelles.

Troubles en Sicile.

Ayant assemblé son armée avec toute la promptitude possible, il partit de Messine & alla camper aux environs de Brindes alors occupé par les Grecs. Avant que de former les attaques devant cette place, il envoya demander la paix au Pape; mais les Partisans de Frederic ayant detourné le Souverain Pontife d'écouter aucune proposition, Guillaume n'eut plus d'autre parti à prendre que celui de continuer la guerre. Le siége de Brindes

1156.

Royaumes de Naples et de Sicile.

fut poussé avec tant de vigueur, que la ville fut obligée de se soumettre. Les Capitaines Grecs qui s'y étoient renfermés, furent faits prisonniers avec plusieurs Barons rebelles. Toutes les richesses des Grecs devinrent la proye du vainqueur, & Guillaume retira un grand profit de cette conquête.

Les ennemis sont chassés de la Pouille.

La prise de Brindes fut suivie de celle de Bari, que Guillaume fit raser entierement pour punir les habitans de cette ville qui avoient fait détruire la citadelle bâtie par son pere. Il s'empara ensuite de Tarente, & de tous les autres endroits de cette Province que le Comte Robert & les Grecs avoient occupés. De-là il se rendit à Benevent, dont il fit le siége. Le Pape Adrien qui s'y étoit enfermé avec les Cardinaux & plusieurs Barons rebelles, craignant de tomber entre les mains de Guillaume, envoya trois Légats pour faire des propositions de paix au Roi de Sicile. Ce Prince qui étoit bien aise de se reconcilier avec le Souverain Pontife, nomma des Plénipotentiaires pour convenir des articles du traité. Avant qu'ils fussent reglés, il alla trouver le Pape dans l'Eglise de saint Marc située hors de la ville de Benevent, lui rendit hommage pour son royaume, & lui prêta serment de fidelité. Le Pape lui mit en même-temps la couronne sur la tête, & l'investit en lui donnant premierement un étendart pour le royaume de Sicile, un autre pour le duché de la Pouille, & un troisieme pour la principauté de Capoue. Le Pontife lui accorda aussi ce que ses prédécesseurs n'avoient jamais voulu céder aux autres Princes Normans, c'est-à-dire, l'investiture de Salerne, d'Amalfi, de Naples avec leurs appartenances, de la marche d'Ancône, & de toutes les autres terres que le Roi possedoit. Cet acte regardoit aussi Roger fils de Guillaume, & tous ses successeurs à la couronne. En conséquence de cette investiture, le Roi s'engageoit à donner tous les ans six cens schifates pour la Pouille & la Calabre, & cinq cens pour la marche d'Ancône.

Traité avec le Pape.

" Le traité contenoit ce qui suit. On convint de divers articles par rap-
" port aux appellations, élections & autres choses concernant le gouverne-
" ment ecclésiastique dans le royaume de la Pouille: Quant aux appella-
" tions, il fut reglé que si un Clerc avoit des difficultés dans la Pouille,
" la Calabre & les terres voisines, avec un autre Clerc, au sujet de quelque
" affaire ecclésiastique, si le Chapitre, l'Evêque, l'Archevêque, ou quel-
" que autre personne ecclésiastique de cette province, ne pouvoient pas
" réussir à la terminer, en ce cas il seroit permis d'en appeller au saint
" Siege: Que si la nécessité ou le bien d'une Eglise le demande, on pourra
" faire les translations d'une Eglise à l'autre: Que le saint Siége pourra li-
" brement faire les visites & les consécrations dans les villes de la Pouille,
" de la Calabre & lieux adjacens, à la réserve cependant des villes où le
" Roi & ses héritiers se trouveroient présens en personne, auquel cas il
" faudroit leur en demander la permission: Que le saint Siége pourroit sans
" difficulté avoir des Légats dans la Pouille, dans la Calabre & dans les
" pays voisins, à condition cependant qu'ils s'y comporteroient avec mo-
" dération, & qu'ils ne dépouilleroient point les Eglises de ce qui leur
" appartenoit, pour se l'approprier à eux-mêmes.

" Il fut aussi convenu que le saint Siége auroit le droit de visiter & de
" consacrer les Eglises en Sicile, & que si le Roi ou ses successeurs veulent

faire

» faire venir auprès d'eux les personnes ecclésiastiques de la Sicile, soit
» pour recevoir de leurs mains la couronne, soit pour quelqu'autre besoin,
» elles seront obligées d'obéir à leurs ordres, & qu'ils pourront faire sé-
» journer & retenir auprès de leurs personnes ceux d'entr'eux qu'ils juge-
» ront à propos. Par rapport aux autres affaires ecclésiastiques, il fut aussi
» réglé que le saint Siége jouiroit en Sicile de tous les droits dont il jouis-
» soit dans les autres parties du royaume, à la réserve des appellations,
» & de pouvoir y envoyer des Légats, que l'on n'y souffrira point, à moins
» que le Roi ou ses héritiers ne les ayent demandés. Enfin, il fut dit que
» le saint Siége conserveroit sur les Eglises & Monasteres de la Sicile, les
» consécrations & les Bénédictions ordinaires, pour lesquelles on lui paye-
» roit les cens établis, ainsi que cela se pratiquoit dans les autres Eglises.
» Quant aux élections, il fut réglé que les ecclésiastiques assemblés éli-
» ront la personne qu'ils en jugeront digne, & tiendront secret le choix
» qu'ils auront fait, jusques à ce qu'ils l'ayent communiqué au Roi, qui
» l'approuvera, pourvû néanmoins qu'il n'apprenne pas que la personne
» élue soit engagée dans le parti de ses sujets rebelles, ou d'ennemis contre
» lui ou ses héritiers; ou bien que ce fût une personne qu'il haït, ou que
» par quelque autre raison, il n'estimât pas digne de meriter son consen-
» tement à son élection (4).

Les Barons de la Pouille voyant qu'ils n'avoient pas été compris dans le traité, furent obligés de prendre la fuite pour éviter la colere du Roi. Robert Prince de Capoue eut le malheur d'être arrêté avec toute sa famille; mais Jourdan un de ses fils trouva moyen de se sauver à Constantinople. Toute la Pouille étoit rentrée sous la domination de Guillaume, & la plûpart de ses ennemis étoient abbatus ou avoient pris la fuite; mais il étoit résolu de se venger de l'Empereur de Constantinople. Etienne frere de Majone qu'il chargea d'aller attaquer les Grecs sur les côtes de la Morée, remporta sur eux une victoire si complette qu'Emmanuel envoya demander la paix au Roi de Sicile. Elle fut enfin conclue entre ces deux Princes, & l'Empereur par ce traité, reconnut Guillaume pour Roi, & lui en donna le titre.

La Sicile auroit pu jouir de la tranquillité que tant de traités avantageux venoient de lui rendre. Ils sembloient même l'en assurer; mais la trop grande autorité que le Roi laissa prendre à Majone, & la tyrannie de ce Ministre, causerent de nouveaux troubles. Ce favori peu satisfait du pouvoir absolu que Guillaume lui avoit confié, osa former le projet de monter sur le trône, au préjudice de celui qui l'avoit comblé de tant de bienfaits. Pour parvenir à ses fins, il offrit de grosses sommes d'argent au Pape Alexandre, afin de l'engager à ôter la couronne à Guillaume & à lui mettre sur sa tête. Le Pontife qui étoit dans les intérêts de Guillaume refusa de se prêter à de si noirs projets. Les mauvais desseins de l'Amiral étant devenus publics, toutes les villes de la Pouille & de la Sicile se liguerent pour perdre Majone. Le Roi ne voulant point ajouter foi à tout ce qu'on disoit de son favori, ne put s'empêcher de témoigner sa colere contre les villes qui s'étoient

(4) Baronius cité par Giannone. Voyez aussi Lunig, tom. II. cod. ital. Diplom. pag. 850.

révoltées, & leur envoya des ordres précis de rentrer dans le devoir, en déclarant que tout ce qu'on publioit contre son Ministre, n'étoit appuyé sur aucun fondement. Cette démarche du Roi n'eut aucun effet, & la haine qu'on portoit au Ministre s'étant encore augmentée, tout le Royaume se déclara ouvertement contre lui. Majone sentit alors la grandeur du péril qui le menaçoit, & il crut dissiper cette conjuration en employant le crédit de Matthieu Bonnello, à qui il vouloit donner en mariage une de ses filles. Ce Seigneur qui avoit conçu une violente passion pour Clemence fille naturelle du Roi Roger, étoit désespéré de l'opposition que l'Amiral mettoit à son mariage. Il accepta cependant la commission dont Majone l'avoit chargé; mais il se laissa bien-tôt séduire par les discours des chefs des conjurés, & il forma le dessein de tuer l'Amiral.

Ce Ministre, au milieu de tant de périls, méditoit toujours la mort du Roi, & il avoit déja marqué le jour pour l'exécution de ce parricide, lorsque la dispute qu'il eut avec l'Archevêque de Palerme au sujet du gouvernement du Royaume, avança la perte de ces deux scélérats. L'Archevêque, mécontent de Majone engagea Bonnello à exécuter promptement son dessein, dans la crainte qu'il ne fut prévenu par cet Amiral. Les assassins que Bonnello plaça en differens endroits ayant été découverts, Bonnello jugea qu'il étoit perdu sans ressource. Il prit aussi-tôt son parti, il attaqua l'Amiral l'épée à la main & le renversa du second coup qu'il lui porta. L'Archevêque ne lui survécut pas long-temps. Il mourut du poison que Majone lui avoit fait donner secretement. Les Siciliens ayant appris la mort de l'Amiral, satisfirent sur son corps la haine qu'ils avoient conçue contre lui, & le traînerent par les rues, & lui firent mille outrages. Le Roi averti de ce qui se passoit, regarda la mort de son favori comme un attentat à sa personne & fit garder les maisons des amis & des parens de Majone pour les garantir du pillage. Henri Aristippo à qui le Roi confia l'exercice de la charge d'Amiral par *interim*, trouva enfin moyen de désabuser Guillaume & de lui faire connoître la perfidie de son favori. Un sceptre d'or, une couronne & des habillemens royaux qu'on trouva dans les trésors de Majone acheverent de convaincre le Roi, & le porterent à faire arrêter les freres & le fils de l'Amiral. Le Roi approuva l'action de Bonnello, & l'assura qu'il pouvoit reparoître à sa Cour en toute sûreté. L'arrivée de ce Seigneur à Palerme fut une espece de triomphe. On s'empressa d'aller au-devant de lui, & chacun le regardoit comme le liberateur de la patrie.

La Reine qui avoit participé aux desseins de l'Amiral son favori, résolut de perdre Bonnello dont le grand crédit lui causoit en même-temps de la jalousie. Le Roi étoit alors renfermé de nouveau dans son palais, uniquement occupé de ses plaisirs & du soin d'amasser des trésors. Les Eunuques qui étoient continuellement avec lui, ne cesserent de rendre suspecte la conduite de Bonnello & de représenter à Guillaume qu'on l'avoit surpris au sujet de l'Amiral. Le Roi se laissant séduire par ces discours, se persuada que Bonnello n'avoit fait périr Majone que pour lui faire éprouver le même sort. L'affection que le peuple témoignoit à ce Seigneur, l'empêcha d'abord d'user de sévérité. Bonnello s'étant apperçu qu'il n'avoit plus à la Cour le même crédit qu'auparavant, soupçonna qu'on cherchoit à le perdre. Les Barons auxquels il fit part de ses idées, convinrent de se défaire du Roi ou de l'enfermer dans une prison, & de mettre sur le trône Roger son fils, qui étoit alors âgé de neuf ans. Pendant que Bonnello étoit à un de ses châteaux près de Palerme pour y rassembler des provisions de bouche & le fournir de troupes, le complot pensa être découvert. Les conjurés voyant qu'ils n'avoient point de temps à perdre, ne jugerent pas à propos d'attendre le retour de leur Chef; ils surent s'introduire secretement dans le palais, se saisirent de la personne du Roi, & proclamerent à sa place son fils Roger.

Bonnello craignant le retour du peuple pour son Souverain, refusa de se rendre à Palerme. Les Siciliens étoient restés tranquilles pendant trois jours; mais enfin excités par les représentations des Archevêques de Salerne & de Messine & de l'Evêque de Mazzara, ils coururent en foule au palais, & forcerent les conjurés à rendre la liberté au Roi. Ce Prince permit à ceux-ci de se retirer, & il obtint du peuple qu'on ne leur feroit aucune violence. Roger, seul qui avoit eu l'imprudence de paroître aux fenêtres, fut blessé d'un coup de fleche. Ce Prince ne seroit pas mort de cette blessure, si le Roi, irrité de la joie qu'il avoit témoignée de son emprisonnement ne lui eut donné un coup de pied dans l'estomac. Guillaume, revenu de sa colere, en témoigna une douleur qui convenoit peu à la Majesté royale. Il quitta les ornemens royaux, & se livra entierement aux pleurs & aux gémissemens. Ses Officiers & plusieurs Prélats firent tout ce qu'ils purent pour le consoler, & l'obligerent enfin à se montrer au peuple. Les sanglots ayant interrompu le discours qu'il tint en cette occasion, Richard Elu de Syracuse prit la parole, & déclara aux Siciliens que le Roi leur accordoit plusieurs priviléges & franchises. Cette nouvelle fut d'autant plus agréable aux habitans de Palerme, qu'ils ne s'y attendoient pas, puisque jusqu'alors Guillaume les avoit chargés de fortes impositions, à dessein seulement de satisfaire son extrême avarice. Bonnello voyant tous les troubles appaisés, voulut persuader au Roi qu'il n'avoit point participé à la conjuration qu'on avoit faite contre lui. Mais ce Prince lui ayant représenté que la retraite qu'il donnoit aux conjurés dévoiloit clairement son crime; il s'excusa sur les devoirs de l'humanité. Il proposa en même-temps à Guillaume d'abolir les loix onereuses qu'il avoit imposées à ses peuples, & de rétablir les sages reglemens de Roger Comte de Sicile & de Robert Guiscard, & menaça le Roi de se procurer la liberté les armes à la main, s'il ne vouloit pas accepter ses propositions. Guillaume, offensé de la hardiesse de son Sujet, déclara qu'il trouveroit moyen de réduire lui & ses partisans; mais que s'ils vouloient rentrer dans le devoir, il oublieroit tout ce qui s'étoit passé. Les conjurés n'osant se fier à la parole du Roi, ou plutôt se servant de ce faux prétexte, s'avancerent vers Palerme où ils jetterent la consternation. Guillaume rassembla aussi-tôt ses troupes, & marcha à leur rencontre. Avant que de tenter le sort d'une bataille, il fit faire de nouvelles propositions aux rebelles par Robert de Saint-Jean Chanoine de Palerme. Ce Ministre négocia avec tant de dextérité, que les conjurés demanderent à faire la paix. Robert de Saint-Jean obtint que le Roi leur pardonneroit, & qu'il leur fourniroit des galeres armées pour sortir du royaume. Bonnello rentra en grace; & Richard Mandra qui avoit empêché les conjurés de tuer le Roi, fut fait grand Connetable de Sicile.

ROYAUMES DE NAPLES ET DE SICILE.

Fin tragique de Bonello.

Roger Sclavo fils du Comte Simon & Tancrede Comte de Lecce, n'avoient point voulu avoir part à l'amnistie que le Roi avoit accordée. Ces Princes persistant dans leur rebellion, s'emparerent de plusieurs places, & firent de grands ravages sur les terres de Syracuse & de Catanée. Le Roi croyant que Bonnello étoit complice de tous ces désordres, le fit arrêter & mettre en prison: Il y eut quelque émeute à ce sujet; mais le peuple toujours inconstant, oublia bien-tôt celui dont il avoit pris les intérêts avec tant de chaleur. Bonnello eut les yeux crevés; on lui coupa tous les nerfs des pieds, & il finit sa vie dans une prison. Guillaume vint à bout d'arrêter les progrès des autres conjurés, & le calme fut rétabli dans la Sicile. Cependant quelques partisans de Majone continuoient à exciter des troubles dans la Pouille & dans la Calabre. Les rebelles s'étoient déja emparé de plusieurs châteaux & même de Tarente. Le Roi faisant diligence, passa dans ces provinces à la tête d'une nombreuse armée, & poursuivit les rebelles avec tant de vigueur, qu'ils furent obligés de sortir de ses Etats. Ceux qui tomberent entre ses mains, furent punis de mort ou eurent les yeux crevés; & les villes rebelles ne purent appaiser ce Monarque irrité qu'en donnant de grosses sommes d'argent. Tout paroissant alors tranquille dans la Pouille, la Calabre & la Sicile, Guillaume se renferma de nouveau dans son palais, & ne voulut plus se mêler du gouvernement de ses Etats, dont il confia le soin à Matthieu Notaire de Salerne, & à Henri Evêque de Syracuse. La séverité de Matthieu à l'égard des prisonniers qui étoient dans le palais occasionna un évenement qui pensa causer une grande révolution. Ces prisonniers qui préferoient la mort à la rigueur de leur captivité, ils trouverent moyen de briser leurs fers, se jetterent sur la garde & mirent tout en désordre dans le palais. Un des Officiers du Roi étant accouru avec un grand nombre de soldats, arrêta bien-tôt les rebelles & délivra le Roi d'un des plus grands dangers qu'il eût couru de sa vie. Cet évenement engagea Guillaume à transférer les autres prisonniers dans une forteresse près de la mer, dans la crainte de se voir exposé de nouveau à une semblable révolution.

Le repos honteux dont Guillaume continua de jouir dans son palais, donna la liberté à ses Ministres & aux Eunuques de vexer les Peuples, & de les rendre malheureux. Pendant qu'ils gemissoient sous l'esclavage de ces tyrans, leur Monarque n'étoit occupé que de ses plaisirs, il faisoit construire un palais qui surpassoit en magnificence & en agremens ceux que Roger avoit fait bâtir. Mais il n'eut pas le plaisir d'en jouir, étant mort d'une dyssenterie le 14 ou 15 de mai de l'an 1166, après un regne de douze ans, à compter depuis la mort de son pere.

GUILLAUME II. dit le BON IIIe. Roi de Sicile.

1166.

La Reine Marguerite qui craignoit quelques mouvemens à la mort du Roi, eut soin de faire cacher cette nouvelle jusqu'à ce qu'elle eut fait venir les Barons qui devoient assister au couronnement de Guillaume fils du feu Roi. Tous les préparatifs nécessaires pour cette cérémonie étant faits, on annonça la mort du Roi en même-temps que le couronnement de Guillaume II. Ce Prince n'étoit âgé que de douze ans, mais la Reine sa mere se chargea de l'administration du royaume. Elle signala les commencemens de sa régence par le soulagement des Peuples, & fit rendre la liberté à tous les prisonniers. Les changemens qu'elle fit dans le ministère, occasionnerent quelques troubles, qui n'eurent point de fuite dangereuses. Ils recommencerent cependant deux ans après; mais, enfin ils furent appaisés.

Ce Prince étoit à peine sur le trône, qu'Emmanuel Empereur d'Orient lui envoya une ambassade pour confirmer le traité qu'il avoit fait avec son pere. Il lui proposa en même-temps de lui donner sa fille en mariage: differens obstacles en empêcherent l'exécution. Guillaume qui faisoit profession d'une grande pieté, ne put apprendre le triste état ou étoient les Chretiens en Egypte, sans songer à les secourir. Il fit équiper une flote considérable, & l'envoya sous les ordres de Gautier de Moac à Alexandrie d'Egypte contre Salaheddin.

Cependant Frederic Barbe-rousse étoit entré en Italie avec une puissante armée, pour faire la guerre contre Alexandre III. Ce Monarque considérant combien il lui seroit avantageux de mettre le Roi de Sicile dans son parti, lui envoya proposer sa fille en mariage. Guillaume qui vouloit toujours rester dans les intérêts du Pape, refusa l'alliance de l'Empereur; ce qui irrita tellement ce Prince, qu'il fit marcher un corps de troupes vers la Pouille, sous la conduite de Tristan son Chancelier. Mais la valeur de Tancrede & de Roger d'Andria, rendirent inutiles les efforts des Allemans, & les obligerent à se retirer. Guillaume qui avoit refusé d'épouser les filles des Empereurs d'Orient & d'Occident, fit partir des Ambassadeurs pour l'Angleterre, chargés de demander en mariage Jeanne fille de Henri II. La proposition fut acceptée avec beaucoup de joye, & la Princesse s'étant rendue à Palerme, la cérémonie des nôces s'y fit avec beaucoup d'éclat. Guillaume accorda pour douaire à la Reine son épouse, la ville de Mont saint-Ange, celle de Vesti avec toutes leurs dépendances, & les droits honorifiques sur Lesina, Peschici & sur plusieurs autres places.

Les mauvais traitemens que les Latins établis à Constantinople avoient soufferts de la part d'Andronic, engagerent Guillaume à faire partir une flotte considérable sous les ordres de Tancrede pour les secourir. Les Siciliens étant arrivés dans la Grece y commirent toutes sortes d'excès, saccagerent Duras, Thessalonique & plusieurs autres places. Andronic n'osant s'opposer aux progrès des Siciliens, excita la haine de ses nouveaux sujets & fut chassé du trône. Isaac l'Ange ayant été mis à sa place, marcha contre les Siciliens, les défit en diverses rencontres, & les obligea enfin de retourner dans leur pays.

La stérilité de la Reine faisant craindre à Guillaume, que ses Peuples n'éprouvassent de grands malheurs s'il ne laissoit point de postérité, il résolut de les prévenir en désignant un successeur. Constance fille postume du Roi Roger, étoit la seule qui restât du sang légitime des Rois Normans; car Tancrede Comte de Lecce n'étoit que fils naturel de Roger, fils du Roi Roger. L'Empereur Frederic l'ayant demandée en mariage pour Henri son fils, le Roi de Sicile y consentit, & le mariage fut célébré à Milan. Suivant la chronique de Richard de saint Germain, on assura pour dot à cette Princesse la succession irrévocable à la couronne de Sicile (5). Guillaume ne vecut pas long-temps après ce mariage; il mourut le 16 de Novembre 1189.

(5) Giannone.

ROYAUMES DE NAPLES ET DE SICILE.

1174.

1176.

Expedition des Siciliens en Grece.

1185.

Mariage de Constance.

1186.

ROYAUMES DE NAPLES ET DE SICILE.

TANCREDE IVe. Roi de Sicile.

1189.

Après la mort de Guillaume qui ne laiſſoit point d'enfans, il s'éleva pluſieurs prétendans à la couronne Conſtance avoit été déſignée heritiere de Guillaume dans une aſſemblée tenue à Troja, & le Roi lui avoit fait prêter ſerment de fidelité & à Henri ſon époux. L'éloignement de ce Prince qui étoit alors en Allemagne, peut-être même le chagrin de paſſer ſous une domination étrangere, engagerent les Peuples à proclamer Tancrede. Les Barons du royaume qui deſcendoient de la famille royale, portoient auſſi leurs prétentions au trône, & refuſerent de reconnoître Roger. Cependant les Siciliens après avoir mis la couronne ſur la tête de Tancrede, envoyerent demander au Pape l'inveſtiture ordinaire. Tancrede n'avoit aucun droit au trône, & ce n'étoit que par la volonté des Peuples qu'il y étoit monté. Un grand nombre de Barons & particulierement ceux du royaume de la Pouille, refuſerent de le reconnoître. Les mouvemens que Richard Comte de la Cerra, beau-frere de Tancrede, ſe donna à cette occaſion, & les troupes qu'on envoya dans la Pouille engagerent enfin les Barons à prêter ſerment de fidelité. Le grand Connetable Roger Comte d'Andria, qui s'étoit flatté d'obtenir la couronne, joignit ſes troupes à celles de Richard Comte de Calvi, pour s'oppoſer aux progrès de l'armée de Tancrede. Il écrivit en même-temps à Henri qui étoit en Allemagne, pour l'engager à venir prendre poſſeſſion du royaume de Sicile qui lui appartenoit du chef de ſa femme. Tancrede étant paſſé lui-même dans la Pouille, battit les troupes du grand Connetable, & ſoumit la plus grande partie de la province.

Henri envoye une armée en Italie.

Les ſollicitations du grand Connetable avoient fait effet ſur l'eſprit de Henri, & ce Prince avoit envoyé une nombreuſe armée en Italie. Elle entra dans la terre de Labour, & y mit tout à feu & à ſang. Elle paſſa enſuite dans la Pouille, où elle détruiſit un grand nombre de châteaux. Tancrede croyant qu'il étoit de ſa prudence, de ne pas riſquer le ſort d'une bataille, & perſuadé d'ailleurs que l'ardeur de ſes ennemis ſe rallentiroit, ou même que ces troupes ſe diſſiperoient, ſe retira dans Ariano, & plaça le reſte de ſes ſoldats dans les châteaux voiſins. Ce qu'il avoit prévu arriva. Le Général Alleman ayant entrepris le ſiége d'Ariano dans les plus fortes chaleurs de l'été, perdit la plus grande partie de ſon armée, fut obligé de lever le ſiége & de s'en retourner en Allemagne. La retraite des Allemans n'empêcha pas le grand Connetable de continuer la guerre. Après avoir mis une forte garniſon dans le château de ſainte-Agathe, il ſe retira dans Aſcolie. Richard Comte de la Cerra alla mettre le ſiége devant cette place, & n'ayant pu engager le grand Connetable Roger à ſe rendre, il le fit ſortir de la place ſous prétexte d'avoir une conférence avec lui. Pendant qu'il étoit en chemin pour ſe rendre au lieu indiqué, il fut aſſaſſiné par ceux que Richard avoit apoſtés pour exécuter ſes deſſeins. Les habitans de Capoue effrayés de la mort du grand Connetable, ouvrirent leurs portes à Richard lorſqu'il ſe préſenta devant cette ville. Tancrede qui étoit allé à Palerme pour y regler diverſes affaires, ſe rendit enſuite dans l'Abruzze où il ſoumit le Comte Rainolde.

Henri VI. diſpute la couronne de Sicile à Tancrede.

Cependant Henri VI. fils de Frederic, étoit monté ſur le trône de l'Empire depuis la mort de ſon pere. Toujours occupé du deſſein de faire valoir ses droits sur la Sicile, après s'être fait couronner à Rome, il s'avança vers la Pouille. Le Pape Celestin fit tout ce qu'il put pour le détourner de cette entreprise, mais toutes ces représentations n'empêcherent pas l'Empereur de s'emparer de la forteresse d'Arse, qui étoit sur les frontieres de l'Etat ecclésiastique. Toutes les villes de la terre de Labour intimidées par la présence de l'armée Impériale, se soumirent volontairement, & il n'y eut que la ville de Naples qui osa résister. Le Comte de la Cerra qui s'y étoit renfermé, se voyant secondé des Napolitains se deffendit avec tant de courage, que l'Empereur fut obligé d'abandonner son entreprise. Les excessives chaleurs de l'été, la grande quantité de fruits que les soldats Allemans avoient mangés, & le mauvais air causé par les marais voisins, avoient fait périr la plus grande partie de ses troupes, & ce Prince étoit lui-même tombé malade. Henri ayant laissé Constance son épouse à Salerne, & reçu des ôtages des villes qu'il avoit soumises, se rendit en Lombardie & prit la route d'Allemagne.

Royaumes de Naples et de Sicile.

1191.

L'Empereur perdit ses conquêtes avec autant de facilité qu'il les avoit faites. A peine eut-il quitté l'Italie, que Richard de la Cerra se rendit maître de toutes les villes qui s'étoient soumises aux Allemans, à l'exception du Mont-Cassin, dont l'Abbé résista aux excommunications même du Pape Celestin. Les habitans de Salerne qui ne s'étoient rendus que par force à l'Empereur, ne virent pas plutôt ce Monarque éloigné, qu'ils remirent entre les mains de Tancrede l'Imperatrice Constance. Ce Prince la reçut honorablement à Palerme, & peu de temps après il la renvoya, comblée de présens. Les succès de Richard furent plus variés dans la terre de Labour, où l'Empereur avoit renvoyé de nouvelles troupes. Tancrede craignant enfin que le Royaume entier ne se revoltât, passa dans la Pouille avec une nombreuse armée à dessein de livrer bataille au Comte Bertolde. Il étoit prêt à en venir aux mains avec ce Seigneur, lorsqu'on lui représenta qu'il ne devoit pas compromettre sa personne en combattant contre un simple Capitaine. Ce conseil fut le salut de Bertolde, dont les troupes étoient inférieures en nombre à celles du Roi. Bertolde s'étant retiré dans le comté de Molise, attaqua le château de Monte Rodano, où il fut tué d'une pierre lancée par une machine. Tancrede de son côté, prit toutes les places du comté de Molise & de la terre de Labour ; mais il ne put venir à bout de l'Abbé du Mont-Cassin.

Tancrede étant de retour à Palerme, eut le chagrin de perdre Roger son fils aîné, qu'il avoit déja fait couronner. La douleur qu'il en ressentit fut si grande, qu'il tomba dans une maladie de langueur dont il mourut l'an 1193. On l'inhuma avec beaucoup de ceremonies dans la grande Eglise, & dans le même tombeau où reposoit son fils Roger, & on suivit en cela les ordres qu'il avoit donnés pendant sa maladie. Tancrede avoit épousé Sibille de Medania fille de Robert Comte de la Cerra, frere de mere de Roger de Sanseverin ; fils de Trogisio Norman. Il en eut deux fils, Roger & Guillaume, & quelques filles, dont deux seulement lui survecurent, sçavoir Albirnia & Mandonia.

Mort de Tancrede.

Guillaume III. fils de Tancrede avoit été couronné du vivant de son pere, & les peuples ne firent pas difficulté de le reconnoître pour souve-

Guillaume III. Ve Roi de Sicile.

rain ; mais l'arrivée de l'Empereur en Italie, fit bien-tôt changer les choses de face. Ce Monarque regardant la mort de Tancrede comme un événement favorable pour faire valoir les droits de Constance son épouse, rentra de nouveau dans ce pays à la tête d'une puissante armée. Les Allemans qui étoient encore dans la Pouille, le Comte de Fondi & plusieurs Barons qui étoient dans son parti, joignirent aussitôt son armée. Presque toutes les villes de la Campanie se soumirent à l'Empereur, & la ville de Naples même lui ouvrit ses portes. Salerne, qui avoit livré l'Imperatrice entre les mains de Tancrede, craignant le ressentiment de l'Empereur, fit une vigoureuse résistance. Elle fut cependant obligée de se rendre, & elle éprouva le sort qu'elle redoutoit. Une partie des habitans fut massacrée, les autres furent mis en prison ou envoyés en exil, & la ville fut entierement détruite. La Pouille, la Calabre & la Sicile se déclarerent pour Henri. La Reine Sibille se voyant abandonnée de ses sujets, se retira dans une forteresse où elle pouvoit se défendre pendant long-temps. L'Empereur lui fit proposer de lui donner le comté de Lecce, & à son fils Guillaume la principauté de Tarente, s'il vouloit céder toutes ses prétentions à la couronne. La Reine qui se voyoit sans ressources, accepta les propositions qui lui furent faites, & Guillaume eut la lâcheté d'apporter la couronne de Sicile aux pieds de l'Empereur. C'est ainsi que le royaume de Sicile passa des Princes Normans dans la maison de Suabe.

A peine Henri fut-il monté sur le trône de Sicile, qu'il gouverna plutôt en tyran qu'en souverain. Une conjuration supposée lui fournit le prétexte de faire arrêter le jeune Guillaume, la Reine Sibille, ses filles & tous les Seigneurs & Prélats qui s'étoient opposés à son élevation. Guillaume eut les yeux crevés, & ses partisans perirent dans divers supplices. Henri exerça même sa fureur jusques sur les morts. Il fit déterrer les corps de Tancrede & de son fils Roger, & on leur ôta par ses ordres les couronnes royales avec lesquelles ils avoient été enterrés. Il fit en même-temps casser tous les actes, privileges, concessions, & généralement tout ce qui avoit été fait sous le nom de ces deux Princes qu'il regardoit comme des usurpateurs.

Constance qui étoit partie d'Allemagne pour aller partager avec l'Empereur la couronne de Sicile, accoucha d'un fils dans Esi, petite ville de la Marche d'Ancône, à qui on donna le nom de Frederic Roger. L'Empereur s'étant fait reconnoître souverain dans toute l'étendue de ses nouveaux Etats, s'en retourna en Allemagne, emportant avec lui toutes les richesses & les trésors qui avoient appartenus aux Rois de Sicile. Ayant fait une nouvelle levée de troupes, sous prétexte qu'il les destinoit pour la guerre de la Terre-Sainte, il repassa en Italie où il exerça les plus horribles cruautés. Resolu de détruire entierement les Normans, il les fit inhumainement massacrer, & n'épargna pas même les enfans. L'Imperatrice Constance ne pouvant plus supporter la barbarie de l'Empereur, fit soulever les Peuples qui lui étoient attachés. Ils se jetterent sur les Allemans dont ils firent un grand carnage, & Henri auroit eu le même sort s'il ne se fut sauvé dans une forteresse. Ce Prince y auroit été bien-tôt forcé, & n'auroit pu échapper à la fureur des Siciliens s'il n'eut accepté les conditions que Constance lui fit proposer. On convint de le laisser sortir en liberté, moyennant qu'il retourneroit

aussi-tôt

aussi-tôt en Allemagne. Henri delivré d'un si pressant danger, se reconcilia avec sa femme & les Barons qui s'étoient révoltés. Ce Prince mourut peu de temps après à Messine, le 29 de septembre 1197; ce qui délivra les habitans de Sicile & de la Pouille des continuelles inquiétudes où la cruauté de leur nouveau Souverain les avoient jettés.

ROYAUMES DE NAPLES ET DE SICILE.
Mort de Henri.

Après la mort de Henri, Constance s'empara du gouvernement du Royaume, & travailla à rétablir la tranquillité dans ses Etats. Elle ordonna pour cet effet aux soldats Allemans de sortir de la Sicile & de la Pouille, avec deffense d'y rentrer sans sa permission. Cette Princesse fit ensuite conduire dans le royaume de la Pouille & dans celui de Sicile le jeune Frederic son fils, qu'elle avoit laissé entre les mains du Duc de Spolete pour l'élever. Elle demanda au Pape pour elle & pour ce Prince l'investiture accoutumée. Innocent III. refusa de l'accorder sous les mêmes conditions que le Pape Adrien l'avoit donnée à Guillaume I. La Reine ayant consenti à annuller quatre articles de l'investiture, le Pape lui accorda sa demande. Le Cardinal d'Ostie se rendit à Palerme en qualité de Légat du saint Siége, mit la couronne sur la tête de Constance & de Frederic, reçut le serment de fidelité qu'ils prêterent, & leur reconnoissance d'un tribut annuel de six cens schifates pour la Pouille & la Calabre, & de quatre cens pour la Marsie.

1197.
Constance s'empare du gouvernement du royaume.

L'Imperatrice Constance mourut quelque temps après, c'est-à-dire, le 5 de décembre de l'an 1198. Par le testament qu'elle fit deux jours avant sa mort, elle laissa son fils Frederic & le Royaume sous la tutelle d'Innocent III. Cette disposition eut des suites dangereuses, & occasionna de grands troubles dans le royaume, comme on le verra par la suite de cette histoire. La race royale des Princes Normans finit par la mort de Constance. Cependant il resta plusieurs Barons & Comtes, qui par une longue suite d'années transmirent avec leurs terres considerables cet avantage à leur posterité.

Mort de Constance.

Innocent III. ayant appris la mort de Constance, exerça aussi-tôt les fonctions de tuteur du jeune Frederic, & envoya des Légats pour se faire reconnoître en cette qualité. Le grand Chancelier Richard & tous ceux de son parti, refuserent de se soumettre aux dernieres volontés de Constance. D'un autre côté, Marcovalde Général Alleman, ayant rassemblé une nombreuse armée, fut bien-tôt joint par quelques Barons Normans qui ne cherchoient que l'occasion d'exciter des troubles. Rofrido Abbé du Mont-Cassin considerant que Marcovalde se proposoit plutôt d'envahir l'Etat que de le deffendre, refusa d'écouter les propositions qu'il lui fit. Le Général Alleman, irrité contre l'Abbé du Mont-Cassin, se jetta sur les terres de l'abbaye, & commit de grands désordres. Le Pape informé de ce qui se passoit, envoya quelques troupes pour repousser les factieux. Mais Marcovalde ayant reçu en même-temps de nouveaux secours, trouva moyen d'entrer dans la ville de saint-Germain, où il exerça toutes sortes de cruautés. Il attaqua ensuite l'abbaye du Mont-Cassin: tous ses efforts furent inutiles, & il fut obligé de se retirer après avoir perdu une grande partie de son armée.

FREDERIC I. VIIe. Roi de Sicile.

1198.

Le Pape mit alors tout en usage pour arrêter les violences de Marcovalde. Il commença par l'excommunier solemnellement avec tous ceux de son parti, ordonna ensuite une levée de troupes & menaça de publier une Croisade contre le Général Alleman. Toutes ces choses n'empêcherent pas cependant

Tome II. P *

ROYAUMES DE NAPLES ET DE SICILE.

Marcovalde de ravager le territoire du Mont-Caſſin, & l'Abbé ne trouva pas d'autre expedient pour ſe délivrer d'un ſi dangereux ennemi, que de lui offrir une groſſe ſomme d'argent, afin de l'engager à ſe retirer. Le Comte de Fondi ſuivit l'exemple de l'Abbé, & ſe mit à l'abri des entrepriſes de Marcovalde. Ce Général feignit de vouloir ſe reconcilier avec le Pape, & lui fit faire même pluſieurs propoſitions. Le Pontife conſentit à lever l'excommunication à condition qu'il reſtitueroit toutes les villes dont il s'étoit emparé ; qu'il indemniſeroit le ſaint Siége & l'Abbé du Mont-Caſſin, & qu'il prêteroit ſerment de fidelité. Ces propoſitions ne s'accordoient pas avec les deſſeins de Marcovalde, il continua à déſoler les provinces. Il paſſa enſuite dans la Sicile, qui éprouva les mêmes malheurs que la Pouille & la Calabre.

Entrepriſes de Gautier ſur le royaume de Sicile.

De nouveaux troubles s'éleverent bien-tôt dans le Royaume, & furent cauſés par les prétentions de Gautier Comte de Brienne François de nation. Il avoit épouſé Albinia fille de Tancrede & de Sibille, & ſœur de Guillaume III. qui avoit été chaſſé du trône par Henri VI. Cet Empereur étoit convenu avec Guillaume lorſqu'il lui céda la couronne, de lui laiſſer le comté de Lecce & la principauté de Tarente. Gautier s'adreſſa au Pape en qualité de tuteur du jeune Frederic pour lui demander l'exécution de ce traité. Le Pape craignant que ce Seigneur François ne ſe joignît aux ennemis de l'Etat, crut qu'il étoit à propos d'accorder à Gautier ce qu'il demandoit. Il voulut auparavant en informer les Gouverneurs du jeune Roi. L'Archevêque de Palerme déſapprouva la conduite du Pape, qui vouloit diſpoſer ſuivant ſes volontés des comtés & principautés du Royaume, comme s'il en eut été le Souverain. Il aſſembla le peuple de Meſſine, & l'exhorta à s'oppoſer fortement à la réſolution d'Innocent. Gautier reconnoiſſant alors que la bonne volonté du ſouverain Pontife ne lui ſuffiroit pas pour réuſſir dans ſes deſſeins, paſſa en France & y leva des troupes pour les conduire dans le royaume de la Pouille.

Cependant Marcovalde continuoit ſes brigandages dans la Sicile, & s'étoit emparé d'un grand nombre de villes & de châteaux. Les troupes que le Pape avoit envoyé dans cette iſle ſe trouvant en état d'attaquer ce factieux, on réſolut d'en venir aux mains avec lui. Marcovalde eut ſoin d'éviter le combat, & tâcha de gagner du temps. Il n'ignoroit pas que ces troupes manquoient d'argent & de vivres, & qu'en conſequence cette armée ne pourroit ſubſiſter long-temps. Il fit faire des propoſitions de paix, & l'on étoit prêt de conclurre un traité avec lui, lorſqu'un Officier du Pape s'y oppoſa de la part de ſon Souverain. Les voies de négociation ayant été ainſi rompues, on en vint aux mains entre Palerme & Mont-Real ; mais après un combat dans lequel Marcovalde eut pluſieurs fois l'avantage, les Allemans & les Sarraſins de Sicile qui s'étoient joints à eux, furent enfoncés de toutes parts & entierement défaits. Le Général Alleman ſe voyant ſans reſſource prit la fuite & l'on fut quelque temps ſans entendre parler de lui.

1200.

La retraite de ce factieux ne rendit pas la tranquillité au Royaume. Diopold Seigneur Alleman étoit dans la Pouille où il commettoit une infinité de déſordres. Il avoit été fait priſonnier par le Comte de Caſerte, & il ne fut remis en liberté qu'après la mort de ce Comte. Il n'en profita que pour cauſer de nouveaux troubles dans l'Etat. Le monaſtere du Mont-Caſſin fut expoſé à ſa fureur, & il fit de grands ravages ſur les terres de cette Abbaye.

Sur ces entrefaites Gautier Comte de Brienne entra en Italie avec un petit nombre de troupes qu'il avoit levées en France. Diopold le regardant comme son rival rassembla une nombreuse armée, à dessein de le chasser du Royaume. Le Pape qui avoit pris son parti, envoya à Gautier une somme considerable pour le mettre en état d'augmenter le nombre de ses troupes. Il écrivit en même-temps aux Comtes, Barons & aux habitans du Royaume, pour les engager à prendre les intérêts du Comte de Brienne. Gautier étant entré dans la terre de Labour, & ayant été joint par l'Abbé de Mont-Cassin & l'Archevêque de Capoue, s'empara de la ville après s'être rendu maître de plusieurs autres postes dans les environs. Diopold dont les troupes étoient plus nombreuses que celles du Comte de Brienne, s'avança vers l'endroit où Gautier étoit campé, & lui livra bataille. Le succès ne répondit pas à son attente : les troupes du Comte de Brienne se battirent avec tant d'ardeur que les Allemans furent entierement défaits. Cette victoire fut suivie de la prise de plusieurs places, & Gautier après s'être emparé de la plus grande partie du comté de Molise, se vit bien-tôt maître de la principauté de Tarente, du comté de Lecce & des villes de Brindes, de Melfi & de Montepiloso.

L'Archevêque de Palerme ne vit pas sans chagrin les grands succès du Comte de Brienne, & il employa toutes sortes de moyens pour les arrêter. Ce Prélat s'étoit emparé de toute l'autorité dans la Sicile, & il disposoit des comtés, baronies & des autres emplois & dignités. Il avoit fait venir auprès de lui Gentil de la Pagliara son frere qu'il nomma un des Gouverneurs du Royaume. Marcovalde eut aussi part à l'administration des affaires, & ces especes de Triumvirs partagerent entr'eux toute l'autorité. L'Archevêque voulut en même-temps engager les Barons du Royaume à chasser Gautier de la Pouille & à ôter la tutelle au souverain Pontife. Le Pape irrité de la conduite de l'Archevêque, l'excommunia & le priva de l'Archevêché de Palerme, de l'Evêché de Troja & de la charge de grand Chancelier de Sicile. Cette excommunication eut l'effet que le Pontife en attendoit : en un instant le Prélat se vit abandonné de tout le monde, & devint bien-tôt l'objet du mépris public ; ce qui le força à chercher à se reconcilier avec le Pape. Mais sur la proposition qu'on lui fit de favoriser le Comte de Brienne dans son entreprise, il persista dans ses premiers desseins, & se ligua avec le Comte Diopold. Ce guerrier étant passé dans la Pouille, osa attaquer une seconde fois le Comte de Brienne : le sort de cette bataille ne fut pas different de celui de la précedente, & Diopold ne se sauva qu'avec beaucoup de peine.

Cependant Gentil frere de l'Archevêque de Palerme, & qui étoit chargé de la garde du Roi, livra à Marcovalde la ville de Palerme & toute la Sicile, à la réserve de Messine. On prétend que Marcovalde avoit dès-lors pris la résolution d'attenter à la vie du Roi, & d'usurper la couronne ; mais qu'il avoit été retenu par la crainte que le Comte de Brienne ne fît valoir les droits de sa femme. Il voulut pour cet effet engager le Pape à cesser de favoriser Gautier, & à l'obliger de sortir du Royaume. Pendant qu'il étoit occupé de ces desseins ambitieux, il fut attaqué d'une maladie qui le conduisit au tombeau. La mort de ce factieux fut cause des nouveaux malheurs dont la Sicile fut accablée. Guillaume Capparone autre Capitaine Alleman

---

ROYAUMES DE NAPLES ET DE SICILE.

Troubles occasionnés par le Comte de Brienne.

1202.

P 2

voulut remplacer Marcovalde, & prit le titre de gardien du Roi & de gouverneur de Sicile. Les partifans de Marcovalde refuferent de lui obéir, ce qui forma un nouveau parti dans l'Etat.

L'ancien Archevêque de Palerme qui avoit alors obtenu l'abfolution du Pape, dont il avoit juré de prendre les intérêts, repaffa en Sicile où il exerça comme auparavant la charge de grand Chancelier. Capparone ayant confenti à reconnoître Innocent pour tuteur de Frederic, fut auffi abfous de fon excommunication & partagea l'adminiftration de l'Etat avec l'ancien Archevêque de Palerme. D'un autre côté Diopold cherchoit à faire de nouvelles conquêtes dans la Pouille, mais le Comte de Brienne & fes partifans remportoient toujours quelques avantages fur lui. Tant de mauvais fuccès ne furent pas capables d'abbatre le courage de Diopold. Il fe flattoit toujours de trouver quelque occafion favorable pour réparer fes pertes. La négligence du Comte de Brienne lui en fournit bien-tôt une: il furprit l'armée qui n'étoit pas fur fes gardes, & la tailla en pieces. Le Comte de Brienne fut fait prifonnier, & mourut quelques jours après du grand nombre de bleffures qu'il avoit reçues dans le combat. Albinia veuve du Comte de Brienne, qui étoit reftée enceinte, accoucha d'un fils qui fut auffi nommé Gautier & qui devint Comte de Lecce. C'eft de lui que defcendoient la Reine Marie d'Eugenio, & Brenne femme du Roi Ladiflas II.

Le parti de Diopold fe trouvoit alors fi puiffant par la mort du Comte de Brienne, que le Pape Innocent fut obligé de faire fa paix avec lui, & de le charger de la garde du royaume. Diopold & les autres Capitaines Allemans prêterent ferment de fidelité, & reconnurent le Pape comme Régent ou Tuteur du royaume de Sicile & de fes dépendances. Diopold s'étant enfuite rendu à Rome, eut une conférence avec le fouverain Pontife au fujet de l'adminiftration de l'Etat, & après avoir reglé enfemble ce qu'il étoit à propos de faire pour rétablir la paix, il alla à Palerme du confentement du Pape. Le grand Chancelier jaloux de l'autorité de Diopold, le furprit par trahifon, & le fit emprifonner avec un de fes fils. Diopold trouva moyen de fe fauver à la faveur de la nuit, & de fe rendre à Salerne, d'où il paffa dans la terre de Labour pour faire la guerre aux Napolitains qui avoient maltraité les Allemans.

La bonne intelligence n'avoit pas long-temps regné entre le grand Chancelier & Guillaume Capparone. Le premier voulant que celui-ci cedât entierement l'adminiftration du royaume & la garde de la perfonne du Roi, excita de grands troubles dans la Sicile. Chacun eut fes partifans, & les Sarrafins de cette ifle profitant du défordre, prirent les armes & firent beaucoup de dégat. La Pouille n'étoit pas plus tranquille, & Conrad de Marlei Comte de Sora faifoit de grands ravages dans la terre de Labour & dans l'Etat de l'Eglife. Le Pape efperant rémedier à tous ces maux par fa préfence, paffa en Sicile avec un grand nombre de Cardinaux, d'Archevêques & d'autres Prélats. Il propofa à Frederic, qui étoit alors âgé de treize ans, de lui faire époufer Conftance fille d'Alphonfe II. Roi d'Arragon. Ce mariage fe fit au mois de fevrier 1209.

Après la mort de Henri VI. l'Empire d'Allemagne auroit dû appartenir à Frederic fon fils; mais les Electeurs fe trouvant partagés, les uns nommerent Philippe Duc de Suabe, frere du feu Empereur, & les autres reconnurent Othon IV. Duc de Saxe, qui fut couronné à Aix-la-Chapelle. Le parti de Philippe prévalut pendant dix ans, après lesquels Othon demeura maître de l'Empire. Le Pape avoit toujours favorisé Othon, & lui avoit même donné à Rome la couronne Imperiale. La dispute que les Allemans eurent avec les Romains, servit de prétexte à Othon pour ravager les terres de l'Eglise, & même pour tenter la conquête de la Pouille & de la Sicile. Le Comte Diopold & le Comte de Celano, l'un maître de Capoue & l'autre de Salerne avoient excité l'Empereur à cette derniere expédition. Othon étant entré dans la Pouille & la Calabre, se rendit maître de la plus grande partie du pays. Le Pape allarmé de tant de succès, fit tout ce qu'il put pour engager l'Empereur à laisser Frederic tranquille possesseur de ses Etats. Othon prétendant que toutes les provinces de l'Italie étoient du ressort de l'Empire, n'eut aucun égard aux représentations du Souverain Pontife. Innocent n'ayant point de forces suffisantes pour arrêter les progrès de l'Empereur, & voyant que toutes ses remontrances étoient inutiles, prit le parti de l'excommunier, & le déclara privé du trône dans un Concile qu'il tint à Rome à ce sujet. Il écrivit en même-temps aux Electeurs & aux Princes Allemans, pour les exhorter à ne plus regarder comme leur Souverain, un parjure & un excommunié, & à procéder en conséquence à une nouvelle élection. Les lettres du Pape produisirent un grand effet, & mirent toute l'Allemagne en mouvement. Les ennemis d'Othon se servant de ce prétexte, tinrent une assemblée dans laquelle ils élurent Frederic qui avoit alors quinze ans, & auquel ils avoient prêté serment dès son enfance. Les troubles de l'Allemagne obligerent Othon à quitter l'Italie, & à se rendre dans l'Empire où sa présence étoit nécessaire.

Frederic ayant reçu les Ambassadeurs des Princes Allemans, se détermina bien-tôt à aller prendre possession de l'Empire. Il arriva à Constance par des chemins detournés, pour éviter toute surprise. Pendant qu'il étoit à Constance, la plus grande partie des habitans de la Suabe lui offrirent leurs services, & Othon voyoit tous les jours son parti s'affoiblir considérablement. Frederic dont le nombre des partisans s'augmentoit tous les jours, arriva à Aix-la-Chapelle où il fut couronné Empereur.

Innocent III. étant mort, Honorius III. fut mis en sa place. Ce Pontife proposa à Frederic de remettre en sa disposition les royaumes de la Sicile & de la Pouille, parce que s'ils restoient unis en sa personne avec la qualité d'Empereur, il seroit à craindre qu'on ne les regardât plus comme fiefs de l'Eglise. Frederic repondit qu'il étoit prêt à céder à son fils Henri les royaumes de Sicile & de la Pouille, & que par conséquent il n'y auroit plus rien à craindre pour les droits de l'Eglise. Honorius ne pouvant refuser ces propositions, promit d'envoyer un Légat pour mettre fin à cette affaire.

La mort d'Othon arrivée en 1218, rendit Frederic seul possesseur de l'Empire. Il avoit dessein de se faire couronner à Rome. Honorius ne consentit à lui donner la couronne Imperiale qu'aux conditions qu'il lui remettroit le comté de Fondi. Frederic étant arrivé à Mantoue, y trouva un Légat du Pape qui l'obligea de promettre par serment qu'il seroit soumis au Saint Siége, en deffendroit les droits, & qu'il céderoit les royaumes de la

ROYAUMES DE NAPLES ET DE SICILE.

1209.

FREDERIC II. couronné Empereur.

1213.

1218.

ROYAUMES DE NAPLES ET DE SICILE.

Pouille & de la Sicile à son fils Henri (6). Il exigea en même-temps de ce Prince, qu'il annulât toutes les constitutions & usages introduits contre les libertés ecclésiastiques, & qu'il restituât le Duché de Spolete, les terres de la Comtesse Matilde, Ferrare, Villamediana, Monte-Fiascone, & les villes de Toscane qui appartenoient au patrimoine de saint Pierre ; enfin il se fit remettre le comté de Fondi (7). Les complaisances que Frederic avoit eues pour le Pape, ne furent pas capables de lui concilier l'amitié de ce Pontife. Les ordres de l'Empereur étoient mal exécutés dans les villes du parti Guelfe (8) attachées au saint Siége, & il y avoit lieu de penser que le Pape n'entretenoit cette division que pour mettre des bornes à la puissance de Frederic, qui seroit devenue trop redoutable. Frederic obligé de dissimuler alors, parut ne faire aucune attention à la conduite du Pape. Il se rendit dans la terre de Labour pour s'opposer aux mauvais desseins de quelques Barons du royaume, & il avoit laissé dans la Toscane Conrad Evêque de Spire, & Chancelier de l'Empire en Italie, pour retenir ses partisans dans le devoir, & lui en gagner de nouveaux.

Frederic étant allé ensuite à Capoue, y établit un nouveau tribunal nommé la *Corte Capuana*, dans lequel il ordonna que tous les Barons & les Communautés des villes & terres, ainsi que toutes autres personnes représenteroient les titres, concessions & priviléges, en vertu desquels ils possedoient leurs châteaux ou autres biens venant de lui ou des Rois ses prédecesseurs, à la réserve cependant de ce qui auroit été donné par Tancrede ou ses fils qu'il regardoit comme des usurpateurs, & dont il ne vouloit pas par conséquent que les actes subsistassent, ni qu'on en fit aucun usage. Il vouloit connoître par ce moyen si les possesseurs des fiefs les avoient obtenus légitimement afin d'en priver ceux qui ne les avoient acquis qu'à la faveur des troubles & des désordres. Ceux qui refuserent de représenter les titres, furent privés de leurs fiefs, & leurs priviléges furent révoqués. Il ôta aussi les places à ceux qui les avoient eues par fraude pendant sa minorité, ou qui avoient abusé de leur crédit pour causer des troubles dans l'Etat. Plusieurs Evêques privés de leurs postes, furent obligés de se retirer à Rome sous la protection du Pape Honorius, & Frederic en mit d'autres à leur place. Ce

(6) Lunig. Tom. II. Cod. Ital. Diplom. p. 866.

(7) Le comté de Fondi appartenoit au saint Siége, en vertu du testament de Richard Comte de Fondi, qui le lui avoit legué au mois de janvier 1211. Lunig. ibid. pag. 664. & suiv.

(8) Les sentimens sont différens sur l'origine des factions Guelfes & Gibelines. On peut consulter les Ecrivains que Struvius a rassemblés. *Sintag. hist. Germ. dissert.* 17. §. 4. pag. 510. L'opinion qui paroit la plus vraisemblable, est celle d'André Prêtre, dans sa Chronique de Baviere pag. 25. Struvius en rapporte les paroles. Ces deux fameuses factions ne prirent point naissance comme quelques-uns l'ont cru, sous le regne de Frederic, & il n'en fut pas l'Auteur, ainsi Fazzel l'a prétendu sans raison. Elles s'éleverent long-temps auparavant, & Frederic les trouva établies en Italie. C'est en Allemagne qu'elles prirent naissance depuis l'an 1139, dans les temps de l'Empereur Conrad III. & de Roger I. Roi de Sicile. Les Gibelins qui furent toujours attachés au parti des Empereurs, prirent leur nom d'un bourg d'Allemagne appellé Gibelin, où étoit né Henri fils de Conrad. Les Guelfes toujours partisans des Papes, furent ainsi appellés du nom de Guelfe Duc de Baviere. Ces deux noms passerent ensuite d'Allemagne en Italie, à l'occasion d'une affaire qui arriva à Florence, & qui produisit de grandes divisions. *Inveges ann.* 1232. *Hist. Palerm. tom.* 3. Gian.

Prince se trouvant pressé d'argent pour fournir aux dépenses de son armée, se vit forcé de lever des contributions sur les Eglises & sur les Ecclésiastiques.

Le Pape se plaignit hautement de la conduite de Frederic, & l'accusa de violer les immunités & les libertés ecclésiastiques, malgré le serment qu'il avoit fait d'en soutenir les droits en toute occasion. Honorius se trouvant offensé de ce que l'Empereur osoit disposer des évêchés, & en chasser ceux qui les possedoient avec l'appobation du saint Siége, lui envoya des Légats pour lui demander le rétablissement des Evêques dépossedés. L'Empereur représenta que les Souverains avoient toujours eu droit de chasser de leurs Etats les sujets qui leur étoient infidelles ou suspects: que depuis le regne de Charlemagne, les Empereurs avoient donné l'investiture des évêchés & des autres dignités par l'anneau & la crosse: que l'un des plus anciens droits des Rois de Sicile étoit celui de donner l'investiture & leur approbation aux élection des Prélats: enfin l'Empereur assura qu'il s'exposeroit plutôt à perdre sa couronne qu'à déroger à un seul point de tous ses droits (9).

La prise de Damiete par le Soudan d'Egypte & le secours dont les Chrétiens avoient besoin, reconcilierent le Pape avec l'Empereur. Ce Prince avoit déja envoyé une grosse somme d'argent aux habitans de Damiete; mais il promit au Pape de faire lui-même le voyage de la Terre-sainte dans un certain temps marqué. Avant que d'entreprendre ce voyage, comme il étoit devenu veuf, & qu'il ne lui restoit qu'un fils nommé Henri, il le fit couronner Roi d'Allemagne à Aix-la-Chapelle. Il conclut promptement le mariage de ce jeune Prince avec Marguerite fille de Leopold Archiduc d'Autriche.

L'Empereur étoit dans la Pouille, lorsque l'armée des Croisés qui revenoient de Syrie y arriva. Le grand Maître de l'Ordre Teutonique qui l'avoit accompagnée, proposa à Frederic d'épouser Yolande fille unique de Jean de Brienne & de feu Marie Reine de Jerusalem sa femme. Pour l'engager à se déterminer, il lui représenta que cette Princesse en qualité d'héritiere de sa mere lui apporteroit en dot la couronne de Jerusalem, qu'il pourroit facilement reprendre sur le Soudan d'Egypte. L'Empereur ayant accepté avec joye cette proposition, le grand-Maître de l'Ordre Teutonique en fit part au Pape. Ce Pontife obtint le consentement du Roi Jean & de Guerin de Montaigu grand-Maître de l'Ordre des Chevaliers hospitaliers, & l'Empereur promit solemnellement d'épouser Yolande. Frederic s'engagea en même-temps à passer en Syrie dans le terme de deux ans avec une puissante armée. Par ce mariage, Jean de Brienne, qui en vertu des droits de la Reine Marie sa femme avoit joui pendant vingt-sept ans du titre de Roi de Jerusalem, l'abandonna avec ses prétentions à sa fille Yolande (10). Les nôces ne furent celebrées

---

(9) Fazzel. Dec. 2. lib. 8. c. 2. fol. 448. Giannone.

(10) Les Auteurs parlent de deux différentes unions de la couronne de Jerusalem à celle de Sicile. La premiere se fit l'an 1222, en la Personne de l'Empereur Frederic II. Roi de Sicile à cause des droits de Yolande sa seconde femme. Giannone pense que celle-ci est la mieux fondée, & je vais rapporter ce qu'il en dit. La seconde se fit l'an 1272; en la personne de Charles I. d'Anjou par la cession de Marie, fille du Prince d'Antioche. Celle-ci ne paroît pas claire, & on ne la regarde pas comme bien solide.

Après la mort de Baudouin frere de Godefroy de Bouillon, premier Roi de Jerusa-

---

ROYAUMES DE NAPLES ET DE SICILE.

Brouillerie entre Frederic & le Pape Honorius III.

Mariage de Frederic avec Yolande Reine de Jerusalem.

1222.

qu'en 1225, & cette cérémonie se fit à Brindes où la Princesse s'étoit rendue. Frederic voulut alors être couronné Roi de Jerusalem, & il exigea que

ROYAUMES DE NAPLES ET DE SICILE.

lem, la couronne passa l'an 1119 sur la tête de Baudouin second son cousin. Ce Prince n'ayant point d'enfans mâles, voulut assurer sa succession à Melisende sa fille aînée, en la mariant à Foulques Comte d'Anjou, qui porta le titre de Roi de Jerusalem l'an 1135.

Il eut pour successeur Baudouin III. son fils, & ensuite son frere Amauri. Celui-ci laissa un fils nommé Baudouin IV. âgé de treize ans, & il en regna douze sous la régence de Raimond Comte de Tripoli.

Baudouin IV. n'eut point d'enfans : il laissa seulement deux sœurs filles d'Amauri, la premiere s'appelloit Sibille, la seconde Isabelle. Sibille avoit été mariée à Guillaume, Marquis de Montferrat, & de ce mariage étoit né un fils appellé Baudouin. Guillaume étant mort, Sibille épousa Gui de Luzignan que Baudouin vouloit d'abord faire reconnoître pour son successeur ; mais rendant ensuite justice à son neveu, il le fit couronner Roi sous le nom de Baudouin V. & lui donna le Comte de Tripoli pour tuteur.

Après la mort de Baudouin V. qui ne laissa point d'enfans, le Comte de Tripoli & Gui de Luzignan se disputerent la couronne. Sibille l'obtint en faveur de Gui son mari, & le Comte mécontent de ce qu'il en étoit privé, eut des secrettes intelligences avec Salaheddin Soudan d'Egypte. Ce Prince ayant déclaré la guerre aux Chrétiens de Syrie, & mis le siége devant Tiberiade, Gui Roi de Jerusalem marcha au secours de cette place. Le Comte de Tripoli ayant abandonné les Chrétiens en cette occasion, leur armée fut entierement détruite, & Gui lui fait prisonnier: Il fut obligé de donner pour sa rançon Acre, Berite & Ascalon. Le Soudan maître de Tiberiade & des autres villes voisines, le fut bien-tôt de Jerusalem, & il ne resta plus en Asie aux Chrétiens, qu'Antioche, Tripoli & Tyr. Tel fut l'état des Chrétiens dans ce pays, l'an 1187.

Sibille qui avoit épousé en secondes nôces Gui de Lusignan, mourut sans enfans. Conrad Marquis de Montferrat épousa sa sœur Isabelle, en vertu des droits de laquelle il prétendit au royaume de Jerusalem. Cette prétention l'engagea à deffendre la ville de Tyr: car Tripoli s'étoit donné à Baudouin Prince d'Antioche, après la mort du Comte de Tripoli. Le triste état où les Chrétiens étoient réduits dans l'Orient, engagea le Pape à publier une nouvelle Croisade en 1188,

& l'on reprit en 1190 saint-Jean d'Acre. Les Rois de France & d'Angleterre terminerent les difficultés qui s'étoient élevées entre Gui de Lusignan & le Marquis de Montferrat, au sujet du royaume de Jerusalem. Suivant le témoignage de plusieurs Auteurs, il fut décidé que Gui conserveroit pendant sa vie le titre de Roi de Jerusalem, & qu'après sa mort le Marquis de Montferrat ou à son défaut, ses enfans auroient cette couronne, mais que les villes de Tyr, de Sidon & de Berite resteroient au Marquis.

Du mariage de Conrad de Montferrat avec Isabelle sœur de Sibille & fille du Roi Amauri, il n'y eut point de fils, mais seulement quatre filles. L'aînée fut Marie qui épousa Jean Comte de Brienne. Alise la seconde fut, suivant le témoignage de Summonte, mariée à Hugues Roi de Chypre. La troisieme nommée Sibille, épousa Livon Roi d'Armenie. Melisine la quatrieme, suivant le même Auteur, eut pour mari le Prince d'Antioche, & de leur mariage nâquit Marie, qui par les droits de sa mere, prétendoit que le royaume de Jerusalem lui appartenoit.

Les droits à cette couronne étoient donc passés à la postérité d'Isabelle fille d'Amauri & sœur de Baudouin IV. Chaque branche y avoit ses prétentions ; mais aucune d'elles ne la possedoit puisqu'elle étoit au pouvoir de Salaheddin. Jean de Brienne étoit regardé comme l'un des plus légitimes prétendans, & en qualité d'époux de Marie fille aînée d'Isabelle, il se faisoit nommer Roi de Jerusalem. Ce fut de ce mariage que nâquit Yolande épouse de Frederic II.

Frere Etienne de Lusignan dans sa Chronique de Chypre, oppose aux Rois de Sicile ceux de Chypre, & prétend que les droits à la couronne de Jerusalem leur appartiennent comme en étant les plus proches heritiers. Il rapporte à ce sujet que les Rois de Chypre avoient coutume de se faire premierement couronner à Nicosie pour le royaume de Chypre, & qu'ensuite ils alloient à Famagouste prendre la couronne de Jerusalem. Il paroît que cet Auteur se trompe dans le droit qu'il attribue aux Rois de Chypre, puisqu'il est évident, par la Généalogie des Rois de Jerusalem, que la Reine Marie mere de la Princesse Yolande étoit la plus proche heritiere, en qualité de fille aînée d'Isabelle, fille d'Amauri Roi de Jerusalem.

le

le Seigneur de Tyr & divers autres Barons de la Palestine qui se trouvoient à la suite du Roi Jean lui prêtassent serment de fidelité. Il envoya aussi à saint Jean d'Acre l'Evêque de Molfetta pour recevoir l'hommage de ses nouveaux sujets.

>ROYAUMES DE NAPLES ET DE SICILE.

Pendant que Frederic étoit occupé du dessein de faire la conquête du royaume de Jerusalem, il songeoit à rendre la tranquillité au royaume de Sicile, & à rétablir la ville de Naples dans son ancienne splendeur. Depuis long-temps les Sarrasins de la Sicile causoient de grands désordes dans cette isle, & se rendoient redoutables aux Siciliens. L'Empereur considerant qu'ils étoient trop voisins de l'Afrique dont ils recevoient de frequens secours, en transporta une grande partie dans la Pouille, & leur assigna Lucera pour y fixer leur sejour. La seconde translation de ces peuples se fit en 1247. Frederic leur donna pour demeure une autre Lucera qui fut surnommée des *Payens*. Dans la suite ce Prince accorda à la premiere colonie tout le territoire qu'on nommoit *Japigia* qui est présentement la *Capitanate*. Frederic, Conrad & Mainfroi ses successeurs, furent obligés de tolerer les désordres que ces barbares commettoient dans la province; parce qu'ils étoient bons guerriers, & qu'ils s'en servoient dans les differentes guerres qu'ils eurent à soutenir contre les Papes ou contre d'autres Princes de l'Italie. Charles I. d'Anjou ayant fait la conquête du royaume de Naples & de Sicile, les chassa entierement de l'Italie.

>Translation des Sarrasins dans la Pouille.
>1223.

Naples en qualité de ville Grecque, avoit eu autrefois des écoles où la jeunesse étoit instruite dans les belles-lettres; mais la barbarie des siécles lui avoit fait perdre son ancien éclat. Frederic résolu d'élever cette ville au-dessus de toutes les autres du royaume de la Pouille, y rétablit les écoles & les mit en forme d'academie. Elle n'étoit pas seulement pour la ville de Naples comme auparavant; mais pour tous les sujets de l'Empereur en Italie. Il ordonna que les Professeurs ne pourroient enseigner ailleurs que dans cette academie, & que les jeunes gens, tant du royaume de la Pouille que de la Sicile, ne feroient leurs études dans aucune autre ville que dans Naples. Pour engager la jeunesse à l'étude des sciences, il accorda un grand nombre de priviléges aux écoliers. Le Tribunal nommé la *grande Cour* que Frederic établit à Naples, & les frequens séjours de l'Empereur dans cette ville y attirerent un grand concours de monde qui la rendit bien-tôt celebre & très-peuplée.

>Etablissement d'une Academie dans la ville de Naples.
>1224.

Les mouvemens continuels des peuples d'Italie empêcherent Frederic d'exécuter le vœu qu'il avoit fait de passer en Syrie, & Honorius III. qui le pressoit tant de faire ce voyage, ne vit point l'exécution de cette entreprise. Il mourut en 1227, & eut pour successeur Gregoire IX. Le nouveau Pontife sollicita vivement l'Empereur pour l'engager à rassembler son armée, & Frederic voyant qu'il ne pouvoit plus differer cette expedition, fit annoncer dans ses Etats qu'il étoit résolu de passer en Syrie au milieu du mois d'août de la même année. Un nombre incroyable de Chrétiens se rendirent dans la Pouille pour être en état de partir au jour marqué; mais la plus grande partie qui n'étoit point accoutumée au climat de cette province y perdit la vie. Frederic s'étant embarqué pour rejoindre la flotte qu'il avoit fait partir le 15 d'août, fut obligé après trois jours de navigation de retourner à Brindes;

>Frederic s'embarque pour la Terre-Sainte.
>1227.

Tome II.   Q*

ROYAUMES DE NAPLES ET DE SICILE.

parce qu'il n'avoit pu supporter la mer à cause de la foiblesse de sa santé. Le Pape s'imaginant que la maladie de l'Empereur n'étoit que supposée, & que c'étoit un prétexte pour ne pas faire le voyage d'outre-mer, publia qu'il avoit encouru l'excommunication prononcée par Honorius, au cas que ce Prince n'allât pas en Syrie. L'Empereur fit envain tout ce qu'il put pour se justifier; mais toutes ses démarches n'empêcherent pas le Pape de le déclarer de nouveau excommunié, & de jetter un interdit sur ses Etats. Frederic écrivit à tous les Princes de l'Europe pour se plaindre de la rigueur du souverain Pontife, & pour faire connoître son innocence.

1228.

Ce Prince craignant les suites funestes des censures ecclésiastiques, fit de nouveaux préparatifs pour aller joindre les Croisés. Pendant qu'il se disposoit à ce voyage, les *Francipani* & les autres partisans de Frederic qui étoient dans Rome se souleverent contre le Pape lorsqu'il renouvelloit dans l'Eglise de saint Pierre les censures contre ce Prince. Gregoire IX. fut accablé d'injures, chassé de Rome & obligé de se retirer à Perouse où il resta quelque temps.

Frederic ayant perdu sa femme Yolande dans le temps qu'elle donnoit le jour à un fils qui fut nommé Conrad, fit un testament avant que de s'embarquer. Après avoir recommandé à ses sujets de vivre en bonne intelligence, il nomma pour son vicaire & tuteur du royaume Renaud Duc de Spolete. Il déclara qu'en cas qu'il vint à mourir dans la Terre-sainte, son fils aîné lui succéderoit tant à l'Empire qu'au royaume de Sicile; & que celui-ci venant à mourir sans enfans mâles, sa succession passeroit à son second fils Conrad. Il regla en troisieme lieu que personne dans le royaume ne seroit obligé de payer aucune chose, soit à titre d'impôt ou de contribution, qu'autant que l'utilité publique le demanderoit. Après ces divers reglemens, Frederic s'embarqua le 11 d'août 1228, & arriva heureusement dans la Terre-sainte. Gregoire IX. n'eut pas plutôt sçu que l'Empereur étoit parti sans avoir obtenu l'absolution des censures prononcées contre lui, qu'il écrivit au Patriarche de Jerusalem, & au Maître de l'hôpital du saint Sepulchre en Syrie afin qu'ils n'eussent point de communication avec ce Prince. Le Pape excita en même-temps les Milanois à se déclarer contre l'Empereur, & toutes ses démarches du Pontife causerent de grands troubles en Italie.

Expedition de GREGOIRE IX. dans la Pouille.

1229.

Pendant que l'Empereur combattoit contre les Infideles dans la Terre-sainte, Gregoire IX. formoit des projets sur le royaume de la Pouille. Le Duc de Spolete voulant deranger les desseins du Pape, porta la guerre dans l'Etat ecclésiastique, & s'empara de la marche. D'un autre côté, Bertholde son frere se rendit maître de Norcia, détruisit le château de Brusca, & livra les habitans à la cruauté des Sarrasins qu'il avoit ammenés avec lui de la Pouille. Gregoire n'ayant pu engager le Duc de Spolete à se retirer de dessus ses terres, l'excommunia avec tous ses adherans. Ces foudres spirituelles n'ayant point été capables d'arrêter ce Prince, le Pape fut obligé de lever contre lui une grosse armée qu'il nomma la *milice de Jesus-Christ*. Jean de Brienne autrefois Roi de Jerusalem, & le Cardinal Légat Jean Colonne furent chargés du commandement de ses troupes. Le Pape pour faire diversion en leva de nouvelles, qu'il envoya dans la Pouille sous les ordres des Comtes de Fondi & de Celano, qui s'étoient revoltés contre l'Empereur.

Ils entrerent dans la terre de Labour où ils pousserent leurs conquêtes jusqu'à Gaëte. Cette ville résista long-temps à tous les les efforts des ennemis, & ne se rendit qu'à la derniere extrémité. Les Beneventins profitant des circonstances, firent de leur côté de grands ravages dans la Pouille. Les troupes Imperiales les firent bien-tôt repentir de leur conduite, & en tirerent une vengeance authentique. Jean de Brienne & le Cardinal Colonne avoient cependant forcé le Duc de Spolete de sortir de la Marche, & de se retirer dans l'Abruzze. Il s'étoit enfermé dans Sulmone où Jean de Brienne le tenoit assiegé ; mais ce Prince ayant été contraint de passer dans la terre de Labour pour marcher au secours du Cardinal Pelage, le Duc de Spolete se vit en liberté.

_{ROYAUMES DE NAPLES ET DE SICILE.}

Sur ces entrefaites Frederic qui avoit joint l'armée des Croisés à Jaffa, fit partir des Ambassadeurs pour faire demander au Soudan d'Egypte le royaume de Jerusalem & le saint Sepulchre. Ce Prince renvoya de grands présens à l'Empereur, & lui fit proposer de depêcher vers lui quelques-uns de ses Barons, afin de convenir de ce qui seroit juste & raisonnable. Pendant que les députés de l'Empereur étoient en chemin, le Soudan avoit quitté Napoli & étoit allé à Gaza ; mais les Ministres de Frederic n'ayant pas jugé à propos de se rendre dans cette derniere ville, ils retournerent auprès de l'Empereur. Frederic voyant que le Soudan ne cherchoit qu'à l'amuser, forma le projet d'attaquer Sapha, & invita tous les Croisés à le seconder dans cette entreprise. Les grands Maîtres des Hospitaliers & des Templiers qui avoient reçu les lettres du Pape, ne consentirent à marcher avec lui qu'à condition que les ordres se donneroient dans le camp *de la part de Dieu & de la Chrétienté*, sans faire aucune mention de l'Empereur. Frederic offensé de cette proposition, résolut de poursuivre ses desseins sans le secours des Chevaliers ; mais ceux-ci préferant les intérêts de la religion aux ordres du Pape, penserent qu'il étoit de leur devoir de secourir l'Empereur. Pendant que ce Monarque étoit en marche pour aller attaquer Sapha, il reçut la nouvelle des troubles qui agitoient l'Italie : ce qui l'obligea à changer de dessein.

_{Expedition de Frederic en Asie.}

Il songea alors à se rendre en Italie pour y deffendre ses propres Etats, & résolut de faire un traité de paix avec le Soudan. Ils convinrent entr'eux qu'il y auroit une treve de dix ans ; en consequence de laquelle le Soudan restitueroit à l'Empereur la ville de Jerusalem avec toutes ses dépendances : que les Sarrasins auroient la garde du saint Sepulchre : que les Chrétiens cependant pourroient y aller en toute liberté faire leurs exercices de dévotion. Bethlehem, Nazareth, & toutes les villes situées sur la grande route de Jerusalem, ainsi que celles de Tyr & de Sidon, & quelques autres châteaux possedés auparavant par les Templiers, furent aussi rendus à l'Empereur. On convint encore que Frederic pourroit fortifier Jerusalem de murailles, de tours, & de toutes les choses qu'il jugeroit nécessaires pour sa deffense, de même que les châteaux de Jaffa, de Cesarée, de Montfort & de Château-neuf. Enfin, qu'on rendroit à ce Prince tout ce que Baudouin IV. avoit possedé, & que tous les prisonniers seroient remis en liberté sans rançon. L'Empereur avant que de quitter la Syrie, voulut prendre possession du royaume & de la couronne de Jerusalem. Il invita le Patriarche de

ROYAUMES DE NAPLES ET DE SICILE.

Jerufalem à fe rendre dans cette ville pour cette cérémonie. Le Patriarche qui étoit partifan du Pape, exigea que Frederic lui fît voir le traité avant qu'il accordât ce qu'on lui demandoit. Lorfqu'il l'eut examiné, il déclara qu'il ne pouvoit fans rifques fe rendre à Jerufalem, puifqu'il n'étoit pas fait mention du Clergé dans ce traité ; & que d'ailleurs le Soudan de Damas à qui appartenoit Jerufalem, ne l'avoit pas ratifié. Le Patriarche pouffa plus loin fon zéle ; il interdit la ville de Jerufalem & le faint Sepulchre même, & deffendit qu'on y celebrât les Offices divins. Les cenfures du Patriarche intimiderent tous les Prêtres, & aucun d'eux ne voulut celebrer la Meffe. Frederic n'ayant pu les vaincre, prit la couronne qui étoit fur l'Autel & la mit fur fa tête. Le grand Maître de l'Ordre Teutonique fit enfuite l'éloge du Prince, & prouva que le royaume de Jerufalem avoit été rendu aux Chrétiens par la valeur & la prudence de Frederic. L'Empereur ayant fait fortifier Jerufalem, partit en diligence pour fe rendre dans fes Etats où fa préfence étoit néceffaire.

Retour de Frederic en Italie.

Ce Prince étant arrivé à Brindes, envoya des Ambaffadeurs au Pape pour l'informer de tout ce qui s'étoit paffé en Paleftine, & pour lui demander l'abfolution de fon excommunication. Gregoire prévenu par le Patriarche de Jerufalem, prétendit que le traité que Frederic avoit fait avec le Soudan étoit préjudiciable aux Chrétiens, & en confequence il ne voulut écouter aucunes propofitions. L'Empereur s'étant enfuite avancé dans la terre de Labour, les troupes du Pape abandonnerent le fiége de Cajazza, & fe retirerent avec précipitation à Teano. Frederic ayant refté quelque-temps à Capoue, paffa à Naples où il obtint des habitans de cette ville un fecours d'armes & de foldats. Avec ce nouveau renfort il fe rendit maître de la ville de Calvi, où il fit pendre une grande quantité de foldats du Pape qu'il avoit faits prifonniers. La prife de Calvi fut fuivie de celle de Vairano, d'Alife, de Venafre, & de toutes les terres des fils de Pandolfe. Il voulut enfuite s'emparer du Mont-Caffin ; mais toutes fes tentatives furent inutiles. Il en fut confolé par la foumiffion de plufieurs autres places qui fe rendirent d'elles-mêmes.

Frederic étant rentré dans la plus grande partie de fes Etats, prit la réfolution de mettre ordre aux autres affaires qu'il avoit en Italie, & réfolut de fe reconcilier avec le Pape. Il fignifia aux villes de Lombardie fon retour de la Terre-fainte, & écrivit à tous les Princes de la Chrétienté pour fe juftifier des mauvaifes idées que le traité qu'il avoit fait avec le Soudan avoit données de lui. Cependant le Pape s'étant laiffé fléchir à la priere du grand-Maître de l'Ordre Teutonique, & de plufieurs Prélats & Cardinaux, conclut un traité avec l'Empereur. Ce premier traité ne leva pas toutes les difficultés. L'Empereur prétendoit qu'on lui rendît Gaëte & Sainte-Agathe que le Pape vouloit garder : enfin après plufieurs conférences, le Pape & l'Empereur ayant eu une entrevue enfemble, la paix fut entierement rétablie, & il y eut une amniftie générale pour tout ce qui s'étoit paffé. L'Empereur delivré des embarras de la guerre, ne s'occupa plus qu'à affurer le repos & la tranquillité publique, & à reparer les maux qu'on venoit d'éprouver.

Traité de paix avec le Pape & l'Empereur.

1229.

1231.

L'Italie jouiffoit à peine des douceurs de la paix, qu'elle fe vit de nouveau, exposée à tous les malheurs qu'elle avoit éprouvés tant de fois. Frederic par sa prudence avoit trouvé moyen d'entretenir la tranquillité dans ce pays malgré le caractere inquiet de plusieurs Seigneurs, & la faction des Guelfes & des Gibelins. Ces deux partis, quoique toûjours en division, n'avoient osé en venir à une rupture ouverte. Frederic ne desiroit que le repos & la tranquillité, & il employoit pour cet effet tous les moyens imaginables. Cependant tant de soins furent inutiles, & il se vit attaqué par un ennemi dont il sembloit n'avoir rien à redouter, si l'on consulte les droits de la nature; mais l'ambition pour qui rien n'est sacré, arma le fils contre le pere. Henri fils aîné de Frederic qu'il avoit fait couronner Roi des Romains, se joignit aux Milanois & aux autres villes de la ligue de Lombardie, dans l'esperance d'être couronné avec la couronne de fer aussi-tôt qu'il seroit arrivé en Italie. Sigonius prétend que la révolte de Henri commença en Allemagne où ce Prince ayant fait une conjuration contre l'Empereur, mit dans son parti plusieurs villes, & qu'alors les Milanois lui offrirent leur secours. Les véritables motifs de cette rebellion selon Richard de saint Germain, furent causés par la jalousie que Henri prit contre son frere Conrad, qui étoit tendrement aimé de l'Empereur. Quoiqu'il en soit, Frederic informé des mauvais desseins de son fils, passa promptement en Allemagne où sa présence fit changer les choses de face. Les Barons à l'approche de l'armée de l'Empereur ayant abandonné le parti de Henri, ce jeune Prince se vit dans la necessité d'avoir recours à la clémence de son pere. Frederic consentit à lui accorder la vie, mais il le condamna à une prison perpétuelle, & le fit enfermer dans la forteresse de saint Felix.

L'Empereur qui étoit veuf depuis sept ans, épousa Isabelle fille du Roi d'Angleterre dont les nôces furent celebrées à Vorms. Après la ceremonie du mariage, il fit couronner Roi des Romains Conrad son second fils avec lequel il se rendit en Italie. Il avoit résolu de faire la guerre aux Lombards ses ennemis irréconciliables, mais le Pape fit tout ce qu'il put pour le détourner de ce dessein. Il prit même prétexte de la nécessité où étoit ce Prince de se préparer à passer en Syrie avant deux ans; parce qu'alors le temps de la treve avec le Soudan d'Egypte seroit expiré. Frederic ne s'étant point laissé séduire par les discours du Pape, retourna en Allemagne d'où il ramena une puissante armée avec laquelle il repassa les Alpes. Avant que d'en venir aux dernieres extrêmités, il fit tout son possible pour engager les ligués à se soumettre; mais voyant que toutes ses tentatives étoient inutiles, il se détermina à les poursuivre sans relâche. Il avoit déja remporté de grands avantages sur les rebelles, & tout sembloit lui en annoncer de plus grands lorsque la révolte de Frederic Duc d'Autriche le força de retourner en Allemagne. Ce rebelle ne put soutenir long-temps les efforts de l'armée Imperiale, & l'Empereur se vit bien-tôt en possession de tous ses Etats. Le Duc d'Autriche se trouvant sans ressource eut recours à la clémence du vainqueur qui lui rendit tous ses biens.

Cependant les Généraux que Frederic avoit laissés en Italie, s'emparerent de plusieurs villes de la Lombardie & de la Marche. Les succès de l'Empereur causerent beaucoup d'inquiétude au Pape. Il voyoit avec chagrin que la puissance de ce Prince deviendroit trop redoutable s'il venoit à bout de

ROYAUMES DE NAPLES ET DE SICILE.

Révolte de Henri fils de Frederic.

1234.

ROYAUMES DE NAPLES ET DE SICILE.

soumettre toute l'Italie. Il offrit donc sa médiation pour porter l'Empereur à la paix ; mais Frederic n'ayant voulu écouter aucune proposition, Gregoire se déclara publiquement son ennemi. On entama cependant quelque négociations, qui ne purent avoir aucun effet tant les esprits étoient irrités de part & d'autre, & la guerre fut continuée avec plus de fureur qu'auparavant. La celebre bataille de *Cortenuova* que les Milanois perdirent, entraîna leur ruine & celle des autres villes de la ligue. Frederic en cette occasion fit prisonnier Pierre Tiepolo fils de Jacques Doge de Venise, son plus grand ennemi, qui étoit Podesta & Gouverneur de Milan. Le vainqueur à l'imitation des anciens Romains, monta dans un char de triomphe, & fit son entrée dans Cremone avec toute la pompe possible. Tiepolo étoit attaché par le col avec une corde, & suivoit le char. Cet infortuné Prince fut pendu quelque temps après.

Cette victoire jetta la terreur dans la Lombardie, & toutes les villes se soumirent à la réserve de Milan, de Bologne, de Plaisance & de Faënza. L'Empereur pour se mettre en état de les forcer à se rendre, repassa en Allemagne pour y faire une nouvelle levée de troupes. Pendant qu'il s'occupoit des préparatifs nécessaires pour recommencer la campagne, le Pape cherchoit à lui susciter de nouveaux ennemis. Il engagea Jacques Roi d'Arragon à passer en Lombardie, lui promettant de le reconnoître pour Souverain de cette province. Jacques accepta la proposition ; mais les promesses qu'il fit n'eurent aucun effet. Frederic de retour en Italie attaqua Verceil, Turin & les autres places voisines, dont il fit la conquête assez facilement. Conrad ayant passé les Alpes au mois de juillet suivant, avec une grande quantité de Prélats, de Seigneurs & une nombreuse armée, se rendit à Verone où étoit l'Empereur. Les Milanois firent alors tous leurs efforts pour détourner l'orage qui les menaçoit. Ils demanderent humblement la paix, & offrirent dix mille soldats pour le secours de la Terre-sainte, aux conditions que l'Empereur leur conserveroit les mêmes droits & priviléges dont ils jouissoient. Frederic refusa leurs propositions, & exigea d'eux qu'ils se rendissent à discretion. Les Milanois craignant la trop grande severité de l'Empereur, résolurent de se deffendre jusqu'à la derniere extrémité, & employerent toutes sortes de moyens pour fortifier leur ville. L'Empereur voyant qu'il n'avoit point d'esperance de réduire les Milanois que par la force, se disposa à les attaquer. Il partagea son armée en deux corps, dont l'un s'empara de Brescia & l'autre d'Alexandrie. Ces deux villes furent détruite, & leur territoire entierement ruiné. Frederic pour soutenir les frais de la guerre, fit lever des contributions sur les biens des Eglises & des Ecclésiastiques. Le Pape en fut tellement offensé qu'il refusa de recevoir de l'Empereur aucune satisfaction à ce sujet.

Cependant Gregoire ne perdoit point de vûe le projet qu'il avoit formé de publier une nouvelle Croisade, & il vouloit engager Frederic à entreprendre de nouveau le voyage de la Terre-sainte. Le Pape avoit deux objets en vûe dans cette proposition : d'un côté il délivroit les Milanois, & les villes de Lombardie d'un ennemi dangereux ; de l'autre il procuroit des secours aux Chrétiens qui étoient en Palestine. Frederic qui apprehendoit que pendant son absence il ne s'élevât quelques nouveaux troubles dans ses

Etats, & que les rebelles ne repriffent courage, renouvella avec le Soudan d'Egypte une treve pour dix ans. Il deffendit en conféquence à Renaud de Baviere fon Lieutenant dans le royaume de Jerufalem, d'y faire aucune entreprife contre les Sarrafins. L'accommodement que Frederic avoit fait avec le Soudan d'Egypte, n'empêcha pas le Pape de faire prêcher la Croifade par toute la Chrétienté ; mais comme on n'avoit pas eu foin de préparer une flotte affez confidérable pour tranfporter tous les Croifés, la plûpart furent contraints d'entreprendre la route par terre.

Il furvint dans ce même-temps un nouveau fujet de querelle entre le Pape & l'Empereur, à l'occafion d'un fief dont Enzius fon fils naturel s'étoit emparé dans la Sardaigne. Le Pape prétendoit que ce royaume étoit un fief de l'Eglife, & Frederic foutenoit au contraire que cette ifle dépendoit de l'Empire : en conféquence il créa Enzius Roi de Sardaigne. Gregoire offenfé de la fermeté de Frederic, ordonna à ce Prince fous peine d'excommunication, de rendre à l'Eglife ce qui lui appartenoit. L'Empereur ne fe laiffant point ébranler par cette menace, le Pape crut ne devoir plus rien menager, & l'excommunia le Jeudi-faint. Frederic pour parer les coups que le Pape venoit de lui porter, convoqua une grande affemblée dans laquelle il fe juftifia fur les fujets de plaintes que le Pape avoit contre lui. Il prit alors toutes fes précautions pour empêcher que fes fujets ne fe ferviffent du prétexte de fon excommunication pour fe foulever contre lui. Il s'empara du Mont-Caffin & du tréfor immenfe qui étoit dans cette Abbaye. Il y mit une forte garnifon, ainfi que dans tous les autres endroits qui étoient à portée d'être attaqués. L'Empereur avant que de s'engager dans une guerre ouverte, tenta les voyes de la négociation ; le Pape ayant refufé de donner audience à fon Ambaffadeur, il penfa qu'il ne devoit plus avoir aucun menagement. Les hoftilités commencerent dans la Marche d'Ancône, que fon fils Enzius enleva à Gregoire. Ce Pontife n'ayant pas affez de troupes pour oppofer à celles de Frederic, demanda du fecours aux Venitiens. Ces Peuples équiperent auffi-tôt une flotte, & allerent ravager la Pouille. A cette nouvelle, l'Empereur quitta la Lombardie après avoir mis de bonnes garnifons dans les places les plus importantes ; il fe rendit à Luques & de-là à Pife. Il engagea les habitans à attaquer les Genois qui étoient dans le parti du Pape, & mit dans fes intérêts divers peuples de la Tofcane.

Avec ces nouveaux fecours, il fut bien-tôt maître de plufieurs places du patrimoine de faint Pierre. Le Pape effrayé de ces fuccès, publia une Croifade contre l'Empereur ; mais ces troupes levées à la hâte & fans difcipline, ne purent réfifter à l'armée Impériale, & furent battues de tous côtés. L'Empereur devenu furieux, exerça des cruautés fur ceux qui tomboient entre fes mains, & il en fit marquer un grand nombre d'une croix au front avec un fer chaud. Les Cardinaux confeillerent au Pape d'affembler un Concile à faint-Jean-de-Latran, afin de chercher les moyens de remedier à tant de défordres. Frederic qui fentoit de quelle importance il étoit pour lui d'empêcher que ce Concile n'eut lieu, écrivit au Roi d'Angleterre pour l'engager à ne point permettre que les Evêques de fon royaume, fe rendiffent aux ordres du Pape, & tâcha d'en détourner par de fortes menaces les Allemans & les François. Il commanda en même-temps à Enzius fon fils, de croifer avec

ROYAUMES DE NAPLES ET DE SICILE.

1239.

1240.

ROYAUMES DE NAPLES ET DE SICILE.

une flotte dans la riviere de Gênes, afin d'arrêter tous les Prélats qu'il trouveroit sur cette mer.

L'Empereur qui étoit alors très-puissant, avoit cinq nombreuses armées sur pied. L'une campée près de Faënza ; l'autre dans le pays de Gênes ; une troisieme dans la Marche d'Ancône ; la quatrieme dans la Palestine, & enfin Conrad fils de l'Empereur étoit chef de la cinquieme qu'il avoit levée pour aller au secours de Bela Roi de Hongrie, qui étoit attaqué par les Tartares. La flotte qu'il avoit envoyée croiser sur la riviere de Gênes, rencontra celle des Genois sur laquelle s'étoient embarqués plusieurs Evêques & les Légats du Pape. Enzius l'attaqua, la mit en désordre, prit vingt-deux galeres ennemies & en coula trois à fond. Quatre mille Genois furent désarmés & arrêtés, & l'on fit prisonniers tous les Ecclésiastiques qu'il traita avec dureté. Gregoire ne pouvant plus supporter le chagrin dont il étoit accablé, tomba dangereusement malade, & mourut le 21 août 1241. Celestin IV. qui lui succeda, ne jouit de sa nouvelle dignité que pendant dix-sept jours. Le saint Siége fut long-temps vacant ; mais enfin les Cardinaux nommerent le 24 de juin 1243 Sinibalde de Fiesque Genois, connu sous le nom d'Innocent IV. Ce Pontife qui avoit les mêmes sentimens que Gregoire poursuivit la guerre contre Frederic avec autant d'animosité que son prédecesseur. Il avoit voulu forcer ce Prince à se purger de toutes les accusations dont on l'avoit chargé, & de réparer incessamment les torts qu'il avoit faits à l'Eglise. Frederic refusa de consentir aux demandes du Pape, & fit garder tous les chemins pour empêcher qu'il ne pût envoyer des lettres aux Princes de l'Europe. Il fit cependant quelques démarches auprès du Pape pour l'engager à la paix, & à lever l'excommunication que Gregoire avoit lancée injustement contre lui. Le Pape exigea qu'il rendît auparavant ce qu'il étoit accusé d'avoir pris sur l'Eglise. Ainsi toutes voies d'accommodement se trouvant rompues, l'Empereur ne songea plus qu'à se venger du Pape. Il avoit résolu de se rendre maître de sa personne ; mais le Pape qui fut informé des desseins de Frederic, trouva moyen de se sauver à Gênes ; de-là il passa à Lyon, où il convoqua un Concile.

1241.

1243.

Concile de Lyon.

1245.

Ce fut dans cette assemblée qu'il prononça contre Frederic la sentence par laquelle il le déclara privé de l'Empire, ainsi que de tous ses autres Etats. Frederic sentit bien toutes les dangereuses conséquences qui pouvoient en résulter, ce qui le détermina à employer la médiation du Roi de France pour se reconcilier avec le Pape. Innocent ne se laissa point toucher par les soumissions de Frederic, & il donna avis par ses lettres à tous les Princes de la Chrétienté, de la Sentence qu'il avoit prononcée contre l'Empereur. Ce Prince de son côté écrivit plusieurs lettres pour se justifier, & démontra la nullité de sa déposition. Ses raisons l'emporterent sur celles du Pape, & les Peuples de l'Europe continuerent à le reconnoître pour Empereur, malgré les vives sollicitations d'Innocent, qui mettoit tout en œuvre pour faire révolter les sujets de l'Empereur. Ce Prince pour se venger du Pontife, ne cessoit de ravager les terres de l'Eglise.

Tant de désordres & de carnages ne furent point capables de faire changer le Pape de résolution, & il suscitoit continuellement de nouveaux ennemis à Frederic. La Pouille étoit à peine pacifiée que la ville de Parme se révolta,

révolta, ce qui occasionna une guerre où Enzius eut plusieurs fois du désavantage. Ce Prince même fut battu par les Bolonois & fait prisonnier. Ceux-ci refuserent constamment de lui rendre la liberté ; mais ils le traiterent toujours en Prince. Il mourut dans leur ville après vingt-deux ans de captivité. La perte de cette bataille fut suivie de la prise de plusieurs places, ce qui obligea Frederic à rassembler son armée, afin d'arrêter les progrès de son ennemi. Il étoit occupé de ces préparatifs lorsqu'il mourut dans la cinquante-septieme année de son âge, & la trente-septieme de son regne à l'Empire. Il gouverna pendant cinquante ans les royaumes de Naples & de Sicile, & pendant vingt-huit celui de Jerusalem. On ne peut se dispenser de donner de grandes louanges à ce Prince, mais en même-temps on doit lui reprocher sa sévérité, qui alloit souvent jusqu'à la cruauté. Quelques Auteurs ont pris plaisir à inventer plusieurs calomnies contre lui. Ces faits apocryphes se trouvent démentis par un grand nombre d'Historiens dignes de foi. Ce Prince laissa beaucoup d'enfans qu'il avoit eus de ses differentes femmes & de quelques concubines. Il avoit eu six femmes, la premiere étoit Constance fille d'Alphonse II. Roi d'Arragon, & de la Reine Sanche de Castille, de laquelle il eut Henri Roi d'Allemagne qui mourut en prison, & Jourdan qui ne vecut pas long-temps. La seconde fut Yolande fille de Jean de Brienne Roi de Jerusalem, qui lui apporta en dot les droits à ce royaume qu'elle avoit par succession de sa mere Marie. Il eut de ce mariage Conrad Roi des Romains. La troisieme se nommoit Agnès fille d'Othon Duc de Moravie. Il répudia cette Princesse qui se remaria à Uldric Duc de Carinthie. La quatrieme fut Ruthine fille d'Othon Comte de Wolfferthausen dans la Baviere, La cinquieme fut Isabeau fille de Louis Duc de Baviere. Il n'eut pas d'enfans de ces trois dernieres. La sixieme fut Isabelle fille de Jean Roi d'Angleterre & sœur du Prince de Galles, qui fut ensuite Souverain du même royaume, sous le nom de Henri III. Il naquit de ce mariage un Prince nommé Henri, dont la mort fut cause de toutes les brouilleries qu'il y eut entre le Roi d'Angleterre & Conrad ; qui fut soupçonné de l'avoir empoisonné.

Il eut aussi plusieurs fils naturels. De Beatrix Princesse d'Antioche, il eut un fils nommé Frederic qui fut Prince d'Antioche & Comte d'Albi, de Celano & de Lorette. Suivant le témoignage de quelques Auteurs, son pere lui accorda le titre de Roi de Toscane. De ce Prince naquit Conrad d'Antioche qui se maria avec Beatrix fille du Comte Galvano Lancia. Il eut d'elle Frederic Henri & Galvano d'Antioche, dont la postérité se maintint pendant quelque temps avec beaucoup d'éclat en Sicile. Frederic eut encore de la sœur de Geofroi Maletta Comte de Minio & de Trivento, Seigneur du Mont-Saint-Ange & grand Camerlingue du Royaume, Mainfroi Prince de Tarente, & ensuite Roi de Naples & de Sicile ; & Constance qui se maria pendant la vie de son pere, comme on le voit par les titres des archives royales (11), avec Charles Jean Battase Empereur de Constantinople, schismatique & ennemi de l'Eglise Romaine. Innocent IV. n'oublia pas d'en faire le sujet d'un grief contre l'Empereur Frederic, lorsqu'il le priva de l'Empire. On

---

(11) Giannone.

Tome II.

ROYAUMES DE NAPLES ET DE SICILE.

1248.

Mort de Frederic II.

1250.

voit cependant par le teſtament de ce Prince, qu'il regardoit Mainfroi comme ſon enfant légitime ; puiſqu'il l'appella à la ſucceſſion de ſes Etats au défaut des fils de Conrad & de Henri. Quelques Ecrivains ont ſoutenu que Mainfroi étoit fils légitime de Frederic. Enfin ce Prince eut encore pluſieurs enfans de différentes autres femmes ; ſçavoir Henri Roi de Sardaigne que l'on nomme ordinairement Enzius, & trois autres filles.

> Royaumes de Naples et de Sicile.

Frederic par le teſtament qu'il fit quelque-temps avant ſa mort, inſtitua pour héritier de l'Empire, de tous ſes autres Etats, & particulierement du royaume de la Pouille & de la Sicile, Conrad Roi des Romains ſon fils ; & au cas qu'il vint à mourir ſans enfans, il nommoit à ſa place Henri ſon autre fils ; & au défaut de celui-ci & de ſes enfans mâles, il appelloit à ſa ſucceſſion Mainfroi Prince de Tarente ſon fils. Il nomma ce dernier Gouverneur en Italie ; & particulierement dans la Pouille & dans la Sicile, dans le cas que Conrad ſe trouveroit en Allemagne ou dans quelqu'autre pays. Ce même Mainfroi en vertu de ce teſtament, devoit poſſeder la principauté de Tarente avec les comtés de Monteſcaglioſo, Tricario, Gravina, & celui du Mont-ſaint-Ange avec tous les titres & honneurs que l'Empereur lui avoit accordés pendant ſa vie, & toutes les villes, terres & châteaux dépendans des lieux que ce Prince lui léguoit ; à la charge néanmoins de reconnoître Conrad pour ſon Souverain. Il laiſſa à Frederic ſon petit-fis, le duché d'Autriche & de Stirie à la même condition. Il lui légua outre cela dix mille onces d'or. Henri ſon fils fut auſſi inſtitué héritier du royaume de Jeruſalem ou de celui d'Arles, à la volonté de Conrad.

> Conrad VIIIe. Roi.
> 1250.

Conrad étoit en Allemagne lorſque ſon pere mourut. Mainfroi ſon frere qui avoit été nommé Gouverneur en Italie avec un pouvoir abſolu fit reconnoître Conrad par tous les peuples de la Pouille, de la Calabre & de la Sicile. Le Pape qui avoit excommunié Frederic, perſuadé que cette Sentence de dépoſition s'étendoit juſqu'à la poſtérité de ce Prince, prétendit que les royaumes de Sicile & de la Pouille lui appartenoient comme fiefs de l'Egliſe. En conſéquence il exhorta les Barons de ces provinces à ſe déclarer en ſa faveur. Mainfroi fit tout ce qu'il put pour rendre inutiles les démarches du Pape, mais il ne put empêcher les provinces de la Pouille, la terre de Labour, Naples & Capoue de lever l'étendart de la révolte. La valeur & l'activité de Mainfroi, firent bien-tôt rentrer les peuples dans le devoir, & la clémence dont il uſa à l'égard des rebelles, engagea pluſieurs villes à ſe ſoumettre d'elles-mêmes. La ville de Naples fit plus de réſiſtance, & ce fut envain que Mainfroi employa toutes les ruſes de la guerre pour ſe rendre maître de cette ville, ou forcer les habitans à accepter le combat. Il fut donc obligé d'abandonner ſon entrepriſe, & de s'avancer vers la terre de Labour, pour empêcher les villes de cette province de ſuivre l'exemple de Naples & de Capoue.

> Arrivée de Conrad en Italie.
> 1251.

Cependant Conrad ayant terminé heureuſement toutes les guerres qui l'occupoient en Allemagne, ſe rendit en Italie avec une puiſſante armée. Après avoir employé tous les moyens qu'il crut néceſſaires pour relever le parti des Gibelins dans la Lombardie, il s'embarqua pour paſſer dans la Pouille. Mainfroi & tous les Barons le reçurent avec de grandes démonſtrations de joye. Ils concerterent enſemble ſur les meſures qu'ils devoient prendre pour réduire les Comtes d'Aquin, qui pouvoient par la situation de leurs terres, entre le Garillan & le Volturne, donner de prompts secours au Pape. Ce Pontife qui étoit alors à Perouse, connoissant le danger auquel les comtés d'Aquin alloient être exposés, leur envoya quelques troupes. Ce foible secours ne fut pas capable d'arrêter l'armée de Conrad qui avoit été renforcée par les Sarrasins que Mainfroi avoit fait venir de Lucera & de la Sicile. Les rebelles furent vaincus, & les principales villes de leur dépendance furent entierement saccagées.

La sévérité que l'Empereur avoit montrée à l'égard de ces villes, inspira tant de terreur aux habitans de Capoue, qu'il se rendirent sans faire aucune résistance. Les Napolitains au lieu de suivre un exemple si sage, persisterent dans leur révolte; mais ils se repentirent bien-tôt de leur obstination. La ville fut serrée de si près qu'elle fut contrainte de se rendre, sous la seule condition que les habitans auroient la vie sauve. Les Napolitains en punition de leur révolte, furent obligés de détruire leurs murailles jusqu'aux fondemens, & ils furent eux-mêmes traités avec beaucoup de rigueur.

Le Pape ne pouvant plus esperer par ses propres forces d'arrêter les progrès de Conrad, invita Richard ou Charles frere de Henri III. Roi d'Angleterre, à faire la conquête du royaume de Sicile; plusieurs raisons empêcherent le Prince d'Angleterre d'accepter les propositions d'Innocent III. & les desseins de ce Pontife ne purent avoir leur exécution.

Le caractere doux & moderé de Mainfroi lui avoit gagné tous les cœurs, & l'on détestoit au contraire l'Empereur, qui donnoit continuellement des marques de sa cruauté. Ce dernier ne tarda pas à s'appercevoir que ses sujets étoient touchés des grandes qualités de son frere; ce qui le porta à concevoir contre ce Prince une basse jalousie. Il résolut dès-lors de lui enlever toutes les places que Frederic lui avoit données, afin d'abaisser par ce moyen son crédit & son autorité. Sous prétexte d'engager les Barons à souffrir tranquillement qu'il les privât des donations que le feu Empereur avoit faites en leur faveur, il proposa à Mainfroi de se démettre le premier de ce qu'il possedoit. Ce Prince s'apperçut bien-tôt des véritables motifs qui faisoient agir son frere; mais jugeant à propos de dissimuler, il lui remit en différentes fois les seigneuries dont il jouissoit en vertu du testament de Frederic. Il ne se montra pas moins ardent pour les intérêts de Conrad, malgré les sujets de mécontentement que ce Prince lui donnoit continuellement.

Sur ces entrefaites Henri frere de Conrad mourut à l'âge de douze ans, & l'Empereur fut soupçonné de l'avoir fait empoisonner. Innocent profita des bruits que cette mort occasionna, & invita de nouveau le Roi d'Angleterre à prendre possession du royaume de Sicile au nom d'Edmond son fils, qui étoit encore dans l'enfance. Ce projet resta sans exécution comme le premier. Toutes les provinces de la Pouille étoient enfin rentrées dans le devoir, & le calme qui paroissoit rétabli dans le royaume, sembloit inviter Conrad à faire un voyage en Allemagne. Il se disposoit à se rendre dans ce pays, lorsqu'il tomba malade d'une fievre qui termina sa vie à l'âge de vingt-six ans, après en avoir regné un peu plus de trois.

Conrad par son testament avoit laissé le trône à Conradin son fils. Ce Prince qui étoit en bas âge, ne pouvoit pas gouverner ses Etats par lui-

ROYAUME DE NAPLES ET DE SICILE

1253.

Mort de Conrad.

1254.

même; c'est ce qui détermina son pere à nommer pour Regent Bertholde Marquis d'Honebruch. Il l'exhorta en même-temps à mettre tout en œuvre pour procurer la paix à ses Etats, & concilier à son fils les bonnes graces du Pape. Bertholde en conséquence des ordres qu'il avoit reçus du feu Empereur, envoya des Ambassadeurs pour demander la paix au souverain Pontife. Innocent qui regardoit la mort de Conrad comme un évenement favorable à ses desseins, déclara qu'il vouloit prendre possession du royaume de Sicile, qui étoit dévolu au saint Siége; que dans la suite, lorsque Conradin seroit devenu majeur, on examineroit ses prétentions, & qu'on le rétabliroit sur le trône si on l'en jugeoit digne (12). Des paroles il passa bien-tôt aux effets. Il leva une puissante armée, & fit un traité avec plusieurs Barons du royaume qui étoient mécontens du gouvernement de Bertholde. Ce Seigneur voyant que le parti du Pape étoit devenu le plus fort, & qu'il ne se trouvoit pas en état de résister à tant de forces réunies contre l'Etat, eut la lâcheté d'abandonner l'administration du royaume. Les Comtes, les Barons & les autres Seigneurs qui étoient attachés aux intérêts du Roi, engagerent Mainfroi à se mettre à leur tête. Ce Prince fit beaucoup de difficultés; mais n'ayant pu résister aux instances réiterées des Barons, il consentit à prendre le gouvernement de l'Etat.

Mainfroi s'empare du gouvernement.

A peine les Barons lui eurent-ils prêté serment de fidélité, qu'il rassembla une armée pour tâcher de rendre inutiles les projets du Pape, & mit de fortes garnisons dans les places qu'il croyoit disposées à la révolte. Cependant le Pape exerçoit déja les droits de Souverain dans la Pouille & dans la Sicile, & donnoit l'investiture de plusieurs terres à ceux qui s'étoient déclarés pour lui. Mainfroi n'étoit pas en état de s'opposer à la volonté du Pape; Il se trouvoit environné d'ennemis secrets qui avoient juré sa perte, & il eut bien de la peine à éviter les embuches qu'on lui dressoit de toutes parts. Le Marquis Bertholde au lieu de lui envoyer du secours comme il lui avoit promis, ne s'occupoit qu'à piller la province, & par cette conduite, il avoit rendu les Allemans odieux à tous les peuples, & leur faisoit desirer de passer sous la domination du Pape. Dans des circonstances si critiques, Mainfroi n'avoit d'autre parti à prendre que celui de la dissimulation, & de céder pour quelque temps.

Il remet le royaume entre les mains du Pape.

Le Pape ayant fait tous les préparatifs nécessaires pour venir à bout de son entreprise, fit proposer à Mainfroi d'abandonner le gouvernement du royaume, & de le remettre entre les mains de l'Eglise. Ce Prince avoit toujours refusé de donner une réponse positive; mais la situation où étoient les affaires, ne lui permirent pas de differer à donner satisfaction au Pape. Il lui fit donc représenter qu'il se confioit en la bonté du souverain Pontife, pour le Roi son neveu encore Pupille; qu'il se flattoit que le saint Pere le protegeroit, & le recevroit avec un amour paternel; qu'il consentoit d'abandonner le gouvernement du royaume, & de le remettre entre les mains de l'Eglise, qui étoit la mere de tous les Chrétiens, & plus particulierement encore de tous les Orphelins; qu'il se portoit d'autant plus volontiers à cette démarche, que par-là il esperoit remplir les intentions du

_____
(12) Anonym. *in vitâ Inn. IV.* Giannone.

Roi Conrad, qui par son testament avoit temoigné combien il souhaitoit que son fils encore dans l'enfance, pût obtenir la protection & la bienveillance du saint Siége; que par conséquent, il n'apporteroit aucune opposition; mais qu'il contribueroit au contraire en tout ce qui dépendroit de lui, pour que le Pape entrât dans le royaume & en prît possession; pourvû cependant que cet acte ne donnât aucune atteinte à ses droits, ni à ceux du Roi Pupille (13). Les offres de Mainfroi causerent une joye sensible au Pape; ce Pontife promit que la possession qu'il vouloit prendre du royaume, ne préjudicieroit en rien aux droits de Mainfroi, non plus qu'à ceux du jeune Roi, qui lui seroient conservés pour lui être rendus lorsqu'il seroit en âge. Innocent pour témoigner sa reconnoissance envers Mainfroi, lui donna l'investiture de plusieurs terres. Ce Prince poussa la dissimulation jusqu'au point de s'aller jetter aux pieds du Pape, tenir la bride du cheval sur lequel le Pontife étoit monté, & le conduire ainsi pendant un long espace de chemin. Ces marques de soumission toucherent tellement le Pape, qu'il lui accorda les plus grandes marques d'honneur, & en fit son confident.

Les habitans de la Pouille, de la Calabre & de la Sicile, apprirent avec beaucoup de plaisir qu'ils alloient passer sous la domination du Pape, & qu'ils seroient par ce moyen délivrés des Allemans dont ils ne pouvoient plus supporter la tyrannie. Mainfroi résolu de profiter de toutes les circonstances qui pouvoient lui devenir favorables, conseilla au Pape de partager son armée en plusieurs corps, & d'entrer dans les plus riches provinces du royaume, afin d'en chasser les Allemans. Ce projet eut tout l'effet qu'on pouvoit en attendre. Les Allemans environnés d'ennemis de tous côtés, prirent le parti de se retirer & de repasser en Allemagne. Il n'y avoit plus alors dans le royaume que les troupes du Pape; mais elles ne paroissoient pas redoutables à Mainfroi, & il esperoit trouver bien-tôt moyen de les en chasser.

Innocent ne trouvant plus d'obstacles apparens à ses desseins, s'appliqua entierement à réunir sous la domination du saint Siége, toutes les provinces de la Pouille & de la Sicile. Il nomma le Cardinal de saint Eustache son neveu pour son Légat, & lui donna un pouvoir absolu dans toute l'étendue du royaume. Ce jeune Prélat contraignit les Comtes, les Barons & tous les autres Vassaux à lui prêter serment de fidélité; mais il ne put jamais obliger Mainfroi à suivre leur exemple. Ce Prince cessant alors à dissimuler, donna à connoître quelles étoient ses véritables intentions. Le Légat qui s'en apperçut, commença à le traiter avec moins de distinction, & bien-tôt il perdit tout son crédit. Ses ennemis ne tarderent pas à s'en prévaloir, & Borello d'Anglono en conséquence de l'investiture que le Pape lui avoit donnée, s'empara du comté de Lesina qui appartenoit à Mainfroi. Ce Prince s'en plaignit au Pape, qui différa toujours à lui en donner satisfaction. Il avoit pris la résolution de dissimuler encore son mécontentement, lorsque la mort de Borello l'obligea à lever le masque.

Ce Seigneur à la tête d'un petit corps de troupes, s'étoit mis en embus-

(13). Ibid.

ROYAUMES DE NAPLES ET DE SICILE.

cade pour furprendre Mainfroi. Ceux qui accompagnoient ce Prince ayant apperçu fes troupes, tomberent deffus avec fureur, les taillerent en pieces & tuerent Borello. Tout ceci s'étoit paffé à l'infçu de Mainfroi ; cependant fes ennemis prirent cette occafion pour indifpofer le Pape contre lui. Innocent prétendit que ce Prince devoit comparoître devant lui pour fe juftifier de la mort de Borello. Mainfroi qui avoit découvert qu'on le vouloit arrêter, fe retira d'abord à Acerra ; mais comme il n'y étoit pas en fûreté, il alla chercher un afyle à Lucera. Les Sarrafins & les autres habitans le reconnurent pour leur Souverain, & lui promirent de foûtenir fes droits jufqu'à la derniere extrêmité. Cette nouvelle inquietta beaucoup le Légat, & l'engagea a s'approcher de Troja. L'armée du Pape ne fut pas capable d'effrayer Mainfroi ; il fortit bien-tôt de fa retraite, & après s'être rendu maître de Loggia, il battit les troupes Papales & s'empara de Troja.

Le Pape offre la couronne à Charles d'Anjou.

Les grands avantages que Mainfroi venoit de remporter, firent comprendre au Pape qu'il avoit affaire à un ennemi redoutable contre lequel il devoit oppofer d'autres forces que celles qu'il avoit alors. Perfuadé qu'il n'avoit aucun fecours à efperer de l'Angleterre, il tourna fes vûes du côté de la France, & fit offrir le royaume de Sicile à Charles d'Anjou Comte de Provence, dont il connoiffoit la valeur. Cette négociation ne put avoir lieu parce qu'alors faint Louis frere de Charles étoit occupé à faire la guerre dans la Terre-fainte, & ce ne fut que fous Urbain IV. que la chofe réuffit, c'eft-à-dire quatorze ans après qu'elle eut été propofée.

Innocent IV. étant mort quelque-temps après la défaite de fon armée, Mainfroi profita de la vacance du Siége pour reprendre toutes les places de la Pouille qui s'étoient foumifes au faint Siége. Alexandre IV. qui étoit monté fur la chaire de faint Pierre, effrayé des grands fuccès de Mainfroi, envoya des députés pour entrer en négociation avec lui. On voulut lui perfuader d'envoyer des Ambaffadeurs au Pape, pour le féliciter fur fon élection. Mainfroi appréhendant qu'on ne regardât cette démarche comme un acte de crainte ou de foibleffe, déclara qu'il ne pouvoit traiter de la paix avec le Pape, qu'à condition que le royaume refteroit en fouveraineté à Conrad II. fon neveu. Le Pape voyant que Mainfroi ne confentiroit jamais à laiffer le royaume au pouvoir du faint Siége, offrit à l'exemple de fes prédéceffeurs, le royaume à Charles d'Anjou, & enfuite au Roi d'Angleterre ; mais aucun de ces Princes ne voulut entrer dans les vûes du Pape. Ce Pontife crut intimider Mainfroi en le citant devant fon tribunal au fujet de la mort de Borello, & de la conquête de la Pouille. Quant au premier chef, Mainfroi n'eut pas de peine à faire connoître fon innocence ; par rapport au fecond, il répondit qu'il n'avoit fait en cela aucun tort au faint Siége, & qu'il avoit deffendu les droits de fon neveu & les fiens.

Les efprits s'échauffoient de part & d'autre, & tout annonçoit une guerre fanglante entre le Pape & Mainfroi. On vint cependant à bout d'engager celui-ci à envoyer des Ambaffadeurs à Alexandre. Lorfqu'ils furent arrivés à Naples où le Pape faifoit alors fa réfidence, on entama diverfes négociations ; mais les difficultés qui furvenoient continuellement, n'ayant pû être furmontées, on fe prépara à la guerre. Mainfroi ennuyé de tant de longueur, reprit une terre qui dépendoit du comté d'Andria, dont il étoit en possession. Cette entreprise fut regardée comme un acte d'hostilité : on en fit de grandes plaintes à ses Ambassadeurs, qui représenterent envain que cette terre étant de son domaine, elle n'avoit aucun rapport avec les affaires générales du royaume. Ce qui inquiettoit le plus le Pape, étoit le voisinage de l'armée de Mainfroi qui s'approchoit insensiblement de Naples. On invita ses Ambassadeurs à lui écrire pour l'engager à se retirer ; mais ils eurent soin de lui faire sçavoir la consternation où étoit la cour du Pape, & la facilité qu'il trouveroit à se rendre maître de la terre de Labour. Mainfroi étoit résolu de profiter de cet avis lorsqu'il apprit la révolte des habitans de Brindes, ce qui l'engagea à marcher de ce côté-là.

L'éloignement des troupes de Mainfroi rassurerent le Pape & le porterent à profiter du soulevement de la terre d'Otrante, pour se rendre maître du royaume. Il nomma un Légat pour en être le Gouverneur, & parut ne plus se soucier de la paix. Cependant Mainfroi avoit attaqué les rebelles avec succès, & déja la plûpart des villes qui s'étoient jointes à celle de Brindes, étoient rentrées dans le devoir. Mais de nouveaux troubles qui s'éleverent en même-temps dans la Calabre & la Sicile, l'obligerent d'employer ses troupes dans ces provinces.

Pierre Ruffo de la Calabre, Comte de Catanzaro, Gouverneur de ces pays, avoit regardé d'un œil jaloux la puissance de Mainfroi, & il s'étoit flatté avec la protection du Pape, de se rendre souverain dans ces provinces. Les Lieutenans que Mainfroi y envoya y remporterent de si grands avantages contre les rebelles, qu'ils se virent contraints de recourir à la clémence du vainqueur.

Cependant le Légat avoit assemblé une puissante armée, & il s'avançoit vers la terre d'Otrante où Mainfroi étoit alors occupé à faire le siége d'Oria. La nouvelle de l'approche des ennemis, força Mainfroi à lever le siége & à aller à la rencontre du Légat, quoique son armée fut inférieure en nombre à celle du Pape. Le Légat ne jugea pas à propos de s'exposer à en venir aux mains avec un Général tel que Mainfroi ; il se contenta de cotoyer l'armée du Prince. Le Pape ne se croyant pas encore assez fort contre Mainfroi, publia une Croisade, & par ce nouveau moyen, il se vit en état de mettre plusieurs armées sur pied. Gervais de Martina un des Généraux que Mainfroi avoit envoyé en Calabre, ne se laissa pas épouvanter par cette multitude rassemblée à la hâte, & conduite par des Chefs qui ne devoient point entendre le métier de la guerre. Ces troupes furent en effet bien-tôt mises en fuite, & le calme fut rétabli dans la Calabre.

Mainfroi de son côté étoit toujours en présence de l'armée du Légat, qui differoit d'en venir aux mains. Pendant que les deux armées étoient dans cette situation, un Maréchal du Duc de Baviere oncle du jeune Roi Conrad, arriva pour être médiateur entre le Pape & Mainfroi. On proposa une treve afin de négocier avec plus de sûreté, & elle fut jurée de part & d'autre. Mainfroi se fiant sur la foi du traité, s'éloigna avec son armée & parcourut la terre de Bari. Le Légat profitant de l'éloignement du Prince, entra dans la Capitanate & surprit Foggia. Mainfroi irrité de la conduite du Légat, s'avança promptement avec son armée, punit quelques villes rebelles & mit le siége devant la ville de Foggia dans laquelle le Légat s'étoit

ROYAUMES DE NAPLES ET DE SICILE.

enfermé. Bertholde accourut au secours du Légat; mais il fut vaincu & obligé de chercher son salut dans la fuite.

Mainfroi après cette victoire pressa si vivement le siége, que le Légat n'eut d'autre parti à prendre que celui de se rendre. Il fit des propositions de paix que Mainfroi écouta avec plaisir. Enfin elle fut conclue aux conditions que Mainfroi auroit la possession & le gouvernement du royaume, tant en son nom qu'en celui du Roi Conrad son neveu, à la réserve de la terre de Labour qui resteroit sous l'obéissance du saint Siége; & qu'au cas que le Pape Alexandre ne voulut pas ratifier cet accord & transaction, il seroit permis au Prince de se rendre maître de toute cette province qui lui appartenoit. Quoique les Seigneurs rebelles n'eussent point été compris dans le traité, cependant Mainfroi à la priere du Légat, voulut bien leur accorder une amnistie générale; & il leur rendit même les terres qu'ils avoient possedées.

Le Pape refuse de ratifier le traité.

La paix que Mainfroi venoit de conclurre avec le Légat, ne pouvoit avoir de force qu'autant qu'elle seroit ratifiée par le Pape. Il lui envoya donc des Ambassadeurs pour lui en demander la ratification, & lui déclarer en cas de refus qu'il entreroit avec ses troupes dans la terre de Labour comme il étoit convenu par le traité. Les menaces de Mainfroi n'empêcherent pas le Pape de désapprouver le traité que son Légat avoit fait, & de former de nouveaux desseins sur le royaume de Sicile. Mainfroi apprit en même-temps que le Marquis Bertold & ses freres avec quelques Barons du royaume, avoient tramé une conjuration contre lui: ce qui l'engagea à prendre les mesures nécessaires pour faire avorter les projets de ses ennemis. Convaincu des mauvaises intentions de Bertold, il le fit arrêter avec ses freres & assembla un Parlement général dans Barlette pour les juger. La conjuration ayant été prouvée, les criminels furent condamnés à mort; mais ce Prince voulant les traiter avec plus de clémence, commua la peine en une prison perpétuelle dans laquelle ils finirent leurs jours.

Mainfroi avoit toujours à craindre quelque entreprise de la part du Pape, & son Légat en Sicile avoit déja fait soulever un grand nombre des habitans de cette isle. Ces troubles n'eurent point de suite par la prudence de Frederic Lancia oncle de Mainfroi: Les Siciliens reconnurent leur faute, & le Légat avec ses partisans furent faits prisonniers. Les différentes tentatives que Mainfroi avoit faites pour porter le Pape à la paix, ayant toujours été inutiles, ce Prince se prépara à la guerre. Il entra dans la terre de Labour avec une puissante armée, & marcha du côté de Naples. Cette ville qui se souvenoit encore des malheurs que sa rebellion lui avoit occasionnés sous le regne de Conrad, voulut en prévenir de nouveaux en se soumettant volontairement à Mainfroi. Son exemple fut bien-tôt suivi par la ville de Capoue & par plusieurs autres places voisines. Averse osa cependant résister; mais elle ne tarda pas à se repentir de sa révolte. Maître de toute la terre de Labour, Mainfroi passa dans la Capitanate & de-là à Brindes qu'il soumit aussi, Ariano & Aquila qui perseverent dans leur rebellion, en furent punies par la destruction de leurs murailles. Tout le royaume de la Pouille étoit rentré dans l'obéissance, & il ne restoit plus que quelques factieux qui pouvoient troubler la Sicile. La présence de Mainfroi ruina leurs projets, & les força à rester tranquilles.

Les

Les Ecrivains de ce temps, ou trop portés pour Mainfroi nous le représentent comme un Prince désintéressé, & qui ne cherchoit qu'à conserver la couronne à son neveu; ou excités par leur haine, ils ne cessent d'empoisonner par leurs traits malins, les moindres actions de ce même Prince; & veulent nous faire croire qu'il ne publia la fausse nouvelle de la mort de Conradin que pour usurper le trône. Quoiqu'il en soit, à peine le bruit de la mort de Conradin se fut-il répandu que les Comtes & les Seigneurs du royaume couronnerent solemnellement Mainfroi. Ce Prince qui cherchoit à gagner l'affection des peuples, ne fut pas plutôt monté sur le trône, qu'il fit de magnifiques présens à tous les Syndics des villes & des terres qui avoient assisté à son couronnement; donna des emplois à ceux qui avoient toujours pris ses intérets, & confera l'Ordre de Chevalerie à un grand nombre d'entr'eux. Mainfroi témoin de la joye que les peuples avoient marquée à son avenement à la couronne, pouvoit se flatter de jouir tranquillement du trône, si le Pape n'eut trouvé à redire qu'il se fut emparé du royaume sans son consentement. L'élevation de Mainfroi ruinoit toutes les espérances qu'il avoit eues sur la Sicile, & il n'avoit pas assez de force pour oser entreprendre de l'en chasser. Les nouvelles offres qu'il avoit faites au Roi d'Angleterre, n'avoient eu aucun effet: il fit encore des efforts auprès de Charles d'Anjou.

Cependant la puissance de Mainfroi s'augmentoit de jour en jour, & tous les partisans du Pape avoient été chassés de toute l'étendue du royaume. Alexandre n'ayant pu engager aucun Prince dans sa querelle, menaça d'excommunier Mainfroi s'il refusoit de donner satisfaction au saint Siége, en lui cédant le royaume de Sicile. Le Roi peu frappé de ces menaces, persista à vouloir conserver une couronne qui lui appartenoit. En conséquence il fut excommunié, déclaré rebelle, ennemi de l'Eglise, usurpateur, sacrilége, privé de la principauté de Tarente & de tous les fiefs, droits, honneurs & prééminences. Par cette même sentence, Mainfroi étoit chargé d'avoir par d'horribles & exécrables attentats, aspiré au trône de Sicile, & usurpé ce royaume qui étoit dévolu au saint Siége, en se faisant couronner Roi d'une maniere sacrilége, sans le consentement du Pape ni sa permission. Alexandre poussa plus loin sa vengeance, & étendit l'excommunication sur toutes les villes, châteaux & autres lieux qui recevroient Mainfroi, & le reconnoîtroient pour leur Souverain. Il fut aussi defendu à tous les Evèques, Abbés & autres Ecclésiastiques, de célébrer l'Office divin en présence de Mainfroi, & de recevoir de lui aucun bénéfice, & que si quelqu'un s'en étoit chargé, il eut à le résigner dans le terme de deux mois. Les Evèques qui avoient sacré le Roi ou assisté à son couronnement, furent pareillement excommuniés, & même quelques-uns furent déposés (14).

Le Clergé & le peuple n'eurent aucun égard à l'excommunication du Pape, & tous les sujets de Mainfroi resterent tranquilles. Ce Prince délivré des embarras de la guerre, ne croyoit pas pour cela devoir licentier ses troupes; car il avoit toujours à craindre que le Pape ne formât quelque nouvelle entreprise contre lui. Mais comme il avoit plusieurs armées sur pied, & que l'entretien de ces troupes lui causoit trop de dépense, il en

---

(14) Tutin de Contest. pag. 63 & suiv. Giannone.
Tome II.

envoya une partie en Toscane, & l'autre en Lombardie pour fortifier le parti des Gibelins, qui commençoit à devenir plus considérable que celui des Guelfes.

ROYAUMES DE NAPLES ET DE SICILE.

Pendant que Mainfroi jouissoit paisiblement du trône, & que sa puissance & son autorité sembloient s'affermir de plus en plus, la Reine Elizabeth ou Marguerite, mere de Conradin & du Duc de Baviere, envoya des Ambassadeurs à Mainfroi pour lui faire sçavoir que Conradin n'étoit point mort, & qu'elle redemandoit la couronne au nom de ce jeune Prince. Mainfroi fit entendre aux Ambassadeurs qu'il n'étoit pas disposé à rendre un trône qui étoit le prix de ses travaux, & qu'il avoit deffendu contre les entreprises de deux differens Papes ; que d'ailleurs s'il le rendoit à Conradin, il y auroit à craindre que ce Prince encore trop jeune pour bien gouverner ses Etats, ne fut pas capable de le deffendre contre les ennemis de la maison de Suabe. Il ajouta de plus que Conradin seroit obligé pour se maintenir dans son royaume, d'employer le secours des troupes Allemandes, que les Italiens ne pouvoient plus souffrir depuis les désordres qu'elles avoient commis dans le pays. Mainfroi pour justifier son ambition, déclara qu'il ne prétendoit garder le trône qu'à dessein de le conserver à Conradin, qui y monteroit après sa mort. En conséquence il prioit la Princesse de lui envoyer son neveu, afin qu'il pût le former aux usages du pays, & que les Italiens le vissent avec plus de plaisir devenir leur Souverain. La Reine Elizabeth comprit aisément par la réponse de ses Ambassadeurs, qu'il ne lui seroit pas facile de chasser Mainfroi du trône : ce qui l'engagea à céder aux circonstances.

La réputation de Mainfroi étoit alors si grande, que Jacques Roi d'Arragon maria son fils ainé avec Constance fille du Roi de Sicile, née du mariage de ce Prince avec Beatrix fille d'Amedée Comte de Savoye, sa premiere femme. Le Marquis de Montferrat épousa une autre fille de Mainfroi. Ces differentes alliances paroissoient assurer à Mainfroi une tranquille possession du royaume de Sicile, & en effet ce Prince eut depuis ce temps un regne assez paisible jusqu'à la mort d'Alexandre IV. arrivée en 1260 ou 1261. L'élévation d'Urbain IV. à la dignité du Souverain Pontife, fut le coup funeste qui renversa la maison de Suabe. Urbain assis sur la chaire de saint Pierre, marcha bien-tôt sur les traces de son prédécesseur, & se déclara ouvertement contre Mainfroi. Il commença par le citer à comparoître devant lui pour se justifier d'un grand nombre de crimes que ses ennemis lui imputoient. Mainfroi ne jugea pas à propos de négliger cette citation, & il envoya aussi-tôt des Ambassadeurs au Pape pour entamer quelque négociation. Ces précautions furent inutiles, & le Pape refusa même à Mainfroi de lui accorder la permission de se présenter devant lui avec un certain nombre de troupes. Le Roi soupçonnant alors que le Pape avoit formé contre lui quelque mauvais dessein, ne put s'empêcher de se faire accompagner d'un grande quantité de ses Chevaliers, soutenus par un nombre suffisant de soldats.

1260.

Expedition d'Urbain IV. contre Mainfroi.

Le Pape voyant tous ses projets déconcertés, parut si irrité de la démarche de Mainfroi qu'il renouvella les censures qu'Alexandre IV. avoit publiées contre lui. Cette conduite du Pape fit connoître à Mainfroi qu'il n'y avoit aucune espérance d'accommodement avec le Pape. Il se vit donc contraint d'avoir recours à la force, pour prévenir les malheurs qu'il avoit lieu de craindre. Il envoya un corps de troupes composé de Sarrasins, dans la campagne de Rome, pour y faire le ravage, en fit passer d'autres dans la Marche d'Ancône, & se retira dans la Pouille pour se préparer à la guerre qu'il se voyoit dans la nécessité de faire au Pape. Urbain résolu de chasser Mainfroi de l'Italie, s'adressa au Roi de France, & le pria d'accepter l'investiture du royaume de Sicile pour l'un de ses trois fils cadets. Louis refusa les offres du Pape, mais il ne put empêcher que ce Pontife ne prêchât une Croisade contre Mainfroi.

Robert Comte de Flandres qui étoit à la tête de cette Croisade, ayant rassemblé un grand nombre de troupes, entra en Italie où il releva la faction Guelfe. Mainfroi s'avança alors vers la campagne de Rome avec toute son armée, & campa entre Frosinone & Agnanie, afin de deffendre l'entrée de son royaume. Robert excité par les exhortations du Pape, alla se poster auprès de l'armée de Mainfroi. Ce Prince se croyant trop foible pour tenir la campagne, pensa qu'il lui seroit plus avantageux de garnir ses places & de garder les passages, afin de laisser refroidir l'ardeur de ses ennemis. Il traversa le Garillan dans l'endroit où cette riviere sépare l'Etat de l'Eglise du royaume de Naples, & se rapprocha de la ville de ce nom. Robert se disposoit à passer cette riviere : mais la révolte des Romains l'obligea de marcher au secours du Pape avec son armée. Mainfroi profitant de la retraite du Comte Robert, repassa le Garillan avec les Sarrasins, se joignit à la faction qui s'étoit élevée contre le Pape, & commit de grands désordres dans l'Etat ecclésiastique.

La liaison que ce Prince venoit de prendre avec les Romains, irrita tellement le souverain Pontife, qu'il prit la résolution de le perdre entierement. Après plusieurs délibérations avec les Cardinaux pour sçavoir à quel Prince on offriroit la couronne de Sicile, il fut décidé qu'on s'adresseroit de nouveau à Charles Comte d'Anjou & de Provence, frere de saint Louis, auquel on envoya Barthelemi Pignatelli alors Archevêque de Cosence. On fit en même-temps partir un autre Légat en Angleterre, afin d'engager Henri III. a renoncer pour son fils à l'investiture du royaume de Sicile, qui lui avoit été accordée aux conditions qu'il passeroit promptement en Italie. Cependant Charles d'Anjou faisoit beaucoup de difficultés pour recevoir les offres du Pape; mais Beatrix sa femme vint à bout de le déterminer. On entama alors la négociation, & telles furent les conditions ausquelles Urbain consentoit d'accorder l'investiture à Charles : Que Naples & toute la province de la terre de Labour avec les villes, terres & isles adjacentes, comme Capri & Procida, Benevent avec son territoire & le Val de Gaudo, appartiendroient & resteroient à l'Eglise, & que toutes les autres provinces avec l'isle de Sicile seroient remises à Charles, à titre d'investiture. Ce Prince mécontent de ces conditions, déclara qu'il n'auroit jamais entrepris la guerre contre Mainfroi, s'il n'eût pas été persuadé qu'on lui abandonneroit entierement le royaume de Sicile avec les terres qui sont depuis cette isle jusqu'aux confins de l'Etat de l'Eglise, de la même maniere que les Rois Normans & Suabes l'avoient possedé : en sorte qu'à la réserve de la ville de Benevent avec toutes ses appartenances & dépendances, le saint Siége apostolique ne devoit retenir aucune terre ni droits que celui du cens, que Charles consentoit de payer tous les ans, & qui étoit de dix mille onces d'or (15).

Le desir que le Pape avoit de conclurre le traité, le fit passer sur toutes les modifications que Charles demandoit, & il fut enfin décidé que ce Prince passeroit en Italie. Son voyage fut differé par la mort d'Urbain arrivée en 1264. On lui donna pour successeur l'année suivante, Clement IV. François de nation. Ce Pontife voyant Charles engagé dans l'entreprise qu'Urbain lui avoit proposé, fit avec lui un nouveau traité qu'il chargea de plusieurs conditions dures & onéreuses telles que Summonte, Renaud & Inveges les ont rapportées. » 1°. Clement investit Charles du royaume de
» Sicile, & de toute la terre qui est en-deçà du Phare jusqu'aux confins de
» l'Etat de l'Eglise, à la réserve de la ville de Benevent avec tout son ter-
» ritoire & dépendances. Il en fut investi pour lui & ses descendans mâles
» & femelles : aux conditions cependant que les femelles ne pourront suc-
» céder qu'aux défauts des mâles ; & que parmi les mâles l'aîné aura seul
» droit à la couronne ; qu'au défaut d'héritiers, le royaume retournera à
» l'Eglise.

» 2°. Que le royaume ne pourra en aucune maniere être démembré.

» 3°. Que Charles prêteroit serment de fidelité, & feroit hommage-lige
» à l'Eglise.

» 4°. Le Pape se ressouvenant des inquitudes que ses prédécesseurs
» avoient eues lorsque les Princes de la maison de Suabe réunissoient en
» leur personne les qualités d'Empereurs & de Rois de Sicile, voulut stipuler
» à differentes fois, que Charles ne pourroit point prétendre à se faire éli-
» re, ou sacrer comme Roi & Empereur Romain, ou Roi des Teutoni-
» ques, pas même pour Seigneur de la Lombardie ou de la Toscane, ni
» de la plus grande partie de ces provinces : qu'au cas qu'il vint à être élû,
» & qu'il ne renonçât pas dans le terme de quatre mois à cette élection,
» il seroit sensé déchû de la couronne de Sicile : que s'il vouloit conserver
» l'Empire, il émanciperoit son fils entre les mains du Pape, & renonce-
» roit, en faveur de ce jeune Prince, au royaume de Sicile sans faire au-
» cune réserve.

» 5°. Que les Rois parvenus à l'âge de dix-huit ans, pourroient gouver-
» ner par eux-mêmes le royaume : mais qu'au-dessous de cet âge, la garde
» & l'administration en seroit remise à l'Eglise jusqu'à la majorité du Roi.

» 6°. Que dans le cas ou une des filles du Roi viendroit à se marier pen-
» dant le vivant de son pere avec l'Empereur, & qu'ensuite après la mort
» de son pere elle fut son héritiere, elle ne pourroit cependant point suc-
» céder au royaume de Sicile : de même si une fille à laquelle la succession
» du royaume seroit déférée, venoit à se marier avec l'Empereur, elle se-
» roit déchue du droit d'y succéder ; parce que le royaume de Sicile ne
» pourroit jamais être joint à l'Empire.

(15) *Tutini de contestab. del Regno* fol. 70 & 71.

« 7°. Que le Roi seroit obligé de payer huit mille onces d'or par
» an de tribut, le jour de la fête de saint Pierre & saint Paul, & qu'au
» défaut de ce payement il seroit déchu de sa couronne; outre cela qu'il
» feroit présenter au Pape, un palefroy ou cheval de parade & de Pompe,
» blanc, beau & bon.

» 8°. Que pour la conservation des terres de l'Eglise, le Roi enverroit au
» Pape trois cens cavaliers bien armés, en sorte que chacun d'eux put en-
» tretenir à ses dépens au moins trois chevaux pendant trois mois de cha-
» que année, & qu'en leur place le saint Siége pourroit demander un se-
» cours de vaisseaux.

» 9°. Que le Roi ne pourroit sous aucun titre acquerir aucune terre de
» l'Eglise, y posseder de gouvernemens ou de charges qui lui donnassent
» jurisdiction; & qu'il restitueroit aux Eglises du royaume tous les biens
» qui leur avoient été enlevés.

» 10°. Que toutes les Eglises ainsi que leurs Prélats & administrateurs,
» jouiroient des libertés ecclésiastiques, & particulierement dans les élec-
» tions. Le Pape rétablissoit par cet article ce qu'Alexandre IV. avoit ajouté
» dans l'investiture donnée à Edmon fils du Roi d'Angleterre; sçavoir, que
» le Roi & ses successeurs ne se mêleroient point des élections, des de-
» mandes & des provisions des Prélats : en sorte que, ni avant l'élection,
» ni dans l'élection, ni après, on n'auroit besoin ni de l'avis ni du consen-
» tement du Roi (16). On ajouta cependant que cette clause ne préjudicie-
» roit point aux droits du Roi ou de ses successeurs, & qu'ils pourroient s'op-
» poser aux bulles de provision, toutes les fois que la personne élue leur
» seroit suspecte d'infidelité.

» 11°. Que les causes ecclésiastiques seroient poursuivies par les Ordi-
» naires, & par appel par devant le saint Siége : que les Clercs ne pour-
» ront être cités devant un Juge séculier, tant pour le civil que pour le
» criminel, à moins qu'il ne fut question d'un procès civil regardant les
» fiefs.

» 12°. Que les Rois ne pourront prétendre ni avoir aucun droits de Re-
» gale sur les Eglises vacantes, ni leur imposer des charges.

» 13°. Que le Roi ne pourroit faire aucune ligue ou alliance avec quel-
» qu'un contre l'Eglise, & qu'il seroit obligé de tenir sur pied mille cava-
» liers pour le service de la Terre-sainte.

» 14°. A l'égard du Senatoriat de Rome, que les habitans de cette ville
» avoient conferé à Charles, il fut reglé qu'il ne le garderoit que trois ans
» s'il ne pouvoit s'en demettre plutôt : que lorsqu'il seroit maître du royau-
» me ou de la plus grande partie, il abandonneroit entierement cette di-
» gnité qui seroit rendue à l'Eglise, où que du moins on ne pourroit la don-
» ner sans son consentement. »

Ainsi fut conclu le traité qui appelloit à la couronne de Sicile la premiere maison d'Anjou, & qui la mit en concurrence avec la maison de
Suabe & d'Arragon.

Charles s'étant embarqué à Marseille au mois d'avril avec mille cavaliers,

(16) *Chioc. M. S. Jurisd. in indice.* tom. 19.

fut assez heureux pour éviter la flotte de Mainfroi qui croisoit le long des côtes, & arriva sans aucun danger à Rome le 23 de mai. Il fut couronné le six de janvier l'année suivante avec la Reine Beatrix sa femme. Après les cérémonies du couronnement, Charles marcha contre Mainfroi à dessein de lui livrer bataille. Les peuples toujours inconstans, & qui jusqu'alors avoient paru attachés aux intérêts de Mainfroi, témoignerent dans cet instant la joye qu'ils ressentoient de passer sous le gouvernement de Charles. Mainfroi fit tout ce qu'il put pour ramener les esprits en sa faveur, & engager ses sujets à faire une généreuse deffense ; mais tous ses efforts furent inutiles, & il fut trahi par la plûpart des Généraux ausquels il avoit confié les postes les plus importans. Charles ne trouvant point d'obstacles, passa le Garillan près de Cepperano ; ce qui obligea Mainfroi de demander la paix ou du moins une treve. Charles animé par ses premiers succès, refusa l'un & l'autre dans l'espérance de voir bien-tôt son ennemi abbatu. Mainfroi n'ayant plus d'autres ressources que dans sa valeur, se prépara à disputer le terrein autant qu'il lui seroit possible. Il se flattoit que la garnison qu'il avoit mise dans saint-Germain, pourroit arrêter le Prince François, & que pendant cet intervalle, il pourroit recevoir des secours de Barbarie, des Sarrasins de l'Italie, & de la faction Gibeline qui étoit en Toscane & en Lombardie. Ces précautions paroissoient assez sages, & il pouvoit se flatter de quelque succès. Mais après la prise de saint-Germain & celle de Capoue, se voyant pressé par l'armée de Charles, il négligea de suivre un dessein qui auroit pu lui réussir. L'armée Françoise manquoit alors de vivres, & étoit fort fatiguée : Mainfroi en différant le combat, l'auroit vû se dissiper d'elle-même, ou du moins les secours qu'il attendoit de toutes parts étant arrivés, il se seroit trouvé supérieur en nombre à ses ennemis. Emporté par son ardeur ou peut-être par son désespoir, il osa livrer combat, & risquer sa couronne au sort d'une bataille. Les deux armées qui étoient en présence près de Benevent, ne tarderent pas à en venir aux mains, mais au milieu de l'action, la plus grande partie des troupes de Mainfroi passerent du côté de Charles, & par cette désertion assurerent la victoire à ce Prince. Mainfroi dans cette extrêmité, se jetta au milieu des ennemis, où il donna des marques d'une valeur incroyable. Accablé enfin par le nombre, il tomba percé de coups, & son corps fut trouvé trois jours après parmi les morts. Telle fut la fin tragique de ce Héros.

Après la victoire complete que Charles venoit de remporter sur Mainfroi, & qui le rendoit maître du royaume, ses troupes entrerent dans Benevent où elles commirent toutes sortes de cruautés. Le vainqueur s'avança ensuite du côté de Naples, afin de forcer cette ville à lui ouvrir ses portes. Les habitans de cette place qui avoient appris la mort de Mainfroi, previnrent l'arrivée de Charles, & lui envoyerent des députés pour l'assurer de leur soumission. Bien-tôt toutes les villes du royaume suivirent cet exemple, & en peu de temps le nouveau Roi se vit maître de tous les Etats que Mainfroi avoit possedés. Charles auroit pu rester tranquille possesseur d'un trône qu'il venoit de conquerir, s'il eut profité des sages avis qu'on lui avoit donnés, & qu'il n'eut pas écouté les mauvais conseils de quelques courtisans qui ne cherchoient qu'à s'enrichir aux dépens des peuples. Les fortes impositions qu'il mit sur ses sujets, exciterent leurs murmures & les porterent enfin à la révolte. Ils souhaiterent alors passer sous une nouvelle domination, & inviterent Conradin qui étoit en Allemagne, à se rendre en Italie pour se mettre à leur tête.

 Ce Prince n'étoit alors âgé que de quinze ans. Sa mere fit tout ce qu'elle put pour l'empêcher d'accepter les propositions qu'on lui faisoit ; le courage de ce jeune Prince ne lui permit pas de retarder cette entreprise, & dès le mois de février 1267, il parut en Italie à la tête de dix mille chevaux. Lorsque Conradin fut arrivé à Pise où il avoit été reçu avec des grandes marques d'honneur & d'affection, il publia un manifeste dans lequel il se plaignoit de Mainfroi & de Charles. Cette piece fit une grande impression sur les peuples de la Pouille, de la Calabre & de la Sicile. Ces heureux commencemens furent soutenus par un petit avantage que les troupes de Conradin remporterent sur celles de Charles au passage du pont de Valle près d'Arezzo. Cette victoire qu'on eut soin de rendre plus considérable qu'elle n'étoit en elle-même, attira un grand nombre de partisans à Conradin, & sur tout de la part des Sarrasins de Lucera.

 Charles allarmé des progrès de Conradin qui s'avançoit à grandes journées vers Rome, fit de nouvelles levées de troupes pour s'opposer à son ennemi. Le Pape de son côté qui étoit à Viterbe, cita devant lui Conradin, & lui fit sçavoir que s'il avoit quelques prétentions sur les royaumes de la Pouille & de la Sicile, il ne devoit point chercher à les faire valoir par les armes ; mais qu'il pouvoit les proposer devant le saint Siége où on lui rendroit Justice. Conradin faisant peu d'attention aux menaces du Pape, poursuivit sa route. Clément irrité du mépris que Conradin faisoit de ses remontrances, l'excommunia publiquement, & le déclara ennemi & rebelle à l'Eglise. Les partisans de ce Prince qui étoient allés à Tunis lever des troupes, n'eurent pas plutôt été informé des succès de Conradin, qu'ils se rendirent en Sicile, & firent déclarer cette isle en sa faveur. Cette nouvelle engagea le Pape à publier une Croisade contre tous ceux qui se déclarerent en faveur de Conradin. Ce jeune Prince étoit arrivé à Rome, où les habitans de cette ville lui avoient rendu de grands honneurs. Il en partit le 10 d'août, suivi du Senateur Don Henri de Castille, d'un grand nombre de Romains & des Barons qui avoient embrassé son parti. Il passa par les montagnes qui sont entre la campagne de Rome & l'Abbruzze, parce que ces chemins n'étoient pas gardés, & que d'ailleurs le pays étoit abondant en toutes sortes de choses. Cependant Charles étoit parti de Capoue pour marcher à la rencontre de son ennemi. Ce fut dans ces circonstances qu'il fut joint par Alard de Saint-Valtri Gentilhomme François, qui s'étoit beaucoup distingué pendant vingt ans dans la Terre-sainte. L'arrivée de ce Héros fut d'une grande utilité pour le Roi, qui le chargea du commandement de son armée.

 Ce Général considérant que les forces de Conradin étoient de beaucoup superieures en nombre à celles de Charles, se crut obligé d'avoir recours à la ruse pour remporter la victoire. Il partagea son armée en trois corps, & en fit cacher un derriere une colline. Il s'avança avec les deux autres vers l'ennemi, qui étoit rangé en bataille dans la plaine de Palene ou de Ta-

ROYAUMES DE NAPLES ET DE SICILE.

gliacozzo près des Monts-Marsiens. Conradin voyant un si petit nombre de troupes, accepta le combat avec joye, & après une action assez sanglante de part & d'autre, il vint à bout d'enfoncer les François & de les tailler en pieces. Ses soldats assurés de la victoire, ne songerent plus qu'à s'emparer des dépouilles des François, ou à poursuivre sans ordre un reste de fuyards. Conradin & la plus grande partie des Seigneurs de sa suite, s'étoient déja desarmés pour prendre un peu de repos. Alard voyant le moment favorable pour l'exécution de son dessein, sortit tout d'un coup de son embuscade, & fondit avec impetuosité sur l'armée ennemie. Ces troupes surprises furent bien-tôt mises en déroute, & un plus grand nombre perit sous le fer des François. Conradin & le Duc d'Autriche se sauverent avec beaucoup de peine du côté de Rome, avec intention de s'embarquer & d'aller se réfugier à Pise. Ils s'étoient déguisés en paysans, & avoient cru trouver une retraite dans une terre appartenante aux *Frangipani* nobles Romains. Ils y furent découverts & livrés entre les mains de Charles, qui leur fit trancher la tête sur un échaffaud le 26 d'octobre 1269. Les autres partisans de ce Prince ne furent pas traités avec moins de rigueur, & la plûpart perirent dans divers supplices. Le Roi Charles desarma aussi les Sarrasins qui s'étoient fortifiés dans Lucera. Il se rendit maître de cette ville où il trouva Helene *des Angioli* seconde femme de Mainfroi, avec son fils nommé Manfredino. Ils furent l'un & l'autre conduits à Naples, & enfermés dans le château de l'Oeuf, où on les fit mourir quelque temps après. L'illustre maison de Suabe qui finit à Conradin, avoit gouverné l'Empire pendant 115 ans, & possedé le royaume de Sicile pendant 76. Elizabeth de Baviere qui avoit appris la détention de son fils, partit d'Allemagne avec une grosse somme d'argent qu'elle destinoit à la rançon de ce Prince. Comme elle étoit en chemin, on lui annonça le sort funeste de son fils. Elle demanda alors pour toute consolation, qui lui fut permis d'élever à Conradin un sépulchre de marbre au lieu même de son supplice. Le Roi lui refusa cette grâce sous prétexte que ce monument tant qu'il subsisteroit, pourroit animer les Allemans à la vengeance, mais il lui permit de faire transporter son corps de la place du marché où on l'avoit enterré comme un excommunié, dans l'Eglise des Carmes de Naples.

Le Roi de Tunis paye un tribut à Charles.

1270.

Charles qui se trouvoit alors sans concurrent, se prépara à l'expédition de la Croisade. Saint Louis à la tête des Croisés, s'étoit rendu devant Tunis, & son armée y souffroit beaucoup par les maladies dont elle étoit accablée. Charles averti du triste état des Croisés, partit avec sa flotte: mais lorsqu'il entra dans le port près de l'ancienne Carthage, le Roi de France étoit déja mort. L'arrivée du Roi de Sicile releva le courage des Croisés; & les mit en état d'attaquer les Sarrasins. Les differens interêts des Souverains qui se trouvoient dans l'armée des Croisés, empêcherent qu'on ne poursuivit avec ardeur la guerre contre les Afriquains, & firent accepter avec joye, les propositions de paix que le Roi de Tunis leur fit faire. Par ce traité, le Roi de Tunis & ses successeurs s'engagerent à payer tous les ans aux Rois de Sicile, un tribut de vingt mille doubles d'or.

Embellissemens de la ville de Naples.

Charles de retour dans ses Etats, s'occupa à perfectionner les ouvrages qu'il avoit commencés pour l'embellissement de la ville de Naples où il

avoit

avoit fait sa principale résidence depuis son avenement à la couronne. Frederic II. y avoit fixé le premier sa demeure, & jetté les fondemens de la grandeur & de la magnificence où elle est parvenue. Les Papes Innocent IV. & Alexandre IV. qui y avoient établi leur cour, donnerent à cette capitale un nouvel éclat, que Charles d'Anjou augmenta encore. Ce Prince voulut que l'assemblée des Etats généraux se tint toujours à Naples, au lieu qu'auparavant ces Etats étoient indifferemment convoqués dans une ville ou dans une autre. Il l'embellit en même-temps par de somptueux édifices; pourvut à sa défense en faisant bâtir des châteaux & des tours, & en relevant les murailles que Conrad avoit fait raser. Il rétablit ou plutôt donna de nouveaux priviléges à l'Université que Frederic avoit fondée, & qui avoit perdu beaucoup de son lustre pendant la derniere guerre. Elle reprit bien-tôt sa premiere splendeur, & la réputation de l'Academie s'étendit par toute l'Europe. Les titres de noblesse, & les marques d'honneur que le Roi accorda à plusieurs personnes distinguées, donnerent un nouvel avantage à cette ville.

ROYAUMES DE NAPLES ET DE SICILE.

Naples autrefois gouvernée en forme de République, avoit conservé ses droits sous les Rois Normans, & elle en jouissoit encore lorsque Charles parvint à la couronne. Deux ordres composoient cette République, les nobles représentés par le Senat, & les simples citoyens qui s'assembloient dans un ancien palais, lorsqu'il s'agissoit de déliberer sur les affaires communes. Charles trouva moyen de désunir insensiblement ces deux Ordres, & bien-tôt il n'y eut plus d'assemblée. La puissance de Charles étoit devenue formidable ; maître de la Sicile, de la Pouille, de la Calabre, des comtés de Provence, du Maine & d'Anjou : de l'isle de Corfou & de celle de Malthe, il voyoit sur le trône de France son neveu, avoit à sa disposition toutes les villes Guelfes d'Italie, tenoit sur pied un nombre considérable de troupes commandées par d'excellens Capitaines, & les ports se trouvoient remplis de vaisseaux qui lui assuroient l'Empire de la mer.

Ces grands avantages furent encore augmentés par le titre de Roi de Jerusalem, que Marie fille du Prince d'Antioche lui céda avec tous ses droits (17). Cette Princesse s'étoit rendue à Rome pour implorer le secours du

Cession du royaume de Jerusalem faite à Charles.

1276.

---

(17) Les droits de Marie sur le royaume de Jerusalem provenoient de sa mere Melisine quatrieme fille d'Isabelle sœur de Baudouin. Cette Princesse laissa (comme on l'a vû plus haut, page 120 col. 2.) de Conrad de Montferrat son premier mari, quatre filles. L'aînée appellée Marie, étoit mere de Jole seconde femme de l'Empereur Frederic, auquel elle apporta pour dot ses droits au royaume de Jerusalem, & ce fut par cette raison que Frederic, Conrad son fils & Conradin son petit-fils, portoient le titre de Rois de Jerusalem. Conradin le dernier Prince de la maison de Suabe étant mort sans successeur, Marie prétendit qu'elle devoit en qualité de fille de Melisine, succéder à la couronne. La seconde fille d'Isabelle nommée Alise, avoit épousé Hugues Roi de Chypre. Ce Prince prétendit que la branche aînée se trouvant éteinte en la personne de Conradin, il pouvoit par les droits de sa femme, prendre le titre de Roi de Jerusalem. On pouvoit dire que les droits d'Alise étoient éteints, parce que le Roi Almeric de Chypre, second époux de la Reine Isabelle, auquel le Roi Hugues son fils avoit succedé, avoit cédé tous ses droits à Jean de Brienne époux de Marie l'aînée, ainsi que le rapporte le pere Lusignan dans son histoire des Rois de Chypre. La troisieme fille d'Isabelle s'appelloit Sibille, qui épousa Livon Roi d'Armenie : il mourut sans laisser d'héritiers. Ainsi il ne restoit plus que les droits de Melisine qui étoit la quatrieme fille & mere de Marie. Ce fut

Tome II.   T*

Pape, & celui du Roi contre son oncle Hugues Roi de Chypre, qui lui disputoit ses droits & son titre au royaume de Jerusalem. Marie n'ayant pas reçu de réponse favorable du Pape, céda à Charles tous ses droits & prétentions sur le royaume de Jerusalem avec la principauté d'Antioche. Cet acte se fit avec toutes les formalités que demandoit un cas de cette importance

cette Princesse qui fit à Charles la cession dont on vient de parler.

Il faut convenir que la validité de cette cession étoit sujette à de grandes difficultés; car on ne pouvoit pas dire serieusement que les droits d'Alise la seconde fille d'Isabelle, fussent éteints par la cession qu'Almeric avoit faite à Jean de Brienne, puisque cette cession ne devoit pas préjudicier à ses descendans. Ceux-ci pouvoient prétendre à la succession par d'autres moyens, sçavoir par les droits d'Alise à laquelle ils appartenoient comme fille d'Isabelle, & non pas d'Almeric. En effet ce Prince n'avoit cédé que les droits dont il jouissoit alors comme mari d'Isabelle; mais non pas les prétentions à venir, qui par d'autres moyens pourroient regarder Alise ou ses descendans. Ainsi le pere Lusignan a très-judicieusement observé que Marie céda à Charles des droits qui ne lui appartenoient pas, & qui étoient à Alise sa tante, femme du Roi Hugues.

Lorsque l'Empereur Frederic II. vint de la Syrie dans la Pouille, la Reine veuve du Roi de Chypre se rendit dans cette province, & s'adressa aux Hospitaliers & aux Templiers pour les engager à la mettre en possession du royaume de Jerusalem, vû l'excommunication lancée contre Frederic. Ces Chevaliers ne se prêterent point à cette entreprise, & lui répondirent qu'ils vouloient attendre une année pour voir si Conrad fils de Frederic & de Yolande sa femme, fille de la sœur aînée du côté de la mere de cette Reine de Chypre, ne feroit point le voyage de Syrie. Le Prince Conrad étoit le plus proche héritier de la couronne, selon les sentimens de Bosio *dans son histoire de Malthe liv. xvi. pag.* 561. *Giannone.*

Charles instruit du peu de solidité des droits que Marie lui avoit cédés, convint avec Henri II. du titre de Roi de Chypre, qui, au rapport du Pere Lusignan, lui étoit contesté. Quoiqu'il paroisse que Henri voulut de nouveau disputer sur cette matiere avec Charles II. d'Anjou, par le moyen des droits de sa grande-mere; cependant Charles, ainsi que tous les autres Rois ses successeurs, continueren à porter toujours le titre de Roi de Jerusalem, comme on peut le voir dans tous les diplômes & priviléges qui sont émanés d'eux.

Sous le regne du Roi Robert & de la Reine Sance sa femme, les Chrétiens qui servoient au saint Sepulchre, eurent plus à souffrir de la part du Soudan qu'ils n'avoient coûtume. Robert fit un traité avec lui, & convint de lui payer un tribut considérable, afin qu'il laissât les Chrétiens en liberté. Il leur fournit tout ce qui étoit nécessaire à leur subsistance, afin qu'ils n'abandonnassent point cet endroit. La Reine Sance fit aussi établir à ses frais dans le Mont-Sion, un couvent de Freres-Mineurs de l'Ordre de saint François.

La Reine Jeanne obtint aussi du Soudan la permission de pouvoir construire un autre couvent dans la vallée de Josaphat, où elle mit des Moines du même Ordre. C'est de-là que quelques-uns prétendent établir le droit de patronage des Rois de Naples sur le saint Sepulchre, & sur ces autres endroits desservis par les Freres-Mineurs de saint François.

Mais d'autres Auteurs ont consideré que la source d'où les Rois de Naples tirent le titre de Roi de Jerusalem, n'est pas bien claire, lorsqu'ils la font venir de cette cession de Marie. Ces Auteurs pour répondre aux prétentions du Roi d'Angleterre, des Marquis de Montferrat, que les Ducs de Savoye représentent aujourd'hui, & de la seigneurie de Venise, qui tous prétendent à ce titre par succession des Rois de Chypre; ces Auteurs, dis-je, ont écrit que le titre de Roi de Jerusalem appartenoit aux Rois Autrichiens, à cause des droits de Marie fille aînée d'Isabelle sœur de Baudouin IV. Que ses droits ne s'éteignirent point dans la personne de Conradin, puisque tous les Ecrivains conviennent que lorsque ce Prince eut la tête tranchée sur un échafaud, il jetta dans la place un gand & un anneau à dessein d'investir Pierre d'Arragon de tous ses royaumes & de tous ses droits. Cette succession lui appartenoit naturellement en qualité d'héritier de la maison de Suabe, à l'occasion de Constance fille du Roi Mainfroi. Le Roi Frederic d'Arragon ayant succedé au Roi Pierre, & les Rois d'Espagne de la maison d'Autriche à Frederic, c'est avec fondement qu'ils ont pris le titre de Roi de Jerusalem. *ibid.*

portance. Le Pape Jean XXI. qui étoit dans les intérêts du Roi, approuva les raisons pour lesquelles Marie faisoit cette cession; & couronna Charles Roi de Jerusalem. Ce Prince fit en conséquence de grands préparatifs de guerre, équipa une nombreuse flotte, & assembla une armée considérable. Tous ces mouvemens avoient également pour but, la conquête de Constantinople & celle de Jerusalem.

Charles envoya en Palestine Roger Comte de saint-Severin avec la qualité de Vice-Roi, pour prendre possession du royaume de Jerusalem. Le Comte y fut reçu à l'aide des Templiers, & il établit des Officiers pour le gouvernement du royaume, dont Hugues conserva la plus grande partie. La mort de Jean XXI. fut le terme des prosperités du Roi de Sicile, qui ne trouva pas en Nicolas III. les mêmes sentimens que Jean XXI. avoit eus pour lui. Ils se brouillerent bien-tôt, & cette querelle fut cause de tous les malheurs dont Charles fut accablé sur la fin de son regne. L'inimitié du Pape ne l'empêcha pas de songer à son entreprise sur l'Empire d'Orient. Michel Paleologue informé des préparatifs que Charles faisoit continuellement, se mit en état de recevoir son ennemi. Les plus grands secours qu'il put alors recevoir, furent ceux que lui procura Jean de Procida noble citoyen de Salerne, homme qui avoit de grands talens pour exécuter une entreprise. Ses biens avoient été confisqués lorsque Charles monta sur le trône, & il s'étoit retiré en Arragon, où le Roi l'avoit comblé d'honneurs & de bienfaits. Sa reconnoissance le porta à former le projet de mettre sur la tête du Roi d'Arragon, la couronne de la Pouille & de la Sicile. Après avoir inutilement tenté d'attirer dans son parti les habitans de la Pouille, il tourna ses vûes du côté des Siciliens; à qui il trouva des dispositions plus favorables. Il forma avec eux une conjuration contre les François, & leur fit promettre qu'ils se déclareroient en faveur de Pierre d'Arragon.

Les conjurés pour venir à bout de leur dessein avec plus de sûreté, jugerent à propos de mettre dans leurs intérêts le Pape & l'Empereur Paleologue. Procida qui s'étoit rendu à Constantinople, persuada à l'Empereur qu'il ne pouvoit détourner l'orage dont il étoit menacé, qu'en fournissant à Pierre d'Arragon les sommes d'argent dont il avoit besoin pour faire réussir l'entreprise sur la Sicile. Le Pape informé que Paleologue consentoit à fournir aux frais de cette guerre, promit au Roi d'Arragon l'investiture des royaumes de Sicile & de la Pouille. Ce Prince malgré les assurances du Pape & les secours effectifs qu'il avoit déjà reçus de l'Empereur de Constantinople, balançoit à entreprendre une guerre dont le succès devoit être fort douteux. Procida trouva enfin moyen de le déterminer à cette entreprise, à laquelle Constance son épouse ne cessoit de l'exciter. Cette Princesse regardoit cet événement comme une occasion de venger la mort du Roi Mainfroi son pere, celle de Conradin son cousin, & de recouvrer les Etats qui devoient lui appartenir par l'extinction de la posterité masculine de la maison de Suabe. Le Roi d'Arragon engagé par tant de motifs, fit équiper une flotte considérable, sous prétexte de porter la guerre en Afrique contre les Sarrasins.

Cependant Nicolas étoit mort, & on lui avoit donné pour successeur Martin IV. François de nation. L'élection du nouveau Pontife pensa faire

ROYAUMES DE NAPLES ET DE SICILE.

Vêpres Siciliennes.

1282.

échouer les projets de Procida ; mais ce négociateur infatigable ne ceſſa de paſſer de Conſtantinople en Sicile, & de cette iſle en Arragon, pour ranimer les conjurés. La flotte du Roi d'Arragon étant prête à faire voile, les Siciliens convinrent entr'eux de prendre les armes, & de ſe jetter ſur les François au moment que la cloche appelleroit les Chrétiens à l'office des vêpres. Ce noir complot fut exécuté le 29 ou 30 de Mars, & dans l'eſpace de deux heures il périt environ huit mille perſonnes. Les femmes & les enfans ne furent pas même épargnés, & d'un maſſacre ſi général, Guillaume de Porcelet Provençal, Gouverneur de Calafatimi, fut le ſeul qui échappa. On reſpecta en lui, ſa probité généralement reconnue & ſes autres vertus. Quelques Hiſtoriens rapportent différemment l'exécution de cette ſanglante tragédie, & prétendent que le maſſacre commença à l'occaſion d'un François qui avoit voulu faire violence à une femme ; qu'alors le peuple qui depuis long-temps étoit porté à la révolte, ſaiſit cette occaſion pour attaquer les François dont ils avoient réſolu la perte (18). On a toujours remarqué avec étonnement qu'une conſpiration dans laquelle on avoit fait entrer des peuples étrangers, & dont les négociations avoient duré plus de deux ans, ait pu avoir été long-temps ſi ſecrete.

Charles étoit à Montefiaſcone lorſqu'il apprit la révolte des Siciliens. Cette nouvelle le ſurprit, & lui cauſa un chagrin très-ſenſible. Réſolu de venger la mort des François, & de rentrer en poſſeſſion d'un royaume qui venoit de lui échapper, il fit embarquer les troupes qu'il avoit deſtinées pour l'expédition de Conſtantinople, & alla mettre le ſiége devant Meſſine. Le Pape Martin envoya en même-temps un Légat pour exhorter les peuples à rentrer dans l'obéiſſance, & pour menacer ceux qui voudroient favoriſer les rebelles. Les habitans de Meſſine après une vigoureuſe deffenſe, voyant qu'ils ſeroient bien-tôt forcés de ſe rendre, conſentirent à ſe ſoumettre aux conditions que le Roi leur laiſſeroit la vie ſauve, & qu'il ne leur donneroit plus de Gouverneur François. Charles exigea qu'ils ſe rendiſſent à diſcrétion, & qu'ils lui livraſſent huit cens ôtages qu'il traiteroit à ſa volonté. Cette réponſe fit connoître aux Siciliens qu'ils n'avoient pas de grace à eſpérer, & qu'ils n'avoient d'autre parti à prendre que celui de ſe deffendre juſqu'à la derniere extrêmité. Ils firent ſçavoir à Pierre d'Arragon le triſte état où ils étoient réduits.

PIERRE III. Roi d'Arragon ſe rend maître de la Sicile.

1282.

Pierre étoit en Afrique où il faiſoit le ſiége d'une petite place dans les environs de Tunis. Cette expédition contre les Sarraſins, n'étoit qu'un prétexte pour avoir occaſion d'équiper la flotte ſans cauſer d'ombrage à ſes voiſins. Auſſi-tôt qu'il fut informé du ſoulévement général des Siciliens, & que les habitans de Meſſine étoient vivement preſſés par l'armée de Charles, il ſe mit en mer & alla débarquer à Trapano, d'où il ſe rendit à Palerme. Il y fut couronné au milieu des acclamations publiques, & avec toute la magnificence poſſible. Il écrivit enſuite au Roi Charles, pour lui faire ſçavoir qu'il venoit prendre poſſeſſion d'un royaume dont il avoit reçu l'inveſtiture par le Pape Nicolas III. & qui lui appartenoit du chef de ſa femme Conſtance. Il s'avança enſuite vers Meſſine pour ſecou-

---

(18) Hiſt. de Naples par M. d'Egly.

rir cette place dont Charles étoit prêt de se rendre maître. L'arrivée des Arragonois obligea ce Prince à se retirer en Calabre, dans l'espérance de rentrer en Sicile au printemps suivant, avec des forces plus nombreuses. Il étoit à peine arrivé dans cette province, que la flotte ennemie lui enleva trente galeres, & lui brûla plus de soixante & dix bâtimens de charge. Charles ne resta pas long-temps en Calabre : il alla à Naples & de-là à Rome, pour demander quelque secours au Pape.

Cependant Pierre étoit entré dans Messine, où il avoit été reçu avec de grandes démonstrations de joye. Le Légat suivant les ordres qu'il avoit reçu, jetta un interdit sur toute la Sicile, mais le nouveau Roi força les Prêtres à célébrer l'Office divin. Quelque temps après, ce Prince fit venir à Palerme la Reine Constance & ses deux fils D. Jacques & D. Frederic. Comme il devoit retourner en Arragon, & passer ensuite en France pour se battre en duel avec le Roi Charles, ainsi qu'ils en étoient convenus, il voulut que les Siciliens s'engageassent par serment à reconnoître D. Jacques son fils pour son légitime successeur à la couronne.

C'est ainsi que les deux royaumes de la Sicile & de la Pouille furent séparés l'un de l'autre. Palerme & la Sicile resterent à la maison d'Arragon : Naples, la Pouille & la Calabre à la maison d'Anjou.

Le zele que le Pape témoignoit pour Charles d'Anjou, n'empêcha pas le nouveau Roi de Sicile d'envoyer des Ambassadeurs à Rome pour engager le Pape à employer sa médiation, afin de terminer la guerre. Ils étoient en même-temps chargés de représenter au Pontife, les droits que Pierre avoit sur la Sicile, & de déclarer que ce Prince consentoit à se soumettre au tribut que ses prédécesseurs avoient coutume de payer au saint Siége. L'ambassade fut mal reçue, & le Pape annonça aux Ministres de Pierre, qu'il étoit déterminé à favoriser Charles par tous les moyens qui lui seroient possibles. Le Roi d'Arragon comprit alors qu'il devoit faire de nouveaux préparatifs pour soutenir les efforts de son ennemi. Il passa pour cet effet en Arragon, afin d'y lever des troupes. Les Arragonois animés par les succès que leur Roi avoit eus en Sicile, lui fournirent volontiers tout ce qui lui étoit nécessaire pour conserver sa conquête. Il lui conseillerent aussi de mettre tout en usage pour appaiser le Pape, & de lui envoyer un nouvel Ambassadeur. Gismond de Luna, homme prudent & capable, fut chargé de résider à Rome, & de solliciter les Cardinaux, afin qu'ils travaillassent à adoucir l'esprit du Pape.

Charles d'Anjou toujours determiné à se battre en duel contre Pierre d'Arragon, choisit la ville de Bourdeaux qui appartenoit alors au Roi d'Angleterre. Le jour du combat fut fixé au premier de Juin 1283, & les deux Rois devoient être accompagnés chacun de cent Chevaliers. Les conditions du combat ayant été reglées, Charles & Pierre songerent à pourvoir à la sureté de leurs royaumes; afin que leur absence ou leur mort n'y causât aucun préjudice. Pierre avoit déja fait prêter serment de fidelité à Don Jacques son fils, & Charles de son côté nomma le Prince de Salerne son fils, Vicaire Général de son royaume. Charles parut le premier au jour marqué devant Bourdeaux. Il resta toute la journée à cheval, & fit à diverses fois appeller le Roi Pierre par son Hérault d'armes. Personne n'ayant comparu, Charles

ROYAUMES DE NAPLES ET DE SICILE.

repartit le même jour. Pierre craignant qu'il n'y eut point de sûreté pour le champ de bataille, se tint caché dans Bourdeaux sous le nom d'un des Seigneurs de sa cour, & le même soir que Charles partit de cette ville, il alla voir le Sénéchal de Guienne, & lui laissa ses armes entre les mains comme une preuve qu'il avoit comparu.

Pierre avoit cru par le moyen de ce duel éviter une guerre qui pouvoit lui être funeste; mais cet expédient ne le mit pas à l'abri des censures ecclésiastiques. Il fut excommunié avec tous ses Ministres & ses adhérens, déposé & privé des royaumes d'Arragon & de Valence, & le Pape les donna à Charles de Valois second fils de Philippe III. Roi de France. Le Légat qui porta à ce Prince l'investiture, fit prêcher une Croisade, & accorda des indulgences à ceux qui prendroient les armes contre le Roi Pierre. Pendant que l'on faisoit en France des préparatifs nécessaires pour porter la guerre en Arragon, Roger de Loria remporta quelques avantages sur la flotte de Charles, & lui enleva dix de ses galeres. L'isle de Malthe se soumit aussi à cet Amiral, & ce Seigneur formant de plus vastes projets, alla se présenter aux environs de Naples. Il rangea son armée navale en bataille, & s'avança près des murs, comme s'il eut voulu donner l'assaut à la ville. Son dessein n'étoit cependant que d'engager au combat les galeres qui se trouvoient dans le port de Naples. Après être resté quelque-temps dans cette situation, il feignit de se retirer & ravagea toute la côte.

1283.

Combat naval. Le Prince de Salerne est fait prisonnier.

Le Prince de Salerne crut devoir arrêter le progrès de l'Amiral, & donna ordre aussi-tôt que les galeres missent à la voile. Ce jeune Prince voulut se trouver à cette action, & toutes les représentations ne furent pas capables de modérer l'ardeur de son courage. De Loria n'eut pas plutôt apperçu l'armée navale des Napolitains, qu'il commença à gagner le large, afin que le combat devint inévitable. Le Prince de Salerne qui s'imaginoit que l'ennemi fuyoit, crut marcher à une victoire assurée; mais de Loria ayant fait tourner les proues contre l'ennemi, engagea un combat qui devint funeste aux Napolitains. La plus grande partie des galeres s'étoient rendues à l'Amiral de Loria: la Capitaine sur laquelle le Prince de Salerne étoit monté, fit une résistance incroyable. De Loria désesperant de pouvoir s'en rendre maître par force, eut recours au stratagême. Des plongeurs trouverent moyen de percer la galere, & d'y faire entrer l'eau. Le Prince de Salerne se voyant prêt à périr sans ressource, fut obligé de se rendre avec toute sa suite. Le vainqueur parut devant les murs de Naples, & fit tout ce qu'il put pour soulever le peuple. Il y eut en effet quelques mouvemens, mais qui furent bien-tôt appaisés. De Loria obtint alors du Prince de Salerne, qu'il rendroit la liberté à Beatrix fille cadette du Roi Mainfroi, qui depuis quinze ans étoit prisonniere dans le château de l'Œuf. La mere & les freres de cette Princesse étoient morts dans cette prison. De Loria retourna ensuite en Sicile où il conduisit le Prince de Salerne. Les Siciliens vouloient qu'on fit couper la tête à ce jeune Prince, pour venger la mort de Conradin. Constance s'y opposa, & dans la crainte que la présence du prisonnier n'excitât la fureur du peuple, elle l'envoya en Arragon, où le Roi son époux étoit alors.

Charles arriva à Gaëte deux jours après la perte de cette bataille. Irrité contre les Napolitains qui avoient fait connoître leurs mauvaises intentions pour lui, il fit pendre 150 des plus coupables, & pardonna aux autres en considération des nobles & des principaux citoyens qui avoient deffendu la ville. Charles toujours occupé du dessein qu'il avoit de reprendre la Sicile, fit équiper une nouvelle flotte pour la joindre à celle qu'il avoit près de Brindes. Il se rendit par terre en Calabre, pour assieger Reggio qui étoit au pouvoir des Arragonois. Cette expédition eut un mauvais succès; & Charles retourna dans la Pouille où il disposa tout ce qui étoit nécessaire pour son entreprise contre la Sicile. Cependant Pierre d'Arragon étoit repassé dans cette isle, afin d'être à portée de la deffendre. Le Pape qui jusqu'alors avoit paru fort éloigné de la paix, envoya deux Cardinaux pour traiter de la liberté du Prince de Salerne. Le Roi de Sicile profitant de cette occasion pour empêcher le Roi Charles d'exécuter l'entreprise qu'il méditoit, donna les esperances les plus fortes & les plus flateuses d'un accommodement, qui devoit être avantageux au Roi Charles. Ce Prince persuadé de la sincerité des intentions de Pierre, laissa passer la belle saison sans faire aucun mouvement. Il connut dans la suite que le Roi de Sicile l'avoit amusé. Résolu d'en tirer vengeance, il partit de Naples pour se rendre à Brindes où étoit sa flotte. Il tomba malade en route à Foggia où il mourut au mois de janvier 1285, âgé de soixante-six ans, il en avoit regné vingt. Villani & Nangis, dont le premier commence l'année le 25 de mars, & le second à Pâques, suivant l'usage des François, placent sa mort en l'année 1284. Charles eut de Beatrix de Provence sa premiere femme, Charles le Boiteux son successeur; Philippe & Robert, avec trois filles, Beatrix Imperatrice de Constantinople, Blanche Comtesse de Flandres & Isabelle. Mais il ne laissa point d'enfans de Marguerite sa seconde femme.

Charles Prince de Salerne étoit toujours prisonnier en Arragon, & sa détention fut préjudiciable à ses Etats. Le royaume se trouvoit sans Chef, & ne pouvoit être gouverné que par une femme & un enfant. Le Pape envoya un Légat qui devoit se charger de l'administration du royaume, & Philippe Roi de France chargea de son côté Robert Comte d'Artois son fils, de prendre les rênes du gouvernement. La mort de Charles assuroit à Pierre la possession du royaume de Sicile, & il sembloit n'avoir rien à craindre de cette part. Il porta donc toutes ses forces dans l'Arragon, où le Roi de France faisoit de grands progrès. Ce Monarque s'étoit déja rendu maître de Perpignan, de Girone & de plusieurs autres places. Pierre dont le nombre de troupes étoit inférieur à celles du Roi de France, osa livrer bataille; mais son armée fut défaite, & il fut blessé dangereusement. Il se retira à Ville-Franche, où il mourut peu de jours après, le 6 d'octobre de l'an 1285, après un regne d'environ trois ans comme Roi de Sicile.

Les Siciliens qui avoient déja prêté serment de fidelité à Jacques fils de Pierre, ne firent aucune difficulté de le reconnoître pour leur Souverain après la mort de Pierre. Le Comte d'Artois regardoit cet évenement comme une occasion favorable pour enlever la Sicile aux Arragonois, & rendre la liberté à Charles II. Ce Prince considérant que ce moyen seroit très-long, aima mieux avoir recours aux voies de négociations. Le Pape Honorius IV. & Edouard Roi d'Angleterre employerent leur médiation auprès d'Alphonse Roi d'Arragon frere de Jacques Roi de Sicile. Après bien des discutions,

ROYAUME DE NAPLES ET DE SICILE

CHARLES II. dit le BOITEUX Roi de Naples.

1285.

JACQUES Roi de Sicile.

1285.

on convint des articles suivans. Que Charles II. avant que de sortir du royaume d'Arragon, donneroit en ôtage trois de ses fils avec soixante Gentilshommes Provençaux, tels que le Roi Jacques voudroit les choisir : Que Charles lui payeroit trente mille marcs d'argent. Que ce Prince feroit ensorte de procurer une treve de trois ans avec le Roi de France, & que Charles de Valois frere de ce Roi qui avoit été investi par le Pape Martin IV. des royaumes d'Arragon & de Valence, céderoit à Alphonse toutes ses prétentions, & lui restitueroit les terres que Philippe son pere avoit prises dans le comté de Roussillon & dans la Cerdagne : Que si Charles manquoit à l'exécution de toutes ses promesses, il seroit obligé dans le terme d'une année, de se constituer de nouveau prisonnier : Que ce Prince abandonneroit au Roi Jacques toutes ses prétentions sur la Sicile, & qu'il lui donneroit en mariage Blanche sa fille (19).

Nicolas IV. successeur d'Honorius, désapprouva un traité, dont les conditions lui paroissoient trop dures pour le Roi de Naples. Le Roi d'Angleterre se donna alors de nouveaux mouvemens pour adoucir quelques articles du traité, & Alphonse consentit enfin qu'il ne fut fait aucune mention du Roi Jacques & de la Sicile. Charles remis en liberté, se rendit à la cour de France pour y solliciter la paix, & engager Charles de Valois à se désister de ses prétentions. Après avoir inutilement travaillé à obtenir ces deux articles, il retourna à Naples où il fut couronné. Charles avoit donné pendant la vie de son pere, tant de preuves de son affection pour les peuples, qu'ils s'empresserent de lui témoigner la joye qu'ils ressentoient de vivre sous son gouvernement. Il fixa son séjour à Naples, & s'appliqua à réformer par de nouvelles Loix, les abus qui s'étoient introduits dans le royaume pendant son absence.

Jacques informé que le Pape avoit donné l'investiture de l'une & l'autre Sicile à Charles II. ne jugea pas à propos de rester sur la défensive, & porta la guerre dans la Calabre. Il y remporta d'abord des avantages assez considérables; mais quelques mauvais succès l'obligerent de tourner ses armes d'un autre côté. Il alla faire le siége de Gaëte, & il se flattoit déja de se rendre maître de la ville lorsque Charles marcha au secours de cette place. Jacques se trouva bien-tôt plus resserré que la ville qu'il assiégeoit. L'arrivée des Ambassadeurs des Rois d'Angleterre & d'Arragon, qui venoient négocier la paix avec Charles, le tira d'un danger si éminent. Le conseil du Roi de Naples s'opposa à la paix autant qu'il lui fut possible. Charles qui avoit de grandes obligations au Roi d'Angleterre, ne put refuser ce que ce Prince lui faisoit demander par ses Ambassadeurs, & il consentit à une treve de deux ans. Le Comte d'Artois & les Seigneurs François qui étoient à sa suite, furent très-mécontent de ce traité, & se retirerent en France; Jacques retourna en Sicile, & Charles reprit la route de Naples.

Cependant Ladislas III. Roi de Hongrie étoit mort sans enfans. Marie de Hongrie sa sœur, épouse de Charles II. prétendit à la couronne par droit héréditaire, comme descendant au même dégré d'aînesse que Ladislas du Roi André II. leur bisayeul. Cette Princesse céda tous ses droits à Charles Martel son fils aîné, alors âgé de dix-huit ans. Charles se fit couronner à Naples par le Légat du Pape, & il y eut de grandes fêtes à cette occasion,

(19) *Fœdera convent.* &c. *inter Reges Angliæ & alios.* pag. 342. Giannone.

Les

Les troubles qu'il y avoit alors en Hongrie, & qui étoient excités par un parent du Roi en ligne indirecte, empêcherent le Roi de Naples de faire partir son fils (20).

Les difficultés que ce Prince éprouva pour monter sur le trône, ne furent pas les seuls chagrins que Charles ressentit alors. Le Roi d'Angleterre le pressoit d'engager la France à cesser les hostilités contre le Roi d'Arragon, comme il s'y étoit engagé par un des articles du traité en conséquence duquel on lui avoit rendu la liberté. Charles dont la fidelité à sa parole & la probité, formoient le caractere distinctif, étoit résolu de se constituer prisonnier s'il ne venoit à bout de reconcilier les cours de France & d'Arragon. Il se rendit pour cet effet en France, où il trouva les esprits peu disposés à la paix. Les Légats que le Pape avoit envoyés, faisoient tous leurs efforts pour terminer la guerre; mais il se trouvoit à chaque instant des difficultés insurmontables. Enfin il fut décidé que Jacques Roi de Sicile seroit exclus du traité, & que Charles de Valois épouseroit Clemence fille du Roi de Naples, qui lui apporteroit en dot le duché d'Anjou. Toutes les choses étant ainsi reglées, la paix fut conclue & Charles retourna en Italie avec ses trois fils, & les autres ôtages qu'il avoit donnés au Roi d'Arragon.

Ce Prince étant mort quelque-temps après sans laisser d'enfans, avoit appellé à la couronne Jacques son frere. Celui-ci en conséquence du testament d'Alphonse, ne tarda pas à prendre possession des royaumes d'Arragon & de Valence. Le Pape, les Rois de France & d'Angleterre, à la sollicitation de Charles, voulurent exiger de lui de remplir les conditions du traité qu'on avoit fait avec le feu Roi, & lui demanderent de restituer la Sicile. Ils lui déclarerent en même-temps que s'il persistoit dans la résolution, de garder ce royaume, la paix seroit rompue, & que le Pape jetteroit un interdit sur les royaumes de Valence & d'Arragon. Jacques répondit aux Ambassadeurs de ces Princes, qu'il étoit monté sur le trône d'Arragon en qualité de fils de Pierre III. & non pas comme frere d'Alphonse, ainsi qu'il n'étoit pas obligé de tenir les engagemens que son frere avoit pris. Cette réponse donna à connoître que les hostilités étoient prêtes à recommencer, & en effet la guerre s'alluma dans la Calabre entre Charles & Jacques.

Le Pape, le Roi de France, les Arragonois & les habitans du royaume de Valence, firent tout ce qu'ils purent pour engager le Roi Jacques à abandonner la Sicile; mais toutes les représentations furent inutiles. La mort de Nicolas arrivée en 1292, parut à ce Prince un évenement favorable à ses desseins. On le laissa tranquille pendant deux ans que dura la vacance du saint Siége. Celestin V. qui fut élu en la place de Nicolas, étoit trop adonné à la vie contemplative pour se mêler de toutes ces querelles. Son goût pour la retraite lui fit bien-tôt abandonner une dignité qu'il n'avoit prise que malgré lui. Boniface VIII. qui lui succeda, devoit son élevation à Charles II. Pour lui en témoigner sa reconnoissance, il envoya signifier à Jacques qu'il falloit qu'il renonçât à la Sicile, & que s'il refusoit d'obéir, il le priveroit par une sentence des royaumes d'Arragon & de Valence. D'un autre

ROYAUMES DE NAPLES ET DE SICILE.

JACQUES monte sur le trône d'Arragon.
1291.

JACQUES refuse de rendre la Sicile.
1292.

1295.

---

(20) On fera mention de cette affaire dans l'article de la Hongrie. Il me suffit de remarquer ici qu'André le Venitien conserva jusqu'à sa mort une partie de ce royaume, & que Charles Martel ne vecut pas assez pour se mettre en possession de la couronne.

ROYAUMES DE NAPLES ET DE SICILE.

Traité de paix.

côté Charles engagea Charles de Valois à faire valoir de nouveau ſes droits ſur ces royaumes, puiſque Jacques s'obſtinoit à n'obſerver aucun article du traité.

Jacques trop foible pour réſiſter à tant d'ennemis, envoya des Ambaſſadeurs à Rome pour déclarer qu'il vouloit vivre en bonne union avec le ſouverain Pontife, & qu'il ſigneroit volontiers un traité de paix, ſi les conditions en étoient juſtes & honorables. Le Pape reçut avec bonté les Ambaſſadeurs, & promit de travailler à la paix, de maniere que le Roi d'Arragon n'auroit aucun ſujet de ſe plaindre de lui. Il negocia avec tant d'adreſſe, que les plénipotentiaires de Jacques conſentirent pour ce Prince à la renonciation de la Sicile. Le traité de paix fut ſigné ſous les conditions ſuivantes. » Que le Roi Jacques remettroit au Roi Charles l'iſle de Sicile dans toute » ſon étendue, telle que Charles l'avoit poſſedée avant la revolution; qu'il » reſtitueroit de même toutes les terres, fortereſſes & châteaux que ſes Ca- » pitaines tenoient dans la Calabre, la Baſilicate & la Principauté; Que le » Roi Charles donneroit en mariage au Roi Jacques, Blanche ſa ſeconde » fille avec une dot de cent mille marcs d'argent; qu'il y auroit une amniſ- » tie générale pour tous ceux qui avoient ſervi dans l'un ou l'autre parti; » que le Pape leveroit l'interdit & les cenſures prononcées contre Jacques. » Les Ambaſſadeurs de France ſignerent auſſi ce traité au nom du Roi leur Souverain, & s'obligerent à le faire approuver au Roi de Caſtille.

FREDERIC I. Roi de Sicile.

1296.

Frederic frere de Jacques, que ce Prince avoit nommé ſon Lieutenant en Sicile, lorſqu'il alla prendre poſſeſſion du royaume d'Arragon, n'eut pas plutôt appris le traité que ſon frere venoit de conclurre, qu'il forma le deſſein de s'emparer de la Sicile. Il diſſimula pendant quelque temps ſes véritables intentions, & fit même un voyage à Rome, pour aſſurer le Pape qu'il étoit diſpoſé à faire tout ce qu'on exigeroit de lui. Boniface qui avoit peut-être pénétré ſes véritables intentions, ou qui craignoit quelque entrepriſe de la part de ce Prince, le flatta de lui faire épouſer la fille unique de Philippe Empereur de Conſtantinople, & de lui donner tous les ſecours néceſſaires pour le faire monter ſur le trône. Il l'engagea en conſéquence à ne pas s'oppoſer à la reſtitution de la Sicile, & à faire enſorte que Charles n'eut aucune difficulté à ce ſujet. Ce Prince accepta les offres du Pape & promit tout ce qu'on voulut.

Cependant les Siciliens irrités que Jacques les eut abandonnés, & qu'il eut diſpoſé de leur iſle par un traité, proclamerent hautement Frederic, & le reconnurent pour leur Souverain. Ce Prince oubliant alors les promeſſes qu'il avoit faites au Pape, jugea à propos de profiter du zele que les Siciliens témoignoient pour lui, & accepta la couronne qui lui étoit offerte. Il prit dès-lors toutes les précautions néceſſaires pour la conſerver, ainſi que les conquêtes qu'on avoit faites en Calabre. Charles qui ignoroit ce qui ſe paſſoit avoit engagé le Pape à envoyer en Sicile un Légat avec les Commiſſaires du Roi d'Arragon, pour ordonner aux Siciliens de ſe ſoumettre, & de le reconnoître comme leur Souverain. Le Légat & les Commiſſaires étant arrivés à Meſſine, apprirent que les Siciliens étoient réſolus d'obéir à Frederic, & qu'il ſeroit difficile de les faire changer de ſentimens; ce qui les détermina à retourner à Rome. Le Pape fut d'avis qu'on envoyât un Ambaſsadeur à Jacques pour le porter à faire tout ce qui dependroit de lui, afin que Charles rentrât en possession de la Sicile. Il conseilla en attendant à Charles, d'attaquer Frederic avant qu'il se fût affermi sur le trône.

> ROYAUME DE NAPLES ET DE SICILE
> Charles lui dispute la couronne.

La guerre commença dans la Calabre, & se fit avec beaucoup de vigueur. Charles eut quelques avantages sur son ennemi, qui à son tour lui enleva plusieurs places, & le battit en diverses rencontres. Boniface craignant que Frederic n'enlevât une partie du royaume de Charles, pressa le Roi d'Arragon d'agir promptement en faveur de Charles. Pour l'exciter d'avantage, il lui donna l'investiture du royaume de Sardaigne, le créa Gonfalonier de la sainte Eglise, & Capitaine général de tous les Chrétiens qui combattoient contre les Infidéles. Jacques engagé par tant de bienfaits, fit de grands préparatifs de guerre, & se rendit à Rome pour déclarer au Pape qu'il ne soutenoit ni directement ni indirectement Frederic son frere, contre lequel il étoit prêt à prendre les armes. Avant que de commencer les hostilités, il envoya à Frederic Pierre Comaglies Dominicain, pour tâcher de le déterminer à céder la Sicile. Toutes les représentations de ce Moine furent inutiles, & tout ce qu'il put obtenir, fut que Frederic abandonneroit les conquêtes qui avoient été faites en Calabre. Jacques vouloit avoir à ce sujet une conférence avec son frere, mais ce Prince ayant refusé de se rendre au lieu du rendez-vous, Constance mere des deux Princes, alla à Rome pour calmer l'esprit du Roi Jacques. Le Roi d'Arragon lui proposa le mariage de sa sœur avec Robert Duc de Calabre. Constance apprit cette nouvelle avec d'autant plus de plaisir qu'elle se flattoit que cette alliance pourroit faciliter la paix entre Charles & Frederic. Ses espérances furent cependant trompées, le Roi de Naples étoit toujours occupé à prendre les mesures nécessaires pour se rendre maître de la Sicile; & il fut assez heureux pour faire passer à son service Roger de Loria, à qui il donna le titre d'Amiral avec plusieurs privileges & des grandes marques de distinction. Il lui rendit aussi toutes les terres qui lui appartenoient, & qui avoient été confisquées, tant en Calabre que dans la Basilicate & la Principauté.

Frederic informé que Roger de Loria avoit abandonné son parti, le fit condamner comme rebelle, & se saisit des terres qu'il possedoit en Sicile. Ce ne fut pas la seule perte que Frederic essuya: les Arragonois & les Catalans qui étoient en Sicile, l'abandonnerent en même temps par les ordres du Roi d'Arragon. Ce Prince ayant assemblé une puissante armée, se joignit au Roi de Naples, & ces deux Princes attaquerent ensemble la Sicile. Plusieurs places se virent bientôt dans la nécessité de se soumettre, mais les soins que Frederic prit de fortifier les plus importantes, & de couper les vivres aux ennemis par le moyen de sa flotte, arrêterent la rapidité de leurs progrès. La saison commençoit déja à s'avancer, & Jacques qui craignoit d'exposer son armée sur ces mers continuellement agitées du vent du Nord pendant l'hyver, prit le parti de passer le Phare, & de se présenter devant Syracuse, afin de se mettre à l'abri dans ce port. Il fit de vains efforts pour s'emparer de cette place. Les Syracusains se deffendirent avec tant de valeur, que Jacques se vit contraint de lever le siége, & de prendre la route de Naples, avec son armée qui avoit beaucoup souffert dans ces differentes expéditions.

> Les Rois de Naples & d'Arragon attaquent la Sicile.
> 1298.

L'année suivante, les troupes combinées de Naples & d'Arragon se mi-

> 1299.

V 2

rent en mer pour venir de nouveau attaquer la Sicile. Frederic de son côté partit de Messine dans le dessein de livrer combat aux ennemis, & les deux armées s'étant trouvées en présence le 4 de juillet vers le Cap d'Orlando, on se battit de part & d'autre avec une ardeur extraordinaire; mais l'habileté de Loria fit décider la victoire en faveur des Arragonois. Les Siciliens furent battus, & perdirent six mille hommes en comptant les prisonniers, & vingt-deux galeres furent prises & coulées à fond. Cette victoire complette sembloit devoir assurer la conquête de la Sicile au Roi Charles, & Jacques en étoit si persuadé, qu'il se retira en Catalogne. Sa retraite releva le courage abbatu des Siciliens, & les mit en état de soutenir les efforts des Napolitains. Frederic ayant rassemblé autant de troupes qu'il lui fut possible, alla camper à Castro Giovanni, lieu fort par sa situation, & d'où il étoit également à portée de secourir ses places maritimes de quelques côtés que les Napolitains tentassent la descente. Cependant il ne put empêcher le Duc de Calabre de prendre Chiaramonte & Catane. Le Pape se flattant alors que les Siciliens écouteroient ses remontrances, leur envoya un Légat pour les exhorter à se rendre, & les menacer d'excommunication s'ils persistoient à reconnoître Frederic pour leur Souverain. Les prieres & les menaces n'eurent aucun effet, & il fallut employer des armes plus fortes pour les soumettre. Le Duc de Calabre fit venir de nouvelles troupes, & le Roi Charles depêcha douze galeres, & plusieurs bâtimens de charge. Le Prince de Tarente qui commandoit un fort de seize cens hommes, attaqua les troupes de Frederic; mais il fut battu & fait prisonnier. Ce petit avantage fut suivi de quelques autres, & excita Frederic à pousser la guerre avec plus d'activité. Il obligea le Duc de Calabre de lever le siége de Messine, après avoir coupé les vivres de son armée qui souffrit beaucoup de la faim & des maladies. La Duchesse de Calabre sœur de Frederic, obtint alors une treve de six mois, pendant laquelle les deux partis se préparerent à recommencer la guerre aussi-tôt qu'elle seroit expirée.

Le Pape Boniface engagea Charles de Valois frere du Roi de France, à employer ses troupes à la conquête de la Sicile. Ce Prince qui avoit épousé en secondes nôces une fille de Philippe, fils du dernier Baudouin Empereur de Constantinople, étoit alors en Italie. Il s'étoit mis en marche pour faire valoir les droits de sa femme sur l'Empire de Constantinople, & il étoit à la tête d'une armée considérable. Le Pape lui représenta que Charles maître de la Sicile, pourroit lui donner de plus prompts secours que ceux qu'il attendoit de la France. Charles de Valois s'étant laissé persuader, passa en Sicile avec le Duc de Calabre, & il y avoit lieu de croire que Frederic ne seroit point en état de résister à tant d'ennemis; mais ce Prince sçut trouver des ressources dans sa prudence & son habileté. Il eut soin de distribuer le petit nombre de troupes qu'il avoit dans les endroits les plus importans de l'isle, & par ce moyen il laissa refroidir l'ardeur des ennemis dont le nombre diminua insensiblement par la disette des vivres ou par les maladies. Charles de Valois craignant d'affoiblir son armée, & de la mettre hors d'état de soutenir la route jusqu'à Constantinople, écouta volontiers les propositions qui lui furent faites de la part de Frederic.

Traité de paix. La paix fut conclue le 19 d'Août aux conditions suivantes: Que Frederic resteroit Roi de Sicile pendant sa vie, & qu'après sa mort, ce royaume passeroit au pouvoir du Roi Charles & de ses héritiers: que Frederic ne porteroit point le titre de Roi de Sicile; mais celui de Trinacrie, nom que les anciens donnoient à cette isle, à cause de ses trois pointes ou promontoires: que toutes les terres occupées dans la Sicile seroient rendues à Frederic, qui de son côté remettroit toutes les terres & forteresses qu'il occupoit dans la Calabre: que Frederic épouseroit Eleonore troisieme fille du Roi Charles: que le Roi Charles feroit approuver le présent traité de paix par le Pape, & obtiendroit de ce Pontife l'investiture de la Sardaigne ou de Chypre, où s'établiroient les fils qui naîtroient du mariage de Frederic avec Eleonore: qu'aussi-tôt que ce Prince seroit en possession de l'un ou de l'autre de ces royaumes, il remettroit sur le champ la Sicile au Roi Charles, en lui payant néanmoins à compte de la dot de sa femme, cent mille onces d'or. Le Roi de Naples qui ne voyoit cette guerre qu'avec peine, ratifia avec plaisir le traité de paix dont Frederic retireroit un si grand avantage.

ROYAUMES DE NAPLES ET DE SICILE.

1301.

Charles II. employa tout le reste de sa vie à rendre florissant la ville & le royaume de Naples, par les établissemens utiles qu'il y fit, & par la magnificence des édifices qui furent construits par ses ordres. Ce Prince mourut âgé de soixante-un ans après en avoir regné vingt-cinq. Il étoit alors dans un de ses palais nommé *Casa Nova*, situé au-dehors de la porte Capouane, à deux cens pas de Naples. Il avoit fait bâtir ce palais où il passoit ordinairement les Etés. Il s'est formé depuis dans cet endroit un grand village qui porte le nom de *Casa Nova*, & il ne reste plus aucun vestige du palais de Charles II. Le corps de ce Prince, qui fut sincerement regretté de ses peuples, fut d'abord transporté dans l'Eglise de saint Dominique. Quelquetemps après il fut tranferé à Arles en Provence dans le Monastere des Sœurs de l'Ordre des Prêcheurs qu'il avoit fait bâtir. Son cœur fut conservé dans une urne d'ivoire, & reporté dans l'Eglise de saint Dominique de Naples.

Mort de Charles Roi de Naples.

1309.

Charles eut de son épouse Marie fille d'Etienne V. Roi de Hongrie, & sœur de Ladislas III. dix fils & cinq filles: sçavoir. 1°. Charles Martel Roi de Hongrie; 2°. Louis Evêque de Toulouse, célebre par sa sainteté; 3°. Robert son successeur; 4°. Philippe Prince de Tarente, Empereur titulaire de Constantinople; 5°. Raymond Berenger Comte de Provence; 6°. Jean mort jeune; 7°. Tristan Prince de Salerne mort jeune; 8°. Jean Duc de Duras; 9°. Louis aussi Duc de Duras; 10°. Pierre, surnommé *Tempête*, Comte de Gravine, mort l'an 1315. Les filles furent 1°. Marguerite femme de Charles de France, Comte de Valois; 2°. Blanche mariée à Jacques II. Roi d'Arragon; 3°. Eleonore femme de Frederic Roi de Sicile; 4°. Marie épouse de Sanche Roi de Majorque; 5°. Beatrix mariée & ensuite Religieuse.

Charles II. par son testament avoit institué Robert Duc de Calabre pour son héritier, & il le nommoit dans cet acte son fils aîné. Il laissoit à Charles ou Carobert son petit-fils, né du Roi de Hongrie (21), deux milles onces d'or pour toutes prétentions. Malgré ces dispositions, Carobert envoya demander au Pape Clement V. l'investiture du royaume de Naples, comme représen-

Robert Roi de Naples.

1309.

---

(21) Charles Martel étoit mort à Naples l'an 1301, & il avoit laissé de Clemence sa femme, fille de l'Empereur Rodolphe, un | fils nommé Carobert, qui fut son successeur au royaume de Hongrie. C'est de ce Prince dont il s'agit ici.

tant Charles Martel son pere, qui étoit fils aîné du Roi Charles II. Robert de son côté vouluoit faire valoir le testament de son pere, & cette question fut portée devant le tribunal du Pape. Ce Pontife après avoir écouté les raisons de part & d'autre, décida en faveur de Robert, Prince sage, prudent; & reconnu pour le Salomon de son siecle. La distance des deux royaumes fut une des principales raisons qui détermina le Pape à donner l'investiture à Robert. On avoit fait considérer à Clement que le royaume de Naples se trouveroit gouverné par des Seigneurs Hongrois, si le jeune Carobert montoit sur le trône, & que ces Ministres étrangers pourroient causer des troubles dans l'Italie. Robert fut donc reconnu Roi de Sicile & de la Pouille, & il prêta en conséquence serment de fidélité, & fit l'hommage-lige entre les mains du Pape. Toutes ces choses se passerent à Avignon où le Pape avoit établi son Siége.

Robert se rendit ensuite en Italie pour prendre possession de ses nouveaux Etats. Il en parcourut toutes les differentes provinces, examina la conduite des Magistrats, & punit séverement ceux qui abusoient de leur autorité. La paix dont Robert jouit pendant les trois premieres années de son regne, fut interrompue par la mort de l'Empereur Albert d'Autriche. Henri VII. le premier Empereur de la maison de Luxembourg ayant été couronné à Aix-la-Chapelle, fut sollicité par le parti Gibelin, de se faire couronner une seconde fois à Rome. Cette nouvelle causa une grande inquietude au Pape, qui craignoit que l'Empereur ne s'empara de l'Etat ecclésiastique. Robert chargé de le deffendre, envoya des troupes aux Florentins, & fit passer dans Rome six cens cavaliers Catalans & Napolitains, pour s'opposer au couronnement de l'Empereur.

Frederic Roi de Sicile concevoit de grandes esperances du projet de l'Empereur sur l'Italie; mais il sçut cacher ses desseins jusqu'au moment que l'injure faite à un de ses Ministres par le Roi de Naples, le força à ne plus observer aucun ménagement. Il fit un traité avec l'Empereur, qui se déclara Amiral de l'Empire, & le chargea d'attaquer le royaume de Naples par mer pendant qu'il entreroit sur les terres de cet Etat. Les Genois s'étant soumis à l'Empereur, ce Prince ne trouva plus d'opposition à son voyage, & arriva à Rome le premier d'août 1312. Il y fut couronné dans l'Eglise de saint Jean-de-Latran avec beaucoup de solemnité. Après cette cérémonie il retourna à Pise, & fit citer Robert comme Vassal de l'Empire, à comparoître devant lui. On doit se ressouvenir que les Empereurs d'Occident prétendoient que les royaumes de Sicile & de Naples relevoient d'eux. On a vû que ces Princes en avoient donné l'investiture avant les Papes, & ce fut en vertu de ces premiers droits que Henri VII. fit citer devant lui le Roi de Naples. Robert n'ayant pas jugé à propos de comparoître, l'Empereur rendit contre lui une sentence par laquelle il le privoit de son royaume & de tous ses Etats, & le condamnoit comme rebelle à l'Empire à avoir la tête tranchée (22). Pendant que l'Empereur procedoit ainsi contre le Roi de Naples, Frederic faisoit d'horribles ravages dans la Calabre. Robert se trouvoit alors dans un extrême embarras; mais la mort de Henri arrivée le 24

---

(21) Baluz. pag. 51. Alberic. in L. quis-quis, num. 11. C. ad Legem Jul. Majest. | Lunig. Tom. II. pag. 1075. Giannone.

d'août 1313, le délivra d'un ennemi dangereux. L'armée Imperiale se trouvant sans chef, repassa en Allemagne, & Frederic n'étant plus soûtenu par ces troupes, retourna en Sicile.

ROYAUMES DE NAPLES ET DE SICILE.

Robert pour se venger de ce Prince, équipa une flotte considérable, & alla en personne attaquer la Sicile. Il prit d'abord Castellamare; mais il ne put se rendre maître de Trapani, parce que son armée manqua de vivres, & que les maladies lui en emporterent une grande partie. Le Roi de Naples après avoir inutilement tenté toutes sortes de moyens pour attirer les Siciliens au combat, fut obligé de faire avec eux une treve de trois ans, & de s'en retourner à Naples. A peine fut-elle expirée, que Robert commença la guerre en Sicile. Les avantages qu'il y eut, firent craindre aux Siciliens qu'il ne se rendît maître de leur isle. Ils envoyerent une ambassade à Jean XXII. pour le prier de porter Robert à la paix, ou du moins de l'engager à faire une treve. Le Pape fit un accueil favorable aux Ambassadeurs, & à la priere des Siciliens il envoya un Légat à Robert qui consentit à signer une nouvelle treve pour cinq ans.

La mort de Henri VII. occasionna de grands troubles dans l'Empire, dont l'Italie fut agitée à son tour. Louis de Baviere, & Frederic fils d'Albert Archiduc d'Autriche, élus en même-temps, chacun par sa faction se disputerent le trône. Frederic vaincu & fait prisonnier, laissoit Louis de Baviere seul maître de l'Empire. Jean XXII. qui avoit refusé d'approuver l'élection de ces deux Princes, déclara le trône vacant, & excommunia Louis de Baviere. La faction des Guelfes & celle des Gibelins mirent toute l'Italie en mouvement. Robert & Charles son fils Duc de Calabre attachés aux intérêts du Pape, leverent des troupes contre le parti de Louis. Les Gibelins de leur côté engagerent Louis de Baviere à passer en Italie. Ce Prince céda à leurs instances, & se rendit à Tarente où il fut reçu par les principaux Seigneurs de sa faction. Il passa de-là à Milan où l'Evêque d'Arezzo lui mit sur la tête la couronne de fer. Il prit ensuite sa route vers Rome. Robert envoya dans cette ville un gros corps de cavalerie, & fit partir en même-temps une flotte pour la Sicile, afin d'empêcher Frederic de donner du secours à l'Empereur. Toutes ces précautions ne furent pas capables d'arrêter Louis de Baviere, & il arriva à Rome où il se fit couronner. Ce Prince dont les forces étoient superieures à celles de Robert, auroit pu attaquer le royaume de Naples; mais il s'occupa dans Rome de l'élection d'un nouveau Pape, de la main duquel il vouloit être couronné une seconde fois, & perdit son temps à faire quelques reglemens. Ses ennemis profitant de son inaction, prirent Ostie & Agnanie, fortifierent les passages, & forcerent enfin Louis de Baviere à sortir de Rome & à retourner en Toscane. Cette expédition abattit la faction des Gibelins, & releva la gloire du Roi de Naples; mais ce Prince au milieu de tant de prosperités fut accablé d'un sensible chagrin causé par la mort de Charles Duc de Calabre son fils unique. Ce jeune Prince laissoit deux filles, Jeanne & Marie. Le Roi maria la premiere au fils du Roi de Hongrie son neveu. Le Prince & la Princesse n'avoient encore que sept ans lorsqu'ils furent fiancés, & depuis cette cérémonie, le jeune Prince porta le titre de Duc de Calabre.

1328.

1333.

Robert par ce mariage faisoit rentrer la couronne dans la branche dont elle étoit fortie, & lui affuroit un fucceffeur dans fa famille. Débarraffé de cette inquietude, il ne fongea plus qu'à fe rendre maître de la Sicile. Il mit fur pied une nouvelle armée : mais il ne put fe mettre en poffeffion d'aucune ville fermée, & toute cette expédition fe réduifit à de fimples ravages.

Frederic étant mort fur ces entrefaites, eut pour fucceffeur Pierre II. fon fils aîné. Robert engagea Benoît XII. à envoyer un Légat en Sicile pour forcer Pierre à abandonner ce royaume en conféquence du traité que Frederic avoit fait avec Charles II. Il follicita en même-temps Eleonor fa fœur, pour qu'elle difposât fon fils à renoncer à la couronne de Sicile. Robert offroit alors de fournir à ce jeune Prince les fecours dont il auroit befoin pour faire la conquête du royaume de Sardaigne. La Reine de fon côté repréfenta à Robert fon frere, qu'il devoit regarder Pierre II. comme fon fils, puifqu'il n'avoit plus d'enfans mâles, & que par conféquent il devoit l'appeller à la fucceffion du royaume de Naples & de fes autres Etats, préferablement à tout autre Prince. Toutes ces repréfentations furent inutiles, & le Légat fe fervit d'un côté des armes fpirituelles, tandis que Robert fe préparoit à employer d'autres armes pour le chaffer de la Sicile.

Les tentatives continuelles qu'il fit pendant plufieurs années, ne furent fuivies d'aucun avantage confiderable, & Pierre fe maintint toujours fur le trône malgré les efforts de fon rival. La puiffance des Catalans en Sicile, que de nombreufes armées n'avoient pu ébranler jufqu'alors, penfa être renverfée dans un inftant par de fecrettes intrigues. Pierre après un regne de cinq ans étoit mort, & il avoit laiffé la couronne à Louis fon fils aîné, fous la tutelle de Jean Duc de Randazzo oncle du jeune Prince. La famille des Palizzi, l'une des plus illuftres maifons de Meffine, ennemie de la domination Catalane, caufa quelques troubles dans cette ville, & envoya des députés au Roi de Naples pour lui prêter ferment de fidelité. Ce Prince n'étoit plus en état de profiter d'une révolution, qui deux ans auparavant auroit pu le rendre maître de la Sicile. Il touchoit alors aux derniers inftans de fa vie, & mourut le 16 de janvier 1343. Il fit un teftament par lequel il inftitua pour l'héritiere univerfelle de fes Etats de Provence & du royaume de Sicile, Jeanne fa petite fille.

Après la mort de Robert, Jeanne & André époux de cette Princeffe furent proclamés Rois par les Napolitains. Les chofes changerent alors de face, & les Hongrois s'emparerent du gouvernement. Frere Robert qui avoit été chargé de l'éducation d'André, eut foin d'éloigner du confeil les perfonnes les plus fages, de peur qu'elles ne s'oppofaffent à l'autorité qu'il vouloit ufurper. Les Princes du fang fe voyant méprifés, fe retirerent de la cour, & les Chevaliers Napolitains qui ne cherchoient que les occafions de fignaler leur valeur, offrirent leurs fervices à Robert Prince de Tarente. Ce Prince méditoit alors la conquête de Conftantinople, & avec le fecours des Chevaliers Napolitains il remporta des avantages confiderables dans la Grece. Les troubles qui arriverent quelque-temps après dans l'Italie, obligerent ces Chevaliers à quitter l'armée du Prince de Tarente, qui vit alors toutes fes efperances s'évanouir.

Frere Robert craignant que les Princes du fang ne formaffent quelqu'entreprife contre lui, follicita Louis Roi de Hongrie frere aîné d'André, de prendre poffeffion du royaume de Naples, comme plus proche héritier de son grand-pere. Louis refufa de confentir aux projets de Frere Robert, & envoya des Ambaffadeurs au Pape pour le prier de donner l'inveftiture du royaume de Naples à fon frere André, non à titre de mari de la Reine Jeanne, mais comme héritier de Charles Martel fon grand-pere. Les Ambaffadeurs eurent beaucoup de peine à obtenir cette demande. Enfin le Pape y confentit & accorda les bulles pour fon couronnement. Les Princes du fang & un grand nombre de Barons ne pouvant fouffrir la conduite des Hongrois à leur égard, crurent ne pouvoir fe délivrer de leur tyrannie qu'en faifant mourir le Prince André. Ils exécuterent ce déteftable projet en étranglant ce Prince, comme il traverfoit une des galeries de fon palais. On fut frappé d'étonnement à la nouvelle d'un événement fi tragique: tout le monde refta dans le filence, & perfonne n'ofoit faire des recherches pour découvrir les Auteurs de ce crime. La Reine qui n'avoit encore que dix-huit ans, ne fçavoit quels ordres donner, & les Hongrois qui connoiffoient la haine qu'on avoit pour eux, n'ofoient plus fe mêler du gouvernement. Tout étoit dans une fi grande confufion, que le corps du Roi refta plufieurs jours fans fépulture. Un Chanoine Napolitain nommé Urfillo Minutolo le fit enfevelir à fes frais, dans la Chapelle de faint Louis de l'Archevêché de Naples. François Capece, Abbé de cette Chapelle, lui fit faire dans la fuite un tombeau de marbre.

ROYAUMES DE NAPLES ET DE SICILE.

Mort d'André.

1345.

La Reine qui s'étoit retirée à Naples, fit faire des informations contre les coupables, & l'on en découvrit un grand nombre. Jeanne employa auffi toutes fortes de moyens pour fe juftifier des foupçons qu'on avoit formés contr'elle au fujet de la mort de fon mari. Le Roi de Hongrie ne parut pas fatisfait des preuves qu'elle apporta pour fa juftification, & il fut offenfé de ce que la Reine s'étoit emparée du gouvernement. La réponfe de ce Prince fit connoître aux Napolitains qu'il avoit deffein de s'emparer du royaume. Ce Prince avoit déja fait voir fes veritables fentimens, lorfqu'il avoit demandé pour fon frere l'inveftiture du royaume de Naples en qualité de petit-fils de Charles Martel. Le confeil de Naples engagea la Reine à prendre pour époux Louis de Tarente, Prince courageux, & qui étoit à la fleur de fon âge. Il y avoit déja un an qu'André étoit mort, & l'on apprenoit que le Roi de Hongrie fe préparoit à paffer en Italie. Un danger fi éminent fit conclurre le mariage promptement, fans attendre les difpenfes du Pape qui étoient néceffaires à caufe de la proximité de leur parenté.

Cette nouvelle alliance ne fut pas capable de diminuer la crainte que la puiffance du Roi de Hongrie avoit infpirée aux Napolitains: les efprits d'ailleurs étoient indifpofés contre la Reine, & on avoit peine à fe perfuader qu'elle fût innocente de la mort de fon mari. Cependant Louis de Tarente faifoit tout ce qui dépendoit de lui pour gagner l'affection de fes nouveaux fujets, & pour mettre fes Etats à l'abri des attaques de fon ennemi. Il fut mal fecondé par fes peuples, & la Reine confidérant qu'il lui feroit impoffible de réfifter aux forces des Hongrois, prit le parti de la retraite. Elle convoqua une affemblée générale des principaux Seigneurs, & leur déclara quelles étoient fes intentions. Elle les exhorta en même-temps à fe foumettre au Roi de Hongrie, & à lui ouvrir les portes de leur ville avant que ce Prince les fommât de fe rendre. Après ces différens arrangemens, Jeanne partit de Naples le 15 de janvier 1347, & fe rendit en Provence

Tome II. X*

ROYAUMES DE NAPLES ET DE SICILE.

Entrée du Roi de Hongrie en Italie.

1347.

avec son mari & la Princesse de Tarente sa belle-sœur, qu'on appelloit l'Imperatrice. Louis Roi de Hongrie ne tarda pas à entrer dans le royaume de Naples avec une puissante armée. Tous les Seigneurs de l'Abruzze se presserent d'aller au devant de lui, & de lui prêter serment de fidelité. Les Princes du sang allerent aussi lui rendre leurs devoirs, & lui présenterent le petit Carobert fils du Roi André. Le Roi leur fit d'abord un accueil favorable : mais comme il passoit avec eux devant l'endroit où André avoit été étranglé, il demanda au Duc de Duras par quelle fenêtre le corps de ce Prince avoit été jetté ? Le Duc ayant répondu qu'il l'ignoroit, le Roi lui fit voir une lettre que ce Seigneur avoit écrite à ce sujet. Il le fit arrêter sur le champ, ordonna qu'il eût la tête tranchée ; que l'on jettât son corps par la même fenêtre par laquelle celui du Roi André avoit été jetté, & qu'il y restât sans sépulture jusqu'au lendemain (22), ce qui fut exécuté en présence du Roi. Ce Duc étoit fils de Jean, cinquieme fils de Charles II. & il avoit épousé Marie sœur de la Reine Jeanne, de laquelle il n'eut point d'enfans mâles ; mais seulement quatre filles : sçavoir Jeanne, Agnès, Clementine & Marguerite. Le Roi de Hongrie fit ensuite enfermer les autres Princes du sang dans le château d'Averse, & peu de temps après il les envoya dans ses Etats avec le jeune Carobert.

Louis ne trouvant aucune résistance sur son passage, s'avança vers Naples faisant porter devant lui un étendart noir, sur lequel étoit représenté un Roi étranglé. Les habitans de cette ville redoutant la colere du Roi de Hongrie, lui firent de grandes soumissions : ce Prince en parut peu touché, & refusa les honneurs qu'on vouloit lui rendre. Lorsqu'il fut arrivé dans cette ville, il abandonna au pillage les maisons des Princes du sang, cassa les Elus de la ville, en établit d'autres qui ne pouvoient rien faire sans les ordres de l'Evêque de Waradin. Ce Prince après avoir fait divers reglemens dans plusieurs endroits du royaume, s'embarqua à Barlette & retourna en Hongrie. Il n'étoit resté que quatre mois dans le royaume de Naples.

Cependant la Reine Jeanne qui étoit arrivée à Avignon, avoit donné de si grandes preuves de son innocence, que le Pape résolut de la proteger. Il envoya un Légat au Roi de Hongrie, afin de porter ce Prince à la paix. Tandis que le Légat la négocioit avec beaucoup de peine à la Cour de Hongrie, les affaires de la Reine prenoient une nouvelle face en Italie. La protection que le Pape accorda à cette Princesse, & la dureté du gouvernement des Hongrois furent les motifs qui ramenerent les esprits des Napolitains, & qui les porterent à rentrer sous la domination de la Reine. Les peuples se presserent à l'envi les uns des autres, à lui offrir leurs services & à lui fournir de l'argent. Assurée de l'affection de ses sujets & de la haine qu'ils portoient aux Hongrois, elle s'embarqua à Marseille & arriva heureusement aux environs de Naples, où elle fut reçue par les habitans de cette ville avec des demonstrations de la joye la plus sincere. Louis de Tarente son époux, & à qui le Pape avoit donné le titre de Roi, mit tout en usage pour profiter de la bonne volonté des Peuples, & s'attacha particulierement tous les jeunes Chevaliers qui étoient à-peu-près de son âge.

(22) Giannone.

Le Roi ayant rassemblé une armée assez considérable pour faire quelque entreprise, battit un des Généraux Hongrois, & se rendit maître de Lucera & de Barlette. Ces premiers succès obligerent le Roi de Hongrie à repasser promptement dans la Pouille. La guerre devint alors vive & sanglante, & les deux partis ne consentirent à la paix qu'après s'être épuisés mutuellement. Il n'y eut cependant d'abord qu'une treve d'un an, qui fut enfin suivie de la paix par l'habileté d'un Légat apostolique. Le traité fut signé au mois d'avril de l'an 1351. Le Roi Louis & la Reine delivrés des dangers de la guerre, firent prier le Pape de charger un Légat de les couronner. La cérémonie se fit à Naples au mois de mai suivant, avec toute la magnificence possible. Ce fut en mémoire de ce couronnement que le Roi institua l'Ordre ou la compagnie du Nœud.

ROYAUMES DE NAPLES ET DE SICILE.

Cependant la Sicile étoit toujours agitée par les differentes factions. Les deux principales étoient les Catalans qui s'étoient emparés de la tutelle du jeune Louis, & la maison de Clermont qui cherchoit les moyens d'abattre la puissance des Catalans en Sicile. Ces divisions causerent des maux infinis à cette isle. L'agriculture fut abandonnée & le commerce interrompu. Les Siciliens ayant perdu ces deux ressources, loin d'être en état de fournir au Roi des secours extraordinaires, pouvoient à peine payer les impositions accoutumées. Ceux de la maison de Clermont devinrent si puissans, qu'ils se rendirent maîtres de Palerme, de Trapani, de Siracuse, de Gergenti, de Mazare & de plusieurs autres places importantes dans la Sicile. Ils avoient dans ces villes un pouvoir si absolu, que le Roi y conservoit à peine le titre de Souverain. Il ne restoit plus à ce Prince que la plus petite partie de la Sicile, qui ne lui pouvoit fournir des revenus suffisans pour soutenir sa dignité. Il fallut charger le peuple de nouveaux impôts, & ces taxes furent si onéreuses aux Siciliens, qu'ils en témoignerent hautement leur mécontentement. La ville de Messine & celle de Sciacca se revolterent, & les Officiers qui y commandoient pour le Roi, furent tués. Le Comte Simon de Clermont, auteur de tous ces désordres, craignant enfin les effets de la colere du Roi, invita Louis Roi de Naples à tenter la conquête de la Sicile.

Le Roi de Naples porte la guerre en Sicile.

Louis n'étoit pas en état d'envoyer de puissantes armées comme ses prédecesseurs avoient fait, parce qu'alors toutes les forces du royaume de Naples étoient divisées par les portions qu'il falloit accorder aux Princes du sang. Il n'étoit pas alors nécessaire d'une nombreuse armée pour se rendre maître de la Sicile. Le petit nombre de troupes qu'on y fit passer, & les grosses provisions de vivres qu'elles y conduisirent, & dont les Siciliens avoient si grand besoin, suffirent pour engager ceux-ci à se soumettre au Roi de Naples. Les Ministres de Don Louis allarmés du succès des Napolitains, résolurent d'attaquer les troupes du Roi de Naples avant que leur nombre fut devenu plus considérable. Ils voulurent reprendre Palerme : mais les habitans de cette ville, déja fortement attachés aux intérêts du Roi de Naples, se deffendirent avec tant d'ardeur, qu'on fut obligé d'abandonner l'entreprise.

Louis mourut quelque temps après âgé de dix-huit ans, dont il en avoit regné treize. Frederic son frere qui n'avoit que treize ans, fut déclaré son successeur. Les Catalans chargés de la tutelle de ce Prince, firent bannir de

FREDERIC II. dit le SIMPLE Roi de Sicile.

1355.

Messine Nicolas Cesario chef d'un parti très-puissant. Ce Seigneur irrité contre les partisans du Roi, entretint quelques liaisons dans la ville par le moyen desquelles il vint à bout de la livrer aux Napolitains. Cette nouvelle détermina le Roi de Naples à envoyer d'autres troupes en Sicile, & à se rendre lui-même à Messine avec la Reine son épouse. Le Comte Simon, Mainfroi & Frederic de Clermont allerent lui rendre hommage. Ce dernier pour récompense des services qu'il avoit rendus au Roi, supplia ce Prince de lui accorder en mariage Blanche sœur du Roi Frederic. Louis considérant que le Roi Frederic étoit le dernier mâle de la race des Rois de Sicile de la maison d'Arragon, & qu'il étoit d'un temperament si délicat qu'on pouvoit croire qu'il ne vivroit pas long-temps, sentit les conséquences du mariage de Blanche avec le Comte de Clermont. Il ne put se résoudre à y consentir, & le Comte de Clermont conçut un si vif chagrin de ce refus, qu'il en mourut quelques jours après. La famille de ce Seigneur se détacha insensiblement du parti du Roi de Naples.

Ce Prince se flattant qu'il seroit bien-tôt possesseur de la Sicile s'il pouvoit se rendre maître de la personne du Roi, qui s'étoit enfermé dans Catane avec le petit nombre de troupes qui lui restoit, entreprit le siége de cette place. L'évenement ne répondit pas à ses espérances : Ses troupes furent battues, Raymond-del-Balzo Comte Camerlingue fut fait prisonnier, & le grand Sénéchal Acciajoli eut beaucoup de peine à se sauver. Louis qui aimoit beaucoup le Comte, proposa une somme considérable pour sa rançon : mais Frederic exigea qu'on lui rendît, en échange de Raymond, ses deux sœurs, que le Roi retenoit prisonnieres. Les troubles qui arriverent alors dans le royaume de Naples, obligerent le Roi Louis à retourner dans ses Etats. Il laissa en Sicile le grand Sénéchal, & le chargea de continuer la guerre.

L'autorité que le Prince de Tarente, frere aîné du Roi, vouloit prendre sur ce Monarque, & la souveraineté qu'il vouloit usurper, occasionnerent de grands mouvemens dans le royaume. D'un autre côté Louis de Duras, cousin du Roi, s'étoit joint avec Robert son frere & le Comte de Minorvino, & s'étoit emparé de la ville de Bari, d'où il prit le titre de Prince. Il avoit une armée assez nombreuse pour résister au Prince de Tarente & au Roi Louis. Ce Monarque marcha contre Minorvino, & réduisit bien-tôt ce rebelle. Il pardonna à Louis de Duras en faveur du sang, & le calme fut enfin rétabli dans le royaume.

Il n'en étoit pas de même dans la Sicile, où le Roi Frederic avoit beaucoup de peine à se soutenir. Le mariage qu'il fit avec la sœur du Roi d'Arragon, ne lui fut pas d'une grande utilité, puisque cette Princesse mourut peu de temps après. On parla cependant de paix, & elle fut enfin conclue aux conditions suivantes : Que le Roi Frederic porteroit dorenavant le titre de Roi de Trinacrie : Qu'il prendroit pour femme Antoinette del Balzo fille du Duc d'Andria, & de la sœur du Roi Louis : Qu'il feroit hommage du royaume de Trinacrie au Roi Louis & à la Reine Jeanne, & qu'il payeroit à la Fête de saint Pierre de chaque année, trois mille onces d'or. Que dans le cas où le royaume de Naples seroit attaqué, Frederic entretiendroit pour sa deffense cent hommes d'armes & dix galeres armées : Le Roi Louis de son côté s'engagea de rendre à Frederic toutes les places dont il s'étoit emparé dans la Sicile. Ce traité termina une guerre qui duroit depuis si long-temps entre ces deux couronnes. Depuis ce dernier arrangement, les Rois de Naples ne prétendirent plus avoir aucun droit sur la Sicile, & ne songerent plus à attaquer cette isle. Frederic tranquille possesseur de ses Etats, s'appliqua à rendre à son royaume l'abondance qu'il avoit perdue pendant les troubles dont il avoit été si long-temps agité. Ce Prince mourut l'an 1377, laissant pour unique héritiere la Princesse Marie qu'il avoit eue de sa premiere femme. On ne voit point que ce Prince ait prêté à Gregoire serment de fidelité. Ses successeurs aussi peu scrupuleux, porterent toujours le titre de Rois de Sicile, sans prendre aucune investiture des Papes.

ROYAUMES DE NAPLES ET DE SICILE

MARIE Reine de Sicile.

1377.

Cependant Louis étoit mort l'an 1362, à l'âge de quarante-deux ans, après en avoir regné cinq avant son couronnement, & dix depuis. Ce Prince ne laissa aucun enfant de la Reine Jeanne, de laquelle il avoit eu deux filles qui étoient mortes en bas âge. Le Prince de Tarente son frere ne lui survecut pas long-temps: il laissa pour héritier de ses prétentions à l'Empire & de sa principauté, Philippe son troisieme frere. Philippe étant mort en 1368 sans postérité, la principauté de Tarente passa à Jacques del Balzo fils de François Duc d'Andria. Louis de Duras Comte de Gravina mourut aussi vers ce même temps. Il ne laissa qu'un fils nommé Charles, qui fut dans la suite Roi de Naples. C'étoit le seul Prince qui restât de la nombreuse famille de Charles II. Les Napolitains persuadés que l'autorité de leur Reine seroit plus respectée si elle la partageoit avec un nouvel époux, lui proposerent Jacques d'Arragon Infant de Majorque. Jeanne n'avoit alors que trente-six ans, & ses sujets pouvoient esperer qu'il naîtroit des enfans de ce mariage. Il fut celebré à Naples l'an 1363, & Jacques d'Arragon prit le titre de Duc de Calabre. Les articles du traité de mariage portoient: » Que Jacques content du titre de » Roi de Majorque, ne prendroit point celui de Roi de Sicile; qu'il ne » pourroit prétendre à l'honneur d'être couronné, ni sacré; qu'il n'exigeroit » point l'hommage-lige des Barons, & autres regnicoles, mais seulement » le serment d'assurance ou de sûreté pour sa personne, en qualité d'époux » de la Reine; qu'il ne s'ingereroit en aucune façon dans l'administration » du royaume, ni des comtés de Provence, & de Forcalquier, & ne pour-» roit y tenir aucune place forte. Toute l'autorité, l'exercice entier du pou-» voir souverain, devoit rester entre les mains de la Reine (23). « Les autres clauses excluoient le Prince de la succession au royaume, en cas qu'il survecût à son épouse ou aux enfans qui pouvoient naître de ce mariage. Ces conventions n'empêcherent pas Jacques d'Arragon, de prendre dans plusieurs actes la qualité de Roi de Naples. Le mécontentement des Princes du sang à ce sujet, engagerent Jacques à se retirer de la cour de Naples, & à abandonner son épouse. Il pourvut auparavant à ce qui regardoit sa succession, céda à Isabeau de Majorque, Marquise de Mont-Ferrat sa sœur & son unique héritiere, tous ses droits sur les isles de Majorque & de Minorque, avec les comtés de Roussillon & de Cerdagne. Il passa ensuite en Castille pour se joindre à Pierre le Cruel qui étoit en guerre avec le Roi d'Arragon. Il fut fait prisonnier dans la bataille que Henri Comte de Transtamare gagna sur le

Mort de Louis Roi de Naples.

(23) D'Egly, histoire de Naples.

ROYAUMES DE NAPLES ET DE SICILE.

Roi de Castille. Jeanne donna, pour sa rançon quarante mille ducats. Ce Prince délivré de sa prison, ne demeura pas long-temps tranquille à Naples. Il assembla une petite armée, & sous la protection de la France & de Henri Roi de Castille, il fit en 1364 une tentative pour reprendre le Roussillon & la Cerdagne. Il pénetra même jusqu'en Arragon, où il mourut en 1365 selon l'opinion la plus commune.

La Reine qui avoit alors pris la résolution de rester veuve, songea à se désigner un successeur. Elle forma le dessein de marier à Charles de Duras, Marguerite derniere fille du Duc de Duras & de Marie sa sœur. Elle fut obligée de differer ce mariage jusqu'à la fin de la guerre que le Roi de Hongrie faisoit aux Venitiens, parce que Charles Duras étoit entré au service du Roi de Hongrie. Les Princes du sang ne chercherent point à troubler l'Etat tant que cette Princesse gouverna seule ; mais Ambroise Viscomti, fils naturel de Bernard Seigneur de Milan, croyant pouvoir impunément faire quelque entreprise sur le royaume de Naples, y entra à la tête de douze mille hommes de cavalerie. Il se rendit maître de plusieurs places, & en peu de temps il fit de grands ravages dans le pays. La Reine arrêta bien-tôt ses progrès, & délivra ses Etats d'un ennemi si dangereux par la victoire complette qu'elle remporta sur lui. Ce grand avantage affermit son autorité, & rendit le repos à ses sujets. Elle profita de cette tranquillité pour aller visiter la Provence & les autres Etats qu'elle avoit en France. De retour à Naples, elle fit en 1369 le mariage de Charles de Duras avec sa niéce Marguerite, & les déclara ses héritiers à la couronne.

Le calme dont le royaume de Naples jouissoit depuis quelque temps, fut troublé par une guerre intestine. François del Balzo Duc d'Andria resté seul de la race des Princes du sang, se trouva héritier d'un grand nombre de terres ; ce qui le rendit hardi & entreprenant. Ce Prince qui prétendoit que la ville de Matera, possedée par un Comte de la maison de Saint-Severin, dépendoit de la principauté de Tarente, s'en empara à main armée. La Reine informée de cette violence, deffendit au Duc d'Adria d'user des voies de fait. Elle lui ordonna de s'en rapporter aux arbitres qu'elle nommeroit pour décider les difficultés qu'il avoit avec Saint-Severin. Les ordres de la Reine ne firent aucune impression sur l'esprit de ce Duc, & cette Princesse fut obligée d'agir avec rigueur pour vaincre son obstination. Après l'avoir inutilement cité à comparoître devant son tribunal, elle le déclara juridiquement rebelle, & ordonna à ceux de la maison de Saint-Severin de s'emparer de la ville qui leur apartenoit, & de saisir au nom du fisc des autres terres que le Duc avoit dans la Pouille.

Cette guerre fut longue parce que le Duc s'étoit préparé à la deffense ; mais enfin il fut obligé de céder & de sortir du royaume. La Reine s'empara de tout ce qu'il possedoit dans ses Etats, & en vendit une partie pour l'indemniser des dépenses que cette guerre lui avoit causées. Le Duc d'Andria appuyé du crédit de Grégoire XI. & secondé par plusieurs Capitaines qui cherchoient de l'occupation, rentra en Italie à la tête de treize mille hommes. Etant arrivé à Averse, il y vit Raimond del Balzo son oncle, grand Chambelan du royaume. Ce Seigneur lui représenta si vivement l'irrégularité de sa conduite, que le Duc prit dès-lors la résolution de renoncer à son entreprise. Il se rendit à Andria où il s'embarqua pour retourner en Provence, afin d'employer la médiation du Pape auprès de la Reine. Les troupes qu'il avoit conduites en Italie se trouvant sans chef, se mirent à piller de tous côtés afin de pouvoir subsister. Jeanne délivra son royaume de ces nouveaux ennemis en leur donnant soixante mille florins. Ces désordres avoient duré jusqu'à la fin de l'année 1375.

ROYAUMES DE NAPLES ET DE SICILE.

Tant de mouvemens firent comprendre à la Reine, qu'elle auroit de la peine à soutenir seule tout le poids du gouvernement. Cette Princesse qui avois alors quarante-six ans, se détermina à prendre pour époux Othon Duc de Brunswick Prince de l'Empire, qui s'étoit acquis une grande réputation par sa valeur. On convint qu'il ne prendroit point le titre du Roi, sans doute pour ne point frustrer de la couronne Charles de Duras, qu'elle avoit déja reconnu pour son successeur. La cérémonie du mariage se fit à Naples le 25 de mars de l'année 1376, & il y eut de grandes fêtes à cette occasion. Marguerite de Duras qui venoit d'accoucher d'un fils auquel on donna le nom de Ladislas, vit avec peine le mariage de la Reine. Elle craignoit qu'Othon ne fît venir les Allemans en Italie, & qu'avec leur secours il ne se maintînt sur le trône. Jeanne tâcha de calmer les inquietudes de Marguerite, en l'assurant qu'elle ne souffriroit point que son nouvel époux fît quelques tentatives à ce sujet. Cependant elle donna à ce Prince tous les Etats du Prince de Tarente, qui contenoient près de la moitié du royaume : elle le mit aussi en possession de ceux qu'elle avoit saisis au Duc d'Andria.

Mariage de Jeanne avec Othon Duc de Brunswick.

L'Italie fut assez tranquille jusqu'à la mort de Gregoire XI. qui arriva le 27 de mars 1378. Depuis Clement V. jusqu'à ce Pape, le Siége Apostolique étoit resté à Avignon. Les Romains qui desiroient le fixer dans leur ville, vouloient un Italien pour Pape. Ils n'osoient cependant se flatter de l'obtenir, parce que le Collége des Cardinaux n'étoit composé que de seize, parmi lesquels il n'y en avoit que quatre Italiens. Le Peuple s'assembla tumultueusement à la porte du Conclave, & les Cardinaux ne purent appaiser sa fureur qu'en promettant de le satisfaire. Après avoir protesté entr'eux que l'élection qu'ils alloient faire, seroit nulle comme ayant été forcée, ils nommerent Barthelemi Prignano Archevêque de Bari, qui prit le nom d'Urbain VI. L'équivoque de ce nom avec Jean de Bar, François & grand Chambelan du feu Pape, occasionna un nouveau tumulte. Le Cardinal de saint Pierre ayant paru aux fenêtres du Conclave pour appaiser les esprits, on s'imagina qu'il avoit été élû. Les portes furent enfoncées, on se saisit de ce Cardinal, & on le revêtit des ornemens pontificaux malgré sa résistance, & qu'il protestât toujours qu'il n'étoit point Pape. L'Archevêque de Bari informé que les Cardinaux ne se proposoient pas de confirmer son élection, se fit proclamer le lendemain par quelques Cardinaux qui avoient été forcés par les Magistrats. Ils écrivirent en même-temps à tous les Princes Chrétiens qu'ils ne le reconnoissoient point pour Pape. Les Cardinaux qui n'étoient point Italiens se retirerent à Avignon au nombre de douze. La Reine de Naples envoya cependant complimenter Urbain sur son élection ; mais le grand Chancelier qui avoit été chargé de cette ambassade, ayant été mal reçu par le Pontife, forma dès-lors le projet de négocier une nouvelle élection.

Schisme entre les Papes de Rome & d'Avignon.

1378.

Le Duc d'Andria qui s'étoit laissé toucher aux remontrances de son oncle,

ROYAUMES DE NAPLES ET DE SICILE.

Conspiration contre la Reine Jeanne.

conçut de nouveaux projets depuis la mort de ce Seigneur. Informé des dispositions du Pape à l'égard de la Reine, il fit entendre à ce Pontife qu'il seroit de son intérêt d'engager Charles de Duras à se rendre maître du royaume de Naples. Ce Prince refusa les offres du Pape, parce que ce projet blessoit tout à la fois la justice & la reconnoissance. La Reine avertie de ce qui se tramoit contr'elle, assembla son conseil pour déliberer sur une affaire d'une si grande importance. On y résolut de convoquer un Concile dans la ville de Fondi, & d'y procéder à une nouvelle élection. Les Cardinaux François s'y rendirent avec trois Italiens, & entrerent au Conclave le 20 de septembre. On y déclara d'abord nulle l'élection d'Urbain, & on élut à sa place Robert Cardinal de Geneve, Alleman de nation, qui se fit nommer Clement VII. Telle fut l'origine du Schisme qui divisa les Princes Chrétiens.

Urbain toujours occupé de son dessein sur le royaume de Naples, fit faire de nouvelles propositions à Charles de Duras. Ce Prince jaloux de l'amitié que la Reine témoignoit à Robert d'Artois qui avoit épousé la sœur aînée de Marguerite, promit d'entrer dans les vûes du Pape pourvû que ce Pontife en obtint la permission du Roi de Hongrie. En attendant, il fit tous les préparatifs necessaire pour se rendre à Rome. Tout sembloit alors conspirer contre la Reine Jeanne. Les fêtes qu'elle donna au Pape Clement dans le château de l'Œuf qui est hors de la ville de Naples, firent soupçonner au peuple qu'elle ne le regardoit pas comme un Pape légitimement élu, puisqu'elle refusoit de le recevoir dans la ville. Quelqu'un du peuple tint à ce sujet des discours peu respectueux contre la Reine. Un des Nobles de la ville ne pouvant supporter l'insolence de cet Artisan, le frappa avec violence. La populace accourut aussi-tôt & bien-tôt toute la ville fut en combustion. Le nom du Pape Urbain étoit dans toutes les bouches, & les maisons de ceux qui étoient attachés à Clement VII. furent exposées au pillage. L'Archevêque de Naples fut chassé de son Siége par celui qu'Urbain avoit nommé à sa place. Le Pape effrayé de ces mouvemens, s'embarqua avec précipitation, & passa à Avignon où il fixa son Siége. La Reine assurée de la fidelité de la Noblesse & des principaux citoyens qui s'étoient rassemblés auprès d'elle, fit punir les rebelles par divers supplices, & ses châtimens obligerent le petit peuple à rester tranquille.

1380.

Ces troubles étoient à peine appaisés qu'il s'en éleva de nouveaux, beaucoup plus dangereux que les premiers. Le droit de prefféance dans les actes ou dans le gouvernement des affaires, excita une querelle entre les Nobles des places *Capuana* & *Nido*, & ceux de *Porta-Nova*, *Porto* & *Montagna*. Les premiers prétendoient avoir droit sur les seconds. On en vint d'abord aux injures, & des injures on passa aux coups, & cette révolution causa de grands désordres dans la ville de Naples. La Reine trop occupée du soin de sa propre conservation, ne jugea pas à propos de faire punir les Auteurs de ce tumulte: elle se contenta seulement de faire jurer aux deux partis, qu'ils suspendroient leur querelle jusqu'au retour du Prince Othon qui étoit allé à saint Germain. Elle leur accorda en même-temps une amnistie générale, afin de calmer leur inquietude.

Entreprise de Charles de Duras contre la Reine.

Marguerite de Duras instruite des desseins de Charles, se rendit par la permission de la Reine avec ses deux enfans Ladislas & Jeanne, auprès de

son

son mari qui étoit dans le Frioul. Charles qui avoit obtenu son congé du Roi de Hongrie, alla à Rome où le Pape lui donna la Bulle d'investiture, en conséquence de laquelle il le déclara Roi de Naples & de Jérusalem, & en cette qualité il fut sacré & couronné par le Pape. La Reine à cette nouvelle pourvut à sa deffense autant qu'il lui fut possible, mais elle s'apperçut que le nombre des partisans de Charles étoit très-considérable. Dans cette extrêmité elle implora le secours de Jean premier, Roi de France. Pour engager ce Monarque à lui accorder sa demande, elle lui promit d'adopter Louis Duc d'Anjou son fils, & de le faire son héritier & légitime successeur, tant à la couronne de Naples qu'à tous ses autres Etats. Le Pape Clement donna une Bulle par laquelle il accordoit l'investiture du royaume de Naples au Roi Louis & à la Reine Jeanne. Cette démarche de la Reine acheva de lui faire perdre le reste de ses sujets qui lui étoient attachés, & tous les suffrages se réunirent en faveur de Charles. Ce Prince à la tête d'une nombreuse armée qui grossissoit sur sa route, entra dans le royaume de Naples par la terre de Labour. Le Prince Othon dont les troupes étoient beaucoup inférieures en nombre à celles de son ennemi, fut contraint de se retirer à Arienzo. Charles le suivit de près à dessein de lui livrer bataille, mais Othon refusa toujours d'en venir aux mains, & s'approcha de la ville de Naples. Charles ne tarda pas à paroître devant cette ville, & les deux armées se trouverent campées en présence l'une de l'autre. Charles ayant trouvé moyen d'introduire dans la ville quelques troupes par une porte qui étoit mal gardée, elles se rendirent dans la place du marché, & crierent *vive le Roi Charles de Duras & le Pape Urbain*. La populace répondit à ces cris, & la porte de la ville de ce côté-là fut ouverte à l'armée de Charles. Ce Prince se trouva bien-tôt maître des postes les plus importans de la ville; mais tous les partisans de la Reine, la Duchesse de Duras & Robert d'Artois s'étoient enfermés avec la Reine dans le châteauneuf. Cette Princesse qui attendoit des galeres de Provence, avoit cru pouvoir recevoir une si grande quantité de personnes; mais les vivres qui auroient pu nourrir les soldats chargés de la deffense du château, furent consumés en moins d'un mois.

Cependant Othon employoit toutes sortes de moyens pour engager le Roi Charles à accepter la bataille. Les Officiers de ce Prince lui conseilloient de n'employer ses troupes qu'à la garde de la ville & à serrer de près le château, qui seroit bien-tôt obligé de se rendre faute de provisions. Othon voyant qu'il lui étoit impossible de secourir la Reine, se retira à Averse. Jeanne ne voyant point paroître les galeres qu'elle attendoit, fit proposer au Roi Charles de lui accorder une treve. Ce Prince qui connoissoit la situation où étoit la Reine, ne voulut accorder que cinq jours de treve, au bout desquels il exigeoit que la Reine se rendît. Il lui envoya pendant ce temps-là toutes les provisions dont elle avoit besoin pour sa table, & la fit assurer qu'il avoit entrepris la guerre plutôt pour prendre de justes précautions contre le Prince Othon, que pour ôter à la Reine la couronne qu'il vouloit au contraire lui conserver. Othon se présenta de nouveau devant le château le dernier jour de la treve, & fit attaquer les barrieres que l'ennemi avoit fait mettre. Charles rangea aussi-tôt son armée en bataille, & donna le signal du combat. La victoire fut long-temps disputée, & le Prince Othon fit des actions extraor-

ROYAUMES DE NAPLES ET DE SICILE.

dinaires. Guidé par son désespoir, il se jetta au milieu des ennemis du côté où étoit l'étendart du Roi Charles; mais ses soldats n'ayant point imité son exemple, il fut bien-tôt environné & forcé de se rendre prisonnier. Le lendemain de cette bataille, la Reine consentit à se remettre entre les mains du vainqueur, à qui elle recommanda toutes les personnes qui étoient avec elle dans le château dont Charles prit possession. Il eut d'abord de grands ménagemens pour la Reine, & voulut qu'on la traitât en cette qualité; parce qu'alors il se flattoit que cette Princesse le nommeroit son héritier universel, & lui assureroit les Etats qu'elle possedoit en France. Dans cette esperance il lui permit d'entretenir secretement les Officiers Provençaux qui venoient d'arriver sur les dix galeres que Jeanne avoit attendues avec tant d'impatience. Elle profita de cet instant pour leur représenter la triste situation où elle se trouvoit, & la ferme résolution dans laquelle elle étoit de céder ses Etats à Louis Duc d'Anjou. Ils promirent de suivre les ordres de cette Princesse, & le Comte de Caserte se rendit auprès du Duc d'Anjou, & lui renouvella les intentions de la Reine de Naples. Après le départ des Provençaux, Charles connut qu'il n'avoit rien à espérer, ce qui le détermina à traiter cette Princesse en prisonniere. Elle fut conduite dans le château de la ville de Muro, & le Prince Othon fut enfermé dans celui d'Alta Mura.

Les habitans de Naples & toute la Noblesse prêterent serment de fidelité au Roi Charles, & ce Prince de son côté rendit hommage au saint Siége. Il fit ensuite sçavoir au Roi de Hongrie le succès de son entreprise, & le consulta sur ce qu'il devoit faire de la Reine Jeanne. Ce Prince lui conseilla de la faire mourir de la même maniere que le Roi André son premier mari.

Mort tragique de la Reine Jeanne.

1382.

Charles suivit ce cruel conseil, & cette Princesse fut étranglée dans le château de Muro. Son corps fut exposé pendant sept jours dans l'Eglise de sainte Claire de Naples, afin que personne n'ignorât qu'elle étoit morte. Elle fut ensuite ensevelie sans pompe. La plûpart des Historiens s'accordent à faire l'éloge de cette Princesse: quelques-uns ont voulu noircir sa réputation, & l'ont chargée du meurtre d'André: mais tous conviennent qu'elle gouverna avec beaucoup de prudence & de justice, & qu'elle a passé pour une des plus grandes Reines de son siecle. Elle étoit alors âgée d'environ cinquante-six ans.

Charles III. dit le Petit, & Louis Ier. Duc d'Anjou Rois de Naples.

1382.

Après la mort de la Reine, tout le royaume se soumit à Charles, à l'exception des Comtes de Fondi, d'Ariano & de Caserte. Ce n'étoit pas de la part de ces trois Seigneurs que le Roi avoit le plus à craindre: il prévoyoit bien que le Duc d'Anjou ne tarderoit pas à faire valoir ses droits comme fils adoptif de la Reine Jeanne. Les subsides dont il avoit besoin pour soutenir les frais de cette guerre, le déterminerent à convoquer à Naples une assemblée générale de la Noblesse. Il en obtint un subside de trois cens mille florins, & avec ce secours il se flatta de renverser les projets du Duc d'Anjou. Charles se vit encore bien-tôt un nouvel ennemi. Le Pape Urbain à qui il étoit redevable de la couronne, lui fit demander pour son neveu la principauté de Capoue avec les autres terres, comme il en étoit convenu dans le traité qu'il avoit fait avec ce Pontife. Le Roi ne se pressa point de satisfaire le Pape sur cet article, ne pouvant se résoudre à démembrer ainsi la couronne de places si importantes. Cette conduite irrita tellement le Pape, qu'il résolut de priver Charles du royaume de Naples.

Cependant Louis d'Anjou s'étoit fait reconnoître des Etats que la Reine Jeanne possedoit en France, & le Pape Clément lui avoit donné l'investiture du royaume de Naples, & l'avoit fait proclamer Roi dans Avignon. Cette nouvelle engagea plusieurs Barons d'Italie à refuser au Roi Charles les sommes qu'il lui avoient promises, & à se déclarer en faveur de Louis d'Anjou. Jacques del Balzo profitant de ces troubles, s'empara de la principauté de Tarente, & épousa la sœur de la Reine Marguerite. La maison de Saint-Severin, toujours ennemie de celle del Balzo, renouvella ses anciennes querelles. Ainsi le royaume étoit à la veille de retomber dans l'état où il s'étoit trouvé sur la fin du regne de la Reine Jeanne. Tous ces mouvemens causerent beaucoup d'inquietude au Roi, & lui firent chercher les moyens de remédier aux maux dont il se voyoit menacé. Il resolut de faire arrêter Jacques del Balzo, soupçonné de vouloir s'emparer de la couronne qu'Agnès sa femme pouvoit repeter comme niéce de la Reine Jeanne, & sœur aînée de la Reine Marguerite. Ce Prince fut assez heureux pour se sauver, mais son épouse & la Duchesse de Duras furent arrêtées & envoyées dans la ville de Muro.

Louis d'Anjou ayant fait tous les préparatifs nécessaires pour faire la conquête du royaume de Naples, envoya devant lui douze galeres, afin de soutenir le courage de ses partisans. Elles parurent sur les côtes de Naples au mois de juin 1383, & les ravagerent. Le Roi méprisant une si foible armée, marcha à la rencontre de Louis d'Anjou qui avoit pris sa route par terre. Charles informé qu'une grande partie de la Noblesse s'étoit déclarée pour le Roi Louis, & que l'armée de ce Prince étoit plus considerable que la sienne, jugea à propos de rester dans les environs de Naples. Louis ne trouvant point d'obstacles, entra dans la terre de Labour, & se rendit maître de quelques places qui avoient refusé de lui ouvrir leurs portes. Il passa ensuite dans la Pouille, malgré les efforts que fit Charles pour s'opposer à cette marche. Ce Prince eut alors une nouvelle inquietude ; Urbain étoit parti de Rome dans le dessein de se rendre à Naples, & Charles craignoit que le Pape n'indisposât les Napolitains contre lui. Il résolut d'aller au devant de lui, & ils se trouverent ensemble à Averse. Le Roi ne put cependant l'empêcher de venir à Naples, mais sous prétexte de lui rendre plus d'honneurs, il l'obligea de loger dans le château-neuf. Le Pape somma de nouveau le Roi de lui céder la principauté de Tarente avec ses dépendances, outre les duchés d'Amalfi, de Nocera, de Scafati, & plusieurs autres villes & châteaux avec une pension de cinq mille florins. Les circonstances dans lesquelles Charles se trouvoit ne lui permirent pas de refuser le Pontife ; & il consentit à tout ce qu'on exigea de lui. Urbain lui promit en conséquence de lui aider à soutenir la guerre, & de le laisser jouir en paix de la proprieté du reste du royaume. Il excommunia en même-temps le Duc d'Anjou, & publia une Croisade contre lui.

Charles assuré de la protection du Pape ne songea qu'à chasser de la Pouille son rival. Il partit de Naples au mois d'avril, & se rendit à Barlette. Louis cherchoit les occasions d'en venir aux mains ; mais Charles differoit toujours la bataille, dans l'esperance que son ennemi auroit de la peine à subsister dans le pays. Le Roi Louis considerant qu'il ne pouvoit rien entre-

ROYAUMES DE NAPLES ET DE SICILE.

Louis d'Anjou se rend maître des Etats de Provence.

Son entrée en Italie.

1383.

1384.

prendre, se retira d'abord à Bari, & quelque-temps après à Bisselia où il mourut. Il laissa de Marie de Châtillon, dite de Blois, son épouse, deux fils : sçavoir Louis qui lui succeda, & Charles Prince de Tarente.

Charles delivré d'un ennemi si dangereux, retourna à Naples où il apprit que le Pape se plaignoit hautement de ce qu'il ne se pressoit pas de satisfaire aux conditions du traité. Il lui envoya des Ambassadeurs pour tâcher de l'appaiser, & pour le prier de se rendre à Naples afin d'avoir ensemble une nouvelle conférence. Le Pape voulut exiger que le Roi vint le trouver, & qu'il supprimât les impôts qu'il avoit établis dans le royaume. Cette réponse du Pape irrita si fort le Roi, qu'il ordonna au Comte Alberic son grand Connetable, d'aller assiéger Urbain dans le château de Nocera. On croit qu'il se détermina à prendre ce parti sur le soupçon qu'il eut que le Pape avoit formé le dessein de donner l'investiture du royaume aux enfans du Roi Louis d'Anjou. Les disputes qu'il avoit eues avec le Pape, qui prétendoit que le royaume de Naples appartenoit à l'Eglise ; & que par conséquent il étoit maître d'en disposer, avoient confirmé ce soupçon. Le Pape se voyant assiégé, eut recours aux excommunications ; mais ces moyens étant inutiles pour le tirer de l'embarras où il étoit, les Cardinaux qui se trouvoient auprès de lui lui conseillerent de se réconcilier avec le Roi. Urbain persuadé qu'ils le trahissoient, & ayant d'ailleurs surpris quelques lettres, les fit mourir au milieu des tourmens. Cependant le siége de Nocera avançoit de jour en jour. Urbain fit demander du secours aux Genois, & cette République lui envoya dix galeres. D'un autre côté, le Comte des Ursins arriva avec huit cent cavaliers d'élite, & trouva moyen de s'introduire dans le château. Ce Comte engagea Saint-Severin à travailler à la délivrance du Pape, & sa négociation eut tout le succès dont il s'étoit flatté. Saint-Severin amena avec lui trois mille hommes, ce qui mit le Pape en état de sortir du château, & de se rendre à l'embouchure de la riviere de Sele, où il s'embarqua sur les galeres Genoises qui le porterent à Civita-Vecchia.

La mort de Louis Roi de Hongrie (24) qui ne laissoit aucun enfant mâle, mit la couronne sur la tête de Marie sa fille que les Hongrois nommerent le *Roi Marie*. La puissance d'un Seigneur nommé Nicolas, à qui Isabeau mere & tutrice de cette Princesse avoit abandonné le soin des affaires, excita la jalousie des grands du royaume, & les porta bien-tôt à la révolte. Ils résolurent de reconnoître pour leur Souverain Charles Roi de Naples, & l'inviterent à venir prendre possession du royaume. La Reine Marguerite fit tout ce qu'elle put pour détourner le Roi d'accepter les offres des Hongrois. Rien ne fut capable de le faire changer de résolution, & il se mit en marche le quatre de septembre avec une petite armée. Il arriva à Zagrab où il écrivit à la plus grande partie des Seigneurs, pour leur marquer qu'il étoit dans l'intention de supprimer les impôts, & de leur accorder de nouveaux priviléges. Persuadé que cette démarche étoit suffisante pour lui gagner tous les esprits, il crut pouvoir aller à Bude pour s'y faire couronner Roi : & en effet un grand nombre de Seigneurs avoient abandonné les intérêts du Roi Marie, & s'étoient rendus auprès de ce Prince. Cependant Isabeau fit venir

(24) Ce Prince étoit mort en 1382.

en diligence Sigismond de Luxembourg, fils de Charles IV. Empereur & Roi de Bohême, & fit célébrer ses nôces avec le Roi Marie. Sigismond se retira ensuite en Bohême sur la nouvelle que Charles s'avançoit à grandes journées.

ROYAUMES DE NAPLES ET DE SICILE.

Les deux Princesses envoyerent alors des députés à Charles, pour sçavoir quel étoit le motif de son arrivée en Hongrie. Charles dissimulant, répondit qu'il venoit pour soutenir l'autorité chancelante du Roi Marie, & que par conséquent elle n'avoit rien à redouter de sa part. Les Princesses feignirent d'ajouter foi aux paroles de Charles, parce qu'elles n'étoient pas en état de lui résister. Elles le reçurent avec des démonstrations extérieures d'une grande joye, & elles se comporterent avec tant d'adresse que Charles pensa tomber dans le piége qu'elles vouloient lui tendre. Chacun dissimuloit de son côté, & Charles par une modestie affectée, refusa de loger dans le palais royal qui étoit à Bude. Nicolas toujours attaché au service des deux Reines, veilloit continuellement à leur sûreté. Charles s'étoit fait nommer Gouverneur du royaume, & il prenoit toutes ses mesures pour s'emparer de la couronne. Toutes les affaires s'expédioient alors par les ordres de ce Prince, & ses partisans ne cessoient de publier les avantages que les Hongrois pourroient retirer s'ils avoient ce Prince à leur tête. Ces discours firent effet sur l'esprit du peuple, & bien-tôt toute la ville fut en désordre. Charles profitant de la crainte dont les Reines étoient saisies, entra dans le château où elles étoient, & en confia la garde à quelques troupes Italiennes. Pendant qu'il étoit occupé à rassurer les Princesses, il fut proclamé Roi par le peuple & par la Noblesse. Après cette proclamation, on fit sçavoir au Roi Marie que les Etats du royaume désiroient être gouvernés par un Prince, & que par conséquent elle devoit abandonner la couronne & le royaume. Le Roi Marie répondit avec fermeté qu'elle ne céderoit jamais la couronne qu'elle tenoit de l'héritage de son pere : qu'elle prioit seulement le Roi de lui permettre de se retirer en Bohême auprès de son époux. Isabeau plus prudente, demanda quelque temps pour faire réponse à une demande d'une si grande importance. Une nouvelle députation força les Reines à se déterminer promptement. Isabeau persuadée qu'il falloit céder au temps, porta elle-même la couronne au Roi Charles, & elle se comporta avec tant d'esprit & tant d'adresse dans cette occasion, qu'on fut tenté de croire qu'elle abdiquoit volontairement en faveur de Charles son parent. Ce Prince lui-même trompé par les apparences, invita les Reines à se trouver à son couronnement. L'Archevêque de Gran qui faisoit cette cérémonie, demanda aux assistans par trois fois, selon la coutume, s'ils vouloient reconnoître Charles pour leur Roi. La plus grande partie resta dans le silence, & il n'y eut que ceux qui avoient invité ce Prince à passer en Hongrie, qui répondirent avec empressement.

Les deux Reines connurent alors qu'elles avoient encore de fideles sujets, & elles se flatterent de quelque révolution favorables pour elles. Nicolas leur proposa de faire assassiner le Roi, & se chargea de conduire cette intrigue. On choisit le temps où ce Prince devoit se rendre au château auprès des deux Reines, sous prétexte de quelque négociation, & il y fut blessé mortellement. Les Italiens effrayés de cet évenement, ne songerent plus qu'à

Mort de Charles.

se mettre à l'abri des fureurs du peuple qui s'étoit déja assemblé en tumulte, & qui proclamoit de nouveau le Roi Marie. Le corps de Charles fut porté dans l'Eglise de saint André où reposoient les Rois de Hongrie. Quelques Auteurs ont prétendu qu'on n'attendit point que ce Prince mourut de sa blessure, & qu'il fut empoisonné ou étouffé, parce que l'on avoit appris qu'un des Chefs du parti du Roi, s'avançoit avec un corps de troupes pour le venger. Charles étoit alors âgé de quarante-deux ans, & en avoit regné environ quatre comme Roi de Naples. Il avoit laissé de Marguerite de Sicile son épouse, Ladislas son successeur immédiat, & Jeanne qui succéda à ce dernier.

La Reine Marguerite voulut cacher pendant quelque-temps la mort de son époux, afin de prévenir la mauvaise volonté de plusieurs Seigneurs Napolitains, & d'assurer la couronne à son fils Ladislas. Cette nouvelle s'étant répandue malgré toutes ses précautions, elle fit proclamer son fils, & envoya aussi-tôt un Ambassadeur au Pape, pour le prier d'accorder sa protection au jeune Roi. Elle lui fit offrir en même-temps les terres qu'il avoit demandées au feu Roi. Ces propositions ayant été agréables au Pape, il fit présent au jeune Roi de vingt mille ducats pour l'aider à lever des troupes.

La minorité de ce Prince ne fut pas exempte de troubles. Les cinq places ou assemblées de la Noblesse & le peuple, mécontens de la conduite de la Reine mere, uniquement occupée des moyens d'amasser de l'argent, & qui d'ailleurs avoit abandonné le soin des affaires à des gens sans mérite, résolurent de remédier à ces maux. Ils créerent pour cet effet une nouvelle Magistrature qu'ils nommerent *les huit Seigneurs du bon gouvernement*, & les chargerent de s'opposer aux violences des Ministres du Roi. Ces Magistrats prirent bien-tôt tant d'autorité, que la Reine prévit un soulévement général.

En effet Thomas Saint-Severin, grand Connetable & Chef du parti Angevin, prit le titre de Vice-Roi pour le jeune Louis, à qui le Pape avoit accordé l'investiture du royaume de Naples. Tous les Barons qui étoient dans les intérêts de Louis s'assemblerent à Ascoli, & à l'exemple de ceux de Naples, ils créerent six Deputés pour *le bon gouvernement*. Ces nouveaux Gouverneurs à la tête des troupes qu'ils avoient levées, tenterent inutilement de se rendre maîtres d'Averse. Ils se présenterent ensuite devant Naples; mais ils ne purent engager dans leur parti *les huit du bon gouvernement*. Un Député des six engagea l'armée à rester devant Naples, dans l'esperance que la populace ne tarderoit pas à se révolter. C'étoit alors le temps des vendanges, & le peuple accoutumé à se répandre dans la campagne, souffroit avec impatience d'être renfermé dans la ville; d'ailleurs ceux qui avoient des biens, n'apprenoient pas tranquillement les dommages que leur causoit le voisinage de l'armée. Des murmures on passa bien-tôt aux effets, & tout le peuple courut aux armes. Cette révolte seroit devenue dangereuse si la Noblesse & ceux qui avoient du crédit parmi le peuple, n'eussent trouvé moyen de l'adoucir. Ils engagerent *les huit* à faire une treve avec l'armée ennemie, & l'on convint pendant ce temps-là que les habitans de Naples pourroient aller en sûreté dans la campagne, & que les soldats auroient la liberté d'entrer dans la ville au nombre de trente à la fois. La nouvelle d'un secours qui arrivoit à la Reine mere, détermina les Ministres de cette Princesse à prendre les armes pour chasser les soldats qui étoient dans la ville en conséquence de la treve. Sous ce prétexte, ils insulterent les maisons de ceux qui étoient dans le parti du Roi Louis, ce qui causa une espece de guerre civile. Les *huit* envoyerent ordre aux deux partis de cesser les hostilités, mais on n'y eut aucun égard, & le désordre dura un jour & une nuit. Les troupes que le Pape envoyoit au secours de Ladiflas étant arrivées à Capoue, Saint-Severin se vit obligé de transferer son camp dans un endroit nommé *Correggie*: d'un autre côté la Reine Marguerite se retira avec Ladiflas à Gayette, où elle resta pendant treize ans que durerent ces guerres.

Raymond des Ursins, Gonfalonier de l'Eglise, entra le lendemain dans Naples en criant: *Vivent Urbain & le Roi Ladiflas. Les huit du bon gouvernement* se retrancherent dans le quartier de Nido, & se mirent à crier: *Vivent Ladiflas & le bon gouvernement.* Raymond des Ursins les attaqua vivement, & il les avoit déja fait plier lorsque Saint-Severin entra par une autre porte dans la ville de Naples, en criant: *Vivent le Roi Louis & le Pape Clement.* Raymond des Ursins se vit alors environné de tous côtés, & après avoir perdu une partie de ses troupes, il fut assez heureux pour se retirer à Nola. Saint-Severin se trouvant maître de Naples par la retraite des troupes du Pape, fit prêter serment de fidelité à Louis II. & proposa aux habitans d'envoyer une ambassade à ce Prince pour l'assurer qu'ils s'étoient soumis plutôt par affection que par force. La proposition de Saint-Severin fut approuvée, & l'on fit aussi-tôt partir des Ambassadeurs qui allerent à Marseille rendre leurs hommages au Roi, & l'engager à passer promptement dans le royaume de Naples, ou d'y envoyer des secours d'hommes & d'argent. Ils allerent ensuite trouver le Pape Clement, & le presserent avec beaucoup d'instances, d'aider le Roi Louis dans son entreprise. Le Pape leur fit de grandes promesses, & les Ambassadeurs de retour à Naples, y répandirent la joye en annonçant le succès de leur ambassade.

Naples se trouvoit alors pressée par la famine, parce que la Reine Marguerite & Raymond des Ursins avoient coupé les vivres à cette ville, afin de l'obliger à se rendre. Une somme de trente mille écus d'or que le Pape envoya sur quelques galeres de Provence, firent revenir l'abondance dans cette ville, & la mirent en état de n'avoir rien à craindre des entreprises de la Reine Marguerite. Quelques jours après l'armée Provençale y arriva, conduite par le Seigneur de Montjoye, qui avoit le titre de Vice-Roi & de Capitaine Général. Saint-Severin offensé de ce qu'on ne lui avoit pas conservé la dignité de Vice-Roi, se retira dans ses terres. Le Prince Othon ne pouvant supporter les hauteurs du Vice-Roi, abandonna de même le parti du Louis & embrassa les intérêts de la Reine Marguerite.

Cette Princesse qui cherchoit de tous côtés des ressources pour continuer la guerre avec avantage, forma le dessein de marier Ladiflas avec Constance, fille de Mainfroi de Clermont. Ce Seigneur qui étoit Comte de Motica, possedoit les deux tiers de la Sicile, dont il s'étoit emparé à la faveur des troubles. Il s'étoit depuis rendu maître de Gerbe, par le moyen d'un armement qu'il avoit fait à ses frais pour repousser les Maures qui ravageoient les Côtes de la Sicile. Les richesses immenses de Mainfroi étoient les véritables motifs de cette alliance. Les propositions qu'on lui en fit, lui furent

Royaume de Naples et de Sicile

Mariage de Ladiflas avec Constance de Clermont.

1389.

si agréables qu'il se pressa de conclure ce mariage malgré les remontrances des Napolitains, qui apprehendoient que la Reine n'employât les richesses & la puissance de Mainfroi pour les soumettre. La cérémonie de nôces se fit à Gayette au milieu des fêtes & des réjouissances. Vers ce même-temps Urbain mourut, & on lui donna pour successeur Boniface XI. Ce Pontife accorda à Ladislas & à son épouse l'investiture du royaume de Naples, & envoya le Cardinal de Florence pour les couronner.

1390.

Louis pressé par les représentations des Napolitains s'embarqua à Marseille, & arriva à Naples où il fut reçu avec de grandes démonstrations de joye. Toute la Noblesse s'empressa à se rendre auprès de lui. On lui accorda mille hommes d'armes & dix galeres qui devoient être entretenues aux dépens de la Noblesse & du peuple jusqu'à la fin de la guerre. Ce Prince pour gagner l'affection des Nobles, leur accorda les principaux emplois de sa maison. La Reine Marguerite ne restoit pas dans l'inaction. Cette Princesse ayant rassemblé quelques troupes, fit attaquer divers postes dont les partisans du Roi Louis étoient maîtres. Ces troupes eurent d'abord quelques avantages ; mais elles furent enfin vaincues, & les troupes de Louis s'emparerent des châteaux qui étoient aux environs de Naples. Ces succès sembloient avoir terminé la guerre, & chacun se livroit à la joye. En effet on fut tranquille pendant quelques mois, & ce calme étoit occasionné par le peu d'activité de Louis, & parce que Ladislas n'avoit pas les moyens nécessaires pour continuer la guerre.

Divorce entre Constance & Ladislas.

La Sicile n'étoit pas si tranquille. La Reine Marie avoit épousé en 1386 Marin fils du Duc de Mont-Blanc, frere de Jean Roi d'Arragon, qui est connu sous le nom de Roi Martin. Ce Prince qui se rendit en Sicile en 1390 avec une puissante armée, s'empara de Palerme & des autres terres que Mainfroi avoit usurpée sur la couronne. La mort de ce Comte, arrivée quelque temps auparavant, devint funeste à sa fille. Sa veuve fut soupçonnée d'une intrigue amoureuse avec le Duc de Mont-Blanc, & le bruit de ce commerce vrai ou supposé étant parvenu aux oreilles de Marguerite, elle en prit prétexte pour casser le mariage de son fils avec Constance. Elle obtint du Pape la dissolution de ce mariage, & la cassation s'en fit avec une sorte de cérémonie. Pendant que le Roi & la Reine entendoient ensemble la messe, l'Evêque chargé des pouvoirs du Pape, ôta l'anneau nuptial du doigt de la Princesse ; & le rendit au Roi (25). Constance fut ensuite obligée de se retirer dans une maison particuliere, où elle fut entretenue avec une extrême mediocrité. Le Roi la maria enfin à un jeune Gentilhomme de son âge & son favori. Il se nommoit André de Capoue, & étoit fils aîné du Comte de Hauteville.

Ladislas marche contre Louis d'Anjou.

1393.

Ladislas parvenu à l'âge où il pouvoit gouverner ses Etats par lui-même, chercha les moyens de chasser son rival du royaume de Naples. Les sommes d'argent qu'il avoit reçues du Pape, & les secours que les Barons lui procurerent, le mirent en état de faire quelques expéditions au mois d'août de l'an 1393. Il obligea la ville d'Aquila de lui ouvrir ses portes, & s'empara de plusieurs terres dans l'Abruzze, dont il tira des sommes considérables, ainsi que des contributions qu'il leva de tous côtés. Il formoit de plus vastes

---

(25) Giannone. M. d'Egly histoire de Naples.

desseins

desseins pour la campagne suivante; mais une maladie considérable & qui pensa le conduire au tombeau, traversa ses projets. La foiblesse de sa santé ne lui permit pas de songer à la conquête de Naples, & il y eut alors quelques conférences pour la paix. Comme ce Prince ne la desiroit pas sincerement, il ne fut pas possible de convenir d'aucun article, & après plusieurs négociations inutiles, la guerre recommença avec plus d'ardeur qu'auparavant.

Ladislas n'étoit pas en état d'en soutenir les frais, & ce n'étoit qu'avec les secours du Pape qu'il pouvoit esperer de la continuer. Boniface lui promit encore de nouvelles sommes d'argent; mais ce ne fut qu'à condition qu'il donneroit plusieurs terres de son royaume aux parens de ce Pontife. Le Roi Louis s'adressa de son côté au Pape Clement, & il en obtint six galeres & quelque argent; Benoît XIII. successeur de Clement, à l'exemple de son prédecesseur, prit les intérêts de Louis, & fit présent à ce Prince de quinze mille ducats. Les deux Rois fortifiés par les secours qu'ils avoient reçus des deux Papes, ne songerent plus qu'à se disputer la couronne. Ladislas s'avança jusqu'aux portes de Naples, dont il esperoit enfin se rendre maître. Thomas de Saint-Severin qui étoit rentré dans les intérêts du Roi Louis, conseilla à ce Prince d'épouser la fille du Duc de Sessa; afin de le mettre dans son parti. Le Roi approuva cette idée, & le Duc flatté de cet honneur consentit à ce mariage. Il n'eut pas lieu par les intrigues de ceux qui étoient opposés au parti du Roi Louis.

Cependant la ville de Naples étoit resserrée de plus en plus par mer & par terre; & Louis n'esperant plus la deffendre, se retira à Tarente. Les Napolitains consentirent alors à écouter les propositions que Ladislas leur fit faire, & ouvrirent enfin leurs portes à ce Prince. Le vainqueur pour s'attirer l'amour des habitans de cette ville leur accorda plus qu'il ne leur avoit promis. Cette nouvelle consterna si fort le Roi Louis, qu'il prit aussi-tôt la résolution de s'en retourner en Provence, quoiqu'une grande partie du royaume fut encore dans ses intérêts. Rien ne fut capable de le faire changer de sentimens, & après avoir obtenu que Charles d'Anjou son frere, & tous les François qui étoient dans le château-neuf en sortiroient avec leurs bagages; il mit à la voile pour la Provence.

Ladislas maître du royaume de Naples, à l'exception de Tarente, par la retraite du Roi Louis, abaissa le pouvoir de la maison de Saint-Severin & du Duc de Sessa. Tranquille possesseur de ses Etats, il songea à se remarier afin de pouvoir transmettre sa couronne à ses descendans. Le Pape Boniface lui fit épouser Marie sœur de Jean Roi de Chypre. Ladislas jouissoit à peine des douceurs de la paix, que son ambition l'exposa de nouveaux aux fureurs de la guerre. Les Hongrois mécontens de Sigismond, s'étoient revoltés contre lui, & avoient proclamé Ladislas pour leur Roi, comme fils & héritier de Charles III. Ladislas apprit cette nouvelle avec beaucoup de joye, & se mit en chemin sous prétexte d'accompagner sa sœur qui alloit en Autriche pour y épouser Leopold. Ce voyage ne fut pas long; car après s'être rendu maître de Zara & y avoir laissé garnison, il s'en retourna à Naples. Tous les Auteurs ne sont point d'accord sur cette expédition. Quelques-uns ont prétendu que ce Prince avoit été couronné en Hongrie avant son retour en Ita-

Tome II, Z*

ROYAUMES DE NAPLES ET DE SICILE.

1394.

Naples se soumet à Ladislas.

Louis II. abandonne le royaume de Naples.

1400.

1403.
Expédition de Ladislas en Hongrie.

lie; d'autres ont écrit que le Pape Boniface l'avoit fait couronner, & lui avoit fourni tout ce qui lui étoit nécessaire pour les frais de cette guerre. Costanzo & plusieurs autres Historiens rapportent que les Hongrois ne proclamerent Ladiflas qu'après la mort du Roi Marie. Ils ajoutent que Ladiflas mécontent des Hongrois, & redoutant Sigifmond qui s'avançoit avec une armée confidérable, abandonna fon entreprife, & vendit à la Republique de Venife la ville de Zara. Les succeffeurs de Ladiflas prirent depuis ce temps le titre de Rois de Hongrie.

Mort de Marie Reine de Sicile. Cependant Marie Reine de Sicile étoit morte l'an 1401, & elle avoit laiffé la couronne à Martin fon mari. Ce Prince époufa l'année fuivante, Blanche fille de Charles III. Roi de Navarre. Il fit une expédition confidérable en Sardaigne l'an 1409, & remporta une grande victoire fur les Rebelles. Il mourut peu de temps après à la fleur de fon âge, fans laiffer d'enfans légitimes. Martin furnommé le Vieux, pere de ce Prince, s'empara alors du trône de Sicile. Martin étant mort l'an 1410, eut pour fucceffeur Ferdinand, qui laiffa la couronne à Alphonfe V. Roi d'Arragon. A la mort de ce Prince, elle paffa fur la tête de Jean II. fon frere. Enfin l'an 1516 Ferdinand le Catholique, fon fils & fon fucceffeur, unit la Sicile à la couronne d'Efpagne. Elle fut demembrée de cette Monarchie par le traité d'Utrecht de l'an 1713, en faveur de Victor Amedée Duc de Savoye. Ce Prince la céda en 1720 à l'Empereur Charles VI. en échange de la Sardaigne. Charles VI. la perdit en 1734, & Don Carlos en fut reconnu le Souverain en 1736 (26). Je reviens à l'histoire de Naples.

Ladiflas de retour de fon expédition de Hongrie, pouvoit jouir en paix de fon royaume; mais fon naturel ambitieux le porta à former le deffein de reculer les bornes de fes Etats. Il avoit réfolu de s'emparer de Rome, & les circonftances paroiffoient alors affez favorables. Innocent VII. fucceffeur de Boniface XI. s'étoit attiré la haine des Romains, & la ville de Rome étoit toute en troubles. On vouloit exiger de ce Pontife qu'il rétablit la liberté & les droits du Capitole, & qu'il mit fin au Schifme. Ces demandes ayant fait connoître au Pape ce qu'il avoit à craindre de la part des Romains, il fit venir auprès de lui Louis Marquis de la Marche fon neveu, avec des troupes, afin de les forcer à refter tranquilles. Ce fecours ne fut pas capable d'empêcher le peuple de fe foulever, & d'avoir recours à Ladiflas. Ce Prince qui attendoit depuis long-temps cette occafion favorable à fes deffeins, fe rendit en diligence à Rome, ce qui obligea le Pape d'en fortir avec fon neveu, & de fe retirer à Viterbe. Les Romains ne refterent pas long-temps dans les intérêts de Ladiflas. Pendant qu'il étoit à Peroufe, ils rappellerent le Pape, & chafferent de leur ville toutes les troupes étrangeres. Ladiflas réfolu de fe venger, raffembla une nouvelle armée; mais dans le temps qu'il faifoit ces préparatifs, Innocent mourut le 6 de novembre 1406.

1406. On s'étoit flatté que la mort de ce Pontife feroit ceffer le Schifme qui duroit depuis fi long-temps, & le Roi de France vouloit s'oppofer à l'élection d'un nouveau Pape. Les Cardinaux qui étoient à Rome, n'eurent aucun égard aux deffeins du Roi de France, & nommerent pour Pape Ange Cor-

(26) On voit par cet expofé, que l'histoire de la Sicile eft mêlée avec celle d'Efpagne, de Savoye & de la maifon d'Autriche.

naro Vénitien, qui prit le nom de Gregoire XII. Ils étoient cependant convenus avant que de procéder à l'élection, que celui qui seroit nommé consentiroit à donner sa démission si Benoît renonçoit au Pontificat. Les deux Papes éluderent l'exécution de leurs promesses, & l'on fut obligé de s'assembler à Savone pour tâcher de terminer cette affaire.

Ladislas profita de l'absence du Pape pour rentrer dans Rome. Il s'avança à la tête d'un armée de vingt-trois mille hommes, & envoya par mer plusieurs bâtimens pour garder l'embouchure du Tibre, afin de couper les vivres aux Romains. Paul des Ursins chargé de la garde de la ville, se deffendit aussi long-temps qu'il lui fut possible; mais enfin la famine s'étant fait sentir dans Rome, il fut contraint de se rendre à des conditions honorables. Ladislas entra triomphant dans Rome le 25 d'avril, & se fit porter sous un dais de drap d'or, par huit Barons Romains. Le lendemain on remit à ce Prince le château Saint-Ange, & le Roi demeura à Rome jusqu'au mois de juillet. Ladislas fut le premier qui prit le titre de Roi de Rome; car les Goths, les Lombards & les François n'avoient point encore pris ce titre. Ce Monarque ne conserva pas long-temps cette conquête. Paul des Ursins souleva le peuple pendant l'absence de Ladislas, & les troupes de ce Prince se voyant attaquées de tous côtés, prirent le parti de la retraite. La mauvaise saison empêcha Ladislas de se venger.

Le Roi de France étoit toujours occupé des moyens de rendre le calme à l'Eglise; mais tous ses soins avoient été infructueux, parce qu'aucun des deux Papes n'avoit voulu donner sa cession. Benoît avoit cependant indiqué un Concile à Perpignan, & Gregoire devoit tenir le sien à Aquilée. Les Cardinaux des deux Obédiences en convoquerent un troisième à Pise. Dans ce dernier, qui se tint le 25 de mars 1409, on y cita les deux Papes à comparoître, & on les déclara déchus du Pontificat. Les Cardinaux nommerent ensuite Pierre Philaret de Candie, connu sous le nom d'Alexandre V. Il se trouva dans ce Concile vingt-deux Cardinaux, quatre Patriarches, douze Archevêques, soixante-sept Evêques en personnes, quatre-vingt-cinq par députés, un grand nombre d'Abbés, de Généraux & de Procureurs d'Ordres, de Députés des Chapitres, & soixante-sept Ambassadeurs.

Alexandre V. reconnu par la plus grande partie de l'Europe pour Pape légitime, prit les intérêts de Louis d'Anjou contre Ladislas, & engagea le premier à rentrer en Italie. Alexandre esperoit par cette diversion, empêcher Ladislas d'attaquer l'Etat ecclésiastique. Ce Prince instruit des intentions d'Alexandre, offrit une retraite dans ses Etats au Pape Gregoire, & lui rendit tous les honneurs dûs au légitime Souverain Pontife.

Louis excité par les exhortations du Pape, s'embarqua à Marseille & se rendit à Pise, où il eut une conférence avec ce Pontife au sujet de l'expédition de Naples. Alexandre lui accorda une nouvelle investiture, & excommunia Ladislas. Les projets de Louis penserent être renversés par la mort d'Alexandre arrivée le 3 de mai 1410; mais il trouva dans Jean XXIII. son successeur, un protecteur plus zélé & plus entreprenant. Il fournit les sommes nécessaires pour l'entretien de l'armée de terre, acheta un grand nombre de Galeres Genoises qu'il joignit à celles de France, & composa une flotte qui alla attaquer par mer le royaume de Naples. Ladislas de son côté ne né-

ROYAUMES DE NAPLES ET DE SICILE.

gligeoit aucun moyen de se fortifier contre les attaques de son rival. Il ne put cependant empêcher le Roi Louis d'entrer dans Rome, & de s'en rendre maître. Cette conquête ouvroit alors à Louis le chemin du royaume de Naples : mais au lieu de passer promptement dans ce royaume, il s'amusa à soumettre quelques places dans le patrimoine de saint Pierre, qui appartenoient à Ladislas. Ce Prince à la tête de dix-sept mille hommes, marcha à la rencontre de son ennemi, qui de son côté s'avançoit dans le dessein de livrer bataille. On en vint aux mains entre Rocca-Secca & Ceperano. Ladislas ayant été vaincu, se sauva à Saint-Germain où il rassembla les débris de son armée. Louis ne retira pas de cette victoire tout le fruit qu'il pouvoit en espérer. Ses troupes qui manquoient d'argent refuserent d'aller plus loin, & le vainqueur se vit contraint de retourner sur ses pas en attendant qu'il eut reçu de nouveaux secours du Pape. Ce Pontife étoit alors dans de grandes inquietudes, & n'étoit guères en état de songer aux intérêts des autres. L'Empereur Sigismond avoit indiqué un Concile universel dans la ville de Constance, pour décider lequel des trois Papes étoit le véritable. Jean XXIII. incertain de son sort, conseilla au Roi Louis d'interrompre pour quelquetemps ses expéditions dans le royaume de Naples. Cette réponse fit connoître à Louis qu'il n'avoit rien à espérer du Pape : ce qui le détermina à passer en Provence.

1412.

Après sa retraite, Ladislas entra dans l'Etat ecclésiastique où il commit de grands désordres. Jean XXIII. résolu de se rendre au Concile où il avoit été cité, fit la paix avec Ladislas l'an 1412. Ce traité n'empêcha pas ce Prince de former de nouvelles entreprises pendant l'éloignement du Pape, & de favoriser François de Vico qui prenoit la qualité de Préfet de Rome. A la faveur de ces nouveaux troubles, il se rendit maître de cette capitale l'an 1413, & mit dans son parti Sforce & Paul des Ursins. Ces succès exciterent Ladislas à former de nouveaux projets. Il avoit dessein de porter la guerre en Toscane, & il fit tout ce qu'il put pour cacher ses véritables intentions. En effet, après la prise de Rome, il attaqua toutes les places de l'Etat ecclésiastique, & s'arrêta à Perouse. Les Florentins qui soupçonnoient que ce Prince songeoit à les attaquer, conjurerent sa perte & se servirent d'un Medecin de Perouse qui lui fit prendre un poison lent, & dont l'effet lui causa enfin la mort. Cet événement arriva l'an 1414. Ce Prince qui avoit regné vingt-huit ans, ne laissa point d'enfans légitimes, quoiqu'il eut eu trois femmes; sçavoir Constance de Clermont, qu'il répudia; Marie ou Marguerite de Chypre; & Marie d'Anguien Princesse de Tarente. L'humeur guerriere de ce Prince rétablit dans le royaume la discipline militaire, & augmenta le nombre des Barons. Cette inclination l'engagea dans des dépenses excessives; ce qui ruina le revenu de sa couronne.

1413.

Jeanne IIe. Reine de Naples.

1414.

Jeanne fille de Charles le Petit, succeda à Ladislas son frere. Cette Princesse étoit veuve du Duc d'Autriche. La nombreuse armée que le feu Roi avoit rassemblée, se dissipa après la mort de ce Prince. La Reine Jeanne ne put conserver de toutes les conquêtes que son frere avoit faites, que la ville d'Ostie & le château Saint-Ange de Rome. Le royaume de Naples perdit beaucoup de son éclat sous le gouvernement de cette Princesse. Maîtresse de ses actions, elle n'observa plus aucun menagement, & éleva à la charge de grand Chambellan, Pandolfe Alapo son maître-d'hôtel, avec lequel elle entretenoit depuis long-temps un commerce criminel. Ces grandes faveurs dont la Reine le combloit, ne calmerent pas l'inquietude que lui causoit l'assiduité de Sforce auprès de Jeanne. Craignant d'être supplanté par ce rival, il employa toutes sortes de moyens pour le perdre. Il persuada à la Reine que Sforce la trahissoit, & qu'il étoit dans les intérêts de Louis. Jeanne ajoutant foi trop facilement aux discours de Pandolfe, le chargea de faire arrêter Sforce & de l'enfermer dans la tour de Beverella.

Les murmures que l'emprisonnement de Sforce occasionnoit, donnerent beaucoup d'inquietude à la Reine. Cette Princesse sur les représentations de son conseil, consentit à se remarier. On avoit d'abord jetté les vûes sur l'Infant Don Jean d'Arragon, fils du Roi Ferdinand ; mais la disproportion d'âge fit manquer ce mariage. Elle épousa Jacques de Bourbon, Comte de la Marche, Prince de la maison de France, très-éloigné de la couronne. Par le traité qu'elle fit avec ce Prince, il fut réglé qu'il n'auroit point le titre de Roi, & qu'il se contenteroit de celui de Comte & de Gouverneur Général du royaume. Le grand crédit de Pandolfe lui avoit fait un grand nombre d'ennemis. Appréhendant enfin de succomber sous leurs efforts, il crut devoir s'appuyer de quelque alliance considérable. Dans cette vûe il obtint la liberté de Sforce, à condition que ce Seigneur épouseroit Catherine sa sœur. Jules-Cesar de Capoue ne put voir tranquillement cette alliance. Il alla au-devant du Comte de la Marche dans la plaine de Troja, le salua comme Roi, & l'informa de la triste situation du royaume & de la mauvaise conduite de la Reine. Sforce que la Reine envoya le lendemain avec un nombreux cortege à la rencontre du Comte de la Marche, ne le salua que sous ce titre. Ce Prince en fut très-irrité, & Jules-Cesar qui cherchoit à faire sa cour aux dépens de son rival, lui chercha querelle à ce sujet lorsqu'ils se rencontrerent dans le palais. On les arrêta tous deux prisonniers ; mais Jules-Cesar obtint sa liberté dès le lendemain. La Reine dissimula son chagrin, & ordonna aux Elus de Naples de recevoir le Comte de la Marche comme leur Roi. Après que l'Archevêque de cette ville eut fait les cérémonies du mariage, il s'éleva un cri général de *vivent le Roi Jacques & la Reine Jeanne*. Les fêtes continuerent pendant quelques jours ; mais on remarqua bien-tôt que le Roi & la Reine y prenoient peu de part, & qu'ils étoient occupés d'autres soins. En effet le Roi ayant fait arrêter le Comte de Pandolfe, il le fit condamner à mort après qu'il eut fait l'aveu de tous ses crimes. Le Roi Jacques chassa ensuite tous les Courtisans de la Reine, dont il fit examiner la conduite avec une rigidité extraordinaire.

Cependant la Noblesse de Naples murmuroit hautement de ce que le Roi donnoit toutes les charges aux François, & qu'elle en étoit entierement privée. D'un autre côté la jeunesse accoutumée aux fêtes que la Reine donnoit souvent, desiroit que cette Princesse reparut en public comme auparavant. On osa même en faire la demande au Roi d'une maniere séditieuse. Jules-Cesar de Capoue qui s'étoit d'abord montré des plus zélés serviteurs du Roi, fut un des premiers à s'en détacher. Il s'étoit flatté de pouvoir obtenir une des sept grandes charges du royaume, pour récompense des services qu'il avoit rendus. Déchus de ses espérances, il prit la résolution de se venger de l'ingratitude du Roi & de délivrer la Reine. Il obtint la permiſſion d'entretenir ſecretement la Reine, & eut l'imprudence de lui déclarer qu'il étoit déterminé à faire périr le Roi. Jeanne s'imaginant que c'étoit un piége qu'on lui tendoit, avertit le Roi du deſſein de Jules-Ceſar, & pour l'en convaincre elle le fit cacher derriere une tapiſſerie, un jour que Jules-Ceſar étoit venu pour l'entretenir de nouveau de ſon projet. Jules fut auſſi-tôt arrêté, & deux jours après le Roi lui fit trancher la tête. Tous ces évenemens ſe paſſerent pendant les cinq premiers mois du regne de Jacques.

<small>ROYAUMES DE NAPLES ET DE SICILE.</small>

Ce Prince ſçut bon gré à la Reine de ce qu'elle venoit de faire, & il conſentit qu'elle fut moins gênée; mais il ne lui rendit pas entierement la liberté. Il lui permit enfin au mois de ſeptembre, d'aller dîner dans le jardin d'un Florentin. La nouvelle en devint bien-tôt publique, & tous les Napolitains coururent en foule pour voir leur Reine; on ne ſe contenta pas de la plaindre, on voulut la délivrer. Comme elle étoit prête à retourner au château, les citoyens entourerent ſa voiture & la conduiſirent à l'Archevêché, en criant *vive la Reine Jeanne*. Jacques informé de ce qui venoit d'arriver, ſe retira dans le château de l'Œuf. La Reine fut tranſportée dans le château Capuana, où tout le monde s'empreſſa d'aller lui témoigner la joye qu'on reſſentoit de la revoir. Les Napolitains appréhendant que la Reine ne ſe livrât à quelque nouveau favori, envoyerent des députés au Roi pour engager ce Prince à traiter la Reine avec moins de dûreté. Jacques accepta toutes les conditions qui lui furent propoſées, & il fut convenu par le traité que ſous la foi & garantie de la ville de Naples, le Roi reprendroit la Reine: qu'il conſentiroit que cette Princeſſe, comme légitime ſouveraine du royaume, ſeroit reconnue pour telle ainſi qu'on en étoit convenu par le traité de ſon mariage, & qu'elle pourroit ſe choiſir une cour convenable à ſon rang: que Jacques conſerveroit le titre de Roi avec une penſion de quarante mille ducats par an pour entretenir ſa maiſon, dont les charges ſeroient pour la plus grande partie poſſedées par des Gentilshommes Napolitains.

Jeanne rentra dans tous ſes droits par ce traité, & ſe trouva maîtreſſe de diſpoſer des emplois les plus conſidérables: ſa cour devint brillante comme auparavant, & cette Princeſſe ſe trouvant libre, s'abandonna de nouveau à ſa paſſion dominante. Sergianni Caracciolo devint le favori; mais ce Seigneur craignant les ſuites de l'inclination de la Reine, lui repréſenta qu'elle ne devoit rien tenter contre ſon époux ſans avoir auparavant gagné l'affection de ſes ſujets. La Reine, par le conſeil de ſon favori, combla de bienfaits tous les Nobles & les principaux d'entre le Peuple. Annecchino fut le ſeul qui n'eut point de part aux gratifications que la Reine faiſoit avec une ſorte de profuſion. Sergianni ne pouvant ſouffrir le crédit de Sforce, l'éloigna de la cour en l'envoyant au ſecours du château Saint-Ange, aſſiégé par Braccio de Montone qui s'étoit rendu maître de Rome. Il relegua auſſi en Allemagne Urbain Origlia, dont il redoutoit la beauté & la valeur. Sergianni ayant ainſi banni de la cour tous ceux qui lui cauſoient quelque ombrage, porta la Reine à déclarer au Roi qu'elle vouloit abſolument que les François ſortiſſent de ſes Etats. L'ordre en fut donné malgré le chagrin que le Roi avoit témoigné à ce ſujet, & il ſe vit lui-même priſonnier de ſa femme.

<small>Fin du Schiſme.</small>

Sur ces entrefaites les Cardinaux qui étoient aſſemblés au Concile de Conſt.

tance, élurent pour Pape Othon Colonne, qui prit le nom de Martin V. Cette élection mit fin au Schifme qui divifoit l'Europe depuis tant d'années. Les François employerent la médiation du Pape auprès de la Reine Jeanne pour obtenir la liberté de fon époux. Sergianni lui envoya aufli des Ambaffadeurs au nom de cette Princeffe. Ils lui offrirent tous les fecours dont il auroit befoin pour l'aider à rentrer dans l'Etat eccléfiaftique, & rétablir la dignité de l'Eglife. D'un autre côté Sforce excita de grands mouvemens dans la ville de Naples, & l'on fut obligé de créer dix députés comme on avoit fait du temps de la Reine Marguerite. La Reine épouvantée de tous ces défordres, fut obligée d'accorder les demandes des députés & celles de Sforce. Sergianni fut exilé, & l'on rendit la liberté à ceux que ce favori avoit fait mettre en prifon.

Martin V. employa enfin fa médiation auprès de la Reine de Naples, pour obtenir la liberté du Roi Jacques. Antoine Colonne, neveu de ce Pontife, chargé de cette négociation, fut reçu à la Cour de Naples avec tout l'accueil poffible; mais l'élargiffement du Roi Jacques, que la Reine feignoit de vouloir accorder, fut différé à un autre temps. Cette Princeffe étoit toujours gouvernée par Sergianni, dont l'éloignement n'avoit pas diminué le crédit. Il fut même envoyé auprès du Pape, & il négocia avec tant d'adreffe, qu'il obtint pour la Reine l'inveftiture du royaume de Naples, que Jean XXIII. avoit toujours refufée. Jeanne de fon côté rendit au Pape tout ce que Ladiflas avoit conquis dans l'Etat eccléfiaftique, & par le confeil de fon favori, elle accorda plufieurs terres de fon royaume aux freres & aux neveux du Pontife. Sergianni qui cherchoit en même-temps à gagner l'amitié du Pape pour fes propres intérêts, promit à Martin de chaffer Braccio des terres de l'Eglife. La Reine pour fatisfaire au traité que fon favori venoit de faire avec le Pape, envoya le Connetable Sforce en Tofcane avec fon armée, afin d'y foutenir les intérêts du Pontife. Sergianni délivré par ce moyen de la préfence de fon rival, reparut à Naples & y fut reçu avec de grands applaudiffemens, à caufe des traités qu'il venoit de conclurre avec la Cour de Rome, & qui fembloient affermir la Reine fur le trône de Naples. Sergianni prit alors le titre de grand Sénéchal.

Le Légat du Pape chargé de couronner la Reine, étant arrivé à Naples, obtint la liberté du Roi Jacques, mais on ne lui rendit par fon autorité. La Nobleffe s'intereffa d'abord pour ce Prince, & ces mouvemens auroient eu quelques fuccès fans les brigues de Sergianni, qui craignoit de perdre tout fon pouvoir. Le Roi ennuyé de la vie qu'il menoit à Naples, & perfuadé que la Reine qui avoit cinquante ans, ne lui donneroit point d'enfans, s'embarqua fecretement fur un vaiffeau Genois, fit voile pour Tarente d'où il fe rendit en France. La Reine ne s'occupa plus que des cérémonies de fon couronnement qui fut fait le 2 d'octobre dans le château-neuf.

La retraite du Roi Jacques & la défaite de Sforce qui avoit été battu par Braccio, étoient des évenemens favorables à l'ambition de Sergianni. Perfuadé qu'il n'avoit rien à craindre, il montra tant d'audace, que les Nobles commencerent à confpirer de nouveau contre lui, & inviterent Sforce à fe rendre à Naples. Ce Duc à qui le grand Sénéchal avoit refufé l'argent dont il avoit befoin pour lever de nouvelles troupes, n'avoit ceffé d'importuner la Cour pour en obtenir. Le Pape même s'étoit plaint qu'on le laissoit exposé à la fureur de Braccio ; mais on avoit toujours differé sous divers prétextes. Sforce irrité de la conduite qu'on tenoit à son égard, & sollicité d'ailleurs par les mécontens, invita Louis Duc d'Anjou fils de Louis II. (27) à venir prendre possession de la couronne dont son pere avoit joui. Le Duc d'Anjou accepta avec joye les propositions que le Duc Sforce lui fit faire, & lui envoya trente mille ducats en le déclarant son Vice-Roi & son grand Connetable, Sforce ne tarda pas avec cet argent à lever des troupes, & à marcher vers Naples, dont il sollicita les habitans à se déclarer en faveur de Louis III.

La Reine adopte Alphonse V. Roi d'Arragon.

1420.

Les partisans de ce Prince causerent bien-tôt de l'inquietude à la Reine & à son favori. Sergianni pour appaiser le peuple qui commençoit à murmurer, fit venir par mer des provisions de bouche ; mais on craignoit que ce secours ne fut pas de longue durée sur les avis qu'on avoit reçus de l'approche de l'armée navale du Roi Louis. Dans des circonstances si critiques, la Reine de l'avis de son conseil, envoya demander du secours au Pape : mais ce Pontife ayant reproché au Ministre de la Reine, la conduite qu'on avoit tenue à l'égard de Sforce, déclara que pouvant à peine se deffendre lui-même, il lui étoit impossible de secourir les autres. Caraffa, Ministre de la Reine, s'adressa alors aux Ambassadeurs d'Alphonse. Ils se trouvoient à Rome pour expliquer au Pape les raisons qui avoient engagé leur maître à porter la guerre en Corse. Caraffa leur représenta que le Roi d'Arragon tireroit un plus grand avantage de son armement, s'il vouloit donner du secours à la Reine de Naples. Après ces premieres ouvertures, dont il fit part à la Reine, il se rendit en Sardaigne, muni des pleins pouvoirs de cette Princesse, pour négocier avec le Roi d'Arragon qui étoit dans cette isle. Pour engager ce Prince à employer ses forces en faveur de la Reine de Naples, il l'adopta au nom de cette Princesse, & promit de lui remettre le château-neuf & le château de l'Œuf avec la province de Calabre qu'il possederoit sous le titre de Duc. Des propositions si avantageuses engagerent le Roi d'Arragon à marcher promptement au secours de Jeanne, & en attendant il lui envoya quelques galeres avec des troupes & de l'argent.

Louis III. paroît devant Naples avec son armée.

Cependant Louis d'Anjou étoit arrivé devant Naples où il avoit joint ses troupes à celles de Sforce. La ville se trouvoit alors si serrée, qu'elle étoit prête à se rendre, lorsque l'armée d'Arragon, commandée par Periglios, parut à propos. La ville d'Averse s'étoit soumise à Louis, & le parti de ce Prince augmentoit de jour en jour. Braccio, célèbre aventurier, qui s'étoit enfin rendu aux instances de la Reine, fit bien-tôt changer les choses de face. Après avoir battu le Général Sforce, il entra dans Naples à la tête de trois mille chevaux. Cette nouvelle détermina Alphonse à se rendre à Naples où il fut reçu comme en triomphe. La Reine renouvella l'acte d'adoption & les autres conventions qui avoient été faites avec ce Prince. Alphonse ayant délivré la ville de Naples, alla mettre le siége devant Acerra, tandis que Louis de son côté qui s'étoit fortifié dans Averse, ravageoit toute la terre de Labour. Le

(27) Ce Prince étoit mort en France l'an 1417, & il avoit laissé d'Yolande son épouse, Louis III. René dit le Bon ; Charles Comte du Maine ; Marie femme de Charles VII. Roi de France ; Yolande épouse de François Comte de Montfort, fils & successeur de Jean VII. Duc de Bretagne.

Pape

Pape Martin voyant les progrès du Roi Alphonse, fit tout ce qu'il put pour le porter à la paix. Après plusieurs négociations, il convint de remettre Acerra entre les mains du Pape jusqu'à ce qu'on eut terminé tous les différends par un traité. On conclut une trève pendant laquelle on devoit travailler à la paix. Martin V. quoique dans le parti du Duc d'Anjou, étoit obligé de menager Alphonse qui sembloit vouloir proteger l'anti-Pape Benoît XIII. alors retiré dans un lieu imprenable de l'Espagne apellé Paniscola. Cette crainte le força à remettre entre les mains d'Alphonse Acerra & toutes les places & les terres qui avoient été mises en dépôt entre les mains des Légats. La seule ville d'Aquila reconnoissoit encore le Roi Louis ; mais le Capitaine Braccio s'en rendit bien-tôt maître.

Sforce qui avoit abandonné les intérêts de Louis, alla se soumettre au Roi Alphonse, & son exemple fut suivi par tous ceux qu'il avoit entraînés dans le parti de la maison d'Anjou. Les hommages que l'on rendoit au Roi d'Arragon, alterent bien-tôt la bonne intelligence qui avoit regné d'abord entre la Reine & Alphonse. Sergianni qui voyoit déja d'un œil jaloux la puissance du Roi d'Arragon, & qui cherchoit les moyens de l'abbatre, persuada à la Reine qu'Alphonse s'empareroit bien-tôt du souverain pouvoir, & qu'elle seroit peut-être reléguée dans quelques places de la Catalogne. Jeanne naturellement craintive, prêta trop volontiers l'oreille aux discours de son favori, & commença à se mettre en sûreté contre les entreprises d'Alphonse. Ce Prince surpris de la conduite de la Reine à son égard, soupçonna que Sergianni étoit l'auteur de ce qui se passoit, & il le fit emprisonner. Il se rendit ensuite chez la Reine qui s'étoit enfermée dans le château de Capuana ; mais cette Princesse en fit fermer les portes. Cette rupture occasionna dans Naples un grand désordre, & la Reine n'eût d'autre parti à prendre que d'appeller Sforce à son secours. Ce Général ne differa pas à obéir à cette Princesse, dans l'esperance de faire révoquer l'adoption d'Alphonse en faveur de Louis. Il rassembla quelques troupes, & s'avança en diligence vers Naples. Alphonse envoya son armée pour l'arrêter en chemin : on en vint aux mains, & Sforce vainqueur des troupes d'Alphonse, entra dans la ville & assiégea ce Prince qui étoit dans le château-neuf. Pendant que ses troupes étoient occupées à ce siége, il alla faire celui d'Averse.

L'arrivée des nouvelles troupes Catalanes releva le courage d'Alphonse, qui se trouvoit dans un extrême danger. Naples se vit alors exposée à toutes les horreurs de la guerre, dont elle étoit devenue le théatre. La Reine plus allarmée qu'auparavant, obligea Sforce d'abandonner le siége d'Averse pour voler à son secours. Ce Général fut assez heureux pour la faire sortir de Naples sans danger : il la conduisit d'abord à Nola & ensuite à Averse, lorsqu'il se fut rendu maître de cette ville.

Les affaires d'Alphonse avoient changé de face, & ses forces s'étoient augmentées considérablement, sur-tout depuis que Braccio s'étoit joint à lui. Sforce pour balancer le parti d'Alphonse, porta la Reine à révoquer l'adoption d'Alphonse & à appeller à sa succession Louis d'Anjou, afin d'engager ceux qui étoient dans les intérêts de cette maison à se déclarer pour elle. Sforce pour flatter en même-temps la Reine, proposa à Alphonse de rendre la liberté à Sergianni. Le Roi n'y voulut consentir qu'à condition qu'on lui

Tome II. Aa *

marginalia:
ROYAUMES DE NAPLES ET DE SICILE.

Division entre le Roi Alphonse & la Reine Jeanne.
1422.

1423.

rendroit tous les Seigneurs Catalans & Arragonois qui avoient été faits prisonniers dans cette guerre. La Reine accepta le traité, & le Roi d'Arragon lui rendit son favori. Sergianni se lia ensuite d'amitié avec Sforce, & approuva la résolution que la Reine avoit prise d'adopter Louis d'Anjou. Le traité d'adoption fut bien-tôt conclu, & l'on convint que Louis porteroit le titre de Roi, puisqu'il avoit à combattre contre un autre Roi; mais qu'il ne seroit cependant que Duc de Calabre. Cette adoption est un double titre, & un double droit à la couronne de Naples pour la maison d'Anjou. Louis se rendit ensuite à Averse, où la Reine lui fit rendre tous les honneurs possibles. Cette Princesse mit aussi-tôt une puissante armée sur pied, & le Pape qui prenoit alors ses intérêts, lui fournit quelques secours.

ROYAUMES DE NAPLES ET DE SICILE.

Adoption de Louis III. par la Reine Jeanne.

Les partisans du Duc d'Anjou qui avoient été obligés de se soumettre à Alphonse, n'eurent pas plutôt appris l'adoption du Roi Louis, qu'ils allerent joindre ce Prince à Averse. Il ne resta pas long-temps dans cette place, & marcha avec Sforce pour attaquer Naples. Il y eut un combat du côté de la porte du marché, dont l'avantage resta au Roi Louis. Ces succès sembloient en annoncer de plus grands, & inspirerent une nouvelle ardeur aux troupes de Louis. Alphonse au milieu de ces embarras, fut obligé d'abandonner son entreprise pour voler au secours de Don Henri d'Arragon son frere, que Jean Roi de Castille avoit fait emprisonner. Alphonse laissa donc Pierre, son frere cadet, pour commander les troupes qui restoient en Italie.

Alphonse abandonne la ville de Naples & retourne en Espagne.

1424.

Tout réussissoit alors à Louis. Philippe Viscomti Duc de Milan s'étoit rendu maître de Gayette au nom de ce Prince, & Jacques Caldora un des Chefs de l'armée de Braccio, étoit passé dans le parti du Roi & de la Reine, depuis la mort de Sforce qui s'étoit noyé en passant la riviere de Pescara; comme il alloit au secours de la ville d'Aquila. Caldora remit la ville de Naples entre les mains du Roi & de la Reine, ce qui obligea l'Infant Don Pierre à se retirer dans le château-neuf. Après cette expédition, Caldora chargé de marcher contre Braccio, attaqua ce Capitaine qui fut défait & tué dans une action près de Celano.

1425.

La mort de cet aventurier & la retraite d'Alphonse rendirent pour quelques années le repos au royaume de Naples. Les Catalans occupoient toujours le château-neuf; mais on n'étoit point incommodé du voisinage de cette garnison. Le grand Sénéchal qui craignoit que le Roi Louis ne voulut détruire son autorité, empêcha que l'on ne mît le siége devant ce château, & fit même accorder aux Catalans plusieurs treves, pendant lesquelles la garnison se fournissoit de tout ce dont elle avoit besoin pour vivre. Sergianni étoit bien aise de se réserver une ressource contre le Roi Louis, en lui faisant craindre le retour du Roi d'Arragon. Rien n'égaloit alors le crédit du grand Sénéchal, qui ne voyoit personne plus absolu que lui dans le royaume. Il se servit de cette autorité pour se venger des familles qui lui avoient été contraires, & combla de biens tous ses partisans.

L'anti-Pape Benoît XIII. qui étoit mort l'an 1424, avoit eu un successeur nommé Clement VIII. Le Roi Alphonse paroissoit le soutenir pour inquieter le Pape Martin dont il n'étoit pas content; parce qu'il avoit donné l'investiture du royaume de Naples au Roi Louis. Ce ne fut qu'en 1429 qu'il se raccommoda avec Martin V. Clement se désista alors de tous ses droits à la Papauté, ce qui termina entierement le Schifme qui avoit duré cinquante-un an. Martin refté feul & unique Pape, mourut à Rome l'an 1431. On lui donna pour fucceffeur Eugene IV. Les Colonnes eurent beaucoup à fouffrir fous ce Pape, & les grands biens que leur oncle leur avoit laiffés, les mettoient en état de lui réfifter. Le grand Sénéchal ennemi de cette maifon, fe joignit au Pape pour les tourmenter. Il engagea la Reine à leur ôter la principauté de Salerne & toutes les terres dont ils jouiffoient dans le royaume. Le but de Sergianni étoit de s'emparer de tous ces biens. Maître du duché de Venofa, du comté d'Avellino, de la Seigneurie de Capoue, il ofa demander la principauté de Salerne & le duché d'Amalfi.

La Reine qui étoit revenue de fa paffion pour Sergianni, lui refufa Salerne & Amalfi. Ce refus irrita tellement le grand Sénéchal qu'il perdit le refpect. On fit alors entendre à la Reine que ce Miniftre pourroit dans la fuite fe porter à de plus grandes extrêmités, & qu'il étoit de la prudence de le prévenir. La Reine ayant ordonné qu'on l'arrêtât, les ennemis de Sergianni faifirent cet ordre pour l'affaffiner, fous prétexte qu'il avoit fait réfiftance lorfqu'on avoit voulu l'arrêter. La Reine parut fâchée de la mort du grand Sénéchal: elle fit cependant confifquer fes biens, & pardonna à ceux qui étoient les auteurs de ce meurtre. Les Rois Louis & Alphonfe ne tirerent pas de cette mort tout le fruit qu'ils pouvoient en efperer. La Ducheffe de Seffa qui s'étoit emparée de l'efprit de la Reine, retenoit le Roi Louis dans la Calabre, & l'empêchoit de venir à la Cour. Elle favorifoit alors le Roi Alphonfe; mais ce Prince ayant auffi voulu mettre dans fes intérêts le mari de cette Ducheffe dont elle étoit feparée, elle prit d'autres fentimens à fon égard. Alphonfe privé de toutes fes efperances, fit avec la Reine une treve pour dix ans, & fe retira en Sicile qui lui appartenoit alors.

Le Roi Louis époufa Marguerite fille du Duc de Savoye. Ce mariage auroit dû fe faire à Naples en préfence de la Reine; mais la Ducheffe de Seffa avoit donné des raifons pour empêcher qu'il n'y fût célébré. Ce Prince ne vecut qu'un an avec fon époufe, étant mort au mois de novembre de l'année fuivante 1434. On prétend que fa maladie fut occafionnée par les fatigues que lui avoit caufées la guerre qu'il avoit faite contre le Prince de Tarente. Ce Prince ne laiffa point d'enfans. La Reine fut fenfiblement touchée de la mort du Roi Louis, & elle lui donna tous les éloges qui lui étoient dûs. Cette Princeffe ne lui furvecut pas long-temps. Elle mourut le 22 de février de l'an 1435, dans la foixante-cinquieme année de fon âge & la vingt-uniéme de fon regne. Elle eft la derniere de la premiere famille des Ducs d'Anjou Rois de Sicile. Elle avoit fait un teftament par lequel elle inftitua pour fon héritier René d'Anjou Duc de Lorraine & Comte de Provence, frere du Roi Louis. La Reine laiffa dans fon tréfor cinq cens mille ducats qui devoient être employés pour les befoins de la ville de Naples, & pour entretenir une armée qui devoit conferver le royaume au Roi René. Elle nomma feize Seigneurs de fa Cour, qui furent chargés du gouvernement de l'Etat jufqu'à l'arrivée de ce Prince, qui étoit prifonnier du Duc de Bourgogne (28).

(28) Voyez l'hiftoire de Lorraine de cette Introduction tom. 1. pag. 24.

ROYAUMES DE NAPLES ET DE SICILE.

Mort de Sergianni.
1432.

Mariage & mort de Louis III.
1433.
1434.

Mort de Jeanne II.
1435.

<small>ROYAUMES DE NAPLES ET DE SICILE.</small>

<small>René d'Anjou Roi de Naples.</small>

<small>1435.</small>

Il parut alors trois concurrens au royaume, Alphonfe Roi d'Arragon, René d'Anjou & le Pape Eugene IV. Ce Pontife déclara aux Napolitains qu'on ne pouvoit donner la couronne qu'à celui qu'il en inveftiroit, & qu'en attendant il s'empareroit du gouvernement du royaume, & nommeroit les Miniftres qui feroient chargés du foin des affaires. Les Napolitains dont le plus grand nombre étoit attaché au parti d'Anjou, s'oppoferent aux volontés du Pape, & déclarerent qu'ils ne reconnoîtroient point d'autre fouverain que René d'Anjou, & voulurent que les dernieres volontés de la Reine euffent leur exécution. En conféquence, le royaume fut gouverné par les feize Seigneurs aufquels les Napolitains ajouterent vingt autres perfonnes tirées de la Nobleffe & du peuple. On leur donna le titre de tuteurs de la couronne, & on les chargea d'empêcher que les feize Seigneurs n'abufaffent de l'autorité qui leur étoit confiée. On fe précautionna enfuite contre les entreprifes d'Alphonfe.

<small>Entreprifes d'Alphonfe.</small>

Ce Prince réfolu de faire valoir fes droits fur le royaume de Naples, en vertu de l'adoption de la Reine Jeanne, mit plufieurs Seigneurs dans fon parti. Affuré de leurs fentimens à fon égard, il alla mettre le fiége devant Gayette, & il auroit emporté cette place fi les Genois ne fuffent venus à fon fecours avec une flotte confidérable. Alphonfe ayant appris l'armement des Genois, équippa de fon côté une puiffante flotte. Elles fe rencontrerent le 5 d'août près de l'ifle de Ponzo, & fe livrerent un combat qui dura dix heures. Les Genois y remporterent une victoire des plus complettes, & firent prifonnier le Roi Alphonfe, le Roi de Navarre & plufieurs autres Princes avec un nombre confidérable des Seigneurs, qui furent conduits à Milan. Le Duc fut affez généreux pour rendre la liberté au Roi, avec lequel il fit une ligue contre René d'Anjou. Il renvoya en même-temps fans rançon, tous les autres Princes & Seigneurs prifonniers.

Cependant les deputés que la ville de Naples avoit envoyés au Duc René, n'avoient pu engager ce Prince à paffer en Italie; parce qu'alors il étoit prifonnier du Duc de Bourgogne, qui ne l'avoit relâché qu'à condition qu'il fe préfenteroit toutes les fois qu'il le fommeroit de comparoître. Ifabelle époufe de René, s'embarqua en Provence & arriva au mois d'octobre à Gayette d'où elle fe rendit à Naples. La plus grande partie des Barons du royaume lui prêterent ferment de fidelité, & cette Princeffe en qualité de Vicaire du Roi fon mari, s'empara du gouvernement. Elle fe conduifit avec tant de prudence, qu'elle auroit confervé la couronne à fon mari, fi le Duc de Milan n'eût pas pris les intérêts d'Alphonfe. Tout fembloit fe déclarer contre le Roi René. La ville de Gayette attaquée de la pefte, tomba entre les mains de Don Pierre, frere d'Alphonfe; & les Comtes de Nola & de Caferte avec plufieurs autres Barons, fe jetterent dans le parti d'Alphonfe. Ifabelle eut alors recours au Pape, qui connoiffant l'ambition du Duc de Milan, envoya trois mille hommes de cavalerie pour deffendre la Reine. Les Genois qui s'étoient brouillés avec le Duc de Milan & le Roi d'Arragon, prirent auffi les intérêts du Roi René. La guerre s'alluma avec beaucoup de chaleur; mais comme les deux partis fe trouvoient en forces prefqu'égales, les fuccès furent fouvent variés.

<small>Arrivée du Roi René en Italie.</small>

Le Roi René qui avoit enfin obtenu fa liberté, s'étoit embarqué à Marseille, & après une heureuse navigation il arriva au port de Gênes. On lui remit sept galeres avec lesquelles il se rendit à Naples. Sa présence ranima le courage de ses partisans, & ce Prince voulant soutenir la réputation qu'il s'étoit acquise, forma le projet de soumettre les places qui refusoient de le reconnoître. Pendant qu'il étoit dans l'Abruzze, Alphonse qui avoit reçu de nouveaux secours de Sicile & de Catalogne, se présenta devant Naples. Les habitans de cette ville soutenus par les Genois, firent une si vigoureuse résistance, que le Roi d'Arragon fut contraint d'abandonner son entreprise. René maître de l'Abruzze qu'il venoit de soumettre, retourna à Naples, & fit attaquer le château-neuf qui étoit depuis si long-temps au pouvoir du Roi d'Arragon. Charles VI. Roi de France envoya des Ambassadeurs pour négocier la paix. On proposa une treve d'un an; mais Alphonse qui connoissoit l'épuisement dans lequel étoit le Roi René, refusa d'accorder une si longue treve, & aima mieux perdre le château-neuf qui se rendit en 1439. Cette perte fut réparée par la prise de Salerne, dont il se rendit maître sans difficulté.

{ROYAUME DE NAPLES ET DE SICILE 1438.}

La mort de Caldora, célebre Capitaine de son temps, fit un tort considérable au Roi René. Ce Prince ayant eu quelques soupçons contre le jeune Caldora qui avoit remplacé son pere, le fit arrêter. Les soldats accoutumés à combattre sous ce Capitaine, lui procurerent bien-tôt une liberté, dont il ne jouit que pour causer de grands dommages au Roi René. Le parti de ce Prince diminuoit tous les jours depuis la désertion de Caldora. Ces pertes continuelles lui firent prendre le parti de renvoyer en Provence la Reine Isabelle & ses enfans. Il promit ensuite au Roi Alphonse de lui abandonner le royaume de Naples, à condition qu'il adopteroit Jean son fils aîné, & qu'il le déclareroit son successeur à la couronne de Naples. Pendant qu'il étoit occupé de ces négociations, les Napolitains l'assurerent qu'il recevroit bien-tôt des secours de la part du Pape, du Comte François Sforce & des Genois. L'espérance de ces secours fit rompre toute voie d'accommodement.

1439.

La trahison d'un habitant de Capri, qui remit cette isle entre les mains d'Alphonse, ruina entierement les affaires de René. Une galere qui venoit de France & qui étoit chargée d'une somme considérable d'argent pour René, fut arrêtée dans cette isle, & par cet accident René se vit privé d'un secours dont il avoit un si grand besoin. Alphonse animé par ce succès, s'avança vers Naples dont il se rendit maître, ayant trouvé moyen de faire entrer des troupes par un aqueduc. René assez heureux pour se sauver sur un vaisseau Genois qui étoit à la rade, se rendit à Florence où le Pape étoit alors. Il reçut dans cette ville l'investiture du royaume de Naples, & le Pape lui fit des grandes promesses qui furent sans effet. René cédant à sa mauvaise fortune contre laquelle il crut qu'il seroit inutile de luter plus long-temps, prit le parti de retourner en France. Telle fut la fin de la domination des Angevins sur le royaume de Naples. Elle avoit duré cent soixante-dix-sept ans, à compter depuis Charles premier d'Anjou jusqu'à la retraite de René. Les Rois de France qui hériterent de ses droits & de ceux de Jean son fils, firent diverses entreprises pour les faire valoir: mais presque toujours sans succès.

1442.

Alphonse resté seul maître du royaume de Naples, sembla préferer cet Etat à tous les autres dont il étoit Souverain. Il fixa son séjour à Naples,

ROYAUMES DE NAPLES ET DE SICILE.

& comme il étoit maître de la Sicile, ces deux royaumes furent alors réunis de nouveau. Alphonse s'appliqua à faire fleurir ce royaume, & à y rétablir le bon ordre, soit par les fréquens Parlemens qu'il fit tenir, soit par l'institution de plusieurs Tribunaux, soit enfin par les reglemens qu'il fit observer. Le Roi accorda en même-temps diverses graces & priviléges dont on a fait un recueil assez considérable. Dans le Parlement qu'il fit tenir à Naples, il déclara Ferdinand, son fils naturel, habile à lui succéder à tous ses Etats, & particulierement au royaume de Naples. Le consentement des Barons du royaume ne suffisoit pas pour assurer la couronne à Ferdinand, on avoit encore besoin que le Pape accordât l'investiture, suivant l'usage qui se pratiquoit depuis long-temps. Eugene IV. ne paroissoit pas disposé à favoriser la maison d'Arragon, dont il avoit vû les succès avec beaucoup de chagrin. Alphonse qui jusqu'alors avoit toujours cherché les occasions de mortifier le Pape en soutenant le parti des anti-Papes, changea de conduite à l'égard de ce Pontife dont il vouloit gagner l'amitié. Le Schisme s'étoit renouvellé par le Concile de Bâle qui annulloit tout ce que le Pape faisoit. Ce Concile déposa même en 1438 Eugene IV. & mit en sa place Felix V. Eugene de son côté, tint à Florence un Concile dans lequel il condamna celui de Bâle. Le Roi Alphonse prit d'abord le parti de Felix pour inquieter Eugene; mais pendant qu'il paroissoit traiter ouvertement avec l'anti-Pape, il employoit la médiation de plusieurs Cardinaux pour se reconcilier avec le Pape. Eugene ayant enfin cédé à toutes les représentations qu'on lui fit à ce sujet, se détermina à conclurre un traité de paix qui fut signé le 9 d'avril 1443. Ce traité fut suivi de plusieurs Bulles (29) qu'il donna en faveur d'Alphonse. Par la derniere accordée, le 14 de juillet 1444, il confirme la légitimation de Ferdinand Duc de Calabre, & le reconnoît habile à succéder au royaume de Naples.

Traité de paix entre le Pape & Alphonse V.

1443.

Alphonse craignant que le mauvais caractere de ce jeune Prince n'indisposât ses sujets contre lui, voulut l'affermir sur le trône par le moyen de quelque puissante alliance. Il lui fit épouser la niéce du Prince de Tarente, & donna en mariage au fils unique du Duc de Sessa Leonor, sa fille naturelle, qui porta en dot à son époux la principauté de Rossano avec une grande partie de la Calabre. Pendant que le Roi prenoit toutes ces précautions pour contrebalancer la haine que ses sujets témoignoient déja pour Ferdinand, & qu'il ne négligeoit rien pour se rendre le Pape favorable, ce Pontife mourut le 23 de février 1447. Nicolas V. d'un caractere doux & paisible, fut nommé son successeur. Ce Pontife donna la paix à l'Eglise, & confirma tout ce que son prédécesseur avoit fait en faveur d'Alphonse & de Ferdinand. Il publia même une Bulle par laquelle il rendoit au Roi de Naples les terres d'Acumulo, Civita Ducale & Lionessa, villes situées dans la montagne de l'Amatrice, qui avoient été remises à Eugene en échange de Benevent & de Terracine. Ces deux dernieres resterent à Alphonse sans aucune charge ni cens, que celui de donner deux éperviers chaque année; mais en 1452, il le déchargea de cette redevance. Alphonse profita du loisir que la la paix lui donnoit, pour s'occuper à l'étude de l'histoire dont il faisoit ses

1447.

(29) On les trouve dans Chioccarello. Lunig. tom. 2. pag. 1239. 1246. 1248. & suiv.

délices. L'amour qu'il avoit pour les lettres, le porta à favoriser les Sçavans: il reçut dans sa Cour ces hommes célebres dans les sciences, & qui après la ruine de Constantinople, avoient cherché un asyle en Italie. Il s'appliqua en même-temps à donner une meilleure forme au gouvernement, & à faire rendre la justice à ses peuples. Alphonse Borgia, Evêque de Valence, étoit son principal Ministre, & il suivoit les avis de ce Prélat preferablement à ceux de ses autres Conseillers. Le Roi augmenta le nombre des titres & des Barons, & leur accorda la jurisdiction criminelle.

Ces occupations serieuses & utiles ne l'empêchoient pas de passer une partie de son temps dans les plaisirs de l'amour, de la chasse & des fêtes publiques qu'il donnoit souvent. Les Florentins & les Genois penserent troubler le repos dont il jouissoit, mais il trouva moyen de les porter à la paix. Ce Monarque étoit si puissant, que les Princes recherchoient son alliance avec empressement. Le Duc de Milan, qui craignoit que Charles VII. ne protegeât le Duc d'Orleans, dans ses prétentions sur le Duché de Milan comme fils de Valentine Viscomti, sœur du Duc Philippe, proposa un double mariage au Roi Alphonse. Hippolite Marie fille du Duc de Milan devoit épouser Alphonse fils aîné du Duc de Calabre, & Eleonor fille de ce Duc devoit se marier à Sforce troisieme fils du Duc de Milan. Ces Princes & Princesses n'avoient alors qu'environ huit ans, & ces mariages ne furent celebrés qu'en 1464. Alphonse de Borgia, connu sous le nom de Calixte III. qui avoit succedé à Nicolas V. mort en 1455, s'opposa autant qu'il put à ces alliances. Depuis qu'il étoit monté sur la chaire de saint Pierre, il avoit pris d'autres sentimens à l'égard d'Alphonse, & s'étoit declaré son ennemi.

Vers ce même temps, Don Carlos qui portoit le titre de Prince de Viane, se retira à Naples pour y trouver un asyle auprès de son oncle. Il s'étoit révolté contre Jean Roi de Navarre son pere, à l'occasion du mariage de ce Prince avec la fille de l'Amiral de Castille. Jaloux du grand crédit de la Reine sa belle-mere, qui gouvernoit l'esprit du Roi comme elle le jugeoit à propos, il résolut de se faire reconnoître Roi dans la Navarre, que sa mere avoit apporté en mariage.

Cette entreprise n'ayant pas réussi, il se rendit à Naples auprès de son oncle, qui lui assigna douze mille ducats par an pour son entretien. Alphonse s'appercevant dans la suite, que ce Prince par ses manieres douces & insinuantes gagnoit tous les esprits, l'envoya à Rome sous pretexte de négocier sa réconciliation avec son pere. Don Carlos qui avoit fixé son séjour dans cette ville, y resta jusqu'à la maladie du Roi. Il retourna alors à Naples, & sa présence causa beaucoup d'inquietude à son oncle. Ce Prince qui étoit dans le château-neuf, craignant que son neveu ne s'en emparât après sa mort, se fit transporter dans le château de l'Œuf, où il mourut le 27 de juin 1458 à l'âge de soixante-quatre ans. Ce Prince qui ne laissoit point d'enfans légitimes, institua par son testament Jean Roi de Navarre, héritier de ses Etats d'Arragon & de Valence, & donna le royaume de Naples à Ferdinand Duc de Calabre son fils naturel. Alphonse illustre par ses grandes qualités, par sa générosité & par sa magnificence, fut généralement regretté de ses sujets.

Sa mort occasionna de grands troubles dans le royaume, qui fut exposé

ROYAUME DE NAPLES ET DE SICILE

1455.

Mort d'Alphonse I. (V.)
1458.

aux plus grands maux, & déchiré par des guerres intestines. Le Prince de Viane fit tout son possible pour se faire déclarer Roi par le moyen de plusieurs Barons Catalans & Siciliens; mais les Napolitains & une partie des Barons, fideles aux promesses qu'ils avoient faites à Alphonse, proclamerent Ferdinand. Le Prince de Viane n'osant alors pousser plus loin ses prétentions, se retira en Sicile avec plusieurs Catalans. Ferdinand délivré de cet ennemi, n'en étoit pas plus tranquille sur le trône. Le Pape ne vouloit pas consentir qu'il y restât, & prétendoit que la couronne étoit devolue au Saint Siége.

Ferdinand connoissant les intentions du Pape, assembla tous les corps de l'Etat, & leur fit prêter serment de fidelité. Deux Ambassadeurs du Duc de Milan, qui avoient assisté à cette cérémonie, engagerent les Etats à garder la parole qu'ils avoient donnée à Alphonse, & déclarerent en même-temps que leur maître prendroit toujours les intérêts de Ferdinand. Caliste informé que les Etats du royaume avoient prêté serment de fidelité à ce Prince, publia une Bulle par laquelle il révoqua celle que les Papes Eugene & Nicolas avoient données en sa faveur, & déclara que Ferdinand ne pouvoit succéder à Alphonse, puisqu'il n'étoit qu'un enfant supposé. Il dégagea du serment de fidelité tous ceux qui lui avoient prêté, & deffendit sous peine d'excommunication de le reconnoître pour Roi. Cette Bulle fit impression sur l'esprit de plusieurs personnes, & les porta à se révolter. Ferdinand de son côté récusa le Pape, & en appella au jugement de l'Eglise. Il fit cependant tout ce qu'il put pour engager le Pape à ne lui point être contraire; & il lui avoit envoyé des Ambassadeurs pour tâcher de l'adoucir; lorsque la mort de ce Pontife délivra le Roi d'un si puissant ennemi. Pie II. qui fut mis en sa place, ne refusa point l'investiture que Ferdinand lui fit demander, & lui envoya un Légat pour le couronner. La cérémonie du couronnement se fit à Barlette le 4 de février 1449. Le Roi s'y montra magnifique & libéral, & tout le monde eut lieu d'être content. Le Pape avoit auparavant exigé que le Roi lui payeroit les arrérages du tribut que le royaume de Naples devoit au Saint Siége, & qu'il rendroit Benevent & Terracine. Ferdinand pour s'assurer davantage la protection du Pape, maria en 1461 Antoine Piccolomini, neveu du Pape, à Marie sa fille naturelle, & lui donna en dot le Duché d'Amalfi, le Comté de Celano & la charge de grand Justicier. Cette alliance & celle du Duc de Milan, étoient de puissans secours qui sembloient devoir retenir les esprits dans la soumission & la dépendance.

Le caractere inquiet des Princes de Tarente & de Rossano, ne leur permit pas de rester en repos. Trop soupçonneux ou excités par l'ambition, ils résolurent de mettre le Roi dans le cas de les refuser, afin d'avoir un prétexte de se révolter. Dans la crainte que leurs biens ne tentassent Ferdinand, ils s'abstinrent d'aller à la Cour; & pour trouver des ressources en cas qu'ils en eussent besoin, ils supplierent le Roi de rétablir dans leurs terres, les ennemis déclarés de ce Monarque. Ferdinand qui avoit pénétré leurs desseins, leur accorda tout ce qu'ils demanderent; mais ces graces loin de lui gagner ces Princes, furent au contraire le motif de leur révolte. Persuadés qu'ils avoient offensé le Roi par leurs demandes indiscretes, & que ce Prince naturellement dissimulé, ne tarderoit pas à se venger, ils formerent le dessein de le prévenir

prévenir en lui déclarant ouvertement la guerre. Ils voulurent engager Jean Roi d'Arragon, frere d'Alphonse, à faire valoir ses droits sur la couronne de Naples. Cette tentative ne put avoir son effet, parce qu'alors le Roi étoit occupé à se deffendre contre ses propres sujets qui s'étoient soulevés en faveur de Don Carlos son fils. Ferdinand instruit des desseins du Prince de Tarente, envoya de son côté deux Ambassadeurs pour engager le Roi d'Arragon à lui accorder son amitié & sa protection. Le Roi trop occupé pour songer à faire quelque entreprise hors de ses Etats, répondit favorablement aux Ambassadeurs.

Le Prince de Tarente n'ayant pu obtenir du Roi d'Arragon ce qu'il desiroit, résolut d'appeller à la couronne Jean d'Anjou Duc de Calabre, qui étoit alors à Gênes. Les Genois irrités de ce qu'Alphonse refusoit de leur rendre des vaisseaux qui leur avoient été pris, s'étoient donnés à Charles VII. qui avoit envoyé Jean d'Anjou pour les gouverner. Ce Prince accepta les offres du Prince de Tarente, & se rendit promptement à Sessa avec vingt-deux galeres & quatre gros vaisseaux. Le Prince de Tarente avoit cependant disposé tout ce qui étoit nécessaire pour favoriser l'arrivée de Jean d'Anjou. A peine ce Prince eut-il paru dans la terre de Labour, qu'une grande partie des places de cette province se soumirent, & que plusieurs Barons se présenterent pour lui prêter serment de fidelité. Toute la Principauté, la Basilicate & la Calabre se déclarerent pour Jean d'Anjou. Ce qui fait voir jusqu'à quel point Ferdinand étoit haï de la Noblesse.

Les affaires de ce Prince se trouvoient alors en mauvais état, & il y avoit tout lieu de craindre qu'il se verroit obligé d'abandonner le royaume, lorsque les secours qu'il reçut du Duc de Milan, firent changer sensiblement les choses de face. Le Duc qui craignoit quelque entreprise de la part du Duc d'Orleans, engagea Robert Saint-Severin à regagner la Noblesse par les voyes de la douceur. Ce moyen ne lui paroissoit cependant pas facile, parce qu'il sçavoit que les rebelles n'oseroient pas se fier aux promesses de Ferdinand qui étoit dissimulé & vindicatif. Il donna plein pouvoir à Saint-Severin de traiter en son nom avec les Barons qui voudroient rentrer dans le devoir. Saint-Severin négocia avec tant de prudence & d'habileté, qu'il porta le Comte de Marsico son parent à se soumettre au Roi, à condition qu'il obtiendroit la ville de Salerne avec le titre de Prince; qu'il y feroit battre monnoye, & que les biens de ses sujets qui seroient confisqués pour crime de félonie, lui appartiendroient, sans que le fisc put y rien prétendre.

La soumission du Prince de Salerne fut le salut de Ferdinand. Robert des Ursins & plusieurs autres Seigneurs très-puissans, imiterent bien-tôt l'exemple de Marsico. Le Roi par le moyen de ces Seigneurs qui lui avoient accordé le passage sur leurs terres, rentra en possession de la Calabre. D'un autre côté Antoine Picolomini, neveu du Pape Pie II. étant entré dans la terre de Labour, se rendit maître de cette province au nom du Roi, tandis qu'un nouveau renfort de troupes Milanoises s'emparoient de plusieurs places dans l'Abruzze. Ferdinand maître de la Calabre, passa dans la Pouille où il prit Saint-Ange. Il y trouva une grande quantité d'or & d'argent, dont une partie provenoit de la dévotion des peuples, & l'autre appartenoit à plusieurs personnes qui l'avoient apportée pour la mettre en sûreté. Ferdinand fit dresser

ROYAUMES DE NAPLES ET DE SICILE.

un mémoire de ces sommes, & s'en servit ensuite pour les frais de la guerre. Il en fit battre une monnoye qui d'un côté représentoit Ferdinand, & de l'autre saint Michel avec ces mots: JUSTA TUENDA (30).

Un secours inattendu acheva de relever entierement les affaires de Ferdinand. Georges Castriot, connu sous le nom d'Escander, de Scanderberg ou d'Alexandre, arriva avec un corps de troupes de seize cens hommes, & la présence de ce Héros inspira tant de terreur aux ennemis du Roi, qu'ils n'oserent plus l'attaquer. La reconnoissance étoit le motif du secours que Castriot amenoit à Ferdinand. Il n'avoit pas oublié que le Roi Alphonse V. lui avoit envoyé du secours, lorsqu'ils avoit été attaqué par les Turcs en Albanie. Depuis l'arrivée de ce Prince, le parti d'Anjou diminua considérablement, & le plus grand nombre des Seigneurs rebelles mit bas les armes.

Le Prince de Tarente se vit lui-même obligé d'avoir recours à la clémence de celui qu'il avoit si grievement offensé. Il obtint cependant un traité assez avantageux, aux conditions qu'il feroit sortir le Duc Jean de la Pouille & de ses terres. Le Prince de Tarente se retira ensuite à Altamura où il mourut peu de temps après. Le Roi fut soupçonné d'être l'auteur de cette mort. Le Duc Jean qui s'étoit fortifié dans le territoire de Sora, qui fait partie de la terre de Labour, se voyant abandonné des plus puissans Seigneurs du pays, se retira dans Ischia qu'il fut enfin forcé d'abandonner. Ce Prince considérant qu'il lui étoit impossible de relever son parti, abandonna son entreprise & repassa en Provence. Il fut accompagné par quelques Chevaliers qui étoient résolus de suivre sa fortune. C'est ainsi que la maison d'Anjou perdit, sans retour pour elle, le royaume de Naples. Jean mourut à Barcelonne le 16 de décembre 1470, ou selon d'autres le 27 de juillet 1471. Il étoit fils de René d'Anjou & d'Isabelle, & avoit épousé Marie fille de Charles I. Duc de Bourbon, dont il eut René mort jeune; Jean II. Duc de Calabre, qui ne vécut pas long-temps après son pere; Nicolas Duc de Calabre & de Lorraine, & Marie morte jeune. Jean fut un des plus grands Capitaines de son siecle, quoique souvent malheureux; *mais plus admirable, dans ses disgraces, que brillant dans ses succès. Il n'éprouva jamais de revers qui n'ajoutât encore à sa gloire, s'il fut souvent malheureux; il ne cessa jamais d'être grand.*

1463.

1464.

Ferdinand délivré d'une guerre dangereuse, perdit en même-temps ses plus puissantes protections. Le Pape Pie II. le Duc de Milan & George Castriot, Seigneur d'Albanie, moururent la même année. Paul II. qui succéda à Pie II. eut de grands differens avec le Roi, au sujet des arrérages du tribut que le royaume de Naples devoit au saint Siége. Ferdinand qui n'étoit pas alors en état de les payer, & qui avoit inutilement fait tous ses efforts pour engager le Pape à lui remettre, repeta les terres du royaume de Naples que l'Eglise possedoit. Ces demandes arrêterent les poursuites de Paul II. & il ne fut plus question de rien sur cette matiere. La possession de la mine d'alun de roche dans le territoire de la Tolfe, excita de nouvelles querelles; mais elles furent bien-tôt terminées (31). Paul II. étant mort le

---

(30) Vergara table 23. n° 4. Giannone.
(31) Les Papes ont toujours prétendu que l'Alun qu'on retiroit de la Tolfe & des campagnes de Pouzzol & d'Agnano leur appartenoit. Voy. à ce sujet Chioccarello XXI. vol. de ses Manusc. sur la Jurisdic. Giann.

DE L'UNIVERS. Liv. II. Ch. III.

18 de juillet 1471, on élut à sa place Sixte IV. Ce Pontife remit à Ferdinand tout ce qu'il devoit, & exigea seulement qu'il lui envoyât chaque année un Palefroi blanc & bien harnaché. Ferdinand voulant s'attacher plus étroitement Sixte IV. donna en mariage à Antoine de la Rouvere, neveu de ce Pontife, Catherine fille du Prince de Rossano & de Diane d'Arragon sa sœur, avec le Duché de Sora.

La paix dont le royaume jouissoit alors, rendit à la cour de Naples tout le lustre qu'elle avoit eu sous le regne précédent. Ferdinand occupé à en augmenter encore l'éclat, songea en même-temps à rendre ses Etats plus florissans qu'ils l'avoient été jusqu'alors, & à y faire regner l'abondance. Il établit pour cet effet à Naples des manufactures d'étoffes d'or, de soye & de laine, & leur accorda de grands priviléges. L'Imprimerie fit aussi de grands progrès sous le regne de ce Prince, qui se plaisoit à favoriser les belles-lettres, & à les cultiver. Il réforma aussi les Tribunaux & l'Université, fit aggrandir la ville de Naples, dont les habitans s'étoient considerablement multipliés depuis l'établissement des manufactures, & remit le bon ordre dans toutes les provinces de son royaume.

La prosperité dans laquelle ce Prince vecut pendant quelque temps, le fit paroître bien different de ce qu'il avoit été dans les commencemens de son regne, & dans l'adversité. Devenu avare & cruel, il s'attira la haine des Barons & mêmes des puissances voisines. La mauvaise conduite d'Alphonse, Duc de Calabre son fils, augmenta encore les mécontentemens, & fut en quelque sorte la cause des maux dont Ferdinand fut accablé sur la fin de son regne. Ces deux Princes qui n'ignoroient pas les sentimens de leurs sujets, résolurent de les tenir dans le devoir par la crainte. Ils avoient pour cet effet toujours des armées sur pied, & Ferdinand ayant fait une ligue avec le Pape Sixte, déclara la guerre aux Florentins. Laurent de Medicis qui gouvernoit alors la République de Florence, eugagea les Venitiens à prendre la deffense de la Toscane.

Pendant que Ferdinand étoit occupé aux préparatifs de cette guerre, Mahomet II. qui s'étoit rendu maître de l'Empire de Constantinople, avoit formé le projet de porter la guerre dans le royaume de Naples. Les Venitiens & les Florentins furent soupçonnés d'avoir engagé le Sultan à cette expédition, pour les délivrer des entreprises du Roi de Naples. Il seroit cependant possible de croire que les grands succès de Mahomet l'avoient excité à vouloir conquerir tous les pays qui avoient autrefois été de la dépendance de l'Empire d'Orient. Quoiqu'il en soit, Mahomet ayant échoué devant l'isle de Rhodes, envoya dans la Pouille un Bacha avec une flotte qui y arriva à la fin du mois de juin. L'armée Ottomane, composée d'une nombreuse infanterie & de quatre mille hommes de cavalerie, forma le siége d'Otrante. Cette ville dont la garnison étoit de mille hommes, se deffendit pendant deux mois avec toute la valeur possible ; mais enfin elle fut prise d'assaut. Les citoyens furent presque tous passés au fil de l'épée, & cette ville éprouva toutes les horreurs de la guerre. Après cette expédition, le Bacha retourna à Constantinople avec douze galeres chargées du butin qu'il avoit fait. Ariadeno Baillif de Negrepont, qui étoit resté à sa place avec sept mille hommes d'infanterie & cinq cens de cavalerie, forma le dessein d'attaquer Brindes.

ROYAUMES DE NAPLES ET DE SICILE.

1471.

Etablissemens des manufactures de soye & de laine.

Entrée des Turcs en Italie.

1480.

ROYAUMES DE NAPLES ET DE SICILE.

Ferdinand dans cette extrêmité, demanda du secours à tous les Princes de l'Europe, & rappella son armée de la Toscane. Il rassembla en même-temps une flotte de quatre-vingt galeres & quelques petits vaisseaux. Galeas Carracciolo, chargé du commandement de cette flotte, croisa dans la mer d'Otrante, & sa présence intimida les ennemis. Le Duc de Calabre se présenta aussi à la tête de la Noblesse Napolitaine. D'un autre côté le Roi de Hongrie beau-frere du Duc, envoya dix-sept cens soldats, trois cens cavaliers; & vingt-deux galeres Genoises dépêchées par le Pape, arriverent au secours du Roi de Naples. Tous ces renforts mirent ce Prince en état d'attaquer les ennemis : les Turcs battus en différentes petites rencontres, se retirerent dans Otrante où ils firent une vigoureuse résistance. Ces avantages n'étoient pas assez considérables pour ôter l'inquietude que causoit le voisinage de l'armée Ottomane; mais la mort de Mahomet arrivée le 3 de mai

1481.

1481, délivra le royaume de Naples d'un ennemi si puissant. Ariadeno dans cette circonstance, demanda à se rendre, & le 10 d'août on lui accorda une capitulation fort honorable, & il fit voile pour Constantinople. Ferdinand échapé d'un si grand danger, congédia les troupes Hongroises, & celles de Portugal & d'Espagne qui étoient venues à son secours.

Conjuration des Barons contre le Roi.

Alphonse Duc de Calabre de retour à Naples, forma le projet d'abaisser la puissance des Barons dont il croyoit avoir sujet de se plaindre. Maître absolu dans le royaume par la négligence de Ferdinand qui lui avoit abandonné les rênes du gouvernement, il chercha à satisfaire en même-temps son avarice & sa cruauté. Trop imprudent pour sçavoir conduire en secret une telle entreprise, il laissa échapper des paroles qui découvrirent bien-tôt ses mauvais desseins. Les Barons instruits de tout ce qu'ils avoient à craindre de la part de ce Prince, se liguerent ensemble pour prévenir l'orage qui les menaçoit. Ils eurent recours à Innocent VIII. qui avoit succédé à Sixte IV. Le nouveau Pape qui n'avoit pas les mêmes sentimens pour le Roi de

1484.

Naples que ses prédecesseurs Pie II. & Sixte IV. profita des dispositions des ennemis de Ferdinand, pour obliger ce Prince à payer le tribut annuel dû au Saint Siége. Il refusa même de recevoir la Paléfroi blanc que le Roi envoya à Rome. Le Roi fit faire à ce sujet des protestations publiques, comme on le peut voir dans Chioccarello (32). Innocent VIII. fâché de ce qu'il ne pouvoit obtenir du Roi de Naples le tribut qu'il exigeoit, promit le royaume de Naples à René Duc de Lorraine, petit-fils du Roi René du côté de sa fille Yolande. Cependant Alphonse Duc de Calabre résolut de prévenir les rebelles dont il avoit découvert les projets. Il entra tout d'un coup dans le comté de Nola, s'empara de la ville, & fit arrêter la femme & les deux fils du Comte qui furent conduits à Naples & enfermés dans le château-neuf. Les autres conjurés craignant le même sort, prirent les armes, & tout le royaume fut en un instant en combustion. Le Prince de Bisignano un des conjurés, voulant gagner du temps, entra en négociation. Le Roi parut déterminé à écouter volontiers toutes les propositions qu'on lui feroit. Mais le Prince de Salerne trouvoit toujours quelque difficulté pour retarder la signature du traité. Les rebelles se rassemblerent à Salerne, & le Roi leur envoya

(32) Tome premier.

Don Frederic qu'ils avoient demandé, afin de prendre des mesures pour rétablir la paix.

Ce jeune Prince s'étoit attiré l'estime & l'affection de tout le monde par la douceur de son caractère & par ses autres vertus. Le Prince de Salerne lui offrit alors la couronne en présence de toute la Noblesse qui étoit assemblée; mais Frederic toujours guidé par la vertu, rejetta les offres qu'on lui faisoit, & justifia même son frere, dont le Prince venoit de faire un portrait odieux. Les rebelles irrités de n'avoir pu séduire le Prince Frederic, violerent les droits les plus sacrés en le retenant prisonnier. Ils arborerent en même-temps les bannieres du Pape, afin d'engager le Pontife à se déclarer en leur faveur. Ferdinand résolut d'attaquer les Etats de l'Eglise, pour empêcher Innocent VIII. de donner du secours aux rebelles. Après avoir assemblé de nombreuses armées sous les ordres du Duc de Calabre, de Don Ferdinand son petit-fils, & du Duc de Saint-Ange son quatrieme fils, il les fit marcher de differens côtés, & jetta par ce moyen la terreur dans l'esprit de ses ennemis. Le Duc de Calabre qui s'étoit rendu maître des Etats du Pape, alla mettre le siége devant Rome. Cependant Don Frederic s'étoit échappé de sa prison, & étoit retourné à Naples, où on lui avoit donné les éloges que meritoit sa vertu.

Le Pape qui n'avoit pu engager le Duc de Lorraine à passer en Italie, & qui ne recevoit point de secours de la part des Venitiens, se détermina enfin à faire la paix, & porta les Barons à mettre bas les armes. Le traité fut signé le 12 d'août 1486, & l'on convint que le Roi payeroit comme Vassal du Saint Siége le tribut ordinaire, & qu'il ne chercheroit point à se venger des rebelles. Ferdinand malgré les promesses qu'il avoit faites, étoit résolu de punir les factieux; mais la méfiance qu'ils témoignoient tous, & les précautions qu'ils prenoient secretement, obligerent le Roi à dissimuler & à tâcher de les tromper. En effet quelques-uns donnerent dans le piége que Ferdinand leur tendoit. Le Prince de Salerne persuadé que les Souverains pardonnent rarement à ceux qui ont attenté à leur autorité, crut devoir se mettre à l'abri des poursuites du Roi en se retirant en France.

Les autres conjurés, trompés par la conduite que le Roi tenoit à leur égard, ne tarderent pas à se repentir de leur trop grande confiance. Le Roi les fit tous arrêter dans le château-neuf où ils s'étoient assemblés pour célébrer les nôces de Marc Coppola fils du Comte de Sarno, avec la fille du Duc d'Amalfi. Il nomma ensuite quatre Commissaires pour instruire leur procès. Ils furent condamnés à avoir la tête tranchée, & tous leurs biens furent confisqués au profit du fisc. La mort de tant de Seigneurs fit regarder Ferdinand & Alphonse son fils comme deux tyrans, & augmenta la haine qu'on leur portoit déja. Ferdinand apellé le Catholique, qui par les droits de sa femme, avoit uni la Castille au royaume d'Arragon, ne put s'empêcher de se plaindre hautement de la conduite du Roi de Naples, qui avoit violé un traité dont le Pape, les Rois d'Espagne & de Sicile avoient été garans; & sous ce prétexte il projetta de le chasser du trône. Les troubles qui s'éleverent dans la Sardaigne & dans le royaume de Grenade, empêcherent l'exécution des desseins du Roi Catholique, & retarderent la ruine de la maison du Roi de Naples.

Ce Prince regna encore six ans dans la paix & la tranquillité; mais comme il avoit toujours à craindre, soit de la part de la Noblesse qui étoit irritée contre lui, soit de la part du Roi de Castille, il eut soin de fortifier les places de son royaume, & de les fournir des bonnes garnisons. Il donna aussi toute son attention à maintenir la paix dans l'Italie, & refusa d'employer ses armes en faveur de Galeas Sforce Duc de Milan, qui se trouvoit opprimé par Louis Sforce son oncle. La mort de Laurent de Medicis arrivée au mois d'avril de l'an 1492, & celle du Pape Innocent VIII. qui survint quelques mois après, troublerent la paix dont l'Italie jouissoit alors. Ferdinand malgré toutes ses précautions, se vit exposé à une guerre considérable de la part de Charles VIII. & de Louis Sforce. Après avoir fait d'inutiles tentatives pour engager ces Princes à renoncer à leur projet, il fit tous les préparatifs nécessaires pour se mettre en état de résister à ses ennemis. Les mouvemens qu'il se donna, lui causerent une maladie dont il mourut le 25 de janvier 1494, âgé d'environ soixante-onze ans. Il laissa deux fils, Alphonse son successeur & Frederic.

Le trône de Naples fut alors occupé par Alphonse II. fils aîné de Ferdinand. Le nouveau Roi informé que Charles VIII. s'étoit mis en marche pour entrer en Italie, fit tout ce qu'il put pour l'arrêter en Lombardie. Mais tous ses efforts ayant été inutiles, il voulut engager Alexandre VI. à se rendre médiateur, & à engager le Roi de France à renoncer à son entreprise sur le royaume de Naples. Ce Pontife allarmé des approches des François, songea plutôt à ses interêts particuliers, & fit un traité avec le Roi de France. Ce Monarque ne trouvant aucun obstacle, fut bien-tôt maître de tout le royaume; & il reçut les hommages de tous les Barons dans la ville de Naples qui lui avoit ouvert ses portes.

Cependant Alphonse qui s'étoit retiré en Sicile, envoya demander du secours à Ferdinand le Catholique, & lui représenta qu'il étoit de son interêt de chasser les François du royaume de Naples, dans la crainte qu'ils ne songeassent à s'emparer de la Sicile. Alphonse désespérant se soutenir sur le trône, renonça à la couronne en faveur de son fils qui étoit alors âgé de vingt-quatre ans, & embrassa la vie religieuse. Il mourut au bout de quelque-temps dans la quarante-cinquieme année de son âge, après avoir regné environ un an.

Les grands succès de Charles avoient excité la jalousie de tous les Princes d'Italie, & il s'étoit formé une ligue contre ce Monarque. Instruit de leurs desseins, & craignant d'être coupé dans sa retraite, il songea à repasser en diligence dans ses Etats, & sortit de Naples le 20 du mois de mai (32). Gonsalve Fernandes que le Roi Catholique avoit envoyé en Calabre, avoit profité de l'absence du Roi pour y faire de grandes conquêtes. Les Napolitains, de leur côté engagerent Ferdinand à se rendre dans leur ville. Ce Prince qui étoit toujours resté en Sicile, se mit en mer avec soixante gros vaisseaux & vingt autres plus petits, & parut aux environs de Naples. Le Comte de Montpensier que le Roi avoit laissé dans cette ville, sortit avec ses troupes pour s'opposer au debarquement. Les Napolitains profitant de son imprudence, coururent aux armes, se saisirent des portes de la ville & firent entrer Ferdinand avec toute sa suite. Capoue, Averse & plusieurs autres places voisines

(32) Voyez le détail de cette expédition dans l'histoire de France de cette Introduction, tome premier, partie seconde, pag. 214 & suivantes.

imiterent l'exemple de la capitale, & bien-tôt il ne resta plus que quelques villes aux François. Ferdinand pour mettre davantage dans ses intérêts le Roi Catholique, épousa avec dispense du Pape, Jeanne sa tante, fille de Ferdinand son grand pere, & de Jeanne sœur du Roi d'Espagne. Appuyé de cette alliance, il poursuivit les François avec plus d'ardeur, & se vit en peu de temps maître de presque tout le royaume, à la réserve de Tarente & de Gayette. Il n'eut pas la satisfaction de jouir du fruit de ses travaux, étant mort au mois d'octobre de l'année 1496.

ROYAUMES DE NAPLES ET DE SICILE.

Ce Prince eut pour successeur Frederic son oncle, Prince recommandable par sa sagesse & sa vertu. Alexandre VI. lui envoya l'année suivante la Bulle d'investiture, & chargea un Légat de l'aller couronner. Le regne de ce Prince auroit pu être heureux & de longue durée, si la mort de Charles VIII. arrivée en 1498, n'eut occasionné de nouveaux troubles & fait paroître de nouveaux prétendans à la couronne de Naples. Louis XII. qui réunissoit en sa personne le titre de Roi de France & celui de Duc d'Orleans, songea à s'emparer du duché de Milan & du royaume de Naples. Les circonstances paroissoient alors favorables : quelques Princes d'Italie désiroient la perte de Sforce, & Alexandre VI. se flattoit à la faveur des troubles de pouvoir élever son fils Cesar à la souveraineté. Il avoit déja voulu engager Frederic à donner sa fille en mariage à Cesar, avec la principauté de Tarente ; mais le Roi de Naples n'avoit pas voulu y consentir.

FREDERIC III. Roi de Naples.

1496.

Louis XII. étant arrivé en Italie, s'empara avec assez de facilité du duché de Milan. Frederic effrayé par ce succès, implora le secours de Ferdinand le Catholique qui lui envoya promptement un corps de troupes sous la conduite de Gonsalve surnommé le grand Capitaine. Louis craignant de trouver des oppositions de la part du Roi d'Espagne, entra en négociation avec ce Prince, & ils convinrent entr'eux de partager le royaume de Naples. Ferdinand fondoit ses prétentions sur ce qu'Alphonse V. Roi d'Arragon, après avoir acquis la couronne de Naples par droit de conquête, n'avoit pu la donner à son fils naturel au préjudice de Jean son frere. Louis & Ferdinand firent donc un traité qui portoit en substance, » qu'ils attaqueroient tous deux en même-
» temps le royaume de Naples, & qu'après l'avoir conquis, ils le partage-
» roient entr'eux : que le Roi de France auroit la ville de Naples, Gayette
» & toutes les autres places & terres de la Province de Labour, toute l'A-
» bruzze & la moitié des revenus de la Douane sur les bestiaux de la Pouil-
» le. Qu'il auroit le titre de Roi, ensorte qu'outre celui de Roi de France
» & de Duc de Milan, il porteroit encore celui de Roi de Naples & de Je-
» rusalem : que le Roi Ferdinand d'Espagne auroit pour sa part le Duché de
» Calabre, toute la Pouille avec la moitié des revenus de la Douane, & le
» titre de Duc de Calabre & de la Pouille : que chacun feroit pour son compte
» la conquête de ce qui lui étoit échu en partage, sans que l'autre fut obligé
» de l'aider ; mais qu'il n'y apporteroit aucun empêchement. (33) « Ce traité devoit être tenu secret jusqu'à l'arrivée du Roi de France à Rome, & on étoit convenu de le rendre alors public, & de déclarer que ce traité avoit été fait dans la vûe de porter avec plus de facilité la guerre chez les Infideles.

Arrivée de LOUIS XII. en Italie.

1500.

(33) Giannone.

Royaumes de Naples et de Sicile.

Conquête du Royaume de Naples par Louis XII. & Ferdinand le Catholique.

1501.

Les deux Rois devoient en conséquence demander au Pape l'investiture conformément à leur partage.

Après ces differentes conventions, Louis XII. envoya mille lances & dix mille hommes d'infanterie pour attaquer le royaume de Naples. Frederic qui ignoroit que Ferdinand s'étoit ligué contre lui avec la France, demanda des troupes au Roi de Castille. Il se flattoit avec ce secours de se trouver en état de resister à l'armée Françoise: mais il eut bien-tôt connoissance de son malheur. A peine l'armée Françoise fut-elle arrivée dans le territoire de Rome, que les Ambassadeurs des Rois de France & d'Espagne notifierent au Pape & aux Cardinaux le traité de partage qui avoit été fait entre leurs souverains. Le Pape qui s'étoit déclaré contre Frederic depuis que ce Prince avoit refusé de donner sa fille en mariage au Cardinal de Borgia son fils, accorda les investitures à Louis XII. & à Ferdinand le Catholique. Frederic informé de cette ligue, chargea Prosper Colonne de garder la ville de Naples, & s'enferma dans Averse. Cependant Gonsalve avoit déja fait soulever la plus grande partie du royaume, & le Roi de Naples se voyoit réduit à l'extrêmité. Capoue fut obligée de subir la loi du vainqueur aussi-bien qu'Averse & Nola. La perte de ces places ôta toute esperance au parti de Frederic de pouvoir en conserver aucune. En effet Gaëte se rendit sans résistance, & la ville de Naples fut obligée de se racheter du pillage, moyennant la somme de soixante mille ducats. Frederic qui fuyoit de ville en ville, se retira dans le château-neuf; mais voyant qu'il lui étoit impossible de résister long-temps, il remit à d'Aubigny toutes les terres & places, qui, suivant le partage, devoient revenir au Roi de France. Le Général François consentit que Frederic emporteroit tout ce qu'il jugeroit à propos du château-neuf & de celui de l'Œuf, à la réserve de l'artillerie qui y étoit restée du temps du Roi Charles. Frederic eut la liberté de se retirer dans l'isle d'Ischia pour six mois, pendant lequel temps il pourroit aller où il voudroit, pourvû que ce ne fut pas dans le royaume de Naples.

Frederic chassé du Trône, se retire en France.

Frederic privé du trône, se rendit dans l'isle d'Ischia plus accablé de l'inquietude que lui causoit le sort de son fils aîné qui étoit renfermé dans Tarente, que de ses propres malheurs. Beatrix sœur du Roi, s'étoit aussi retirée dans cette isle avec Isabeau Duchesse de Milan. Frederic se trouvant sans ressource, se jetta entre les bras du Roi de France, qui lui donna le duché d'Anjou avec trente mille ducats de rente (34). Il mourut le 9 de novembre de l'an 1504.

---

(34) Le Roi Frederic avoit épousé en premieres nôces Anne de Savoye, fille d'Amedée IX. & d'Yolande de France. Il n'en eut qu'une fille nommée Charlotte, Princesse de Tarente qui fut mariée en 1500 à Gui XVI. du nom Comte de Laval. Frederic épousa en seconde nôces Isabelle de Baux, dont il eut Ferdinand Duc de Calabre, Alphonse connu sous le nom d'Infant d'Arragon, Cesar & deux filles. Tous ses enfans moururent sans postérité, à l'exception de la Princesse de Tarente qui laissa un fils & deux filles. Le fils nommé Gui XVII. Comte de Laval, fut tué au combat de la Bicoque. Catherine l'aînée des filles, fut mariée en 1518 au Comte de Rieux; & Anne la cadette en 1521 à François de la Tremoille, Prince de Talemont. La ligne de Catherine ayant manqué en 1505 par la mort de Gui XX. du nom, Comte de Laval, toute la succession des Comtes de Laval & de la Princesse de Tarente, passa dans la ligne d'Anne de Laval, & fut recueillie par Henri Duc de la Tremoille son arriere petit-fils. C'est en vertu de cette ligne successive que la maison de la Tremoille a des prétentions sur le royaume de Naples comme

Les

DE L'UNIVERS. Liv. II. Ch. III. 201

Les succès de Gonsalve n'étoient pas moins considérables dans la Calabre. Toutes les villes se rendirent volontairement, à la réserve de Manfredonia & de Tarente. La premiere de ces deux places ayant été obligée de capituler, Gonsalve alla mettre le siége devant Tarente, où le jeune Duc de Calabre étoit enfermé. Les Seigneurs à qui Frederic avoit confié la garde de cette ville après avoir fait une vigoureuse résistance, convinrent de rendre la place si elle n'étoit pas secourue dans le terme de quatre mois, à condition que le Duc de Calabre auroit la liberté de se retirer où il jugeroit à propos. Gonsalve promit avec serment de ne point attenter à la liberté du Duc; mais cet engagement du Général Espagnol, ne l'empêcha pas d'arrêter ce Prince, & de le faire conduire en Espagne où il fut retenu jusqu'à sa mort qui arriva l'an 1559 ou 1560. Il n'eut point d'enfans de ses deux femmes, Marie de Mendoce & de Germaine de Foix, veuve de Ferdinand le Catholique. Le royaume de Naples ayant été ainsi conquis, Louis d'Armagnac Duc de Nemours commanda dans la partie de ce royaume qui appartenoit au Roi de France, & Gonsalve Fernandès fut nommé Vice-Roi pour le Roi Ferdinand.

Royaumes de Naples et de Sicile.

La bonne intelligence ne regna pas long-temps entre la France & l'Espagne, puissances alors rivales l'une de l'autre. Les differends commencerent au sujet des limites des Provinces, & ils augmenterent peu de temps après à l'occasion de la perception des droits de Douane pour le passage des bestiaux de la Pouille dans la Capitanate. Ces disputes occasionnerent bien-tôt une guerre ouverte. Les François s'emparerent par force des Places que les Espagnols tenoient dans la Capitanate. Ces succès firent négliger à Louis XII. le soin d'envoyer de nouveaux renforts dans le Royaume de Naples: les Espagnols reprirent courage, & la fortune se déclara en leur faveur; sur ces entrefaites l'Archiduc offrit sa médiation pour rétablir la paix entre les deux couronnes, & le traité en fut signé le 15 d'avril 1503. (35) Louis XII. & l'Archiduc Philippe, firent publier cette paix dans le Royaume de Naples, & ordonnerent aux Vicerois de suspendre les hostilités jusqu'à la ratification du Roi d'Espagne. Les Généraux François obéirent aux ordres de leur Souverain; mais Gonsalve ne croyant pas devoir reconnoître ceux de Philippe, refusa de mettre bas les armes, & attaqua les François de tous côtés. Après avoir remporté sur eux une victoire complette, il alla se présenter devant Naples. Les François qui étoient dans cette Ville se retirerent aussi-tôt dans le chateau-neuf. Les Napolitains ouvrirent alors leurs portes aux Espagnols, & Gonsalve fit son entrée dans cette Ville le 14 de mai. Averse & Capoue suivirent l'exemple de la Capitale.

Desunion entre les François & les Espagnols.

1503.

Louis XII. informé de ce qui s'étoit passé en Italie, se plaignit à Philippe de l'infraction du traité. L'Archiduc qui n'y avoit aucune part, pressa vivement Ferdinand & Isabelle de donner satisfaction au Roi de France;

---

unique héritiere du Roi Frederic; & c'est en conséquence qu'elle obtint de Louis XIV. en 1648, la permission d'envoyer au Congrès de Munster, y faire les poursuites nécessaires pour la conservation de ses droits. Ces protestations ont été renouvellées depuis dans les autres Congrès, & en dernier lieu en 1748

à l'occasion du traité définitif de paix, conclu à Aix-la-Chapelle. *Art de verifier les dates par les Benedictins.*

(35.) Voyez ce traité dans l'histoire de France de cette Introduction, tome I. partie II. pag. 220 & suivantes.

Tome II. Cc *

ROYAUMES DE NAPLES ET DE SICILE.

mais les succès de leurs armes leur firent prendre la résolution de ne point ratifier le traité de paix. Louis XII. irrité contre Ferdinand, mit sur pied un puissante armée, & équipa une flotte considérable à dessein d'attaquer le Royaume de Naples par terre & par mer. Il se détermina en même-temps à attaquer le Roussillon, Fontarabie, les Côtes de Catalogne & de Valence. Pendant qu'il faisoit ces grands préparatifs de guerre, les Châteaux de Naples tomberent au pouvoir des Espagnols, & il ne restoit plus aux François que Gayette & quelques petites places du Royaume. Cependant Louis XII. se flattoit avec ses nombreuses armées de se venger de la perfidie des Espagnols ; mais la mort d'Alexandre VI. & celle de Pie III. son successeur, renverserent tous ses projets. Jules II. qui étoit alors assis sur la chaire de Pierre, se déclara ennemi des François, & traversa toutes les entreprises de Louis XII. Ce Monarque rebuté par tant de difficultés, se vit contraint d'écouter les propositions de paix qui lui furent faites. Le Roi Frederic fut le médiateur de cette paix ; mais tandis qu'on étoit occupé en négociations, Gonsalve poursuivoit toujours les François avec la même ardeur, & gagna sur eux une bataille près de Garillan. Les fruits de cette victoire furent la soumission de Gayette & la retraite entiere des François, qui abandonnerent le Royaume au commencement de l'année 1504.

Les François abandonnent le Royaume de Naples.

1504.

On trouvoit toujours des difficultés à la conclusion de la paix, parce qu'aucun des deux partis ne vouloit céder les droits qu'il avoit sur le Royaume de Naples, & toutes les négociations se terminerent par une treve de cinq mois qui fut prolongée dans la suite. C'est ainsi que le Royaume de Naples passa au pouvoir de Ferdinand le Catholique. Ce Prince ne changea point la forme du gouvernement, & la laissa telle qu'il l'avoit trouvée. Depuis ce temps le royaume de Naples est demeuré uni à la Monarchie d'Espagne jusqu'en 1713, qu'il fut démembré en faveur de Charles VI. Ce Monarque le céda à l'Infant Dom Carlos, par le traité de Vienne fait en 1736.

La mort d'Isabelle Reine de Castille, fit disparoître les difficultés qui avoient retardé la paix entre Ferdinand & le Roi de France. Ces deux Monarques qui avoient intérêt de diminuer la puissance de l'Archiduc Philippe, songerent à terminer toutes leurs querelles par une alliance. Ferdinand épousa Germaine de Foix, fille d'une sœur du Roi de France, & Louis XII. en conséquence de ce mariage, lui donna pour dot la portion du royaume de Naples dont il avoit été dépouillé, à condition que Ferdinand lui payeroit dans l'espace de dix ans sept cens mille ducats, & qu'il doteroit sa nouvelle épouse de trois cens mille. Le traité de paix fut ensuite conclu à Blois le 2 octobre 1505. Il portoit en substance : » Que toute » la noblesse du parti d'Anjou, & en général tous ceux qui s'étoient dé- » clarés pour les François, seroient rétablis sans aucune rançon dans leurs » libertés, honneurs, états & biens, & mis en même situation qu'ils » étoient au jour que la guerre commença entre les François & les Espa- » gnols, que l'on reconnut être celui auquel ces premiers firent une cour- » se sur Tripalda : que toutes les confiscations prononcées tant par le Roi Fre- » deric que par le Roi d'Espagne, seroient annulées; que tous les prisonniers » faits par les Espagnols dans le royaume de Naples, seroient mis en li-

Traité de paix entre Louis XII. & Ferdinand le Catholique.

1505.

» berté, & notamment le Prince de Rossano, le Marquis de Bitonto, Alphon- ROYAUMES
» se & Honoré Saint-Severin, & Fabrice Gesualdo : Que le Roi de France DE NAPLES
» abandonneroit le titre de Roi de Naples & de Jerusalem : Que les Barons ET DE SICILE.
» prêteroient hommage en conformité des présentes conventions, & qu'on
» solliciteroit sur le même pied l'investiture du Pape : Que dans le cas où la
» Reine Germaine de Foix viendroit à mourir sans enfans nés de ce maria-
» ge, la portion du royaume de Naples qui étoit remise par sa dot appar-
» tiendroit à Ferdinand ; mais que si elle lui survivoit, cette portion retour-
» neroit à la couronne de France : Que le Roi Ferdinand seroit obligé d'ai-
» der Gaston Comte de Foix, frere de sa nouvelle épouse, à conquerir le
» royaume de Navarre qu'il prétendoit lui appartenir, & qui étoit possedé
» par Catherine de Foix & Jean d'Albert son mari : Que le Roi de France
» obligeroit la veuve du Roi Frederic & les deux fils qu'elle avoit auprès
» d'elle, d'aller en Espagne où l'on fourniroit tout ce qui seroit nécessaire à
» leur entretien, & que si elle refusoit, le Roi de France ne lui donneroit
» plus rien (36).

Le Roi d'Angleterre se rendit garant de ce traité. Tous les Seigneurs Napolitains qui étoient à la Cour de France, suivirent la Reine Germaine en
Espagne. Isabelle, veuve de Frederic, refusa de passer dans ce royaume, &
se retira à Ferrare. Ferdinand ne jouit pas long-temps de la paix qui lui étoit
procurée par ce traité. L'Archiduc Philippe prétendit en même-temps au
royaume de Castille & à celui de Naples. Ferdinand obligé de céder celui de
Castille, obtint après bien des contestations le royaume de Naples.

L'autorité que Gonsalve s'étoit acquise dans ce pays, ou plutôt l'indépen- FERDINAND le
dance qu'il vouloit affecter, obligea Ferdinand à entreprendre le voyage de Catholique, Roi
Naples. Le plaisir de voir ce beau pays, & l'envie de rétablir les affaires du de Naples.
royaume lui servirent de prétexte. Gonsalve informé que le Roi devoit se
rendre à Naples envoya vers ce Prince, qui étoit encore à Barcelone, un
exprès pour l'assurer de son obéissance. Ferdinand cachant ses véritables intentions, fit un accueil favorable à celui qui étoit chargé de la députation.
Il confirma en même-temps à ce Général toutes les donations qui lui avoient
été faites, & lui promit par écrit la grande Maîtrise de saint Jacques. Après
toutes ces précautions, Ferdinand s'embarqua & se rendit à Naples sans interrompre sa route : quoiqu'il eût appris en chemin la mort de Philippe son 1506.
gendre, qui avoit laissé de son mariage avec Jeanne deux fils ; sçavoir, Charles & Ferdinand, & quatre filles. Ferdinand fut à peine arrivé à Naples qu'il
reçut des Ambassadeurs de tous les Princes d'Italie. Ils venoient le solliciter
de mettre un juste équilibre entre les differentes puissances de cette presqu'isle, afin d'y maintenir la tranquillité. Ferdinand occupé d'autres desseins
étoit résolu de ne pas faire un long séjour dans le royaume de Naples. Il songeoit à reprendre le gouvernement de Castille, dont la Reine Jeanne étoit
incapable de supporter le poids, sur-tout depuis une maladie qu'elle avoit
eue après la mort de son mari, & qui lui avoit derangé l'esprit. Cette Princesse desiroit avec beaucoup d'impatience le retour de son pere, & un grand
nombre de Seigneurs le souhaitoient aussi ardemment. Ferdinand unique-

---

(36) Lionard tome II. de ses recueils, fol. | troisieme, vie de Gonsalve. Giannone.
35. Guichardin livre sixieme. Jove livre |

ment occupé de cet objet, parut négliger le royaume de Naples pour lequel il fit cependant plusieurs bons reglemens, & dans lequel il introduisit une nouvelle police qui fut perfectionnée par ses Vicés-Rois & les Rois ses successeurs. La trop grande idée que les Italiens avoient de ce Prince, fut peut-être cause qu'on ne trouva pas qu'il en avoit assez fait, ou qu'on ne fut pas assez juste pour faire attention aux circonstances dans lesquelles il se trouvoit. L'obligation où il étoit, par le traité de paix fait avec le Roi de France, de restituer aux Barons du parti d'Anjou tous les biens qui avoient été confisqués, le jetta dans des dépenses considérables. La plûpart de ces terres avoient été données à ceux qui s'étoient declarés pour lui, & il ne pouvoit leur ôter sans s'exposer à faire des mécontens. Obligé d'indemniser les Barons du parti d'Anjou, il mit de nouveaux impôts sur le peuple, qui au lieu de trouver du soulagement à ses maux passés, se vit fatigué par de nouvelles charges. Il se brouilla aussi avec le Pape qui lui avoit refusé l'investiture du royaume, parce qu'il demandoit une diminution du tribut que le Pontife vouloit exiger. Il desiroit d'ailleurs que cette investiture fut faite en son nom comme légitime successeur d'Alphonse le vieux, & c'est dans ce sens qu'il s'étoit fait prêter hommage à Naples. Il se reconcilia cependant avec le Pape l'an 1510, & obtint alors tout ce qu'il avoit demandé. Leon X. confirma en 1513 ce que son prédecesseur avoit fait en faveur de Ferdinand.

Ce Prince sortit de Naples le 4 de juin 1507, & s'arrêta à Savone où il eut une entrevue avec le Roi de France. Ferdinand & Gonsalve s'embarquerent ensemble pour Barcelone. A peine ce dernier fut-il arrivé, que le Roi lui ordonna de se retirer dans ses terres, & lui deffendit d'en sortir sans sa permission. On prétend que ce Capitaine regrettoit trois choses; la premiere d'avoir manqué de parole à Ferdinand Duc de Calabre, fils du Roi Frederic : la seconde d'avoir violé sa promesse à l'égard du Duc Valentin ; & la troisieme qu'il ne vouloit pas expliquer ; mais qu'il n'est pas difficile de soupçonner, étoit de n'avoir pas profité de l'affection de la Noblesse & des peuples pour se faire proclamer Roi.

Ferdinand la Catholique & ses successeurs ayant cessé de faire leur résidence à Naples, cette ville fut alors gouvernée par des Vices-Rois ou Lieutenans, qui avoient une entiere autorité d'établir de nouvelles loix que le Prince confirmoit ensuite. Le Vice-Roi fut d'abord assisté d'un conseil composé de deux Jurisconsultes sous le nom de Regens collateraux & d'un Secretaire : dans la suite on y ajouta trois autres Regens Napolitains ou Espagnols. Ces Regens prenoient le gouvernement du royaume aussi-tôt que le Vice-Roi étoit mort, & ils se faisoient assister par des Regens d'épée que le Roi avoit créés pour cet effet. Ce Conseil colateral anéantit peu-à-peu l'autorité des sept grands Officiers de la couronne, & elle passa toute entiere à la personne du Vice-Roi. La plûpart des Tribunaux de justice firent place à d'autres ou furent démembrés, avec attribution d'une partie de leur jurisdiction suivant ce qui se pratiquoit en Espagne (36).

Depuis que le royaume de Naples eut passé sous la domination Espagnole, l'histoire générale de ce pays se trouve mêlée avec celle de l'Espagne, de

(23) M. d'Egly, histoire de Naples.

l'Allemagne & de la France. Quant à l'histoire particuliere, elle ne nous offre que quelques évenemens remarquables dont je ferai mention. Le plan de cet ouvrage ne me permet pas de donner une suite des Vice-Rois qui ont gouverné ce royaume depuis Ferdinand jusqu'à Don Carlos, & de rapporter tout ce qu'ils ont fait d'avantageux ou de nuisible à ce royaume.

L'établissement de l'Inquisition dans le royaume de Naples souffrit de grandes difficultés, & y excita bien des troubles. Ferdinand fit d'inutiles tentatives pour l'introduire. Les dogmes de Luther prêchés par Bernardin Othin, furent le motif des efforts que fit Charles V. pour obliger les Napolitains à subir le joug du Saint Office. Pierre de Tolede, Vice-Roi de Naples, engagea le Pape à envoyer des Commissaires Apostoliques pour s'opposer aux progrès du Lutheranisme. Dans la crainte de soulever le peuple en publiant les Bulles qui autorisoient les Inquisiteurs, il les fit seulement afficher aux portes de l'Archevêché & se retira à Pouzzole. Il avoit chargé quelques-unes de ses créatures de faire entendre aux Napolitains que ce n'étoit qu'une commission passagere de la Cour de Rome. Les Napolitains effrayés envoyerent à ce sujet une députation au Vice-Roi, qui calma leur inquietude pour quelques temps. Mais l'année suivante, lorsqu'on eut publié un Edit qui ordonnoit l'exécution des Bulles, ils se souleverent ouvertement & déchirerent le placard. Le Vice-Roi calma cette émeute en assurant les citoyens qu'on ne songeoit point à établir l'Inquisition. Le nouvel Edit qu'on afficha le 11 de mai, & qui s'expliquoit à découvert sur l'Inquisition, excita un nouveau soulevement. Le peuple prit les armes & s'assembla tumultuairement sous les ordres d'un nommé Masaniello. On cassa l'élu & tous les autres Officiers que l'on soupçonnoit être d'intelligence avec le Vice-Roi & la Cour de Rome. Les Nobles se joignirent bien-tôt au peuple, & l'on résolut d'une voix unanime de s'opposer à l'établissement de l'Inquisition.

Pierre de Tolede s'étant rendu à Naples voulut punir les coupables, & fit citer Masaniello devant le tribunal de la Vicairie. Ce factieux étoit accompagné d'une si grande foule de peuple lorsqu'il se présenta devant le Tribunal, qu'on jugea à propos de le renvoyer après lui avoir fait subir quelques interrogatoires. Les esprits étant ainsi échauffés, le moindre évenement paroissoit considérable, & contribuoit à entretenir l'esprit de rebellion. L'arrivée de trois mille soldats Espagnols que le Vice-Roi avoit fait venir à Naples des garnisons voisines, fit concevoir de nouveaux soupçons. On sonna l'allarme au clocher de saint Laurent: les boutiques & les maisons furent fermées, & le peuple parut une seconde fois sous les armes. Les Espagnols firent feu sur les rebelles pendant que l'artillerie des châteaux tiroit sur le peuple. Sur ces entrefaites un citoyen qu'on avoit arrêté pour dettes, ayant rencontré quelques jeunes Gentilshommes, se plaignit à eux qu'on l'avoit pris par l'ordre de l'Inquisition. Ceux-ci firent leurs efforts pour le délivrer; mais le Regent de la Vicairie envoya du secours aux Algoisils, & fit saisir cinq de ces jeunes Gentilshommes. Le Vice-Roi en fit condamner trois à la mort, & parcourut toute la ville à la tête d'un corps de troupes. Le peuple resta tranquille pendant cet instant, quoiqu'il fut toujours sous les armes. A peine se fut-il retiré que les Chefs des rebelles assemblerent un conseil dans lequel on résolut de refuser l'obéissance au Vice-Roi, & de s'exposer plutôt

ROYAUME DE NAPLES ET DE SICILE

Troubles au sujet de l'établissement de l'Inquisition.

1546.

1547.

à périr que de souffrir qu'aucun d'eux fut puni de mort. Cette union fut scellée par un acte public, & l'on menaça de mettre le feu aux maisons de ceux qui refuseroient d'y entrer. Ceux qui étoient du parti contraire, effrayés par cette menace, se joignirent malgré eux aux rebelles. Il se fit alors une procession par toute la ville, pendant laquelle on repetoit ces mots ; *Union, union pour le service de Dieu, de l'Empire & de la ville.*

Naples fut pendant trois jours exposée aux horreurs d'une guerre civile, & il y eut des deux côtés un grand nombre de personnes tuées. Le Vice-Roi à la sollicitation de quelques Seigneurs, consentit à une treve qui devoit durer jusqu'au retour des Députés que chaque parti envoyoit à l'Empereur. Cependant chacun resta sous les armes, & les Tribunaux furent fermés. Le Vice-Roi trouva moyen de désunir les ligués, en ordonnant aux Barons de se rendre au quartier des Espagnols pour le service de l'Empereur. Il accepta en même-temps cinq mille hommes d'infanterie que le Duc de Florence son gendre lui avoit offert. Les Napolitains informés de cette nouvelle, assemblerent une armée de quatorze mille hommes, & la guerre civile recommença avec plus de fureur qu'auparavant. Elle dura jusqu'à l'arrivée des Députés qu'on avoit envoyé à l'Empereur, & qui ordonnerent aux rebelles de la part de ce Monarque de poser les armes. On obéit aussi-tôt, & le calme parut rétabli dans la ville. Quelques jours après le Vice-Roi annonça aux Napolitains que Charles V. consentoit à ne point établir l'Inquisition dans Naples; & qu'il oublioit leur révolte. Trente-trois personnes furent exceptées de l'amnistie, & la ville de Naples fut condamnée à donner cent mille écus par forme d'amende.

La Cour de Rome n'ayant pu venir à bout d'introduire l'inquisition dans le royaume de Naples, envoya sous les regnes suivans des Inquisiteurs particuliers, ou en donna la commission à des Evêques Napolitains. Quelques-uns trouverent moyen d'exercer leur jurisdiction par la complaisance des Vices-Rois; mais Philippe II. ordonna par un Edit du 10 de mars de 1565, que conformément aux maximes du royaume, les Evêques comme Juges ordinaires & naturels, & non comme délegués du Saint Siége, auroient seuls, dans le droit, la connoissance de tous les délits en matiere de Foi. Il déclara en même-temps qu'il ne prétendoit pas qu'il y eut à Naples aucune Inquisition. Ces ordres du Monarque n'empêcherent pas quelques Inquisiteurs d'exercer leur jurisdiction avec beaucoup de rigueur, sans daigner prendre sur leur commission les lettres d'attache. Philippe III. Philippe IV. & Charles II. furent contraints de donner de nouveaux Edits pour maintenir les Napolitains dans leur liberté.

Les nouvelles impositions que la Cour d'Espagne fut obligée de lever dans les deux Siciles, pendant les guerres que la maison d'Autriche eut à soutenir contre la France, furent la cause d'une grande révolution qui arriva dans ce pays. Les troubles commencerent d'abord dans la Sicile en 1647 sous le regne de Philippe IV. La récolte avoit été peu abondante; & l'on étoit menacé d'une pareille disete pour la récolte suivante. Pendant la chereté des grains, les Magistrats de Palerme avoient eu soin de faire vendre le pain à plus bas prix qu'il ne coûtoit. Ils voulurent dans la suite regagner ce qu'ils avoient perdu, & firent exposer en vente des pains plus petits qu'à l'ordinaire. Cette nouveauté excita une révolte generale dans toute la ville : les regiſtres des recettes publiques furent brûlés, les Receveurs maſſacrés, & les arſenaux enfoncés. Les rebelles ſe donnerent bien-tôt des Chefs, & obligerent le Vice-Roi à ſupprimer les droits qu'on levoit ſur les denrées. Le Vice-Roi trop foible pour réſiſter aux mutins, ſe vit forcé d'accorder tout ce qu'on exigea de lui, & cependant la révolte dura juſqu'à la fin de l'année.

La ville de Naples n'étoit pas alors plus tranquille. Les fortes impoſitions dont on avoit ſurchargé le peuple, étoient auſſi le motif des troubles qui agitoient cette ville. Les Vices-Rois plus portés pour leurs propres intérêts que pour ceux de leurs Souverains, ne ſongeoient qu'à s'enrichir aux dépens des peuples, & comme ils réſervoient pour eux la plus grande partie des ſommes qu'on devoit, on étoit obligé d'accabler le peuple de nouveaux impôts pour remplir les beſoins de l'Etat.

Les François maîtres en 1647 de Portologone & de Piombino en Toſcane, menaçoient Orbitello dont on prétend que le Cardinal Mazarin vouloit faire un entrepôt pour l'armée navale de France. L'Eſpagne obligée de lever des troupes & d'équiper une flotte pour réſiſter aux François, ſe vit contrainte de lever une nouvelle taxe ſur le royaume de Naples. Le Duc d'Arcos qui en étoit le Vice-Roi, ne trouva pas d'autre moyen pour fournir les ſommes dont la Cour de Madrid avoit beſoin, que de mettre un impôt ſur les fruits. Les peuples accoutumés à faire leur principale nourriture des fruits, n'avoient jamais ſupporté patiemment qu'on eût levé quelques droits ſur ces denrées. Ils ne furent pas plus tranquilles dans cette occaſion : après avoir pris le plan d'une révolte generale, ils mirent le feu au bureau où l'on faiſoit la recette du nouvel impôt. La populace avoit alors pour Chef un homme de la plus vile condition, nommé Maſaniello ou Thomas Aniello. Cet aventurier portoit le même nom que celui qui s'étoit mis à la tête du peuple, lorſqu'il s'étoit révolté au ſujet de l'Inquiſition. Celui-ci étoit à peine dans l'adoleſcence, hardi, entreprenant, & n'aſpiroit qu'au moment de ſe venger des Receveurs, qui avoient maltraité ſa femme pour avoir voulu paſſer un peu de farine en contrebande. Une diſpute ſurvenue dans le marché entre les Marchands fruitiers de la ville de Naples & ceux de Pouzzole, fournit à Maſaniello l'occaſion qu'il cherchoit depuis long-temps. La ſédition commença d'abord par une troupe d'enfans armés ſeulement de cannes de roſeaux, qui pillerent le bureau de la recette. Bien-tôt le peuple ſe joignit à ces enfans, ſe jetta ſur les autres bureaux, & courut au Palais du Vice-Roi. Le Duc d'Arcos effrayé, crut appaiſer le peuple en faiſant jetter de l'argent, & en ſupprimant l'impôt ſur le fruit. Cette douceur loin d'appaiſer les mutins, leur donna encore plus de hardieſſe, & peu ſatisfaits d'avoir obtenu l'abolition de cette taxe, ils demanderent ſéditieuſement la ſuppreſſion de tous les autres impôts, & le rétabliſſement des priviléges que Ferdinand le Catholique & Charles V. leur avoient accordés.

Le Vice-Roi par le conſeil de l'Archevêque de Naples, promit d'accorder tout ce qu'on demandoit auſſi-tôt que chacun ſeroit rentré dans le devoir. On ne fut pas ſatisfait de ces promeſſes, & le peuple, toujours ennemi de la Nobleſſe, profita des circonſtances pour ſatisfaire ſa haine. Les maiſons de pluſieurs Gentilshommes furent expoſées à ſa fureur, & un grand nombre de Nobles furent massacrés. Masaniello étoit l'ame qui faisoit agir cette populace effrenée, & régloit le sort de ses citoyens. Le Vice-Roi se vit donc contraint de signer un traité solemnel par lequel il supprimoit toutes les gabelles ou impôts dont on avoit chargé le peuple depuis le regne de Charles V. Le peuple resta sous les armes jusqu'à ce que la Cour d'Espagne eut ratifié le traité que le Vice-Roi venoit de faire. Pendant cet intervale, le Vice-Roi accorda des honneurs extraordinaires à Masaniello, dans le dessein de le faire périr en secret. Ce factieux travailla lui-même à sa perte : devenu insolent & cruel, il s'attira la haine de ses partisans même, & il fut tué huit jours après avoir gouverné la populace Napolitaine. Sa tête fut portée au bout d'une lance dans la place du marché, sans que le peuple en parut touché.

La mort de Masaniello sembloit devoir rendre le calme à la ville de Naples; mais la conduite des Nobles à l'égard du peuple, & la diminution du poids du pain, exciterent une nouvelle révolte plus dangereuse que la premiere. La mémoire de Masaniello devint chere à la populace. Sa tête fut réunie à son cadavre, on le revêtit d'un manteau royal, on lui mit une couronne de laurier sur la tête, à l'un de ses côtés le bâton de Commandant, à l'autre une épée nue, on le porta ensuite sur un riche brancard à l'Eglise des Carmes, où on lui rendit tous les honneurs funebres dûs à un Général d'armée. Le peuple ensuite s'empara du Torrion des Carmes & de differens postes avantageux. Tous les châteaux étoient alors dégarnis de ce qui étoit nécessaire pour leur deffense, l'argent manquoit, & tout le monde refusoit de payer ce qui étoit dû au trésor public. D'ailleurs toutes les troupes étoient parties pour le Milanès, & celles qu'on avoit fait venir des autres provinces avoient été battues par les partisans du peuple. Bien-tôt toutes les villes du royaume se révolterent à l'imitation de la ville de Naples, & refuserent de payer les impôts. Dans cette extrêmité le Vice-Roi crut appaiser les séditieux en leur accordant de nouvelles graces ; mais les rebelles soupçonnant la bonne-foi du Duc d'Arcos, exigerent qu'on les mit en possession des châteaux. Ils choisirent pour leur Capitaine General, François Toraldo, Prince de Massa, qui fut obligé d'accepter cet emploi du consentement même du Duc d'Arcos. Il ne le conserva pas long-temps. Soupçonné de l'intelligence qu'il entrenoit avec le Vice-Roi & avec les Espagnols, il fut inhumainement massacré.

Philippe IV. informé de tous ces désordres, envoya Don Juan d'Autriche son fils naturel, avec une flotte composée de vingt-deux galeres & de quarante autres bâtimens ; mais ils étoient mal pourvûs de munitions, & n'avoient à bord que quatre mille fantassins. Le Duc d'Arcos persuadé que ce secours étoit suffisant pour soumettre les rebelles, engagea Don Juan d'Autriche à les pousser avec vigueur. Ce Général commença par sommer le peuple de mettre bas les armes ; & sur son refus, il fit débarquer trois mille hommes qui s'emparerent de plusieurs postes avantageux, d'où l'on tira sur la ville. Le canon ruina plusieurs Eglises, palais & maisons des particuliers, & inspira d'abord une grande frayeur aux factieux : mais ils s'y accoutumerent insensiblement. Les Chefs de la révolte ne cessoient de les exciter par leurs discours séditieux, & publioient que le Roi d'Espagne avoit résolu de ruiner leur ville pour donner un exemple de sévérité. Ces discours porterent les rebelles à employer toutes sortes de moyens pour leur deffense. Ils se

servirent

servirent de l'artillerie qui étoit dans les arsenaux, & l'opposerent aux batteries des Espagnols. Ces derniers furent bien-tôt obligés de cesser leur feu faute de poudre, & d'éloigner leur flotte. Les factieux connoissant la foiblesse de ceux qui les attaquoient, se porterent aux dernieres extrêmités. Ils abbatirent les bannieres du Roi, foulerent son portrait aux pieds, prirent le titre de République, & publierent un manifeste dans lequel ils exposoient les raisons qui les avoient forcés à secouer le joug Espagnol. Ils choisirent pour leur General Janvier Annese, homme de basse naissance.

ROYAUME DE NAPLE ET DE SICILE

Les troubles de Naples firent concevoir à Henri II. Duc de Guise, l'esperance de se rendre maître du royaume de Naples sur lequel il avoit des prétentions en qualité de descendant d'Yolande d'Anjou fille du Roi René. Guidé par son courage, il crut venir facilement à bout de cette entreprise chimérique, mais il manquoit de prudence & de politique, vertus si nécessaires dans ces occasions. Annese à qui il offrit sa personne & ses biens, accepta ses offres de concert avec les Chefs du peuple Napolitain. Le Duc de Guise voulut intéresser la France dans cette affaire ; le Cardinal de Mazarin qui ne voyoit pas beaucoup d'avantage dans cette entreprise, dont la réussite leur sembloit douteuse, ne donna que de foibles secours à ce Prince.

Le Duc de Guise impatient de tenter cette aventure, n'attendit point la flotte Françoise qui devoit partir des côtes de Provence, & s'embarqua à Ostie sur des felouques Napolitaines. Il arriva à Naples le 15 de novembre, & fut reçu au milieu des acclamations du peuple. Dans l'acte de serment de fidélité qu'il prêta au Dôme, il prit la qualité de General des armes & de deffenseur du royaume de Naples & de sa liberté. Le Duc de Guise après avoir examiné les forces des rebelles, connut bien-tôt qu'elles ne consistoient que dans une populace furieuse qui n'avoit ni ordre ni discipline. Ce nouveau General leva d'abord quelques troupes à ses dépens, fit plusieurs reglemens, & voulut qu'on observât les loix de la guerre. Il fit frapper en même-temps au coin de la République des pieces d'argent & de cuivre, & se fit élire pour sept ans Duc de Naples. Aussi-tôt qu'il fut revêtu de cette nouvelle dignité qui enlevoit à Annese tout son pouvoir, il marcha contre les Barons que la haine du peuple avoit forcés à se réunir aux Espagnols.

Expédition du Duc de Guise à Naples.

L'armée navale de France parut enfin à la vûe de Naples ; mais le Duc de Richelieu qui la commandoit, n'ayant point reçu d'ordre de favoriser les entreprises du nouveau Duc de Naples, se contenta de canoner la flotte Espagnole, & de reprendre la route de Provence. La Cour de France n'avoit d'autre dessein que d'occuper les Espagnols par la révolte de Naples, & la flotte qu'elle avoit envoyée, n'étoit pas assez pourvue de ce qui étoit nécessaire à une expédition de cette importance pour seconder les desseins du Duc de Guise. On étoit d'ailleurs indisposé contre ce Prince, qui fier de sa nouvelle dignité, avoit tenu des discours peu ménagés de la maison royale de France. Il s'étoit comporté avec tant de hauteur à l'égard des François qui avoient bien voulu l'accompagner, que ceux-ci souleverent contre lui plusieurs Chefs des rebelles, & l'abandonnerent. Innocent X. touché des maux dont les Napolitains étoient accablés, chargea Emile Altieri son Nonce à Naples, de faire tous ses efforts pour pacifier les troubles. Les Espagnols, Don Juan d'Autriche, le Duc d'Arcos, & tous les Barons desiroient avec impa-

Tome II.   D d *

tience la fin de la guerre civile. Annese lui-même qui avoit perdu la plus grande partie de son autorité, ne paroissoit pas éloigné de la paix : mais lorsqu'on rendit public l'Edit de Philippe IV. qui donnoit plein pouvoir au Duc d'Arcos de traiter avec les rebelles, Annese recusa le Vice-Roi parce qu'il avoit souvent manqué à ses promesses. Don Juan s'étant apperçu que le Vice-Roi étoit devenu odieux au peuple, se chargea du soin des affaires du consentement même du Duc d'Arcos. L'amnistie générale qu'il accorda loin de calmer les esprits, sembla au contraire les autoriser à faire de nouvelles entreprises. L'Edit fut déchiré, & le peuple remplit les tribunaux de tous ceux qui étoient dans leur parti.

D'un autre côté le Duc de Guise se perdit par son imprudence : Annese & les autres Chefs des rebelles irrités contre lui du peu de ménagement qu'il avoit pour eux, s'étoient détachés de son parti. Ces divisions nuisoient aux intérêts de la nouvelle République, dont elles diminuoient les forces en les partageant. Don Juan profita de ces divisions, pour faire de nouvelles propositions aux rebelles. Pendant que le Cardinal Filomarini travailloit à ramener Annese, la Cour d'Espagne mécontente de ce que le conseil collatéral avoit fait renoncer le Duc d'Arcos à la Vice-Royauté, envoya le brevet de Vice-Roi à Don Innigo de Guevara Comte d'Ognate, son Ambassadeur à Rome. Le nouveau Vice-Roi s'étant rendu à Naples le premier de mars 1648, prit la résolution d'attaquer le quartier des rebelles. Il jugea cependant à propos de continuer les négociations qui avoient été commencées. Le Duc de Guise n'avoit plus alors aucun crédit, ni parmi la Noblesse qu'il avoit voulu attirer à son parti en affectant de mépriser les populaires, ni parmi le peuple en présence duquel il avoit souvent maltraité la Noblesse dans ses discours. Ses dépenses superflues, sa magnificence extraordinaire, ses exécutions sanglantes contre tous ceux qui lui devenoient suspects, enfin ses vaines promesses d'obtenir de la France une flotte supérieure à celle qui avoit paru, l'avoient rendu également odieux à tout le monde. Il étoit traité de tyran, & se voyoit tous les jours en danger de perdre la vie. Informé du dessein de ses ennemis, il se rendit à Posilippo sous prétexte d'attaquer l'isle de Nisita : mais il ne cherchoit alors que les moyens de fuir le péril qui le menaçoit. Le Vice-Roi profitant de son éloignement, s'avança avec Don Juan d'Autriche vers le quartier des rebelles parmi lesquels ils avoient des intelligences. Ils y furent reçus aux acclamations du peuple, qui imploroit la clémence & la miséricorde du Souverain. En un instant trois mille hommes se rendirent maîtres de tous les postes sans effusion de sang, & les esprits ayant tout-à-coup changé, le calme fut entierement rétabli dans la ville, & chacun retourna à ses occupations ordinaires. La réduction de Naples se fit le Lundi-Saint 6 d'avril.

Cet evenement renversa les projets du Duc de Guise, & l'obligea à prendre la fuite. Les Royalistes le poursuivirent avec tant de diligence, qu'ils l'arrêterent prisonnier avant qu'il pût sortir du royaume. Il fut d'abord conduit à Gaëtte où l'on consulta long-temps pour sçavoir ce que l'on feroit de lui. Un grand nombre étoient d'avis qu'il fut puni de mort; cependant il fut décidé qu'on l'enverroit en Espagne, où il resta quatre ans.

L'entreprise du Prince Thomas de Savoye sur le royaume de Naples, pa-

DE L'UNIVERS. Liv. II. Ch. III.

roissoit mieux concertée. Ce n'étoit point sur l'attachement momentané d'une vile populace ce que Prince comptoit : il étoit assuré d'un grand nombre de Barons Napolitains qui étoient prêts à lui sacrifier leur vie & leurs biens. Le Cardinal Mazarin avoit plusieurs raisons qui l'engageoient à le soutenir dans cette expédition. D'ailleurs les mauvais succès de cette tentative ne pouvoient influer sur les autres projets de la guerre, puisque la flotte Françoise pouvoit des côtes de Naples passer en Lombardie ou en Catalogne. Le Prince Thomas étant parti de Provence, fit voile du côté de Naples. Il ne put être favorisé dans sa descente par les François ou leurs partisans, parce qu'alors ils n'avoient pas assez de forces, & étoient trop dispersés dans le royaume. Thomas n'avoit donc d'autres ressources que les intrigues qu'il entretenoit dans le royaume. Augustin de Lieto Capitaine des Gardes du Duc de Guise qui étoit sur la flotte avec le Prince Thomas, chargea un Napolitain nommé Charles Rosa, de porter des lettres à Annese & aux autres Chefs du peuple, pour les engager à secouer le joug Espagnol. Rosa se flattant qu'il recevroit une récompense considérable en découvrant la conjuration tramée contre l'Etat, donna au Comte d'Ognate toutes le lettres dont il étoit chargé. Le Vice-Roi qui étoit bien-aise de découvrir les sentimens d'Annese & des autres Chefs, voulut que Rosa les fit tenir à ceux à qui on les adressoit. Aucun de ceux à qui on les présenta, ne voulut les décacheter, & tous les porterent au Vice-Roi. Annese fut le seul qui gardât le silence. Le Comte d'Ognate ayant de fortes raisons pour soupçonner sa fidelité, le fit arrêter & punir de mort.

Le Prince Thomas informé de ce qui s'étoit passé, s'apperçut trop tard qu'il ne devoit pas compter sur les Napolitains. Il alla faire une descente dans l'isle de Procida, dont il se rendit maître : mais il ne fut pas si heureux à l'attaque de Salerne. La vigoureuse résistance du Commandant, & les troupes que le Vice-Roi envoya, obligerent le Prince Thomas à se rembarquer précipitamment & à reprendre la route de Provence.

Naples & la Sicile rentrerent alors sous l'obéissance qu'elles devoient à leur Souverain, & le calme leur fut enfin rendu. Le Vice-Roi confirma l'amnistie aux Napolitains ; mais on fut obligé de rétablir une partie des impôts à l'exception de celui qu'on avoit voulu mettre sur les fruits & les légumes. Le repos dont les Napolitains jouissoient, ne dura que jusqu'à l'an 1654. Les peuples irrités contre le Vice-Roi, qui depuis la paix avoit fait connoître son caractere dur & sévere, soupiroient après le moment où ils seroient délivrés du joug des Espagnols. Plusieurs mécontens avoient invité la Cour de France à faire de nouvelles tentatives sur le royaume de Naples ; mais les troubles domestiques & les disgraces particulieres du Cardinal Mazarin avoient retardé cette entreprise. On ne voulut point en charger une seconde fois le Prince Thomas de Savoye, & le Prince de Condé à qui les Napolitains avoient proposé la couronne, refusa des offres si brillantes.

Le Duc de Guise qui étoit sorti de sa prison, forma de nouveaux projets sur le royaume de Naples, & s'adressa à Louis XIV. pour engager ce Monarque à lui donner le commandement d'une flotte. La Cour de France ne parut pas cependant favoriser entierement le Duc de Guise en cette occasion. Elle se contenta de lui donner quelques secours, afin de le mettre en état de

Marginalia:
ROYAUMES DE NAPLES ET DE SICILE.
Entreprise du Prince de Savoye sur Naples.

1654.

Nouvelle tentative du Duc de Guise.

faire diversion de ce côté-là; car elle ne prétendoit pas le mettre en possession du royaume.de Naples. Ainsi tout le succès de cette entreprise, dépendoit des intelligences qu'on entretenoit avec les mécontens de l'Abruzze & de la Calabre. Les principaux Chefs étoient le Cardinal Antoine Barberin, Jean Renaud Monaldeschi, & le Marquis Maximilien Palombara. Ces partisans du Duc de Guise leverent quelques troupes dans l'Etat Ecclésiastique. Ce Prince pressoit l'armement de la flotte à laquelle il avoit contribué de ses propres deniers. Elle étoit à peine en état de se mettre en mer, lorsque le Prince d'Orange le força d'embarquer l'armée avant même que l'équippement fut achevé. Cette flotte sortit du port de Toulon le 5 d'octobre. Elle étoit composée de vingt-trois vaisseaux de guerre, de six barques longues, de quatre brulots & de six galeres. Les troupes de débarquement étoient au nombre de cinq mille hommes, moitié infanterie, moitié cavalerie demontée, parce qu'on s'étoit flatté de trouver facilement des chevaux dans le royaume de Naples. La flotte dispersée par la tempête, s'alla mettre à couvert sous l'isle Favognana située à la pointe occidentale de la Sicile, & ce fut pendant le séjour qu'elle fit dans le port de cette isle, qu'on résolut de faire la descente à Castellamare. La flotte y arriva le 5 de novembre, & débarqua avec tout l'ordre possible. Don Garcias d'Avellana & de Haro Comte de Castrillo, avoit alors remplacé le Comte d'Ognate. Le nouveau Vice-Roi instruit de l'armement des François, avoit pris toutes ses précautions pour n'être point surpris, & il avoit eu soin de redoubler la garnison de Castellamare, quoiqu'il fut persuadé que les François ne feroient qu'une fausse attaque de ce côté-là. Le Duc de Guise ayant inutilement sommé le Commandant de cette place à se rendre, se vit obligé d'en faire le siége dans toutes les formes. Il fut poussé avec tant de vigueur, qu'en deux fois vingt-quatre heures la ville fut forcée de se rendre. Le Duc de Guise qui vouloit gagner l'affection des peuples par sa douceur, fit tout ce qu'il put pour empêcher le pillage.

Les vivres commençoient à manquer, & l'on étoit embarrassé sur le parti qu'on devoit prendre. On résolut donc de s'emparer du cours de la riviere de Sarno & des ponts de Persica & de Scafata, qui servoient de passage au bled que l'on envoyoit de la Pouille à Naples. Cette entreprise fut si mal concertée, qu'on ne put s'en rendre maître. Les troupes manquant de pain; parce qu'on n'avoit point de moulins pour moudre les bleds, & que d'ailleurs toutes les places du royaume étant en état de deffense, le Duc de Guise fut obligé de se rembarquer avec précipitation. Tel fut le succès de cette seconde expédition.

1659. La paix conclue entre la France & l'Espagne par le traité des Pyrennées, fut suivie du mariage de Louis XIV. avec l'Infante Marie Therese fille de Philippe IV. Cette alliance en terminant les anciennes querelles, sembloit devoit assurer à l'Italie la tranquillité qu'elle lui procuroit; mais la mort de Philippe IV. arrivée le 17 de septembre 1665, fut la source des nouveaux troubles qui agiterent les deux Siciles. Louis le Grand proposa alors à la Cour de Madrid qu'on lui fit raison des droits de son épouse sur diverses provinces des Pays-bas, en qualité d'héritiere de Don Balthasard son frere, ou qu'on lui donna un équivalent. La Régente d'Espagne refusant de satisfaire le Roi, ce Monarque fit examiner juridiquement les droits de la Reine son épouse, & les coutumes locales des differens pays de la Flandre Espagnole dont il prétendoit se mettre en possession. Il porta ensuite la guerre en Flandres & en Franche-Comté, où il eut des succès si rapides que l'Espagne fut obligée de lui céder par le traité d'Aix-la-Chapelle, toutes les places dont il s'étoit rendu maître dans les Pays-bas. Cette paix ne fut pas de longue durée. Les Hollandois redoutant le voisinage de la France, firent tout ce qu'ils purent pour chasser les François des Pays-bas. Louis le Grand qui avoit trouvé moyen de mettre dans ses intérêts le Roi d'Angleterre, l'Evêque de Munster & l'Electeur de Cologne, déclara la guerre à la Hollande. Le Duc de Lorraine, l'Empereur & le Roi d'Espagne se liguerent avec les Hollandois. La Flandres & l'Allemagne devinrent le théatre de la guerre. Le Roi de France profita des troubles de Messine pour faire une puissante diversion de ce côté-là.

ROYAUMES DE NAPLES ET DE SICILE

1669.

Don Louis del-Hojo, Gouverneur de Messine, avoit résolu d'anéantir l'autorité du Senat qui s'étoit maintenue jusqu'alors, & auquel les habitans avoient recours pour les affaires civiles. Après avoir gagné la populace par ses liberalités & ses caresses, il chercha à l'indisposer contre la Noblesse & les Senateurs, en lui faisant entendre que la puissance & la richesse des Nobles étoient la cause de la misere du peuple. Assuré de l'impression que ses discours avoient déja faite sur les esprits, il forma le dessein de pousser les choses jusqu'à l'extrêmité. Il empêcha qu'on n'apportât des bleds à Messine, & la disette s'étant bien-tôt fait sentir, il en rejetta la faute sur les Senateurs, qu'il accusa de faire des amas de grains pour les vendre à l'étranger; mais on ne tarda pas à connoître l'auteur de cette famine. Don Scipion d'Alifia chargé par le corps de ville, de demander au Vice-Roi de Naples la permission d'enlever des bleds, apprit que Don Louis del-Hojo ne vouloit pas qu'on secourut Messine. Pour remedier à ces maux, on équipa quelques vaisseaux pour croiser sur les côtes, afin d'obliger les barques ou autres bâtimens chargés de bled, de se transporter à Messine. Ce moyen ne fut pas capable de rétablir l'abondance pour long-temps, vu le grand nombre de personne qu'il falloit nourrir; car la plûpart des gens de la campagne s'étoient refugiés dans la ville. Une troupe de ces paysans excités par le Gouverneur se souléverent, & Don Louis s'étant mis à la tête des factieux, les engagea à mettre le feu au palais des Senateurs. Il se rendit lui-même dans l'endroit où ils se tenoient assemblés à dessein de les faire massacrer par ceux qui l'accompagnoient; mais heureusement les Senateurs s'étoient mis à l'abri de sa fureur. Il ne put satisfaire sa haine qu'en les déposant. Il falloit en créer de nouveaux, & il étoit d'usage d'en choisir quatre parmi la Noblesse, & deux dans la Bourgeoisie. Don Louis regla que dorenavant, chacun de ces deux ordres en fourniroit trois. Le Gouverneur s'étant apperçu que les nouveaux Senateurs tenoient des assemblées à son préjudice, se mit une seconde fois à la tête d'une troupe de scelerats, & fit mettre le feu à plusieurs palais. On ouvrit alors les yeux, & il se forma un parti appellé les *Malvizzi* pour opposer à celui du Gouverneur qu'on nommoit *Merli*.

Mouvemen en Sicile.

Le Prince de Lignes, Vice-Roi de Sicile, dont les intentions étoient les mêmes que celles du Gouverneur; mais qui sçavoit se conduire avec plus d'adresse, se rendit à Messine sous prétexte de donner satisfaction au Senat & aux habitans. La présence du Vice-Roi n'empêcha pas le Gouverneur de se conduire avec imprudence. Il aposta deux cens hommes pour se jetter l'épée à la main sur la cavalcade qui devoit se faire le jour de saint Jacques suivant l'usage. Le Vice-Roi qui sentoit les conséquences d'une telle entreprise, donna ordre au Gouverneur de se retirer à Melazzo. Cette conduite auroit pu rendre le calme, si le Prince de Lignes n'eût permis aux *Merli* de continuer leurs désordres. Les *Malvizzi* forcés de pourvoir à leur deffense, acheterent des armes & des munitions, rassemblerent environ trois mille hommes de troupes, & formerent le complot de massacrer en un jour la faction de leurs ennemis. Le Vice-Roi qui fut averti de ce projet, voulut en prévenir l'exécution en donnant quelque satisfaction aux Senateurs. Le bannissement des plus séditieux des *Merli*, appaisa les *Malvizzi* & les engagea à rester tranquilles.

Le sort de Messine toucha les autres villes de la Sicile qui lui offrirent du secours; mais cette confédération ne fut pas capable d'attirer l'attention de la Cour de Madrid. Elle trouva même mauvais que le Vice-Roi eut éloigné le Gouverneur, & eut chassé les *Merli*. En conséquence des ordres que l'on envoya au Prince de Lignes les *Merli* eurent permission de rentrer dans Messine, & les principaux de la Noblesse & de la Bourgeoisie, furent bannis de la ville ou mis en prison, & même quelques-uns d'entr'eux furent condamnés à mort. Quelque-temps après, le Roi d'Espagne donna la Vice-Royauté de Sicile au Duc de Ferrandina, & le gouvernement de Messine à Don Diegue Soria, Marquis de Crispano.

Ce nouveau Gouverneur irrité de la joye que les habitans avoient fait paroître à l'élection des nouveaux Senateurs, prit la résolution de les faire massacrer. Il avoit assemblé pour cet effet dans son palais cinq cens *Merli* avec autant d'Espagnols, & s'étoit munis de canons & d'autres armes nécessaires pour l'exécution de son dessein. Il fut découvert, & les précautions que l'on prit, sauverent les Senateurs du danger qui les menaçoit. On connut alors tout ce qu'on avoit à redouter de Don Diegue Soria, & l'on résolut d'employer la force pour s'en délivrer. Le Gouverneur voyant que son projet étoit manqué, sortit de son palais avec ses troupes, & attaqua les *Malvizzi*. Telle fut l'origine de cette guerre civile qui causa tant de désordres dans le pays (37).

Toute la ville fut bien-tôt en combustion, les *Malvizzi* s'assemblerent en si grand nombre qu'ils repousserent les *Merli*. La Cour de Madrid songea alors aux moyens d'arrêter cette révolution, & donna ordre au Vice-Roi de Naples de faire marcher des troupes contre les Messinois. Ceux-ci ne se croyant pas en état de résister aux Espagnols, résolurent d'implorer la protection de la France. Don Antoine Caffaro s'adressa au Duc d'Etrées, Ambassadeur de France à Rome. Ce Ministre depêcha aussi-tôt un Courier au Roi, pour l'informer du dessein des Messinois. Il conseilla en même-temps à Don Antoine de se rendre à Toulon, & de faire part de cette affaire au Duc de Vivonne qui devoit conduire une flotte en Catalogne. Cependant le Senat de Messine avoit député vers le Vice-Roi pour le porter à un accommodement; mais la négociation avoit été sans effet, parce que les Messinois avoient re-

(37) On voit le récit de cette révolution dans un relation des mouvemens de Messine imprimée en 1675, & dans les *Gazotti* part. 2. lib. 6. Giannone rapporte differemment le commencement de cette révolution; mais il s'accorde avec les autres Ecrivains, à dire que la conservation des priviléges obligea les Messinois à la révolte.

fufé de fe rendre à difcrétion comme on l'exigeoit. Les Efpagnols continuoient de battre la ville avec l'artillerie des châteaux, tandis que les habitans affiegeoient le Marquis de Crifpano dans fon palais, qui fut enfin forcé. Le Gouverneur s'étant retiré dans le château de *San-Salvatore*, paffa quelques jours après à Melazzo. Les Meffinois fe rendirent enfuite maîtres de plufieurs autres poftes hors de l'enceinte.

Pendant que les Meffinois fe deffendoient avec tant de courage contre les Efpagnols, Don Antoine avoit obtenu du fecours de la France. Les Genois & les Malthois ayant appris cette nouvelle, abandonnerent le Marquis de Baiona qui commandoit en l'abfence du Duc de Ferrandina. Trop foible pour continuer la guerre; il fit à fon tour des propofitions d'accommodement; mais les Meffinois fiers du fecours qu'ils attendoient, refuferent d'entamer aucune négociation, & ôterent même le portrait du Roi d'Efpagne, qui étoit placé à la porte du palais du Sénat. Le Commandeur de Valbelle chargé de conduire le fecours que Louis le Grand envoyoit aux Meffinois, parut le 28 de feptembre & mouilla à un mille de Meffine, dont le port étoit deffendu par les Efpagnols. Don Antoine Caffaro de retour dans cette ville, rendit compte de fa commiffion, & le Senat pour marquer fa reconnoiffance au Roi très-Chrétien, fit arborer l'étendart & les armes de ce Monarque au bruit des trompettes & des tambours. Valbelle attaqua le château de *San-Salvatore*, dont le Gouverneur fe trouva fi preffé, qu'il promit de fe rendre s'il ne recevoit pas de fecours dans le terme de huit jours. Sur ces entrefaites on découvrit la flotte Efpagnole; mais elle étoit encore fi éloignée, que les François tâcherent de faire croire que c'étoit un nouveau renfort qui leur venoit de France. Cependant Valbelle jugea à propos avec fon efcadre, d'aller à la rencontre des Efpagnols. Les Meffinois animés par la réfolution du Général François, fongerent à fe rendre maîtres de *San-Salvatore*. Trois cens hommes déguifés trouverent moyen de s'y introduire, & après s'en être emparés, ils éleverent au haut des tours, l'étendart de France. Là flotte Efpagnole l'ayant apperçu, fe retira à Melazzo & dans d'autres ports, fans avoir fait aucune tentative. Valbelle de fon côté qui avoit été jetté fur les côtes de la Calabre, n'avoit pu attaquer les Efpagnols. Il repaffa en fuite en France pour expofer au Roi la néceffité preffante de la ville, & le fupplier au nom des habitans de leur envoyer de nouveaux fecours.

Louis le Grand écouta favorablement la demande des Meffinois, & leur envoya deux mille hommes fous les ordres du Marquis de Vallavoir, & Valbelle les conduifit dans les mers de la Sicile qu'il connoiffoit parfaitement. La ville de Meffine fouffroit alors ce que la famine avoit de plus affreux. Dans cette cruelle extrêmité, les Meffinois, après avoir abandonné la plûpart des poftes dont ils s'étoient rendu maîtres, prêterent l'oreille aux propofitions de paix que les Efpagnols leur faifoient. L'arrivée du Duc de Ferrandina avec dix-neuf galeres, acheva de les décourager. Le Sénateur Don Caffaro eut beaucoup de peine à les retenir dans les interêts de la France, & il fe voyoit prêt à être forcé de figner le traité lorfqu'on apperçut la flotte Françoife. Les Efpagnols qui auroient pu l'empêcher d'entrer dans le port de Meffine, fe retirerent dans ceux de la Calabre. La vûe de l'armée Françoife fit paffer les Meffinois de la plus profonde trifteffe à la plus grande joye,

Royaume de Naples et de Sicile

Les Meffinois implorent le fecours de la France.

1675.

& leur abbatement se convertit en une fureur que le Marquis de Vallavoir se crut obligé de ralentir. Après les acclamations *de vive le Roi de France notre Maître & notre Libérateur*, ils se jetterent sur les Espagnols, & en firent un grand carnage. Cette ardeur dura tant que l'abondance regna dans la ville; mais auffi-tôt que les provisions commencerent à manquer, ils reprirent les conférences avec les Espagnols.

Cependant le Duc de Vivonne cingloit avec sa flotte vers Messine. Les Espagnols résolus de l'attaquer, allerent à sa rencontre, & lui livrerent un combat qui fut très-sanglant. La victoire se déclaroit pour les Espagnols lorsque le Commandeur Valbelle vola au secours des François avec trois vaisseaux de guerre. Les choses changerent alors de face : deux vaisseaux Espagnols furent coulés à fond, un troisieme fut pris, & le reste de la flotte ennemie se retira en désordre. Après ce grand avantage, le Duc de Vivonne entra dans le port de Messine. S'étant rendu dans cette Ville, il fit prêter serment de fidelité aux habitans, & se fit reconnoître Vice-Roi, tant de cette ville que des autres lieux qui voudroient secouer le joug de la domination Espagnole. Le Duc de Vivonne qui venoit de recevoir le bâton de Maréchal de France, profita de sa victoire pour reprendre sur les ennemis tous les postes dont il s'étoient rendu maîtres pendant l'absence du Commandeur Valbelle. Il assiegea Agouste, & obligea cette place à capituler après douze jours d'attaque.

Quelque-temps après, le Roi publia un manifeste par lequel il déclara : " Qu'il n'avoit accordé l'année précédente du secours aux Messinois, que par " compassion pour leur misere : Qu'il avoit bien voulu à leur instante priere " les recevoir au nombre de ses sujets : Que par ce nouveau titre le Roi, " sans parler de ses anciens droits, pouvoit unir à sa couronne, outre la " ville de Messine, toutes les autres places qu'elle possédoit dans l'isle, & " toutes celles que l'amour de la liberté porteroient à secouer le joug des Es- " pagnols : Que néanmoins ses vûes dans cette occasion ayant été moins " d'étendre ses limites, que de protéger des peuples affligés, il n'avoit " reçu les Messinois que pour les rendre à eux-mêmes : Que son dessein n'é- " toit point de les faire vivre sous ses loix ; mais qu'à l'exemple de ses pré- " decesseurs, qui avoient donné deux fois des Rois à Naples & à la Sicile dans " deux branches de la maison royale de France, son intention étoit encore de " donner à cette isle un Souverain qui tirât son origine du même sang : Qu'il " lui remettroit tous les droits acquis à la France sur ce royaume, & tous " ceux que le consentement des peuples avoit déférés ou pourroit déférer à " l'avenir à S. M. : Que ce Prince prendroit les mœurs, les coutumes & les " loix de son Etat, & qu'il rétabliroit chez les Siciliens un trône que leurs " ancêtres avoient vû avec douleur transporter en Arragon & en Castille, " Qu'enfin de tous les interêts que le Roi avoit pu prendre jusqu'alors à la " Sicile, il se réservoit seulement celui de rafermir de plus en plus la puis- " sance de ce royaume, le bonheur & la félicité de ses peuples par la liaison " & la protection toujours assurée de la France (38).

On ignore quel étoit le Prince à qui le Roi destinoit le trône de Sicile. Ce

---

(38) Lunig. tom. II, pag. 1393, d'Egly histoire de Naples.

Monarque voulut aussi engager les Napolitains à se soulever, ou du moins il parut quelques écrits que l'on attribua à la Cour de France. Il n'étoit pas alors difficile d'exciter quelque révolution dans ce royaume, où le Peuple étoit fort mécontent, & dans lequel une troupe de bandits exerçoit toutes sortes de brigandages. Ils s'étoient répandus dans l'Abruzze où ils mettoient les plus riches domaines à contribution, & le nombre en étoit devenu si considérable qu'il y avoit à craindre que les villes murées ne fussent pas à l'abri de leurs fureurs. D'un autre côté, les troupes Napolitaines & Espagnoles se disputoient le rang. On avoit long-temps balancé à décider cette question dans la crainte qu'un tel jugement n'eût de funestes suites. Cependant le Vice-Roi, de l'avis de quelques membres du Conseil collatéral, prononça en faveur des troupes Espagnoles. Cette décision irrita les Officiers Italiens, & ils protesterent qu'ils ne céderoient jamais un honneur qu'ils avoient conservé avec gloire. Le service militaire souffrit de toutes ces disputes, soit par la nonchalance ou la malice de ceux qui en étoient chargés. Les troupes Espagnoles qui étoient sans occupation & sans argent, commettoient des désordres épouvantables dans la ville, & enlevoient avec hardiesse tout ce qu'ils trouvoient dans les boutiques. La Cour d'Espagne étoit trop occupée pour songer à remédier à tant de maux.

L'affaire de Messine l'inquietoit beaucoup, & elle craignoit que l'isle entiere ne passât enfin sous la domination des François. Le secours qu'elle attendoit des Hollandois, arriva sous les ordres de l'Amiral Ruiter. Le Lieutenant Général du Quesne qui commandoit la flotte Françoise, attaqua l'Amiral ennemi le 6 de janvier à la vûe de Stromboli, & remporta sur ce grand Général un avantage considérable. Malgré cet échec, Ruiter se présenta devant Agouste pour faire le siége de cette ville. M. du Quesne s'avança pour secourir la place, & engagea le 22 d'avril un second combat. Il y eut beaucoup de monde tué de part & d'autre, & chacun s'attribua la victoire. Cependant les ennemis abandonnerent le siége d'Agouste, & l'Amiral Ruiter perdit la vie des blessures qu'il avoit reçues dans le combat. Quelques temps après, c'est-à-dire le 2 ou 3 de juin, MM. de Vivonne & du Quesne battirent de nouveau les ennemis auprès de Palerme, & se rendirent maîtres de la Scalette & de quelques autres postes avantageux.

Les Espagnols n'ayant plus assez de forces pour s'opposer aux François, ceux-ci demeurerent en possession de leurs conquêtes jusqu'en 1678. Le Roi qui vouloit amener ses ennemis à la paix, crut qu'il étoit de la politique d'abandonner l'affaire de Messine, & ordonna au Duc de la Feuillade qui avoit été envoyé pour remplacer le Maréchal de Vivonne, de ramener les troupes Françoises. En effet cette conduite du Roi, & quelques avantages qu'il remporta en Allemagne, engagerent l'Empereur à accéder au traité de paix qui avoit été conclu à Nimegue entre la France & les Etats Généraux (39).

Messine abandonnée des François, se vit dans la nécessité de recourir à la clémence de son Souverain. Le Gouverneur des armes de la place de Reggio, instruit de la retraite des François, se rendit à Messine avec l'Evêque d'Esquilache, & présenta aux habitans le portrait du Roi Catholique. Les habi-

---

(39) Voyez l'article de France de cette Introduction, tom. I. part. II. pag. 352 & suiv.

Tome II. Ee

ROYAUMES DE NAPLES ET DE SICILE.

tans témoignerent beaucoup de joye à cette vûe, & donnerent des grandes marques de soumission. Le Vice-Roi Gonzaga accorda une amnistie générale dont il n'excepta que ceux qui s'étoient embarqués avec le Marquis de la Feuillade. Il n'abolit point le Senat, voulant auparavant avoir des ordres précis de la Cour sur une matiere de cette importance. Le Roi d'Espagne n'approuva point la douceur dont il avoit usé à l'égard des Messinois; il fut rappellé à Madrid, & on lui donna pour successeur le Comte de San-Stefano alors Vice-Roi en Sardaigne. Ce Seigneur ayant pris possession de sa nouvelle dignité le 5 de janvier 1679, cassa le Senat conformément aux ordres qu'il avoit reçu de la Cour, changea la forme du gouvernement, ordonna qu'à l'avenir ces Magistrats ne seroient plus nommés Senateurs ou Jurés, mais simplement Elus, & enfin il limita leur autorité à un tel point qu'il la réduisit presque à rien. Les Messinois perdirent toutes leurs franchises & priviléges; le palais de la ville fut démoli, & le Vice-Roi fit élever en la place une pyramide, au haut de laquelle on plaça la statue du Roi, faite du métal de la même cloche qui servoit autrefois à appeller les citoyens au conseil. Il deffendit toutes les assemblées, regla les revenus & les droits publics, & fit bâtir une citadelle pour contenir les Messinois dans le devoir.

Troubles occasionnés par la mort de Charles II. Roi d'Espagne.

1700.

La mort de Charles II. Roi d'Espagne arrivée le premier de novembre 1700, causa de grands mouvemens dans la plus grande partie de l'Europe, & fit passer les royaumes de Naples & de Sicile sous une nouvelle domination. Le Duc d'Anjou fils du Dauphin étant monté sur le trône d'Espagne en conséquence du testament de Charles II. se vit en même-temps maître du royaume de Naples. L'Empereur Leopold fit plusieurs protestations contre le testament du feu Roi d'Espagne, & voulut faire valoir ses droits sur cette couronne. Plusieurs puissances de l'Europe prirent les intérêts de l'Empereur contre la France, & résolurent de mettre la couronne d'Espagne sur la tête de Charles Archiduc d'Autriche, second fils de l'Empereur. Les Hollandois, les Rois d'Angleterre & de Portugal, & le Duc de Savoye se liguerent pour forcer Philippe V. à céder le trône à l'Archiduc Charles. Cette affaire occasionna une guerre considérable dont on a fait mention ailleurs. (39).

Conjuration à Naples.

Cependant quelques Seigneurs Napolitains, partisans de la maison d'Autriche, formerent un complot à Naples pour livrer cette ville à l'Archiduc. Ils cherchèrent à indisposer le petit peuple contre Philippe V. par les différens bruits qu'ils faisoient courir au désavantage de ce Prince. Ils publierent que les Grands du royaume d'Espagne l'avoient abandonné, & qu'ils s'étoient déclarés pour l'Empereur; que les troupes Autrichiennes paroissoient déja sur les frontieres des Etats de Naples, & qu'une puissante flotte s'avançoit vers les côtes. Ces discours firent impression, & quelques mutins commencerent à s'assembler, & à prendre ouvertement le nom d'*Imperiaux*. Ils insulterent ensuite ceux qui ne paroissoient pas être de leur parti, & bien-tôt l'on s'apperçut que l'esprit de révolte avoit gagné un grand nombre de personnes. Cajetan Gamba Corta Prince de Macchia qui étoit dans les intérêts de la maison d'Autriche, se mit à la tête des rebelles. Les Conjurés ayant pris leurs mesures pour faire réussir leur projet criminel, ils résolurent de faire assassi-

(39) Histoire d'Espagne de cette Introduction, tome premier, partie premiere, page 106 & suiv. Histoire de France partie seconde, pag. 367 & suivantes.

net le Vice-Roi, & de s'emparer ensuite du château-neuf. Ils se flattoient que la ville se trouvant sans chef & sans deffense, seroit obligée de prendre le parti qu'on voudroit. Ils gagnerent le cocher du Vice-Roi qui devoit s'arrêter à la fontaine de Medina, & leur donner le signal par un coup de fouët pour les avertir que son maître étoit sans suite. Spinelli de son côté avoit engagé quelques soldats de la garnison du château-neuf à fournir des armes aux Conjurés ; dont les uns entreroient dans la citadelle sous quelque prétexte, & les autres s'y introduiroient sous l'habit de paysans.

Le Vice-Roi assez heureux pour découvrir ce complot avant son exécution, trouva moyen de concert avec le le Duc de Popoli, de traverser le dessein des factieux. Ceux-ci s'étant apperçu que leur secret avoit transpiré, n'en devinrent que plus furieux, & se déclarerent ouvertement en faisant retentir par toute la ville le nom de l'Empereur. Ce premier mouvement se passa au milieu d'une nuit qu'ils avoient prise pour l'exécution de leur entreprise criminelle. Ces proclamations attirerent la populace de tous côtés, & les Conjurés lui promirent l'abolition des taxes & des impôts. Ils allerent ensuite aux prisons dont ils enfoncerent les portes, & après en avoir tiré les ouvriers en laine & en soye, ils mirent le feu au palais de la Vicairie, & tous les régistres publics furent reduits en cendres. Ils s'emparerent aussi de la tour de sainte Claire & de celle de saint Laurent où les Officiers de la ville tiennent leurs assemblées. Une grande partie de la Noblesse & des principaux du peuple s'étoit rendue auprès du Vice-Roi, qui étoit gardé outre cela par des troupes Espagnoles. On ignoroit encore le nombre des Conjurés, & l'on craignoit que toute la ville n'eût part à ce complot. Mais si-tôt qu'on se fut apperçu de leur foiblesse, & qu'il n'y avoit rien à redouter de la populace, on les attaqua avec tant de vigueur qu'ils furent chassés de tous les postes où ils s'étoient retranchés. Cette troupe de factieux fut à peine dissipée, que le calme fut rétabli par toute la ville, & le peuple fit retentir les rues de Naples du nom de Philippe V. Les chefs des Conjurés qu'on avoit fait prisonniers, furent punis de mort. Les autres villes où il y avoit aussi eu quelque émotion, rentrerent dans le devoir aussi-tôt qu'elles eurent appris ce qui s'étoit passé à Naples.

Les progrès des Impériaux dans le Milanès, & les mouvemens de quelques chefs de la derniere conjuration, obligerent Philippe V. à se rendre en Italie. Il fit le 15 d'avril son entrée dans Naples, où il accorda diverses graces à ses peuples. Il abolit plusieurs impôts, diminua considérablement celui de l'entrée des grains, déchargea le royaume de deux millions d'arrérages qui étoient dûs sur les revenus du patrimoine royal, & distribua les charges & les emplois aux grands Seigneurs qui s'en étoient rendus plus dignes, & fit mettre en liberté soixante-dix prisonniers, dont quelques-uns avoient eu part à la derniere conspiration. Le Clergé, la Noblesse & les autres Corps de l'Etat qui s'étoient assemblés à Naples, prêterent une seconde fois serment de fidélité au Roi ; & ce Monarque les conserva dans tous les droits & priviléges dont ils avoient joui ou dû jouir sous les regnes précédens, & il leur en promit de nouveaux lorsque les circonstances deviendroient plus favorables. Les Napolitains pour marquer au Roi leur reconnoissance & la joye qu'ils avoient de voir leur Souverain, firent de grandes réjouissances, lui présenterent trois

Royaumes de Naples et de Sicile.

Philippe V. se rend à Naples.

1702.

Royaumes de Naples et de Sicile.

Charles eſt reconnu Roi de Naples.

1707.

cens mille ducats en forme de don-gratuit, & prirent la réſolution de faire élever dans la principale place de la ville la ſtatue équeſtre de ce Prince. Le Pape le fit complimenter par le Cardinal Barberin ſon Légat *à Latere*. Philippe V. reſta à Naples juſqu'au deux de juin : ce voyage affermit les peuples dans l'obéiſſance, & renverſa pour quelque-temps les projets des partiſans de la maiſon d'Autriche.

Le royaume des deux Siciles fut quelques années ſans ſe reſſentir des malheurs de la guerre ; mais en 1707 il ſe forma un parti qui mit la couronne de Naples ſur la tête de l'Archiduc Charles. Le Cardinal Pignatelli Archevêque de Naples, le Duc de Monteleon ſon frere & le Cardinal Grimani, chargé des affaires de l'Empereur (40), conduiſirent cette intrigue. Lorſqu'ils eurent pris toutes leurs meſures pour diſpoſer une partie des Napolitains à ſe déclarer en faveur de l'Archiduc, ils engagerent la Cour de Vienne à faire avancer un corps de troupes pour forcer le reſte des Napolitains à ſe ſoumettre. Les Généraux de Thaun, Martinitz, Vaubonne & Bathé, furent chargés de conduire un corps de douze mille hommes pour cette entrepriſe. L'armée Autrichienne ne trouvant aucun obſtacle ſur la route, força la ville de Capoue à ſe rendre, & marcha enſuite vers Naples.

Le Vice-Roi après avoir pourvu les trois châteaux de ce qui étoit néceſſaire pour faire une vigoureuſe deffenſe, ſe retira à Gaëtte. Son abſence fut cauſe que pluſieurs factions éclaterent, & que les habitans prirent la réſolution de recevoir les Impériaux plutôt que de ſouffrir la rigueur d'un ſiége. Ils députerent au Général de Thaun & au Comte de Martinitz qui étoient à Averſe, & convinrent de ſe rendre aux propoſitions ſuivantes.

» Que les Napolitains ſeroient confirmés dans les priviléges qui leur
» avoient été accordés par Charles V. & Philippe IV. Que le nouveau Souve-
» rain établiroit un port libre à Salerne ; Qu'il ſeroit permis à la Nobleſſe
» Napolitaine comme aux roturiers, d'équiper des vaiſſeaux marchands pour
» faire fleurir le commerce ; Qu'au moyen d'un droit modique levé ſur les
» marchandiſes, le Souverain entretiendroit à ſes dépens vingt vaiſſeaux,
» outre les galeres du royaume pour veiller à la ſûreté de la navigation con-
» tre les corſaires & les armateurs ; Qu'il feroit fortifier la frontiere de l'Etat
» eccléſiaſtique ; Que les garniſons ſeroient compoſées moitié de troupes na-
» tionales, moitié de troupes étrangeres ; Que dans chaque place il y auroit
» deux Commandans, l'un Napolitain, & l'autre au choix du Prince ; Que
» pour les châteaux de Naples, il nommeroit un Gouverneur général pris
» du corps de la Nobleſſe Napolitaine, & que les Commandans de chacun
» de ces châteaux, ſeroient élus par les citoyens ; Que le peuple choiſiroit
» auſſi un interprete des loix du royaume, qui ne pourroit jamais être revêtu
» d'aucun emploi par le Prince, ni ſoumis à d'autres juriſdictions qu'à celle
» des bourgeois de Naples ; Que les Miniſtres du Prince ſeroient obligés de
» prendre leurs degrés dans le royaume ; Qu'ils ne pourroient exercer leurs
» fonctions avant l'âge de trente ans, & ſans avoir auparavant prêté ſerment
» de ne jamais préjudicier aux droits & priviléges de la nation ; qu'enfin tous
» les bénéfices eccléſiaſtiques ne pourroient être données qu'à des Napo-
» litains ? »

(40) L'Empereur Léopold pere de Joſeph & de l'Archiduc, étoit mort en 1705.

Ces conditions ayant été acceptées par le Comte de Thaun, de nouveaux Députés apporterent le 8 de juillet les clefs de la ville, & les Généraux de l'Empereur en prirent possession. Les trois châteaux qui auroient pu se deffendre pendant quelque-temps, se soumirent aussi-tôt qu'ils en furent sommés à l'exception du château-neuf, qui donna des marques de son attachement à Philippe V. Il fut cependant obligé de capituler, & après avoir obtenu la permission de sortir avec toutes les marques d'honneur, il fut conduit à Gaëtte avec sa garnison. Toutes les villes du royaume imiterent l'exemple de la Capitale, & Charles fut reconnu dans toutes les provinces.

Le Comte de Martinitz, Vice-Roi de Naples au nom de Charles, demanda un don gratuit de 350000 écus pour l'entretien de l'armée Imperiale. On fut étonné de cette demande; mais le Vice-Roi fit comprendre que le nouveau Roi n'avoit accordé un traité si avantageux, que dans l'espérance que les Napolitains seroient reconnoissans; que d'ailleurs il n'exigeoit cette somme que pour payer les troupes, qu'il seroit difficile de retenir dans le devoir si l'argent leur manquoit.

Cependant la ville de Gaëtte ou le Duc d'Escalona s'étoit jetté, étoit encore au pouvoir de Philippe V. Le Général de Thaun l'assiegea par terre le 22 d'août; mais comme le chemin de la mer étoit libre, les Vice-Rois de Sardaigne & de Sicile y faisoient entrer continuellement des munitions de guerre & de bouche. Le Général Alleman ayant inutilement demandé une escadre pour attaquer par mer cette place qu'il désesperoit pouvoir prendre, eut recours à l'artifice. Il gagna un corps de Catalans qui étoit dans l'armée du Duc d'Escalona, & par le moyen de ces traitres il se rendit maître de la ville par surprise. Le Duc d'Escalona eut à peine le temps de se jetter dans le château. Il fut bien-tôt obligé de demander à capituler, parce que le Comte de Thaun avoit menacé de faire pendre la garnison si elle ne se rendoit promptement. Le Général Autrichien refusa d'accorder aucune capitulation, & exigea que tous ceux qui étoient dans le château se rendissent à discretion. Le Vice-Roi, le Duc de Bisaccia, le Prince de Cellamare, & plusieurs autres Seigneurs furent conduits à Naples où ils furent enfermés dans le château de Saint-Erme, & traités moins en prisonniers de guerre qu'en criminels d'Etat.

La dureté avec laquelle le Comte de Martinitz traita les Napolitains, excita quelques murmures; ce qui obligea la Cour de Vienne à donner la Vice-Royauté au Comte de Thaun. Ce Seigneur ne traita pas les peuples avec moins de rigueur. Il commença par demander un nouveau subside de 400000 ducats, sous prétexte de l'employer à la conquête de la Sicile ou à celle des places de la côte de la Toscane. Il refusa des passe-ports aux Seigneurs Napolitains qui vouloient aller faire leur Cour à Vienne ou à Barcelonne; & obligea les soldats Espagnols à prendre parti dans les troupes Allemandes. Cette conduite le rendit odieux aux Napolitains, & lui fit perdre son crédit. On fut encore plus irrité contre lui lorsqu'on apprit qu'il avoit employé aux besoins pressans de la Cour de Barcelonne le subside qu'on lui avoit accordé pour la conquête de la Sicile, d'où les Napolitains tiroient la plus grande partie de leurs vivres. On souffrit bien-tôt par la disette des bleds, & la ville n'étoit plus en état de fournir le pain aux soldats de la garnison. Les Magistrats en firent leurs repréſentations au Vice-Roi, & le prierent d'envoyer une partie de troupes dans la Calabre & dans les autres provinces où l'abondance étoit plus grande. Le Vice-Roi loin de ſe rendre aux prieres des Magiſtrats, les menaça de les faire pendre ſi le ſoldat manquoit de pain. Le peuple informé des mauvaiſes intentions du Gouverneur, étoit diſpoſé à la révolte; mais l'Elu par ſa prudence trouva moyen de calmer les eſprits pour quelque temps. Le Comte de Thaun prit de ſon côté toutes les meſures néceſſaires pour maintenir le peuple & l'empêcher de ſe ſoulever. L'Archiduc inſtruit du mécontentement de ſes nouveaux ſujets, rappella le Comte de Thaun & mit en ſa place le Cardinal Grimani.

L'Empereur mécontent de Clement XI. qui refuſoit de donner l'inveſtiture du royaume de Naples à l'Archiduc, fit publier par le Cardinal Grimani un decret; " par lequel il deffendoit de prendre à l'avenir l'inveſtiture du " Pape pour les deux Siciles; parce que, diſoit le decret, elles n'étoient " pas fiefs eccléſiaſtiques comme on l'avoit fauſſement cru juſqu'alors; Que " les Etats d'Avignon & de Benevent devoient être reſtitués à la couronne " de Naples, ayant été injuſtement uſurpés, l'un par Clement VI. à la Reine " Jeanne Ire. & l'autre par Pie II. à Ferdinand I.; Que tous les évêchés du " royaume ſeroient à la libre diſpoſition du Roi de Naples, nonobſtant ce " qui avoit été réglé au contraire; qu'il y auroit alternative pour la collation " des bénéfices entre la daterie & les Evêques, & qu'on les confereroit aux " Dioceſains, excepté ceux que ſa Majeſté trouveroit par la ſuite à propos " de réſerver; Que les bénéfices du royaume ſeroient donnés aux nation- " naux, & demeureroient à la diſpoſition du Roi, qui ſeul pourroit impoſer " des penſions, les dateries ne devant plus le faire à l'avenir; Que les évê- " chés & autres bénéfices ne ſeroient plus tenus de payer les Annates à la " chancellerie; Qu'on ne pourroit pas aſſigner à Rome les Laïques du royau- " me, pour cauſe non appartenante à la juriſdiction eccléſiaſtique ſans le " conſentement du Roi, & les Eccléſiaſtiques quand ils auroient été jugés " par les Metropolitains; Que les monaſteres & abbayes ne pourroient être " impoſés à aucune contribution par le Saint Siége; Qu'on ſupprimeroit dès- " lors le tribunal de la Nonciature à Naples; Que le tribunal de l'Egliſe de " ſaint Pierre ſeroit auſſi entierement annullé, &c. (41) "

Après cette déclaration l'Empereur réſolut de forcer le Pape par la voye des armes, à ſe déclarer en faveur de l'Archiduc; & il y eut même quelques hoſtilités dans le Ferrarois. L'Empereur qui avoit fait avancer 12000 hommes ſur les frontieres du Boulonnois, voulut avant que d'en venir aux dernieres extrêmités, faire de nouvelles propoſitions au Pontife. " Il demandoit " que le Pape reconnût l'Archiduc pour Roi d'Eſpagne, & qu'il lui donnât " l'inveſtiture; Que ſa Sainteté déſarmât, & mit ſes troupes ſur le pied où " elles étoient à ſon avenement au Pontificat; Qu'elle conſentît que les trou- " pes Imperiales qui ſe trouvoient dans les Etats de l'Egliſe, y priſſent des " quartiers d'hyver, puiſqu'il n'étoit pas juſte de les expoſer à de longues " marches pendant la rigueur de la ſaiſon, & qu'enfin le Pontife s'obligeât " de donner aux Imperiaux un libre paſſage au travers des Etats de l'Egliſe, " toutes les fois qu'il ſeroit néceſſaire. "

(41) M. d'Egly hiſtoire de Naples. Journal hiſtorique tom. 9 pag. 257 & ſuiv.

On fut long-temps à déliberer fur la réponfe qu'on devoit faire ; mais le Marquis de Prié déclara au Pape qu'il ne pouvoit lui accorder que jufqu'au 15 de janvier, & qu'alors il fe verroit forcé d'exécuter les ordres qu'il avoit reçus fi le Pape ne confentoit à figner le traité que l'Empereur exigeoit.

Le Pape employa inutilement les remontrances & les prieres, & il fe vit contraint de figner le traité qu'on nomma *d'accommodement*. Il portoit : » Pour » ce qui regarde l'affaire principale, que le Pape défarmeroit & réduiroit » fes troupes au nombre de cinq mille hommes, la reforme du refte devoit » fe faire une moitié dans dix jours, & l'autre immédiatement après la ra-» tification du traité : Que les troupes Imperiales évacueroient les terres de » l'Eglife, à la réferve de fix regimens de mille hommes chacun, auquel » Clement XI. feroit fournir la fubfiftance : Que le Pape congédieroit les » François & les Efpagnols qui étoient à fon fervice : qu'il donneroit libre » paffage aux troupes Imperiales qui iroient & viendroient du royaume de » Naples en Lombardie, & qu'il feroit démolir les nouveaux forts & châ-» teaux conftruits fur les frontieres de Naples & du Mantouan ; Qu'il ne » donneroit point de fecours ni de retraite aux mécontens de Naples, ni » aucune affiftance aux autres ennemis de l'Empereur : Que Comachio & fes » dépendances refteroient entre les mains de ce Prince : Que cependant il » feroit nommé des Commiffaires pour regler les prétentions de l'Empe-» reur, tant fur ce fief que fur les Etats de Parme, de Plaifance & autres, » comme il feroit permis au Pape de faire faire à la Cour de Vienne des re-» montrances fur les articles ci-deffus, fans néanmoins en retarder l'exé-» cution (42). «

Il n'avoit point été fait mention dans ce traité de la reconnoiffance de l'Archiduc pour Roi d'Efpagne, ni de l'inveftiture pour le royaume de Naples ; mais ces deux affaires avoient été renvoyées à l'examen d'une congregation approuvée par le Pape & par le Marquis de Prié, & qui étoit compofée de quinze Cardinaux tous Allemans ou Italiens. On ne put rien y decider à caufe du partage des fentimens. La plûpart prétendoient que le Pape ne pouvoit reconnoître l'Archiduc après avoir reconnu Philippe V. & que l'Empereur devoit être fatisfait de ce que la Cour de Rome n'avoit acordé l'inveftiture à aucun de ces deux Princes. Le Pape efperoit que la paix le tireroit de l'embarras où il fe trouvoit, & qu'alors il pourroit fe déclarer fans faire de mécontens. Cependant les Cours de Verfailles & de Madrid rappellerent les Ambaffadeurs qu'ils avoient à Rome, & congedierent les Nonces du Pape. Les Imperiaux de leur côté continuerent leurs hoftilités fur les terres de l'Eglife, efperant par ce moyen forcer le Pape à fe déterminer.

Le Pontife tint ferme autant qu'il le put, mais de nouvelles menaces du Marquis du Prié ne lui permirent pas de differer plus long-temps à prendre un parti. Il fe vit dans la néceffité de déclarer publiquement qu'il reconnoiffoit l'Archiduc Charles d'Autriche IIIe. du nom, pour Roi Catholique & des Efpagnes, fans prétendre que cette déclaration pût préjudicier aux droits de Philippe V. auffi Roi Catholique & des Efpagnes. Cette déclaration ne fatisfit point entierement l'Empereur Jofeph, & fes differens avec Clement XI. ne

---

(42) M. d'Egly. Ibid.

furent terminés que par la mort de l'Empereur, arrivée le 17 d'avril 1711.

ROYAUMES DE NAPLES ET DE SICILE.

L'Archiduc son frere ayant été élu à sa place & connu sous le nom de Charles VI. se vit abandonné d'une partie de ses alliés. La trop grande puissance de la France avoit excité la jalousie de ses voisins, & ce même motif engagea plusieurs souverains de l'Europe à se détacher des intérêts de Charles VI. Ces raisons déterminerent l'Angleterre, le Duc de Savoye, le Roi de Portugal, le Roi de Prusse, l'Electeur de Brandebourg & les Etats Généraux à signer à Utrecht le 11 d'avril 1713, un traité de paix avec la France, & Philippe V. & ce ne fut qu'en 1714 que l'Empereur consentit à signer un traité avec la France, & tous les differens entre Philippe V. & Charles VI. ne furent terminés qu'en 1720.

Entre les differens articles du traité d'Utrecht, on regla que Philippe V. seroit reconnu pour Roi d'Espagne; que le royaume de Sicile seroit donné en toute propriété à Victor Amedée II. Duc de Savoye, & que Naples, Milan, la Sardaigne & généralement toute l'Italie jouiroient d'une parfaite neutralité & demeureroient dans l'Etat où elles se trouvoient alors (43).

Victor Amedée prend possession de la Sicile.

1713.

En conséquence du traité signé à Utrecht, Victor Amedée II. Duc de Savoye prit publiquement à Turin le 22 de Septembre, le titre de Roi de Sicile. Il se rendit dans cette isle le 2 d'octobre suivant, pour s'y faire reconnoître par ses nouveaux sujets. Il étoit à peine en possession de ce royaume, qu'il eut un differend considérable avec le Pape Clément XI. au sujet du droit de la légation héréditaire qui appartient aux Rois de Sicile, & qui avoit été accordée en 1098 au Comte Roger par Urbain II. Cette querelle n'étoit pas encore finie lorsque Victor Amedée consentit à monter sur le trône de Sardaigne en échange de celui de Sicile.

Les Espagnols se rendent maîtres de la Sicile.

1718.

Cet échange avoit été proposé dans le traité de la triple alliance fait en 1718, & le Duc de Savoye étoit prêt à y accéder & à remettre cette isle entre les mains des Imperiaux, lorsque le Cardinal Alberoni Ministre d'Espagne forma le projet de s'en emparer. Une flotte considérable commandée par Don Antonio de Castagneta, alla debarquer six mille hommes à Palerme que les Piemontois au nombre de cinq cens abandonnerent aussi-tôt. Le débarquement se fit aux acclamations de *vive Philippe V.* & les Espagnols prirent possession de cette ville le premier de juillet, au nom de leur Souverain. Les châteaux qui furent attaqués le 12 par les ordres du Marquis de Leede, se rendirent à discretion au bout de deux jours. Après cette expédition Don Luc Spinola à la tête de la cavalerie, marcha du côté de Messine, & le Marquis de Leede qui s'étoit rembarqué avec son infanterie, fit une descente à l'embouchure septentrionale du canal de Messine. Les Piemontois abandonnerent d'abord la tour du Phare, & se retirerent dans la ville; mais connoissant les dispositions des habitans qui vouloient se rendre aux Espagnols, ils quitterent bien-tôt leurs postes à dessein de renforcer les garnisons des châteaux. Le Senat & les Magistrats porterent alors les clefs de la ville au Général Espagnol, & lui prêterent serment de fidelité au nom de Philippe V. ceci se passa le 24 de juillet. Differens corps de troupes Espagnoles s'emparerent en même-temps de Termini, & bloquerent Syracuse, Trapani & Milazzo.

(43) Voyez l'hist. de France de cette Introduction tom. I. part. II. pag. 381 & suiv.

Les puissances qui employoient leur médiation pour rétablir la paix entre l'Empereur & Philippe V. redoublerent alors tous leurs efforts pour forcer la Cour de Madrid à terminer la guerre. L'Amiral Bing, par ordre de la Cour d'Angleterre, se présenta devant Messine, & signifia au Marquis de Leede qu'il étoit chargé de la part du Roi son maître de s'opposer à toutes les entreprises qu'on feroit pour troubler la neutralité accordée à l'Italie par le traité d'Utrecht. Les reponses qu'il reçut du Général Espagnol, lui ayant fait connoître qu'il étoit dans la résolution de continuer les hostilités, il attaqua le 11 d'août la flotte Espagnole, lui enleva ou brûla quelques vaisseaux, & força les autres à prendre la fuite. L'Espagne se plaignit hautement de la conduite des Anglois, & se disposa à continuer la guerre. L'Empereur qui avoit conclu la paix avec les Turcs à Passarowits, fit passer des troupes en Italie pour y attaquer les Espagnols.

<small>ROYAUMES DE NAPLES ET DE SICILE.</small>

Ceux-ci s'étoient à la fin rendus maîtres du château de San-Salvatore, & formoient le siége de Milazzo. L'Amiral Bing qui avoit reçu ordre de secourir cette place, fit d'abord une tentative sur l'isle de Lipari; mais cette entreprise n'ayant point réussi, il alla debarquer 10000 hommes de troupes Imperiales aux environs de Milazzo. Caraffe & Vetterani qui les commandoient, attaquerent les Espagnols: le combat fut très-vif de part & d'autre, & chacun s'attribua la victoire. Jusqu'alors les Piemontois avoient refusé de rendre aux Imperiaux Siracuse & quelques autres places, parce que le Duc de Savoye n'étoit pas encore en possession de la Sardaigne. L'Amiral Bing employa si heureusement sa médiation, que les Piémontois consentirent à remettre au Général Mercy tous les postes qu'ils occupoient. Les Espagnols qui n'avoient pu recevoir le secours qu'ils attendoient, se virent obligés de lever le siége de Milazzo. Les Imperiaux maîtres de Siracuse, les battirent près de Francavilla dans la vallée de Demona. Malgré cet avantage, ils ne purent les chasser de leur camp de Francavilla, où le Marquis de Leede s'étoit fortifié. Le Général Mercy s'empara ensuite de Messine, des châteaux & de la citadelle, qui se rendirent par capitulation.

<small>Les Imperiaux se rendent maîtres de la Sicile.</small>

1719.

Le Roi d'Espagne qui avoit fait en même-temps plusieurs pertes sur les frontieres de son royaume, ouvrit enfin les yeux sur la conduite du Cardinal Alberoni, & le priva du ministere. Il n'y eut plus alors d'oppositions à la paix, & Philippe V. souscrivit aux conditions qui servoient de base à la quadruple alliance. Les Ministres d'Angleterre & d'Espagne à la Haye, y signerent en conséquence le 20 de février une suspension d'armes, jusqu'à ce qu'on eut assemblé un Congrès où l'on termineroit toutes les affaires. Philippe V. pour préliminaires, renonça par acte du 22 du juin aux Etats demembrés de sa couronne & possedés par l'Empereur.

1720.

La publication de suspension d'armes en Sicile, n'empêcha pas les Imperiaux de continuer les hostilités. Il y eut même deux actions assez vives, l'une le 30 d'avril & l'autre le 3 de mai. Enfin le 6 du même mois, le Marquis de Leede, le Comte de Mercy, & l'Amiral Bing après plusieurs conferences, signerent un traité conventionnel pour l'évacuation de la Sicile, dont l'Empereur fut mis en possession en même-temps que la Sardaigne fut cedée au Duc de Savoye. Ce Prince avoit regné huit ans sur la Sicile.

Charles VI. reconnu par les puissances de l'Europe pour Roi de Naples &

ROYAUMES DE NAPLES ET DE SICILE.

1722.
1725.
─────
1728.

de Sicile, en reçut l'inveſtiture le 28 de juin 1722, par Innocent XIII. ſucceſſeur de Clement XI. & le Connetable Colonne préſenta la haquenée au nom de l'Empereur. Ce Monarque aſſuré de la poſſeſſion des deux Siciles par le traité définitif ſigné le 30 d'avril 1725, renouvella ſes ſollicitations à la Cour de Rome pour obtenir une Bulle qui lui confirmât la jouiſſance du droit de légation que Clement XI. avoit prétendu anéantir. Sous ſon Pontificat & ſous celui d'Innocent XIII. cette affaire demeura en ſuſpens. Benoît XIII. ſucceſſeur de ce dernier, donna ſatisfaction à la Cour de Vienne par ſa Bulle du 30 d'août 1728, qui dérogeant à celle de Clement XI. rétablit l'Empereur dans le droit de légation. Cette Bulle eſt en forme de reglement, tant ſur les cauſes qui doivent être de la compétence du tribunal de *la Monarchie*, que ſur la maniere d'y procéder. Les diverſes cauſes qui y ſont inſérées ſouffrirent beaucoup d'oppoſitions de la part de quelques Cardinaux, jaloux des immunités & des prérogatives du Clergé de Sicile.

1733.

Par le traité de la quadruple alliance, on avoit accordé à Don Carlos fils de Philippe V. la ſucceſſion éventuelle des Etats de Parme & de Toſcane ; cependant après la mort du Duc de Parme, l'Empereur fit des difficultés continuelles pour empêcher Don Carlos de prendre poſſeſſion de ces duchés. La Cour d'Eſpagne irritée de la conduite de l'Empereur, étoit réſolue de forcer ce Monarque par la voye des armes à exécuter les articles du traité, lorſque la France ſe vit obligée de déclarer la guerre à Charles VI. pour faire valoir les droits du Roi Staniſlas ſur la couronne de Pologne. Les Rois d'Eſpagne & de Sardaigne ſe joignirent aux François, & après trois années de guerre (44), les hoſtilités ceſſerent en 1736, & le traité de paix fut ſigné à Vienne le 18 de Novembre. Entre les differens articles de ce traité, il fut

DON CARLOS Roi des deux Siciles.

1736.

reglé que les royaumes de Naples & de Sicile appartiendroient à Don Carlos, qui en avoit fait la conquête pendant la guerre (45), & qui avoit déja été couronné Roi de ces deux royaumes. Ainſi ces deux Etats rentrerent de nouveau ſous la domination Eſpagnole.

A peine Don Carlos eut-il été reconnu Roi des deux Siciles par le traité de Vienne, qu'on arrêta les articles du mariage de ce Monarque avec la Princeſſe Marie Amelie Walburge, fille aînée de Frederic Auguſte Roi de Pologne, Electeur de Saxe. Le Comte de Fuenclara Ambaſſadeur d'Eſpagne à la Cour de Vienne, fit la demande de la Princeſſe ; & ſouſcrivit au contrat de mariage qui fut ſigné à Dreſde le 19 de Mars 1738. Le Prince Royal de Pologne, chargé de la procuration de Don Carlos, fit le 9 du mois de mai ſuivant, la cérémonie d'épouſer au nom de ce Monarque, la Princeſſe Amelie qui partit le 12 pour ſe rendre à Naples (46).

---

(44) Voyez l'hiſtoire de France de cette Introduction. tome I. Partie II. page 393. & ſuivant.

(45) Ibid.

(46) Don Carlos avoit été obligé de demander les diſpenſes néceſſaires, à cauſe du degré de parenté qui étoit entre lui & cette Princeſſe. Philippe Guillaume Electeur Palatin, mort en 1691, eut entre autres enfans ; 1º. Dorothée Sophie mariée à Antoine Far-

neſe II. dernier Prince de ſa maiſon, Duc de Parme & de Plaiſance, dont elle eut Eliſabeth, qui devint Reine d'Eſpagne & fut mere de Don Carlos. La ſeconde fille de Philippe Guillaume, fut Eleonor Magdeleine, troiſieme femme de l'Empereur Leopold. De ce mariage naquit l'Empereur Joſeph, dont la fille aînée Marie Joſephe a épouſé le Roi de Pologne, Electeur de Saxe aujourd'hui regnant. Ainſi l'Electeur Philippe Guillaume

La Cour de Rome, qui jusqu'alors avoit différé de donner l'inveſtiture du royaume de Naples, conſentit enfin à l'accorder à Don Carlos. Clement XII. en donna la Bulle le 18 de Mai, & le Cardinal Acquaviva, Miniſtre du Roi des deux Siciles, ayant prêté ſerment de fidelité entre les mains du Pape au nom de ſon Souverain, la Bulle fut envoyée à Naples par l'Avocat Storace. Don Carlos fit préſenter le 28 de juin au Pape par le Connétable Colonne, la haquenée que le Souverain Pontife avoit refuſé de recevoir juſqu'alors.

Cependant la Princeſſe de Saxe étoit arrivée le 19 du même mois à Gaëte où le Roi étoit allé l'attendre. La bénédiction nuptiale fut faite par les mains de l'Evêque de cette ville, dans la Chapelle du palais. Trois jours après, la Cour retourna à Naples où il y eut les fêtes les plus brillantes, & le 2 de juillet, le Roi & la Reine firent leur entrée publique avec une magnificence digne de cette auguſte cérémonie. Ce fut vers ce même-temps que le Roi inſtitua l'ordre de ſaint Janvier (47), dont il ſe déclara le Grand Maître, & qu'il unit à perpétuité à ſa couronne. » Les Chevaliers doivent être au nom-
» bre de ſoixante, le Roi ſe réſervant la liberté de l'augmenter ou dimi-
» nuer. Il faut qu'ils ſoient nobles de quatre quartiers, & les Statuts leur
» impoſent l'obligation de faire conſiſter leur gloire à deffendre à quelque
» prix que ce ſoit la Religion Catholique, de s'employer de toutes leurs
» forces à faire ceſſer les inimitiés qui pourroient naître entres les Confre-
» res: De promettre au Roi par ſerment une fidelité inviolable: De tâcher
» d'aſſiſter journellement à la Meſſe: De communier à Pâques & le 19 de ſep-
» tembre fête de ſaint Janvier: De faire dire une Meſſe ſolemnelle, & de
» réciter l'Office des morts pour le repos de l'ame de chaque Chevalier: De
» ne point appeller en duel, & de n'accepter aucun défi pour quelque rai-
» ſon que ce ſoit, mais de s'en rapporter à la déciſion du Roi ſur leurs dif-
» ferends, & de donner même tous leurs ſoins pour prévenir les duels parmi
» ceux qui ne ſeroient pas de l'Ordre: D'aſſiſter à toutes les Chapelles pu-
» bliques que le Roi tiendra à l'honneur du ſaint, pour y prendre place cha-
» cun ſuivant l'ordre de ſa promotion, & afin que ces Statuts ſoient connus
» de chaque Chevalier, il leur eſt ordonné d'en avoir toujours une copie.
» — La marque de l'Ordre eſt une croix, ayant une fleur de lys dans chacun
» de ſes quatre angles intérieurs, & au milieu l'image de ſaint Janvier,
» tenant de la main gauche le livre de l'Evangile, & ſur ce livre les Am-
» poules (48) du précieux ſang, & de la main droite le bâton paſtoral. La
» deviſe eſt *in Sanguine Fœdus*. On porte cette croix en écharpe de l'épaule
» droite à la gauche, attachée à un ruban incarnat noiré en mémoire du mar-
» tyre de ce ſaint, & la même croix doit être brodée en argent au côté
» gauche des habits ſur la poitrine. « Le Roi donna les marques de cet or-
dre à ceux qui s'étoient ſignalés pour ſon ſervice, & il les reçut lui-même le 4 d'août dans l'Egliſe Métropolitaine, par les mains du Cardinal Archevêque de Naples.

Don Carlos jaloux du bonheur & de la gloire de ſes nouveaux ſujets, em-

étoit biſayeul du Roi des deux Siciles, & triſayeul de la Reine ſon épouſe.
(47) Voyez les Statuts de cet Ordre dans le Journal hiſtorique de mai 1739.

(48) On nomme ainſi des phioles de verre où l'on conſerve à Naples du ſang de ſaint Janvier.

228 INTRODUCTION A L'HISTOIRE

ROYAUMES
DE NAPLES
ET DE SICILE.

ploya les commencemens de son regne à mettre un meilleur ordre dans les finances, à rétablir le commerce & à faire fleurir les sciences & les arts. Il fit des changemens avantageux dans le gouvernement intérieur de ses Etats. Le conseil collatéral qui partageoit avec les Vice-Rois le poids du gouvernement, n'étant plus alors nécessaire, fut entierement supprimé. Le Roi créa à la place quatre Charges de Sécretaires d'Etat : la premiere pour le département de la guerre, la Marine & les affaires étrangeres : la seconde, pour les affaires de grace & de Justice : la troisiéme, pour l'administration des Finances ; & la quatriéme, pour le droit de patronage & les autres affaires ecclésiastiques. Il supprima aussi les Vicaires généraux des Provinces, & attribua les fonctions de leurs Charges, en ce qui concerne la Police & les Finances aux Présidens des Cours de la Vicairie qui avoient déja l'administration de la justice. Ce qui ne tendoit qu'à diminuer le nombre des Officiers, & par conséquent des dépenses inutiles. En un mot, Don Carlos s'est toujours uniquement occupé des moyens de soulager son peuple, qui voit revivre dans ce Prince tous les grands Rois que l'amour pour leurs sujets a rendus si chers à la postérité.

Fin de l'Histoire du royaume de Naples.

C. Eisen inv et fecit 1754.   P. Aveline sc.

INTRODUCTION
A L'HISTOIRE UNIVERSELLE.

CHAPITRE QUATRIEME.

DU GRAND DUCHÉ DE TOSCANE.

'HISTOIRE de ce grand Duché offre deux objets principaux ; sçavoir l'histoire de Florence comme République, & celle de Toscane comme Souveraineté ou Duché. L'histoire de la République commence à la fin du treizieme siécle, lorsque l'Empereur Rodolphe Ier. Chef de la maison d'Autriche reconnut que Florence étoit une ville libre & indépendante. Elle perdit sa liberté en passant sous la domination d'Alexandre de Medicis, que Charlequint avoit fait Duc de Florence, en lui donnant en mariage Marguerite sa fille naturelle. L'histoire du grand Duché de Toscane comme souveraineté, renferme l'histoire de Florence & de son territoire, & celle de Pise avec la seigneurie de Sienne ; mais Florence comme le lieu principal de la résidence des grands Ducs, est toujours l'objet essentiel de cette principauté.

L'origine de Florence est très-ancienne, puisque selon le sentiment des meilleurs Historiens, elle fut bâtie avant l'Empire d'Auguste, à quelques

Origine & progrès de la ville de Florence.

DUCHÉ DE TOSCANE.

milles de Fiefole. On prétend qu'elle fut formée d'une de ces colonies que le Dictateur Sylla avoit établies dans cette derniere ville. Les marchés qui se tenoient dans la plaine entre le pied de la montagne sur laquelle est située Fiefole & la riviere d'Arno, obligerent les marchands à construire quelques habitations, qui d'abord formerent un bourg. Il s'aggrandit tellement dans la suite, qu'il fut regardé comme une ville assez considérable d'Italie. Elle profita beaucoup sous la domination des Romains, & elle étoit fort riche & très-peuplée, lorsqu'elle fut prise & ruinée par Totila Roi des Goths vers le milieu du sixieme siécle: Charlemagne, maître de l'Italie, la fit rebâtir environ 250 ans après. Depuis ce temps jusqu'en 1215, elle suivit le sort des autres villes de la Toscane, c'est-à-dire qu'elle fut soumise aux descendans de Charlemagne d'où elle passa sous la puissance des Berengers, & ensuite des Empereurs Allemans. Ce fut sous le regne de ces derniers, que les Florentins s'emparerent de la ville de Fiefole.

Troubles dans cette ville.

1215.

Toute l'Italie s'étant partagée entre l'Empereur & le Pape, les Florentins resterent unis entr'eux jusqu'à l'an 1215, n'étant uniquement occupé que de leur propre conservation; mais une aventure arrivée à un Citoyen, & qui paroissoit ne devoir intéresser que quelques particuliers, excita dans la ville des troubles dont les suites devinrent si funestes aux Florentins. Un Gentilhomme nommé Buondelmonte, l'aîné de cette illustre famille, s'étoit engagé à épouser une demoiselle de la maison des Amedei (1). Ce jeune cavalier s'étant laissé surprendre par les charmes d'une demoiselle de la maison des Donati, oublia bien-tôt les premiers engagemens qu'il avoit pris, & consentit à donner la main à celle dont la beauté l'avoit séduit. Les Amedei n'eurent pas plûtôt appris cette nouvelle; qu'ils résolurent de venger l'affront que Buondelmonte avoit fait à leur parente. Moscadi Lamberti qui s'étoit chargé de cette vengeance, l'assassina près le vieux pont de l'Arno, & le renversa mort au pied du pilastre qui soutenoit la statue de Mars, ancienne Idole des Florentins.

La mort de ce jeune Seigneur mit toute la ville en mouvement, & divisa la Noblesse en deux factions, qui prirent le nom de Guelfes & des Gibelins. Les Buondelmonte furent les chefs de la premiere, & les Uberti avec les Amedei se mirent à la tête de la seconde (2). Ces deux factions se répandirent bien-tôt dans toutes les autres villes d'Italie, & y causerent des maux effroyables. Elles troublerent la ville de Florence jusqu'au temps de Frédéric I. Roi de Naples, qui voulant étendre sa domination aux dépens de l'Eglise, favorisa les Gibelins & en chassa les Guelfes. Ces derniers se retirerent dans les villages qui sont au haut du Val d'Arno où ils avoient des châteaux, dans lesquels ils s'enfermerent pour soutenir l'effort de leurs ennemis. Après la mort de Frédéric, l'union parut rétablie entre les Guelfes & les Gibelins, & ces premiers furent reçus dans la ville.

Les Florentins secouent le joug.

Les Florentins songerent alors à se mettre en liberté, & prirent divers arrangemens afin de trouver les moyens de la conserver. Ils partagerent la ville en six quartiers, & élurent douze Citoyens qui devoient commander à ces six quartiers, & gouverner tous ensemble la République. On leur don-

---

(1) Ou Amidei selon Nicolas Machiavel.
(2) Je repete ici que les Guelfes étoient du parti des Papes, & que les Gibelins soute-noient les intérêts des Empereurs. Histoire de Naples de cette Introduction, pag. 118 note 8.

na le nom d'Anciens, & il fut reglé qu'on les changeroit tous les ans. On choisit en même temps deux Juges étrangers, dont l'un s'appelloit le Capitaine du peuple, & l'autre Podestat. On leva aussi vingt compagnies dans la ville, & soixante & seize dans la campagne : toute la jeunesse eut ordre de s'enrôler, & de se tenir prête à marcher toutes les fois qu'elle seroit commandée par le Capitaine ou par les Anciens. Chaque corps de ces troupes dont les armes étoient differentes, portoit un drapeau different. On en donnoit de nouveau tous les ans le jour de la Pentecôte, & cette cérémonie se faisoit avec beaucoup de pompe. On avoit inventé un grand char qui étoit tiré par deux bœufs, & au-dessus duquel on voyoit flotter un drapeau blanc & rouge. Il étoit destiné à servir de retraite aux troupes lorsqu'elles étoient repoussées, & ce petit obstacle qu'ils opposoient aux ennemis, leur facilitoit le moyen de se rallier. Lorsqu'on avoit résolu de se mettre en campagne, on conduisoit ce char au marché-neuf, & on le consignoit avec grande pompe entre les mains des Chefs du peuple. Les Florentins avoient encore coutume avant que de commencer les hostilités, de sonner pendant un mois une certaine cloche, afin d'avertir l'ennemi de se tenir sur ses gardes ; car ils avoient pour maxime qu'on ne devoit jamais user de surprise. On portoit aussi cette même cloche en campagne, & elle servoit à avertir les soldats de tout ce qu'ils devoient faire (3).

Ce fut sous cette sorte de gouvernement, qui dura dix ans, que Florence monta à un tel degré de puissance qu'elle devint le chef de toute la Toscane, & qu'elle fut regardée comme une des premieres villes de l'Italie. Les Florentins après avoir soumis les villes de Pistoie, d'Arezzo, de Sienne, de Volterra, & plusieurs autres châteaux, amenerent à Florence une partie des habitans de ces places. La faction des Guelfes étoit alors la plus forte, car le peuple ne pouvoit souffrir les Gibelins qui l'avoient traité avec trop de hauteur sous le regne de Frederic I. D'ailleurs les Florentins avoient pris le parti du Pape, dans l'esperance de pouvoir plus facilement conserver leur liberté sous la protection de Rome, que sous l'autorité des Empereurs qui pourroient la leur ravir. Les Gibelins dont le crédit étoit entierement tombé, crurent avoir trouvé l'occasion de se relever à l'avenement de Mainfroi au trône de Naples ; mais le traité qu'ils firent avec ce Prince, ne put être si secret que les Anciens ne le découvrissent. On résolut alors de prévenir leurs desseins, & les Uberti reçurent ordre de comparoître pour rendre compte de leur conduite. Les Uberti refuserent d'obéir aux Anciens, & levant alors ouvertement l'étendart de la révolte, ils prirent les armes & se fortifierent dans leurs maisons. On fut obligé de les y attaquer, & le parti des Guelfes se trouvant le plus fort, les Gibelins se virent forcés d'abandonner la ville & de se retirer à Sienne. Les secours qu'ils reçurent de Mainfroi, les mirent en état de repousser les Guelfes, & d'en tailler en pieces une grande partie auprès de la riviere d'Arbie. Ceux qui purent échapper au fer du vainqueur, allerent chercher en asyle dans la ville de Lucques. Jourdan qui commandoit les troupes Napolitaines, ne donna pas le temps aux vaincus de se reconnoître. Profitant de sa victoire il se rendit maître de Flo-

(3) Histoire de Florence par Nicolas Machiavel. Liv. II.

rence & la priva de la liberté dont elle jouissoit depuis peu de temps. L'aversion que le peuple avoit contre les Gibelins, augmenta encore par la conduite du Comte Jourdan. Ce Général dont la présence étoit nécessaire dans le royaume de Naples où il y avoit de grands troubles, laissa à Florence pour Vicaire royal le Comte Gui Novello Seigneur de Casentino. Dans une assemblée que ce Comte tint avec les Gibelins à Empoli, la destruction de la ville de Florence fut résolue, comme étant là seule qui put empêcher le parti Gibelin de se soutenir en Toscane. Ce projet auroit eu son exécution sans la fermeté & la grandeur d'ame de Farinata Uberti, un des célébres partisans des Gibelins. Quoiqu'il fut grand ennemi des Guelfes, il ne put consentir à la ruine de sa patrie, & il déclara qu'il en prendroit la deffense avec la même valeur qu'il avoit fait voir en attaquant les Guelfes. L'estime que l'on avoit pour ce grand homme, ramena les esprits à la douceur, & leur fit chercher d'autres moyens de relever leur parti.

Cependant le Comte de Bologne avoit forcé les Lucquois à chasser de leurs Etats les Guelfes qui s'y étoient refugiés. Ceux de Parme qui étoient en guerre avec les Gibelins, engagerent ces Guelfes à marcher à leur secours. Les Gibelins furent vaincus, & leurs terres furent partagées entre ceux qui par leur valeur avoient le plus contribué à la victoire. Les Guelfes de Florence étant devenus par ce moyen riches & puissans, offrirent leurs services au Pape Clement IV. qui avoit appellé Charles d'Anjou à la couronne de Naples. Le Pontife en reconnoissance de ces offres, leur donna son enseigne, que les Guelfes ont toujours portée depuis en temps de guerre, & c'est la même dont on se sert encore aujourd'hui à Florence.

Charles d'Anjou étant monté sur le trône de Naples, employa aussi les Guelfes de Florence, ce qui rendit leur faction plus considérable, & diminua beaucoup celle des Gibelins. Ceux qui gouvernoient à Florence avec le Comte Novello, penserent qu'ils n'avoient d'autre parti à prendre pour gagner le peuple de Florence, que celui de le traiter avec douceur. Ils commencerent à rendre à la *Commune* la part qu'elle avoit eue autrefois au gouvernement. Ils choisirent pour cet effet trente-six habitans du menu peuple, & deux Nobles pour travailler à la réforme de l'Etat. Ces nouveaux Elus partagerent toute la ville en corps de métiers, & nommerent pour chacun de ces corps un Magistrat qui devoit connoître des différends. Chaque corps eut aussi son drapeau, sous lequel il devoit se ranger toutes les fois qu'on seroit obligé de prendre les armes. Ces corps de métiers furent d'abord au nombre de douze, sept grands & cinq petits. Ces derniers se multiplierent dans la suite jusqu'au nombre de quatorze, ce qui fit vingt-un en tout.

Le Comte Novello voulut imposer une taille pour l'entretien des troupes; mais il y trouva tant d'oppositions, qu'il ne jugea pas à propos d'employer la force. Il reconnut trop tard l'imprudence qu'il avoit eue de rendre la puissance au peuple, & il prit alors la résolution de lui enlever de nouveau toute l'autorité. Les trente-six qui découvrirent son dessein, firent mettre tout le peuple sous les armes : ce qui effraya tellement les Gibelins, qu'ils se retirerent dans leurs maisons. Le Comte Novello rassembla ses troupes, & marcha à la rencontre des corps de métiers. Le combat fut vif de part & d'autre ; le Général Napolitain voyant la plus grande partie de ses troupes

hors

hors de combat, se retira la nuit à Prato avec les débris de son armée. Il voulut le lendemain retourner à Florence, mais les habitans se deffendirent avec tant de valeur, qu'il fut obligé de renoncer à son entreprise, & d'aller s'enfermer à Casentino. Le peuple de Florence devenu libre par la retraite de ce Comte & des Gibelins, songea à rétablir l'union entre les citoyens. On rappella tous ceux qui étoient sortis de la ville, tant Guelfes que Gibelins, & on consentit à oublier le mal que ces derniers avoient fait à la ville. Il resta cependant toujours un esprit de discorde qui ne tarda pas à éclater.

L'arrivée de Conradin, neveu de Mainfroi, en Italie, parut un évenement favorable aux Gibelins pour s'emparer du gouvernement. Les Guelfes craignant de tomber sous la puissance de leurs ennemis, engagerent Charles d'Anjou à leur envoyer des troupes pour se deffendre. Le Roi de Naples qui sentoit de quelle conséquence il étoit pour lui de maintenir les Guelfes dans ses intérêts, consentit à leur demande, & fit marcher des troupes de ce côté-là. Les Gibelins ne se croyant plus en sûreté dans la ville, en sortirent promptement, & n'attendirent pas qu'on les forçât à se retirer.

Après la retraite des Gibelins, le gouvernement prit une nouvelle forme. On élut douze Chefs qui devoient exercer la Magistrature pendant deux mois, & ils prirent le titre de *bons hommes* à la place de celui d'*Anciens* qu'on avoit donné aux Magistrats précédens. On établit ensuite un conseil de quatre-vingt Bourgeois, & un autre de cent quatre-vingt personnes tirées de la populace. Tous ces conseils joints ensemble, formoient le grand conseil ou le conseil général. On en créa encore un autre de cent vingt personnes, composé d'artisans, de Bourgeois & de Nobles : celui-ci étoit chargé de faire exécuter les délibérations des autres conseils, & de distribuer toutes les charges de la République (4). Les Guelfes eurent grande part à toutes ces Magistratures & aux autres charges; ce qui les mit en état de résister aux Gibelins, dont on partagea les biens en trois parties. La premiere fut confisquée au profit du public, la seconde fut assignée au Magistrat du parti appellé les *Capitaines*, & la troisieme fut adjugée aux Guelfes pour les dédommager des pertes qu'ils avoient faites (5).

Les Florentins resterent tranquilles jusqu'à l'avenement de Gregoire X. à la Chaire de saint Pierre. Ce Pontife s'étant rendu à Florence pour passer en France, voulut rétablir l'union dans la ville, & obtint qu'on écouteroit les Agens des Gibelins, afin de trouver des moyens pour les faire rentrer dans leur patrie. Les Guelfes consentirent enfin au rappel de leurs ennemis, mais la crainte empêcha ces derniers de profiter de l'accommodement qui avoit été conclu. Le Pape rejettant la faute sur la ville, l'excommunia, & elle resta dans l'interdit jusqu'à la mort du Pape arrivée l'an 1276 : Innocent V. son successeur leva les censures que Gregoire avoit prononcées contre cette ville.

La puissance des Guelfes réduisit la ville de Florence dans un triste état. La Noblesse méprisant les loix que son crédit rendoit impuissantes, commettoit toutes sortes de désordres & de violences dans la ville. Les Chefs du peuple employerent tous les moyens possibles pour arrêter cette licence, & rappellerent les bannis. Au lieu de douze Gouverneurs, on en établit

---

(4) Nicolas Machiavel.
(5). Ibid.

quatorze; sçavoir sept de chaque parti. Cette nouvelle Magistrature étoit annuelle, & les sujets devoient être choisis par le Pape. Ce gouvernement ne subsista que deux ans; Martin IV. ayant rendu à Charles d'Anjou Roi de Naples, toutes les prérogatives que Nicolas III. son prédecesseur lui avoit ôtées, les factions se reveillerent alors en Toscane. Les Florentins se souleverent contre le Gouverneur, qui étoit dans leur ville de la part de l'Empereur, & donnerent encore une nouvelle forme au gouvernement, afin de venir à bout de priver les Gibelins des charges qu'ils possedoient, & d'obliger la Noblesse à rester tranquille. Les corps des métiers à la place des quatorze Gouverneurs qu'on avoit établi en dernier lieu, choisirent trois citoyens à qui ils donnerent le nom de *Prieurs*. Ceux-ci devoient gouverner la République pendant deux mois, & on pouvoit prétendre à cette Magistrature pourvû qu'on fut marchand ou artisan. On y en ajouta trois autres dans la suite, afin qu'il y en eut un de chaque quartier de la ville. Cet ordre dura jusqu'à l'an 1342, que la ville fut partagée en quatre parties. On créa alors neuf Prieurs, & le nombre en fut poussé quelque fois jusqu'à douze selon les circonstances. Cette Magistrature fut la ruine de la Noblesse, qui en fut exclufe par le peuple. Ces Magistrats furent logés dans un palais; ce qui ne s'étoit point encore pratiqué; car jusqu'alors tous les conseils s'étoient assemblés dans les Eglises. Dans le dessein d'inspirer au peuple plus de vénération pour ces nouveaux Magistrats, on leur donna une garde & des Officiers, & l'on ajouta le titre de Seigneurs à celui de Prieurs.

Tous ces differens arrangemens ne rendirent point encore la tranquillité à la ville de Florence, & à peine le parti Gibelin y fut-il ruiné, qu'il s'éleva des divisions entre les Nobles & le peuple. Les premiers se mettant au-dessus des loix, insultoient continuellement les autres citoyens, & c'étoit inutilement que l'opprimé imploroit le foible secours de la justice, parce que l'aggresseur étoit souvent soutenu par le crédit de ses parens & de ses amis qui le garantissoient du pouvoir des Prieurs & du Capitaine. Les Chefs des métiers pour remedier à cet abus, ordonnerent que chaque seigneurie lorsqu'elle entreroit en Magistrature, créeroit un Gonfalonnier (6) de justice qui feroit pris parmi le peuple. Cet Officier devoit avoir sous lui vingt compagnies qui composoient mille hommes, & il étoit chargé de prêter main-forte à la justice lorsqu'elle en auroit besoin pour faire exécuter ses jugemens.

Ce nouveau reglement inspira d'abord quelque terreur aux Nobles, & les retint quelque temps en bride; mais ils trouverent moyen dans la suite d'empêcher le Gonfalonnier de faire sa charge. Il falloit d'ailleurs que l'accusateur eut des témoins, & personne n'en vouloit servir contre les Nobles. D'un autre côté le procès trainoit en longueur, & si le Juge rendoit une sentence, on ne la mettoit point en exécution. Ainsi le peuple se trouvoit toujours exposé aux mêmes inconvéniens. Jean Della-Bella, homme de la premiere qualité mais zelé Républicain, engagea les Chefs des métiers à entreprendre la reforme de l'Etat. Il fut donc reglé que le Gonfalonnier demeureroit avec les Prieurs, & qu'il auroit quatre mille hommes sous ses ordres : qu'aucun Noble ne pourroit être du corps des Seigneurs : que ceux

---

(6) Ce mot Italien veut dire un homme qui porte l'étendart; mais ici il signifie le protecteur de la justice.

qui protegeroient les criminels, feroient foumis à la même peine que le criminel, & que le bruit général suffiroit pour lui faire son procès. Jean Della-Bella s'attira la haine des Nobles par ses nouveaux reglemens, & ils vinrent à bout de le faire regarder comme le Chef d'une émeute arrivée quelque temps après à l'occasion d'un homme du peuple qui avoit été tué. Le peuple voulut prendre la deffense de Della-Bella, mais ce Seigneur ne voulant pas être la cause des troubles qui agiteroient sa patrie à son sujet, ni la victime de la jalousie de ses ennemis, s'exila volontairement.

Les Nobles crurent alors qu'ils pourroient reprendre leur premiere autorité, & firent une députation à la seigneurie pour l'adouciffement des loix qui avoient été faites contr'eux. Le peuple craignant que la seigneurie ne se laissât gagner, se souleva & prit les armes. Les Nobles de leur côté se fortifierent & se mirent en état de deffense. On étoit prêt à en venir aux mains lorsque quelques particuliers du corps de la Nobleffe & de celui du peuple, se mirent entre les deux partis, & propoferent un accommodement. Après plufieurs conferences, on convint d'accorder aux Nobles ce qu'ils demandoient, & l'on mit bas les armes. Le peuple fit à ce sujet une nouvelle reforme dans le gouvernement, & diminua le nombre de ceux qui compofoient la seigneurie, parce que quelques-uns d'entr'eux avoient foutenu le parti de la Nobleffe.

Malgré toutes ces divisions, la ville de Florence devenoit puiffante, tant par ses richeffes que par le nombre de ses habitans. Elle comptoit dans la ville seule trente mille hommes capables de porter les armes, & soixante & dix mille dans la campagne. Tous les peuples de la Toscane dépendoient de cette République, soit comme vaffaux, soit comme alliés. Elle n'avoit plus rien à redouter de la part de l'Empereur ni de celle des bannis, & d'ailleurs elle étoit en état de réfister aux efforts de ses voifins. Elle auroit joui d'un bonheur parfait, si elle n'eût été continuellement déchirée par des divifions inteftines, qui tantôt étoient causées par la mésintelligence qui regnoit entre les Nobles & le peuple; tantôt par la haine que se portoient mutuellement deux puiffantes familles. Les querelles qui s'éleverent entre celles des Donati & des Cerqui, ne paroiffoient pas d'abord fort confidérables; mais diverses circonftances en rendirent les fuites funeftes. Un différend survenu entre deux jeunes gens de la maison des Cancellieri de Piftoie, servirent à augmenter l'animofité que ces deux familles avoient l'une contre l'autre, par l'intérêt que chacun prit de son côté dans cette querelle. Cet incident n'avoit cependant pas encore engagé les Cerqui & les Donati à en venir à une rupture ouverte: mais un évenement plus fimple, fit bientôt éclater le defir réciproque qu'ils avoient de se détruire. Les Donati s'amufoient à regarder une danse de femmes le premier jour de mai, lorsque les Cerqui attirés par le même motif, s'approcherent pour se récréer de ce spectacle. La curiofité leur fit pouffer leurs chevaux sur ceux des Donati qu'ils ne reconnoiffoient pas. Ces derniers piqués de cette action, mirent l'épée à la main, & il y eut un combat très-vif entre les deux partis. Toute la ville fut alors divifée, & chacun se déclara pour celui qui l'intéreffoit davantage. Les deux factions qui se formerent à ce sujet, prirent le nom de *Blancs* & de *Noirs*. Les Cerqui étoient les Chefs de la premiere faction, & les

Donati étoient à la tête de la seconde. La ville ne fut pas la seule qui se ressentit des maux que causa cette division, la campagne éprouva les mêmes malheurs. Les Guelfes & les Républicains craignant que les Gibelins ne profitassent des circonstances pour rétablir leur parti, engagerent le Pape Boniface à chercher quelque expédient pour empêcher qu'une ville qui avoit toujours été le rempart de l'Eglise, ne perît ou ne tombât sous la puissance des Gibelins. Le Pape envoya un Légat qui n'ayant pu trouver moyen de pacifier les troubles à cause des obstacles que la faction des *Blancs* y apportoit, mit la ville en interdit.

Cependant les Cerqui & les Donati en venoient souvent aux mains ensemble, & c'étoit envain que le Magistrat vouloit se servir de la force des loix. Les Donati qui étoient les plus foibles, appréhendant de succomber sous les efforts de leurs ennemis, demanderent au Pape un Prince du sang royal pour réformer l'Etat, se flattant qu'ils pourroient alors avoir l'avantage sur les *Blancs*. Les Seigneurs regarderent cette demande comme un attentat à la liberté publique : ils firent prendre les armes au peuple & aux gens de la campagne, & condamnerent à l'exil Corso Donati & ses partisans. Ils firent subir la même peine à quelques-uns de la faction des *Blancs*; mais ceux-ci rentrerent bien-tôt dans la ville sous différens prétextes. Donati & ses partisans se rendirent à Rome, où ils porterent le Pape à faire ce qu'ils lui avoient demandé par écrit. Le Pontife consentit que Charles de Valois, frere du Roi de France, qui étoit alors à Rome, se rendit à Florence. Les *Blancs* qui cherchoient à gagner ce Prince, lui donnerent pouvoir de disposer de la ville comme il le jugeroit à propos. Charles profita de ces dispositions, & fit armer tous ses partisans.

Le peuple craignant de perdre sa liberté, se mit sous les armes, & se prépara à la deffendre. Donati & ceux de sa faction se voyant appuyés par Charles, & informés d'ailleurs que les *Blancs* s'étoient attiré la haine publique par leur conduite dans le gouvernement, eurent la hardiesse de rentrer dans la ville. Ils y furent bien reçus, ce qui obligea Cerqui de se retirer hors de la ville dans des endroits fortifiés. Ils se virent dans la nécessité d'avoir recours au Pape, qui envoya une seconde fois un Légat pour réunir les Cerqui & les Donati. Le Légat vint d'abord à bout de concilier les esprits, & de faire faire quelque accommodement qu'il fortifia par des mariages que les deux partis contracterent ensemble. Mais le Légat ayant exigé que les *Blancs* eussent part au gouvernement, il y eut de si grandes oppositions du côté des *Noirs*, que le Ministre Apostolique se retira fort mécontent.

Les alliances que les *Blancs* & les *Noirs* avoient faites entr'eux, n'étoient pas capables de diminuer leur aversion mutuelle, & il y avoit tout lieu de craindre que les hostilités ne recommençassent entre ces deux factions. En effet peu de temps après, Nicolas de Cerqui fut attaqué par Simon fils de Corso Donati. Le premier resta mort sur le champ de bataille, & le second mourut le lendemain de ses blessures. Sur ces entrefaites on découvrit une conjuration de la part des *Blancs*, qui vouloient absolument prendre part aux affaires de l'Etat, & ils furent tous bannis de la ville. Les Donati furent cependant soupçonnés d'avoir joué ce stratagême pour perdre leurs ennemis, & sauver leur honneur.

Le Prince Charles ne resta pas encore long-temps à Florence, & il retourna à Rome à dessein de poursuivre son entreprise sur la Sicile. L'ambition de Corso Donati entretint les troubles dont Florence étoit agitée depuis si long-temps. Il se trouva dans la ville jusqu'à six partis differens; sçavoir, celui du Peuple, celui de la Noblesse, celui des *Blancs*, celui des *Noirs*, celui des Guelfes & celui des Gibelins. Tant de factions occasionnerent des désordres épouvantables dans la Ville, & il n'y avoit point de jour qu'on ne se battît dans quelques quartiers. Enfin tous ces partis étant las de la guerre, mirent les armes bas pour quelque temps. Le Légat que le Pape avoit envoyé à Florence pour tâcher de rendre le calme à la Ville, fit entendre au Souverain Pontife que l'unique moyen de remédier à tant de maux, étoit d'éloigner les auteurs de toutes ces divisions. Le Pape en conséquence cita devant lui douze des principaux Habitans, à la tête desquels étoit Corso Donati. Pendant que ceux-ci se rendoient à Rome, les bannis, soutenus du Légat, rentrerent dans la Ville de Florence; mais ils furent bien-tôt obligés d'en sortir. La Ville ne fut pas pour cela plus tranquille, & les désordres continuerent comme auparavant.

On remit alors sur pied les anciennes compagnies du Peuple, & on leur donna les drapeaux sous lesquels les Corps de métiers s'étoient autrefois assemblés. Leurs Commandans furent appellés Gonfaloniers des compagnies & collegues des Seigneurs. Ils devoient leur prêter main-forte dans le cas où ils en auroient besoin, & les aider de leurs conseils dans l'administration des affaires. On ajouta aux deux anciens Recteurs un troisieme, qui, conjointement avec les Gonfaloniers, étoit chargé de s'opposer aux entreprises des plus puissans. Tant d'efforts pour rendre le calme à Florence furent inutiles. Corso Donati de retour dans sa patrie, cherchoit toujours à entretenir la division, se flattant sans doute, de s'emparer de la souveraine puissance à la faveur des troubles. Il s'attira par sa conduite la haine de ses Citoyens, & se fit regarder comme un homme qui vouloit donner des fers à sa patrie: le mariage qu'il contracta avec la fille de Uggiccione de la Foggivole, Chef du parti Gibelin & des *Blancs*, & qui étoit très-puissant dans la Toscane, acheva de le rendre odieux à toute la République. On ne vit plus en lui qu'un tyran. Il fut cité devant le Capitaine du Peuple, & ensuite déclaré rebelle. Après ce Jugement, la Seigneurie avec le Peuple rangé sous ses drapeaux, marcha vers son Palais à dessein de l'y forcer. Tant d'ennemis conjurés pour le perdre, ne furent pas capables de l'étonner. Il se fortifia dans sa maison & dans les rues voisines qui y avoient accès. Les troupes qu'il avoit placées dans ces differens postes, se deffendirent avec tant de valeur, que le Peuple tout nombreux qu'il étoit, ne put venir à bout de forcer les barricades qu'il avoit faites. On trouva cependant moyen de percer les maisons voisines de la sienne, & Donati n'eut alors d'autre parti à prendre que celui de la fuite. Il se fit jour l'épée à la main au travers de ses ennemis, & il étoit déja hors des portes de la Ville lorsqu'il fut joint & arrêté par une compagnie de Cavalerie. Ne pouvant supporter la joye que ses ennemis témoignoient de le voir entre leurs mains, il se laissa tomber de cheval, & un des Cavaliers qui le conduisoient, lui coupa la tête. Tel fut le fort de Corfo Donati, qui fe feroit fait une grande réputation fi fon efprit inquiet ne l'eût pas excité à troubler fa patrie. Cet évenement arriva l'an 1308.

Les Florentins délivrés de la crainte que leur avoit caufée l'ambition de Donati, refterent tranquilles jufqu'à l'arrivée de l'Empereur Henri VII. que le parti Gibelin avoit engagé à fe rendre à Rome pour s'y faire couronner. La République de Florence pour diminuer le nombre de fes ennemis, jugea à propos de rappeller tous les exilés à qui le retour n'étoit pas expreffément deffendu par la fentence de banniffement. Ils demanderent en même-temps du fecours à Robert Roi de Naples, & l'engagerent à leur accorder ce qu'ils demandoient en lui donnant leur ville pour cinq ans. L'Empereur ayant été couronné à Rome l'an 1312, forma le projet de foumettre les Florentins. Il prit la route de Peroufe & d'Arezzo, & campa fon armée à une demi-lieue de Florence. Il refta cinquante jours dans cette pofition, fans pouvoir rien entreprendre contre la ville : ce qui le détermina à marcher vers le royaume de Naples, dont il avoit réfolu de faire la conquête. Sa mort arrivée le 24 d'août 1313, délivra le Roi de Naples & les Florentins de la terreur que les armes de ce Prince leur avoit infpirée.

Un ennemi moins puiffant ne laiffa pas que de donner de l'inquietude. Ugguecione de la Faggivole s'étant rendu maître de Pife & de Lucques par le moyen de la faction Gibeline, incommodoit beaucoup les Florentins. Ils mirent promptement une armée fur pied, pafferent le val de Nievole, & préfenterent le combat à Ugguccione. Les Florentins furent battus, & perdirent environ deux mille hommes avec le Prince Pierre, frere du Roi de Naples qui les commandoit. Robert envoya à la place de fon fils le Comte d'Andria pour commander les Florentins, qui, ne pouvant jamais refter unis, fe partagerent en deux factions, dont l'une étoit pour le Roi de Naples, & l'autre pour les ennemis. Les Chefs de ce dernier parti étoient Simon de la Tofa, & les Magalotti. Ils demanderent des troupes au Roi de France & à l'Empereur, pour les aider à chaffer le Comte d'Andria. N'ayant pu obtenir le fecours d'aucune de ces puiffances, ils mirent à leur tête Lando d'Agobbio, & lui donnerent pouvoir fur tout le peuple. Cet homme naturellement cruel & avare, donnoit par tout des marques de fa barbarie. Continuellement accompagné d'une troupe de fcélerats armés, il commettoit toutes fortes de défordres dans la campagne. Il pouffa même la hardieffe jufqu'à faire battre de la fauffe monnoye au coin de Florence, fans que perfonne ofât le contredire, parce qu'alors la ville étoit fi fort divifée, que les loix n'avoient plus de force. Ceux qui étoient fincerement attachés aux intérêts de leur patrie, gémiffoient en eux-mêmes, & n'ofoient découvrir leurs bonnes intentions. Ils firent fçavoir fecretement au Roi de Naples le trifte état où la ville étoit réduite, & le fupplierent de déclarer le Comte Gui de Buttefole fon Lieutenant à Florence. Le Roi y confentit volontiers, & les grandes qualités du Comte forcerent fes ennemis à le voir fans peine occuper cette place. Il n'avoit cependant pas grande autorité, parce que les Seigneurs & les Gonfaloniers des compagnies, favorifoient Lando & fon parti. L'arrivée de la Princeffe de Bohême, qui alloit à Naples pour époufer le Prince Charles, fils du Roi Robert, fut avantageufe aux Florentins. Elle trouva moyen de mettre fin aux divisions, & de priver Lando de l'autorité qu'on lui avoit donnée avec tant d'imprudence.

DUCHÉ DE TOSCANE.

Il fallut alors songer à faire une nouvelle reforme dans l'Etat, & pour exécuter ce projet, il fut décidé que la ville resteroit encore trois ans sous l'autorité du Roi de Naples. On nomma six Seigneurs du parti du Roi, pour les opposer aux sept de la faction de Lando, & l'on fit ensuite quelques autres Magistrats pour les joindre aux treize Seigneurs, qui furent remis au nombre de sept quelque temps après selon l'ancien usage. Sur ces entrefaites, Ugguccione perdit Lucques & Pise, qui tomberent entre les mains de Castruccio Castracani, Bourgeois de Lucques, qui devint bien-tôt Prince des Gibelins en Toscane. La puissance de ce Seigneur causa une telle inquietude aux Florentins, qu'ils suspendirent leurs guerres civiles pour ne s'occuper que des moyens de se garantir contre ses entreprises.

Cependant la ville avoit repris sa premiere liberté, & n'étoit plus sous l'autorité du Roi de Naples, & elle avoit retabli ses Recteurs & ses Magistrats ordinaires. La terreur que lui inspiroient les armes de Castruccio, l'obligeoit à rester unie afin d'être en état de résister à ce Seigneur. Il avoit déja enlevé tous les châteaux aux Seigneurs de Lunigiane, & il attaquoit Prato. Les Florentins résolus de secourir cette place, se mirent tous sous les armes, & pour augmenter leurs forces & diminuer celles de leur ennemi, ils publierent que tous les Guelfes rebelles qui viendroient au secours de Prato, seroient rétablis dans leur patrie. Cette publication eut tout l'effet qu'on pouvoit en attendre; quatre mille hommes joignirent les Florentins qui étoient déja au nombre de vingt mille, sans compter la cavalerie qui montoit à quinze cens hommes. Castruccio ne jugeant pas à propos de risquer le sort d'un combat, se retira en diligence vers Lucques. Le peuple étoit d'avis qu'on poursuivît Castruccio; les Nobles s'y opposerent, en représentant qu'il ne falloit pas ainsi exposer toutes les forces de Florence, & qu'on devoit être satisfait d'avoir délivré Prato. La décision fut renvoyée aux Seigneurs; mais ils ne purent s'accorder entr'eux. Le peuple se souleva & força la Noblesse à marcher contre l'ennemi. On avoit pris cette résolution trop tard, & Castruccio s'étoit déja retiré à Lucques. Cet évenement irrita si fort le peuple contre la Noblesse, qu'il refusa de tenir la parole qu'on avoit donnée aux quatre mille rebelles qui étoient venus au secours de Prato. Ils voulurent en vain employer la ruse & la douceur pour rentrer dans la ville, & ce fut aussi inutilement que les Nobles prirent leur parti.

Ces nouveaux désordres firent connoître qu'un seul Chef ne suffisoit pas pour les compagnies du peuple, & l'on en créa jusqu'à quatre. Les Seigneurs & les conseils obtinrent en même-temps le pouvoir de nommer les Seigneurs qui devoient gouverner pendant les quarante mois suivans. Ils mirent le nom de ceux qui prétendoient à ces charges dans une bourse; d'où ils les tiroient tous les deux mois; avant que le terme des quarante mois fut échu, on recommença à mettre les noms dans la bourse, parce que plusieurs citoyens craignoient que les leurs n'y eussent pas été mis. Ce fut de ce reglement d'où vint la coutume de mettre dans la bourse les noms des Magistrats qui devoient gouverner au-dedans & au-dehors de la ville; au lieu qu'auparavant on ne faisoit l'élection des nouveaux Magistrats qu'après que ceux qui étoient en charge avoient fini leurs temps (7).

Cependant Castruccio s'étoit rendu maître de Pistoie, & sa puissance étoit devenue si redoutable, que les Florentins résolurent de lui enlever cette ville avant que sa domination y fut bien affermie. Ils s'assemblerent au nombre de vingt mille hommes d'infanterie, & trois mille hommes de cavalerie, sous la conduite de Raimond de Cordone. Les Florentins furent d'abord assez heureux pour s'emparer d'Alto-Passio, mais leur Général qui s'étoit flatté que les Florentins le choisiroient pour leur Prince s'ils se trouvoient dans quelque embarras, traîna la guerre en longueur, & ne profita pas de l'avantage qu'il avoit eu. Trompé dans ses esperances, il s'en vengea par la plus noire perfidie, en donnant le temps à Castruccio de se fortifier & de recevoir les secours qu'il attendoit des Viscomti & des autres Seigneurs de la Lombardie. Il ne porta pas loin la peine de sa trahison, ayant été tué dans un combat où les Florentins firent une perte considérable. Ils firent alors de nouveaux préparatifs, & sacrifiant leur liberté même pour abbatre leur ennemi, ils se donnerent à Charles Duc de Calabre, fils du Roi Robert. Ce Prince qui étoit occupé à la guerre de Sicile, envoya Gaultier Duc d'Athenes, François de nation, pour prendre possession de la ville, & il le déclara son Lieutenant dans le pays. Charles ayant terminé la guerre de Sicile, se rendit à Florence avec mille chevaux, & y fit son entrée le 18 de juillet l'an 1326. Sa présence empêcha Castruccio de ravager le pays des Florentins. Ce fut tout l'avantage que les Florentins en retirerent; mais d'un autre côté ils firent des pertes plus considérables que celles que Castruccio leur auroit fait essuyer. Ils furent obligés de donner à Charles quatorze cens mille florins, quoiqu'il eût été reglé qu'on n'en donneroit que deux cens mille.

Les Gibelins inquiets du séjour que Charles faisoit en Toscane, engagerent Louis de Baviere, qui avoit été élu Empereur, à se rendre en Italie. A peine ce Prince y fut-il arrivé, que Galeas Viscomti & les autres tyrans de la Lombardie, allerent joindre son armée. L'approche de l'armée Imperiale obligea le Duc Charles à quitter Florence, où il laissa Philippe de Sagginet pour son Lieutenant. Cependant l'Empereur s'étoit rendu maître de Pise, & après cette expédition, il avoit pris sa route vers Rome. Castruccio entra alors dans Pise, dont il se fit reconnoître souverain; mais il perdit en même-temps Pistoie, que les Florentins lui enleverent par le moyen des intelligences qu'ils entretenoient dans la ville. Castruccio fit alors tout ce qui dépendoit de lui pour reprendre cette place, & les Florentins de leur côté employerent la force & la ruse pour la conserver. Tous leurs efforts furent inutiles, & Pistoie fut contrainte de se soumettre aux loix de Castruccio & de lui ouvrir ses portes. Ce siége avoit causé tant de fatigues à ce Prince, qu'il mourut à son retour à Lucques. Le Duc de Calabre mourut en même-temps à Naples, & les Florentins se virent par cet évenement délivrés de la domination de l'un, & de la terreur que l'autre leur avoit inspirée. Florence devenue libre encore une fois, fit quelques changemens dans le gouvernement. On cassa tous les anciens conseils, & l'on en fit de nouveaux, l'un composé de trois cens personnes tirées du corps du peuple, & l'autre de

---

(7) Cette maniere d'élire s'appelle en Italien *Squittino*.

deux

deux cens cinquante composé de Bourgeois & de Gentilshommes. Le premier fut appellé le conseil du peuple, & l'autre le conseil commun.

Louis de Baviere après différentes expéditions, se vit obligé de reprendre la route de ses Etats. Pendant qu'il étoit à Pise, un corps de cavalerie Allemande se révolta & se fortifia à Montechiaro. Après le départ de l'Empereur ces cavaliers s'emparerent de Lucques, qu'ils proposerent d'abord de vendre aux Florentins pour la somme de vingt mille florins. A leur refus Girardin Sipinola, Genois, l'acheta tente mille florins. Les Florentins n'eurent pas plutôt appris cette nouvelle, qu'ils se repentirent de n'avoir pas accepté l'offre qu'on leur avoit faite, & ils employerent alors toutes sortes de moyens pour se mettre en possession de cette ville : ce qui occasionna plusieurs guerres. Le Prince de Verone qui s'étoit emparé de Lucques à la faveur des troubles, s'étoit obligé à remettre cette ville entre les mains des Florentins ; mais se sentant assez de force pour leur résister, il résolut de garder la ville de Lucques. Les Florentins s'étant ligués avec les Venitiens, l'attaquerent si vivement que peu s'en fallut qu'ils ne se rendissent maîtres de ses Etats. Il étoit réduit aux dernieres extrêmités lorsque les Venitiens contents de la conquête qu'ils avoient faite de Trevise & de Vicense, consentirent à lui accorder la paix. Ce Prince ayant perdu peu de temps après le duché de Parme que les Viscomti Ducs de Milan lui avoient enlevé, prit le parti de vendre la ville de Lucques qu'il ne pouvoit plus conserver. Les Florentins & les Pisans desiroient en faire l'acquisition. Ces derniers considerant que ceux de Florence l'emporteroient parce qu'ils étoient plus riches, formerent le projet de se rendre maîtres de la place par la force, & en conséquence ils en firent le siége conjointement avec les Viscomti. Les Florentins qui avoient conclu le marché, firent tous leurs efforts pour obliger les Pisans à lever le siége. Cette guerre fut longue & sanglante, & la ville de Lucques tomba au pouvoir de ces derniers.

Les secours que les Florentins avoient demandés au Roi de Naples, n'arriverent qu'après la prise de Lucques. Elle avoit tellement irrité le peuple contre ceux qui étoient chargés du gouvernement, qu'on avoit à craindre une sédition générale. Les vingt Administrateurs de la guerre, croyant prévenir les maux dont la République étoit menacée, voulurent confier le gouvernement à Gaultier Duc d'Athènes, & le déclarerent protecteur de la République & Général des troupes. Les Nobles toujours mécontens du gouvernement, & qui cherchoient les moyens d'affoiblir l'autorité du peuple, crurent avoir trouvé l'occasion favorable à leurs desseins. Ils se flattoient qu'en mettant la souveraine puissance entre les mains de ce Duc, ils recevroient la récompense des services qu'ils lui rendroient, & qu'il seroit plutôt porté pour eux que pour le peuple. L'ambition du Duc lui fit écouter favorablement les propositions qu'on lui fit, & il se prêta à tout ce qu'on voulut. Pour gagner l'affection du peuple, il fit punir de mort ou condamna à l'exil ceux qui avoient eu la conduite de la guerre de Lucques. Insensiblement il s'empara de la souveraine autorité, & se fit craindre des Florentins. Assuré de la bienveillance d'une partie des habitans, il osa demander aux Seigneurs qu'on le revêtît du pouvoir absolu. Les Seigneurs à qui il s'adressa d'abord, refuserent leur consentement avec beaucoup de courage ; mais ce re-

Tome II, Hh*

fus ne l'empêcha pas de poursuivre ses desseins. Il convoqua une assemblée du peuple, & cette ordonnance fit bien-tôt connoître aux Seigneurs que la liberté publique étoit perdue sans ressource. Ils se déterminerent à avoir recours aux prieres, pour engager le Duc d'Athènes à renoncer à son projet. Toutes leurs remontrances furent inutiles, & ils furent contraints de demeurer d'accord que le peuple s'assembleroit, & qu'on lui donneroit pour un an la même autorité que le Duc de Calabre avoit eue.

Le peuple s'étant assemblé le 8 de Septembre de l'an 1342, le Duc accompagné de ses partisans, se rendit sur la place, & fit lire au peuple les articles du traité qui étoit fait entre lui & la seigneurie. Lorsqu'on fut à l'article qui portoit que l'autorité lui étoit donnée pour un an, le peuple s'écria aussi-tôt *pour la vie*. Il fut ensuite élevé & porté au travers de la multitude dans la place, & l'on fit retentir son nom de tous côtés. Celui qui étoit chargé de la garde du palais lui en ouvrit les portes, & l'en mit en possession. Il fut aussi-tôt pillé par les domestiques du Duc, l'étendart du peuple fut déchiré, & celui du Duc d'Athènes fut mis à la place.

Gaultier maître absolu de la République, priva de tout pouvoir ceux qui pouvoient contrebalancer son autorité. Il deffendit aux Seigneurs de s'assembler au palais, ôta les enseignes aux Gonfaloniers des compagnies du peuple, cassa les reglemens de la justice qu'on avoit faits contre les Grands, fit ouvrir les prisons, rappella plusieurs exilés, & deffendit à tout le monde le port des armes. Il gagna en même-temps l'amitié de ceux du dehors, & accorda plusieurs graces à ceux d'Arezzo. Il fit aussi la paix avec les Pisans quoiqu'on l'eût mis à la tête de la République pour faire la guerre à ce peuple. Il augmenta les anciens impôts & en mit de nouveaux. Ne gardant plus alors aucune mesure, il fit connoître son caractere cruel & injuste, & il n'épargna ni les grands ni les petits. Redoutant les Nobles qui l'avoient élevé, il chercha à les abbaisser, & s'attacha particulierement à mettre dans ses intérêts la populace ; se flattant qu'avec son secours & celui des troupes étrangeres, il pourroit conserver son autorité. Il fut bien-tôt joint par plusieurs François à qui il donna des charges, afin de s'en faire un appui dans l'occasion. Ces faveurs en attirerent un grand nombre, & en peu de temps ils introduisirent dans la ville leurs modes & leurs manieres. La plûpart des citoyens voyoient avec peine l'ordre de l'Etat entierement renversé, les loix anéanties ou méprisées, & le luxe poussé jusqu'à l'excès. La conduite du Duc d'Athènes, les respects qu'il vouloit qu'on lui rendît & la terreur qu'il inspiroit par ses exécutions sanguinaires, lui avoient attiré la haine de tout le monde & le faisoient regarder comme un tyran. Il n'ignoroit pas les sentimens des Florentins à son égard, & cependant il faisoit paroître au-dehors une tranquillité dont il ne jouissoit pas entierement. Il poussa même l'affectation jusqu'au point de faire périr Mathieu de Marozzo qui lui avoit découvert une conjuration que les Medicis avoient tramée contre lui. Cette conduite imprudente empêcha ceux qui lui étoient attachés, de l'instruire des mauvaises intentions de ses ennemis, & donna plus de hardiesse à ceux-ci de conspirer contre sa personne. Il se forma trois conjurations de la part des trois ordres de la République ; les Grands, les simples Gentilshommes, & Bourgeois, & les Artisans : mais la plus considérable étoit celle dont l'Archevêque de Florence étoit le Chef. Le Duc d'Athènes fut assez heureux pour découvrir cette conjuration, dont il fit arrêter quelques-uns des principaux Chefs. Les autres conjurés voyant que leur dessein étoit découvert, résolurent de vendre cherement leur vie, & se mirent sous les armes. Le Duc dont les forces étoient inférieures à celles du peuple, se fortifia dans son palais tandis que ses partisans se rangeoient sur la place pour s'opposer aux conjurés: mais se voyant environnés de tous côtés & en danger d'être taillés en pieces, ils abandonnerent le parti du Duc, dont on attaqua le palais avec beaucoup de vigueur. Gaultier considérant qu'il alloit être forcé, essaya de gagner le peuple en donnant la liberté à tous les prisonniers qu'il retenoit dans le palais, & en faisant mettre les armes du peuple à la place des siennes. Cette ressource étoit alors inutile, & les esprits étoient trop animés contre lui.

Cependant les Florentins créerent quatorze citoyens, dont la moitié étoient tirés d'entre les Nobles, & le reste parmi le peuple. Ils leur donnoient plein pouvoir de réformer l'Etat de Florence conjointement avec l'Evêque. Ils nommerent encore six personnes pour exercer la charge de Podestat jusqu'à ce qu'il y en eût un d'élu. Les Siennois qui étoient venus au secours du peuple, proposerent quelque accommodement; mais le peuple ne voulut rien écouter avant qu'on lui eût remis entre les mains Guillaume de Scesi avec son fils, & Cerrettieri Bisdomini. Le Duc se vit forcé d'abandonner ces deux Seigneurs qui avoient toujours pris son parti. Le peuple assouvit sur eux tout ce que la barbarie peut inspirer de cruautés, & il poussa la brutalité jusqu'à manger quelques pieces de ces malheureux cadavres (8). Le peuple ayant ainsi satisfait sa rage, consentit que le Duc d'Athènes se retirât avec ses gens & ses effets où il le jugeroit à propos, à condition qu'il renonceroit à toutes ses prétentions sur Florence, & qu'il ratifieroit cette renonciation lorsqu'il seroit à Casentino qui étoit hors des terres de la République. En conséquence de cet accord, le Duc sortit de la ville & se rendit à Casentino, où le Comte Simon le força à tenir sa parole. Ce Prince n'avoit conservé que dix mois une souveraineté que la mauvaise intention de quelques citoyens lui avoit fait obtenir, & que son caractere avare & cruel lui fit perdre en si peu de temps.

A la faveur de tant de troubles, les villes qui dépendoient de Florence secouerent le joug, & reprirent leur ancienne liberté. L'état où Florence se trouvoit alors, ne lui permettoit pas d'user de violence pour réduire toutes ces villes. Le gouvernement crut qu'il étoit plus à propos d'agir par les voies de la douceur; & pour cet effet il envoya des députés pour traiter avec elles en qualité d'alliées, car elles ne vouloient plus être regardées comme sujettes. Cette conduite eut tout l'effet qu'on pouvoit en attendre, puisqu'Arezzo & les autres villes consentirent à se remettre sous la domination de Florence. Après avoir ainsi pacifié les troubles du dehors, on s'occupa à regler les affaires du dedans de l'Etat. Pour satisfaire les Grands, on regla qu'ils auroient la troisieme partie du gouvernement & la moitié des autres charges. On partagea la ville en quatre parties, & on nomma les Seigneurs pour chaque partie, & à la place *des douze bons hommes* on créa huit Con-

(8) Nicolas Machiavel.

seillers, dont quatre étoient tirés de la Noblesse, & les quatre autres du peuple.

Rien n'étoit capable d'entretenir l'union entre les Nobles & le peuple. Les premiers vouloient toujours dominer, & s'emparer de toute l'autorité. Le peuple jaloux de ses droits, ne pouvoit souffrir qu'on les lui enlevât, & n'étoit occupé que des moyens d'abbaisser les Grands : ce qui occasionna encore de nouvelles dissentions qui tournerent au préjudice des Nobles. On cassa les quatre Conseillers de leur Ordre, qui furent remplacés par huit nouveaux qu'on tira du peuple, ce qui forma le nombre de douze. On joignit aux huit Seigneurs qui restoient, un Gonfalonnier de justice, & seize Gonfalonniers des compagnies du peuple ; enfin les conseils furent tellement reformés, que le peuple se vit entierement maître du gouvernement. Les Nobles mécontens d'avoir perdu toute leur autorité, résolurent de la reprendre à quelque prix que ce fut. Ils firent provisions d'armes, fortifierent leurs maisons & envoyerent demander du secours jusqu'en Lombardie. Les Seigneurs & le peuple prirent leurs précautions de leur côté, & mirent dans leurs intérêts Sienne & Perouse. Chaque parti ayant reçu les renforts qu'il attendoit, on en vint aux mains dans differens quartiers de la ville. Le combat fut long & sanglant ; mais il devint funeste à la Noblesse. Les Grands furent repoussés de tous côtés, & le peuple dans sa fureur rasa leurs palais & leurs tours. Ce coup abbatit entierement la puissance des Grands, & ils n'oserent plus s'armer contre leurs citoyens. L'Etat fut encore reformé, & le peuple fut divisé en trois classes ; sçavoir les *puissans*, les *médiocres* & le *menu peuple*. On regla que ceux du premier Ordre auroient deux Seigneurs d'entr'eux ; les deux autres classes en devoient avoir chacune trois, & le Gonfalonnier devoit être pris, tantôt des uns, tantôt des autres. On renouvella en même-temps toutes les loix qui avoient été faites contre les Nobles, & plusieurs d'entr'eux furent mêlés parmi la populace.

Les Florentins après avoir ainsi abbaissé la puissance des Grands, resterent quelque-temps tranquilles ; mais pendant cet intervalle, ils furent affligés d'une peste qui fit périr quatre-vingt-seize mille hommes. Ils étoient à peine délivrés de ce fléau, qu'ils furent attaqués par Jean Viscomti Archevêque de Milan. Ce Prélat étoit très-puissant ; car outre l'archevêché de Milan dont il étoit pourvu, il possedoit encore plusieurs villes avec la seigneurie de Bologne dont il s'étoit emparé, & que Clement VI. avoit été contraint de lui laisser aux conditions néanmoins qu'il payeroit douze mille ducats de cens annuel à la chambre Apostolique. Chef des Gibelins qui étoient à Milan, il se flatta de se rendre maître par leur moyen de toute la Toscane où ils étoient en grand nombre. Il résolut d'abord d'attaquer les Florentins sous prétexte qu'ils avoient excité les habitans de Bologne à se soulever contre lui. Jean Aulege Viscomti fut mis à la tête des troupes que l'Archevêque de Milan avoit rassemblées pour cette entreprise. Les Florentins effrayés du ravage que l'ennemi faisoit jusqu'aux portes de la ville, étoient prêts à se soulever ; mais les Magistrats vinrent à bout de les appaiser, & les encouragerent à faire tête aux Milanois. On leva promptement des troupes, & avec les secours que les Florentins reçurent de plusieurs endroits, ils se trouverent en état de repousser leurs ennemis. Le Duc de Milan voulut alors engager les Pisans à se joindre à lui contre les Florentins. Les Gambacurta qui avoient beaucoup de crédit à Pise, firent connoître à leurs citoyens qu'il étoit de leur intérêt de rester unis avec la République de Florence.

Cependant les Milanois avoient été forcés d'abandonner leur entreprise sur une petite place appellée Scarparia, qu'ils avoient inutilement assiegée pendant deux mois. Cette place étoit deffendue par Jean & Silvestre de Medicis, dont on récompensa la valeur en les faisant Chevaliers. Jean Viscomti résolu de réparer sa honte, leva sur ses sujets des impôts extraordinaires pour subvenir aux frais de cette guerre. Les Florentins qui redoutoient toujours les forces de l'Archevêque de Milan, engagerent Charles IV. Roi de Bohême & désigné Empereur, à leur envoyer du secours. Cette nouvelle alliance détermina le Duc à demander la paix aux Florentins. Le traité qu'il fit quelque-temps après avec les Genois, l'avoit mis en état de recommencer la guerre, & il se disposoit à attaquer la République de Florence lorsqu'il mourut de la peste. Ce Prélat laissa ses Etats à trois de ses neveux, Maffée, Bernabo & Galeas. La mort de l'Achevêque procura aux Florentins quelques années de repos, qui fut enfin troublé par les entreprises de Bernabo Viscomti. Ce Prince suivant l'exemple de son oncle, prit la résolution de détruire Florence qu'il regardoit comme un obstacle à la puissance des Gibelins. Les Pisans qu'il étoit venu à bout de mettre dans ses intérêts, déclarerent la guerre aux Florentins. Les commencemens de cette guerre furent assez heureux pour la République de Florence, qui sous la conduite de Boniface Loup de Parme, enleva plusieurs villes aux Pisans. Rodolphe qui lui succéda dans le commandement des troupes, s'empara du port de Pise; & il auroit eu de plus grand succès si le commerce continuel qu'il avoit avec les femmes, ne lui eût pas fait négliger son devoir. Pierre Farnese qui fut chargé du soin de cette guerre, remporta un avantage considérable sur les Pisans. Ce Général étant mort de la peste, on mit en sa place Regnier son frere qui ne fut pas si heureux que ses prédécesseurs. Les choses changerent alors de face, & les Pisans reprirent le dessus. Un secours de trois mille Anglois qu'ils avoient pris à leur solde, les mit en état de continuer la guerre avec vigueur. Ils ravagerent tout le territoire de Pistoie, & s'approcherent jusqu'à un mille de Florence. Après avoir passé l'Arno, ils prirent la ville d'Empoli qui est située sur cette riviere entre Pise & Florence. Ils retournerent ensuite dans leur patrie, emportant avec eux un butin considérable. Ils ne resterent pas long-temps dans l'inaction. Ils marcherent de nouveau contre les Florentins: le succès répondit à leur attente; les Florentins furent battus, & leur Général fut fait prisonnier. Les Florentins se virent alors dans la nécessité de rappeller les bannis, afin de réparer par ce moyen les pertes qu'ils avoient faites. Buondelmonte Chef des bannis, marcha contre les Pisans & remporta sur eux une victoire complette.

On traita alors de la paix, mais ce n'étoit qu'un prétexte pour gagner du temps; car les propositions que les Pisans faisoient, étoient trop deraisonnables pour qu'on pût les accepter. La guerre continua donc encore pendant cette année avec divers avantages de part & d'autre. Cette campagne qui fut terminée par un combat décisif dans lequel les Pisans furent entierement défaits, les obligea à consentir à la paix. Elle fut conclue à des conditions

DUCHÉ DE TOSCANE.

1351.

1353.

1354.

Guerre des Florentins avec les Pisans.

1362.

1364.

assez avantageuses pour les Florentins. Cette guerre étoit à peine terminée, qu'ils en eurent une autre à soutenir contre la ville de Lucques. Nicolas Patriarche d'Aquilée, frere de l'Empereur Charles IV. attaqua tout d'un coup les Florentins, sans déclarer les raisons qui le faisoient agir. Le besoin d'argent que l'Empereur avoit alors, fut regardé comme le veritable motif de cette invasion : ce Prince esperant par ce moyen obliger les Florentins à acheter la paix. En effet ils prirent le parti d'offrir de l'argent à l'Empereur pour se délivrer d'une guerre dont ils craignoient les suites.

Le Patriarche n'osant plus les attaquer au nom de l'Empereur avec qui ils avoient fait un traité, leur déclara la guerre au nom du Pape. Maître de San-Miniato, petite ville du Florentin entre Pise & Florence, il pouvoit inquieter facilement cette derniere ville. Les Florentins résolurent de reprendre cette place afin d'écarter les ennemis de leur voisinage. Le Pape & Bernabo donnerent du secours aux assiegés, & retarderent par ce moyen la prise de cette place. Les Florentins prirent le parti de faire un traité avec le Pape contre le Milanès, & les villes de Bologne, de Lucques, de Pise, de Padoue, de Mantoue & de Ferrare, entrerent dans cette ligue. Pendant ces différentes négociations, les Florentins livrerent combat aux Anglois qui les battirent. Les vainqueurs marcherent alors vers Florence, afin d'attirer l'ennemi de ce côté-là, & l'obliger à lever le siége de San-Miniato. Cette ruse ne leur réussit pas, & les Florentins se rendirent maîtres de la place par stratagême. Ce succès les ayant mis en état de n'avoir plus rien à craindre pour eux, ils envoyerent une partie de leurs troupes au secours du Pape qui étoit attaqué par Bernabo. Ce Prince dont les forces devenoient alors inférieures à celles de ses ennemis qui faisoient de grands ravages dans ses Etats, demanda la paix.

Pendant que les Florentins signaloient leur valeur au-dehors, l'intérieur de la République étoit déchiré par de continuelles divisions, dont il ne paroissoit pas possible d'arrêter le cours ; puisque tous les reglemens qu'on avoit faits jusqu'alors, n'avoient pu couper la racine à tant de maux. La loi par laquelle on avoit interdit aux Gibelins la possession des charges de Magistrature, avoit subsisté pendant long-temps ; mais dans la suite cette loi fut négligée, & l'on vit parmi les premiers Magistrats, des citoyens qui descendoient des Gibelins. Ugguccione de Ricci voulut faire revivre cette loi dans l'esperance de dépouiller les Albizi qu'il haïssoit, des charges qu'ils possedoient. Cette famille qui étoit originaire d'Arezzo, étoit soupçonnée d'être de la faction Gibeline. Pierre Albizi pour écarter ces soupçons, appuya le dessein de Ricci, & fit renouveller cette loi qui fut la source de grands troubles. Ce que Ricci avoit fait pour perdre son ennemi, ne servit au contraire qu'à augmenter sa puissance & son crédit. Albizi s'étant chargé de faire exécuter le nouveau reglement, donna ordre aux Capitaines de tâcher de découvrir les Gibelins ou ceux qui descendoient de ces familles. Ils devoient les avertir de n'entrer dans aucune charge, s'ils ne vouloient s'exposer à subir les peines prononcées par la loi. C'est-de-là que tous ceux qui furent exclus des charges à Florence, furent appellés des *avertis*.

Cette commission rendit les Capitaines redoutables ; car chacun craignoit de devenir un *averti*. Les Ricci qui sentirent trop tard la faute qu'ils avoient faite, chercherent à diminuer la puissance des Capitaines, en faisant ajouter trois nouveaux Capitaines aux six qui étoient déja en exercice. Deux de ces nouveaux devoient être tirés des petits artisans. On regla aussi que ceux qui auroient été découverts pour être Gibelins, seroient confirmés tels par vingt-quatre citoyens nommés à cet effet. Cette ordonnance modera la puissance des Capitaines, & fit tomber presque entierement l'avertissement. Il fut rétabli quelque-temps après par le crédit de Benqui de la maison de Buondelmonte. Ce Gentilhomme irrité de ce qu'on avoit fait une loi, par laquelle il étoit deffendu à tout Bourgeois descendu d'une famille noble, d'entrer dans la charge des *Seigneurs*, se joignit à Pierre d'Albizi, afin d'abbatre la puissance du peuple, & de rester seuls maîtres des charges. Les Ricci de leur côté tâchoient de renverser les desseins de leurs rivaux; & la jalousie qui subsistoit entre ces deux familles, menaçoit la ville de grands troubles. Quelques sujets bien intentionnés pour la patrie, allerent trouver les Seigneurs pour les engager à abolir les loix qui entretenoient les factions, & à ne laisser subsister que celles qui avoient pour but la conservation de la liberté de la République. Les Seigneurs frappés des remontrances qu'on leur faisoit, nommerent cinquante-six personnes pour travailler à rétablir l'union entre les citoyens. Tous leurs soins furent inutiles, parce qu'ils songerent plutôt à dissiper les factions qui regnoient alors, qu'à en détruire la source & l'origine. Ils priverent des charges trois personnes de chacune des familles des Albizi & des Ricci; mais les premiers conserverent toujours celles qu'on avoit établies pour le parti des Guelfes contre les Gibelins: ce qui donna aux Albizi plus d'autorité qu'aux Ricci qui cherchoient à les abaisser.

La guerre que les Florentins eurent à soutenir contre Gregoire XI. releva le parti de ces derniers, parce qu'ils avoient toujours pris les intérêts de Bernabo; & que les huit citoyens qu'on avoit nommés pour commander avec une pleine autorité, étoient tous ennemis du parti des Guelfes. Les desseins ambitieux des Légats qui commandoient en Italie pendant le séjour que les Papes faisoient à Avignon, occasionnerent cette guerre. Les hostilités avoient commencé par le ravage que des troupes à la solde du Pape avoient fait sur les terres des Florentins, dans un temps où ils étoient pressés par la famine. Les Florentins se plaignirent d'abord au Légat des désordres que ces troupes commettoient; mais le Ministre Apostolique répondit qu'il n'avoit plus d'autorité sur ces troupes qu'on avoit congediées, & que c'étoit à eux à prendre les mesures nécessaires pour leur conservation. Les Florentins profiterent de la réponse du Légat; & engagerent Augut Général de ces soldats étrangers, à entrer au service de la République. Cet évenement surprit le Légat & rompit toutes ses mesures; car quelques Historiens prétendent que le Pape lui avoit donné ordre de se rendre maître de Florence. Cette République fortifiée par les nouvelles troupes qu'elle venoit d'enrôler, ne craignit plus de déclarer la guerre au Pape. Pour augmenter encore ses forces, elle fit alliance avec Bernabo qui étoit un des plus grands ennemis du Pape & de ses Ministres.

Plusieurs villes de l'Etat ecclésiastique profiterent de cette conjoncture pour reprendre leur premiere liberté; & quelques-unes d'entr'elles massacrerent leurs garnisons. Bologne ne fut pas plus fidélle que les autres, & la

---

DUCHÉ DE TOSCANE.

Guerre des Florentins avec Gregoire XI.
1375.

DUCHÉ DE TOSCANE.

révolte de cette ville mit le Pape dans la nécessité de parler de paix. Les Florentins après avoir long-temps amusé les Ambassadeurs du Pape, donnerent à connoître qu'ils étoient dans l'intention de continuer la guerre. Gregoire irrité de la conduite des Florentins à son égard, prit la résolution de mettre la ville en interdit, & cita les Florentins à comparoître devant son tribunal. Ils tâcherent de parer ce coup, & envoyerent trois Ambassadeurs à Avignon. Leurs représentations furent inutiles, & la sentence d'excommunication fut publiée. Leur Etat & leurs biens furent donnés au premier occupant, les citoyens condamnés à l'esclavage, & ceux qui étoient à Avignon en furent chassés (9). Les Florentins pour se venger, envoyerent du secours aux Bolonois qui étoient assiegés par le Légat. Rodolphe Varane de Cammert qui commandoit ce secours, se comporta avec tant de prudence & de valeur, qu'il obligea le Légat de se retirer en quartier d'hyver à Cesene, ville de l'Etat de l'Eglise dans la Romagne. Les troupes Bretonnes qui étoient à la solde du Légat, traiterent les habitans de cette ville avec tant du cruauté, que ceux-ci furent contraints de prendre les armes pour arrêter la licence de ces troupes. Ils en massacrerent la plus grande partie & chasserent les autres. Le Légat sous l'esperance d'une amnistie générale, les engagea à mettre bas les armes; mais à peine se furent-ils mis hors d'état de pouvoir se deffendre, que le Ministre du Pape fit entrer dans la ville des troupes Angloises qui passerent au fil de l'épée la plûpart des habitans, sans distinction d'âge ou de sexe, & il ne se sauva d'un si grand massacre, que ceux qui furent assez heureux pour se dérober par la fuite à la fureur du soldat (10).

1376.

Les Florentins désesperant de pouvoir soutenir long-temps cette guerre, demanderent du secours à Charles V. Roi de France, à Louis Roi de Hongrie, & à Jeanne Reine de Sicile; ils demanderent en même-temps la paix à Gregoire XI. qui étoit de retour à Rome. Le Pape envoya deux Moines à Florence; mais les habitans de cette ville soupçonnant qu'ils étoient venus plutôt pour exciter quelque trouble dans la ville que pour négocier, les renvoyerent en les assurant qu'ils étoient disposés à faire la paix si on leur faisoit des propositions justes & raisonnables. Le Pape mécontent des Florentins, envoya contr'eux Raymond son neveu, qui ayant pris sa route par la campagne maritime de Sienne, mit le siége devant la ville de Grossette. L'arrivée du Géneral August le força d'abandonner son entreprise & de se retirer. Les Florentins qui desiroient toujours la paix, députerent pour la troisieme fois vers le Pape, mais ce fut inutilement. Ils avoient jusqu'alors observé l'interdit, & il s'étoit passé presque un an sans qu'on célébrât le service divin dans tout l'Etat de Florence. Les habitans ne se flattant plus d'appaiser le Pape, résolurent de n'avoir plus d'égards à l'excommunication, & contraignirent les Prêtres à reprendre leurs fonctions (11). Le Pape de son côté n'esperant plus réduire les Florentins, prit sincerement la résolution de leur accorder la paix, & voulut que Bernabo fit les fonctions de médiateur. On étoit occupé à ces négociations lorsque Gregoire XI. mourut. Urbain VI, son successeur leva l'excommunication, & les reconcilia avec l'Eglise.

1378.
Nouveaux troubles dans Florence.

Les discordes civiles empêcherent les Florentins de jouir de la paix qui

(9) Pogg. histoire de Florence.
(10) Pogge Leonard Aretin, Anton.

(11) Pogge, & Nicolas Machiavel.

venoit

venoit de leur être accordée. La puissance des Guelfes étoit la cause des désordres qui regnoient dans la ville. Ils avoient un parti contraire formé des Bourgeois auxquels s'étoient joints les Ricci, les Alberti & les Medicis. Ces derniers étoient si fort redoutés que les Guelfes se crurent obligés de faire une cabale pour empêcher que Silvestre Medicis ne fût nommé Gonfalonnier. Tous leurs efforts furent inutiles, & Medicis ayant obtenu cette charge malgré ses ennemis, forma le dessein d'abbatre la puissance des grands (12). Il fit en secret une loi qui renouvelloit les ordres de la justice contre les Grands, diminuoit l'autorité des Capitaines des quartiers, & retablissoit les *avertis* dans toutes leurs dignités. Il proposa cette loi dans les différens colléges & conseils; mais cette démarche n'ayant point réussi; il fallut avoir recours à la force & à la crainte. Benoît Alberti fit prendre les armes au peuple, & bien-tôt toute la place fut remplie de gens armés. Les colléges voyant cette émeute, se virent contraints d'accepter la loi sans avoir eu le temps de déliberer sur ce qu'ils avoient à faire. Il ne fut pas ensuite facile de calmer cette émeute, & quelque promesse qu'on fit aux Seigneurs, aux Colléges, aux Huit, aux Capitaines des quartiers & aux Syndics des métiers, de reformer l'Etat à l'avantage & au contentement de tout le monde, on ne put empêcher quelques enseignes des corps de métiers, de brûler la maison de Lapo de Castiglionquio un des Chefs du parti des Guelfes. Les autres Chefs de cette faction craignant la fureur du peuple, se cacherent ou sortirent de la ville sous differens déguisemens. La maison de Castiglionquio ne fut pas la seule qui éprouva la fureur de cette populace mutinée, plusieurs autres eurent le même sort, & quelques couvens ne furent pas même épargnés. La présence des Seigneurs qui étoient accompagnés d'une troupe de gens armés, appaisa cette émotion populaire. On fit grace aux *avertis*, mais aux conditions qu'ils seroient trois ans sans entrer dans aucune Magistrature. Les loix qui avoient été faites contre les citoyens par les Guelfes, furent cassées, & on déclara rebelles Sapo de Castiglionquio & ses adhérens. On nomma ensuite des nouveaux Seigneurs du nombre desquels étoit Louis Guichardin. Ces nouveaux Magistrats employerent tout leur pouvoir à faire cesser le tumulte. Ils vinrent enfin à bout d'obliger le peuple à mettre bas les armes & de rouvrir les boutiques. Le calme auroit été entierement rétabli si les *avertis*, qui ne pouvoient se résoudre à passer trois ans sans occuper de charge, n'avoient excité un nouveau soulevement. Les corps des métiers s'assemblerent en leur faveur, & afin d'étouffer cette sédition dans son origine, on jugea à propos d'accorder que tout citoyen pourroit être reçu en tout temps au nombre des Seigneurs, des colléges, des Capitaines de quartier ou du conseil, des corps des métiers : que personne ne pourroit être *averti* comme Gibelins, & que dans le parti des Guelfes on remettroit de nouveaux noms dans les bourses, & qu'on brûleroit ceux qui y étoit auparavant.

Quelques esprits inquiets & qui esperoient trouver quelques avantages dans les brouilleries, engagerent les artisans à demander qu'on bannît un grand nombre de personnes qui étoient leurs ennemis. Les Seigneurs firent

---

(12) Cette charge comme on a déja pu le voir donnoit presqu'autant d'autorité à celui qui en étoit revêtu, que s'il eût été le Souverain de l'Etat.

comparoître devant eux les Magistrats des corps des métiers. Louis Guichardin leur parla avec tant de force & de bonté, qu'ils consentirent à rester tranquilles.

Pendant qu'on étoit occupé à rendre le calme d'un côté, il s'élevoit d'un autre de nouveaux troubles, & il sembloit qu'il n'étoit pas possible que Florence pût jouir quelque temps d'un plein repos. La populace & ceux qui dépendoient du corps des artisans qui travailloient à la laine, appréhendant d'être punis pour les vols & les incendies dont ils avoient été les auteurs dans la derniere émeute, formerent le projet de s'emparer du gouvernement. Les Seigneurs informés de ce complot, prirent toutes les précautions nécessaires pour faire avorter cette entreprise, & il fut résolu que les Magistrats & les compagnies se trouveroient en armes sur la place. Les rebelles avertis de ce qui se passoit, se rendirent en troupes dans les lieux qu'ils avoient marqués pour leurs rendez-vous. Toute la ville étoit en armes, ce qui inspira tant de frayeur aux Gonfaloniers qu'ils ne voulurent point abandonner leurs maisons, & il ne se trouva qu'un petit nombre de gens d'armes qui vinrent au secours des Seigneurs. Trop foibles pour résister à une populace mutinée, ils ne tarderent pas à se retirer. Les séditieux ne trouvant aucun obstacle à l'exécution de leurs desseins, demanderent qu'on leur rendît leurs prisonniers. Ils commencerent à donner des marques de leur fureur en mettant le feu à la maison de Guichardin. Les Seigneurs croyant les appaiser, leur remirent les prisonniers; mais cette action ne fut pas capable de les adoucir. Après s'être emparés de l'étendart de la justice, ils parcoururent toute la ville, ils brûlerent & pillerent les maisons de leurs ennemis. Le lendemain ils enleverent par force les enseignes des corps des métiers, & s'emparerent du palais du Podestat. Ils chargerent ensuite quatre Députés pour faire aux Seigneurs les demandes suivantes : « Que le corps de métier
» qui travaille à la laine, ne pût pas désormais avoir un Juge étranger : Qu'on
» érigeât trois nouveaux corps de métiers; l'un pour les Cardeurs & les Tein-
» turiers, l'autre pour les Tondeurs, les Tailleurs & autres métiers sembla-
» bles, & le troisieme pour la lie du peuple : Qu'il y eût toujours deux Sei-
» gneurs tirés de ces trois corps de métier, & trois des quatorze petits mé-
» tiers : Que la seigneurie donnât à ces trois derniers corps une maison pour
» s'assembler : Que personne du corps de ces métiers ne pût être contraint
» avant deux ans de payer aucune dette qui excederoit la somme de cin-
» quante ducats : Que le Mont de Pieté ne payât aucun intérêt, & remboursât
» le principal seulement : Que tous les gens bannis & condamnés fussent remis
» dans leur premier état; & que l'on rendît les charges à tous les *avertis*. «

Le conseil ne se trouvant pas soutenu, fut obligé d'accorder ces demandes, dans l'espérance de voir la fin des troubles; mais la populace étoit résolue de pousser les choses jusqu'à l'extrêmité. Elle s'empara du palais des Seigneurs qu'elle avoit forcés d'en sortir, & y entra sous la conduite d'un nommé Michel de Lando Cardeur, qui portoit l'étendart de la justice. Cet homme avoit les jambes nues, & le corps couvert de haillons. Ce fut cet homme qu'ils choisirent pour Gonfalonnier. Nicolas Machiavel nous le représente comme un homme intelligent & judicieux, & qui étoit plus redevable aux dons de la nature qu'à ceux de la fortune. Lorsqu'il fut revêtu de cette charge, ses premiers soins furent de chercher à rendre à la République un repos dont elle étoit privée depuis si long-temps. Il commença par deffendre de piller ou de brûler les maisons, & afin de retenir par la crainte, il fit élever un gibet au milieu de la place. Il cassa les Syndics des métiers & en fit de nouveaux, dépouilla les Seigneurs de la Magistrature, & brûla les bourses où étoient renfermés les noms de ceux qui devoient entrer dans les charges de l'Etat. Il ôta aussi le pouvoir aux huit Directeurs de la guerre, & partagea l'Etat en trois classes. La premiere étoit composée des nouveaux corps de métiers, la seconde des petits corps, & la troisieme des métiers du premier rang. Il fit du bien à plusieurs citoyens, afin de les mettre dans ses intérêts, & les engager à le soutenir quand il en auroit besoin.

La populace considérant que Lando avoit trop favorisé les plus puissans entre les citoyens, reprit les armes & voulut forcer la seigneurie à s'assembler, afin de faire de nouveaux reglemens. Lando lui parla avec fermeté, & l'exhorta à mettre bas les armes. Les remontrances du Gonfalonnier n'eurent aucun crédit sur ces mutins, & ils s'assemblérent dans Ste Marie Nouvelle, où ils élurent huit Chefs, & ils déciderent que rien ne pourroit être fait par la seigneurie, qu'il ne fut confirmé par huit personnes qu'on tireroit du corps de leur métier. Ils envoyerent des Députés à la seigneurie, pour faire ratifier cette décision par les Seigneurs, & priver Lando de la place dont ils l'avoient honoré. Le Gonfalonnier supportant avec peine leur insolence, mit l'épée à la main, en maltraita plusieurs & en fit arrêter quelques-uns. La populace informée de ce qui se passoit, résolut de se porter aux dernieres extrémités, mais Lando jugea à propos de la prévenir. S'étant fait accompagner par un grand nombre de gens armés, il marcha contre les mutins, leur livra combat & les mit en fuite. Cette action de valeur fit cesser pour quelque temps les troubles dans Florence, & obligea le menu peuple à rester dans le devoir.

L'élevation de deux citoyens de la plus basse extraction à la dignité de Seigneurs, occasionna bien-tôt de nouvelles divisions. Tout le peuple en armes déclara qu'il ne vouloit plus qu'aucun homme de la populace entrât dans le corps des Seigneurs. On leur donna satisfaction, & les deux citoyens que le sort avoit favorisés, furent privés de leur charge. Les corps des métiers de la populace furent aussi cassés, & on ne laissa dans les charges que Michel Lando, Louis de Puccio, & quelques autres dont on avoit reconnu le mérite. Les charges furent partagées entre les grands & les petits métiers, & par ces reglemens les Artisans avoient plus d'autorité que les Bourgeois & les Gentils-hommes. Ces divers arrangemens furent la cause des grands désordres qui continuerent d'agiter la République pendant long-temps, & qui firent périr sur l'échafaut plusieurs citoyens innocens ou coupables.

Toutes ces discordes qui sembloient devoir causer la ruine de cet Etat, ne l'empêcherent pas de soutenir les efforts de ses voisins qui étoient jaloux de sa puissance. Un de ses plus redoutables ennemis, fut Jean Galeas Viscomti, qui après s'être rendu maître du Milanès, avoit formé le projet de soumettre la Toscane & la République de Florence. Il cacha son dessein jusqu'à ce qu'il eût trouvé le moment de le faire éclater. La guerre des Florentins avec les Siennois lui parut d'abord un prétexte favorable pour l'exécution de fon entreprife ; ces derniers ayant imploré fon fecours ; mais la paix s'étant faite promptement par l'entremife des Bolonois & des Pifans, Galeas fut obligé d'attendre une autre occafion pour attaquer les Florentins. La retraite que les Florentins avoient accordée à François Carraria Prince de Verone, que Galeas avoit fait prifonnier, lui parut un motif fuffifant pour entreprendre la guerre. Il chaffa les Florentins de fes Etats, & ceux-ci pour fe venger, offrirent un afyle & des privilèges à tous les Milanois qui voudroient s'établir fur les terres de la République. Cette premiere querelle n'eut cependant aucune fuite, & la bonne union parut rétablie entre ce Prince & la République.

La paix qui venoit d'être conclue, n'empêcha pas Galeas de pourfuivre fes premieres intentions. Il s'empara tout d'un coup de Peroufe, détacha les Siennois du parti des Florentins, & fit une irruption dans la campagne de Monte Pulciano. Les Florentins pour prévenir l'orage qui les menaçoit, firent tous les préparatifs néceffaires pour s'oppofer à leur ennemi, & nommerent dix Magiftrats qui furent chargés de l'adminiftration de la guerre. Galeas non-content d'enlever aux Florentins tous leurs alliés, voulut les faire paffer pour les auteurs de cette guerre. Les Florentins après avoir affemblé une puiffante armée ne reftèrent pas long-temps fur la défenfive ; ils envoyerent Augut avec fix mille hommes pour ravager le Milanès, tandis qu'ils faifoient marcher un autre corps de troupes contre Ubaldin Général de Galeas, qui étoit dans le Siennois. Ce Général fe rendit maître de plufieurs places importantes ; mais fa mort arrivée pendant le fiége d'une de ces places, délivra les Florentins d'un ennemi dont ils avoient beaucoup à craindre. Augut leur Général continuoit toujours à ravager le Milanès pendant que François de Carraria reprenoit Padoue, dont Galeas avoit dépouillé fon pere.

Ces fuccès furent foutenus par l'arrivée d'Etienne Duc de Baviere, qui étoit paffé en Italie à la priere des Florentins. Le feul avantage qu'ils tirèrent de la venue de ce Prince, fut la retraite de Galeas qui fe crut obligé de fonger plutôt à deffendre fes Etats, que de continuer à ravager le Florentin. Etienne au lieu de pouffer vivement l'ennemi, retourna en Allemagne, ayant feulement laiffé en Italie Henri Comte de Montfort qui fut chargé de la garde de Padoue. Les Florentins avoient alors trois armées fur pied. François de Carraria étoit dans le territoire de Verone ; Augut ravageoit le Milanès, & Louis de Capoue attaquoit fans relâche les Siennois. Ces forces furent augmentées par la jonction d'un corps de troupes Françoifes commandées par Jacques Comte d'Armagnac. Ce Général qui avoit joint fes troupes à celles d'Augut, enleva plufieurs places dans le Milanès ; mais il échoua devant Alexandrie, ville dont il entreprit le fiége avec trop d'imprudence. Le Commandant de la place qui avoit une garnifon confidérable, fit une fortie fi vigoureufe, que les affiégeans furent culbutés & obligés d'abandonner leur entreprife. Jacques d'Armagnac fut bleffé dans cette occafion, & mourut quelques jours après.

Galeas profitant de fa victoire, alla attaquer Augut qui s'étoit retiré vers Cremone. Le Général Florentin fe laiffa infulter pendant cinq jours fans vouloir livrer bataille, mais s'étant apperçu que la crainte qu'il affectoit avoit donné trop de confiance aux ennemis; il fondit sur eux à l'improviste, & remporta une victoire des plus complettes. Cet avantage ne le délivroit pas encore de la mauvaise disposition où il étoit; car il ne pouvoit se retirer sans un grand danger, ni demeurer plus long-temps, parce qu'il manquoit de vivres. Sa prudence & sa valeur le tirerent de cet embarras : il trouva moyen de se rendre sûr les bords de l'Adige où il pensa périr, parce que les ennemis avoient rompu les digues. Après avoir rétabli son armée, il songea à chasser les ennemis des places qu'ils occupoient au-delà du Pô, & à faire des courses dans le Plaisantin. Il fit construire pour cet effet un grand pont sur ce fleuve à Borgo-Forte, afin de pouvoir secourir le Duc de Mantoue qui venoit d'abandonner le parti de Galeas. Ce Prince avoit assemblé son armée à Lucques, à dessein de jetter la terreur dans la ville de Florence. Ces résolutions n'avoient d'autre motif que de porter les Florentins à demander la paix, & il avoit déja même employé la médiation du Doge de Gênes.

Pendant qu'on étoit occupé aux conférences pour la paix, les puissances belligerentes pousserent la guerre avec la même ardeur. Augut que les Florentins avoient fait approcher, rompit les mesures de Galeas & remporta sur lui une seconde victoire près de San-Miniato, qu'il eut soin ensuite de fortifier. Galeas crut réparer cette perte en faisant garder les chemins de Pise à Florence, & en se retirant vers Spolette, à dessein d'y attirer le Général Florentin ; mais celui-ci trop prudent pour donner dans le piége, persista à demeurer dans son poste. Sa conduite obligea les Milanois à laisser les chemins libres, & à se retirer. Galeas qui avoit un grand nombre de partisans à Gênes, les engagea à mettre quelques vaisseaux en mer pour enlever tout ce qu'ils pourroient aux Florentins. Ceux-ci ne resterent pas dans l'inaction, & ils équiperent des Galeres pour s'opposer aux entreprises des Genois. Galeas d'un autre côté enleva aux Florentins un convoi considérable qui venoit par terre.

Cependant on travailloit toujours à Gênes à rétablir la paix entre Galeas, la République de Florence & ses alliés. Elle fut enfin conclue en 1392 par l'entremise du Grand-Maître de Rhodes, du Légat du Pape & du Doge de Venise. Il étoit dit dans ce traité : « Que Padoue seroit rendue à François de
» Carraria, fils de François de Carraria que Galeas tenoit en prison, à con-
» dition que le fils payeroit par an aux Milanois, une certaine somme d'ar-
» gent pendant l'espace de cinquante ans. A l'égard de la liberté du pere,
» on la fit esperer, mais on la laissa à la discrétion de Galeas. On convint
» que tous les proscrits pendant la guerre, rentreroient dans leur patrie avec
» le consentement de leurs citoyens : Qu'on rendroit de part & d'autre les
» places qui avoient été prises : Que Galeas n'enverroit point de troupes
» dans la Toscane, à moins qu'elles n'y fussent appellées par les Siennois
» ou les habitans de Perouse, dans le cas où ils seroient attaqués par les
» Florentins ou leurs alliés. Qu'on ne renverroit pas toutes les troupes à
» la fois, de peur qu'il ne s'en formât quelques societés de Brigands. «

Cette paix n'étoit pour ainsi dire qu'une suspension d'armes, puisque la conduite artificieuse de Galeas obligea les Florentins à recommencer la guerre l'année suivante. Cette nouvelle querelle fut occasionnée par quelques troupes de Galeas, qui demanderent un passage à Bologne & à Ferrare avec me-

DUCHÉ DE TOSCANE.

1392.

naces d'user de violences si on leur refusoit. Les Bolonois craignant quelque outrage de la part de ces troupes, leur refuserent le passage & demanderent du secours aux Florentins. Ces troupes n'ayant pu traverser le Bolonois, gagnerent la Toscane par le Parmesan, & se répandirent dans la marche d'Ancône où elles se fortifierent.

Les Florentins mécontens de Galeas qui n'observoit point la plûpart des articles du dernier traité, renouvellerent les alliances qu'ils avoient faites avec les Bolonois, les Princes de Ferrare, de Mantoue, de Padoue, de Ravenne, de Faensa, d'Imola & avec les Seigneurs de Forli & de Malatesta. Ces précautions paroissoient nécessaires contre un Prince dont on connoissoit les desseins ambitieux. Les Florentins croyoient avoir lieu de les redouter, sur-tout depuis que Jacques Appien s'étoit emparé de la souveraineté de Pise, après avoir assassiné Pierre Gambacurta Seigneur de cette ville dont il étoit Secretaire. On s'étoit facilement apperçu que Galeas avoit envoyé cinq mille hommes pour le mettre en état de soutenir les efforts de ceux qui avoient formé quelque dessein contre lui. Galeas qui avoit obtenu de l'Empereur Vinceslas le titre de Duc de Milan, n'avoit pas vu sans chagrin que le Duc de Mantoue eût fait alliance avec les Florentins. Après avoir inutilement tenté toutes sortes de voies pour le détacher de cette confédération, il prit le parti d'assiéger Mantoue. Dans la crainte que la République de Florence ne donnât du secours à cette place, il assembla dans le Siennois quatorze mille chevaux qui ravagerent le territoire de la République, quoiqu'il n'y eût encore eu aucune déclaration de guerre. Alberic qui commandoit ce corps de troupes, voulut s'emparer de Segni petite ville de l'Etat de l'Eglise; mais il fut repoussé avec perte.

Les Florentins firent à leur tour des courses sur les terres des Siennois, & s'emparerent de Volterra, de Grosseto & de quelques autres places importantes. Le Duc de Milan rappella les troupes qu'il avoit envoyées en Toscane, afin de s'en servir au siége de Mantoue, & résolut en même-temps de détruire le pont que les Florentins avoient fait sur le Pô, à dessein d'être plus à portée de secourir Mantoue. Cette entreprise n'eut pas le succès qu'il en attendoit. Charles Malatesta chargé de deffendre ce Pont, repoussa l'ennemi avec intrepidité, & l'obligea d'abandonner son projet. Les Mantouans & les Venitiens avoient aussi eu part à la gloire de cette action. Malatesta après cette victoire attaqua l'armée Milanoise commandée par Vermius, & la tailla en pieces. Il fit plus de six mille prisonniers, & enleva toutes les munitions de guerre. Alberic qui commandoit l'armée navale, ne pouvant seul soutenir le siége, fut obligé de le lever. Tant de mauvais succès auroient dû porter le Duc de Milan à la paix, à laquelle ses ennemis paroissoient disposés; mais l'esperance qu'il avoit de rétablir ses affaires, ne lui permit pas d'y songer serieusement. Les Venitiens mécontens de son irrésolution, s'unirent avec les Florentins & leurs alliés, afin de le forcer à mettre bas les armes. Cette nouvelle confédération intimida le Duc & l'engagea à faire une treve de dix ans. Ce fut pendant cette treve qu'il acquit la souveraineté de Pise, que Gerard fils de Jacques Appien lui céda moyennant une somme d'argent. Le voisinage d'un ennemi si redoutable, donna beaucoup d'inquietude aux Florentins, & il n'étoit pas difficile de s'appercevoir que Galeas ne resteroit pas long-tems tranquille, & qu'il chercheroit les moyens de se rendre maître de la République de Florence. Les hostilités même qu'il exerça pendant la treve, donnoient assez à connoître quelles étoient ses véritables intentions. Il étoit déja maître de Sienne, de Perouse, de Pise, & il avoit mis le Mantouan dans ses intérêts ; de sorte qu'il n'y avoit que la ville de Padoue qui fut restée dans le parti des Florentins. Ils se virent donc obligés de se fortifier de quelque nouvelle alliance, ce qui les détermina à avoir recours à Robert de baviere qui venoit de monter sur le trône Imperial à la place de Vinceslas. Ils l'inviterent à reprendre les villes qui appartenoient à l'Empire, & dont le Duc s'étoit emparé. Ces propositions firent plaisir à l'Empereur, & il passa l'année suivante en Italie avec une armée de quinze milles hommes. Les Florentins lui envoyerent trois mille chevaux sous les ordres de François Carraria. Cette nouvelle ligue ne fut pas capable d'effrayer le Duc de Milan : il rassembla promptement quinze mille hommes, & les fit marcher contre les Allemans. Les Milanès ayant enveloppé un corps de troupes Allemandes, jetterent le désordre dans le reste de l'armée, & la repousserent avec perte jusques dans son camp. Après cet échec, l'Electeur de Cologne & le Duc d'Autriche abandonnerent l'armée Imperiale, qui se trouvant trop foible pour agir, se retira dans le Trentin. Les Florentins engagerent néanmoins l'Empereur à faire avancer cinq mille hommes sur leurs terres, pour les mettre à l'abri des efforts de Galeas que sa derniere victoire avoit rendu plus entreprenant. La présence de l'Empereur coûta cher aux Florentins, qui étoient obligés de lui fournir des sommes considérables pour l'engager à rester en Italie. Cependant il n'y resta que jusqu'au printems prochain.

Galeas delivré de l'inquietude que les Allemans lui avoient causée, fit inutilement tout ce qu'il put pour obliger les Venitiens à renoncer à l'alliance qu'ils avoient faite avec les Florentins. Cette tentative n'ayant pu lui réussir, il attaqua Bologne dont il se rendit maître malgré la deffense opiniâtre des habitans. Cette conquête affoiblit beaucoup le parti des Florentins, & donna lieu à plusieurs de leurs voisins de se soulever contr'eux. Dans cette extrêmité ils s'adresserent à Boniface IX. qui consentit à faire une alliance avec eux, afin de rentrer en possession des villes que le Duc de Milan avoit enlevées au saint Siége. Pendant cette négociation, Galeas Viscomti mourut de la peste au mois de septembre 1402. à l'âge de 55 ans. Ses Etats furent partagés après sa mort entre ses trois fils : le Milanès, Bologne, Sienne, Perouse & Assise, resterent à Jean Marie son fils aîné qui prit le titre de Duc; Veronne, Pavie Vicense & quelques autres petites villes furent données à Marie son second fils ; & Gabriel son fils naturel qu'il avoit légitimé, eut en partage la souveraineté de Pise.

La guerre que les Florentins avoient soutenue avec tant de courage contre le Duc de Milan, ne fut pas le seul fleau dont ils furent alors affligés. La haine qui subsistoit entre les familles d'Albizi & d'Alberti, avoit été en même-temps la cause des maux qui avoient déchiré le sein de la République. Mazo Albizi qu'on avoit fait Gonfalonnier de justice, voulut se servir du pouvoir que lui donnoit sa charge, pour faire éprouver aux Alberti les effets de sa vengeance. Il fit arrêter Albert & André Alberti sur les dépositions d'un ci-

Marginalia:
DUCHÉ DE TOSCANE.
1400.
1402.
Troubles à Florence pendant la guerre du Milanès.

toyen qui les accusoit d'avoir des intelligences secrettes avec les ennemis. Toute la ville fut aussi-tôt soulevée, ce qui détermina les Seigneurs à convoquer tout le peuple en *Parlement*, & à faire un nouveau conseil extraordinaire. On y condamna un grand nombre de citoyens à l'exil, parmi lesquels fut comprise la plus grande partie de la famille des Alberti : Plusieurs personnes des corps des métiers furent *averties*, & quelques-unes furent mises à mort.

Les métiers & la populace s'imaginant qu'on vouloit les exterminer, prirent les armes, & une partie se rendit sur la Place tandis que l'autre environnoit la maison de Veri de Medicis pour l'engager à se mettre à la tête du Gouvernement, & les délivrer de la tyrannie de ceux qui ne cherchoient que la ruine de l'Etat. Veri de Medicis, que l'ambition ne dominoit pas, ne voulut point profiter de l'occasion qui se présentoit de s'emparer de la Souveraineté ; il se contenta d'employer les moyens les plus prudens pour calmer la fureur du peuple, & le porter à mettre bas les armes. Les Seigneurs enrôlerent alors deux mille Citoyens, afin qu'ils pussent leur prêter main-forte lorsqu'ils en auroient besoin. Après ces précautions nécessaires, on punit de mort ou d'exil ceux qui passoient pour les plus séditieux. On ordonna en même-temps qu'on ne pourroit posséder la charge de Gonfalonnier de Justice, avant l'âge de quarante-cinq ans, & l'on fit aussi plusieurs autres réglemens pour maintenir l'autorité qu'ils avoient. Ces réglemens déplurent généralement à tout le monde, & l'on pensoit avec raison qu'un Gouvernement ne peut être bon & solide lorsqu'il a besoin de la violence pour se soutenir. Donato Acciaivoli, qui n'avoit pas moins d'autorité que le Gonfalonnier, ne put voir tranquillement le triste état où ces Citoyens étoient réduits. Il prit la résolution de faire rappeller tous les exilés, & d'obtenir qu'on accorderoit les charges à ceux qui avoient été *avertis*. Il fit d'abord connoître ses intentions à plusieurs d'entre le peuple, & il engagea ensuite deux des Seigneurs de ses amis à proposer cette loi. Elle le fut en effet ; mais il y eut de si grandes oppositions, que Donato se crut obligé d'en venir aux menaces. Cette hardiesse détermina les Seigneurs & les autres Magistrats à l'envoyer en exil à Barletté. On relegua aussi plusieurs personnes des corps de métiers qui avoient beaucoup de crédit parmi le menu peuple.

Le nombre des exilés & des *avertis* avoit augmenté celui des mécontens. Quelques-uns des *avertis* irrités contre le gouvernement, formerent le projet de s'en venger par le moyen des exilés, à qui ils avoient promis de les faire rentrer secrettement dans la ville. Ils étoient convenus de tuer Mazo Albizi, & ils se flattoient que le peuple ne tarderoit pas à prendre leur parti. Ils se rendirent en effet dans la ville le 4 d'août 1397, & le lendemain ils chercherent Albizi pour l'assassiner. Ce dessein n'ayant pas réussi, ils exercerent leur fureur sur un homme qui étoit du parti de leurs ennemis, & se mirent à crier : *Vive la liberté, périssent les tyrans*. Ces clameurs ne firent point l'effet qu'ils en avoient attendu, & le peuple ne fit aucun mouvement en leur faveur. Connoissant alors, mais trop tard, le danger auquel ils s'étoient exposés, ils chercherent un asyle dans une Eglise. Ils y furent bien-tôt forcés ; plusieurs furent tués en se deffendant, & le reste fut fait prisonnier.

Malgré

DE L'UNIVERS. Liv. II. Ch. IV.

Malgré tous ces troubles, la République de Florence s'étoit toujours soutenue, & avoit resisté avec gloire aux efforts de Jean Galeas. La mort de ce Prince n'avoit pas entierement delivré les Florentins de la guerre, & la cavalerie Milanoise qui étoit restée à Sienne & à Pise, continuoit toujours à faire des courses sur leurs terres. Ils résolurent pour faire diversion, de porter la guerre dans la Romagne où Galeas avoit fait plusieurs conquêtes. En conséquence le Pape qui avoit fait alliance avec les Florentins, comme on l'a vu plus haut, envoya une armée pour faire le siége de Bologne. (13). Charles Malatesta l'un des plus grands Capitaines de son siécle, avoit le commandement de cette armée. Ce Géneral après avoir ravagé le Parmesan, étoit d'avis de commencer le siége de Bologne : mais le Légat qui se flattoit de s'en rendre maître par intrigues, empêcha Malatesta d'exécuter son dessein, & fit marcher les troupes vers Milan. Les factions qui troubloient cette ville, obligerent Jean Marie à faire la paix avec le Pape, sans y comprendre les Florentins. Par ce traité, Bologne & Perouse passerent sous la domination du Saint Siége. Les Florentins de leur côté profitant des troubles du Milanès, firent une incursion dans le pays, & donnerent des troupes à Petro Rosso qui s'étoit emparé de Parme.

Ces hostilités finirent à la mort de Jean Marie qui fut assassiné par ses sujets à qui sa tyrannie l'avoit rendu odieux. Philippe Marie son frere & son successeur fit la paix avec les Florentins, qui se raccommoderent en même-temps avec les Siennois. Les premiers firent alors l'acquisition de la ville de Pise, que Gabriel Marie fils naturel de Jean Galeas leur vendit deux cens mille écus d'or. Cette acquisition occasionna une guerre contre la République de Florence & celle de Pise. Les Pisans qui avoient trouvé moyen de s'emparer de la citadelle que la garnison Florentine avoit lâchement abandonnée, firent des propositions de paix aux Florentins ; mais elles parurent si injustes, qu'on résolut d'emporter par force ce qu'on ne pouvoit obtenir par les voies de la négociation. Bertold des Ursins chargé du soin de cette guerre, s'empara avec beaucoup de difficultés de plusieurs postes aux environs de Pise : ce qui facilita le siége de cette ville. Elle étoit déchirée par les factions des Guelfes & des Gibelins qui se réunirent pour la deffense commune de leur patrie. Ils firent cependant quelques propositions de Paix qui ne furent point écoutées, & ils se virent dans la nécessité d'implorer le secours des étrangers. Ladislas Roi de Naples ayant refusé de les secourir ; ils s'adresserent à Charles VI. Roi de France, qui voulut engager les Florentins à renoncer à leur entreprise. Rien ne fut capable de les arrêter, & ils presserent si vivement le siége, que les Pisans qui souffroient ce que la famine a de plus affreux, consentirent à se soumettre.

Les Florentins maîtres de cette République, jouissoient enfin au-dedans & au-dehors d'une paix dont ils avoient été si long-temps privés. Elle fut cependant troublée au bout de deux ans, à l'occasion d'un Concile que les Cardinaux vouloient tenir à Pise pour élire un nouveau Pape à la place de Grégoire XII. & de Benoît XIII. (14) Ladislas qui favorisoit le premier, voulut forcer les Florentins à empêcher la tenue de ce Concile ; mais n'ayant pu

DUCHÉ DE TOSCANE.

Guerre des Florentins contre les Pisans.

1404.
1405.

(13) Cette ville faisoit autrefois partie de la Romagne.

(14) On a fait mention plus haut de cette affaire, dans l'hist. de Naples, p. 181 & suiv.

Tome II. Kk*

DUCHÉ DE TOSCANE.

1409.

1410.

1411.

Guerre avec le Duc de Milan.

1419.

obtenir ce qu'il demandoit, il envoya une armée dans le Siennois où il fit tout ce qu'il put pour engager ces peuples à abandonner les intérêts des Florentins. Irrité de n'avoir pu réussir, & du refus que ces derniers firent de contracter alliance avec lui ; il alla mettre le siége devant Arezzo d'où il fut honteusement repoussé. Il fut plus heureux à Cortone & à Padoue dont il se rendit maître. Après ces conquêtes il retourna à Naples.

L'élevation de Jean XXIII. sur la chaire de saint Pierre & les pertes qu'il avoit faites, le mirent dans la nécessité de rechercher l'alliance des Florentins. On balança long-temps sur le parti qu'on devoit prendre ; mais enfin on consentit à la paix à condition qu'elle ne porteroit aucun préjudice au Pape & à Louis d'Anjou, & que Ladislas promettroit de ne faire aucune entreprise contre Rome & l'Etat Ecclésiastique. Ce Prince malgré ce traité se rendit maître de Rome, où il s'empara des effets des marchands Florentins qui y négocioient. Cette infraction au traité n'empêcha pas la République de Florence de renouveller avec lui l'alliance qu'elle lui proposoit. La mort du Roi de Naples arrivée quelque-temps après, délivra l'Italie d'un Prince qui s'étoit rendu redoutable.

Philippe Viscomti devenu Souverain de la Lombardie & du Milanès par la mort de son frere, avoit dessein de s'emparer de Gênes ; mais il appréhendoit que les Florentins ne traversassent ce projet. Il proposa pour cet effet de faire une nouvelle alliance avec eux. Cette proposition ne fut pas également reçue de tous les citoyens ; cependant après bien des discussions on convint de traiter avec lui, à condition qu'il ne feroit point marcher ses troupes dans la Toscane, ni dans le pays de Modene au-delà de Pontremole, ni vers Bologne au-delà du Crustulo, & qu'il ne feroit aucune alliance à leur préjudice. Philippe après ce traité, s'empara de Bresse & s'avança vers Gênes qui consentit à se soumettre. Serezana qu'il avoit laissée au pouvoir du Doge de Gênes avec quelqu'autres places situées en-deçà de la Magre, & le traité qu'il avoit fait avec le Légat de Bologne, indisposerent contre lui les Florentins qui regardoient toutes ces choses comme une infraction au dernier traité. Ce Prince informé de leurs sentimens à son égard, envoya des Ambassadeurs à Florence pour se justifier. Les avis furent partagés sur ce qu'on devoit faire en cette occasion. Les uns prétendoient qu'on ne devoit pas rompre avec ce Prince, d'autres vouloient absolument qu'on lui déclarât la guerre, & ce dernier avis l'emporta.

On fut encore quelque-temps à en venir à une rupture ouverte ; mais on prenoit ses précautions de part & d'autre pour n'être point surpris. Les troupes que Philippe envoya à Bologne à la priere du Légat, causerent de l'inquietude aux Florentins. Son entreprise sur Forli fit connoître ses veritables intentions, & donna beaucoup plus d'allarmes à Florence. George Ordelaffi Souverain de Forli, avoit laissé en mourant un fils nommé Thibaut, & il l'avoit mis sous la tutelle du Duc Philippe. La Princesse mere du jeune Prince qui redoutoit l'ambition du Duc de Milan, envoya son fils à Imola, dont Louis Alidossi son pere étoit Souverain. Le peuple de Forli obligea la Princesse à remettre le jeune Ordelaffi entre les mains de Philippe, qui par le moyen du Marquis de Ferrare, se rendit maître de la souveraineté de Forli.

Ces deux motifs parurent suffisans aux Florentins pour attaquer le Duc de Milan. On songea d'abord à s'emparer de Forli & des autres lieux aux environs. Philippe, pour empêcher le Seigneur d'Imola de prêter du secours aux Florentins, envoya Ange de la Pergola faire le siége de cette place, qui fut prise à la faveur de la glace dont les fossés étoient couverts. Cependant Malatesta qui commandoit les troupes de Florence, faisoit le siége de Forli. Ange de la Pergola, résolu de secourir cette ville, attaqua le fort de Zagonara d'où il sortoit des partis qui faisoient des courses jusqu'aux portes d'Imola. Le Général Milanois se flattoit que les Florentins leveroient le siége de Forli pour deffendre Zagonara. En effet les Florentins ayant appris qu'Alberigo qui commandoit dans ce fort, avoit promis de se rendre dans l'espace de quinze jours s'il n'étoit secouru, abandonnerent leur entreprise sur Forli, & marcherent vers Zagonara. Le Général ennemi alla à leur rencontre & leur livra bataille. Les Florentins fatigués de la marche & d'une forte pluye qu'ils avoient essuyée le long du chemin, ne purent résister à des troupes fraîches qui les attendoient de pied ferme. Au reste ce fut plutôt une déroute qu'un combat, puisqu'il n'y eut que quelques personnes de tuées du côté des Florentins (15).

Cet échec excita bien des murmures à Florence contre ceux qui avoient conseillé de faire la guerre. Le discours que leur fit Renaud d'Albizi fils de Mazo, ranima le courage des Florentins, & on enrôla de nouvelles troupes pour continuer la guerre. La levée des impôts qu'on avoit mis pour ce même sujet, excita des troubles dans la ville. Les principaux de la République se voyant extraordinairement chargés, résolurent de reprendre l'autorité qui étoit entre les mains de la populace. Ils tinrent plusieurs assemblées pour prendre les mesures qu'ils croyoient nécessaires à l'exécution de leur dessein, & voulurent engager Jean de Medicis à entrer dans leur complot. Ce citoyen qui ne cherchoit que la tranquillité de l'Etat, refusa les propositions qui lui furent faites, & voulut leur persuader de laisser la République dans l'état où elle se trouvoit alors.

La guerre dont on étoit alors occupé, empêcha que ces factions n'eussent de funestes suites. Ange de la Pergola après avoir battu les Florentins près de Zagonara, avoit enlevé dans la Romagne toutes les places qui appartenoient aux Florentins, excepté Castrocaro & Modigliane. Les Florentins ne se croyant pas assez forts pour supporter seuls le poids de cette guerre, proposerent aux Venitiens de se joindre à eux contre l'ennemi commun de l'Italie. Ils balancerent quelque-temps; mais enfin ils consentirent à faire un traité par lequel les deux Etats s'obligerent à faire la guerre à frais communs, & aux conditions que les conquêtes que l'on feroit en Lombardie, appartiendroient aux Venitiens; que celles qu'on feroit dans la Romagne & dans la Toscane resteroient aux Florentins, & que François de Carmagnole ou Carmignole, qui avoit quitté le service du Duc de Milan, seroit nommé pour commander les troupes combinées.

Carmagnole commença les hostilités par le siége de Bresse. Cette ville

---

(15) Nicolas Machiavel. Malatesta, selon Pogge, battit d'abord les ennemis, qui s'étant ensuite ralliés, recommencerent le combat, défirent les Florentins, & firent un grand nombre de prisonniers parmi lesquels se trouva Malatesta, que Philippe renvoya comblé de présens.

DUCHÉ DE TOSCANE.

1424.

1425.

1426.

K k ij

DUCHÉ DE TOSCANE.

étoit partagée par les factions des Guelfes & des Gibelins. Le Géneral Venitiens favorisé par les Guelfes, s'empara d'un quartier de la ville, d'où il fut impossible de le chasser. Les citoyens cependant se deffendirent avec tant de valeur, que Carmagnole ne put se rendre maître de la place qu'après huit mois de siége. Le Duc de Milan fit tout ce qu'il put pour la reprendre ; mais on prétend que la division qui s'étoit mise parmi les Généraux, fut cause que cette conquête resta aux Venitiens. Carmagnole profitant de ces divisions, s'empara de plusieurs autres places dans le Bressan. D'un autre côté les Florentins tirerent un grand avantage de l'éloignement des troupes Milanoises, pour rentrer en possession d'une partie des places qu'ils avoient perdues pendant la guerre.

Les affaires du Duc de Milan se trouvoient alors en fort mauvais état, & il désiroit sincerement la fin de la guerre. Le Pape se chargea volontiers de négocier la paix, & il envoya pour cet effet le Cardinal de Sainte-Croix qui assembla à Ferrare les Ambassadeurs de chaque parti. La paix y fut conclue ; & il fut réglé que Bresse, Cremone & Bergame, dont les Florentins avoient été en possession avant la guerre, seroient livrées aux Venitiens avec leurs territoires. Le Duc de Milan n'avoit cédé qu'aux circonstances, & sa conduite fit bien voir qu'il n'avoit pas consenti de bonne foi au traité de paix ; puisque les Gouverneurs des places qui devoient rentrer sous la domination des Venitiens, refuserent de leur ouvrir les portes. Le Duc qui venoit de donner à connoître ce qu'il pensoit, envoya des troupes pour ravager le pays de Mantoue : ce qui obligea les Venitiens & les Florentins à faire de nouveaux préparatifs de guerre. Ils commencerent les hostilités par les courses qu'ils firent dans le Milanès : le Duc se vengea en mettant tout à feu & à sang dans le pays de Bresse. Il s'empara en même-temps de plusieurs places maritimes, & entr'autres de Cazal Maggiore. Bambo qui commandoit la flotte Venitienne, arrêta les progrès du Duc de Milan, & délivra Verset que les ennemis assiegeoient. Il attaqua aussi la flotte Milanoise qui étoit sur le Pô, & l'avantage qu'il remporta sur elle, rendit libres les passages de ce fleuve. D'un autre côté Cremone fut assiegée par Carmagnole qui avoit résolu de reprendre toutes les places que les Venitiens avoient perdues dans le Bressan.

Le Duc de Milan qui jusqu'alors n'avoit fait la guerre que par ses Généraux, s'avança en diligence vers Cremone pour obliger le Géneral Venitien à se retirer. Les deux armées s'étant trouvées en présence l'une de l'autre, on en vint aux mains, & le combat fut long & opiniâtre. Aucun des deux partis ne put s'attribuer la victoire ; puisque la lassitude seule contraignit les deux armées à mettre fin au combat. Le ravage que le Duc de Savoye & le Marquis de Montferrat faisoient dans le Milanès, força Philippe à retourner en diligence dans ses Etats. Cependant Carmagnole après avoir fait d'inutiles efforts pour se rendre maître de Cremone, attaqua Cazal avec la flotte Venitienne. Cette place ne fit pas une longue résistance, la garnison s'étant rendue sans l'aveu du Commandant. Tous ces différens succès n'étoient point capables de mettre le Duc dans la nécessité de songer à la paix ; mais la victoire complette que Carmagnole remporta sur lui, auroit décidé de son sort si le vainqueur eût voulu profiter de son avantage. Par ses lenteurs affectées il donna le temps à Philippe de réparer une partie de ses forces. Ce Prince n'osant plus se flatter de pouvoir soutenir plus long-temps la guerre, employa la médiation du Pape pour porter ses ennemis à la paix. Le Légat du Pape n'eut pas de peine à y faire consentir les Florentins qui ne trouvoient aucun avantage dans la guerre, & la paix fut signée aux mêmes conditions que la précedente.

Duché de Toscane.
Fin de la guerre avec le Duc de Milan.
1427.

La paix que les Florentins venoient de conclurre, sembla réveiller les discordes qui n'avoient été suspendues que par la guerre. L'ordonnance qui taxoit chaque citoyen à donner un demi florin par cent, chagrina beaucoup les plus riches, & à cette occasion le peuple prétendit qu'on fît des recherches afin d'examiner si les citoyens ne possedoient pas quelqu'autres biens dans le territoire de Florence. On ordonna en conséquence à tous ceux qui y avoient quelques revenus, d'en apporter l'état dans un temps marqué. Les habitans de Volterra porterent leurs plaintes à la seigneurie ; mais les Commissaires de la taxe s'en vengerent en faisant mettre en prison dix-huit de ces habitans. Ce fut vers ce temps-là que mourut Jean de Medicis qui fut sincerement regretté de tous ses sujets. Voici le portrait que nous en fait Nicolas Machiavel ; » Il étoit très-charitable, & il secouroit les pauvres sans » attendre qu'ils implorassent son secours. Il chérissoit tout le monde, ne » donnoit son estime qu'aux honnêtes gens, & plaignoit le sort des mé- » chans. Il ne brigua jamais les charges, & il les posseda toutes : il aimoit » la paix & évitoit la guerre. Il avoit l'air mélancholique, mais il étoit gai » & railleur dans la conversation. «

Revolte des habitans de Volterra.

Cependant les habitans de Volterra étoient sortis de prison, parce qu'ils avoient consenti à tout ce qu'on avoit exigé d'eux. Animés contre les Florentins, ils attendirent une occasion favorable pour s'en venger. La nomination des nouveaux Prieurs fut le signal de leur révolte. Un nommé Juste, homme de basse condition, & l'un de ceux qui avoient été emprisonnés à Florence, ayant obtenu par le sort la charge de Prieur, resolut de délivrer ses citoyens de la domination des Florentins. Il n'eut pas de peine à soulever le peuple parmi lequel il avoit beaucoup de crédit, & il s'en fit déclarer Souverain. Persuadé que les Florentins ne tarderoient pas à l'attaquer, il demanda du secours à Sienne & à Lucques. Ces deux Républiques refuserent de favoriser sa révolte, & celle de Lucques envoya prisonnier à Florence le Député que Juste lui avoit envoyé. Ce nouveau Souverain se confiant dans la situation & dans la force de la place, parut ne témoigner aucune inquietude des préparatifs que les Florentins faisoient contre lui. Pendant qu'il étoit occupé à chercher les moyens de se deffendre, il ne pouvoit prévoir le coup qui le menaçoit. Quelques Nobles envieux du poste qu'il occupoit, l'assassinerent & livrerent la ville aux Florentins qui étoient déja campés aux environs.

Les Florentins attaquent la République de Lucques.

La rébellion des habitans de Volterra étant appaisée, Florence pouvoit jouir de quelques repos, si la mauvaise intention de quelques citoyens n'eût porté la république à entreprendre une guerre sans aucun prétexte réel. Elle fut occasionnée par la prise de deux châteaux qui appartenoient aux Lucquois, & dont Fortebraccio fils d'une sœur de Braccio de Perouse, se rendit maître sans aucune déclaration de guerre. Cette expédition mit toute la ville de Florence en mouvement, & l'on ne pouvoit s'accorder fur le parti qu'on devoit prendre. Après bien des conteftations & des affemblées, il fut réfolu qu'on feroit la guerre à la République de Lucques (16). Aftorre Gianni, & Renaud d'Albizi furent nommés pour commander les troupes de la République conjointement avec Fortebraccio. La mauvaife conduite des deux premiers, & les cruautés qu'ils exercerent fur des peuples qui s'étoient foumis volontairement, engagerent les Magiftrats à leur ôter le commandement de l'armée, & à en nommer d'autres à leur place. Les Lucquois implorerent d'abord inutilement le fecours des Venitiens & du Duc de Milan; mais enfin ces deux puiffances fe déterminerent à leur en envoyer fecretement. Antonio Petruccio commandoit les troupes Venitiennes, & François Sforce étoit à la tête de celles du Duc de Milan. Cependant les Généraux Florentins s'étoient avancés vers Lucques pour faire le fiége de cette place. Perfuadés qu'on ne pouvoit fe rendre maître de la ville que par le moyen d'un habile Ingénieur, on employa un célebre Architecte nommé Philippe, fils de Brunellefco (17). Il s'étoit flatté de pouvoir inonder la ville, mais fon projet ne put réuffir par le travail des affiegés, qui oppofant des digues, repoufferent l'eau du côté des affiegeans. Cette inondation obligea ceux-ci à lever le fiége, & les Lucquois profitant de ce défordre, firent une fortie & ruinerent les travaux des Florentins.

François Sforce s'étant mis à la tête des troupes Milanoifes fous prétexte d'aller à la rencontre d'Alphonfe Roi de Naples, prit la route de Lucques, tandis qu'un autre corps de troupes de huit cens chevaux, envoyé auffi par le Duc de Milan, reprenoit plufieurs forts dont Fortebraccio s'étoit emparé. Ce Général attaqua François Sforce, & défit la plus grande partie de fes troupes. François Sforce après cette défaite réfolut de faire foulever les Lucquois contre Guinis leur Gouverneur. Ce projet eut bien-tôt fon exécution, & le Gouverneur fut fait prifonnier & envoyé à Milan. Les Lucquois demanderent alors la paix que les Florentins refuferent de leur accorder, parce qu'ils fe flattoient qu'ils deviendroient bien-tôt maîtres de cette République que François Sforce venoit d'abandonner. Le fiége de cette place fut pouffé avec toute la vigueur poffible, & la ville étoit fi preffée par la famine, qu'elle auroit été obligée de fe rendre fi Philippe ne l'eût fecourue indirectement. Les Genois à fa follicitation, envoyerent des Ambaffadeurs pour engager les Florentins à lever le fiége. Les Ambaffadeurs furent reçus avec beaucoup de hauteur, & la réponfe qu'on leur fit, les irrita tellement qu'ils envoyerent du fecours aux Lucquois. Le Général Genois ayant trouvé un gué pour paffer la Cerchia, furprit les affiegeans, les tailla en piéces & délivra la ville.

Un fi mauvais fuccès ne fit point perdre courage aux Florentins, & ils leverent en diligence une nouvelle armée à deffein de recommencer le fiége de Lucques. Dans la crainte que les Siennois ne s'oppofaffent à leur

---

(16) Pogge dans fon hiftoire de Florence nous apprend que les Florentins étoient irrités contre la République de Lucques, parce que dans la derniere guerre elle avoit donné du fecours au Duc de Milan.

(17) Les Florentins après fa mort, lui érigerent une ftatue de marbre dans la principale Eglife de Florence avec une infcription qui rendoit témoignage de fes grands talens.

entreprise, ils leur envoyerent des Ambassadeurs pour les engager à rester neutres; mais ils avoient déja fait une ligue avec Philippe & avec les Gênois. La mort de Martin V. arrivée sur ces entrefaites, & l'élevation d'Eugene IV. au Souverain Pontificat, releverent les espérances des Florentins. Les secours qu'ils reçurent du nouveau Pape, les mirent en état de continuer la guerre contre les Lucquois.

L'éloignement que Philippe marquoit pour la paix, engagea les Florentins à renouveller l'alliance avec les Venitiens, & à donner ordre à Carmagnole d'entrer dans le Milanès avec les troupes qu'il commandoit. Ce Général eut le malheur de tomber dans une embuscade où il fut battu par François Sforce. Cette défaite ne l'empêcha cependant pas d'entreprendre le siège de Cremone avec le reste de ses troupes. Piccinino Général Milanois, faisoit de son côté des conquêtes aux environs de Volterra & dans le Pisan, pendant que les Siennois étoient occupés à ravager la Toscane. La désertion de Nicolas Tolentin qui étoit passé au service de la République de Florence, obligea Philippe à rappeller de la Toscane Piccinino pour deffendre le Milanès. Tout sembloit alors favoriser les Florentins. Les Venitiens avoient une armée considérable sur pied, & une puissante flotte en mer; & Michelet Cutinioli Général des troupes du Pape, avoit battu les troupes des Siennois qui ravageoient la Toscane. La défection de Fortebraccio & la trahison de Carmagnole qui laissa battre trois fois la flotte Venitienne en refusant de la secourir, empêcherent les Florentins de profiter de ces avantages. Les Venitiens reparerent cette perte par la victoire signalée qu'ils remporterent peu de temps après sur les Genois.

Cependant Michelet continuoit à faire des conquêtes dans le Pisan & aux environs de Volterra. Philippe étoit plus heureux dans le Milanès où ses Généraux reprenoient des places sur les Florentins & les Venitiens par la perfidie de Carmagnole. Les Venitiens après avoir long-temps dissimulé, resolurent de punir ce traitre. On lui donna ordre de se rendre à Venise, sous prétexte de le consulter sur les affaires présentes. Lorsqu'il y fut arrivé on le fit arrêter, & après l'avoir convaincu de felonie, il eut la tête tranchée dans la place publique. Le Duc de Mantoue fut chargé du commandement des troupes Venitiennes, & ce Prince ne tarda pas à reprendre sur le Duc de Milan les places que les Venitiens avoient perdues par la faute de leur Général. L'arrivée de Sigismond en Italie causa quelque inquietude aux Florentins. En effet ce Prince sollicité par le Duc de Milan & les Siennois, permit aux Hongrois, aux Bohemiens & aux Allemans qui étoient avec lui, de faire des courses dans le Florentin; mais elles furent battues en diverses rencontres. Après le départ de l'Empereur, les Florentins se vengerent des Siennois par le ravage de leurs terres, pendant que tout réussissoit aux Venitiens dans le Milanès. Philippe se vit alors contraint de demander la paix. Elle fut conclue à Ferrare à l'avantage des Florentins.

La Ville de Florence n'avoit pas été exempte de troubles, pendant le cours de cette guerre, & l'esprit de faction avoit continué à désoler l'Etat. L'estime générale que Côme de Medicis s'étoit attirée par sa libéralité & la douceur de son caractere, avoit excité contre lui la jalousie de ceux qui gouvernoient avec une conduite bien différente. Le courage d'Averardo de

Medecis, & la prudence de Pucci qui avoit beaucoup de crédit & d'autorité, paroiſſoient des moyens aſſez puiſſans pour établir la grandeur de Medecis, & pour relever ſon parti. Le plus grand ennemi de cette maiſon étoit Albizi, qui ſe regardant comme le ſeul Chef de ſon parti, fit jouer differens reſſorts pour la détruire. Il s'adreſſa pour cet effet à Guadagni qui étoit Gonfalonnier, & lui perſuada que le ſalut de ſa République dépendoit de la ruine de Medecis, que ſon crédit & ſes richeſſes éleveroient bien-tôt à la Souveraineté. Le Gonfalonnier animé par les diſcours d'Albizi, prit toutes les meſures néceſſaires pour perdre Côme de Medecis, & il le cita à comparoître devant lui. Ce Citoyen qui n'avoit rien à ſe reprocher, comparut devant les Seigneurs malgré l'avis de ſes amis. A peine fut-il arrivé au Palais qu'il fut arrêté, & cependant Albizi ſe fit accompagner d'un grand nombre de gens armés, avec leſquels il ſe rendit ſur la place. Les Seigneurs y aſſemblerent le peuple, & établirent un conſeil extraordinaire de deux cens hommes pour travailler à la reforme de la ville. On agita en même-temps ce qu'on decideroit au ſujet de Côme. Les uns vouloient qu'il fut banni : d'autres prétendoient qu'il avoit merité la mort, & le plus grand nombre ne diſoit mot ; de ſorte qu'on ne pouvoit rien conclurre. Côme de Medecis qui étoit enfermé dans une petite chambre de la cour du palais, entendant les differens diſcours du peuple, s'appercevoit bien que ſa vie étoit en danger. Il apprehendoit d'ailleurs que ſes ennemis ne la lui ôtaſſent par des voies indirectes, ce qui lui fit prendre la réſolution de refuſer la nourriture qu'on lui préſentoit. Malavolti ſous la garde duquel il étoit, le raſſura en mangeant avec lui de tout ce qu'on lui ſervoit. Il lui permit auſſi d'avoir un entretien ſecret avec un domeſtique du Gonfalonnier, par le moyen duquel il fit toucher une ſomme conſidérable à ce Magiſtrat, qui devint alors plus traitable. Medecis fut ſeulement condamné à l'exil, & on l'envoya à Padoue malgré Albizi, qui vouloit qu'on le fît mourir. Pluſieurs de ſes parens & de ſes amis furent en même-temps condamnés à une peine ſemblable.

Medecis reçut avec un viſage gai l'ordre injuſte qui le banniſſoit de ſa patrie, & il ſortit de la Ville la nuit ſuivante. Il reçut de grands honneurs par tout où il paſſa, & les Venitiens lui envoyerent rendre viſite de la part du Sénat. La Ville de Florence reſſentit bien-tôt la perte qu'elle avoit faite, & Albizi qui prévoyoit ſa ruine, voulut engager ſes amis à ſe joindre aux Grands, & à les faire rentrer dans les charges ; mais toutes ſes remontrances ne purent les engager à troubler de nouveau l'Etat. Le Gonfalonnier & les Seigneurs qui furent tirés les mois ſuivans, étoient tous du parti de Medecis, ce qui jetta l'allarme dans le parti contraire. Albizi profitant du peu de temps qui lui reſtoit, raſſembla ſes amis en diligence, & fit tout ce qu'il put pour leur perſuader de prendre les armes, & d'obliger Donato Velluti qui étoit encore Gonfalonnier, d'aſſembler le peuple dans la Place. Le ſujet de cet aſſemblée devoit être la création d'un nouveau conſeil extraordinaire, afin de caſſer les nouveaux Seigneurs, de brûler les bourſes, & d'en faire d'autres où il n'y entrât que le nom de leurs partiſans. Cet avis ne fut point goûté, & l'on convint ſeulement de prendre les armes ſi les nouveaux Seigneurs entreprenoient quelque choſe au préjudice du parti contraire aux Medecis.

Le

Le nouveau Gonfalonnier n'eut pas plutôt pris possession de sa charge, qu'il fit mettre en prison Donato Velluti son prédécesseur, qui étoit accusé de s'être emparé des deniers publics. Profitant ensuite des dispositions de ses collégues en faveur de Côme de Medicis, il travailla au rappel de ce Citoyen. Il voulut auparavant s'assurer de ceux qui l'avoient fait bannir, ce qui le détermina à citer devant lui Renaud d'Albizi, Ridolfe Peruzzi & Nicolas Barbadori Chefs du parti opposé. Albizi ne jugeant plus à propos de differer l'exécution de ses premiers desseins, parut en armes avec plusieurs citoyens & soldats qu'il avoit mis dans ses intérêts, & envoya solliciter les autres de se joindre promptement à lui. Une grande partie de ceux sur lesquels il comptoit ayant manqué au rendez-vous, Albizi ne se trouva pas en état de rien entreprendre, & donna par ce moyen le temps aux Seigneurs de pourvoir à leur sureté. On fit d'abord quelques propositions à Albizi; mais il ne voulut rien écouter, & persista à demander que les Seigneurs fussent déposés. Le peu de zéle & de fermeté que témoignerent quelques-uns des Chefs des conjurés, & les soins que se donna le Pape Eugène IV. qui étoit alors à Florence, d'appaiser le tumulte, obligerent Albizi à changer de langage. Se voyant presque abandonné, il se mit sous la protection du Pape, dans l'esperance qu'il seroit en sureté.

Pendant que le Pontife étoit occupé à négocier un accommodement entre Albizi & les Seigneurs, ceux-ci leverent secretement des troupes dans les environs de Pistoie, & les firent entrer de nuit dans Florence. Fortifiés par ce secours, ils convoquerent une assemblée du peuple & nommerent un conseil extraordinaire. Le rappel de Medicis y fut résolu, & Albizi avec un nombre considérable de citoyens furent condamnés à l'exil. Medicis retourna à Florence où il fut reçu en triomphe, & regardé comme bienfaiteur du peuple & le pere de la patrie.

Les Seigneurs qui succéderent à ceux qui avoient rappellé Côme de Medicis, prolongerent l'exil des ennemis de ce citoyen, & ils bannirent même quelques autres. La maison des Alberti fut alors rétablie, & tous les Grands, à la réserve de quelques-uns, furent réduits au rang du peuple. Le gouvernement fit de nouvelles loix, ne mit dans les bourses que les noms de ceux qui étoient dans son parti, & il régla que les Magistrats des affaires criminelles seroient pris parmi leurs adhérens. L'autorité de juger à mort fut mise entre les mains des *huit de la Garde*. On ajouta encore par rapport aux bannis, qu'ils ne pourroient rentrer dans leur patrie après le terme marqué pour leur exil, à moins que des trente-sept Magistrats qui étoient à la tête des affaires, il n'y en eût trente-quatre qui y consentissent. Il fut deffendu de leur écrire ou de recevoir de leurs lettres, & l'on punissoit avec la derniere rigueur ceux qui se rendoient suspects par leurs actions ou leurs discours.

La paix que les Florentins avoient faite avec le Duc de Milan, ne pouvoit être de longue durée; car ce Prince qui les haïssoit naturellement ne cherchoit que les occasions de recommencer la guerre. Il y fut encore excité par Renaud d'Albizi, & les autres exilés qui esperoient à la faveur de la guerre pouvoir changer la face affaires de la République, & rentrer en triomphe dans leur patrie. La liberté que Gênes s'étoit procurée en secouant le joug du Duc de Milan, & l'alliance que les Florentins avoient

DUCHÉ DE TOSCANE.

Retour de Côme de Medicis.

1436.

faite avec cette République, étoient de nouveaux motifs qui animoient Philippe contre les Florentins. Pendant qu'il faisoit tous ses efforts pour soumettre les Génois, il envoya Piccinino dans les environs du Lucques. Le voisinage des troupes Milanoises fit craindre aux Florentins quelque entreprise de leur part. Afin de faire diversion, ils firent des courses sur le territoire de Pise, & obtinrent du Pape que le Comte Sforce entreroit à leur service. Piccinino pour cacher ses desseins feignit de marcher contre le Roi de Naples, & demanda qu'on lui livrât passage. Les Florentins qui connoissoient ses véritables intentions, refuserent de lui accorder ce qu'il demandoit, & fermerent tous les passages. Les deux armées demeurerent quelque temps en présence sans faire aucun mouvement. Piccinino qui ne vouloit pas rester dans l'inaction, attaqua Vico Pisano; mais n'ayant pu se rendre maître de ce poste, il ravagea le pays voisin. Ces différentes expéditions ne furent point capables d'engager les Florentins & le Comte Sforce, à faire aucune démarche pour s'opposer à ses progrès. Le motif de cette tranquillité étoit le respect qu'on avoit pour le Pape qui étoit occupé à négocier la paix. Les ennemis persuadés que la crainte seule retenoit les Florentins, poursuivirent leurs conquêtes avec plus d'ardeur, & allerent mettre le siége devant Barga petite ville du Florentin. Cette entreprise détermina les Florentins à ne plus garder de mesures, & à marcher au secours de la place. Piccinino fut battu par le Comte Sforce, & la ville fut délivrée.

Les ravages que les Venitiens faisoient alors dans le Milanès, mirent Philippe dans la nécessité de rappeller Piccinino de la Toscane. Les Florentins délivrés des troupes Milanoises, s'avancerent vers Lucques dont ils esperoient se rendre maîtres avec facilité. Le Comte Sforce reprit auparavant toutes les places dont le Général Milanois s'étoit emparé, & après avoir ruiné le pays par le fer & le feu, il ferma tous les passages par lesquels on pouvoit faire entrer des vivres dans Lucques, afin de se rendre maître de la ville par la famine. Les Lucquois ainsi pressés de tous côtés, firent tant d'instances auprès du Duc de Milan, qu'il résolut d'envoyer une armée considérable dans la Toscane, ou d'attaquer les Venitiens avec ces mêmes forces, afin de contraindre les Florentins à les secourir. Philippe prit cependant le premier parti, & cette nouvelle causa une grande inquietude aux Florentins. Ils engagerent alors les Venitiens à redoubler leurs efforts pour occuper le Duc dans la Lombardie: mais ceux-ci abandonnés par le Marquis de Mantoue, représenterent qu'ils ne pouvoient continuer la guerre si le Comte Sforce ne se chargeoit de commander leurs troupes. Cette proposition embarrassa beaucoup les Florentins: D'un côté ils sentoient la nécessité de pousser la guerre avec vigueur en Lombardie; de l'autre ils se voyoient presque forcés à abandonner leur entreprise sur la ville de Lucques. Ils consentirent enfin à laisser partir le Comte Sforce après la prise du château d'Uzano, dont il faisoit alors le siége. Ce Général à qui le Duc de Milan avoit promis sa fille Blanche en mariage, refusa de passer le Pô, & les Venitiens ne le demandoient cependant pour commander leurs troupes qu'à cette condition. On trouva enfin moyen de concilier les intérêts du Comte Sforce; & il se mit en marche pour aller prendre le commandement des troupes Venitiennes. Quelques sujets de mécontentement survenus entre lui & la République de Venise, l'obligerent à retourner en Toscane.

Cette démarche du Comte porta le Duc de Milan à le charger de travailler à la paix entre Lucques & Florence, & de le faire comprendre lui-même dans ce traité. Il renouvella alors les promesses qui lui avoient faites de lui donner sa fille. Cette alliance ne pouvoit être que très-avantageuse au Comte Sforce, puisqu'elle lui donnoit l'espérance de devenir un jour maître du Milanès; car le Duc n'avoit point d'enfant mâle. Ce motif étoit assez puissant pour engager le Comte à faire tout ce que Philippe desiroit. Les Florentins voyant qu'ils ne pourroient plus l'engager à combattre pour leurs intérêts, se trouverent forcés à faire la paix avec la République de Lucques. Elle fut conclue au mois d'avril de l'an 1438, & par ce traité les Lucquois conserverent leur liberté.

La paix qui venoit d'être signée avec le Duc de Milan, ne fut pas de plus longue durée que les autres. Son ambition & son humeur inquiete ne lui permirent pas de demeurer long-temps en repos. Il continua la guerre contre les Venitiens, & les avantages qu'il remporta sur eux, les obligerent d'avoir recours aux Florentins, & d'engager le Comte Sforce à se mettre à la tête de leurs troupes. Les Florentins qui redoutoient la grande puissance du Duc, consentirent volontiers à se joindre aux Venitiens, & le Comte Sforce mécontent de Philippe, qui differoit le mariage de sa fille sous divers prétextes, entra dans la ligue, mais aux conditions qu'il ne passeroit pas le Pô. Tous les arrangemens ayant été faits, Sforce se mit en marche & arriva heureusement dans le territoire de Padoue.

Les succès de ce Général déterminerent le Duc de Milan à envoyer des troupes en Toscane pour faire diversion. Ce n'étoit pas le seul ennemi que les Florentins eussent à craindre. Jean Vitelesqui de Corneto, connu sous le nom de Cardinal de Florence, qui commandoit les troupes du Pape, étoit irrité contre les Florentins de ce qu'ils n'avoient point observé le traité fait par sa médiation au nom du Pape avec Albizi, lorsqu'on l'avoit forcé à mettre bas les armes. Les Florentins appréhendant qu'il ne se joignît aux troupes de Piccinino, firent part de leur crainte au Pape. Ce Pontife commençoit à se repentir de la trop grande autorité qu'il avoit donné à ce Prélat, & il étoit dans la résolution de la diminuer lorsqu'on surprit une lettre qu'il écrivoit au Général de Philippe. L'obscurité affectée qui regnoit dans cette lettre fut regardée comme un témoignage de sa perfidie, & il fut arrêté prisonnier dans le château Saint-Ange par les ordres du Pape (18).

Cependant Piccinino s'avançoit vers la Toscane, & il étoit déja dans la Romagne. Le Comte Sforce craignant qu'il ne lui enlevât la Marche, voulut quitter la conduite de l'armée Venitienne pour aller deffendre son propre bien. Les Venitiens lui représenterent qu'on pourroit obliger le Duc à rappeller son Général en portant la guerre dans le Milanès, & ces reflexions l'engagerent à rester en Lombardie. Piccinino étant arrivé dans la Toscane, fit des courses jusqu'aux portes de Florence. Cette République manquoit alors de troupes, & la terreur s'étoit déja repandue dans les esprits. Elle étoit cependant calmée par l'espérance du secours qu'on attendoit des Venitiens & du Pape. Capponi forma un corps de troupes des habitans de Flo-

(18) Nicolas Machiavel, histoire de Florence.

rence, & reprit quelques postes avec cette petite armée. Le Comte de Poppi qui avoit abandonné les intérêts des Florentins pour se joindre au Général Milanès, lui conseilla de laisser les environs de Florence & de passer dans le Casantin, où il pourroit faire des conquêtes qui causeroient de grands dommages à la République. Piccinino s'y rendit maître en effet de quelques châteaux ; mais par son éloignement il donna aux Florentins le temps de rassembler leurs troupes.

Le mauvais état des affaires du Duc de Milan en Lombardie, le forcerent à rappeller Piccinino. Cette nouvelle engagea ce Général à livrer combat aux Florentins, & il marcha contr'eux avec tant de diligence qu'il pensa les surprendre. On se battit long-temps avec une ardeur égale, & la victoire balança plus d'une fois entre les deux partis ; enfin elle se déclara par les Florentins, qui firent un grand nombre de prisonniers & un immense butin. Si l'armée de la République eût été mieux disciplinée, elle auroit entierement détruit celle du Duc de Milan, dont les débris s'étoient retirés à Borgo. Mais l'avidité de conserver le butin l'empêcha d'assieger les Milanois, & leur fournit les moyens de se retirer en sûreté. Les exilés qui étoient avec Piccinino voyant toutes leurs esperances perdues, chercherent un établissement dans divers endroits de l'Italie. On profita de l'éloignement des ennemis pour rentrer en possession des places du Casantin, & l'on se rendit maître de Poppi, dont le Comte fut dépouillé pour avoir trahi les Florentins. Cet état avoit été 400 ans dans la maison de ce Prince. La nouvelle de tant de succès, causa une joie étonnante dans la ville, & les Généraux qui avoient commandé les troupes pendant ces dernieres expéditions, furent reçus en triomphe dans la ville. Jusqu'alors le Duc de Milan avoit refusé d'entrer en accommodement ; mais la maniere insolente avec laquelle Piccinino lui demanda la récompense de ses peines, le détermina à faire la paix avec les Venitiens & les Florentins, & le Comte Sforce épousa la fille de ce Prince.

La mort du Duc de Milan arrivée en 1447, sembloit devoir assurer les Florentins de quelque tranquillité au-dehors ; mais ils trouverent dans Alphonse Roi de Naples un ennemi encore plus redoutable. Ce Monarque qui étoit à Tivoli avoit formé le projet de se rendre maître de la Toscane, & il se flattoit de venir à bout de ses desseins à la faveur de la guerre que les Venitiens continuoient en Lombardie. Les Florentins fortifierent leurs places autant qu'il leur fut possible, & leverent promptement des troupes. Alphonse ayant inutilement tenté de mettre les Siennois dans son parti, prit la route de Volterra, & se rendit maître de plusieurs châteaux dans le territoire de cette ville. Il eut les mêmes avantages dans celui de Pise ; mais il ne put s'emparer de Campile que les Florentins deffendirent avec tant de valeur, qu'il fut obligé de renoncer à son entreprise. La mauvaise saison le força à prendre ses quartiers d'hyver, & les Florentins employerent cet intervalle à faire de nouveaux préparatifs pour soutenir les efforts du Roi de Naples. Le nombre de leurs troupes montoit au printemps suivant à cinq mille hommes de cavalerie & de deux mille d'infanterie. L'armée d'Alphonse composée de quinze mille hommes, menaçoit d'abord Campille ; mais elle rabattit tout d'un coup sur Piombino. Les Florentins qui sçavoient de quelle importance il étoit pour eux de conserver cette place, s'avancerent pour la secourir. Ils se posterent si avantageusement qu'on ne pouvoit les forcer ; mais ils souffrirent beaucoup par la disette des vivres & sur-tout du vin, qu'il n'étoit pas facile de transporter à leur camp. Les Napolitains au contraire recevoient par mer tous les secours dont ils avoient besoin ; de sorte que l'abondance regnoit parmi eux, à la réserve du fourage. Les Florentins désesperant pouvoir sauver la place, étoient d'avis qu'on écoutât les propositions de paix que le Roi de Naples faisoit, & qu'on lui remît la place comme il l'exigeoit avec cinquante mille florins. Capponi fit revenir ses citoyens d'un sentiment si contraire à leurs intérêts, & il fut résolu qu'on prendroit le Seigneur de Piombino sous la protection de la République. Le Roi de Naples dont l'armée étoit considérablement affoiblie par les maladies, se vit alors contraint d'abandonner le siége & de se retirer mécontent des Florentins.

<small>DUCHE' D TOSCANE.</small>

<small>1450.</small>

Les intérêts du Comte Sforce qu'ils prirent quelque-temps après, leur attirerent la haine des Venitiens & du Roi de Naples. Sforce qui étoit devenu Duc de Milan, avoit recherché l'alliance des Florentins par le moyen de laquelle il esperoit s'affermir dans sa nouvelle domination, & résister aux efforts des Venitiens jaloux de sa prosperité & de sa grandeur. Les deux Républiques s'envoyerent mutuellement des Ambassadeurs pour avoir des éclaircissemens sur les motifs qui les faisoient agir d'une façon contraire à ce qui étoit reglé par la ligue qui avoit subsisté entr'elles jusqu'alors. Ces différentes explications annonçoient une rupture prochaine, & en effet elles ne furent pas long-temps à en venir à une guerre ouverte. Avant qu'elle éclatât les Venitiens firent un traité avec les Siennois, & chasserent les Florentins des terres de leur domination. Le Roi Alphonse les traita de même sans avoir aucun sujet. Les Florentins voyant qu'ils ne pouvoient éviter la guerre, se préparerent à la soutenir avec honneur. Ils renouvellerent l'alliance qu'ils avoient faite avec le nouveau Duc de Milan, & en firent une avec les Genois & le Roi de France.

La guerre commença en même-temps dans deux endroits differens ; car pendant que les Venitiens attaquoient le Duc de Milan, le Roi Alphonse avoit fait entrer dans la Toscane douze mille hommes sous la conduite de Ferdinand son fils naturel, qui avoit sous ses ordres Frederic Seigneur d'Urbin. Les premieres expéditions ne furent pas glorieuses pour les Napolitains, ils s'emparerent de quelques foibles châteaux après avoir essuyé des travaux tels que de fortes places leur auroient fait éprouver, & ils eurent le chagrin d'échouer devant la plûpart de ceux qu'ils attaquerent. Ferdinand s'en vengea par le ravage qu'il fit sur les terres de la République, & par le butin dont il enrichit ses troupes. Le Roi de Naples qui avoit une flotte de vingt bâtimens, se rendit maître de la Roque de Vada par la négligence du Commandant.

<small>1452.</small>

La campagne suivante, l'armée des Florentins ayant été renforcée par un corps de troupes qu'Alexandre Sforce frere du Duc de Milan leur amena, entra avec beaucoup de facilité en possession des châteaux qu'elle avoit perdus l'année précédente. Les Napolitains qui s'étoient retirés auprès de Sienne, se contentoient de faire des courses en attendant quelque occasion

<small>1453.</small>

DUCHÉ DE TOSCANE.

qui pût leur faire remporter des avantages plus considérables. Sur ces entrefaites le Roi de Naples traita secretement avec Gerard Gambatorti Seigneur du Val de Bogno, qui consentit à remettre entre ses mains cette seigneurie aux conditions qu'Alphonse lui en donneroit une semblable dans le royaume de Naples. Pendant qu'il étoit occupé à livrer tous les postes au Commissaire que le Roi avoit envoyé à cet effet, un particulier ne pouvant supporter sa trahison, souleva tout le peuple. On prit aussi-tôt les armes, & les habitans ayant arboré l'étendart de la République de Florence, chasserent tous les Arragonnois. Gambatorti eut bien de la peine à se sauver, & il abandonna sa femme, sa famille & tout son bien à la discretion de ses ennemis. Les Florentins irrités de la perfidie de ce Seigneur, mirent en prison son fils qu'ils avoient en ôtage, & envoyerent des troupes à Bagno pour garder le pays au nom de la République. L'arrivée du Roi René en Italie que les Florentins avoient appellé à leur secours, fut si avantageuse au Duc de Milan, qu'il força les Venitiens à abandonner toutes les places qu'ils lui avoient prises. Ces succès avoient mis François Sforce en état de faire de nouvelles conquêtes, & après tant d'avantages René étoit repassé en Provence malgré les sollicitations du Duc, qui vouloit l'engager à rester plus long-temps (19). Il consentit cependant à laisser une partie de ses troupes, & envoya son fils pour les commander.

Toutes les puissances étoient lasses de la guerre, & desiroient la paix. Le Pape sur-tout les pressoit d'en venir à un accommodement, parce qu'il avoit dessein de se servir de leurs troupes pour les faire marcher contre Mahomet II. Empereur des Turcs, qui s'étoit rendu maître de Constantinople. Il engagea donc tous les Princes d'Italie à envoyer à Rome leurs Plénipotentiaires, afin de travailler à la paix générale. Pendant que chacun y disputoit ses intérêts, les Venitiens & le Duc de Milan signerent un traité de paix le 9 d'avril 1454. Le Pape, les Florentins, la ville de Sienne y accederent peu de tems après, & le Duc fit une alliance avec les Républiques de Venise & de Florence. On eut beaucoup de peine à faire consentir le Roi de Naples à la paix; mais il ne put résister aux vives sollicitations du Pape. Il ne voulut cependant point traiter avec les alliés, à moins qu'on ne lui donnât le pouvoir de faire la guerre aux Genois, aux Princes de Rimini & de Faenza; ce qui laissa quelque semence de guerre en Italie.

1454.

Jalousie des Grands contre Côme de Medicis.

Cependant la République de Florence avoit éprouvé quelques troubles domestiques. Le grand crédit de Côme de Medicis, & l'attachement que le peuple témoignoit pour ce citoyen, continuoient à exciter la jalousie des Grands. Depuis l'an 1434, le parti de Medicis avoit été le plus puissant, quoique celui qui lui étoit opposé fût assez considérable. La grande union qui regna entre les Medicis, & leur conduite à l'égard du peuple, les maintinrent dans une si grande autorité, que pendant l'espace de 20 ans, c'est-à-dire depuis 1434 jusqu'en 1455, ils obtinrent six fois les Conseils Extraordinaires par le moyen des Parlemens ou assemblées générales du peuple. Le crédit de Neri Capponi avec lequel Côme de Medicis étoit toujours resté uni, avoit encore contribué à soutenir le parti de ce dernier; mais après

(19) Voyez ci-devant l'histoire de Lorraine, page 15.

DE L'UNIVERS. Liv. II. Ch. IV. 271

la mort de Capponi, ceux qui cherchoient à abbaisser le pouvoir de Medicis, firent tout ce qu'ils purent pour empêcher les Conseils Extraordinaires, & proposerent souvent de faire fermer les bourses, & de créer les Magistrats selon l'usage des Scrutins.

Ce reglement ayant passé, l'autorité se trouva tantôt dans une famille & tantôt dans une autre, & ceux qui étoient sortis de charge retournoient à leur premier état de simple citoyen. On rétablit en même-temps la maniere d'imposer les droits suivant la Loi qui avoit été faite en 1427. Les Grands reconnurent alors qu'en voulant enlever à Medicis toute l'autorité dont il avoit toûjours joui, ils n'étoient plus respectés ni considerés. Ces motifs les engagerent à le prier de faire tous ses efforts pour les tirer de l'abbaissement où ils étoient, en rétablissant le gouvernement sur l'ancien pied. Medicis leur promit de travailler à ce qu'ils desiroient ; mais il leur déclara qu'il ne consentiroit jamais qu'on employât la violence pour en venir à bout. On fit donc plusieurs tentatives auprès des Conseils, pour en obtenir un Extraordinaire. Le refus des Magistrats obligea les Grands à faire de nouvelles soumissions à Medicis, pour le porter à demander une assemblée génerale du peuple. Ce citoyen qui étoit bien aise de leur faire sentir davantage la faute qu'ils avoient faite, refusa d'y donner les mains. Donato Coqui devenu Gonfalonnier de justice, crut à la faveur de sa charge, obtenir cette assemblée : mais tous les mouvemens qu'il se donna furent inutiles, & il en conçut un si violent chagrin qu'il en perdit l'esprit.

Luc Pitti, homme hardi & entreprenant, lui ayant succédé, mit en usage les moyens les plus violens pour l'exécution de ce projet. Il y eut un Conseil Extraordinaire dans lequel on créa les nouveaux Magistrats à la volonté d'un petit nombre de personnes. Resolus d'affermir par la crainte une autorité qu'ils avoient usurpée par la force, ils bannirent tous ceux qui auroient pû leur être contraires. Jerôme Machiavel qui étoit du nombre des exilés, se rendit dans la suite criminel, en excitant les Princes d'Italie à faire la guerre à sa patrie. Il fut arrêté à Luginiane, & conduit à Florence où on le fit mourir. Luc Pitti que l'Etat avoit fait Chevalier, ordonna que les Prieurs des métiers seroient appellés dans la suite les Prieurs de la liberté. Il obtint encore qu'à l'avenir le Gonfalonnier seroit assis au milieu des Seigneurs ; car jusqu'alors il avoit été seulement placé à leur droite. Enfin pour donner du poids à tout ce qu'il venoit de faire, il institua des processions publiques pour remercier le ciel du rétablissement du gouvernement. Les riches présens que Pitti reçut alors de Medicis, de la seigneurie & de la plûpart des Grands, monterent à des sommes considérables. Il en employa une partie à bâtir deux palais magnifiques, qui cependant ne lui coûterent pas beaucoup d'argent, puisque les citoyens lui donnerent les materiaux dont il avoit besoin, & lui fournirent tous les ouvriers nécessaires à la construction de ces édifices. Son crédit étoit si grand qu'il l'emportoit sur celui de Côme de Medicis.

Celui-ci qui étoit fort âgé & fort infirme, n'étoit plus en état de se mêler du gouvernement. Il mourut l'an 1464 âgé de soixante-quinze ans, universellement regretté de tous ses citoyens qui le nommerent dans son épitaphe le *Pere de la Patrie*. Il avoit employé la plus grande partie de ses ri-

Duché de Toscane.

Mort de Côme de Medicis.

1464.

chesses à faire rebâtir plusieurs Eglises & Monastères, à en fonder de nouveaux, & à secourir plusieurs de ses concitoyens. Cette magnificence dans laquelle il vécut, ne le porta jamais à s'écarter des bornes d'un simple citoyen. Personne cependant n'avoit plus d'autorité que lui dans la République qu'il gouverna pour ainsi dire trente-un an. Il favorisoit beaucoup les belles-lettres ; & ce fut lui qui fit venir à Florence Argiropole, pour y enseigner le Grec & les belles-lettres, & il fit de grands biens à Marsilio Fixino, restaurateur de la Philosophie de Platon (20). Il ne laissa qu'un fils nommé Pierre, Jean son second fils étant mort avant lui.

{Duché de Toscane.}

Pierre héritier des biens de son pere, ne conserva pas long-temps le crédit que ce citoyen avoit eu. Peu instruit dans le maniement des affaires, il s'abandonna avec trop de confiance à Dioti Salvi Neroni, qui avoit beaucoup de pouvoir parmi ses citoyens. Il exécutoit en cela les volontés de son pere qui lui avoit ordonné de suivre les avis de cet homme. Neroni se conduisant plutôt par les principes de l'ambition, que par ceux de l'amitié & de la reconnoissance, conçut le dessein de lui enlever toute l'autorité, & de lui faire perdre la faveur du peuple. Il s'étoit joint avec Luc Pitti, Ange Acciaivoli & Nicolas Soderini ; mais il se flattoit qu'il pourroit s'emparer du gouvernement après qu'il auroit entierement renversé la puissance de Medicis. Pour venir à bout de son dessein, il fit entendre à Pierre de Medicis, qu'il étoit obligé de faire de grandes dépenses s'il vouloit conserver la réputation que son pere s'étoit acquise. Il lui fit en même-temps connoître qu'il ne pouvoit soutenir cette dépense qu'en se faisant rembourser des sommes que son pere avoit prêtées. Pierre de Medicis persuadé par les discours de Neroni, exigea que tous les créanciers de son pere lui rendissent l'argent qu'ils lui devoient. Cette conduite lui attira un grand nombre d'ennemis, & le fit regarder comme un avare. Dès cet instant on le regarda comme la cause de tout ce qui arrivoit de mal dans la République, & surtout des banqueroutes qui se firent dans ce temps-là. Ses ennemis, c'est-à-dire ceux qui vouloient gouverner à sa place, profitant de la mauvaise disposition du peuple à son égard, demanderent que l'Etat fut gouverné par l'autorité des Magistrats, & non selon la volonté d'un petit nombre de personnes.

{Conjuration contre Pierre le Medicis.}

Quelques citoyens qui voyoient avec peine les semences des divisions qui alloient troubler la République, chercherent à les dissiper en occupant le peuple par des fêtes & des spectacles. Il y avoit déja un an que Côme de Medicis étoit mort, & le deuil qu'on en avoit porté étoit fini. On fit des préparatifs pour deux fêtes publiques : l'une représentoit l'histoire des trois Sages qui allerent adorer Jésus-Christ dans la crèche. L'autre fut un tournois où les plus considérables personnes de la République entrerent en lice contre les plus célebres Chevaliers de l'Italie. Laurent de Medicis fils aîné de Pierre, eut l'honneur de cette joûte (21).

A peine ces fêtes étoient-elles passées, que les intrigues recommencerent & furent l'occasion des troubles dont nous allons parler. Galeas fils & successeur de François Sforce, envoya des Ambassadeurs à Florence pour confirmer

---

(20) Nicolas Machiavel. | (21) Ibid.

l'alliance

l'alliance que son pere avoit faite avec la République, & pour demander qu'on lui payât la somme dont on étoit convenu avec le Duc par ce traité. Le parti contraire à Medicis, s'opposa à la conclusion de cet article, & représenta que l'alliance avoit été faite avec François & non pas avec Galeas, dont on n'avoit pas à espérer les mêmes secours que ceux qu'on avoit reçus de son pere. Pierre de Medicis étoit d'avis que pour un leger intérêt on ne se brouillât pas avec le Duc de Milan, dans la crainte que les Venitiens en profitant de cette rupture, n'attaquassent le Milanès, & qu'après s'en être rendus maîtres ils n'inquietassent la République de Florence.

Ces differens avis formerent deux partis dans la ville : celui de Medicis s'assembla dans la *Grossetta*, & l'autre dans la *Pieté*. Ceux qui composoient ce dernier, après avoir cherché divers expédiens pour enlever à Pierre de Medicis toute l'autorité, convinrent d'attendre pour agir que les nouveaux Seigneurs fussent en charge. Pendant que les conjurés prenoient ainsi leurs mesures, Nicolas Fedini un d'entr'eux découvrit à Pierre de Medicis ce qui se tramoit contre lui, & lui donna la liste de tous ceux qui avoient signé le complot. Medicis effrayé du nombre & de la qualité de ses ennemis, voulut aussi avoir la liste de ses partisans; mais il fut fort étonné de trouver parmi eux plusieurs de ceux qu'il avoit déja vus sur la premiere liste.

Sur ces entrefaites on fit un nouveau Magistrat, & Nicolas Soderini fut fait Gonfalonnier. Jamais le peuple n'avoit témoigné tant de joye à la réception d'aucun Magistrat. Les personnes les plus distinguées se trouverent sur son chemin, & on lui mit sur la tête une couronne d'olivier pour lui faire connoître que c'étoit de lui qu'on attendoit le repos & la liberté de la patrie. Thomas frere du Gonfalonnier, homme prudent & ami de Medicis, engagea son frere à faire un nouveau scrutin & à remplir les bourses des noms de ceux qui aimoient la liberté, afin d'affermir ainsi le gouvernement sans exciter aucun tumulte. Nicolas Soderini employa tout le temps de sa magistrature à travailler à cet établissement, & il sortit de charge sans avoir rien terminé. Cet évenement servit beaucoup à fortifier le parti de Medicis, & les deux factions se trouvant alors égales, elles resterent tranquilles pendant quelques mois. Les ennemis de Medicis qui n'avoient pu jusqu'alors réussir dans leurs desseins, formerent le projet de l'assassiner, & de faire approcher de la ville le Marquis de Ferrare avec ses troupes. Ils étoient résolus après la mort de ce citoyen, de paroître en armes sur la place, afin d'obliger par crainte la seigneurie à reformer le gouvernement selon leur volonté. Pierre de Medicis qui étoit malade à Carregge, informé du dessein de ses ennemis, prit les armes sous prétexte qu'il étoit averti que le Marquis de Ferrare s'avançoit vers Florence à la tête de ses troupes. Medicis accompagné d'un grand nombre de personnes, se rendit dans cette ville où il fut joint par tous ceux qui étoient dans ses intérêts. Les conjurés surpris de cet évenement, prirent aussi les armes, & Dioti Salvi fit tout ce qu'il put pour engager Luc Pitti à entrer dans leur parti. Nicolas Soderini employa aussi toutes sortes de moyens pour le gagner; mais toutes ses sollicitations furent inutiles. La plûpart des conjurés considerant que leur parti étoit le plus foible, chercherent les voies d'accommodement.

On convint donc de s'assembler chez Medicis, afin de travailler à rétablir l'union & la bonne intelligence parmi les citoyens. Les Chefs des conjurés s'y trouverent aussi, & voulurent reprocher à Medicis qu'il étoit l'auteur de ces troubles parce qu'il avoit pris les armes le premier. Medicis n'eut pas de peine à justifier sa conduite, & il fit voir que ce n'étoit que pour sa propre deffense qu'il avoit fait armer ses partisans. Il fit ensuite de sanglans reproches à Dioti Salvi Neroni & à ses freres. Enfin il déclara qu'il approuveroit tout ce que la seigneurie regleroit, & que pour lui il ne demandoit rien autre chose que de finir ses jours en sûreté & en repos. On se sépara sans avoir rien conclu, & il fut seulement décidé qu'il étoit nécessaire de réformer l'Etat & de changer le gouvernement. Medicis attendit que Bernard Lotti qui n'étoit pas dans ses intérêts, fut sorti de magistrature pour entreprendre quelque chose. Robert Lion ayant été nommé Gonfalonnier peu de temps après, convoqua le peuple & fit faire un nouveau Conseil Extraordinaire qui n'étoit composé que des partisans de Medicis. Ce conseil donna à la République des Magistrats tels que la nouvelle régence les desiroit.

Ce coup imprévu abbatit entierement la faction opposée à Medicis; une partie de ses ennemis sortit de la ville, & les autres furent chassés ou mis à la torture. Luc Pitti, dont la fortune avoit été si brillante, tomba tout d'un coup dans l'humiliation, & se vit abandonné de tous ceux qui s'étoient empressés à lui témoigner leur zéle & leur affection. Les exilés firent tout ce qu'ils purent, soit pour perdre Medicis, soit pour exciter quelques guerres contre leur patrie. Enfin ils trouverent moyen d'engager les Venitiens dans leur querelle, & de les porter à marcher contre Florence. Cette République depuis le départ des factieux, avoit fait alliance avec le Duc de Milan & Ferdinand Roi de Naples. Elle avoit aussi à son service le Comte d'Urbin pour commander ses troupes. Ainsi quoiqu'elle fut d'abord surprise de l'approche des ennemis, elle se trouva bien-tôt en état de leur faire tête. Cette guerre ne fut pas de longue durée, & après quelques actions peu considérables, elle fut terminée à la satisfaction des deux partis.

Les exilés n'ayant tiré aucun profit de cette guerre, furent contraints d'aller chercher un asyle dans differens Etats d'Italie. Après la conclusion de la paix, le gouvernement bannit tous ceux qui lui étoient suspects, ou les priva de leurs charges. Ainsi toute l'autorité se trouva entierement entre les mains du parti de Medicis. Ce citoyen que la foiblesse de sa santé empêchoit de se mêler du gouvernement, ignoroit la plus grande partie de ces choses. Quoiqu'il fût presque réduit à la derniere extrêmité, il voulut donner des fêtes magnifiques à l'occasion du mariage de Laurent de Medicis son fils avec Clarice des Ursins. Le pouvoir tyrannique dont ceux de son parti usoient envers les citoyens, le toucha tellement qu'il les fit venir chez lui & leur fit des remontrances capables d'émouvoir toutes personnes qui ne seroient pas aveuglées par l'ambition. Ses représentations n'ayant pas eu l'effet qu'il s'en étoit proposé, il prit la résolution de faire revenir à Florence tous les exilés, & il avoit déja eu un entretien secret avec Ange Acciaivoli qui étoit du nombre des bannis. Sa mort arrivée peu de temps après, empêcha l'exécution de ce projet. Il étoit alors âgé de cinquante-trois ans. Il laissa deux fils: sçavoir Laurent & Julien.

Après la mort de Pierre de Medicis, la plûpart des citoyens s'empresserent de faire leur cour à Thomas Soderini, qui s'étoit acquis une grande réputation non-seulement dans sa patrie, mais encore dans toute l'Italie. Ce citoyen que l'ambition ne guidoit pas, exhorta le peuple à se rendre plutôt au palais de Medicis, & pour lui en donner l'exemple, il assembla les chefs des premieres maisons de la République dans le couvent de saint Antoine, où il fit venir Laurent & Julien de Medicis. Il fit alors entendre aux assistans, que l'unique moyen de se rendre redoutables au-dehors & de conserver la paix au-dedans, étoit de se laisser gouverner par ces deux jeunes gens qu'il leur présentoit, comme ils avoient fait pendant la vie de Côme de Medicis. Laurent parla ensuite avec tant de modestie, qu'il gagna tous les cœurs. L'assemblée jura de les regarder comme leurs enfans, & ils promirent de leur côté de regarder ces citoyens comme leurs peres. Depuis cet instant Laurent & Julien furent reconnus pour Princes de la République.

DUCHÉ DE TOSCANE.
Laurent & Julien de Medicis reconnus Princes de la République.

Pendant que Florence jouissoit de la tranquillité au-dedans & au-dehors, un des exilés nommé Bernard Nardi, résolut d'exciter quelques troubles dans l'esperance qu'il pourroit en retirer quelque avantage. Il prit donc la résolution de faire soulever Prato & Pistoye. Par le moyen des intelligences qu'il entretenoit dans la premiere de ces deux villes, il s'introduisit dans la place & se saisit du Podestat ou Gouverneur. Etonné de ce que tous les habitans ne se joignoient point à lui, & que le conseil des Huit ne vouloit point entrer dans ses desseins, il voulut faire pendre le Podestat pour inspirer de la terreur aux autres. Cet Officier prêt à subir le supplice, lui représenta que cette action loin de lui être avantageuse, ne serviroit qu'à irriter les esprits contre lui. Nardi touché de ces remontrances lui accorda la vie; mais il le fit rentrer en prison. Le peuple ayant reconnu la foiblesse des conjurés, commença à reprendre courage; on prit les armes, & un des citoyens attaqua & blessa Nardi. La prise de ce Chef abbatit bien-tôt le parti, & rendit le calme dans la ville. Cette nouvelle avoit cependant causé une grande inquiétude à Florence, & l'on avoit déja fait partir un corps de troupes sous la conduite de Saint-Severin, lorsqu'on apprit que les troubles étoient appaisés.

La découverte d'une mine d'alun trouvée dans le territoire de Volterra, obligea les Florentins à prendre les armes. Ceux qui en avoient fait la découverte s'étant inutilement adressés à leurs concitoyens, se trouverent dans la nécessité d'avoir recours aux Florentins, afin d'avoir l'argent dont ils avoient besoin pour le travail de la mine. Les habitans de Volterra connurent trop tard la faute qu'ils avoient faite de négliger cette entreprise, & ils voulurent que le profit de cette mine appartînt à tous les citoyens. Laurent de Medicis qui cherchoit l'occasion de se signaler, fut d'avis qu'on forçât par la voye des armes les habitans de Volterra à suivre le jugement des Florentins, qui avoient décidé en faveur des particuliers. La guerre ayant été résolue, Frederic Seigneur d'Urbin se mit à la tête de l'armée Florentine, & ne tarda pas à se rendre maître de Volterra. Cette nouvelle causa beaucoup de joye dans Florence, & l'entreprise donna une grande réputation à Laurent de Medicis.

Les secours que ce citoyen donna à Nicolas Vitelli qui s'étoit révolté

Duché de Toscane

contre Sixte IV. dans Citta di Castello, indisposa contre lui le souverain Pontife. Son ressentiment n'éclata cependant pas alors, parce qu'il perdit Frere Pierre, Cardinal de saint Sixte son Ministre. Les Florentins qui redoutoient quelqu'entreprise de la part du Pape, firent une ligue avec les Venitiens & le Duc de Milan, & proposerent au Pape & au Roi de Naples d'y entrer. Le Pontife qui avoit formé des desseins contre la République de Florence, en avoit fait une avec le Roi de Naples. Il enleva même à cette République Frederic Prince d'Urbin, un des grands Capitaines de son siécle, & le fit Chef de la ligue qu'il venoit de faire. Il travailla en même-temps à mettre les Siennois & les Seigneurs de la Romagne dans ses intérêts, afin d'être plus à portée d'attaquer les Florentins. Ces derniers instruits des démarches du Pape & de celles du Roi de Naples, prirent leurs précautions pour ne pas succomber aux efforts de leurs ennemis, & ils firent alliance avec Perouse & le Seigneur de Faenza. Il se passa cependant encore deux ans sans qu'il y eût une rupture ouverte entre les deux ligues. Le Pape ne negligeoit aucune occasion de chagriner les Florentins. Après la mort de Philippe de Medicis Archevêque de Pise, il mit en sa place François Salviati ennemi de la maison de Medicis. L'opposition qu'il trouva de la part de la seigneurie, ne servit qu'à irriter davantage les esprits.

Conjuration entre Laurent & Julien de Medicis.
1477.

Ce n'étoit seulement pas au-dehors que la République avoit de puissans ennemis; elle en avoit au-dedans qui n'étoient pas moins dangereux. Ses propres citoyens continuellement divisés par l'ambition & la jalousie, ne cessoient d'y causer des désordres effroyables. Laurent de Medicis écoutant avec trop d'imprudence les conseils de ceux qui lui faisoient entendre qu'il n'étoit point de son intérêt de faire part du gouvernement aux plus riches citoyens, refusa d'accorder aucune charge aux Pazzi qui étoient d'une famille la plus riche & la plus noble de l'Italie. Ce traitement les irrita, & leur fit chercher l'occasion de se venger. François plus sensible que les autres, s'étoit retiré à Rome où le Pape lui donnoit toutes sortes de marques d'amitié. Ce fut dans cette ville qu'il forma conjointement avec le Comte Jérôme & l'Archevêque de Pise, une conjuration pour faire périr les deux jeunes Medicis. Les conjurés se rendirent à Florence où ils mirent dans leur complot un grand nombre de personnes. Après avoir inutilement tenté d'attirer les deux freres hors de la ville, & les avoir invités à un festin pendant lequel ils devoient exécuter leur dessein criminel, ils prirent la résolution de les assassiner dans l'Eglise. Le coup pensa cependant manquer, parce que Julien ne s'étoit pas rendu à l'Eglise avec son frere. Les deux assassins l'allerent trouver dans son palais, & lui firent tant d'instances qu'ils l'emmenerent avec eux à l'Eglise. Ce fut dans cet endroit qu'ils le poignarderent,

Mort tragique de Julien de Medicis.

tandis que d'autres assassins attaquoient Laurent qui fut assez heureux pour avoir le temps de se deffendre & de se sauver dans le Sanctuaire. Les assassins de Laurent furent tués par les assistans, & leurs corps traînés dans tous les quartiers de la ville.

Cette exécution ne produisit pas l'effet que les conjurés en avoit attendu. L'Archevêque de Pise & Poggio l'un des conjurés, étant entré dans le palais de la seigneurie pour la mettre dans ses intérêts, furent pendus (22) aux

(22) Nicolas Machiavel. Joan. Michael. Brut. histor. Florent.

fenêtres & l'on tua une partie de ceux qui les accompagnoient. Cependant Laurent de Medicis s'étoit retiré chez lui, & toute la ville avoit pris les armes pour le deffendre. La fureur du peuple étoit si grande, qu'il insulta & maltraita tous les Pazzi, & que François assassin de Julien ayant été trouvé chez lui, fut pendu à côté de l'Archevêque & des autres complices. Jacques qui s'étoit sauvé fut arrêté par des Paysans & conduit à Florence, où il fut mis à mort quatre jours après. Les rues étoient pleines des membres de ceux qu'on avoit fait mourir; & que le peuple se plaisoit à déchirer en piéces. Ils déterrerent même le corps de Jacques de Pazzi, & après l'avoir traîné nud par toute la ville avec la corde qui avoit servi à le pendre; ils le jetterent dans l'Arno. Montesecco Géneral des troupes du Pape qui avoit été de la conjuration, eut la tête tranchée. Lorsque le calme fut rétabli dans la ville, on fit la pompe funébre de Julien de Medicis, & les citoyens donnerent de grandes marques de leur tristesse. La femme de Julien qui étoit restée enceinte, mit quelques mois après au monde, un fils qu'on appella Jules.

Duché de Toscane.

Florence délivrée des troubles domestiques, ne tarda pas à être attaquée par le Pape & le Roi de Naples. Ces deux puissances déclarerent qu'elles ne faisoient la guerre que pour délivrer les Florentins de la domination de Medicis. Le Pape se servit en même temps des armes spirituelles, & jetta l'interdit sur la ville (23). Laurent ayant assemblé le peuple, offrit de se sacrifier pour le salut de la ville; mais il eut soin d'insinuer que la raison dont les ennemis de Florence se servoient pour lui faire la guerre, n'étoit qu'un vain prétexte. On fut touché de son discours, & tous les citoyens lui promirent d'exposer leur vie pour deffendre la sienne; & en effet on établit une compagnie de gardes du corps, pour le mettre à l'abri des entreprises de ses ennemis. On fit ensuite tous les préparatifs nécessaires pour soutenir la guerre, & l'on demanda du secours aux Venitiens & au Duc de Milan, en vertu de la ligue qu'on avoit faite avec eux.

Le Pape & Roi de Naples attaquent les Florentins.

Cependant l'armée combinée du Pape & de Naples, étoit entrée dans le Quianti par les terres des Siennois qui s'étoient déclarés contre les Florentins. Elle s'empara de plusieurs châteaux, & fit de grands ravages dans tout le pays. Les ennemis qui ne trouvoient aucune résistance, s'avancerent vers Castelline dont ils firent le siége. Les Florentins n'avoient pas encore de troupes sur pied, & les secours qu'ils attendoient de leurs alliés n'étoient pas arrivés. Les Venitiens s'excusoient même sur ce qu'ils n'étoient obligés à fournir des troupes qu'à la République, & que dans le cas présent il ne s'agissoit que des intérêts d'un particulier. Thomas Soderini qui se rendit à Venise par ordre de la seigneurie, les fit changer de sentiment, & ils ne tarderent pas à envoyer les secours qu'on leur demandoit. Castelline qui n'avoit pu être secourue, fut obligée de se rendre après quarante jours de siége. Les ennemis marcherent ensuite du côté d'Arezzo, & attaquerent le mont de San-Sovino. L'armée Florentine étoit enfin assemblée, & elle s'étoit avancée du côté de l'ennemi. La position qu'elle avoit prise incommodoit si fort les ennemis qu'ils auroient été obligés de se retirer honteusement si on ne leur eût pas accordé une treve de quelques jours. Ils employerent ce

(23) Nicolas Machiavel & Michel Brutus, histoire de Florence.

temps-là à se remettre en meilleur état, & la treve étoit à peine expirée qu'ils se rendirent maîtres du château de San-Sovino. Telles furent les expéditions de cette campagne, après laquelle les troupes du Pape & celles du Roi de Naples, prirent leurs quartiers d'hyver dans le territoire de Sienne.

Les troubles arrivés à Milan & à Gênes, influerent sur les Florentins. Les Sforce & Saint-Severin chassés d'abord de Milan & ensuite de Gênes, entrerent au service du souverain Pontife & du Roi de Naples. On les envoya dans le territoire de Pise, où les ravages qu'ils firent causerent beaucoup d'inquietude aux Florentins. Sur ces entrefaites les Ambassadeurs de l'Empereur, du Roi de France & du Roi de Hongrie, qui alloient à Rome de la part de leurs maîtres, s'arrêterent à Florence. Ils conseillerent aux citoyens d'envoyer un Ambassadeur au Pape pour lui demander la paix, & ils promirent d'appuyer leur demande ; mais cette tentative fut inutile, & ils se virent dans la nécessité de continuer la guerre. Dans cette fâcheuse circonstance, ils firent une députation au Roi de France pour le prier d'employer sa médiation ou lui demander du secours. Les Florentins prirent à leur solde le Marquis de Mantoue, & obtinrent avec beaucoup de peine des Venitiens le Comte Charles fils de Braccio, & Deifebe fils du Comte Jacques Piccinino qui vinrent avec un grand nombre de troupes. Ce nouveau secours joint à celui que le Marquis de Ferrare amena, mit les Florentins en état de partager leur armée. Ils en firent marcher une partie du côté de Pise pour attaquer Saint-Severin qui étoit près du Serquio. Ce Général ne jugeant pas à propos d'attendre l'ennemi, se retira dans son camp de Lunigiane. Le Comte Charles profitant de la retraite de Saint-Severin, reprit toutes les places du Pisantin, & après ces conquêtes toutes les forces de la République de Florence se réunirent entre Colle & Saint Giminien.

On les partagea de nouveau en deux, & un corps sous les ordres du Comte Charles, alla du côté de Perouse, tandis que le reste de l'armée resta à Poggibonzi, afin d'empêcher les ennemis de pénétrer dans le Florentin. On se flattoit aussi que cette manœuvre obligeroit le Pape à faire marcher une partie de ses troupes du côté de Perouse. Le Comte Charles y remporta des avantages considérables ; mais les Florentins eurent le malheur de le perdre au milieu de ses victoires. Sa mort sembla relever le courage des ennemis, & ils s'avancerent dans l'esperance de battre les Florentins. Robert Rimini qui commandoit alors depuis la mort du Comte Charles, accepta le combat & défit entierement les troupes du Pape. Cette bataille se donna près du Lac nommé *Lago-di-Perugia*, autrefois le Lac Thrasymene où Annibal vainquit Titus Flaminius Consul Romain.

La nouvelle de cette victoire causa une grande joye à Florence, & on en auroit pu tirer un grand avantage, si la division arrivée entre le Marquis de Ferrare & de Mantoue au sujet du butin fait sur les Siennois, n'eût obligé la République à consentir à la retraite du premier. L'armée se trouvant alors sans Chefs & mal disciplinée, n'osa résister à la premiere attaque des troupes Napolitaines, & prit honteusement la fuite ; de sorte que ce fut plutôt une déroute qu'un combat. Les ennemis firent un grand butin ; car les Florentins avoient abandonné leurs munitions, leurs chariots & leur artillerie. Florence étoit alors affligée de la peste, & la plûpart des habitans s'étoient retirés dans la campagne; mais le bruit qui se répandit de la défaite des troupes Florentines, leur inspira tant de terreur, qu'ils rentrerent promptement dans la ville comme dans un asyle assuré.

Les Magistrats qui étoient chargés du soin de la guerre, ordonnerent à l'armée qui étoit auprès de Perouse de s'approcher de Florence, afin d'empêcher l'ennemi de profiter de sa victoire, & de donner le temps à la République de rassembler un nouveau corps de troupes. Les ennemis qui étoient à Perouse se voyant délivrés de la présence des Florentins, firent des courses dans le pays d'Arezzo & dans celui de Cortone : ils s'emparerent même de quelques châteaux. Ils trouverent une grande résistance de la part de la garnison de Colle, qui soutint leurs efforts assez long-temps pour mettre la République en état de marcher à son secours. Mais comme elle manquoit de vivres, & que l'armée ne se trouvoit pas assez forte pour livrer combat au Duc de Calabre, elle fut contrainte de capituler.

La rigueur de la saison ou d'autres motifs, porterent le Pape à proposer une treve de trois mois, qui fut acceptée avec joye des Florentins. Ce fut pendant cette espéce de tranquillité, qu'ils ressentirent tous les maux que cette guerre leur avoit causés. Chacun rejetta les fautes qu'on avoit faites sur les autres; on se plaignit des impôts excessifs dont le peuple étoit accablé, & des dépenses faites mal à propos : enfin tout le monde desiroit la paix. Laurent de Medicis après avoir pris conseil de ses amis, se détermina à traiter avec le Roi de Naples plutôt qu'avec le Pape. La seigneurie lui donna le titre d'Ambassadeur du peuple Florentin, & plein pouvoir d'agir comme il le jugeroit à propos pour le bien de l'Etat.

Pendant que Medicis étoit en chemin pour se rendre à Naples, Louis Fregose surprit Serezane dans le temps que la treve subsistoit encore, & fit prisonniers les Florentins qui deffendoient la place. On s'en plaignit au Duc de Calabre; mais ce Prince assura que cette action ne s'étoit point faite de son consentement ni de celui de son pere. Medicis étant arrivé à Naples, y fut reçu avec tous les honneurs possibles, & le Roi fut si charmé de son esprit, de sa prudence & de sa grandeur d'ame, qu'il résolut d'en faire un ami. Il le garda auprès de lui le plus long-temps qu'il put, soit pour chercher à le connoître plus à fond, soit aussi pour voir si pendant son absence il ne surviendroit point des troubles dont il pourroit profiter. En effet ses ennemis voulurent faire quelques mouvemens qui n'eurent aucune suite, & la ville resta tranquille.

Medicis ayant obtenu son audience de congé, partit de Naples le 6 de mars comblé de bienfaits, & assuré de l'amitié & de la protection du Roi. Son retour fut une espece de triomphe, & tout le monde s'empressa à lui témoigner la joye que sa présence leur causoit. Le crédit & l'autorité de Laurent augmenterent encore par le service qu'il venoit de rendre à sa patrie. On publia deux jours après un traité entre la République & le Roi de Naples, par lequel chacune de ces deux Puissances, s'obligeoit à la conservation mutuelle de leurs Etats; on étoit aussi convenu que l'on remettroit à la volonté du Roi, la restitution des places qu'il avoit prises sur les Florentins; que les Pazzi qui étoient en prison à Volterra seroient délivrés; & qu'on

Duché de Toscane.

1479.
Traité entre la République & le Roi de Naples.

payeroit pendant un temps une certaine somme au Duc de Calabre.

DUCHÉ DE TOSCANE.

Le Pape & les Venitiens étoient fort mécontens de la conduite du Roi de Naples, & sur-tout les derniers qui se plaignoient qu'ils n'avoient pas été compris dans le traité. La République craignit alors que cette paix ne lui attirât une guerre plus confidérable que la premiere. Comme le peuple vouloit faire à ce sujet quelque changement dans le gouvernement, les Magistrats formerent un conseil de soixante-dix citoyens à qui on donna toute l'autorité dans les grandes affaires. Ce conseil ratifia le traité que Medicis avoit fait avec le Roi de Naples, & nomma des Ambassadeurs pour envoyer au Pape & au Roi. Malgré ce traité le Duc de Calabre restoit avec son armée dans le Siennois. La mésintelligence des habitans étoit le prétexte dont il se servoit pour differer son départ. On craignit à Florence qu'il ne se rendît souverain de cette République; mais on n'étoit pas en état de le forcer à décamper. Une descente que les Turcs firent dans la terre d'Otrante, l'obligerent à quitter promptement la Toscane pour marcher au secours de ses propres Etats (24). Sa retraite causa une grande joye aux Florentins & aux Siennois qui se voyoient délivrés du danger éminent de perdre leur liberté.

Le Pape accorde la paix aux Florentins.

Le Pape, qui jusqu'alors n'avoit voulu écouter aucunes propositions de paix, changea de conduite, & fit sçavoir aux Florentins *que s'ils vouloient demander pardon on leur accorderoit* (25). Douze Ambassadeurs furent chargés d'aller à Rome pour y négocier un accommodement, & donner au Pape la satisfaction qu'il exigeoit. Ils ne trouverent pas d'abord les choses aussi faciles qu'on leur avoit fait esperer, & ce ne fut qu'avec beaucoup de peine qu'ils purent avoir audience. Enfin le Pape consentit à les écouter, & après leur avoir parlé avec hauteur & leur avoir fait plusieurs menaces, il convint de leur accorder la paix. Il ajouta aux conditions de ce traité, que les Florentins entretiendroient à leurs dépens quinze galeres, tant que l'armée Ottomane seroit en Italie. Cette derniere condition paroissoit bien dure; mais rien ne fut capable d'adoucir l'esprit du Pape. Le nouvel Ambassadeur que la seigneurie envoya au Pontife pour ratifier le traité, trouva moyen de gagner les bonnes graces du Pape, & l'engagea à se relâcher sur plusieurs articles.

Ce fut alors que les Florentins se virent entièrement débarrassés des ennemis du dehors, & qu'ils n'eurent plus rien à redouter ni de la part du Pape ni de celle du Roi de Naples. Ce Prince occupé à se deffendre contre les Turcs, n'osa plus differer l'évacuation des places qu'il avoit promis de rendre par le traité de paix, dans la crainte que les Florentins ne rompissent avec lui. L'exécution de ce traité rendit à Laurent de Medicis la réputation qu'il s'étoit acquise auparavant, & que les délais affectés du Roi de Naples à remplir ses engagemens, lui avoient fait perdre. On l'avoit hautement accusé d'avoir vendu sa patrie, & d'être d'intelligence avec le Roi de Naples; mais lorsque toutes les places furent restituées, on loua beaucoup sa prudence, & on le regarda comme le Sauveur de la patrie.

Nouvelle guerre entre le Pape & les Florentins.

La paix qui venoit d'être faite dans cette partie de l'Italie, fut rompue aussi-tôt que les Turcs eurent abandonné l'Italie. Le Pape & les Venitiens firent ensemble une ligue à laquelle se joignirent les Génois, les Siennois

(24) Voyez ci-devant l'hist. de Naples pag. 195 & suiv. (25) Nicolas Machiavel.

&

& quelques autres petits Princes de l'Italie. Les Florentins, le Duc de Milan, le Roi de Naples & les Bolonois en firent en même-temps une autre de leur côté. Ces differentes ligues annonçoient une guerre prochaine, & en effet elle commença de la part des Venitiéns qui vouloient se rendre maîtres de Ferrare. Le motif de cette guerre étoit le refus que faisoit le Marquis de Ferrare, de recevoir un Vidame & du sel de la part des Venitiens. Ces préparatifs de guerre engagerent la ligue opposée à prendre ses précautions afin de n'être point prévenuë. Le Roi de Naples & les Florentins firent marcher leurs troupes du côté de Rome, afin d'empêcher le Pape de donner du secours aux Venitiens. Alphonse Duc de Calabre, auquel s'étoient joints les Colonnes, ravagea tout le territoire de Rome, tandis que les Florentins s'emparerent de la ville de Castello, d'où ils chasserent Laurent qui la tenoit au nom du Pape. Les Romains irrités de voir leurs terres en proye aux ennemis, sortirent en ordre de bataille sous la conduite du Seigneur de Rimini, & attaquerent le Duc de Calabre. Ce Prince se deffendit avec toute la valeur possible; mais enfin il fut obligé de céder & de prendre la fuite. Le Seigneur de Rimini étant mort quelques jours après sa victoire, le Comte Jérôme chargé du commandement des troupes du Pape, eut ordre de marcher vers Castello & Rimini, dont il ne put s'emparer. Cependant les Venitiéns faisoient la guerre avec succès, & les affaires du Marquis de Ferrare étoient en mauvais état.

Le Roi de Naples & les Florentins n'esperant plus réduire le Pape par la force des armes, le menacerent d'un Concile que l'Empereur avoit déja convoqué à Bâle. Ces menaces engagerent le Pape à entrer dans la ligue que le Roi de Naples & les Florentins avoient faite ensemble. Il consideroit d'ailleurs que la trop grande puissance des Venitiens pourroit être nuisible à l'Eglise & à l'Italie; c'est ce qui le détermina à donner ordre aux Venitiens de cesser la guerre contre le Marquis de Ferrare. Ils n'eurent aucun égard aux ordres du Pape, & ils continuerent la guerre avec tant d'avantage qu'ils se virent presque maîtres du Ferrarois. Les confédérés résolurent alors de lui envoyer du secours. Les succès des alliés furent si considérables que les Venitiens auroient été en danger de perdre tout ce qu'ils possedoient en Lombardie, si la mésintelligence ne se fût pas mise entre les Chefs de l'armée. Les Venitiens profiterent de cette désunion, & persuadés qu'ils regagneroient par la paix ce qu'ils avoient perdu pendant la guerre, ils firent un traité secret avec Louis Sforce. Les alliés se voyant abandonnés par ce Prince, n'eurent d'autre parti à prendre que celui de se contenter de cette paix, d'autant plus que la guerre leur occasionnoit des dépenses considerables, & qu'ils ne pouvoient en tirer aucun avantage.

1484.

La paix n'étoit cependant pas retablie en Toscane. Les Florentins qui avoient des troupes dans les environs de Serezane, incommoderent les habitans de cette ville par des fréquentes incursions. Augustin Fregose, noble Genois, qui s'étoit emparé de cette place, ne croyant pas pouvoir la deffendre contre les Florentins, la donna à Saint George. (26). Cet espece de

---

(26) C'est le nom qui fut donné à un corps de Citoyens de Gênes, qui avoient prêté de l'argent à l'Etat pendant la guerre, & à qui la République donna en payement l'entrée de la douane.

DUCHE' DE TOSCANE.

gouvernement mit une flotte en mer, & envoya des troupes à Pietra Santa, afin d'empêcher les habitans de cette place de favoriser les Florentins. Ceux-ci qui n'avoient aucune raison pour l'assieger, & qui cependant ne pouvoient se rendre maîtres de Serezane, sans être en possession de Pietra Santa, en chercherent l'occasion. Ils firent passer de ce côté-là un convoi foiblement escorté, afin d'exciter les habitans de cette ville à l'attaquer. Ce projet réussit comme on s'y étoit attendu, & la garnison s'empara du convoi. Ces hostilités justifiant la conduite des Florentins, ils abandonnerent Serezane & allerent mettre le siége devant Pietra Santa. La garnison qui étoit considérable se deffendit avec tant de valeur, que les assiegeans qui s'étoient éloignés de la place, songeoient à entrer en quartier d'hyver. Les Magistrats de Florence ne pouvant supporter une telle lâcheté, envoyerent de nouveaux Commissaires pour obliger l'armée à retourner au siege. Antoine Pucci, un de ces Commissaires, sçut menager les esprits avec tant d'adresse, qu'il ranima leur courage & leur fit faire des actions héroïques. L'ardeur qu'ils témoignerent alors inspira tant de terreur aux assiegés, qu'ils commencerent à faire des propositions. Sur ces entrefaites Medicis se rendit au camp, & quelques jours après la place se rendit.

Le Commandant de la flotte Genoise n'étoit pas resté dans l'inaction, & après avoir brûlé le château de Vada, il avoit fait des courses dans le pays; mais les troupes Florentines qui s'étoient avancées de ce côté-là, l'avoient obligé de se retirer. Il ne fut pas plus heureux devant Livourne, qu'il battit inutilement pendant plusieurs jours avec son artillerie. Tout l'hyver se passa en négociations qui furent sans effet, & les hostilités auroient recommencé au printems suivant, sans la maladie de Laurent de Medicis & la guerre qui survint entre Innocent VIII. successeur de Sixte IV. & le Roi de Naples. Les Florentins alliés de ce Prince ne l'abandonnerent pas en cette occasion, & envoyerent leurs troupes du côté de Rome sous la conduite du Comte de Pitigliane. (26). Cette guerre dont on a fait mention dans l'histoire de Naples, fut terminée en 1486.

Le zéle avec lequel les Florentins avoient secouru le Roi de Naples, leur attira l'estime du Pape qui voyoit combien on pouvoit compter sur de tels alliés. Ces reflexions lui firent rechercher leur amitié, & sur-tout celle de Laurent de Medicis: dont il demanda une des filles en mariage pour François son fils. En conséquence de cette alliance, il voulut engager les Génois à céder Serezane aux Florentins; mais tous ses efforts furent inutiles. Les Génois au contraire, attaquerent le château de Serezanello, qui est au-dessus de Serezane. Les Florentins surpris, assemblerent promptement leurs troupes à Pise, & demanderent inutilement du secours à tous leurs alliés. Ils ne perdirent pas pour cela courage, & résolurent de soutenir seuls la guerre; puisqu'ils ne pouvoient recevoir du secours de ceux de qui ils auroient dû en attendre. Ils marcherent du côté de Serezanello, & attaquerent les Génois avec tant de valeur qu'ils resterent maîtres du champ de bataille. On fit ensuite le siége de Serezane, que la bravoure des assiégés fit traîner en lon-

(26) J'ai oublié d'observer jusqu'à present que les Florentins avoient coutume de donner le commandement de leur armée à quelques Seigneurs étrangers, qu'ils prenoient à leur service.

gueur. L'arrivée de Laurent de Medicis fit changer les choses de face, & la ville consentit alors à se rendre à discrétion. On traita les habitans avec douceur, à la réserve de quelques rebelles qui furent punis. Les Genois ne firent aucune tentative pour la reprendre, & la paix parut rétablie entre les deux Républiques.

Duché de Toscane.

Laurent de Médicis employa ce temps de repos à élever sa famille par les alliances qu'il fit. Il maria Pierre de Medicis son fils ainé à Alphonsine fille du Chevalier des Ursins, & il obtint le chapeau de Cardinal pour Jean de Medicis son second fils, qui n'avoit encore que treize ans. Il en avoit un troisieme qui étoit trop jeune pour qu'il songeât à son établissement. L'aînée de ses filles épousa Jacques Salviati, la seconde fut mariée à François fils du Pape comme on l'a vu plus haut, il donna la troisieme à Pierre Ridolfi, & la quatrieme à Jean de Medicis. Les pertes considerables qu'il fit dans le commerce (27), le mirent dans le cas d'avoir besoin d'être aidé du public, dont il reçut de grosses sommes. Il abandonna alors la marchandise, & acheta de belles terres dans le Pratese, le Pisantin & dans le Val de Pise. Il y fit bâtir des édifices si magnifiques, qu'ils ressembloient plutôt à des palais qu'à des maisons de particuliers.

Occupation de Laurent de Medicis pendant la paix.

La ville de Florence attira en même-temps toute l'attention de ce zélé citoyen. Il la rendit plus belle & plus grande qu'elle n'étoit, en faisant construire de nouveaux bâtimens dans les endroits qui n'avoient point été occupés jusqu'alors. Il songea aussi à la sûreté de la ville, & pour la mettre en état de deffense, il fit fortifier le château de Firenzuole au milieu de l'Apenin du côté de Bologne; il rétablit celui de Poggio Imperiale du côté de Sienne. Continuellement occupé de tout ce qui pouvoit être avantageux à sa patrie, il voulut encore y faire regner la joye & les plaisirs. Les fêtes, les spectacles, les tournois furent les amusemens qu'il procura souvent à ses citoyens. Ami des sciences & des arts, il protegea ceux qui les cultivoient: tels furent entr'autres Agnols de Montepulciano, Christophe Landini & Demetrio Græco. Le Comte de la Mirandole, cet homme si célebre, après avoir parcouru toutes les differentes parties de l'Europe, fixa son séjour à Florence, que Laurent de Medicis avoit rendu si florissante. L'architecture, la musique, la poësie faisoient les délices de Laurent, & il avoit composé plusieurs ouvrages en vers. Curieux d'encourager la jeunesse de Florence à s'appliquer aux belles-lettres, il forma à Pise une Université, où il attira tous les plus grands hommes qui fussent alors en Italie. Le zéle qu'il montroit pour sa patrie, excita la jalousie de quelques citoyens jaloux de son merite, & leur fit concevoir le projet de l'assassiner. Il évita heureusement les embûches qu'on lui dressa, & ces scélerats subirent la peine que meritoient leurs criminelles intentions.

Ses grandes qualités lui attirerent l'admiration de tous les Princes d'Italie & des pays éloignés. Matthias Roi de Hongrie lui donna souvent des preuves de l'amitié qu'il avoit conçue pour lui; le Sultan d'Egypte le fit visiter par ses Ambassadeurs, & le Grand Seigneur lui remit entre les mains un de ceux qui avoient assassiné son frere Julien. Ce citoyen couvert de gloire

_____

(27) On sçait que les Medicis étoient négocians; mais ils avoient cela de commun avec les premieres familles de Florence.

DUCHÉ DE TOSCANE.

Mort de Laurent de Medicis.

mourut au mois d'avril de l'an 1492. On ne témoigna pas moins de douleur à sa mort qu'on avoit fait à celle de Côme de Medicis, & sa mémoire fut toujours en vénération dans toute l'Italie. Les Souverains même envoyerent leurs Ambassadeurs à Florence pour témoigner le chagrin que leur causoit la mort de ce grand homme (28).

1492.

Pierre II. de Medicis succede à son pere.

Florence étoit privée de son plus ferme appui par la perte qu'elle venoit de faire. Elle lui fut d'autant plus sensible qu'elle ne trouva pas dans Pierre de Medicis les mêmes qualités & les mêmes talens qu'elle avoit eu si souvent lieu d'admirer dans son pere, & dont elle avoit tiré de si grands avantages. Loin de suivre la route que Laurent lui avoit tracée, & de consulter le conseil qui étoit chargé des affaires importantes, il se laissa entierement conduire par les avis dangereux de Virgile des Ursins qui étoit livré à la Cour de Naples. Les liaisons secretes qu'il lui fit faire avec le Roi, furent enfin découvertes, & causerent de grandes inquietudes à Ludovic Sforce, Regent du Milanois. Ce Prince par une idée singuliere avoit engagé tous ses alliés à envoyer en même-temps à Rome tous leurs Ambassadeurs, afin qu'ils pussent y faire ensemble leur entrée dans le même jour. Ils devoient en conséquence avoir audience d'Alexandre VI. en commun, & il étoit convenu qu'un d'entr'eux porteroit la parole au nom de tous. Le but de cette démarche extraordinaire étoit de faire voir au Pape & aux Princes d'Italie qu'ils étoient tellement unis ensemble, qu'ils sembloient ne faire qu'un Prince & qu'un Etat.

Pierre de Medicis qui avoit été nommé pour cette ambassade, applaudit en public le dessein de Sforce; mais il ne put interieurement approuver un projet qui blessoit si fort sa vanité. Il s'étoit flatté de briller en cette occasion & de faire son entrée à Rome avec toute la magnificence possible. Uniquement occupé de ces idées, il engagea le Roi de Naples à faire en sorte que cet arrangement n'eût pas lieu. Ferdinand fit ce qu'il desiroit, mais en même-temps il déclara à Ludovic Sforce les raisons qui le faisoient agir. Ce Prince ne put s'empêcher de marquer son mécontentement, & de soupçonner que le Roi de Naples & Medicis formoient quelqu'entreprise contre lui. Dans la crainte que le Roi de Naples ne voulut prendre les intérêts de Jean Galeas, légitime souverain du duché de Milan, il chercha à lui susciter des ennemis, & engagea pour cet effet Charles VIII. Roi de France à faire la conquête du royaume de Naples (29). Ainsi fut rompue cette ligue qui avoit tenu jusqu'alors les affaires d'Italie dans un juste equilibre.

1494.

Les Florentins étoient naturellement portés à prendre les intérêts de la France, mais Pierre de Medicis les força à rester unis avec Alphonse II. qui venoit de succéder à Ferdinand son pere. Le titre de Souverain qu'il ambitionnoit (30), lui fit regarder l'alliance du Roi de Naples comme l'unique moyen d'exécuter ce projet. Il devoit cependant être content de la puissance dont il jouissoit; puisque l'élection des Magistrats dépendoit entierement de lui, & que les affaires importantes ne se regloient que par sa volonté.

(28) Telle est l'éloge que nous en fait Nicolas Machiavel.
(29) On a parlé de cette guerre dans l'histoire de Naples & de France.
(30) François Guichardin.

Ce fut dans ces circonstances que Laurent & Jean de Medicis (31) formerent conjointement avec Ludovic Sforce, une conspiration contre lui pour le dépouiller de son autorité. Ce complot fut découvert, & les coupables furent seulement exilés dans leurs terres, parce que les Florentins ne voulurent pas faire subir la rigueur des loix à ceux qui étoient du sang de Medicis.

Cependant Charles étoit entré en Italie, & on avoit résolu dans son conseil qu'il prendroit sa route par la Toscane pour se rendre dans le royaume de Naples. Cette nouvelle jetta la consternation dans la ville de Florence où l'on murmuroit hautement contre Pierre de Medicis, qu'on regardoit comme l'auteur des maux dont on étoit menacé. Les Nobles qui voyoient avec peine qu'une seule famille se fut approprié tout le pouvoir dans la République, cherchoient à animer le peuple, & peu s'en fallut qu'il n'y eût un soulevement général. Les manieres dures & hautaines de Pierre de Medicis avoient d'ailleurs aigri tous les esprits. Ce citoyen reconnoissant trop tard la faute qu'il avoit faite en refusant de prendre les intérêts de la France, résolut de la réparer par sa soumission. Il se rendit au camp de Charles & convint de remettre entre les mains de ce Monarque Serezane, Serezanello & Pietra Santa, qui étoient les clefs de l'Etat de Florence de ce côté-là; il promit aussi de lui livrer les villes de Pise & de Livourne. Le Roi s'engagea par écrit à rendre toutes ces places après la conquête du royaume de Naples. Il exigea encore que Medicis lui fit prêter deux cens mille ducats par les Florentins, à ces conditions il assura Pierre de Medicis de son amitié & de sa protection.

Les Florentins n'eurent pas plutôt appris la conclusion de ce traité, qu'ils furent indignés contre Medicis qui avoit osé sans l'aveu de la République livrer une partie de son domaine. On envoya plusieurs Ambassadeurs au Roi pour se plaindre du traité que Medicis avoit fait avec lui; & pour lui faire connoître qu'un particulier n'avoit pas le droit de disposer du bien de l'Etat. Pierre de Medicis s'apperçut aisément que la ville étoit sur le point de se révolter: ce qui le détermina à se rendre promptement à Florence, pour y prévenir les troubles, ou mettre ordre à ses affaires avant qu'ils arrivassent. Il n'étoit déja plus temps: les Magistrats l'avoient déclaré rebelle, ses partisans étoient entierement refroidis, & le peuple s'étoit soulevé. Il voulut le lendemain de son arrivée entrer dans le palais de la seigneurie; mais on refusa de l'y recevoir: le peuple même prit les armes, & Pierre ne trouvant plus de sûreté dans la ville, en sortit précipitamment. Il se retira à Bologne suivi de Jean Cardinal & de Julien ses freres, qu'on avoit aussi déclarés rebelles. C'est ainsi que la temerité d'un jeune homme fit perdre à la maison de Medicis, un pouvoir qu'elle avoit exercé dans sa patrie pendant soixante-dix ans de suite.

Charles étoit alors à Pise, & les habitans de cette ville profitant du séjour du Roi, le supplierent de les délivrer du joug des Florentins. La réponse du Roi ayant été favorable, ils prirent aussi-tôt les armes, renverserent les armoiries de la République de Florence, & les ôterent des places publiques.

DUCHÉ DE TOSCANE.

Pierre de Medicis est obligé de sortir de Florence.

Révolte des Pisans contre les Florentins.

(31) Ces deux jeunes gens descendoient de Laurent de Medicis frere de Côme, bisaïeul de Pierre, & ils étoient parens de ce dernier; du troisieme au quatrieme degré. C'est de ce Jean que sont descendus les grands Ducs de Toscane.

Le Roi cependant voulut que les Officiers Florentins restassent à Pise, & qu'ils y exerçassent leur jurisdiction. Il remit en même temps la vieille citadelle entre les mains des Pisans, & conserva la neuve qui étoit un poste plus important.

Sur ces entrefaites Charles prit la route de Florence, où il devoit être reçu suivant le traité. Les citoyens étoient encore sous les armes, & le Roi crut devoir les intimider par le nombre de ses troupes. Il s'arrêta donc à Signa qui est à sept mille de Florence, pour donner le temps à d'Aubigni de le venir joindre avec un corps de troupes. On soupçonna alors que le Roi avoit formé le dessein de s'emparer de la souveraineté de Florence, & il y étoit d'ailleurs excité par quelques courtisans. Plusieurs cependant étoient d'avis qu'on rétablit Pierre de Medicis, & le Roi même lui écrivit à ce sujet. Ce citoyen n'étoit plus alors à Bologne, n'ayant pu supporter les reproches de Bentivoglio, & il étoit allé chercher un asyle à Venise. Les Florentins voyant qu'ils ne pouvoient refuser l'entrée de leur ville au Roi de France, prirent toutes leurs précautions pour n'être point surpris, & remplirent secrètement toutes leurs maisons d'hommes armés. On étoit convenu outre cela que le son de la grosse cloche du palais serviroit de signal en cas de besoin.

Le Roi fit son entrée dans la ville à la tête de ses troupes, étant armé de toutes pieces & monté sur un cheval bardé. Après cette cérémonie on entra en négociation, & Charles demanda le rappel de Medicis & les sommes qu'on lui avoit promises. Il voulut aussi exiger la souveraineté de Florence, mais il ne persista pas sur cette demande, & il établit seulement certains Ministres pour y rendre la justice en son nom. Les Florentins ne consentoient à aucunes demandes du Monarque, cependant ni les uns ni les autres se pressoient de terminer leurs differens par les armes, quoiqu'il y eût déja eu plusieurs émeutes. Le Roi étoit d'ailleurs informé que les Florentins étoient convenus de prendre les armes au premier son de la cloche. Le dessein que le Roi avoit eu de rétablir Pierre de Medicis, ne put avoir son exécution par l'irrésolution de ce citoyen, qui se laissa séduire par le conseil des Venitiens.

Les conférences qui se tenoient tous les jours n'avoient encore eu aucun succès, & elles ne servoient au contraire qu'à aigrir davantage les esprits, parce que le Roi ne vouloit se relâcher sur aucune des propositions qu'il avoit faites. Tout annonçoit une guerre ouverte, & peut-être même la ruine de Florence, lorsque la fermeté d'un citoyen sauva la patrie. Pierre Capponi, homme d'esprit & de courage, & l'un des quatre Députés de Florence, entendant la lecture des conditions que Charles proposoit de nouveau, déchira le papier où elles étoient écrites, & élevant la voix, il dit; *faites battre le tambour, & nous sonnerons nos cloches ; voilà ma réponse à de pareilles propositions* (32). Ce discours surprit d'autant plus le Roi, qu'il fut persuadé que Capponi n'auroit osé avancer de telles paroles, s'il n'eût été sûr d'être soutenu. Charles devenu plus traitable par ces reflexions, fit des propositions plus moderées. Les principaux articles du traité furent;

(32) François Guichardin.

» Que la ville de Florence seroit amie, confédérée & sous la protection de
» la couronne de France : Que les villes de Pise, de Livourne & leurs cita-
» delles demeureroient entre les mains du Roi, qui s'obligeroit de les ren-
» dre aux Florentins sans rien exiger d'eux, aussi-tôt après l'expédition de
» Naples : Que cette entreprise seroit censée finie dès que Charles auroit con-
» quis la capitale de ce royaume, ou qu'il auroit conclu un traité de paix,
» ou une treve de deux ans, & même dès le moment qu'il sortiroit d'Italie
» pour quelque raison que ce pût être : Que les Gouverneurs de ces places
» s'engageroient par serment de les rendre dans les cas mentionnés : Que
» cependant le domaine, la jurisdiction, l'administration & les revenus de
» ces villes appartiendroient aux Florentins comme auparavant : Que les
» mêmes conditions seroient suivies à l'égard de Pietra Santa, de Serezane
» & de Serezanello : Qu'attendu que les Genois avoient des prétentions sur
» ces trois dernieres places, le Roi pourroit faire terminer le différend, ou
» par un accommodement ou par discussion ; mais que si cela n'étoit pas
» fait dans le temps marqué, il les rendroit néanmoins aux Florentins :
» Qu'il seroit libre au Roi de laisser à Florence deux Ministres, sans l'in-
» tervention desquels on ne pourroit y rien résoudre qui eût rapport à l'af-
» faire de Naples tant qu'elle dureroit : Que pendant le même-temps les
» Florentins ne pourroient nommer le Capitaine Général de leurs troupes
» sans la participation du Roi : Que toutes les autres places qu'on leur avoit
» enlevées ou qui s'étoient révoltées contr'eux, leur seroient incessamment
» rendues, & qu'ils pourroient y rentrer à main armée dans le cas où on
» refuseroit de les y recevoir : Qu'ils fourniroient au Roi pour son entre-
» prise cent vingt mille ducats ; sçavoir cinquante mille, quinze jours
» après la signature du traité, quarante mille dans le mois de mars
» (33) suivant, & trente mille dans celui de juin : Qu'il y auroit une am-
» nistie générale pour les Pisans : Que le decret d'exil prononcé contre
» Pierre de Medicis & ses freres, seroit revoqué ainsi que la confiscation
» de leurs biens ; mais que le premier ne pourroit approcher des frontieres
» de l'Etat de Florence plus près de cent milles, au moyen de quoi on lui
» ôtoit la liberté de demeurer à Rome. «

Deux jours après la publication de ce traité, le Roi partit de Florence &
se rendit à Sienne, d'où il prit le chemin de Rome. Je ne suivrai point le
Roi dans le cours de cette expédition. J'en ai fait mention dans l'histoire
de France & dans celle de Naples.

Charles étoit à peine sorti des terres de la République de Florence, que
les Pisans chasserent de leur ville tous les Officiers Florentins, & ils en mirent
même quelques-uns en prison après s'être emparés de leurs effets. Un des
articles du traité que le Roi avoit fait avec la République de Florence,
avoit occasionné cette révolte. » Il y étoit dit que Pise demeureroit entre
» les mains du Roi de France jusqu'à la conquête du royaume de Naples,
» & que cependant la jurisdiction & les revenus de cette ville, appartien-
» droient aux Florentins. « Le Roi n'avoit pas eu soin en partant de don-

DUCHE' DE TOSCANE.

Révolte des Pisans.

1495.

---

(33) Charles VIII. avoit fait son entrée à Florence le 17 de novembre, & ce même jour Jean Pic de la Mirandole, cet hom- | me si sçavant, étoit mort dans cette ville à l'âge de trente-un ans.

ner ses ordres pour faire exécuter cet article ; & c'est ce qui donna occasion aux Pisans de secouer le joug de Florence. Trop foibles pour soutenir seuls une si grande entreprise, ils engagerent dans leur parti les villes de Lucques & de Sienne naturellement ennemies de la République de Florence. Ils tenterent inutilement d'intéresser les Venitiens dans leur querelle ; mais ils furent plus heureux du côté du Duc de Milan qui engagea les Genois à leur donner du secours. Les villes du territoire de Pise suivirent l'exemple de la capitale, & bien-tôt tout le pays fut soustrait à la domination des Florentins. Ceux-ci qui s'étoient flattés que le Roi de France arrangeroit cette affaire, negligerent d'abord de travailler à soumettre les Pisans. Lorsqu'ils se furent apperçus que le Roi n'y faisoit aucune attention, ils songerent à arrêter les progrès des Rebelles, & à les faire rentrer promptement dans le devoir. Ils ne tarderent pas à reprendre plusieurs places, mais ils attaquerent en vain Cassina, Buti & Vico-Pisano.

{{Duché de Toscane.}}

Cependant les Florentins & les Pisans prirent Charles VIII. pour l'arbitre de leur differend. Ce Monarque voulut que les Ambassadeurs des deux partis se rendissent à Rome, où il devoit juger cette affaire. Charles après avoir écouté les plaintes des uns & des autres, proposa à ces deux peuples de rester tranquilles pendant qu'il seroit occupé à la guerre de Naples : il s'offrit en même-temps à être le sequestre du territoire de Pise, promettant aux Florentins de faire exécuter le traité aussi-tôt qu'il se seroit mis en possession du royaume de Naples. Les Florentins peu satisfaits des réponses du Roi, le presserent de prononcer son jugement. Charles feignant de se rendre à leurs instances, envoya à Pise le Cardinal de St Malo. Ce Prélat de retour à Florence, déclara qu'il n'avoit pu rien gagner sur les Pisans, & que n'ayant point reçu d'ordres de les contraindre par la force, il avoit été obligé de se retirer. Les forces des rebelles augmentoient considérablement tous les jours, & le Duc de Milan qui fomentoit ces troubles, leur donna pour Chef Luce Malvezzi qui se rendit à Pise avec de nouvelles troupes.

{{Indécision des Florentins sur la forme de leur gouvernement.}}

Cependant on étoit occupé à Florence à mettre ordre au gouvernement de la République. Le peuple assemblé en Parlement convint d'une espece d'administration, qui sous le nom de gouvernement populaire, tendoit plutôt à rendre un petit nombre de personnes dépositaires de l'autorité, que la communiquer à tout le peuple (34). Un grand nombre de citoyens qui avoient espéré avoir part à l'administration de la République, ne purent supporter un tel gouvernement, & il fallut mettre l'affaire de nouveau en délibération. Les uns étoient d'avis qu'on établît un gouvernement Démocratique, & les autres étoient pour l'Aristocratique. Ce dernier avis l'auroit emporté si Jerôme Savonarole de Ferrare de l'Ordre des Freres Prêcheurs, & qui se faisoit passer pour un homme inspiré de Dieu, n'eût fait pencher les Esprits pour la Démocratie. Il fut donc reglé qu'on établiroit un conseil géneral de tous les Florentins, à l'exclusion néanmoins de la populace. Ce conseil ne devoit avoir d'autres fonctions que celles d'élire tous les Magistrats, & d'approuver les loix faites dans les conseils particuliers.

(34) François Guichardin.

Charles étoit venu à bout de son entreprise, & le royaume de Naples étoit passé sous ses loix. Sa trop grande puissance avoit excité la jalousie des Princes d'Italie. Le Pape, l'Empereur, les Rois d'Espagne, les Venitiens & le Duc de Milan, s'étoient ligués contre lui. Charles avoit déja résolu de repasser en France; mais il vouloit auparavant se mettre en possession de la ville de Pise. Il envoya pour cet effet un nouveau corps de troupes pour augmenter la garnison de la citadelle. Ces troupes se joignirent aux Pisans qui faisoient le siége de Librafatta tandis que les Florentins étoient occupés à celui de Montepulciano. Les Pisans soutenus par les François, s'emparerent de Librafatta qui n'avoit pu être secourue. Après la prise de cette place, les François firent des courses dans tout le territoire de Pise comme s'ils eussent été en pays ennemi. Les Florentins porterent leurs plaintes au Roi; qui promit de leur donner satisfaction lorsqu'il seroit de retour en Toscane.

Les confédérés s'opposoient au passage de ce Prince autant qu'il leur étoit possible, ce qui l'obligea à précipiter sa marche. Lorsqu'il se fut rendu à Pise, les Ambassadeurs de Florence le supplierent de mettre en exécution les articles du traité. D'un autre côté les Pisans lui faisoient toutes les instances possibles pour leur conserver la liberté. Le Roi incertain sur le parti qu'il devoit prendre, promit de terminer cette affaire lorsqu'il seroit arrivé à Ast, cependant elle ne fut décidée que dans la ville de Trin. Le Roi environné d'ennemis de tous côtés, crut devoir conserver l'amitié de la République de Florence, dont il pouvoit avoir besoin. Après differentes discussions on convint des conditions suivantes. » Que toutes les villes & » les citadelles des Florentins qui étoient entre les mains du Roi, leur » seroient rendues sans aucun délai: mais que deux ans après ce traité, ils » céderoient Pietra-Santa & Serezane à la ville de Gênes sous le bon plai- » sir de ce Prince, qui s'obligeoit de les en dédommager raisonnablement: » Que cette cession ne se feroit qu'après que les Genois se seroient soumis » à la France (35). Que les Ambassadeurs de Florence donneroient alors » les trente mille ducats qui restoient à payer suivant un des articles du der- » nier traité: mais qu'on leur donneroit des pierreries en gages pour la » sureté de cette somme, en cas que pour quelque raison que ce pût être » les places ne fussent pas rendues: Qu'après cette restitution les Florentins » prêteroient au Roi sous l'obligation des Généraux de France, soixante- » dix mille ducats: Que si la guerre qui se faisoit en Toscane, se rédui- » soit au siége de Montepulciano, ils enverroient deux cens cinquante hom- » mes d'armes dans le royaume de Naples au secours de l'armée du Roi, » ce Monarque s'obligeant de son côté à ne les retenir que jusqu'au mois » d'octobre inclusivement: Qu'on pardonneroit aux Pisans & que l'on con- » viendroit de quelle maniere se feroit la restitution des effets qui avoient » été pris aux Florentins: Qu'on donneroit aux Pisans quelques moyens » d'exercer le commerce & d'entrer dans les emplois. «

En conséquence de ce traité, le Roi donna ordre aux Commandans des places de les rendre aux Florentins. l'Ambassadeur chargé des expéditions

---

(35) Charles faisoit alors une tentative sur cette République.

Tome II.

nécessaires pour l'exécution du traité, fut arrêté à Alexandrie par ordre de Ludovic. Le Duc qui lui avoit fait enlever ses papiers, ayant eu par ce moyen connoissance du traité que Charles avoit fait avec les Florentins, se joignit aux Venitiens pour soutenir la révolte des Pisans. Ces deux puissances avoient formé séparément le dessein de les soumettre, & elles ne les secouroient en apparence que pour les subjuguer dans la suite avec plus de facilité. Cependant les Florentins informés des arrangemens que leurs Ambassadeurs avoient pris avec le Roi de France, se mirent en état de forcer les Pisans à leur ouvrir les portes des villes de leur dépendance. Ils s'étoient flattés en même-temps que les nouveaux ordres que le Roi avoit expediés depuis la détention de l'Ambassadeur de Florence, les mettroient en possession de la citadelle de Pise, & de toutes les autres places comprises dans le traité de Trin. Les Officiers du Roi, ou gagnés par le Duc de Milan & les Venitiens, ou forcés d'obéir à quelques ordres secrets de la Cour de France, refuserent sous differens prétextes de donner satisfaction aux Florentins. Ceux-ci en porterent leurs plaintes au Roi, qui parut irrité de la résistance des Commandans de ces places, & il leur ordonna une seconde fois de les évacuer. D'Entragues, Commandant de la citadelle de Pise, après bien des difficultés, proposa aux Florentins de faire avancer leur armée vers une des portes de Pise, en leur promettant de seconder leurs efforts pour les rendre maîtres de la ville. Les Florentins comptant sur ces promesses, attaquerent avec tant de vigueur un des fauxbourgs, qu'ils s'en emparerent malgré la résistance des Pisans, & ils se feroient mis en possession de la ville si d'Entragues n'eût fait tirer sur eux le canon de la citadelle (36). Ils se virent forcés à abandonner leur entreprise, & se retirerent vers Cassina.

Les confédérés qui ne cherchoient qu'à susciter de nouveaux embarras aux Florentins pour les détacher de la France, engagerent Pierre de Medicis à faire quelques tentatives pour se rétablir dans Florence. Virgile des Ursins qui après s'être sauvé de l'armée de France le jour de la bataille du Taro (37), s'étoit retiré à Bracciano, fut chargé de cette expédition. On convint en même-temps que Jean Bentivoglio qui étoit à la solde des Venitiens & du Duc de Milan, feroient une irruption dans l'Etat de Florence du côté de Bologne, & que Catherine Sforce occuperoit les Florentins du côté d'Imola & de Forli. On se flattoit que les Siennois agiroient de leur côté dans l'esperance de conserver Montepulciano. Virgile & Pierre étoient persuadés que les Florentins ainsi attaqués de tous côtés, auroient de la peine à résister. Ils comptoient aussi que les habitans de Perouse & que la ville de Cortone se déclareroient en leur faveur ; mais toutes ces flatteuses idées n'eurent aucun effet, & il se présenta au contraire des obstacles insurmontables. Les Florentins informés des desseins de Pierre de Medicis, avoient pris toutes leurs précautions pour en empêcher les effets. D'ailleurs les confédérés ne s'interessoient pas sincerement à son rétablissement ; de sorte que cette entreprise fut entierement manquée.

D'un autre côté, d'Entragues avoit livré aux Pisans la citadelle de Pise

(36) François Guichardin. Paul Jove.   (37) Elle fut donnée le 6 de juillet.

contre les ordres du Roi, puisque suivant le traité elle devoit être renduë aux Florentins. Les Pisans maîtres de ce poste, la détruisirent jusqu'aux fondemens, & demanderent du secours au Pape, à l'Empereur, aux Venitiens, au Duc de Milan, aux Genois, aux Siennois & aux Lucquois : car ils ne se sentoient pas assez forts pour résister aux Florentins. Persuadés qu'ils ne pourroient jamais conserver leur liberté, ils ne cherchoient qu'à changer de maître, & c'est ce qui les détermina à offrir la souveraineté de leur ville à Ludovic Sforce. Ce Prince balança quelque temps à accepter ces offres avantageuses, dans la crainte d'exciter contre lui la jalousie des confédérés ; mais après la retraite des François, il n'hésita plus à se rendre aux premieres instances des Pisans. Ceux-ci avoient alors changé de résolution, & les secours que le Sénat de Venise leur avoit promis, leur fit penser qu'ils pourroient conserver leur indépendance en ménageant la protection de tout le monde. En effet les confédérés qui cherchoient tous les moyens d'abaisser les Florentins, avoient intérêt de secourir les Pisans. Le Duc de Milan & les Venitiens s'y porterent avec plus d'ardeur, & ils leur fournirent des secours considérables. Mais le Duc considérant qu'il ne pouvoit plus prétendre à la souveraineté de Pise, commença à negliger leurs intérêts. Les Pisans qui recevoient au contraire en abondance de la part des Venitiens tout ce qu'ils avoient besoin, prierent instamment le Sénat de Venise de prendre leur ville sous sa protection particuliere. Il y eut à Venise de longues contestations à ce sujet ; mais enfin les Venitiens s'obligerent par un decret public à deffendre les Pisans ; Ludovic affecta une grande indifference en cette occasion, & parut même satisfait de la conduite des Pisans.

Ce ne fut pas la seule ville dont les Florentins furent dépouillés : les Généraux François, par l'instigation du Duc de Milan, vendirent aux Genois, aux Pisans & aux Lucquois, les places qui devoient rentrer sous la domination des Florentins. Serezane & Serezanello furent remises aux Genois avec Lunigiane : Pietra-Santa, Mutrone furent vendues aux Lucquois ; & Librafatta fut livrée aux Pisans. Charles VIII. pour donner à connoître que toutes ces choses s'étoient faites contre sa volonté, exila Ligny & d'Entragues qui lui avoient désobei avec tant de hardiesse ; mais leur disgrace ne dura pas long-temps. Les mécontentemens des Florentins ne les empêcherent pas de rester unis à la France, parce qu'ils connoissoient les vûes ambitieuses des Venitiens & du Duc de Milan.

Les alliés n'ayant pu engager les Florentins à abandonner les intérêts de Charles VIII. firent tous leurs efforts pour les contraindre à rompre avec ce Monarque. Les troupes qu'ils envoyerent aux Pisans, mirent ceux-ci en état de n'avoir rien à craindre de la part des Florentins qui se trouvoient eux-mêmes dans un extrême embarras. Ils se voyoient environnés d'ennemis, n'avoient aucun secours à esperer de la France, & d'un autre côté l'Empereur les pressoit vivement d'entrer dans la ligue qu'on avoit faite contre la France. Dans ces circonstances ils se crurent obligés de ménager l'Empereur, & c'est ce qui les détermina à lui envoyer des Ambassadeurs pour l'assurer qu'ils le prendroient volontiers pour arbitre dans l'affaire de Pise. Ce Monarque qui étoit entré en Italie par le conseil des Venitiens & du Duc de Milan, entreprit le siége de Livourne qu'il se flattoit d'enlever aux Florentins. Cette entreprise ne fut pas heureuse, & il fut obligé d'y renoncer & de reprendre la route de ses États. Le départ de l'Empereur & la retraite des troupes Milanoises, rendirent les Florentins supérieurs dans le territoire de Pise, & leur faciliterent les moyens de reprendre tous les châteaux des collines. Ces succès mirent les Venitiens dans la nécessité d'envoyer de nouvelles troupes ; car le Duc de Milan leur avoit laissé tout le poids de cette guerre, qui n'offrit aucun événement considérable l'année suivante. Le Duc de Milan qui songeoit toujours à enlever Pise aux Venitiens, fit proposer aux alliés de rendre cette ville aux Florentins, à condition qu'ils entreroient dans la ligue ; mais les Venitiens vinrent à bout de rompre les mesures du Duc.

Cependant le gouvernement qu'on avoit établi à Florence, y avoit excité de nouveaux troubles ; parce qu'on n'avoit pas pris en même-temps les précautions nécessaires pour conserver la liberté & pour prévenir les désordres. Le Moine Savonarole (38) dont on a déja parlé, y avoit un parti si puissant que tous les Magistrats qu'on nommoit, étoient de sa faction. La discorde regnoit dans les assemblées générales, & l'intérêt particulier étoit toujours celui qu'on préferoit au bien public. Les fatigues d'une longue guerre & l'épuisement des finances joints à une grande disette de vivres, excitoient les murmures du peuple, & l'on avoit à craindre un soulevement général. Pierre de Medicis informé de la situation de la République, voulut profiter d'une occasion qui paroissoit favorable à ses desseins. Fortifié par les conseils des Venitiens, du Pape & du Duc de Milan, il forma le projet de s'introduire de nuit dans la ville de Florence. Il s'avança vers cette ville à la tête de mille hommes ; mais le mauvais temps qui survint retarda sa marche, & il ne se présenta à la porte que quelques heures après le lever du Soleil. Ses ennemis prirent aussi-tôt les armes, & les Magistrats arrêterent tous ceux qui étoient suspects. Le peuple & le reste des habitans attendirent avec tranquillité la suite de cette affaire. Pierre de Medicis voyant qu'il ne se faisoit aucun mouvement en sa faveur comme on lui avoit fait esperer, & apprehendant d'ailleurs que les troupes Florentines qui étoient dans le territoire de Pise ne vinssent l'attaquer, il retourna à Sienne. Après la retraite de Pierre de Medicis, le gouvernement informa contre les complices de cette conjuration. On condamna à

---

(38) Les esprits furent partagés au sujet de ce Moine. Les uns prétendoient qu'il étoit inspiré de Dieu. D'autres soutenoient au contraire que ce n'étoit qu'un fanatique. Les choses furent poussées même si loin, que deux Moines l'un Dominicain & l'autre Cordelier proposerent de se jetter au feu en présence du peuple, le premier pour soutenir que Savonarole étoit un Prophête, & le second pour prouver le contraire. Ce duel singulier n'eut cependant pas lieu, parce que Savonarole vouloit que son champion entrât dans le tenant le St. Sacrement, & que tout le monde s'y opposa. Dès cet instant Savonarole perdit tout son crédit, & il fut arrêté le lendemain à l'occasion d'une rumeur qui s'éleva. Il fut mis à la question & avoua qu'il n'étoit point Prophête. Le Général des Dominicains & l'Evêque Romolino, Commissaires délegués par le Pape Alexandre VI. contre lequel il avoit souvent mal parlé, le dégraderent des Ordres Sacrés, & le livrerent entre les mains des Juges séculiers. Il fut condamné à être pendu & brûlé avec les deux autres Moines dont on vient de parler. Il mourut avec constance sans rien dire qui pût faire juger s'il étoit innocent ou coupable. *François Guichardin.*

mort ceux qui furent trouvés coupables, & l'on punit même ceux, qui, ayant fçu le complot, ne l'avoient pas revelé.

Le Duc de Milan après avoir inutilement proposé de nouveau de remettre les Florentins en poffeffion de Pife, entreprit de les aider de fes troupes pour leur en faciliter les moyens. La jaloufie qu'il avoit conçue contre les Venitiens, étoit le feul motif de fa bonne volonté apparente pour les Florentins. Ceux-ci ayant reçu un échec confidérable près de San Regolo dans le territoire de Pife, & voyant leurs troupes confidérablement diminuées, envoyerent demander du fecours à Louis XII. fucceffeur de Charles VIII. Ce Monarque qui ne vouloit point fe brouiller avec les Venitiens, ne leur répondit que par des honnêtetés fans effet. Ce fut alors que les Florentins fe virent dans la néceffité d'avoir recours au Duc de Milan. Ce Prince confentit avec plaifir à leur fournir les troupes dont ils avoient befoin. Il s'oppofa au paffage des troupes Venitiennes qui furent obligées de prendre leur route par le Ferrarois. Il engagea auffi l'Empereur à renvoyer de fa cour l'Ambaffadeur de Venife. Les Florentins fecondés du Duc de Milan fe mirent en campagne fous les ordres de Paul Vitelli, dont la prudence & la valeur étoient connues. Ce nouveau Général ne tarda pas à remporter des avantages confidérables fur les Pifans, & à reprendre plufieurs poftes. Cependant il y eut quelques négociations entamées entre les Venitiens & les Florentins, par la médiation du Duc de Ferrare. Elles n'eurent aucun effet parce que les Venitiens ne vouloient fe défifter d'aucune de leurs prétentions. Toutes voies d'accommodement ayant été rompues, chacun fongea de fon côté à forcer fon ennemi à la paix.

Les Venitiens après avoir inutilement tenté de mettre les Siennois & les habitans de Peroufe dans leur parti, attaquerent les Florentins par la Romagne. Ils s'emparerent du bourg Marradi, fitué fur l'Apennin, & de-là ils s'avancerent vers le château de Caftiglione, bâti fur une éminence au-deffus du même bourg. La valeur du Commandant de ce château donna le temps aux Florentins de marcher à fon fecours. L'approche des ennemis obligea les Venitiens à fe retirer, & ils allerent joindre les autres troupes Venitiennes qui étoient entre Ravenne & Forli. La crainte des troupes Milanoifes qui étoient dans la Romagne, les empêcha de fonger à aucune entreprife confidérable. Paul Vitelli continuoit à faire la guerre avec fuccès, & la prife de Montemaggiore le mit en état de fe rendre maître de Librafatta. Ces conquêtes commencerent à donner de l'inquietude aux Venitiens, mais la querelle furvenue entre le Duc de Milan & le Marquis de Mantoue, releva leurs efperances. Ce dernier promit aux Venitiens de fe jetter dans Pife malgré les troupes de Florence. Ces promeffes n'eurent point d'effet par la faute des Venitiens qui changerent de réfolution. Cette inconftance des Venitiens, porta le Marquis de Mantoue à refter au fervice du Duc de Milan.

Les Venitiens pour faire diverfion avoient formé le deffein de furprendre Bibiena place du Cafentin, par le moyen d'une intelligence avec des anciens partifans de Medicis. Les Florentins en furent avertis; mais celui qu'ils envoyerent pour faire échouer le projet des conjurés, fe conduifit avec tant d'imprudence qu'il ne put empêcher les ennemis de fe rendre maîtres de la ville. Alviano qui avoit conduit cette entreprife, s'avança enfuite vers

DUCHÉ DE TOSCANE.

1498.
Suite de la guerre de Pife.

Poppi qu'il efperoit emporter d'emblée. La réfiſtance qu'il y trouva le fit renoncer à ſon projet, & il ſe contenta d'enlever tous les poſtes de cette vallée. Les ſuccès des Venitiens obligerent les Florentins à donner ordre à Paul Vitelli de ſe rendre dans le Caſentin. L'arrivée de ce Géneral fit changer les choſes de face, & les Venitiens prirent le parti de la retraite. Vitelli manœuvra alors avec tant d'adreſſe qu'il les força à abandonner pluſieurs petits poſtes, leur ferma tous les paſſages, & leur coupa les vivres. Ce fut dans ces circonſtances que le Duc de Ferrare propoſa de nouvelles conférences pour la paix. Le Duc de Milan la deſiroit, parce qu'il redoutoit alors les armes de France dont il étoit menacé. Louis XII. qui ſouhaitoit que les Venitiens & les Florentins s'uniſſent à lui, propoſa qu'on remit la ville de Piſe entre ſes mains, & pour engager les Florentins à y conſentir, il leur promit ſecretement de les mettre en poſſeſſion de cette place ſitôt qu'il en ſeroit le maître. Ludovic qui craignoit que les deux Républiques ne ſe joigniſſent contre lui, preſſoit vivement la concluſion des négociations entamées par le Duc de Ferrare, & il fit tout ce qu'il put pour empêcher les Venitiens & les Florentins de conſentir au dépôt.

Pendant qu'on étoit occupé de ces differentes affaires, le Géneral Florentin continuoit de preſſer vivement les troupes Venitiennes dans le Caſentin, on étoit alors au milieu de l'hyver, & les troupes des deux partis ſouffroient beaucoup de la rigueur de la ſaiſon. Paul Vitelli vouloit reprendre Bibiena; mais ſur la nouvelle qu'il reçut que les Venitiens raſſembloit à Ravenne des nouvelles troupes, il demanda un renfort de quatre mille hommes d'infanterie. La République étoit alors diviſée en deux partis, les uns favoriſoient Paul Vitelli, & les autres vouloient rétablir dans le commandement des troupes le Comte Rinuccio qui avoit été défait à San Regolo, comme on l'a dit plus haut. Ces differens partis furent cauſe qu'on n'envoya point les quatre mille hommes que Paul Vitelli avoit demandés. Le Comte de Pitigliano qui avoit eu le temps de raſſembler les troupes Venitiennes, marcha au ſecours des Venitiens qui étoient dans le Caſentin. Paul Vitelli après avoir laiſſé ſuffiſamment de troupes pour bloquer Bibiena, & poſé de bonnes gardes à tous les paſſages, s'avança en ordre de bataille pour s'oppoſer à la deſcente des ennemis. Le Comte de Pitigliano voyant la difficulté de forcer ces paſſages, & conſidérant d'ailleurs la poſition avantageuſe des ennemis, n'oſa riſquer cette entrepriſe.

On negocioit toujours la paix, & les deux Républiques prirent enfin le Duc de Ferrare pour juge de leurs differens. Il décida: « Que les Venitiens » retireroient les troupes qu'ils avoient dans Babiena & dans les autres lieux » appartenans aux Florentins: Que ceux-ci payeroient aux Venitiens pour » les frais de la guerre la ſomme de cent quatre vingt mille ducats; ſça- » voir quinze mille tous les ans juſqu'à définition de payement: Qu'on ac- » corderoit aux Piſans une pleine amniſtie, & la liberté d'exercer toutes » ſortes d'arts, & de commercer par terre & par mer: Qu'ils auroient la » garde des citadelles de Piſe & de tous les autres lieux dont ils étoient en » poſſeſſion au jour de cette déciſion; mais qu'ils ne pourroient mettre en » aucun endroit que des perſonnes affectionnées aux Florentins, & qu'elles » ſeroient payées ſur les revenus que ceux-ci retireroient de Piſe: Que les

» Pifans ne pourroient augmenter, ni les garnifons qu'on tenoit dans ces
» places, ni la dépenfe qu'on y faifoit avant la révolution: Que tous les châ-
» teaux du territoire de Pife qui avoient été repris par les Florentins, de-
» puis que les Pifans étoient fous la protection des Venitiens, feroient rafés
» fi les Pifans l'exigeoient: Que la ville de Pife auroit le premier degré
» de jurifdiction en matiere civile feulement, & que la juftice y feroit
» rendue en cette partie par un Podeftat étranger, qui feroit choifi par les
» Pifans dans les lieux agréés des Florentins: Que le Gouverneur qui feroit
» établi par ceux-ci, ne connoîtroit que des caufes d'appel, & ne pourroit
» juger les affaires criminelles, où il s'agiroit de peine afflictive, fans le
» confeil d'un Affeffeur qui feroit choifi par le Duc de Ferrare & fes fuc-
» ceffeurs, entre cinq Docteurs en droit de fes Etats, qui lui feroient pro-
» pofés par les Pifans: Que tous les biens, meubles & immeubles enlevés
» de part & d'autre, feroient rendus au proprietaire fans reftitution de fruit:
» Qu'au refte les droits des Florentins fur la ville de Pife & fur fon terri-
» toire, demeureroient en leur entier: Enfin, que les Pifans ne pourroient
» rien entreprendre au préjudice de la République de Florence, tant par rap-
» port aux fortereffes qu'à toute autre chofe. «

DUCHÉ DE TOSCANE.

La publication de ce jugement excita de grands murmures à Venife contre le Duc de Ferrare. On fe plaignoit de ce qu'on manquoit de foi aux
Pifans qu'on avoit toujours flattés d'une pleine liberté, & de ce qu'on n'a-
voit pas exigé une fomme affez forte pour les frais de la guerre. D'un autre
côté les Députés de Pife faifoient voir leur mécontentement, & publioient
qu'ils avoient refufé plufieurs fois des conditions beaucoup plus avantageufes de la part des Florentins mêmes. Pour faire ceffer leurs plaintes, on
engagea le Duc de Ferrare à ajouter à fa décifion, une déclaration qui portoit: » Que fous le nom de fortereffes étoient comprifes les portes de la
» ville de Pife & des autres places où il y avoit des citadelles: Que pour
» le payement des garnifons & des gages du Podeftat & de l'Affeffeur, il
» feroit affigné aux Pifans une certaine fomme fur les revenus de Pife:
» Que les endroits d'où le Podeftat feroit pris, feroient les Etats de l'Eglife,
» de Mantoue, de Ferrare & de Bologne, & que les fujets qui feroient ac-
» tuellement engagés au fervice de quelqu'un, feroient exclus de cette
» place: Qu'il n'y auroit point de reftitution des biens meubles, & qu'à
» cet égard tout feroit enfeveli dans un profond oubli: Que les Pifans au-
» roient la liberté de nommer l'Affeffeur, & que fans l'affiftance de ce Ma-
» giftrat, le Gouverneur Florentin ne pourroit juger aucune affaire crimi-
» nelle, quelque legere qu'elle pût être: Qu'enfin les Pifans feroient favo-
» rablement traités par les Florentins, de la même maniere que toutes les
» autres villes nobles d'Italie, & qu'on ne leur impoferoit aucune nouvelle
» charge. «

Cette déclaration avoit été faite à l'infçu des Ambaffadeurs de Florence.
Les Venitiens l'avoient demandée pour diminuer le mécontentement des
Députés de Pife, & afin de faire connoître que s'ils n'avoient pas obtenu
pour eux une liberté entiere, ils avoient du moins pourvu à leur fûreté. On
étoit d'ailleurs bien aife à Venife de voir terminer cette affaire, tant à caufe
des dépenfes que cette guerre occafionnoit à la République, que par la crain-

DUCHÉ DE TOSCANE.

te où on étoit de quelque entreprise de la part du Turc. Les Florentins ne furent pas satisfaits de ce jugement. Ils ne pouvoient supporter qu'on leur fît payer les frais d'une guerre qu'on leur avoit faite injustement, & dont ils ne tiroient d'autre profit qu'un vain titre de souveraineté, puisque les forteresses restoient au pouvoir des Pisans, & que la justice criminelle ne dépendoit pas des Magistrats qu'on leur enverroit. Ils furent cependant obligés de ratifier cette décision de peur d'irriter contr'eux le Duc de Milan.

Les Pisans étoient si irrités contre les Venitiens, qu'ils firent sortir de leurs villes les troupes de cette République. Ils balancerent long-temps sur le parti qu'ils devoient prendre : enfin ils se déterminerent à ne point ratifier la décision du Duc de Ferrare, & à deffendre seuls leur liberté. Ils proposerent de nouveau au Duc de Milan d'accepter la souveraineté de leur ville ; mais ce Prince qui se voyoit sur le point d'être attaqué par l'armée Françoise, ne jugeoit pas à propos d'augmenter ses embarras & de multiplier le nombre de ses ennemis. Il cherchoit au contraire à faire de nouvelles alliances, & il employa toutes sortes de moyens pour engager les Florentins à entrer dans ses intérêts. On délibera long-temps à Florence sur la proposition du Duc de Milan, & il fut résolu que la République resteroit neutre.

Suite de la guerre de Pise.
1499.

Les Florentins persuadés qu'ils ne réduiroient jamais les Pisans par les voies de la négociation, résolurent de les soumettre par la force des armes. Paul Vitelli chargé de cette expédition commença les hostilités par la prise de Cascina. Le Général Florentin maître de cette place & des autres postes aux environs, se disposa au siége de Pise. Cette entreprise étoit très-difficile ; la place forte par elle-même étoit deffendue par un grand nombre de citoyens aguerris & déterminés à périr plutôt qu'à retourner sous la domination des Florentins. Toutes ces difficultés ne furent point capables de rebuter Paul Vitelli, & il commença le siége le dernier de juillet. Il fut obligé de le lever le 4 de septembre suivant, parce qu'il avoit mal formé ses attaques, & que la maladie qui se mit dans son camp emporta la plus grande partie de son armée. La conduite de Paul Vitelli fut universellement condamnée à Florence, & on l'accusa de n'avoir pas voulu prendre la ville de Pise. Il fut mis en prison, & après lui avoir fait subir un interrogatoire où il n'avoua rien qui pût le faire regarder comme coupable de trahison, on se hâta de le faire mourir de peur que le Roi de France qui étoit à Milan ne demandât sa liberté.

Le Marquis de Mantoue, le Duc de Ferrare & Jean Bentivoglio avoient fait alliance avec ce Monarque : mais les Florentins eurent plus de peine à traiter avec ce Prince. La cour de France étoit portée pour les Pisans, & l'on étoit indisposé contre la République de Florence qui avoit fait mourir sans beaucoup d'examen Paul Vitelli un des grands Capitaines de son siecle. Le traité fut cependant conclu, & le Roi s'engagea de fournir aux Florentins six cens lances & quatre mille hommes d'infanterie dans les cas où ils en auroient besoin. Ils s'obligerent de leur côté à donner au Roi quatre cens hommes d'armes & trois mille fantassins pour la deffense de ses Etats en Italie. On convint encore par ce traité » Que le Roi fourniroit le nombre de » lances & d'artillerie nécessaires pour réduire la ville de Pise & les autres

places

" places dont les Siennois & les Lucquois s'étoient emparés; mais ces trou-
" pes ne devoient point être employées contre les Genois. Le Roi promet-
" toit de plus que s'il faisoit passer une armée dans le royaume de Naples,
" elle seroit employée toute entiere, ou du moins en partie, à recouvrer ces
" places en chemin faisant, quand même les Florentins ne le demande-
" roient pas. Après la conquête de Pise, les Florentins devoient donner au
" Roi pour l'expédition de Naples cinq cens hommes d'armes, & cinquante
" mille ducats pour payer cinq mille Suisses pendant trois mois. Il fut dit
" encore qu'ils rembourseroient au Roi trente-six mille ducats qui leur
" avoient été prêtés par Ludovic Sforce, sur lesquels neanmoins on leur
" tiendroit compte des payemens ou des dépenses qu'ils avoient faites pour
" lui, &c. «

DUCHÉ DE TOSCANE.

Louis XII. assuré de la plûpart des Princes d'Italie par les differens traités qu'il venoit de faire avec eux, attaqua le Milanès dont il s'empara (39). Maître de ce duché, il songeoit à passer dans le royaume de Naples; mais les mouvemens qui se faisoient en Allemagne l'obligerent à différer son entreprise. Ses troupes se trouvant alors sans occupation, il en donna une partie aux Florentins pour les aider à reprendre Pise & Pietra-Santa. Les Pisans ausquels s'étoient joints les Genois, ceux de Sienne & de Lucques, firent tout ce qu'ils purent pour empêcher le Roi de France de lui fournir ce secours. Ils offrirent à ce Monarque cent mille ducats, s'il vouloit permettre que Pise, Pietra-Santa & Monte-Pulciano ne retournassent point sous la domination des Florentins; & ils s'obligeoient outre cela de lui payer cinquante mille ducats par an, s'il vouloit leur procurer la proprieté du port de Livourne & de tout le territoire de Pise. Le Roi étoit vivement sollicité par plusieurs personnes d'accepter ces offres; mais ce Prince ayant plus d'égard au traité qu'il avoit signé avec les Florentins qu'aux propositions avantageuses qu'on lui faisoit, leur envoya six cens lances, cinq mille Suisses, & un corps d'infanterie Gasconne avec de l'artillerie. Le Roi étoit résolu de mettre d'Alegre à la tête de cette armée, mais à la priere des Florentins il en donna le commandement à Beaumont, qui s'étoit fait une plus grande réputation par sa probité & sa bonne-foi, que par ses talens militaires.

Louis XII. fournit des troupes aux Florentins.

1500.

Les Florentins ne tirerent pas un grand avantage de ces nouvelles troupes; parce que le Roi les employa à mettre à contribution le pays de Man-
toue, & ceux des Seigneurs de Carpi, de Carregio & de la Mirandole, qui avoient donné du secours à Ludovic Sforce. Ce retardement donna le temps aux Pisans de se fortifier & de se préparer à la deffense. Cependant Beau-
mont après les avoir sommés de se rendre, mit le siége devant Pise le 29 de juin. L'artillerie fit un si grand effet, que le lendemain il y eut une breche d'environ 17 toises. On donna aussi-tôt l'ordre pour monter à l'assaut; mais lorsque les troupes s'approcherent, elles furent bien surprises de trouver un fossé très-large & très-profond que les Pisans avoient pratiqué derriere la muraille (40). Cet obstacle ralentit l'ardeur du soldat, & les Pisans ayant fait

---

(39) Voyez l'histoire de France de cette Introduction. tom. I. part. II. p. 219 & suiv.
(40) Cette ville n'avoit point de fossé en dehors, & elle n'étoit deffendue que par la force de ses murailles qui étoient extrêmement épaisses, & dont les pierres étoient liées avec de la chaux, qui est excellente en ce pays.

Tome II. Pp*

DUCHÉ DE TOSCANE.

quelques liaisons avec les troupes Françoises, ils les porterent à entrer dans leurs intérêts, en leur faisant entendre qu'ils consentoient à se mettre sous la protection de leur Souverain, pourvu qu'il ne les forçât point à rentrer sous la domination des Florentins. Le siége commença alors à traîner en longueur, & les Pisans ayant reçu quelques secours, ils se trouverent en état de faire une plus longue résistance. Les assiégeans ne tarderent pas à abandonner leur entreprise, & bien-tôt toute l'armée se dissipa.

Les Florentins se trouverent dans un extrême embarras, parce qu'ils avoient congédié leur infanterie, afin de pouvoir payer les Suisses & les Gascons. Les Pisans informés de la situation de leurs ennemis, attaquerent & prirent Librafatta & le fort de la Ventura, ce qui leur donna une libre communication avec la ville de Lucques. Le Roi fut irrité de la desertion de ses troupes, & il en rejetta la faute sur les Florentins qui n'avoient pas voulu que d'Alegre prît le commandement de l'armée qu'il avoit fait marcher à leur secours. Il envoya à Florence un Gentilhomme de sa chambre pour leur offrir de faire entrer ses Gens-Darmes dans le territoire de Pise pendant l'hyver, afin de contenir les Pisans, & de faire passer au printemps prochain de nouvelles troupes pour les mettre en état de poursuivre leur entreprise. Les Florentins refuserent les offres du Roi, & prirent la résolution de continuer la guerre avec les seules troupes de la République. Ses ennemis s'imaginant alors qu'elle étoit brouillée avec la France, donnerent ouvertement du secours aux Pisans. Les divisions qui regnoient toujours à Florence, les empêchoient de remedier à tant de maux. D'ailleurs Pistoie étoit déchirée par les factions des Panciatici & des Cancellieri, qui se faisoient une guerre cruelle, dont la ville & la campagne ressentoient les funestes effets.

Les dépenses considérables que les Florentins avoient faites pour soutenir la guerre contre les Pisans, les avoient empêchés de satisfaire aux engagemens qu'ils avoient pris avec le Roi. Ce Prince les pressa vivement de payer les sommes qu'ils avoient promises pour l'entretien des Suisses. La mésintelligence qui regnoit parmi les citoyens étoit en partie la cause que cet argent n'avoit point encore été donné. Personne ne prenoit les véritables intérêts de la République, & le peuple se mefioit de la plûpart des principaux citoyens, parce qu'il les soupçonnoit de travailler au rappel de la maison de Medicis. On se plaignoit outre cela que les Suisses s'étoient retirés avant le terme prescrit par le traité, & que d'ailleurs on ne s'étoit point rendu maître de Pise. Le Roi en rejettoit la faute sur les Florentins, qui n'avoient pas fourni les vivres & les autres choses dont l'armée pouvoit avoir besoin.

Tout paroissoit alors contraire aux Florentins. Cesar Borgia, Duc de Valentinois (41), les força de faire avec lui un traité par lequel l'on étoit convenu : ,, Qu'il y auroit alliance deffensive entre la République & le Duc
,, de Valentinois ; Que Florence ne pourroit donner du secours à ceux qui
,, se révolteroient contre le Duc, qui de son côté s'obligeoit à ne point
,, soutenir les rebelles à la République, & nommément les Pisans ; Que les
,, Florentins ne prendroient point contre lui la deffense du Seigneur de

---

(41) Il étoit fils du Pape Alexandre VI.

„ Piombino, quoiqu'il fût sous leur protection; Qu'ils soudoyeroient le
„ Duc de Valentinois pour trois ans avec trois cens hommes d'armes, &
„ lui donneroient trente-six mille ducats par an; Que le Duc seroit tenu
„ d'envoyer ces troupes à leur secours toutes les fois qu'ils en auroient be-
„ soin, soit pour leur deffense, soit pour faire quelque expédition. "

DUCHÉ DE TOSCANE.

Le Duc en conséquence de ce traité, exigea que les Florentins lui avan-
çassent un quartier de sa solde, & qu'on lui prêtât de l'attillerie pour assiéger Piombino. On lui refusa l'un & l'autre, parce que le traité ne les y
obligeoit pas, & que d'ailleurs ils n'étoient pas dans le dessein de l'exécuter, attendu qu'ils l'avoient fait par force. D'un autre côté ils esperoient se
raccommoder avec le Roi de France. En effet ce Monarque commanda au
Duc de Valentinois de sortir de l'Etat de Florence, & donna ordre à d'Aubigny de le forcer à se retirer. L'affaire des Florentins avec le Roi n'étoit
pas encore accommodée. Après que ce Monarque eut fait la conquête du
royaume de Naples conjointement avec le Roi d'Espagne, ils firent de nouveaux efforts pour regagner ses bonnes graces; mais ils furent sans effet par
rapport aux conditions trop dures que le Roi proposoit. Ce Ministre fit
même remettre aux Lucquois Pietra-Santa & Mutrone, & voulut engager
les Siennois, les Lucquois & les Pisans à faire une ligue pour le rétablissement de Medicis à Florence, dans l'idée que le Roi retireroit beaucoup
d'argent de ces derniers & de chacune de ces villes en particulier. Ses esperances ayant été trompées, cette intrigue n'eut pas lieu. La crainte que les
Florentins n'embrassassent le parti de l'Empereur, détermina enfin le Roi
de France à écouter les propositions des Florentins, & au commencement
de l'année 1502, il fit un nouveau traité avec eux. Les principales conditions de ce traité furent: „ Que le Roi seroit tenu de deffendre pendant
„ trois ans & à ses frais les Etats dont la République de Florence étoit en
„ possession: Que de son côté elle fourniroit au Roi quarante mille ducats
„ tous les ans pendant ces trois années: Que tous les autres traités précé-
„ dens entre le Roi & la République, seroient annullés, ainsi que les obli-
„ gations respectives qui en résultoient; & qu'enfin il seroit libre aux Flo-
„ rentins de faire la guerre aux Pisans, & à tous ceux qui leur retenoient
„ des places. "

1501.

1502.

Les Florentins assurés de la protection du Roi, formerent le dessein de réduire par famine la ville de Pise. Ce conseil leur avoit déja été donné comme l'unique moyen de soumettre une ville qui se deffendoit avec tant de
courage, & de laquelle tant de puissances prenoient souvent le parti. Cet
expédient étoit à la verité le plus long; mais il étoit le plus sûr, & il évitoit de grandes dépenses. Ils ravagerent en conséquence le territoire de Pise,
& mirent le siége devant Vicopisano, dont ils ne purent s'emparer. Pendant que les Florentins étoient ainsi occupés contre les Pisans, la ville d'A-
rezzo se souleva par les intrigues de Vitellozzo, de Jean Paul-Baglione, des
Ursins & de Pandolphe Petrucci, qui vouloient retablir Pierre de Medicis
à Florence. Guillaume Pazzi, Commissaire de la République à Arezzo, crut
empêcher l'exécution de ce projet en faisant arrêter deux des conjurés. Ce
coup de vigueur irrita le peuple, qui s'étant soulevé, délivra les prisonniers,
& mit en prison le Commissaire & les autres Officiers des Florentins. L'E-

Les Florentins attaquent de nouveau les Pisans.

Révolte d'Arezzo.

vêque de la ville qui s'étoit retiré dans la citadelle, conserva ce poste à la République. Vitellozzo informé de cette révolte, se rendit en diligence à Arezzo avec un corps de troupes; mais il n'y resta pas long-temps, & se contenta d'y laisser seulement ses troupes.

Les Magistrats de Florence regarderent avec trop d'indifference cet évenement, & ne songerent point à remedier aux maux qu'il pouvoit causer à la République. Vitellozzo profitant de la lenteur des Florentins, retourna à Arezzo avec de nouvelles troupes. Les Siennois leur fournirent de la poudre & des boulets pour attaquer la citadelle, qui manquant de vivres & n'ayant pu être secourue, fut obligée de se rendre. Elle fut aussi-tôt rasée par les rebelles qui se rendirent maîtres des places voisines. Le Pape & son fils furent soupçonnés d'avoir eu part à cette entreprise, & cette opinion redoubla la crainte des Florentins. Ils n'avoient point alors de troupes sur pied par la négligence de ceux qui les gouvernoient, & il n'étoit pas facile d'en lever sur le champ. Ils eurent recours au Roi de France, & pour l'intéresser dans leur cause, ils représenterent à ce Monarque qu'il y avoit à craindre que le Duc de Valentinois & ses alliés, étant maîtres de la Romagne & de la Toscane, ne portassent leurs vûes plus loin. Ces motifs engagerent le Roi à prendre la résolution de passer en Italie & d'envoyer promptement du secours aux Florentins. Il donna ordre en même-temps à un de ses Hérauts de commander à Vitellozzo & aux autres confédérés, d'abandonner leur entreprise contre les Florentins. L'approche des troupes Françoises obligea Vitellozzo de se retirer, & il convint de remettre cette place entre les mains des François avec les autres postes dont il s'étoit emparé.

Les Florentins rapportoient à l'irrégularité de leur gouvernement, tous les malheurs qui leur étoient arrivés depuis quelque-temps. Occupés de ces idées, ils songerent à en établir un nouveau. Il fut donc résolu que le Gonfalonnier de justice, dont la Magistrature n'avoit jusqu'alors duré que deux mois, conserveroit cette dignité pendant toute sa vie. On se flattoit que par ce moyen le Chef de la République seroit plus à portée de suivre les affaires du gouvernement, & de prévenir les désordres en ne donnant les places de Magistrats qu'à ceux qui s'en rendroient dignes. Ce reglement ayant été fait, on élut Pierre Soderin qui s'étoit attiré l'estime de ses concitoyens par son intégrité & sa modération. Il avoit toujours eu part aux affaires publiques, & il s'y étoit appliqué avec ardeur.

Louis avoit abandonné l'Italie après les mauvais succès qu'il avoit eus dans le royaume de Naples, & le Pape avec le Duc de Valentinois se trouvoient alors en état d'agir suivant les principes de leur ambition. Les Florentins qui se trouvoient exposés à tous leurs artifices, prirent les mesures nécessaires pour s'en garentir. Ils leverent de nouvelles troupes, & choisirent pour commander en chef leur armée, Jacques de Silly, Bailly de Caën, Capitaine de cinquante lances Françoises, & qui avoit beaucoup de réputation. Ils se flattoient qu'ayant à leur tête un Général François, on n'oseroit se déclarer ouvertement contr'eux, ou que le Roi seroit plus disposé à les secourir. Le nouveau Général recommença contre les Pisans la guerre qui avoit été interrompue. On ravagea une seconde fois le territoire de Pise, & l'on fit ensuite le siége de Vicopisano qui se rendit sans résistance. La prise de cette place fut suivie de celle de Verrucola petite forteresse que les Pisans avoient bâtie depuis leur révolte contre Florence. Le Bailli maître de ce poste qui commandoit la ville, pouvoit faire des courses jusqu'aux portes de Pise. La perte de ce château alarma beaucoup les Pisans qui n'avoient bien-tôt plus d'autres ressources que leur désespoir; car ils étoient toujours résolus de s'y deffendre jusqu'à la derniere extrêmité, plutôt que de se soumettre aux Florentins. Les Pisans auroient cependant desiré la paix, parce qu'ils ne vivoient pas tranquillement. On avoit soin de les amuser & de les flatter en leur faisant esperer du secours. Le Duc de Valentinois leur en fournissoit secrettement, & il songeoit même à s'emparer de la souveraineté de Pise, que les habitans de cette ville lui avoient offerte. Les projets de ce jeune ambitieux furent déconcertés par la mort d'Alexandre VI. & par une maladie de langueur que lui causa le poison qu'il avoit pris.

La France & l'Espagne avoient enfin signé une treve générale pour tous leurs Etats; & il ne restoit plus d'autre guerre dans toute l'Italie que celle de Pise. Les Florentins obstinés à se rendre maîtres de cette République, prirent à leur solde Jean-Paul Baglione & plusieurs autres Capitaines de la Gendarmerie des Colonne & des Savelli. Ils firent encore le dégat dans la campagne de Pise, & pénétrerent dans le Val de Serchio & le Val d'Osole. Ils s'emparerent ensuite de Librafatta, & ils se seroient alors rendus maîtres de Pise si les Genois n'eussent secouru cette République. Elle recevoit, par le moyen des Genois, des vivres par mer; mais les Florentins ayant loué trois galeres du Roi Frederic, les empêcherent de recevoir ce secours. Comme on étoit résolu de réduire les Pisans par la famine, l'armée Florentine fut distribuée dans le territoire de Pise pour empêcher les habitans de semer leurs terres. On avoit aussi formé le projet de détourner l'Arno: mais cette entreprise après avoir coûté des sommes immenses, fut entierement abandonnée à cause des difficultés insurmontables qui se rencontrerent. Les Florentins essayerent enfin de gagner les Pisans par la douceur, & ils proposerent une amnistie générale à tous ceux qui retourneroient dans leurs bourgs ou dans leurs terres. Plusieurs accepterent la proposition, & la ville de Pise se vit par ce moyen delivrée de plusieurs bouches inutiles. Cependant la misere étoit toujours la même; mais l'horreur qu'on avoit pour la domination des Florentins, soutenoit le courage presqu'abbattu des Pisans. Réduits aux dernieres extrémités, ils proposerent aux Genois d'accepter la souveraineté de leur ville. Les Lucquois & Pandolphe Petrucci offroient en même-temps de contribuer en partie pendant trois ans aux frais de la guerre. Les Genois flattés de ces offres, n'osoient les accepter sans le consentement du Roi de France. Pour engager ce Prince à les approuver dans cette démarche, ils lui représenterent que Pise se trouveroit dans la nécessité de se donner aux Espagnols, qui pourroient dans la suite s'emparer de toute la Toscane. Ces motifs avoient entierement determiné le Roi; mais son conseil l'en détourna dans la crainte que les Genois ne devinssent trop puissans, & qu'ils ne cherchassent à se rendre indépendans. Le Roi leur deffendit donc d'accepter la seigneurie de Pise, & il leur accorda seulement la permission de secourir cette ville.

La guerre des Florentins contre les Pisans, qui ne fut terminée qu'en 1509.

DUCHÉ DE TOSCANE.

1504.

DUCHÉ DE TOSCANE.

1505.

n'offre pendant cet espace de temps aucun évenement considérable ; en effet elle ne consista qu'en differentes courses faites sur les terres des Pisans, & dans quelques legeres escarmouches où les Florentins eurent souvent du désavantage. Ils résolurent cependant de tenter de nouveau le siége de cette place ; mais la lâcheté de leurs troupes les empêcha de s'en rendre maîtres. Le canon avoit fait plusieurs breches praticables, & le Géneral se disposoit à faire donner l'assaut, lorsque l'infanterie refusa de combattre. Il se vit donc obligé d'abandonner le siége. Cette infanterie avoit cependant quelque temps auparavant remporté un avantage considérable sur d'Alviane, qui avoit formé une entreprise contre les Florentins.

Depuis la levée du siége de Pise, les habitans de cette ville ne furent plus si souvent exposés à voir leurs terres ravagées par leurs ennemis. Plusieurs motifs avoient engagé les Florentins à rallentir leur ardeur : d'un côté la crainte d'offenser le Roi d'Arragon, & d'un autre les dépenses qu'ils étoient obligés de faire pour l'entretien des troupes. Les Rois de France & d'Arragon travaillerent cependant à terminer cette affaire par un accommodement : mais les differens intérêts des deux Cours fit traîner en longueur cette négociation qui ne décida rien. Il y eut enfin un traité en 1508

1508.

entre les Rois de France, d'Arragon & les Florentins, par lequel on convint : » Que le Roi de France & celui d'Arragon ne pourroient donner du
» secours aux Pisans : Qu'ils empêcheroient efficacement leurs sujets ou
» leurs alliés de fournir aux assiégés des vivres, de l'argent, des troupes
» ou des munitions de guerre : Que les Florentins payeroient cinquante
» mille ducats dans les termes marqués à chacun des deux Rois, en cas
» que Pise fut réduite dans un an : Qu'il y auroit une ligue entr'eux pour
» trois ans, à commencer du jour de cette réduction, & qu'en vertu de
» cette alliance les Florentins seroient obligés de deffendre les Etats des
» deux Rois en Italie avec trois cens hommes d'armes ; obligation qui de-
» voit être réciproque de la part de Louis & de Ferdinand à l'égard de la
» République de Florence : « Cette République avoit forcé peu de temps auparavant les Lucquois à faire un traité avec eux. Les principaux articles étoient : » Que la République de Lucques ne pourroit secourir en aucune
» maniere les Pisans, & que pendant que la guerre dureroit, les Lucquois
» ne pourroient être troublés dans la possession de Pietra-Santa & de Mu-
» trone ; sans préjudice des droits des Florentins sur ces places. «

Fin de la guerre de Pise.

1509.

Cependant les Pisans souffroient beaucoup par la disette des vivres, & les Genois avoient fait une tentative inutile pour leur en fournir par mer. Les Florentins avoient fermé tous les passages, de sorte que Pise ne pouvoit plus recevoir aucun secours ni par mer ni par terre. Les principaux citoyens qui avoient le gouvernement de la République, chercherent à amuser le menu peuple & les Paysans ; mais comme il n'y eut rien de terminé, les Florentins s'attacherent à resserrer de plus près la ville, de sorte qu'on y souffrit ce que la famine a de plus affreux. On reprit alors les conférences, & malgré les chefs des Pisans on conclut un traité dont les conditions leur furent très-favorables. On leur pardonna tout ce qu'ils avoient fait contre la République & contre les particuliers : on leur accorda aussi plusieurs priviléges, & ils furent dispensés de la restitution des effets qu'ils avoient pillés lorsqu'ils se révolterent. Telle fut enfin la décision d'une guerre qui avoit causé tant d'inquietude aux Florentins.

Duché de Toscane.
Troubles à Florence.
1511.

Cet accommodement leur procura pour quelque-temps une tranquillité qui fut troublée à l'occasion du Concile tenu à Pise contre Jules II. Ce Pontife irrité contre les Florentins de ce qu'ils avoient souffert qu'on tint ce Concile dans leurs Etats, mit en interdit la ville de Florence & de Pise; & pour donner beaucoup d'inquietude à la premiere de ces deux villes, il chargea le Cardinal de Medicis de la légation de Bologne. Ce Prélat avoit un parti assez considérable dans la ville, & il ne paroissoit pas difficile d'y faire naître quelques nouveaux troubles. Les principaux citoyens étoient jaloux de la grandeur & de l'autorité du Gonfalonnier qui s'étoit attiré la haine de plusieurs par son ambition. On se plaignoit qu'il ne laissoit presque point de part dans les affaires à ceux qui étoient capables de s'en mêler. On demanda donc qu'il y eût un Senat, afin de temperer l'autorité du Gonfalonnier du peuple. D'un autre côté les ennemis du Gonfalonnier qui étoit dans les interêts du Roi de France, traversoient tout ce qui se faisoit en faveur de ce Prince, & favorisoient ouvertement le Pape. Ces divisions occupoient tellement les Florentins, que la haine qu'on portoit aux Medicis, paroissoit considérablement affoiblie. Il y avoit même lieu de croire que la plupart de ceux qui avoient toujours été opposés à cette famille, sembloient être disposés à les favoriser pour chagriner Soderin (42). Les véritables amis de Medicis conçurent alors quelques esperances pour le retour de cette maison. Le Cardinal de Medicis depuis la mort de Pierre son frere (43), avoit toujours affecté de ne point se mêler des affaires de la République, & il avoit rendu de grands services aux Florentins qu'il avoit vus à Rome. Ceux mêmes qui s'étoient déclarés le plus ouvertement contre Pierre son frere, avoient également ressenti les effets de sa protection. Une conduite si moderée lui avoit gagné l'estime & l'amitié d'un grand nombre de citoyens.

Le souverain Magistrat de Florence ayant appellé de l'interdit du Pape au concile de l'Eglise universelle, rendit une ordonnance pour obliger le Clergé des quatre principales Eglises, d'y célébrer publiquement le service divin (44). Le Pape irrité de plus en plus contre les Florentins, résolut de s'en venger & de les forcer à recevoir les Medicis. Lorsqu'on fut informé des desseins du Pape, on prit toutes les mesures nécessaires pour se deffendre, & l'on proposa de se servir des revenus ecclésiastiques pour soutenir les frais de cette guerre. Plusieurs rejetterent cette proposition, tant par la crainte des censures, que pour contredire Soderin qui étoit l'auteur de cet avis. Malgré ces oppositions, la taxe fut imposée du consentement de tout le peuple. Cette nouvelle augmenta encore la colere du Pape, & il étoit déterminé à presser ses alliés de faire la guerre aux Florentins, lorsqu'il en fut détourné par Pandolphe Petrucci qui lui conseilla au contraire de faire le siége de Bologne.

Les Florentins virent donc par ce moyen la guerre éloignée de leurs Etats,

Mouvemens en faveur des Medicis.
1512.

(42) On se ressouvient que c'étoit le nom du Gonfalonnier.
(43) Il avoit été noyé par accident dans le fleuve Garigliano l'an 1503.
(44) François Guichardin.

DUCHÉ DE TOSCANE.

& ils crurent devoir garder la neutralité entre le Pape, ses alliés & la France. En effet pendant cette guerre, ils n'avoient fourni à Louis XII. que les secours auxquels ils s'étoient obligés pour la deffense du Milanès: de sorte que par leur conduite ils avoient offensé le Roi de France, & n'avoient point adouci l'esprit du Pape. Le Roi d'Arragon seul avoit retiré quelque avantage de cette neutralité; parce qu'après la bataille de Ravenne, ses troupes avoient eu la liberté de se sauver par l'Etat de Florence. Le Pape toujours animé contre cette République & sur-tout contre le Gonfalonnier, étoit continuellement occupé des moyens de rétablir les Medicis à Florence. Il en pressoit vivement ses alliés, & cette affaire fut renvoyée aux conférences qui devoient se tenir à Mantoue.

Cependant le Pape voulant sonder les esprits des Florentins, leur envoya Laurent Pucci sous prétexte d'entrer dans la ligue contre les François. Ils furent long-temps indécis sur la résolution qu'ils devoient prendre. Car d'un côté, ils soupçonnoient que le Pape leur tendoit un piége sur l'apparence d'une négociation, & de l'autre l'Evêque de Gurck, Ministre de l'Empereur, leur avoit annoncé que ce Monarque les prendroit sous sa protection s'ils vouloient lui donner quarante mille ducats. Il les exhortoit d'ailleurs à ne prendre aucun engagement, jusqu'à ce que l'Empereur se fût déclaré. Ces differens motifs les engagerent à ne donner aucune parole, & à promettre seulement de donner aux alliés une certaine somme.

Les Ministres des Princes de l'Italie & de l'Empereur se rendirent enfin à Mantoue pour travailler à chercher les moyens de mettre l'Italie à couvert des entreprises de la France. Julien de Medicis qui s'étoit rendu à cette assemblée pour le Cardinal son frere & en son propre nom, fit de grandes instances pour engager les confédérés à faire les derniers efforts en faveur de sa maison. Cette affaire souffroit de grandes difficultés. Le Vice-Roi de Naples n'avoit pas assez de troupes pour cette entreprise, & de plus l'Evêque de Gurck vouloit que les Espagnols se rendissent en Lombardie pour empêcher les Vénitiens de reprendre Bresse. Il eut été facile aux Florentins de détourner l'orage qui les menaçoit, s'ils eussent voulu accepter les offres du Ministre de l'Empereur, & donner quelque argent au Vice-Roi qui en étoit alors fort pressé. Mais tel étoit le sort de cette République de ne jamais prendre un parti avantageux pour elle, ce qui provenoit de la désunion continuelle des citoyens. L'Evêque de Gurck n'ayant pu engager les Florentins à faire ce qu'il desiroit, consentit que le Vice-Roi marchât vers Florence. Cette République qui n'avoit point été informée de ce qu'on avoit concerté contr'elle, se trouva pour ainsi dire sans deffense. Le Cardinal de Medicis accompagnoit le Vice-Roi avec Franciotte des Ursins & les Vitelli. Aussi-tôt que le Vice-Roi fut entré sur les terres de Florence, la République lui envoya un Ambassadeur pour lui représenter l'attachement qu'elle avoit toujours eu pour le Roi d'Arragon, & pour demander au Vice-Roi ce qu'il desiroit des Florentins. Ce Seigneur répondit que c'étoit au nom des confédérés qu'il venoit attaquer la République pour la forcer à abandonner les intérêts de la France : Qu'il falloit donc pour cet effet que le Gonfalonnier fût privé de sa charge, qu'on établît à Florence un autre gouvernement, qu'enfin le Cardinal & Julien de Medicis fussent rétablis dans leur patrie.

Ces

Ces propositions jointes à l'approche de l'armée des Espagnols qui s'avançoit toujours, jetterent la consternation dans les Esprits. Il n'y avoit qu'un petit nombre de troupes pour la deffense de la ville: On craignoit en même-temps d'être attaqué d'un autre côté par les troupes du Pape. On se prépara cependant à soutenir l'effort des ennemis, & on leva en diligence le plus grand nombre de troupes qu'il fut possible. Les Florentins députerent vers le Pape; mais ils n'eurent pas lieu d'être satisfaits de la réponse qu'ils en reçurent. Le Vice-Roi étant arrivé à quinze mille de Florence, fit déclarer aux Florentins qu'on n'en vouloit ni à leurs Etats ni à leur liberté, qu'on exigeoit seulement qu'ils déposassent le Gonfalonnier, & que les Medicis eussent la liberté de vivre dans leur patrie, non pour se mêler du gouvernement, mais pour y être soumis à l'autorité des loix & des Magistrats comme le reste des citoyens. Les sentimens furent beaucoup partagés sur la réponse qu'on devoit faire; mais le Gonfalonnier après avoir fait un long discours au peuple, le termina en assurant qu'il étoit prêt à renoncer à sa dignité si on l'ordonnoit, ou à songer à la deffense de la patrie. Il fut donc résolu dans cette assemblée que les Medicis seroient reçus comme simples particuliers, mais on ne voulut point consentir que le gouvernement fut changé: ainsi il fallut se préparer à la guerre. Le Général Espagnol informé de la résolution des Florentins, attaqua Prato qui est à dix mille de Florence. Le Vice-Roi, dont l'armée n'étoit pas considérable, manquoit de provisions & il craignoit de ressentir bien-tôt les effets de la famine. Il fit donc proposer aux Florentins de recevoir les Medicis, & de lui donner une certaine somme d'argent. Le Gonfalonnier fit traîner l'affaire en longueur dans l'esperance que les ennemis se retireroient faute de vivres. Les choses tournerent autrement qu'il ne l'avoit prévu: les Espagnols pressés par la faim attaquerent Prato avec tant de vigueur, qu'ils la prirent d'assaut. La plus grande partie de la garnison qui n'avoit pas eu le courage de se deffendre, fut passée au fil de l'épée, & l'autre fut faite prisonniere de guerre. La ville de Pistoie effrayée par cet exemple, fournit des vivres aux Espagnols, qui promirent de ne la point inquieter. Le Gonfalonnier sentit alors la faute qu'il avoit faite; mais il étoit incapable de la réparer. Quelques jeunes factieux profitant de l'abbatement où étoit le peuple, exécuterent le projet qu'ils avoient formé en faveur de Medicis. Ils entrerent dans le palais du Gonfalonnier, & menacerent de le tuer s'il n'en sortoit. Celui-ci céda sans résistance, voyant que la plus grande partie du peuple étoit contre lui. Les conjurés assemblerent les Magistrats, & les forcerent à deposer le Gonfalonnier. Ce Magistrat se retira d'abord dans le territoire de Sienne; ayant pris ensuite le chemin d'Ancône, il se rendit par mer à Raguse.

Après la déposition de Soderin, les Florentins firent un traité avec le Vice-Roi, & consentirent que la famille de Medicis rentrât dans sa patrie. On lui permit de retirer dans un certain temps les biens qui avoient été alienés par le fisc, en remboursant aux acquereurs le principal, & les dépenses qu'ils pourroient avoir faites. La République accéda en même-temps à la ligue, & s'obligea de payer à l'Empereur les quarante mille ducats que l'Evêque de Gurck avoit demandés, & quatre-vingt mille au Vice-Roi pour son armée. Ils lui promirent aussi en particulier vingt mille ducats, moyen-

DUCHÉ DE TOSCANE.

nant quoi il s'engagea de sortir des Etats de Florence après le premier payement, & de leur rendre les places dont il s'étoit emparé. Ils firent encore un autre traité avec le Roi d'Arragon, par lequel on s'obligea mutuellement à fournir un certain nombre de lances pour la deffense des Etats respectifs.

Les Florentins songerent ensuite à changer encore la forme du gouvernement. On fit de nouvelles loix, & il fut décidé : » Que le pouvoir du Gonfalonnier ne dureroit qu'un an : Que tous ceux qui auroient été revêtus » des premieres dignités au-dedans & au-dehors; sçavoir ceux qui auroient » été Gonfalonniers de justice, ou des dix *della Balla* (45), Magistrature » considerable dans la République, & ceux qui auroient eu des ambassades » ou des commissions générales de la guerre, seroient adjoints pour tou- » jours au conseil des quatre-vingt, qui changeoit tous les six mois, & dans » lequel se regloient les plus importantes affaires, & cela pour qu'elles ne » fussent pas decidées sans la participation des principaux citoyens : Qu'au » reste la forme du gouvernement subsisteroit en son entier telle qu'elle » étoit alors (46). « Jean-Baptiste Ridolfi fut élu Gonfalonnier pour cette premiere année. On se flattoit que la grande autorité que cet homme avoit dans la ville, & son crédit auprès de la Noblesse, joints à ses talens, pourroient enfin rétablir la République.

Rétablissement de la famille de Medicis.

Mais tous les efforts que l'on pouvoit faire pour rendre à la République de Florence une véritable liberté, étoient absolument inutiles. Trop divisée au-dedans, & souvent attaquée au-dehors par des ennemis jaloux de son bonheur, elle jouissoit seulement d'une ombre de liberté, que des factieux cherchoient à tous momens à lui ravir. Elle avoit alors tout à redouter de la maison de Medicis. Le Cardinal de Medicis n'avoit pas travaillé avec tant d'ardeur au rétablissement de sa maison, pour la laisser dans l'obscurité au milieu des citoyens qui l'avoient vue autrefois si distinguée par sa puissance & ses richesses. Porté par son ambition à relever l'éclat de sa famille, il y étoit encore excité par les anciens partisans de sa maison, & par plusieurs de ceux qui ne tenoient pas dans la République un rang qui répondit à la bonne opinion qu'ils avoient de leur mérite. Le Cardinal crut devoir employer la force pour l'exécution de son dessein, & engagea le Vice-Roi de Naples à le soutenir avec ses troupes qui étoient encore à Prato. Ce Général Espagnol étoit resté dans ce poste pour y attendre le premier payement de la somme dont on étoit convenu par le traité, & qu'il n'étoit pas facile de faire vû la situation où se trouvoit la République de Florence. Medicis assuré des troupes Espagnoles, se rendit dans la ville accompagné de plusieurs Capitaines & soldats Italiens. Le lendemain de son arrivée, quelques soldats forcerent le palais où l'on tenoit pour lors un conseil, & pillerent la vaisselle d'argent qui servoit dans les repas publics. Le Gonfalonnier & les autres Magistrats ne pouvant s'opposer à cette violence, convoquerent l'assemblée du peuple au son de la grosse cloche. La vûe des gens armés en faveur de Medicis, celle des soldats qui étoient entrés dans la ville, & la crainte de l'armée qui étoit dans le voisinage, forcerent le peuple à

(45) Ce mot peut se traduire par celui d'*autorité*.

(46) François Guichardin.

consentir à tout ce que le Cardinal voulut. On donna à cinquante citoyens, nommés suivant les intentions de ce Prélat, un pouvoir aussi étendu que celui de tout le peuple assemblé. Ce conseil qui fut appellé la *Balia* ou *Balla*, rendit une ordonnance par laquelle on rétablit le gouvernement comme il étoit avant l'année 1494. On mit donc une garde perpétuelle au palais, & les Medicis ayant repris leur ancien rang, gouvernerent avec plus d'empire & d'autorité que n'avoient fait leurs peres.

<small>DUCHÉ D TOSCANE.</small>

Jean Cardinal de Medicis étant monté sur la chaire de St Pierre le 11 de Mars, prit le nom de Leon X. Ce fut alors qu'il songea davantage à l'élévation de sa famille. Il fit Cardinal Jules II. de Medicis, fils naturel de Julien I. & par le moyen de cette dignité, il purgea sa naissance de tous les défauts qu'on lui reprochoit (47). Le nouveau Pape s'étant rendu maître du duché d'Urbin en 1516, le donna à Laurent III. de Medicis son neveu qui commandoit ses troupes. Ainsi la famille de Medicis se vit élevée à un plus haut point de gloire qu'elle n'avoit été jusqu'alors.

<small>1513.</small>

Le repos dont la République de Florence jouissoit depuis le rétablissement de cette maison, ne fut point interrompu par les longues guerres qui affligerent l'Italie pendant plusieurs années. Le duché d'Urbin, le Ferrarois, le Milanès avoient été les principaux théatres de ces guerres auxquelles les Florentins n'avoient pris qu'une foible part. L'envie de rétablir ses freres & ses neveux à Florence, porta le Cardinal de Volterre (48) à engager François I. à seconder son entreprise. Le Roi de France donna ordre en conséquence à Renzo des Ursins, Seigneur de Ceré, de marcher contre Florence. Renzo ne tarda pas à se rendre dans le territoire de Sienne avec sept mille cinq cens hommes & un grand nombre de bannis. Le Cardinal de Medicis qui gouvernoit alors la République, employa tous les moyens nécessaires pour faire échouer un projet qui le mettoit en danger de perdre toute son autorité. Guy Rangone à qui il avoit donné le commandement des troupes, marcha à la rencontre des ennemis qu'il se proposa d'amuser. Il se flattoit qu'en traînant les choses en longueur, l'ennemi seroit obligé d'abandonner son entreprise faute d'argent, & que par conséquent il devoit éviter d'en venir à aucune action décisive. Il se contenta donc d'enlever leurs convois, & de fournir de troupes les places les plus voisines du Siennois & des Etats de Florence. Ces sages précautions eurent tout l'effet qu'il pouvoit en esperer, & rendirent inutiles les efforts de Renzo. Ce Seigneur qui n'avoit pu se rendre maître d'aucune place, & dont l'armée souffroit beaucoup par la disette des vivres, prit le parti de se retirer à Acquapendente. Les Florentins l'obligerent à mettre bas les armes en le menaçant de se jetter sur ses terres. Renzo n'ayant plus aucune esperance de venir à bout de l'expédition dont on l'avoit chargé, & voyant d'ailleurs que les affaires de François I. étoient ruinées en Italie, consentit volontiers à faire la paix.

<small>Tentatives en faveur des Soderin.</small>

<small>1522.</small>

Quelque-temps après, Don Juan Manuel, Ambassadeur de Charles V. à la Cour de Rome, avant que de partir d'Italie, laissa aux Florentins un billet par lequel il reconnoissoit que l'Empereur avoit promis par un écrit du

---

(47) Jules de Medicis étoit cousin-germain du Pape. Ce même Jules fut élu Pape le 19 de novembre 1523, & prit le nom de Clement VII.

(48) Il s'appelloit François Soderin.

mois de septembre 1520, de confirmer six mois après la diete qui suivroit son couronnement, les priviléges & la souveraineté de la République de Florence. Il ajouta que des raisons s'étant opposées à l'exécution des promesses de ce Monarque, il renouvelloit ses engagemens par son ministere. En effet l'Empereur fit expédier l'année suivante son diplôme à ce sujet.

Le passage des Imperiaux par la Toscane, sous la conduite du Connetable de Bourbon qui étoit au service de l'Empereur, causa de grandes alarmes aux Florentins. Dans cette extrêmité, ils eurent recours aux Venitiens & au Duc d'Urbin, qui leur promirent des troupes pour les mettre en état de se deffendre contre les efforts du Connetable. Tous ces confédérés avoient rassemblé leurs troupes dans la Toscane, & le pays se trouvoit par ce moyen à l'abri des entreprises des Imperiaux. En effet le Duc de Bourbon ne resta pas long-temps en Toscane, & marcha en diligence vers Rome (49). Cependant il y avoit de grands troubles à Florence, la jeunesse avoit demandé aux Magistrats qu'on lui mit en main les armes publiques, sous prétexte de se deffendre contre les gens de guerre. Pendant qu'on étoit occupé à délibérer sur cette matiere, il arriva une émeute dans la ville, ce qui fournit une occasion aux jeunes gens de prendre les armes. Silvio Cardinal de Cortone sortit de la ville dans ce moment critique, à dessein d'aller au-devant du Duc d'Urbin qui venoit au secours de la Republique. On fit alors courir le bruit que le Cardinal abandonnoit la ville. La jeunesse devenue plus hardie par l'absence de ce Prelat, s'empara du palais, & força le Gonfalonnier à rendre un decret par lequel Hyppolite & Alexandre de Medicis, neveux du Pape, furent declarés rebelles (50). Le Duc d'Urbin, le Marquis de Saluces, & plusieurs autres Officiers, étant entrés dans la ville avec le Cardinal de Cortone & Hyppolite de Medicis, firent mettre sous les armes quinze cens hommes d'infanterie qu'on y tenoit depuis plusieurs jours à cause de l'état présent des affaires. Cette troupe n'étoit pas suffisante pour forcer le palais, & l'on résolut de faire entrer dans la ville une partie de l'infanterie Venitienne qui campoit dans la plaine. On voulut tenter auparavant les voies de la douceur, afin de ne point être obligé de faire périr dans cette attaque la plus grande partie de la Noblesse qui s'étoit retirée dans le palais. Guichardin Lieutenant du Pape & Frederic de Bozzolo, firent de si vives représentations aux rebelles, qu'ils consentirent à mettre bas les armes & à profiter de l'amnistie qu'on leur proposoit. La conduite du Lieutenant du Pape qui avoit d'abord reçu de grands éloges, fut blâmée dans la suite par le Cardinal de Cortone. On reprochoit à Guichardin d'avoir préféré le salut des Florentins à la grandeur des Medicis : le peuple d'un autre côté publioit que pour favoriser cette famille, il avoit engagé ceux qui occupoient le palais à l'abandonner, en leur exagerant le péril où ils étoient. Quelque-temps après, les Florentins à la sollicitation du Marquis

---

(49) Il fut tué en attaquant cette ville, qui cependant fut prise d'assaut & dans laquelle on exerça toutes sortes de barbaries. *Voyez l'histoire de France de cette Introduction. tom. I. part. II. pag. 239 & suiv.*

(50) Le premier étoit fils naturel de Julien

II. & le second étoit aussi fils naturel de Laurent III. Le Pape qui étoit alors sur la Chaire de St Pierre, étoit Jules II. de Medicis qui avoit pris le nom de Clement VII. lorsqu'il fut élu Pape en 1523.

de Saluces & des Venitiens, entrerent dans la ligue qu'on avoit faite contre l'Empereur, & s'obligerent de payer cinq mille hommes d'Infanterie. Cette démarche irrita Charles V. qui avoit à leur priere donné pouvoir au Duc de Ferrare de traiter avec eux en son nom.

DUCHÉ DE TOSCANE.

La jalousie continuelle que les familles avoient les unes contre les autres, suscitoit à chaque instant de nouveaux troubles dans la République. Les ennemis de Nicolas Caponi qui étoit alors Gonfalonnier, chercherent à le perdre dans l'esprit du peuple en lui inspirant de la défiance contre ce Magistrat. Il avoit résolu de mettre à couvert de la haine publique les partisans des Medicis, de les faire entrer dans les charges, & de menager le Pape dans tout ce qui seroit indifferent à la liberté. Les adversaires de cette Maison qui ne voyoient point sans inquietude & même sans jalousie le dessein du Gonfalonnier, se servirent de toutes sortes de moyens pour le rendre suspect, afin qu'il ne fut pas continué dans sa charge. On profita pour le perdre d'une lettre qu'il avoit reçue du Pape, & qui pouvoit en effet causer quelque défiance à ceux qui n'étoient point instruit des liaisons secrettes qu'il entretenoit avec le Pontife. Les séditieux saisissant cette occasion, forcerent le palais & y retinrent le Gonfalonnier comme en prison. On assembla aussi-tôt quelques Magistrats & un grand nombre de citoyens qui le déposerent, & on entama ensuite son procès. Son innocence ayant été reconnue, ses amis & la plus grande partie de la Noblesse le reconduisirent en triomphe dans sa maison.

Révolution de Florence.
1529.

L'animosité que les Florentins témoignoient contre les Medicis, & la ligue qu'ils avoient faite avec les ennemis de l'Empereur, leur avoient attirés deux puissans ennemis, je veux dire le Pape & Charles V. Les Florentins avoient été exclus tacitement du traité de Cambrai; puisque dans l'article où il avoit été fait mention d'eux, on avoit ajouté qu'ils seroient censés compris dans le traité, supposé qu'ils terminassent dans l'espace de quatre mois leurs differends avec l'Empereur. Ce Monarque irrité contr'eux avoit chargé le Prince d'Orange, d'attaquer la République de Florence aussitôt qu'il en seroit sollicité par le Pape. Clement VII. ne tarda pas à engager ce Prince à rassembler ses troupes pour travailler au rétablissement des Medicis. L'Empereur de son côté s'étoit rendu à Gênes le 12 du mois d'août, & son arrivée avoit jetté la terreur dans toutes les provinces d'Italie qui lui avoient été contraires. Les Florentins lui députerent quatre Ambassadeurs pour regler avec lui toutes les affaires de la République. Charles V. ne fut point touché de cette ambassade, & il refusa de leur accorder une suspension d'armes.

Charles V. attaque les Florentins.

Ce Monarque avoit offert au Pape d'envoyer les troupes qu'il avoit amenées avec lui en Toscane; mais le Pontife croyant pouvoir réduire les Florentins sans le secours d'une armée si nombreuse, refusa les offres de l'Empereur. Cependant les Ambassadeurs Florentins obtinrent audience de ce Monarque, & tâcherent de justifier leur conduite en alléguant les ordres du Pape qui disposoit alors de tout à Florence. Ils declarerent donc qu'ils n'étoient entrés dans la ligue que par une pure nécessité. Ils ne firent point mention des differends de la République avec le Pape; mais le Grand Chancelier qui venoit d'être nommé Cardinal, leur annonça qu'ils devoient

DUCHÉ DE TOSCANE.

satisfaire le Pape. Il ajouta que la République s'étant liguée avec les ennemis de l'Empereur, & ayant fait marcher des troupes contre son armée, elle avoit perdu ses priviléges, & par conséquent que l'Empereur étoit maître d'en disposer à sa volonté. Il leur signifia que ce Prince refuseroit toujours de les écouter jusqu'à ce qu'ils fussent d'accord avec le Pape.

Le Prince d'Orange qui étoit entré en Toscane, s'étoit déja rendu maître de quelques places, & avoit député vers Malatesta pour l'engager à livrer au Pape la ville de Perouse. On lui offroit de lui conserver tous ses biens particuliers, de lui permettre d'aller au secours des Florentins & d'empêcher que Braccio, Sforce, Baglione & ses autres ennemis ne rentrassent dans Perouse. Ces conditions avantageuses firent impression sur l'esprit de Malatesta, & le disposerent à conclurre avec le Pape. Il refusa cependant de le faire sans l'aveu des Florentins, qui craignant pour leurs troupes qu'on avoit envoyées pour deffendre Perouse, consentirent que Malatesta fît un accommodement avec le Pape. Le Pontife maître de cette place ne songea plus qu'à forcer la République de Florence, à faire tout ce qu'il exigeoit d'elle. Les Florentins avoient esperé quelques secours des Venitiens & du Duc de Ferrare; mais ces deux puissances qui traitoient alors avec l'Empereur, n'étoient gueres disposées à exécuter leurs promesses. N'ayant plus d'autres ressources que dans eux-mêmes, ils chercherent à retarder le plus qu'ils pourroient la marche du Prince d'Orange, afin d'avoir le temps de réparer les murs de Florence dont ils prévoyoient le siége. Ils envoyerent donc des Députés au Prince d'Orange, & des Ambassadeurs au Pape pour demander une suspension d'armes : ce qu'ils ne purent obtenir. Le Prince d'Orange qui avoit toujours continué sa marche, se présenta devant Cortone qui se rendit après une legere résistance. Arezzo imita son exemple, & se soumit aux conditions qu'elle se gouverneroit elle-même en forme de République sous la protection de l'Empereur, & qu'elle ne seroit plus sujette de Florence. Tout se déclaroit alors contre les Florentins ; l'Empereur ne vouloit écouter aucune proposition de paix, que les Medicis ne fussent entierement rétablis dans la ville, & Jean de Sassatello qui gardoit l'argent des Florentins, passa dans les troupes Imperiales avec Alexandre Vitelli, & trois mille hommes de pied. Le Prince d'Orange obligé de suivre les ordres qui lui étoient donnés, se disposa à faire le siége de Florence, & demanda de l'artillerie aux Siennois. Ces peuples n'oserent le refuser quoiqu'ils vissent avec peine l'élevation de la famille de Medicis.

Cependant le Pape avoit donné audience aux Ambassadeurs des Florentins, & leur avoit déclaré que son dessein n'étoit point d'attenter à la liberté de la République ; mais que les injures qu'il avoit reçues du gouvernement populaire, & la nécessité d'assurer l'état de sa famille, l'avoient forcé à attaquer les Florentins. Il exigea donc que la ville se remît à sa discrétion, l'assurant qu'elle n'auroit pas lieu de se repentir de cette démarche. Les Florentins étoient bien éloignés de cette disposition, puisqu'ils étoient résolus de se deffendre jusqu'à la derniere extrêmité. Le Prince d'Orange n'étoit pas encore en état de commencer le siége, car ceux qui étoient chargés de conduire l'artillerie que les Siennois fournissoient, ne se pressoient pas de se rendre à l'armée. Pendant que tout se disposoit au siége de la place, quelques habitans furent d'avis qu'on traitât avec le Pape. Le Gonfalonnier à qui cette proposition fut communiquée, s'y opposa fortement, & mit dans son parti un grand nombre de jeunes gens téméraires & mal intentionnés. Les sentimens étoient alors si partagés, que si le Prince d'Orange se fût avancé, il auroit pû se rendre maître de la ville ; parce qu'une grande partie du peuple auroit profité des circonstances pour se déclarer ouvertement en faveur du Pape. Sa lenteur à presser le siége qu'il pouvoit commencer sans l'artillerie, donna le temps aux Florentins d'achever les fortifications de leur ville, & leur fit reprendre courage.

DUCHE' DE TOSCANE.

Enfin le 24 d'octobre toute l'armée ennemie campa sur les hauteurs qui commandent la ville. Il n'y avoit que huit mille hommes d'infanterie dans Florence, parce qu'on avoit envoyé le reste des troupes dans Prato, Pistoie, Empoli, Pise & Livourne ; à l'égard des autres places on se reposoit de leur deffense sur la force de leur situation & sur la fidélité des habitans. Sur ces entrefaites, l'Empereur ayant fait la paix avec les Venitiens & le Duc de Milan, il rappella les troupes qu'il avoit dans la Lombardie, & les fit marcher vers Florence comme il en étoit convenu dans une entrevue qu'il avoit eue avec le Pape à Bologne. Jusqu'alors le siége avoit traîné en longueur, parce que d'un côté les assiégeans n'avoient pas été en état de donner l'assaut, & que de l'autre les Florentins qui se flattoient que ses ennemis se retireroient faute de vivres & d'argent, se tenoient seulement sur la deffensive. L'arrivée des troupes Imperiales fit changer les choses de face. Pistoie & Prato étant tombée en leur pouvoir, elles passerent l'Arno, & formerent une attaque opposée à celle du Prince d'Orange. Ce Prince secondé par ces nouvelles troupes, fit ouvrir une nouvelle tranchée au commencement de l'année 1530, afin de battre les bastions de plus près. On employa cependant de part & d'autre les voyes de négociation ; mais il ne paroissoit pas facile de rien terminer, parce que d'un côté les Florentins ne vouloient point consentir à changer la forme du gouvernement, ou à démembrer les Etats de la République, & que de l'autre le Pape prétendoit en donner la souveraineté à sa famille. Le Pontife engagea le Roi de France à porter les Florentins à consentir à ses demandes. Mais toutes ces démarches furent infructueuses.

Siége de Florence.

1530.

Cependant les Imperiaux pressoient le siége de Florence, & les attaques devenoient plus vives. Les Florentins resserrés de tous côtés, manquant de vivres, & ayant perdu toutes les places voisines, songeoient encore à se deffendre dans l'esperance des secours que quelques puissances leur avoient promis. Ils avoient chargé Ferruccio de rassembler une armée à Pise, & de marcher avec ce nouveau secours vers Florence, afin que ce nouveau renfort les mît en état de livrer bataille aux Imperiaux. Le Prince d'Orange averti du dessein des ennemis, prévint Ferruccio & lui livra combat. L'ardeur de ce Prince lui devint funeste, car il fut tué dans le premier choc. Sa mort n'empêcha pas les Imperiaux de remporter une victoire complette, & de retourner en triomphe à leur camp.

Réduction de Florence.

Le désespoir étoit la seule ressource qui restoit aux Florentins, & en effet ils étoient résolus de s'enterrer sous les ruines de leur ville, lorsque Malatesta Baglione qui commandoit leurs troupes, les força en quelque façon à capituler. Ils avoient formé le dessein de sortir pour attaquer un ennemi

DUCHE' DE TOSCANE.

plus fort qu'eux & bien retranché. Ils proposerent à ce Général de se mettre à leur tête; sur le refus qu'il en fit, on voulut le priver du commandement, & on lui donna ordre de sortir de la ville avec ses troupes. Malatesta piqué de cet ordre, frappa de son poignard un de ceux qui étoient venus le lui apporter. Cette action causa un soulevement général, & ceux qui étoient bien intentionnés, en profiterent pour forcer leurs concitoyens de céder à la nécessité. On envoya donc quatre Députés le 9 d'août à Don Ferdinand de Gonzague qui avoit pris le commandement de l'armée depuis la mort du Prince d'Orange, & l'on convint le lendemain des articles de la paix. Les principaux furent: ,, Que la ville payeroit incessamment quatre ,, vingt mille ducats pour engager l'armée à se retirer: Que l'Empereur ,, seroit prié de regler dans l'espace de trois mois, la forme du gouvernement ,, de Florence, sans toucher néanmoins à la liberté: Qu'il y auroit ,, amnistie générale de toutes les injures faites au Pape, à ses partisans & ,, à ses serviteurs: & qu'en attendant la décision de l'Empereur, Malatesta ,, Baglione garderoit la ville avec deux mille hommes d'Infanterie. " Ce Général de concert avec Valori Commissaire Apostolique, convoqua l'assemblée du peuple, afin de regler le gouvernement. Suivant leur intention, on chargea douze partisans du Pape d'établir telle forme de gouvernement qu'il leur plairoit. Ces nouveaux Législateurs ne tarderent pas à décider, & les choses furent remises sur le pied où elles étoient avant l'année 1527.

Aussi-tôt que les troupes se furent retirées, ceux qui venoient d'être chargés de l'administration des affaires, firent mourir juridiquement plusieurs citoyens, & en condamnerent un grand nombre à la prison ou à l'exil. Il étoit cependant porté par le traité qu'il y auroit une amnistie générale; mais on se servit de differens prétextes pour condamner ces malheureux citoyens. Ils furent punis comme criminels d'Etat, qui par leurs actions & leurs conseils avoient cherché à troubler le repos de la République. On imputa aussi à plusieurs leur vie déreglée & les crimes particuliers qu'ils avoient pu commettre. On vouloit faire voir que ce n'étoit point les ennemis des Medicis qu'on poursuivoit avec tant de rigueur, mais seulement ceux de l'Etat. Ce ne furent pas les seuls malheurs que les Florentins éprouverent alors: la longueur de la derniere guerre avoit épuisé les finances de la République, & les campagnes toujours couvertes de soldats, n'avoient pu être ensemencées. La famine se fit bien-tôt sentir, & il fallut faire venir des pays étrangers, des grains & les autres choses nécessaires à la vie, ce qui acheva de ruiner les Florentins.

Florence érigée en duché.

Florence touchoit au dernier moment d'une liberté dont elle n'avoit jamais sçu jouir, & elle subit enfin le joug que l'Empereur voulut lui imposer (51). Ce Monarque se conformant aux intentions du Pape, ou songeant

(51) En finissant l'histoire de la République de Florence, il m'a paru à propos de rapporter quelques réflexions de Nicolas Machiavel sur cette République, & la comparaison qu'il en fait avec celle de Rome. Voici comment il s'explique à la tête du troisieme livre de son histoire. ,, Tous les grands dé- ,, sordres qui arrivent dans les Républiques, ,, n'ont point d'autres sources que la divi- ,, sion qui se rencontre ordinairement entre ,, le peuple & la Noblesse: parce que celle- ,, ci voulant dominer, & l'autre refusant peut-être

peut-être plutôt à ses intérêts, donna à Florence un maître qui étoit redevable de son autorité à la maison d'Autriche. Il appréhendoit sans-doute que cette ville en conservant sa liberté, ne fût toujours plutôt portée pour la France que pour l'Espagne. » Il ordonna donc que la République auroit
» les mêmes Magistrats & les mêmes loix que dans le temps qu'elle étoit
» gouvernée par les Medicis : Qu'Alexandre neveu du Pape seroit à la tête
» des affaires : Qu'enfin cette place seroit héréditaire à sa posterité, & à
» son deffaut à ses plus proches parens. Il rendit à la ville de Florence tous
» les priviléges accordés par ses prédecesseurs ou par lui-même : mais à
» condition qu'elle en seroit déchue de plein droit toutes les fois qu'elle
» donneroit la moindre atteinte à la puissance des Medicis. Au reste sa
» décision étoit conçue dans des termes qui faisoient sentir que c'étoit moins
» en conséquence de ce qui avoit été arrangé avec le Pape, qu'en vertu de
» l'autorité Imperiale qu'il regloit ainsi les choses (53). « Les Florentins n'étant point en état de s'opposer aux ordres de l'Empereur, furent obligés d'y souscrire : la dignité du Gonfalonnier de justice fut abolie, & Alexandre de Medicis (54) fut reconnu Duc de Florence.

DUCHÉ DE TOSCANE.

Alexandre de Medicis premier Duc.

1531.

» d'obéir, cette diversité d'humeur est l'origine des autres maux qui font naître les dissentions & les guerres civiles. Ce ne fut que cette désunion qui causa tant de troubles & de divisions dans l'ancienne Rome, & s'il est permis de faire une comparaison aussi inégale, ce fut aussi l'origine des discordes de Florence, quoiqu'avec des effets bien differens dans l'un & dans l'autre. Car la mésintelligence qui naissoit d'abord entre la Noblesse & le peuple Romain, se terminoit par des disputes, au lieu que les armes décidoient ordinairement celles de Florence. Une loi suffisoit pour étouffer l'animosité qui regnoit à Rome; mais à Florence elle ne pouvoit s'éteindre que par le sang ou par l'exil de plusieurs citoyens. Les differends de Rome augmenterent la valeur militaire; ils la détruisirent au contraire entierement à Florence. Enfin toutes les contestations qui arrivoient à Rome, produisirent une inégalité surprenante entre des citoyens d'abord égaux entr'eux ; mais celles de Florence rendirent égaux des citoyens qui ne l'étoient pas auparavant. Il faut que cette grande diversité soit née des fins différentes que ces deux peuples se sont proposées. A Rome le peuple vouloit partager les premiers emplois avec la Noblesse ; à Florence le peuple combattoit pour que la Noblesse n'eût aucune part aux charges. L'intention du peuple Romain étant plus juste, les Nobles n'en ressentoient pas la même peine que ceux de Florence, & ils cédoient aisément sans en venir aux armes ; de sorte qu'après quelque contestations il survenoit une loi qui, en satisfaisant le peuple, maintenoit la Noblesse dans ses prérogatives. D'un autre côté les prétentions du peuple Florentin étoient injustes & injurieuses ; ce qui rendoit la Noblesse plus animée à sa deffense ; faisoit répandre le sang des citoyens, & occasionnoit tant d'exils. Les loix qu'on publioit ensuite, n'étoient faites qu'à l'avantage du vainqueur, & on n'avoit aucun égard au bien public. Ce que le Peuple Romain obtenoit, produisoit au contraire un grand bien, parce que les Nobles partageant la Magistrature & le commandement des armées avec les autres citoyens, ceux-ci se conformoient aux Nobles, & acqueroient par ce moyen tout ce qui les distingue du reste des hommes. Ainsi le mérite devenant général, la puissance de la République augmentoit beaucoup : mais quand le peuple de Florence avoit le dessus il ôtoit toutes les charges aux Nobles, & ceux-ci n'y pouvoient rentrer qu'en se conformant aux manieres populaires. C'est ce qui leur faisoit changer leurs titres & leurs armes, afin de passer pour Plébeiens. La valeur militaire & la grandeur d'ame s'éteignirent alors entierement chez les grands de Florence ; & le peuple resta dans la bassesse où il est ordinairement. C'est ce qui fit perdre à Florence toute la gloire dont elle avoit joui jusqu'alors. «

(53) Guichardin.
(54) C'est le même qui fut chassé de Florence en 1527 comme on l'a vu plus haut.

DUCHÉ DE TOSCANE.

Après qu'il eut épousé Marguerite fille naturelle de l'Empereur, il songea à affermir sa nouvelle puissance, & rendit diverses ordonnances qui tendoient toutes au bien & à l'avantage de la patrie. Pour gagner l'affection du peuple, il se chargea de juger les differends qui survenoient entre les citoyens, & il recevoit avec bonté toutes les requêtes qui lui étoient présentées même de la part des plus petits. Résolu de multiplier le nombre de ses partisans, il crut qu'il étoit de sa politique de pardonner à tous ceux qui s'étoient déclarés contre sa famille, & de combler de bienfaits ceux qui y avoient toujours été attachés. Une conduite si moderée & si prudente faisoit concevoir de grandes esperances de lui; & les Florentins se flattoient de vivre heureux sous sa domination. Son incontinence extrême lui fit bientôt perdre l'estime des Florentins, & lui attira la haine de ses nouveaux sujets.

Laurent de Medicis, le plus proche parent d'Alexandre, formoit depuis long-temps le dessein de se rendre maître de la souveraineté de Florence en faisant périr ce Prince. Pour s'insinuer davantage dans sa confidence, & lui tendre des piéges avec plus de sûreté, il voulut être le Ministre de ses plaisirs. Quelques amis d'Alexandre l'avertirent des mauvaises intentions de Laurent, & des discours qu'il tenoit dans quelques assemblées. Le Duc ne put s'empêcher de déclarer à son confident ce qu'il avoit appris; mais celui-ci sans paroître étonné, avoua que tout ce qu'on avoit dit de lui étoit véritable. Il ajouta en même-temps qu'il s'étoit cru obligé d'en agir ainsi, afin d'engager par de fausses confidences les ennemis du Duc à déclarer ce qu'ils pensoient. Alexandre prévenu en faveur de Laurent, ajouta foi avec trop de facilité aux paroles de ce traître, & continua à se livrer entierement à lui.

Alexandre est assassiné.

1537.

Après que Laurent eut pris toutes les précautions qu'il crut nécessaires pour jouir du fruit de son crime, il se disposa à le consommer. Le libertinage du Duc lui en fournit une occasion, Alexandre épris des attraits d'une Dame très-vertueuse, en desiroit la possession avec ardeur. Laurent profitant de cette passion, déclara au Duc que cette femme avoit enfin consenti à se rendre la nuit suivante dans sa maison, & qu'il pourroit l'y entretenir en toute sûreté. Alexandre aveuglé par son amour, donna dans le piége que son ennemi lui tendoit, & se laissa conduire par ce traître qui lui conseilla de renvoyer deux domestiques qu'il avoit avec lui. Le Duc en attendant l'heure du prétendu rendez-vous, se jetta sur un lit où il s'endormit. Laurent accompagné de deux assassins, entra aussi-tôt dans la chambre où le Duc reposoit & lui porta le premier coup. Alexandre reveillé par la douleur, se deffendit autant qu'il lui fut possible, mais enfin il succomba & tomba mort.

Laurent effrayé de l'action qu'il venoit de faire, loin de songer à en tirer quelqu'avantage ne s'occupa que des moyens de se sauver. Il se rendit en diligence à Venise où il apprit à Philippe Strozzi ce qui venoit d'arriver. Son Intendant qu'il avoit chargé de faire sçavoir à ses partisans la mort de Medicis, ne trouva pas les esprits disposés à exciter quelques mouvemens en faveur de son maître. Le Cardinal Cibo informé de la fin tragique de son parent, crut devoir cacher cette nouvelle jusqu'à ce qu'il eût pu rassembler des troupes. Il écrivit pour cet effet à Alexandre Vitelli & à Baglione, de se rendre promptement à Florence avec le plus grand nombre de soldats qu'ils pourroient conduire avec eux.

DUCHÉ DE TOSCANE.

Côme de Medicis fils de Jean II. étoit alors à une maison de campagne à quelque distance de la ville. Instruit de la mort d'Alexandre & de la fuite de Laurent, il se rendit à Florence à dessein d'en obtenir la souveraineté ; cependant par le conseil du Cardinal, il affecta de ne point chercher la principauté que le peuple & les soldats témoignerent avoir envie de lui offrir par la maniere dont il fut reçu dans la ville. Il étoit alors dans la dix-huitieme année de son âge, & l'on croyoit voir en lui toutes les qualités & la valeur qu'on avoit admirées dans son pere. Ses amis mêmes le pressoient de profiter des dispositions favorables du peuple, & de s'emparer de la souveraineté. Côme dissimulant toujours ses veritables intentions, déclara qu'il étoit content de sa fortune, & qu'il ne souhaitoit autre chose que de tenir un rang honorable parmi les Nobles. Il étoit ainsi obligé de feindre jusqu'à ce qu'il fût assuré des suffrages de tous les citoyens, ou du moins qu'il eût assez de force pour les obliger de faire par la crainte ce qu'ils ne voudroient pas accorder de bon gré ; car il sçavoit que plusieurs soupiroient après l'ancienne liberté. Ceux qui étoient chargés de regler le gouvernement, s'assemblerent dans le palais plutôt à dessein de travailler à la reforme de la République, qu'à l'élection d'un Prince. Le Cardinal qui étoit présent à cette assemblée, déclara qu'on ne pouvoit changer le gouvernement que l'Empereur avoit établi, & que d'ailleurs le repos de la République exigeoit qu'on en donnât l'administration à Côme de Medicis. Pendant qu'on étoit à déliberer sur cette matiere, Vitelli étoit entré dans la ville avec ses troupes qui commençoient déja à vouloir y exercer toutes sortes de brigandages. Le conseil qui en fut averti, consentit enfin que le soin de la République fut confié à Côme de Medicis, aux conditions qu'il ne seroit point appellé Duc ; mais seulement Chef ; qu'il ne laisseroit pendant son absence aucun Lieutenant dans la ville s'il n'étoit citoyen ; qu'il se contenteroit de la somme de douze mille ducats d'or par an, pour l'entretien de sa maison. Côme ayant accepté ces conditions, on annonça au peuple ce qui avoit été résolu, & le nouveau Chef de la République fut proclamé au milieu des applaudissemens publics.

Côme de Medicis II. Duc de Florence.

Quelque-temps après, Laurent fut déclaré ennemi de la patrie, ses biens confisqués & sa maison rasée pour marque d'ignominie, & l'on promit sept mille ducats à ceux qui le tueroient (55). Il le fut quelques années après avec son oncle Soderin, par deux soldats qui avoient été de la garde à pied d'Alexandre. Ils refuserent le salaire qu'on avoit promis, parce qu'ils n'avoient fait cette action que dans la vûe de venger leur maître.

Condamnation de Laurent.

Côme de Medicis reconnu Chef de la République, profita des bons conseils que le Cardinal Cibo lui avoit donnés. Il rendit la justice avec toute l'équité possible, sans avoir égard à aucune recommandation. Il parut toujours attaché aux intérêts de l'Empereur, & demeura fidele à ce Prince. Il donna un édit pour rappeller ceux qu'Alexandre avoit exilés, & leur accorda

(55) Paul Jove.

ses bonnes graces. Il eut soin de faire élever à ses frais Jules & Julie enfans de son prédécesseur.

Cependant le bruit de la mort d'Alexandre & de l'élevation de Côme, s'étoit répandue par toute l'Italie. Les exilés relevoient beaucoup l'action de Laurent de Medicis, & le comparoient à Brutus qui avoit fait mourir César pour rendre la liberté à sa patrie. Ceux qui pensoient plus juste, ne voyoient qu'avec horreur le crime de Laurent, qui n'avoit eu d'autre motif que l'ambition ; puisqu'il n'avoit fait mourir Alexandre que dans l'esperance de le remplacer. Pendant la nuit qui suivit le jour de l'élevation de Côme, Alexandre Vitelli se rendit maître par surprise du château de la Roque, & promit de ne le remettre qu'entre les mains de Côme, pourvû qu'il restât fidele à l'Empereur. Il voulut donner pour ôtages ses deux enfans; mais Côme les refusa généreusement dans le dessein de s'attacher cet homme par un principe d'honneur. Quelque-temps après, il fit sçavoir à l'Empereur qu'il ne s'étoit saisi de la Roque, que pour le deffendre & le conserver à ce Monarque, & qu'il ne le livreroit qu'à celui qui seroit chargé de ses ordres.

Les exilés de Florence qui étoient à Rome, étant rassemblés par Barthelemi Valori & Francois Albizzi, résolurent de marcher contre leur patrie avant que la puissance de Côme fût bien affermie. Le Pape Paul III. qui croyoit qu'il étoit de ses intérêts que l'Etat de Florence fut rétabli en République plutôt que d'être sous la conduite & l'autorité d'un seul Prince, entra dans le complot des exilés, & leur permit de lever des troupes dans l'Ombrie & dans les provinces de sa domination. Côme averti de leurs desseins, assembla promptement une armée dont il donna la conduite à Vitelli & à Baglione ; il leur ordonna de marcher contre les rebelles & de leur fermer tous les passages. Les Cardinaux Salviati & Ridolfi qui avoient pris le parti des exilés, quoiqu'ils fussent parens de Côme de Medicis, s'étoient aussi mis en chemin pour se rendre à Florence, afin d'y regler les affaires de la République. Les exilés étant arrivés à Monte-Pulciano, n'oserent avancer plus loin par la crainte des troupes que Côme de Medicis avoit fait venir à Florence. Ce Prince fit sçavoir aux Cardinaux qu'il leur seroit permis d'entrer dans la ville, pourvu qu'ils y vinssent sans troupes, & qu'on les y recevroit avec tous les honneurs dûs à leur dignité. Ils acceptèrent les offres de Côme, parce qu'ils espéroient trouver moyen de mettre dans leur parti un grand nombre de citoyens.

Les Cardinaux après avoir fait d'inutiles tentatives sur le peuple, tâcherent de persuader à Côme de Medicis de se démettre de la principauté de Florence : mais Côme déclara qu'il étoit résolu de la conserver jusqu'à l'effusion de la derniere goutte de son sang. Peu de temps après, il leur signifia qu'ils eussent à se retirer promptement de la ville où ils tâchoient d'exciter quelques mouvemens. Philippe Strozzi, Chef des exilés, parut bientôt aux environs de Florence avec un corps de troupes, & Pierre son fils chargé de la guerre qu'on vouloit faire à Côme de Medicis, fit de vaines entreprises sur quelques villes de l'Etat de Florence.

Sur ces entrefaites, Côme de Medicis reçut de la part de l'Empereur la confirmation de l'autorité que le Sénat de Florence lui avoit donnée. Ce

Monarque lui accorda en même-temps le titre de Prince & de Duc, & voulut qu'il jouit des mêmes prérogatives qu'Alexandre son prédecesseur. Il auroit desiré épouser Marguerite veuve d'Alexandre, mais l'Empereur lui refusa cette grace. Les titres dont Charles V. venoit de le décorer, semblerent lui gagner l'affection de la plus grande partie de ceux qui lui étoient opposés, & le rendre plus respectable à ses partisans. Cependant les exilés ne perdoient point de vûe leur premier projet, & persistoient toujours dans le dessein de rentrer dans leur patrie par la force des armes, & de dépouiller Côme de Medicis de la souveraine puissance. Ils engagerent Philippe Strozzi à se charger de la conduite de cette expédition, quoiqu'il témoignât toujours une grande répugnance à accepter cet emploi, & qu'il représentât qu'on devoit être satisfait de ce que ses deux fils étoient entrés dans cette entreprise. Côme de son côté se prépara à une vigoureuse deffense, & songea à mettre une bonne garnison dans Pistoie. Les ennemis s'étoient déja avancés vers Florence, & une partie de leurs troupes étoit arrivée à Monte-Murlo qui est à trois mille de Prato, lorsque le Duc prit la résolution d'attaquer les exilés avant que toutes leurs forces fussent réunies. Il fit sortir les troupes de Florence pendant la nuit, & après avoir pris quelques rafraîchissemens à Prato, elles marcherent vers le camp des exilés où elles arriverent à la pointe du jour. Les ennemis surpris eurent à peine le temps de se deffendre. On en fit un grand carnage, & le reste fut conduit prisonnier à Florence. Cet évenement arriva le premier du mois d'août. Salviati n'eut pas plutôt appris la défaite de Philippe Strozzi, qu'il se retira à la Mirandole avec l'armée qu'il commandoit. Les prisonniers furent remis entre les mains des Juges qui les condamnerent à la mort. Les principaux d'entr'eux eurent la tête tranchée dans la prison; les autres furent exécutés dans la grande place. Philippe Strozzi craignant le même sort, prévint le supplice en se perçant d'une épée qu'un de ses gardes avoit laissée par hazard dans la prison. On prétend que Côme de Medicis étoit résolu de lui accorder la vie; parce qu'il avoit été grand ami de Jean de Medicis son père, & qu'il n'avoit entrepris cette guerre qu'à l'instigation des autres exilés & de Pietre Strozzi son fils. Le Duc voulant donner des marques de sa clémence, condamna à une prison perpétuelle une partie des factieux; & permit à quelques-uns d'entr'eux de racheter leur liberté par argent. Côme délivré de ses ennemis, s'attacha à gagner les bonnes graces de l'Empereur par sa soumission & sa fidelité inviolable. N'ayant pu obtenir pour épouse la Princesse Marguerite, il se maria du consentement de Charles avec Eleonor fille de Pierre de Tolede, Vice-Roi de Naples, & par ce nouvel engagement il resserra les nœuds qui l'attachoient à l'Empereur.

Il chercha à profiter de la protection de ce Monarque pour étendre les bornes de l'Etat de Florence & augmenter sa puissance. Il désiroit depuis long-temps de s'emparer de Piombino & de son territoire (56), & il y avoit

DUCHÉ DE TOSCANE.

Tentatives de Côme de Medicis sur Piombino.

1548.

---

(56) La ville de Piombino qui étoit de la dépendance de Pise, étoit passée sous la domination des Apiani vers l'an 1390. Le chef de cette famille nommé Jacques Apiani, avoit pris son nom d'un village du territoire de Pise, dans lequel il étoit né. Devenu Sécretaire de Pierre surnommé Gambacorte, qui s'étoit rendu maître de Pise à la faveur des troubles; il conçut pour ce Seigneur une haine si grande, qu'elle le porta à l'assassiner avec

DUCHÉ DE TOSCANE.

déja quelques prétentions par le marché qu'il avoit fait avec Ferdinand Apiani pour les mines d'alun. Pour engager l'Empereur à le mettre en possession de cette place, il ne cessoit de représenter qu'il étoit de l'intérêt de la Toscane que Piombino appartînt à l'Empereur, ou fut donné à quelqu'un qui lui seroit entierement devoué. Il ajoutoit qu'il falloit mettre une bonne garnison dans l'Isle d'Elbe, & la fortifier dans la crainte que ceux qui s'en empareroient, ne se rendissent maîtres de toutes les côtes. Côme ne s'en étoit pas tenu aux simples représentations, il avoit déja avancé cent cinquante mille écus d'or pour être employés aux fortifications de cette isle. Charles lui avoit promis de lui rendre cette somme, ou de lui remettre Piombino avec son territoire, & de donner quelqu'autre place en dédommagement à Jacques Apiani qui en étoit légitime possesseur. La mort de ce dernier qui ne laissoit qu'un fils en bas âge, parut au Duc de Florence un évenement favorable à ses desseins. Il redoubla alors ses instances & donna tant d'inquietude aux Imperiaux, que Mendose Ministre de l'Empereur, reçut ordre d'entrer en négociation avec la veuve de Jacques Apiani. Il lui proposa d'abandonner Piombino à l'Empereur qui se chargeoit de l'en dédommager. Cette Dame refusa d'abord ces offres, mais dans la suite elle souffrit qu'on y mît garnison Espagnole. Elle eût lieu de se repentir de sa complaisance, car le Général Espagnol la chassa de la citadelle, & l'obligea de se retirer dans la ville avec son fils. Dans ces circonstances Côme pressoit toujours la restitution des sommes qu'il avoit prêtées. Mendose de concert avec Gonzague, permit au Duc de Florence de fortifier Porto-Ferrato capitale de l'Isle d'Elbe. Les travaux furent poussés avec tant d'ardeur, qu'en peu de temps les fortifications furent finies.

Les Genois ne virent point sans jalousie que le Duc de Toscane eût formé cette entreprise, & ils offrirent à la veuve d'Apiani les sommes nécessaires pour entreprendre de fortifier Piombino, à condition qu'elle se mettroit elle, son fils & ses Etats, sous la protection de la République. Cette démarche n'empêcha pas le Ministre de l'Empereur de remettre au Duc de Florence, Piombino & les autres places qui en dépendoient avec tous les titres. Cependant le jeune Apiani (Jacques VI.) par le conseil des Genois, s'étoit rendu auprès de l'Empereur, pour engager ce Prince à lui faire restituer l'héritage de ses peres. Charles prévenu contre le Duc de Florence, que ses ennemis avoient peint à ce Monarque comme un ambitieux qui ne cherchoit qu'à étendre sa domination aux dépens des autres, annulla le traité que ses Ministres avoient fait avec Côme de Medicis. Il ordonna donc que Piombino & toutes ses dépendances seroient remises entre les mains de Mendose, dans l'état où elles se trouvoient alors. Ainsi Piombino avec l'Isle d'Elbe passa au pouvoir des Imperiaux. Ce procédé n'empêcha pas le Duc de Florence de rester dans le parti de l'Empereur, parce qu'il

toute sa famille. Les Florentins solliciterent alors les Pisans de se mettre sous leur protection; mais Jacques Apiani soutenu des Siennois & de Galeas Viscomti, rendit ce dernier maître de Pise. Viscomti pour le recompenser, lui donna la ville de Piombino avec tout ce qui en dépendoit. Telle fut l'origine de la maison des Apiani. Jacques eut pour successeur Gerard son fils & successivement Jacques II. Emanuel, Jacques III. Jacques IV. & Jacques V. *De Thou, Histoire Universelle.*

jugeoit cette politique nécessaire à l'affermissement de sa nouvelle souveraineté.

Les succès des François en Italie & l'approche de la flotte Ottomane sur les côtes de Toscane, furent pour Côme de Medicis, des circonstances dont il sçut tirer avantage. Il fit alors connoître à l'Empereur que les habitans de Sienne songeoient à se procurer la liberté à la faveur de tant de troubles, & que d'un autre côté les François ne manqueroient pas de profiter de l'occasion pour faire de nouvelles conquêtes. L'Empereur qui avoit alors à craindre pour le Milanès & le royaume de Naples, ne se trouvoit pas en état de deffendre le Siennois & la Toscane. Il manquoit d'ailleurs d'argent, & il étoit dans un extrême embarras. Côme profitant habilement de la position où Charles se trouvoit, lui prêta deux cens mille écus d'or, & lui fit demander la souveraineté de Piombino. Rien ne paroissoit alors s'opposer à ses desirs. Jacques Apiani consentoit à la lui céder, & l'Empereur avoit donné ordre que la ville avec ses dépendances lui fussent livrées. La mauvaise volonté des Ministres les porta à traîner l'affaire en longueur, & ce ne fut qu'après de nouveaux ordres, que le Duc de Florence se vit maître de Piombino & de son territoire. On exigea de lui une promesse de rendre ces places toutes les fois que l'Empereur ou ses héritiers lui offriroient l'argent qui auroit été employé à les fortifier ou à les deffendre. Côme de Medicis maître de cette ville & de l'isle d'Elbe, trouva les fortifications qu'il avoit commencées presqu'entierement détruites; mais sa diligence répara bien-tôt ce désordre, & en peu de temps il se vit en état de n'avoir rien à craindre de la flotte des Turcs.

On avoit trop négligé les avis que le Duc de Florence avoit donnés au sujet de la ville de Sienne, & l'on s'apperçut trop tard qu'il n'étoit presque plus temps de prévenir le mal. La garnison Espagnole qui étoit dans cette ville, n'étoit pas suffisante pour s'opposer aux desseins des Siennois qui avoient résolu de secouer le joug. Mendose se trouva donc obligé de demander à Côme le secours qu'il avoit promis. Le Duc de Florence donna ordre à trois mille hommes d'infanterie & à trois cens cavaliers, de marcher de ce côté-là pour faire face aux ennemis. Il s'étoit en effet formé une conjuration dans la ville, & le jour étoit pris pour l'exécution de ce projet. Les bannis devoient se présenter devant les portes de la ville, & on étoit convenu de les leur ouvrir, afin de fortifier leur parti. Ce projet eut enfin son exécution, & les Siennois ayant pris les armes, forcerent les Espagnols à abandonner leur ville, & à se retirer dans la citadelle où ils les assiegerent. Après avoir ainsi recouvré leur liberté, ils n'étoient pas sans inquietude à cause du voisinage des troupes Florentines que Côme avoit fait marcher vers Staggia. Considérant que ce Prince pouvoit beaucoup leur nuire ou les soutenir dans leur révolte, ils députerent vers lui pour lui faire sçavoir que la dureté de Mendose & l'insolence des soldats Espagnols les avoient forcés à prendre les armes; que cependant ils étoient toujours résolus d'avoir pour l'Empereur le même respect & la même obéissance qu'auparavant, qu'ainsi ils le prioient de ne faire aucune entreprise contr'eux.

Le Duc de Florence leur promit de prendre leurs intérêts, pourvû qu'ils ne cherchassent point à se soustraire à l'obéissance qu'ils devoient à l'Empe-

DUCHÉ DE TOSCANE.

1552.

DUCHÉ DE OSCANE.

reur. Il étoit cependant résolu de secourir les Espagnols qui étoient dans la citadelle, mais informé que par la négligence de Mendose, il n'y avoit point de munitions de bouche, il prit le parti de calmer la fureur des Siennois & de rétablir la tranquillité. Il étoit convenu que les Siennois lui donneroient des ôtages jusqu'à ce que l'Empereur leur eût prescrit de justes conditions, mais l'arrivée d'un Officier François, qui promettoit du secours aux rebelles de la part de son maître, fit rompre toutes les négociations. Le Pape fit en même-temps solliciter le Duc de Florence de retirer ses troupes, & ne pas s'opposer aux desseins des Siennois qui n'avoient d'autre but que de se rendre libres. Il lui fit aussi considerer qu'il s'exposoit à voir incessamment des troupes Françoises dans ses Etats, & qu'il étoit de sa prudence d'éloigner un si puissant ennemi. Le Duc convaincu de la solidité de ses raisons, consentit à se retirer aux conditions suivantes: » Qu'Otto de » Montauto sortiroit de la citadelle avec la garnison Espagnole & tout le » bagage; Qu'après qu'elle auroit été rasée, les Siennois congedieroient » les troupes étrangeres; Que la République demeureroit toujours fidelle » & attachée à l'Empire, qu'elle ne nuiroit point aux Etats alliés de l'Em- » pire; Qu'elle ne permettroit point qu'on fît des levées dans son terri- » toire contre l'Empire ou ses alliés; Qu'elle ne recevroit dans ses ports » aucun ennemi de l'Empire; Qu'elle conserveroit les droits de son an- » cienne liberté; Qu'elle ne fourniroit rien pour rembourser les frais de » la construction de la citadelle ou ceux de la derniere guerre, & qu'en » faveur de l'affection que Côme avoit pour les Siennois, il prieroit l'Em- » pereur de souscrire à cette derniere condition. « On n'employa dans l'acte du traité, que le nom de l'Empire & non celui de l'Empereur; parce que les Siennois esperoient obtenir plus aisément l'approbation du corps de l'Empire, que celle de l'Empereur. Malgré la conclusion de ce traité & même l'exécution de quelques-uns des articles, les Espagnols conservèrent Orbitello : ce qui engagea les troupes Françoises à rester dans le pays de Sienne. Le Duc de son côté crut devoir se tenir sur ses gardes & fortifier les frontieres de ses Etats. Le Cardinal de Ferrare que le Roi de France envoyoit à Sienne, fit tout ce qu'il put pour engager le Duc de Florence à se rendre médiateur; mais ce Prince ne donna que des réponses vagues & équivoques. Incertain du succès de l'entreprise que Charles V. faisoit sur Metz, il étoit bien aise de ménager les bonnes graces du Roi de France.

1553.

Il fut cependant obligé de se déclarer ouvertement quelque-temps après. Charles V. irrité de ce que les Siennois étoient entrés dans le parti de la France, résolut de leur déclarer la guerre & de chasser les François du territoire de Sienne. Côme de Medicis se vit contraint de prendre part à cette guerre & de fournir des troupes à l'Empereur. Côme auroit desiré n'avoir pour voisins, ni ce Monarque, ni les Espagnols, ni le Roi de France, & il cherchoit un moyen pour que la République de Sienne conservât sa liberté, en même-temps qu'elle seroit alliée du Roi de France, & qu'elle auroit pour l'Empereur toutes sortes d'égards & de ménagemens. Son projet ne put avoir lieu, parce que le Pape, dont il employoit la médiation, recherchoit de son côté la souveraineté de Sienne. Ce Pontife voulut cependant dans la suite travailler à pacifier tous ces troubles, & fit plusieurs

propositions

propositions, que les Siennois, les Ministres de France & les Généraux de l'Empereur refuserent d'accepter. Le bruit de l'arrivée de l'armée navale des Turcs, obligea le Vice-Roi de Naples & les Impériaux d'abandonner le territoire de Sienne pour aller au secours du royaume de Naples. Côme se trouva alors exposé seul à toutes les forces des François ; mais sa politique & sa prudence le tirerent d'un si mauvais pas. Ne pouvant plus compter sur les secours de l'Empereur ni des Espagnols, ils jugea à propos de mettre le Pape dans ses intérêts, en mariant une de ses filles à Fabien fils de Baudoin & neveu de ce Pontife (57). L'ambition de Côme n'étoit pas flattée par ce mariage ; les circonstances dans lesquelles il se trouvoit, l'avoient forcé à contracter cette alliance. Il fiança en-même-temps Isabelle son autre fille à Paul Jourdain, Chef de la maison des Ursins, de tout temps fort attachée aux intérêts de la France. Il se trouvoit par ce moyen allié à la famille des Colonne, parce qu'Antoine Chef de cette maison avoit épousé la sœur de Paul Jourdain.

DUCHÉ DE TOSCANE.

Le Duc de Florence toujours occupé des moyens de chasser les François, fit une nouvelle convention avec l'Empereur pour en obtenir quelques troupes, & en garnir toutes les frontieres. Le Roi de France informé des démarches de Côme, prit le parti de lui faire la guerre ouvertement, & il nomma Pierre Strozzi (58) pour être le chef de cette entreprise. Le Duc irrité de ce que le Roi lui avoit mis en tête son plus grand ennemi, songea de son côté à se préparer à la guerre avec plus d'ardeur qu'auparavant, & ne voulut écouter aucunes propositions. Le Cardinal de Ferrare ne fut pas plus satisfait des ordres du Roi, qui lui enlevoient par ce moyen toute l'autorité qu'il avoit eue jusqu'alors. Il commença dès cet instant à agir avec beaucoup de nonchalance, & à négliger les intérêts du Roi.

Le Duc de Florence qui avoit formé le dessein de porter tout d'un coup la guerre dans le pays de Sienne, prit toutes les précautions nécessaires pour exécuter son entreprise secrettement & avec succès. Toutes ses troupes furent divisées dans les environs de Sienne, avec ordre de joindre le Marquis de Marignan, afin de surprendre Sienne après qu'on se seroit rendu maître des postes voisins. Le Marquis de Marignan sortit de Florence le 26 de janvier à la tête de deux mille quatre cens hommes avec quelques pieces de campagne, des échelles & d'autres munitions. Il marcha avec autant de diligence qu'il lui fut possible, mais les mauvais chemins empêcherent son armée d'aller aussi vîte qu'il l'auroit désiré. Dans cette circonstance il fit marcher trois cens hommes en avant, qui s'emparerent d'un fort que les François avoient bâti auprès de la ville pour en empêcher les approches. Les Siennois étoient d'avis de chasser les Florentins de ce poste, avant que toute l'armée ennemie fût arrivée ; mais le Cardinal de Ferrare s'y opposa ; ce qui donna le temps aux Florentins de se fortifier.

Guerre entre les Florentins & les Siennois.

1554.

Cependant Côme de Medicis fit sçavoir au Sénat de Venise, aux Ducs de Ferrare & de Mantoue, & à la République de Lucques, les raisons qui le portoient à déclarer la guerre aux Siennois, qui au mépris du traité qu'ils avoient fait avec l'Empereur, s'étoient mis sous la protection du Roi de

---

(57) Il se nommoit Jules III.
(58) Il étoit fils de Philippe, dont on a vu | la mort plus haut.

Tome II. Ss*

France. Il tâchoit en même-temps de faire entendre que les François n'avoient pris les intérêts des habitans de Sienne, que pour s'établir en Italie, & subjuguer tout le pays. Il voulut aussi engager le Pape à interdire l'entrée en Italie aux François, comme à des ennemis communs. Le Pontife qui ne vouloit point se brouiller avec la France, & qui cherchoit à favoriser le Duc de Florence, publia qu'il ne donneroit aucun secours dans cette guerre ni aux uns ni aux autres.

Le siége de Sienne paroissoit une entreprise assez difficile. Cette ville qui a trois milles de circuit, s'étend sur de petites hauteurs, & étoit fortifiée de bonnes murailles & d'un fossé très-profond. Elle étoit outre cela deffendue par une forte garnison, & il y avoit une grande abondance de vivres dans la place. Les courses continuelles que les assiegés faisoient, obligerent le Duc de Florence à redoubler les gardes pour s'y opposer. La ville fut alors plus étroitement resserrée, & l'eau y manqua bien-tôt, parce qu'on avoit coupé tous les canaux par lesquels elle est conduite de la montagne de Camollia dans la ville. Sur ces entrefaites il arriva une partie de troupes Allemandes & Espagnoles que l'Empereur avoit promises, & avec ce nouveau renfort on étoit en état de pousser plus vivement le siége. Cependant il se passa deux mois sans qu'il y eût quelqu'action considérable, quoique le Duc de Florence pressât beaucoup le Marquis de Marignan de faire quelque entreprise. Ce Général en conséquence attaqua plusieurs petits postes, dont il vint à bout de se rendre maître. Pierre Strozzi faisoit tous ses efforts pour deffendre la ville, & il sollicita le Roi de France de lui envoyer du secours. Il fit de nouvelles levées, & rassembla de tous côtés autant de troupes qui lui fut possible. La France fut quelque temps sans pouvoir lui fournir celles dont il avoit besoin; mais enfin l'arrivée de nouvelles troupes le mirent en état de faire quelqu'expéditions. Trop foible encore pour attaquer le Marquis de Marignan, il résolut de faire une diversion, afin d'obliger le Général Florentin à abandonner le siége. Il passa dans le Florentin, & il fit avec succès le siége de plusieurs places; ce qui obligea Côme de Medicis à rappeller le Marquis de Marignan. Pierre Strozzi craignant de ne pouvoir résister à ce Général, & voyant d'ailleurs que ses troupes manquoient de vivres, prit le parti de se retirer. Le Marquis de Marignan retourna en diligence au siége de Sienne, & reprit plusieurs postes dont les ennemis s'étoient emparés depuis son absence. Il envoya ensuite differens détachemens pour se saisir des forts & des châteaux qui étoient dans les environs, & fit faire le dégat dans tout le pays. Pierre Strozzi ne negligeoit cependant rien pour secourir les Siennois qui se trouvoient resserrés de plus en plus. Le Marquis de Marignan ne se pressoit pas malgré tous ses avantages de terminer la guerre, & le Duc de Florence se plaignoit de sa lenteur. En effet il donna le temps aux assiegés de recevoir de nouveaux secours, & de pourvoir à leur deffense. Un corps de Florentins fut même battu, & cet échec obligea le Marquis à abandonner le poste qu'il occupoit devant une des portes de la ville. Il s'en vengea quelque-temps après par la bataille qu'il gagna sur Pierre Strozzi, qui s'étoit flatté de faire lever le siége aux Florentins. Le vainqueur ne profita point de sa victoire comme il auroit pû faire, & il se contenta de former le siége de quelqu'autre place, au lieu

d'attaquer la ville de Sienne que la perte de la bataille avoit consternée.
Il prit enfin la résolution de faire dresser plusieurs batteries & de battre la
ville. Les Siennois pressés par la famine, songerent alors à se rendre ; mais
le brave Montluc ranima leur courage, & les fit travailler à de nouvelles
fortifications au-dedans des murailles. Les batteries des Florentins ne firent
pas grand effet ; parce que les murs étoient de brique, & le Marquis de
Marignan se vit obligé de retirer ses batteries, & de réduire le siége en
blocus ; car il n'avoit plus d'esperance de prendre la ville que par la famine.
Elle devint si grande, que les Siennois songerent enfin à se rendre aux conditions suivantes. " Que l'Empereur & l'Empire protegeroient toujours la
" ville & la République de Sienne : Que les citoyens jouiroient de leur
" liberté : Qu'on maintiendroit l'ancienne autorité des Magistrats, & qu'on
" oublieroit tout ce qui s'étoit passé : Que les Siennois seroient rétablis
" dans leurs biens & dans leurs dignités : Qu'il leur seroit permis s'il le
" jugeoient à propos, de se retirer seuls ou avec leurs familles, & d'aller
" s'établir où ils voudroient : Que l'Empereur pour la sûreté de la ville,
" pourroit y mettre à ses frais & dépens une garnison nombreuse telle qu'il
" le souhaiteroit, & de quelque nation que ce fût ; mais qu'il ne pourroit faire
" construire une nouvelle citadelle, ni rétablir l'ancienne sans le consen-
" tement des citoyens : Qu'aussi-tôt que la garnison Imperiale seroit entrée
" dans la ville, on feroit abbattre les fortifications qu'on avoit élevées pen-
" dant le siége ou auparavant : Que l'Empereur pourroit à son gré regler
" le gouvernement ; sans néanmoins s'éloigner de l'ordre observé jusques
" alors dans le partage des montagnes & des quartiers de la ville, & sans
" toucher à l'autorité, aux priviléges, & aux droits des Gouverneurs & des
" Magistrats, tant de la ville que de la campagne : Qu'il seroit permis aux
" Officiers & aux Soldats François, & à ceux qui auroient pris leur parti,
" de sortir avec leurs armes ; tambour battant, enseignes deployées, & leurs
" équipages de guerre. On en excepta les Napolitains, les Milanois, &
" les Florentins qui étoient dans la ville, & que l'Empereur & le Duc de
" Florence regardoient comme des rebelles & des proscrits. " Ce dernier
article fut changé, & les Bannis profiterent des priviléges qu'on avoit
accordés aux autres. Ce traité fut conclu le 2 d'avril 1555.

En conséquence d'un des articles de la capitulation, une partie des Siennois qui ne pouvoient pas rester dans une ville qu'ils ne regardoient plus
comme libre, se retirerent à Montalcino, où ils établirent sous la protection du Roi de France, une nouvelle République avec un Senat, & créerent des Magistrats qu'ils envoyerent dans les villes dont ils étoient les
maîtres, pour y exercer la justice & conserver leur ancienne liberté. Ils se
consoloient par-là du malheur d'avoir été forcés d'abandonner leur patrie.
La prise de Sienne ne mettoit pas fin à la guerre, & le Duc de Florence
avoit toujours à craindre des François & des Turcs, dont la flotte étoit dans
la mer de Toscane. Pour se mettre à l'abri des entreprises de ces derniers,
il fortifia Piombino & les autres places maritimes. Il fut bien-tôt délivré
de la crainte que le voisinage de l'armée Ottomane lui avoit causée ; car
elle se retira après avoir inutilement tenté de se mettre en possession de
Calvi.

Côme n'ayant plus rien à craindre des Turcs, étoit résolu de ravager les campagnes aux environs de Montalcino; mais les liaisons que les Siennois qui s'y étoient établis, entretenoient avec ceux qui étoient restés à Sienne, le firent changer de dessein. Il fut contraint de prendre des mesures pour empêcher que la ville de Sienne ne secouât le joug qu'on venoit de lui imposer. Cependant les villes qui dépendoient des Siennois, se rendoient aux François, & Côme de Medicis se voyoit privé d'une partie de ses conquêtes. Il prit alors la résolution de raser toutes les citadelles de ces villes excepté de celles qui étoient sur la frontiere. Ce projet ne put avoir son exécution, parce que le Senat de Sienne qui conservoit une apparence de République, s'y opposa autant qu'il put. Ce fut alors que l'Empereur opprima entierement la liberté des Siennois.

1557. La prudence de Côme & sa politique ordinaire lui firent tirer de grands avantages de toutes les guerres d'Italie. Il avoit été fâché de ce que l'Empereur ne lui avoit pas donné la souveraineté de Sienne après la réduction de cette République; mais il avoit sçu dissimuler, & il s'étoit flatté qu'il se trouveroit quelqu'occasion dont il sçauroit profiter pour l'exécution de son dessein. Philippe II. fils de Charles V. à qui son pere avoit cédé la souveraineté de Sienne, se trouvoit fort embarrassé pour soutenir en Italie la guerre contre les François. Il profita de ces circonstances pour demander les sommes qui lui étoient dûes, ou qu'on lui rendît Piombino que l'Empereur avoit aussi cédée à son fils Philippe. Pour appuyer ses demandes, il mit le Pape dans ses intérêts, & enfin il obtint ce qu'il avoit demandé. Philippe consentit à lui remettre la souveraineté de tout le Siennois, & par ce moyen le Duc de Florence devint très-puissant.

Le traité fut conclu à condition que le Duc de Florence & ses enfans recevroient & tiendroient en fief de Philippe l'Etat de Sienne, de la maniere qu'il l'avoit reçu de l'Empereur son pere, à l'exception de Porto-Ercole, Telamone, la montagne de l'Argentiere & la citadelle de Piombino, que Philippe se réservoit: que par ce moyen les sommes que l'Empereur & Philippe devoient à Côme, & les dépenses qu'il avoit faites seroient tenues pour remboursées. Ainsi Côme acquit par sa politique & sa patience, la souveraineté de l'Etat de Sienne. Le Cardinal de Burgos fâché de la conclusion de ce traité, fit tout ce qu'il put pour en retarder l'exécution: mais enfin la garnison Espagnole se retira le 19 de juillet, & les Florentins prirent possession de cet Etat. Par ce moyen la treve que Montluc avoit faite avec le Duc de Florence, s'étendit aux Etats que ce Prince venoit d'acquerir nouvellement, de sorte que les François cesserent de faire la guerre dans toute la Toscane, & n'attaquerent que les places maritimes qui appartenoient aux Espagnols.

1559. La paix étoit enfin rendue à la plus grande partie de l'Europe par le traité du Cateau Cambresis, signé le 2 d'avril entre les puissances belligerentes. Cette paix causa une grande joye à tous les peuples, & chagrina beaucoup les Siennois. Ils s'étoient toujours flattés que le Roi de France les remettroit en liberté, ou qu'il leur seroit permis de se mettre sous la protection de tel Prince qu'ils jugeroient à propos; mais il n'y avoit rien en leur faveur dans le traité, & ils ne pouvoient tirer grand avantage de quelques articles équivoques qu'ils interprètoient en leur faveur. Corneille Bentivoglio les avoit engagés à se donner au Duc de Ferrare. En effet ce Prince s'étoit rendu en France dans ce dessein, & il espéroit réussir par le moyen des Princes de la maison de Guise. Il travailla en même-temps à gagner le Conseil d'Espagne qu'il sçavoit n'avoir abandonné qu'à regret les habitans de Sienne. Il n'ignoroit pas d'ailleurs qu'on voyoit avec chagrin l'aggrandissement de Côme, dont la fortune rapide donnoit de la crainte à ses voisins, & de la jalousie à Philippe même. Le Duc de Florence instruit des projets du Duc de Ferrare, fit les plus fortes instances auprès de Philippe pour l'engager à conserver la souveraineté de Sienne qui lui avoit été confirmée par le dernier traité. Ses sollicitations l'emporterent enfin sur les démarches de ses rivaux, & Philippe donna ordre au Gouverneur du Milanès de joindre ses forces à celles de Côme, pour obliger les Siennois à se soumettre aux articles du traité.

Duché de Toscane.

Tout ce que le Duc de Florence avoit fait jusqu'alors pour gagner l'amitié de ces Républicains, avoit été inutile, & ils soupiroient toujours après leur ancienne liberté. Ils s'adresserent au Pape & voulurent le porter à prendre leurs intérêts; mais le Pontife qui n'étoit plus gouverné par les Caraffe ses neveux, ne voulut point rallumer la guerre dont l'Italie étoit enfin délivrée. Les Siennois ainsi abandonnés, firent de nouvelles tentatives auprès du Roi de France. Elles n'eurent aucun succès, & les troupes de France par ordre du Roi, eurent ordre d'évacuer toute la Toscane & tout le pays de Sienne. La mort de Henri II. Roi de France arrivée sur ces entrefaites, releva pour quelque-temps l'espérance des Siennois, parce qu'ils crurent que cet évenement changeroit la face de leurs affaires. Le Duc de Florence craignant qu'un long retardement ne lui causât quelque dommage, résolut enfin d'avoir recours à la voye des armes, & donna ordre à Vitelli d'attaquer les Siennois au nom du Roi d'Espagne. La retraite des François fit connoître aux Siennois qu'ils étoient trop foibles pour résister au Duc de Florence, & ils se déterminerent enfin à se soumettre. Ils prêterent serment de fidelité à ce Prince, tant pour Montalcino que pour les autres places qui dépendoient du territoire de Sienne. Cet évenement se passa au quatrieme jour d'août, *mois qui avoit toujours été heureux à Côme*, dit Monsieur de Thou.

Côme de Medicis avoit enfin triomphé de tous ses ennemis, & étoit venu à bout de tous ses desseins. Au milieu de tant de gloire, il se vit en danger de perdre la vie par la conjuration de quelques factieux. Pandolfe Pucci, d'une illustre famille de Florence & favori de Côme, fut le Chef de cette conspiration. Les bienfaits dont le Duc le combloit continuellement, n'avoient pu lui faire oublier que ce Prince l'avoit fait mettre en prison sur un soupçon assez leger. Il fit part de son projet aux bannis de Toscane qui étoient à Rome, & il trouva bien-tôt des complices de son crime. Pendant qu'ils étoient occupés à prendre les mesures pour l'exécution de cet attentat, la conjuration fut découverte, & les Chefs furent arrêtés prisonniers. Ils ne tarderent pas à porter la peine de leurs crimes, & ils furent punis de mort. Le Duc de Florence voulant cependant donner des marques de sa clémence, rendit aux enfans des conjurés les biens de leurs peres, dont il pouvoit s'emparer suivant les loix de l'Etat.

Conjuration contre le Duc de Florence.

DUCHE' DE TOSCANE.

Projet du Pape en faveur de la maison de Medicis.

1560.

L'élevation de Pie IV. au Pontificat, pensa fournir à Côme de Medicis un moyen de relever encore l'éclat de sa maison, par l'acquisition d'un nouveau titre, si les projets de ce Pape eussent eu leurs effets. Ce Pontife qui se nommoit auparavant le Cardinal Medici ou Medichino avoit pris le nom & les armes de la maison de Medicis. Pour marquer son attachement à cette famille, il donna le chapeau de Cardinal au second fils de Côme, & rendit à ce Duc la nomination à l'archevêché de Pise. Peu content de ce qu'il venoit de faire en faveur de Côme, il forma le projet de marier François fils aîné du Duc, avec la sœur de Philippe Roi d'Espagne, qui étoit veuve du Prince de Portugal. Pour engager ce Monarque à cette espece de mésalliance, il proposa de donner à Côme le titre de Roi de Toscane, & de lui conférer les droits & les honneurs dûs à la dignité royale. Ces propositions exciterent la haine & la jalousie des autres Princes d'Italie, & lui attirerent même l'indignation du Roi d'Espagne. Ce fut aussi par le moyen du Pontife qu'il se rendit maître de la ville de Soana, dont Ursini étoit en possession. Côme la reclamoit comme faisant partie du territoire de Sienne qui devoit lui être rendue suivant la teneur des traités. Sur le refus que fit Ursini de rendre cette place, le Duc de Florence envoya des troupes pour l'attaquer. Les Ministres de France & de l'Empereur qui étoient à Rome, engagerent le Pape à faire cesser les hostilités & à se déclarer arbitre de cette affaire. Le Comte Ursini qui avoit accepté la médiation, remit en conséquence la ville entre les mains du Pape, & ce Pontife la livra au Duc de Florence (59).

Institution de l'Ordre de St Etienne.

Les nouvelles courses que les Turcs firent sur les côtes d'Italie, mirent le Duc de Florence dans la nécessité de pourvoir à la sûreté de ses frontieres. Il fit équiper une flotte, & afin qu'elle fût montée par des hommes courageux & dressés à l'exercice de la marine, il créa un Ordre de Chevalerie dont l'institution avoit assez de rapport à celle des Chevaliers de St Jean de Jerusalem. Il leur donna une Eglise & un palais dans la ville de Pise, & le nom de Chevaliers de saint Etienne Pape, en mémoire de la victoire remportée à Marciano dans les environs de Sienne le 2 d'août 1554, jour où l'on célebre la fête de ce Pontife. Il donna à cet Ordre de grands revenus, & ordonna que lui, & à l'avenir les Ducs ses successeurs, seroient les Chefs de cette Milice Chrétienne. Pie IV. lui en accorda la confirmation par sa bulle du 6 de juillet 1562, & ce Pontife donna en même-temps à cet Ordre un grand nombre de priviléges, & entr'autres que les Chevaliers mariés, même ceux qui auroient été mariés deux fois, pourroient posseder des pensions sur les bénéfices jusqu'à deux cens ducats, & les transporter à d'autres personnes ecclésiastiques : Qu'ils pourroient disposer par leur testament de tous leurs biens meubles & immeubles de quelque nature qu'ils fussent, & de quelque maniere qu'ils eussent été acquis, même en faveur des enfans naturels non-légitimés, à la réserve d'un quart qui appartiendroit à l'Ordre. Côme prit pour lui & ses successeurs, la grande maitrise de cet Ordre (60).

Côme avoit joui jusqu'alors d'un bonheur-assez suivi ; mais il fut enfin

---

(59) De Thou, *Hist. univers.*   (60) Ibid.

troublé par un chagrin bien sensible. Jean & Garcie ses fils prirent querelle un jour qu'ils étoient ensemble à la chasse. Des paroles ils en vinrent bientôt aux coups, & Garcie porta à son frere un coup de poignard qui le renversa mort. L'assassin ayant rejoint ceux de sa suite, on s'apperçut bien-tôt de l'absence de Jean. Comme on soupçonnoit qu'il pouvoit lui être arrivé quelque malheur, on le chercha avec beaucoup d'attention, & l'on trouva son corps étendu sur la poussiere. Le Duc à qui l'on apprit cette triste nouvelle, ordonna de tenir la chose secrette, & d'apporter pendant la nuit le corps de son fils dans son palais. Il fit ensuite appeller Garcie, & ce malheureux ayant avoué son crime, il lui plongea dans le sein le même poignard dont il s'étoit servi pour tuer son frere. Le Duc pour cacher au public une telle catastrophe, fit courir le bruit qu'ils étoient mort tous deux d'une maladie contagieuse, & il leur fit faire des magnifiques obseques (61). Il perdit peu de temps après Eleonor de Tolede sa femme. Tant de pertes ne furent pas capables de l'abbattre, son courage & sa constance le soutinrent dans tous ses malheurs.

Il songea à marier François son fils aîné avec la plus jeune des filles de l'Empereur Ferdinand; parce qu'il regardoit ce mariage comme un moyen assuré d'affermir sa puissance. Pendant que ce jeune Prince étoit à la Cour de Philippe II. Alexandre Farnese fils d'Octave Duc de Parme, lui disputa la préséance des assemblées publiques. Côme en fut piqué, mais résolu de parvenir au but qu'il s'étoit proposé, il jugea à propos de dissimuler, & consentit de s'en rapporter à la décision du Roi d'Espagne sur cet article. Côme eut aussi vers ce même temps une semblable dispute avec Alphonse de Ferrare sur la préséance. Chacun allegua les differentes raisons qu'il pouvoit avoir pour appuyer ses prétentions; mais enfin Côme l'emporta, & François son fils se la vit donner dans la suite par le Senat de Venise sur le Duc de Ferrare.

Les préparatifs que le Roi d'Espagne faisoit pour porter la guerre en Afrique, obligerent Côme de Medicis à équipper une flotte pour la joindre à celle de ce Prince. Pendant qu'il étoit occupé à Pise à donner ses ordres, il remit le gouvernement de ses Etats entre les mains de François son fils, qui n'étoit âgé que de vingt-quatre ans ; mais il se réserva les titres & les honneurs. Pour donner à cette résignation l'apparence & la forme d'une succession certaine & incontestable qu'il transmettoit à son fils, il voulut qu'elle se fît avec beaucoup de pompe en présence des Conseillers & du Senat ou Conseil des quarante-huit. Il y eut à ce sujet plusieurs fêtes dans la ville, & l'on en rendit à Dieu des actions de graces publiques. François commença dès-lors à gouverner la Toscane avant la mort de son pere. Le Duc avoit mis auprès de son fils, Barthelemy Concini, homme de confiance & d'une

DUCHÉ DE TOSCANE.

1564.

---

(61) Quelques-uns prétendent que ce fait n'est point véritable, & qu'il a été inseré dans le livre de M. de Thou après sa mort, puisqu'il ne se trouve point dans les éditions qu'il a données lui-même, où il se contente de dire *que Côme perdit en un jour deux de ses fils, Jean qui étoit Cardinal & Garcie, & que bien-tôt après Eleonor de Tolede* leur mere mourut aussi, soit d'un mal d'estomac qu'elle avoit naturellement foible, soit du chagrin qu'elle eut de la mort de ses enfans. Cependant cette histoire se trouve dans l'édition de 1734, dans laquelle on a eu soin d'ajouter à la fin de chaque volume les restitutions, les differentes leçons ou variantes avec des notes & des corrections.

experience confommée. Le jeune Duc époufa l'année fuivante Jeanne fœur de l'Empereur Maximilien ; & les nôces furent célébrées avec beaucoup de magnificence.

Pie V. qui étoit dans les intérêts du Duc de Tofcane, voulant terminer en fa faveur la difpute qui étoit entre ce Prince & le Duc de Ferrare, donna le titre de Grand Duc au premier, par une bulle qu'il publia le 27 d'août 1570. Les Miniftres de l'Empereur qui étoient à Rome, s'y oppoferent & donnerent leur proteftation, ils menacerent même d'en tirer raifon fi le Pape continuoit d'entreprendre fur les droits de l'Empire. Le Pontife fe crut alors obligé de juftifier fa conduite, & le Duc de Florence apporta auffi plufieurs raifons pour tâcher de faire voir que l'Empereur n'avoit aucun droit fur Florence. Cette affaire traîna en longueur, & Côme n'en vit point la fin.

Ce Prince qui avoit été long-temps malade de la goutte, s'étoit retiré à Pife pour fe repofer & pour rétablir fa fanté. Il y eut une attaque d'apoplexie très-violente, qui fut fuivie d'une paralyfie fur la langue & fur la main droite. Incapable alors de gouverner fes Etats, il en remit entierement le foin à fon fils. Cependant l'Empereur & le Roi d'Efpagne preffoient vivement Gregoire XIII. d'abolir le decret que Pie V. fon prédeceffeur avoit donné en faveur de Côme. Dans ce même temps le Duc de Ferrare intenta à ce Prince un procès fur le même fujet, & le porta devant le tribunal de l'Empereur, dont il étoit Vaffal à caufe des villes de Modene & de Reggio. Côme & François pour éviter de comparoître devant l'Empereur, porterent le Pape à engager le Duc de Ferrare, qui étoit feudataire du faint Siége, à fe défifter de fes pourfuites. Les prieres du Pontife furent inutiles, & l'affaire fut plaidée devant le tribunal de l'Empereur.

Ce procès n'étoit pas encore terminé lorfque Côme mourut après une longue maladie, à l'âge de cinquante-cinq ans après en avoir regné trente-huit. C'étoit un Prince orné de grandes qualités de corps & d'efprit, également heureux & prudent. Il s'oublia cependant dans la profperité, & il fe laiffa fur la fin de fa vie, dominer par l'amour des plaifirs ; ce qui le porta à faire plufieurs actions qui ternirent l'éclat de la réputation qu'il s'étoit acquife. Il s'étoit déclaré le protecteur des belles-lettres & des arts, & il avoit établi à Pife une célebre Univerfité. L'ambition qui le guida prefque toujours, le porta à vouloir paroître l'Emule d'Augufte. Il prit comme lui le Capricorne pour devife, & le fit placer dans plufieurs maifons qu'il bâtit avec la magnificence d'un Roi. Après la mort d'Eleonor fa femme, il époufa en fecondes nôces Camille Martelli, dont il n'eut qu'une fille, qui fut mariée à Cefar d'Eft, parent & héritier d'Alphonfe Duc de Ferrare. Côme laiffa trois fils du premier lit, fçavoir François qui lui fucceda ; le Cardinal Ferdinand qui fut Grand Duc de Florence après la mort de François, & Pierre.

La difpute entre les Ducs de Florence & de Ferrare fut enfin terminée en faveur du premier, & l'Empereur confentit à confirmer au Prince François le titre de Grand Duc; mais à condition qu'il le tiendroit de l'Empereur. La vie de ce Duc ne nous offre aucun évenement confidérable. Ce Prince ayant perdu depuis la mort de fa femme Philippe fon fils, fe remaria

avec

avec Blanche Capella Dame d'une des premieres familles de Venise, dont il n'eut point d'enfans mâles; ce qui le porta a déclarer héritier de ses Etats le Cardinal Ferdinand de Medicis son frere. François mourut subitement le 9 d'octobre 1587, & cinq heures après Blanche son épouse eut le même sort. On prétend qu'ils moururent empoisonnés. Le Grand Duc avoit eu de cette Princesse, avant son mariage, un fils nommé Antoine, pour lequel il avoit fait l'acquisition de la principauté de Capistran dans le royaume de Naples. Ce jeune Prince étoit mort avant son pere. François laissa deux filles de sa premiere femme. Eleonore l'aînée, étoit déja mariée avec Vincent de Gonzague Prince de Mantoue. La seconde nommée Marie, épousa dans la suite Henri IV. Roi de France, après que ce Monarque eut repudié Marguerite sœur de Henri III.

Ferdinand devenu héritier des Etats de Florence par la mort de son frere, envoya des Ambassadeurs au Pape pour lui remettre son chapeau de Cardinal, & lui demander la permission de se marier. Le Pontife lui accorda sa demande avec d'autant plus de facilité, qu'il n'étoit point encore dans les Ordres sacrés. Ce Prince épousa le 30 d'avril 1589 Chistine fille de Charles II. Duc de Lorraine, & de Claude de France sœur de Henri III. Ferdinand merita l'estime de toute l'Europe, par la sagesse qu'il fit voir dans toutes ses actions. Dès le commencement de son regne il délivra ses Etats d'une multitude innombrable de bandits qui s'étoient tellement fortifiés, qu'ils y avoient formé des habitations. Non-content d'avoir rendu à ses Etats la tranquillité & la sûreté, il les voulut encore procurer aux autres. La Mediterranée étoit infestée par les corsaires qui venoient continuellement ravager les côtes d'Italie, & qui troubloient le commerce par leur pirateries continuelles. Ferdinand pour remedier à ces désordres, équipa une flotte pour leur donner la chasse. Il remporta sur eux de grands avantages, leur enleva plusieurs vaisseaux, les poursuivit jusqu'en Afrique, où il se rendit maître de quelques places qu'il fit raser. Ses succès furent si grands que peu s'en fallut que sa flotte ne prit Famagouste en Chypre.

Le Grand Duc animé par ces progrès voulut se délivrer entierement du joug des Espagnols; il agit avec tant d'adresse & de prudence, qu'il vint à bout de les faire sortir des terres de sa domination. Ami de la justice, il prit toûjours le parti des Princes injustement persécutés, & les aida de ses conseils & de ses trésors. Dans les guerres de la ligue, après la mort funeste de Henri III. Roi de France, il fournit secrettement de l'argent à Henri le Grand. On le vit cependant faire entrer des troupes dans les isles d'If & de Pomegues; mais son dessein n'étoit que de prévenir les Espagnols; puisqu'il les rendit ensuite au Roi moyennant le remboursement de deux cens mille écus que ce Monarque lui devoit. Ce sage Prince mourut regretté de ses sujets & de tous les Princes de l'Europe.

Il eut pour successeur Côme son fils, dont la foiblesse du tempérament étoit réparée par la vivacité de son esprit & par l'étendue de son génie. La guerre que Charles Emanuel Duc de Savoye déclara à Ferdinand Duc de Mantoue, obligea Côme à secourir ce Prince & à lui envoyer un corps de troupes considérable, qui s'ouvrit le passage par le Duché de Modene.

Il ne refusa pas un pareil secours à l'Empereur Ferdinand II. pendant les

DUCHE' DE TOSCANE.
Sa mort
1587.

Ferdinand IVe. Duc de Florence.
1588.

Sa mort.
1609.
Côme second
Ve. Duc.
1613.

troubles de Bohême. Ce Monarque assiégé dans Vienne, se trouvoit dans un grand embarras lorsque les troupes Florentines le délivrerent du danger qui le menaçoit. Côme mourut l'an 1620, après s'être fait une grande réputation.

Ferdinand II. son fils & son successeur marcha sur ses traces, & se conduisit avec toute la prudence possible dans les conjonctures les plus délicates. Ce Prince épousa Victoire petite fille de François Marie, dernier Duc d'Urbin. On voulut alors lui conseiller de se mettre en possession de ce duché : mais il refusa d'écouter de pareilles propositions, & laissa réunir cet Etat à celui de l'Eglise dont il étoit un fief dévolu par la mort de François Marie.

Ferdinand qui cherchoit à écarter la guerre de ses Etats, observa une exacte neutralité entre la France & la maison d'Autriche, dans le temps que ces deux puissances se faisoient la guerre. Il auroit cependant eu occasion de se déclarer, sur-tout lorsque les François assiégerent Orbitello, & qu'ils prirent Piombino & Porto Longone. Mais il ne put s'empêcher de se rendre médiateur entre le Pape & le Duc de Parme, à qui le Pontife vouloit enlever le duché de Castro. Il négocia si efficacement que ce duché fut rendu au Duc de Parme. Les Venitiens éprouverent aussi son zéle, & il leur fournit des troupes pour secourir Candie que les Turcs assiégeoient. Il ne put voir la fin de ce siége étant mort en 1668.

Côme son fils aîné fut reconnu Grand Duc de Florence après la mort de son pere. Ce jeune Prince avoit déja parcouru differentes Cours de l'Europe, & il étoit de retour lorsque Ferdinand mourut. Côme avoit épousé Marguerite Louise fille de Gaston Jean-Baptiste Duc d'Orleans. Il nâquit de ce mariage deux Princes ; sçavoir Ferdinand & Jean Gaston, & une fille nommée Marie-Anne-Louise. Ferdinand étoit né le 9 d'août 1663, & il avoit épousé le 15 de novembre 1688 Yolande Beatrix sœur de Maximilien-Marie-Emanuel, Electeur de Baviere. Il mourut le 31 d'octobre 1713. Marie-Anne-Louise épousa Jean Guillaume Electeur Palatin, dont elle resta veuve l'an 1716.

Jean Gaston qui étoit né le 24 de mai 1671 ; s'étoit marié en 1697 à Anne-Marie-Françoise, fille de Jules-François Duc de Saxe Lawembourg & veuve de Philippe-Guillaume, Comte Palatin du Rhin. Il n'eut point d'enfans de ce mariage. François-Marie frere du Grand Duc, & qui avoit été créé Cardinal ; voyant que son neveu n'avoit point d'enfans, renvoya son chapeau au Pape, & épousa en 1709 Eleonore de Gonzague fille du Duc de Guastalla. Ce mariage ne fut pas plus fécond que le premier, François-Marie étant mort le 3 de février 1711 à l'âge de cinquante-un ans, la Princesse sa veuve épousa huit ans après le Prince Philippe de Hesse Darmstadt Gouverneur du Mantouan. Côme III. mourut le 31 d'octobre, après avoir gouverné près de 54 ans l'Etat de Florence, & y avoir entretenu la tranquillité & l'abondance. Il s'étoit rendu le protecteur de la liberté d'Italie ; & par la sagesse de sa conduite, il s'étoit attiré l'estime de tous les Princes.

Il laissa ses Etats à Jean Gaston son fils. Comme il y avoit tout lieu de croire que ce Prince n'auroit point de postérité, la succession de cette maison venoit naturellement à celle de Parme, qui avoit pour Chef un Duc qui n'avoit point d'enfans, & dont le frere n'étoit pas marié ; il fallut donc songer à assurer les Etats des deux maisons à Don Carlos fils de Philippe V. Roi d'Espagne. Après la mort d'Antoine Farnese Duc de Parme & de plaisance, l'Infant fut reconnu pour son héritier ; mais les obstacles qui survinrent de la part de l'Empereur l'empêcherent de prendre possession.

DUCHÉ DE TOSCANE.

Cependant la santé du Grand Duc qui étoit fort foible, faisoit craindre pour la vie de ce Prince. On prit alors les mesures nécessaires afin que Don Carlos ne trouvât aucune difficulté pour cette succession, & en conséquence il fut déclaré Prince héréditaire de Toscane. La Cour de Vienne s'y opposa, prétendant que toute la Toscane dépendoit de l'Empire, sous prétexte que Florence en avoit reconnu la souveraineté. Cette querelle n'étoit pas encore décidée lorsque la guerre qui survint au sujet de la couronne de Pologne, occasionna un nouvel arrangement. Par le traité qui fut fait à Vienne, il fut réglé qu'on céderoit à l'Empereur en pleine propriété, les duchés de Parme & de Plaisance, & à l'égard du Grand duché de Toscane, on convint qu'il appartiendroit à la maison de Lorraine pour la dédommager des duchés de Lorraine & de Bar qui furent réunis à la couronne de France. (62). Ainsi Jean Gaston vit disposer de ses Etats en faveur d'une maison étrangere.

Ce Duc étant mort le 9 de juillet 1737 à l'âge de 67 ans, François Etienne Duc de Lorraine prit possession du grand duché de Toscane. Ce Prince occupe aujourd'hui le trône Imperial, & je ferai mention de ce qui le regarde dans l'article d'Allemagne.

François de Lorraine IX. Duc.

1737.

Avant que de terminer ce chapitre, je crois devoir dire un mot des Républiques de Sienne, de Pise & de Lucques, dont il a été fait si souvent mention dans le cours de cette histoire. Le plan que je me suis proposé, ne me permet pas de m'étendre davantage sur ces petits Etats.

Cette République est très-petite, puisqu'elle ne consiste qu'en sa capitale avec un territoire peu étendu, qui est enclavé dans les Etats du Duc de Toscane dont elle est indépendante. Cette ville est fort ancienne, puisque Strabon, Pline, Ptolomée, Tite-Live & Agathias en font mention. Elle fut assiégée dans le sixieme siecle par Narsès Général des armées de Justinien. Elle passa dans la suite sous la domination de Boniface pere de la Comtesse Mathilde, d'Uguccione, de Castruccio Castracani. Ce dernier fut le plus célebre (63), & ce fut en 1317 qu'il s'empara de la ville de Lucques sa patrie. Il se fit confirmer par l'Empereur Louis de Baviere, le pouvoir suprême sous le titre de Duc de Lucques. Il conserva cette dignité jusqu'à sa mort qui arriva l'an 1328. Louis de Baviere vendit alors ce duché à Gerard Spinola Genois. Martin de l'Escale Seigneur de Verone, s'en accommoda ensuite, & quelque-temps après les Florentins l'acheterent. Les Pi-

De la République de Lucques.

---

(62). On a vu le détail de cette guerre, & le traité qui l'a suivie dans l'article de France de cette Introduction.

(63) La vie de ce Souverain de Lucques donnée par Machiavel, est traduite avec des notes critiques & politiques par M. Dreux du Radier Avocat en Parlement, & se vend à Paris chez Michel Lambert, vol. in-8°. 1753.

sans y prétendirent aussi ; ce qui causa une longue guerre entre les deux partis. L'Empereur Charles IV. à qui les Lucquois s'adresserent, les mit en liberté l'an 1370. Ils furent encore subjugués par un de leurs citoyens nommé Paul Giunisi ; mais cette nouvelle domination ne dura que jusqu'à l'an 1430, & alors ils rentrerent dans une parfaite indépendance. Le gouvernement est aristocratique : la souveraineté réside dans un conseil de deux cens quarante Nobles, qui se partagent en deux & qui servent par semestre. Ils ont à leur tête un Gonfalonnier choisi d'entre les Nobles, & qui est logé dans le palais de la République avec neuf Conseillers appellés Anziani. Ils ont coutume d'y coucher & d'y manger, quoique leurs femmes & leurs familles demeurent dans des maisons particulieres. La dignité de Gonfalonnier répond à celle de Doge de Venise ou de Gênes, excepté qu'elle n'est que pour deux mois, & que ce Magistrat n'en tire d'autre émolument que sa table. Les Conseillers qui sont avec lui ne conservent également leur pouvoir que pendant deux mois. Le Gonfalonnier porte la barette & l'étole avec la robbe cramoisi, & on lui donne le nom de Prince, mais on ne le traite que d'excellence. Après un intervalle de six ans, il peut être élu de nouveau. Sa garde ordinaire est de soixante suisses. Comme la foiblesse de la République ne lui permet gueres de se mêler des differends qui surviennent entre les Princes de l'Europe ou d'attaquer ses voisins, toute l'attention du Magistrat se borne à procurer l'abondance & la tranquillité au-dedans, & à ménager l'amitié de ses voisins au-dehors.

La République de Lucques est un des Etats les mieux policés : il y a des loix fort severes contre les fainéans & les vagabonds. On y entretient avec beaucoup de soin les fabriques, & sur-tout celles de soie qui font une des richesses de ce petit Etat. L'industrie des habitans a fait donner à Lucques le surnom d'*Industrieuse*.

Lucques est située près de la riviere de Serchio, au milieu d'une plaine fertile qui peut avoir quinze ou vingt milles d'étendue en divers sens, & cette plaine est bordée par de riches côteaux qui sont habités. Les fortifications de Lucques sont assez regulieres & bien revêtues ; mais presqu'à rez de chaussée. En 1626 on avoit abbatu les anciennes murailles pour la fortifier à la moderne. Elle a onze bastions égaux tous revêtus de brique avec leur courtine ; ses remparts ombragés de grandes allées de peupliers, sont un lieu de divertissement pour ses habitans. Elle a outre cela un arsenal pour armer vingt mille hommes en cas de besoin. Via-Regio est la seule place qui serve de port à la République. Lucques a produit de grands hommes, tels que le Pape Luce III. Xantès Pagninus, &c.

Le Pisantin est une petite province d'Italie dans le grand duché de Toscane. Elle est entre le Florentin & le Siennois, la petite principauté de Piombino, la République de Lucques & la mer de Toscane. Cette province n'a pas une grande étendue, mais elle est assez fertile. Pise sa capitale a été soumise à divers maîtres, après avoir formé une République puissante qui avoit resisté aux infideles. Elle avoit outre cela fait la conquête des isles de Corse & de Sardaigne ; s'étoit rendue maîtresse de Carthage & avoit rendu son nom redoutable sur la mediterranée. Charles VIII. Roi de France dans fon voyage d'Italie en 1494, lui fit rendre la liberté qu'elle avoit perdue; mais elle fut affujettie de nouveau en 1609. Elle eft maintenant en la puiffance des Grands Ducs de Tofcane qui en ont fait la réfidence des Chevaliers de l'Ordre de S. Etienne. On admire dans cette ville le palais, la maifon de ville, l'Univerfité fondée par Laurent de Medicis, & le jardin de médecine.

Duché de Toscane.

Le Siennois eft une province du duché de Tofcane. Il a le Florentin au nord, la mer de Tofcane au midi, l'Etat de l'Eglife à l'eft, & le Pifan à l'oueft. Outre la ville de Sienne qui en eft la capitale, on y trouve Groffetto, Pienza, Monte-Pulciano, Monte-Alcino, &c. Le petit Etat *Degli Prefidii* qui eft enclavé dans cette province, appartient aux Efpagnols. Sienne capitale de cette République, eft fituée au milieu des montagnes, & eft regardée comme une des plus grandes villes d'Italie. On y admire fa citadelle, fes palais & fes Eglifes, fur-tout la métropole. Cette ville fut bâtie par les Gaulois Senonois après la prife de Rome par Brennus, & elle paffa enfuite fous la domination des Romains. La chute de l'Empire Romain fit éprouver à cette ville de grandes viciffitudes, & la fit fouvent changer de maîtres. Elle fecoua enfin le joug & forma un Etat Républicain. Elle tomba enfuite au pouvoir des Ducs de Tofcane, qu'elle reconnoît aujourd'hui pour fes légitimes Souverains. Les Siennois font fort ingenieux, & parlent la langue Italienne avec plus de politeffe qu'en aucun autre lieu de l'Italie. L'Univerfité y eft célebre.

De la République de Sienne.

La République de S. Marin eft un petit Etat libre dans le duché d'Urbin & environné de l'Etat Eccléfiaftique. Il confifte en une petite ville affez pauvre, fituée fur une roche avec fix ou fept villages au bas & quelques châteaux. Cette République fe vante d'avoir confervé fa liberté depuis l'an 600. Le gouvernement en eft ariftocratique. Cette République penfa perdre fon indépendance l'an 1639 par les intrigues de quelques citoyens mal intentionnés.

De la République de faint-Marin.

Saint-Marin avoit eu la précaution de fe mettre fous la protection des Papes & fous celle des Empereurs, afin d'être toujours affurée de l'amitié de l'un des deux partis felon qu'ils étoient les plus forts en Italie. Quelques perfonnes que leur conduite avoit mis hors d'état de vivre dans leur patrie, entreprirent d'en changer la forme du gouvernement, afin d'y pouvoir rentrer. Ils fe plaignirent au Cardinal Alberoni, & voulurent faire paffer leurs Magiftrats pour des tyrans. Ce Prélat qui étoit alors Légat de la Romagne, leur fit efperer la protection du faint Siége, & crut avoir trouvé une occafion d'unir ce petit Etat au patrimoine de faint Pierre. Ils lui avoient fait entendre que le peuple de faint-Marin, fatigué du joug qu'on lui impofoit, fe donneroit volontiers au Pape. Le Cardinal Alberoni perfuadé de la facilité de l'entreprife, fe rendit dans cette ville où il fut bien reçu par les féditieux. Les Chefs de la République l'envoyerent complimenter; mais lorfqu'on s'apperçut de fon deffein, on voulut prendre les précautions pour s'y oppofer. Les factieux firent alors ouvrir les portes aux troupes que le Cardinal avoit fait approcher de la ville. Les Capitaines de l'Etat trop foibles pour réfifter à ce Prélat, furent contraints de lui remettre les clefs

334 INTRODUCTION A L'HISTOIRE

DUCHÉ DE TOSCANE.

de la ville & du château, en protestant néanmoins contre cette violence. Le Cardinal Alberoni maître de la ville, voulut exiger des habitans le serment de fidelité; mais plusieurs abandonnerent leur patrie plutôt que d'y consentir. D'autres plus courageux firent serment d'être fideles à leur patrie. On usa de rigueur pour les réduire. Le Pape informé de cette oppression, & voyant que cette soumission n'étoit rien moins que volontaire, ordonna au Cardinal de remettre les choses dans leur ancien état, & se désista de toutes prétentions sur un peuple libre.

Fin de l'Histoire du duché de Toscane.

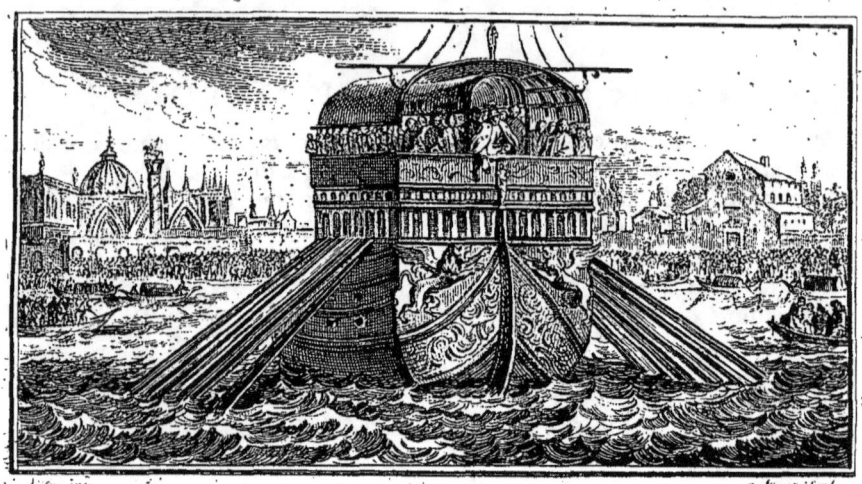

INTRODUCTION A L'HISTOIRE UNIVERSELLE.

CHAPITRE CINQUIEME.

DE LA RÉPUBLIQUE DE VENISE.

E rang que la République de Venise tient entre les souverainetés de l'Europe, demande que nous recherchions quelle a été son origine, & par quel degré elle est parvenue à cette puissance où nous la voyons aujourd'hui. Les fréquentes invasions des Barbares depuis la décadence de l'Empire d'Occident, obligerent les Peuples d'Italie à se mettre à l'abri des fureurs de ces étrangers. Pendant le ravage que les Goths firent en 407 sous leur Roi Radagaise, les habitans des villes voisines des Lagunes (1) allerent chercher

ORIGINE DE VENISE.

---

(1) La mer ayant rompu cette langue de terre qui se trouve dans le fond du Golfe Adriatique, s'est ouvert un passage par six differentes bouches, & s'étant répandues sur les terres qui étoient plus basses, elle y a fait ce qu'on appelle les Lagunes, formant dans toute cette étendüe qui n'est que de cinq ou ou six milles de large, un grand nombre de petites isles. Les six bouches par où la mer déborde dans les Lagunes, sont les seuls ports qui conduisent à Venise du côté de la mer.

ORIGINE DE VENISE.

une retraite assurée dans ces petites isles qui n'étoient habitées alors que par quelques pêcheurs. La défaite des Goths permit à ces fugitifs de retourner dans leurs terres; mais l'incursion des Visigoths conduits par Alaric l'an 413, contraignit ces mêmes peuples à retourner dans leur premier asyle. Le long séjour que ces Barbares firent en Italie, obligea ces refugiés à commencer à bâtir des maisons de bois & de roseaux, pour s'y loger avec plus de commodité.

Les Padouans maîtres des isles des Lagunes, & qui avoient un port à celle de Rialte, résolurent d'en faire un lieu considérable, tant pour leur servir d'asyle que pour mieux assurer leur commerce maritime. En conséquence, le Sénat de Padoue envoya trois Consuls l'an 421, & fit proclamer Rialte place de refuge. Ce nouvel établissement ne tarda pas à être peuplé non-seulement par ceux qui étoient déja dans les autres isles; mais encore par ceux qui habitoient la terre ferme. Les ravages effroyables qu'Attila Roi des Huns fit dans l'Italie, multiplia le nombre des habitans de ces isles. Comme ils n'avoient plus d'espérance de retourner dans leurs anciennes demeures, ils firent transporter les pierres & le marbre des palais qui avoient été détruits, afin d'en élever de nouveaux dans ces isles: de sorte qu'en moins de cinquante ans, on avoit déja élevé des bâtimens magnifiques, & chacun se trouvoit logé commodément.

Rialte étoit devenue la plus considérable de ces isles par la multitude de ses habitans. La ville de Padoue qui s'étoit rétablie, changea le gouvernement de Rialte, & à la place des trois Consuls, elle y envoya des Tribuns pour régir cette nouvelle colonie avec plus de dignité. Cependant les plus riches & les plus puissans furent reconnus dans la suite pour les protecteurs du peuple, à cause du besoin qu'il avoit de leur assistance. Chaque isle eut ses Tribuns qui prirent insensiblement tant d'autorité, qu'ils s'érigerent enfin en petits Souverains. Il subsiste encore près de Rialte les restes d'un vieux palais de la famille des Badouaires, qui a donné pendant près de trois cens ans des Tribuns à Rialte.

Etablissement de la République.
709.

Ces Peuples s'étant considérablement augmentés, les Tribuns des douze principales isles des Lagunes prirent la résolution de former une République & d'élire quelqu'un d'entr'eux pour en être le Chef. Ils s'adresserent à l'Empereur Leon qui étoit Souverain de tout le pays, & au Pape Jean V. pour obtenir la permission d'élire leur Prince auquel ils donnerent le nom de Duc ou de Doge (2). Les Tribuns ayant obtenu ce qu'ils demandoient, s'assemblerent dans Eraclée, ville des Lagunes (3), & élurent pour premier Doge Paul Luce Anafeste. Quoiqu'il semble qu'on ne doive compter le commencement de la République de Venise que du jour de cette élection, les Venitien le comptent de celui de la proclamation qui fut faite à Rialte par les Padouans en 421 le 25 de mars, & tous les ans ils en solemnisent la naissance à pareil jour. Ils disent que leur République à trois avantages

(2) Saint Disdier dans son histoire de la République de Venise. Je n'entreprendrai point d'examiner s'il est vrai qu'avant l'établissement de ces peuples, les isles qu'ils habiterent, ne relévoient ni de l'Empire d'Occident ni des Rois Goths, comme le prétendent les Auteurs Venitiens.

(3) Il ne reste aujourd'hui de cette ville que quelques ruines près de l'embouchure de la Piave.

singuliers

finguliers au-deſſus de tous les autres Etats; qui ſont 1°. d'être née libre; 2°. chrétienne: 3°. enfin d'avoir été fondée dans le même-temps que le royaume de France (4).

Le nom de Veniſe ne ſubſiſtoit point encore, & Eraclée fut le premier ſiége de la République juſqu'à la mort du troiſieme Doge, qui fut maſſacré à cauſe de ſa conduite dure & cruelle à l'égard des citoyens. Le peuple ne voulant plus ſouffrir le gouvernement des Doges, donna pour chefs à la République des maîtres de Chevaliers (5), dignité élective & annuelle. Cette ſorte de gouvernement ne ſubſiſta pas long-temps, & l'on élut de nouveau un Doge.

Théodat ou Deodat fut le premier Doge depuis le rétabliſſement de cette dignité. Il porta ſon ſiége à Malamocco qui étoit ſans doute alors la plus conſidérable des iſles depuis la deſtruction d'Eraclée (6). Ce Duc ſoupçonné de vouloir ſe gouverner en tyran, parce qu'il faiſoit faire quelques fortifications à l'embouchure de l'Adige, fut dépoſé & on lui creva les yeux.

Galla ou Gaulo qui s'étoit mis à la tête des factieux, fut élu Doge & continua de faire ſa réſidence à Malamocco. Il eut le même ſort que ſon prédéceſſeur, car à peine y avoit-il un an qu'il jouiſſoit de ſa dignité qu'il en fut privé.

On lui donna pour ſucceſſeur Dominique Monegario. Comme on n'avoit pas été content de la conduite de ſes prédéceſſeurs, & qu'on appréhendoit qu'il ne ſuivît leur exemple, on le força à recevoir deux adjoints, ſans l'avis deſquels il ne pouvoit rien faire. Ce frein qu'on avoit voulu mettre à ſon autorité, ne fut pas capable de le contraindre & de l'empêcher de gouverner tyranniquement. Le peuple irrité de ſa conduite, le priva de ſa dignité, & le condamna à avoir les yeux crevés.

Maurice Galbaio fut mis à ſa place. Les peuples furent ſi contens de ſon gouvernement, qu'ils lui permirent de ſe donner pour collégue Jean ſon fils.

Celui-ci obtint la même faveur après la mort de ſon pere; mais ſes injuſtices continuelles & ſes violences dont Maurice ſon fils étoit le complice, firent déteſter le gouvernement de ces deux Ducs, & furent cauſe de leur ruine.

Obelevius Antenorio fut alors revêtu de la dignité de Doge. Cette élection ſe fit au rapport des Hiſtoriens dans la ville de Treviſe qui appartenoit à Charlemagne. Ce fut ſous le gouvernement de ce Doge que Pepin, fils de Charlemagne & Roi d'Italie, attaqua les Venitiens qu'il battit par terre & par mer. Il les força de ſe ſoumettre; mais par le traité de paix conclu à Aix-la-Chapelle, où l'Empereur Nicephore avoit envoyé des Ambaſſadeurs à Charlemagne, Veniſe fut rendue à l'Empereur d'Orient (7).

ORIGINE DE VENISE.

742.

755.

756.

761.

787.

810.

---

(4) Saint Diſdier. Quant au dernier article, dont les Venitiens ſe vantent, j'ai fait voir dans l'article de France que cette Monarchie s'étoit établie dans les Gaules bien avant l'an 421.

(5) *Magiſtri Equitum.*

(6) Cette ville fut rebâtie & appellée Citta Nuova, elle avoit été détruite par les habitans d'Ieſolo dans une guerre inteſtine qui s'étoit élevée entre ces deux petites villes.

(7) Eginard cité par le P. Daniel.

ORIGINE DE VENISE.

Voici ce que le Chevalier de saint Difdier rapporte au sujet de cette guerre. » On lit, dit-il, dans les Annales de Venise, que Pepin qui étoit
» Souverain de toutes ces Provinces, & à qui la République de Venise
» payoit un tribut annuel en cette qualité, voulut visiter les isles mariti-
» mes qui étoient du ressort de son domaine, & que le Doge qui avoit
» été élu à la place d'Obelerius (8), lui en avoit refusé l'entrée à cause des
» soupçons qu'il avoit que le Roi induit par les conseils d'Obelerius, n'eût
» dessein d'inquieter la République. Pepin indigné de ce refus, arma con-
» tre ces peuples, ruina Eraclée, & alla d'un autre côté attaquer Mala-
» mocco qui étoit alors l'isle capitale ; mais l'ayant trouvé abandonnée par
» le Doge & par tous les habitans qui s'étoient sauvés à Rialte, il résolut
» de les y aller attaquer par mer. Les mêmes Annales de Venise ajoutent
» que Pepin ayant mis ses troupes sur des radeaux pour les faire passer
» pendant la nuit à Rialte, il s'éleva une si furieuse tempête qu'elle rompit
» tous les radeaux, & submergea la plus grande partie de ces soldats, &
» que ce mauvais succès changea le courage & la résolution du Roi ; de
» sorte qu'il fit dessein de laisser ces peuples en paix : mais qu'ayant sou-
» haité de voir Rialte, il y fut reçu avec tant de démonstrations de joye
» & tant de marques d'honneur, que par un sentiment d'affection pour
» ces peuples, il jetta son sceptre dans la mer avec cette imprécation ; *ainsi*
» *périssent tous ceux qui entreprendront de nuire à la République.*

» Cependant la suite des mêmes Annales & le témoignage de plusieurs
» Auteurs dignes de foi, font clairement connoître que Pepin fut reçu à
» Rialte en vainqueur généreux plutôt qu'en Prince qui auroit eu la for-
» tune contraire, & que la République ne lui auroit pas accordé après la
» perte de son armée ce qu'elle lui avoit hautement refusé lorsqu'il étoit
» en état de l'obtenir par force. En effet le Roi exerça tout acte de sou-
» veraineté, & laissa des marques de sa liberalité au Doge & au public,
» remettant à la République le tribut qu'elle lui payoit annuellement, &
» lui donnant cinq milles d'étendue en terre ferme le long des bords des
» Lagunes, avec une pleine liberté de trafiquer par mer & par terre.

» On ajoute encore que Pepin voyant que le Doge ne portoit sur lui
» aucune marque de sa dignité, détacha la manche d'une veste & la mit
» sur la tête du Doge en forme de bonnet, & c'est de-là que la corne
» ducale tire son origine ; ainsi nommée à cause de la pointe que cette
» manche faisoit sur la tête. C'est alors que Venise prit naissance, puisque Pe-
» pin voulut encore que l'isle de Rialte, jointe aux autres Isles voisines, porta
» le nom de Venise qui étoit alors celui de toute la province voisine des
» Lagunes, & que ce lieu fut à l'avenir la résidence des Doges & le siège
» de la République. Voilà quels ont été les commencemens & les pre-
» miers progrès de la République de Venise, laquelle avoue qu'elle doit
» son principal établissement, & sa premiere grandeur à la magnanimité
» d'un Roi François. «

Depuis le retablissement de la paix entre les deux Empires, le peuple accorda la dignité de Doge à Ange Badoer ou Participatio. Ce Duc envoya

---

(8) Ce Doge avoit été chassé avec ces deux freres.

Juſtinien ſon fils à Conſtantinople, afin de prendre des arrangemens avec l'Empereur Grec pour le gouvernement des Venitiens. On attribue encore à ce Doge la fondation du palais ou lieu des aſſemblées publiques, & pluſieurs autres établiſſemens avantageux à cette République, qui n'étoit pas encore fort conſidérable.

ORIGINE DE VENISE.

Juſtinien ſon fils & ſon ſucceſſeur bâtit le monaſtere des Religieuſes de S. Zacharie, des deniers de la chambre Imperiale de Conſtantinople. L'évenement le plus remarquable qui arriva ſous le gouvernement de ce Doge, fut le tranſport du corps de S. Marc à Veniſe.

828.

Jean Badoer fils du précedent, ayant été reconnu Doge après la mort de ſon pere, fit conſtruire une Egliſe pour mettre le corps du ſaint Evangeliſte. Cependant Obelerius vivoit encore à Malamocco où il avoit obtenu la permiſſion de demeurer avec un entretien proportionné à la qualité de Doge qu'il avoit eue autrefois. Jean Badoer convaincu ou ſoupçonnant peût-être qu'Obelerius travailloit ſecrettement à rentrer dans ſon ancienne dignité, voulut obliger les habitans de Malamocco à lui remettre ce Prince entre ſes mains. Sur le refus qu'ils en firent, il aſſiegea cette place dont il ſe rendit maître, & fit couper la tête à ſon rival qu'il avoit fait priſonnier. La famille d'Obelerius pour venger la mort de leur parent, exciterent quelques troubles à la faveur deſquels elle vint à bout de faire renfermer Jean Badoer dans un Cloître où il mourut.

829.

On élut alors pour Doge Pierre Tradonic connu ſous le nom de Gradenigo. A l'exemple de ſes prédeceſſeurs, il aſſocia ſon fils Jean au gouvernement, & fut créé Protoſpataire par le Patrice Theodore que l'Empereur Grec envoya expreſſément à Veniſe pour en faire la cérémonie. Il ne fut pas heureux dans la guerre qu'il fut obligé de ſoutenir contre les Sarraſins & les Sclavons, qui étoient venus ravager les iſles voiſines de Veniſe. Ce fut dans cette occaſion que les Venitiens ſe ſervirent pour la premiere fois des vaiſſeaux nommés palandres. La mauvaiſe conduite de ce Doge à l'égard des citoyens, lui ſuſcita bien-tôt un grand nombre d'ennemis, & il fut aſſaſſiné comme il ſortoit de l'Egliſe de S. Zacharie.

837.

La haine que l'on portoit à ce Duc, empêcha ſon fils de jouir de la dignité de Doge qu'il avoit partagée avec ſon pere. Les ſuffrages furent réunis en faveur d'Orſo Badoer qui avoit acquis la réputation d'homme ſage & moderé. Il fut auſſi créé Protoſpataire par l'Empereur Baſile, & il obtint de l'Empereur d'Occident la confirmation de la donation des terres que Pepin Roi d'Italie avoit faite aux Venitiens.

864.

Ce Duc étant mort, Jean Badoer ſon fils fut déclaré ſon ſucceſſeur. Son gouvernement n'eut rien de conſidérable, ſi ce n'eſt la guerre qu'il entreprit contre ceux de Comachio pour venger l'injure que le Gouverneur de cette ville avoit fait à ſon frere en le retenant priſonnier. La fin de cette guerre fut la priſe & la ruine de cette ville. L'amour qu'il avoit pour la retraite, ou d'autres raiſons qu'on ignore, le firent renoncer à ſa dignité.

881.

On mit en ſa place Pierre Candien. Ce Doge fut tué peu de temps après en combattant contre les corſaires de Narenta qui étoient venus pour attaquer Veniſe. Jean Badoer fut alors chargé du gouvernement qu'il conſerva juſqu'à l'élection de Pierre Tribun.

887.

ORIGINE DE VENISE.

888.

L'irruption des Hongrois en Italie pensa devenir funeste aux Vénitiens. Quelques-uns de ces étrangers trouverent moyen d'entrer dans les Lagunes & firent le ravage dans plusieurs isles. Ils se préparoient à attaquer Venise même, c'est-à-dire Rialte, mais le Doge pourvut à la deffense de la ville en la faisant environner de murailles, & en fermant les avenues du grand canal avec des chaînes. Berenger délivra l'Italie de ce fleau, tant par la force de ses armes que par les sommes d'argent qu'il donna aux Hongrois pour les engager à se retirer.

912.

Pierre Tribun eut pour successeur Orso II. de la famille de Badoer, dont le fils fut élu Evêque de Venise. Le Doge dont l'inclination n'étoit rien moins que guerriere, s'ennuya bien-tôt de sa nouvelle dignité, & se retira dans un Couvent où il finit ses jours.

939.
942.
959.

Pierre Badoer ne lui succeda pas immédiatement. Après celui-ci on élut Pierre Candien II. qui partagea la souveraineté avec son fils. La tyrannie de ce dernier irrita tellement les esprits, qu'on le bannit & le chassa de la ville. Cependant quelques années après il fut rappellé, & on lui remit en main le gouvernement de la République. Il n'usa de son pouvoir que pour exercer de nouvelles violences, & pour chercher les moyens d'opprimer la liberté de ses concitoyens. Le peuple se souleva de nouveau, l'assiegea dans son palais & y mit le feu. Le Doge en étant sorti avec un petit enfant qu'il tenoit entre ses bras, il fut massacré avec cette innocente victime. Le palais ducal, l'Eglise de saint Marc, deux autres Eglises & trois cens maisons furent consumées dans cet incendie.

977.

Pierre Urseole homme entierement adonné à l'oraison, fut choisi pour succéder à Pierre Candien III. Ses premiers soins furent de faire réparer à ses frais le palais ducal & l'Eglise de saint Marc. Les ravages que les Sarrasins firent sous son gouvernement dans l'Italie, lui donnerent occasion de signaler sa valeur & son humanité. Ces barbares tenoient assiegés Bari & Capoue, & ils se seroient rendus maîtres de ces deux places, si Urseole ne fut venu à bout d'y faire entrer des vivres. Il ne se contenta pas de leur avoir procuré ce secours, il voulut encore les délivrer de ces dangereux ennemis. Les Sarrasins attaqués par la flotte Venitienne, furent battus & mis en fuite. Uniquement occupé de tout ce qui pouvoit être utile à ses citoyens, il n'entreprit rien dont la République ne put tirer de grands avantages. La gloire qu'il s'étoit acquise au-dedans & au-dehors, ne fut pas capable de l'éblouir & de lui faire perdre de vûe le but qu'il s'étoit toujours proposé, je veux dire de l'envie qu'il avoit toujours eue de se consacrer particulierement à Dieu. Après avoir travaillé avec fruit à donner un meilleur ordre à la République, & avoir appaisé par sa prudence & sa douceur les esprits de ceux qui ne cherchoient qu'à troubler l'Etat, il s'adonna entierement aux exercices de pieté, & ne songea plus qu'aux moyens de soulager les pauvres. Il fit bâtir un hôpital où il avoit lui-même soin des malades, & il laissa de gros revenus pour l'entretien de ceux que la misere forçoit à s'y rendre. Enfin par le conseil de Guerin qui étoit passé de France à Venise pour visiter l'Eglise de saint Marc, il renonça à sa dignité & se retira secretement en Provence pour y passer le reste de ses jours dans la solitude. Il fut universellement regretté, & la République sentit la perte qu'elle venoit de faire.

978.

On lui donna pour succeffeur Vital Candien IV. Il étoit fils de Candien III. qu'il avoit eu de fa première femme. Animé du defir de venger la mort de fon pere, dont il n'avoit cependant pas lieu d'être content, il fe rendit auprès de l'Empereur Othon II. afin de l'engager à déclarer la guerre aux Venitiens. Valdrade feconde femme de Candien III. étoit auffi à la Cour de l'Empereur pour le même fujet. Les Venitiens pour appaifer ce Monarque, crurent devoir nommer pour Chef de la République le fils du Doge qu'ils avoient fi inhumainement maffacré. En effet Othon confentit à renouveller avec eux le traité qu'il avoit déja fait. Vital Candien ne conferva fa nouvelle dignité qu'environ feize mois ; car étant tombé dangereufement malade, il abdiqua & fe retira dans un Monaftere.

<small>ORIGINE DE Venife.</small>

Tribuno Memo fut enfuite élu Doge. Il y eut de grands troubles dans la République fous le gouvernement de ce Duc. Les Mauroceni & les Caloprini (deux des plus illuftres familles de la ville) excités par une haine mutuelle, en venoient fouvent aux mains. Les Caloprini fe trouvant les plus foibles, eurent recours à l'Empereur Othon qui étoit alors à Verone. Ce Monarque prit leurs intérêts, & les fit rentrer dans leur patrie. Peu de temps après, quatre de la famille des Mauroceni voulant venger la mort d'un de leurs parens, attaquerent trois des Caloprini & les mirent hors de combat. Cette action renouvella une querelle qui paroiffoit affoupie, & caufa de nouveaux défordres. Cependant ces troubles furent appaifés par l'autorité du Doge & des principaux Magiftrats de la République. Tribuno Memo après avoir gouverné pendant quatorze ans, renonça à fa dignité & voulut finir fes jours dans un Monaftere.

<small>979.</small>

Urfeole II. fut mis en fa place du confentement unanime du Sénat & du peuple. Sous ce nouveau Duc, la République devint plus floriffante qu'elle n'avoit été jufqu'alors. Les Empereurs Bazile & Alexis qui regnoient dans la Grece, permirent aux Venitiens de commercer dans toute l'étendue de leur empire. Ceux-ci contracterent en même-temps alliance avec les Souverains d'Egypte & de Syrie. Ils firent auffi d'autres traités avec les Princes d'Italie. La puiffance des Venitiens étoit déja fi grande que les Peuples de l'Illyrie, de la Dalmatie, de l'Iftrie, eurent recours à eux pour les délivrer des corfaires de Narenta qui les avoient attaqués par terre & par mer. Pour les engager à leur fournir les fecours qu'ils demandoient, ils confentirent de fe donner à eux avec tout ce qu'ils poffédoient. La République confidérant le grand avantage qui devoit lui revenir de cette guerre, prit auffi-tôt la réfolution d'équiper une flotte confidérable, afin d'être en état de repouffer les corfaires de Narenta, & de fe voir par ce moyen en poffeffion de la Dalmatie & de l'Iftrie.

<small>994.</small>

Tous les préparatifs néceffaires pour cette expédition ayant été faits, la flotte s'avança vers la ville de Pola (9) dont les Venitiens prirent poffeffion. Les autres villes fuivirent l'exemple de Pola & fe rendirent à ceux qu'ils regardoient comme leurs libérateurs. Les Peuples de la Dalmatie ne témoignerent pas moins de foumiffion, & parurent recevoir avec plaifir le joug des Venitiens. Les habitans des ifles de Curzula & de Lefina refuferent de fe fou-

<small>Conquête de la Dalmatie par les Venitiens.</small>

(9) Ville d'Iftrie.

mettre ; mais la première de ces deux isles fut bien-tôt réduite. Lesina se deffendit plus long-temps, & donna plus de peine aux Venitiens qui s'en rendirent cependant maîtres malgré la vigoureuse résistance des habitans. Après ces conquêtes les Venitiens entrerent sur les terres des Narentaniens, y firent de grands ravages & s'emparerent de leurs forts & de leurs châteaux. Urseole ayant terminé heureusement cette entreprise, fut reçu en triomphe dans sa patrie, & il fut résolu que lui & ses successeurs porteroient dans la suite le titre de Ducs de Venise & de Dalmatie (10). On envoya des Magistrats pour gouverner au nom de la République, les villes dont on venoit de faire la conquête. Urseole s'étoit acquis tant de gloire dans cette expédition, que l'Empereur Othon pour témoigner à ce Duc l'estime & l'amitié qu'il avoit pour lui, l'engagea à lui envoyer son fils, à qui il donna le nom d'Othon. lorsque ce jeune Prince reçut la confirmation. Il accorda en même-temps plusieurs priviléges & immunités à la République. Peu de temps après, l'Empereur à son retour de Rome, se rendit incognito à Venise, & donna au Duc de nouvelles marques de l'estime qu'il faisoit de lui. Il y avoit déja vingt-deux ans qu'Urseole gouvernoit la République, lorsque sentant approcher la fin de ses jours, il fit trois parts des biens qu'il possedoit. Il abandonna la premiere à ses enfans, donna la seconde aux pauvres & destina la troisieme pour les spectacles.

Après sa mort Othon son fils qu'il avoit associé au gouvernement, fut reconnu pour Chef de la République. Fidele imitateur de la conduite de son pere dont il possedoit aussi les bonnes qualités, il gouverna la République avec beaucoup de prudence. La réputation d'Othon devint si célèbre que Geris Roi de Pannonie lui donna sa fille en mariage, & cette auguste alliance ne contribua pas peu à rendre ce Duc plus respectable aux Venitiens. La premiere guerre qu'Othon entreprit, fut contre les habitans d'Adria qui faisoient des courses sur les frontieres de l'Etat de Venise. La victoire qu'il remporta sur eux près de l'embouchure du Pô, les obligea de demander la paix que le vainqueur voulut bien leur accorder. Vers ce même-temps Mourcymirus Roi de Croatie faisoit des courses dans la Dalmatie. Othon, résolu de venger les nouveaux sujets de la République, marcha contre ce Prince & le défit entièrement. Mourcymirus s'étant retiré après sa défaite dans l'intérieur de ses Etats, le Doge visita toutes les villes que son pere avoit ajoutées au domaine de la République, & leur fit de nouveau prêter serment de fidelité. Othon de retour dans sa patrie devint la victime de l'ambition de Flambannicus qui avoit formé contre lui une conjuration ; & il fut envoyé en exil dans la Grece la dix-huitieme année de son gouvernement.

Pierre Centranicus qui fut mis à sa place, donna ses premiers soins à appaiser les troubles qui venoient de s'élever dans la République ; mais l'esprit de sédition s'étoit tellement emparé des citoyens, qu'il ne put venir à bout de son entreprise. Sur ces entrefaites Pepon Patriarche d'Aquilée surprit la ville de Grado & s'en rendit maître. Il ne jouit pas long-temps de cette conquête ; car il en fut bien-tôt chassé par les Venitiens, & Ursus

_____
(10) Justiniani Hist. de Venise.

frere d'Othon, fut rétabli dans le Siege que le Pape avoit déclaré être la Metropole de Venise. Urſus, à ce qu'on rapporte, souleva le peuple contre Centranicus qui fut rasé & envoyé en exil. Urſus prit alors le gouvernement de la République à deſſein de le remettre entre les mains de ſon frere ; mais ayant appris que ce Prince étoit mort, il ſe démit de l'adminiſtration des affaires. Dominique Urſeole s'empara alors de la ſouveraine autorité. Les factions qui s'éleverent contre lui, l'obligerent bien-tôt à renoncer à ſa nouvelle dignité, & même à s'exiler volontairement à Ravenne pour mettre ſes jours à l'abri de la fureur du peuple.

<small>ORIGINE DE VENISE.</small>

Dominique Flambannicus auteur de l'exil du Duc Othon, fut alors élu Doge par le conſentement unanime du peuple. L'Archevêque de Grado pendant ſon gouvernement l'avoit fait déclaré ennemi de la patrie, & il avoit été contraint de ſortir de la ville ; mais il y étoit rentré après l'abdication de ce Prélat. Réſolu de venger l'injure qu'il avoit reçuë, il porta le peuple à donner un decret pour bannir à perpetuité de la ville la famille des Urſeoles, à qui la République avoit tant d'obligations. Ce Duc fit auſſi faire un nouveau reglement par lequel on ordonna que les Doges ne prendroient plus des Collegues dans la ſuite. Ce Prince mourut après avoir gouverné la République pendant dix ans.

<small>1034.</small>

On lui donna pour ſucceſſeur Dominique Contarin qui fut obligé de marcher en Dalmatie pour ſoumettre la ville de Zara qui s'étoit révoltée. Sur ces entrefaites, le Patriarche d'Aquilée ſe rendit pour la ſeconde fois maître de Grado. Les Venitiens avant que de prendre les armes, s'adreſſerent au Souverain Pontife qui obligea Pepon à rendre cette ville aux Venitiens.

<small>1044.</small>

Dominique Contarin étant mort, les ſuffrages ſe réunirent en faveur de Dominique Silvio. Cette élection eut pluſieurs circonſtances qui la diſtinguerent des autres. Le Doge fut élevé ſur les épaules des principaux Electeurs, qui, l'ayant ainſi montré au peuple, le porterent juſqu'à la barque dans laquelle il devoit être tranſporté à Veniſe. Il trouva ſur le rivage de cette ville, le Clergé qui étoit venu proceſſionnellement au devant de lui. Lorſqu'il fut dans l'Egliſe de S. Marc, où il étoit entré pieds nus par humilité, il y reçut l'étendart de la ville, & cette cérémonie qui ſe pratiqua pour la premiere fois en cette occaſion, s'obſerva dans la ſuite à l'inſtallation des autres Doges. Les conquêtes des Normans dans la Calabre, la Pouille & la Sicile, obligerent l'Empereur de Conſtantinople d'avoir recours aux Venitiens pour chaſſer ces étrangers de l'Italie. Les Grecs joints aux Venitiens, eurent d'abord de grands avantages contre les Normans, qu'ils battirent ſur mer. Ces étrangers ayant équipé une nouvelle flotte attaquerent les Grecs pendant l'abſence des Venitiens, & remporterent ſur eux une victoire complette. La puiſſance de Nicephore étant abbatuë, & Alexis étant monté ſur le trône de Conſtantinople, les Venitiens envoyerent leur flotte au ſecours de ce dernier. Ils preſenterent de nouveau la bataille aux Normans, mais ils ne furent pas auſſi heureux qu'ils l'avoient été la premiere fois ; car ils furent entierement défaits. Les Venitiens irrités par ce mauvais ſuccès, en rejetterent la faute ſur le Doge & le dépoſerent. Quelques-

<small>1058.</small>

Hiſtoriens prétendent que la dépoſition de ce Duc eſt fauſſe, & ils ſoutiennent qu'il étoit encore revêtu de la dignité de Doge lorſqu'il mourut.

On lui donna pour ſucceſſeur Vital Falerius. Ce Doge eut à peine l'adminiſtration de la République qu'il ſongea à en affermir la puiſſance, & à lui aſſurer la conquête qu'il avoit faite en Dalmatie & en Iſtrie. Il envoya pour cet effet des Ambaſſadeurs à Conſtantinople pour obtenir de l'Empereur Alexis de nouveaux titres de poſſeſſion. Pour reconnoître la faveur qu'il avoit reçue de l'Empereur, il joignit ſes troupes aux ſiennes contre les Normans; mais le ſuccès de cette guerre ne fut pas heureux.

Après la mort de ce Doge, Vital Michel fut mis en ſa place. La guerre que les Princes Chrétiens étoient alors réſolus de porter en Paleſtine pour faire la conquête de la Terre-Sainte, ne permit pas aux Venitiens de reſter dans l'inaction. Animés du même zéle que tous les Princes de l'Europe, ils équipérent une nombreuſe flotte pour tranſporter les troupes deſtinées à cette expédition. Elles eurent grande part aux ſuccès des Croiſés, & elles retournerent dans leur patrie chargées du butin conſidérable qu'elles avoient fait ſur les Mahometans. Elles ravagerent enſuite toutes les côtes de la Calabre & de la Pouille, & ſe rendirent maîtreſſes de Brindes. Vers ce même temps les Venitiens fournirent du ſecours à Mathilde pour la remettre en poſſeſſion du Ferrarois. Cette Princeſſe en reconnoiſſance de ce que la République de Veniſe avoit fait pour elle, accorda pluſieurs exemptions aux Venitiens qui s'établiroient à Ferrare ou qui commerceroient dans cette ville.

Ordelafo Falerius, ſucceſſeur de Vital Michel, ſuivit l'exemple de ce Doge, & envoya des troupes pour ſoutenir Baudouin ſur le trône de Jeruſalem. Les Venitiens n'acquirent pas moins de gloire dans cette ſeconde expédition qu'ils en avoient eue dans la première. Les troupes Venitiennes étoient à peine de retour de la Paleſtine, que le Doge entreprit la guerre contre les Padouans au ſujet des limites des deux Etats. La victoire complette qu'il remporta ſur ſes ennemis, termina promptement cette guerre à l'avantage de la République. Les Padouans conſternés de leur défaite, implorerent le ſecours de l'Empereur Henri IV. (V.) qui étoit à Verone. Ce Monarque ne voulant pas refuſer les Padouans, engagea les Venitiens à lui envoyer des Ambaſſadeurs, afin qu'il prit connoiſſance du ſujet de cette guerre. Après avoir écouté les raiſons des uns & des autres, il leur repréſenta qu'ayant la même origine, ils devoient vivre en bonne intelligence, oublier leurs injures réciproques, & mettre bas les armes. Les ſages remontrances de l'Empereur eurent tout l'effet qu'il en avoit eſpéré, & la paix fut rétablie entre ces deux peuples. Les Venitiens reçurent de ce même Prince pluſieurs privilèges qui contribuerent à la gloire & à l'utilité de la République. En conſidération des graces qu'ils venoient d'obtenir de Henri, ils convinrent de donner tous les ans à ce Prince un manteau d'étoffe d'or, comme un monument éternel des privilèges qui leur avoient été accordés.

Vers ce même temps, la République fut affligée de pluſieurs fleaux. Un incendie conſidérable détruiſit la plus grande partie de la ville de Veniſe: La ville de Malamocco après avoit éprouvé le même malheur, eut beaucoup à ſouffrir d'une inondation qui y cauſa de grands ravages. Les Venitiens

étoient

étoient à peine délivrés de ces maux, qu'ils apprirent que la ville de Zara s'étoit revoltée, & avoit passé sous la puissance de Caloman Roi de Hongrie. Ordelafo craignant que toute la Dalmatie ne secouât le joug, équipa promptement une flotte, & alla mettre le siége devant Zara. Caloman de son côté envoya des troupes pour secourir une ville qui s'étoit donnée à lui. Les Venitiens allerent à la rencontre des Hongrois, leur livrerent bataille & les mirent en fuite. Cette victoire obligea la ville de Zara à implorer la clémence du vainqueur, & toute la Dalmatie rentra de nouveau sous l'obéissance des Venitiens. Le Doge animé pas ces succès, s'avança jusques dans la Croatie, où il remporta des avantages considérables. En mémoire de ces conquêtes, les Doges prirent le titre de Princes de Croatie. Ordelafo retourna triomphant à Venise, où il conduisit un grand nombre de prisonniers, parmi lesquels se trouverent plusieurs Princes. Les grands succès des Venitiens dans la Dalmatie n'empêcherent pas cette Province de se revolter de nouveau, ce qui obligea le Doge à se rendre une seconde fois en ce pays. Il n'y resta pas long-temps dans l'inaction, & attaqua les Hongrois qui soutenoient la révolte des habitans de cette Province. Ce combat fut en même-temps funeste à la République & au Doge; car celui-ci ayant été tué dans l'action, les Venitiens prirent aussi-tôt la fuite, & se retirerent en désordre dans la ville de Zara. La nouvelle de cette défaite abbattit si fort les esprits, qu'on étoit prêt à abandonner les conquêtes qu'on avoit faites en Dalmatie. Cependant on prit la résolution d'envoyer des Ambassadeurs à Caloman pour lui demander la paix, ou du moins une trève: cette derniere fut accordée pour cinq ans.

Dominique Michel élu Doge après la mort d'Ordelafo, donna ses premiers soins à la guerre de Palestine, il fit charger plusieurs vaisseaux de toutes sortes de munitions pour l'armée Chrétienne. Il s'y rendit ensuite lui-même, & eut la plus grande part à la prise de la ville de Tyr, dont on lui céda la troisieme partie, ainsi que des autres conquêtes qui furent faites, comme on en étoit convenu. Calojean Empereur de Constantinople, jaloux des succès des Croisés, & sur-tout ennemi déclaré des Venitiens, prit la résolution d'attaquer ces derniers, & couvrit la mer de ses vaisseaux. Michel informé des desseins de l'Empereur, quitta la Syrie & ravagea l'isle de Rhodes. Chio, Samos, Lesbos, Paros & les autres isles de l'Empire de Constantinople eurent le même sort. Il entra ensuite dans le Peloponese (la Morée) où il s'empara de la ville de Modon. De-là il passa en Dalmatie pour y soumettre les villes qui s'étoient revoltées à l'instigation des Hongrois. Vainqueur de tant de peuples, il ramena dans sa patrie son armée triomphante. On rapporte que pendant que ce Prince étoit en Syrie, il fit faire une monnoye de cuir pour payer les troupes, les assurant qu'il échangeroit ces pieces en monnoye d'or ou d'argent dès qu'il seroit de retour à Venise; ce qui fut exécuté avec toute l'exactitude possible. Michel ne survécut pas long-temps à tant d'exploits, & ce Prince étant mort, on élut pour Doge Pierre Polani.

Les efforts que ceux de Pesaro & de Ravenne faisoient pour soumettre la ville de Fano, l'obligerent à avoir recours aux Venitiens qui la prirent sous leur protection, à condition qu'elle payeroit un tribut annuel. Peu de temps après, les Vénitiens eurent une guerre plus considérable contre les Pisans qui vouloient leur disputer l'Empire de la mer. Cette guerre qui fut longue & dont les événemens furent beaucoup variés, fut enfin terminée par la médiation du Pape. Les Vénitiens ne resterent pas long-temps tranquilles; ils eurent de nouveaux démêlés avec les habitans de Padoue, & il y eut un combat très-sanglant dans lequel ces derniers furent vaincus. Les Vénitiens uferent cependant de clémence avec les vaincus, & remirent en liberté ceux qui avoient été faits prisonniers dans le combat.

Les hostilités que Roger Roi de Sicile commit dans la Grece, obligerent l'Empereur Emanuel de demander du secours aux Vénitiens. Polani se mit aussi-tôt en mer avec une flotte considérable; mais à peine étoit-il au milieu de sa course que la maladie le força de retourner à Venise. Son frere & son fils furent alors chargés du commandement de la flotte qui fit voile vers l'isle de Corfou. Après y avoir taillé les ennemis en pieces, ils firent rentrer cette isle sous la puissance de l'Empereur de Constantinople. Ils passerent ensuite en Sicile, & les ravages qu'ils firent sur les côtes contraignirent Roger à abandonner ses conquêtes dans la Grece pour secourir ses Etats.

1147. Peu de temps après Polani mourut, & on éleva à la dignité de Doge Dominique Morosini. Les habitans d'Ancône infestoient alors le Golfe Adriatique par leurs pirateries, & incommodoient fort les Vénitiens. Le Doge envoya contre eux quelques vaisseaux pour leur donner la chasse. Il y eut un combat très-vif entre les Vénitiens & les Pirates qui tourna à l'avantage des premiers. Le Chef des ennemis fut pris & suspendu à un gibet. Vers ce même-temps, le Doge fit bâtir vis-à-vis l'Eglise de S. Marc une tour très élevée, d'où l'on découvroit une grande étendue de mer & de pays. Les Vénitiens vainqueurs des habitans d'Ancône se virent bien-tôt dans la nécessité de supporter une nouvelle guerre contre ceux de Pola & des autres villes de l'Istrie, qui ravageoient les côtes de l'Etat de Venise.

1156. On vint facilement à bout de les soumettre; & pour les punir de leur rebellion on leur imposa un tribut. Morosini après avoir gouverné la République avec beaucoup de gloire, mourut & eut pour successeur Vital Michel II.

1159. Le Schisme qui régnoit alors dans l'Eglise au sujet du Pape Alexandre III. & de l'Anti-Pape Victor IV. devint funeste aux Vénitiens, qui reconnoissoient Alexandre pour légitime Pontife. L'Empereur Frederic surnommé Barberousse qui avoit pris le parti de l'Anti-Pape, suscita une guerre considérable aux Venitiens. Les habitans de Padoue, de Vicence, de Verone & de Ferrare, pour suivre les intentions de l'Empereur, attaquerent les Vénitiens & se rendirent maîtres de quelques places. Le Doge leva aussitôt des troupes & marcha à la rencontre des confédérés, qui n'ayant pas jugé à propos d'attendre l'armée Vénitienne, se retirerent promptement après avoir détruit les villes dont ils s'étoient rendus maîtres. Le Doge ne voyant plus paroître d'ennemi, entra dans le Ferrarois où il mit tout à feu & à sang. Les Venitiens étoient à peine sortis de cette guerre, qu'ils se virent attaqués par Ulric Patriarche d'Aquilée leur plus grand ennemi. Ce Prélat s'étant rendu maître de Grado, se retiroit avec le butin qu'il avoit fait dans cette ville lorsqu'il fut surpris par l'armée Venitienne. On lui enleva tout ce qu'il emportoit, & il fut conduit prisonnier à Venise avec douze Chanoines & un grand nombre d'autres personnes. On ne leur rendit leur liberté qu'aux conditions que le Patriarche enverroit tous les ans un taureau & douze sangliers en mémoire de cette victoire. Ces animaux furent tués dans la place publique en présence du Doge, des Senateurs & du peuple, & la coutume s'est conservée depuis ce temps-là de courir le taureau pendant le carnaval (11).

 Les Venitiens délivrés de tous ces ennemis, se trouverent bien-tôt exposés aux entreprises d'un ennemi beaucoup plus dangereux. Emanuel Empereur de Constantinople leur envoya des Ambassadeurs pour leur demander des secours par terre & par mer contre Guillaume Roi de Sicile. Quelques Historiens prétendent que l'Empereur Grec avoit fait un traité secret avec le Roi de Sicile à qui il avoit offert sa fille en mariage, & qu'il n'avoit demandé des troupes aux Venitiens contre son futur gendre qu'afin de faire tomber sur la République toutes les forces de la Grece & de la Sicile. Quoiqu'il en soit, les Venitiens qui avoient fait un traité avec Guillaume, représenterent aux Ambassadeurs de l'Empereur qu'ils ne pouvoient le violer, & que ce Prince ne devoit pas trouver mauvais qu'ils gardassent la foi qu'ils avoient donnée. Comme il y avoit tout lieu de craindre que l'Empereur irrité de ce refus, ne commît quelques hostilités contre la République, le Senat ordonna à tous les Venitiens qui exerçoient le commerce dans les differentes villes de Grece, de retourner promptement dans leur patrie. Ce qu'on avoit prévu ne tarda pas à arriver : Emanuel envoya une flotte en Dalmatie, & se rendit maître de Corfou, de Raguse & de plusieurs autres places. Il eut soin cependant de publier qu'il n'avoit eu d'autres desseins en faisant ces conquêtes, que de forcer les Venitiens à renouveller avec lui l'ancienne amitié. Il envoya pour cet effet des Ambassadeurs au Senat par le ministere desquels il promit de rendre à la République toutes les villes de Dalmatie dont il s'étoit emparé, à condition qu'elle continueroit à commercer dans toute l'étendue de l'Empire. Les Venitiens flattés de ces promesses, donnerent dans le piege que l'Empereur leur tendoit, & l'avidité du gain l'emportant sur la prudence, un nombre considérable de ces Républicains se repandirent bien-tôt dans toutes les villes de la Grece. On envoya en même-temps des Ambassadeurs à Emanuel pour faire un nouveau traité d'alliance. Ce Prince abusant de la crédulité des Venitiens, fit arrêter tous ceux qui se trouverent dans ses Etats, & leur enleva leurs vaisseaux avec tout ce qu'ils possédoient (12). Les Ambassadeurs de la République informés de la perfidie de l'Empereur, sortirent en diligence des terres de la domination de ce Monarque, & firent sçavoir au Senat ce qui s'étoit passé. Une nouvelle si peu attendue consterna le peuple ; mais on songea bien-tôt aux moyens de prendre vengeance d'un si sanglant outrage. Une flotte composée de cent vaisseaux ou galeres, équipée avec toute l'ardeur & la diligence possible, parut en peu de temps sur les côtes de Dalmatie où elle s'empara de Spalatro, de Raguse & de plusieurs autres places

(11) Justiniani.   (12) Idem.

dont les Grecs s'étoient rendus maîtres. Après cette expédition, Michel ayant reçu de nouveaux renforts de l'Esclavonie & de la Croatie, s'avança jusqu'à Negrepont. Le Gouverneur de cette isle hors d'état de résister à de si grandes forces, eut recours à la ruse pour se tirer de l'embarras où il étoit, & demanda une entrevue avec le Doge. Il lui conseilla d'envoyer des Ambassadeurs à Emanuel, qu'il assuroit être disposé à faire la paix. Michel ne soupçonnant point le dessein du Gouverneur Grec, chargea deux personnes de considération de se rendre à la Cour de Constantinople pour y traiter de la paix. Cependant il réduisit sous sa puissance l'isle de Chio, & comme l'hyver approchoit, il résolut d'y attendre l'arrivée de ses Ambassadeurs, & passa tout ce temps sans faire aucune entreprise contre l'Empereur. Ce délai lui devint funeste : la peste se mit dans son armée, & Emanuel après avoir long-temps amusé les Ambassadeurs de la République, les renvoya sans rien terminer. Les troupes ainsi maltraitées par la maladie contagieuse, retournerent dans leur patrie. Venise se ressentit bien-tôt des effets de la peste qui fit périr un grand nombre des habitans. Tant de maux consécutifs irriterent le peuple, & le porterent à se soulever contre le Doge qu'il regardoit comme l'auteur de son infortune. Michel fit tout ce qu'il put pour arrêter la sedition, mais comme il parcouroit la ville avec ses gardes, il reçut une blessure dont il mourut peu de temps après.

1173.

L'administration de la République fut alors confiée à onze personnes qui étoient en même-temps chargées de l'élection du Doge. Ils offrirent d'abord la souveraine autorité à Aurio Malipiero ; mais celui-ci l'ayant refusée, il leur conseilla de choisir pour Doge Sebastien Ziani, homme fort riche & qui étoit alors âgé de soixante & dix ans. La ville se ressentit bien-tôt de ses largesses par les differens édifices qu'il fit construire à ses frais. Cependant l'Empereur de Constantinople toujours ennemi des Venitiens, ne cherchoit que les moyens de leur nuire, & engagea les habitans d'Ancone à faire de nouvelles courses sur la mer Adriatique. Quelques avantages remportés sur eux les forcerent à rester tranquilles.

Les dépenses que ces guerres occasionnerent aux Venitiens, épuiserent tellement leurs finances, qu'ils avoient besoin d'une longue paix pour se remettre. Pendant qu'on travailloit à faire un traité avec l'Empereur Grec, le Schisme qui s'étoit élevé dans l'Eglise au sujet d'Alexandre III. & de l'Anti-Pape Victor, engagea les Venitiens dans une nouvelle guerre. Le Pape Alexandre fuyant les persécutions de Frederic Barberousse Empereur d'Occident, se retira secrettement à Venise comme dans un asyle assuré. Les Venitiens pour témoigner leur zéle au Pontife, envoyerent des Ambassadeurs à Frederic pour le porter à faire la paix avec le Pape. Frederic refusa d'écouter aucune proposition, & menaça même les Venitiens s'ils ne lui remettoient le Pontife entre les mains. Le Doge déterminé à soutenir les intérêts d'Alexandre III. & à le deffendre contre les entreprises de l'Empereur, se prépara à la guerre. Frederic pour forcer les Venitiens à abandonner le parti du Pape, envoya son fils Othon (13) avec une flotte considérable sur les côtes de l'Istrie. Le Doge ne tarda pas à l'y joindre, &

---

(13) D'autres Historiens veulent que ce soit Henri autre fils de ce Prince.

après un sanglant combat la victoire demeura aux Venitiens. Cette nouvelle causa une si grande joye au Pape, que ce Pontife s'étant rendu au bord de la mer pour y recevoir le Doge qui revenoit victorieux, lui mit un anneau au doigt, & fit la cérémonie de lui faire épouser la mer. C'est depuis ce temps que cet usage s'est conservé. La défaite de la flotte Imperiale, & les troubles d'Allemagne rendirent l'Empereur plus traitable. Après les premieres propositions de paix, il consentit à une entrevue avec le Pape. Elle se fit à Venise avec toute la pompe possible, & les deux Souverains se retirerent fort satisfaits l'un de l'autre. Tels furent les principaux évenemens qui arriverent sous le gouvernement de Ziani.

Ce Prince étant mort, on lui donna pour successeur Aurio Malipiero ou Mastropetro. La révolte de Zara mit les Venitiens dans la nécessité d'armer de nouveau contre elle. Pendant qu'on étoit occupé à cette guerre, les Chretiens firent une nouvelle expédition en Syrie où la flotte Venitienne resta trois ans. Les affaires de Dalmatie n'étoient point encore terminées, & le Roi de Hongrie étoit toujours maître de Zara. La mort de Mastropetro l'empêcha de reprendre cette place, & la gloire de cette conquête étoit réservée à Henri Dandalo son successeur.

Ce Doge fit d'abord la guerre contre les Pisans, qui à leur retour de Syrie étoient entrés dans le Golfe Adriatique, & s'étoient rendus maîtres de Pola ville de l'Istrie. Les Pisans furent entierement défaits, & on détruisit les fortifications de Pola afin que cette place ne leur servît plus de retraite. Les Chrétiens songeoient alors à une nouvelle croisade, & ils engagerent les Venitiens à fournir des vaisseaux pour le transport des troupes & des munitions de guerre & de bouche. L'argent manquoit cependant pour une si grande expédition; mais les Venitiens offrirent des sommes considérables aux conditions que les Croisés joindroient leurs forces à celles de la République, pour reprendre sur le Roi de Hongrie les places dont il s'étoit emparé dans l'Istrie. On fit voile d'abord de ce côté-là, & la ville de Zara ainsi que les autres places ne pouvant résister à tant de forces, rentrerent sous la domination de la République. Dandolo après avoir ainsi étendu l'Empire des Venitiens, suivit les Croisés, qui profitant des troubles dont Constantinople étoit alors agité, se rendirent maîtres de cette ville, & y fonderent l'Empire Latin. Dandolo étoit encore à Constantinople lorsqu'il mourut.

Pierre Ziani son fils fut mis à sa place. L'Empire de Constantinople étoit alors partagé entre ceux qui avoient contribué à en faire la conquête. Les Venitiens qui en possedoient une part considérable, voulurent avoir un Magistrat dans la ville de Constantinople pour prendre les intérêts de leurs concitoyens qui s'étoient établis dans cette ville. Ils envoyerent un reglement par lequel on décida que ceux qui feroient de nouvelles conquêtes, les conserveroient non-seulement pour eux; mais encore pour leurs descendans. Un grand nombre de Venitiens animés par ce règlement, se repandirent de tous côtés; & bien-tôt les Cyclades, l'Eubée, Micon, Athènes, Corinthe, Argos & toute la Morée passerent sous la puissance de divers Seigneurs. Le Senat pour les maintenir dans leurs nouvelles possessions, envoya sur les côtes de la Grece une flotte, qui étant entrée dans la Morée,

REPUBLIQUE DE VENISE.

1178.

1191.

Conquêtes des Venitiens dans la Grece.

1205.

s'empara de Modon, de Coron, villes qui étoient occupées par des Pirates. Corfou eut bien-tôt le même sort, & on y fit passer un grand nombre de citoyens tant de la Noblesse que du Peuple. La conquête de Candie fut alors résolue, mais elle ne fut pas terminée sans une grande effusion de sang.

Tant de succès exciterent la jalousie des Genois, & les porterent à engager Henri Comte de Malthe à se joindre à eux pour chasser les Venitiens de l'isle de Candie. Henri gagné par les sollicitations des Genois, attaqua les Venitiens avec tant d'avantage, que peu s'en fallut qu'ils ne fussent obligés d'abandonner entierement cette isle. L'arrivée de Regnier Dandolo que le Senat avoit envoyé pour soumettre les Grecs, fit changer les choses de face. Le Comte de Malthe fut contraint de se retirer, & les Grecs reconnurent de nouveau la domination de la République. La force avoit obligé les habitans à plier sous le joug qu'on leur avoit imposé; mais ils n'en cherchoient pas moins l'occasion de le secouer. Leurs fréquentes révoltes dévoiloient assez leurs sentimens, & devinrent funestes à Dandolo, qui fut percé d'une flèche lorsqu'il vouloit appaiser une de ces émeutes. Le Senat informé de la mort de ce Général & du caractere inquiet des Grecs, envoya une colonie dans cette isle, à dessein de les forcer à rester tranquilles.

Les Genois n'ayant pu de ce côté-là causer du dommage aux Venitiens, troublerent la navigation par le grand nombre de vaisseaux, dont ils couvrirent la mer. La victoire que la flotte de la République remporta sur eux près de Drepane, les mit dans l'obligation de demander la paix qui leur fut accordée. Les Venitiens n'en jouirent pas long-temps, & ils eurent bien-tôt à soutenir contre les habitans de Padoue, une guerre considérable qui étoit occasionnée par un sujet assez leger. Les habitans de Trevise voulant représenter une attaque simulée d'un petit fort qu'ils avoient construit dans la place publique, avoient invité les peuples voisins à assister à ce spectacle. Il s'y trouva un grand nombre de Venitiens & de Padouans. Plusieurs jeunes Venitiens portant l'étendart de la République, s'étoient avancés jusqu'à la porte de ce petit fort, lorsque les padouans excités par la jalousie, se jetterent sur cette petite troupe, lui arracherent son étendart & le déchirerent en pieces. Les Venitiens irrités de cette action mirent l'épée à la main, & il y auroit eu un combat très-sanglant entre les deux partis, si les Magistrats de Trevise n'eussent employé tous leurs soins pour appaiser le tumulte. Telle fut la cause de la guerre que les Venitiens déclarerent aux Padouans. Ceux-ci s'étant joints aux habitans de Trevise, furent les premiers en campagne & firent des courses sur les frontieres des Etats de la République. Les Venitiens marcherent à leur rencontre, & les ayant trouvés près de la Tour Bibiana, il leur livrerent bataille & remporterent sur eux une victoire complete qui fut suivie de la paix.

Cependant la puissance des Venitiens augmentoit considérablement dans la Grèce, tant par les conquêtes qu'ils y faisoient que par la soumission volontaire des Gouverneurs de quelques places. Toutes ces nouvelles possessions, en étendant la domination des Venitiens, les forçoient à avoir toujours des troupes sur pied pour maintenir leurs nouveaux sujets dans le devoir, & les empêcher de se soustraire à leur obéissance. Les habitans de

Candie faisoient sur-tout de continuels efforts pour recouvrer leur liberté; & leurs fréquentes révoltes mirent pendant près de cent soixante ans les Venitiens dans la nécessité de faire la guerre dans cette isle. La rebellion de quelques Seigneurs Grecs qui s'étoient emparés de deux fortes places de l'isle de Candie, obligea Jacques Tiepolo son Gouverneur pour les Venitiens, à appeller à son secours Sanuto qui étoit dans l'Archipel. Les rebelles furent bien-tôt soumis; mais l'ambition de Sanuto causa de nouveaux troubles dans l'isle. Résolu de se servir de ses forces pour se rendre Souverain de Candie, il attaqua le Gouverneur & le contraignit à sortir de sa capitale. Le Senat informé de ce qui se passoit, envoya à Tiepolo des troupes, par le moyen desquelles il chassa Sanuto, ce qui rétablit pour lors la tranquillité dans l'isle.

Quelque-temps après Ziani étant mort, Jacques Tiepolo qui étoit de retour à Venise fut élu Doge. Pendant l'administration de ce Prince, il y eut de grands mouvemens dans l'isle de Candie, & il s'éleva plusieurs factions contre les intérêts de la République; mais les Gouverneurs qu'on y envoya vinrent à bout de les dissiper en employant tantôt la douceur tantôt la force suivant les circonstances. Ce n'étoit pas seulement de ce côté-là que les Venitiens étoient occupés: les entreprises du Roi de Hongrie dans la Dalmatie & la révolte de Zara, attirerent leurs armes dans ces contrées; mais quelques avantages remportés contre les Hongrois & les rebelles, firent rentrer la Dalmatie sous leur pouvoir. L'Italie n'étoit cependant pas plus tranquille, & la guerre que l'Empereur Frederic II. y avoit portée, avoit mis les Venitiens dans l'obligation de se joindre à la ligue qui s'étoit formée contre ce Monarque. Tels furent les principaux évènemens qui se passerent sous le regne de Tiepolo.

Ce Prince étant mort, on lui substitua Marin-Morosini. Les excès qu'Eccelinus Azolin soutenu par Frederic II. commettoit dans la ville de Padoue dont il s'étoit rendu le tyran, lui avoient attiré la haine de tous les Princes d'Italie. Les Venitiens engagés par le Pape à faire la guerre à cet aventurier, l'attaquerent & le poursuivirent sans relâche, & enfin défirent entierement ses troupes dans un combat où il fut blessé mortellement. La mort d'Azolin rendit la liberté à plusieurs villes qui avoient gémi pendant trente-quatre ans dans l'oppression. Le Pape en reconnoissance des services que les Venitiens lui avoient rendus, accorda au Primicier de S. Marc & à ses successeurs, le droit de porter la mitre & la crosse. Peu de temps-après Morosini mourut, & on lui donna pour successeur Regnier Zeno.

Sous le gouvernement de ce Doge, la République eut à soutenir en Syrie une guerre considérable contre les Genois. Ces deux peuples après la conquête de la Terre-Sainte à laquelle ils avoient contribué, avoient eu leur part des villes qu'on avoit enlevées aux Musulmans. Chacun y avoit son quartier particulier, & un Chef qui ne commandoit qu'à ceux de sa nation. La ville de Ptolemaïs étoit partagée entre les Venitiens, les Genois & les Pisans. L'Eglise principale de cette place devoit être en commun à ces trois nations; mais les Genois voulurent de leur propre autorité en exclure les Venitiens. L'affaire fut portée au Pape Alexandre IV. & ce Pontife décida que les trois nations auroient le même droit dans cette Eglise. Les

République de Venise.

1228.

1248.

1252.

1258.

Genois soutenus de Philippe de Montferrat, meprisereṅt les ordres du Pape & se retrancherent dans l'Eglise comme dans une forteresse, tandis que Philippe étoit occupé à chasser les Venitiens de toute la Syrie. La République ne tarda pas à prendre vengeance de cet affront, & ayant fait un traité avec Mainfroi Roi de Sicile, elle fit partir une flotte pour la Palestine. Lorsque les Venitiens furent arrivés à Ptolemaïs, ils s'emparerent des vaisseaux Genois, entrerent en vainqueurs dans la ville, & détruisirent l'Eglise dont leurs ennemis s'étoient rendus maîtres. Cette nouvelle engagea la République de Gênes à équiper une flotte pour l'envoyer contre les Venitiens, qui de leur côté avoient fait de nouveaux préparatifs pour s'opposer aux Genois. Les deux flottes se rencontrerent en pleine mer, & se livrerent un combat très-sanglant, dont l'avantage resta aux Venitiens. Ceux-ci poursuivirent leur route vers Ptolemaïs, où ils ruinerent tout ce qui appartenoit aux Genois, dont deux mille furent faits prisonniers. Ce succès fut suivi de deux autres victoires que la flotte Venitienne remporta sur celle de Genes, la premiere dans les environs de Tyr, & la seconde près de l'isle de Candie. Cependant par l'entremise du Pape il y eut une treve entre les deux Républiques, & les prisonniers Genois furent remis en liberté. La treve fut mal observée, & il y eut souvent de petits combats entre les vaisseaux des deux Républiques.

Sur ces entrefaites Michel Paleologue avoit surpris la ville de Constantinople, & les Latins en avoient été chassés. Les Venitiens seroient peut-être venus à bout de la reprendre ; si les Genois n'eussent fourni du secours à l'Empereur Grec. Ce Prince maître de la capitale de l'Empire d'Orient, fit d'inutiles efforts pour rentrer en possession des places dont les Venitiens s'étoient emparés. Les dépenses que ces guerres continuelles avoient occasionnées, mirent le Sénat dans la nécessité de lever un impôt sur le peuple. Cette nouveauté excita une sédition si considérable, que le Doge & les Senateurs coururent risque de la vie. Elle fut enfin appaisée, & les auteurs de ces troubles furent punis du dernier supplice.

Ce fut vers ce temps-là que Zeno mourut. Laurent Tiepolo fut alors revêtu de la dignité de Doge. La guerre continuelle que les Venitiens & les Genois se faisoient dans la Terre-Sainte, nuisoit aux affaires des Chrétiens. Clement IV. voulut travailler à reconcilier ces deux peuples ; mais toutes ses peines furent inutiles. Le Roi de France tenta vainement la même chose, & n'ayant pu obtenir que ces deux Républiques rivales fissent entr'elles un accommodement solide, il les engagea à signer une treve.

La famine que les Venitiens éprouverent, les força d'aller acheter des grains dans la Pouille & la Sicile ; mais n'en ayant pu obtenir, ils eurent recours à leurs voisins. Cette démarche ne fut pas plus heureuse, & les Venitiens irrités de ces refus firent une ordonnance par laquelle on contraignit tous les peuples qui voudroient commercer dans le Golfe de Venise, à payer un tribut à la République. Ce reglement attira de nouveaux ennemis à la République : Les Bolonois firent sçavoir au Senat que si on n'abolissoit cette ordonnance, ils seroient obligés de prendre les armes pour rendre la mer libre à tous les négocians. Les Venitiens ne furent point effrayés de ces menaces, & refuserent d'accorder l'abrogation de cette loi. Les Bolonois ne

tarderent

tarderent pas à prendre les armes, & commirent plusieurs hostilités contre les Venitiens. Ceux-ci ne resterent pas long-temps tranquilles, & ils se mirent bien-tôt en campagne. La fortune favorisa long-temps les Bolonois, mais ils furent enfin vaincus. On parla alors de paix, & elle fut conclue aux conditions que les Bolonois seroient exempts de payer aucun droit, & qu'ils auroient la navigation libre. Les habitans de la Marche d'Ancone vouloient entreprendre la guerre pour le même sujet, ils en faisoient déja les préparatifs lorsque le Pape les engagea à rester tranquilles. Pendant que ces choses se passoient en Italie, il y avoit de grands mouvemens dans la Grece. Les Gouverneurs de Negrepont firent une entreprise sur la partie de l'Asie mineure qui appartenoit à Paleologue. Ce Prince se rendit bien-tôt dans ce pays avec une flotte, & battit les Venitiens qui étoient venus au secours de ces Gouverneurs. L'Empereur Grec qui avoit sans doute des raisons de ménager les Venitiens, renvoya les prisonniers, & fit un traité de paix pour cinq ans avec la République.

Jacques Contarini élu Doge après la mort de Laurent Tiepolo, pensa être obligé de recommencer la guerre contre les Genois, qui avoient enlevé un vaisseau Venitien chargé de riches marchandises. Cette affaire n'eut cependant pas de suite, la République de Gênes ayant donné satisfaction à celle de Venise. Les troubles qui s'éleverent dans l'Istrie, ne furent pas si facilement terminés. On fut obligé d'envoyer une flotte dans le pays, pour faire le siége de Capo-d'Istria qui s'étoit révoltée. Cette ville se voyant pressée par terre & par mer, eut recours au Patriarche d'Aquilée qui leva des troupes en diligence dans le Frioul & la Carniole; mais comme elles étoient mal disciplinées, elles ne purent tenir contre les Venitiens, & furent bien-tôt contraintes d'abandonner l'Istrie. La ville n'ayant plus de secours à espérer demanda à capituler, & toute la Province rentra sous la domination de la République.

Les Venitiens délivrés de cette guerre, en entreprirent une autre contre les habitans d'Ancone, qui, irrités contre l'ordonnance qui avoit été rendue au sujet des droits que la République vouloit exiger, causoient aux Venitiens tout le dommage possible. On arma contr'eux, & après divers succès qui furent variés, les habitans d'Ancone furent entierement vaincus & forcés à demander la paix. On ne leur accorda qu'à condition qu'ils reconnoîtroient les Venitiens comme souverains de la mer Adriatique.

Contarini accablé de vieillesse mourut quelque-temps après. On mit en sa place Jean Dandolo qui étoit alors en Illyrie. Ce fut sous ce Prince que l'on commença à battre la monnoye d'or, qui a pris de ce Duc le nom de ducat. Les peuples de l'Istrie toujours rebelles, ne cessoient de donner de nouvelles occasions aux Venitiens d'exercer leur valeur. Le Patriarche d'Aquilée qui les excitoit à la révolte, attira sur ses terres les armes de la République; trop foible contre des ennemis si puissans, il se vit contraint de rester tranquille pour quelque-temps; mais à peine eut-il mis dans son parti un Prince voisin, qu'il suscita dans l'Istrie de nouveaux embarras aux Venitiens. La guerre devint en effet très-considérable, & il y eut plusieurs actions entre les deux partis. Comme on se battoit à forces égales & avec la même ardeur, les avantages étoient à peu-près égaux & ne décidoient rien.

Tome II. Yy*

1274.

1280.

République de Venise.

Enfin les Venitiens firent le siége de Trieste, & leverent aux environs de leur camp diverses fortifications pour se précautionner contre les attaques de l'ennemi. La défense de ces fortifications coûta beaucoup de sang aux Venitiens; mais ils eurent la gloire de les conserver. Ils redoublerent alors leurs efforts contre la ville qu'ils tenoient assiegée par mer & par terre. Leur valeur & le nombre de leurs troupes ne purent les mettre en possession de cette place qui fit une si longue & si vigoureuse résistance, que les assaillans furent contraints de renoncer à leur entreprise, & de se retirer entierement de la province.

1290. La mort de Jean Dandolo arrivée quelque-temps après, pensa occasionner des troubles dans la ville au sujet de l'élection du nouveau Doge. Le peuple prévenu en sa faveur de Jacques Tiepolo, s'assembla séditieusement & déclara qu'il vouloit avoir absolument ce Seigneur pour Doge. Tiepolo craignant que cette élection tumultueuse ne l'exposât dans la suite à plusieurs désagrémens, sortit secrettement de la ville, & eut soin de cacher le lieu de sa retraite. Les choses furent alors remises dans leur premier état, & l'on élut suivant l'usage ordinaire Pierre Gradenigo. Les guerres étrangeres ne lui permirent pas de s'appliquer entierement à regler les affaires de l'intérieur de la République, & il fut obligé au contraire de pourvoir en même-temps à sa sûreté & à sa gloire.

La rivalité qui subsistoit toujours entre les Républiques de Venise & de Gênes, maintenoit la haine que ces deux peuples se portoient reciproquement; & étoit le sujet des guerres continuelles qu'ils se faisoient. Les treves mêmes étoient mal observées, & il y avoit toujours quelques hostilités de

1293. part & d'autre pendant qu'elles duroient. A peine la derniere fut-elle expirée, que la guerre recommença à l'occasion de sept galeres marchandes de la République de Gênes que quatre galeasses Venitiennes avoient attaquées. La fortune s'étoit déclarée pour les premiers, & les quatre bâtimens avoient été pris. Cette affaire fut d'abord traitée par les voies de la négociation; mais comme les hostilités continuoient pendant ce temps-là, il n'y eut aucun accommodement, & on en vint à une rupture ouverte. Les deux flottes s'étant rencontrées près de Curfola dans l'Illyrie, se livrerent un sanglant

1294. combat d'où les Gênois sortirent vainqueurs. Cette défaite loin d'abbatre les Venitiens, ne servit qu'à les irriter davantage & à les engager à continuer la guerre dans l'esperance de se venger. Ils équiperent une nouvelle flotte, & ils se préparoient à aller chercher l'ennemi lorsque la flotte Genoise commandée par Lamba d'Oria entra dans le Golfe de Venise, & présenta le combat. Les Venitiens l'accepterent avec joye, & l'on se battit de part & d'autre avec un acharnement incroyable. La victoire fut long-

1297. temps disputée; enfin elle se déclara pour les Genois. Les Venitiens continuerent encore la guerre; mais toujours avec le même désavantage. Ils enleverent cependant quelques vaisseaux Genois; ces prises n'étoient pas capables de balancer les pertes qu'ils avoient faites. Las d'une guerre si ruineuse, ils songerent à la paix, & elle fut conclue entre les deux Républiques l'an 1299.

1299. Venise délivrée de la crainte que lui causoient les ennemis du dehors, se vit exposée à la fureur de quelques citoyens séditieux qui penserent bou-

DE L'UNIVERS. Liv. II. Ch. V.

leverser l'Etat. Le changement que le Doge avoit fait dans le grand conseil, fit un grand nombre de mécontens. Plusieurs dont les ancêtres avoient eu part aux affaires publiques, ou qui y avoient été eux-mêmes employés, ne purent voir sans chagrin qu'ils en étoient exclus par le reglement que le Doge avoit fait. La plupart se contenterent de murmurer hautement ; mais Marino Bocconio & Giovanne Balduino formerent une conspiration. Ils se firent un grand parti parmi la populace, résolurent de massacrer le Doge & le Senat, & de remettre ensuite les choses sur l'ancien pied. Leur projet fut découvert, & les Conjurés furent punis de mort.

La tranquillité étant alors rétablie dans la République, on envoya une flotte à Constantinople pour forcer l'Empereur Paleologue à payer une somme d'argent qu'il devoit aux Venitiens. Le ravage effroyable que les troupes de la République firent sur les côtes maritimes de la Grece, forcerent l'Empereur à leur donner satisfaction. Ils ne furent pas si heureux dans leur entreprise sur Ferrare. Ason d'Est étant mort, Friscus son fils, voulut s'emparer du gouvernement, se croyant appuyé de la faveur du peuple. Mais les Ferrarois ayant changé de sentiment, voulurent se donner au Pape Clement V. Friscus eut alors recours aux Venitiens, qui se rendirent maîtres de la ville. Le Pape irrité de ce qu'elle étoit passée au pouvoir de la République, fulmina une excommunication contr'elle, & envoya des troupes pour chasser les Venitiens. Surpris d'abord par l'arrivée de ces troupes, ils se retirerent dans la citadelle, qu'ils furent enfin obligé d'abandonner après une vigoureuse résistance.

L'année suivante on vit éclore une nouvelle conspiration. Les Rebelles avoient à leur tête Bajamonte Tiepolo, qui pour se venger de ce que Pierre Gradenigo avoit été élu Doge à la place de son pere, prit la résolution de faire périr le Doge & tous les Senateurs. Il avoit trouvé moyen de mettre de son complot une grande partie du peuple & plusieurs familles de la premiere Noblesse de la République. Telles étoient celles de Quirini, de Badouairi & de Barozzi. Les Conjurés ayant pris les mesures nécessaires pour la réussite de leur entreprise, profiterent du moment d'un violent orage qui avoit jetté l'effroi dans l'esprit de la plupart des citoyens, pour l'exécution de leur projet criminel. Ils pillerent d'abord les magasins de bled, & se rangerent ensuite en bataille dans la place de S. Marc. Le Doge qui avoit rassemblé près de lui toute la Noblesse, à laquelle s'étoit joint un grand nombre d'autres personnes, marcha à la rencontre des Rebelles, & les attaqua avec tant de vivacité, qu'il les força à prendre la fuite. Pendant que Bajamonte songeoit à se dérober aux poursuites du vainqueur, une femme lui jetta d'une fenêtre une grosse pierre dont il fut renversé par terre. Plusieurs des Conjurés furent pris & perdirent la vie au milieu des supplices. Leurs maisons & celles de Tiepolo furent entierement rasées, & le palais de Marco Quirini fut changé en boucherie. La femme qui avoit jetté la pierre eut pour récompense une pension viagere, & l'on ordonna que le jour auquel la conspiration avoit été découverte, seroit solemnisé dans la suite comme un jour de fête dans tous les Etats de la République. Quelques Historiens racontent differemment la suite de cette conjuration, & prétendent qu'après un combat opiniâtre entre les deux partis, on proposa à Bajamonte de sortir

REPUBLIQUE DE VENISE.

1309.

1310.

de la ville avec tous ses complices : proposition qu'il accepta volontiers, & qu'en conséquence il se retira en Illyrie. Ces troubles étoient à peine appaisés, qu'on apprit que la ville de Zara s'étoit donnée volontairement aux Hongrois. On fit quelques tentatives pour la réduire, & il y avoit tout lieu d'espérer qu'on auroit réussi sans la perfidie du Général Vénitien qui passa dans le parti ennemi.

1313. Sur ces entrefaites Pierre Gradenigo mourut, & Marin Georgio fut déclaré son successeur. Ce nouveau Doge ne conserva pas long-temps sa dignité, étant mort le dixième mois après son élection.

1314. Jean Soranzo lui succéda. Le commencement du regne de ce Prince fut marqué par la soumission de la Dalmatie qui rentra sous la puissance des Vénitiens. Ce fut environ vers ce temps-là que François Dandolo s'étant jetté aux genoux du Pape, ayant au col une chaîne de fer, obtint du Pontife que l'excommunication qu'il avoit lancée contre Venise seroit levée.

1330. Ce zélé citoyen fut recompensé de ce qu'il avoit fait pour la République & fut élu Doge après la mort de Soranzo. Il y eut alors quelques mouvemens en Istrie ; mais qui furent bien-tôt appaisés. Deux guerres plus dangereuses occupèrent ensuite la République, l'une contre les Génois, & l'autre contre les Turcs. La premiere ne consistoit encore que dans quelques prises de vaisseaux qui se faisoient mutuellement, quoique les Génois remportassent plus souvent l'avantage. A l'égard de la seconde à laquelle le Pape prit part, on la fit avec beaucoup d'appareil. La flotte combinée croisa dans toute la Mediterranée, & s'opposa aux entreprises que les Turcs méditoient sur l'Italie. Cependant les deux Généraux qui conduisoient cette flotte, ayant été surpris sur les côtes de la Grece dans une Eglise où ils étoient entrés pour assister au service divin, furent massacrés par les Turcs avec le petit nombre des personnes qui les accompagnoit.

Les Vénitiens eurent quelque-temps après une nouvelle guerre à soutenir contre les Seigneurs de la maison de l'Escale, qui tenoient alors sous leur domination Verone, Padoue, Vicence, Parme, Bergame, Bresce, Lucques, Trevise, &c. Le sujet fut que les Scaligers ne vouloient pas accorder aux Vénitiens la liberté de la navigation sur le Pô & l'Adige. Les secours que les Florentins, les Milanois & Jean Roi de Bohême fournirent à la République, la mirent en état de remporter de si grands avantages sur ses ennemis, qu'ils furent obligés au bout de deux ans d'une guerre ruineuse, de demander la paix à des conditions honteuses. On convint par le traité que Feltri, Belluno, Ceneda seroient cédées au Roi Jean ; Padoue à Ubertino Carrario ; Bresce & Bergame aux Milanois ; quatre villes du territoire de Lucques aux Florentins ; & Trevise, Castel-Baldo & Bassano aux Vénitiens.

1332. François Dandolo qui s'étoit couvert de gloire pendant la derniere guerre, mourut peu de temps après qu'elle fut terminée. Barthelemy Gradenigo fut alors revêtu de la souveraine dignité. Ce Prince fit bâtir la salle du grand conseil pour l'assemblée de la Noblesse quand elle procéde à l'élection des Magistrats. Le gouvernement de ce Prince fut d'ailleurs remarquable par une violente tempête qui pensa faire périr la ville, & par la révolte de l'isle de Candie, qui vouloit se soustraire à la domination de la République. Les troupes qu'on envoya dans cette isle, vinrent à bout de réduire les Rebelles dont une partie fut punie du dernier supplice. Gradenigo après avoir gouverné pendant quatre ans la République, mourut de chagrin à ce qu'on prétend, à cause d'une famine effroyable dont la République fut affligée, & qu'on attribuoit à sa mauvaise conduite.

Il eut pour successeur André Dandolo que plusieurs avoient déja voulu faire Doge avant Gradenigo, quoiqu'il n'eût alors que trente ans. Ce fût sous le gouvernement de ce Duc, que les Venitiens eurent la liberté de trafiquer en Egypte & en Syrie, ce qui rapporta des revenus considérables à la République. Pendant qu'elle s'enrichissoit ainsi par ce nouveau commerce, elle se trouvoit continuellement obligée de faire la guerre dans la Dalmatie pour y conserver ses conquêtes. C'étoit pour la septieme fois que la ville de Zara secouoit le joug, & qu'elle passoit volontairement au pouvoir des Hongrois. Les Venitiens pour la punir de sa rebellion continuelle, envoyerent des troupes pour en faire le siége. La résistance qu'elle fit pendant un an, engagea le Roi de Hongrie à faire passer dans ce pays une armée considérable pour la deffendre. Cette armée ayant été battue & mise en déroute, Zara se vit dans la nécessité d'implorer la clémence du vainqueur. Les auteurs de la révolte furent condamnés à l'exil par un decret du Senat, & il y eut une amnistie générale pour les autres. La peste & les autres malheurs dont la République fut affligée peu de temps après, lui firent craindre que le Roi de Hongrie n'en profitât pour faire quelque nouvelle invasion dans la Dalmatie. Ils députerent pour cet effet des Ambassadeurs à ce Prince, lorsqu'il se rendit en Italie pour passer dans le royaume de Naples, & ils firent avec lui une treve pour dix ans. On fit ensuite la guerre en Istrie, où les habitans de Capo-d'Istria s'étoient révoltés. Les Rebelles ne purent soutenir long-temps les efforts des Venitiens, & les troubles furent bien-tôt appaisés, les Auteurs furent emmenés à Venise pour y être examinés par le Senat. Après cette expédition, les Venitiens entrerent en Croatie pour se venger du Prince de ce canton, qui avoit fait des courses dans l'Istrie. Effrayé de l'approche de ces troupes, il demanda promptement la paix, elle lui fut accordée à condition qu'il se présenteroit en personne devant le Doge & le Senat.

Jusqu'alors il ne s'étoit rien passé de remarquable entre les Venitiens & les Genois, & les hostilités n'avoient consisté que dans la prise de quelques vaisseaux; mais enfin les deux peuples se déclarerent un guerre ouverte, & chacun mit en mer une flotte assez considérable. Elles se rencontrerent dans le détroit de Constantinople, & se livrerent un furieux combat, d'où les Genois, quoique plus foibles par le nombre, sortirent victorieux après avoir perdu plusieurs de leurs vaisseaux. L'année suivante les Venitiens qui avoient fait alliance avec le Roi d'Arragon, vengerent la honte de leur défaite par la victoire éclatante qu'ils remporterent près de Cagliari sur leurs ennemis. Les Genois d'abord abbatus par une si grande perte, reprirent bien-tôt courage & armerent une nouvelle flotte dont ils donnerent le commandement à Pagano d'Oria. Cet Amiral après avoir fait quelques dégats sur les côtes de l'Etat de Venise, fit voile vers le Levant. Il y rencontra la flotte Venitienne près de l'isle Sapienza, & il l'attaqua avec tant de vigueur, qu'il la ruina presque entierement. L'Empire des Venitiens auroit été détruit si le vainqueur se fût transporté à Venise, où tout étoit dans la consternation ; mais heureusement Pagano d'Oria ramena à Gênes sa flotte victorieuse. Les Venitiens prirent alors les précautions nécessaires pour la deffense de leurs Etats, & ils trouverent encore moyen d'armer plusieurs vaisseaux. Ils firent des courses sur les côtes de Gênes, & enleverent quelques bâtimens à leurs ennemis. Enfin les deux peuples las d'une guerre qui ruinoit leur commerce & qui affoiblissoit leurs forces, consentirent à la paix qui fut signée l'an 1355.

Cependant André Dandolo étoit mort, & Marino Falieri avoit été élu Doge l'an 1354. Ce Prince chargé par son état du soin de deffendre la patrie, forma le projet de la réduire en servitude, & d'en massacrer les principaux citoyens. Un sujet assez leger lui fit prendre un parti si violent. Offensé de ce qu'un jeune homme d'une des premieres familles de la République, prenoit quelques libertés avec sa femme, & qu'il n'avoit obtenu du Senat d'autre satisfaction que l'exil du coupable, il conçut le dessein criminel de s'en venger par le massacre général de tous les Senateurs. Il étoit dans ces dispositions lorsque le Chef des Bateliers vint lui demander justice d'un soufflet qu'il avoit reçu de Jean Dandolo. Le Doge après lui avoir représenté qu'il étoit dans un Etat où la justice ne regnoit plus, l'invita à se joindre à lui pour l'exécution de son entreprise. Le complot fut découvert, & le Doge ayant été pris, eut la tête tranchée sur un échafaut qu'on avoit dressé devant son palais. Le Senat ordonna ensuite que le portrait de ce Doge ne seroit point mis au rang des autres dans la grande salle ; mais qu'à sa place on mettroit l'inscription suivante.

Hic est locus Marini Falerii decapitati pro criminibus (12).

Jean Gradenigo, surnommé Nason, fut alors élu Doge. La paix dont les Venitiens jouissoient par terre & par mer, le mit en état de continuer leur commerce dans l'Egypte & dans la Syrie. La treve qu'ils avoient faite avec le Roi d'Hongrie étoit à peine expirée, que ce Prince entra tout d'un coup en Dalmatie & fit le siége de plusieurs villes. Pour empêcher les Venitiens d'envoyer un grand nombre de troupes dans cette province, il leur suscita des ennemis en Italie ; & fit alliance avec François Carrario qui s'avança tout d'un coup jusqu'à Trevise. Les Venitiens pourvurent en même-temps à la sûreté de leurs places dans la Dalmatie, & à la deffense de leurs Etats en Italie.

Sur ces entrefaites Gradenigo mourut, & on lui donna pour successeur Jean Delfino. Ce Prince se trouvoit assiégé dans la ville de Trevise par le Roi de Hongrie quand il fut élu. Il trouva moyen de traverser l'armée ennemie, & d'arriver sain & sauf à Venise. Les Hongrois pousserent vivement le siége de Trevise ; mais la ville se deffendit avec tant d'opiniâtreté, que le Roi de Hongrie craignant de ne pouvoir la prendre, retourna dans ses Etats après avoir laissé quelques troupes pour continuer le siége. Le fort de la guerre étoit en Italie, car les Venitiens avoient fait revenir de la Dalmatie une partie de l'armée qu'ils y avoient envoyée ; ce qui facilita aux ennemis le moyen de se rendre maîtres de plusieurs places dans cette provin-

(12) C'est ici la place de Marino Falieri décapité pour crimes.

ce. L'embarras où les Venitiens se trouvoient, les porta à demander la paix au Roi de Hongrie. Ils eurent beaucoup de peine à l'obtenir, & elle ne leur fut enfin accordée qu'aux conditions qu'ils renonceroient au titre de Princes de Dalmatie, & qu'ils n'auroient que la moitié des terres & des isles qui sont aux environs du Golfe del Quane. A l'égard de l'Italie, le Roi promit de leur rendre les conquêtes qu'il avoit faites dans la Marche Trevisane.

La mort de Jean Delfino obligea les Venitiens à faire une nouvelle élection, & les suffrages se réunirent en faveur de Laurent Celsi. La révolte des habitans de l'isle de Candie causa de nouvelles inquietudes à la République, & ce fut avec beaucoup de peine qu'elle vint à bout de soumettre les Rebelles. La mort d'une partie des factieux, & les précautions que l'on prit pour prévenir une semblable sédition, n'empêcherent pas les habitans de se révolter une seconde fois. Cette tentative n'eut pas un meilleur succès que la premiere : les séditieux battus & poursuivis de tous côtés, porterent la peine de leur rebellion. Cet évenement s'étoit passé sous le gouvernement de Marc Cornaro qui avoit succedé à Celsi l'an 1367. Il ne conserva pas long-temps cette dignité ; car il mourut l'année suivante, & on lui donna pour successeur André Contarini.

Ce Prince avoit refusé d'accepter la dignité suprême à cause d'une prédiction qui lui avoit été faite ; que la République auroit beaucoup à souffrir lorsqu'il en seroit devenu le Chef. Le hazard justifia ce qui lui avoit été prédit. En effet Venise eut à soutenir une guerre dangereuse de la part des Genois, de François Carrario Seigneur de Padoue, du Patriarche d'Aquilée, du Roi de Hongrie & de ceux de Trieste. Ces derniers commencerent à occuper la République en se donnant à la maison d'Autriche. Les Venitiens envoyerent promptement des troupes pour punir cette ville de sa révolte. Ils mirent le siége devant la place, & livrerent bataille au Duc d'Autriche qui vouloit s'y établir. La victoire qu'ils remporterent sur ce Prince, força Trieste à se rendre aux conditions qu'on voulut lui imposer.

Cette guerre étoit à peine terminée, qu'ils se virent attaqués par François Carrario Prince de Padoue, qui cherchoit à étendre les bornes de ses Etats aux dépens de ceux de Venise. Avant que d'en venir à une rupture ouverte, on avoit tenté les voyes d'accommodement, mais ces démarches ayant toujours été infructueuses, on fut obligé d'avoir recours aux armes. Les succès que les Venitiens eurent d'abord, firent connoître à Carrario qu'il ne pourroit long-temps soutenir seul leurs efforts, ce qui le détermina à avoir recours au Roi de Hongrie. Ce Prince qui ne cherchoit que l'occasion de faire de la peine aux Venitiens, envoya promptement une armée dans la Marche Trevisane. Elle en vint aux mains avec celle de la République, & lui enleva la victoire qu'elle avoit eue dans le commencement du combat. D'un autre côté Carrario attaqua les Venitiens près de Padoue, & les tailla en pieces. Ces deux défaites furent réparées par un avantage considérable que ces derniers eurent sur les troupes Hongroises, & par l'immense butin qu'ils firent en cette occasion. Le Roi de Hongrie écrivit alors à Carrario de faire la paix avec les Venitiens à quelque condition que ce fût, parce qu'il ne pouvoit plus lui fournir de secours. Carrario se voyant abandonné

RÉPUBLIQUE DE VENISE.

de ce Monarque, envoya des Ambassadeurs au Senat pour proposer un accommodement. On consentit volontiers à la paix, & l'on nomma des Commissaires pour regler les frontieres des deux Etats.

Les Venitiens resterent trois ans tranquilles, mais après cet intervalle ils furent attaqués par Leopold Duc d'Autriche qui entra tout d'un coup dans la Marche Trevisane à la tête d'un corps de troupes. L'armée Venitienne s'étant mise en marche pour aller à la rencontre de ce nouvel ennemi, le força bien-tôt à se retirer dans la Carniole. Les Venitiens ne se contenterent pas d'avoir contraint le Duc d'Autriche à abandonner l'Italie; ils s'avancerent jusqu'à Feltri, & après avoir ravagé les environs de cette ville, ils en firent le siége. Cette nouvelle obligea Leopold à marcher au secours des habitans de Feltri. Les Venitiens ne jugeant pas à propos d'attendre l'ennemi, se retirerent près de Trevise. Se voyant ainsi pressés des deux côtés par les troupes Autrichiennes & Hongroises, ils firent avec ces Princes une treve qui fut suivie de la paix.

1374.
Les Venitiens n'en jouirent pas long-temps. Louis Roi de Hongrie; le Patriarche d'Aquilée, Carrario ou (Carrera,) & les Genois se liguerent ensemble pour les attaquer par terre & par mer. La possession de l'isle de Tenedos fut le sujet de cette guerre. Chacun des deux partis avoit des prétentions sur cette isle que les Venitiens occupoient du consentement de Calojean Empereur de Constantinople. Andronic fils de ce Prince qui avoit en même-temps conçu de la haine pour son pere & pour la République de Venise, étoit résolu d'exciter des troubles dans l'Empire à l'aide des troupes Genoises. L'Empereur informé des desseins de son fils, avoit permis aux Venitiens de mettre une forte garnison dans Tenedos. Les Genois fâchés de ce que les Venitiens étoient en possession de cette isle, joignirent leurs troupes à celles d'Andronic, & s'avancerent vers Tenedos à dessein de s'en emparer. Zeno qui la deffendoit au nom de la République, soutint les efforts des ennemis avec toute la valeur possible, & vint à bout de les repousser. Pendant que ces choses se passoient dans la Grece, Carrario & le Patriarche d'Aquilée se jetterent sur le territoire de Trevise, & y firent de grands ravages. Les Senateurs firent aussi-tôt équiper une nouvelle flotte dont ils donnerent le commandement à Victor Pisano. Ce Général alla à son tour ravager le territoire de Gênes. Fescio qui commandoit la flotte Genoise, ayant rencontré les Venitiens près d'Antio, leur livra combat. La tempête qui s'éleva alors, ne put arrêter l'ardeur des combatans; l'action fut des plus vives, & la victoire demeura aux Venitiens. Le vainqueur après avoir commis quelques nouvelles hostilités sur les côtes de Gênes, retourna dans la mer Adriatique, d'où il reçut ordre de passer en Istrie.

Cependant les Genois attaquerent le Roi de Chypre allié des Venitiens, & s'emparerent de la ville de Famagouste. On dit que le sujet de la haine des Genois contre le Roi de Chypre, venoit de ce que ce Prince à la cérémonie de son couronnement avoit donné le pas au Député de la République de Venise sur celui de Gênes. Le Roi de Chypre trop foible contre les Genois, engagea les Venitiens à se joindre à lui pour reprendre la ville de Famagouste. Les Genois s'y deffendirent avec tant de valeur, que les Venitiens & les Cypriotes furent repoussés. La flotte Venitienne qui croisoit sur les

côtes

côtes de l'Iſtrie, s'avança juſqu'au Golfe de Cataro, & s'empara de la ville de ce nom qui appartenoit au Roi de Hongrie. De-là elle fit voile vers la Calabre, & s'approcha de Tarente où elle rencontra la flotte Genoiſe qui évita le combat, & ſe retira dans la Dalmatie. Le Général Venitien ſe rendit alors ſur les côtes de Dalmatie, où il fit pluſieurs entrepriſes inutiles & mêmes déſavantageuſes.

La flotte Venitienne s'étoit retirée ſur les côtes de l'Iſtrie pour y paſſer l'hyver, & elle y avoit beaucoup ſouffert, tant par la rigueur de la ſaiſon, que par le défaut des vivres. Elle ſe mit en mer auſſi-tôt que le temps favorable à la navigation fut venu, & comme elle s'approchoit de la Pouille, elle rencontra quinze vaiſſeaux ennemis avec leſquels elle engagea la bataille. La mort du Général Genois & la bleſſure de Piſano Général de la flotte Venitienne, mirent fin au combat. Les Venitiens retournerent en Iſtrie, & les Genois ſe retirerent à Zara. Les deux flottes ne reſterent pas long-temps dans l'inaction, elles s'attaquerent près de Pola avec une ardeur égale; mais la victoire ſe déclara pour les Genois, qui avoient perdu leur Général dans la bataille. Quelques ravages ſur les côtes de l'Etat de Veniſe, furent les ſuites du grand avantage que les Genois avoient remporté ſur les Venitiens. Leur flotte ayant été renforcée par un grand nombre de galeres, elle fit voile vers Veniſe ſous la conduite de Pierre d'Oria. Ce Général s'empara de pluſieurs places qui étoient le long de la côte. La priſe de Chioggia qui n'eſt qu'à vingt-cinq milles de Veniſe, allarma beaucoup la République, & lui fit craindre un pareil ſort. Dans cette extrêmité elle demanda la paix; mais les conditions qu'on voulut lui impoſer étoient ſi dures, qu'elle réſolut de ne plus écouter que ſon déſeſpoir. Cette généreuſe réſolution n'auroit pu cependant remedier à la famine & aux autres malheurs dont elle étoit accablée, ſi d'Oria ſe fût contenté de tenir les Venitiens bloqués, & d'empêcher qu'ils ne reçuſſent des vivres par terre & par mer. Trop d'ardeur lui fit perdre les avantages qu'il avoit eus juſqu'alors. Les tentatives qu'il fit pour ſe rendre maître de Veniſe furent inutiles. Les Venitiens avec de petites barques légeres qui voltigeoient continuellement autour de la flotte, lui cauſerent de grands dommages. D'Oria voyant qu'il ne pouvoit rien avancer du côté de la mer, les preſſa vivement du côté de la terre: mais il n'eut pas un meilleur ſuccès. Les Venitiens avoient repris courage, & l'ardeur des Genois s'étoit rallentie. Depuis cet inſtant les affaires changerent de face, & les troupes Venitiennes remporterent pluſieurs avantages conſécutifs ſur l'armée Genoiſe. Chioggia fut repriſe, & l'on fit en cette occaſion un grand nombre de priſonniers. Les Genois s'en vengerent par la conquête de pluſieurs places ſur la côte de Veniſe. Les troubles qu'il y avoit alors à Gênes, obligerent cette République de rappeller ſa flotte. Les Venitiens profiterent de cette circonſtance pour rétablir leurs affaires, & firent pluſieurs priſes ſur les Genois. Ceux-ci penſoient cependant à continuer la guerre, & l'année ſuivante ils firent partir une nouvelle flotte dans la mer Adriatique. Elle ne fit rien de conſidérable; & comme les deux peuples étoient las de la guerre, chacun conſentit volontiers de faire la paix. Entre les principales conditions du traité, on convint que la citadelle de Tenedos ſeroit abbatue, & que les deux Ré-

Tome II. Zz

RÉPUBLIQUE DE VENISE.

1379.

1380.

1381.

publiques ne pourroient plus envoyer de vaisseaux vers le Tanaïs. Ce traité qui avoit été conclu par la médiation d'Amé VII. Duc de Savoye, fut signé au mois d'août 1382.

L'année suivante, André Contarini qui s'étoit acquis beaucoup de gloire dans la derniere guerre, mourut dans la quinzieme année de son gouvernement, & il eut pour successeur Michel Morosini. La mort de ce Prince arrivée quatre mois après, occasionna une nouvelle élection, & les suffrages se réunirent en faveur d'Antoine Venieri. Pendant le gouvernement de ce Duc, la République entra dans les guerres que plusieurs Princes d'Italie ses voisins se faisoient mutuellement. Ses intérêts lui firent prendre tantôt le parti du Duc de Milan, tantôt celui des ennemis de ce Prince.

Antoine Venieri étant mort, on substitua à sa place Michel Stenon. La paix que les Venitiens avoient faite avec les Genois, eut des suites bien differentes. Les premiers ayant rétabli leurs affaires, étendirent les bornes de leur domination par les conquêtes qu'ils firent sur leurs voisins, & rendirent leur nom célébre tant sur la terre que sur la mer. Les Genois au contraire perdirent leur liberté, & tomberent sous la puissance des François. Boucicault qui les gouvernoit au nom du Roi, porta la guerre en Syrie, & s'empara de Beryte pour venger les Genois des insultes que leurs Marchands avoient essuyées de la part des habitans de cette place. Les Venitiens qui faisoient un gros commerce à Beryte, attaquerent les vaisseaux de Boucicault sous prétexte que dans le pillage de la ville, on n'avoit pas épargné les effets qui leur appartenoient. Boucicault se deffendit avec toute la valeur dont il étoit capable; mais après un combat long & opiniâtre, la flotte Genoise qui étoit beaucoup maltraitée, fut obligée de songer à la retraite. Cette affaire auroit eu de grandes suites, si la France n'eut donné ordre à Boucicault de rester tranquille. Ce heros forcé d'obéir, ne put s'empêcher de proposer un défi au Doge & à l'Amiral de Venise, comme c'étoit l'usage de ce temps-là. Ils ne jugerent point à propos de lui répondre, & les occupations que les Genois donnerent à Boucicault, ne lui permirent pas de chercher à se venger des Venitiens.

Quelque-temps après, ces derniers déclarerent la guerre à François Carrario Souverain de Padoue. Ce Prince oubliant les services que lui avoit rendus la République contre le Duc de Milan, fit tout ce qu'il put pour lui susciter des ennemis. Les Venitiens qui n'ignoroient pas ses sentimens à leur égard, dissimulerent d'abord; mais enfin ils se déterminerent à se déclarer ouvertement contre lui. Après la mort de Galeas, il s'étoit emparé de Verone & avoit conçu le dessein de se rendre maître de Vicence. Les habitans de cette ville qui haïssoient Carrario, demanderent du secours à Catherine de Galeas. Elle leur conseilla de se donner aux Venitiens, & la proposition qu'ils en firent au Senat fut acceptée avec joye. Ils envoyerent aussi-tôt une forte garnison dans cette ville pour la deffendre contre les efforts de Carrario. Ils firent en même-temps sçavoir à ce Prince, que cette ville étant sous leur protection, il ne devoit former sur elle aucune entreprise. La fierté des réponses de Carrario, irrita tellement la République qu'elle résolut de lui déclarer la guerre. Sur ces entrefaites Feltri, Belluñe, & quelques autres places furent jointes au domaine de Venise.

Aussi-tôt que l'armée Venitienne fut prête, elle marcha contre Verone, & fit de grands ravages dans les environs de cette ville. Carrario craignant de ne pouvoir supporter seul l'effort des Venitiens, engagea Albert Duc de Ferrare à se joindre à lui. Les avantages qu'on remporta sur ce Prince, le mirent bien-tôt dans la nécessité de demander la paix. La République délivrée de ce nouvel ennemi, ne songea plus qu'à pousser vivement la guerre contre le Prince de Padoue. Les succès furent si grands, que l'armée Venitienne s'empara de Verone & de Padoue. Carrario ainsi dépouillé de ses Etats, voulut engager le jeune Galeas à prendre ses intérêts. Ce Prince lui conseilla de se rendre à Venise, & d'implorer la clémence du Senat. Il eut l'imprudence de suivre cet avis, dont il eut bien-tôt lieu de se repentir. On lui fit son procès, & ses Juges le condamnerent à la mort. Il fut étranglé dans la prison avec ses trois fils (13).

Tels furent les progrès de la République sous le gouvernement de Michel Stenon qui mourut en 1413. On élut en sa place Thomas Mocenigo. La République de Venise étoit alors très-puissante par le grand nombre de villes qu'elle avoit mises sous sa domination. Le nouveau Doge qui aimoit la paix, au lieu de s'occuper à faire de nouvelles conquêtes, ne songea qu'à faire fleurir le commerce, ce qui contribua à rendre cette République si riche & si florissante. Les Venitiens pendant le regne de ce Prince, firent cependant plusieurs acquisitions en Dalmatie. Mocenigo étant prêt de mourir, conseilla aux Venitiens de ne point chercher à reculer les bornes de leur Empire en terre ferme; mais de s'appliquer plutôt à augmenter leurs forces maritimes. Il leur représenta que les conquêtes en terre ferme leur seroient plus nuisibles qu'avantageuses, parce qu'elles exciteroient la jalousie des Princes de l'Italie.

Après la mort de Mocenigo, François Foscari fut reconnu pour son successeur. Les malheurs que les Florentins éprouverent dans la guerre qu'ils firent contre Philippe Duc de Milan, les mit dans la nécessité d'avoir recours aux Venitiens (14); & cette guerre mit une grande partie de l'Italie en combustion. Elle ne fut entierement terminée que l'an 1441 par un traité de paix fait entre les Venitiens, le Duc de Milan, & les Florentins. Ils gagnerent dans cette guerre Brescé, Bergame, Peschiera, Legnago, Riva, Ravenne & plusieurs autres places.

Pendant le cours de cette longue guerre qui avoit été interrompue par quelques suspensions d'armes, Philippe avoit engagé les Genois en 1431 à faire la guerre aux Venitiens. Ces derniers furent défaits dans la premiere bataille qu'ils livrerent aux Genois; mais ils s'en vengerent bien-tôt par la victoire complette qu'ils remporterent sur leur flotte. Peu de temps après les Venitiens, firent une descente dans l'isle de Scio, & mirent le siége devant la Capitale. Cette entreprise ne fut pas heureuse: la vigoureuse résistance de la ville & les secours qu'elle reçut des Genois qui étoient établis à Pera, forcerent les Venitiens à lever le siége. La République de Gênes informée du danger où étoit l'isle de Scio, avoit équipé une flotte pour la secourir. Cet armement fut inutile, car les ennemis étoient déja retirés

---

(13) Justiniani.
(14) On en a fait mention ci-dessus dans l'histoire de Florence pag. 259 & suiv.

lorsqu'elle arriva. Il n'y eut aucun événement considérable l'année suivante, & les deux Républiques ennuyées d'une guerre dont elles ne retiroient aucun avantage, signerent un traité de paix en 1433.

Les Venitiens avoient aussi été obligés d'envoyer une flotte contre Amurat Empereur des Turcs qui avoit attaqué Thessalonique. Le Général Venitien après avoir nettoyé les mers des Pirates qui les infestoient, remporta plusieurs avantages sur les Turcs, & s'empara même de quelques villes. La mort de Philippe Duc de Milan arrivée en 1447, exposa les Venitiens à une nouvelle guerre contre les Milanois. Ces peuples avoient envoyé au Senat de Venise trois Deputés pour demander qu'on leur remit toutes les places qui avoient appartenu à Philippe. On promit de les satisfaire à condition qu'ils payèroient tous les frais de la guerre, dont ces conquêtes avoient été les suites. Le refus des Milanois fit connoître aux Venitiens qu'ils alloient être attaqués par François Sforce, qui vouloit s'emparer du duché de Milan, sous prétexte qu'il appartenoit à Blanche Marie sa femme, fille naturelle de Philippe. Ce Prince qui ne laissoit aucun enfant à sa mort, avoit declaré pour héritier de ses Etats Alphonse Roi d'Arragon & de Naples. Sforce respectant peu la derniere volonté de son beau-pere, & n'écoutant que son ambition, vint à bout de s'établir dans le Milanès. Les Venitiens qui connoissoient la valeur de ce Duc, firent de grands préparatifs pour soutenir la guerre sur terre & sur mer. Sforce de son côté après avoir levé une nombreuse armée dans les differentes parties de l'Italie, se rendit maître de Plaisance qui appartenoit aux Venitiens. Cependant le Pape & les Florentins employerent leur médiation pour rétablir la paix; mais leurs soins furent inutiles, parce qu'aucun des deux partis ne voulut s'y prêter. Cette guerre ne fut pas heureuse pour les Venitiens : leur flotte fut battue sur le Pô près de Cremone, & leur armée fut défaite sous les murs de Caravaggio. Ces pertes n'avoient point abbatu le courage des Venitiens, & ils firent de nouveaux efforts pour réparer leurs forces. Ils étoient dans ces dispositions lorsque Sforce leur proposa la paix. Les conditions furent que les Venitiens conserveroient les conquêtes qu'ils avoient faites, & que Sforce posséderoit le Milanès. La politique avoit engagé ce Prince à faire alliance avec les Venitiens, parce qu'alors il méditoit le projet de soumettre entierement les Milanois, qui soupiroient après la liberté, & qui étoient soutenus par Alphonse Roi d'Arragon. Les Milanois pressés par le Duc Sforce, eurent recours aux Venitiens, qui prirent ouvertement leur deffense. Cette alliance n'empêcha pas Sforce de se mettre en possession du duché de Milan, & il se conduisit avec tant de prudence, qu'il regagna l'amitié des Venitiens. La paix fut faite de nouveau avec ce Prince & le Roi Alphonse.

La prise de Constantinople par Mahomet II. jetta la consternation parmi les Chrétiens, & causa beaucoup d'inquietude aux Venitiens. Ils députerent des Ambassadeurs au Sultan pour demander la restitution de ce qui leur appartenoit. Ils eurent une réponse favorable du Prince Ottoman, & obtinrent tout ce qu'ils avoient demandé. Comme toute la Chrétienté étoit en guerre avec les Turcs, le Senat n'osa approuver hautement la paix que les Ambassadeurs Venitiens avoient conclue. D'ailleurs ils ne pouvoient rester tranquilles à la vûe des grandes conquêtes que les Mahometans faisoient tous les jours, & ils avoient lieu de craindre que le Turc n'obser-vât pas exactement le traité qu'il avoit fait avec eux. Ils ne jugeoient cependant pas à propos de commencer les hostilités sans avoir un sujet légitime.

Sur ces entrefaites le Senat rendit un decret injuste, par lequel il déposa François Foscari à cause de son grand âge. Ce Doge mourut peu de jours après de chagrin & d'infirmités. On avoit nommé à sa place Pascal Malipiero. Le nouveau Doge fit recevoir une loi par laquelle il fut reglé qu'on ne déposeroit jamais aucun Doge quelqu'âge qu'il fût, puisqu'alors la dignité de Duc avoit toujours été pour la vie. La République fut assez tranquille sous le gouvernement de ce Prince; & l'histoire de ce temps-là ne nous offre rien de considérable.

Malipiero étant mort, on élut pour Doge Christophe Moro. Ce que les Venitiens avoient prévu au sujet de la puissance des Turcs, ne tarda pas à arriver. Maîtres de toutes les places que les Grecs avoient occupées, ils songerent à chasser les Venitiens des villes dont ils étoient encore en possession. Le Senat fit passer aussi-tôt une flotte sous la conduite de Victor Capello, & il s'occupa à fortifier l'Isthme de Corinthe, afin d'empêcher les ennemis de pénétrer dans cette Peninsule. Les nouveaux renforts que la République envoya, fournirent à leur armée les moyens de repousser les Turcs. Elle profita de leur retraite pour faire le siége de Corinthe; mais l'arrivée de l'armée Ottomane la fit bien-tôt abandonner son entreprise, & l'obligea de se retirer de l'Isthme. Les Venitiens perdirent en même temps Argos dont ils s'étoient emparés, & la plus grande partie de leurs troupes fut taillée en piéces. Ils reçurent encore plusieurs échecs dans la Morée, & furent battus à Metelin.

Le siége de Chalcis que les Turcs firent ensuite, causa de nouvelles allarmes aux Venitiens, qui craignoient que les Ottomans après la prise de cette ville, ne se rendissent maîtres de toute la Côte maritime de la Grece, & ne poussassent leurs conquêtes jusqu'en Syrie. Canalis qui commandoit la flotte Venitienne, reçut ordre de secourir les assiegés qui se deffendoient toujours avec une valeur incroyable. L'approche des Venitiens avoit même ranimé leur courage, & ils étoient disposés à soutenir le choc des ennemis jusqu'à la derniere extrêmité. Le Sultan étoit prêt à lever le siége & à prendre la fuite, lorsqu'un de ses Officiers Généraux reveilla ses esperances & lui fit connoître le danger d'une telle démarche. Le siége fut donc poussé avec plus de vigueur qu'auparavant, & ce fut envain que les habitans de Chalcis implorerent le secours du Général Venitien, qui differa sous divers prétextes d'attaquer les Turcs, & de seconder les efforts généreux des assiegés. La ville n'ayant point été secourue, tomba enfin au pouvoir des Turcs qui firent un carnage affreux des habitans, sans distinction d'âge ni de sexe. Canalis se flattant de réparer sa honte en livrant combat à la flotte Ottomane qui fit voile vers Chio, la poursuivit pendant long-temps. Il manqua cependant l'occasion de la combattre, & se retira vers l'isle de Cée, sans avoir rien fait.

La prise de Chalcis consterna beaucoup les Venitiens, & le Sénat ordonna que Canalis seroit déposé & mis en prison. Ce Général qui ignoroit

REPUBLIQUE DE VENISE.

1457.

Guerre contre les Turcs.

1462.

RÉPUBLIQUE DE VENISE.

1472.

encore ce qu'on avoit résolu contre lui; se flattant de surprendre la ville, s'en approcha avec sa flotte, & fit débarquer une partie de ses troupes. Cette expédition ne fut pas heureuse, les Venitiens furent battus & obligés de regagner en diligence leurs vaisseaux. Pierre Mocenigo prit ensuite le commandement de la flotte, & Canalis s'étant rendu à Venise, fut condamné à un exil perpétuel. Sur ces entrefaites Chriſtophe Moro étant mort, la dignité de Doge fut conférée à Nicolas Trono. L'Amiral Venitien parcourut toutes les côtes de la Grece, pour confirmer dans le parti de la République les habitans des isles qui lui appartenoient encore. Il fit des tentatives sur quelques places, mais elles ne lui réussirent pas. Il se contenta de ravager les terres & de croiser dans la mer d'Ionie, pour rompre les desseins des Turcs. Il se rendit cependant maître de Smyrne, qu'il détruisit par le feu après en avoir enlevé un butin considérable, & avoir défait les Turcs qui étoient venus au secours de cette place. Les Venitiens qui avoient fait alliance avec Uzum-Hassan Roi de Perse, lui envoyerent des présens considérables, & donnerent ordre à Mocenigo de conduire sa flotte suivant la volonté du Roi de Perse, qui craignoit alors les entreprises des Turcs. En conséquence Mocenigo alla d'abord dans l'isle de Chypre, & ensuite sur les côtes de la Sicile où il eut de grands avantages sur les ennemis. Cependant Uzum-Hassan perdit deux batailles considérables contre les Turcs, & fut obligé de chercher un asyle dans les montagnes d'Arménie. Mocenigo se vit alors contraint de se retirer dans l'isle de Chypre.

1473.
Les Venitiens se rendent maîtres du royaume de Chypre.

La mort de Trono arrivée l'an 1473 occasionna une nouvelle élection, & elle fut faite en faveur de Nicolas Marcello. Jean Roi de Chypre étoit mort vers ce même-temps, & il n'avoit laissé qu'une fille légitime nommée Charlotte, qui fut mariée en premieres nôces à Jean Duc de Conimbre en Portugal, & en second lieu à Louis Prince de Savoye. Jean avoit outre cela un fils naturel nommé Jacques, qui fut Archevêque de Nicosie. La Princesse Charlotte & son époux avoient un droit incontestable à la couronne, & c'étoit même la derniere volonté du Roi. Jacques n'écoutant que son ambition, mit dans son parti les Mammelucs, & promit de payer au Soudan d'Egypte un tribut pour le royaume de Chypre. Jacques vint à bout de chasser la Princesse Charlotte, & il épousa Catherine Cornara. Il n'eut de ce mariage qu'un fils qui fut son successeur. Le jeune Prince étant mort peu de temps après, Catherine remonta sur le trône. Les Venitiens lui envoyerent son frere George Cornaro, pour l'engager à céder son royaume à la République. Il trouva moyen de la déterminer, & on lui donna à la place la ville d'Azola dans la marche Trevisane (15). C'est ainsi que le royaume de Chypre passa sous la puissance des Venitiens, malgré les protestations de la maison de Savoye à qui la Princesse Charlotte avoit porté son droit.

Les Turcs animés par les progrès qu'ils avoient déja faits, résolurent de chasser les Venitiens de toute la Grece, & de se rendre maîtres des places qui dépendoient de la République. Ils mirent le siége devant Scutari ville d'Albanie, dont George Castrio (Scanderberg) avoit fait présent aux Ve-

---

(15) Quelques-Historiens assurent que cette Princesse ne se démit de la souveraineté qu'avec un extrême regret, & qu'elle ne pa- | rut y consentir que dans la crainte d'être forcée à le faire.

nitiens. La ligue qu'ils firent avec le Roi de Hongrie, les mit en état de repouffer les Turcs, & de délivrer la place; mais ils la perdirent quelque-temps après.

Marcello étant mort dans le quinzieme mois de fon gouvernement, eut pour fucceffeur Pierre Mocenigo qui s'étoit acquis tant de gloire dans la guerre contre les Turcs. Il ne conferva cette dignité qu'un an, & on mit en fa place André Vendramino. Les Venitiens ne ceffoient d'envoyer de nouveaux vaiffeaux dans la Grece, pour tâcher d'abbatre la puiffance des Turcs; mais leurs entreprifes n'avoient pas fouvent de fuccès favorables. Les Ottomans ne fe contenterent pas de pourfuivre les Venitiens dans la Grece, ils oferent encore porter la guerre dans le Frioul, & les attaquer jufques dans leurs Etats. Ils y remporterent une victoire complette fur ces peuples, & firent de grands ravages fur leurs terres. Après cette expédition, les Turcs abandonnerent l'Italie d'où ils emporterent un butin confidérable.

André Vendramino ne furvécut pas long-temps au malheur de la République, & Jean Mocenigo lui fucceda. Les Venitiens accablés par tant de pertes, demanderent la paix au Sultan. Elle ne leur fut accordée qu'à condition qu'ils céderoient Scutari & quelques autres places. Ils furent encore obligés de donner une groffe fomme d'argent pour avoir la liberté de commercer dans la Grece. Ils jouiffoient à peine de la paix, lorfque les Florentins implorerent leur fecours contre le Pape & le Roi Ferdinand (16). Cette guerre n'étoit pas encore finie lorfqu'ils furent contraints d'armer contre Hercule Duc de Ferrare. Ce Prince fouffrant avec peine que les Venitiens envoyaffent un Magiftrat dans fa capitale, ôta les priviléges qui avoient été depuis long-temps accordés aux Venitiens, & voulut rétablir les Salines de Comachio contre le traité qui avoit été fait. Il mit dans fon parti le Roi de Naples, la République de Florence & le Duc de Milan. Les Venitiens ayant trouvé moyen de détacher ce Prince de cette ligue, eurent des fuccès affez favorables, & après une guerre de quatre ans, le Duc de Ferrare fut contraint de leur céder Rovigo & le Polefin. On lui permit alors de rétablir les Salines de Comachio.

Venife délivrée de tant de guerres, fut affligée de la pefte qui fit périr un grand nombre de citoyens. Le Doge même en mourut, & on lui donna pour fucceffeur Marc Barbarigo, qui ne gouverna que neuf mois. Auguftin Barbarigo fon frere fut alors revêtu de la dignité fuprême.

Le repos dont l'Italie jouiffoit depuis long-temps, fut troublé par la guerre que Sigifmond Duc d'Autriche fit aux Venitiens. Elle ne fut pas favorable à ces derniers qui furent battus plufieurs fois, & qui perdirent même quelques places. Ces mauvais fuccès ne les avoient cependant pas determinés à faire des propofitions d'accommodement, mais ils ne crurent pas devoir refufer celles que leur fit le Duc d'Autriche, à qui les troupes de l'Allemagne caufoient de l'inquietude. Les conditions de paix furent avantageufes aux Venitiens, & Sigifmond confentit de ne plus faire aucunes difficultés au fujet des frontieres de l'Etat de Venife, qui avoient fait le fujet de la guerre. La tranquillité fut alors de nouveau rendue à l'Italie, & un calme

RÉPUBLIQUE DE VENISE.

1474.

1477.

1480.

1485.

---

(16) Voyez plus haut l'hiftoire de Florence, pag. 277.

heureux regnoit dans toutes ses Provinces. Les entreprises des Florentins sur les Pisans, les desseins d'Alexandre VI. l'inconstance & l'inquietude continuelle de Ludovic Sforce, Regent du Milanès, & les projets de Charles VIII. Roi de France sur le royaume de Naples, troublerent la félicité des peuples de cette contrée, & engagerent les Venitiens dans de nouvelles guerres. Ludovic allarmé de l'alliance contractée entre le Roi de Naples & Pierre de Medicis, fit une ligue avec le Pape & les Venitiens. Ce traité avoit pour but la sûreté commune des alliés, & particulierement la conservation de la Regence du Milanès. On convint que la République de Venise, & Jean Galeas Duc de Milan, au nom duquel les affaires de cet Etat se faisoient, enverroient des troupes pour la deffense du Pape. Peu rassuré par ces précautions, Ludovic résolut d'engager Charles VIII. à faire la conquête du royaume de Naples, afin d'occuper Ferdinand & l'empêcher de former quelques projets sur le Milanès : d'un autre côté Hercule d'Est Duc de Ferrare desiroit ardemment de rentrer en possession du Polesine de Rovigo, que les Veniriens lui avoient enlevé dans la derniere guerre qu'ils avoient eue avec ce Prince. Persuadé qu'à la faveur des troubles, il lui seroit facile de s'en rendre maître, il avoit engagé Ludovic son gendre à proposer au Roi de France le voyage d'Italie. La nouvelle des préparatifs que ce Monarque faisoit pour l'exécution de son dessein, causa beaucoup d'inquietudes aux Princes d'Italie, & leur fit prendre divers partis. Les uns se déclarerent pour ce Prince, les autres formerent une ligue contre lui ; les Veniriens demeurerent neutres, & résolurent d'attendre avec tranquilité l'évenement de cette guerre.

Cependant les Rois de France & de Naples les avoient sollicités chacun séparement de prendre leurs intérêts. Ils eurent l'adresse de faire entendre aux Ministres du Roi de France, que la crainte continuelle où ils étoient que les Turcs ne les attaquassent de nouveau, les empêchoit de fournir des troupes à Charles, & de prendre part à son expédition. Ils refuserent également d'écouter les propositions que le Pape leur fit de s'opposer à l'entrée du Roi en Italie. Les grands succès de ce Monarque leur causerent enfin de l'inquietude, & les déterminerent à prendre part à la ligue qui se forma entre le Pape, l'Empereur, les Rois d'Espagne & le Duc de Milan. On étoit résolu d'enlever à Charles le royaume de Naples qu'il venoit de conquerir, & les Veniriens avec leur flotte devoient attaquer les places maritimes, tandis que les troupes des autres confédérés aideroient Ferdinand à remonter sur le trône. Cette ligue obligea le Roi de France à songer à repasser dans ses Etats, afin d'éviter l'orage qui le menaçoit (17). En conséquence de ce traité, les Veniriens joignirent leurs troupes à celle des confédérés, & attaquerent les François sur les bords du Taro. Charles remporta tout l'avantage de cette journée, selon le sentiment le plus général ; mais les Italiens publierent que la victoire s'étoit déclarée en leur faveur. Ce glorieux succès mit le Roi en état de sortir de l'Italie sans aucun danger.

Après la retraite de ce Prince, les Confédérés prirent la résolution d'empêcher que les Florentins ne restassent en possession de la ville de Pise,

---

(17) On a vu dans l'histoire de France & dans celle de Naples, la suite de ces évenemens que je ne crois pas devoir repeter ici.

dont

dont les Venitiens & le Duc de Milan avoient formé séparement le projet de se rendre maîtres (18). Les premiers fournirent aussi du secours à Ferdinand II. qui leur remit Otrante, Brindes & Trani pour sûreté des frais de la guerre. Charles qui avoit appris le mauvais succès de ses armes dans le royaume de Naples, résolut de faire une seconde fois le voyage d'Italie. Ludovic craignant d'être exposé aux premieres attaques de l'ennemi, proposa aux Venitiens d'inviter l'Empereur Maximilien à passer les Alpes. Ce Prince s'étant rendu aux sollicitations du Duc de Milan & des Venitiens, arriva en Italie où sa foiblesse le fit meprisér. Cependant la République de Venise fournissoit de grands secours aux Pisans, dans la crainte que le Duc de Milan ne vînt à bout de les soumettre.

Pendant que les Venitiens étoient occupés à soutenir les Pisans contre les Florentins & le Duc de Milan, Bajazet II. méditoit de nouvelles conquêtes, & avoit rompu le traité que la Cour Ottomane avoit fait avec la République de Venise. Avant que de partir du port de Constantinople où il avoit rassemblé une flotte très-nombreuse, il fit arrêter tous les Venitiens qui étoient dans cette capitale, & fit jetter dans une obscure prison André Gritti qui avoit averti le Gouverneur de Lepante, des préparatifs que le Sultan faisoit. Grimani Amiral de la flotte Venitienne qui étoit à Modon, informé des desseins de Bajazet, se mit aussi-tôt en mer dans l'intention de livrer combat aux Ottomans. Il ne tarda pas à rencontrer la flotte ennemie. L'action s'engagea bien-tôt avec une ardeur égale, & le combat devint très-sanglant. La victoire étoit prête à se déclarer pour les Venitiens, lorsque les Turcs trouverent moyen de mettre le feu aux vaisseaux de leurs ennemis. Grimani fut accusé de n'avoir pas fait son devoir en cette occasion, par la jalousie qu'il avoit conçue contre Loredan Gouverneur de Corfou qui l'étoit venu joindre. La joye que sa flotte avoit témoignée à la vûe de ce grand homme, avoit causé un dépit secret à l'Amiral qui craignoit que Loredan ne lui ravît la gloire de cette journée. On voulut engager Grimani à attaquer une seconde fois les Turcs; mais il le refusa sous prétexte qu'il n'avoit pas le vent favorable. Les François que Charles VIII. avoit envoyés au secours de Rhodes, & qui avoient réuni leur flotte à celle des Venitiens, connoissant la mauvaise volonté de l'Amiral de la République, prirent le parti de se retirer. Les Ottomans voyant qu'ils n'avoient rien à craindre des Venitiens, allerent assiéger Lepante par terre & par mer. Cette ville qui n'étoit deffendue que par ses propres habitans, ne put résister long-temps aux efforts des ennemis, & fut contrainte de se rendre. Grimani de retour à Venise, fut mis en prison & ensuite condamné à un bannissement perpétuel.

Les Turcs maîtres de Lepante, s'approcherent de Napoli de Romanie; mais ils furent repoussés & contraints d'abandonner leur entreprise. Ils se déterminerent alors au siége de Modon. La flotte Venitienne s'avança pour secourir cette place, & soutint un combat contre les Ottomans qui eurent tout l'avantage de cette action. Cet échec n'empêcha pas les Venitiens de jetter du secours dans la ville. La trop grande confiance que l'arrivée

RÉPUBLIQUE DE VENISE.

1497.

_____
(18) On a fait mention de l'affaire de Pise dans l'histoire de Florence.

Tome II. Aaa*

de ce renfort fit prendre aux habitans, fut cause de leur perte. Ils eurent l'imprudence d'abandonner leurs murailles pour se livrer à la joye, & ils fournirent par ce moyen aux Turcs l'occasion de prendre la ville par escalade. Le vainqueur y commit toutes sortes de cruautés, & après avoir massacré tous les habitans, il réduisit cette ville en cendres. Coron appréhendant le même sort, ouvrit ses portes à la premiere sommation.

1499.

Bajazet encouragé par tant de succès, résolut à la sollicitation du Duc de Milan, de porter la guerre en Italie. Un de ses Généraux à la tête de dix mille hommes, entra dans le Frioul, & y commit des désordres épouvantables. Il emmena de ce pays un grand nombre d'esclaves, & y fit un riche butin. Gonsalve qui commandoit la flotte Espagnole, s'étant joint à celle des Venitiens, les deux flottes allèrent faire une descente dans l'isle de Cephalonie dont elles s'emparerent. On transporta dans cette isle toutes les personnes qui étoient échappées du sac de Modon, & celles qui avoient quitté la ville de Coron depuis qu'elle étoit passée au pouvoir des Turcs. Le Senat pour reconnoître le grand service que les Espagnols venoient de leur rendre, envoya à ce sujet un Ambassadeur extraordinaire à Ferdinand, & un présent considérable à Gonsalve.

Sur ces entrefaites, le Roi de Pologne fit sçavoir aux Venitiens qu'il étoit résolu de rompre avec les Turcs, dont il avoit lieu d'être mécontent. Cette nouvelle fit plaisir à la République; mais elle ne jugea cependant pas à propos de prendre aucun engagement avec ce Prince. Pezaro Général Venitien profitant de l'éloignement de l'armée Ottomane, reprit la ville de Junco que Charles Contarini avoit lâchement abandonnée. Il fit couper la tête à cet Officier pour le punir de sa perfidie. Pezaro mit ensuite à la voile, pour se rendre à Prevesa où les Turcs faisoient construire une flotte. Il entra dans le port, battit ceux qui s'opposoient à sa descente, mit le feu aux bâtimens qui n'étoient point encore achevés, & fit remorquer les autres. Cependant les Venitiens perdirent Durazzo dans l'Albanie, dont les Turcs se rendirent maîtres par surprise. Pezaro s'en vengea par la prise de plusieurs vaisseaux & par la conquête de sainte-Maure. Toutes ces pertes consécutives rendirent les Turcs plus traitables qu'ils n'avoient été jusqu'alors, & ils écouterent volontiers les propositions de paix qu'on leur faisoit depuis le commencement de la guerre, & qu'ils avoient toujours rejettées. Entre les differens articles du traité de paix, on convint que l'isle de Cephalonie demeureroit à la République; qu'on restitueroit sainte-Maure aux Turcs; qu'on désarmeroit sur les frontieres, & que le commerce seroit rétabli entre les deux nations.

1500.

Pendant que la flotte Venitienne avoit été occupée à continuer la guerre contre les Turcs, la République n'avoit pas cessé de soutenir les Pisans contre les Florentins & Ludovic Sforce. Louis XII. qui avoit formé le dessein de passer en Italie & d'attaquer le Milanès, n'eut pas de peine à mettre les Venitiens dans son parti. Il leur avoit promis pour les y engager, de leur abandonner Cremone & toute la Giaradadda. Des offres si avantageuses éblouirent ceux qui paroissoient le plus opposés aux intérêts de la France. On consideroit que par cette nouvelle acquisition, la République embrasseroit presque toute la riviere de l'Oglio; qu'elle étendroit ses limites jusqu'au fleuve du Pô & bien avant sur l'Adda, & qu'elle se trouveroit par ce moyen voisine de Milan, de Parme & de Plaisance; ce qui pourroit la mettre en état dans la suite de faire la conquête de ces provinces, en cas que la France se vit obligée de les abandonner. Le traité d'alliance fut conclu à Etampes & signé à Blois le 15 d'avril 1499. On convint par ce traité, que pendant que le Roi entreroit dans le Milanès, les Venitiens l'attaqueroient aussi de leur côté : qu'après la conquête de ce Duché, le Roi en gardant pour lui tout le reste, abandonneroit en proprieté aux Venitiens Cremone avec toute la Giaradadda, à l'exception néanmoins d'environ soixante & dix pieds de terrein le long de la riviere d'Adda : que le Roi seroit obligé de deffendre Cremone & tout ce que les Venitiens possedoient dans la Lombardie jusqu'aux Lagunes de Venise, & que les Venitiens seroient chargés de la deffense du Milanès. Il ne fut point fait mention de Pise que le Roi auroit voulu qu'on mît en sequestre entre ses mains (19). Je ne suivrai point ici Louis XII, dans son expédition du Milanès, parce qu'il en sera fait mention dans l'histoire de ce duché, & que d'ailleurs j'en ai parlé dans l'histoire de France. Je ne repeterai pas non plus ici les détails de la guerre de Pise où les Florentins prirent tant de part : on en a vu la description dans l'article précédent.

Le Doge Barbarigo se sentant accablé de vieillesse, voulut renoncer à sa dignité; mais on refusa d'y consentir, & ce Prince fut obligé de conserver la souveraine puissance jusqu'à la mort. Leonard Loredano fut mis à sa place. La mort d'Alexandre VI. arrivée en 1503, reveilla les projets que les Venitiens avoient formés sur la Romagne. César Borgia Duc de Valentinois & fils du Pontife, avoit fait des grandes conquêtes dans cette province pendant la vie de son pere. Les Venitiens n'avoient osé s'y opposer, dans la crainte que le Roi de France ne prît ses intérêts; mais ils crurent n'avoir plus rien à menager après la mort du Pape. Ils voulurent surprendre Cesene, & comme ils n'avoient point d'artillerie & que la ville étoit sur ses gardes, ils furent obligés de renoncer à leur entreprise. Ils se retirerent dans le territoire de Ravenne qui leur appartenoit, & y attendirent quelqu'occasion plus favorable à leurs desseins. La querelle de Naldo ancien Capitaine du Duc de Valentinois & des habitans de Faënza, leur en fournit bien-tôt les moyens. Il appella les Venitiens à son secours & leur livra les forts du Val-di-Lamone dont il avoit la garde. Les Venitiens ne tarderent pas à gagner le Commandant de la citadelle de Faënza, qui leur permit de faire entrer trois cens fantassins. Forlimpopolo & plusieurs autres villes de la Romagne, tomberent alors sous leur puissance ainsi que Rimini qui ouvrit volontairement ses portes. Pandolfe Malatesta Souverain de cette ville, reçut en échange Citadella dans le territoire de Padoue, & entra au service de la République avec un certain nombre de Gendarmes. Les Venitiens voulurent attaquer en même-temps la ville de Fano; mais ils ne purent la soumettre, & elle demeura sous la domination de l'Eglise. Ils songerent alors à pousser le siége de Faënza avec plus de vigueur. Les habitans de cette ville craignant de succomber sous les efforts

(19) François Guichardin.

de leurs ennemis, implorerent le fecours du Pape Jules II. Ce Pontife qui n'avoit encore ni troupes ni argent, voulut effayer fi par fon feul crédit il pourroit engager les Venitiens à fe défifter de leur entreprife. Il envoya donc pour cet effet un Nonce à Venife pour redemander Faënza au nom du faint Siége. On répondit que cette ville ne lui avoit jamais appartenu, & que par conféquent il n'avoit aucun droit de la réclamer. Les habitans n'ayant plus d'efperance, prirent enfin le parti de capituler & de fe foumettre aux Venitiens. Ils auroient pu fe rendre maîtres d'Imola & de Forli; mais ils ne jugerent pas à propos de pouffer plus loin leurs conquêtes dans la Romagne, de peur d'irriter le Pape. Ils poffedoient alors dans cette province Faënza, Remini, Monte-Fiore, San-Arcangelo, Verrucchio, Gattera, Savignano, Meldola, Porto-Cefenatico, & dans le territoire d'Imola, Toffignano, Solaruolo & Monte-Battaglia.

Louis XII. qui avoit réfolu de reprendre fur les Venitiens le Breffan, le territoire de Crême, le Bergamafque, le Cremonois & la Giradadda, avoit fait une ligue contr'eux avec le Pape, l'Empereur & l'Archiduc. La crainte des armes de France fit prendre aux Venitiens la réfolution de fatisfaire le Pape fur les demandes qu'il faifoit, & afin de le détacher de la ligue, ils propoferent de lui rendre toutes les places, dont ils s'étoient emparés dans la Romagne depuis la mort d'Alexandre, excepté le territoire de Faënza & de Rimini. Cette fatisfaction qui fembloit forcée, ne parut pas adoucir entierement l'efprit du Pape & le difpofer à leur être plus favorable. L'Empereur Maximilien fous prétexte d'aller recevoir à Rome la couronne Imperiale, avoit conçu le deffein d'entrer en Italie avec une puiffante armée, & afin de ne point trouver d'obftacles, il avoit envoyé des Ambaffadeurs à la République, pour l'engager à livrer paffage à fes troupes, l'affurant qu'elles n'y commettroient aucuns défordres. Les Venitiens lui repréfenterent qu'ils ne pouvoient lui accorder ce qu'il exigeoit, dans la crainte d'être regardés comme des traîtres par tous les Princes d'Italie. L'Empereur fit auprès d'eux de nouvelles tentatives, & leur propofa même de fe joindre à lui contre la France. Louis de fon côté les preffoit vivement de prendre un parti & de fe déclarer pour l'un ou pour l'autre. Les Venitiens redoutoient également ces deux Monarques, & ils auroient defiré refter neutres & ne fe point mêler de cette guerre. Enfin ils crurent qu'il leur étoit plus avantageux de refufer le paffage à l'armée Imperiale, fans prendre cependant aucun engagement effectif avec le Roi de France.

Maximilien irrité du refus des Venitiens, s'avança jufqu'à Trente, où après avoir fait les préparatifs néceffaires pour l'exécution de fes deffeins, il entra dans la montagne de Siaga dont le Val eft à douze mille de Vicence, attaqua les habitans du fommet de ces montagnes appellées les fept Communes, & fe rendit maître de leurs places. Il y avoit lieu de croire que l'Empereur alloit continuer à pourfuivre fes conquêtes; mais on fut bien furpris d'apprendre qu'il étoit retourné à Bolfano. Peu de temps après il entra en perfonne dans le Frioul à la tête de fix mille hommes, s'empara de toute la vallée de Picadoro, prit les forts de faint-Martin & de la Piève & plufieurs autres poftes. Il fe rendit enfuite à Infpruck, ayant donné ordre à fes troupes de marcher dans le Trevifan. Les Venitiens ne refterent pas dans l'inaction, & ils envoyerent Alviane pour enlever aux Allemans toutes les places dont ils s'étoient rendus maîtres. Ce Général fit une extrême diligence, attaqua les Allemans, les battit, & profitant de sa victoire, il les chassa de tous les postes qu'ils occupoient. Animé par ces succès, il se présenta devant Trieste & l'obligea à lui ouvrir ses portes. Portdenone & Fiume, villes d'Esclavonie, eurent bien-tôt le même sort. Cependant les Allemans eurent quelques legers avantages auprès de Trente, où ils mirent en fuite un corps de trois mille hommes d'infanterie Venitienne. L'Evêque de Trente crut devoir alors faire quelqu'entreprise, & assiegea Riva-di-Trento, château sur le lac de la Garde. La révolte des Grisons qui étoient dans l'armée Allemande & leur désertion, obligerent le Prélat à lever le siége. Il y eut encore diverses escarmouches ; mais l'Empereur n'ayant pas reçu les renforts qu'il attendoit d'Allemagne, fit proposer une suspension d'armes pour trois mois. Le Senat ne voulut point entendre à aucun accommodement, à moins que la treve ne fût d'un an & que le Roi de France y fût compris. Ce dernier article souffrit beaucoup de difficultés, & pensa faire rompre la négociation. Les François de leur côté vouloient que la treve fût générale, & que les alliés de toutes les puissances y participassent. Les Ministres de l'Empereur s'y opposerent absolument ; & le Senat de Venise ne pouvant pour les intérêts de la patrie, refuser la treve qui étoit offerte, conclud le 20 d'avril un traité après lequel l'Empereur & les Venitiens désarmerent ; ce qui rendit le calme à l'Italie pour quelque temps.

Cette treve fut la source des maux dont les Venitiens furent accablés dans la suite. L'Empereur mécontent des pertes qu'il avoit faites, Louis XII. fâché de ce que les Venitiens ne l'avoient point fait comprendre dans la treve, le Pape Jules irrité contr'eux de ce qu'ils possedoient plusieurs places de l'Etat ecclésiastique, avoient résolu de réunir leurs forces contre les Venitiens. Cette fameuse ligue fut conclue à Cambrai entre ces trois Princes & le Roi d'Espagne Ferdinand. Il fut donc arrêté : « qu'on prendroit
» les armes contre ces Républicains pour les obliger à rendre les villes &
» les terres qu'ils avoient enlevées à chacun des Confédérés : sçavoir Faënza,
» Rimini, Ravenne & Cervie au Pape : Padoué, Vicence & Verone à l'Empire ; le Frioul & Trevise à la maison d'Autriche : Cremone, la Giaradad-
» da, Bresce, Bergame & Crême au Roi de France : au Roi d'Arragon, les
» ports & les places du royaume de Naples engagés par Ferdinand II. Il
» fut encore décidé que le Roi de France commenceroit la guerre en per-
» sonne le premier d'avril prochain, & que le Pape & le Roi Catholique
» la feroient aussi le même jour : que pour fournir à l'Empereur un pré-
» texte honnête de rompre la treve, le Pape lui demanderoit du secours
» comme au Protecteur de l'Eglise : que sur cette demande, Maximilien
» lui enverroit au moins une compagnie de gensdarmes, & que quarante
» jours après que le Roi de France auroit ouvert la campagne, l'Empereur
» attaqueroit aussi en personne les Etats des Venitiens. Qu'aussi-tôt que
» l'un des Alliés auroit recouvré ce qui lui appartenoit, il seconderoit les
» autres jusqu'à ce qu'ils fussent aussi rentrés dans leurs biens : Qu'ils seroient
» réciproquement tenus de se deffendre les uns & les autres, s'ils étoient

> troublés par les Venitiens dans la possession des places reconquises, & qu'aucun des confederés ne pourroit traiter avec les ennemis que du consentement des autres: Que le Duc de Ferrare, le Marquis de Mantoue, & tous ceux qui prétendroient avoir été depouillés par les Venitiens pourroient accéder à la ligue dans trois mois, & qu'alors ils jouiroient de tous les avantages du traité: Que le Pape presseroit les Venitiens sous peine des censures ecclésiastiques de rendre les places usurpées sur le saint Siége, &c. (20)

Le Pape qui redoutoit le sejour des François en Italie, fit ce qu'il put pour engager les Venitiens à lui rendre les places qu'il demandoit, & en ce cas il leur offroit de se joindre à eux, & de ne point accéder à la ligue. Leur refus imprudent l'obligea à ratifier le traité de Cambrai, mais il ne se pressa pas d'en exécuter les conditions.

Tant de puissances liguées contre la République ne furent pas capables d'abbatre le courage des Venitiens, & ils se préparerent à la guerre avec une ardeur incroyable. En conséquence du traité de Cambrai, le Roi de France fit déclarer la guerre aux Venitiens, & donna ordre au Maréchal de Chaumont de commencer les hostilités avant son arrivée. Le Général François passa l'Adda, & surprit la ville de Trevi dans laquelle il fit un grand nombre de prisonniers. Cette conquête lui facilita celle de plusieurs autres places voisines. D'un autre côté, le Marquis de Mantoue se rendit maître de Casal Maggiore. Le Pape publia alors contre les Venitiens une bulle sous le titre de *Monitoire*, par laquelle il les sommoit de lui restituer dans vingt-quatre jours toutes leurs usurpations avec les revenus qu'ils en avoient tirés sous peine d'encourir les censures ecclésiastiques.

L'armée Venitienne s'étant mise en campagne, profita de la retraite de Chaumont au-delà de l'Adda, & reprit Trevi avant que l'armée Françoise fut assemblée. Louis XII. informé que les Venitiens assiegeoient cette place, marcha pour la secourir; mais l'armée n'arriva que le lendemain de la reddition de la ville, c'est-à-dire le 9 de Mai. Les François passerent la riviere sans obstacle & s'avancerent vers Trevi. Alviane Général de l'armée Venitienne eut beaucoup de peine à mettre ses soldats en bataille, parce qu'ils étoient trop occupés au pillage de Trevi. On n'en vint pas aux mains ce jour-là, & il n'y eut que quelques legeres escarmouches. Louis XII. desiroit le combat, mais les Venitiens cherchoient à l'éviter, & ne songeoient qu'à prendre des postes avantageux pour incommoder l'armée Françoise. Louis qui s'étoit rendu maître de Rivolta, avoit résolu d'attaquer Vaila ou Pandino, afin d'empêcher les Venitiens de tirer des vivres de Cremone ou de Crème. Alviane pénétrant les desseins de ce Prince, fut d'avis que l'armée décampât, & qu'elle marcha vers ces deux places pour prévenir les François.

Les Venitiens avoient pris le plus court, & étoient arrivés les premiers. L'avant-garde Françoise se trouva par ce moyen proche de l'arriere-garde des ennemis. La bataille paroissoit inévitable, ce qui obligea Alviane à rassembler toute son armée, & à se mettre en état de sortir de cette jour-

---

(20) François Guichardin.

née avec honneur. La situation favorable où il s'étoit posté, l'engagea à commencer le combat. Les François ne purent soutenir le premier choc, & ils furent obligés de plier. L'arrivée du Roi qui étoit à la tête du corps de l'armée, fit changer les choses de face & rétablit le combat. Les Venitiens se battirent cependant avec une valeur incroyable; mais comme ils ne furent point soutenus par une partie de l'armée qui étoit sous les ordres du Comte de Pitigliano, ils furent contraints d'abandonner la victoire à leurs ennemis, après avoir perdu plutôt les forces que le courage & vendu cherement leur vie. Alviane fut fait prisonnier, & les François se rendirent maîtres de vingt grosses piéces d'artillerie.

La suite de cette victoire fut la prise de Caravagio, de Bergame, de Bresce, de Cremone, de Pizzighitone & de Peschiera. La nouvelle de la perte de la bataille jetta la consternation parmi les Venitiens, & ne leur fit envisager qu'un avenir funeste. Cependant ils ne se laisserent point abbatre, leverent de nouvelles troupes & augmenterent de cinquante galeres leur armée navale. Ils travaillerent en même-temps à se raccommoder avec l'Empereur, le Roi Catholique & le Pape. Les troupes de ce Pontife n'avoient pas de moindres avantages dans la Romagne, où elles s'emparerent de Solarolo, de Granarolo & de toutes les autres places du territoire de Faënza. Ravenne même se rendit aussi à l'exception de la citadelle, seul poste qui restât alors aux Venitiens dans la Romagne.

Le triste état où se trouvoient alors les Venitiens, sembloit autoriser leurs voisins à se déclarer contr'eux. Le Duc de Ferrare profitant de la foiblesse où il les voyoit, chassa le Magistrat que la République entretenoit dans sa capitale, suivant les anciens traités. Il se remit en même-temps en possession du Polesine de Rovigo, & maltraita par son artillerie les vaisseaux des Venitiens qui étoient sur l'Adige. D'un autre côté le Marquis de Mantoue (21) reprit Azola & Lunato que les Venitiens avoient enlevé à Jean-François de Gonzague son bisayeul, pendant leurs guerres contre Philippe-Marie Viscomti. En Istrie Christophe Frangipani s'empara de Pisinio & de Divinio, & le Duc de Brunswick qui étoit entré dans le Frioul par ordre de l'Empereur, reduisit sous la puissance de ce Prince Feltro & Bellona. Trieste & les autres places secouerent le joug des Venitiens & rentrerent sous la domination de l'Empereur. Les Comtes de Londrone augmenterent aussi leurs Etats aux dépens de celui des Venitiens, & l'Evêque de Trente leur enleva Riva-di-Trento & Agreste. Tels étoient les ennemis que les Venitiens avoient alors à combattre. Dans une si triste situation, ils crurent devoir prendre le parti d'abandonner leurs Etats de terre ferme & de se réduire à l'Empire de la mer. Leur intention étoit de faire perdre par ce moyen au Roi de France l'idée d'attaquer Venise. Ils pensoient d'ailleurs que si la fortune leur devenoit plus favorable, ils pourroient rentrer en possession de tout ce qu'ils abandonnoient. En conséquence de cette résolution, leur armée se retira à Mestrie, & ils donnerent ordre aux Officiers qu'ils avoient à Padoue, à Verone & dans les autres villes destinées à l'Empereur par le traité de la ligue, de sortir de ces places & de les remettre

_____
(21) Il fut le premier Marquis de Mantoue, créé par l'Empereur Sigismond en 1433.

au pouvoir des habitans. Ils firent rendre en même-temps au Roi d'Arragon les ports & les autres places qui leur avoient été cédés par Ferdinand. Enfin ils livrerent au Pape la citadelle de Ravenne. Les Cardinaux Venitiens qui étoient à Rome, supplierent le Pape de lever le *Monitoire* qu'il avoit donné contre les Venitiens, puisqu'avant les vingt-quatre jours ordonnés par sa Bulle, il se trouvoit en possession de ce qu'il avoit exigé. Le Pape fâché de ce que les Venitiens lui avoient fait plus de résistance qu'au Roi d'Arragon, demanda qu'on restituât les revenus & tout ce qui avoit été pris aux Eglises & au Clergé. Ils s'adresserent alors à l'Empereur, & firent tout ce qu'ils purent pour le toucher; mais leurs démarches furent inutiles.

Leur humiliation toucha enfin le Pape, qui voulut bien recevoir les Ambassadeurs que le Doge lui envoya. Il refusa cependant de leur accorder encore l'absolution jusqu'à ce que l'Empereur eût été entierement satisfait. La conduite du Roi de France releva davantage leurs esperances. Ce Monarque content des conquêtes qu'il avoit faites, avoit résolu de s'en tenir aux termes du traité de Cambrai : il refusa même les hommages de Verone, de Padoüe & de toutes les autres villes que les Venitiens avoient abandonnées, & il renvoya les Deputés de ces villes à l'Empereur Maximilien. Trevise fut la seule ville qui ne suivit pas l'exemple des autres. Les bannis que les Venitiens y avoient retablis, touchés de reconnoissance pour leurs bienfaiteurs, exciterent la populace en faveur de la République. On jugea donc à propos d'y envoyer une garnison pour soutenir la bonne volonté des habitans.

La négligence de l'Empereur à remplir les conditions du traité de Cambrai, sauva les Venitiens. Louis XII. qui avoit satisfait à ses engagemens, & qui avoit essuyé presque seul tout le poids de cette guerre, songea à retourner dans ses Etats après avoir mis de bonnes garnisons dans les places qu'il venoit de conquerir. L'Empereur proposa cependant aux Confédérés de joindre leurs troupes aux siennes pour attaquer Venise. Le Roi de France y consentoit volontiers, mais le Pape & le Roi d'Arragon s'y opposerent entierement.

L'Empereur en formant le dessein d'attaquer Venise, n'avoit compté que sur les forces des alliés; car il manquoit alors d'argent & de troupes. Vicence & Padoüe étoient restées sans garnisons, & plusieurs autres places n'étoient pas mieux gardées. Les Venitiens commençoient à se repentir d'avoir abandonné leurs Etats de terre ferme, & l'exemple de Trevise leur faisoit voir qu'ils auroient pu du moins conserver plusieurs villes. La foiblesse de l'Empereur les encouragea à faire la conquête de Padoüe. Ils se conduisirent avec tant de prudence dans cette occasion, qu'ils surprirent la ville & s'en rendirent maîtres avec beaucoup de facilité. Ils le furent bientôt de tout le territoire, & reprirent avec la même promptitude la ville & la citadelle de Legnago. Louis XII. parut d'abord inquiet des progrès des Venitiens, & il balança long-temps sur le parti qu'il devoit prendre; enfin il pensa qu'il étoit de ses intérêts que l'Empereur & les Venitiens se fissent une longue guerre qui les affoibliroit mutuellement. Il laissa cependant sur les confins du Veronese sept cens lances pour marcher aux ordres de l'Empereur. Ce Monarque se determina enfin à entrer en Italie; mais avec une si foible armée qu'il eut beaucoup de peine à soumettre les paysans qui étoient affectionnés à la République. Il se rendit maître de Serravalle & de plusieurs autres petits postes; car il n'étoit pas en état de faire de grandes entreprises. Il proposa de nouveau aux alliés de faire le siége de Venise. Il y trouva toujours des oppositions de la part du Pape & du Roi Catholique. L'intérêt des Venitiens n'étoit pas le motif qui les faisoit agir: ils apprehendoient plutôt que l'Empereur ou le Roi de France ne devînt trop puissans par cette conquête qu'ils n'avoient point d'esperance de partager. Le Padouan, le Veronese, le Frioul & l'Istrie se trouverent alors également ravagés par les troupes Allemandes & Venitiennes: les villes n'étoient pas plutôt prises par un parti qu'elles retomboient aussi-tôt au pouvoir du parti contraire, & les habitans de ces contrées voyoient leurs terres continuellement désolées & exposées à la fureur des soldats.

Cependant l'Empereur dont l'armée étoit renforcée par le grand nombre de troupes qu'il avoit reçu, s'avança jusqu'à Padoue pour en faire le siége. Les Venitiens firent alors un nouvel effort pour sauver cette place, & toute la jeune Noblesse en état de porter les armes, se rendit dans cette ville pour la deffendre. Ce nouveau secours joint aux munitions de guerre & de bouche dont la ville étoit pourvue, la mit en état de résister aux vigoureuses attaques des Allemans qui reçurent plusieurs échecs considérables pendant ce siége. L'Empereur rebuté par la deffense opiniâtre des assiegés, & par les pertes qu'il avoit faites, abandonna son entreprise & retourna en Allemagne, laissant ses affaires en mauvais état & le sort de l'Italie dans une entiere incertitude.

Le Pape dont les vûes étoient d'enlever au Roi de France ce qu'il possedoit en Italie, ne vouloit cependant pas former aucune ligue particuliere, & étoit résolu de n'être redevable à personne de l'exécution de son projet. Il étoit cependant bien aise d'être secouru indirectement, & c'est ce qui le porta à accorder l'absolution aux Venitiens. Il fit malgré cela de grandes difficultés de lever les censures, & il vouloit que les Venitiens laissassent libre la navigation de la mer Adriatique à tous les sujets de l'Eglise, & qu'ils ne tinssent plus dans Ferrare le Magistrat nommé *Bis-Domino*. Il y eut de grandes contestations à ce sujet, & pendant que les Venitiens plaidoient leur cause au tribunal du saint Siége, ils reprirent Vicence & plusieurs autres places. Cette nouvelle parut engager l'Empereur à rentrer en Italie; mais il ne fit toujours que de fausses démarches. Les succès des Venitiens avoient entierement relevé leur courage, & ils crurent qu'ils pouvoient déja faire plusieurs entreprises considérables. Ils porterent la guerre dans le Ferrarois, dans l'esperance de se remettre en possession de toutes les places dont ils avoient fait autrefois la conquête, & qu'ils venoient de perdre dans la derniere guerre. Cette expédition ne fut pas aussi heureuse qu'ils se l'étoient promis. Ils eurent plusieurs avantages, & ils se flattoient d'en remporter d'autres plus considérables lorsqu'ils se virent obligés de songer à leur propre deffense. Louis XII. qui vouloit abbatre la trop grande puissance des Venitiens, voyant que l'Empereur ne pouvoit deffendre Verone, fit marcher des troupes de ce côté-là pour empêcher les Venitiens de s'en rendre maitres. Chaumont se disposa même à faire le siége de Vicence; ce qui obligea les Venitiens à retirer leur armée du Ferrarois, après avoir laissé quelques troupes pour deffendre Polesine & appuyer leur armée navale. Le Duc de Ferrare la fit attaquer par les differentes batteries de canon qu'il avoit posées de distance en distance sur le rivage du Pô. Presque toute la flotte Venitienne périt en cette occasion, & il n'y eut qu'un très-petit nombre de soldats qui trouverent moyen de se sauver.

Le Pape qui persistoit toujours dans ses desseins contre la France, consentit enfin à donner l'absolution aux Venitiens, aux conditions ,, qu'ils ne
,, disposeroient à l'avenir d'aucuns bénéfices ni dignités ecclésiastiques, &
,, qu'ils n'apporteroient aucun obstacle à l'exécution des Bulles qui se-
,, roient expédiées en Cour de Rome : Qu'ils n'empêcheroient pas que les
,, causes bénéficiales ou appartenant à la jurisdiction ecclésiastique, fussent
,, portées en cette cour : Qu'ils n'imposeroient ni décimes, ni aucuns autres
,, subsides sur le Clergé ou sur des lieux privilegiés : Qu'ils se désisteroient
,, de l'appel qu'ils avoient interjetté du *Monitoire* : Qu'ils renonceroient à
,, tous les droits qu'ils pouvoient prétendre dans les Etats de l'Eglise, &
,, particulierement à celui de tenir le *Bis-Domino* dans Ferrare : Que les
,, sujets de l'Eglise pourroient naviger dans le Golfe sans payer aucun péa-
,, ge, non seulement pour leurs propres marchandises, mais encore pour
,, celles des étrangers qui seroient chargées sur leurs vaisseaux, & sans être
,, obligés d'en faire aucune déclaration : Que les Venitiens ne se mêle-
,, roient en aucune maniere des affaires de Ferrare, ni des autres places
,, de cet Etat qui relevoient de l'Eglise : Que toutes les conventions qu'ils
,, pourroient avoir faites avec quelques Sujets ou Vassaux du saint Siége à
,, son préjudice, seroient anéanties : Qu'ils ne pourroient donner retraite à
,, aucuns Ducs, Barons, autres Sujets ou Vassaux de l'Eglise qui seroient
,, rebelles au saint Siége ou ses ennemis : Enfin, qu'ils restitueroient tous
,, les impôts levés sur le Clergé, & s'obligeroient d'indemniser les Eglises
,, de tous les dommages qu'elles avoient soufferts (22). ''

La conduite du Pape avec les Venitiens allarma également l'Empereur & le Roi de France. Le dernier se flatoit cependant que le Pape ne feroit rien de plus en faveur de la République : il ignoroit les véritables intentions du Pontife, qui permit aux Sujets & aux Vassaux de l'Eglise d'entrer au service des Venitiens. Il travailla en même-temps à les reconcilier avec l'Empereur ; mais ce Monarque ne voulut y consentir qu'à condition qu'il garderoit Verone que les Venitiens redemandoient, ainsi ces négociations n'eurent aucun effet. L'Empereur & le Roi de France résolus de pousser vivement les Venitiens, rassemblerent un grand nombre de troupes, & convinrent que les Allemans entreroient dans le Frioul, tandis que Chaumont à la tête des François attaqueroit les Venitiens d'un autre côté. Ils proposerent au Pape de s'unir avec eux comme on en étoit convenu par le traité de Cambrai. Jules déclara que les obligations de cette ligue étoient finies, puisque chacun des contractans étoit entré en possession des places qui avoient fait le sujet de cette ligue.

Maximilien ne fut pas plus satisfait du Roi Catholique, qui ne voulut

_____
(22) François Guichardin.

fournir que quatre cens lances au lieu des sommes d'argent que l'Empereur lui demandoit.

Pendant que l'Empereur & le Roi de France étoient occupés à prendre de justes mesures pour l'exécution de l'entreprise qu'ils avoient formée contre les Venitiens, ceux-ci firent une tentative sur la ville de Verone. Ils y avoient été excités par les habitans qui avoient beaucoup à souffrir des soldats de la garnison qu'on ne payoit pas exactement. Ceux qui étoient chargés de cette expédition ayant été saisis d'une terreur panique au moment qu'ils étoient prêts d'escalader les murailles, se retirerent avec précipitation à San-Bonifacio d'où ils étoient partis.

Le Maréchal de Chaumont se mit enfin en campagne après avoir été joint par les troupes du Duc de Ferrare & par quelques Allemans. L'armée entra dans le Vicentin où elle s'empara de Lonigo & de tout le pays que les Venitiens avoient été obligés d'abandonner de la part des François. Vicence n'ayant point de secours à esperer, fut obligé de se rendre à la discrétion du Général Allemand, qui accorda la vie aux habitans à la priere du Maréchal de Chaumont. On fit ensuite le siége de Linago qui se rendit aux François par la lâcheté de ceux qui deffendoient la place. Le Roi de France étoit résolu de ne pas pousser la guerre plus avant; parce qu'il étoit las de fournir seul aux dépenses, que l'inaction de l'Empereur rendoit inutiles. Les nouvelles sollicitations de ce Monarque, l'engagerent cependant à continuer les opérations de la campagne jusqu'au mois de juin. Le Maréchal de Chaumont employa ce temps à faire des conquêtes sur les Venitiens. La campagne fut encore prolongée pendant le mois de juillet, en conséquence des nouveaux engagemens que Maximilien prit avec Louis XII. L'Empereur ne les ayant point remplis, Chaumont refusa de faire le siége de Trevise, & retourna dans le Milanès suivant les ordres qu'il avoit reçus de la cour de France.

Les Venitiens entrerent alors dans la ligue que le Pape fit contre le Roi de France, & dont le but étoit d'enlever à ce Prince le Milanès. Ils profiterent aussi de la foiblesse où étoit l'armée Imperiale depuis que les François l'avoient abandonnée, & ils reprirent sans peine tout ce qu'ils avoient perdu dans la derniere campagne. Ils auroient pu faire de plus grandes conquêtes, si leurs Généraux eussent sçu tirer avantage des circonstances. Le Pape qui s'étoit joint aux Venitiens, commença les hostilités dans le Ferrarois, pendant que les Venitiens s'emparoient du Frioul & du Polesine de Rovigo que le duc de Ferrare avoit abandonné pour ne plus songer qu'à deffendre la capitale. Ils ne furent pas si heureux devant Verone dont ils se virent obligés d'abandonner le siége. Les Venitiens voulant ensuite se faire un passage sur le Pô afin de pouvoir joindre l'armée du Pape, attaquerent Ficheruolo, place peu considerable, mais dont les Venitiens ne purent se rendre maîtres qu'après un long siége. La ville de Stellata eut le même sort; & par ce moyen les Venitiens se trouverent en état de jetter un pont sur le fleuve. Une batterie que les ennemis avoient placée à Bondeno, & deux galeres qui croisoient continuellement sur le Pô, ruinerent une partie de la flotte Venitienne. L'approche de l'hyver engagea les Venitiens à se retirer, & il y avoit lieu de croire que les hostilités seroient suspendues pendant

RÉPUBLIQUE DE VENISE.

ce temps-là. L'impatience du Pape ne lui permit pas d'attendre le retour de la belle saison ; il voulut malgré les avis de ses Généraux que ses troupes se disposassent à le mettre en possession de la ville de Ferrare. Il ordonna en conséquence d'attaquer la ville de Concordia, & après la prise de cette place il fit faire le siége de la Mirandole dont il se rendit maître en personne. L'approche de l'armée Françoise mit le Pape Jules dans la nécessité de se retirer & de renoncer au siége de Ferrare. Je ne suivrai point les differentes expéditions de cette guerre qui ne sont point de mon sujet ; il me suffit de remarquer que le Pape persistant toujours dans sa haine contre les François, fut cause que l'accommodement proposé entre l'Empereur & les Venitiens ne put avoir lieu. La guerre qu'il continua contre ce Monarque ne lui fut

1511.

pas avantageuse : il perdit Bologne ; son armée & celle des Venitiens furent mise en déroute ; & sans la moderation du vainqueur, il auroit perdu tout l'Etat ecclésiastique ; mais Louis XII. après avoir remis Bologne entre les mains des Bentivoglio, ordonna à Trivulce de rendre à l'Eglise toutes les conquêtes qu'on avoit faites sur elle, & de ramener l'armée Françoise dans le Milanès. Le Pape ne fut point touché de la conduite du Roi de France, & il chercha au contraire les moyens de le chasser de l'Italie.

Son opiniâtreté ayant empêché les Venitiens de s'accommoder avec l'Empereur, les hostilités continuerent entre ce Prince & la République. L'Empereur dont les troupes n'étoient pas nombreuses, ne fit aucune entreprise considerable ; & cette guerre se réduisit de part & d'autre à la prise de quelques petits postes & au ravage des terres, soit dans le Frioul, soit dans

1512.

l'Istrie. Cependant le Pape forma contre la France une ligue avec le Roi d'Arragon & les Venitiens, qu'il obligea d'accepter une treve de huit mois avec l'Empereur, aux conditions que chacun conserveroit les places dont il étoit alors en possession, & que les Venitiens donneroient outre cela à Maximilien 50000 florins du Rhin. Le Pape tenta dans la suite de les engager à se raccommoder entierement avec l'Empereur ; mais il n'en put venir à bout, parce qu'ils s'obstinoient à vouloir conserver Vicence que l'Empereur redemandoit. Jules qui avoit intérêt que Maximilien reconnût le Concile de Latran, se déclara contre les Venitiens & fit un traité particulier avec l'Empereur. Le Roi d'Arragon qui craignoit que les Venitiens ne se joignissent au Roi de France, fit tout son possible pour porter l'Empereur à céder Verone à la République : ce fut inutilement, parce que ce Prince sentoit l'importance de ce poste.

1513.

Le Roi de France à qui Jules & ses alliés avoient enlevé le Milanès, ne pouvant compter sur l'Empereur, dont il connoissoit la legereté & l'irrésolution, conclut un traité avec les Venitiens. Il fut stipulé qu'ils fourniroient au Roi huit cens hommes d'armes, quinze cens Chevaux-Legers & dix mille hommes de pied pour le servir contre tous ceux qui s'opposeroient au recouvrement d'Ast, de Gênes & du Milanès. Le Roi de son côté s'obligea d'aider les Venitiens à reprendre toutes les places qu'on leur avoit enlevées en Lombardie & dans la Marche Trevisane, en conséquence de la ligue de Cambrai. Les succès des armes du Roi furent rapides, & tout le Milanès passa bien-tôt sous sa puissance ; mais la perte d'une bataille le priva bien-tôt de ses conquêtes. L'armée Venitienne qui s'étoit emparée de Cremone, se vit obligée de se retirer dans la crainte d'être poursuivie par le vainqueur. Alviane qui la commandoit, eut soin de faire transporter une grande quantité de munitions de bouche à Padoue & à Trevise, & envoya un corps de troupes pour faire le siége de Legnago. Après la prise de cette place, il attaqua inutilement Verone, dont il croyoit que les habitans se déclareroient en sa faveur. L'arrivée des Espagnols le força à se retirer au-delà de l'Adige. Les Espagnols se rendirent alors maîtres de Bergame, de Bresce & de Peschiera. Sur la nouvelle qu'ils avoient joint les Allemans, & que ces deux corps réunis marchoient vers Montagnana, les Venitiens résolurent de se réduire à la deffense de Padoue & de Trevise, & donnerent ordre à leur armée de se retirer dans ces deux places. Le Viceroi obligé de suivre les avis de l'Evêque de Gurck, mit le siége devant Padoue. La vigoureuse résistance des assiégés le contraignit bien-tôt à décamper. Informé que Venise étoit alors sans deffense, parce que toutes les forces de la République étoient renfermées dans Padoue & dans Trevise, il forma le projet de l'attaquer. Il fit conduire pour cet effet dix grosses pieces de canon du côté de la ville sur laquelle il fit tirer. Ses troupes se repandirent ensuite dans le pays, & ruinerent toutes les villes & villages d'où ils emporterent un immense butin. Les Venitiens ne voyoient pas sans un extrême chagrin l'avantage qu'une foible armée avoit sur eux, & ils prirent la résolution d'en tirer vengeance. Alviane chargé par le Senat de rassembler des troupes, ne fut pas long-tems à être en état de marcher à l'ennemi. Les Espagnols se trouvoient dans une position bien dangereuse : ils étoient entre Venise, Trevise & Padoue ; & il n'étoit pas difficile de les couper dans leur retraite & de les enfermer de tous côtés. Alviane leur ferma en effet tous les passages, & ne cessa de les harceler pendant leur route. S'il se fût moins précipité, il seroit venu à bout de détruire toute cette armée sans courir aucun risque ; mais son ardeur lui fit perdre le fruit des sages précautions qu'il avoit prises jusqu'alors. Les ennemis enfermés de tous côtés, n'eurent plus d'esperance que dans leur valeur, & quoique plus foibles par le nombre que les Venitiens, ils résolurent de présenter la bataille. Ils se battirent avec tant de courage, qu'ils forcerent bien-tôt les troupes Venitiennes à lâcher pied.

On entama alors de nouvelles négociations entre l'Empereur & les Venitiens à la sollicitation de Leon X. qui s'étoit chargé d'être l'arbitre entre ce Monarque & la République. Les deux partis trop attachés à leurs intérêts, & ne voulant se désister d'aucune de leurs prétentions, faisoient tous les jours de nouvelles difficultés qui firent perdre l'esperance d'un accommodement ; ainsi les hostilités continuerent entre l'Empereur & les Venitiens sans qu'il se passât rien de considerable. Sur ces entrefaites Louis XII. étant mort, François I. son successeur, qui étoit résolu de reprendre le Milanès, renouvella la ligue avec les Venitiens. Ces peuples secondés des armes de la France, eurent divers avantages sur les troupes de l'Empereur, qui se détermina enfin à la paix & à ceder Verone.

Toute l'Italie se trouvoit alors en paix par le traité fait à Noyon entre François I. & Charles Roi d'Espagne, & par celui que le Roi de France avoit fait avec les Suisses. Elle fut cependant troublée peu de temps après par la guerre que François Marie de la Rovere fit pour rentrer dans le duché d'Urbin dont le Pape l'avoit dépouillé. Cette guerre qui fut terminée en huit mois à l'avantage du Pape, rendit de nouveau le calme à l'Italie. La mort de Maximilien & l'élévation de Charles V. sur le trône Imperial, causerent de nouveaux troubles dans cette contrée, & occasionnerent des guerres considerables auxquelles les Venitiens furent obligés de prendre part.

1521.

Sur ces entrefaites, Leonard Loredano étant mort, on élut pour Doge Antoine Grimani, qui étoit alors âgé de quatre-vingt-sept ans. Il ne gouverna la République que pendant vingt-deux mois, après lesquels on lui donna pour successeur André Gritti.

1523.

L'Empereur connoissant de quelle importance il étoit pour lui de séparer les Venitiens d'avec la France, employa toutes sortes de moyens pour en venir à bout. François I. qui en fut informé, fit tout ce qu'il put pour engager la République à rester dans ses intérêts, l'assurant qu'il ne tarderoit pas à passer en Italie avec une puissante armée. Les Venitiens se trouverent embarrassés sur le parti qu'ils devoient prendre, & ils differerent le plus long-temps qu'ils leur fut possible à terminer avec l'Empereur. Enfin ils conclurent avec ce Monarque un traité dans lequel il fut dit : „ Qu'il „ y auroit une paix & une alliance perpétuelle entre Charles V. Ferdi- „ nand archiduc d'Autriche, François Sforce duc de Milan & les Venitiens; „ que ceux-ci fourniroient dans l'occasion un corps d'environ sept mille „ hommes pour la deffense du Milanès ou du royaume de Naples. Le Se- „ nat craignant d'exciter le ressentiment des Turcs par une obligation, „ stipula qu'il ne seroit tenu de deffendre ce dernier Etat que contre les „ Princes Chrétiens. De son côté l'Empereur s'obligea de contribuer sans „ réserve à la deffense des Etats de la République en Italie. Le Senat „ convint encore de payer à l'Archiduc deux cens mille ducats en huit „ ans, pour finir leurs anciens differens avec ce Prince, & pour satis- „ faire au traité de Wormes. Après la signature du traité, les Venitiens qui „ venoient de congedier Theodore Trivulce, nommerent François-Marie „ duc d'Urbin, Gouverneur général de leurs troupes, & lui firent les mêmes „ conditions qu'à Trivulce (23). „

Les Venitiens à l'abri de ce traité, crurent leur puissance bien affermie, & qu'ils n'avoient plus rien à redouter; mais la victoire complette que Charles remporta à Pavie sur François I. leur fit envisager differemment les choses. Ils commencerent alors à redouter sa puissance; & leur crainte étoit fondée sur les anciens démêlés de la République avec la maison d'Autriche, & sur le souvenir de la longue guerre qu'ils avoient soutenue contre Maximilien, qui avoit voulu faire revivre les droits de l'Empire sur les Etats que les Venitiens possédoient en terre-ferme. En conséquence de ces réflexions, ils proposerent au Pape de se liguer ensemble avec François I. contre l'Empereur. Ils faisoient esperer au Pontife que le duc de Ferrare entreroit volontiers dans cette ligue, à cause de ses anciennes liaisons avec la France. Clement VII. parut d'abord accepter avec joye la proposition des Vénitiens, & il avoit même déja fait partir un Ministre pour la conclu-

---

(23) François Guichardin.

sion de ce traité, lorsque l'Archevêque de Capoue le détermina à faire un accommodement avec l'Empéreur. Il fut permis aux Vénitiens d'acceder à ce nouveau traité dans l'espace de vingt jours à des conditions raisonnables qui seroient dictées par le Pape & par Charles V. Les Venitiens sous divers prétextes, differerent d'y prendre part; & lorsque François I. fut de retour dans ses Etats, les Ambassadeurs de la République qui s'étoient rendus en France, se déterminerent à conclure un traité avec le Roi, Avant que cette négociation fût conclue, les Venitiens sans consulter le Pape, demanderent six mille hommes aux Cantons. Enfin le traité fut signé le 17 de mai à Coignac par les Commissaires du Roi, & les Ministres du Pape & des Venitiens. Il portoit » qu'il y auroit ligue & alliance perpé-
» tuelle entre le Pape, le Roi de France, les Venitiens & le duc de Mi-
» lan, dont le Pape & les Venitiens promirent la ratification. On s'obli-
» geoit par ce traité de rétablir François Sforce dans la jouissance du Mi-
» lanès, & de faire mettre en liberté les enfans du Roi : il portoit encore
» que la ligue seroit dénoncée à l'Empereur, & qu'il auroit la liberté d'y
» acceder dans l'espace de trois mois, à condition de rendre les ôtages
» moyennant une somme convenable, qui seroit fixée par le Roi d'An-
» gleterre; de remettre toutes les places du Milanès à François Sforce, &
» de rétablir les autres Etats de l'Italie comme ils étoient avant la derniere
» guerre : Que pour secourir le château de Milan, le Pape mettroit en
» campagne neuf mille cinq cens hommes, & les Venitiens neuf mille
» huit cens : Que le duc de Milan leveroit quatre mille sept cens soldats
» dès qu'il le pourroit : Qu'en attendant le Pape & les Venitiens fourni-
» roient ces quatre mille hommes à sa place : Que le Roi feroit partir in-
» cessamment cinq cens lances pour l'Italie, & donneroit quarante mille
» écus au Pape & aux Venitiens par mois, pour faire des levées en Suisse :
» Qu'il attaqueroit en même-temps l'Empereur au-delà des Monts, du
» côté qu'il jugeroit à propos, avec une armée qui seroit au moins de douze
» mille hommes, & fournie d'une artillerie proportionnée : Que l'on ar-
» meroit une flotte dont le Roi fourniroit douze galeres, les Venitiens
» treize, & le Pape celles qu'il avoit sous les ordres d'André d'Oria : Qu'à
» l'égard des vaisseaux, on en équiperoit à frais communs : Qu'on se ser-
» viroit de ces forces contre Gênes, & qu'ensuite après la défaite ou l'af-
» foiblissement de l'armée Imperiale en Lombardie, on attaqueroit vive-
» ment le royaume de Naples par terre & par mer : Qu'après la conquête
» de cet Etat, le Pape en pourroit donner l'investiture à qui bon lui sem-
» bleroit; mais par un article separé, il s'engagea de ne disposer de cette
» couronne que de l'aveu des confédérés; & il exigea que le cens se paye-
» roit au saint Siége sur l'ancien pied, se réservant d'ailleurs le pouvoir
» de disposer de quatre mille ducats de rente dans ce royaume en fonds de
» terre. Les confédérés pour assurer le Roi que les succès de la ligue en
» Italie, & la conquête du royaume de Naples seroient un moyen d'ob-
» tenir la liberté de ses enfans, stipulerent que si l'Empereur vouloit accé-
» der à la ligue aux conditions précédentes dans l'espace de quatre mois
» après la conquête de Naples, on lui rendroit ce royaume ; mais que s'il
» rejettoit cet expédient, le Roi jouiroit à perpétuité d'une redevance an-
» nuelle sur le royaume de Naples. «

Le traité portoit encore ,, que le Roi dans un autre temps & sous quel-
,, que prétexte que ce pût être, ne pourroit inquieter François Sforce par
,, rapport au duché de Milan ; qu'au contraire, il seroit obligé de le défen-
,, dre envers & contre tous, conjointement avec le reste des Alliés : Qu'il
,, feroit même tous ses efforts pour engager les Suisses à renouveller alliance
,, avec ce Duc; mais que pour dédommager le Roi de la cession de ses droits,
,, ce duché lui payeroit un tribut annuel que le Pape & les Venitiens re-
,, gleroient, & qui seroit au moins de cinquante mille ducats : Que Fran-
,, çois Sforce épouseroit une Princesse du sang de France, & donneroit à
,, Maximilien son frere une pension convenable pour décharger le Roi de
,, celle qu'il lui faisoit : Que le comté d'Ast seroit rendu à la France : Que
,, dès qu'on auroit repris Gênes, ce Prince rentreroit en possession de la
,, Souveraineté de cette ville : Que si Antonio Adorno Doge de Gênes
,, vouloit entrer dans la ligue, il n'y seroit reçu qu'à condition de faire
,, hommage au Roi, comme Octavian Fregose l'avoit fait quelques années
,, auparavant : Que tous les Confédérés demanderoient conjointement la li-
,, berté des enfans de François I. à l'Empereur, auquel on déclareroit en com-
,, mun qu'on ne poseroit point les armes qu'il n'eût satisfait le Roi sur
,, cet article : Qu'en conséquence, après que la guerre d'Italie seroit ter-
,, minée, ou que du moins le Royaume de Naples seroit conquis, &
,, l'armée Imperiale tellement affoiblie qu'on n'en eût plus rien à craindre,
,, les Alliés seconderoient le Roi contre l'Empereur au-delà des Monts avec
,, douze mille cinq cens hommes, ou lui donneroient de l'argent au lieu de
,, troupes, à son choix : Qu'aucun des Confédérés ne pourroit traiter avec
,, l'Empereur sans le consentement des autres : Que si ce Prince accedoit
,, à la ligue, il pourroit venir prendre à Rome la couronne Imperiale avec
,, un nombre de troupes qui seroit réglé par le Pape & par les Venitiens :
,, Que la mort de l'un des Alliés ne romproit pas la confédération : Que
,, le Roi d'Angleterre en seroit reconnu protecteur & conservateur ; qu'il
,, seroit toujours le maître d'y acceder, & qu'en ce cas il auroit dans le
,, royaume de Naples une principauté de trente-cinq mille ducats de re-
,, venu, & le Cardinal d'York une autre de dix mille ducats de rente dans
,, ce royaume ou dans quelqu'autre partie de l'Italie (24). ''

En conséquence de ce traité, les Venitiens seconderent les efforts des François en Italie, & eurent part aux différentes opérations de la guerre qui se firent tant dans le Milanès & la Toscane, que dans le royaume de Naples. Après tant d'hostilités réciproques, l'Empereur & François I. signerent à Cambrai un traité de paix, dans lequel le Pape & le Duc de Savoye furent compris. On ajouta que les Venitiens & les Florentins y auroient part aussi bien que le Duc de Ferrare, supposé que dans l'espace de quatre mois ils terminassent leurs différens avec l'Empereur, & que le Duc reglât les siens avec le Pape dans le même-temps : clause qui excluoit tacitement ces puissances de ce traité (25). Les Venitiens se voyant abandon-

(24) François Guichardin.
(25) La maniere dont on en usa avec les Venitiens dans ce traité qui leur rappelloit la mémoire de la ligue de Cambrai, fit dire au Doge André Gritti *que la ville de Cambrai etoit le Purgatoire des Venitiens*, où
nés

nés, songèrent à faire aussi la paix avec l'Empereur, qui étoit passé en Italie avec une armée formidable. Dans cette disposition, ils firent retirer à Corfou l'armée Navale qui faisoit le siége du château de Brindes, & ils ne s'attacherent qu'à deffendre les places qu'ils avoient dans la Pouille. Ils cesserent aussi les operations dans la Lombardie; ainsi la guerre traîna en longueur, & se réduisit à de legéres courses de part & d'autre. Ils accepterent cependant le traité que François Sforce fit avec eux, par lequel ce Prince s'obligea de n'entamer aucune négociation sans l'aveu du Sénat, qui promit de son côté de lui fournir deux mille hommes d'infanterie & huit mille ducats par mois. L'Empereur qui étoit occupé plus particulierement de la guerre de Florence, desiroit faire la paix avec les Venitiens & le Duc de Milan. Il y eut plusieurs négociations, pendant lesquelles l'Empereur continua toujours la guerre avec succès. Les avantages qu'il remporta ne l'empêcherent pas de traiter avec le Duc de Milan & les Venitiens. On convint à l'égard de ces derniers, qu'ils rendroient Ravenne & Cervi au saint Siége avec le territoire de ces villes, sans préjudice de leurs droits: Qu'ils évacueroient aussi dans le mois de janvier prochain, toutes les places qu'ils occupoient dans le royaume de Naples. L'Empereur de son côté s'obligea à leur rendre dans un an plusieurs villes dont il s'étoit emparé, où de s'en rapporter à des arbitres dont on conviendroit de part & d'autre, pour terminer les difficultés qu'il pourroit y avoir à ce sujet, &c.

RÉPUBLIQUE DE VENISE.

La tranquillité qui venoit d'être retablie, fut troublée par la guerre que les Venitiens eurent à soutenir contre les Turcs. Jusqu'alors la République avoit ménagé avec tout le soin possible la Cour Ottomane, & avoit évité de lui causer de l'ombrage. A l'avenement de Soliman au trône, elle avoit eu soin d'envoyer vers ce Prince un Ambassadeur pour confirmer les capitulations faites avec son prédecesseur. Elle avoit même signifié aux Malthois dont le Sultan se plaignoit, qu'on seroit obligé d'attaquer leurs vaisseaux s'ils continuoient à entrer dans le Golfe & à troubler la navigation du Levant (26). Toutes ces précautions n'empêcherent pas Soliman de songer à porter la guerre dans l'Italie, & d'attaquer les places que les Venitiens possedoient dans la Grece & sur les côtes de l'Albanie inférieure. La flotte Ottomane commandée par Barberousse, fit d'abord une descente dans la Pouille (27) & s'empara du château de Castro. Les Espagnols vouloient que les Venitiens joignissent leur flotte à la leur, contre les Ottomans; mais le Senat étoit résolu de garder la neutralité, de peur de faire tomber sur eux l'orage qui menaçoit l'Italie. André d'Oria Amiral de l'Empereur, se vengea des Venitiens en attaquant quelques vaisseaux Turcs, & en faisant croire qu'il étoit d'intelligence avec les Venitiens.

Guerre des Venitiens avec Soliman.

1536.

De moindres prétextes auroient engagé Soliman à rompre avec la République, & il saisit cette occasion de lui déclarer la guerre. Les hostilités commencerent par la prise d'un vaisseau richement chargé, qui appartenoit à Alexandre Contarini: par l'imposition d'une taxe de dix pour cent qu'on

1537.

les Empereurs & les Rois de France faisoient expier à la République, les fautes qu'elle avoit faites de s'allier avec eux.

(26) Sagredo histoire Ottomane.
(27) On en a fait mention dans l'histoire de Naples.

mit en Syrie fur les marchandifes, & par la faifie des effets qui appartenoient à des Marchands Venitiens établis à Conftantinople. Les Venitiens firent alors un armement confidérable pour mettre leurs Etats à couvert des entreprifes de la Porte. Cependant le grand Seigneur affura l'Ambaffadeur de Venife, qu'il étoit dans l'intention de vivre en paix avec la République. Ce Prince auroit peut-être en effet laiffé les Venitiens tranquilles, fi André d'Oria n'eût continué à donner la chaffe aux vaiffeaux Turcs, & fi Barberouffe ennemi des Venitiens, n'eût perfuadé le Sultan qu'ils s'entendoient avec les Efpagnols. La perte de quelques galeres Turques dont les Venitiens s'étoient emparés, acheva d'irriter Soliman & le détermina à leur déclarer la guerre, quoiqu'ils proteftaffent que ces hoftilités n'étoient que l'effet du hazard. Barberouffe qui étoit dans la Pouille, reçut ordre de s'avancer vers le port de Corfou, pour faire le fiége de la capitale de cette ifle. Les habitans s'oppoferent autant qu'ils purent à la defcente des Turcs, dont ils firent un grand carnage; mais enfin ils furent obligés de céder. Les ennemis ravagèrent alors tout le pays, & firent de grandes menaces à la garnifon de la place fi elle ne fe rendoit promptement. Rien ne fut capable d'intimider les foldats chargés de la deffenfe de la ville, & ils firent bien-tôt connoître aux Turcs qu'ils étoient réfolus de faire réfiftance jufqu'à la derniere extrêmité. Le fiége de Corfou caufa une grande inquiétude aux Venitiens, & les engagea à demander du fecours au Roi de France & à l'Empereur. Le Pape qui s'étoit chargé de cette négociation, obtint de Charles que fes galeres fe joindroient à celles des Venitiens pour fecourir Corfou. D'Oria à qui on fignifia ces ordres, réfufa d'y obéir, fous divers prétextes. Corfou fe deffendit avec tant de valeur, que les Turcs après avoir perdu une grande partie de leur armée, fe virent contraints de lever le fiége.

Soliman pour effacer la honte que fes armes avoient reçue devant Corfou, commanda qu'on fit les fiéges de Napoli, de Romanie & de Malvafie, qui étoient les feules places que la République poffedoit dans la Morée. Elles étoient fortes par leur fituation, & encore plus par la fidélité des habitans. Napoli fut la premiere attaquée; mais la valeur du Commandant de cette place, fit échouer les deffeins des ennemis. Barberouffe, de fon côté entra dans l'Archipel, & fe rendit maître de Chio, de Pathmos, d'Egena, de Nio, de Stampalia, de Paros & de Tine. Le Général Venitien eut quelques avantages dans la Dalmatie, & s'empara de Scardona qui fut totalement faccagée.

La guerre n'étoit cependant pas encore entierement ouverte entre les Venitiens & la Porte; Soliman leur avoit même permis de lui envoyer un Ambaffadeur extraordinaire pour écouter les excufes de la République au fujet de la prife de quelques bâtimens Turcs. Les Senateurs furent partagés fur le parti qu'on devoit prendre, & cette affaire fut long-temps en déliberation. Enfin on fe laiffa flatter par les promeffes avantageufes du Pape, & par celles de l'Empereur avec lefquels les Venitiens firent une ligue contre les Turcs. Pendant que la République prenoit fes mefures pour faire la guerre aux Ottomans, Barberouffe rentra dans l'Archipel; fe rendit maître des ifles de Schiros & de Schiatti. Il fit enfuite une defcente dans l'isle de Candie; mais il fut repoussé avec perte, & ne remporta d'autre fruit de cette expédition, que quelques munitions qu'il trouva dans Scithia qu'on avoit abandonnée. Les autres Généraux de Soliman furent moins heureux que Barberousse; le Sangiac de la Morée qui avoit mis le siége devant Napoli, fut obligé de le lever une seconde fois, & le Sangiac de Scutari qui avoit attaqué la ville d'Antivari dans la province de Dalmatie, ne put en venir à bout. Les Venitiens de leur côté tâchoient de reparer ces pertes, en faisant quelques conquêtes sur les Ottomans. Ils prirent Obruazzo qu'ils avoient déja manqué par la négligence d'un de leurs Capitaines.

D'Oria avoit enfin réuni ses forces à celles des Venitiens & du Pape. Le Patriarche Grimani Général des galeres du Pontife voulut signaler son zéle par l'attaque de la Prevesa (28). Les Turcs chargerent ses troupes avec tant de vigueur, qu'ils les forcerent à se rembarquer promptement après avoir perdu un grand nombre des leurs. Toute l'armée Chrétienne composée de cent soixante-dix-sept galeres & de trente vaisseaux, s'étant rassemblée, prit la route du golfe de Larta. Barberousse que rien n'étoit capable d'effrayer, s'avança vers cette flotte formidable à dessein de la combattre. Capello Général Venitien, commença l'attaque; & il chargea si vigoureusement les galeres Turques, qu'il les obligea à songer à la retraite. D'Oria auroit pu la leur couper, & par ce moyen l'armée Navale des ennemis auroit été détruite; mais ce Général au lieu de profiter de l'avantage qu'on venoit d'avoir, se retira à Capo-Ducato dans l'isle de Sainte-Maure. Les Venitiens furent irrités de la conduite de d'Oria que l'on soupçonnoit d'intelligence avec les Turcs. Malgré les mauvaises intentions de cet Amiral, on résolut de donner une seconde bataille aux ennemis, & de les aller chercher dans le golfe où ils étoient. La perfidie de d'Oria sauva une seconde fois la flotte Ottomane, & causa beaucoup de dommage aux Venitiens qui perdirent plusieurs galeres. Les Turcs fiers d'un avantage qu'ils ne devoient qu'à la mésintelligence des Chrétiens, oserent se présenter devant le port de Corfou où la flotte des confédérés s'étoit mise à l'abri. La consternation où elle étoit alors, & la conduite de d'Oria sur lequel on ne pouvoit plus compter, empêcherent les Chrétiens de répondre aux insultes des Ottomans. La saison qui étoit déja avancée, contraignit les deux flottes à prendre leurs quartiers d'hyver. La flotte combinée avant que de se retirer, s'empara de Castelnuovo que Barberousse voulut deffendre. Comme il venoit au secours de cette place, il fut surpris par une violente tempête, qui maltraita beaucoup sa flotte. On étoit d'avis de profiter de cette circonstance pour l'attaquer; mais on ne put jamais y faire consentir d'Oria.

Quoique le Senat eût beaucoup à se plaindre d'André d'Oria, il ne voulut point cependant faire paroître ce qu'il pensoit à son égard. Il lui écrivit au contraire une lettre, par laquelle il lui déclaroit qu'il n'avoit pas voulu écouter les bruits qu'on avoit fait courir à son sujet, & qu'il étoit persuadé que la prudence & l'intérêt seul des Chrétiens, l'avoient engagé à se comporter comme il avoit fait. Les Venitiens en agissoient de la sorte, parce qu'ils étoient bien aise de ne pas avoir pour ennemi un homme qui avoit

---

(28) Château situé à l'embouchure du Golfe de Larta anciennement connu sous le nom de Nicopolis.

tant de crédit auprès de l'Empereur. Ce fut vers ce temps-là qu'André Gritti mourut, & que Pierre Lando lui succéda. Le peu de secours qu'on avoit retiré des alliés, porta les Venitiens de concert avec le Pape à entrer en négociation avec les Turcs. On convint d'abord d'une treve de trois mois qui fut ensuite prolongée. Les Turcs ne vouloient rien conclurre avec les Venitiens jusqu'à ce qu'ils eussent rendu Castelnuovo; mais on leur représenta qu'il étoit impossible de satisfaire la cour Ottomane sur cet article; parce que cette ville étoit gardée par les Imperiaux. Barberousse chargé de reprendre cette place, en fit le siége qu'il poussa avec tant de vigueur, qu'il s'en rendit maître en peu de temps. Charles V. & le Roi de France firent tout ce qu'ils purent pour exhorter les Venitiens à continuer la guerre, leur promettant de puissans secours contre les Infidéles. Le Senat apprehendant que de si belles promesses n'eussent aucun effet, résolurent de terminer avec la Porte, & ils donnerent pour cet effet de nouveaux pouvoirs à l'Ambassadeur de la République. Le traité souffrit beaucoup de difficultés, & le Sultan ne voulut point consentir à la paix que les Venitiens ne cedassent Napoli & Malvasie. Il permit aux habitans qui voudroient se retirer d'emporter tout ce qu'ils jugeroient à propos, & donna liberté de conscience & sûreté pour leurs biens à ceux qui resteroient dans ces villes.

Quelque-temps après on découvrit à Venise que le secret de l'Etat étoit trahi par quelques Citoyens qui occupoient les premieres charges de la République. Deux des coupables se retirerent dans le palais de l'Ambassadeur de France, & on fut obligé d'user de violence pour forcer ce Ministre à livrer les criminels. Le Roi fut irrité de cette démarche des Venitiens; mais cette affaire n'eut cependant point de suite. Le Roi ayant demandé un jour à l'Ambassadeur de la République, ce qu'il penseroit si l'on agissoit de la sorte à son égard. Ce Ministre répondit que s'il avoit entre ses mains des gens qui eussent trahi leur Souverain, il ne balanceroit pas à les remettre au pouvoir de ceux qui les reclameroient de sa part (29). Cette réponse appaisa le Roi, & la bonne intelligence fut retablie entre la cour de France & celle de Venise.

Cette République jouit enfin d'une paix dont elle avoit été privée depuis si long-temps. Pierre Lando en profita pour fortifier l'entrée du port de Venise, & pour mettre cette ville en état de deffense. Ce Doge étant mort quelque-temps après, on élut François Donat. Ce Prince qui aimoit la tranquillité, employa tous ses soins pour la conserver à la République pendant son gouvernement, quoique presque toute l'Europe fut alors agitée. Ce Prince s'occupa à faire plusieurs embellissemens dans la ville de Venise: il fit achever le palais ducal, & fit bâtir la bibliotheque de S. Marc & l'hôtel de la monnoye.

Il eut pour successeur Marc-Antoine Trevisan, qui ne fut élevé à la dignité de Doge que malgré lui. Il mourut en odeur de sainteté, & l'on mit en sa place François Venieri. La République continua sous son administration à jouir d'une paix profonde. Le gouvernement de Laurent Priuli ne fut pas si heureux. La République fut affligée de la peste, & ce fleau fut

(29) Sagredo.

suivi de la famine, qui fut causée par l'interruption du commerce. Les Venitiens furent d'ailleurs assez tranquilles, & ils ne prirent aucune part aux guerres que Philippe & Henri II. se firent mutuellement : ils trouverent moyen de se conserver l'estime & l'amitié des uns & des autres. On fut si satisfait de la conduite de Priuli, qu'à sa mort on lui substitua Jerôme Priuli son frere, & la République n'eut point sujet de se repentir de son choix.

Ce Prince eut pour successeur Pierre Loredano. Les Venitiens qui avoient grand intérêt de menager la cour Ottomane, n'eurent pas plutôt appris que Selim II. étoit monté sur le trône après la mort de Soliman son pere, qu'ils lui envoyerent un Ambassadeur extraordinaire pour le complimenter à ce sujet, & confirmer la bonne intelligence qui regnoit depuis quelque-temps entre leurs Etats. Le Sultan fit partir de son côté un autre Ambassadeur, sous prétexte de remercier les Venitiens. Après avoir eu une audience publique, il en demanda une particuliere, dans laquelle il se plaignit du brigandage que les Uscoques (30) commettoient continuellement, & reprocha aux Venitiens leur tranquillité à cet égard, eux qui auparavant avoient témoigné tant d'ardeur pour reprimer les attentats de ces Barbares. Le Senat fit voir la difficulté qu'il y avoit de réduire ces Pirates, qu'on ne pouvoit attaquer dans leur retraite, deffendue par les rochers & les écueils. Selim qui ne cherchoit qu'un prétexte de déclarer la guerre, envoya aux Venitiens l'année suivante un nouvel Ambassadeur. Ce Ministre leur fit sçavoir que le Sultan étoit résolu de se venger d'Alphonse Duc de Ferrare qui avoit donné du secours à l'Empereur, & qu'il esperoit que la République ne prendroit pas le parti de ce Prince, & ne l'empêcheroit pas de le punir. Il fit en même temps de nouvelles plaintes contre les Uscoques & les corsaires Chrétiens. Le Senat repondit qu'il avoit donné des ordres pour reprimer l'audace des Uscoques, & qu'à l'égard du Duc de Ferrare, la République n'avoit aucune part à ce qu'il avoit fait.

Cependant le Sultan avoit formé le dessein de se rendre maître de l'isle de Chypre, & il fit même de grands préparatifs pour cette expédition. Les Venitiens avertis des desseins de la Porte, demanderent du secours à tous les Princes Chrétiens, & le Pape fit tout ce qu'il put pour les engager à former une ligue. La République pour détourner l'orage qui la menaçoit, voulut faire diversion en excitant le Sophi à faire la guerre aux Turcs; mais cette négociation n'eut aucun succès. Selim avant que de commencer la guerre, fit partir pour Venise un nouveau Ministre qui étoit chargé d'exiger de la République qu'elle cédât le royaume de Chypre au Sultan, à qui il appartenoit en qualité de Souverain d'Egypte. En cas de refus, ce Ministre avoit ordre de lui déclarer la guerre. Les Venitiens prirent la résolution d'en courir les risques plutôt que de céder le royaume de Chypre. Le Sultan piqué de leur refus, fit donner des gardes à l'Ambassadeur de la République, & pressa l'armement qu'il faisoit faire pour

---

(30) Pirates sur les côtes de Dalmatie. Les Bannis de la République s'étoient joints à ces Brigands, chez lesquels ils avoient été chercher une retraite. Leur plus fameuse étoit dans un golfe qui est situé à l'endroit où l'Istrie & la Dalmatie se joignent ensemble, & qu'on nomme Quarner.

l'expédition de Chypre. La conclusion de la ligue que les Princes Chrétiens devoient faire, traînoit toujours en longueur, & les Venitiens commencerent à craindre qu'on ne les laissât seuls porter tout le poids de cette guerre. Ils résolurent cependant de faire les premieres hostilités, & Sébastien Veniero, Proveditteur général de l'isle de Corfou, se rendit maître du château Sopoto & de la forteresse de Braccio-di-Maina. La flotte Venitienne s'avança ensuite vers l'isle de Candie, pour être plus à portée de secourir le royaume de Chypre. On étoit sur la fin de la campagne lorsque les forces des Confédérés se joignirent enfin à celles de la République. La flotte Ottomane qui étoit sortie du port de Constantinople, alla attaquer l'isle de Tine; mais la valeur du Commandant de la place, rendit inutiles les efforts des Turcs, & les contraignit de se retirer avec perte. Ils reprirent la route de Rhodes, qui étoit le rendez-vous des Troupes destinées à passer en Chypre.

La flotte Ottomane ne tarda pas à mettre à la voile pour se rendre dans cette isle, où après une navigation favorable ils débarquerent près de Baffo. Les Turcs ne trouverent aucune résistance, parce qu'on ne s'étoit pas imaginé que les ennemis feroient leur descente de ce côté-là où la mer étoit très-basse, & que d'ailleurs les habitans de cette isle qui jouissoient depuis long-temps d'une paix profonde, n'étoient plus accoutumés à la guerre. On renferma les meilleures troupes & les Généraux les plus expérimentés dans Nicosie & dans Famagouste, les deux plus importantes places de l'isle. Les Turcs avertis que la premiere étoit moins gardée, quoiqu'elle renfermât ce qu'il y avoit de plus riche & de plus précieux dans l'isle, prirent la résolution de mettre le siége devant cette place, dont les fortifications n'étoient point encore achevées, & qui étoit mal-pourvue de vivres. Les assiégés n'espérant pas pouvoir resister long-temps aux vigoureuses attaques des Turcs, envoyerent demander du secours à la flotte Venitienne qui étoit près de Candie. Zane qui la commandoit ne vouloit rien entreprendre avant l'arrivée des Confédérés. Il se contenta de faire de belles promesses dont la garnison de Nicosie ne tiroit aucun avantage. Elle ne perdit cependant pas courage : elle repoussa les Turcs qui étoient montés à l'assaut, & fit une sortie où la plus grande partie fut taillée en pieces. Ceux qui perirent en cette occasion, aimerent mieux tomber sous le fer des Ottomans que de subir leur joug. Les Turcs ennuyés de la longueur du siége, offrirent des conditions honorables aux assiégés, s'ils vouloient se rendre, & les menacerent au contraire de ne leur faire aucun quartier, s'ils persistoient à se deffendre. Ces offres avantageuses & les menaces ne firent aucun effet, & les Turcs furent obligés de continuer les attaques. Ils donnerent un assaut général où il y eut bien du sang de répandu de part & d'autre ; les Chrétiens repoussés de postes en postes, se deffendirent avec une valeur incroyable, & disputerent le terrein autant qu'il leur fut possible. Enfin ils se retrancherent dans la place où ils étoient déterminés à se deffendre jusqu'à la derniere extrêmité, lorsque le Bacha d'Alep leur offrit la vie à condition qu'ils mettroient bas les armes. Cette capitulation fut mal observée; car à peine les Chrétiens se furent-ils rendus, que les Turcs les massacrerent inhumainement, & commirent des cruautés épouvantables dans toute la ville. Mustapha Général de l'armée Ottomane, fit ensuite le siége de Famagouste.

Le Commandant de cette place fit avertir les Venitiens du danger où elle se trouvoit, & engagea le Senat à lui envoyer de prompts secours. Les Généraux de l'armée Chrétienne qui s'étoit enfin rassemblée, ne pouvoient s'accorder sur le parti qu'on devoit prendre. Les uns étoient d'avis qu'on alla attaquer quelques places appartenant aux Turcs, afin de faire diversion, & les autres pensoient qu'il valoit mieux secourir l'isle de Chypre. Ce dernier sentiment prévalut, la flotte des alliés considerablement plus forte que celle des Turcs, auroit pû remporter sur cette derniere de grands avantages sans l'irresolution continuelle des Généraux Chrétiens. La flotte étoit déja sur les côtes de Caramanie, à soixante milles de l'isle de Chypre, lorsque d'Oria reprit la route de Sicile malgré les vives représentations des alliés: l'armée du Pape & celle des Venitiens se retirerent en Candie. Ainsi les forces que les Chrétiens avoient réunies pour abbatre la puissance Ottomane, furent inutiles & ne servirent qu'à honorer le triomphe des Infideles. Cependant on travailloit alors à Rome à une nouvelle ligue; mais il s'élevoit de si grandes difficultés qu'elles paroissoient insurmontables. Elle fut enfin conclue entre le Pape, le Roi d'Espagne & la République. Don Jean d'Autriche fut déclaré Général de la ligue; & en son absence Antoine Colonne. Entre les différens articles de ce traité, il fut dit que les conquêtes se partageroient suivant le projet de la ligue de l'an 1537.

Les Venitiens envoyerent seize cens hommes pour renforcer la garnison de Famagouste, & l'arrivée de ces troupes qui trouverent moyen d'entrer dans la place, releva le courage des assiégés. Les Venitiens faisoient cependant la guerre en Dalmatie. Jacques Malatesta Général de la République, ayant fait une descente près de Risano, fut battu par les Turcs, & tomba entre leurs mains. La prise de Scardona & le butin que les Venitiens firent dans ce pays, réparerent en quelque sorte cette perte. Les Turcs firent en même temps quelques tentatives sur Cattaro, qu'ils espéroient surprendre par le moyen des intelligences qu'ils avoient dans la ville, mais ce projet n'eut aucun effet, parce qu'on fut assez heureux pour découvrir la conspiration avant qu'elle éclatât. Les Ottomans ne réussirent pas mieux dans l'isle de Candie où ils attaquerent la Canée. Une sortie de la garnison les força bien-tôt d'abandonner leur entreprise. Ils s'en vengerent par les cruautés qu'ils commirent dans la ville de Retimo, dont ils s'étoient facilement emparés, parce qu'elle étoit alors sans deffense. Ils ruinerent ensuite les isles de Zante & de Cephalonie, Lezina & Curzola où ils firent un immense butin.

Le siége de Famagouste qui avoit été interrompu pendant l'hyver, recommença à l'ouverture de la campagne avec plus de vigueur qu'auparavant. Marc-Antoine Bragadin qui commandoit dans la place, encouragea les assiégés par son discours & son exemple : il augmenta les fortifications de la ville, dont il fit sortir les bouches inutiles, & prit toutes les autres précautions nécessaires pour soutenir un long siége. Les Turcs de leur côté pousserent les attaques avec tant d'ardeur, qu'ils ruinerent les fortifications du dehors. Les breches étant devenues praticables, il y eut de

RÉPUBLIQUE DE VENISE. De Famagouste.

1571.

République de Venise.

fréquens assauts où les Turcs furent toujours repoussés. Tout le peuple, les femmes, les infirmes même & les vieillards, étoient occupés à faire de nouveaux retranchemens, & reparer les breches autant qu'il étoit possible. Les assiégés étoient enfin réduits à la derniere extrêmité ; les munitions de guerre & de bouche leur manquoient entierement ; & la plus grande partie de la garnison étoit détruite. Le Commandant ne pouvant se refuser aux prieres du peuple qui demandoit à se rendre, consentit enfin à capituler. Les ôtages furent donnés de part & d'autre, & l'on convint entr'autres articles : Que les assiégés sortiroient avec armes & bagages, & cinq pieces de canon : Qu'on leur fourniroit des vaisseaux pour les porter en Candie : Que les habitans auroient la liberté de demeurer dans la ville ou d'en sortir ; & qu'on ne les inquieteroit point dans l'exercice de leur Religion, dans leurs personnes, leurs biens & leur honneur. Ces articles furent signés de la main de Mustapha même ; mais ils n'en furent pas plus exactement observés. Les Turcs, maîtres de la place, y commirent toutes sortes de cruautés ; & le Général Turc ayant en son pouvoir les Officiers de la garnison, les fit massacrer inhumainement aux yeux de Bragadin qu'il fit ensuite perir dans les tourmens. Les Turcs perdirent près de soixante mille hommes pendant ce siége. La prise de ces deux places mit le Sultan en possession de l'isle de Chypre qui fut entierement perdue pour les Vénitiens.

Bataille de Lepante.

La lenteur des alliés étoit cause de cette perte & du malheur des habitans de l'isle de Chypre, qui par leur courageuse résistance, avoit donné le temps aux Conféderés de leur porter du secours. Enfin Jean d'Autriche qu'on avoit long-temps attendu, se rendit à Messine où étoit le rendez-vous de l'armée Navale des Chrétiens. On mit à la voile au commencement de septembre, & après des avis differens, on alla chercher l'ennemi qui étoit dans le Golfe de Lepante. Les Turcs balancerent quelque temps à accepter le combat. Le choc de quelques galeres détermina les deux partis à une action générale. Elle fut sanglante, & opiniâtre, & la valeur des Turcs & des Chrétiens rendit la victoire long-temps douteuse : mais la prise de la Capitane & la mort du Pacha de mer, la décida en faveur des Chrétiens, qui perdirent cinq mille hommes dans cette journée, sans compter les blessés. On prétend qu'elle en coûta plus de trente mille aux Turcs. Le butin fut très-considérable, & pensa causer une nouvelle bataille entre les Chrétiens. Tout fut alors dans la consternation à Constantinople, où l'on craignoit que les alliés n'arrivassent avec leur flotte victorieuse. La division continuelle qui regnoit entr'eux, fut le salut des Ottomans. Jean d'Autriche, content de la gloire qu'il s'étoit acquise, se retira avec ses vaisseaux, & Colonne se rendit à Rome pour y recevoir les honneurs du triomphe. Les Vénitiens restés seuls, ne purent faire aucune entreprise considérable, & la suite d'un si grand avantage se réduisit à la prise de Margariti dans le Golfe de Corfou.

1572.

La mort de Pie V. abbattit les espérances des Vénitiens. Gregoire XIII. qui lui succéda, ne témoigna pas tant d'ardeur pour la ligue que le dernier Pontife. Ses retardemens donnerent le temps à Sélim d'équiper une nouvelle flotte aussi considérable que la premiere. Cependant Jean d'Autriche

& Colonna joignirent l'armée Vénitienne. On se trouva trois fois en présence de l'ennemi sans profiter de cette circonstance, & on laissa échapper l'occasion de le battre de nouveau. Jean d'Autriche abandonna une seconde fois la flotte Vénitienne, qui se vit dans la nécessité de se retirer à Corfou. Le Sénat faisant de sages réflexions sur l'état où se trouvoit la République & sur le peu de secours qu'elle avoit à attendre des alliés, résolut de faire la paix avec le Sultan. Elle fut enfin signée, & les Venitiens se virent débarrassés d'une guerre dangereuse qui ruinoit le commerce & l'Etat. Le Pape désapprouva cette paix, aussi-bien que l'Empereur & le Roi d'Espagne ; mais les Venitiens firent connoître que la situation de leurs affaires ne leur permettoit pas de soutenir la guerre plus long-temps. La République profita du calme qui lui étoit rendu pour rétablir ses finances & son commerce, & acquitter les dettes qu'elle avoit été obligée de contracter. On eut soin en même-temps d'exercer les jeunes gens dans la marine, afin de les mettre en état de rendre service à la patrie ; on s'appliqua à cultiver les terres & à dessécher plusieurs endroits qu'on rendit fertiles. Ces occupations utiles rendirent à la République son ancienne splendeur, & lui firent oublier toutes ses pertes, & les maux dont elle avoit été long-temps affligée.

Pendant que les Venitiens travailloient à rendre leurs Etats plus florissans, Don Jean d'Autriche songeoit à faire des conquêtes dans l'Afrique, & Selim formoit le projet d'en chasser les Chrétiens. La paix que ce Sultan venoit de conclurre avec les Venitiens, sembloit l'autoriser à proposer à la République de joindre ses forces à celles des Ottomans contre les Espagnols. Quoique la République eût quelque sujet de se plaindre de ces derniers, elle refusa d'entrer dans la ligue qui lui étoit proposée. Cette résolution des Venitiens n'altera cependant pas la bonne intelligence qui regnoit alors entr'eux & Selim. Elle subsista encore sous le regne d'Amurat III. mais ils eurent quelques difficultés avec Mehemet III. au sujet du brigandage des Uscoques qu'on les accusoit de favoriser.

Ce n'étoit pas seulement contre les Turcs que ces barbares exerçoient leur fureur, ils attaquoient encore les Etats de l'Empereur & ceux des Venitiens. La République pour remedier à ces désordres, chargea Bembo de donner la chasse à ces brigands, & de les aller chercher jusques dans leurs retraites. Le Général Vénitien remporta sur eux quelques avantages, & fit couper la tête à ceux qui lui tomberent entre les mains. Cette sévérité irrita davantage les Uscoques, & les engagea à se jetter dans l'Istrie où ils exercèrent toutes sortes de cruautés. Comme on s'étoit apperçu qu'ils trouvoient un asyle dans les villes que la maison d'Autriche possedoit en Dalmatie, on attaqua quelques-unes de ces places. L'Ambassadeur d'Espagne en fit ses plaintes au Senat ; mais on lui répondit qu'il étoit naturel de poursuivre ses ennemis dans tous les lieux où ils se refugioient. Ces représentations étoient justes, & la maison d'Autriche ne jugea pas à propos de rompre ouvertement avec les Venitiens pour ce sujet. Elle commit cependant quelques hostilités contr'eux, & fit tout ce qu'elle put pour les brouiller avec la Porte ; mais cette affaire n'eut aucunes suites.

Les démêlés que la République eut avec la cour de Rome, furent plus

Tome II.   Ddd

Marginalia:
RÉPUBLIQUE DE VENISE.

1595.

Démêlés entre Paul V. & les Venitiens.

considérables. Paul V. se plaignoit que la République anticipoit sur les immunités Ecclésiastiques & sur l'autorité du saint Siége ; les Venitiens de leur côté ne pouvoient souffrir que le Pontife donnât atteinte à leurs loix & aux priviléges dont ils avoient toujours joüi jusqu'alors. La prison de quelques Ecclésiastiques, la punition de plusieurs autres convaincus de crimes, & le decret que le Senat donna, par lequel il étoit deffendu aux Ecclésiastiques d'acquerir aucuns biens-fonds, irriterent le Pape qui en fit des reproches à l'Ambassadeur de la République. Le Senat pour adoucir le Pontife, lui fit faire plusieurs remontrances qui firent impression sur son esprit. Cependant il réduisit à trois points les sujets de plaintes qu'il avoit contre la République, & il vouloit que le Senat lui en donnât une prompte & entiere satisfaction. Ces trois articles étoient 1°. un decret de 1603. qui deffendoit de bâtir de nouvelles Eglises : 2°. un autre de 1605. qui empêchoit le Clergé d'acquerir des biens immeubles : 3°. au sujet de la jurisdiction sur les Ecclésiastiques, qu'il trouvoit qu'on poussoit trop loin.

La réponse du Senat ne contenta pas le Pape, qui étoit d'ailleurs fâché de ce qu'on ne vouloit pas lui remettre deux Prêtres détenus dans les prisons de Venise. Pour punir ces Républicains, il lança contr'eux une sentence d'excommunication, & jetta l'interdit sur tout l'Etat de Venise pour forcer la République à révoquer ses decrets, & à remettre les prisonniers entre les mains du Nonce. Le Patriarche d'Aquilée vouloit publier dans son diocèse le bref du Pape ; mais le Doge Donato le menaça de bannissement, ainsi que les autres Prélats & Ecclésiastiques, s'ils ne continuoient à faire le Service divin dans toutes les Eglises les portes ouvertes. Le Duc harangua ensuite le peuple, & lui déclara que le démêlé qui étoit entre le Pape & les Venitiens, ne regardoit point la Religion ; mais seulement le salut & la liberté de la patrie. Les Venitiens qui pensoient que le Pape après les avoir attaqué par les armes spirituelles, pourroit employer contr'eux les forces humaines, se préparerent à la guerre. Cette querelle occasionna divers écrits, & les plus célebres furent ceux du fameux Gerson & de Fra-Paolo. Ils furent critiqués par Bellarmin ; & ces critiques souffrirent plusieurs repliques.

Ce que les Venitiens avoient prévu ne manqua pas d'arriver, le Pape rassembla des troupes de tous côtés, & en avoit donné le commandement à Rainuce Duc de Parme. Le Roi d'Espagne écrivit alors une lettre à Paul V. dont le résultat étoit de lui faire connoître qu'il seroit toujours prêt à deffendre les intérêts du saint Siége. Le Cardinal de Joyeuse qui s'étoit rendu à Venise, négocia avec tant d'adresse, que le Sénat lui promit, sans cependant renoncer à ses droits, dont il remettoit la discussion à un autre temps, » de ne faire aucun usage des décrets renouvellés ou portés depuis
» peu, tant au sujet des biens amphiteotiques sur lesquels le Clergé pré-
» tendoit les droits de retrait par préférence à tous autres, qu'au sujet de
» l'aliénation des biens fonds, & la deffense de construire des Eglises ou
» d'autres maisons de pieté : de remettre entre les mains du Nonce les
» deux Prêtres prisonniers : de revoquer les ordonnances publiées contre
» l'interdit, & de rétablir tous les Réligieux bannis excepté les Jésui-

tés « (31). On demandoit seulement au Pape de lever les censures, & d'accorder son amitié à la République. Le Cardinal de Joyeuse & Neuville d'Alincourt qui étoient chargés de cette médiation de la part de Henri IV. devoient au nom des Venitiens garantir au Pape tous ces articles. Le Cardinal s'étant ensuite rendu à Rome, fit tout ce qu'il put pour engager le Pape à entrer en accommodement ; mais le Pontife persistoit toujours à exiger le rappel des Jesuites. Le Cardinal du Perron tacha d'éloigner de l'esprit du Pape, l'idée qu'on lui avoit inspirée de faire la guerre à la République. Les Espagnols penserent plus d'une fois faire rompre la négociation, en excitant le Pape à ne point abandonner l'affaire qui concernoit les Jesuites. Enfin la faction Espagnole voyant qu'elle ne pouvoit empêcher les raccommodemens, & que le Pape s'étoit rendu aux raisons des Cardinaux de Joyeuse & du Perron, voulut avoir la gloire de la conclusion de cette affaire. Le Cardinal de Joyeuse chargé du Bref qui levoit l'interdit sur les Etats de Venise, se rendit dans cette capitale, y fit publier le Bref, & donna l'absolution des censures au Senat & à tous les Ordres de la seigneurie. Le Senat rendit les prisonniers comme il l'avoit promis, & revoqua la protestation qu'il avoit faite contre les censures de Rome. La paix fut alors rendue à toute l'Italie.

La mort de François de Gonzague Duc de Mantoue, qui ne laissoit qu'une fille & deux freres, & les prétentions du Duc de Savoye, occasionnerent une guerre, à laquelle les Venitiens prirent une grande part (32) ; en se déclarant pour Ferdinand Duc de Mantoue, frere de François de Gonzague. Dans la suite ils prirent les intérêts du Duc de Savoye contre la maison d'Autriche, dont la République avoit lieu de se plaindre. Il y avoit en effet depuis long-temps des hostilités entre ces deux puissances, quoiqu'il n'y eût point de guerre ouverte. Elle ne tarda pas enfin à se déclarer, & les Venitiens porterent la plus grande partie de leurs forces dans le Frioul & dans l'Istrie, où ils essuyerent plusieurs échecs. Ils étoient en même-temps occupés par la guerre des Uscoques qui incommodoient beaucoup la République. Le Senat fit alors alliance avec le Duc de Virtemberg & l'Electeur Palatin, qui promirent du secours aux Venitiens. L'Empereur Matthias vouloit ménager un accommodement entre l'Archiduc & la République ; mais comme ce Monarque exigeoit pour préliminaires qu'elle rendît à l'Archiduc, les terres dont elle s'étoit emparée, la négociation ne pût avoir lieu, & la guerre continua dans le Frioul. Elle ne consista qu'en différentes escarmouches, & dans la prise réciproque de quelques forts.

Ce fut pendant ces circonstances qu'on découvrit à Venise une conjuration qui tendoit à la ruïne de la République. Les Auteurs de ce complot étoient, suivant Nani & les autres Historiens Italiens, le Duc d'Ossone Viceroi de Naples, D. Pierre de Tolède, Gouverneur de Milan, & Don Alfonse de la Cueva, Ambassadeur d'Espagne à Venise. Ces mêmes Ecrivains avouent que Philippe III. Roi d'Espagne n'avoit point autorisé les desseins criminels de son Ministre, & que c'étoit à son insçu qu'on avoit formé ce projet. L'Ambassadeur d'Espagne avoit gagné quelques traitres qui

(31) M. de Thou.
(32) Où sera mention de cette affaire dans le Chapitre qui traitera de la Savoye.

République de Venise.

1612.

Conjuration contre Venise.
1618.

étoient convenus de mettre le feu à l'arsenal & dans plusieurs endroits de la ville. A la faveur du tumulte que l'incendie causeroit, ils devoient faire entrer des troupes que le Vice-Roi de Naples envoyoit pour soutenir les conjurés, massacrer les Sénateurs & mettre la ville au pillage. D'un autre côté le Gouverneur de Milan étoit chargé de s'emparer de toutes les places fortes que les Venitiens possedoient en terre ferme, & l'on comptoit beaucoup sur les intelligences qu'il avoit dans les villes de Crême & de Bresse. Cette conjuration fut si secrete, qu'on en fut averti la veille seulement du jour qu'elle devoit éclater. Un des Conjurés nommé Jaffier, excité par ses remords, découvrit tout le complot. L'Ambassadeur d'Espagne ne se croyant plus en sûreté au milieu d'un peuple qui avoit tant de sujets de se plaindre de lui, se retira en diligence à Milan, les Sénateurs avoient eu soin d'empêcher que la populace ne se portât à quelque excès à son égard. Les complices qui furent arrêtés, souffrirent le supplice que meritoit leur crime.

Cependant la guerre continuoit toujours entre la maison d'Autriche & la République de Venise, qui se vit obligée d'entrer sur les terres qui appartenoient à cette maison, pour y donner la chasse aux Uscoques. Le siége de Gradisque que les Venitiens poussoient avec vigueur, engagea la cour de Madrid à entrer en négociation. Elle y étoit portée d'ailleurs par les fréquentes incursions des Turcs sur les frontières de la Croatie. La paix fut signée entre les Allemans & les Venitiens. En conséquence du traité, on bannit de Segna cent trente Chefs des Uscoques les plus redoutables; on brula leurs barques, & par ce moyen on mit fin à leurs brigandages. La plus grande partie de cette nation fut transferée à Carlestot & en d'autres lieux sur les frontieres. C'est ainsi que fut détruit un peuple qui avoit si longtemps désolé les mers par ses pirateries, interrompu le commerce & causé de grands dommages à ses voisins.

L'entreprise des Espagnols sur la Valteline & l'affaire de la succession du Duc de Nevers au duché de Mantoue, occuperent pendant quelque-temps les Venitiens, qui prirent part à ces deux évenemens dont on a fait mention ailleurs. Ces differentes guerres n'empêchoient pas la République d'être florissante & de continuer son commerce avec succès. Les courses des pirates protegés secretement par la cour de Constantinople, ne laissoient pas cependant que de leur faire quelque tort, & la chasse que l'on fit à ces brigands, pensa occasionner une rupture ouverte entre la Porte & les Venitiens. Le Gouverneur de Candie croyant poursuivre un de ces pirates, prit après un combat fort opiniâtre, une galere Turque. Le Général Venitien reconnut alors sa meprise, & fit tout ce qu'il put pour réparer sa faute. Le Sultan Amurat étoit résolu d'en prendre vengeance; mais l'Ambassadeur de la République vint à bout de l'appaiser, & cette affaire n'eut aucune suite.

Les courses fréquentes de deux escadres de Tunis & d'Alger, & les ravages qu'elles firent sur les côtes d'Italie & sur les terres même des Venitiens, obligerent le Senat de donner ordre à Marin Capello, de poursuivre ces corsaires. A la vûe de la flotte Venitienne, ils s'étoient retirés dans le port de la Vallone qui appartenoit aux Turcs. Capello les y poursuivit; mais il n'osa entrer dans le port, de peur de donner au Sultan sujet de se plaindre de la République; il avoit même salué la forteresse d'un coup de canon tiré sans boulet. Il se mit en embuscade, à dessein d'attaquer les Pirates lorsqu'ils sortiroient du port. Ils tenterent en effet de se sauver par la fuite; mais se voyant pressés par l'armée Venitienne, ils rentrerent promptement dans le port & débarquerent tout ce qu'ils avoient de plus précieux. Capello resta dans les environs pendant plus d'un mois, & à la fin il se determina à se rendre maître de leurs vaisseaux, ce qu'il exécuta sans peine. La nouvelle de cet évenement fut si sensible à Amurat, qui faisoit pour lors la guerre en Perse, que dans son premier mouvement de fureur, il voulut que l'on fit mourir le Baile (33), & tous les Venitiens qui se trouvoient dans ses Etats. Cet ordre injuste fut revoqué, & il se contenta de faire mettre en prison l'Ambassadeur de Venise. La guerre de Perse qui occupoit alors Amurat, & les présens considérables que le Senat lui fit, le determinerent à entrer en accommodement avec la République, & à signer un traité dont les conventions furent; » Que l'Ambassadeur de la République seroit » remis en liberté; Que le commerce seroit retabli entre les sujets de » l'une & de l'autre puissance; Qu'il ne seroit plus fait mention de ce qui » s'étoit passé à la Vallone, & que les conventions de la derniere paix se- » roient renouvellées, confirmées & ratifiées; Que lorsque les Pirates en- » treroient dans les ports de sa Hautesse, ils promettroient solemnellement » de ne faire aucun tort aux Venitiens, & que si avant que d'y entrer, ils » leur avoient causé quelques dommages, ils ne pourroient plus y être reçus, » protegés ou deffendus par les Gouverneurs, qui au contraire, seroient » obligés de remettre en liberté les esclaves Venitiens, de rendre les prises » à ceux à qui elles appartiendroient, & d'arrêter les corsaires pour les faire » punir par la Porte suivant leurs crimes; Que les Agas, les Commandans » & les autres Ministres qui desobéiroient à ces ordres du Sultan, ou négli- » geroient de les faire exécuter, seroient privés de leurs charges, & punis » pour servir d'exemple aux autres; Que si les Gouverneurs des forteresses » n'observoient pas exactement ces articles du traité, il seroit permis aux » Venitiens d'attaquer les corsaires, sans que la Porte pût s'en formaliser; » Que lorsque les vaisseaux de la République trouveroient en mer ces mê- » mes Pirates, il leur seroit permis de leur donner la chasse. « Ce fut à la fermeté & à la prudence de Louis Contarini Ambassadeur de la République à Constantinople, que les Venitiens furent redevables d'un traité si avantageux.

Ce traité qui fut confirmé par Ibrahim successeur d'Amurat, n'empêcha pas le Sultan de songer à faire la guerre aux Venitiens. La retraite qu'ils avoient donnée dans l'isle de Candie à des esclaves Chrétiens d'Alexandrie, avoit paru un prétexte suffisant à la Porte, pour prendre les armes contre la République. Elle avoit cependant trouvé moyen d'appaiser Ibrahim; mais le désir qu'il avoit d'attaquer les Chrétiens, lui fit bien-tôt oublier la satisfaction que les Venitiens lui avoit faite. Les sujets de plaintes qu'il avoit continuellement contre les Malthois, lui avoient fait prendre la résolution

---

(33) C'est le nom qu'on donne aux Ambassadeurs de Venise à la Porte.

d'attaquer l'ifle de Malthe: mais fur la repréfentation qu'on lui fit que cette entreprife feroit très-difficile, il forma le projet de fe rendre maître de l'ifle de Candie.

Siége de Candie.

Il fit donc équipper une flotte confidérable qu'il envoya pour attaquer cette ifle. Les Venitiens voulurent s'oppofer à la defcente des Turcs; mais leur armée ayant été battue, les Ottomans s'emparerent de la Canée & de Retimo, & formerent enfuite le fiége de fa capitale. Ce fiége qui dura vingt-cinq ans, fut un des plus longs, dont il foit fait mention dans l'hiftoire. Il faut cependant avouer que les attaques ne furent vivement pouffées que dans le commencement du fiége & vers la fin. La mort d'Ibrahim & la longue minorité de Mahomet IV. fon fils, qui lui fuccéda à l'âge de fept ans, furent caufe que cette guerre traîna en longueur, & fut fouvent interrompue. Il y eut pendant cet intervalle plufieurs actions fur mer entre les Turcs & les Venitiens, & la plûpart fe pafferent au détroit des Dardanelles, où ces derniers remporterent le plus fouvent l'avantage. Ils s'emparerent même de l'ifle de Tenedos; mais ils ne purent long-temps conferver cette conquête que le Grand Vifir leur enleva. La guerre de Hongrie qui furvint fur ces entrefaites, retarda les opérations du fiége. Elle fut à peine terminée, que le Grand Vifir fit de nouveaux efforts pour faire la conquête entiere de l'ifle de Candie. Les Venitiens de leur côté envoyerent de nouvelles troupes qu'ils avoient levées fur les terres du Pape, avec la permiffion du Pontife. L'Empereur & les Princes d'Allémagne leur fournirent auffi de puiffans fecours, & fix cens François avec la permiffion du Roi, fe rendirent en Candie fous les ordres du Duc de la Feuillade. Les principaux Seigneurs qui l'accompagnoient, étoient le Chevalier de Trême, le Comte de S. Paul, le Duc de Caderouffe, & le Duc de Château-Thierri. La trop grande ardeur des François leur devint funefte, & quatre cens d'entr'eux périrent pendant ce fiége. Cependant la place fe trouvoit extrêmement preffée; mais l'efperance qu'elle avoit des fecours qui devoient lui arriver de France & d'Italie, l'empêcha de fe rendre. Le Duc de Navailles à la tête de fept mille François, arriva le 19 de juin, & trouva moyen d'entrer dans la ville. Le Duc de Beaufort, grand Amiral de France, qui avoit été chargé de la conduite de ces troupes, débarqua le 26, à deffein de partager la gloire que l'on efperoit acquerir dans une fortie générale qui devoit fe faire le lendemain.

Avant que le jour parut, les troupes étoient fous les armes & défilerent dans un profond filence. Elles avoient ordre de n'attaquer les Turcs qu'après qu'une mine auroit joué; & l'on fe fondoit fur l'effet qu'elle pourroit produire. Malheureufement le feu ne put prendre à la poudre; & malgré cet inconvénient on donna le fignal du combat; mais il arriva un accident qui favorifa beaucoup les Infideles. Pendant que les troupes étoient le plus acharnées les unes contre les autres, un magafin à poudre qu'on avoit pris, fauta en l'air, & tua un grand nombre d'Officiers & de Soldats. Cet événement imprévu mit le défordre dans l'armée des confédérés; & il fut impoffible de rallier les foldats. Le Duc de Navailles & les autres Gentilshommes qui étoient avec lui, fe virent obligés de fe faire l'épée à la main un paffage au travers des Turcs, & de fe retirer dans la place. A l'égard du Duc de Beaufort, on n'a jamais sçu ce qu'il étoit devenu ; & il y a apparence qu'il fut enterré sous les ruines du magasin. Le Duc de Navailles s'étant retiré quelque temps après ce mauvais succès, la ville se vit dans la nécessité de capituler, & les habitans eurent la permission de sortir, s'ils le jugeoient à propos. Tous profiterent de cette permission ; & il ne resta dans la ville que deux Prêtres Grecs, une femme & trois Juifs. Il fut dit dans ce traité que les Venitiens ne payeroient aucun tribut à la Porte, excepté pour les isles qu'ils possedoient dans l'Archipel ; & que la Suda, la Garabuse & Spinalonga, ainsi que la forteresse de Clissa en Dalmatie, resteroient à la République.

Capitulation de Candie.

Les dépenses considerables que les Venitiens avoient été obligés de faire pour la deffense de Candie, & le grand nombre des troupes qu'ils avoient perdues pendant un si long siége, les obligerent de rester tranquilles pour quelque temps, dans le dessein cependant de profiter de la premiere occasion qui se présenteroit de se venger des Turcs. La guerre de l'Empereur contre la Porte, leur en fournit une ; & ils entrerent volontiers dans la ligue offensive & deffensive que ce Monarque avoit faite avec le Roi de Pologne. A la faveur de cette guerre ils firent plusieurs conquêtes dans la Morée, l'Albanie, la Livadie & la Dalmatie. Par le traité de paix qui se fit en 1699, après bien des difficultés de la part des Venitiens, il fut reglé

1684.

1699.

„ que la Morée entiere avec toutes les villes, forteresses, châteaux, mon-
„ tagnes, rivieres, jusqu'aux ruines de l'ancienne muraille de l'Isthme
„ de Corinthe, demeureroient à la République : Que la Terre-ferme qui
„ étoit au-delà, appartiendroit entierement au Grand-Seigneur comme
„ avant la guerre : Que la forteresse de Lepante seroit rendue en l'état où
„ elle étoit : Que le château Romelie, situé du même côté, seroit dé-
„ moli, ainsi que la forteresse de Preveza : Que la forteresse de Maur,
„ le fort qui est à la tête du pont, & toute l'isle de Leucade, demeure-
„ roient à la République : Que le golfe de Lepante & celui d'Egine, se-
„ roient communs aux deux Etats, & que l'on n'y souffriroit aucun Cor-
„ saire : Que les isles de l'Archipel resteroient sujettes du Grand-Seigneur,
„ & que les Venitiens n'y pourroient point lever de contributions : Que
„ l'isle de Zante seroit pareillement exempte du tribut qu'elle payoit au-
„ paravant au Grand-Seigneur : Que les forteresses de Clin, de Siclut &
„ de la Gabella en Dalmatie, demeureroient aussi à la République. Et afin
„ qu'il n'y eût plus de differens au sujet des limites, on convint de ti-
„ rer une ligne de Clin à la forteresse de Vertica vers la source de la ri-
„ viere de Cettina ; de Vertica le long de cette riviere à Sign ; de-là à
„ Duare ; de Duare à Vergoras, d'où elle seroit continuée à Siclut & à la
„ Gabella, place située dans l'Erzegovine sur le bord Oriental de la Na-
„ renzza. On ajouta de plus que la République de Raguse resteroit conti-
„ gue aux Etats du Grand-Seigneur, sans qu'on pût en empêcher la
„ communication par aucun obstacle ; enfin que Castelnuovo & Risano
„ près de Cattaro, demeureroient à la République, ainsi que les autres
„ forts dont elle se trouvoit alors en possession de ce côté-là (34). " Il

(34). Sagredo.

y eut quelques difficultés au sujet des limites entre l'Empereur & la République ; mais elles furent bien-tôt terminées, & la tranquillité fut entierement rétablie de ce côté-là.

Il ne se passa cependant rien de considérable dans l'intérieur de la République, qui étoit en bonne intelligence avec les Princes ses voisins. Elle ne voulut pas même prendre part à la guerre qui fut occasionnée par l'élévation du Duc d'Anjou à la couronne d'Espagne, qui lui étoit disputée par l'Empereur Leopold, & elle observa une parfaite neutralité.

La paix dont elle jouit jusqu'en 1714. la mit en état de soutenir une nouvelle guerre contre les Turcs. Ceux-ci chagrins d'avoir cédé la Morée, ne cherchoient qu'une occasion favorable de rompre avec les Venitiens, dans l'esperance de reprendre ce qu'ils avoient perdu dans la derniere guerre. Les secours que quelques Marchands Venitiens avoient fournis aux Rebelles de Damas ; & le refus que la République fit de remettre entre les mains du Grand-Seigneur les sommes d'argent que le Vaivode de Valachie (35) avoit sur la banque de Venise, parurent au Sultan des prétextes plausibles pour déclarer la guerre aux Venitiens. En conséquence il publia un Manifeste, équippa une flotte considerable, & assembla une armée de près de deux cens mille hommes. Les Venitiens dont les forces étoient de beaucoup inferieures, reçurent quelques secours du Pape, du Grand-Duc de Toscane & des Malthois.

L'Empereur prit avec plus de chaleur le parti des Venitiens ; car après avoir fait d'inutiles efforts à la Porte pour la détourner de les attaquer, il menaça de déclarer la guerre, & fit un traité de ligue offensive & deffensive avec la République. Pendant cette guerre qui fut longue & sanglante, les Venitiens remporterent d'abord divers avantages ; mais dans la suite ils perdirent plusieurs places dans la Morée. Cependant l'Empereur qui se voyoit engagé dans une guerre avec l'Espagne, desiroit avec ardeur de faire la paix ; & après plusieurs négociations elle fut conclue le 21 de juillet 1718. On stipula à l'égard des Venitiens tout ce qui avoit rapport à la Religion & au commerce ; & l'on convint ,, que chacun
,, conserveroit les places dont il étoit alors en possession : Que la forte-
,, resse d'Imotsch dans l'Erzegovine appartiendroit à la République, ainsi
,, que Tiscovatz, Sternizza, Unistia, la tour de Proloch, Erxano, & tous
,, les autres lieux dont les Venitiens s'étoient emparés dans la Dalmatie
,, & l'Albanie : Qu'on tireroit une ligne de l'un de ces lieux à l'autre à
,, la distance d'une heure de chémin de chacun d'eux, de sorte qu'ils se-
,, roient tous ensemble renfermés comme dans un demi-cercle qui se ter-
,, mineroit à la côte maritime : Que conformement à ce qui avoit été ré-
,, glé dans le traité de Carlowitz, le territoire de Raguse demeureroit con-
,, tigu aux Etats du Grand-Seigneur, à qui par cette raison la République
,, rendroit Popovo avec ses fauxbourgs, & que la communication seroit
,, aussi conservée du côté de Risano : Que l'isle de Cerigo seroit rendue
,, à la République sur qui elle avoit été prise pendant la guerre : Qu'elle

(35) Les richesses de ce Prince avoient excité la cupidité d'Achmet. Il fit déposer le Vaivode, & le fit périr dans une prison, afin de s'emparer de ses terres.

,, conserveroit

DE L'UNIVERS. Liv. II. Ch. V.

„ conferveroit Butrinte, la Preveza & Voniza avec un territoire d'une „ heure de chemin. « Cette nouvelle paix penfa plufieurs fois être troublée par differentes méprifes des Venitiens, qui s'emparerent de quelques vaiffeaux du Grand-Seigneur ; mais ces efpeces d'hoftilités n'eurent point de fuites, & il n'y eut aucune guerre confiderable entre les deux puiffances.

Tels font les principaux évenemens que l'hiftoire de la République de Venife nous fournit. Paffons maintenant à fon Gouvernement dont M. de S. Difdier nous a donné un long détail.

L'incurfion des Goths en 407. celle des Vifigoths en 413. obligerent les peuples voifins des Lagunes de s'y refugier, comme il a déja été dit. Les Padouans qui étoient les maîtres de ces ifles & de celle de Rialte, firent proclamer cette derniere place de refuge : ce qui y attira beaucoup de perfonnes, tant des autres ifles que de la Terre-ferme. Ils y envoyerent trois Confuls en 421. Ce fut la premiere forme du Gouvernement de Venife en fa naiffance. Attila Roi des Huns, ravagea pour la feconde fois en 453. toute l'Italie, & détruifit entr'autres villes confiderables, Pavie, Milan, Padoue & Aquilée. Les ifles des Lagunes, & fur-tout celle de Rialte, fe peuplerent encore davantage des déplorables reftes de ces villes. Padoue fe rétablit enfin ; & pour maintenir Rialte & les autres ifles fous fa dépendance, le Senat lui envoya des Tribuns pour les gouverner. Cette feconde forme de gouvernement dura près de trois cens ans, jufqu'en l'année 709. où les Tribuns des douze principales ifles des Lagunes formerent le deffein de compofer une République, & d'élire quelqu'un d'eux pour en être le chef. Pour ne point bleffer le droit que Padoue avoit dans ces lieux, ils s'adrefferent à l'Empereur Leon Souverain de tout le pays, & au Pape Jean V. de qui ils obtinrent la permiffion d'élire leur Prince, qu'ils nommerent Duc ou Doge. C'eft à Eraclée, ville des Lagunes, dont on ne voit plus aujourd'hui que quelques ruines, que fut élu le premier Doge Paul-Luce Anafefte.

Les Doges eurent un pouvoir abfolu jufqu'en 1172. où les notables Citoyens après la mort de Vital Micheli, choifirent onze perfonnes recommandables par leur probité & par leur mérite, qui fe retirerent dans l'Eglife de faint Marc, & y élurent Sebaftien Ziani. Mais afin que le peuple ne jouît plus du droit d'élire le Doge, & pour limiter en quelque forte l'autorité du Prince, on établit un Confeil qui en étoit tout-à-fait indépendant, duquel on devoit élire des membres pour être eux-mêmes électeurs du Doge. Il fallut fatisfaire le peuple que cette nouvelle forme de gouvernement auroit pu révolter, & on lui accorda le droit de créer douze Tribuns qui puffent contre-balancer l'autorité du Prince, en refufant de foufcrire à fes ordonnances, qui pour lors n'auroient aucun effet. Ces Tribuns élifoient tous les ans deux cens quarante Citoyens de tous états, quarante par chacun des fix quartiers de la ville pour compofer le grand Confeil qui venoit d'être établi. Ce Gouvernement dura 117 ans, jufqu'à ce qu'en 1289 le Doge Pierre Gradenigo changea toute la face de la République. Il fixa à perpétuité le grand Confeil à un certain nombre de Citoyens & à leurs defcendans, auxquels, à l'exclufion de tous les autres, devoient appartenir la connoiffance & la fouveraine adminiftration

Tome II.   E e e *

Marginalia: RÉPUBLIQUE DE VENISE. — Ancienne forme du gouvernement de Venife. — Etabliffement d'un Confeil indépendant. — Tribuns élus par le peuple. — Fixation du grand Confeil.

République de Venise.

des affaires de l'Etat. Cette innovation lui attira la haine de plusieurs anciennes familles de la République comprises dans l'exclusion. On projetta de le massacrer, lui & tous ses partisans; mais la conjuration échoua & donna occasion à de nouveaux reglemens, auxquels la République doit en partie l'union & la vigueur où on la voit encore aujourd'hui.

Forme actuelle du gouvernement.

Dans l'ordre extérieur de son Gouvernement elle conserve l'image de la Monarchie, en la personne du Doge, au nom duquel se font les ordonnances, les dépêches & les négociations : de l'Aristocratie; dans les Sénateurs, parmi lesquels se trouvent les plus sages têtes de l'Etat, & qui reglent avec une autorité absolue les affaires les plus importantes : & de la Démocratie; dans le grand Conseil qui est l'assemblée de toute la Noblesse, & qui distribue la plupart des charges & des dignités à ceux qui s'efforcent de les mériter; & quand ils en sont revêtus, ce qui ne se fait que par la voye des suffrages, ils n'ont de pouvoir qu'autant qu'il plaît à ce grand corps de leur en conserver.

Le Dogat.

Le but de la République depuis l'établissement des Doges & dans les differens changemens arrivés dans la forme de son Gouvernement, a toujours été de restreindre & de borner le pouvoir de ses Princes. Ce fut surtout à la fixation du grand Conseil en 1289 qu'ils perdirent le crédit qui leur étoit resté depuis la création du même Conseil. Le Doge est assujetti

Conditions qui l'accompagnent.

à toutes les loix sans aucunes réserves. Le Senat en a même fait de particulieres à son égard. Les freres, enfans & petits-fils d'un Doge ne peuvent posseder aucunes charges de la République qui soient relatives au Gouvernement; & s'ils en possedent, il faut qu'ils s'en démettent après que l'élection est faite. Autrefois la femme d'un Doge étoit traitée en Princesse; mais le Senat depuis long-temps n'en a plus voulu couronner. Cela n'empêche pas que les familles qui n'ont point encore donné de Doges à la République, ne fassent tous leurs efforts pour obtenir cet honneur, dans l'esperance d'affermir leur fortune, si le Doge peut vivre long-temps dans cette dignité : c'est même une raison pour laquelle on l'établit à vie, & il en est d'autant plus dépendant du Senat & consideré chez les étrangers. On fait ordinairement choix d'un Procurateur de saint Marc, ou d'un Senateur qui s'est signalé par des services rendus à la République, soit dans les Ambassades, soit dans le commandement de la flotte, soit dans l'exercice des premieres charges. Le Doge préside à tous les Conseils; mais ce n'est qu'à la tête du Senat, dans les Tribunaux où il assiste, & dans le Palais Ducal de saint Marc qu'on le reconnoît pour Prince de la République.

Hors de-là, il se voit réduit à la condition d'un simple particulier, & il n'ose se mêler d'aucune affaire : il ne peut quitter la ville sans l'aveu de ses Conseillers. On prétend qu'autrefois il n'avoit pas même la permission de quitter son Palais. Lorsqu'il sort de la ville, il n'a aucune marque distinctive de sa dignité ; & un Noble feint de ne pas le reconnoître de peur de lui rendre des respects qui ne lui sont dûs que lorsqu'il est avec la République (36). On lui donne le titre de *Votre Sérénité & de Séré-*

(36) Il ne peut faire ni recevoir aucunes visites de quelque importance, sans l'agrément du Sénat.

nissime Prince ; mais ce sont des qualités qu'on ne regarde pas comme attachées à sa personne ; & les Ambassadeurs en son absence, se servent des mêmes termes en parlant au Collége ; & lorsqu'ils ont dit *Votre Sérénité*, ils ajoutent toujours, *Vos Excellences*. Les dépêches se font en son nom. Les réponses des Ambassadeurs lui sont adressées ; mais il ne peut les ouvrir ni y répondre : ce qu'on peut faire sans lui. Les Senateurs ne déliberent sur aucune proposition des Ambassadeurs ou des autres Ministres que lui & ses Conseillers ne se soient retirés. Et lorsqu'on a pris les avis des Sages, la déliberation est dressée par écrit & portée à la premiere assemblée du Senat, où le Doge n'a que sa voix comme les autres Senateurs. Lorsqu'il avoit une autorité souveraine, la monnoye étoit battue à son coin ; à présent elle ne porte plus que son nom : en place de son portrait, c'est un Doge revêtu des habits Ducaux, à genoux devant l'image de saint Marc, qui est le Hieroglyphe de la République, pour faire entendre que le Prince lui est sujet. Les particuliers peuvent faire battre monnoye dans l'endroit où elle se fabrique, mais avec la permission du Doge à qui l'on paye un droit. La République lui fournit de grosses sommes pour les frais de sa maison & pour ceux des repas qu'il donne quatre fois l'année aux Ambassadeurs, à la Seigneurie & à tous les Senateurs qui assistent aux fonctions de ces jours-là ; il peut vendre les charges de Commandeurs du Palais, ou Huissiers de la Justice, & celles des vingt-cinq Ecuyers du Doge : il a de plus la collection de tous les bénéfices de saint Marc ; & tout cela ensemble lui forme un revenu considerable. Quoique la République lui ait fait accorder par les Papes les véritables prérogatives de la Majesté Royale, & la préseance au-dessus des autres Princes après les têtes couronnées, elle semble lui enlever cet avantage en le mettant, à l'égard des Cardinaux, au rang de tous les autres Princes d'Italie. Il va recevoir un Cardinal à sa gondole dans une visite particuliere ; & lorsque celui-ci va à l'audience, il s'assied dans la chaise du Doge à sa droite.

La République a quelquefois obligé ses Princes à recevoir ou à retenir leur dignité ; & aussi elle a sçu les déposer quand elle les a jugés hors d'état, par leur âge ou par leurs infirmités, de lui être utiles.

Lorsque le Doge est mort, on embaume son corps, & ensuite on l'expose sur un lit de parade pendant trois jours, pour donner le temps à ses créanciers de demander ce qui peut leur être dû ; & ses héritiers sont obligés d'acquitter ses dettes ; autrement il seroit privé des honneurs funèbres qu'on lui rend aux dépens de la République, & qui entr'autres choses ont ceci de particulier : la seigneurie y assiste en veste d'écarlate, pour faire entendre au peuple qu'il ne doit point s'affliger d'une mort qui n'intéresse point la liberté ni la souveraineté de la République. Dans l'espace de ces trois jours, la vie du défunt Doge est scrupuleusement examinée par trois Inquisiteurs élus à cet effet, qui écoutent toutes les plaintes qu'on peut faire contre sa conduite publique ou privée, & qui font droit sur les moindres choses, aux dépens de la succession.

Après les obseques, les Nobles qui sont âgés de plus de 30 ans s'assemblent dans le grand Conseil, pour y élire cinq Correcteurs, qui ont le droit d'a-

Marginalia:
République de Venise.
Revenus du Doge.
Obseques du Doge.
Election d'un nouveau Doge.

RÉPUBLIQUE DE VENISE.

jouter quelque chose aux Statuts, que le nouveau Doge, après son élection, jure d'observer inviolablement, ou d'en retrancher tout ce qu'ils jugent inutile ou contraire au bien de l'Etat. Par ce moyen la République ôte à ses Princes toute occasion d'interpréter les termes de leurs obligations, ou d'en restreindre le nombre.

Il doit y avoir quarante & un électeurs du Doge : & telle est la maniere dont on les tire du corps de la Noblesse, qui compose le grand Conseil. Il y a dans une urne autant de balles que de Nobles ; & trente de ces balles sont dorées. Des trente Nobles qui ont chacun une balle dorée, neuf seulement ont le droit d'élire, & c'est le sort qui en décide. Ces neuf en élisent quarante, qui se trouvent par le sort réduits à douze : ces douze en choisissent vingt-cinq, que le sort réduit encore à neuf, lesquels nomment quarante-cinq Nobles, & de ces quarante-cinq on en tire au sort onze, pour nommer enfin les quarante & un veritables électeurs du Doge. On voit que le sort & le mérite concourent également à une action si importante, & que par ce moyen la République a sçu écarter toutes les brigues, & donner à presque toutes les familles la satisfaction de contribuer à l'élection de leur Prince.

Les quarante & un électeurs du Doge, après avoir été tous approuvés dans le grand Conseil, s'enferment dans le Palais de saint Marc, où ils sont gardés & traités de la même maniere à peu près que les Cardinaux le sont dans le Conclave. L'élection est ordinairement bien-tôt faite : cependant elle traîne quelquefois en longueur, parce qu'il faut des quarante & une voix en avoir vingt-cinq pour être fait Doge. Le Doge qui vient d'être élu prête aussi-tôt le serment, & se montre ensuite au peuple. Il reçoit les complimens de son élévation par la bouche du grand Chancelier, & cela dans la salle où il doit être exposé après sa mort, pour lui faire comprendre tout le poids des obligations qu'il vient de contracter, & rappeller à son souvenir que sa vie sera discutée & jugée sévérement dans le lieu-même où il reçoit les rênes de l'Etat. Sorti de cette salle, il monte dans une machine destinée pour cette cérémonie, & qu'on nomme le *Puits*, à cause de sa figure. Elle est soutenue sur un brancard très-long, & environ deux cens hommes la portent sur leurs épaules. Le Doge y est assis, & a debout derriere lui un de ses enfans, ou de ses plus proches parens. Il a deux bassins pleins de pieces d'or & d'argent frappées exprès pour cette occasion : il jette au peuple toute cette monnoye, tandis qu'il fait le tour de la place de saint Marc.

Marche du Doge aux cérémonies solemnelles.

Le Doge dans les cérémonies solemnelles où assistent les Ambassadeurs & la Seigneurie, est précédé par le Clergé de saint Marc, & ensuite par les Huissiers ou Commandeurs du Palais, desquels huit portent des étendards, où l'on voit peint le lion de saint Marc, & qui sont de differentes couleurs. Il y en a deux bleus pour signifier la paix ; deux rouges, symboles de la guerre, deux violets & deux blancs ; ceux-ci signifient la ligue, & ceux-là la treve. De ces huit étendards, les deux qui répondent aux circonstances où se trouvent la République, marchent les premiers. Suivent six autres de ces mêmes Huissiers avec des trompettes d'argent, longues de six pieds, après lesquels viennent cinq Haut-bois. Ensuite les Ecuyers du Doge marchent deux à deux. Ils font inférieurs aux Citadins, & leur fonction principale est de servir à table, lorsque le Doge traite la Seigneurie & les Ambassadeurs. Après les Ecuyers viennent le Capitaine Grand, & le Cavalier du Doge, ou le maître de Cérémonie. La charge de Capitaine Grand étoit autrefois possedée par de nobles Venitiens; on l'a ensuite donnée à des Citadins; & aujourd'hui les Capitaines mêmes des Sbires peuvent la briguer. Sept ou huit de ces Capitaines de Sbires suivent le Capitaine Grand & le Cavalier du Doge. Les Secrétaires du Senat marchent ensuite; après lesquels vient le grand Chancelier. Un Ecuyer du Doge porte une chaise pliante de bois doré, garnie d'un brocard d'or, & un autre Ecuyer porte un carreau de même étoffe; un Clerc de Chapelle marche devant le Doge avec le chandelier, & le cierge blanc de sa sérénité. Le Doge a reçu la chaise d'or, le carreau, le cierge, les étendards & les trompettes de la reconnoissance du Pape Alexandre III. à qui la République avoit accordé sa protection, & que Sebastien Ziani avoit obligé dans plusieurs circonstances particulieres. Le Doge suit immediatement après tout ce cortége, & marche au milieu du Nonce du Pape & de l'Ambassadeur de France. Quand il y a à Venise plusieurs autres Ambassadeurs, ils marchent tous de front suivant leur rang, à côté du Nonce & de l'Ambassadeur de France. Lorsque François de Nouailles Evêque d'Acqs, étoit Ambassadeur de Charles IX. auprès de la République, elle décida à l'imitation de la Cour de Rome, la préséance de la France sur l'Espagne. Depuis ce temps-là, l'Ambassadeur d'Espagne n'assiste point aux fonctions publiques. Le plus ancien des Ecuyers tient élevé sur la tête du Doge, un grand parasol en forme de pavillon, garni d'un gros brocard d'or. C'est encore Alexandre III. qui en a fait présent au Doge. Après le Doge, marchent ses Conseillers deux à deux. Le premier est accompagné du Noble, élû pour aller remplir la premiere Podestatie, ou le premier gouvernement qui vaquera dans les Etats de la République. Ce Noble marche à la droite du Conseiller, & porte à deux mains une longue épée dans son fourreau de velours cramoisi. On en porte une autre derriere le Doge, & elle est la marque de la dignité de grand Ecuyer de l'empire d'Orient, dont le Doge Pierre Gradenigo fut revêtu par l'Empereur Michel, & que plusieurs Doges possederent après lui. On porte cette épée après ce Prince, & à la tête de la seigneurie, pour faire voir que le Senat à toute l'autorité, & que le Doge n'en a que l'ombre. Après les six Conseillers du Doge, viennent trois Chefs de la *Quarantie* criminelle, deux Avogadors, trois Chefs du Conseil des dix, deux censeurs & plusieurs Senateurs marchant tous deux à deux, avec la veste ducale qui est de pourpre.

Quand la cérémonie se fait dans l'Eglise de saint Marc, le Doge s'assied à la premiere place, à la main droite de la porte du chœur: il a à son côté le Nonce & l'Ambassadeur de France, sans qu'il y ait entr'eux de place vuide. Mais les Conseillers placés au même premier rang qui est à côté, sont à quelque distance. Tous les Chefs qui se trouvent aux fonctions publiques avec le Doge & les Conseillers, sont sur deux autres rangs de bancs du même côté; & les Senateurs qui représentent le Pregadi, sont de l'autre. On leur donne à tous la paix à baiser, & les honneurs de l'encens, aussi-bien qu'au Doge, pour marquer qu'ils assistent à ces cérémonies, moins pour former le cortége du Prince, que parce qu'ils sont, comme lui, membres essentiels du corps de la République.

Lorsque la cérémonie est terminée, le Doge retourne au Palais dans le même ordre. Le Nonce & l'Ambassadeur de France le conduisent jusqu'au pied de l'escalier, & là ils prennent congé de lui. Mais une chose qui est à remarquer, c'est qu'au lieu de se retirer, ils se rangent à main droite, & demeurent là jusqu'à ce que le dernier Sénateur soit passé. Cette coutume semble déroger à la dignité d'Ambassadeur; c'est cependant un Nonce du Pape qui l'a introduite. Il poursuivoit au Sénat une affaire d'une très-grande importance, & par cette civilité outrée, il cherchoit à se rendre favorables tous les Sénateurs. La République a saisi cette occasion de donner un nouveau lustre aux membres du Sénat, dont chacun par cet usage est honoré des plus grands Princes Chrétiens, à l'égal du Doge même.

Dans ces sortes de cérémonies, tout le monde est vêtu magnifiquement : l'or & la pourpre éclatent de toute part, & chacun porte des marques distinctives de sa dignité.

Le Collége.

On appelle *Collége* le Tribunal où toute la majesté du Prince réside. Les Ambassadeurs y vont à l'audience : on y traite des affaires étrangeres : toutes les Requêtes y sont présentées, & les Causes privilégiées ; sçavoir celles des Prélats & des Bénéfices, y sont plaidées. On y juge encore les Procès entre parens, & on y regle la compétence des Juges. En un mot, c'est à ce Tribunal que l'on prépare les matieres qui doivent être reglées au Sénat.

Le Doge, ses six Conseillers, les trois Chefs de la Quarantie criminelle, les six Sages Grands, les cinq Sages de Terre-ferme, & les cinq Sages des Ordres, composent le Collége qui représente tout le corps de l'Etat, parce que ses membres sont tous de différens âges & de différentes dignités.

Les six Conseillers du Doge.

Les six Conseillers du Doge sont toujours de vieux Sénateurs de la premiere noblesse. Ils sont Conseillers pendant un an ; mais ils ne peuvent assister au Collége que les huit premiers mois : les quatre derniers mois ils président à la Quarantie criminelle, dont les trois Chefs, nommés Vices-Conseillers, ont pendant deux mois séance au Collége. Le Doge, ses Conseillers, les Vice-Conseillers représentent la Seigneurie, & jugent toutes les Causes privilegiées qui se plaident au Collége.

Il n'y a que six Conseillers, parce qu'il n'y a dans Venise que six quartiers. Ils sont veritablement Conseillers de la Seigneurie, quoiqu'on ne les appelle que Conseillers du Doge : ils ont même plus de pouvoir que lui ; car il ne peut faire qu'avec eux ce qu'ils peuvent faire sans lui. Un Noble ne peut être Conseiller que du quartier où il demeure. Les Conseillers de la Seigneurie déliberent tous ensemble sur ce qu'ils doivent proposer au grand Conseil, & un seul peut faire telle ou telle proposition au Sénat & au grand Conseil : les Chefs de la Quarantie n'ont pas ce droit, à moins qu'ils ne soient tous trois du même avis.

Comme les Conseillers de la Seigneurie exercent une partie de leurs fonctions au grand Conseil, ils ont le droit de l'assembler extraordinairement. Le Pregadi & le grand Conseil nomment chacun de son côté à cette dignité : néanmoins les Conseillers obtiennent presque toujours la préférence dans le grand Conseil, qui approuve ordinairement les élections du Senat, quoiqu'il puisse dépoſer les élus de leurs emplois. Il eſt à remarquer qu'on ne peut dépouiller un Noble de ſa charge, ſans lui faire ſon procès, ou ſans lui donner un nouvel emploi.

Lorſque le Doge eſt malade, où que le ſiége eſt vacant, c'eſt le plus ancien des Conſeillers qui le repréſente dans toutes ſes fonctions. Mais il ne s'aſſied point dans le ſiége Ducal, & ne prend jamais les habits du Doge. On ne le diſtingue que par la barrette qu'il n'ôte point de ſa tête, comme le Doge n'ôte jamais ſa corne de la ſienne.

Les Sages Grands ſont ſix Gentilshommes d'une prudence conſommée, & qui connoiſſent parfaitement les vrais intérêts de la République, entre les mains deſquels on remet les plus grandes affaires de l'Etat. Pendant les ſix mois de leur adminiſtration, ils ſont les maîtres du Gouvernement : auſſi les Procurateurs de ſaint-Marc ſe trouvent-ils fort honorés, quand on les éleve à cette dignité. Les Sages Grands conſultent toutes les matieres qui doivent être agitées au Pregadi : dans un cas urgent ils aſſemblent le Senat. C'eſt auſſi le Sénat qui les élit ; & jamais dans une nouvelle élection on ne change tous les ſix Grands Sages à la fois, non plus que les ſix Conſeillers ; on conſerve toujours trois anciens Sages ou Conſeillers ; afin de ne pas confier les affaires à des Sujets tous nouveaux & encore ſans experience à l'égard de l'exercice qu'exigent ces places importantes.

Les ſix Grands Sages ſont de ſemaine chacun à leur tour ; & l'on peut regarder comme le Chef de la République celui qui eſt en exercice, puiſqu'il reçoit tous les Mémoires & toutes les Requêtes, qu'il propoſe les affaires au Pregadi, & que c'eſt ordinairement lui qui détermine les réſolutions du Senat : car il y porte le réſultat des délibérations des Sages, & la ſubſtance des réponſes qu'on doit faire aux depêches des Ambaſſadeurs de la République, & aux offices que ceux des Princes étrangers paſſent au Collége.

La République donne le titre de Sages de Terre-ferme à tous les Ambaſſadeurs qu'elle députe vers les Rois & les Princes ſouverains. Ils ont preſqu'autant d'autorité dans le Collége que les Sages Grands. C'eſt le Senat qui les élit pour ſix mois ſeulement. On choiſit pour cet emploi des Nobles d'un âge mûr, & qui ſe ſont diſtingués dans les divers poſtes qu'ils ont déja occupés. Le premier de ces cinq Sages, nommé le Sage de l'Ecriture, eſt proprement le Sécretaire d'Etat pour la Guerre. Les Soldats & les Officiers dépendent entierement de lui : il peut les caſſer, les juger même à mort & ſans appel, dans toute l'étendue des Etats de la République. Le ſecond eſt le Sage Caiſſier ou le Tréſorier des Guerres : il a ſoin de faire payer les troupes, les Officiers & les Penſionnaires de l'Etat. Le troiſieme eſt le Sage des Ordonnances : il eſt le Directeur des Milices de Terre-ferme. Les deux autres Sages ne ſont que pour repréſenter les trois premiers en leur abſence.

Depuis quelques ſiécles la République a fait beaucoup d'acquiſitions en Terre-ferme : ce qui a étendu & fortifié le crédit & le pouvoir des Sages de Terre-ferme. Mais quoiqu'ils ayent voix délibérative au Collége avec les Sages Grands, lorsque l'on consulte les matieres dont le Senat doit prendre connoissance ; néanmoins quand on agite dans le Senat ces mêmes matieres, ils n'ont point de voix déliberative ; & cela par une politique du Gouvernement, qui ne veut point souffrir une égale autorité dans differens emplois.

<small>République de Venise.</small>

<small>Les cinq Petits Sages.</small>

La dignité de Petit Sage ou de Sage des Ordres est une Magistrature sans jurisdiction, mais qui devient une école admirable pour la jeunesse Venitienne. Elle peut y acquerir la connoissance des affaires, & se rendre digne de posséder les premieres places de la République. Les cinq places de Petits Sages sont destinées aux jeunes Nobles d'ancienne origine, qui, n'ayant rien plus à cœur que de parvenir un jour aux dignités les plus éclatantes, commencent à donner des preuves de sagesse & de prudence, en perfectionnant leurs bonnes mœurs, ou en quittant leurs dereglemens. Ces jeunes Gentilshommes sont en charge pendant six mois, & leur qualité de Sages des Ordres les met en grande distinction : ils assistent aux consultations du Collége, ils entrent au Senat, & conséquemment ont part au secret de l'Etat. Ils n'ont point à la vérité de voix déliberative dans l'une ni dans l'autre de ces assemblées ; mais à la consultation des Sages, ils peuvent dire leur avis, en parlant debout & découverts. Ils entrent, quand ils le veulent dans la chambre secrette, pour prendre connoissance des dépêches des Ambassadeurs ou des registres des affaires de l'Etat. Ils étoient nommés autrefois Sages de la Mer, parce que dans les discours qu'ils sont obligés de faire en entrant au Collége, ils doivent parler principalement de ce qui regarde la Marine. C'est dans cette occasion où ils font briller leurs talens naturels ou acquis, ainsi que lorsqu'ils veulent parler sur les matieres qui s'agitent dans les consultations des Sages.

<small>Le Pregadi.</small>

Le Prégadi ou Senat est l'ame de la République, & le premier mobile de toutes les actions de ce grand corps. C'est le siége de l'autorité souveraine. On y conclut la paix, & la guerre ; on y traite des alliances, des ligues, de l'élection des Capitaines Généraux, des Provediteurs des armées & des principaux Officiers, & de la nomination des Ambassadeurs : on y régle les impôts suivant les besoins de l'Etat : on y fait le choix de ceux qui composent le collége, & l'examen des consultations des Sages. Le Prégadi est ainsi nommé, parce qu'autrefois, comme il ne s'assembloit que dans des cas extraordinaires, on alloit prier les citoyens les plus éclairés de s'y trouver, afin de prendre les moyens les plus sûrs de veiller aux interêts de la République. Il s'assemble à présent tous les mercredis & tous les samedis. Le Sage de semaine peut le convoquer, suivant l'exigence des cas.

Le Prégadi ne fut d'abord composé que de soixante Senateurs : mais l'importance des affaires exigea qu'on en créât soixante autres. Les principaux Nobles d'un âge & d'une experience consommés, occupent toujours ces six-vingt places. Les membres du collége, du Conseil des dix, de la Quarantie criminelle, & les Procurateurs de S. Marc entrent au Senat avec la plûpart des Magistrats de la ville, en sorte que l'assemblée est d'environ 280 Nobles, dont une partie à voix déliberative : les autres ne sont que pour écouter & acquerir la connoissance des affaires.

Il n'y a que les avis du Doge, des Conseillers de la Seigneurie, & des

DE L'UNIVERS. Liv. II. Ch. V. 409

REPUBLIQUE DE VENISE.

Sages grands, qui peuvent être *ballotés*, c'est-à-dire tirés au sort des balles. Autrement il regneroit une grande confusion dans une assemblée si nombreuse, où les avis sont sans force, s'ils n'ont la moitié des voix. Il est permis néanmoins à ceux qui n'ont pas le droit de suffrage de haranguer le Senat, pour approuver ou contredire les opinions proposées. Comme les six vingt Senateurs sont tous les ans changés ou continués comme il plaît au grand Conseil, par le moyen des *ballotations*, leur conduite est d'une circonspection admirable, & ils prennent bien garde d'abuser de leur autorité.

Il est aisé de comprendre que dans une assemblée si considérable, il peut y avoir des gens sans connoissance & sans expérience, soit par rapport à leur trop grande jeunesse, soit par le deffaut d'une éducation supérieure; & des vieillards opiniâtres, & trop attachés aux anciennes coutumes. Que peuvent donc faire les meilleures têtes du Senat, pour obvier à tout inconvenient? ils temporisent & s'efforcent par leurs harangues de se concilier les esprits, & de faire prendre un meilleur biais aux affaires importantes.

Les secrets d'Etat ne transpirent jamais au-dehors, chose assez surprenante, vû la multitude des personnes qui composent le Senat, & la différence de leurs âges & de leurs lumieres. Mais aussi la République a établi des peines severes pour les coupables, & les sermens se renouvellent lorsqu'il s'agit de quelqu'affaire importante. Si la matiere qu'on traite dans le Senat peut intéresser en quelque sorte la Cour de Rome, on exclut tous ceux qui paroissent avoir la moindre rélation avec cette cour, cette rélation ne fût-elle que de parenté. Ainsi les Senateurs ou autres assistans, qui ont des enfans ou des freres pourvus de bénéfices ou de dignités ecclésiastiques, sont obligés de se retirer sur l'heure. Tel est à cet égard l'usage des Venitiens, qui ont exclu du gouvernement tous les Ecclésiastiques.

Le grand conseil.

La souveraine autorité réside, comme je l'ai dit, dans le Senat; mais non pas toute entiere; le grand Conseil la partage avec lui. Le Senat a l'administration absolue des affaires d'Etat, & le grand Conseil dispose souverainement de toutes les Magistratures. Il élit les Senateurs, confirme les élections du Senat, crée les Procurateurs de S. Marc, les Podestats, les Gouverneurs & les Commandans des provinces, & a le droit d'établir de nouvelles loix: enfin il corrige toutes les erreurs publiques, & les fausses démarches des particuliers qui n'usent pas de leur pouvoir au gré de la noblesse.

Tous les nobles Venitiens âgés de 25 ans, & qui ont pris la veste, entrent au grand Conseil; & y ont le droit de la *ballote* ou du suffrage. En faveur des Nobles qui auroient encore cinq ans à attendre, on en tire au sort tous les ans trente, & ceux que le sort favorise, jouissent des mêmes priviléges que s'ils avoient vingt-cinq ans. Le grand Conseil s'assemble les dimanches & les fêtes, excepté les jours de la Vierge & de S. Marc. C'est en été depuis huit heures du matin jusqu'à midi, & en hyver depuis midi jusqu'au coucher du soleil; & si alors une affaire n'a pas été encore terminée, elle est renvoyée à la premiere séance; où on la recommence comme s'il n'en avoit jamais été question: il n'est pas permis d'en finir aucune dans le grand Conseil après le soleil couché. Cette assemblée se tient dans

Tome II. Fff*

République de Venise.

la plus grande salle du palais ; le Doge y préside comme au Senat : les Conseillers de la Seigneurie prennent séance à ses côtés. Les Chefs du Conseil des Dix, les Avogadors, & les Censeurs sont assis sur des bancs élevés, comme devant veiller à ce qu'il ne se passe rien de la part des Nobles contre les statuts.

Les Conseillers de la seigneurie peuvent convoquer extraordinairement le grand conseil, si quelque affaire pressante l'exige, ou le trop grand nombre d'emplois à distribuer. C'est au son des cloches des quartiers de la ville, que les Nobles se rendent au grand Conseil, où ils ne peuvent porter aucune arme sous peine de la vie. On craint que la chaleur des *ballotations* ne donne occasion à quelque désordre. Il s'est tramé en differens temps plusieurs conjurations, qui tendoient à faire périr la noblesse Venitienne d'un seul coup, & on choisissoit pour cela les jours du grand Conseil, parce qu'à l'exception des Gentilshommes qui sont employés dans les provinces, presque tous les autres se trouvent ordinairement à l'assemblée. Mais depuis ce temps-là on a mis des gardes aux principales entrées du palais, & l'on tient les autres fermées. On prend pour cet effet les ouvriers de l'arsenal, reconnus pour les sujets les plus fidéles de la République ; & leurs ouvrages n'en sont point retardés, parce que le grand Conseil ne s'assemble que les jours de fêtes. Cette milice, nommée autrement *la Maîtrise*, est sous le commandement de quelques Procurateurs de S. Marc.

Le grand Conseil ne distribue jamais que neuf emplois, & c'est toujours le sort, qui, par le moyen des *ballotations*, décide quels doivent être les Electeurs des Nobles, dont une partie doit posséder ces emplois ; & qui sont ceux qui les possederont en effet. Les Electeurs doivent être au nombre de trente-six, divisés en quatre bandes : il en est de même des Elus : ainsi il y a quatre Elus pour chaque emploi : mais on les *ballotte* l'un après l'autre, & celui des quatre qui a le plus de balles, est pourvû de la charge. Les Senateurs se dispersent dans la salle, pour voir s'il ne se commet pas quelqu'abus dans ces *ballotations* ; & un Noble qui donneroit plusieurs balles pour servir son ami, ou pour se venger de son ennemi, seroit exclu à perpétuité du grand Conseil, si la manœuvre étoit découverte.

Toutes les *ballotations* se font au grand Conseil les portes ouvertes : il y a même un banc élevé pour les étrangers curieux de voir comment les Nobles donnent leurs suffrages. Mais lorsqu'un Gentilhomme se prépare à haranguer l'assemblée sur les matieres qui y sont agitées, ou pour lui communiquer quelque avis important, on fait sortir tous les étrangers qui sont dans le Conseil. Il y a dans la salle une espece de chaire destinée pour les harangues.

Le Conseil des Dix.

Le Conseil des Dix est un des plus graves & des plus redoutables Tribunaux de Venise. C'est à lui qu'appartient la connoissance des affaires criminelles, qui arrivent entre les Gentilshommes, tant dans la ville que dans tout l'Etat, & l'examen de la conduite des Podestats, Commandans & Officiers des provinces. Il veille à la tranquillité publique, & est le maître de permettre ou de deffendre les fêtes & les divertissemens, suivant qu'il le trouve à propos : il trouve les crimes de Leze-Majesté publique, (c'est ainsi qu'on appelle à Venise la Majesté du Prince); il fait le procès à ceux qui professent quelque secte particuliere, & aux faux monnoyeurs: en un mot la jurisdiction de ce tribunal est si étendue, que son autorité ne fait pas moins trembler les Nobles que les simples sujets de la République. Sa création est de l'année 1310. Ce fut alors que la ville recouvra la tranquillité qu'elle avoit perdue depuis la conspiration de Bayamonte Tiepolo contre le Doge Pierre Gradenigo; & 25 ans après il fut confirmé à perpétuité. Le Doge préside à ce Conseil, accompagné de ses six Conseillers. Mais les dix Sénateurs qui le composent, ont le même pouvoir sans lui. Ces Sénateurs sont des Nobles du premier rang, & ils doivent être tous de differentes familles. Ils sont élus tous les ans par le grand Conseil: mais ils sont eux-mêmes les Electeurs des trois Chefs de leur corps, qui sont changés tous les trois ans, pendant lesquels ils sont en exercice par semaine. Ce tribunal sur les dépositions des témoins, & sur les réponses des accusés, fait le procès aux coupables sans qu'il leur soit permis de se deffendre par eux-mêmes, ou par la bouche d'un Avocat. Cette severité, qui a quelque chose de barbare, fait que la Noblesse supporte un tribunal si terrible d'autant moins patiemment, qu'elle est directement soumise à son autorité. Le Conseil des Dix se tient une fois la semaine; mais les Chefs peuvent le convoquer dans des circonstances urgentes. Il faisoit autrefois des traités de paix & d'alliance sans la participation du Senat, lorsque des raisons pressantes sembloient l'exiger: mais aujourd'hui il n'a plus ce pouvoir. Comme tout ce qui peut contribuer à la sûreté de la République le regarde, il a un petit arsenal dans le palais, proche la salle du grand Conseil; & une partie du canon du grand arsenal, avec quelques galeres, sont à sa disposition: il a aussi le commandement de la galere qui est toujours armée à la rive de la place de S. Marc.

Il n'y a aucun tribunal qui soit tant à redouter que celui des Inquisiteurs d'Etat. Comme de toutes les matieres criminelles, celle dont il prend connoissance est la plus délicate, il porte la severité jusqu'à punir le simple soupçon quelquefois aussi rigoureusement que le crime même. Les Inquisiteurs ne sont qu'au nombre de trois, qui sont deux Sénateurs du Conseil des Dix, & un des Conseillers du Doge, sur la vie duquel aussi bien que sur celle des Nobles, des étrangers & de tous les sujets de la République, ils ont un pouvoir absolu sans être obligé d'en rendre compte à qui que ce soit, ni d'en communiquer avec le Conseil des Dix, lorsqu'ils sont tous trois de même avis.

Leur procédure est tout-à-fait extraordinaire, & les exécutions de leurs jugemens sont aussi secrettes que ces jugemens mêmes, à moins qu'il ne s'agisse d'un crime public. La seule confrontation de deux témoins, ou le seul rapport des espions, dont ils remplissent la ville, suffit pour envoyer la nuit noyer l'accusé, dont on n'écoute point les deffenses. Cette rigueur a donné lieu à plusieurs fâcheux inconvéniens. Il est deffendu sous peine de mort aux Nobles, aux Citadins qui portent la veste, & à tous les Officiers publics, d'avoir aucune communication ou correspondance avec les Ambassadeurs ou autres Ministres des Princes, ni même avec la moindre personne de leurs maisons, & cela dans la crainte que les secrets de l'Etat ne

Republique de Venise.

Le tribunal des Inquisiteurs d'Etat.

transpirent. Les Avocats & les Médecins, à cause de la nécessité de leurs ministeres, ne sont point compris dans cette rigoureuse deffense, ce qui n'empêche pas qu'ils ne soient très-circonspects dans leurs visites. Un Gentilhomme d'un mérite reconnu, nommé Antoine Foscarini, alloit tous les soirs chez une courtisane qui demeuroit auprès de la maison de l'Ambassadeur d'Espagne. Un de ses ennemis saisit cette occasion de le perdre. Il plaça des espions, & gagna un homme de la taille de Foscarini, pour entrer chez l'Ambassadeur dans le temps que le Gentilhomme seroit chez la courtisane. Il le fit appercevoir aux espions qui le prenant pour Foscarini, vinrent faire leur rapport. Les Inquisiteurs, pour être plus certains du fait, envoyerent chez le Gentilhomme, où ils penserent qu'il pourroit être, & comme on ne l'y trouva pas, ils donnerent ordre de se saisir de lui : il fut pris la nuit à quelque distance de la maison de la courtisane, & conduit dans les prisons de l'Inquisition, où on lui envoya un confesseur & un bourreau. Le Gentilhomme par ses protestations, persuada le confesseur de son innocence : celui-ci rapporta la chose aux Inquisiteurs, qui, sans l'écouter, ordonnerent que leur jugement fut exécuté sur l'heure. L'ennemi de Foscarini se voyant au lit de la mort, fit un aveu public de l'artifice dont il s'étoit servi pour le perdre. On décerna des honneurs à la mémoire de l'infortuné Gentilhomme, on fit satisfaction à sa famille, & depuis ce tems-là, il fut ordonné que les Inquisiteurs ne condamneroient plus à mort un Noble pour de telles accusations sans l'entendre.

La Noblesse redoute tant d'être suspecte au Tribunal des Inquisiteurs d'Etat, que si quelque Gentilhomme, croyant s'adresser à un de ses amis, attaque l'un des gens de quelqu'Ambassadeur, il va aussi-tôt en faire sa confession à l'un des membres de ce Tribunal, qui lui ordonne d'être à l'avenir plus circonspect.

Si quelqu'Etranger de consideration donne des soupçons aux Inquisiteurs, la moindre punition qu'il ait à craindre, c'est de recevoir un ordre signé d'un de ces Magistrats, par lequel il lui est enjoint de sortir sous vingt-quatre heures des Etats de la République, à peine de mort, si on l'y trouve ce terme expiré.

Avogadors. Il y a à Venise deux Magistrats dont la fonction ressemble assez à celle des Avocats & des Procureurs-Généraux. On les nomme Avocats de la Commune, parce qu'ils instruisent les procès, & qu'ils plaident contre les Criminels pour l'observation des Loix. Ils ont une petite jurisdiction, & jugent les procès qui s'élevent entre les Sujets pour des coups, pour des injures, pour l'enlevement des filles. Mais pour les affaires importantes, ils sont obligés de les porter aux Tribunaux qui doivent en connoître. Ils représentent les anciens Tribuns de la République, puisqu'ils ont le droit de suspendre pour trois jours les jugemens de tous les Tribunaux, & même de celui des Inquisiteurs d'Etat, lorsqu'il ne s'agit point d'un crime positif, mais seulement de l'exécution des Ordonnances, que les Juges superieurs peuvent faire sur la matiere d'Etat ; & ils doivent pendant ces trois jours alléguer les raisons de leur interposition : lorsqu'elles sont bien fondées, on délibere de nouveau sur les mêmes matieres. Les deux Avogadors sont élus par le Sénat, & confirmés par le grand Conseil, dont les délibérations feroient nulles, si l'un d'eux n'y assistoit. Quoiqu'il y ait trois Quaranties ou Chambres, composées chacune de quarante Juges, nous ne parlerons que de la criminelle, qui après les Tribunaux où l'on traite des affaires d'Etat, est le plus considerable. C'est même le plus ancien de tous. On ignore son origine; mais il est certain qu'il existoit avant la création des deux Quaranties, que l'on nomme vieille & nouvelle. Autrefois cette Chambre connoissoit des affaires civiles & criminelles, & même des crimes d'Etat & de tous ceux de la Noblesse. Mais à présent sa jurisdiction est bien affoiblie, & le Conseil des Dix lui enleve toutes les affaires importantes. Néanmoins ce Tribunal est toujours fort consideré, parce qu'il est l'entrée aux dignités du Sénat & du grand Conseil. Les quarante Juges qui le composent ont voix déliberative au Sénat, & les trois Chefs, qui sont les Présidens de cette Chambre, prennent séance au Collége pendant les deux derniers mois qu'ils sont en charge.

Le Doge avec les Conseillers de la Seigneurie, présidoit autrefois à la Quarantie criminelle ; mais on s'est contenté d'y faire présider trois des Conseillers pendant les quatre derniers mois de leur année ; & cela afin de voir le rapport & la communication qu'il y a entre le Collége & la Quarantie criminelle par le moyen des principaux membres. C'est à cette Chambre où les Avogadors font souvent par leur interposition renvoyer les décisions des Conseils souverains sur les affaires civiles & criminelles des particuliers pour être revues, & quelquefois même annullées ; & c'est aussi à ce Tribunal que le Doge Pierre Gradenigo fit passer le decret de la fixation du grand Conseil à perpétuité. Quoique les deux autres Quaranties soient les degrés ordinaires pour monter à celle-ci, beaucoup de riches Nobles, qui regardent les deux premieres comme des emplois fort au-dessous d'eux, s'efforcent par leurs brigues d'entrer *per saltum* dans la Quarantie criminelle, qui donne de grandes prerogatives, & où l'on peut acquerir un mérite utile au bien de la République.

La maniere dont on procede dans les affaires criminelles feroit croire qu'on cherche moins à s'assurer du coupable qu'à instruire à fond le procès. Cependant lorsqu'on a toutes les preuves nécessaires, on envoye rompre la porte de la maison du Criminel, pour faire chez lui avec quelqu'éclat perquisition de sa personne. C'est le Capitaine Grand qu'on charge de cette exécution ; & sur le rapport que fait cet Officier de l'absence du Coupable, il est cité à comparoître dans un terme plus ou moins long, suivant la grieveté du délit, & il n'en est pas moins en sûreté, pourvu qu'il ne paroisse pas aux lieux publics de saint Marc & de Rialte. Il peut même faire demander jusqu'à trois délais ; & lorsqu'il voit qu'il manquera de moyens de justification ou de protections assez fortes, il lui est facile de s'évader. Ce qui fait qu'à Venise la plupart des Criminels sont jugés par Contumace, & le jugement est accompagné de conditions proportionnées au crime : *Que le Condamné ne pourra jamais acheter de graces*, comme il se pratique à Venise : *qu'on donnera une somme considerable à celui qui le tuera dans les Etats de la République : que cette somme sera doublée, si on le tue dans des pays étrangers*, &c. Si le crime interresse vivement la Ré-

République de Venise.
La Quarantie criminelle.

Procédure des affaires criminelles.

publique, on accorde au meurtrier du Condamné le droit de délivrer même un Criminel d'Etat. Cette politique fait que le Criminel n'est en sûreté dans aucun asyle. On a cependant vu des Nobles coupables des plus grands crimes obtenir leur grace, & être rétablis dans leurs biens & dans leur noblesse.

 Lorsque le Coupable est dans les prisons, & que son procès est instruit, l'Avogador prend le jour qu'il lui plaît pour l'audience ; il le fait conduire devant les Juges, & là il plaide fortement contre lui, & conclut toujours à une punition très-sévere. L'Avocat du Criminel répond à tous les chefs d'accusation & employe toute son éloquence pour exciter la compassion des Juges. Il se jette même à leurs pieds, ainsi que le Coupable & sa famille. Cette coutume, qui tient des anciens usages de Rome, offre aux yeux de toute l'assemblée un spectacle fort touchant. Enfin tout le monde étant retiré, on *ballotte* l'opinion de l'Avogador contre celle qui est proposée par les Chefs, & qui est toujours la plus douce. C'est aussi par la *ballotation* que tous les degrés de punition sont déterminés. Par-là les Juges décident de la vie & de la mort des Criminels sans être obligés de rendre raison de leurs opinions : on ne sçait pas même ceux qui sont contraires ou favorables au Coupable. C'est toujours la pluralité des balles qui l'emporte. Comme les Juges sont maîtres & souverains, on ne leur demande pas s'ils ont des grades dans les Facultés de Droit ou la connoissance du Droit, pour exercer comme il faut leurs charges. De même que les Officiers d'armée jugent selon les regles de la guerre, de même aussi ces Magistrats ne jugent que conformément aux loix, à leur conscience & à leurs lumieres naturelles.

 Au reste, les affaires criminelles traînent fort en longueur. On laisse des années entieres les coupables dans les cachots, pour leur faire expier une partie de leur crime. On en condamne souvent pour huit ou dix ans, & quelquefois pour toute la vie aux prisons obscures : ce sont des cachots presqu'au dessous de l'eau, où l'on ne voit d'autre clarté que celle d'une petite lampe, & qui rassemblent toutes les horreurs du tombeau. La République a besoin de forçats, aussi condamne-t'on aux galeres pour des fautes très-légeres. La coutume d'accorder des graces pour de l'argent, est une invention qui d'un côté est très-utile à l'Etat, mais qui de l'autre ouvre la porte à tous les crimes par l'espoir de l'impunité.

 La dignité de Procurateur de S. Marc se donne à vie, comme celle de Doge. C'est une des plus éminentes de la République, par la relation qu'elle a avec le gouvernement de l'Etat, & par les grands priviléges & prérogatives qui l'accompagnent. Elle donne l'entrée au Senat & le pas au-dessus de tous les autres nobles Venitiens. Les Procurateurs sont censés les premiers Senateurs, & comme tels, ils sont exempts de toutes les charges publiques qui obligent à de grandes dépenses, excepté dans des ambassades extraordinaires, & dans les commissions importantes. Rien n'excite tant l'ambition de la noblesse Venitienne que la Procuratie, & ce n'est que par de grands services rendus à l'Etat qu'on peut y prétendre. Il y a plus de 680 ans qu'un Procurateur de S. Marc a été créé pour prendre le soin de cette Eglise, & en administrer le revenu : la République en a créé un second plus de 80 ans après : dans la suite, les biens de cette Église augmentèrent ; on en créa un troisieme, & à chacun des trois Procurateurs on donna plusieurs fois deux collégues, de maniere que depuis environ 300 ans, le nombre fut fixé à neuf, composant trois procuraties ou chambres, chacune de trois Procurateurs. La premiere se nomme la procuratie d'en haut, & prend le soin de tout ce qui concerne l'Eglise ; la seconde distribue aux pauvres les biens legués par les habitans qui sont en-deçà du grand canal, & s'appelle la procuratie d'en-deçà, ou citérieure ; & la troisieme, nommée la procuratie d'au-delà, ou ultérieure, a la direction des biens laissés aux pauvres par ceux qui demeurent au-delà du même canal. Comme les richesses de l'Eglise de S. Marc s'accrurent considérablement par les grandes donations du Doge Sebastien Ziani, la République multiplia la dignité de Procurateurs, pour en décorer les Nobles qui rendoient des services à l'Etat. Les Procurateurs sont les exécuteurs de tous les legs pieux, prennent les orphelins sous leur tutele, & les veuves sous leur protection. Tous les ans ils marient de pauvres filles, & ils donnent gratis des habitations qui dépendent de leurs procuraties.

Dans les besoins de l'Etat, la République a vendu la veste ducale de Procurateur. Mais quoique les Procurateurs qui se font par argent jouissent des mêmes priviléges que les neuf anciens Procurateurs qu'on appelle, pour les distinguer des autres, Procurateurs par mérite, cependant il y a cette difference entre ceux-ci & les premiers, qu'après la mort d'un Procurateur par mérite, le grand Conseil en élit un autre avant les obseques du défunt, au lieu qu'on ne remplace point un Procurateur par argent ; & cela afin de réduire avec le temps les Procurateurs au nombre fixé. Les Procurateurs sont maîtres de la bibliothéque de S. Marc, & gardiens des archives de la République. Ils tiennent leurs conseils ordinairement trois fois la semaine, dans le superbe bâtiment des procuraties neuves.

A l'entrée publique d'un nouveau Procurateur de S. Marc, lorsqu'il va en cérémonie complimenter le Doge, & prendre possession de sa nouvelle dignité, la joye éclate dans toute la ville, & comme la marche se fait par la mercerie, les marchands à l'envi parent les rues & les boutiques le plus richement qui leur est possible : les rues sont couvertes en berceau avec de grandes pieces de draps blancs, & de part & d'autre on ne voit que riches tableaux, brocards magnifiques, dentelles superbes, &c. Il y a un concours de monde étonnant : la moitié des hommes, & sur-tout des Dames & des courtisanes, pour voir ces cérémonies avec moins de contrainte, y assiste en masques, suivant l'usage autorisé par la liberté Venitienne.

Le nouveau Procurateur se rend à l'Eglise de S. Salvador, où s'assemblent tous les Procurateurs, les Senateurs & les Nobles qui veulent l'accompagner à l'audience : on célebre une grande messe en musique, après laquelle tous sortent deux à deux, le nouveau Dignitaire à la tête, auquel le plus ancien des Procurateurs donne la main. On arrive à travers une affluence de peuple au palais de S. Marc : le nouveau Procurateur monte au collége, dont il trouve les portes ouvertes ; ce que font aussi les Ambassadeurs à leur premiere audience : il salue comme eux trois fois le collége, & prend séance entre les Sages-Grands, & le dernier des Chefs de la Qua-

République de Venise.

Leur entrée publique.

rantie criminelle ; c'est la place des envoyés des Princes. Après son remerciment fait à la République, & la prestation de son serment, il va avec le même cortège aux procuraties neuves, où il est revêtu de sa dignité. Il retourne chez lui en gondole au bruit du canon, de la mousquetterie & des trompettes, & au milieu d'un grand cortège de gondoles & de barques magnifiquement parées. Les Gondoliers de chaque trajet de la ville, sont obligés de fournir pour ce cortége une péote à dix rames, moyennant un demi-ducat & une certaine quantité de pain & de vin qu'on leur distribue par tête à la maison du Procurateur, sur la libéralité duquel ils mesurent leurs acclamations. Le Procurateur donne bal chez lui pendant trois jours : les masques s'y trouvent en grand nombre ; on n'y épargne point les rafraîchissemens. Pendant tout ce temps on allume dans tous les quartiers de la ville où il y a de ses parens ou de ses amis, des falots & des feux de joye. Toutes ces réjouissances sont accompagnées de fréquentes décharges de boëtes, & la fête est presque aussi magnifique & générale que si la République eût triomphé de quelque puissant ennemi.

<small>République de Venise.</small>

<small>Le Grand Chancelier.</small>

La République ne pouvant se passer du ministere des Citadins, a voulu pour exciter le zéle & s'assurer la fidélité des principaux membres de ce grand corps, établir la dignité de Grand-Chancelier, à laquelle on ne parvient que par l'importance des services rendus à l'Etat. C'est la derniere récompense où aspirent les Sécretaires de la République, dont les premiers sont ceux du Conseil des Dix. Le Grand-Chancelier a la préféance sur tous les Magistrats, à l'exception des Conseillers & des Procurateurs de S. Marc ; ce qui l'égale en apparence aux premiers Sénateurs, & même l'éleve au-dessus d'eux en plusieurs choses. Il porte la veste ducale de pourpre, & a le titre d'excellence ; il tient les sceaux de la République, & en a le secret : les portes de tous les conseils lui sont ouvertes ; il assiste à la lecture des dépêches & des réponses des Ambassadeurs, & à tout ce qu'on agite dans le Senat ; il lit dans le grand Conseil tout ce qui s'y doit *balloter* ; en un mot il est le Chef des Citadins, comme le Doge l'est des Nobles. Avec toutes ces prerogatives, il n'est qu'un serviteur honoraire, qui entre dans la confidence de ses supérieurs ; & comme il n'a aucune voix délibérative, tous ses priviléges n'empêchent pas qu'il ne soit moins qu'un simple Gentilhomme : il n'use jamais de son droit de préséance que dans les fonctions de sa charge, & dans le particulier, il rend à la Noblesse les respects d'un Citadin. C'est le grand Conseil qui l'élit, & lorsqu'il prend possession de sa charge, il fait son entrée au collége à-peu-près avec la même pompe que les Procurateurs de S. Marc. Ses funérailles se font aux dépens du public ; & la seule différence qu'il y a entre son convoi & celui du Doge, c'est que la seigneurie assiste aux obséques de celui-ci en veste d'écarlate, comme je l'ai déja dit, au lieu qu'aux funérailles du Grand-Chancelier, elle a des vestes noires pour témoigner le regret qu'elle a de sa mort.

Il y a à Venise plus de cinquante magistratures ou jurisdictions subalternes, mais qui ne meritent point de détail, après celui où nous venons d'entrer des tribunaux supérieurs.

Quoique bien des Généalogistes prétendent qu'il n'est pas aisé aux familles Vénitiennes, de prouver distinctement une filiation qui remonte à plus de sept cens ans, il faut néanmoins convenir qu'il s'en trouve qui apportent des preuves très-fortes, pour ne pas dire indubitables, d'une ancienneté qui va au-delà du temps de la premiere fondation de la République. En effet les Valiers, les Candians & les Padouans qui furent envoyés par leur Senat, pour être les premiers Consuls de Rialte, & les Tribuns qui gouvernerent ensuite, étoient des personnes de qualité puissantes en biens & en crédit. Il y a encore à présent à Venise des familles qui portent le nom de quelques-uns de ces premiers Magistrats de la République naissante, comme les Badouari; & l'on doit remarquer qu'il n'est jamais arrivé dans cet état de ces troubles qui, confondant toutes choses, interrompent la suite des familles par des usurpations ou des suppositions de noms propres, & que d'ailleurs par un usage qui a toujours été une loi fondamentale de l'Etat, les noms propres ont été de tous temps constamment fixés dans les familles des nobles Venitiens.

RÉPUBLIQUE DE VENISE.
Ancienneté de la noblesse Venitienne.

La noblesse Venitienne se divise en quatre classes. La premiere comprend les douze maisons électorales, issues des douze Tribuns qui furent les Electeurs du premier Doge de la République. Elles se sont conservées jusqu'à-présent, pendant que plusieurs autres illustres maisons se sont tout-à-fait éteintes. Ces douze familles électorales sont les Contarini, les Morosini, les Badouari, les Tiepoli, les Micheli; les Sanudi, les Gradenighi, les Memmi, les Falieri, les Dandoli, les Polani, les Barozzi. Après elles, il y en a quatre presqu'aussi anciennes; car on voit dans les archives de l'abbaye de S. George Majeur, qu'elles ont signé avec les 12 précédentes en l'an 800, au contrat de fondation de cette même abbaye. Ce sont les Justiniani, les Cornari, les Bragadini & les Bembi. On nomme ces quatre familles les quatre Evangelistes, & les douze maisons électorales, les 12 Apôtres. Il y a encore huit autres familles comprises dans la premiere classe de la Noblesse, parce qu'elles étoient fort considérables avant la fixation du grand Conseil, particulierement les Quirini, les Delphini, les Soranci, les Zozzi & les Marcelli.

Premiere classe des Nobles Venitiens.

Après la destruction de la ville d'Acre en Syrie, plusieurs illustres maisons de cette même ville se retirerent à Venise, & comme elles étoient recommandables avant la fixation du grand Conseil, où elles furent comprises, on les admet parmi la noblesse d'ancienne origine.

La seconde classe de la noblesse Venitienne comprend les familles qui ont composé le grand Conseil depuis sa fixation. Cet établissement, en perpetuant le gouvernement de la République dans les mêmes maisons, les annoblit toutes alors; & elles furent écrites dans le livre d'or, qui est le catalogue qu'on commença de faire en ce temps-là de toutes les familles de la noblesse Venitienne. L'époque de la fixation du grand Conseil remonte à près de 500 ans. Ce qui fait que la noblesse de cette seconde classe est en grande considération, sur-tout depuis que les besoins de l'Etat en ont fait créer de nouvelle dans deux occasions différentes. De ces familles, dont le nombre étoit fort grand, il en subsiste encore aujourd'hui plus de 80, dont les principales sont les Mocenighi, les Capeli, les Foscarini, les Foscari, les Grimani, les Gritti, les Goussoni, les Loredani, les Donati, les Malipierri, les Nani, les Pesari, les Pisani, les Priuli,

Seconde classe.

Tome II. G gg *

les Ruzzini, les Sagredo, les Valieri, les Venieri, les Basadonna, & quelques autres qui ont presque toutes donné des Doges à la République.

On admet au rang des Nobles de la seconde classe trente familles, que le Sénat 91 ans après la fixation du grand Conseil, aggrega à la Noblesse à cause des secours pécuniaires que la République, pendant la guerre des Genois, avoit reçus de ces mêmes familles, qui n'étoient alors que de citadins & de Bourgeois de toutes sortes de professions. De ces 30 maisons, onze sont éteintes, & de celles qui subsistent encore, il n'y a guères que les Trevisani, les Vendramini, les Renieri, les Justi, & les Pasqualighi qui se fassent distinguer parmi ce grand corps de Noblesse.

Troisieme classe.

L'extrême besoin d'argent où se trouva la République pendant la guerre de Candie, obligea le Sénat de donner des titres de Noblesse à toute personne indistinctement, moyennant 100000 ducats; il falloit cependant que les requêtes présentées au Prégadi à ce sujet, fussent fondées sur quelques prétextes spécieux. Voici quelques-unes de ces familles qui sont aujourd'hui les plus considérables en biens & en alliances. Les Labbia Gentilshommes Florentins, qui, sans déroger à leur qualité, suivant les priviléges de la Noblesse de Florence, exerçoient le commerce à Venise; les Videmans originaires d'Allemagne; les Ottoboni, famille d'un grand Chancelier de la République; les Zanobi, originaires d'Avignon : ils étoient marchands de Verone; les Fini; les Manins, Gentilshommes du Frioul; les Gambara, Gentilshommes de Bresse. Le Marquis de Fonseca étoit banquier à Venise lorsqu'il acheta la noblesse : comme il étoit ouvertement dans les intérêts de l'Espagne, dont le Roi à qui il avoit prêté beaucoup d'argent, lui avoit donné pour récompense un marquisat dans ce royaume, & que d'ailleurs il ne pouvoit produire son extrait baptistaire, il éprouva beaucoup de difficultés : mais enfin il fut reçu en considération de son mérite & de ses richesses. Cette troisieme classe de nobles Venitiens, n'est pas encore employée dans les grandes charges de la République.

Quatrieme classe.

La République a donné un nouvel éclat à la noblesse Venitienne, en y aggregeant des têtes couronnées, beaucoup de Princes souverains, & plusieurs illustres maisons de France & d'Italie. Par-là elle a mis de puissantes maisons étrangeres dans ses intérêts, & en a recompensé quelques-unes, qui étant sujettes de la République, lui avoient rendu des services importans, ou qui se trouvant sur ses frontieres, lui avoient cédé des places fortes qu'elles possédoient : ce qui avoit étendu ses limites. On appelle les Nobles de cette quatrieme classe, Nobles faits par mérite. A la tête de cette classe étoit la maison de Valois, reçue & aggrégée au corps de la noblesse Venitienne en la personne de Henri III. Roi de France & de Pologne. La maison de Bourbon a fait le même honneur à la République. Henri le Grand voulut être reçu noble Venitien, par reconnoissance des services qu'il en avoit reçus. Les maisons de tous les neveux des Papes depuis Innocent VIII. celles de Joyeuse, de Richelieu, de Mazarin, des Pio, des Malateste, des Bentivoglio, qui sont les principales familles particulieres d'Italie; des Martiningues Seigneurs de Bresse, des Collates Seigneurs de la Marche-Thevisane, ont été décorées de la noblesse Venitienne, ou par grace, ou par argent. Quoique les enfans des nobles Venitiens soient censés déchus de ce rang, lorsqu'ils n'ont pas été écrits au livre d'or, dans le terme porté par une loi particuliere établie à ce sujet, cependant cette quatrieme espece de Noblesse n'est point sujette à cette rigueur, parce qu'elle ne vit point dans l'Etat, & qu'elle ne se mêle point des affaires de la République; & tous ceux qui en sont, lorsqu'ils se trouvent à Venise, peuvent, en prenant la veste, entrer au grand Conseil, & y avoir droit de suffrage.

RÉPUBLIQUE DE VENISE.

Les Benzoni & les Savornians, nobles Venitiens par mérite, demeurent dans Venise, y portent la veste & ont entrée aux conseils. Les premiers donnerent autrefois à la République la ville de Creme, qui leur appartenoit; & les derniers, qui étoient très-puissans dans le Frioul, lui ont donné quelques forteresses.

On appelle Nobles de terre ferme tout ce qu'il y a de Gentilshommes hors de Venise, & dans tout l'Etat, à l'exception de quelques familles aggrégées à la troisieme ou à la quatrieme classe de la noblesse Venitienne qui ne demeurent pas à Venise. Les nobles Venitiens croiroient s'abbaisser que de faire comparaison avec les Nobles de terre ferme, quelqu'ancienne que soit la noblesse de ceux-ci. Ils se croyent leurs souverains. Ce qui est souvent une source de fâcheux differens, les Nobles de terre ferme, ne voulant point céder à ceux de Venise, qui sont hors de la ville sans aucune charge publique; & le Gentilhomme de terre ferme est toujours puni, sa cause fût-elle la meilleure.

La noblesse de terre ferme.

Les Gentilshommes de terre ferme composent les conseils des villes dont ils sont. Ils reglent plusieurs choses, concernant la police & les intérêts publics, pourvû qu'ils n'ayent rien de relatif au gouvernement Politique, dont la République ne fait part qu'aux nobles Venitiens. Cependant lorsque quelqu'un de ces Gentilshommes prend le parti des armes pour le service de la République, elle lui donne des emplois d'importance, souvent même des gouvernemens de places & de citadelles dans les provinces. Au reste elle traite quelquefois aussi favorablement les Officiers étrangers. Disons un mot des Citadins.

Les Citadins de Venise sont toutes les bonnes familles qui forment un second ordre entre la noblesse & le peuple. Quoique beaucoup inférieurs aux Gentilshommes de terre ferme, néanmoins ils ont plus de rapport qu'eux au gouvernement de la République; & lorsqu'ils sont en terre ferme, ils vont de pair avec eux, & ont l'entrée dans les conseils des villes; & les Gentilshommes de terre ferme ont à Venise les mêmes priviléges que les Citadins; mais ils n'en font pas grand cas, s'estimant presqu'autant que les nobles Venitiens mêmes. On distingue deux classes de Citadins.

Citadins.

La premiere est de ceux qui le sont d'origine, & qui descendent des familles, qui avant la fixation du grand Conseil, avoient au gouvernement la même part que la seule noblesse Venitienne y a actuellement, & qui ne sont demeurées dans l'ordre des Citdins, que par leur exclusion du grand Conseil.

Premiere classe.

La seconde classe est de ceux à qui la République a accordé ce rang, ou par mérite ou par argent. Les uns & les autres jouissent des mêmes priviléges. Les Medecins, les Avocats, les Marchands, les Ouvriers d'étoffes d'or & de soye, & les Verriers de Mouran, qui se disent tous annoblis

Seconde classe.

par Henri III. font compris dans le corps des Citadins. La République confére aux Citadins toutes les charges ou emplois qu'elle tient au-deſſous d'un noble Venitien, comme les Secrétariats des Tribunaux, des Ambaſſades, &c. & c'eſt parmi les membres de ce corps, qui ſe vante avec raiſon d'avoir toujours été inviolablement attaché aux intérêts de l'Etat, au lieu qu'il s'eſt trouvé ſouvent des traîtres parmi les Nobles, qu'on élit, comme je l'ai déja dit, le grand Chancelier.

Il faut préſentement parler de l'éducation & des mœurs de la jeune nobleſſe Venitienne.

Les peres & meres pouſſent ordinairement juſqu'à l'excès, l'amour & la complaiſance pour leurs enfans : Ils ne leur refuſent rien de ce qu'ils peuvent déſirer, & les excuſent dans leurs fautes les plus grieves. Ils les habillent richement dès qu'ils ont atteint l'âge de ſix à ſept ans. La flatterie des domeſtiques qui cherchent à ſe faire un jour de leurs maîtres de puiſſans protecteurs, nourrit dans le cœur de ces jeunes Gentilshommes les ſentimens d'empire & de fierté, que l'indulgence & le luxe de leurs parens leur a inſpirés. Lorſqu'ils ſont capables de réflechir, & qu'ils connoiſſent qu'il n'y a qu'eux de ſouverains dans l'Etat, ils deviennent violens & emportés dans leurs deſirs, auxquels ils mettent rarement des bornes. C'eſt à l'âge de ſeize ou dix-ſept ans, qu'ils entrent en ſociété avec ceux d'un âge plus avancé, avec leſquels ils prennent en liberté tous les divertiſſemens qui leur plaiſent. Ceux qui ne peuvent point fournir à l'exceſſive dépenſe qu'exige la ſoif des plaiſirs, & la fréquentation des courtiſanes, qui ne manquent point à Veniſe, inventent toutes ſortes de moyens pour avoir de l'argent. Ils n'accordent leur protection, & leur crédit qu'à ceux qui ſçavent le reconnoître amplement. Si quelqu'un a un ennemi déclaré, il s'adreſſe à un de ces Nobles, qui fait venir cet ennemi, & qui lui deffend avec les plus fortes menaces de toucher à la perſonne qu'il protege. Quand on ne peut être payé de quelque mauvaiſe dette, on a recours à un pareil appui, & le créancier oſeroit moins manquer à la parole qu'on lui fait donner de payer à certain terme, que s'il y étoit condamné par juſtice. C'eſt ce qu'on appelle *tenir tribunal*.

La plûpart des nobles Vénitiens ont à leur ſervice certaines perſonnes prêtes à tout faire, à poignarder un homme, ou à le jetter ſur le carreau d'un coup de carabine, & à couper le viſage de quelque femme dont on a ſujet de ſe plaindre, ce qui ſe pratique communément en Italie. Ils les honorent du nom de braves, & lorſque ces prétendus braves ont affaire à un homme d'épée, & qu'ils veulent l'attaquer en gens d'honneur, ils s'équipent de pied en cap d'une armure qui les met à l'abri des bleſſures, & qui rend le combat fort inégal.

On joue beaucoup à Veniſe : mais le jeu n'eſt guères la paſſion dominante que des Nobles qui ſont déja d'un âge avancé, la jeune Nobleſſe aimant mieux courir après des plaiſirs que la jalouſie des maris, ou la débauche des courtiſanes leur fait ſouvent acheter bien cher.

On voit cependant de jeunes Nobles qui s'oppoſent au torrent, & s'affranchiſſent de la tyrannie des paſſions : ce ſont ſur-tout ceux qui s'adonnent à l'étude des belles-lettres, & des ſciences, & qui ont fait quelque ſéjour dans les pays étrangers.

Les Venitiens ont de tout temps porté une espece d'habit long à la mode du levant, & suivant l'ancienne coutume romaine. Pendant plusieurs siecles c'étoit une robe longue de couleur bleue : mais il a été immuablement fixé à une veste de drap noir, ample & longue jusqu'à terre, dont les manches sont fort larges, descendent jusques sur le poignet, & sont presque fermées par le bout. En été on porte cette veste flottante & ouverte par devant. Mais l'obligation indispensable de la porter de drap & de celui de Padoue en toute saison, est d'une très-grande incommodité pendant les chaleurs vives. Sous cette veste on porte de petites étoffes de soye noire très-propres.

Republique de Venise. L'habillement. La veste.

Tous ceux qui portent la veste, Senateurs, simples Nobles & Citadins ne mettent sur leur tête qu'une large barrette de laine noire tricotée, bordée d'un tour de grosse laine pendante, qui forme une espece de cordon. Mais presque tous les jeunes gens, par le soin qu'ils ont de leurs cheveux, portent plûtôt cette barrette à la main que sur la tête.

La barrette.

Ils sont obligés de porter l'étole par-dessus la veste. C'est un laiz de même drap, cousu en double, & qui a plus d'une aulne de long, avec une lisiere très-large aux deux bouts. Ils la jettent sur l'épaule gauche en forme de chaperon. La barrette étoit autrefois cousue à un des bouts de l'étole, qui est présentement une marque d'autorité. Cependant les citadins qui ont la veste sont obligés de porter aussi l'étole, de laquelle on se couvre, lorsqu'il pleut.

L'étole.

Les conseillers du Doge, les Procurateurs de S. Marc, les Chefs du conseil des Dix, les Sages-grands, & les Sages de terre ferme sont les seuls qui soient exempts de l'incommodité de ce gros habit pendant les grandes chaleurs. Ils portent, par un privilege attaché à leur dignité, une veste de petit camelot. En hyver on double la veste d'une bonne fourrure, on la croise sur l'estomach, & on se ceint d'une ceinture large de velours noir, garnie d'une douzaine de plaques d'argent en bosse. Ce n'est qu'à 25 ans que les jeunes nobles Venitiens sont obligés de porter cet habit, parce que ce n'est qu'à cet âge là qu'ils ont entrée dans le grand conseil. Cependant les parens font prendre la veste à leurs enfans dès l'âge de 15 à 16 ans, ce qui contribue à les faire vivre avec plus de modération. Les medecins, avocats, secretaires de la République, notaires, & autres officiers du Palais, & un grand nombre de citadins portent aussi cette sorte de vêtement; ce qui ne plaît pas à bien des Nobles, mais le Senat, par plusieurs considérations politiques, a toujours rejetté la proposition qui lui a été souvent faite de mettre quelque différence extérieure qui pût faire distinguer les Nobles de ceux qui ne le sont pas. Ceux qui portent la veste, & qui ne sont pas nobles Venitiens s'exposent à de severes reprimandes, ou même à quelque chose de plus, s'ils ne saluent profondément toutes les excellences dont Venise est remplie. Les autres personnes, le peuple, & les étrangers ne sont point tenus aux mêmes devoirs, & la liberté du pays fait que les Nobles ne prennent pas même garde, si on leur fait des reverences.

Le titre des Gentils-donnes Venitiennes n'appartient qu'aux femmes & aux filles des nobles Venitiens : cependant toutes les dames citadines ou étrangeres, d'un rang à se faire distinguer, se le donnent. Les gentils-donnes Venitiennes sont pour la plûpart d'une belle taille & d'un port majestueux : elles sont fieres, du moins en apparence; & peut-être ne le paroissent-elles que

Les Gentils-Donnes Venitiennes.

République de Venise.

pour n'avoir point ces airs des dames qui vivent dans des pays de liberté, où il y a plus de société & de commerce entre les personnes de different sexe. Elles vivent très-retirées, ne se visitent point, ne se parlent point même, lorsqu'elles se rencontrent, si elles ne sont grandes amies. Elles demeurent en deshabillé chez elles, excepté les jours de fêtes, & lorsqu'il y a concours à quelque Eglise, où elles ne manquent pas de se trouver, je parle de celles dont les maris ne poussent point la jalousie à l'excès. Car il y en a d'autres qui ne vont qu'à la Messe à la plus prochaine Eglise, & qui sont des années entieres sans pouvoir sortir de leurs maisons. Dans une réjouissance générale, ou aux mariages des nobles puissans, auxquels toutes les dames sont invitées, on en voit un assez grand nombre, & de très-bien mises. Elles se parent la tête de fleurs, & elles ont l'art de se coëffer d'un très-bon air. Elles entrent dans une Eglise d'un pas grave ; elles ont une longue queue traînante, l'usage des laquais & des pages étant inconnu à Venise ; & en quelqu'endroit qu'elles veulent s'arrêter, elles déplacent fierement le gentilhomme comme le bourgeois. Si elles se trouvent indispensablement obligées de donner ou de rendre le salut à quelque personne de grande consideration, elles s'en acquittent en trois temps, & d'un air fort embarrassé. On se soucie très-peu à Venise d'apprendre au beau sexe à faire la reverence. Elles se font suivre par le plus grand nombre de femmes de chambre qu'il leur est possible ; & ces suivantes sont assez considérées des Nobles, sans doute pour les bons offices qu'ils en esperent, & qu'elles sont effectivement en état de leur rendre, vû l'extrême familiarité qu'elles ont avec leurs maîtresses, dont elles font toute la compagnie dans la contrainte & dans les ennuis de leur solitude.

Les filles.

Les Gentils-donnes filles ne paroissent en public que couvertes d'un voile blanc d'une gaze très-fine, à travers lequel ils voyent le jour. Les filles de qualité qui veulent se faire religieuses le portent, mais elles ne s'en couvrent pas le visage, afin de voir le monde auquel elles vont renoncer. Les dames citadines se parent ordinairement du même voile, & les courtisanes aussi, pour contrefaire les honnêtes femmes.

Mariages des Nobles.

S. Disdier, dont tout ceci est extrait, dit qu'au rapport de Sabellin, à Venise, on mettoit anciennement à l'enchere les filles à marier, & qu'elles étoient délivrées au plus offrant. Cela étoit fort avantageux pour les belles : mais afin que les laides ne restassent pas sans mari, on les dotoit d'une partie de l'argent qu'on donnoit pour les belles. Cette coûtume fut abolie après l'établissement de la République. Aujourd'hui, voici comme la noblesse Venitienne se marie. On dresse un contrat, le Gentilhomme le signe, & souvent n'a jamais vû ni connu la personne qu'on lui destine. Toutes choses arrêtées, l'usage veut que pendant quelque-temps le Gentilhomme passe & repasse tous les jours à certaines heures du soir sous les fenêtres de la Gentil-donne, comme feroit le plus passionné des amans, & elle de son côté y paroît quelquefois. Il est encore d'usage que le nouveau marié, dans la premiere visite qu'il rend à sa future femme, lui porte le collier de perles qu'il est obligé de lui donner. On juge bien que dans ces premieres entrevûes, il y a souvent de part ou d'autre de singuliers accueils.

De plusieurs freres, il ne s'en marie ordinairement qu'un. Les autres ne veulent point être detournés de l'application aux affaires publiques, ou trouvent chez les courtisanes ou ailleurs, de quoi pouvoir se passer de femmes légitimes.

Il est permis, suivant les loix de la République, à la Noblesse de s'allier aux familles des Citadins, d'épouser les filles des verriers de Mouran, ou des ouvriers en étoffes d'or & d'argent, parce qu'ils jouissent, comme nous l'avons déja dit, des priviléges des Citadins. Ces alliances relevent souvent de pauvres Nobles, qui reçoivent de leurs femmes de gros biens en compensation de la qualité. Si un Noble se marioit à quelque fille d'une condition inférieure à la *Citadinance*, les enfans ne seroient que roturiers; & pour éviter tout abus sur cette matiere, un Noble même de la premiere classe doit, dans le terme prescrit par l'ordonnance, qui n'est que de peu de jours après l'accouchement de la femme, s'il est résident à Venise, comparoître devant l'un des Avogadors avec deux témoins, qui attestent que ce Gentilhomme a eu d'une telle son épouse, un enfant mâle ou femelle, appellé d'un tel nom. Après cette formalité, l'Avogador écrit le nom de l'enfant, (si c'est un mâle) sur le livre d'or: sans cela il ne seroit pas censé noble Venitien, & il n'auroit point entrée au grand Conseil, jusqu'à ce qu'il fût réhabilité: ce qui ne se peut faire qu'avec beaucoup de difficulté & de dépenses. On voit aujourd'hui des branches de la premiere Noblesse réduites à l'ordre des Citadins, parce que quelques enfans n'ont pas été écrits au livre d'or, dans le temps prescrit.

*Depuis la fondation de la République jusqu'à présent, il n'y a point eu en Europe de ville qui ait eu un plus grand commerce que Venise. En effet elle est si avantageusement située, qu'autrefois elle faisoit seule le commerce du Levant & des Indes Orientales. Il ne lui reste plus guères que le commerce de Constantinople & d'Allemagne, qui consiste dans le débit des plus riches étoffes, velours, brocateles, points de Venise, & des plus belles glaces. Il y a dans la ville un vieux palais sur le grand canal, que la République a donné aux Turcs, qui y habitent, & qui est l'entrepôt des marchandises qu'ils envoyent dans le levant, & des cuirs, de la cire, & des soyes qu'ils en font venir. La République, pour entretenir cet important commerce, a beaucoup d'égards pour eux. Elle a aussi donné aux marchands Allemands un très-beau & très-ancien palais, proche le pont de Rialte où est leur magasin, & leur a accordé des grands priviléges qui facilitent beaucoup le commerce. Les sommes qu'elle donne annuellement au Doge pour l'entretien de sa maison, & pour les frais des repas publics, sont assignées sur les revenus de ce magasin.

La bourse des marchands, nommée autrement la banque *del giro*, (*de la circulation*,) est un dépôt de l'argent des négocians entre les mains du Prince; c'est ainsi qu'ils appellent la République qui en demeure garant, & qui paye les appointemens des officiers qui en tiennent les registres. La sureté inviolable de cette banque est d'un grand avantage pour les négocians, & d'une extrême commodité pour le commerce, puisque sans débourser aucune somme on fait à tous momens des payemens, en changeant seulement les parties de nom; de maniere que les sommes circulent & changent de main sans sortir des coffres du Prince,

République de Venise.

Commerce de Venise.

La bourse des Marchands.

qui jouit de ce fond, & n'en paye aucun intérêt. Il y a toujours dans les coffres de la banque de l'argent comptant pour rembourser les intéressés qui ont besoin de leurs fonds, ou d'une partie. Mais comme, à cause de la commodité qu'il y a de négocier l'argent sans rien débourser au moyen de ses effets, on les prefere au comptant, il y a des personnes toujours prêtes à y acheter des sommes à intérêt, quoique ce fond n'en produise aucun, & cela se fait parce que ce même fond étant fixé, tout le monde n'est pas reçu à y porter son argent. Les marchands n'ont ordinairement de crédit qu'autant qu'on leur voit de fonds sur les regîtres de la banque. Si une partie de l'argent en étoit dissipée par les officiers publics, le Prince en feroit le remboursement de ses propres deniers.

Le jour de l'Ascension il se fait à Venise la plus belle cérémonie qu'on puisse voir. Le Doge accompagné de toute la seigneurie sort du palais en grande pompe, & va monter sur le bucentaure qu'on amene proche des colomnes de S. Marc. C'est un bâtiment plus long qu'une galere, haut comme un vaisseau, sans mât & sans voile ; sur le pont duquel est élevée une voûte de menuiserie sculptée & dorée en dedans, qui regne d'un bout à l'autre de la machine, & qui est soutenue par trois rangs de figures, qui forment une double galerie, avec des bancs de tous les côtés, où sont assis les Sénateurs. L'extrêmité du côté de la poupe est en demi-cercle, avec un parquet un peu élevé. Le Doge s'assied au milieu, ayant à sa droite le Nonce & l'Ambassadeur de France, & à sa gauche les Conseillers de la Seigneurie, & les chefs de la Quarantie. Ce bâtiment est orné magnifiquement ; on arbore sur la poupe le grand pavillon de S. Marc, & à la proue sont les étendards de la cérémonie, les hautbois & les trompettes. Il part de la place de S. Marc au bruit du canon, accompagné de galeres, de galiotes, de quantité de péotes, ou barques longues, & de gondoles richement ornées. On avance ainsi jusqu'aux bouches du Lido, & quelquefois un ou deux milles en mer, selon que le tems est plus ou moins assuré. Le bucentaure arrivé à l'entrée de la mer, on exécute plusieurs motets, le Patriarche de Venise bénit la mer, & le Doge reçoit du maître de cérémonie une bague d'or toute unie, & la jette dans la mer, en prononçant ces paroles : *Notre mer, nous t'épousons en signe de la véritable, & perpétuelle domination que nous avons sur toi.* On jette ensuite dans la mer des fleurs & des herbes odoriférantes pour couronner, dit-on, l'épousée. Quoique cette fonction soit la plus éclatante de toutes celles qui se font à Venise, elle est néanmoins reservée au sous-Prégadi, c'est-à-dire, aux jeunes Nobles, qui n'entrent au Sénat que pour s'instruire, sans y avoir de voix délibérative, & non aux Sénateurs ordinaires. C'est peut-être que la République n'ose pas exposer sur une maison flottante les personnes dont elle regretteroit le plus la perte, si quelque malheur arrivoit. La cérémonie finie, le Bucentaure revogue avec le même cortege, & s'arrête à l'Eglise de S. Nicolas du Lido, (*du rivage*,) où le Patriarche celebre une grande Messe, après laquelle la Seigneurie rentre dans le bâtiment & retourne à S. Marc au bruit de l'artillerie & de la mousqueterie du château du Lido, & de tous les vaisseaux qui sont à l'ancre.

Le Pape Alexandre III. persécuté en 1715 par l'Empereur Frederic II. se refugia

refugia à Venise *incognito*. Le Doge Sebastien Ziani l'ayant sçu, alla le chercher en cérémonie, le logea dans son palais, & lui rendit tous les honneurs dûs à sa dignité. L'Empereur en fut averti, & fit beaucoup de menaces aux Venitiens, qui n'en protegerent pas moins Alexandre III. Il envoya son fils Othon avec une puissante armée navale. Le Doge arma promptement 30 galeres, les commanda en personne, gagna la bataille, & fit Othon prisonnier. Le Pape fut recevoir le Doge victorieux à l'entrée du Lido, & lui donna l'anneau qu'il portoit, en lui disant que la mer, sur laquelle les Venitiens étoient si puissans, devoit leur être soumise, comme la femme l'est à son mari. Ces paroles inspirerent à la République l'idée de la cérémonie des épousailles de la mer. Elle se fait le jour de l'Ascension, parce que ce fut ce jour-là que l'Empereur, gagné par son fils Othon, se rendit à Venise, où il reconnut le Pape Alexandre, qui l'attendoit sur les pas de l'Eglise de S. Marc, revêtu de ses habits pontificaux.

DIGRESSION SUR LES USCOQUES.

COMME il a souvent été fait mention des Uscoques dans l'histoire de Venise, j'ai pensé qu'il seroit à propos de donner ici une idée de ces Brigands. On peut voir leur histoire plus au long, traitée par M. Amelot de la Houssaie, tome III. de son histoire du gouvernement de Venise.

Le desir naturel aux hommes de chercher leur liberté, a plus d'une fois obligé des peuples à abandonner leur patrie où ils étoient contraints de plier sous un joug onéreux, & d'aller chercher un asyle où ils fussent à couvert de la tyrannie. Des gens chargés de crimes, se sont pareillement trouvés dans l'obligation de quitter le lieu de leur naissance, pour éviter les supplices que méritoit leur conduite criminelle. Ces differentes raisons ont donné quelquefois naissance à de nouveaux peuples. Ce fut ce premier motif qui fut la cause de l'établissement des Uscoques dans la Dalmatie (36). Les ravages que les Turcs firent dans la Hongrie, la Grece, la Bulgarie, la Servie, mirent plusieurs habitans de ces pays dans la nécessité d'abandonner leurs terres occupées par les Infidéles, pour aller chercher une retraite où ils fussent en sûreté contre les efforts des Ottomans. Ces premieres peuplades n'étoient pas alors regardées comme des compagnies des brigands, parce qu'elles resterent tranquilles pendant quelque-temps dans leurs nouvelles demeures. Elles s'accoutumerent dans la suite à faire des courses sur les Turcs; mais bien-tôt elles attaquerent indifféremment leurs voisins, & leur causerent de grands dommages.

Pierre Chrusich, Feudataire de la couronne de Hongrie, & Seigneur de la forteresse de Clissa, y reçut les Uscoques, dans l'esperance de se servir de ces fugitifs, pour étendre son territoire aux dépens de ses voisins. Les Turcs irrités des fréquentes irruptions des Uscoques, résolurent d'en prendre

---

(36) Scoco, mot d'où l'on a formé celui d'Uscoques, signifie transfuge. *Amelot* de la *Houssaie*.

LES USCO-
QUES.

vengeance. Chrufich informé du deffein des Turcs, eut recours au Pape Paul III. & à l'Empereur Ferdinand, dont il obtint des troupes ; mais ces secours n'empêcherent pas la fortereffe de se rendre aux Ottomans après la mort de Chrufich, qui avoit été tué dans une sortie. Cette conquête mit les Turcs en état de porter avec plus de facilité leurs armes dans la Dalmatie & la Croatie. Les Ufcoques qui échapperent aux fers des Turcs, se refugierent à Segna, qui appartenoit alors aux Comtes Frangipani. Le Sultan qui avoit pris le titre de Roi de Hongrie, avoit déclaré ses prétentions sur cette ville. L'Empereur Ferdinand l'unit à sa couronne, & l'offrit pour retraite aux Ufcoques avec une somme confidérable, aux conditions qu'ils continueroient à ravager les terres de l'empire Ottoman, afin d'occuper les Turcs de ce côté-là. Les Ufcoques animés par le butin confidérable qu'ils faifoient fur les Turcs, s'accoutumerent infenfiblement à faire le métier de Pirates, & ne mirent bien-tôt plus de différence entre les Chrétiens & les Ottomans.

Ces brigandages attirerent aux Venitiens des plaintes continuelles de la Cour de Conftantinople, & penfa même leur caufer plus d'une fois des guerres confidérables de la part des Turcs qui les accufoient de favorifer ces pirates. Cependant les Venitiens les pourfuivoient fans relâche, & faifoient pendre tous ceux qui tomboient entre leurs mains. Plufieurs raifons empêchoient qu'on vînt à bout de détruire les Ufcoques. Ils étoient foutenus par les Miniftres de la Cour de l'Empereur, & par les Commandans qu'on envoyoit à Segna. D'ailleurs il étoit très-difficile de les aller chercher dans leur retraite, deffendues par des écueils, de petites ifles & des rochers. Les Ufcoques avec leurs barques légeres trouvoient moyen d'emporter les richeffes qu'ils avoient enlevées, & Segna étoit l'afyle ordinaire où ils fe retiroient. Les peuples des environs, animés par les fuccès des Ufcoques, fe joignirent à eux ; de forte que dans la fuite on les diftingua en Stipendiaires, en Cafalins & en Aventuriers. Les Cafalins étoient ceux qui étoient nés dans la ville, & qui y avoient un domicile de peres en fils ; les Stipendiaires étoient divifés en quatre compagnies de cinquante hommes chacune, fous quatre Capitaines qu'ils appelloient Vaivodes. On nommoit Aventuriers les vagabonds qui s'étoient fauvés de Turquie, de Dalmatie, de la Pouille & de Venife même. Ces derniers obéiffoient aux chefs des barques où on les employoit pour aller en courfe. Ces Pirates faifoient tous les ans plufieurs forties générales ; mais les deux plus ordinaires étoient à Pâques & à Noël. Le pillage des terres étant fouvent infructueux, ils aimoient mieux courir les mers, d'où ils rapportoient un butin confidérable. Les Turcs leur avoient oppofé une nation encore plus méchante & plus féroce, qu'on appelloit les Marteloffes ; ce qui n'empêcha cependant pas les Ufcoques d'incommoder fouvent les Infidéles. La Porte avoit offert plus d'une fois aux Venitiens de fe joindre à eux pour détruire ces brigands, & elle devoit les attaquer par terre pendant que la flotte Vénitienne les prefferoit du côté de la mer. La République ne put accepter ces offres, parce qu'elle confidéra que c'étoit ouvrir de ce côté-là un paffage aux Turcs pour entrer en Italie. La Cour de Conftantinople crut donc devoir fe fervir du prétexte d'exterminer les Ufcoques, pour déclarer la guerre aux Chrétiens ; & la Hongrie devint le théâtre sanglant d'une longue guerre. Ainsi les Uscoques furent en partie cause des maux que les Turcs firent aux Chrétiens.

La République de Venise, toujours incommodée par les fréquentes courses de ces pirates, ne cessoit de s'adresser à la Cour de l'Empereur, afin qu'on y remediât. Ce Monarque pour satisfaire les Venitiens, envoya plusieurs fois des ordres pour faire cesser les brigandages des Uscoques. Ils resterent en effet tranquilles pendant quelque-temps ; mais comme ils étoient mal payés, & que d'ailleurs ils étoient trop accoutumés au pillage pour abandonner si-tôt un métier où ils trouvoient tant d'avantage, ils recommencerent leurs courses & continuerent leurs pirateries. L'Archiduc Ferdinand étoit d'avis de transporter les Uscoques dans un endroit où ils fussent contraints de rester en repos ; mais ceux qui avoient intérêt que ces Pirates exerçassent leurs brigandages, firent entendre à l'Empereur que les Venitiens ou les Turcs ne tarderoient pas à s'emparer de Segna, si l'on en ôtoit la garde à ces peuples. Ces représentations engagerent ce Monarque à proteger indirectement les Uscoques, qui se voyant soutenus, continuerent à troubler la navigation, & à exercer des cruautés inouies sur ceux qui avoient le malheur de tomber entre leurs mains. La Cour de Madrid entra enfin dans le projet des Venitiens, & par le traité de paix, qui fut fait en 1618. entre l'Empereur & la République, on détruisit ces Brigands qui furent transportés de Segna, à Carlistot & dans d'autres lieux.

DU DUCHÉ DE PARME.

LEs villes de Parme & de Plaisance, après la destruction de l'Empire d'Occident, eurent une destinée commune avec les autres villes de l'Emilie. L'Empire d'Orient qui avoit conservé une ombre de souveraineté en Italie, la voyoit enfin réduite à une portion de la grande Grece, ou comme nous dirions aujourd'hui du royaume de Naples, & à l'Exarchat de Ravenne. Les Lombards, peuple venu du fond de la Germanie, s'étoient fait dans l'Italie un royaume qui ne subsiste plus aujourd'hui, quoiqu'il y ait une province qui porte encore ce nom. Rome, Bologne, Parme, Plaisance, Ferrare, &c. & quantité d'autres villes qui n'étoient pas assez puissantes pour se garantir seules de l'invasion des Barbares, s'érigerent en Républiques indépendantes, & formerent entr'elles une ligue dont le Pape étoit le Chef & le Protecteur. Telle fut la premiere origine de l'autorité temporelle du saint Siége sur ces villes, pour ne point citer ici la donation de Constantin, tant de fois alleguée & rejettée.

Les Lombards ayant voulu envahir ces villes comme ils avoient fait le reste de l'Exarchat, Pepin Roi de France, força Astolphe leur Roi à rendre ces villes au saint Siége. Parme & Plaisance furent comprises dans la restitution. Charlemagne ayant vaincu les Lombards & renversé totalement leur Monarchie, fit une nouvelle donation au saint Siége, & se regla sur celle de Pepin qu'il confirma & amplifia encore. Parme, Plaisance & toute l'E-

DUCHÉ DE PARME.

milie étoient de ce nombre. Les Schismes & les autres maux que l'Italie avoit soufferts, donnerent lieu à quantité de petits tyrans de se former chacun un Empire, qu'ils tâcherent d'agrandir & d'affermir autant qu'il leur étoit possible. Plusieurs de ces nouvelles dominations furent de courte durée, & passerent à peine la troisiéme génération; mais l'invasion des Viscomti à Milan, fut celle qui eut les plus dangereuses suites pour la liberté de l'Italie. Luchin & Jean fils de Mathieu, surnommé le Grand, & freres de Galeas I. obtinrent de Benoît XII. l'investiture de Plaisance, pour eux & pour leurs successeurs à l'infini. Les Plaisantins même, sentoient depuis quelques années, qu'ils ne pouvoient se maintenir sous l'obéissance du S. Siége; parce que les Papes qui résidoient alors à Avignon, ne pouvoient les deffendre de l'usurpation des Viscomti.

Dans une assemblée générale de la ville, tenue le 7 octobre 1339, les Plaisantins résolurent de députer quelqu'un de leurs citoyens, revêtu du caractere d'Orateur, vers Benoît XII. pour lui faire entendre, au nom de ses compatriotes, qu'ils avoient perdu l'esperance de vivre en paix & en sûreté dans leurs villes, si on ne cédoit le gouvernement de Plaisance, & si on ne mettoit la ville & son territoire sous la protection des Viscomti.

Dans le même temps, Jean & Luchin envoyerent aussi à Avignon un Ambassadeur, qui avoit ordre de s'unir aux Plaisantins. Le triste état où se trouvoit la Lombardie, dominée par les Viscomti qui étoient très-puissans, toucha sensiblement le Pape. Il n'étoit pas moins affligé de voir l'Etat Ecclésiastique continuellement opprimé par les usurpations de plusieurs familles qui s'étoient revoltées contre le saint Siége. Elles y avoient été autorisée par l'exemple de Frederic II. dont les forces & la témerité s'étoient augmentées depuis que les Papes avoient transporté leur Cour au-delà des Alpes. Dans ces dispositions, le Pape n'eut pas de peine à se rendre aux instances des Plaisantins & des Viscomti, & il nomma ceux-ci ses Vicaires perpetuels, à condition qu'eux & leurs successeurs payeroient tous les ans au saint Siége dix mille florins. Quelques-uns disent qu'il se réduisit à cinq mille florins d'or, parce qu'il y comprenoit quelqu'autres villes. Le Pape voulut que dans l'investiture on inserât la clause qui lui conservoit le souverain domaine, à quelque titre qu'il lui appartînt, *sive ex donatione, sive ex præscriptione, vel alio titulo quocumque*. Ce mot de prescription marque que dès ce temps-là, il y avoit déja longue possession en faveur du S. Siége. Galeas II. & Bernabo, neveux de Jean & de Luchin, possederent à même titre qu'eux les villes de Parme & de Plaisance; c'est-à-dire comme Vicaires perpetuels du saint Siége.

Le Concile de Constance tenu en 1414, ordonna d'un consentement unanime, qu'on exécuteroit exactement la Constitution qu'avoit donnée Charles IV. Empereur, pere de Sigismond, qui étoit présent au Concile. On y regla que les royaumes, les provinces & les villes, qui par témerité, violence ou quelque tromperie, auroient été alienés ou envahis, depuis le Pontificat de Gregoire XI. & après sa mort jusqu'alors par quelque personne que ce fût, Ecclésiastique, Seculiere, Empereurs même, Rois ou Papes, seroient restituées au saint Siége ou à quelqu'autre Eglise que ce fût, qui en auroit été dépouillée; cassant & annullant toutes sortes de concessfions, démembremens, inféodations faites par les Papes & par les Empereurs, &c.

Il est facile de voir que le Concile en parlant des usurpations ou concessions faites avant Gregoire IX. n'y a point compris celles de Parme & de Plaisance, cédées par Benoît XII. mais en ratifiant les anciennes concessions privilegiées, il ajoute, à condition que ceux qui possedoient ces fiefs n'en fussent pas déchus avant le Pontificat de Gregoire XI. & qu'ils eussent payé & payassent encore les cens ou les redevances dues en vertu de leurs investitures. Or Galeas & Bernabo, fils de Luchin, & Philippe Marie, fils de Jean Galeas, étoient dans le cas de l'exclusion, & n'avoient cessé de payer les cens & les redevances depuis l'an 1376; dans lequel temps le Pape Gregoire, les remit en possession de Parme & de Plaisance, jusqu'au temps que le Concile donna sa Constitution.

Bernabo, dont on vient de parler, fut empoisonné. On soupçonne que ce fut par les ordres de son neveu Jean Galeas, qui ne put posseder ses Etats qu'au même titre que ses prédecesseurs. Jean Galeas obtint de l'Empereur Venceslas, une investiture pour l'Etat de Milan. Il n'y est question ni de Parme ni de Plaisance qui n'en étoient pas, & même quand par surprise elle en auroit fait mention, elle ne lui donnoit aucun droit sur ces deux villes, puisqu'elle fut annullée par le corps Germanique, & par la Constitution du Concile.

Jean-Marie son fils aîné, vécut en tyran, & ses sujets lassés de ses cruautés continuelles, l'assassinerent l'an 1402, & délivrerent le pays d'une domination si insupportable. Philippe-Marie son frere ne tint que fort peu de temps Parme & Plaisance; parce que cette derniere ville tomba en 1404 au pouvoir de Vignate, qui en fut chassé bien-tôt après par Philippe Arcello Plaisantin. Celui-ci en fut dépossedé à son tour par le même Vignate, l'an 1405. Viscomti s'en empara ensuite; mais Vignate ayant corrompu Nostenduno, son Capitaine, la reprit encore une fois, & la conserva quelque temps. L'Empereur Sigismond la lui enleva de rechef, & la lui rendit peu-après en vertu d'un accord qu'ils avoient fait ensemble à Cremone.

Aussi-tôt que Sigismond eut repassé les Alpes, Vignate vivement pressé par les sollicitations de Viscomti, se rendit à Milan, où on l'avoit attiré sous prétexte d'établir une parfaite correspondance avec lui. Il y fut reçu avec les marques apparentes de la plus sincere amitié; mais au milieu d'un repas Viscomti le fit arrêter & conduire à Pavie, où il fut mis en prison.

Après la mort de Jean-Marie, Parme secoua le joug des Viscomti, en se soumettant volontairement à Otton Terzo & à Pierre Rossi, qui furent reconnus Souverains par le peuple en 1404. Ils reçurent les clefs de la ville & le bâton de Commandant; après avoir juré l'un & l'autre de vivre en bonne intelligence. Ils violerent bien-tôt leur serment, & deux mois après Otton chassa Rossi & tous ceux qui le favorisoient. Nicolas Marquis d'Est, dont Otton tramoit secretement la perte, le fit assassiner l'an 1409. Son fils né le 6 de décembre 1406, fut malgré son bas âge, reconnu pour son successeur. Charles Fogliani son ayeul maternel, le fit porter à l'hôtel-de-ville, & nomma Jacques Terzo son oncle, pour recevoir des Parmesans en son nom, le serment de fidélité. Cependant peu de temps après, ces mêmes peu-

DUCHÉ DE PARME.

ples abbatirent les armoiries des Terzi & des Viscomti, & se donnerent volontairement à Nicolas Marquis d'Est.

DUCHÉ DE PARME.

Ce Prince gouverna Parme l'espace de 27 ans, & l'an 1412, il y fonda les facultés de droit, de Philosophie & de Medecine, avec la permission & l'autorité du Pape. L'an 1420 Philippe-Marie, Duc de Milan, s'empara de la ville de Parme. Il ne la posseda pas long-temps suivant toutes les apparences; car on trouve dans plusieurs Historiens, que le Marquis d'Est gouverna cette ville pendant plusieurs années après cette époque, & qu'au bout de vingt-sept ans de jouissance, il la remit au Duc de Milan, qui la garda jusqu'à sa mort.

Dans ces divers changemens, on ne voit pas que l'Empire ni le S. Siége y ayent pris part, ni qu'ils se soient donnés de grands mouvemens pour s'assurer de leurs droits. On a vu dans l'article de France, les efforts que Louis XII. fit pour se saisir du Milanès, qui lui appartenoit du chef de son ayeule Valentine de Viscomti. Ce fut à l'occasion des guerres causées par cette succession, que le saint Siége rentra en possession de Parme & de Plaisance.

Après la mort du Duc Philippe-Marie, les Plaisantins secouerent la domination du gouvernement de Milan; mais François Sforce les obligea bientôt à rentrer sous sa dépendance. A la faveur des guerres que les Rois de France firent dans le Milanès, & les differens troubles qui agiterent cette province, les duchés de Parme & Plaisance furent reunis au S. Siége; qui les abandonna dans la suite aux Farnese.

Origine de la maison de Farnese.

La maison Farnese tire son origine d'un château nommé Farnetto, près d'Orviette en Toscane selon quelques-uns, & selon d'autres avec plus de vraisemblance, de Castel-Farnese dans le petit Etat de Castro. Pierre Farnese I. étoit Consul d'Orviette dans le treiziéme siécle: ses descendans parvinrent souvent aux dignités par leur mérite, & plusieurs d'entr'eux commanderent en qualité de Généraux, les troupes de diverses Républiques. Pierre-Louis Farnese, Seigneur de Montalte, est le moins connu dans l'histoire. Il eut de son mariage avec Jeanne Gaëtan de Sermonete, trois enfans, qui furent Alexandre, Barthelemi & Julie.

Alexandre de Farnese.

Alexandre s'étant insinué dans les bonnes graces du Pape Alexandre VI. en fut honoré d'une legation à Ancone. Cet emploi qui ne décidoit pas assez son état le laissoit encore dans l'incertitude, s'il se marieroit ou s'il prendroit les ordres sacrés. Une fille de qualité de la maison des Raffini le détermina; mais comme la legation étoit un obstacle & qu'il falloit opter & renoncer à l'une ou à l'autre; il prit le parti de conserver cette dignité & de tenir le mariage secret. La dame mourut après avoir eu deux fils Pierre Louis Farnese, & Alexandre & une fille nommée Constance. La legation étant finie l'Abbé Farnese revint à Rome accablé de dettes. Le Pape les paya, le combla de faveurs, & l'éleva au Cardinalat. Alexandre Farnese n'avoit que vingt-cinq ans lorsqu'il fut honoré de la pourpre en 1493. & il y avoit quarante ans qu'il en étoit revêtu lorsque le Pape Clement VII. mourut. Il fut élu pour lui succeder, & prit le nom de Paul III. Il employa les 15 ans de son Pontificat à songer aux intérêts du Saint Siege, mais il n'oublia point ceux de ses enfans.

Ses enfans.

Il est élu Pape.

Ses ancêtres avoient prêté diverses sommes aux Papes, & la Chambre

Apostolique ne s'étoit pas pressée de les acquitter. Sa famille possédoit Nepi & Frescati. Ce dernier lieu étoit d'autant plus à la bienséance des Papes, qu'étant aux portes de Rome & indépendans de leur autorité temporelle, il servoit de retraite à tous les malintentionnés. Paul III. les mit sous la puissance du Saint Siege à perpétuité, & éteignit les dettes & les prétentions que sa famille pouvoit former. Mais pour la dédommager amplement il fit entendre que la sûreté & le bien de la Chambre Apostolique demandoient qu'on donnât pour toujours l'investiture de Parme & de Plaisance à un Prince qui y résidât actuellement, & qui se reconnût vassal du Saint Siege ; qu'ainsi on effaceroit les préjugés que pourroit causer la longue possession des Vicomti & des Sforces. L'affaire fut examinée dans un Consistoire, & à la reserve de deux ou trois Cardinaux elle passa d'un consentement unanime.

<small>DUCHÉ DE PARME.</small>

En conformité de ce decret, on donna le 12 d'Août de la même année 1545. L'investiture des Etats de Parme & de Plaisance au Duc Pierre-Louis & à ses descendans mâles à perpétuité. Le Prince Octave son fils alors âgé de 20 ans & le Prince Alexandre encore enfant, âgé de quelques mois, y étoient compris, & acqueroient par là un droit actuel en vertu de cette investiture. Le Duc Pierre-Louis en prit possession dans la Cathédrale de Plaisance le 19 du même mois, & fut reçu par le Cardinal Marino Grimani Legat Apostolique en présence de l'Evêque de Plaisance aux acclamations du Clergé & du Peuple.

<small>PIERRE-LOUIS FARNESE Ier. Duc de Parme.
1545.</small>

Pierre Louis ne trouva pas des sujets disposés à se soumettre au joug d'une police telle qu'il vouloit l'établir. La Noblesse accoutumée à l'orgueil & à l'indépendance, à cause de l'éloignement du Souverain dont elle éludoit facilement l'autorité, s'étoit acquis une espece de tyrannie sur le peuple. Les Legats qui y avoient exercé le pouvoir souverain de la part du Saint Siege n'avoient pû s'opposer à cet abus : le tems de leur legation qui n'étoit que pour quelques années, ne suffisant pas pour remédier à ce désordre qui fut cause de la perte de Pierre Louis. A peine eut-il pris possession de ses nouveaux Etats qu'il s'appliqua sérieusement à y établir un bon ordre & une juste subordination. Le peuple recevoit tous les jours des insultes de la Noblesse sans en pouvoir tirer aucune raison. Le Duc tâcha d'y remédier. Il destina certains jours de la semaine pour donner audience aux grands & aux petits indifferemment, & d'ordinaire en présence des Nobles du premier rang. Au lieu de renvoyer les suppliants aux tribunaux inferieurs, qui n'avoient presque plus d'autorité pour contenir la Noblesse dans les bornes de la justice, il jugeoit lui-même sans appel & faisoit exécuter ses arrêts sans aucun égard ni acception de personne.

Plaisance qui n'avoit autrefois pour défense que des bastions de terre, venoit d'être entourée de murailles ; mais elle n'avoit point de forteresse qui pût la garantir des ennemis tant du dehors que du dedans. Le Duc fit bâtir la citadelle qu'on y voit maintenant, & poussa l'ouvrage avec tant de soin que dans l'espace de trois mois la muraille fut élevée jusqu'au cordon, avec de grands & vastes fossés & elle fut regardée alors comme une des meilleurs forteresses d'Italie.

Les Nobles qui regardoient leurs usurpations comme un droit acquis ne tarderent pas à trouver insupportable la domination du Duc. Quatre d'en-tr'eux conspirerent contre lui & l'assassinerent le 10 de Septembre 1547. Les meurtriers n'étoient pas sans protection ; ils se disperserent & firent par tout un portrait affreux du Prince qu'ils avoient assassiné. Quelques-uns soupçonnent que le Marquis de Gonzague, Gouverneur du Milanès pour Charles V. & ennemi juré de la maison de Farnese, étoit complice de la conjuration. Ce soupçon est fondé sur ce que dans le moment de l'exécution les Milices Impériales étoient presque aux portes de Plaisance & qu'elles y furent aussi-tôt introduites par les conjurés ; de sorte que la ville resta au pouvoir de Charles V. tant qu'il continua de gouverner l'Empire. Les Plaisantins dépêcherent au Pape un Courier pour protester de leur soumission ; mais Gonzague les obligea de faire serment à l'Empereur. Dans la suite on prétendit que la protestation au Pape n'étoit qu'un simple compliment & que le serment de fidélité étoit libre & fait de plein gré. Toutes les tentatives du Pontife pour engager l'Empereur à se dessaisir de Plaisance furent inutiles. Ce Prince conserva ce Duché jusqu'à sa mort ; mais dans son testament il chargea Philippe II. son fils & son successeur au Royaume d'Espagne, d'examiner la justice & d'agir en conséquence. Il y déclare lui-même qu'il avoit voulu faire cette restitution au Duc Octave, & qu'il en avoit été retenu par diverses considérations qu'il y explique.

Pierre-Louis avoit épousé Hieronime Ursini, fille de Louis Comte de Petigliani de laquelle il eut Alexandre qui fut Cardinal & mourut l'an 1589, âgé de soixante & neuf ans, Octave qui lui succéda, Horace Duc de Castro tué au siege de Hesdin en 1555, Rainuce qui fut Cardinal & Archevêque de Naples, & Victoire qui fut mariée à un Duc d'Urbin.

Octave après l'assassinat de son pere ne put succéder qu'au Duché de Parme, celui de Plaisance étant occupé par les troupes de l'Empereur. En qualité de feudataire du S. Siege il en rendit les devoirs au Collége des Cardinaux durant la vacance du Saint-Siege après la mort du Pape Paul III. son ayeul. Ce fut Alexandre Farnese chargé de sa procuration qui s'en acquitta l'an 1550 & paya le cens porté par l'investiture. Octave prêta encore le même serment de fidélité entre les mains de Jules III. pour le duché de Parme seulement. Son mariage avec Marguerite, fille naturelle de Charles V. lui facilita la restitution de Plaisance. Il rentra en effet en possession de cette ville l'an 1556. Philippe II. avoit déja exécuté la volonté de l'Empereur son pere ; mais à des conditions un peu onéreuses à un Souverain qui prétendoit être indépendant de Philippe. En rendant la ville & le territoire de Plaisance à Octave, on exigea de lui, qu'il envoyât Alexandre son fils unique à Milan ; on se reserva le château de Plaisance, où Philippe laissoit une garnison qu'Octave devoit payer. On a même prétendu qu'il reçut de Philippe II. comme Souverain du Milanès, une investiture pour les duchés de Parme & de Plaisance. Mais cette investiture que l'on ne trouve nulle part en original, étant demeurée secrette, supposé qu'elle ait existé, n'est pas d'une force égale aux actes publics d'hommage & de soumission que fit Octave aux Papes Paul IV. Pie IV. Pie V. & Gregoire XII. qu'il reconnut comme ses souverains Seigneurs. Cependant ni l'Empire ni les Rois d'Espagne possesseurs du Milanès ne se départirent point de leurs prétentions

prétentions sur le souverain domaine de ces deux villes.   DUCHÉ DE PARME.

Le Prince Alexandre qui avoit été envoyé dans le Milanès s'attacha à Philippe II. à qui il rendit de très-grands services. Il devint en peu de temps un des grands capitaines de son siecle, & le Roi d'Espagne le consideroit avec justice comme un des plus fermes appuis de sa Couronne. Octave son pere profitant d'une occasion si favorable, fit faire de très-vives instances pour obtenir l'évacuation du château de Plaisance. Le Roi y étoit assez porté, mais le Conseil s'y opposa. Ses Ministres le regardoient comme une conquête faite par le droit de la guerre. Philippe néanmoins malgré les oppositions de son Conseil, remit l'examen de cette affaire au Cardinal de Grandvelle, au premier Commandeur de Castille & à Jean d'Idiaques, son Secretaire d'Etat. Persuadé de bonne foi qu'il avoit un droit réel sur ces villes, il vouloit que la restitution du château fût faite au Prince, comme une faveur personnelle & une récompense des grands services qu'il avoit rendus à la Couronne. Le Prince au contraire étoit dans la résolution de laisser plutôt le château entre les mains du Roi que de souffrir qu'il ne fût pas restitué à son pere. Après une longue contestation, le Roi goûtant enfin les sages reflexions d'Alexandre & voulant restituer le château de Plaisance à qui il appartenoit, satisfit aux justes desirs du Prince qui preferoit à son intérêt particulier l'amour qu'il devoit à son pere; & résolut enfin de faire cette restitution au Duc Octave qui mourut peu de temps après âgé de soixante & deux ans.

1586.

Il eut pour successeur ce même Alexandre Farnese son fils unique, dont la vie fait une partie essentielle de l'histoire d'Espagne & de celle des Provinces-unies. Ses guerres de Flandres & sur-tout le siege d'Anvers le couvrirent d'une gloire que Strada, Grotius & quantité d'historiens du premier ordre ont pris soin d'immortaliser. Il avoit épousé Marie, fille d'Edouard, Duc de Guimaranes en Portugal. Cette alliance est remarquable parce que c'est du chef de cette Princesse que les Ducs de Parme ont fondé leurs prétentions sur le Portugal. Les raisons qu'ils alléguoient étoient; qu'après la mort de Henry, qui avoit quitté le chapeau de Cardinal pour regner, le Duc de Parme auroit dû naturellement lui succéder. Edouard, frere de Henri avoit laissé deux filles, dont l'aînée étoit Marie, Duchesse de Parme, & la seconde Catherine mariée à Jean Duc de Bragance dont le petit-fils chassa les Espagnols. Alexandre mourut l'an 1592 & laissa de son mariage Rainuce I. Edouard qui fut Cardinal & Marguerite qui fut mariée à Vincent I. Duc de Mantoue.

Rainuce I. succéda à son pere, & l'année suivante il reconnut la souveraineté du Saint Siege par un serment de fidélité qu'il prêta à Rome par son Ambassadeur le 6 de Septembre. Le bruit des investitures secrettes étoit déja répandu: il en fut averti & ne put souffrir qu'on le soupçonnât du crime de felonie envers le Saint Siege. Il écrivit à ce sujet deux lettres le 14 d'Octobre 1594. Elles sont très-vives, l'une qui est de sa main, est adressée au Pape Clement VIII. & l'autre qui est beaucoup plus longue & plus forte est adressée au Commissaire de la Chambre Apostolique. Il y rejette ce faux bruit comme injurieux à la mémoire de son pere, de son ayeul & à sa propre réputation, & comme préjudiciable au souverain Domaine du

RAINUCE I.
1592.
1593.

Tome II.   Iii*

DUCHÉ DE PARME.

Saint Siege qu'il reconnoît lui-même sans aucune ambiguité & sans restriction. Il conserva toujours ces sentimens jusqu'à la mort, & paya regulierement le cens d'année en année.

Il avoit tâché dès l'année 1580, c'est-à-dire 12 ans avant la mort de son pere, de faire valoir ses droits sur la Couronne de Portugal ; mais Philippe II. étoit son concurrent & à portée d'obtenir par la violence une préférence que les Portugais auroient donnée vraisemblablement à Rainuce, s'il avoit eu des forces suffisantes pour faire tête aux Castillans que les Portugais haïssoient déja. Il mourut l'an 1622, laissant de sa femme Marguerite Aldobrandin, niece du Pape Clement VIII. cinq enfans, sçavoir, Alexandre qui fut sourd & muet de naissance ; Odoard qui lui succéda ; François-Marie qui fut Cardinal, Marie qui épousa François Duc de Modene ; & Victoire, qui, après la mort de sa sœur, épousa le même Duc. Il avoit outre cela un fils naturel nommé Octave, qui lui causa de grands chagrins : il l'en punit en le faisant enfermer.

ODOARD. 1622.

Odoard fut à peine reconnu pour le successeur de son pere qu'il prêta au Pape le serment de fidélité. Il n'eut pas pour l'Espagne le même attachement qu'avoit eu son ayeul, & fit une ligue avec Louis XIII. Roi de France contre Philippe IV. Roi d'Espagne. Les troupes Françoises étant entrées dans les Duchés de Parme & de Plaisance, Odoard y joignit les siennes & en vint à une rupture ouverte avec Philippe. Diverses puissances s'interesserent à en prevenir les suites : mais ce fut inutilement. Les Espagnols craignant que les choses n'allassent trop loin n'omirent rien pour empêcher que cette rupture n'éclatât. Ils s'unirent à Ferdinand III. Seigneur souverain du Milanès. & de concert avec lui ils donnerent ordre à leurs Ambassadeurs de presser fortement le Pape Urbain VIII. d'interposer son autorité. Ils lui firent entendre qu'il n'étoit pas moins de son intérêt particulier, que de celui de toute l'Italie, de s'opposer à la ligue qu'Odoard venoit de faire avec les François, & qu'en qualité de Souverain Seigneur il devoit forcer le Duc à y renoncer.

Ces instances faites de la part de deux puissans Monarques parurent très-raisonnables au souverain Pontife, qui se conformant à leur sentiment envoya deux brefs coup sur coup à Odoard. Il l'exhortoit à accepter les propositions de paix ; mais voyant que le Duc, sans égard à la premiere & à la seconde remontrance, ne vouloit pas renoncer à ses engagemens, il joignit l'autorité aux exhortations, & publia contre lui un monitoire rigoureux. Les plaintes continuelles des Ambassadeurs de l'Empereur & du Roi d'Espagne, irriterent le Pape de plus en plus, & il étoit résolu d'en venir au dernier remede, lorsque le Gouverneur de Milan envoya contre le Duc une armée Espagnole, avec ordre de mettre tout au pillage. Ce qui fut exécuté avec une telle rigueur, qu'il en reste encore des vestiges. Alors Odoard qui n'avoit pas tiré des François tous les secours auxquels il s'étoit attendu, fit un accommodement avec l'Espagne par la médiation des Florentins.

Sa dispute avec le Pape, pour le Duché de Castro.

Cependant Urbain VIII. toujours mécontent de l'humeur guerriere & inquiete d'Odoard, résolut de le dépouiller du duché de Castro. Odoard lui fournit bien-tôt un prétexte par l'emprunt de grosses sommes d'argent qu'il hypotéqua sur ce duché. Le Pape ravi de l'occasion, la saisit promptement pour réunir ce duché au saint Siége. Le Duc averti des desseins du Pape, commença par s'assurer de l'alliance du Grand Duc de Toscane, de la République de Venise & du Duc de Modene, & s'étant par ce moyen mis en état de conserver par la force, les droits dont on vouloit le dépouiller, il déclara la guerre au Pape, & entra avec toutes ces forces unies dans les terres de l'Eglise. La France assoupit cette querelle, & enfin après une longue négociation, elle fut terminée par un accord le 21 de Mars 1644. Odoard mourut deux ans après. Il avoit eu de son mariage avec Marguerite de Medicis, fille de Côme II. Rainuce II. qui lui succeda; Alexandre Farnese Gouverneur des Pays-Bas Hollandois, depuis l'an 1680 jusqu'à l'an 1682, & qui mourut en 1689 sans postérité; Horace né l'an 1636 mort en 1656; Pierre né en 1644, mort en 1667; Marie-Magdelaine, morte dans le célibat; & Catherine qui fut religieuse.

La regence de Rainuce II. fut longue & assez heureuse, si l'on en excepte le malheur qu'il eut de perdre le duché de Castro. Urbain VIII. étoit mort dès l'an 1644: son successeur Innocent X. agissant sur les mêmes principes, profita de la premiere occasion que le hazard lui fournit. Il avoit envoyé à Castro un Evêque qu'il avoit choisi & sacré pour cette ville, & ce Prélat ayant été tué dans une émeute populaire, le Pape pour venger cet attentat fit marcher des troupes qui se saisirent du duché de Castro & de l'Etat de Ronciglione, qui appartenoient au Duc de Parme. Il les confisqua, & les réunit au domaine de la chambre Apostolique, ce que les Italiens appellent *incamerare*.

Les choses demeurerent en cet état jusqu'à la fameuse affaire des Corses. Les suites fâcheuses de l'insulte qu'ils avoient faite à l'Ambassadeur de France, & la satisfaction que Louis XIV. en exigea, furent terminées par le traité de Pise sous le Pontificat d'Alexandre VII. L'article premier & quatorze accordent au Duc de Parme un terme pour le remboursement de l'emprunt, & le Pape s'oblige de donner main-levée du duché de Castro; mais ces articles n'eurent point leurs effets. Rainuce fut marié trois fois. 1°. Avec Marguerite de Savoye, fille de Victor Amedée I. Il n'eut point d'enfans de ce mariage. 2°. Avec Isabelle d'Est, fille de François de Modene, de laquelle il eut Marguerite-Marie-Françoise, qui épousa François II. Duc de Modene; Odoard & Isabelle. Il épousa en troisieme nôces Marie d'Est, dont il eut François Farnese & Antoine, qui lui succederent en 1694. François étant mort en 1727 sans laisser d'enfans, Antoine son frere épousa la Princesse Henriette de Modene, dont il n'eut point de postérité. Il mourut en 1731, & Don Carlos Infant d'Espagne prit possession des duchés de Parme & de Plaisance, après bien des difficultés de la part de la Cour de Vienne. Ce Prince étant monté sur le trône de Naples & de Sicile, on convint par le traité qui fut fait en 1736 entre l'Empereur & la France, qu'on céderoit à Charles VI. en pleine proprieté les duchés de Parme & de Plaisance, que la maison d'Autriche conserva jusqu'en 1748. On les adjugea alors à l'Infant Don Philippe, avec une clause de reversion (37.) en cas que ce Prince montât sur le trône des deux Siciles.

DUCHE' DE PARME.

1646.

RAINUCE II.

(37) Voyez le traité d'Aix-la-Chapelle, à la fin de l'hist. de France de cette Introduction.

DU DUCHÉ DE MANTOUE.

Duché de Mantoue.

MANTOUE est une des plus anciennes villes de l'Italie. Après la chute de l'empire Romain, elle tomba sous la puissance des Lombards qui furent détruits par Charlemagne. La plûpart des villes de l'Italie devinrent dans la suite le partage d'un grand nombre de petits Seigneurs qui s'emparerent chacun de quelques villes. Ils les gouvernerent avec une souveraineté absolue qui dégenera en tyrannie. Un de ces Seigneurs gouvernoit Mantoue vers l'an 1328, lorsque Louis de Gonzague s'étant fait donner le titre de Capitan l'en chassa. On lui déféra la seigneurie de la Ville qu'il venoit de délivrer, & l'Empereur Charles IV. la lui confirma volontiers à titre de Vicaire de l'empire. Il en jouit trente-deux ans, c'est-à-dire, jusqu'à sa mort, qui arriva l'an 1360 la quatre-vingt-troisième de son âge. Il avoit eu quatre fils; Gui de Gonzague qui lui succéda dans la dignité de Capitaine de Mantoue; Philippin l'un des grands Capitaines de son temps; Feltrin de Gonzague, duquel la famille de Novellara est descendue.; Conrad qui eut une nombreuse postérité. Gui mourut l'an 1369, & eut pour successeur Louis II. son fils.

Louis de Gonzague.

1360.

1369.

Jean-François son petit fils, qui succéda l'an 1407. à François I. son pere dans la charge de Capitan, fut élevé vingt-six ans après à la dignité de Marquis de Mantoue par l'Empereur Sigismond, qui érigea ce Marquisat en sa faveur. Il en jouit jusqu'à l'an 1444, qui fut celui de sa mort. Son fils Louis III. gouverna jusqu'en 1478; & eut de son mariage avec Barbe de Brandebourg, fille du Margrave Jean, surnommé le Chymiste, cinq fils & deux filles; Frederic I. qui lui succéda, François de Gonzague qui reçut la pourpe de Cardinal l'an 1464, & mourut en 1483; Louis de Gonzague qui fut Evêque de Mantoue en 1483, & mourut l'an 1511; Barbe qui épousa Evrard I. Duc de Wirtemberg; Dorothée qui fut mariée à Galeas-Marie Duc de Milan; Jean-François de Gonzague, duquel sont issus les Princes de la maison de Sabionetta & de Bozzolo; & enfin Rodolphe de Gonzague, dont sont descendus les Princes de Castiglione.

1407.

1433. Mantoue érigé en Marquisat.

Frederic I.

Frederic I. est recommandable dans l'histoire pour sa pieté, sa générosité & son amour pour les belles Lettres. Son gouvernement fut moins brillant que celui de son pere, qui s'étoit signalé par sa prudence & son habileté à concilier les divers interêts des Princes d'Italie, dont il fut souvent l'arbitre. Mais si Frederic n'eut pas les qualités qui acquierent une réputation éclatante, il eut au moins celles qui font les bons Princes. Ses fils étoient, François II. qui lui succéda en 1482; Sigismond Evêque de Mantoue, qui reçut le chapeau de Cardinal en 1508, & mourut en 1525, & Jean de Gonzague qui eut une nombreuse postérité.

François II.

François II. s'attacha aux Venitiens durant les guerres d'Italie, au commencement du seizieme siecle. Il se signalla dans la bataille qui fut livrée sur le bord du Taro, & en plusieurs autres occasions où il donna de grandes preuves de sa valeur. Louis XII. le mit à la tête de ses troupes l'an 1513 ; mais François s'étant apperçu qu'on n'avoit pas en lui toute la confiance qu'il demandoit & que la France le soupçonnoit d'entretenir des intelligences avec le Capitaine Gonzalès, contre lequel il devoit agir, il feignit une maladie & se servit de ce prétexte pour se démettre du commandement qui lui avoit été confié. Il eut ensuite celui des troupes de l'Empereur Maximilien I. de Louis le More, Duc de Milan, & de l'Eglise sous le Pontificat de Jules II. Il eut même le malheur d'être fait prisonnier par les Venitiens qui le mirent à la tête de leurs armées. Le Pape honora son mérite, en lui déférant la qualité de Gonfalonier de l'Eglise. Il avoit épousé Isabelle fille d'Hercule I. Duc de Ferrare, & il eut trois enfans de cette Princesse ; sçavoir Frederic II. qui lui succéda ; Hercule qui fut fait Cardinal en 1527, & mourut l'an 1563, & Ferdinand duquel descendent les Princes de Guastalla dont nous parlerons dans la suite.

DUCHÉ DE MANTOUE.

Frederic II. est celui qui éleva la maison de Gonzague à son plus haut degré de gloire & de puissance. Son mariage avec Marguerite fille de Guillaume VIII. dernier Marquis de Montferrat apporta cette belle succession à la maison de Gonzague.

FREDERIC II.

Lorsque l'Empereur Charles V. eut déclaré la guerre à Clement VII, qu'il tenoit même assiegé dans le Château S. Ange, Frederic II. entra dans la ligue qui se fit alors pour la délivrance de ce Pape, mais il se racommoda bien-tôt avec l'Empereur, qui passant par Mantoue quelque temps après & voulant s'attacher pour toujours ce Marquis, érigea le Marquisat de Mantoue en Duché. L'amitié de l'Empereur ne fut pas inutile à Frederic de Gonzague. Guillaume Marquis de Montferrat, son beau-pere, avoit laissé en mourant l'an 1518, un fils nommé Boniface, qui vécut jusqu'à l'an 1530, & qui ne se voyant point de postérité avoit institué pour son héritier Jean-George son oncle. Celui-ci quoiqu'engagé dans l'état ecclésiastique, le quitta pour recueillir la succession, & rechercha en mariage Julie, fille de Frederic Roi de Naples. Ce mariage ne fut point consommé, & Jean-George mourut au bout de trois ans.

Mantoue érigée.

1530.

La maison de Savoye prétendit le Montferrat du chef d'Yolande, & du chef de Blanche de Montferrat, qui avoit épousé Charles I. Duc de Savoye. Le Marquis de Saluce y prétendoit aussi du chef de Jeanne, sœur de Blanche. Mais l'Empereur mit garnison dans les places du Marquisat vacant, & en revêtit le Duc de Mantoue. Frederic mourut l'an 1540, & laissa quatre fils, sçavoir François III. qui lui succéda, & mourut sans avoir eu d'enfans de son mariage avec Catherine, fille de l'Empereur Ferdinand I. Guillaume qui succéda à son frere l'an 1550 ; Louis de Gonzague, Duc de Nevers en France ; Frederic, Evêque de Mantoue & Cardinal. De Guillaume & de Louis se formerent deux branches, dont la cadette porta le nom de Gonzague Nevers.

Le Montferrat acquis au Duc de Mantoue.

FRANÇOIS III.

Guillaume I. n'avoit que quatorze ans quand son frere aîné mourut. Il fut élevé sous la tutelle de sa mere & de son oncle le Cardinal Hercule. Il épousa ensuite Eleonor d'Autriche, sœur de Catherine, de laquelle il eut Vincent I. Il mourut l'an 1587. Maximilien I. avoit en sa faveur érigé le Montferrat en Duché.

GUILLAUME I. Erection du Montferrat en Duché.

1587.

Duché de Mantoue.

Vincent I.

Vincent I. s'acquit une estime universelle par sa pieté & par la protection qu'il accorda toujours aux sçavans. Ce fut lui qui institua l'Ordre du précieux Sang. Il fut marié deux fois : la premiere avec Marguerite fille d'Alexandre Duc de Parme, la seconde avec Eleonor fille de François Duc de Florence. Il en eut trois fils qui hériterent successivement de ses Etats, voir François IV. Ferdinand, & Vincent II.

François IV.
1612.

François IV. fut Duc de Mantoue & de Montferrat après la mort de son pere arrivée en 1612, & mourut la même année; laissant de son mariage avec Marguerite de Savoye, Marie qui épousa Charles II. de Gonzague Nevers.

Ferdinand.

Ferdinand qui étoit Cardinal, céda son chapeau à son frere, se maria deux fois, & n'eut point de postérité. Il mourut l'an 1626, & eut pour

Vincent II.

successeur le Cardinal Vincent II. qui quitta aussi la pourpre, pour épouser Isabelle de Gonzague, fille de Ferdinand, Duc de Bozzolo. Il ne jouit de ses Etats qu'un an, & sa mort causa de grands troubles. Comme la branche aînée des Ducs de Mantoue s'éteignoit en lui, celle de Nevers prétendit à sa succession.

Branche de Nevers.

Nous avons déja dit que Frederic II. premier Duc de Mantoue eut un fils nommé Louis. Ce Prince passa en France, & y épousa Henriette de Cleves, héritiere de François de Cleves II. Duc de Nevers & de Rhetelois son frere. Il eut d'elle Charles I. & mourut l'an 1595, après avoir été long-tems honoré de la confiance de Henri IV. & s'être signalé au service des Rois prédécesseurs de Henri.

Charles I.

Charles I. de Gonzague Cleves, Duc de Nevers, avoit rendu des services importans à la couronne de France; & comme il avoit du génie pour les négociations, cette Cour l'avoit employé en diverses occasions. Il étoit occupé à Rome pour les interêts de cette Puissance, lorsqu'il apprit la mort du Duc Vincent II. Il partit aussi-tôt pour se saisir de la succession; mais son attachement pour la France lui attira des contradictions de la part de l'Empereur Ferdinand II. du Roi d'Espagne, & du Duc de Savoye. La France prit vivement ses intérêts, l'établit dans ses Etats après bien des difficultés, & l'y affermit par le traité de Cherasque l'an 1631. Ce Prince après un gouvernement paisible pendant six ans, mourut l'an 1637.

Charles II.

Son fils Charles II. étoit mort dès l'an 1631, & avoit laissé deux enfans; sçavoir Charles III. qui succéda à son ayeul; & Eleonor qui fut mariée à l'Empereur Ferdinand III. De ce mariage sortit Eleonor, qui épousa Michel Roi de Pologne, & en secondes nôces Charles Leopold Duc de Lorraine, qu'elle fit pere de Leopold Duc de Lorraine. C'est sur cette consanguinité, que ce Duc

Charles III.

fonde ses prétentions sur le duché de Mantoue. Charles III. se maria avec Isabelle Claire, fille de Leopold Archiduc d'Autriche, de la branche du Tirol. Il en eut Charles IV. & mourut l'an 1665.

Ce Prince se déclara pour la France l'an 1700, & fit fortifier Casal & Guastalla, aux dépens & pour le service de cette couronne, à laquelle il abandonna même sa capitale. L'Empereur le mit aussi-tôt au ban de l'Empire. Quelques succès des Imperiaux l'obligerent à se retirer à Venise, où il mourut l'an 1708. Il ne laissa point d'autres enfans qu'un fils naturel, nommé Don Carlo de Gonzague, auquel on assura une pension sur la succession de Mantoue; & deux filles qui prirent le voile. Lorsque les François évacuerent l'Italie, sa veuve qui étoit de la maison de Lorraine d'Elbeuf, se retira en France, & mourut à Paris sur la fin de l'année 1710. La succession de Mantoue fut contestée entre les Ducs de Guastalla & de Lorraine, mais l'Empereur les mit d'accord en prenant possession du Mantouan, où il mit un Gouverneur. Le Montferrat fut donné au Duc de Savoye, dont la famille poursuivoit cette riche dépouille depuis long-temps.

MAISON DE GUASTALLA.

Maison de Guastalla.

Frederic I. Duc de Mantoue, eut un troisieme fils nommé Ferdinand, comme nous l'avons déja dit. Ce Prince se distingua par ses vertus militaires. Il épousa Isabelle de Capoue, fille de Ferdinand Prince de Molfetta, de laquelle il eut six fils. Il n'y en eut que deux qui eurent des enfans, sçavoir Cesar I. de Gonzague Prince d'Amalfi, & Ottavio, dont la posterité finit l'an 1617 en la personne de son petit-fils de même nom. Cesar I. mourut jeune, & laissa Ferdinand II. qui épousa Victoire d'Oria, fille de Jean-André d'Oria Prince de Melfi, de laquelle il eut Cesar II. André & Vincent qui étoit Vice-Roi de Sicile l'an 1681, & mourut à Madrid l'an 1694 dans une extrême vieillesse. De Cesar & d'Isabelle des Ursins, fille de Paul Jourdain Duc de Bracciano, nâquirent Ferdinand III. qui ne laissa que deux filles, & Vespasien qui fut Vice-Roi de Valence en Espagne. Il ne laissa aussi qu'une fille, qui épousa Thomas de la Cerda Grand d'Espagne. Ainsi la succession de Guastalla revint à la posterité d'André. Son fils Vincent de Gonzague ne put néanmoins en avoir la jouissance qu'en 1692. La branche de Sabioneta & de Bozzolo ayant manqué en 1703, l'Empereur donna l'investiture de cet État au Duc de Guastalla, pour l'indemniser du Duché de Mantoue qu'il lui refusoit. Vincent mourut âgé de quatre-vingt ans, l'an 1714, & eut pour successeur son fils aîné Antoine Ferdinand, né en 1687. Son autre fils est Joseph-Marie, né en 1690. Leur sœur Louise a épousé François Marie de Medicis, frere du Grand Duc Côme III. qui avoit été auparavant Cardinal.

Ducs de Guastalla.

MAISON DE SABIONETA ET DE BOZZOLO.

En parlant des fils de Louis III. de Gonzague, nous avons nommé Jean François & Rodolfe, qui formerent les branches de Sabioneta, de Bozzolo & de Castiglione. Nous allons faire mention de ces deux branches, & nous commencerons par celle de Sabioneta & de Bozzolo.

Jean-François fut Comte de Sabioneta. Il épousa Antoinette del Balzo, fille de Pyrrhus Duc d'Andria. Il en eut trois fils; sçavoir Louis I. Comte de Sabioneta, qui servit l'Empereur Maximilien; Frederic Seigneur de Bozzolo : ce dernier épousa Jeanne Ursini, & n'eut point de posterité, & Pyrrhus Seigneur de Gazzolo & de S. Martin, mort en 1519. C'est de ce

MAISON DE SABIONETA ET DE BOZZOLO.

Pyrrhus que descend la branche de S. Martin. Revenons à la premiere branche qui est celle de Sabioneta.

Louis I. épousa Françoise de Fiesque, de laquelle il eut; Jean Frederic Comte de Sabioneta, surnommé Rodomont, qui épousa Isabelle Colonne, de laquelle il eut Vespasien de Gonzague, Duc de Sabioneta, qui mourut l'an 1591. Vespasien eut trois femmes, & ne laissa qu'une fille nommée Isabelle, qui fut son héritiere, & épousa Louis Caraffe Prince de Stigliano. Elle mourut en 1637, & n'avoit eu qu'un fils nommé Antoine, Duc de Mondragone. Ce Prince étoit mort avant sa mere; mais il avoit épousé Helene Aldobrandin, & en avoit eu une fille qu'on nomma Anne, Princesse de Stigliano. Elle étoit non-seulement héritiere de cette Principauté, elle prétendoit l'être aussi de Sabioneta, du Chef de son ayeule. Son époux Philippe Ramire de Gusman, Duc de Medina de-las-Torres, voulut faire valoir ses prétentions, plaida jusqu'à l'extinction de toute la maison de Sabioneta & de Bozzelo; mais ces procédures finirent en 1708 par l'investiture qu'en obtint Antoine Ferdinand de Guastalla.

Pyrrhus, dont nous avons parlé ci-dessus, étoit Seigneur de Gazzolo & de S. Martin. Son fils aîné Charles Comte de S. Martin Général de l'Empereur Charles V, épousa Emilie de Gonzague, de laquelle il eut Scipion de Gonzague, Cardinal, mort en 1593; Pyrrhus de Gonzague Général de l'Empereur; Annibal de Gonzague Evêque de Mantoue; Ferdinand Comte de S. Martin, & Jule Cesar Comte de Bozzolo, mort en 1605.

Ferdinand Comte de S. Martin fut Général de l'Empereur Maximilien II. & mourut en 1603. De son mariage avec Isabelle de Gonzague fille d'Alphonse, Comte de Novellara, il laissa Scipion Prince de Bozzolo; Alphonse Marquis de Pomato, mort en 1669; Charles tué par ses propres domestiques en 1637; Louis qui fut Gouverneur de Raab, & mourut en 1660; Camille Général des Venitiens, mort en 1658, & Annibal Prince de l'Empire & grand Maître de la maison de l'Imperatrice Eleonor. De ces six Princes, il n'y en eut que trois qui eurent des enfans; sçavoir Scipion, Louis & Annibal.

Ce dernier n'eut qu'un fils nommé Charles Ferdinand, né en 1637 & mort en 1652, & une fille. Marie-Isabelle qui fut d'abord mariée à Claude Comte de Colalto, & en secondes nôces à Sigismond Helfried de Diderichstein. Elle mourut en 1702. Louis n'eut qu'un fils nommé Charles Ferdinand, qui mourut en 1665 sans héritiers. Scipion fils de Ferdinand disputa la succession de Sabioneta, & laissa ce procès à ses enfans qui n'en virent point la fin. Il eut trois fils; sçavoir Ferdinand, Prince de Bozzolo, qui mourut sans enfans en 1674. Charles Prince de St Martin, qui mourut en 1666, & Jean-François dernier Prince de Bozzolo, qui mourut en 1703 sans postérité. Avec lui s'éteignit celle de Jean-François de Gonzague, & la succession de cette maison passa à la branche de Guastalla

MAISON DE CASTIGLIONE.

Rodolphe de Gonzague, l'un des fils de Louis III. fut Seigneur de Castiglione & de Solferino. Il fut Général des Vénitiens, & fut tué à Taro en 1494. Il avoit épousé Catherine de la Mirandole, dont il eut Louis de Gonzague & Jean-François. Ce dernier eut beaucoup d'enfans.

Louis de Gonzague, Seigneur de Castiglione & de Solferino, servit les Vénitiens, & fut tué en 1521. Il eut de Paule d'Anguisciola trois fils, sçavoir Ferdinand de Gonzague, Alphonse de Gonzague assassiné en 1592, & Horace qui mourut sans enfans.

Ferdinand de Gonzague premier Marquis de Castiglione, entra au service d'Espagne, & eut quatre fils; Louis né en 1568, mort en 1592; Rodolphe Marquis de Castiglione, assassiné en 1593, François & Christian. Ces deux derniers furent les tiges de deux branches.

François de Gonzague, Prince de Castiglione, épousa Bibienne de Pernstein, de laquelle il eut Louis de Gonzague Prince de Castiglione, dont la fille unique fut mariée à Charles d'Oria, Duc de Tursis; Ferdinand de Gonzague, qui de son mariage avec Olimpe Sfortia, eut deux filles, sçavoir Aloïsia, ou Louïse, mariée à Frederic de Gonzague, & Bibienne mariée à Charles Philibert d'Est, Jeanne qui épousa George Adam, Comte de Martinitz. Ainsi finit cette branche.

Christian Comte de Solferino épousa Marcelle Malespine. Leur fils unique Charles de Gonzague fut Prince de Solferino, & ensuite de Castiglione, après la mort de son cousin Ferdinand, arrivée en 1675. Il eut pour fils. 1°. Ferdinand de Gonzague, Prince de Castiglione, né en 1649, qui de son mariage avec Laure, fille d'Alexandre II. Duc de la Mirandole, a eu plusieurs enfans. 2°. François de Gonzague, qui en 1716, épousa à Madrid Isabelle de Ponce de Leon, veuve du Duc d'Albe. 3°. Louis Jesuite. 4°. & Christierne de Gonzague. Il eut outre cela une fille nommée Louïse, qui a été mariée au Comte Hippolite Malespine.

MAISON DE NOVELLARA.

L'origine de cette branche doit se prendre plus haut, & il faut remonter jusqu'à Feltrin de Gonzague, quatrieme fils de Louis de Gonzague, Chef de toute cette illustre famille. Il mourut en 1371, & laissa trois fils, sçavoir Odoard de Gonzague; Gui de Gonzague & Guillaume de Gonzague. Ce dernier eut quelques enfans. Mais on ne s'accorde pas sur ses deux freres. Quelques Généalogistes font descendre d'Odoard, les Princes de la maison de Novellara d'aujourd'hui; d'autres les font descendre du Prince Gui son frere.

Quoiqu'il en soit, Odoard ou son frere Gui, eut pour fils Jacques de Gonzague, qui fut pere de François de Gonzague, Seigneur de Novellara.

Jean-Pierre fils de François, fut premier Comte de Novellara. Alexandre de Gonzague son fils, fut pere d'Alphonse & de Camille. Le premier, sçavoir Alphonse I. épousa Victoire de Capoue, dont il eut Camille Comte de Novellara, & Isabelle qui fut mariée à Ferdinand de Gonzague, Prince de Bozzolo. Du mariage d'Alphonse II. avec Richard de Cibo, fille de Charles Prince de Massa & de Carrara, naquirent Camille Comte de Novellara en 1649, & Catherine qui a épousé Justiniani Prince de Bassano.

DU DUCHÉ DE MODENE.

Duché de Modene.

CE n'est pas mon dessein de parcourir entierement les descendans d'Ason d'Est. L'histoire de cette illustre famille demanderoit plus de place que les bornes de l'Introduction ne nous le permettent. La maison d'Est posseda long-temps les duchés de Ferrare & de Modene. Thibaut d'Est fils d'Ason I. fut gratifié du titre du Marquis d'Est par l'Empereur Othon I. L'an 970 son fils augmenta les biens paternels, de Mantoue, Verone, Lucques, Plaisance & Parme.

Sa fille unique, l'illustre Mathilde d'Est, heritiere d'un si beau pays, y ajouta encore Pise, Spolete, Ancone & la Toscane, ainsi elle se vit en possession d'une grande partie de l'Italie. Elle fut d'abord mariée à Godefroi le Bossu, Duc de Flandre, ensuite à Ason d'Est son cousin, dont elle se fit separer. Elle épousa en troisieme nôces Guelphe V. Duc de Baviere, qu'elle quitta encore. Elle laissa en mourant tous ses biens au S. Siége, & cette liberalité lui attira les éloges du Clergé. Les Empereurs ont toujours contesté la validité de cette donation, que les Papes ont fait valoir en toute occasion.

Ason II. petit-fils d'Albert frere de Thibaut, épousa Cunigonde fille & heritiere de Guelphe II. Duc de Baviere. De ce mariage sortit Guelphe IV. Duc de Baviere, tige des Ducs de Brunswick & d'Hanover d'aujourd'hui. Après la mort de cette Princesse Ason épousa Ermengarde fille de Hugues Comte du Maine en France, de laquelle il eut Foulques, & de ce second mariage sont issus les Ducs de Ferrare. Nicolas III. Marquis d'Est & de Ferrare, Seigneur de Modene, de Reggio, de Forli & de la Romagne fut un des descendans de Foulques. Il eut trois femmes, sçavoir, Cecile de Carrara, Parisine Malatesta & Richarde fille de Thomas III. Marquis de Saluces. Les enfans qui provinrent de ces trois mariages furent Lionnel, Borso Hercule & Sigismond.

Lionnel.

Lionnel Marquis d'Est & de Ferrare mourut sans posterité quoiqu'il eût été marié deux fois. Borso son frere que quelques-uns prétendent être son fils, fut créé Duc de Modene par l'Empereur Frederic III. & le Pape Paul II. lui conféra le titre de Duc de Ferrare. L'histoire nous dépeint Borso comme un Prince sage, courageux, liberal & ami des sciences. Il mourut dans le celibat l'an 1471. l'année d'après l'érection des deux Duchés. Hercule son frere lui succéda, & c'est de lui que descendent les Ducs de Modene d'aujourd'hui. Sigismond est tige de la maison des Marquis de S. Martin.

Hercule épousa Eleonor d'Arragon fille de Ferdinand, Roi de Naples. Le Pape Sixte IV. & les Venitiens lui susciterent des embarras dont il se tira par sa bonne conduite. Il mourut l'an 1505, & laissa deux fils qui se distinguerent par leurs belles qualités. L'un fut Alphonse, qui comme aîné succéda aux Etats de la maison d'Est; l'autre fut Hippolite. Ce dernier s'étant senti dès l'enfance un extrême penchant pour l'état Ecclésiastique, Jean Cardinal d'Arragon son oncle maternel lui résigna l'Evêché de Strigonie, quoiqu'il ne fût alors âgé que de huit à neuf ans. Alexandre VI. le revêtit dans la suite de la pourpre Romaine. Il avoit fait de grands progrès dans les sciences, & la sagesse qui éclatoit dans ses conseils lui attira la confiance des plus puissans Princes de son temps, & les éloges d'un grand nombre d'écrivains. Il passa presque toute sa vie à voyager & mourut en 1520.

Alphonse I. s'engagea dans la guerre des Florentins dont il commanda les troupes en 1508. Il rechercha l'amitié du Pape Alexandre VI. en épousant sa fille Lucrece de Borgia; mais Jules II. successeur de Pie III. ayant entrepris de perdre la maison d'Est lui enleva Modene & Reggio. Leon X. qui fut élu après la mort de Jules II. ne put pardonner à Alphonse d'avoir autrefois commandé l'armée des Florentins, & chercha toutes les occasions de chagriner ce Prince. Le Duc qui n'avoit pû venir à bout de se reconcilier avec le Pontife, prit après sa mort le temps de la vacance du S. Siege pour se saisir de Reggio, de Rubiera & de quelques autres villes. Adrien VI. ne vécut pas assez long-temps & d'ailleurs étoit trop désintéressé & trop amateur de la paix pour lui faire une querelle; mais comme il y avoit tout lieu de croire que Clement VII. qui fut ensuite élu ne laisseroit pas tranquillement passer cette action de vigueur, Alphonse s'assura de la protection de Charles V. avec qui il s'allia, à condition que ce Monarque le protegeroit contre la Cour de Rome. Lorsque les troupes Impériales tenoient le Pape assiegé dans le château S. Ange, Alphonse enleva Modene & par le traité qui se fit ensuite entre Charles V. & Clement VII. il fut reglé que le Pontife donneroit l'investiture de Ferrare à Alphonse, lequel garderoit Modene & Reggio, comme fiefs de l'Empire, & jouiroit de la ville de Carpi. L'Empereur avoit aussi promis à ce Duc de lui donner la forteresse de Novi, avec une de ses filles; mais le mariage ne se fit point, & Alphonse paya pour cette place soixante mille écus à l'Empereur auquel il s'attacha, & le servit ensuite dans les guerres d'Allemagne. Il avoit épousé en premieres nôces Anne Sforce fille de Galeas Marie, Duc de Milan: ensuite il prit Lucrece fille du Pape Alexandre VI. & après la mort de cette Princesse, il se maria secrettement avec Laure Eustochia fille d'une famille bourgeoise de Ferrare. Le premier mariage fut sterile; du second sortirent Hercule II. qui lui succéda; Hippolite Archevêque de Milan & Cardinal, un des plus grands hommes de son temps (38); François Marquis Della Massa, qui ne laissa qu'une fille nommée Marfise. Du troisieme mariage, qui fut clandestin, naquit Alphonse d'Est, Marquis de Montechio.

(38) Il étoit aussi un des plus riches Beneficiers; car il étoit Archevêque de Milan, d'Auch, d'Arles & de Lyon: Evêque d'Autun; Abbé de Flavigni.

DUCHÉ DE MODENE.

HERCULE II. Hercule II. mourut en 1558. De son mariage avec Renée fille de Louis XII. Roi de France, il avoit eu Alphonse II. qui fut son successeur, & Louis qu'on appella le Cardinal de Ferrare. Henri II. le nomma à l'Archevêché d'Auch, que son oncle avoit possédé. & Paul IV. le fit Cardinal. Il fut deux fois en France en qualité de Légat & se trouva aux Etats de Blois en 1578. Un historien (39) de ce temps-là l'appelle *le trésor des pauvres & l'ornement du Sacré Collége*.

Alphonse II. se voyant sans enfans institua pour son héritier, César d'Est fils d'Alphonse d'Est Marquis de Montechio. Le Pape Clement VIII. prit cette occasion pour réunir le Duché de Ferrare à l'Eglise. Il prétendit que Cesar d'Est étant né d'un mariage clandestin, son fils ne pouvoit succéder à ce fief, & depuis ce temps-là le Ferrarois est demeuré réuni à la Chambre Apostolique.

CESAR. César eut Modene & Reggio dont l'Empereur Rodolphe II. lui donna l'investiture. Il en jouit trente ans & mourut en 1628, laissant quatre enfans de son mariage avec Virginie de Medicis fille de Côme I. grand Duc de Florence, sçavoir Alphonse III. (40) proprement dit Duc de Modene, qui lui succéda; Aloisio d'Est Marquis de Montechio & Scandiano dont la fille unique Hippolite épousa Borso d'Est son oncle paternel; Laure mariée à Alexandre Pic de la Mirandole, & Borso d'Est qui eut de sa niece, Louis Marquis de Scandiano; Foresto qui porta ensuite le même titre; Cesar Ignace Marquis de Montechio, mort sans lignée l'an 1713. & Angelique-Catherine mariée à Philibert-Emmanuel Prince de Carignan.

Alphonse III. ou I. Alphonse III. avoit épousé Elisabeth de Savoye, fille du Duc Charles-Emmanuel. Cette Princesse, qui étoit d'une grande pieté mourut en 1626. Le Duc qui l'aimoit tendrement fut si touché de sa mort qu'il en prit du dégoût pour le monde. Les Etats de son pere dont il hérita deux ans après ne furent point capables de l'y retenir. Il entra chez les Capucins après avoir remis ses Etats à François son fils aîné. Il mourut l'an 1644, âgé de 53 ans.

FRANÇOIS. I. François I. succéda à son pere en 1629. Sa sagesse lui servit beaucoup dans les conjonctures dangereuses où il se vit. Les guerres qui troublerent l'Italie de son temps ne servirent qu'à faire connoître sa valeur & ses autres belles qualités. On lui défera le commandement de l'armée des Princes confédérés d'Italie en 1643. Et en 1656 il avoit commandé l'armée de France qui fit le siege de Valence sur le Pô en Lombardie. Il eut trois femmes, 1°. Marie Farnese femme de Rainuce duc de Parme, de laquelle il eut Alphonse II. Duc de Modene, (40) son successeur; Isabelle & Marie qui épouserent successivement Rainuce II. Duc de Parme; Amauri qui mourut au siege de Candie, & Eleonor Religieuse aux Filles de Sainte Therese à Modene. Il épousa en second lieu Victoire Farnese sœur de Marie, sa premiere femme. De ce second mariage naquit Victoire qui ne vécut que sept ans. Sa troisieme femme fut Lucrece Barberin fille de Thadée Prince de Palestrine de laquelle il eut Renaud.

---

(39) M. de Thou.
(40) Plusieurs regardoient les descendans d'Alphonse, fils de Laure Eustochie, comme une maison nouvelle & non pas comme une continuation de l'ancienne maison de Modene, qu'ils considerent comme éteinte avec Alphonse II. en 1597.

DE L'UNIVERS, Liv. II, Ch. V. 445

Alphonse II. suivit les traces de son pere, & commanda plusieurs fois les armées de France en Italie. Il ne posséda son Duché que quatre ans, & mourut d'une goutte remontée l'an 1662. Il avoit épousé Laure fille de Jerôme Martinozzi Romain, & de Marguerite Mazarin, sœur aînée du Cardinal Mazarin. De ce mariage sortirent Marie-Beatrix-Eleonor, mariée à Jacques II. Roi d'Angleterre, morte à Saint-Germain en Laye en 1718; François II. qui succéda au Duché de Modene. Ce Prince n'avoit alors que deux ans, & il fut élevé sous la tutelle de la Duchesse sa mere. Il épousa en 1692 Marguerite-Marie-Françoise Farnese, fille de Rainuce II. avec laquelle il ne vécut que deux ans, & mourut l'an 1694 sans laisser de postérité.

Renaud son oncle avoit reçu le chapeau de Cardinal l'an 1686 ; mais il le quitta après la mort de son neveu. Il s'attacha à la maison d'Autriche, & épousa en 1695 Charlotte-Felicité, fille de Jean-Frederic, Duc d'Hanover, belle-sœur de l'Empereur Joseph. Cette alliance l'engagea dans plusieurs guerres. En 1702 il livra la forteresse de Bersello aux Impériaux ; mais les François lui en marquerent leur ressentiment l'année d'après & le dépouillerent de ses Etats. Lorsque leurs affaires furent ruinées en Italie, il fut rétabli en 1706.

De son mariage avec Charlotte-Felicité d'Hanover, il eut Benedicte-Erneste-Marie, née le 18 août 1697 ; François-Marie qui lui a succédé, né le 2 Juillet 1698 ; Amelie-Joseph, née le 15 Juillet 1699 ; Jean-Frederic né le 1 septembre 1700, & Henriette née le 27 Mai 1702, mariée en 1725 au Duc Antoine de Parme.

Renaud voyant le Duc d'Orleans Régent de France devenu l'arbitre de l'empire, rechercha son alliance, & maria son fils aîné avec Charlotte-Aglaé, fille de ce Prince. Cette Princesse ayant passé en Italie avec le Prince son époux, fut sans le vouloir la source d'une mésintelligence entre son beau-pere & son mari. Ces querelles domestiques, dont le véritable motif n'a jamais été publié, furent cause que le Prince & la Princesse furent long-temps absens de Modene, & voyagerent en differentes villes d'Italie. Le Duc de Modene comme ami & vassal de l'Empereur, prit part à la derniere guerre d'Italie ; & son pays en souffrit beaucoup. Il se mit à couvert de l'orage en se retirant à Bologne, d'où après la paix, il retourna à Modene. Il y mourut le 26 octobre 1737, âgé de 83 ans.

Il eut pour successeur François-Marie son fils, qui possede aujourd'hui ce Duché. Il fut obligé d'abandonner ses Etats dans la derniere guerre d'Italie en 1741 ; mais ils lui furent rendus en 1748, par le traité d'Aix-la-Chapelle.

Le Modenois est borné à l'Occident par le Duché de Parme, au Midi par la République de Lucques & la Toscane, à l'Orient par l'Etat Ecclésiastique, & au Nord par le Duché de Mantoue. C'est un Fief masculin de l'Empire. Le Pays est très-abondant sur-tout en vins & en bleds. Sa Riviere la plus considérable est la Secchia qui l'arrose du Nord au Sud & se jette dans le Pô.

Cet Etat renferme les Duchés de Modene & de Regio, & les Principautés de Carpi & de Corregio. Le Duc de Modene possede aussi au Nord-

DUCHÉ DE MODENE.

Est le Duché de Mirandole, qu'il acheta de l'Empereur en 1710, & la Principauté de Novellara près de Guastalla. Celle de Massa au Sud-Ouest peut encore être regardée comme une annexe de Modene. Dans les Etats de ce Duché les Gouverneurs jugent les affaires importantes. Les Podestats rendent aussi la justice ; mais on peut appeler de leurs sentences à un tribunal supérieur & de celui-là au Duc. Le Marquis de Bentivoglio est vassal de Modene.

Le Duché de la Mirandole est un petit Etat sur les confins du Modenois au Nord-Est. Il a été possedé par la maison de Pic de la Mirandole qui en fut dépouillée en 1710 par l'Empereur, contre lequel François-Marie avoit pris parti.

INTRODUCTION
A L'HISTOIRE UNIVERSELLE.

CHAPITRE SIXIEME.

DE LA RÉPUBLIQUE DE GENES.

A ville de Genes étoit déja connue du temps de la seconde guerre punique, & c'étoit une des places de l'ancienne Ligurie. Elle fut détruite par Magon frere du célébre Annibal, & fut ensuite rebâtie par les Romains, sous la puissance desquels elle demeura jusqu'à la chûte de l'Empire d'Occident. Elle eut le même sort que les autres villes d'Italie, & fit partie de ce nouveau royaume, tant qu'elle resta sous la domination des François. Elle fut alors gouvernée par des Comtes, dont l'un d'eux nommé Ademar remporta de si grands avantages sur les Sarrasins, qu'ils furent contraints d'abandonner l'isle de Corse, qui resta aux Genois.

Les troubles qui s'éleverent dans l'Italie après la mort de Charles le Gros l'an 888, mirent les Genois en état de s'ériger en République. Ils confierent l'administration des affaires à des Consuls, dont ils ne limiterent ni le nombre ni la durée de leur magistrature. On en élisoit quelquefois jusqu'à huit, &

REPUBLIQUE DE GENES.

à chaque élection on déterminoit le temps que devoit durer leur pouvoir. Ce gouvernement subsista près de trois siecles.

Prise de Gênes par les Sarrasins.

936.

Les Sarrasins n'avoient pas vû sans peine que les Genois s'étoient emparés de Corse, & ils étoient résolus de faire de nouvelles tentatives pour la reprendre. Ils firent en effet plusieurs descentes, & pillerent cette Isle à diverses reprises. Ces ravages ne satisfaisoient point encore assez le desir qu'ils avoient de se venger des Genois, & ils profiterent de l'éloignement de la flotte Genoise pour attaquer la ville qui étoit sans défense. Ils y commirent toutes sortes de cruautés, détruisirent par le fer & le feu tous les édifices, emporterent un immense butin, & firent esclaves tous ceux qu'ils avoient épargnés. Les Genois qui étoient en mer, ne rentrerent dans le port de Gênes qu'après le départ des Sarrasins. Consternés à la vûe d'un si triste spectacle, ils prirent bien-tôt la résolution de poursuivre les auteurs de ce désastre, & les joignirent près des côtes de la Sardaigne. Animés par le desir de la vengeance, ils presserent si vivement les barbares, qu'ils se rendirent maîtres de tous leurs vaisseaux, & passerent tous les Sarrasins au fil de l'épée. Gênes fut bien-tôt rebâtie, & elle ne tarda pas à devenir plus

958.

florissante qu'elle n'avoit été jusqu'alors. Elle fut même conservée dans son indépendance, par un titre qu'elle obtint de Berenger II. Roi d'Italie.

1015.

Le voisinage des Sarrasins qui étoient maîtres de la Sardaigne causoit toujours de l'inquiétude aux Genois & aux Pisans. Ces deux Républiques se liguerent ensemble pour les chasser de cette isle, & elles convinrent entre elles, suivant les Historiens Genois, que cette isle seroit partagée entre les deux peuples. Les Pisans au contraire ont toujours prétendu qu'on avoit décidé que les Genois se contenteroient du butin, & que la Sardaigne resteroit entiere à la république de Pise. Il y a lieu de croire que cet article n'étoit pas bien clairement expliqué, puisqu'il fut bien-tôt le sujet d'une rupture entre les deux républiques. Les Sarrasins attaqués par les Genois & les Pisans, ne firent pas une longue résistance, & évacuerent entierement la Sardaigne, où les Genois s'établirent. Les Pisans irrités de la conduite de leurs alliés, firent une descente dans l'isle de Corse, & s'en rendirent maîtres. Ces hostilités engagerent les Genois à insulter la ville de Pise avec douze Galeres; mais cette expédition ne fut point heureuse, & la plus grande partie des galeres furent coulées à fond. Les guerres des croisades qui survinrent alors suspendirent pour quelque temps la querelle qui s'étoit élevée entre les deux républiques.

1100. & suiv.

Les Genois à l'imitation des autres Puissances de l'Europe, prirent part à ces guerres saintes, & s'y distinguerent beaucoup. Ils rendirent de si grands services à Baudouin I. Roi de Jerusalem, & à Boemond Prince d'Antioche qu'ils en obtinrent la propriété d'un tiers de plusieurs villes qu'on avoit enlevées aux Musulmans dans la Palestine. Ils témoignerent tant de zele pour la conquête de la terre Sainte qu'ils fournirent jusqu'à sept flottes en moins de treize ans.

Gênes occupée dans l'Asie où elle faisoit redouter ses armes, négligea de reculer les bornes de ses Etats en Italie; mais en 1113 elle s'empara de la contrée de Lavagno, & bâtit le fort de Porto-Venere sur la côte occidentale du golfe de la Specie. Les guerres des croisades ayant cessé

pour

pour quelque temps, les Genois & les Pisans renouvellerent leurs anciennes querelles & en vinrent à une rupture ouverte. Les Pisans ne furent pas heureux dans cette guerre, & ils eurent de si grands avantages qu'ils ne purent obtenir la paix qu'en renonçant à leurs prétentions sur la Corse. Gênes délivrée de cette guerre, songea à étendre sa domination, & fit la conquête de Fiascone & des autres pays voisins.

RÉPUBLIQUE DE GÊNES.

1121.

Les Pisans qui n'avoient cedé qu'à la force étoient toujours disposés à disputer aux Genois la possession de l'isle de Corse, & ils prétendoient que les Evêques de cette isle devoient être sacrés à Pise, & par l'Evêque de cette ville. C'est ainsi qu'Urbain II. & Gelas II. l'avoient décidé. Mais Calixte II. en 1123 ordonna que les Evêques de Corse seroient sacrés à Rome. Les Pisans refuserent de souscrire à cette décision, & la guerre recommença entre les deux républiques. Les Genois toujours vainqueurs, forcerent enfin leurs ennemis à demander la paix à des conditions onéreuses. Elle ne fut pas de longues durée, & les Pisans recommencerent leurs hostilités en attaquant les Genois. Ceux-ci de leur côté userent de représailles, interrompirent le commerce des Pisans, & s'établirent en Sardaigne plus solidement qu'ils n'avoient encore fait. Innocent II. employa sa médiation pour rétablir la bonne intelligence entre ces deux peuples, & la paix fut signée de nouveau en 1137. Ce fut à cette occasion que le Pape donna le titre d'Archevêché aux Métropoles de Gênes & de Pise. Le nouvel accommodement n'empêcha pas les deux Républiques de conserver leurs établissemens dans les isles de Corse & de Sardaigne, & les prétentions respectives sur ces territoires.

1129.

1137.

Cependant on avoit fait quelque changement dans le gouvernement, & en 1122, on avoit reglé que le Consulat ne dureroit qu'un an. On avoit aussi créé un Secretaire, des Greffiers & quelques autres Officiers de la république, & en 1130, on décida que les Consuls, qui jusqu'alors avoient rempli les fonctions de Gouverneur & de Juges, ne s'occuperoient plus que des affaires d'Etat. Quatorze Magistrats furent chargés du soin de rendre la Justice; mais on changea dans la suite quelque chose à ce nouvel arrangement. Gênes avoit aussi augmenté son territoire par la prise de Montalte, & les Comtes de Vintimille reconnoissoient leur domination.

Changement dans le gouvernement.

Les dommages continuels que les pirateries des Sarrasins d'Espagne causoient au commerce des Gênois, obligerent ceux-ci à équiper une flotte pour leur donner la chasse. Ils firent une descente dans l'isle de Minorque qu'ils ravagerent entierement, mais ils ne s'y établirent pas. L'année suivante ils se rendirent maîtres d'Almerie, où ils firent un butin considérable. La prise de cette ville fut suivie de celle de Tortose que les Genois abandonnerent aux Comtes de Barcelone, après l'avoir conservée quelque temps.

Guerre contre les Sarrasins.

1144.

Les Pisans ne pouvoient rester tranquilles, & toujours rivaux de la puissance des Génois, ils cherchoient les occasions de les chagriner. L'insulte qu'ils firent à quelques marchands Genois établis à Constantinople, fut la cause d'une nouvelle guerre que l'Empereur Frederic Barberousse voulut empêcher en employant sa médiation entre les deux peuples. Les démarches qu'il fit à cet égard furent inutiles, & la guerre recommença avec un acharnement incroyable. Les Genois pour affoiblir le parti de leurs adversaires,

Nouvelle guerre contre les Pisans.

Tome II. Lll *

favoriserent Barissone, qui à la faveur de ces troubles, avoit voulu se faire reconnoître Roi de Sardaigne. Frederic ne se rebutant pas des différentes tentatives qu'il avoit faites jusqu'alors pour terminer cette guerre, devint enfin l'arbitre de leurs différends. Il décida que la Sardaigne seroit partagée également entre les Pisans & les Genois, c'est-à-dire que les Comtés de Cagliari & d'Oristagnie, appartiendroient à ces derniers.

Gênes florissante au-dehors, étoit déchirée par des factions intestines qui troubloient le repos que la gloire de ses armes lui avoit acquis. On crut remédier à ces désordres en changeant la forme du gouvernement, & en élisant à la place du Consul, un Podestat qui ne devoit exercer le souverain pouvoir que pendant un an. Manizoldo Tetocio, citoyen de Bresse fut le premier qui posséda cette charge. Sa fermeté arrêta pour quelque temps les factieux; mais lorsqu'il eut achevé le temps de sa Magistrature, les Genois nommèrent de nouveau un Consul de leur nation. Les troubles & les dissentions recommencerent alors, & la ville partagée en différentes factions, étoit devenue le théâtre d'une guerre civile, qui sembloit annoncer la ruine de l'Etat. Pour arrêter la source de tous ces maux, on créa un nouveau Podestat; & le choix tomba sur Uberti Olivano citoyen de Pavie. Ce Magistrat mit bien-tôt fin à tant de troubles en faisant détruire les forts & les lieux de retraite, où les mutins trouvoient un asyle assuré.

Toutes ces discordes n'empêcherent pas les Genois de fournir des secours considérables à l'Empereur Henri VI. pour l'aider à faire la conquête de la Sicile. Le succès de cette expédition ne fut pas capable d'engager l'Empereur à tenir aux Genois la promesse qu'il leur avoit faite, & il leur ôta même jusqu'aux droits qu'il leur avoit abandonnés sur la Sicile, dans les temps précédens. Ils représenterent envain les services qu'ils venoient de lui rendre, & les engagemens qu'il avoit pris avec eux. Cependant quelques citoyens mal intentionnés, se plaisoient à exciter des mouvemens dans la ville; ce qui occasionna divers changemens dans la magistrature; c'est-à-dire qu'alternativement on quitta les Consuls pour nommer des Podestats. Les Pisans profiterent souvent de ces brouilleries pour attaquer les Genois; & leurs prétentions sur les isles de Corse & de Sardaigne furent toujours les motifs ou du moins les prétextes de ces petites guerres.

Celles que les Genois eurent à soutenir contre les Venitiens, furent beaucoup plus considérables (1). La possession des isles de l'Archipel, & de quelques endroits dans la Terre-Sainte, peut-être aussi la jalousie que la puissance de ces deux Républiques occasionnoit reciproquement, furent les sujets des differends qui survinrent entr'elles, & qui ne furent terminés qu'en 1432; Ces guerres avoient été souvent interrompues par des treves. Ce n'étoit pas seulement aux Venitiens que la grandeur des Genois causoit de l'ombrage: les peuples voisins ne voyoient pas sans inquietude les nouvelles acquisitions que faisoit continuellement la République. Les Alexandrins qui avoient des prétentions sur Capriata, que les Genois avoient réunie à leur domaine, se liguerent avec les Milanois & les habitans de Tortone. Les Genois soutinrent avec beaucoup d'avantage les efforts des

---

(1) Voyez ce qu'on en a dit ci-devant dans l'histoire de Venise.

confédérés, & l'on crut même que cette affaire se termineroit par les voyes de la négociation. Les Milanois devenus arbitres, ne purent s'empêcher de juger en faveur de la République, & de conduire à Capriata le Podestat de Genes, afin qu'il en prit possession. Les Alexandrins profiterent de cette occasion pour surprendre la ville, qui fut aussi-tôt mise au pillage, & presque reduite en cendres. La ville fut tellement détruite, que les Alexandrins se virent dans la nécessité de construire des cabanes pour s'y établir & s'y fortifier. Cette conduite irrita les Genois, & les obligea de continuer la guerre, qui cependant ne fut pas de longue durée. Les deux partis convinrent de s'en rapporter une seconde fois à des arbitres, & Capriata fut adjugée de nouveau aux Genois, qui en prirent possession. Ils avoient perdu l'année précédente la ville de Nice, dont le Comte de Provence s'étoit emparé.

Le commerce que les Genois faisoient avec les Maures de Ceuta en Afrique, les obligea de leur fournir de puissans secours pour les deffendre contre une armée de Croisés qui étoient venus les attaquer. Ces secours les mirent état de résister aux Chrétiens; mais les Genois furent mal recompensés des services qu'ils avoient rendus: on refusa de les dédommager des frais de la guerre, & les magasins même qu'ils avoient à Ceuta, furent brûlés par les Maures. Les Genois pour se venger, envoyerent une flotte considérable qui battit long-temps la ville de Ceuta avec des machines de guerre. Les Maures se voyant vivement pressés demanderent la paix, qui fut conclue à l'avantage de la République.

Le refus que les Genois avoient fait de rendre hommage à Frederic II. indisposa ce Prince contr'eux, & le porta à chercher toutes les occasions de leur susciter des troubles. Les demêlés que ce Monarque eut avec Gregoire IX. auxquels les Genois prirent part, acheverent d'irriter Frederic. Le Pape qui avoit formé le dessein de faire déposer l'Empereur, avoit convoqué un Concile à Rome; mais comme tous les chemins d'Italie étoient fermés, Gregoire obtint des Genois, qu'ils transporteroient sur leurs galeres de Nice à Rome, les Prelats qui voudroient se rendre au Concile. L'Empereur n'ayant pu obtenir des Genois qu'ils restassent neutres en cette occasion, engagea les Pisans à lui fournir une flotte pour l'opposer à celle des Genois. Il fit en même temps entrer des troupes sur leurs terres, pour les obliger à désarmer leur flotte. Ce Prince avoit aussi trouvé moyen d'entretenir quelque liaison secrette avec les principaux citoyens, afin d'empêcher les Evêques qui étoient déja à Gênes de passer à Rome. Ce complot fut découvert; quelques-uns des conjurés furent punis, & un grand nombre sortit de la ville. Le calme se trouvant rétabli, la flotte se mit en mer; mais elle fut rencontrée par celle de l'Empereur & des Pisans, qui la battirent & firent prisonniers tous les Prélats qui étoient dessus. Les ennemis des Genois profiterent de la consternation que cet événement leur causa, pour les accabler de toutes parts. Pendant que les troupes Impériales remportoient de grands avantages du côté de Voltaggio, Savone se revolta, & la flotte ennemie parut à la vûe de Gênes, & se présenta ensuite devant Noli qui par sa vigoureuse résistance, donna le temps aux Genois de la secourir. En effet on avoit équipé une flotte avec toute la diligence possible, & Genes

REPUBLIQUE DE GENES.

1230.

1234.
Traité des Genois avec les Maures.

Guerre contre l'Empereur.
1240.

se trouva bien-tôt en état de faire face à ses ennemis de tous côtés. La flotte Génoise présenta plusieurs fois le combat à l'Amiral de l'Empereur; mais il eut toujours soin de le refuser & par sa manœuvre habile il tint souvent la côte en allarme & donna plusieurs fois le change à l'Amiral de la République. Il paroissoit que Frederic avoit dessein de traîner la guerre en longueur & qu'il avoit donné ordre à son Général d'éviter d'en venir aux mains. Les Genois qui avoient intérêt de terminer promptement cette guerre mirent le siege devant Savone; mais les secours que l'Empereur donna à cette Ville, obligerent le Podestat à abandonner son entreprise. Ce mauvais succès auroit causé quelques troubles dans la ville sans la fermeté & la prudence du Magistrat. Depuis cet événement la guerre ne se fit plus avec la même vigueur, & la mort de l'Empereur arrivée en 1251 délivra les Genois d'un ennemi puissant & formidable; mais elle ne terminoit pas la guerre contre les Pisans. Les Florentins & les Luquois voulurent se rendre arbitres entre les deux Etats & en cette qualité ils deciderent que les Pisans rendroient aux Genois quelques terres dont ils s'étoient emparés. Les Pisans peu satisfaits de la décision des Florentins refuserent d'y souscrire & continuerent la guerre. Les Florentins & les Luquois s'étant joints aux troupes de la République, les Pisans furent obligés de succomber & de reconnoître la loi du vainqueur.

La jalousie que le peuple avoit conçue contre les Nobles, excita de nouveaux troubles dans la ville & occasionna un changement dans la Magistrature. Mécontens du Podestat qui sortoit de charge ils voulurent le faire mourir, & l'émeute devint si grande qu'on ne put l'appaiser qu'en nommant un Capitaine du Peuple. Boccanegra fut le premier qu'on revêtit de cette dignité. Le Podestat fut obligé de prêter serment d'obéissance à ce nouveau chef de la République, & de reconnoître son autorité. Boccanegra ne tarda pas à abuser de son pouvoir & s'attira de si grands ennemis qu'il fut contraint trois ans après de se démettre volontairement. Cette charge fut alors supprimée & la puissance fut remise entre les mains des Podestats.

Les factions des Guelfes & des Gibelins qui avoient déja causé tant de désordres en Italie, exercerent pareillement leur fureur dans la ville de Gênes. Les Spinola & les d'Oria s'étoient déclarés chefs des Gibelins; les Grimaldi & les Fiesques s'étoient mis à la tête des Guelfes. Ces deux partis cherchoient aux dépens l'un de l'autre à s'emparer du Gouvernement. Hubert Spinola voyant que le parti contraire étoit le plus fort, fit entendre aux Gibelins qu'ils ne pouvoient esperer l'emporter sur leurs adversaires qu'en abolissant l'ancien gouvernement, & en faisant tomber entre ses mains toute l'autorité. Les Partisans de Spinola gagnés par ces flatteuses promesses s'assemblerent en grand nombre & furent bien-tôt joints par tous ceux qui pouvoient esperer l'impunité de leurs crimes dans le bouleversement de l'Etat. Cette troupe de factieux proclama Spinola Seigneur & Capitaine de Gênes; mais celui-ci s'étant apperçu que le plus grand nombre du peuple lui étoit contraire, & qu'il auroit de la peine à se maintenir dans son usurpation; il abdiqua volontairement après avoir pris les précautions nécessaires pour se mettre à couvert des poursuites qu'on auroit pû faire contre lui. La facilité avec laquelle Spinola étoit sorti de l'embarras où sa démarche trop hardie l'avoit jetté, le porta bien-tôt à faire de nouvelles entreprises qui furent mieux concertées. Il se joignit pour lors à Hubert d'Oria homme considéré par les services qu'il avoit rendus jusqu'alors à sa Patrie. Ils profiterent des désordres affreux qui désolerent la République pour exécuter leur dessein criminel. Sous prétexte de maintenir la liberté & de remédier aux maux dont la République étoit accablée, ils assemblerent tumultueusement ceux de leur faction dans la résolution de s'emparer de la souveraine autorité. Les oppositions qu'ils trouverent de la part des autres factions ne purent être levées sans une grande effusion de sang. Spinola & son Collegue demeurés vainqueurs se firent nommer *Capitaines de la liberté Genoise*. Les Guelfes & les Gibelins furent obligés de reconnoître leur souveraine puissance. Comme ces deux tyrans craignoient que le peuple ne se plaignît de ce qu'il n'avoit aucune part au Gouvernement, on choisit un homme du peuple à qui on donna le nom d'*Abbé du Peuple*. Il eut toutes les marques de distinction, & on lui prodigua même tous les honneurs; mais on ne lui laissa aucun pouvoir. Ils créerent même un Podestat qui pour lors n'avoit qu'un vain titre. Ils étoient enfin venus à bout d'affermir leur puissance, & même de rétablir le bon ordre dans l'Etat lorsque les Fiesques, les Grimaldi & toute la faction des Guelfes formerent le projet de livrer la République à Charles d'Anjou Roi de Sicile. Ce Prince accepta des offres si avantageuses, & en conséquence il fit arrêter dans ses Etats tous les Genois qui s'y trouverent. Les conjurés soutenus par les troupes du Roi de Sicile attaquerent l'Etat de Genes de tous côtés & se rendirent maîtres de plusieurs Places. Ces avantages ne furent pas de longue durée & les Genois reprirent tout ce qu'on leur avoit enlevé. Innocent V. touché des malheurs de la République employa sa médiation pour terminer cette guerre. La paix fut conclue avec le Roi de Sicile, & l'union fut rétablie entre les Citoyens. Les Fiesques & les Grimaldi firent encore quelques tentatives; mais elles n'eurent aucun succès & plusieurs d'ent'eux furent bannis de la ville.

Ces troubles étoient à peine appaisés que les Genois se virent engagés dans une nouvelle guerre contre les Pisans, au sujet de leurs prétentions réciproques sur les Isles de Corse & de Sardaigne. Cette guerre dont les frais furent considérables par les grands armemens que l'on fit de part & d'autre n'offrit aucun évenement remarquable, si ce n'est un sanglant combat qu'il y eut entre les deux flottes à la vûe de Pise & dans lequel les Genois demeurerent vainqueurs. La guerre dura encore trois ans & fut enfin terminée le 15 d'avril 1288.

Cependant la ville de Gênes n'avoit pas été exempte de troubles. Les Grimaldi & les Fiesques formerent de nouvelles cabales contre les Capitaines du Peuple qui gouvernoient la République avec autant de douceur que de prudence. Ils les attaquerent ouvertement; mais ils furent repoussés, & ils auroient été maltraités par le peuple si les Capitaines n'eussent pris leur deffense. Cette modération ne fut pas capable de faire impression sur les esprits, & l'on souffroit avec peine que l'autorité restât si long-tems entre les mêmes mains. Les deux Capitaines zelés pour la tranquillité publique se démirent de leur dignité & il fut décidé, que dorénavant on nommeroit

---

REPUBLIQUE DE GENES.

1270.

1277.
1278.

1284.

1288.

chaque année un Capitaine qui feroit choifi parmi les Etrangers, & que le Podeftat lui feroit fubordonné. Le nouveau réglement ne fubfifta que jufqu'à l'an 1296. A la faveur des nouveaux troubles que les Fiefques exciterent, les Spinola & les d'Oria reprirent leur ancienne autorité & deux d'entr'eux furent créés Capitaines du Peuple, & il n'y eut plus alors de Capitaines étrangers ni de Podeftat. Lorfqu'ils crurent que les troubles étoient entierement appaifés ils renoncerent à leur charge, & les chofes rentrerent dans le premier état où elles étoient auparavant.

L'ambition & la jaloufie défunirent enfin les Spinola & les d'Oria. Ces derniers fe joignirent aux Grimaldi & aux Fiefques & cauferent dans la ville une fédition qui fit répandre beaucoup de fang. Les Spinola fecondés du peuple l'emporterent fur leurs ennemis qui furent contraints d'abandonner la ville. Ce fuccès fut fuivi de l'élévation d'Obifo Spinola à la dignité de Capitaine du peuple avec un pouvoir fans bornes. On lui donna pour Collegue Barnabé d'Oria, le feul de fa famille qui fût refté dans le parti des Spinola. Leur union ne fut pas de longue durée & Spinola eut dans la fuite autant à fouffrir de fa famille que de fes ennemis. Quelques démarches de fon Collegue lui donnerent des foupçons & l'obligerent de le faire dépofer par le peuple. Les Guelfes qui avoient été bannis de la ville fe liguerent en faveur de d'Oria & formerent un parti confidérable. Gênes fut attaquée & Spinola étant forti à la tête de dix mille hommes fut battu & contraint de fe retirer à Gavi. Les vainqueurs n'épargnerent ni les maifons ni les biens des Spinola qui furent même bannis de la ville. Douze Magiftrats dont fix étoient tirés de la nobleffe & fix autres du peuple furent chargés du foin de l'Etat. Cependant la guerre civile continua toujours: Spinola ayant raffemblé les débris de fon armée qui fut groffie par le nombre de fes partifans, fe préfenta devant Gênes; mais ce fut inutilement. Il fe vengea de ce peu de fuccès par la ruine de Montalto & de Voltaggio, tandis que Buzala éprouvoit le même fort de la part des Guelfes. Après differentes hoftilités les deux partis convinrent de mettre bas les armes, & l'on indemnifa les partifans de Spinola des pertes qu'ils avoient faites. Celui-ci fut feulement condamné à l'exil pour deux ans.

L'arrivée de l'Empereur Henri VII. en Italie releva l'efperance des Gibelins. Ce Monarque qui alloit fe faire couronner à Rome paffa par Gênes où il fit rentrer Spinola. Les grandes qualités que les Genois remarquerent en ce Prince les porterent à le reconnoître pour leur fouverain & à fe foumettre à lui pour vingt ans. C'étoit en effet le moyen d'arrêter la fource des troubles qui défoloient l'Etat depuis long-tems, de fi flatteufes efperances ne furent pas de longue durée l'Empereur étant mort l'année fuivante. Les Gibelins voulurent alors s'emparer de nouveau du Gouvernement, & la guerre civile recommença avec plus de chaleur qu'auparavant. Les Spinola & les d'Oria qui s'étoient raccommodés fe défunirent bien-tôt, & les Guelfes profitant des circonftances, fe mirent tantôt d'un côté tantôt de l'autre. Enfin la ville de Gênes étoit dans une confufion inexprimable, & les citoyens acharnés à fe détruire fembloient avoir juré la perte de leur Etat.

Les Guelfes reprirent une feconde fois le deffus: les Spinola & les d'Oria forcés d'abandonner la ville, fe liguerent avec le Marquis de Ceva & de

Carreto: les Comtes de Ventimiglia & de Lingüiglia & les habitans d'Albenga & de Savone. Matthieu Viscomti & Can-della-Scala Souverain de Verone entrerent peu de temps après dans cette ligue. Les confédérés ayant réuni toutes leurs forces, formerent le siege de Gênes le 25 de Mars 1318. Les assiegés appréhendant de ne pouvoir résister eurent recours à Robert Roi de Naples qui leur fournit promptement des secours & qui se rendit en personne à Gênes. On le reconnut pour le Souverain de la République, & on lui prêta serment de fidélité ainsi qu'au Pape Jean XXII. Sienne, Florence & Bologne se déterminerent alors à envoyer à Gênes douze cens hommes d'armes. De si puissans secours mirent les Genois en état de faire de fréquentes sorties, qui cependant ne leur furent pas favorables. Robert crut devoir tenter une action générale, & le 4 de Mai 1319 on attaqua en même temps tous les postes des assiégeans. Les confédérés soutinrent long-temps les efforts de leurs adversaires; mais enfin ils furent obligés de plier & de se retirer à Gavi. Les Guelfes n'userent point de leur victoire avec modération, ils brûlerent & détruisirent toutes les maisons qui appartenoient aux Gibelins & firent de grandes réjouissances.

Le Roi de Naples ne croyant plus sa présence nécessaire à Gênes, en partit pour se rendre dans ses Etats. Les Gibelins profitant de l'absence de ce Prince, rassemblerent leurs forces, & mirent une seconde fois le siege devant Gênes. La ville fut défendue aussi vigoureusement qu'elle fut attaquée; mais après un siege d'un an & demi, les Gibelins ayant été battus furent obligés d'abandonner leur entreprise. La guerre civile n'étoit pas cependant terminée, & les hostilités continuerent encore long-temps entre les deux factions quoiqu'avec beaucoup moins d'ardeur. Sur ces entrefaites Robert se rendit à Gênes, & son pouvoir fut prorogé pour six ans. La guerre contre les Catalans qui suivit tant de troubles ne fut pas considérable; & ne consista que dans le pillage de quelques terres, & dans la prise réciproque de quelques vaisseaux. La conduite du Vicaire que le Roi de Naples avoit laissé à Gênes, fut la source des nouveaux troubles qui s'éleverent dans la ville. Les Guelfes & les Gibelins recommencerent la guerre dont l'évenement fut favorable aux derniers. Maîtres de la ville, ils le furent bientôt du gouvernement, & l'on élut Capitaine du peuple Raphaël d'Oria & Galeotto Spinola.

De nouvelles divisions occasionnerent un changement dans le gouvernement. Le peuple ayant exigé qu'on nommât un Abbé du peuple, on chargea vingt-quatre Electeurs de faire ce choix. Pendant qu'ils étoient enfermés pour faire l'élection, un homme de la populace eut la hardiesse de proposer Boccanegra (2). Ce Citoyen sous un dehors de modestie affectée refusa cette dignité, & représenta que personne dans sa famille n'avoit été *Abbé du Peuple*. On le proclama aussi-tôt *Seigneur*. Il parut long-temps balancer sur le parti qu'il devoit prendre. Enfin il déclara qu'il se rendoit & qu'il attendoit la décision du peuple pour sçavoir laquelle des deux dignités il accepteroit ou celle d'*Abbé* ou de celle de *Seigneur*. Il fut

RÉPUBLIQUE DE GÊNES.
1318.

1319.

1323.
1331.

BOCCANEGRA premier Doge de Gênes.
1339.

---

(2) Il étoit de même famille que Guillaume Boccanegra pour lequel on avoit créé quatre-vingt ans auparavant la dignité de Capitaine du peuple.

de nouveau proclamé Seigneur & Doge, & on lui remit toute l'autorité souveraine à laquelle les deux Capitaines furent obligés de renoncer.

La conduite de Boccanegra lui attira l'estime & l'amitié des Genois; mais les familles qui jusqu'alors avoient eu part au gouvernement, virent d'un œil jaloux la puissance du Doge. Il se forma diverses conspirations qui furent toutes étouffées dès leur naissance. Il fut cependant obligé de succomber à la fin, & d'abdiquer volontairement pour tâcher de faire renaître la bonne intelligence entre les Citoyens, & satisfaire les mécontens qui avoient marché contre Gênes. Il avoit gouverné pendant cinq ans avec beaucoup de gloire, & la République lui avoit obligation de la conquête de Final, de Varigotti & de Cervo qu'il avoit enlevées au Marquis de Final. Cette démarche de Boccanegra qui faisoit connoître combien il étoit zélé pour le bonheur de ses concitoyens, servit en même temps à dévoiler les mauvaises intentions de ceux qui avoient demandé sa démission. Après la retraite du Doge on proposa aux mécontens qui étoient hors de la ville d'y rentrer aux conditions qu'ils resteroient tranquilles; mais les chefs des rebelles déclarerent qu'ils ne vouloient y rentrer que les armes à la main. Cette réponse découvrit leur mauvaise volonté, & fit voir qu'on s'étoit trop précipité. On délibera sur le parti qu'on devoit prendre, & l'on convint de créer un nouveau Doge qui fut Jean de Morta, Citoyen capable à tous égards de remplir ce poste. Il ne put cependant empêcher les troubles qui s'éleverent peu de temps après, & dans lesquels la noblesse & le peuple l'emporterent alternativement. Enfin il y eut un accommodement par le moyen duquel les mécontens furent reçus dans la ville à l'exception d'un petit nombre. Ces exilés refugiés à Roccabruna & à Monaco dont les Grimaldi étoient les maîtres depuis environ quinze ans, y rassemblerent indistinctement toutes sortes de personnes, & firent des courses le long des côtes. Ils équiperent même une flotte sur laquelle il y avoit plus de dix mille hommes. On fit en diligence les préparatifs nécessaires pour repousser un ennemi qui pouvoit devenir dangereux. Les exilés n'osant s'exposer aux attaques des troupes de la République, se rendirent en France où ils entrerent au service de Philippe de Valois qui étoit alors en guerre avec le Roi d'Angleterre.

La tranquillité parut enfin rétablie par les soins du Doge, dont la République fut privée après qu'il l'eut gouvernée pendant sept ans. Il mourut très-pauvre, quoiqu'il eût été à la tête d'un des plus riches Etats de l'Italie. Il se forma plusieurs partis au sujet de l'élection de son successeur; mais les suffrages se réunirent en faveur de Jean de Valenti, qui partagea les emplois entre les Nobles & les Pebéïens. Une nouvelle guerre contre les Venitiens ne fut pas capable d'empêcher les dissentions domestiques, qui avoient été causées par les Guelfes & les Gibelins. Elles ne furent terminées que par la démission du Doge qui, pour satisfaire ses concitoyens, remit la souveraine autorité entre les mains de Jean Viscomti, Archevêque de-Milan.

Ce Prince étant mort, ses neveux qui lui succéderent hériterent de la souveraineté de Gênes. Ils n'en furent pas long-temps possesseurs, & les Genois toujours inconstans, chasserent les Officiers de ces Princes, & ne

voulurent

voulurent plus reconnoître leur autorité. Boccanegra, qui douze ans auparavant avoit abdiqué avec tant d'apparence de modération, étoit l'auteur de ce complot. Il se comporta avec tant d'adresse, qu'il fut nommé Doge pour la seconde fois. A peine fut-il revêtu de cette dignité, qu'il bannit de la ville les plus puissans d'entre les citoyens, soit de la noblesse, soit du peuple. Pour se garantir des entreprises des Viscomti, il fit une ligue avec le Marquis de Montferrat leur plus grand ennemi. Il songea ensuite à rétablir la tranquillité, & les sages précautions qu'il prit à ce sujet eurent l'effet qu'il en avoit attendu. L'avantage que la patrie retiroit de son gouvernement n'empêcha pas ses ennemis de former contre lui différentes conspirations dont il fut enfin la victime. Il mourut empoisonné après avoir gouverné la République pendant sept ans.

On lui donna pour successeur Gabriel Adorno qui étoit de famille Plebeïenne & de la faction des Gibelins. Uniquement porté pour le peuple, il le laissa en possession des honneurs & des différentes Magistratures dont les Nobles furent privés. Son gouvernement fut rempli de troubles qui furent excités par les bannis. Ils mirent dans leurs intérêts les Viscomti & le Marquis de Final, & secondés de leurs troupes, ils s'avancerent vers Gênes tandis que Leonard Montaldo tâchoit de soulever le peuple contre le Doge. Ce Seigneur fut d'abord assez heureux pour rendre inutiles les efforts de ses ennemis ; mais enfin il succomba, & le peuple las de son administration le déposa, & mit à sa place Dominique Fregose, qui étoit pareillement de la faction des Gibelins.

Ce fut pendant les premieres années qu'il gouverna la République que les Genois firent une expédition en Chypre. La préséance que le Roi de cette isle avoit accordée aux Vénitiens sur les Genois, porta ces derniers à se venger. Une nombreuse flotte fut envoyée pour attaquer le royaume de Chypre, & les ravages qu'elle y fit, forcerent le Roi d'accepter la paix aux conditions qu'il payeroit un tribut annuel. Cette guerre fut suivie d'une autre contre les Vénitiens, au sujet de l'isle de Tenedos (3). Cependant des citoyens mal intentionnés ne cessoient de causer des désordres dans la ville. Antoine Adorno & Nicolas Guarco souleverent le peuple contre le Doge qui fut mis en prison, quoiqu'on n'eût aucun reproche légitime à lui faire. Adorno fut mis à sa place, & quelques heures après on substitua à celui-ci Guarco qui l'avoit secondé dans ses desseins ambitieux. Ce nouveau Doge après avoir banni de Gênes la famille des Fregoses, voulut que les emplois fussent partagés entre le peuple & la noblesse.

Guarco ne fut pas plus tranquille dans la possession de sa dignité que l'avoient été ses prédécesseurs. Adorno & les autres citoyens qui avoient quelques prétentions, exciterent une violente sédition que le Doge ne put venir à bout d'appaiser, & qui le mit dans la nécessité de se retirer à Final. Les troubles ne cesserent cependant pas ; ils étoient entretenus par l'ambition de ceux qui esperoient profiter des circonstances pour s'emparer de la souveraine autorité. Leonard Montaldo l'emporta enfin sur tous ses concurrens, & fut reconnu par tout le peuple. Il ne posséda pas long-temps cette dignité, étant mort de maladie l'année suivante.

(3) On en a parlé dans l'histoire de Venise.

Tome II. Mmm *

REPUBLIQUE DE GENES.

Antoine Adorno fut élu pour la seconde fois. Digne par ses talens du poste qu'il occupoit, il ne put fixer l'inconstance des Genois. Diverses conspirations qui s'étoient formées contre sa personne, lui firent connoître la mauvaise intention de ses concitoyens, & le porterent à renoncer à sa dignité. Sacrifiant alors sa propre sûreté à son ambition, il se retira à Savone. Sa retraite obligea les Genois de créer un nouveau Doge, & le choix tomba sur Jacques Fregose fils de Dominique, homme d'un caractere doux, qui aimoit beaucoup la tranquillité, & qui par conséquent étoit peu propre à remplir une place si enviée. Adorno informé de cette élection demanda à être reçu dans la ville en qualité de simple particulier. On ne jugea pas à propos de lui accorder ce qu'il demandoit, & ce refus lui fit prendre le parti d'entrer dans la ville avec des gens armés, & de contraindre le Doge à lui céder sa place. Cette violence attira de nouveaux ennemis au Doge, & lui suscita bien des embarras. Toutes les précautions qu'il crut devoir prendre pour se garantir de leurs intrigues, ne purent le mettre à couvert de la conjuration d'Antoine Montaldo, qui s'étant introduit dans la ville à la tête d'un grand nombre de troupes se fit reconnoître Doge au préjudice d'Adorno.

1390.

1393.

Les factions continuelles des citoyens l'empêcherent de rester tranquille possesseur de cette dignité, & bien-tôt il se présenta divers concurrens qui le forcerent d'abdiquer. Fregose & Promontorio se firent successivement proclamer Doges; mais le peuple mécontent de ces élections tumultueuses, nomma douze Commissaires pour travailler à retablir la tranquillité. Comme on ne pouvoit s'accorder sur le parti qu'il étoit à propos de prendre, les douze Commissaires proclamerent Doge seulement pour une année François Justiniano. Les entreprises d'Adorno firent bien-tôt connoître au Doge qu'il n'étoit pas en état de remedier à tant de maux : ce qui le détermina à renoncer à sa dignité. Gênes sans Chef, se trouva dans une horrible confusion, & représentoit l'image d'une ville prise d'assaut. Chaque faction soutenue par des troupes ou par le peuple, se livroit de continuels combats, & cherchoit à obtenir par la force le pouvoir de tyranniser ses citoyens. Adorno chassé de la ville, on procéda à l'élection d'un Doge, & le choix tomba sur Antoine Montaldo, qui se retira l'année suivante, après avoir donné des marques de sa clémence à l'égard de ceux qui avoient conspiré contre lui. On nomma pour son successeur Nicolas Zaoglio que de nouvelles conjurations obligerent d'abdiquer peu de temps après.

Antoine Guarco qui trouva moyen de se faire élire en sa place, ne jouit pas tranquillement de sa nouvelle dignité. Luc de Fiésque, Antoine Montaldo, Antoine Adorno, & Zaoglio se mirent à la tête de leurs factions, & occasionnerent de nouveaux désordres. Le Doge obligé de céder aux circonstances, se refugia secrettement à Savone. Sa retraite ne mit point fin aux troubles, & les Gibelins, partisans d'Adorno, attaquerent les Guelfes qui étoient dans les intérêts des Fiésques. Les Gibelins resterent les maîtres, & Montaldo fut le seul rival qu'Adorno eût à redouter. Plus adroit & plus rusé que ce citoyen, il le fit bien-tôt tomber dans le piége qu'il lui tendoit. Il sçut l'engager habilement à renoncer à ses prétentions ; & ayant assemblé le peuple, ils déclarerent publiquement qu'ils étoient resolus de

DE L'UNIVERS. Liv. II. Ch. VI.

sacrifier leur ambition à la tranquillité de l'Etat. On fut surpris & en même-temps touché du discours d'Adorno. Ses partisans profitant des dispositions où l'on étoit à son égard, le firent créer Doge. Montaldo irrité d'avoir été le jouet de son rival, résolut de s'en venger. Il s'adressa pour cet effet au Duc de Milan, qui lui fournit tous les secours nécessaires pour l'exécution de ses desseins. Les avantages que le Doge remporta sur lui, ne l'empêcherent pas de considerer qu'il seroit enfin obligé de succomber pour rompre les mesures de son ennemi, il proposa aux Genois de se mettre sous la protection de la France.

Charles VI. qui étoit alors sur le trône, accepta les propositions des Genois aux conditions suivantes. « Qu'ils reconnoîtroient le Roi de France » pour leur souverain, & lui prêteroient obéissance, sauf les droits de » l'empire s'il en existoit : que le Roi enverroit à Gênes un Gouverneur » François pour régir l'Etat conformément aux loix de la République, & » conjointement avec un Conseil que les Genois nommeroient, & qui se-» roit composé également de nobles, de Plébéïens, de Gibelins, de Guelfes, » mais dont le chef seroit nécessairement de la faction Gibeline : Qu'en » l'absence du Gouverneur le Conseil pourroit décider, & que ses déci-» sions auroient la même force que si le Gouverneur étoit présent : Que » le Roi ne pourroit mettre aucune taxe sur l'Etat de Gênes, ni toucher » aux anciens impôts dont le revenu appartiendroit à la République : Que » tout ce qui concerneroit l'Etat de Gênes seroit réglé dans le Conseil : Qu'on » remettroit au Roi dix forteresses, qui furent spécifiées dans le traité : » Que le Roi s'obligeroit à faire dans l'espace de quatre mois tous ses efforts » pour rétablir l'Etat de Gênes dans toutes ses possessions : Que le Roi & » les Genois auroient les mêmes amis & les mêmes ennemis, sauf les obli-» gations contractées par les traités précédens; enfin que le Roi ne pourroit » disposer de la souveraineté de Gênes ni la céder à personne. «

Ces conditions furent signées le 25 d'octobre 1396, & le 27 de novembre Adorno remit solemnellement aux Commissaires François les marques de sa dignité. Il fut nommé Gouverneur par *interim*, & le 18 de mars de l'année suivante il céda le Palais à Valeran de Luxembourg, & à Pierre Farnel Evêque de Meaux, que Charles VI. avoit envoyés à Gênes. Adorno mourut peu de temps après. Cet arrangement sembloit devoir promettre aux Genois une tranquillité dont ils étoient privés depuis si long-temps; mais rien n'étoit capable d'arrêter la source des troubles. Les divisions continuelles entre les Guelfes & les Gibelins, se renouvellerent & causerent des désordres affreux. On en vint aux mains à diverses reprises, & Gênes se vit souvent inondée du sang de ses propres citoyens. Montaldo & Guarco étoient à la tête des Gibelins, & Ceva d'Oria s'étoit déclaré le Chef des Guelfes. Valeran de Luxembourg étoit sorti de Gênes dès l'année précédente, à cause de la peste dont la ville étoit affligée. L'Evêque de Meaux effrayé à la vûe de ces guerres civiles, prit le parti de se retirer à Savone, d'où il repassa en France. Les Genois abandonnés à eux-mêmes se porterent à de nouveaux excès de fureur, qui parurent enfin calmés à l'arrivée de Nicolas Calvi, que la Cour de France avoit envoyé en qualité de Gouverneur,

RÉPUBLIQUE DE GENES.

Les Genois se donnent à Charles VI.

1396.

1398.

1399.

REPUBLIQUE DE GENES.

Ce calme ne fut pas de longue durée : Les Plebeïens mécontens des égards qu'on avoit pour les Nobles, prirent les armes & se souleverent contre le Gouverneur. Trop foible pour le poste qu'on lui avoit confié, il se retira à Savone. Les Genois nommerent alors Baptiste Boccanegra pour commander au nom du Roi de France, vers lequel ils députerent pour lui faire des excuses de ce qui s'étoit passé, & lui demander un nouveau Gouverneur. La Cour nomma le célèbre Maréchal de Boucicaut, & le fit précéder par Monteclair & Renaud Olivier. Ces deux Seigneurs furent mal reçus à Gênes, & l'on refusa de reconnoître leur autorité. Luzardo fut chargé de l'administration des affaires; mais de nouvelles dissentions le forcerent bien-tôt à se démettre.

1401.

Boucicaut étant arrivé à Milan, les plus distingués des Genois allerent le trouver pour l'assurer de leurs bonnes intentions ; & demander grace pour ceux qui avoient soulevé le peuple contre les Officiers de France. L'air froid avec lequel Boucicaut les reçut, leur apprit bien-tôt ce qu'ils avoient à craindre. Tout le peuple cependant s'empressa d'aller au-devant de lui ; mais tant de soumission ne fut pas capable de le toucher, & à peine eut-il pris possession de son gouvernement, qu'il condamna Boccanegra & Luzardo à perdre la tête. Le grand nombre de troupes dont il étoit accompagné, retint la populace & l'empêcha de faire aucun mouvement. Boccanegra eut la tête tranchée, malgré la résistance qu'il fit pour se deffendre. Le peuple ne put s'empêcher de murmurer ; ce qui obligea les soldats à se tenir sur leurs gardes. Pendant qu'ils étoient attentifs aux différens mouvemens du peuple, Luzardo se jetta en bas de l'échaffaut, & se sauva à la faveur de la foule. Boucicaut irrité de l'évasion de ce prisonnier, fit punir de mort l'Officier Genois à qui il en avoit confié la garde. Cet exemple de severité inspira tant de terreur aux Genois, qu'ils n'oserent même se plaindre hautement. Le Gouverneur pour couper la racine des divisions continuelles qui avoient causé tant de maux à l'Etat, contraignit les citoyens d'apporter toutes leurs armes au palais, rasa tous les petits forts que les factieux avoient élevés, deffendit sous de grosses peines de se donner les noms de Guelfes ou de Gibelins, fortifia le châtelet qui commandoit toute la ville, & punit avec la plus grande rigueur la moindre contravention à ses ordonnances.

Cette conduite étoit dure à la vérité ; mais elle paroissoit nécessaire pour rendre le calme à un peuple qui ne l'avoit jamais connu. On ne pouvoit malgré cela s'empêcher d'admirer la grandeur d'ame, l'équité, la générosité & les autres grandes qualités de ce Seigneur. Toujours avide de gloire, il n'eut pas plutôt rendu la tranquillité aux Genois qu'il songea à étendre leur domination. Il se rendit en personne dans l'Isle de Chypre, & contraignit Lusignan de lever le siege de Famagouste & de payer tous les frais de la guerre. Famagouste appartenoit légitimement aux Genois, & la propriété leur en avoit été confirmée par Jacques pere de Janus & de Lusignan. Boucicaut après cette expédition passa en Syrie, & s'empara de Beryte qu'il saccagea. Le motif de cette entreprise étoit de venger les Genois qui avoient reçu quelques insultes de la part des habitans de cette place. Les Venitiens qui y faisoient un gros commerce attaquerent la flotte de Boucicaut & rem-

1403.

porterent quelques avantages. Boucicaut étoit résolu de pousser les choses plus loin ; mais les ordres qu'il reçut de la Cour de France l'obligerent à rester tranquille.

Cependant Luzardo avoit formé un parti considérable & il s'étoit rendu maître de Sasello d'où il prit le chemin d'Arenzano. Cette tentative ne lui réussit point : sa petite armée fut défaite, & il fut même fait prisonnier. Il fut assez heureux pour échapper à ce nouveau danger, & alla chercher un asyle dans le Montferrat. Boucicaut trouva moyen de tenir pendant huit ans les Genois sous le joug qu'il leur avoit imposé. La crainte les retenoit ; mais elle ne les empêchoit pas de soupirer après leur ancienne liberté. Boucicaut se laissa surprendre par les apparences, & l'intérêt qu'il prit à la gloire de sa Patrie lui fit perdre Gênes, & le Milanès dont il fit l'acquisition pour la France.

Pendant qu'il étoit occupé dans le Milanès, les Genois profiterent de son absence pour exciter un soulevement général. Tous les François furent égorgés à la réserve des troupes qui étoient dans les forts que Boucicaut avoit fait construire. Le Marquis de Montferrat fut proclamé gouverneur & Capitaine général, avec la même autorité que les Doges avoient eue précédemment. Boucicaut après avoir fait d'inutiles efforts pour rentrer dans Gênes fut obligé d'abandonner son entreprise & de retourner en France.

La République fut moins tranquille sous le gouvernement du Marquis de Montferrat qu'elle l'avoit été sous celui de Boucicaut. Les factions des Guelfes & des Gibelins firent naître de nouvelles dissentions, qui furent à peine appaisées que les familles des Fregoses & des Adorno susciterent d'autres troubles. Le Marquis de Montferrat instruit de ce qui se passoit fit arrêter à Savone George Adorno, tandis que son lieutenant, qui étoit à Gênes, cherchoit à s'assurer de la personne de Thomas Fregose. Cette tentative loin de réussir excita un soulevement qui fit perdre au Marquis de Montferrat la souveraineté de Gênes. Les Partisans de Fregose ayant pris les armes, toute la ville se trouva bientôt dans une grande confusion. L'officier du Marquis de Montferrat ne se croyant point en sûreté, prit le parti de la retraite. Le Marquis crut devoir rendre la liberté à Georges Adorno pour l'opposer à la faction de Fregose. Cette démarche eut un effet contraire à celui qu'il en avoit attendu. Adorno puissant, riche & aimé de ses citoyens, fut proclamé Doge, & le Marquis de Montferrat se vit contraint de consentir à évacuer l'Etat de Gênes. On lui paya cependant quatre-vingt mille écus.

Gênes délivrée d'une domination étrangere, fut bien-tôt déchirée par de nouvelles factions. Des citoyens ambitieux & ennemis de la patrie n'eurent point de honte de mettre les armes à la main des Genois, contre les Genois mêmes, & d'être la cause du sang qui fut versé pour leurs intérêts particuliers. Adorno obligé d'abdiquer eut pour successeur Barnabé Guarco que diverses conspirations forcerent de renoncer à sa nouvelle dignité. Thomas Fregose qui fut mis à sa place ne fut pas plus tranquille, & les mêmes circonstances l'obligerent de se démettre.

Ce fut sous le gouvernement de ce Duc qu'Alphonse V. Roi d'Arragon fit une entreprise sur l'Isle de Corse. Les Insulaires mécontens des Genois

REPUBLIQUE DE GENES.

1409
Les Genois secouent le joug de la France.

1415.

1420.

RÉPUBLIQUE DE GÊNES.

1421.

favoriferent ce Prince & lui faciliterent les moyens de fe rendre maître de Calvi. Il voulut dans la fuite s'emparer de Bonifacio ; mais la flotte que le Doge envoya pour fecourir la place, contraignit le roi d'Arragon de fe retirer. Cette guerre étoit à peine terminée que les Genois fe virent attaqués par un ennemi beaucoup plus dangereux. Philippe Duc de Milan qui avoit formé le deffein de fe mettre en poffeffion de la fouveraineté de Gênes, arma puiffamment par terre & par mer & remporta une victoire complette fur la flotte des Genois. Cet échec jetta la confternation dans Gênes, qui épuifée d'hommes & d'argent n'étoit pas en état de réfifter au Duc de Milan. Fregofe faifant reflexion qu'il feroit plus prudent de céder aux circonftances, fe démit volontairement, & Philippe fut reconnu fouverain de Gênes, aux mêmes conditions que le Roi de France l'avoit été vingt-cinq ans auparavant.

Le Duc de Milan déclaré Souverain de Gênes.

Le Duc de Milan perfuadé que l'unique moyen de mettre fin aux divifions qui régnoient depuis fi long-temps entre les Genois étoit de les occuper au-dehors. Pour cet effet, il les engagea dans differentes guerres, dont la plus confidérable fut celle de Naples. Les Guelfes cependant firent quelques mouvemens dont Fregofe crut devoir profiter, & Adorno ne tarda pas à imiter fon exemple. Les mécontens étoient aidés par le Marquis de Montferrat ; mais le Duc Philippe rendit pour quelque temps leurs efforts inutiles. De nouveaux mécontentemens déterminerent enfin les Genois à fecouer le joug, & la révolution fut fi fubite que le Duc ne la put prévoir. Ses troupes furent chaffées des poftes qu'elles occupoient & l'on reprit tous les forts dont il étoit le maître.

Le Duc de Milan fit tout ce qu'il put pour rentrer dans Gênes, & il favorifa l'ambition de quelques citoyens, dans l'efperance de s'emparer de Gênes à la faveur des troubles. En effet la ville étoit retombée dans fon premier état, & la fouveraine puiffance fe trouvoit toujours entre les mains du plus fort. On voyoit continuellement de nouveaux Doges forcés de céder à de nouvelles factions. Les Fregofes jaloux de l'autorité des Adorno réfolurent de tout entreprendre pour leur enlever le fouverain pouvoir. Jean Fregofe s'adreffa pour cet effet à Charles VII. Roi de France, & l'affaire fut négociée à Marfeille. Sur ces entrefaites Fregofe s'étant rendu maître de Gênes & du gouvernement, refufa de le céder aux François. Le Roi trop occupé dans fon Royaume, n'étoit pas en état de fe venger & d'entreprendre une guerre dans l'Italie. La mort de Jean fit place à Louis Fregofe qui ne conferva pas long-temps la dignité de Doge. Pierre Fregofe qu'on lui donna pour fucceffeur fe vit de même obligé de fe deffendre contre les entreprifes des Adorno qui étoient foutenus par Alphonfe Roi d'Arragon. Fregofe craignant de fuccomber, & ne voulant pas cependant céder à fes rivaux, propofa aux Genois de fe mettre une feconde fois fous la protection de la France. Charles VII. eut beaucoup de peine à accepter les offres des Genois, & ce ne fut que par complaifance pour le Duc de Calabre qu'il confentit à leur accorder ce qu'ils demandoient.

1447.

1458.

Jean d'Anjou qui avoit obtenu le gouvernement de Gênes s'étoit flatté que par ce moyen les Genois lui fourniroient les fecours dont il avoit befoin pour conquerir le Royaume de Naples. Le Roi d'Arragon irrité de voir à la tête de la République son plus grand ennemi, poussa avec vigueur la guerre qu'il faisoit depuis quelque temps contre les Genois. Aidé par les mécontens il mit le siege devant Gênes, & il se seroit rendu maître de cette place si la mort ne l'eût prévenu. Ferdinand son successeur rappella la flotte Arragonoise, & les factieux se trouvant alors abandonnés prirent le parti de la retraite.

La mort de Barnabé & de Raphaël Adorno arrivée quelque temps après celle d'Alphonse reveilla l'ambition de Pierre Fregose. Il se repentit alors de s'être donné un maître & dès-lors il songea à trouver les moyens de forcer Jean d'Anjou à se retirer. Fregose n'avoit cédé sa place que sur la promesse qu'on lui avoit faite de lui donner une grosse somme d'argent ; mais elle ne lui avoit pas encore été payée. Il se servit de ce prétexte pour venir à bout de ses desseins. Il commença par demander que ces sommes lui fussent remises avec celles qu'il avoit prêtées depuis à Jean d'Anjou. Sur les représentations que ce Prince lui fit qu'il n'étoit pas en état de le rembourser, il se plaignit hautement, & fit plusieurs menaces. Le Duc de Calabre qui connoissoit le caractere ambitieux de Fregose, crut devoir prendre des précautions contre ses entreprises. Il fit sortir de Gênes toute la famille de ce citoyen. Ce nouveau sujet de plainte irrita celui-ci & le porta enfin à se déclarer ouvertement. Il mit dans son parti François Sforce alors Duc de Milan qui engagea le Roi de Naples à se liguer avec Fregose contre les François.

Les secours d'argent qu'il reçut de ces deux Princes le mirent en état de lever quelques troupes avec lesquelles il s'avança vers Gênes. Jean d'Anjou se contenta de fortifier tous les postes de la ville & des environs, & par cette sage précaution, il rendit deux fois inutiles les efforts que Fregose fit pour s'emparer de la ville. Ce Prince croyant n'avoir plus rien à craindre de Fregose fit partir la flotte que les Genois avoient équipée en sa faveur pour aller combattre celle de Ferdinand. Fregose profitant de cette circonstance, s'approcha de Gênes, escalada la premiere enceinte des murailles à dessein d'ouvrir la porte pour faire entrer le reste de ses troupes. Le Duc de Calabre ne tarda pas à paroître avec ses soldats & repoussa vivement Fregose : ce factieux ayant trouvé moyen de s'introduire dans la ville dans l'esperance d'y trouver des partisans, fut bien étonné de ce que personne ne faisoit aucun mouvement pour lui. Il chercha alors à se sauver ; mais il fut reconnu, & on le perça de mille coups. Tel fut le succès de son entreprise.

Le Duc de Calabre voyant que tout étoit tranquille dans l'Etat de Gênes, partit pour son expédition de Naples. Son absence occasionna des troubles qui lui firent perdre la souveraineté de Gênes. Les disputes commencerent entre la noblesse & le peuple au sujet des impôts, & des murmures on passa aux voies de fait. Sur ces entrefaites Prosper Adorno & Paul Fregose, Archevêque de Gênes, parurent chacun à la tête de leur faction, & en vinrent aux mains à différentes reprises. Comme on craignoit de tomber sous la domination de Fregose, on fortifia le parti d'Adorno. L'Archevêque de Gênes n'esperant plus l'emporter sur son rival, fit un accommodement avec lui, & consentit que le souverain pouvoir fût alternatif dans leurs famille. Les deux factions étant ainsi réunies, Adorno fut élu Doge.

Les François qui n'avoient pû s'oppofer à tous ces défordres, s'étoient renfermés dans le Château. Adorno réfolu de les y forcer, demanda quelques fecours à Sforce qui lui fournit des hommes & de l'argent. Les François fe défendirent avec tant de courage, que les affiégeans fe trouverent bien-tôt les plus maltraités. René d'Anjou arriva à Savone avec dix galeres & mille hommes de débarquement, tandis que fix mille François qu'on avoit levés dans le Dauphiné, s'avançoient au fecours de la place. Fregofe & Adorno dont la bonne intelligence avoit été altérée pendant quelque temps, mais qui pour lors étoient reconciliés, prirent de fi juftes mefures, que les François furent repouffés avec perte de plus de deux mille hommes. C'étoit à Fregofe à qui on avoit obligation de cette victoire. Son triomphe le rendit plus redoutable au Doge, qui lui fit deffendre de rentrer dans la ville. L'Archevêque furpris de ce procédé fe plaignit de l'ingratitude du Doge, & s'avança avec fes partifans pour en tirer vengeance. On fe battit avec une ardeur égale ; mais le parti d'Adorno ayant été vaincu, le Doge fe vit obligé d'abandonner la ville, & l'Archevêque fit élire Spinetta Fregofe fon coufin. Celui-ci fut contraint de céder fa place à Louis Fregofe qui avoit été Doge plus de trente ans auparavant, & qui étoit entré dans Gênes avec un grand nombre de troupes. Ce fut à lui à qui Vallier, qui commandoit les François, rendit le Château.

L'Archevêque guidé par fon ambition ne put fupporter que Louis ne lui laiffât aucune part dans les affaires. Il affembla un grand nombre de factieux par le fecours defquels il s'empara du gouvernement. Il obtint du Pape Pie II. une bulle qui approuvoit fon élection en la fuppofant réguliere. L'année fuivante Louis XI. étant monté fur le trône, ne jugea pas à propos d'employer fes troupes & fes finances pour foumettre les Genois, & conferver la ville de Savone qui lui reftoit encore. Il céda donc fes droits à François Sforce, qui en conféquence prit poffeffion de Savone. Il ne tarda pas à fe rendre maître de toute la côte occidentale de l'Etat de Gênes. La mauvaife conduite du Doge avoit cependant irrité les Genois qui réfolurent de reconnoître le Duc de Milan pour leur fouverain. L'Archevêque qui avoit pris trop tard fes mefures pour arrêter les progrès du Duc de Milan ; fe vit obligé d'abandonner la ville. Il raffembla quelques troupes qu'il fit monter fur des vaiffeaux, & parcourut toute la côte. Spinola qu'on envoya contre lui le força à prendre honteufement la fuite & à abandonner les trois vaiffeaux avec lefquels il exerçoit le métier de pirate.

Les Genois refpirerent enfin fous le gouvernement de François Sforce, & la tranquillité parut entierement rétablie dans tout l'Etat de Gênes. Une fituation fi heureufe ne fut pas de longue durée, & la mort de ce Prince fit retomber les Genois dans leur premier état, Galeas fon fils, d'un caractere bien différent, mécontenta bien-tôt les Genois. Il fe forma des confpirations, & il étoit prêt à perdre la fouveraineté de Gênes, lorfqu'il fut affaffiné à Milan par fes fujets. La nouvelle de fa mort réveilla toutes les factions, & Gênes fe vit expofée aux mêmes malheurs qu'elle avoit déja tant de fois éprouvés.

Jean-Baptifte Guarco, Charles Adorno, & les Fiefques étoient les principales

pales factions qui troublerent la patrie. D'un autre côté le peuple se souleva contre les Nobles. Enfin il y avoit encore un autre parti qui étoit résolu de rester sous la domination de Jean Galeas, fils aîné du dernier Duc de Milan. Ce Prince voulant faire valoir les droits de son pere, envoya une puissante armée pour soumettre la ville de Gênes, où les Fiesques commettoient toutes sortes de désordres. Les Genois accablés de tous côtés, consentirent enfin à reconnoître la domination des Sforces.

La Duchesse de Milan qui gouvernoit sous le nom de Jean Galeas son fils, crut que l'unique moyen de conserver l'Etat de Gênes étoit de s'assurer des principaux chefs des factions. Elle en avoit déja engagé plusieurs à s'établir dans le Milanès. La puissance d'Adorno qui étoit gouverneur de Gênes lui causoit de l'inquiétude, & elle étoit résolue de le priver de ce poste éminent, & de mettre en sa place Branda de Castiglione, Evêque de Côme. Cette entreprise ne fut pas aussi facile que la Duchesse l'avoit pensé : tout le peuple étoit attaché au gouverneur, & il n'eut pas de peine à lui faire prendre les armes pour sa défense. Il fallut en venir à la force ouverte ; mais l'armée Milanoise fut entierement défaite. Adorno délivré de cet ennemi, ne put se défendre des intrigues de Baptiste Fregose, & fut contraint de sortir de Gênes.

La Cour de Milan s'étoit flattée que Fregose ne s'empareroit du gouvernement qu'au nom de Jean Galeas. Fregose qui avoit fait un autre traité avec les Fiesques & le Roi de Naples dont il avoit reçu quelques secours, refusa de reconnoître l'autorité de Jean Galeas, & se fit élire Doge avec les cérémonies accoutumées. Il posséda cette dignité jusqu'à l'an 1483, que l'Archevêque de Gênes son oncle le contraignit de lui céder sa place qu'il possédoit alors pour la troisieme fois. Les Genois ne furent pas plus content de son gouvernement qu'ils l'avoient été autrefois. Généralement haï de ces concitoyens, on chercha à le déposer. Informé du dessein de ses adversaires, il mit dans ses intérêts la Cour de Milan qui étoit alors gouvernée par Ludovic frere du feu Duc. Les chefs des factions voulant prévenir les effets de cette puissante alliance, souleverent le peuple contre lui, & il eut à peine le temps de se sauver dans le Château. Il y fut aussi-tôt assiégé ; mais il se défendit avec tant de vigueur qu'on ne put l'y forcer. Sur ces entrefaites les troupes Milanoises entrerent sur le territoire de Gênes, & Branda de Castiglione se rendit dans la capitale pour traiter avec les Genois. Les différentes factions qui partageoient la ville, empêchoient qu'on ne se décidât promptement. On convint enfin que les Fiesques seroient conservés dans leurs biens & leur rang, & qu'ils auroient la liberté de demeurer dans la ville : Qu'Augustin Adorno seroit fait gouverneur de Gênes au nom du Duc de Milan : Que Paul Fregose se démettroit de la dignité de Doge : Qu'il auroit la permission de rester à Gênes ; mais à condition qu'il ne se mêleroit que des affaires ecclésiastiques de son Diocèse, & que les Genois reconnoîtroient le Duc de Milan pour leur souverain aux mêmes conditions qu'ils s'étoient donnés aux Ducs ses prédécesseurs.

La souveraineté de Gênes fut confirmée à Jean Galeas par la cession que lui en fit Charles VIII., dans la même forme & aux mêmes conditions que Louis XI. l'avoit faite à François Sforce. La guerre que le Roi de France

Tome II. Nnn*

entreprit au sujet de ses prétentions sur le Royaume de Naples, fut préjudiciable aux Genois, & leur pays devint le premier théatre de cette guerre. Jean Galeas étant mort peu de temps après, Ludòvic s'empara du Duché de Milan, & les Genois le reconnurent pour leur souverain. Ludovic & les Genois ne resterent pas long-temps unis à la France. D'un côté le refus que Charles avoit fait de remettre à ces derniers Pietra-Santa & Sarzanne qu'il avoit repris sur les Florentins ; de l'autre la rapidité de ses conquêtes dans le Royaume de Naples avoient porté le Duc de Milan & les Genois à faire contre ce Monarque une ligue avec le Pape, l'Empereur, le Roi d'Espagne & les Venitiens, pour la sûreté de leurs Etats, & la liberté de l'Italie.

Charles irrité contre les Genois, fit une tentative sur la capitale par le conseil des Fregoses, des Fiesques & des autres mécontens qui s'étoient joints à lui. Adorno gouverneur de Gênes pour le Duc de Milan, prit si bien ses mesures qu'il rendit inutiles les efforts des François, & remporta même sur eux un avantage considérable. Les François furent obligés d'abandonner tous les postes des deux côtés de Gênes, & ils ne purent garder que la Spezza qu'ils rendirent ensuite par le traité qui fut conclu entre Charles & Ludovic. Peu de temps après les Genois rentrerent en possession de Sarzanne qu'ils acheterent de l'Officier qui commandoit dans la place.

1498.

1499.

Louis XII. étant monté sur le trône après la mort de Charles VIII. s'empara du duché de Milan, & en conséquence l'Etat de Gênes fut obligé de reconnoître sa domination. Le Roi nomma pour Gouverneur Philippe, Comte de Ravestein. Ludovic de retour dans ses Etats, voulut engager les Genois à prendre son parti ; mais toutes ses tentatives furent inutiles, & Gênes demeura fidelement attachée à la France. De nouvelles querelles survenues entre le peuple & la Noblesse au sujet des charges & des honneurs, troublerent la tranquillité dont on jouissoit alors, & causerent un soulevement général de la part du peuple. On l'appaisa en lui accordant ce qu'il demandoit, & l'on crut alors que le calme étoit retabli. Il ne tarda pas néanmoins à se revolter : & il se divisa même en plusieurs factions, & la populace créa huit tribuns pour la commander.

Ces tribuns signalerent leur nouvelle autorité par faire respecter leurs loix, en sevissant contre ceux qui refusoient de leur obéir. Il s'emparerent aussi de la côte orientale de l'Etat de Gênes, dont Jean-Louis de Fiesque étoit Gouverneur pour le Roi de France. Ce Monarque irrité de cette démarche, ne jugea cependant pas à propos d'agir avec vigueur contre les rebelles, dans la crainte qu'ils ne se donnassent un nouveau Souverain. Il crut que par les voies de la douceur il viendroit facilement à bout de remettre les choses dans leur premier état ; mais la populace animée par les Chefs, meprisa les ordres du Roi, se porta aux dernieres extrêmités, & fit même le siége de Monaco. Louis XII. envoya promptement des troupes pour secourir la place que les assiegeans abandonnerent aussi-tôt. Il ordonna en même-tems de couper les vivres à Gênes, afin de réduire plutôt les factieux. Les Tribuns de leurs côtés les empêchoient d'entrer en accommodement, & leur persuaderent de se soustraire entierement à la domination Françoise. Ils se rendirent volontiers aux séductions de leurs Chefs, & ils élurent pour Doge Paul de Novi Teinturier en soie. On abbatit alors la banniere de France, & on éleva celle de l'Empire.

Le Roi determiné à punir les mutins, paſſa les Alpes avec le reſte de ſon armée, & pénetra aſſez facilement juſques dans l'Etat de Gênes. Les rebelles effrayés de l'arrivée du Roi, ſe retirerent dans la capitale, dont ils voulurent cependant deffendre les approches; mais ils furent battus, & n'eurent d'autre parti à prendre que celui d'implorer la clémence du vainqueur, & de ſe rendre à diſcretion. Le Roi entra dans la ville avec ſes troupes, & après avoir reçu le ſerment de fidelité, il fit brûler le livre qui concernoit les conventions des Genois avec la France; les obligea à lui payer deux cens mille livres; fit élever un fort au Cap de Faro; augmenta les fortifications du château & des autres forts; ordonna qu'on refondroit toute la monnoye Genoiſe, & qu'elle ſeroit dorenavant frappée au coin de France. Il déclara enſuite qu'il pardonnoit à tous les rebelles, à l'exception de ſoixante dont le plus grand nombre fut comdamné à l'exil. Demetrius un des Chefs des mutins, & Paul de Novi, eurent la tête tranchée: la tête de ce dernier fut placée ſur le haut de la tour du château, & ſon corps coupé par morceaux, fut attaché aux portes de la ville. Les Genois auroient merité un traitement plus rigoureux pour avoir maſſacré inhumainement un corps de troupes Françoiſes, qui par la capitulation avoit obtenu de ſortir ſain & ſauf avec tous ſes bagages, d'un fort qu'il avoit été contraint de rendre. Cependant toute la nation n'étoit point coupable de cette derniere révolte, & c'étoit la populace ſeule qui s'étoit portée aux extrêmités dont nous avons parlé.

REPUBLIQUE DE GENES.

1507.

Les Genois ſous la domination de la France, jouirent d'un repos dont ils n'avoient jamais goûté les douceurs ſous leurs propres Magiſtrats. Ce bonheur fut troublé par les entrepriſes de Jules II. qui ayant deſſein de chaſſer les François de l'Italie, voulut commencer pour leur enlever la ſouveraineté de Gênes. Il avoit mis dans ſes intérêts les Fregoſes & leurs partiſans, & il étoit convenu avec eux qu'ils attaqueroient la ville du côté de la terre, tandis que ſa flotte & celle des Venitiens ſe préſenteroient dans le port de Gênes. Les François informés de ce deſſein prirent de ſi juſtes meſures, que le projet échoua entierement. Le Pape ne ſe rebutant point, fit une nouvelle tentative dont le ſuccès ne fut pas plus heureux. L'Officier François qui commandoit dans la place, ayant découvert que quelques citoyens mal intentionnés étoient entrés dans les intrigues du Pape, les punit avec la derniere ſeverité.

1510.

Ces châtimens ne furent pas capables d'empêcher quelques factieux d'entrer dans les vûes d'Alexandre Fregoſe, Evêque de Vintimille, & de chercher les moyens de ſoulever la nation contre les François. Le complot fut découvert, & l'Evêque de Vintimille auroit eu lieu de ſe repentir de ſon entrepriſe, ſi les révolutions arrivées peu de tems après dans le Milanès, ne l'euſſent tiré de l'embarras où il étoit. La perte que les François avoient faite de la plus grande partie de ce duché & la retraite de preſque toute leur armée, reveillerent des factions mal éteintes, & découragerent les partiſans de cette province. On étoit d'ailleurs mécontent du Gouverneur, & les Fregoſes profitant de ces conjonctures, formerent un nouveau parti dans la ville, tandis qu'ils s'avancerent avec un corps de troupes juſqu'à Chiavari. Ils envoyerent alors un Hérault à Gênes pour ſommer le conſeil de remettre la ville entre les mains de Jean Fregoſe. Les Genois rejetterent cette

Nnn 2

proposition, & ils étoient déterminés à demeurer fidéles à la France ; mais ils n'avoient pas assez de forces pour résister à leurs ennemis. Le Gouverneur craignant alors que le peuple ne se soulevât contre lui, sortit de Gênes, & facilita par ce moyen l'entreprise de Jean Fregose. En effet trois jours après, ce citoyen se présenta devant la ville & les portes lui furent ouvertes par ceux de sa faction qui leverent le masque. Sur ces entrefaites Pierre Fregose se rendit à Gênes, & demanda que la ville lui fût remise. Les Genois apprehendant que cette concurrence n'excitât quelque trouble, élurent pour Doge Jean Fregose. A peine fut-il revêtu du souverain pouvoir, qu'il attaqua le château, & força le Commandant à capituler.

1512.

Le fort de la Lanterne fut ensuite attaqué ; mais les secours qu'on trouva moyen d'y jetter, mirent la place en état de soutenir long-tems. Cependant les affaires des François se retablirent en Italie, & l'approche d'une armée causa beaucoup d'inquietude au nouveau Doge. Les Fiesques & les Adorno ne virent pas plutôt paroître la flotte Françoise, qu'ils s'avancerent dans la vallée de Polsevera avec quatre mille hommes. Après avoir battu les troupes du Doge, ils firent lever le siége du fort de la Lanterne, & entrerent dans Gênes que le Doge avoit abandonnée. Antoine Adorno fut alors reconnu Gouverneur au nom de Louis XII. Gênes étoit rentrée sous la domination de ce Prince, & le Milanès étoit presqu'entierement reconquis, lorsque la défaite des François à Novare leur fit perdre de si grands avantages. Adorno abandonné des François se vit dans la nécessité de sortir de Gênes. Octavien Fregose qui fut aussi-tôt proclamé Duc, attaqua les François qui étoient toujours dans le fort de la Lanterne. Pendant qu'il étoit occupé à ce siége, les Fiesques & les Adorno tenterent de déposseder le Doge. Ils s'introduisirent même dans la ville à la tête de quelques troupes, & firent tout ce qu'ils purent pour se rendre maîtres du palais. La valeur d'Octavien fit échouer leurs projets, & les deux Chefs de cette entreprise ayant été arrêtés, furent mis en prison où ils resterent quelques mois.

1513.

François I. étant monté sur le trône après la mort de Louis XII. forma le projet de s'emparer du Milanès. Ses desseins obligerent l'Empereur, & le Roi d'Espagne de faire une ligue dans laquelle entrerent le Duc de Milan & les Suisses. On voulut y engager Octavien Fregose ; mais la haine qu'il portoit au Duc de Milan, l'emporta sur l'animosité qu'il avoit toujours fait paroître contre les François. Il fit rentrer Gênes sous la domination du Roi, qui lui donna le gouvernement de cette République.

1515.

François I. ayant perdu le Milanès qu'il avoit conquis avec tant de facilité, la ville de Gênes se trouva exposée aux entreprises de l'Empereur. Ce Monarque mit le siége devant cette ville qui se deffendit long-temps ; mais pendant qu'elle délibéroit sur le parti qu'elle devoit prendre, elle fut prise d'assaut le 30 de mai & mise au pillage. Octavien Fregose fut fait prisonnier, & il mourut quelques jours après. Antoine Adorno fut alors reconnu Doge. Les François se rendirent maîtres une seconde fois de la côte occidentale de l'Etat de Gênes, qu'ils furent obligés d'évacuer après la bataille de Pavie où François I. fut fait prisonnier. Ce Monarque ayant recouvré sa liberté en conséquence du traité de Madrid, entra dans la ligue qui s'étoit formée contre l'Empereur. La flotte des alliés s'étant emparée de Sa-

1522.

vone & des deux côtes de l'Etat de Gênes, serra de si près la ville qu'elle fut obligée de capituler. Le Doge qui s'étoit renfermé dans le château n'y résista pas long-tems, & tout fut soumis aux François.

Le Roi nomma pour Gouverneur Theodore Trivulce, ce qui causa quelque chagrin à d'Oria, qui prétendoit à cette place par les services qu'il avoit rendus pendant le siége de Gênes. Quelques autres sujets de mécontentemens le determinerent à passer au service de l'Empereur, & à former le projet d'enlever Gênes au Roi de France. Les Genois paroissoient indisposés contre ce Prince, qui refusoit de leur remettre Savone comme il l'avoit promis. D'Oria se servit de cette circonstance pour achever d'aigrir les esprits, & ses discours firent tant d'impression sur les Genois, qu'ils consentirent à secouer le joug des François. Tout sembloit favoriser les desseins de d'Oria: le Gouverneur s'étoit absenté de la ville à cause de la contagion qui y regnoit, & la plus grande partie de la garnison en étoit sortie pour la même raison. Trivulce qui soupçonnoit quelque complot, se retira dans le château, & Barbesieux qui étoit dans le port avec ses galeres, se retira à Savone à l'approche de la flotte de d'Oria. Ce Général ne trouvant point de résistance, fit débarquer ses troupes, & se rendit maître de la ville sans effusion de sang.

D'Oria ayant assemblé les Genois, les assura qu'il n'avoit eu d'autre but que leur liberté, & qu'ils pouvoient travailler maintenant à donner à leur gouvernement la forme qu'ils jugeroient nécessaire au bien de l'Etat. On nomma douze Commissaires pour reformer l'ancienne constitution de la République, & on leur confia en même-temps le gouvernement de l'Etat. On envoya ensuite les députés vers l'Empereur, pour le supplier de ratifier la promesse qu'il avoit faite à d'Oria de proteger les Genois. On en depêcha d'autres au Roi de France pour s'excuser autant qu'il étoit possible sur cette révolution. Comme on craignoit que les excuses ne fussent mal reçues, on jugea à propos de lever des troupes & de se mettre en état de défense. Cependant on força les François à évacuer le château où ils étoient, & l'on se rendit maître de Savone dont on démolit les fortifications.

On s'appliqua ensuite à former le plan du nouveau gouvernement. Comme on étoit résolu de couper la racine aux divisions qui régnoient depuis si long-temps entre les Nobles & les Plebeïens, les marchands & les artisans, les Gibelins & les Guelfes, & sur-tout entre les Fregoses & les Adorno, on confondit tous ces noms & toutes ces factions. » On fit un » état de toutes les familles tant nobles que plebeïennes qui avoient six » maisons dans Genes, & l'on n'en trouva que vingt-huit. On eut soin » de rejetter de cet état les Adorno & les Fregoses, qui avec le reste des » citoyens de quelque considération furent aggregés à ces familles. Dans » cette distribution on porta indifféremment sous le titre de la même » famille, des nobles, des plebeïens, des partisans de Fregose ou d'Adorno, des Guelfes ou des Gibelins; & en abolissant toutes distinctions » entr'eux; on déclara, nobles les vingt-huit familles & tous ceux qu'on » venoit d'y aggreger. On se réserva le droit d'y associer dix personnes » chaque année. Sans avoir égard aux loix qui ordonnoient que le Doge » seroit de l'ordre du peuple & de la faction Gibeline; que les charges

» seroient partagées également entre le peuple & les nobles, les Gibe-
» lins & les Guelfes, on statua que le Doge & les Magistrats pourroient
» être tirés indifféremment des vingt-huit familles qu'on venoit de for-
» mer. Quant au reste des citoyens qui ne composoient que le petit peu-
» ple, il fut exclu du Gouvernement. Il fut décidé que l'on éliroit un
» Doge tous les deux ans pour régir l'Etat avec huit Gouverneurs & un
» Conseil composé de quatre cens personnes.

Aussi-tôt que ces nouveaux réglemens eurent été faits on nomma pour Doge Hubert Cathaneo Lazaro. André d'Oria auroit eu tous les suffrages s'il n'eût alors été occupé à commander la flotte de l'Empereur. Les Genois qui lui avoient tant d'obligation lui éleverent une statue. Le Roi de France fut fort irrité lorsqu'il apprit la défection des Genois. ; mais il n'étoit pas alors en état de les attaquer. Les tentatives que les Fregoses firent en sa faveur n'eurent aucun succès, & les citoyens qui avoient voulu les seconder furent punis de mort. Gênes fut enfin délivrée de la crainte qu'elle avoit des armes de France par la trêve qui fut conclue en 1537 entre l'Empereur & François I. & dans laquelle les Genois furent compris. La paix qui fut signée à Crepi entre ces deux Monarques acheva de tranquilliser les Genois.

Le repos dont la République jouissoit fut troublé par cette fameuse conju-
ration des Fiesques qui pensa renverser la forme de l'Etat. Jean-Louis de Fiesque Comte de Lavagna ne put voir sans jalousie les honneurs que la République rendoit à André d'Oria, & la puissance de cette famille. Il crut ne pouvoir abbaisser l'autorité & le crédit de ce citoyen sans détruire en même-temps la République : ce qui le porta à former le projet de se rendre maître de Gênes. On prétend qu'il fut soutenu dans ce dessein par François I. & Paul III. qui étoient mécontens d'André d'Oria, & qui cher-choient à détacher les Genois des intérêts de l'Empereur auquel ils étoient entierement dévoués depuis la derniere révolution. Les intentions de Fies-que ne s'accordoient cependant pas avec celles de la France qui se flattoit par ce moyen de faire rentrer Gênes sous sa domination. Fiesque au con-traire étoit bien aise d'être indépendant & de gouverner seul ses citoyens. En conséquence il refusa les secours qu'on lui offroit, & flatté par quelques amis imprudens il crut pouvoir avec le secours de ses partisans exécuter un si vaste projet. Il s'attacha par sa douceur affectée, ses richesses, sa libéralité à gagner le peuple & les artisans. Afin de mieux cacher son dessein il déclara qu'il étoit résolu d'armer une galere en course contre les Turcs. On ne fut donc point étonné de le voir former ses vassaux aux exercices militaires, & de ce qu'il faisoit transporter beaucoup d'armes dans sa maison.

Fiesque n'avoit encore mis dans sa confidence que trois de ses amis & ses deux freres. Il pouvoit compter sur leur secret ; mais les ouvertures qu'il en avoit faites à la Cour de France & au Duc de Plaisance firent bien-tôt transpirer ses desseins criminels. André d'Oria en fut averti, & cependant il négligea de prévenir le malheur qui le menaçoit en même-temps que la République. Tout paroissoit favoriser l'entreprise de Fiesque, & ce ci-toyen croyant qu'il étoit temps de frapper le coup qu'il avoit résolu de porter, demanda la permission de sortir sa galere du port. André d'Oria &

Jeannetin d'Oria son parent toujours persuadés que Fiesque n'étoit pas capable de former des complots, consentirent volontiers à la demande de ce factieux. Fiesque animé par la sécurité de ses adversaires invita tous ses amis à se rendre le soir à sa maison sous prétexte de leur donner un grand repas. Lorsqu'ils y furent tous assemblés il leur annonça qu'il étoit résolu de délivrer les Génois de la tyrannie des nobles, & qu'il avoit compté sur le bras de ses amis pour la réussite de cette conjuration. Il leur déclara en même-temps que c'étoit cette nuit même que ce projet devoit s'exécuter. La plûpart furent effrayés du discours de Fiesque; mais comme chacun craignoit que le plus grand nombre de ceux qui étoient présens ne fussent dans les intérêts de Fiesque, on dissimula ses véritables sentimens, & l'on promit de le seconder. On convint donc alors qu'au premier coup de canon qui se tireroit à bord de la galere de Fiesque, on s'empareroit de celle de d'Oria, pendant que Jerome & Ottobon freres de Fiesque se rendroient maîtres de deux portes de la ville : qu'on égorgeroit les d'Oria, & qu'on forceroit le palais. En effet, à peine le coup de canon se fit-il entendre que les conjurés exécuterent avec succès les ordres qu'on avoit donnés, & Gênes alloit tomber au pouvoir de Jean-Louis de Fiesque sans un accident qui le priva de la vie, & délivra Gênes d'un citoyen si dangereux. Fiesque qui avoit couru sur le port en criant *liberté* avoit réveillé les forçats qui répondirent à son cri. Dans l'appréhension qu'ils ne brisassent leurs chaînes, & qu'ils ne cherchassent à se sauver, il voulut passer dans une galere pour arrêter le tumulte. La planche qui y conduisoit étant tombée dans l'eau Fiesque tomba en même temps, & le poids de ses armes l'empêchant de s'aider il fut noyé sans qu'on s'en apperçût. Cependant les conjurés qui le cherchoient découvrirent le malheur qui lui étoit arrivé. Jerôme de Fiesque son frere prit aussi-tôt sa place; mais les conjurés qui n'avoient pas beaucoup de confiance en lui ne tarderent pas à l'abandonner : ce qui l'obligea de se retirer. On parla alors d'accommodement, & l'on convint que les factieux mettroient bas les armes, & qu'on leur accorderoit un pardon général. Ainsi fut terminée cette conspiration dont les suites auroient été si funestes à l'Etat. André d'Oria échappa à la fureur de ses ennemis; il n'y eut que Jeannetin qui en fut la victime.

Jerôme de Fiesque ne croyant pas devoir compter sur le pardon qui lui avoit été accordé forma de nouvelles entreprises. Ses démarches engagerent le Senat à sevir contre les coupables & à faire raser toutes les maisons qui appartenoient aux Fiesques. On commanda en même-temps des troupes pour faire le siege de Montobio, où Jerôme s'étoit retiré. On pressa si fort la place que Fiesque n'eut d'autre parti à prendre que celui de se rendre à discrétion. Les conjurés qui y étoient enfermés furent condamnés les uns à la mort, les autres au bannissement. A l'égard de Jerôme de Fiesque, on instruisit son procès & il eut la tête tranchée. Ottobon son frere se sauva en France; mais huit ans après il tomba entre les mains d'André d'Oria qui le fit mourir : action qui ternit la gloire de ce grand homme. Il ne restoit plus que Scipion de Fiesque qui fut enveloppé dans les malheurs de sa famille. Ses biens furent confisqués & il fut défendu à lui & à ses descendans jusqu'à la cinquiéme génération de rentrer dans Gênes. Jules Cibo frere d'E-

DUCHÉ DE MODENE.

Duché de Modène.

leonor femme du Comte de Fiefque voulut peu de temps après fufciter de nouveaux troubles aux Genois. Son intrigue fut découverte & il fut puni de mort. Ces exemples de févérité n'empêcherent pas quelques autres citoyens d'entreprendre de remettre Gênes fous la domination de la France. On eut connoiffance de leur trahifon, & le Senat leur fit perdre la vie dans les fupplices.

Revolution en Corfe en faveur des François.

1553.

Les Genois étoient alors entièrement attachés aux intérêts de l'Empereur par le confeil de d'Oria. La guerre que ce Prince eut avec Henri II. leur donna de l'occupation. Le Roi de France offenfé de ce que loin de garder la neutralité ils fournifoient de l'argent à l'Empereur, réfolut de s'en venger. Le Marquis de Termes qui commandoit les troupes Françoifes en Tofcane, informé de la négligence avec laquelle l'ifle de Corfe étoit gardée, prit la réfolution d'y faire une defcente. Il avoit déja mis dans fon parti plufieurs habitans de cette ifle; & il avoit même dans fon armée un grand nombre de Corfes de diftinction, parmi lefquels fe trouvoit le célebre Sampietro de la Baftilica Seigneur d'Ornano. Il étoit de baffe naiffance; mais il s'étoit elevé par fon merite, & paffoit pour un des plus grands Capitaines de fon fiécle. Il étoit irrité contre les Genois qui avoient voulu le perdre à caufe de fon attachement pour la France. Ces motifs le portant à la vengeance il travailla à engager les Corfes à fe déclarer pour Henri.

Le Marquis de Termes comptant fur les intelligences qu'il avoit dans l'ifle de Corfe, fit débarquer les troupes & marcha vers la Baftie, dont il fe rendit maître. Ajacio & Bonifacio eurent bien-tôt le même fort, & prefque toute l'ifle fe trouva au pouvoir des François, qui furent aidés dans cette entreprife par la flotte Ottomane qui étoit aux ordres de Dragut Rais. Les Corfes exercerent en cette occafion toutes fortes de cruautés à l'égard des Genois, qui pour éviter leur fureur furent obligés d'avoir recours aux François. Cependant le Senat fit équiper une flotte confiderable dont il donna le commandement à André d'Oria. Auguftin Spinola fon Lieutenant, étant débarqué avec trois mille hommes près de Calvi, obligea les François à lever le fiége de cette place. D'Oria ne tarda pas à arriver avec le refte de la flotte; & toutes les troupes s'étant raffemblées, formérent un corps de douze mille hommes. Ce Général pendant qu'il employoit la douceur pour ramener les Corfes, fit attaquer San-Fiorenzo & tâcha de reprendre diverfes places dont les François s'étoient emparés.

Les avantages des Genois firent perdre au Marquis de Termes un grand nombre de fes Partifans. La legereté ordinaire de ces Infulaires les faifoit paffer tantôt d'un côté & tantôt de l'autre, & on ne pouvoit gueres compter fur eux. Le Marquis de Termes avoit réfolu de fecourir San-Fiorenzo; mais les fecours qu'il reçut de France n'étant pas affez confiderables, il ne put exécuter fon entreprife, & la place fut contrainte de capituler. D'Oria qui avoit perdu la plus grande partie de fes troupes par les maladies, refta tranquille quelque temps. Dans l'efperance de ramener les Corfes à la foumiffion, il publia une amniftie pour tous ceux qui rentreroient dans le devoir avant un temps marqué. Plufieurs en profiterent;

mais

mais un grand nombre devenus plus hardis par l'impunité de leur révolte, repassèrent du côté des François. L'approche de la flotte Ottomane sur la côte d'Italie, obligea l'Empereur de rappeller d'Oria qui étoit toujours au service de ce Monarque. La retraite du Général Genois devint funeste à la République, & les François reprirent bien-tôt la superiorité dans l'isle, dont la plus grande partie des habitans se déclara en leur faveur.

Les nouveaux secours qu'on envoya au Marquis de Termes, le mirent en état de faire le siége de Calvi, qui fut continué par des Ursins, après que ce Général eut reçu ordre de passer en Piémont. Des Ursins secondé par quatre mille hommes que les Turcs débarquerent, donna plusieurs assauts qui ne servirent qu'à relever la gloire des assiégés, & à faire connoître que la place étoit en état de résister encore quelque mois. La retraite des Turcs qui craignoient de s'exposer plus long-temps sur la mer à cause de la mauvaise saison, & la vigoureuse résistance des habitans de Calvi obligerent le Général François de se retirer à Ajaccio. Ces mauvais succès avoient porté les Corses à abandonner le parti des François: Sampietro trouva moyen de les regagner, & il ne resta plus aux Genois dans toute l'isle, que la Bastie & Calvi. La treve qui fut conclue entre Charlequint & le Roi de France, ne suspendit que pour quelque temps les hostilités dans l'isle de Corse. Elles recommencerent bien-tôt, mais il ne se passa rien de considerable.

La qualité de Viceroi de Corse que Henri II. accorda à des Ursins, piqua tellement Sampietro qu'il résolut d'abandonner les intérêts de la France. On vint cependant à bout de le ramener par les promesses qu'on lui fit & qu'on ne garda point. Tant de sujets de mécontentemens l'auroient porté à traiter avec les Genois, s'il eût cru pouvoir le faire sans danger. Ces differentes brouilleries firent tort aux affaires des François dans l'isle de Corse où la guerre se fit avec moins d'ardeur qu'auparavant. Elle fut enfin terminée par la paix du Cateau-Cambresis, en conséquence de laquelle l'isle de Corse fut restituée aux Genois. Une amnistie générale assura le pardon aux Corses, & rendit pour quelque temps la tranquillité à ce peuple.

Sampietro toujours ennemi des Genois, n'avoit pas voulu profiter du pardon accordé à ses compatriotes, & il n'avoit cessé de solliciter Henri II. & François II. à faire de nouvelles entreprises sur cette isle. Peu satisfait de ses efforts, & mécontent de la cour de France il résolut de tenter seul d'exciter une révolte dans l'isle. Il se rendit pour cet effet en Corse où il fut joint par un grand nombre de ses partisans. Fornari qui y commandoit au nom de la République, mit à prix la tête de ce Rebelle & envoya demander de nouvelles troupes au Senat. Cependant il marcha contre Sampietro dont le parti grossissoit tous les jours. Quelques avantages consécutifs que ce Factieux remporta sur le Général Genois, augmenterent encore le nombre de ses partisans, & lui faciliterent la conquête de quelques postes. L'arrivée d'Etienne d'Oria avec un corps de quatre mille hommes, fit d'abord changer les choses de face. Sampietro continuellement battu dans différentes rencontres, devint trop foible pour oser s'exposer à une bataille. Il prit donc le parti de fatiguer l'armée Genoise par ses differentes manœuvres, persuadé que la faim & les autres incommodités détruiroient bien-tôt ce corps de troupes. Ce qu'il avoit prévu arriva ; & les

REPUBLIQUE DE GENES.

1554.

1556.

1557.

République de Gênes.

maladies s'étant mises dans l'armée Genoise, le Général fut obligé de suspendre les opérations de la campagne jusqu'à l'arrivée de nouveaux secours. Les hostilités recommencerent avec plus de vigueur qu'auparavant ; mais, elles ne consisterent qu'en ravages & dans la prise de quelques postes peu considerables. Sampietro ne cessoit de harceler les Génois sans oser en venir aux mains. Persuadé qu'il ne pouvoit venir à bout de chasser les Genois de la Corse sans secours étrangers, il s'adressa à la cour de France, mais il n'en put obtenir que quelques sommes d'argent, qui lui furent données par ceux qui croyoient avoir intérêt à entretenir les troubles dans la Corse. Cependant Sampietro flattoit toujours ses partisans, & leur faisoit esperer que la cour de France ne tarderoit pas à envoyer des troupes.

1566.

Sur ces entrefaites les Génois dresserent une embuscade pour surprendre ce chef des Rebelles. Il ne put l'éviter, & il fut tué par ses deux beaux-freres qui vengerent en même-temps la mort de leur sœur que Sampietro avoit étranglée par un excès de jalousie, & délivrerent les Genois de leur plus redoutable ennemi. On fit en effet de grandes réjouissances à Gênes, & l'on distribua même des récompenses aux soldats qu'on avoit mis en embuscade. Alphonse son fils voulut marcher sur ses traces ; mais faisant réflexion qu'il ne viendroit jamais à bout d'affermir son autorité dans la Corse, il prit le parti de négocier un accommodement avec les Genois, & il entra au service de France. Ainsi furent appaisés les troubles de Corse, & cette isle rentra sous la domination de la République qui pardonna aux Rebelles.

1567.

Differend entre les anciens Nobles & les nouveaux.

Jusqu'alors l'intérieur de Gênes avoit été assez tranquille ; mais la jalousie des anciens nobles contre les nouveaux, excita des troubles qui penserent avoir des suites funestes pour la République. Les anciens se plaignoient de ce que la plus grande partie des charges passoit entre les mains des nouveaux. Dans le dessein de satisfaire les premiers on fit quelques changemens au reglement de 1528. Les nouveaux qui les trouverent préjudiciables à leurs intérêts ne purent s'empêcher d'en témoigner leur mécontentement. Ces plaintes réciproques dégénérerent bien-tôt en guerre civile, pendant laquelle les anciens nobles s'emparerent de quelques places. Presque toute l'Europe prit part à cet évenement, & les Princes qui prétendoient à la souveraineté de Gênes, aimerent mieux qu'elle restât libre que de la voir soumise à quelqu'un d'entre eux : de sorte que chacun renonça à ce projet, soit dans la crainte de se faire des ennemis de leurs voisins, soit par la jalousie de l'aggrandissement de quelqu'un des prétendans. Ainsi l'Empereur, le Roi de France, celui d'Espagne, & le Pape travaillerent à rétablir la bonne union entre les citoyens.

1576.

On publia une suspension d'armes, & l'on fit un nouveau réglement sur les parties du gouvernement politique qui parurent avoir besoin d'être réformées. » L'objet fut de confondre le plus qu'il seroit possible les anciens
» Nobles avec les nouveaux, en anéantissant tout ce qui pouvoit conserver
» cette distinction, & en unissant par des alliances les familles les unes aux
» autres : de permettre d'agréger aux corps de la noblesse les Plebeïens
» dont les services seroient jugés dignes de cette récompense : d'empêcher
» les fraudes, les brigues, les jalousies dans les élections : de laisser aux
» nobles seuls l'administration du souverain pouvoir ; mais de donner quel-
» ques charges aux Plebeïens, afin qu'ils eussent part aux honneurs, & les

» attacher par ce moyen plus étroitement à l'Etat dont ils font nombre.

Le calme fut alors rendu à la République, & il ne fut troublé que par la guerre que l'attachement qu'ils avoient pour l'Espagne leur attira. L'Empereur Ferdinand II. s'étant emparé du Marquisat de Zuccarello, le vendit aux Genois: Charles Emmanuel I. Duc de Savoye voulut le répéter comme un bien qu'Emmanuel Philibert son prédécesseur avoit acheté de Scipion Carretto en 1568. Il proposa même qu'on en donnât l'investiture à Charles Barberin, frere du Pape Urbain VIII, mais les Genois, refuserent absolument de le rendre. Louis XIII. qui avoit quelque sujet de mecontentement contre les Genois profita de ces circonstances pour se déclarer ouvertement contre eux. Ce Prince fit avec le Duc de Savoye une ligue par laquelle il convint entre autres articles qu'ils feroient de concert la conquête de l'Etat de Gênes, & que dans le partage qui en seroit fait, le Roi auroit Gênes, toute la côte orientale, & la partie de la côte occidentale depuis Gênes jusqu'à Savone, & que le reste de l'Etat jusqu'au Comté de Nice appartiendroit au Duc de Savoye. Les Vénitiens accéderent à ce traité qui fut tenu fort secret.

Les Genois avertis de l'orage qui les menaçoit, firent les préparatifs nécessaires pour s'opposer aux efforts de leurs ennemis, & mirent leurs places en état de défense. Ils refuserent les secours que Philippe IV. Roi d'Espagne leur offrit, & ils se crurent assez forts pour résister seuls aux troupes combinées de France & de Savoye. Jean-Jerôme d'Oria fut nommé pour commander les troupes de la République, & Charles d'Oria fut chargé du soin de défendre la Capitale. Toutes les précautions des Genois n'étoient cependant pas suffisantes pour arrêter l'armée des alliés, qui en effet s'avança jusqu'à sept lieues de Gênes sans trouver de résistance. Elle s'empara avec la même facilité de Rocciglione, & la prise de cette place jetta une si grande consternation dans les esprits, que le Sénat même étoit résolu de rappeller la garnison de Savone, de Gavi & de Voltaggio, afin de se borner seulement à la défense de Gênes. Cette résolution n'eut point d'effet par les sages remontrances de Jerôme d'Oria. Ces deux dernieres places étoient les seuls obstacles qu'on pouvoit opposer aux passages des ennemis. Le Duc de Savoye s'étant rendu maître de Voltaggio vouloit s'avancer vers Gênes sans s'arrêter à faire le siege de Gavi. Lesdiguières qui commandoit les troupes Françoises lui ayant fait sentir le danger de laisser derriere soi une place de cette conséquence, il consentit à continuer le siege que le Général François avoit déja commencé. Comme on se disposoit à établir des batteries, la garnison recevoit l'ordre d'évacuer la place. Le château fit plus de résistance; mais les breches que l'artillerie y fit obligerent le Commandant à capituler.

Ces conquêtes mettoient alors le Duc de Savoye en état de marcher vers Gênes, & cette capitale n'auroit pû long-temps résister. Quelques sujets de brouilleries entre le Duc de Savoye & Lesdiguieres furent le salut des Genois. Le Général François refusa de marcher, sous prétexte que le Duc de Savoye n'avoit aucune munition de bouche ni de guerre, & qu'il falloit attendre après son artillerie. Pendant qu'il étoit occupé à remplir les magasins qu'il établissoit à Gavi, il envoya le Prince de Piedmont qui s'empara de la côte occidentale de Gênes à l'exception de Savone. Les Genois allarmés de tant de pertes se virent réduits à l'extrêmité; car ils manquoient alors

RÉPUBLIQUE DE GENES.

Guerres des Genois avec la France, & le Duc de Savoye.

de troupes & d'argent. Ils étoient dans la plus grande consternation, lorsque leurs galeres chargées de grosses sommes d'argent qui leur venoient d'Espagne, arriverent heureusement dans le port. Ils ne tarderent pas à rassembler un grand nombre de soldats de différens endroits d'Italie, & il se trouva bien-tôt à Gênes quinze mille hommes de troupes réglées, sans compter les milices du pays & les compagnies bourgeoises. D'ailleurs la flotte d'Espagne, forte d'environ quarante galeres, se rendit dans le port de Gênes, où elles furent jointes par celles du Pape & du gand Duc de Toscane. Avec des forces si considérables, ils ne jugerent pas d'abord à propos de reprendre les places qu'ils avoient perdues : ils se contenterent de mettre Gênes & Savone en état de défense.

Les choses changerent alors de face, & le Duc de Savoye qui avoit eu de si grands succès, se vit bien-tôt réduit à la défensive. La flotte Françoise avoit été obligée de se retirer, & les troubles qui agitoient la France ne permettoient pas à Louis XIII. d'envoyer des troupes en Italie. Le Duc de Savoye après quelques tentatives inutiles sur Savone se retira en Piedmont avec le reste de son armée. Les Genois prirent alors tout ce qui leur avoit été enlevé pendant la campagne. Ils pousserent ensuite plus loin leurs conquêtes, & s'emparerent de quelques places qui appartenoient au Duc de Savoye. Le traité de Mouson entre la France & l'Espagne acheva de renverser les projets du Duc de Savoye. Les deux Monarques étoient convenus de faire conclurre une trêve entre les Genois & le Duc de Savoye. Ce Prince ne put s'empêcher de témoigner son mécontentement, & de faire voir en même-temps qu'il ne cédoit qu'à la nécessité. En effet la treve fut mal observée ; il y eut plusieurs hostilités de part & d'autre. Une nouvelle guerre au sujet de la succession du Duc de Mantoue, occupa le Duc de Savoye, & suspendit pour quelque temps les projets qu'il avoit formés contre Gênes.

Pendant qu'il étoit embarrassé dans cette guerre, un Genois nommé Vachero lui offrit de former dans Gênes un parti considérable en sa faveur s'il vouloit le seconder. Le Duc accepta volontiers sa proposition, & dès cet instant Vachero travailla à la réussite de ses desseins. Ce citoyen homme de basse naissance avoit excité la jalousie des nobles à cause de ses grandes richesses. On l'avoit souvent insulté, & on avoit poussé les choses même jusqu'à parler de sa femme d'une maniere scandaleuse. Il en avoit porté ses plaintes aux Magistrats, mais elles n'avoient servi qu'à lui faire essuyer de nouveaux désagrémens. Irrité de se voir le jouet de la noblesse, il jura sa perte, & ce fut ce qui le détermina à conspirer contre la vie du Senat & des Nobles. Ce complot étoit prêt d'éclater lorsqu'il fut découvert par un nommé Radini que Vachero avoit voulu engager dans ses intrigues. Ce factieux fut arrêté avec trois de ses complices. Le Roi d'Espagne & le Duc de Savoye employerent les prieres & les menaces pour leur sauver la vie. Rien ne fut capable d'émouvoir les Genois, & les coupables furent punis de mort. Le Duc de Savoye voulut les venger en faisant subir le même supplice à quatre des principaux Genois qui étoient ses prisonniers ; mais il revoqua bien-tôt cet ordre, qu'il n'avoit donné que dans le premier moment de sa colere.

Ces nouvelles animosités n'empêcherent pas qu'on entrât en négociation

Cependant le Duc de Savoye cherchoit à indispofer la Cour de Madrid contre les Genois. Tous fes efforts furent inutiles & fa mort arrivée quelque temps après délivra la République d'un ennemi dangereux. Victor-Amédée fon fils & fon fucceffeur s'occupa à terminer promptement l'affaire qui concernoit la fucceffion du Duché de Mantoue, & il confentit à faire un accommodement avec les Genois. On convint que la République & le Duc de Savoye fe rendroient réciproquement les places & les prifonniers : que le Marquifat de Zuccarello refteroit aux Genois, qui payeroient au Duc cent foixante mille écus d'or en quatre termes, pour lui tenir lieu de toutes fes prétentions, &c. Les Genois foufcrivirent volontiers à cet arrangement qui avoit été fait par la Cour de Madrid ; mais le Duc de Savoye fit quelques difficultés qui furent bien-tôt levées, & la paix fut rétablie entre les deux Etats.

République de Gènes. 1630. 1631.

Elle fubfifta pendant quarante années, c'eft-à-dire jufqu'à l'an 1671 que la Torrée, fils d'un célebre Jurifconfulte, engagea le Duc de Savoye à favorifer un complot qu'il méditoit contre fa patrie. Le Duc de Savoye qui avoit deffein de s'emparer de Savone, accepta la propofition de la Torrée malgré les fages confeils de plufieurs Seigneurs de fa cour. En effet ce Factieux perdu de dettes & de débauches, n'avoit aucun talent pour faire réuffir un projet d'une telle importance, & d'ailleurs il n'avoit pas affez de crédit pour former un parti confiderable dans Gênes. Il ne pouvoit donc s'adreffer qu'à des gens de fon efpece. Celui à qui il confia fon fecret dans l'efperance qu'il lui faciliteroit les moyens de réuffir, fit part aux Magiftrats de ce qu'il venoit d'apprendre. Le Senat prit fes mefures pour parer le coup qui menaçoit la République. Comme on n'avoit pû s'affurer du Coupable, on le condamna par contumace, & fa tête fut mife à prix.

1671. Nouvelle guerre entre le Duc de Savoye & les Genois.

Cependant l'armée du Duc de Savoye étoit en campagne & s'approchoit de Savone ; mais le Général Piémontois ayant appris que la conjuration de la Torrée étoit découverte, crut devoir renoncer à fon entreprife fur Savone, & l'armée fe préfenta devant Pievé, qui ouvrit fes portes à la premiere fommation. Ces hoftilités furent fuivies d'un manifefte auquel les Genois répondirent. Le Duc après y avoir repliqué, fe difpofa à continuer la guerre. Elle ne fut pas heureufe pour ce Prince, & les Genois remporterent fur lui des avantages confiderables. Clement IX. fit tout ce qu'il put pour rétablir l'union entre les Genois & le Duc de Savoye. Ce Prince qui efperoit réparer fes pertes, refufa d'entrer en accommodement. La perte de quelques places le détermina enfin à accepter la médiation du Pape & du Roi de France, & la paix fut fignée en 1673.

Gênes auroit pû refter long-temps tranquille, fi elle n'eût pas pris avec tant de chaleur les intérêts de la cour d'Efpagne, & qu'elle eût refpecté celle de France comme elle le devoit. L'infulte que les Genois avoient faite aux vaiffeaux François, & le refus qu'ils firent de fatisfaire Louis le Grand, qui demandoit pour le Comte de Fiefque la reftitution des biens de fa famille confifqués en 1547, irriterent le Roi & le porterent à leur faire fentir les effets de fa vengeance. Le Marquis du Quefne fe rendit devant Gênes avec une flotte confiderable. Le Senat députa alors fix de

1673. Bombardement de Gênes par François.

ses membres au Marquis de Seignelay qui étoit sur la flotte, pour sçavoir la raison d'un si puissant armement. Ce Seigneur leur reprocha leur alliance avec l'Espagne, & l'entreprise qu'ils avoient formée de brûler les vaisseaux François dans les ports de Marseille & de Toulon. Il leur rappella en même-temps les autres sujets de plaintes que le Roi avoit contre eux ; il leur déclara enfin que ce Prince exigeoit de la République qu'elle lui députât quatre des principaux Sénateurs pour le supplier d'oublier ce qui s'étoit passé, & de remettre entre les mains des Officiers du Roi les corps de quatre nouvelles galeres que les Genois faisoient construire pour le service de l'Espagne. Le Marquis de Seignelay ne leur donna que cinq heures pour se déterminer.

Les Genois résolus de s'exposer plutôt à la guerre que de donner satisfaction au Roi sur ce qu'il demandoit, firent une décharge générale de toute leur artillerie sur la flotte Françoise. Les Bombardiers François y répondirent avec tant de vivacité, qu'en moins de deux heures le feu parut en plusieurs endroits de la ville qui fut bien-tôt dans une extrême confusion. Le bombardement ayant continué depuis le 17 de mai jusqu'au 22, le Marquis de Seignelay voulut alors sçavoir quelle étoit l'intention des Genois. Ayant appris qu'ils persistoient dans leur obstination, il recommença à bombarder la ville : on fit ensuite une descente du côté de S. Pierre d'Arena dont on se contenta de brûler le fauxbourg. Le vent qui vint à changer, obligea les François à se rembarquer promptement. Le Général fit encore jetter des bombes jusqu'au 28 du même mois que la flotte mit à la voile. Les Genois délivrés d'un si grand danger, se porterent à des excès de cruautés à l'égard des Negocians François & des Prisonniers qui étoient à Gênes. Innocent XI. qui s'intéressoit pour les Genois, travailla avec beaucoup de chaleur à les réconcilier avec le Roi de France. Cette réconciliation ne se put faire qu'aux conditions suivantes : 1°. » Que » le Doge alors en charge, & quatre Sénateurs, se rendroient en France » pour témoigner au nom de la République l'extrême regret qu'elle avoit » d'avoir offensé le Roi : qu'à leur retour à Gênes, le Doge & les quatre » Sénateurs rentreroient dans l'exercice de leur charge. 2°. Que la Républi- » que congédieroit dans l'espace d'un mois les troupes Espagnoles qu'elle » avoit appellées, & qu'elle supprimeroit toutes les augmentations faites » dans sa marine depuis 1683. 3°. Que dans l'espace de deux mois la Ré- » publique payeroit au Comte de Fiesque cent mille écus, &c. «

L'extrémité où les Genois se trouvoient réduits les força à accepter des propositions si dures, & le Doge se rendit en France avec quatre Sénateurs comme on étoit convenu. Il eut son audience à Versailles le 15 de mai, & la maniere dont le Roi reçut le Doge, adoucit en quelque sorte l'humiliation du personnage qu'il étoit venu faire en France.

Le danger que la République avoit couru en se brouillant avec le Roi, la rendit plus circonspecte dans la suite. Dans les guerres qui s'éleverent entre l'Empereur, la France & l'Espagne elle observa une exacte neutralité, & se conduisit avec tant de prudence qu'elle vint à bout de dissiper l'orage qui la menaçoit. Ses inquiétudes recommencerent en 1701, pendant la guerre qui s'alluma entre l'Empire & la France : elles furent calmées par les traités de paix d'Utrecht & de Rastadt. Elle se trouva plus embarrassée en 1717 pendant la guerre que l'Empereur fit au Roi d'Espagne ; mais heureusement pour les Genois elle dura peu. La tranquillité dont ils jouirent avec le reste de l'Europe fut interrompue par les troubles qui s'éleverent dans la Corse (4). Ils n'étoient pas encore appaisés que les Genois se virent obligés de prendre part à une guerre qui embrasa presque toute l'Europe : je veux dire celle que la mort de l'Empereur Charles VI. occasionna.

Les mauvais traitemens que les Genois éprouverent de la part du Roi d'Angleterre, de la Reine de Hongrie & du Roi de Sardaigne au sujet du Marquisat de Final les porterent à faire un traité avec la France, & ses alliés. La République rendit compte par un manifeste des raisons qui l'engageoient à rompre la neutralité & à se liguer avec la France. La Reine de Hongrie pour se venger des Genois engagea la flotte Angloise à faire quelques tentatives sur la ville de Genes & ses dépendances ; mais elles n'eurent pas grand effet. Les troubles que cette Princesse suscita en Corse furent plus considérables & causerent de grands embarras aux Genois. Ces peuples s'étoient toujours soutenus contre les efforts des alliés, tant que les troupes Françoises & Espagnoles resterent en Italie : mais aussi-tôt qu'elles se furent retirées, les Autrichiens s'avancerent vers Gênes & ravagerent tous les environs. La République ne pouvant recevoir de secours de ses alliés, prit le parti de se rendre à la Reine de Hongrie. Comme cette soumission paroissoit forcée on traita les Genois avec toute la dureté possible, & on les força à donner sur le champ cinquante mille guinées indépendemment des contributions dont on conviendroit. On exigea encore que le Doge & six Sénateurs se rendissent à Vienne pour implorer la clémence de la Reine ; & que quatre Sénateurs se rendroient à Milan en qualité d'ôtage. En conséquence de cette convention les Autrichiens prirent possession de Gênes le 7 de Septembre. Ils exigerent alors des contributions exorbitantes qui ne purent être modérées malgré les remontrances & les supplications que le Sénat fit faire à la Reine de Hongrie. Le pays d'ailleurs se trouvoit exposé à la fureur des troupes legeres qui y faisoient des ravages épouvantables. Dans une si cruelle extrêmité les Genois persisterent dans les intérêts de la France, & ils refuserent l'alliance défensive & offensive que la Reine leur proposa. Cette conduite leur attira de nouvelles vexations, & le Marquis de Botta Général des troupes de cette Princesse exigea le reste des contributions avec la derniere rigueur.

L'inflexibilité de la Reine de Hongrie jetta les Genois dans le désespoir & les engagea sans doute à chercher dès-lors le moyen de secouer un joug si onéreux. Un évenement imprévû leur fournit l'occasion qu'ils attendoient avec tant d'impatience. Le Marquis de Botta pour ôter aux Genois les moyens de se révolter, voulut faire enlever l'artillerie de la ville. Pendant qu'on étoit occupé à la transporter, une foule de peuple s'assembla peut-être à dessein de s'y opposer. Un Officier Allemand frappa alors de sa canne un Genois qui nuisoit au travail, ou qui ne s'y portoit pas avec assez d'ardeur. Celui-ci s'en vengea en frapant l'officier d'un coup de couteau.

---

(4) On fera mention de ces troubles dans l'article suivant.

_{RÉPUBLIQUE DE GENES.}

1745.

1746.

RÉPUBLIQUE DE GÊNES.

Aussi-tôt la populace fit tomber une grêle de pierres sur les Allemans qui conduisoient l'artillerie & en blessa plusieurs. En un instant la révolte devint générale, & le peuple après avoir enfoncé les portes de l'arsenal & du magasin à poudre, firent main basse de tous côtés sur les Allemans qu'ils rencontrerent. Cet évenement se passa le 5 de Décembre. Le lendemain ils attaquerent les ennemis dans tous les postes où ils s'étoient retirés, & le Marquis de Botta eut bien de la peine à se sauver. Cette révolution coûta plus de cinq mille hommes à la Reine de Hongrie. Le Senat parut toujours s'opposer aux entreprises du peuple afin de flechir plus facilement cette Princesse en cas que la ville tombât de nouveau en son pouvoir.

1747.

Le Général Botta fit depuis ce temps-là des efforts inutiles pour rentrer dans Gênes, & il fut toujours repoussé avec perte. Les secours que les Genois reçurent de la France & de l'Espagne les mirent en état de remporter des avantages plus considérables. Ils battirent le 14 d'Avril le Comte de Schullembourg & le chasserent de la montagne du diamant dont il s'étoit emparé. Le Duc de Boufflers que le Roi envoya à Gênes pour y commander les troupes, acheva d'éloigner les Autrichiens de la Capitale, & la délivra de la crainte où elle étoit. Ce Seigneur étant mort le 2 de Juillet suivant, on inscrivit sa famille parmi celles de la premiere Noblesse de la République. Il fut remplacé par le Duc de Richelieu dont les services furent récompensés par les mêmes honneurs qu'on avoit rendus au Duc de Boufflers; on lui érigea même une statue de marbre qui fut placée dans le grand salon du Palais. La paix qui fut signée à Aix-la-Chapelle mit fin à une guerre qui avoit été si dangereuse pour les Genois, & les rétablit dans leurs anciennes possessions.

DE L'ISLE DE CORSE.

DE L'ISLE DE CORSE.
Situation de la Corse.

LE Royaume de Corse consiste en une Isle de ce nom située dans la Méditerrannée, & qui a la Sardaigne au Midi & la côte de Gênes au Nord. Elle peut avoir environ soixante milles d'Italie en sa longueur & 315 de tour. Elle est remplie de bois & coupée en longueur par une chaîne de hautes montagnes. La partie de cette chaîne qui est au Midi vers le Cap Bonifacio s'appelle *Ultramontaine, au-delà des Monts*. Celle qui est au Nord vers le Cap Corso est nommée *en deça des Monts*. L'Isle est aussi séparée en sa largeur de l'Est à l'Ouest; la partie Orientale s'appelle *Banda di dentro*, le côté intérieur; l'Occidentale est *Dandi di fuori* le côté extérieur.

Cette Isle produit des bleds & des vins dont on fait beaucoup de cas en Italie. Elle abonde en gibier de toute espece, oiseaux de proye, chiens de chasse & de garde; chevaux forts & legers, quoique petits; bœufs, moutons & chevres. Ses côtes & ses rivieres fournissent beaucoup de poissons exquis. Elle fait un grand commerce de sel, de poisson salé, de miel & de cire. Elle a des mines de fer & des forges. Elle n'a point de loups; mais elle a des renards d'une force & d'une vivacité extraordinaires.

La

La langue des Corses est un mélange du Grec, de l'Italien, de l'Espagnol, du François & autres langues des peuples voisins, on dit qu'elle est riche & énergique. Ceux qui la parlent sont en général assez ignorans, le Clergé comme les gens du monde. La paresse des uns & des autres est incroyable. Ils pourroient améliorer leurs terres par le travail & acheter à ce prix une vie moins dure ; mais ils preferent une oisiveté accompagnée des maux de l'indigence à des richesses & des commodités qui leur coûteroient de la peine à acquerir. Delà les vols si frequens parmi eux. On les accuse d'être irréconciliables dans leur haine & de ne vouloir jamais pardonner les offenses qu'on leur a faites, & d'être enclins au mensonge. La superstition est encore si en regne chez eux qu'ils ont conservé l'ancien usage des Payens de consulter sur l'avenir les entrailles des animaux.

Ils ont six Evêques ; sçavoir, celui d'Aleria, d'Ajaccio, de Calvi suffragans de Pise, de Nebio, aujourd'hui San-Fiorenzo, de Mariana & d'Accie suffragans de Gênes. L'Evêque d'Aleria a 28000 liv. de revenu, & est le plus riche ; celui de San-Fiorenzo qui est le plus pauvre en a quatre mille. Les mille livres font environ quatre cens guldes de Hollande en comptant chaque livre à huit sols monnoye de Hollande. Il y a vingt-quatre ou vingt-cinq Monasteres ou Couvens avec bon nombre de Curés & de Prêtres.

L'Isle de Corse, possédée anciennement par les Etrusques, fut occupée par les Carthaginois qui l'abandonnerent aux Romains dans la premiere guerre punique. Ceux-ci la possederent jusqu'à la décadence de leur Empire. Les Sarrasins qui infesterent la Méditerranée au septiéme siecle, prirent la Corse & en chasserent la plûpart des habitans qui passerent en Italie. Lanza Ancisa, puissant Sarrasin, se fit Roi de Corse & eut cinq successeurs qui y regnerent l'espace de 166 ans. Nugolo le dernier fut contemporain de Charlemagne. Hugues Colonne & quelques autres nobles Romains à la sollicitation du Pape Etienne IV. entreprirent la conquête de cette Isle & prirent d'abord Aleria. Hugues se fit appeller Comte de Corse. Ils défirent Nugolo qui alla attendre à Mariana un secours d'Afrique. Le Pape Pascal engagea le Comte de Barcelone à secourir Hugues qui avec ce renfort chassa Nugolo de toute l'Isle, malgré le secours venu d'Afrique. Hugues laissa son fils Bianco dans l'Isle & alla à Rome remercier le Pape qui lui confirma le titre de Comte & Seigneur de Corse, à condition qu'il releveroit de la Cour de Rome, & que l'Isle seroit toujours sous l'obéissance du Saint Siege.

Hugues étant mort à Rome, Bianco son fils eut beaucoup de peine à se soutenir contre les Sarrasins qui étoient demeurés dans l'Isle après la fuite de leur Roi. Nugolo revint même à Porto Vecchio, se mit à leur tête & ravagea l'Isle. Bianco l'ayant pris dans un embuscade le tua. Abdalla son fils tâcha de le venger ; mais Bianco secouru par l'Empereur rétablit les affaires des Chrétiens. Le Pape envoya aussi un puissant secours & on força les Sarrasins à se soumettre au Pape, à fournir une double dîme de ce qu'ils recueilloient & même à donner le dixiéme de leurs enfans.

Cette condition les chagrina plus que le reste. Abdalla profitant de leur douleur reparut en Corse ; mais étant mal secondé, il ne fit rien, & se retira. Bianco travailla alors à faire moderer les tribus, & s'attira par ce moyen l'amour de ses sujets. Son isle se peupla de Chrétiens, & ses successeurs jouirent de son petit Etat. Un d'eux nommé Henri obtint pour récompense de ses services l'abolition de la dîme des hommes, & fut tué par ses ennemis. Après sa mort les nobles établirent une espece d'Anarchie & tyraniserent le peuple. Le Pape Grégoire, dont les Corses implorerent les secours, voyant que les nobles appelloient à leur secours ou les Pisans ou les Génois, y envoya enfin le Marquis de Massa de Marenne. Il se rendit maître de l'isle, & la gouverna jusqu'à l'année 1077, qu'il mourût. Aussi-tôt que le Marquis fut mort, les Genois chasserent les Pisans qui avoient bâti Bonifacio; & y mirent de nouveaux habitans de leur nation qui s'accommoderent fort mal avec les naturels du pays. La confusion recommença, & le Pape y envoya un Seigneur Romain de la maison de Savelli, qui gouverna six ans. Les Corses à qui il devint odieux, le firent révoquer, & quatre autres que le Pape leur envoya successivement eurent le même sort.

En 1091 le Pape Urbain II. par une bulle qui est encore à Florence, proposa aux Pisans de prendre la Corse comme un fief dépendant du S. Siege. L'offre fut acceptée, & les Pisans s'obligerent à une redevance annuelle. Ils gouvernerent l'isle avec sagesse, & la rendirent florissante & paisible. Vers le commencement du douzieme siecle, les Genois s'étant érigés en République s'établirent dans la Pieve ou Paroisse de Valle, & harcelerent ceux qui étoient attachés aux Pisans. Ces troubles leur occasionnerent des dépenses auxquelles ils ne purent suffire qu'en mettant des impôts qui les rendirent odieux. Un siecle entier se passa dans ces embarras, & au bout de ce temps ils donnerent le Comté de Corse à Sinucello, un des descendans de ce Comte Henri dont j'ai déja parlé. Ce Seigneur entreprit de se rendre maître absolu de toute l'isle, & après avoir surmonté les difficultés que plusieurs de ses compatriotes lui opposerent il fut reconnu en 1264 Gouverneur général de Corse. Il voulut mettre une capitation, mais un riche Corse s'y opposa, forma un parti & causa des troubles intestins qui durerent encore long-temps après. Le Gouverneur trop foible pour faire tête à ses ennemis, s'adressa aux Genois vers l'an 1289, & leur fit prêter hommage par les Corses, comme à leurs Seigneurs directs. Cela ne rétablit point la tranquillité, & les Genois maîtres de l'Isle qu'il leur avoit soumise en partie, le sacrifierent à ses ennemis, & l'emmenerent prisonnier à Gênes, où il mourut. Les Pisans désesperant de pouvoir rétablir leurs affaires rendirent la Corse & la Sardaigne à Urbain IV. qui en gratifia Alphonse Roi d'Arragon. Ce dernier en prit possession; mais il garda peu la Corse, parce que les Genois l'en chasserent en 1354. Alors divers Seigneurs devinrent les tyrans de leurs cantons, & le peuple ne pouvant supporter une telle oppression se fit un chef nommé Sambuccio en 1359. Celui-ci força quelques Seigneurs à rester tranquilles & démolit leurs châteaux; mais ne pouvant se maintenir sans un appui, il se donna aux Genois qui y envoyerent Jean Boccanegra pour Gouverneur. Ses successeurs ne purent vaincre l'humeur indocile des Seigneurs de Corse. Un d'entr'eux nommé de la Rocca se fit élire Comte de cette Isle, & conduisit si bien ses affaires qu'il ne resta plus aux Genois que Calvi, Bonifacio & S. Colomban. Ses succès irriterent les jalousies de plusieurs de ses compatriotes, qui s'étant joints aux Genois le troublerent dans sa possession jusqu'à sa mort, arrivée en 1401. L'Isle se trouva alors divisée par deux partis nommés les *Noirs* & les *Rouges*, qui subsistent encore parmi les Corses. Les François & le Duc de Milan à qui les Genois s'étoient donnés successivement prirent part aux troubles de cette isle. La valeur de ses habitans fut utile à la République de Gênes, qui s'en servit avantageusement dans la guerre qu'elle eut contre le Duc de Savoye en 1672. Gênes crut trouver les moyens d'empêcher les Corses de se revolter, en les surchargeant d'impôts & en élevant dans leur isle un grand nombre de petits forts. La République les traita même avec tant de severité, qu'elle leur refusa la permission de faire du sel. Vers l'an 1725, ils sollicitèrent pour avoir de l'adoucissement aux taxes que l'on tiroit sous divers prétextes. Il y en avoit une entr'autres, établie pour rembourser quelques dépenses extraordinaires qui avoient été faite durant une année de cherté. Les Corses prétendoient que depuis qu'on percevoit cette taxe, le remboursement étoit fait il y avoit déja long-temps, & demandoient qu'elle fût supprimée. Le Gouverneur Genois ne repondit que par des refus, & affecta même de marquer un dur mépris pour la nation Corse.

Lorsque l'Empereur eût vendu Final aux Genois, ceux-ci y mirent garnison. Un soldat Corse ayant fait une legere faute, fut condamné au cheval de bois. La populace se mocqua de lui, & alla jusqu'à insulter les soldats ses camarades qui étoient présens. Ceux-ci voulurent venger cet outrage, & firent feu pour écarter le menu peuple, dont ils tuerent & blesserent quelques-uns. Le Senat fit prendre ces Corses & les condamna à être pendus. Leurs parens en Corse s'étant joints à d'autres mécontens, prirent les armes & demanderent hautement : 1°. L'abolition des taxes & des impôts. 2°. Qu'on rétablît le gouvernement de l'isle sur l'ancien pied. 3°. Qu'on retirât les garnisons étrangeres, & enfin que l'on rendît un terrein situé dans les montagnes entre Liamone & Tavignani, qui appartenoit à la nation en commun, & que les Genois s'étoient approprié. Cette émeute éclata en 1729 pendant que François Pinelli étoit Gouverneur. Voici quelle étoit alors la forme du gouvernement de la Corse.

Les Genois y envoyoient de deux en deux ans un Gouverneur. Ils y avoient outre cela quatre Commissaires ; sçavoir à Ajaccio, à Calvi, à Bonifacio & à Aleria, & chacun d'eux ne reconnoissoit dans son département d'autre Supérieur que le Gouverneur auquel on pouvoit appeller des sentences de ces quatre Commissaires, & de celles du Gouverneur au Senat à Gênes en dernier ressort. Le Gouverneur étoit reglé lui-même par un Conseil de douze Corses naturels qui fixoient chaque année le prix des vivres. Outre cela la nation avoit le privilége d'élire tous les ans un certain nombre de deputés pour faire ses affaires à Gênes. Deux d'entr'eux étoient chargés de l'administration générale, & avoient au-dessous d'eux douze Plenipotentiaires ou Syndics qui avoient soin du détail. Enfin dès qu'un Gouverneur sortoit de charge, les Genois envoyoient deux Senateurs avec plein pouvoir d'examiner sa conduite dans les moindres choses.

Ces précautions propres à prévenir les abus & les injustices, ne produisirent pas cet effet. Plusieurs griefs qui demeuroient impunis parurent aux Corses un motif pour prendre les armes. D'ailleurs ils ne furent pas fâchés de détruire les forts qui les tenoient dans l'esclavage, & dont on leur faisoit payer fort cher l'entretien.

Ceux d'au-delà des Monts déclarerent les premiers qu'ils prenoient les armes pour secouer le joug des Genois, sous lequel ils gemissoient depuis si long-temps. Renforcés par les habitans de diverses paroisses du côté d'Accia, ils marcherent vers Aleria qu'ils sommerent de se rendre. Ils forcerent cette ville, massacrerent tous les soldats étrangers qu'ils y trouverent, & de-là ils allerent à la Bastie dont ils insulterent les fauxbourgs. M. Mari Evêque d'Aleria, qui y étoit, fut deputé pour conférer avec Pompiliani leur Chef, qui lui remit leurs demandes. L'Evêque promit d'en écrire à Gênes, & d'en donner la réponse dans le terme de trois semaines, à condition qu'ils seroient tranquilles pendant ce temps-là. Ils se retirerent en effet, & le Gouverneur prit ce temps pour envoyer lever les taxes au-delà des Monts. Les mécontens regarderent cette démarche comme une infraction de la treve, & maltraiterent les Commissaires. Le Senat s'en plaignit au Podestat des Corses, qui excusa la nation, en disant que ce n'étoient que quelques rebelles d'au-delà des Monts qui s'étoient soulevés, & qu'on ne les devoit pas confondre avec eux.

La République y envoya Jerôme Veneroso, qui en avoit été Gouverneur & qui s'étant fait aimer pendant ce temps-là, sembloit plus propre que personne à calmer l'orage. Le Président de la Bastie tâcha d'attirer dans la ville Pompiliani, Chef des mécontens, sous la fausse promesse de la lui livrer. Pompiliani étoit prêt de donner dans le piége ; mais un soupçon qui lui vint fort à propos, fut cause qu'il se contenta d'envoyer son Lieutenant. On le fit entrer & on l'égorgea ; ce qui rendit l'accommodement plus difficile.

Veneroso étant arrivé à la Bastie, alla trouver Pompiliani & l'exhorta inutilement à prendre des sentimens pacifiques. N'ayant pu gagner le Chef, Veneroso prescrivit aux mécontens un terme pour quitter les armes, en leur promettant satisfaction sur leurs griefs, après quoi il n'y auroit plus de pardon à esperer. Personne n'obéit, & Veneroso déclara au Senat qu'il n'y avoit rien à attendre que par les voyes de la rigueur & de la force. Il retourna ensuite à Gênes, & fut suivi de Pinelli & des autres Officiers qui sortoient de charge.

On avoit cru que le départ de Pinelli appaiseroit les troubles ; mais Francesco Gropalo qui lui succedoit n'ayant pu diminuer les impôts, ils continuerent comme auparavant. Les Chefs des mécontens entretenoient parmi eux une bonne discipline, & ne sembloient animés que de l'esprit de liberté. Leur désinteressement mis en parallele avec l'avidité des Magistrats que Gênes envoyoit, fut avantageux au parti qui se grossit considerablement, & bien-tôt les Genois furent reduits à la Bastie, Ajaccio & Calvi, trois places qu'ils fortifierent, sans oser paroître en rase campagne. Les mécontens avoient trois corps, dont un étoit d'environ douze mille hommes. Un vaisseau étranger leur rapporta des munitions, qui inquieterent d'autant plus le Senat, que l'on soupçonnoit plus d'une puissance de favoriser ces troubles.

L'Empereur avoit rassemblé quelques troupes en Italie pour s'opposer à l'installation de l'Infant Don Carlos, qu'il ne vouloit permettre qu'à des conditions très-difficiles à accepter. Les choses s'étant accomodées, & toutes ces troupes n'étant plus nécessaires dans le Milanès, la République demanda qu'on en détachât quatre mille hommes en sa faveur. Douze mille auroient à peine été suffisans, mais l'économie Genoise crut avoir assez de ce petit nombre. Les Corses qui craignoient beaucoup plus la colere de l'Empereur qu'un renfort si foible, firent des propositions pour montrer qu'ils ne cherchoient autre chose que l'équité. Ils demandoient qu'on les satisfît sur leurs griefs, & qu'on leur accordât la permission d'ériger une Académie dans leur isle, & de faire du sel. Comme on refusa de les entendre, ils se servirent de bâtimens qui portoient pavillon François pour faire venir des munitions. Les galeres Genoises voulurent les visiter, ce qui occasionna des plaintes de la part du consul de France. Cependant les Corses ayant attaqué la Bastie étoient prêts de s'en rendre maîtres lorsque les Impériaux arriverent, & en firent lever le siege. Mais la guerre qui se fit ensuite entre les Impériaux & les Corses n'étoit nullement avantageuse aux premiers; leurs succès étoient souvent douteux, les insulaires fondoient tout-à-coup sur les postes & sur les partis; & se retiroient ensuite sans beaucoup de perte dans leurs montagnes, où on ne pouvoit les forcer. Les Allemans diminuoient tous les jours en nombre, & on fut contraint d'en faire venir deux mille autres.

Les Corses étoient toujours sur la défensive, & se choisirent Don Louis de Giafferi pour gouverneur. On lui donna un conseil de douze habitans, & il passa à Livourne où il acheta ce qui manquoit à son parti. Il tâcha même de prouver la bonté de sa cause au général Wachtendonck, qui jusques là avoit commandé les Impériaux. On fut sourd aux offres qu'il faisoit de quitter les armes, moyennant la conservation des anciens privileges, & l'abolition des nouvelles taxes. M. de Wachtendonck avoit jusques-là menagé les troupes impériales, & agi avec beaucoup de modération; mais l'arrivée du Prince Louis de Wirtemberg avec de nouvelles troupes enfla le courage des Genois. Ils prétendoient une soumission sans réserve, & demandoient qu'on leur remît les chefs afin de les punir, & qu'on les dédommageât des frais de la guerre.

Les hostilités commencerent alors sérieusement. Les avantages que les Allemans remportoient étoient peu considérables, & leur coutoient fort cher, parce que la division s'étant mise parmi les Officiers de Wirtemberg on étoit continuellement occupé à les accorder. Cependant les terres étoient ravagées, les arbres fruitiers étoient abbatus, & enfin les deux partis las d'une guerre si onéreuse soupirerent l'un & l'autre après la paix. Le Général Wachtendonk en fit les premieres ouvertures, & on négocia sous les auspices des Plénipotentiaires Impériaux. La base de l'accommodement fut un entier oubli du passé de part & d'autre, & on se donna réciproquement des ôtages. Les Plénipotentiaires Génois, & les Corses convinrent d'une paix dont l'Empereur fut garant. Un des principaux articles fut qu'il y auroit à la Bastie une chambre impériale à laquelle on pourroit appeller dans le cas où la République n'observeroit pas exactement les articles du traité. Cette chambre devoit être composée d'un Président, d'un vice-Président, d'un Secretaire, & de six Conseillers nommés par l'Empereur ; de deux Commissaires, l'un au choix de la République, & l'autre de la part des Corses.

Le traité étoit à peine signé que le Marquis Raffaeli, Secretaire des chefs des Corses n'osant compter sur l'entier oubli du passé de la part des Genois, & ne voulant s'exposer à leur vengeance disparut. La République prit de-là occasion de dire qu'il avoit emporté avec lui des papiers qui auroient pû servir à prouver les intrigues des principaux Genois avec ses maîtres. Cette plainte faisoit voir l'envie qu'on avoit eu de saisir ces papiers, & l'usage qu'on en vouloit faire. Le Sénat fit d'abord arrêter quatre Corses, sçavoir D. Louis de Giafferi, Jerôme Ciaccaldi, tous deux Plénipotentiaires qui avoient négocié le traité, Simon Astelli, & Simon Raffaeli, frere du Marquis; on les mit d'abord en prison à la Bastie, d'où ils furent bien-tôt transportés à la tour de Gênes.

Cet arrêt fit beaucoup de bruit, le général Vachtendonck & les autres Officiers généraux s'en plaignirent. Ils déclarérent que cette conduite seroit fort désagréable à sa Majesté Impériale, & prévirent qu'elle alloit faire recommencer les troubles.

En effet les Corses qui avoient encore de la confiance en Wachtendonk, lui écrivirent pour l'avertir que si dans un mois, à compter du 26 Juillet, les quatre Seigneurs prisonniers à Gênes, n'étoient pas relâchés & remis en possession de ce qui leur étoit promis par le traité, ils sçauroient bien se venger des nouvelles contraventions de la République. Les prisonniers furent transportés dans la forteresse de Savonne au mois d'octobre, & le Sénat chercha à justifier sa conduite à leur égard ; mais l'Empereur crut son honneur engagé à faire réparer ce défaut de bonne foi, & les fit mettre en liberté le 22 d'Avril 1733. Le 8 du mois suivant on les obligea d'aller faire leur soumission en plein Sénat; après quoi la plûpart se disperserent en differens services. Il y eut ensuite un *Reglement de Régence* en XVII. Articles, & pour lui donner plus de poids, on l'inséra dans l'acte de garantie & l'Empereur le confirma.

Les principaux points étoient : » Qu'on aboliroit de certains impôts ; que » la République n'exigeroit rien des habitans sous prétexte des frais de la » guerre ; que les Corses seroient admis aux honneurs & aux dignités séculieres & ecclésiastiques, de même que les autres sujets de la République : » que les charges de Capitaines des ports à la Bastie, & à Ajaccio seroient » conférées à des Corses de nation ; que la noblesse Corse seroit considérée » à Gênes sur le même pied que celle des autres domaines de la République, » & qu'il y auroit à Gênes un Avocat géneral Corse pour porter au Sénat » les plaintes & les requêtes de ceux qui seroient opprimés. «

L'Empereur promettoit de faire ensorte que les Corses goûtassent tranquillement les fruits de la paix qu'ils venoient de conclurre avec la République. Il s'obligeoit de plus à veiller sur ceux à qui le gouvernement de Corse seroit confié, afin qu'ils ne fissent aucune contravention au nouvel établissement. S'il arrivoit que quelqu'un voulût y porter atteinte, il s'engageoit encore à contraindre la République à y apporter un prompt remede, dans le cas qu'elle ne l'eût pas deja fait d'elle-même, après en avoir été requife par des reprefentations refpectueufes. Mais tout cela ne devoit avoir lieu qu'autant que les Corfes garderoient à leurs Souverains, la fidélité qui leur étoit due. Cet acte ayant été publié dans toutes les villes & les bourgades, les Impériaux s'embarquerent le 5 de Juin. Leur Général arriva à Gênes le 7, & en partit peu de temps après pour l'Allemagne.

Les troubles ne ceffèrent pas pour cela. Giafferi, Ciaccaldi & Aftelli, retournerent dans leur patrie où ils trouverent qu'un nouveau Commiffaire général avoit ranimé le feu de la divifion par des févérités imprudentes & mal foutenues. Vers le commencement de 1734 un corps de fept mille Corfes commandé par Maldini, prit la ville de Corfe & fon château, dont la garnifon qui étoit de fept cens hommes, capitula au bout de dix jours. Ils firent tant de progrès cette année que les Genois parlerent d'un nouvel accommodement. Les Infulaires n'en voulurent point à moins que les Cours de France, d'Efpagne & de Turin n'en vouluffent garantir le traité : la garantie de l'Empereur ne leur paroiffoit pas fuffifante, parce qu'alors ce Prince attaqué en Italie n'étoit gueres en état de faire exécuter ce qui avoit été promis fous fa médiation.

L'an 1735 ils convoquerent une affemblée génerale à laquelle ils inviterent chaque paroiffe d'envoyer des Députés, afin de faire un corps de loix qui remediât aux défordres de l'anarchie que cette révolution introduifoit. Ils étoient maîtres de la campagne, & leurs troupes naturellement braves s'étant aguéries en une infinité de rencontres, avoient réduits les Genois à fe renfermer dans les places fortes. Dans cette affemblée ils élurent trois nouveaux Généraux, & trois Maréchaux de Camp. Un Avocat d'entre-eux, nommé Sebaftien Cofta, fut déclaré Auditeur-général, & un Capitaine Corfe de nation, mais au fervice de Naples, leur amena des Officiers qui avoient quitté l'Efpagne, & qui leur apportoient des armes & des munitions. Il y eut alors un complot pour livrer un des chefs aux Genois; mais celui qui s'y étoit engagé ayant été découvert fut empalé. Cependant les Corfes manquoient d'artillerie pour faire des fieges, & fe virent contraints de fondre les cloches pour fe faire du canon. Ils offrirent inutilement la fouveraineté de leur ifle à l'Efpagne, perfonne ne vouloit s'engager pour eux dans une guerre contre les nations dont la République imploreroit le fecours. Se voyant donc rebutés de tous côtés ils voulurent s'ériger en République, & firent un réglement qui paffa en loi à l'affemblée génerale du 30 Janvier 1736, en voici les principaux articles en abregé.

„ 1°. Le Royaume fe met fous la protection de la fainte Vierge 2°. On
„ abolit tous les reftes du gouvernement Genois, & on ordonne que les
„ loix & ftatuts en feront brûlés publiquement. 3°. On caffe tous les No-
„ taires, & on les rétablit fous la nouvelle autorité. 4°. On frappe de nou-
„ velle monnoye au nom des Primats qui en fixeront la valeur. 5°. On con-
„ fifque les terres & les fiefs des Genois : les étangs, la culture des
„ terres, & la pêche des étangs feront affermés par les Primats. 6°. Une
„ Jonte, ou confeil difpofera des emplois & des charges qu'il faudra ac-
„ cepter fous peine d'être traité en rebelle, & condamné à mort avec con-
„ fifcation des biens. Même peine infligée à quiconque méprifera ou tour-
„ nera en ridicule les titres donnés par le nouvel établiffement. 7°. Même

» rigueur contre quiconque infinuera de traiter avec les Genois, ou détour-
» nera le peuple de s'en tenir aux préfentes délibérations. 8°. André Ciac-
» caldi, Hiacinte Pauli, & D. Louis Giafferi, déja élus généraux font dé-
» clarés Primats du Royaume. On leur donne le titre d'Alteffe royale, à
» eux & aux chefs, tant de la Diete que de la Jonte. 9°. La Diete géne-
» rale fera traitée de Séreniffime ; chaque ville & chaque village y enverra
» un Député. Douze Députés fuffiront pour repréfenter tout le Royaume,
» & ces Députés pourront délibérer & décider de toutes les affaires, des
» taxes, des impôts, & auront le titre d'Excellence, &c. 10°. La Jonte
» où le Confeil fouverain fera de fix Corfes, qui fixeront leur domicile
» au lieu qui fera déterminé ; la Diete générale pourra les changer de
» trois mois en trois mois, fi elle le juge à propos. La Diete ne pourra
» être convoquée que par ordre des Primats. 11°. Il fera établi un Confeil de
» guerre de quatre perfonnes, dont les délibérations devront être approu-
» vées par la Jonte. 12°. On établira un Magiftrat de l'*abondance* de quatre
» perfonnes, pareillement fubordonnées à la Jonte, afin de pourvoir à la
» fubfiftance du peuple, & régler le prix des denrées. 13°. La Jonte dref-
» fera un nouveau Code de loix auxquelles tous les peuples du Royaume
» feront foumis. L'article XX. donne aux deux Secretaires d'Etat la charge
» de veiller fur le repos du Royaume, & principalement fur les traitres à
» la patrie, *ou foupçonnés tels avec pouvoir de leur faire leur procès en fecret*
» *& de les condamner.* «

Felix Pinelli fous le gouvernement duquel les troubles avoient éclaté, fut renvoyé de nouveau pour relever Grimaldi. Il commença par faire mettre le feu à quelques grains des Corfes ; il y eut néanmoins peu à près un ar- miftice ; l'un & l'autre parti en avoit également befoin pour recueillir les biens de la campagne. Le fils de Pinelli le rompit bien-tôt, & ayant voulu s'avancer à la tête de douze cens hommes, il donna dans une embufcade où il fut fait prifonnier avec la moitié de fes gens. Son pere propofa alors une nouvelle fufpenfion d'armes, & demanda la délivrance de fon fils. Les Corfes à qui fix femaines fuffifoient pour moiffonner & mettre les grains à couvert, y confentirent, & rendirent le jeune Pinelli & quelques autres prifonniers Genois. Le Sénat mécontent du facrifice que le Commif- faire général avoit fait à la liberté de fon fils, le rappella fous prétexte de fa trop grande feverité, & nomma en fa place le Marquis Lorenzo Impe- riali qui s'en excufa, & le Chevalier Rivarola qui ne s'en chargea qu'a- vec répugnance.

Au commencement de 1736, les Corfes propoferent de mettre bas les armes aux conditions fuivantes. » 1°. Que les droits de la République fur
» l'ifle ne confifteroient plus qu'à y établir des Provediteurs pour recevoir
» les contributions, maintenir les privileges du peuple, & décider les af-
» faires militaires & criminelles. 2°. Que la République renonceroit à la
» connoiffance des affaires civiles du pays, & confentiroit à l'établiffement
» d'un Sénat à la Baftie, uniquement compofé de Corfes indépendant de
» celui de Gênes, & dans lequel toutes les affaires de l'ifle feroient dé-
» cidée. 3°. Que l'on fixeroit le nombre de troupes que la République y
» pourroit avoir, & les places qu'elles occuperoient. « Le Sénat rejetta ces

offres,

DE L'UNIVERS, Liv. II. Ch. VI. 491

offres, fit faire de nouvelles levées, & preſſa le départ du nouveau Com- miſſaire général, qui arriva à la Baſtie au mois de Février. Les réjouiſſances qu'occaſionna ſon arrivée parurent à Giafferi un temps favorable pour ſur- prendre cette place. Ses eſperances furent trompées, & il fut contraint de ſe retirer. On ne voulut point le pourſuivre par la crainte de quelque em- buſcade. L'Evêque d'Aleria avoit fulminé une excommunication contre les ennemis de la République, & ne ſe croyant point en ſûreté à la Baſtie, où il s'étoit refugié, il avoit paſſé à Gênes. Giafferi chagrin du mauvais ſuccès de ſon entrepriſe ſur la Baſtie, alla brûler le palais de ce Prélat. Le Commiſſaire Rivarole fit à ſon tour parler d'accommodement; mais ſes propoſitions furent rejettées La priſe d'Aleria par les Corſes, l'importance de divers poſtes dont ils s'étoient ſaiſis, & les ſecours qu'ils recevoient de munitions & de proviſions leur relevoient le courage.

On ſoupçonna diverſes puiſſances, & ſur-tout l'Eſpagne, de les favoriſer ſous main. Ces ſecours étoient négociés par les agens qu'ils avoient à Li- vourne, en d'autres ports voiſins & même à Gênes, où tous les principaux Seigneurs de la Régence n'avoient pas le même intérêt à la réduction des Corſes.

Parmi les agens de Corſe à Livourne il y avoit un Chanoine nommé Orticone homme de tête, & en qui la Nation avoit une extrême confiance. Il ne ſortoit qu'en plein jour, bien accompagné, & la nuit bien enfermé & bien gardé dans ſon appartement, il ſe garantiſſoit du fer de ſes enne- mis. Le Baron Neuhoff originaire d'une famille illuſtre, du Comté de la Mark, avoit couru en divers Etats de l'Europe, y avoit fait belle figu- re, & s'y étoit beaucoup endetté. Né en Allemagne, élevé en France, il avoit été en Portugal, delà en Eſpagne où il s'étoit marié, avoit paſſé enſuite en Italie & enfin s'étoit vû arrêter pour dettes à Gênes. Il avoit ſervi & ſe trouvoit à Livourne, où le Chanoine Orticone eut occaſion de le connoître, parce qu'il s'intrigua vivement pour la liberté des quatre Corſes que les Genois avoient fait priſonniers. Neuhoff étoit un homme en- treprenant & hardi, plein d'ambition, capable de riſquer ſa vie, n'ayant que cela à perdre. Avec toutes ces qualités il parut bien-tôt au Chanoine un homme capable de ſeconder les deſſeins des Corſes.

Orticone n'ignoroit pas les diviſions continuelles qui régnoient entre les Primats de Corſe, & dans la vûe de les mettre d'accord il réſolut de leur envoyer le Baron de Neuhoff. Celui-ci entra volontiers dans un pro- jet qui flattoit ſon humeur ambitieuſe & intrépide. Il paſſa d'abord à Tunis & ſçut par ſes intrigues obtenir des Tuniſiens des ſecours conſidérables d'armes & d'argent. Le Capitaine d'un bâtiment Anglois qui étoit à Tunis, ſe chargea de le conduire en Corſe, & vers le 15 de mars il aborda au port d'Aleria.

A l'arrivée de Theodore, c'eſt ainſi que le Baron ſe faiſoit nommer, on témoigna une joie univerſelle. Il fit mettre deux pieces de canon devant la porte du Palais où il logeoit, & ſe fit une garde de quatre cens hommes. Il nomma quatre Colonels, forma vingt-quatre compagnies, & fit diſtribuer les armes qui étoient dans le vaiſſeau où il s'étoit embarqué au port de Tunis. On ne parla plus alors que des puiſſans ſecours qui de-

Tome II. Qqq*

Isle de Corse.

Arrivée de Theodore en Corſe.

ISLE DE CORSE.

voient le suivre, & les Corses le regardoient comme un libérateur que le Ciel leur envoyoit. Il fit assembler toutes les familles, leur fit jurer entre elles une amitié inaltérable, sous peine de mort pour quiconque ne seroit pas fidèle à son serment. Il eut soin de faire observer ce réglement avec une telle exactitude que deux Corses l'un de la faction des *Rouges* & l'autre de celle des *Noirs* s'étant battus pour une ancienne querelle, il les fit pendre sur le champ. Cette action de sévérité fit l'impression qu'il desiroit, & toute la nation ne parut plus qu'une famille qui le regardoit comme son pere.

Il est couronné.

Le 15 d'Avril 1736 les Corses résolurent de le reconnoître pour leur souverain & ils procéderent à la cérémonie de son couronnement. Ils lui mirent sur la tête une couronne de laurier, & après l'avoir mené en plaine campagne, ils l'éleverent sur leurs épaules, le proclamerent Roi & lui prêterent le serment de fidélité.

Les Genois publierent le 9 de Mai contre lui un manifeste, où ils faisoient de sa vie un détail fort capable de lui attirer un mépris universel. Theodore y répondit par un autre manifeste où il paroissoit à son tour menager fort peu les Genois. Il ordonna alors à toutes les Communautés de l'Isle de se joindre à lui, sous peine de confiscation de biens, & même de mort en cas de désobéissance. Par un second manifeste qu'il fit répandre à la Bastie, il invitoit les habitans de cette place à se tirer du joug des Genois, & à venir se ranger sous ses étendards. Il fit ensuite avertir le Commissaire général Rivarole qu'il lui donnoit dix jours pour sortir librement de l'Isle. Theodore ayant fait bloquer la Bastie, fit moissonner les environs, & mit de grosses contributions sur les terres des principaux habitans. Ceux du territoire de Calenza ayant balancé s'ils prendroient son parti ou celui de Gênes, il leur écrivit en leur donnant l'option, ou de se déterminer pour lui sur le champ, ou d'être poursuivis à feu & à sang. Ces menaces les épouvanterent & ils se soumirent. Quelques-uns des principaux de sa Cour furent honorés du titre de Comtes & de Marquis & il institua un ordre de Chévalerie qu'il nomma l'ordre de la délivrance. Le desir qu'il avoit de s'attirer de nouveaux sujets & son attention à faire fleurir le commerce l'engagerent à accorder liberté de conscience aux Grecs & aux Juifs. Cependant les Genois étoient réduits à n'avoir plus dans l'Isle que la Bastie, San-Fiorenzo, Calvi, San-Bonifacio & deux autres forteresses; encore ces places étoient-elles bloquées de si près, qu'elles étoient contraintes de tirer de Gênes leurs vivres, leur bois & même leur eau.

Avant l'arrivée de Theodore dans l'Isle, les Genois s'étoient appropriés la chasse & la pêche. Ils avoient pour cet effet forcés les habitans à s'éloigner des côtes & leur avoient ôté par ce moyen la facilité de vendre leurs denrées à d'autres qu'à leurs Commissaires qui les achetoient beaucoup au-dessous du prix qu'elles valoient. Les Genois ne vouloient pas non plus permettre aux Corses d'avoir des artisans afin de les mettre dans la nécessité de se fournir à Gênes des choses dont ils avoient besoin & qui leur étoient vendues fort cher. Le sel dont ils auroient pu faire commerce avec les Etrangers leur étoit interdit, ils ne pouvoient pas même en faire pour leur propre usage, & les étangs & les rivieres étoient affermés à des Catalans. Telle étoit la situation de la Corse lorsque Théodore y débarqua. A peine les habitans l'eurent-ils revêtu du souverain pouvoir, qu'il fit des changemens considérables. Il leur permit de chasser, de pêcher, de faire du sel & de s'appliquer à tout ce qu'ils croiroient devoir leur être avantageux. Cependant comme les secours qu'il avoit promis n'arrivoient point, il assembla au mois de Novembre les chefs de l'Etat & leur déclara la résolution qu'il avoit prise d'aller en personne hâter ces secours. Ses desseins ayant été généralement approuvés, il fit du consentement des Corses une ordonnance touchant le gouvernement de l'Etat pendant son absence. Il se disposa ensuite à partir, & s'étant déguisé en Abbé, il passa à Livourne vers le 14 de Novembre & disparut. Chacun forgea alors différentes conjectures, & les Genois qui triompherent de cette absence ne manquerent pas d'en faire mention dans leurs manifestes. Les Corses y repliquerent, persisterent dans leur attachement pour leur Roi prétendu, & le déclarerent même par un acte du 1 Décembre 1736. Ils ne laissoient pas néanmoins de remporter de grands avantages sur leurs ennemis, & les Genois irrités crurent devoir mettre à prix la tête de Théodore. Pendant qu'on ignoroit totalement ce qu'il étoit devenu, il étoit passé à Turin, de-là il se rendit à Paris & alla ensuite en Hollande par la Normandie. Il fut quelques jours à la Haye caché dans la maison d'un Juif, & passa à Amsterdam où un ancien créancier le fit arrêter. On le tira d'affaires, & il sortit de prison: il trouva même le secret de faire partir quelques bâtimens chargés de provisions pour l'Isle de Corse, & commença à former une compagnie de marchands qui firent les avances & furent remboursés en marchandises du pays pour le retour.

Les Genois s'adresserent alors à la France qui envoya le Comte de Boissieux avec trois mille hommes. Aussi-tôt qu'il fut débarqué à la Bastie, il y fit venir les députés des Corses, & eut avec eux des conférences, où il fut trouvé bon que le Commissaire général des Genois n'assistât point. Il engagea les Corses à lui donner une liste de leurs griefs, leur dit qu'il avoit ordre du Roi son maître de mettre tout en œuvre pour rétablir la paix & la tranquillité dans l'Isle, & d'offrir pour cela tous les secours nécessaires. Le mémoire fut remis & il y eut un traité conclu entre le Général François & les sieurs Giaferi & Orticoné Plénipotentiaires des Corses. Cette négociation fut conduite avec un très-grand secret, & pendant que l'on étoit occupé à y mettre la derniere main, le Baron de Drost neveu de Théodore arriva en Corse. Le Comte de Boissieux en étant informé le pria de se retirer; mais au mois de Septembre Théodore aborda lui-même avec des armes & des munitions. Les mouvemens qui se firent en sa faveur furent peu considérables parce que les Corses étoient retenus par les ôtages qu'ils avoient donnés & qui étoient partis pour la France. Le Baron mit tout en usage pour relever le courage de ses partisans; mais les menaces que le Comte leur faisoit de toute l'indignation de la France, les engagerent à rester tranquilles, & rompirent les mesures de Théodore. On fit courir le bruit qu'il étoit demeuré dans l'Isle quoique cet aventurier ne trouvant plus de sûreté nulle part, se fut rendu à Naples, où le gouvernement ne jugea point à propos de lui donner retraite.

Isle de Corse.

1737.

Troupes que la France envoye en Corse.

1738.

Le Comte de Boiſſieux qui n'oſoit ſe fier aux inſulaires, exigea d'eux une déclaration par laquelle ils remettoient leur ſort entre les mains du Roi très-Chrétien; & laiſſoient à la déciſion de ſon ſouverain arbitre leurs biens, leur vie & leur honneur. Ils la donnerent, mais avec toute la répugnance poſſible. Le Comte leur remit quelque-temps après un reglement cacheté, & déclara qu'il falloit premierement avant que de l'ouvrir, lui donner des ſûretés que le Baron Théodore n'étoit plus dans l'iſle ni aux environs; en ſecond lieu, que les peuples devoient le recevoir & s'y ſoumettre avec une obéïſſance aveugle, avant même de ſçavoir ce qu'il contenoit d'avantageux ou de déſavantageux pour eux & pour le royaume. Ce reglement avoit été ſigné par le Prince de Lichtenſtein, de la part de l'Empereur, & par M. Amelot Secretaire d'Etat au nom du Roi très-Chrétien, & contenoit huit articles. 1°. ,, Qu'il y auroit amniſtie générale, rap-
,, pel de banniſſement & de galere, pour tous ceux qui auroient encouru
,, ces peines pour cauſe de rebellion, dont il ne ſeroit plus fait mention
,, dans la ſuite: Que chacun ſeroit rétabli dans tous ſes biens & honneurs,
,, à condition qu'il accepteroit préalablement l'amniſtie, & ſe ſoumettroit
,, au reglement.

,, 2°. Qu'il ſera fait un déſarmement général de tous les habitans de
,, l'iſle, avec peine de mort ſans rémiſſion, pour tous ceux qui après ce
,, temps-là ſeront trouvés avoir des armes.

,, 3°. Que les impôts, les ſubſides & les gabelles qui n'ont pas été payés
,, pendant le cours de la révolte, ſoit remis aux habitans. Qu'il ne leur
,, en ſera rien demandé, ni pour aucun autres droits du Souverain : Que
,, les nouvelles charges & impoſitions ne ſeront exigées que depuis le com-
,, mencement du mois d'octobre précédent.

,, 4°. Que le Commiſſaire général de la République de Gênes en Cor-
,, ſe ne pourra plus, comme par le paſſé, envoyer aux galeres les délin-
,, quans ſur les informations priſes contr'eux. Qu'il aura ſeulement le droit
,, de les faire conduire en priſon, & de faire enſuite travailler à inſtruire
,, leur procès, qu'il ſera obligé d'envoyer à Gênes, afin que tout y ſoit dé-
,, cidé ſelon les regles de la Juſtice.

,, 5°. Que le Tribunal ſuprême de l'Iſle ſera compoſé de trois Auditeurs
,, étrangers qui ne pourront être ni Genois, ni Corſes : Que ces derniers
,, jugeront ſans appel & en dernier reſſort toutes les cauſes qui n'excé-
,, deront pas la valeur de cinq cens livres (5).

,, 6°. Qu'on érigera en differens endroits de l'iſle des collèges, & autres
,, lieux d'études dans leſquels on inſtruira la jeuneſſe. Que les Eccléſiaſti-
,, ques Corſes ſeront élevés à la dignité Epiſcopale, de même que les au-
,, tres ſujets de la République. Que cette même République promet que
,, dans le cas où il y aura en Corſe des Evêchés ou des bénéfices vacans,
,, elle propoſera au Pape des ſujets de l'iſle pour les remplir.

,, 7°. Que la République ſera obligée pendant le terme de cinq ans de
,, nommer chaque année quatre familles Corſes pour être honorées de
,, la nobleſſe, & jouir des honneurs & des prérogatives attachés à ce rang:

(5) Ils n'avoient ce droit auparavant que juſqu'à la concurrence de 25 livres.

„ en sorte que par cette création on établira en Corse vingt familles no-
„ bles.
„ 8°. Que les assassinats & les meurtres seront désormais punis de mort:
„ Que la République s'engage de ne jamais accorder de grace ni d'asyle
„ à quiconque sera coupable d'un crime de cette nature. "

On ne donna que quinze jours pour accepter l'amnistie & le réglement. La Province de Balagna s'y soumit ; mais quand le Comte de Boissieux voulut désarmer les Piéves, il y trouva une résistance qui fit répandre bien du sang de part & d'autre. Le Comte les traita de rebelles & les menaça du fer & du feu. Les hostilités recommencerent alors & ils ne ménagerent plus les François. Le Comte de Boissieux étant mort à la Bastie au commencement de l'année 1739, le Marquis de Maillebois lui succéda. Ce Général résolut d'abord d'attaquer Monte Maggiore, qui par sa situation avantageuse servoit de retraite aux séditieux de la Balagna : les Corses qui s'y étoient retirés se défendirent vigoureusement & ayant fait quelques prisonniers François ils les massacrerent inhumainement.

Alors M. de Maillebois qui vouloit ménager ses troupes dont le petit nombre ne pouvoit suffire à l'entreprise qu'il méditoit, jugea à propos de se retirer de devant Monte Maggiore & d'attendre de nouveaux secours de la France. Il ne resta cependant pas pour cela dans l'inaction & fit des propositions d'accommodement aux Chefs des rebelles. Ceux-ci paroissoient assez disposés à l'écouter & firent même avec lui quelques conventions. Les secours que l'on attendoit étant arrivés, le Général François recommença ses attaques & se rendit maître de plusieurs places. Ces succès encouragerent les troupes Françoises & le 2 de Mai elles presserent vivement les rebelles. Monsieur de Villemur qui n'avoit que deux petits canons s'empara du village de Lavataggio dans la Balagna, tandis que M. le Marquis du Châtel à la tête de quatre bataillons enleva aux ennemis un poste avantageux. M. de Maillebois fit alors publier une amnistie générale & cet acte de clémence joint aux progrès que l'armée faisoit tous les jours, engagea la plus grande partie des Corses à se soumettre & à rendre leurs armes. Quoique les Chefs des mécontens eussent selon toutes les apparences favorisé les François, ils demanderent à se retirer & s'embarquerent au nombre de vingt-sept à la Paludella, sur un bâtiment François. Ils en partirent le 10 de Juillet & se rendirent à Porto Longone ; de-là quelques-uns passerent à Naples où ils trouverent de l'emploi.

Cependant toute la Corse n'étoit pas entierement pacifiée, & les rebelles qui restoient encore rejettoient toutes les propositions qu'on leur faisoit. Le Baron de Neuhoff neveu de Théodore n'oublioit rien pour les engager à soutenir le parti de son oncle. En effet ils se défendirent avec tout le courage imaginable & cinq cens d'entr'eux ayant été forcés dans un couvent de Tolla passerent par dessus les murs du jardin & se retirerent sur une montagne voisine. Ils y furent bien-tôt investis, & ne rendirent les armes qu'à la derniere extrémité. Le Baron de Neuhoff toujours accompagné du Baron de Drost son parent s'étoit enfermé dans le village de Ziccavo la seule place qui fût restée dans son parti. Il résolut de s'y fortifier & fit jurer aux quatre cens hommes qui y étoient renfermés avec lui, de mourir plutôt que de se rendre. La place fut bien-tôt bloquée & Neuhoff ne pouvant espérer de résister aux François, demanda deux jours pour se déterminer. Il profita de ce temps pour mettre en sûreté tous ses effets & se retira secrettement avec les habitans de la place sur une montagne près de-là. M. de Maillebois s'apperçut bien-tôt de sa retraite & ne jugea pas à propos de l'y attaquer, comptant que la faim l'obligeroit d'en descendre. Il se trompa dans ses conjectures, & le Baron abandonné d'un grand nombre de ceux qui l'avoient accompagné eut le courage d'y rester pendant près de deux mois. Alors les troupes Françoises étant sortis de Ziccavo, Neuhoff y rentra & rassembla tous ses partisans, avec lesquels il fit plusieurs courses aux environs.

L'hyver empêchoit qu'on achevât de détruire ces rebelles; mais au retour du Printemps on les poursuivit de nouveau & on força enfin le Baron de Neuhoff à se rendre, & à abandonner l'Isle. Après avoir ainsi pacifié les troubles M. de Maillebois repassa en France avec les troupes & remit la Corse aux Gênois qui eurent soin d'envoyer du monde pour remplacer les François. Le Marquis Dominique Marie Spinola nommé Commissaire général pour la Corse y arriva à la fin de Juin 1740. Sa douceur pour des peuples qu'il aimoit parce qu'il étoit né parmi eux, lui gagna d'abord tous les cœurs; mais le reglement sur les taxes leur ayant déplu, les troubles recommencerent, & ils refuserent absolument de se conformer aux ordres de la République à ce sujet. Les Gênois étoient résolus de les y contraindre par la force, on prit les armes de part & d'autre & il y eut quelque action sanglante.

Sur ces entrefaites Theodore aborda en Corse avec deux vaisseaux Anglois & débarqua des armes & de la poudre. Il crut devoir profiter des circonstances pour relever son parti, & fit en effet quelques tentatives. Elles n'eurent pas un heureux succès & il fut obligé d'abandonner la Corse & n'y reparut plus depuis.

La retraite de Theodore ne rendit pas pour cela le calme dans l'Isle: les rebelles se rassemblerent, & se donnerent des chefs. Ils ne demandoient pas cependant à se soustraire à la domination Gênoise, & ils n'exigeoient que la diminution des taxes & la liberté de porter des armes. Mais plus on leur accordoit, plus ils faisoient de nouvelles demandes. On se détermina enfin à satisfaire les Corses, & le calme parut entierement rétabli.

Cependant Gênes s'étoit déclarée pour la France & l'Espagne, & le traité qu'elle avoit fait avec ces deux Puissances avoit indisposé contre elle la Reine de Hongrie, le Roi d'Angleterre, & celui de Sardaigne. Ces nouveaux ennemis ne tarderent pas à susciter des troubles dans la Corse. Dominique Rivarola Gênois de Nation; mais Colonel au service du Roi de Sardaigne se rendit en Corse où il avoit des intelligences. Il ne tarda pas à rassembler un grand nombre de rebelles auxquels il promit de prompts secours de la part de l'Angleterre. En effet quelques jours après la flotte Angloise parut & les rebelles animés par ce renfort firent le siége de la Bastie, dont ils s'emparerent en peu de temps. Rivarola maître de cette place en traita les habitans avec beaucoup de douceur, & empêcha le pillage. La plus grande partie des Corses étoit cependant demeurée fidelle à la République, & Luc Ornano, autrefois l'un des principaux chefs des mécontens leva douze cens hommes au service des Gênois. Ceux-ci de leur côté ne cesserent d'envoyer à Calvi, à Ajaccio, & à San-Bonifacio des vivres, des armes & des munitions. Les rebelles soûtenus par les Anglois, enleverent aux Genois San-Fiorenzo, San-Pellegrino & quelques autres postes de peu d'importance. Les Insulaires divisés en deux partis, se livroient de fréquens combats & ravageoient mutuellement l'intérieur de l'isle. Les habitans de Calvi, d'Ajaccio & de San-Bonifacio, redoutoient l'approche des Anglois qui paroissoient avoir dessein de les bombarder. Leur inaction causée par les vents contraires, décredita insensiblement le parti de Rivarola. Les habitans de la Bastie profitant de ces circonstances, chasserent les rebelles de leur ville. Les secours qu'ils reçurent des Genois les mirent en état de repousser les rebelles qui étoient venus les assiéger de nouveau. Gentile & quelques autres factieux qu'on avoit arrêtés à la Bastie, furent envoyés à Gênes où ils furent punis de mort. Ces châtimens irriterent les parens des coupables qui étoient à la Bastie, & furent même cause d'une émeute. Elle n'eut cependant pas de suites; parce que les rebelles étoient en trop-petit nombre pour être redoutables.

Gênes étant tombée au pouvoir des Autrichiens, les rebelles de Corse reprirent courage, & Rivarola après s'être emparé de plusieurs postes importans, se rendit maître d'une partie de la Bastie appellée *Terra Vecchia*. Les affaires des Genois s'étant retablies, le Comte de Choiseul passa en Corse avec cinq cens cinquante hommes, & força les rebelles à s'éloigner de la Bastie. Il les chassa ensuite des autres postes & les reduisit à l'extrémité. Rivarola ayant trouvé moyen de sortir de l'isle, se rendit à la Cour de Sardaigne pour y demander des secours contre les François. De retour dans cette isle, il se disposa à faire le siége de la Bastie; mais sa mort arrivée peu de temps après, arrêta ses projets. Matra devenu Chef des rebelles suivit le dessein de son prédecesseur, & mit le siége devant cette capitale. M. Jean Ange Spinola qui commandoit la garnison de cette place, se deffendit avec un courage extraordinaire & ayant été secondé par M. Pedemonte alors Lieutenant Colonel au service de France, il força les ennemis à lever le siége. Le Duc de Richelieu fit en même-temps afficher des placards dans l'isle, par lesquels le Roi de France menaçoit les Corses rebelles, & promettoit au contraire sa protection à ceux qui se soumettroient. Ces placards eurent l'effet qu'on en avoit attendu, & depuis cet instant le nombre des factieux diminua beaucoup. Les préliminaires de la paix signés à Aix-la-Chapelle acheverent de rendre le calme dans cette isle: les troupes Autrichiennes & Piémontoises ayant évacué la Corse, les rebelles firent leur accommodement avec la République. La douceur avec laquelle on traité les Corses, fait esperer que ces insulaires resteront tranquilles, & ne chercheront plus à se soustraire à une domination dont ils paroissent contens.

DU DUCHÉ DE MILAN.

DUCHÉ DE MILAN.

LA ville de Milan est une des plus anciennes de l'Italie, puisqu'elle fut bâtie par les Gaulois environ l'an 591 avant J. C. lorsqu'ils penetrerent en Italie sous la conduite de Bellovese. Cette ville tomba dans la suite au pouvoir des Romains, & Milan devint le séjour de quelques Empereurs. Après la chute de l'Empire, elle fut exposée aux courses des Barbares qui la ruinerent plusieurs fois. Elle fut enfin soumise aux Lombards, & tomba sous la domination des François, après que Charlemagne eut fait la conquête de cette partie de l'Italie. Milan & son territoire formerent ensuite une portion de l'Empire d'Allemagne. Elle devint bien-tôt si riche & si puissante, qu'elle commanda sur tout le pays des environs. L'orgueil de ses habitans donna sujet à l'Empereur Frederic I. de leur faire la guerre,

1160. & de les châtier par les tributs excessifs qu'il leur imposa. Les Milanois mécontens de la sévérité avec laquelle l'Empereur les avoit traités, insulterent l'Imperatrice qui s'étoit rendue à Milan, & égorgerent la garnison Allemande. L'Empereur résolu de venger l'affront qu'on avoit fait à cette Princesse, assiégea la ville, & après s'en être rendu maître, il la fit raser

1162. jusqu'aux fondemens. Une partie des habitans qui s'étoient sauvés, rebâtit la ville vers l'an 1171, sous la protection du Pape Alexandre III. & avec le secours de leurs voisins. Milan se rétablit insensiblement, & fut d'abord gouverné par des Seigneurs & ensuite par des Ducs, dont les plus célébres furent les Viscomti (6) & les Sforces.

Depuis que Milan se fut rétabli, elle se ligua avec d'autres villes d'Italie, & par le moyen de cette ligue le parti du Pape se soutint long-temps dans la Lombardie. Pendant les guerres qui survinrent entre l'Empereur & le souverain Pontife, la famille des Turriani (de la Tour) devint très-puissante dans Milan, & leur réputation augmenta à mesure que les Empereurs perdirent leur autorité dans cette Province. L'arrivée de Frederic II. en Italie releva la faction des Gibelins, dont les Viscomti étoient partisans. Ils profiterent de cette occasion pour chasser de Milan les Turriani & pour s'établir à leur place. Le traité qui fut fait peu de temps après entre le Pape & l'Empereur fit rentrer les Turriani dans la ville,

---

(6) La famille des Viscomri, selon George Merula d'Alexandrie, tire son origine des Rois Lombards. Après la défaite de Didier le reste de cette nation qui étoit dispersée par toute l'Italie, retourna dans les villes qui avoient appartenu à leurs Rois. Quoique dans la suite ces villes ayent été gouvernées par des Regens qu'on appelloit Vicaires, on conserva cependant la coutume que les Comtes d'Anghiera donnoient les ornemens royaux aux Princes désignés pour succeder à l'Empire. Ces Comtes dans la suite ayant été détruits avec leur patrie, ceux qui échapperent, prirent le titre de Vicomte. Paul Jove, au contraire, rejetté comme fabuleuse l'opinion de ceux qui font remonter l'origine de la maison des Viscomti jusqu'aux Rois Lombards. Il pense qu'il est plus naturel de les faire descendre de Heripand & de Galvanius qui commandoient à Milan, lorsque cette ville fut détruite par Frederic Barberousse.

Henri

Henry VII. de Luxembourg ayant eu deffein de fe faire couronner à Rome, fe rendit à Milan, où il fut reçu par Matthieu Vifcomti, & par Gui de la Tour tous deux chefs de leur maifon. Matthieu réfolut alors de perdre fon rival, & d'employer la puiffance de l'Empereur pour faire chaffer une feconde fois les Turriani de Milan. Les défordres que les Allemans commettoient dans la ville lui fournirent le prétexte qu'il cherchoit. Il excita fecrettement le peuple à prendre les armes pour fe délivrer de la tyrannie des troupes étrangeres. Le peuple animé par les émiffaires de Matthieu, prit les armes contre les Allemans, & le défordre devint bien-tôt confidérable. Matthieu & fes partifans s'affemblerent autour de l'Empereur, & lui firent entendre que les Turriani étoient les auteurs de ce défordre. Ils repréfenterent à ce Prince que le projet des rebelles étoit de lui enlever la ville de Milan, & de s'en faire reconnoître Souverains. Matthieu ajouta que fa feule faction étoit capable de conferver cette place à l'Empereur pourvû qu'il promît de foutenir fon parti. Henri fe laiffa furprendre par ces difcours & joignit fes forces à celles des Vifcomti. Les Turriani alors occupés à appaifer l'émeute furent attaqués par les troupes de l'Empereur. Plufieurs furent tués dans cette occafion, d'autres perdirent la vie dans les fupplices, d'autres enfin furent bannis (7). Matthieu n'ayant plus de rivaux ne tarda pas à établir fa puiffance, & c'eft par lui que commence la chronologie certaine des Seigneurs de Milan. Je vais donner un abregé de fa vie & celles de fes fucceffeurs.

Matthieu furnommé le grand, naquit le 13 décembre 1250. Il étoit fils de Thibauld & d'Anaftafie niece de Hubert Pirovan Archevêque de Milan. L'amour de la gloire, la fermeté dans le malheur, la clémence & la moderation dans la profperité furent les vertus qui lui firent donner le nom de Grand. Dans les victoires qu'il remporta fur les Turriani, par les mains defquels fon pere même étoit péri, il refufa de les pouffer jufqu'à la derniere extrêmité. Ce ne fut pas toujours par la force qu'il vint à bout d'écarter fes ennemis & étendre la domination de fes Etats; fes largeffes, & des fommes confidérables diftribuées à propos lui faciliterent la conquête de plufieurs places fans effufion de fang. Ce fut par ces voies indirectes qu'il éloigna plufieurs fois de fes Etats les armes de l'Empire & de la France.

Matthieu gouverna pendant fept ans depuis la mort d'Othon fon oncle Archevêque de Milan; mais la malignité de fes proches, une confpiration imprévue de la nobleffe, & la perfidie d'Albert Scot, l'obligerent de fortir de Milan. Pendant cet exil qui dura neuf ans, il fit plufieurs tentatives inutiles pour rentrer dans fa patrie. L'arrivée de l'Empereur Henri VII. & la difcorde qui régnoit alors parmi les Turriani, ranimerent fes efperances. Il prit un habit de payfan, & par des fentiers impraticables il arriva fans être reconnu à Aft où l'Empereur étoit alors, & où Caffonus Turriano Archevêque de Milan, & fon frere Napinus s'étoient rendus avec les chefs des Guelfes. Matthieu implora la protection de Henri, qui frappé de fon air majeftueux, & touché de l'éloquence de fon difcours lui promit de travailler à fon rétabliffement. On convint que Matthieu & fes partifans

(7) Nicolas Machiavel.

DUCHÉ DE MILAN.
1310.

Matthieu Vifcomti furnommé le Grand.
1321.

Il eft chaffé de Milan.

Son retour.

INTRODUCTION A L'HISTOIRE

DUCHÉ DE MILAN.

seroient reçus dans la ville, & qu'ils rentreroient dans les droits dont ils jouissoient auparavant.

Peu de temps après l'Empereur arriva à Milan où il fut couronné suivant la coutume. Pendant le séjour qu'il fit dans cette ville, il s'éleva un tumulte extraordinaire.

Comme on ne sçavoit ni le sujet, ni l'auteur de cette révolte, on courut aux armes & on les tourna tout à coup contre les Turriani, dont les maisons furent pillées. Ils prirent la fuite, & Gui qui avoit succedé dans le gouvernement à Musca son oncle, eut de la peine à se soustraire à la fureur du peuple. On disoit sourdement que Matthieu avoit excité cette émeute pour se venger des Turriani. L'Empereur irrité voulut s'en éclaircir ; mais ceux qu'il envoya à cet effet, lui rapporterent qu'ils avoient trouvé ce Seigneur tranquille au milieu de sa famille : Matthieu se présenta devant l'Empereur pour se justifier. Ce Prince lui ordonna cependant de sortir de la ville, soit qu'il le crût coupable, soit qu'il voulût donner quelque satisfactions aux Turriani qu'on avoit si fort maltraités. Ce bannissement ne fut pas long, & peu de temps après Matthieu, par une faveur particuliere de l'Empereur, fut rétabli dans le gouvernement des Etats de Milan, où il commanda pendant dix ans (8).

Il est fait Gouverneur.

Les fils de ce Prince avoient déja la réputation de grands Capitaines, & ils étoient sortis avec honneur des entreprises dont leur pere les avoit chargés. La gloire qu'il s'étoit acquise excita l'envie de ses principaux amis. Ils l'abandonnerent, lorsque Robert Roi de Naples, & protecteur des Guelfes se rendit dans l'Etat de Gênes, pour s'opposer à Louis de Baviere que les Gibelins avoient fait venir en Italie. Le Nonce du Pape se joignit à Robert & excommunia Matthieu en même-temps qu'il jetta l'interdit sur la ville de Milan. Le peuple allarmé députa douze citoyens pour tâcher de fléchir le Nonce ; mais ce Prélat répondit qu'il ne se rendroit point à leurs prieres, que Matthieu ne fut chassé de la ville. Le peuple se disposoit à le satisfaire, lorsque Matthieu eut recours à son fils Galeas, qui commandoit alors à Plaisance. L'arrivée de ce Prince inspira de la crainte aux ennemis de son pere, & les rendit plus traitables. Il parla avec force aux citoyens, leur fit entendre leurs véritables intérêts, & rétablit enfin par tout l'ordre & la tranquillité.

Conspiration contre lui.

Dans ces circonstances Matthieu se voyant âgé de 72 ans, & sûr de la valeur de ses fils, remit le gouvernement entre les mains de Galeas, & après s'être relevé des excommunications lancées contre lui, il se retira dans un monastere, où il mourut le 24 Juin 1322, en présence de ses cinq fils (9). Il leur recommanda d'être toujours étroitement unis s'ils vouloient conserver le gouvernement qu'il leur laissoit. Nous verrons dans la suite l'usage qu'ils firent d'un avis si important. On céla sa mort pendant quelque temps, & on l'inhuma secrettement, pour ne pas exposer son corps à la vengeance, & à la cruauté de ses ennemis, en cas qu'il arrivât quelque révolution.

Sa mort.

1322.

(8) C'est ainsi que Paul Jove justifie Matthieu d'une action dont les autres Historiens l'ont chargé, & sur-tout Nicolas Machiavel, comme je l'ai dit plus haut.

(9) Tristan Chalcus.

DE L'UNIVERS. Liv. II. Ch. VI.

Duché de Milan.

Galeas I. Vis-comti.

Galeas (10) avoit donné dès sa plus tendre jeunesse des marques de la valeur qui devoit le faire distinguer dans la suite. Il n'aimoit que les jeux qui avoient quelque rapport à l'art militaire. La première victoire où il se signala fut celle qu'il remporta sur les Guelfes. Son pere ayant été chassé de Milan par la trahison d'Albert Scot, il partagea son exil, & s'exposa pour lui à mille dangers. Il servit avec succès Charles Pere de Philippe de Valois qui étoit en guerre contre les Anglois. Ce Prince lui donna des marques de sa reconnoissance. De retour en Italie il fit des prodiges en combattant au siege de Ferrare, pour Actius, dont il avoit épousé la sœur, nommée Beatrix: il fut fait ensuite Préteur de Trévise par Girard Camine à qui cette ville appartenoit. Il devint de plus en plus formidable aux Guelfes, & après avoir fait prisonnier Albert Scot, il se rendit maître de Plaisance, & ensuite de Crémone.

Après la mort de Matthieu le Grand son pere, le Pape, le Roi Robert, une partie des Nobles, & tous les partisans des Guelfes étant venus à bout de faire abandonner aux Milanois & aux Allemans le parti des Gibelins, Galeas & Marc furent obligés de se retirer à Lodi chez leurs anciens amis. Les avantages que les Gibelins remporterent sur les Guelfes, & la prise de Monsa faciliterent à Galeas son retour dans Milan. Il y fut reçu au milieu des acclamations, & ses ennemis furent contraints de sortir de la ville.

Peu de temps après les troupes combinées du Pape, du Roi Robert, des Florentins, & de Paganus Turriano Patriarche d'Aquilée, s'avancerent vers l'Adda. Marc s'opposa d'abord à leur passage; mais se sentant inférieur en forces, il se retira à Milan qui fut aussi-tôt assiégée. Un secours de cinq cens hommes que Galeas avoit obtenu de Louis de Baviere, rendit inutiles les efforts des assiegeans qui resterent plus de 4 mois devant la place. Ennuiés de la longueur de ce siege, & persuadés qu'ils ne viendroient point à bout de réduire la place, ils résolurent de faire assassiner Galeas. Le complot fut découvert, & Jean l'un des freres de Galeas, prit les armes, quoiqu'il fût dans les ordres sacrés, & attaqua les Suisses qu'on avoit chargés de cette entreprise (11). Les ennemis leverent alors le siége, & se retirerent à Monza en attendant de nouveaux secours de la part du Nonce, qui étoit à Plaisance. Cette ville lui avoit été livrée par la faction des Guelfes qui en avoient chassé Actius ou Azzo. Ils construisirent ensuite un pont sur l'Adda, afin de faciliter le passage des vivres & des troupes qui devoient les joindre. Galeas résolu de les attaquer, se rendit avec toute son armée, & ayant trouvé moyen de les attirer en plaine, il emporta sur eux un avantage considérable. Il les poursuivit jusqu'à Monza où ils se refugierent; mais Galeas les y assiegea, & les força de se rendre au bout de quelques mois.

Conspiration contre Galeas.

Tant de victoires loin de diminuer le nombre des ennemis de ce Prince, sembloient au contraire les multiplier. Dans l'appréhension de succomber, il députa secretement vers le Pape pour lui demander la paix. Le Pontife y consentit, & elle fut conclue aux conditions que Galeas prendroit les

---

(10) On prétend que ce surnom lui fut donné parce qu'il nâquit au chant du coq. Ce nom fut ensuite transmis à sa postérité.

(11) Paul Jove.

armes contre les ennemis du Saint Siége. Cette paix ne fut pas de longue durée : le Pape & le Roi Robert à la follicitation des Florentins, qui appuyoient le parti des Guelfes, ne tarderent pas à lever des troupes. Cardone qui les commandoit marcha vers Caftruccio qui ayant reçu du fecours de Galeas livra combat aux ennemis & tailla leur armée en piéces.

Galeas qui jufqu'alors avoit rendu inutiles tous les efforts de fes ennemis, ne put prévenir les fuites de l'envie que fa puiffance avoit excitée dans fa propre famille. Marc fon frere pouffé par fon ambition & fa jaloufie forma le deffein criminel d'enlever à Galeas le gouvernement de Milan. Il lui fit un crime auprès de l'Empereur du traité qu'il avoit fait avec le Pape, & par ce moyen il indifpofa ce Monarque contre fon frere. L'Empereur prévenu par les difcours de Marc fit enfermer Galeas avec fes fils, & nomma vingt-quatre Magiftrats pour gouverner l'Etat de Milan. Caftruccio s'intéreffa pour la liberté de Galeas, & l'Empereur confentit enfin qu'il fortît de prifon où il étoit refté neuf mois. Galeas fe rendit auffi-tôt à l'armée de Caftruccio qui affiégeoit Piftoie. Ce fiége fut long & incommode à caufe des grandes chaleurs du mois d'Août. La Ville fe rendit enfin ; mais Galeas & Caftruccio ne profiterent point de leur victoire, étant morts quelques jours après d'une maladie qui fut occafionnée par les travaux de la guerre. Galeas étoit alors âgé de cinquante & un an.

Actius fils & fucceffeur de Galeas s'étoit déja diftingué par fa valeur & fes exploits. Il avoit fouvent combattu fous les enfeignes de Caftruccio & avoit eu part aux victoires que ce Souverain de Lucques avoit remportées. Après la mort de fon pere il obtint de l'Empereur la fouveraineté de Milan, moyennant de groffes fommes d'argent qu'il offrit à ce Prince. Celui qui étoit chargé de les recevoir ayant pris la fuite avec l'argent qui lui avoit été délivré, l'Empereur exigea de nouvelles fommes des Milanois. Ceux-ci irrités de la conduite de ce Prince refuferent de les payer & fermerent les portes de leur ville. Réfolu d'en tirer vengeance, il s'avança jufqu'à Pavie ; mais Actius trouva moyen de l'appaifer en lui fourniffant ce qu'il demandoit.

Actius étoit à peine en poffeffion de la Principauté de Milan qu'il fe vit attaqué par Marc fon oncle, qui avoit conçu le projet de lui enlever fon gouvernement par le moyen des partifans qu'il efperoit fe faire dans la ville. Le complot fut découvert & Marc fut étranglé fans que perfonne parût s'intéreffer à fon fort. Quelque temps après Jean Roi de Bohême pere de l'Empereur Charles IV. paffa en Italie avec une puiffante armée. Actius alla au-devant de lui, & lui fit de riches préfens pour renouveller avec lui l'ancienne alliance que fes ancêtres avoient contractée avec le pere de ce Prince. Cette démarche le rendit fi agréable au Roi de Bohême qu'il obtint de ce Prince la reftitution des villes dont il s'étoit rendu maître par la puiffance de fes armes. Sur ces entrefaites Actius tomba malade de la goutte, & Leodrifius ennemi de la famille de ce Prince crut trouver l'occafion favorable de lui enlever la fouveraineté de Milan. Il raffembla des troupes & s'avança vers l'Adda.

Actius quoique malade fit une diligence extrême & fut bien-tôt en état de marcher vers l'ennemi. Les armées furent à peine en préfence qu'elles engagerent le combat. Luchin qui commandoit les troupes d'Actius fon neveu eut l'avantage dans le premier choc; mais il fut ensuite repoussé, & son armée se debanda. Pendant qu'il étoit occupé à la rallier, il fut enveloppé par les Suisses qui le firent prisonnier. Les ennemis crurent alors que la victoire s'étoit entierement déclarée pour eux; mais l'arrivée d'un escadron de cuirassiers fit changer les choses de face. Les ennemis occupés au pillage, ne purent soutenir le choc de ces nouvelles troupes, & l'armée d'Actius étant retournée au combat, fit un grand carnage des ennemis. Actius animé par ces succès, déclara la guerre à Mastinus Scaliger & lui enleva le Bressan. Tous ces avantages laisserent enfin jouir Actius d'un repos qu'il n'avoit point encore éprouvé, & il en profita pour aggrandir & embellir la ville de Milan. Ce Prince mourut âgé de trente-huit ans, après avoir gouverné pendant 16. Il avoit épousé Catherine de Savoye, dont il n'eut point d'enfans.

Après sa mort, Luchin & Jean ses oncles lui succederent du consentement des Milanois. Jean qui étoit Archevêque de Milan, céda bien-tôt son droit à son frere, dont il connoissoit la valeur & la prudence. Les premiers soins de Luchin furent d'envoyer des députés à Benoît XII. pour obtenir de ce Pape qu'il levât l'interdit que ses prédecesseurs avoient jetté sur Milan. Le Pontife y consentit, & fit même rendre tous les trésors qu'on avoit enlevés à Monza dans les guerres précédentes, & qui avoient été transportés à Avignon.

Luchin n'eut aucune guerre à soutenir au-dehors; mais il eut beaucoup à souffrir de la part de ceux dont il sembloit qu'il n'eût rien à redouter. Martin & Pinalla, Généraux des troupes d'Actius, s'imaginant que les services qu'ils avoient rendus étoient oubliés, formerent une conjuration dans laquelle ils firent entrer Galeas & Barnabas. Les desseins de ces deux Officiers ayant été découverts, ils furent condamnés à périr de faim dans une prison, & leurs complices furent attachés au gibet. Galeas & Barnabas à la priere de l'Archevêque eurent la vie sauve; mais ils furent envoyés en exil.

Ce ne fut pas les seuls chagrins qui accablerent le Prince de Milan; la conduite irréguliere de sa femme lui en causa de nouveaux. Eprise d'amour pour Galeas, neveu de son mari, elle en eut deux enfans d'une même couche. Cette Princesse craignant enfin le châtiment que meritoient ses débauches, crut devoir le prévenir en donnant un poison lent à son époux. Ce Prince mourut âgé de soixante-deux ans, la dixieme année de son gouvernement.

L'aveu que la femme de Luchin avoit fait de son commerce avec Galeas empêcha ses deux enfans de succéder à son mari. En conséquence le gouvernement des Etats de Milan fut remis entre les mains de Jean Archevêque. Il rappella Galeas & Barnabas de leur exil, afin d'affermir & de perpétuer dans sa famille le souverain pouvoir. Il leur fit contracter des alliances avantageuses; Galeas épousa Blanche de Savoye, & Barnabas fut marié avec Beatrix, fille de Mastinus Scaliger.

Les dissentions domestiques qui troubloient continuellement la République de Gênes lui fournirent l'occasion de s'en faire déclarer souverain, comme on l'a vû dans l'article qui traite de cette République. Il fit ensuite la

DUCHÉ DE MILAN.

guerre aux Bolonois, & les avantages qu'il remporta en différentes occasions allarmerent tellement les Florentins & les Vénitiens, qu'ils firent une ligue avec le Pape Clément VI. & l'engagerent à excommunier ce Prélat. Il ne tarda pas à se reconcilier avec la Cour de Rome, & Urbain V. consentit que le Duc de Milan conserveroit Bologne moyennant un tribut annuel. Ce Prélat prit aussi le parti des exilés de Florence, comme on l'a vû dans l'histoire de cette République. La puissance de Jean croissant de plus en plus lui fit un grand nombre d'envieux dont il eut le bonheur de triompher. Il mourut après avoir gouverné avec beaucoup de gloire pendant sept ans.

Matthieu II. Viscomti.

Jean par son testament avoit voulu que ses Etats fussent partagés entre les trois fils d'Etienne son frere, à condition qu'ils gouverneroient en commun Milan & Gênes, & que ces deux villes n'auroient qu'un seul & même Préteur. Quant aux autres villes ou bourgs, il ordonna qu'après l'estimation faite par des gens de loi, il en seroit fait trois lots qu'on tireroit au sort, Bologne échut à Matthieu, qui se vit en même-temps en possession de Lodi, de Plaisance, de Parme & de Lucques. Olegianus ne le laissa pas long-temps tranquille possesseur de ces places. Il chassa de Bologne le Préteur, & la garnison que Matthieu y avoit mis, & obligea les Bolonois de reconnoître sa domination. Ainsi Matthieu fut privé d'une partie de son héritage. Ce Prince n'avoit aucune des qualités essentielles pour gouverner un Etat. Ennemi de toute occupation sérieuse il passoit les jours dans les divertissemens & les nuits avec des femmes débauchées. Paul Jove rapporte qu'un jour comme il s'entretenoit avec ses freres du bonheur de regner, il répondit que cela étoit vrai, pourvu qu'on régnât seul. Ses freres jugeant par ce discours qu'il cachoit quelque dessein contre eux, résolurent de le prévenir, & on prétend qu'ils l'empoisonnerent. Il avoit eu deux filles de son mariage avec la fille de Philippe Prince de Mantoue.

Galeas II. Viscomti.

Galeas II. qui lui succéda, étoit un Prince guerrier, & qui cherchoit avec avidité les occasions d'acquerir de la gloire. Il fit la guerre dans la Flandre avec succès, & l'Empereur Charles IV. qui connoissoit sa valeur le nomma son Lieutenant dans toute la Lombardie & l'Etat de Gênes. Il accorda aussi la même dignité à Barnabé frere de ce Prince. L'union & la bonne intelligence qui regna entre ces deux freres jusqu'à la mort ne contribua pas peu à affermir leur crédit & leur autorité. Ils avoient partagé entre eux l'administration de l'Etat, & ils possédoient chacun la moitié de la ville de Milan, où ils avoient construit une citadelle dans la partie de la ville qui leur appartenoit. Depuis la mort de Matthieu, Bologne étoit échue à Barnabé, & il fut obligé de soutenir une longue guerre pour entrer en possession de cette place. Les Florentins & les Pisans qui redoutoient la puissance de ces deux freres devenus formidables par leur union, leur susciterent des ennemis. Ces ligues ne servirent qu'à relever la gloire de Galeas & de Barnabé, & à leur fournir de nouvelles occasions de triompher. Après avoir battu les ennemis ils allerent mettre le siege devant Bologne; mais cette entreprise engagea les Florentins, les Pisans, les Princes de Ferrare, de Mantoue & de Verone à réunir leurs forces contre Galeas & Barnabé. Jean Marquis de Montferrat pour faire diversion attaqua le premier avec une armée composée d'Anglois & d'autres troupes étrangeres.

Galeas vainqueur du Marquis de Montferrat marcha au secours de son frere qui avoit reçu deux échecs considérables devant Bologne. Cette jonction fit changer les choses de face, & la place fut obligée de capituler. Les confédérés entrerent alors sur le territoire de Milan, afin d'obliger Galeas à partager ses forces. Barnabé usant de represailles, se jetta sur les terres de Mantoue, & y fit tant de ravages, que le Prince qui étoit dans le Milanès où il étoit prêt de remporter de grands avantages, se vit forcé de demander la paix.

Pendant que Barnabé achevoit de se rendre maître du territoire de Bologne, Galeas son frere, cherchoit à appuyer son autorité par des alliances illustres. Il obtint pour son fils Jean Galeas, Isabelle sœur de Charles V. Roi de France, & maria sa fille Yolande à Lionnel Duc de Clarence, fils d'Edouard III. (VI.) Les nôces de Jean Galeas furent célébrées à Milan avec une pompe & une magnificence extraordinaire. Si l'on peut ajouter foi à ce qu'en rapporte Paul Jove, dix mille hommes auroient été rassasiés de la desserte des tables. Il ne fit pas moins de dépense pour les nôces de sa fille avec le Duc de Clarence. Ce jeune Prince ayant usé avec trop peu de modération des plaisirs qu'on lui avoit procurés, mourut peu de temps après, & Yolande épousa en secondes nôces Othon, Marquis de Montferrat qui fut assassiné dans les montagnes du territoire de Parme. Galeas mourut de la goutte l'an 1378 dans la soixantieme année de son âge, & la vingt-deuxieme de son gouvernement.

Galeas de retour de ses expéditions militaires, avoit coutume de se délasser par la lecture des Historiens, & par la conversation qu'il avoit avec les gens de lettres les plus célebres. Il honoroit sur-tout d'une amitié particuliere François Petrarque connu par la vivacité de son génie. Ce Prince naturellement porté à la clémence, donna quelquefois des exemples de sévérité. Il fit élever à Milan plusieurs superbes édifices, & fit construire un pont sur le Tesin.

Barnabé au contraire étoit d'un caractere impérieux, dur & cruel. Il ne se plaisoit qu'au milieu des combats, & il n'avoit point de compagnie plus agréable que celle des soldats dont il avoit gagné l'amitié par ses largesses. Tant qu'il vécut il ne quitta point les armes, & une guerre étoit à peine terminée, qu'il en entreprenoit une nouvelle. Il fut cependant obligé de renoncer à celle qu'il faisoit au sujet de Bologne, & d'abandonner ses prétentions sur cette ville. Il en fut dédommagé en quelque sorte par la conquête qu'il fit de Reggio. Ce Prince malgré les longues guerres dont il fut continuellement occupé, & les dépenses excessives pour soutenir l'éclat & la magnificence avec lesquels il vivoit, ne laissa pas de faire élever plusieurs superbes édifices, & de fonder des hôpitaux. Il eut soin de marier ses filles aux plus grands Princes de l'Europe, & leur donna des dotes considérables.

Il partagea également ses Etats entre ses cinq fils, & donna des terres & des maisons à ses autres enfans naturels. Les premiers peu satisfaits de l'étendue de leurs possessions, porterent envie à la fortune & à la puissance de Jean Galeas leur cousin-germain. Ils y étoient excités par leur mere, femme ambitieuse qui ne cessoit de leur inspirer ses sentimens. Barnabé qui avoit les mêmes vûes, se joignit à ses fils, & forma le dessein de priver son ne-

DUCHÉ DE MILAN.

veu de la vie & de ſes Etats. Jean Galeas informé des projets de ſon oncle & de ſes couſins, prit ſes précautions pour les faire échouer. Il augmenta ſa garde, & ne ſortoit point de la citadelle où il s'étoit enfermé, ſans avoir auparavant envoyé des eſpions au dehors, & ſans être bien eſcorté. Il prit enfin le parti de ſe rendre à Milan, & comme il étoit en chemin il apperçut Barnabé avec deux de ſes fils qui venoient au-devant de lui. Il les fit auſſi-tôt attaquer, & les ayant fait priſonniers, ils furent enfermés par ſes ordres dans une citadelle. Pour mettre enſuite le peuple dans ſes intérêts, il lui abandonna les maiſons & les terres de Barnabé qui furent bien-tôt miſes au pillage. Perſonne ne plaignit le ſort de ce Prince qui s'étoit attiré la haine de tout le monde par ſes cruautés & ſa tyrannie. Il avoit puni de mort plus de cent Laboureurs, qui contre ſes ordres avoient tué des ſangliers, dont ils avoient reçu des dommages conſidérables : il avoit de plus chargé les habitans des bourgs & des villages de ſa dépendance, de nourrir ſes chiens de chaſſe qui étoient environ au nombre de trois mille. Ceux qui avoient inſpection ſur ces animaux, faiſoient exécuter les ordres du Prince avec une rigueur inouie. Barnabé mourut ſept mois après dans ſa priſon, & l'on croit qu'il fut empoiſonné. Il étoit alors dans la ſoixante & ſixieme année de ſon âge, & dans la trentieme de ſon gouvernement.

Jean Galeas IIIe. Viſcomti.

Jean Galeas ſe vit par la mort de ſon oncle ſeul poſſeſſeur du Duché de Milan. Ce jeune Prince dès ſon enfance avoit donné des marques de ſon eſprit & de ſon jugement. L'amour naturel qu'il avoit pour les ſciences, lui fit faire de grands progrès, & le porta à favoriſer dans la ſuite les gens de lettres, & à prévenir leurs beſoins. Il avoit fait ſon apprentiſſage dans le metier de la guerre ſous ſon pere & ſous ſon oncle Barnabé, & il s'étoit diſtingué en diverſes occaſions, quoiqu'il n'eût pas toujours été heureux dans ſes différentes entrepriſes. Ces mauvais ſuccès lui firent prendre le parti après la mort de ſon pere de confier le ſoin de ſes armées à des Généraux dont il connoiſſoit la prudence & la valeur. Ses affaires changerent alors de face, & les victoires que ſes Généraux remporterent furent ſuivies de conquêtes ſi rapides, qu'en peu de temps ſes Etats ſe trouverent conſidérablement augmentés. Ce fut alors qu'il reçut de l'Empereur Ladiſlas le titre de Duc de Milan avec les marques de cette dignité. Il ſe trouvoit maître de Verone, de Vicence, de Pavie, de Treviſe, de Feltri, & les Siennois ainſi que les Luquois paroiſſoient diſpoſés à reconnoître ſa domination. Les Florentins jaloux de ſa puiſſance exciterent contre lui tous les Princes de l'Europe. Il eut à combattre contre les troupes de l'Empereur & de la France : mais deux victoires qu'il remporta, obligerent ſes ennemis à le laiſſer tranquille. Il attaqua enſuite le Duc de Mantoue, & le força à demander la paix. De ſi grands avantages ſuivi d'une victoire qu'il remporta ſur les Bolonois, ſecondés des troupes du Pape & de celles des Florentins le mirent en poſſeſſion de la ville de Bologne, qui avoit été le ſujet de plus de cinquante années de guerre depuis la mort de l'Archevêque Jean Galeas pour ſe venger des Florentins, fit marcher contre eux ſon armée victorieuſe : mais ſa mort arrivée peu de temps après les délivra de la crainte que leur avoit cauſé l'approche des troupes Milanoiſes. Cet évenement arriva le 3 de ſeptembre de l'an 1402. Ce Prince étant alors âgé de cinquante-

cinquante-cinq ans, & en avoit régné vingt-quatre. Il laissa deux fils qui étoient encore en bas âge, sçavoir Jean & Philippe.

> DUCHE' DE MILAN.
> Jean-Marie Viscomti.

Jean Galeas laissa la plus grande partie de ses Etats à Jean-Marie, & Philippe eut en héritage Pavie, Novare, Alexandrie, Verceil, &c. Il donna en même-temps Pise & Cremone à Gabriel son fils naturel. Jean-Marie étoit à peine possesseur du duché de Milan, qu'il vit ses Etats déchirés par les guerres intestines que se firent les Guelfes & les Gibelins. Ce ne furent pas les seuls maux dont le Milanès fut affligé : les Commandans des places & les Ministres, profitant de la jeunesse du Prince, causerent des nouveaux troubles par leurs intrigues & leurs factions. Le Duc de Milan perdit alors plusieurs places, dont s'emparerent les Chefs des differens partis qui s'étoient formés. Jean-Marie consterné par tant de pertes, suivit le conseil de sa mere, & donna le gouvernement de Milan à Charles Malatesta, qu'il chargea en même-temps du commandement de ses troupes.

Ce Seigneur dissipa bien-tôt toutes les factions qui avoient commis de si grands désordres, & vint à bout de rendre la tranquillité à l'Etat. Le calme ne fut pas de longue durée, & les Gibelins ne tarderent pas à attaquer le Gouverneur qui favorisoit les Guelfes. Il ne put résister à ses ennemis, & fut forcé d'abandonner la ville. Jean-Marie nomma un nouveau Gouverneur, qui devenu l'objet de la haine des Guelfes, eut beaucoup de peine à échapper à leur fureur. Ils engagerent alors le Duc de Milan à lui donner pour successeur Boucicaut qui étoit Gouverneur de Gênes ; mais la révolution qui arriva peu de temps après dans cette République, & la défaite de l'armée Françoise par l'ancien Gouverneur de Milan, forcerent Boucicaut à repasser en France.

Sur ces entrefaites, la mere de Jean mourut. Elle lui avoit conseillé quelque-temps auparavant de céder au Pape les villes les plus éloignées de ses Etats, afin de se concilier l'amitié du Pontife & conserver les villes les plus voisines de Milan, & reprendre celles qu'on lui avoit enlevées. En conséquence Bologne, Assise & Perouse retomberent sous la domination du Pape. Le Duc de Milan rappella ensuite le Gouverneur qui avoit succédé à Malatesta, & lui rendit son ancienne autorité. Cet Officier vint à bout de rétablir le calme dans l'Etat, & il étoit prêt de déclarer la guerre aux habitans de Bergame, lorsqu'il fut attaqué d'une maladie qui le conduisit au tombeau. La maladie de ce Gouverneur devint funeste au Duc de Milan. Les peuples irrités contre ce Prince, qui avoit souvent donné des marques de sa cruauté, conspirerent contre lui, & l'assassinerent dans l'Eglise S. Gothard. Les conjurés voyant que personne ne cherchoit à venger la mort de Jean-Marie, reconnurent pour leur Souverain Hastor, fils naturel de Barnabé, & dont le caractere & les inclinations étoient entierement semblables à celles de son pere.

> Philippe-Marie Viscomti.

Philippe-Marie frere du dernier Duc s'étant assuré de la fidélité des troupes qui étoient destinées à porter la guerre dans le Bergamasque, marcha contre l'usurpateur, lui fit lever le siege de la citadelle de Milan, & tailla en pieces son armée. Après cette victoire Philippe fut reçu au milieu des acclamations du peuple, & reconnu souverain de l'Etat de Milan. Il commença alors par faire punir les meurtriers de son frere, & marcha

Tome II.

DUCHÉ DE MILAN.

ensuite contre Haftor qui s'étoit réfugié à Monza. Le siege de cette place fut poussé avec vigueur, & Haftor y perdit la vie en se défendant.

Philippe resté seul maître du Milanès s'occupa à reprendre toutes les places qu'on avoit perdues par la foiblesse de Jean-Marie. Les succès qu'il eut en cette occasion l'engagerent à vouloir reprendre Verone qui étoit au pouvoir des Venitiens, Pise dont les Florentins s'étoient rendu maîtres, & Bologne que le Pape avoit réuni à son domaine. Cette entreprise ne fut pas heureuse : loin de recouvrer ces places il perdit encore Bresse, Bergame & la souveraineté de Gênes (12). Philippe étoit assiégé dans Milan par les Venitiens lorsqu'il fut attaqué de la maladie dont il mourut. Il étoit âgé de près de soixante ans. Ce Prince qui ne laissoit point d'enfant mâle délibera long-temps pour sçavoir s'il donneroit ses Etats à Alphonse Roi de Naples ou à François Sforce (13) à qui il avoit donné en mariage sa fille Blanche. Il se détermina enfin en faveur de ce dernier (14). Philippe-Marie avoit fait trancher la tête à Beatrix sa premiere femme accusée d'adultere. Il épousa ensuite une Princesse de Savoye.

1447.

Guerres dans le Milanès au sujet de la succession.

Après la mort de Philippe, plusieurs Princes se disputerent la possession du Milanès. L'Empereur Frederic IV. le Duc de Savoye, les Venitiens, Alphonse Roi de Naples, Charles Duc d'Orleans & François Sforce déclarerent leurs prétentions sur ce Duché. De tous ces Princes, Charles Duc d'Orleans étoit le plus légitime héritier en conséquence des termes du contrat de mariage de Valentine sa mere & fille de Philippe. Cependant une partie des Milanois vouloit vivre en forme de République, & l'autre desiroit passer sous la domination d'un Prince. Ce dernier parti étoit encore divisé, les uns demandoient le Roi Alphonse pour leur Souverain, & les autres se déterminoient à se soumettre au Comte Sforce. Le parti de ceux qui n'aspiroient qu'après la liberté se trouvant le plus fort & le plus uni, il fut décidé que l'Etat de Milan se gouverneroit en forme de République. Plusieurs villes ne voulurent point se soumettre à ce reglement dans l'esperance de maintenir leur liberté : telles furent Pavie & Parme. Lodi & Plaisance qui ne pensoient point à rester indépendantes, mais qui détestant la domination des Milanois se donnerent aux Venitiens.

Sur ces entrefaites le Comte Sforce qui s'étoit retiré à Cremone y reçut les députés de la ville de Milan, qui le déclarerent Général des troupes de la République, & lui firent sçavoir qu'on lui cédoit la ville de Bresse qu'il restitueroit lorsqu'on pourroit lui remettre à la place la ville de Verone. Ce Général s'étant mis en compagne s'avança vers Pavie, qui craignant de ne

(12) On a fait mention des guerres que ce Prince eut à soutenir contre les Florentins & les Venitiens. *Voyez ces deux Chapitres.*

(13) Il étoit bâtard de Jacques Attendulo connu sous le nom de Jacomuzzo, qui étoit un paysan des environs de Cotignola. Celui-ci ayant pris parti dans les armes, s'y comporta avec tant de valeur, qu'après avoir passé par tous les degrés militaires, il devint le plus fameux Capitaine d'Italie, & commanda jusqu'à sept mille hommes à la fois. Il servit long-temps Jeanne II. Reine de Naples, contre Alphonse Roi d'Arragon. Il prit dans la suite le nom de Sforce qu'il laissa à sa postérité. De trois fils légitimes qui lui survécurent, aucun n'étoit propre à la guerre, & ce fut François son bâtard qui lui succeda au commandement de ses troupes. François fut aussi grand Capitaine que son pere, & nous l'avons vu commander avec succès les troupes de Philippe-Marie, & celles des Venitiens.

(14) Paul Jove.

pouvoir lui résister se soumit aux conditions qu'elle ne passeroit pas sous la puissance des Milanois. Le Comte balança quelque temps sur le parti qu'il devoit prendre. D'un côté il appréhendoit que les Milanois mécontens de sa conduite ne se donnassent aux Venitiens, d'un autre il faisoit reflexion qu'en refusant la ville de Pavie il y avoit lieu de craindre qu'elle ne tombât au pouvoir du Duc de Savoye. Ce dernier motif l'engagea à accepter la proposition des habitans de Pavie.

DUCHÉ DE MILAN.

Les Milanois qui n'approuvoient pas cette démarche, n'oserent se brouiller avec le Comte qui leur paroissoit seul capable d'écarter les dangers qui les menacoient. Cependant le Duc d'Orléans étoit passé en Italie avec des troupes ; mais tous ses efforts n'avoient pu le mettre en possession que du Comté d'Ast qui lui appartenoit du côté de sa mere. De tant d'ennemis qui avoient attaqué l'Etat de Milan il ne restoit plus que les Venitiens. Sforce qui s'étoit déja rendu maître de Plaisance, alla mettre le siege devant Caravaggio dans l'esperance qu'après la prise de cette place il ne lui seroit pas difficile de s'emparer de Lodi. Les Venitiens qui vouloient conserver Caravaggio, attaquerent l'armée Milanoise. Sforce se défendit avec tant de valeur que les Venitiens furent bien-tôt mis en désordre & obligés de prendre la fuite après avoir perdu la plus grande partie de leurs troupes. Une victoire si éclatante fut suivie de la conquête de tout le pays de Bresse. Les Venitiens abbatus par cette défaite, songerent à faire la paix qu'ils conclurent avec le Comte, en lui offrant les secours dont il auroit besoin pour se rendre maître de Milan.

Le but de cette négociation étoit de brouiller Sforce avec le Milanois, qui ne pouvant plus se fier à ce Général, ni se défendre par eux-mêmes, seroient forcés de se donner à eux. En effet, la nouvelle de ce traité irrita les Milanois qui lui envoyerent des députés pour se plaindre de sa conduite. Sforse n'ayant plus rien à menager, donna un libre cours à son ambition, & secondé des troupes Venitiennes, il attaqua l'Etat de Milan & pressa vivement la capitale. Les Milanois prêts à succomber implorerent le secours des Venitiens qui consentirent volontiers à traiter avec eux. Sforce qui avoit prévu la politique des Venitiens ne put s'empêcher d'être vivement frappé de cette nouvelle. Résolu de temporiser il amusa la République de Venise en feignant de vouloir accéder au traité. Il signa même une treve de quarante jours & fit retirer ses troupes qu'il mit en garnison dans les villes qui lui appartenoient. Les Ambassadeurs envoyés de sa part à Venise avec plein pouvoir de traiter, avoient ordre d'amuser le Senat & de susciter continuellement de nouvelles difficultés.

Les Milanois & les Venitiens trompés par les apparences de la paix, négligerent de se tenir sur leurs gardes. Sforce profita des fautes de ses adversaires, & à peine la treve fut-elle finie qu'il recommença à faire le siege de Milan. L'armée Venitienne qui étoit campée sur l'Adda ne fit aucun mouvement pour secourir la place. Le Général qui la commandoit n'avoit point été d'avis de livrer un combat, dont la réussite étoit douteuse. Il se flattoit que les Milanois se voyant réduits aux dernieres extremités consentiroient à se donner aux Venitiens plutôt que de reconnoître pour Souverain le Comte Sforce, dont ils avoient tant de sujet de se plaindre. Cette inac-

DUCHÉ DE MILAN.

tion fut avantageuse au Comte. La populace de Milan qui ressentoit toutes les horreurs de la famine, s'assembla tumultueusement, & se jetta avec fureur sur les Magistrats. Gaspard de Vicomercato chef des séditieux leur fit connoître que l'unique moyen de se debarrasser d'une guerre si funeste, étoit de recevoir dans la ville le Comte Sforce & de remettre entre ses mains toute l'autorité. On suivit ce conseil, & le Comte entra comme souverain dans Milan le 26 de Fevrier 1450. Ceux qui avoient été ses plus grands ennemis témoignerent beaucoup de joie de son élévation, & le calme fut entierement rétabli dans la ville.

François Sforce s'empare du duché de Milan.

Le nouveau Duc de Milan qui avoit à craindre les efforts des Venitiens & du Roi Alphonse, ligués contre lui, fit une alliance étroite avec les Florentins. Les Venitiens le laisserent deux ans tranquille, après lesquels ils l'attaquerent du côté de Lodi, tandis que le Marquis de Montferrat s'avançoit vers Alexandrie. Le Duc pour faire diversion, entra dans le pays de Bresse où il fit de grands ravages. La victoire que ses troupes remporterent sur le Marquis de Montferrat près d'Alexandrie, le mirent en état d'attaquer plus vivement les Venitiens, & d'envoyer Alexandre Sforce son frere au secours des Florentins ses alliés qui étoient en guerre avec Alphonse. Le Pape qui vouloit rétablir la paix dans l'Italie, employa sa médiation pour la faire conclure. Pendant qu'on étoit occupé à Rome de ces négociations, les Venitiens & le Duc de Milan firent ensemble leur traité qui fut signé le 9 d'Avril 1454, & chacun rentra en possession des places qu'il avoit avant la guerre. Sforce délivré de cette guerre ne fut plus occupé que du soin d'affermir son autorité, & de conserver un Etat qu'il ne devoit qu'au succès de ses armes. Il en resta paisible possesseur jusqu'à sa mort arrivée l'an 1466.

1452.

1454.

Galeas-Marie Sforce.

1466.

Il eut pour successeur Galeas-Marie Sforce son fils qui renouvella l'alliance que son pere avoit faite avec la République de Florence & demanda les sommes qu'on s'étoit obligé de payer tous les ans à son pere. Ce dernier article souffrit beaucoup de difficultés, & fut même cause des troubles qui s'éleverent dans la République, comme on l'a vu dans l'histoire de Florence. Galeas pour obliger les Florentins à consentir à ce qu'il demandoit se rendit en Toscane avec ses troupes. Comme on redoutoit sa présence, on lui fit entendre qu'il n'étoit pas de son intérêt d'être si long-temps éloigné de ses Etats, où il pourroit se former contre lui quelque parti dangereux. Galeas donnant dans le piege qu'on lui tendoit, consentit à retourner à Milan, & ne laissa que quelques troupes pour soutenir ceux qui lui étoient attachés. Cependant les troubles furent appaisés & l'on fit un accommodement avec ce Prince.

Sa conduite cruelle & dissolue le rendit l'objet de la haine de ses sujets dont il deshonoroit les femmes & les filles. Lampognano & Viscomti dont les femmes avoient été exposées à ses brutalités, résolurent d'en tirer vengeance. Les conjurés choisirent le jour de la fête de S. Etienne pour exécuter leur dessein dans l'Eglise de ce Martyr que le Duc avoit coutume de visiter. Comme il y entroit Lampognano & Olgeato s'approcherent de lui, le frapperent de leurs poignards & le renverserent mort à leurs piés. Lampognano fut tué sur le champ, & Olgeato qui s'étoit d'abord sauvé fut arrêté dans la suite & eut la tête tranchée. Cet événement arriva l'an 1476.

Galeas avoit épousé en premieres nôces Dorothée Gonzague fille de Louis Marquis de Mantoue qu'il fut soupçonné d'avoir fait empoisonner. Il se remaria ensuite avec Bonne fille de Louis Duc de Savoye dont il eut quatre enfans, sçavoir Jean-Galeas-Marie qui lui succéda; Hermes qui se retira en Allemagne après la mort de son frere; Blanche-Marie qui épousa l'Empereur Maximilien, & Anne qui fut mariée à Alphonse d'Est Duc de Ferrare.

Duché de Milan.

Jean-Galeas-Marie trop jeune pour gouverner par lui-même ses Etats, regna sous la tutelle de sa mere, & de Cecus Simoneta: mais Ludovic Sforce dit le More son oncle s'empara bien-tôt de la Régence du Milanès, après avoir forcé la Duchesse à sortir de Milan, & avoir fait couper la tête à Simoneta. Profitant de la foiblesse du jeune Prince, il ne lui laissa que le nom de Duc, & gouverna avec tout l'éclat & la dignité d'un Souverain. Il devint même si puissant que les Princes d'Italie rechercherent son alliance, & que Charles VIII. fit un traité avec lui lorsqu'il méditoit la conquête du Royaume de Naples. Ludovic dont l'ambition n'étoit point encore satisfaite, esperoit à la faveur de la guerre que le Roi de France alloit entreprendre en Italie se faire reconnoître Duc de Milan au préjudice de son neveu. Il avoit marié Blanche-Marie sa niece à l'Empereur Maximilien, & cette alliance lui facilita les moyens d'exécuter son projet. Les trois Princes de la maison qui avoient régné jusqu'alors avoient négligé de demander l'investiture à l'Empereur. Ludovic prétendit en conséquence qu'ils ne devoient point être regardés comme légitimes Souverains de Milan. Il engagea l'Empereur à lui donner l'investiture de ce Duché pour lui, pour ses fils & leurs descendans, comme d'un fief dévolu à l'Empire. L'Empereur esperoit par cette faveur détacher Ludovic des intérêts de la France; mais ce politique se conduisit avec tant de dextérité qu'il amusa à la fois par de vaines promesses, Ferdinand & les autres Princes d'Italie, & qu'il se maintint également bien auprès de l'Empereur & du Roi de France.

Jean-Galeas-Marie.

1476.

Quelque temps après Jean Galeas mourut, & l'on soupçonna qu'il avoit été empoisonné par son oncle. Depuis cet évenement Charles VIII. conçut de la défiance contre le Duc, & il étoit même dans le dessein de repasser les Alpes. Il se laissa cependant rassurer par les instances continuelles de Ludovic qui lui promettoit de joindre ses troupes aux siennes. Je ne suivrai point le Roi de France dans ses différentes expéditions en Italie, & je ne ferai qu'indiquer la plus grande partie des actions auxquelles Ludovic a eu part, parce que j'en ai fait mention dans l'article de Florence, & dans celui de France. Il me suffit de remarquer en général que le Duc de Milan qui avoit attiré Charles VIII. en Italie fut effrayé de la rapidité de ses conquêtes, qu'il se ligua avec les Venitiens contre ce Prince, lui suscita des ennemis dans toute l'Italie, fit soulever les Pisans & les soutint dans leurs revoltes, excita l'Empereur Maximilien à s'opposer aux entreprises de Charles VIII. enfin qu'il fut cause par ses intrigues & ses artifices d'une partie des maux dont l'Italie fut accablée.

Ludovic Sforce Duc de Milan.

1494.

Il eut lieu de se repentir de sa conduite envers la France, & s'il fut

510 INTRODUCTION A L'HISTOIRE

DUCHÉ DE MILAN.

assez heureux pour résister aux armes de Charles VIII. il eut le malheur de tomber en la puissance de Louis XII. qui après l'avoir fait prisonnier dans la ville de Novare le fit conduire en France & le fit enfermer dans le château de Loches où il mourut.

1500.

La ville de Milan tomba alors sous la puissance de la France, & le Roi usa d'une grande modération à l'égard des vaincus. Maximilien Sforce s'étoit retiré auprès de l'Empereur Maximilien, qui l'aida à chasser les François de l'Etat de Milan & à s'en rendre maître. Il n'en fut pas long-temps paisible possesseur; & en 1515 il fut obligé de céder la ville de Milan à François I. & de se retirer en France; où le Roi lui fit une pension considérable. François Sforce son frere trouva moyen de s'emparer du Milanès d'où il fut chassé, & où il fut ensuite rétabli par l'Empereur Charlequint. Ce Prince étant mort sans laisser d'enfans, l'Empereur s'empara du Duché de Milan, dont il donna l'investiture à Philippe II. son fils qui monta sur le trône d'Espagne. Les Rois ses successeurs le possederent jusqu'à la mort de Charles II. arrivée en 1700. Philippe de France Duc d'Anjou devenu Roi d'Espagne tâcha de le conserver; mais l'Empereur s'en rendit maître en 1706, & la possession lui en fut confirmée par le traité de Bade en 1714. Il appartient maintenant à l'Imperatrice Reine de Hongrie & de Bohême épouse de François-Etienne de Lorraine.

1512.

1522.

Fin de l'Histoire du duché de Milan.

INTRODUCTION
A L'HISTOIRE UNIVERSELLE.

___

CHAPITRE SEPTIEME.
Du Duché de Savoye.

DUCHÉ DE SAVOYE.

A maison de Savoye est une des plus anciennes & des plus illustres de l'Europe. Il y a sur l'origine de cette maison un grand nombre d'opinions différentes, que Guichenon refute solidement. Nous adopterons avec lui celle qui est encore aujourd'hui la plus universellement reçue. On convient que Berauld ou Bertauld est la souche de la maison de Savoye : & comme cette maison prétend descendre de celle de Saxe, il sera à propos de rapporter en peu de mots, d'après Guichenon, les raisons qui prouvent que Bertauld étoit Prince Saxon.

L'ancienneté de la tradition, l'autorité de plusieurs manuscrits & d'un grand nombre d'Historiens, sont les deux premieres considérations sur lesquelles cet Auteur insiste avec raison. Il tire ensuite sa seconde conjecture du rapport de l'ancienne armoirie de Savoye avec celle de la maison de Saxe. Il est certain que les Saxons portoient l'aigle dans leurs armes, comme on le voit encore fur le tombeau du Grand Wittichind à Paderborn; & il eſt inconteſtablement démontré que les anciens Comtes de Savoye n'avoient point d'autre armoirie que l'aigle. De plus, les ſupports des écus de Savoye & de Saxe ſont des lions; ce qui fortifie encore cette conjecture. L'obſervation inviolable de la même loi ſalique en Saxe & en Savoye, eſt une nouvelle preuve qui appuye ce ſentiment. Enfin une derniere raiſon qui ſemble juſtifier pleinement la prétention de la maiſon de Savoye, c'eſt que tous les Princes Saxons reconnoiſſent les Ducs de Savoye pour leurs parens. En conſéquence ceux-ci, depuis Charles le Guerrier, ont écartelé leur écu des armes de Saxe, & dans les diettes de l'Empire ils ſont incorporés avec la maiſon électorale de Saxe. Dans le contrat de mariage de Frederic, fils aîné du Duc de Saxe, avec Charlotte fille de Louis Duc de Savoye, paſſé en l'année 1443. On lit ces termes (1) : *Voulant*, &c. *entre ces Ducs qui tous deux ſont iſſus d'ancienneté de l'illuſtre maiſon de Saxe.*

Ainſi tout porte naturellement à prouver que Berauld eſt ſorti de la maiſon de Saxe. Il ne reſte plus qu'à examiner de qui il étoit fils. Guichenon, pour concilier les deux ſentimens oppoſés, dont l'un donne à Berauld pour pere Hugues Duc de Saxe, & l'autre le fait deſcendre par les femmes de Wittichind le grand, Duc de Saxe & de Hongrie, iſſu de Sigueard Roi des Saxons, prétend que Hugues pere de ce même Berauld étoit fils d'Immed de Saxe, Duc d'Engern. Il ajoute que la maiſon de Saxe ayant réuni le royaume d'Italie à l'Empire d'Allemagne, Othon III. pour s'oppoſer aux révolutions que l'éloignement des Empereurs cauſoit ſouvent, établit dans ce même royaume des Gouverneurs illuſtres par leur naiſſance & par leur mérite, ſous le titre de Marquis d'Italie, du nombre deſquels fut Hugues, (2) qui s'arrêta dans ces belles Provinces, & devint la tige des Souverains de Savoye.

Quoique les Ducs de cet Etat ſoient feudataires de l'Empereur, Vicaires perpétuels & Princes du Saint Empire, puiſque la Savoye a été miſe par la Bulle d'or de l'Empereur Charles IV. au nombre des comtés mouvans de l'Empire, ils n'ont pas moins pour cela le droit de ſouveraineté, & ils en ont toutes les prérogatives. D'ailleurs la conceſſion gratuite qui leur a été faite du vicariat du Saint-Empire, n'a été accompagnée d'aucune ſujettion ou redevance particuliere; elle a été uniquement fondée ſur la grandeur de leur naiſſance, ſur la nobleſſe de leurs alliances, & ſur leur mérite perſonnel. Ce n'eſt donc pas un titre qui déroge à l'indépendance & à la ſouveraineté. Après avoir donné une idée de l'origine de la maiſon de Savoye, je vais paſſer à l'hiſtoire abregée des Comtes & des Ducs de cette maiſon.

I. BERAULD ou BERTAULD, Comte de Savoye & de Maurienne.

La vie de Berauld eſt preſqu'entierement inconnue, & rien ne paroît plus contraire à la vérité & à la Chronologie que toutes les choſes qu'on a publiées à ſon ſujet. On ſçait ſeulement que ce Prince eut beaucoup de crédit à la cour de Rodolphe ou Raoul Roi de Bourgogne & de Provence, & qu'il reçut de lui pour récompenſe de ſes ſervices, la Savoye & le comté de Maurienne.

---

(1) Guichenon.
(2) Il ne faut pas confondre cet Hugues Marquis d'Italie, avec un autre Hugues ſon contemporain, Marquis de Toſcane, petit fils d'Hugues Roi d'Italie.

Maurienne. Cette donation fut faite à Aix l'an 1000. Il eut aussi une guerre avec Ulrich Mainfroid, Marquis de Suze au sujet du Marquisat d'Italie usurpé après la mort du Marquis Hugues par Hardoin Marquis d'Yvrée, qui s'étoit fait déclarer Roi d'Italie.

On ignore le temps de la mort de Berauld, le lieu de sa sépulture, & le nom de sa femme. Il eut un fils nommé Humbert *aux blanches mains*, qui lui succéda aux Comtés de Savoye & de Maurienne, comme on le voit par plusieurs titres encore existans, quoique dans tous les actes qui restent de lui, il n'ait pris, suivant l'usage de ces temps-là, que la simple qualité de Comte, sans aucune désignation de ses Etats.

Humbert, Hubert ou Hupert I. du nom, surnommé, *aux blanches mains*, se distingua dans les guerres qu'il y eut en Savoye, & en Piémont sous Rodolphe Roi de Bourgogne, & sous l'Empereur Conrad II. son successeur, contre Eudes, Comte de Champagne. L'Empereur pour récompenser sa valeur, lui donna Saint Maurice, le Chablais, & le Valais.

Humbert étoit un Prince très-pieux: il fit de grandes donations à différentes Eglises & abbayes, sur-tout à celle de Cluni. Il mourut l'an 1048. comme on le voit aujourd'hui au lieu de sa sépulture, qui est devant le grand portail de l'Eglise de Saint Jean de Maurienne. Il eut quatre fils de sa femme Ancilie ou Hanchille, dont on ne connoît point la maison, Amedée I. du nom, Burchard, Aymon, Oddon ou Othon, & une fille de laquelle on ignore le nom, & qui épousa Luitfrid ou Guitfrid Comte de Zeringen. Plusieurs historiens lui donnent encore d'autres enfans; mais ils ne paroissent pas bien fondés sur ce qu'ils en disent.

Amedée (3) fils & successeur de Humbert fit en 1047 une réception magnifique à l'Empereur qui alloit à Rome pour se faire couronner. Il suivit ce Prince dans son voyage, & se fit accompagner d'un cortege si nombreux, qu'un jour l'Empereur lui ayant accordé une audience à Veronne, donna ordre de ne point laisser entrer sa suite. Amedée répondit à ceux qui lui signifierent la volonté de ce Monarque, qu'il n'entreroit point sans sa Queue: ce qui lui fit donner le surnom de *la Queue*. Amedée mourut la même année selon le sentiment le plus probable.

Il eut d'Adelelgide, Adelgide, ou Adele son épouse dont on ignore la famille, un fils nommé Humbert, qui mourut avant lui & Othon qui lui succéda.

Tous les Historiens qui ont parlé d'Othon ont beaucoup varié sur son extraction; mais il est prouvé par nombre de titres, qu'ils se sont trom-

---

(3) Les Historiens de Savoye ont avancé que ce Prince étoit fils d'Adelaïde Marquise de Suze. Or cela ne put être, puisque cette Princesse étoit femme d'Othon Marquis d'Italie, frere puisné d'Amedée. Ils ont été trompés par les titres de ce temps-là, dans lesquels ils ont vû qu'Adelaïde avoit eu un fils nommé Amedée, & ils ont confondu l'oncle avec le neveu, dont ils n'ont fait qu'une seule & même personne, ce qui a jetté une grande confusion dans l'histoire du premier. Il est facile de relever cette erreur par le moyen d'un titre original qui se trouve dans la chambre des Comtes de Savoye. Amedée y prend la qualité de fils du Comte Humbert & d'Aneilie son épouse. Ce titre est une donation faite l'an 1030 par Amedée à Odile Abbé de Cluni, de l'Eglise de S. Maurice & de plusieurs heritages, dont le Prieuré du Bourget fut composé. *Guichenon.*

DUCHÉ DE SAVOYE.

1048.

III.
AMEDÉE I. du nom surnommé la Queue.
1047.

IV.
Othon.

pés, en lui donnant un autre pere qu'Amedée I. Othon épouſa Adélaïde de Suze, veuve de Herman Duc de Souabe, & fille d'Ulrich Mainfroid Marquis de Suze. (4)

Cette Princeſſe apporta par ce mariage à la maiſon de Savoye, le Marquiſat de Suze, Turin, le Piémont, la vallée d'Aouſte, & pluſieurs terres & châteaux ſur la côte de Gênes.

On ne rapporte d'Othon qu'un grand nombre de donations faites en faveur des Moines & des Égliſes. il mourut vers l'an 1060. Sa veuve fut auſſi très-liberale envers les gens d'Egliſe. Elle fonda l'Abbaye de Notre-Dame de Pignerol, l'Egliſe de Mombra, & pluſieurs autres. Cette Princeſſe mourut fort âgée vers l'an 1091. Elle eut cinq enfans ; ſçavoir, Pierre de Savoye, Amedée II. Othon de Savoye, Berthe & Adelaïde.

Le temps de la naiſſance d'Amedée II. eſt incertain. On ſçait ſeulement que dans ſon bas âge il fut nommé dans un acte de donation faite en 1039. par Adelaïde de Suze ſa mere, au monaſtere de Novaleze.

Ce Prince rétablit par la force de ſes armes, Girlem Evêque d'Aſt chaſſé en 1060 pour la premiere fois de ſon Evêché, ſous prétexte qu'il favoriſoit l'hereſie des Nicolaïtes ; & qu'il vouloit changer la face du gouvernement de cette ville.

Amedée profita pour s'aggrandir des brouilleries qu'il y eut entre Gregoire VII. & l'Empereur Henri III. Ce Prince qui vouloit ſe rendre en Italie demanda le paſſage au Comte de Savoye, qui exigea de l'Empereur la ceſſion de cinq Evêchés. Henri trouva la condition un peu dure, mais le temps preſſoit & il démembra en faveur d'Amedée un canton de la Bourgogne, qui vraiſemblablement eſt le pays de Bugei : car Amedée du chef de ſon ayeul (5) & de ſon pere poſſedoit déja des terres ſur les frontieres de cette province : & ce ſera ſans doute de ce côté-là, qu'il aura deſiré étendre ſes Etats. L'Empereur n'eut pas lieu de ſe repentir du don qu'il lui fit Amedée le ſervit auprès du Pape avec zele & avec ſuccès.

On ignore le temps de la mort de ce Prince ; & rien n'eſt moins certain que les époques qu'on en donne. Adelaïde ſa mere lui ſurvécut. Les Hiſtoriens ſont encore en contradiction ſur la femme qu'il epouſa, quoiqu'ils s'accordent ſur ſon nom. L'opinion la plus vraiſemblable, fondée ſur le rapport des temps & de certaines circonſtances, eſt qu'il ſe maria à Jeanne fille de Gerauld Comte de Geneve, & de Giſele niéce de Raoul Comte de Bourgogne. Quoiqu'il en ſoit, il eut pour fils Humbert II. du nom, & pour filles, Conſtance & Lucrece de Savoye.

Amedée eut pour ſucceſſeur ſon fils Humbert qui ſe ſignala dès le commencement de ſon regne par la protection qu'il accorda aux peuples de la Tarentaiſe, qu'Aimeri Seigneur de Briançon & ſes adherans vexoient

___

(4) En voici une preuve convaincante : Amedée II. fils d'Othon & d'Adélaïde herita des comtés de Savoye & de Maurienne, & des ſeigneuries de Chablais & de Valais, qui faiſoient le patrimoine de Humbert aux blanches mains. Or la propriété de ce patrimoine n'auroit pu paſſer aux enfans d'Adelaïde; que par ſon mariage avec Othon fils de Humbert. D'ailleurs il eſt prouvé par un nombre infini de Chartres, qu'Amedée II. eſt fils d'Othon & d'Adelaïde. Comment donc quelques Hiſtoriens ont-ils pu avancer qu'Adelaïde avoit épouſé en premieres nôces Amedée I. (5) Guichenon.

cruellement. En qualité de Marquis d'Italie, ou Lieutenant Général de l'Empire ès *marches* ou *lifieres* d'Italie, il prit la défense de ces peuples, & toute la province de Tarentaise, par reconnoissance, & dans l'espérance d'une plus douce domination, se soumit volontairement à lui.

Il tira de grands avantages de la mort d'Adelaïde de Suze son ayeule. Elle étoit la derniere de la famille des Marquis de Suze, & héritiere universelle de tout cet Etat, la Duchesse de Turin sa sœur étant morte sans enfans. Elle essuya cependant bien des contradictions à la mort de ses petites filles. Mais par la disposition de la loi salique, à laquelle il est certain que le Marquisat de Suze, le Duché de Turin, & tout le patrimoine des anciens Marquis de Suze étoient sujets, toute la succession échut après sa mort à Humbert II. ses petits-fils, à l'exclusion de tous ceux qui y prétendoient, & qui ne tiroient leurs droits que des filles. Les auteurs contemporains le nomment Comte ou Prince de Piémont, comme héritier d'Adelaïde de Suze son ayeule paternelle.

Il se mit au nombre des Croisés sous Godefroi de Bouillon, comme il paroît par une donation faite aux Religieux du Bourget en Savoye, afin d'obtenir de Dieu, dans son voyage d'Outremer, un heureux *Consulat*, c'est-à-dire suivant la maniere de parler de ce siecle, la grace de bien conduire les peuples qui lui seroient soumis. Sa piété se signala par un grand nombre de différentes fondations. Il n'y a presque point d'historiens qui n'ayent fait un Roman sur son mariage, la vérité est qu'il épousa Guille ou Gisle de Bourgogne, fille de Guillaume II. surnommé *Tête hardie*, & de Gertrude fille de Theodoric Comte de Limbourg. Il eut d'elle cinq fils dont Amedée III. fut l'aîné, & deux filles. Il mourut à Moustiers en Tarentaise le 19 octobre 1103. Son surnom lui fut donné à cause de la grandeur & de la grosseur de sa taille.

Après la mort de ce Prince ses Etats furent possédés par Amedée III. son fils qui étoit encore fort jeune. Il accompagna l'Empereur Henri IV. ou V. du nom dans le voyage que ce Prince fit à Rome pour se faire couronner par le Pape Paschal II. Ce Monarque qui étoit son cousin germain le créa Comte de l'Empire en récompense de ses bons services. Tous les historiens rapportent d'après l'ancienne Chronique de Savoye, qu'Amedée III. eut une guerre à soutenir contre Gui Comte de Geneve, qu'il tua dans un combat; mais Guichenon traite de fable cet évenement, s'appuye sur le peu de rapport des temps, & principalement sur ce que la généalogie de la maison de Geneve, pour laquelle il dit avoir fait des recherches très-exactes, ne parle point de Clarence, que l'on suppose gratuitement avoir été le sujet de cette prétendue guerre. Alix ou Adelaïde de Savoye Reine de France, & sœur d'Amedée voyant que son frere n'avoit point d'enfans, engagea Louis le Gros son mari à envoyer une armée en Savoye, afin de régler sa succession des Etats de Savoye. Ses projets furent déconcertés par la naissance de Humbert & par la mort du Roi. Les troubles que cet évenement causa à la Cour de France, fournirent à Amedée l'occasion & le tems de recouvrer ce qu'on lui avoit pris. Louis le jeune croyant qu'il étoit de son intérêt de se reconcilier avec Amedée, employa avec succès la négociation de Pierre le vénérable Abbé de Cluni.

DUCHÉ DE SAVOYE.

Cette réconciliation étoit à peine faite, que l'Evêque de Turin donna un nouveau sujet d'allarmes à Amedée à qui il voulut disputer la jouissance des droits que lui & ses predécesseurs avoient dans la ville de Turin ; mais le Comte de Savoye le força d'abandonner cette ville. Ce Prince se voyant tranquille, suivit la dévotion de ce temps-là & prit la croix à Metz en 1145 avec Guillaume Marquis de Montferrat son frere uterin, & plusieurs autres grands Seigneurs. Le mauvais succès de cette croisade l'obligea de retourner dans ses Etats. Il tomba malade dans l'Isle de

1149. Chypre, & mourut à Nicocie le premier Avril 1149. Il est certain que ce voyage fut le second qu'il fit Outremer. Mais il n'est pas possible de déterminer le temps du premier, qui n'a été entrepris que pour faire lever le siege d'Acre, comme quelques auteurs l'ont prétendu. Il n'est pas vrai non plus qu'il ait donné aucun combat naval pour les Chevaliers de l'isle de Rhodes que les hospitaliers ne possedoient point encore ; ni qu'il ait fait de voyage en Asie avec le Roi Philippe Auguste, ce Prince n'étant monté sur le trône qu'environ 30 ans après la mort d'Amedée. Les historiens lui donnent jusqu'à quatre femmes : mais il n'en eut qu'une (6) ; sçavoir Mathilde ou Mahaut d'Albon, fille de Guy VI. du nom Comte d'Albon, & de Grenoble, & d'Agnès de Barcelone. Il fut pere de trois fils, dont l'aîné étoit Humbert III. Il eut aussi cinq filles.

VIII. Humbert III. surnommé le saint.

Humbert III. surnommé le saint, à cause de sa grande piété, naquit le premier Août 1136 au château de Veillane en Piémont. Après la mort de son pere on lui donna pour tuteur, & pour ministre Amedée Evêque de Lausanne, l'un des plus grands personnages de son siecle. Humbert étoit au monastere de Hautecombe, où il commençoit à goûter la douceur de la solitude, lorsqu'il en fut tiré pour marcher au secours de ses peuples. Le Dauphin Comte d'Albon & de Vienne surnommé Guigues VII. voulant venger la mort de son pere qui avoit été tué au siege de Montmeillan, étoit entré en Savoye & assiegeoit cette place. Humbert l'attaqua & l'obligea à lever le siege. Après cette victoire il retourna dans sa retraite.

1158. L'Empereur Frederic I. surnommé Barberousse ayant convoqué en 1158 les Princes d'Italie à Roncailles, Humbert y envoya plusieurs illustres Evêques pour ses intérêts particuliers. Il accompagna ensuite le même Empereur au siege de Milan qui se fit la même année. Quelque temps après il abandonna le parti de ce Prince pour prendre celui d'Alexandre VI. Cette démarche irrita tellement l'Empereur, qu'il fit soulever contre lui plusieurs Evêques, & en particulier celui de Turin, qu'il avoit déclaré Prince du saint Empire. Humbert qui étoit alors en guerre avec le Marquis de Saluces qui avoit refusé de lui rendre hommage de ce qu'il tenoit de lui en fief, fit un accommodement avec ce Prince par l'entremise de Boniface, Marquis de Montferrat. Il se rendit ensuite à Turin, reprit tout ce que l'Evêque de cette ville avoit usurpé sur ses Etats, fit rentrer les autres rebelles dans le devoir, & rétablit la tranquillité dans le Piémont.

1173. Humbert demeura tranquille jusqu'à l'an 1173, que Frederic Barberousse à la sollicitation des Marquis de Montferrat & de Saluces, prit la

---

(6) Guichenon.

résolution d'entrer pour la seconde fois en Italie. Ce Prince brûla dans son passage la ville & le château de Suze où étoient les principaux titres de la maison de Savoye, ravagea Veillane & les environs, & n'épargna que la ville de Turin, dont l'Evêque étoit son partisan. Humbert qui n'avoit pas assez de forces pour s'opposer à un ennemi si redoutable, étoit resté en Savoye; mais l'Empereur ne fut pas plutôt de retour en Allemagne, que le Comte de Savoye se rendit en Piémont, entra dans Turin, & se vengea de l'Evêque.

Les Milanois anciens ennemis de la maison de Savoye, profiterent de la haine de Frederic contre Humbert, & engagerent Henri, Roi des Romains fils de l'Empereur, à faire conjointement avec eux la guerre au Comte de Savoye. Elle ne fut pas considérable, & les conquêtes des ennemis se bornerent à la prise du château de Veillane, qui fut démoli.

Humbert ne survécut pas long-temps à toutes ces disgraces, & il mourut à Chamberi le 4 mars 1188.

Il avoit pris dans l'Abaye d'Aulps l'habit de Religieux de l'ordre de Citeaux; & il ne sortoit point des Monasteres où il s'étoit retiré, que malgré lui & pour contenter ses sujets. Ce Prince fut marié quatre fois. Guichenon ne dit pas s'il eut des enfans de sa premiere femme Faidive ou Faidide de Toulouse, fille d'Alphonse I. du nom, Comte de Toulouse, & de Faidide de Provence. Il assure qu'il n'en eut point de Gertrude d'Alsace ou de Flandres, fille de Thierri d'Alsace, Comte de Flandres, & de Sybille d'Anjou sa quatrieme femme. Humbert l'avoit épousée veuve; elle lui survécut, & se fit Religieuse. Il eut Agnès de Savoye de sa seconde femme Germaine de Zeringen, (d'autres l'appellent Anne,) fille de Berthauld IV. du nom, Duc de Zeringen; enfin de sa troisieme femme, Beatrix de Vienne, fille de Girard Comte de Vienne & de Mâcon, & de Guygonne surnommé More ou Morette, il eut Eléonore de Savoye, & Thomas Comte de Savoye, & de Maurienne qui lui succéda.

Ce Prince naquit au Château de Charbonniere en Savoye, le 20 may 1167, & succéda à son pere en 1188. Comme il étoit trop jeune pour gouverner ses Etats par lui-même, on lui donna pour tuteur Boniface, Marquis de Montferrat. Les premieres années de son regne furent troublées par une irruption que les habitans de la ville d'Ast firent en 1192 sur les terres du Piémont. Les secours qu'il reçut de Boniface & de Mainfroid Marquis de Saluces, le mirent en état de les repousser & de les forcer à abandonner cette Province.

Le Comte Thomas étoit alors délivré du plus grand ennemi de sa maison, je veux dire de l'Empereur Frederic I. mort en 1190.

Les fils de ce Monarque n'heriterent point de la haine que leur pere avoit toujours porté à cette famille. Henri VI. son fils ainé, prit le parti de Thomas contre l'Evêque de Turin, & Philippe Duc de Suabe son autre fils, ayant été appellé à l'Empire après le décès de Henri, donna au Comte de Savoye pour preuve de son amitié, l'investiture de tous les pays que ce Comte avoit eus de la succession de ses ancêtres, avec promesse de le défendre contre tous ceux qui l'attaqueroient.

Thomas qui ne cherchoit que les moyens d'acquerir de la gloire, passa en France où les Albigeois commettoient de grands désordres. De retour de cette expédition, dans laquelle il s'étoit distingné par sa valeur, il consentit à faire un traité de paix avec Mainfroid III. du nom, Marquis de Saluces, qui lui avoit donné de nouveaux sujets de se plaindre de lui. La réputation que le Comte de Savoye s'étoit faite, porta les peuples voisins à avoir recours à lui en différentes occasions. Les Genois étant entré en guerre avec les habitans d'Alexandrie, que les Milanois & les Verceillois favorisoient, demanderent du secours à Thomas qui leur envoya des troupes par le moyen desquelles ils vinrent à bout de repousser leurs ennemis. Le Comte ayant été déclaré l'année suivante Vicaire-général de l'Empire en Piémont & en Lombardie, par l'Empereur Frederic II. les villes d'Albenga & de Savone, se mirent sous sa protection. Elles lui promirent en conséquence de lui remettre toutes les terres qui sont situées sur la côte de Gênes : ce qui occasionna des brouilleries entre la maison de Savoye, & cette République.

1226. Quelques années après, le Comte Thomas engagea l'Empereur à faire une ligue avec lui, les Marquis de Montferrat & de Saluces, les habitans d'Ast & de Quiers contre Gregoire IX. Le Pape mit alors les Milanois dans son parti. Ceux-ci ayant été battus, le Pape fit la paix, & leva l'excommunication qu'il avoit lancée contre l'Empereur.

Cependant les habitans de Turin, avoient fait un traité secret avec Boniface, Marquis de Montferrat, & André Dauphin de Viennois à dessein de se soustraire à la domination du Comte. Thomas informé du projet des rebelles, s'approcha de Turin, & battit les troupes que ceux d'Ast envoyoient au secours des assiégés. La saison n'étant pas propre pour forcer une place aussi considérable, il se détermina à la bloquer, & prit la résolution de passer en Savoye pour rassembler de nouvelles troupes. Pendant qu'il étoit à Aouste, il y tomba malade, & y mourut le 20 janvier 1233. Il avoit fait

1233. pendant sa vie beaucoup de donations & de fondations. Rien n'est plus incertain que le voyage qu'on lui fait faire en Palestine à la croisade publiée par Innocent III. Il y a même des conjectures assez fortes pour se persuader que ce Prince ne s'est pas trouvé au siege de Constantinople par les croisés.

Thomas s'étoit marié en premieres nôces avec Beatrix de Genève, fille de Guillaume I. du nom, Comte de Genève, laquelle mourut sans enfans. En secondes nôces, il avoit épousé Marguerite de Foucigny, fille & héritiere de Guillaume, Seigneur de Foucigny, qui le fit pere des neufs fils, & de six filles. Les six filles furent Leonore de Savoye, épouse d'Azon d'Est IV. du nom, Comte de Verone & d'Ancone; Marguerite, mariée en 1218 avec Herman le Vieil, Comte de Kibourg, & autres lieux, Seigneur de Fribourg & Landgrave d'Alsace, morte sans enfans en 1283. Elle étoit veuve dès l'an 1264. Beatrix, mariée au mois de décembre 1220 avec Raymond Berenger Comte de Provence; Alix, Abbesse en 1250 du monastere royal de St Pierre de Lyon; Agathe, Religieuse, puis Abbesse du même monastere en 1279. Enfin Avoye, mariée en 1237 par l'entremise d'Eléonore de Provence, Reine d'Angleterre sa cousine à Baudouin de Rivieres VII. Comte de Devonshire & de l'Isle de Witgh, grand Seigneur Anglois.

Les neuf fils de Thomas I. & de Marguerite de Foucigny, furent Amedée

IV. communément appellé Amedée III. l'aîné de tous, & qui en cette qualité succéda à son pere. Humbert de Savoye; Thomas Comte de Flandres; Aymon, qui mourut sans avoir été marié; Guillaume élu en 1224 Evêque de Valence; Amedée Evêque de Maurienne en 1220; Pierre Comte de Romont & de Richemont, Baron de Foucigny, & à son rang Comte de Savoye; Philippe, Archevêque de Lyon, puis Comte de Savoye & de Bourgogne: & enfin Boniface de Savoye, Evêque de Bellei & de Valence, Archevêque de Cantorberie, & Primat d'Angleterre. Outre ces neuf fils légitimes, il en eut deux naturels, Beraul & Benoît, dont on ne connoît ni les actions, ni les alliances, ni la postérité.

DUCHÉ DE SAVOYE.

Amedée IV. du nom, communément appellé Amedée III. étoit né au château de Montmeillan l'an 1197. Il continua la guerre que son pere avoit commencée, & rentra en possession de la ville de Turin. Boniface Marquis de Montferrat son gendre, lui céda alors tous les droits qu'il pouvoit avoir sur cette ville. Cette conquête fut suivie de plusieurs autres avantages. Les peuples du Valais, qui étoient entrés à main armée dans la vallée d'Aouste, à l'instigation de l'Evêque de Sion, furent contraints de rentrer dans le devoir, & Sion capitale du Valais, fut emportée après un siége opiniâtre. Amedée avoit été secouru dans cette guerre par ses gendres les Marquis de Montferrat & de Saluces. Henri III. Roi d'Angleterre son neveu lui fit en même-temps une donation à lui & à ses successeurs Comtes de Savoye, de deux cens marcs d'argent tous les ans, à prendre sur les revenus de St Beestain.

X. AMEDÉE IV. du nom, communément appellé Amedée III.

L'Empereur Frédéric II. étant passé en Italie pour se venger des Milanois qui s'étoient révoltés, fit son entrée dans Turin au mois de février 1238. Amedée lui fit une réception magnifique, & Frédéric pour lui témoigner son estime & sa reconnoissance, érigea en duché le pays de Chablais & d'Aouste. Il le fit ensuite l'un des deux vicaires généraux du Saint-Empire en Lombardie & en Piémont, qu'il créa en 1241 pour maintenir pendant son absence son autorité en Italie. Tant de bienfaits attacherent le Comte de Savoye aux intérêts de l'Empereur, & l'engagerent à prendre le parti de ce Prince en toutes occasions. Il travailla à réconcilier ce Monarque avec Innocent IV. & il se rendit pour cet effet à Cluni où étoit le Pontife. Il refusa cependant le passage aux troupes que le Pape vouloit faire entrer en Italie, mais il engagea en même-temps l'Empereur à aller à Lyon où l'on étoit occupé à rendre la paix à l'Eglise.

Amedée mourut le 24 Juin 1253 dans le même château, où il avoit pris naissance. Ce Prince fit plusieurs testamens. Par le premier, du 14 août 1238 il institua son héritier Thomas de Savoye son frere, parce qu'alors il n'avoit point encore d'enfans. Par le second daté du 19. Septembre 1252, il déclara son héritier universel Boniface son fils, à qui il donna pour tuteur son frere Thomas; il laissa plusieurs terres à ses filles Constance & Léonore, & destina Beatrix son autre fille à être Religieuse. Par une nouvelle disposition datée du 24. Mai 1253, il confirma son dernier testament, & donna en douaire à Cécile de Baux sa femme les châteaux de Montmeillan & de la Rochette & le pays de la Tarentaise;

1253.

DUCHÉ DE SAVOYE.

ordonnant, qu'en cas qu'il survînt quelque differends entre ses freres & Boniface son fils, ils seroient terminés par Jean Archevêque de Vienne, Amédée Evêque de Maurienne & Jean Evêque de Belley.

Ce Prince avoit eu de sa premiere femme deux filles, sçavoir Béatrix & Marguerite. De Cécile de Baux, surnommée pour son extrême beauté, *Passe-rose*, fille de Barral I. du nom, Seigneur de Baux & de Venaissin, Vicomte de Marseille; & de Béatrix d'Anduse, il eut Boniface Comte de Savoye qui lui succéda, & trois filles Béatrix, Constance & Léonore, qui furent toutes mariées, à l'exception de Constance.

XI. BONIFACE surnommé Roland.

Boniface prit naissance au château de Chambery le premier Décembre 1244 & il n'étoit âgé que de neuf ans lorsque son pere mourut. Thomas de Savoye son oncle fit ensorte par sa prudence que Pierre & Philippe ses freres, qui demandoient le partage des Etats de Savoye, se contentassent à son exemple d'un simple appanage. Boniface, malgré la foiblesse de son âge, voulut accompagner en Flandres son tuteur, qui s'étoit joint aux troupes auxiliaires que Louis IX. Roi de France envoyoit à Marguerite, Comtesse de Flandres, belle-sœur de Thomas. Cette Princesse se trouvoit réduite à de fâcheuses extrêmités à cause de la désunion qui étoit entre ses enfans.

Marguerite, après divers évenemens, fut rétablie dans ses Etats; & le Comte de Flandres ramena Boniface en Savoye.

Tandis que ce pays jouissoit d'une grande tranquillité sous ce Prince, par les soins de sa mere, plusieurs factieux déchiroient le Piémont, & les habitans de Turin avoient encore secoué le joug. Boniface se préparoit à punir les rebelles & à venger Thomas son oncle qui étoit tombé entre les mains des ennemis, & qui étoit mort en prison; mais de nouveaux troubles qui s'éleverent l'obligerent de suspendre son ressentiment. Charles de Flandres, Comte d'Anjou & de Provence, à qui le Pape Urbain IV. avoit donné les Royaumes de Naples & de Sicile, avoit porté la guerre en Piémont, parce que Boniface étoit pour Mainfroid Roi de Naples, son beau-frere, que le Pontife ne vouloit pas reconnoître pour Roi légitime. Charles qui étoit soutenu de Guillaume Marquis de Montferrat, s'étoit emparé de Turin & de plusieurs autres places. Boniface ne resta pas long-temps dans l'inaction, il s'avança vers les ennemis qu'il défit près de Rivoles, & mit ensuite le siege devant Turin. Les assiegés ayant reçu des secours du Marquis de Montferrat, & des habitans d'Ast auteurs des troubles du Piémont attaquerent le Comte de Savoye, taillerent ses troupes en pieces, & le firent prisonnier. Cette défaite lui fut si sensible qu'il mourut de chagrin peu de temps après. Les ennemis firent beaucoup de difficultés pour rendre son corps, & on ne put l'obtenir qu'en donnant des sommes considérables. Ce Prince avoit été surnommé Roland à cause de sa force extraordinaire, & de sa grande valeur.

XII. PIERRE DE SAVOYE, surnommé le petit Charlemagne.

Boniface étant mort sans enfans, Beatrix Dame de Château-Bellin, Constance & Eléonore Dame de Montpellier ses sœurs prétendirent à sa succession; mais Pierre de Savoye Comte de Romont & de Richemont leur oncle leur fut préféré conformément aux loix du pays. Il l'emporta aussi sur les enfans de Thomas de Savoye Comte de Maurienne & de Flandres drés son frere aîné, parce que la loi de la *Primogéniture & de la représentation* n'étoit pas encore établie dans la maison de Savoye (6).

Pierre de Savoye étoit né l'an 1203 & il étoit le septiéme des enfans de Thomas I. du nom, & de Margüerite de Foucigny. On l'avoit destiné dès son bas âge à l'Etat Ecclésiastique & il fut Chanoine de Valence en Dauphiné. Son inclination guerriere ne lui permit pas de rester long-tems dans cet état: il demanda son appanage à Amedée IV. son frere aîné, & il le servit utilement dans la guerre que ce Prince fit en 1236. contre les peuples du Valais.

Il passa ensuite en Angleterre où il fut appellé par Henri III. Roi d'Angleterre qui avoit épousé Leonore de Provence niece de ce Prince. Henri lui donna le Comté de Richemont & la Seigneurie d'Essex, il le fit chef de son conseil, & lui donna la garde des principales places de son Royaume. Mais le Comte de Richemont, craignant que la haute faveur dont il étoit honoré, ne lui attirât la jalousie des Anglois, & ne causât quelque trouble, pria le Roi de lui permettre de s'en retourner en Savoye. Le Roi consentit avec peine à sa demande, & comme Pierre étoit prêt à s'embarquer, il le rappella, & le força d'accepter le gouvernement du château de Douvres.

Henri qui avoit résolu de se rendre maître du Poitou, y envoya en 1241. Pierre de Savoye, & Pierre d'Aigueblanche Evêque d'Erfort, pour y former un parti; mais cette intrigue fut découverte: Pierre de Savoye eut beaucoup de peine à se sauver. Il retourna en Angleterre, où il demeura quelques années.

Pierre de Savoye prit enfin le parti de retourner en Chablais. Il alla visiter l'Eglise de S. Maurice, & ce fut en cette occasion que l'Abbé Rodolphe lui fit présent de l'anneau de S. Maurice Martyr, à condition qu'il appartiendroit à tous les Comtes de Savoye. C'est avec cet anneau que les Comtes & les Ducs de Savoye ont toujours depuis ce temps-là pris possession de leurs Etats.

Pierre de Savoye eut alors une guerre avec Albert Seigneur de la Tour du Pin en Dauphiné. Ce Seigneur se vit enfin obligé de faire un accommodement avec lui, & de lui ceder pour les frais de la guerre le château de Falavier en Dauphiné. Plusieurs Seigneurs lui rendirent en même-temps hommage, & remirent entre ses mains un grand nombre de châteaux. Ce Prince après avoir resté tranquille pendant quelques années repassa en Angleterre. Le Roi le nomma parmi les Ambassadeurs qu'il envoya en Savoye & en 1257 à la Cour de France pour obtenir la prolongation des treves. Il fut encore employé l'année suivante à des négociations importantes dont une avoit pour objet un traité de paix entre la France & l'Angleterre; ce fut environ vers ce même temps qu'Ebal de Geneve l'institua par testament héritier des droits qu'il avoit sur le Comté de Geneve. Ebal étoit alors en Angleterre où il s'étoit retiré pour éviter les persécutions de Guillaume II. Comte de Geneve son oncle qui lui avoit enlevé une partie de ses biens.

(6) Guichenon.

Duché de Savoye.

La mort de Boniface arrivée sur ces entrefaites mit Pierre en possession du Comté de Savoye. A peine fut-il reconnu Souverain, qu'il voulut tirer vengeance du traitement qu'on avoit fait à son neveu. Il assiegea Turin & força cette place à se rendre à discrétion, malgré le secours qu'elle avoit reçu des habitans d'Ast & du Montferrat. Maître de cette ville, dont il avoit tant de sujet de se plaindre il accorda aux rebelles un pardon général. Après cette expédition il repassa les monts, & retourna pour la troisieme fois en Angleterre, où étoit l'Empereur Richard son neveu. Ce Prince le combla de bienfaits, lui donna l'investiture du Chablais & d'Aouste, avec la qualité de Vicaire général de l'Empire (7). Une nouvelle revolte que les habitans de Turin méditoient & quelques mouvemens excités par Rodolphe Comte de Geneve, le forcerent à se rendre en Savoye. Henri Roi d'Angleterre lui fournit des troupes avec lesquelles il combattit & défit ce même Comte. Ceux de Turin firent une plus longue résistance, & il fut contraint de livrer aux habitans d'Ast un combat qui ne lui fut pas favorable.

Il fut plus heureux contre Eberad d'Hasbourg Comte de Lauffemberg, & il maintint Marguerite de Savoye sa sœur dans les terres que la maison de Kibourg lui avoit données. Ce Prince fit aussi valoir la donation qui lui avoit été faite en 1263 par l'Empereur Richard, & défendit la ville de Berne contre Eberad qu'il vainquit dans deux Combats. Il entra en possession de cette ville. Pierre ne jouit pas long-temps de cette nouvelle conquête, il mourut au pays de Vaux le 7 Juin 1268. Il laissa différentes possessions à ses freres & sœurs, & fit beaucoup de legs pieux à des Eglises & à des Monasteres.

Il abandonna à Amedée, à Thomas & à Louis ses neveux ce qu'il avoit en Angleterre, à la réserve du Comté de Richemont, & de son palais de Londres, & il révoqua les legs faits à Béatrix sa fille, de plusieurs châteaux & hommages dont il disposa en faveur de Philippe de Savoye Comte de Bourgogne son frere & son héritier universel. Sa valeur & ses exploits lui firent donner le surnom de *petit Charlemagne*.

Il avoit épousé au mois de fevrier 1233. Agnès de Foucigny fille & héritiere d'Aymon Seigneur de Foucigny. Elle avoit eu par une donation du 13 septembre 1252 tous les biens de son pere. Elle fit son testament en 1262 par lequel elle déclara Pierre Comte de Savoye son héritier pour les deux tiers, laissant l'autre tiers à Beatrix de Savoye leur fille. Elle vecut néanmoins plus long-temps; car on en trouve un codicille signé de sa main, daté de la veille de Saint Laurent 1268.

XIII. Philippe, Comte de Savoye.

Philippe frere & successeur de Pierre vint au monde à Aiguebelle l'an 1207, il étoit le huitiéme fils de Thomas Comte de Savoye. On l'avoit aussi destiné à l'Etat ecclésiastique. Il fut fait Evêque de Valence, & le

---

(7) Le Chancelier de l'Empereur demanda au Comte les titres qui le mettoient en possession du Chablais & d'Aouste, pour faire dresser l'acte de l'investiture. Pierre de Savoye, persuadé qu'il n'avoit pas besoin de titre pour obtenir la confirmation de la possession de ces provinces qui étoient depuis long-temps dans sa famille, tira son épée en disant que *c'étoit-là son titre*. Guichenon cite sur ce fait les premiere & seconde Savoisiennes.

Pape Innocent IV. se trouvant au concile de Lyon lui donna l'archevêché de cette ville. Quoique Philippe ne fut point engagé dans les Ordres sacrés, il jouit néanmoins par dispense du Pape, des revenus de l'évêché de Valence, de l'archevêché de Lyon, & de plusieurs autres bénéfices qu'il avoit en Angleterre & en Flandres. Il secourut ses neveux Thomas Amédée & Louis de Savoye dans la guerre qu'ils eurent contre les habitans d'Ast, & il se trouva à la bataille que ses neveux perdirent l'an 1266. Il eut aussi des differends avec Guy Dauphin de Viennois, qui avoit usurpé sur lui plusieurs châteaux dépendans de l'Eglise de Lyon. Mais on ne tarda pas à conclurre la paix & le traité fut signé à Vienne la même année.

DUCHÉ DE SAVOYE.

Philippe voyant que Pierre de Savoye n'avoit point d'enfans mâles, & qu'en conséquence la succession du Comté de Savoye le regardoit, il abandonna tous ses bénéfices & se maria en 1267 avec Alix veuve de Hugues de Bourbon dit de Châlons, Seigneur du Comté de Bourgogne, & pere d'Othon IV. avec l'héritiere du Comté de Bourgogne. Son frere étant mort un an après, il fut reconnu son successeur à l'exclusion de Beatrix sa niece, & de ses neveux fils de son frere aîné par les mêmes considérations qui avoient fait préférer Pierre de Savoye aux autres Princes & Princesses de cette maison, comme on l'a vu ci-dessus.

Il jouissoit à peine de ses nouveaux Etats lorsqu'il fut attaqué par Guy Dauphin Seigneur de Foucigny. Cette guerre ne fut pas longue par les soins de Marguerite Reine de France qui fit conclurre une treve entre ces deux Princes. Dans la même année les habitans de la ville de Berne lui envoyerent un acte de leur soumission, par lequel ils le déclaroient le Seigneur, protecteur & défenseur de leur ville, & le prioient d'agréer les revenus du péage, de la monnoye & de la justice de leur ville & de son territoire.

Hugues Duc de Bourgogne qui avoit acquis le 5 août 1265 les droits que Beatrix de Bourgogne avoit sur le comté de même nom, voulut inquiéter Philippe. Mais par un traité du mois d'Avril 1270, il fut arrêté que Hugues, moyennant 11000 livres Viennoises, céderoit à Alix Comtesse de Bourgogne & à Otthelin ou Othon Comte de Bourgogne son fils toutes ses prétentions sur le comté de Bourgogne. Otthelin par le même traité promit de tenir en fief du duché de Bourgogne, la ville de Dole, & les Seigneuries de Rochefort & de Nublans.

1270.

Philippe après cet arrangement ne resta pas long-temps tranquille: Rodolphe Comte de Hapsbourg, aidé du Comte de Montbelliard, résolut de s'emparer du pays de Vaux. Il commença les hostilités par le siege de Neufchâtel que Philippe lui fit bien-tôt lever. Ce succès fut suivi de la conquête de Nyons qui se soumit volontairement. Les habitans de Morat imiterent cet exemple & reconnurent Philippe pour leur Seigneur. La mort d'Alix sa femme arrivée au mois de Mars 1279 lui suscita de nouvelles affaires. Othon IV. fils d'Alix eut quelque différend avec Philippe au sujet de plusieurs châteaux & terres, dont celui-ci devoit jouir pendant sa vie. Les parties se soumirent à la décision de Marguerite de Provence Reine de France; & il fut conclu en 1281 que Philippe rendroit au Comte Othon

1272.

DUCHÉ DE SAVOYE.

tout ce qu'il avoit dans le comté de Bourgogne, moyennant 12000 livres, qui lui feroient payées tous les ans dans la ville de Mâcon. Philippe cependant porta, tant qu'il vécut, la qualité de Comte de Bourgogne Palatin.

Cependant Rodolphe Comte d'Hapsbourg, qui étoit monté fur le trône impérial l'an 1273, porta la guerre en Suiffe contre Marguerite de Savoye Comteffe de Kibourg & de Nidow. Philippe réfolu de garantir les Etats de fa fœur, attira l'Empereur dans le pays de Vaux. Le Pape Martin IV. voulant prévenir les fuites de cette guerre, employa fa médiation pour faire ceffer les hoftilités. Il fut fecondé dans ce deffein par Marguerite Reine de France & Edouard Roi d'Angleterre. Les deux Princes confentirent à entrer en négociation, & conclurent enfin un traité qui fut figné le 24 Juin 1283. Deux ans après l'Empereur ordonna par des lettres-patentes que s'il furvenoit guerre entre Philippe Comte de Savoye, & les villes Imperiales, on n'uferoit point de repréfailles, & que les differends feroient terminés par voye d'arbitrage.

1283.

Philippe après avoir rétabli la tranquillité dans fes Etats, mourut fans enfans au château de Roffillon en Bugey le 17 novembre 1285. On a de lui deux teftamens, l'un du 7 juin 1256; comme il étoit alors Archevêque de Lyon, il inftituoit fes héritiers Pierre de Savoye fon frere, & Beatrix fa fœur Comteffe de Provence. Par le fecond daté du 17 decembre 1284 il nomma fon héritier au comté de Savoye & aux Duchés de Chablais & d'Aoufte, Amédée de Savoye Seigneur de Baugé, & de Breffe fon neveu, & donna la Baronnie de Vaux à Louis de Savoye fon autre neveu.

XIV.
AMÉDÉE le Grand V. du nom.

Amédée V. furnommé le Grand, naquit au château du Bourget le 4 Septembre 1249. Il n'avoit que 10 ans lorfque Thomas II. fon pere, Comte de Maurienne & de Flandres mourut. Beatrix de Fiefque fa mere prit foin de fon éducation; mais Philippe de Savoye alors Archevêque de Lyon, le prit en affection & le tint toujours auprès de lui.

Thomas de Savoye III. du nom, Comte de Piémont fon frere aîné étant en guerre avec les habitans d'Aft, Pierre de Savoye fon oncle, mit des troupes fur pied & les conduifit contr'eux. Philippe Archevêque de Lyon y alla auffi, & y mena Amédée. Thomas perdit la bataille, & fut fait prifonier avec Amédée & Louis fes freres. Lorfque ces trois Princes furent mis en liberté, Philippe Archevêque de Lyon, négocia le mariage d'Amédée avec Sybille de Baugé. Amédée par ce moyen devint Seigneur de Baugé & de Breffe (8).

Il alla enfuite en Angleterre avec Thomas & Louis fes freres pour recueillir la fucceffion de leur oncle Pierre Comte de Savoye, & il traita à ce fujet avec la Reine Eleonore & avec le Roi Edouard fon fils. A fon retour Philippe qui étoit devenu Comte de Savoye & de Bourgogne, voulut le former de bonne heure & lui apprendre à gouverner. Il lui remit en même temps le duché d'Aoufte.

(8) Il ne faut pas confondre la Breffe avec le Breffan ou le pays de Brefce. Le Breffan eft une province de la République de Venife, & la Breffe eft une province de France entre le Rhône, la Saone, la Bourgogne & le pays de Vaux, dans laquelle la principauté de Dombes eft enclavée, quoiqu'elle n'en dépende pas.

DE L'UNIVERS. Liv II. Ch. VII.

Après la mort de Philippe, Amedée fut reconnu Comte de Savoye sans aucune contradiction (9), car quoique Philippe de Savoye son neveu fils aîné de Thomas III. Comte de Piémont son frere aîné, eût pû prétendre à la succession par la loi des fiefs, comme représentant son pere, cependant Amedée lui fut préferé tant parce que cette loi de *représentation* ou de *primogéniture* n'étoit pas encore établie, qu'en faveur du testament de Philippe son oncle. D'ailleurs Philippe de Savoye & ses freres arriere-neveux de Philippe fils de Thomas I. étoient en bas âge : Amedée V. se fit déclarer leur tuteur, & pendant leur minorité il eut le temps d'affermir sa puissance. Il fut cependant obligé de contenter Louis de Savoye son frere puîné qui lui demandoit un partage & qui ne vouloit pas consentir au testament de Philippe Comte de Savoye son oncle. Ce differend fut terminé par arbitrage, & il fut arrêté que Louis de Savoye n'auroit en appanage que la Baronie de Vaux, suivant ce même testament (10).

Amedée V. étoit déja en si grande considération que les habitans de Milan, de Pavie, de Cremone, de Plaisance & de la Bresse rechercherent son alliance & son amitié. Les commencemens de son regne furent troublés par Amedée II. Comte de Geneve, & par Humbert Dauphin de Viennois, anciens ennemis de la maison de Savoye, qui lui firent la guerre. Le Comte de Savoye se mit promptement en campagne, & força le Comte de Geneve à se retirer du Bugey & du pays de Vaux où il avoit pénétré. Il se disposoit ensuite à marcher contre le Dauphin qui ravageoit les terres que la maison de Savoye possédoit en Viennois, lorsque le Pape, Edouard Roi d'Angleterre & Robert Duc de Bourgogne, travaillerent à retablir la paix entre ces deux Princes. Mais comme leurs ambassadeurs ne purent s'assembler à ce sujet, l'affaire fut terminée par Guillaume Archevêque de Vienne, & par Perceval de Fiesque de Lavanie, chapelain du Pape & vicaire général de l'Empereur en Toscane. Ils convinrent d'un double ma-

---

(9) Pour bien entendre le fil de cette succession, il faut se rappeller que Thomas II. troisieme fils de Thomas I. fut nommé par Amedée IV. fils aîné du même Thomas I. & pere de Boniface, pour être tuteur de ce Boniface, qui, à la mort de son pere, n'étoit âgé que de neuf ans, & que ce tuteur par sa prudence, empêcha ses freres puînés Pierre & Philippe, de demembrer les Etats de Savoye, en leur donnant l'exemple de se contenter de leur appanage. S'il ne fut pas mort avant Boniface, qui ne laissa point d'enfans, il auroit succédé au comté de Savoye comme l'aîné de Pierre & de Philippe ; & à son défaut, ses enfans en auroient herité, si la loi de *primogéniture* & de la *représentation* eût été alors établie en Savoye. Mais les seuls mâles les plus proches en degré, étant appellés à la succession, Pierre de Savoye oncle des fils de Thomas II. fut préferé, & ensuite Philippe autre oncle, Thomas étant mort sans enfans mâles. Mais Philippe décédé sans enfans ; il fallut revenir à ceux de Thomas II. ils furent au nombre de trois, Thomas, Amedée & Louis. Thomas III. du nom, l'aîné étoit mort en 1282, & Philippe ne mourut qu'en 1285. La succession échut alors à Amedée, second fils de Thomas II.

(10) Les trois fils de Thomas de Savoye II. du nom, Comte de Flandres & de Beatrix de Fiesque sa seconde femme, furent la souche de trois differentes branches. Thomas III. du nom, qui étoit l'aîné, fut Comte de Piémont, & de lui sont descendus les Princes d'Achaie & de la Morée. Amedée de Savoye V. du nom, Seigneur de Bresse, puis Comte de Savoye, dont il est question dans cet article, fut la souche des Comtes & Ducs de Savoye jusqu'à présent ; & Louis de Savoye, Baron de Vaux le fut d'une troisieme branche.

DUCHE' DE SAVOYE.

riage entre le fils du Comte de Savoye & la fille du Dauphin, & entre le fils de ce Prince & la fille du Comte de Savoye, lorsqu'ils seroient en âge, & qu'il y auroit une paix perpétuelle entre ces deux Princes, enfin qu'ils se rendroient mutuellement ce qui avoit été pris. Amedée fit aussi un traité particulier avec le Comte de Geneve. Le Comte de Savoye fit deux ans après un autre traité d'alliance & de confédération avec Othon Comte Palatin de Bourgogne, qui étoit allarmé du voisinage d'Amedée maître de la Bresse. Il possédoit cette province du chef de Sybille de Beaugé son épouse, & il y avoit réuni Revermont que Robert Duc de Bourgogne lui avoit cedé.

1292.

La paix ne fut pas de longue durée entre les Comtes de Savoye de Geneve, & le Dauphin de Viennois; la guerre recommença l'an 1292. Elle ne fut cependant pas confidérable, & l'on entra bien-tôt en négociations, qui furent terminées par de nouveaux traités. Il trouva aussi moyen d'appaifer Philippe de Savoye son neveu, qui à la follicitation de sa mere Guye de Bourgogne, se plaignoit de n'avoir pas succedé au Comte Philippe son grand oncle. Comme il n'étoit pas affez puissant pour appuyer ses droits, il se contenta de demander un partage, & un appanage pour ses freres. Amedée ne négligea point une occasion si favorable de s'affermir dans le gouvernement, & d'éteindre tout prétexte de guerre civile. Il céda donc à son neveu le comté de Piémont, & l'obligea à se désister de ses prétentions sur la Savoye.

Tranquille possesseur de ses Etats, il se mêla des guerres de ses voisins, & prit part aux differends qui survinrent entre la France & l'Angleterre au sujet de Guy Comte de Flandres. Il fut même déclaré un des garants de la treve qui se fit entre les deux Cours.

Après que la paix fut entierement conclue, Amedée resta encore quelque temps en France, où il se ligua avec le Comte de Provence contre le Dauphin. Cette ligue fut signée le premier mai 1300. Pendant qu'il étoit dans cette Cour, il fut chargé par Edouard I. d'arrêter les articles du mariage qu'il devoit contracter avec Marguerite de France. Cependant le Dauphin irrité de ce qu'il s'étoit ligué contre lui avec le Comte de Provence, lui déclara la guerre. Charles de France, Comte de Valois employa sa médiation pour les reconcilier. Le Dauphin peu satisfait de la décision du Comte de Valois, résolut de continuer les hostilités. Il mit dans son parti Hugues de Geneve, & alla affiéger le château de Monthous. Le Comte de Savoye voulut marcher au secours de la place. Le Comte de Geneve s'oppofa à son passage; mais la victoire qu'Amedée remporta sur lui & sur ses alliés, les obligea à se retirer, & délivra le château de Monthous.

Le Comte de Savoye débarrassé de cette guerre, fournit des troupes à Philippe le Bel qui avoit résolu de faire une nouvelle guerre aux Flamands. Ces peuples qui redoutoient l'orage qui étoit prêt de fondre sur eux demanderent une treve d'un an : Amedée & le Duc de Brabant en furent les médiateurs. Cette guerre n'ayant point eu d'autre suite, le Comte s'en retourna en Savoye.

Les difficultés qui survinrent dans la suite entre ce Prince & le Dauphin donnerent matiere à un nouveau traité de paix, par la négociation d'Amedée II. Comte de Genêve, & de plusieurs autres Seigneurs : ce traité fut conclu le 8 mai 1364, mais il fut mal exécuté. Le Pape Clement V. se rendit arbitre entre ces deux Princes & les engagea à signer une treve. Il ordonna qu'on visiteroit les lieux qui étoient le sujet de la dispute, & qu'on assigneroit à chacun ce qui lui appartiendroit. Mais le Dauphin de Viennois rompit bien-tôt la treve, & se saisit du château d'Entremonts. Le Pape indigné le somma de restituer cette place au Comte de Savoye, ce qu'il refusa de faire. Le Comte l'assiégea, & après cinq semaines elle fut obligée de se rendre à discrétion. Le Comte usa envers les assiégés de sa modération ordinaire. Il faut rapporter cet événement au mois d'octobre 1306, & non à l'année 1314 comme le font les historiens de Savoye.

Le siege d'Entremonts, fut le sujet d'une nouvelle guerre entre le Comte de Savoye & le Dauphin. Elle fut suspendue par de longues treves, qui furent souvent prolongées. L'élévation de Henri VII. au trône impérial, servit encore à augmenter & à affermir la puissance d'Amedée. Ce Monarque qui s'étoit rendu à Ast l'an 1310, lui donna l'investiture du Comté de Savoye, des Duchés de Chablais & d'Aouste, du Marquisat d'Italie, des Seigneuries de Baugé & de Coligny, & le créa lui & ses successeurs, Princes de l'Empire. L'année suivante il lui laissa le gouvernement de Milan, de Plaisance, d'Ast, de Verone, de Cremone, &c. à cause de sa qualité de Vicaire-général de l'Empire. Il lui donna dans la suite en proprieté, le comté d'Ast pour le recompenser des services qu'il en avoit reçus. Peu de temps après la ville d'Yvrée qui avoit beaucoup souffert par les divisions des Guelfes & des Gibelins, se mit sous la puissance du Comte de Savoye.

La protection que l'Empereur avoit accordée au Comte de Savoye, avoit arrêté les projets du Dauphin, & l'avoit empêché d'attaquer le Comte Amedée. Mais à peine Henri VII. fut-il mort, qu'il recommença la guerre avec plus d'ardeur qu'auparavant. Les animosités furent poussées jusqu'au point que le Comte provoqua le Dauphin à un combat singulier. Le sujet de ces querelles continuelles étoit la possession de différentes places que chacun prétendoit devoir lui appartenir. Les deux Princes convinrent enfin de choisir des arbitres & quarante Gentilshommes de chaque parti, jurerent l'observation du traité.

La fin de cette guerre permit au Comte de Savoye de se joindre aux Chevaliers de S. Jean de Jerusalem, lorsqu'ils firent la conquête de l'isle de Rhodes sur les Turcs. Amedée s'y distingua beaucoup, & les secours qu'il fournit aux Chevaliers, empêcherent Ottoman de reprendre cette place. Ce fut à ce sujet qu'Amedée changea ses armes, & qu'il prit la croix d'argent au lieu des aigles que ses prédécesseurs avoient toujours portés. Il prit pour devise ces quatre lettres, F. E. R. T. qui sont les initiales de ces quatre mots latins, *Fortitudo ejus Rhodum tenuit : Sa valeur a conservé Rhodes*

La révolte de quelques Religieux de la ville d'Ambronai en Bugey pendant son absence, rompit le traité de paix qu'il avoit fait avec le Dauphin. Ces Religieux qui étoient toujours restés dans le parti de ce Prince, firent entrer des troupes dans la ville, & arborerent la banniere du Dauphin sur la plus haute tour. Amedée de retour de son expédition dans l'isle de Rhodes,

DUCHÉ DE SAVOYE.

mit le siege devant Ambronai, & força cette place à se rendre. Le Dauphin de son côté attaqua le château de Mirebel en Forest, & s'en rendit maître. Ces premieres hostilités furent suivies de plusieurs conquêtes qu'ils firent réciproquement. Jeanne Reine de France, entreprit de reconcilier ces deux Princes, & par la médiation de cette Princesse, ils signerent une treve entre-eux. Cet intervalle mit le Comte en état de travailler à procurer des secours à Andronic, Empereur de Constantinople, qui étoit attaqué par les Mahometans. Il étoit occupé de cette affaire lorsqu'il mourut le 16 d'octobre 1323 dans la soixante-quatrieme année de son âge, & la trente-huitieme de son regne.

1322.

Ce Prince avoit eu trois femmes. Sybille de Baugé la premiere lui donna trois fils & quatre filles, sçavoir Edouard qui lui succéda, Aymon, Jean; Bonne, Eleonore, Marguerite & Agnès. Il eut de sa seconde femme Marie de Brabant quatre filles, sçavoir Marie qui épousa Hugues Dauphin, Baron de Foucigny; Catherine qui fut mariée à Leopold, Duc d'Autriche; Anne femme d'Andronic Paleologue III. Empereur de Constantinople; & Beatrix qui fut donnée en mariage à Henri d'Autriche Roi de Bohême & de Pologne. Il n'eut point d'enfans de sa derniere femme Alix de Viennois. Amedée par son testament fait le 27 de septembre 1307, déclara pour son successeur Edouard son fils aîné, & après lui les enfans mâles qui proviendroient de son mariage. Il ne laissa qu'un léger appanage à Aymon son second fils.

XV.
Edouard surnommé Liberal.

Edouard qui étoit né le 12 de février 1284, s'étoit distingué dans toutes les guerres que son pere avoit entreprises, ou auxquelles il avoit eu part. Il avoit même donné des marques de sa prudence, lorsqu'Amedée le chargea du gouvernement de ses Etats pendant le voyage qu'il fit à Rome avec l'Empereur Henri VII. Edouard fut à peine sur le trône, qu'il se vit obligé de faire la guerre à Hugues Dauphin, Baron de Foucigni. La prise d'un château que Hugues avoit fait bâtir sur un terrein qui dépendoit du comté de Savoye, força ce Prince à demander du secours à Guy Dauphin de Viennois son neveu, & à Hugues de Geneve. Ces trois Princes allerent assieger le fort d'Alinges. Edouard les contraignit bien-tôt de lever le siege après avoir remporté sur eux une victoire complette. Cette défaite ne les empêcha cependant pas d'entrer dans le Chablais, pendant qu'Amedée III. Comte de Geneve s'avança jusqu'au pied du mont du Mortier. Le Comte de Savoye marcha à sa rencontre, & le défit entierement.

Ces defaites continuelles ne rebuterent pas ses ennemis : ils firent de nouvelles alliances, & le secours qu'elles leur procurerent, les mirent en état de marcher vers le château de Varey en Bugey, devant lequel Edouard avoit mis le siege. Il y eut en cette occasion un sanglant combat entre les deux armées ; mais la victoire se déclara en faveur du Dauphin. Edouard qui s'étoit trop avancé dans la mêlée seroit tombé entre les mains des ennemis sans la valeur de Hugues, Seigneur d'Entremonts. Le Comte de Savoye qui avoit perdu la plus grande partie de ses troupes dans cette bataille, se vit dans la nécessité de se retirer avec les débris de son armée. L'année suivante il se trouva en état de continuer la guerre, & d'entreprendre le siege de plusieurs places,

1325.

Cette

DE L'UNIVERS. Liv. II. Ch. VII.

Cette guerre ne l'empêcha cependant pas de se joindre à Philippe de Valois lorsqu'il marcha contre les Flamands, & de se trouver à la bataille de Mont-Cassel qui se donna en 1328. Après cette expédition il retourna à Paris avec le Roi, & ce fut dans ces circonstances que Clemence de Hongrie, veuve de Louis Hutin, étant prête de mourir, voulut reconcilier le Comte de Savoye avec le Dauphin, afin de prévenir les malheurs dont leurs Etats étoient menacés. Ces deux Princes se rendirent dans la chambre de la Reine, où ils s'embrasserent & se jurerent une amitié réciproque.

Edouard étant allé quelque temps après au château de Gentilly près de Paris pour s'y recréer, tomba malade, & mourut le 4 de Novembre 1329 âgé de quarante-cinq ans dont il en avoit regné six. Il avoit épousé Blanche de Bourgogne, fille aînée de Robert II. Duc de Bourgogne, dont il n'eut qu'une fille nommée Jeanne, qui épousa en 1329 Jean III. Duc de Bretagne.

Edouard étant mort sans laisser d'enfant mâle, Aymon (12) son frere fut reconnu Comte de Savoye. Il étoit alors à Avignon auprès du Pape Jean XXII. Ce Prince qui n'étoit point encore dans les Ordres sacrés quitta l'Etat Ecclésiastique auquel on l'avoit destiné dès son enfance. Jeanne de Savoye sa niece Duchesse de Bretagne voulut reclamer la succession du Comte son pere. Elle étoit appuyée par son mari qui cherchoit à faire valoir les prétentions de sa femme ; mais il se désista bien-tôt lorsqu'on lui fit connoître les loix du pays.

La paix que la Reine de France avoit fait faire entre le Dauphin & le Comte de Savoye ne fut pas de plus longue durée que les autres. Le Dauphin loin de confirmer ce traité avec Aymon se prépara à lui faire la guerre, & fit une ligue avec le Duc de Bretagne. Le Comte de Savoye informé des desseins de son ennemi se disposa à rendre inutiles les efforts de son adversaire. Le Roi de France employa vainement sa médiation, il ne pût empêcher ces deux Princes de s'attaquer mutuellement. La mort du Dauphin causée par une blessure qu'il reçut au château de la Perriere ne suspendit pas les opérations de la campagne. Humbert son frere qui lui succéda, continua la guerre. On convint cependant d'une treve qui fut suivie de la paix. Elle fut rompue l'année suivante, & donna sujet à un nouveau traité qui n'étoit que la confirmation du premier, excepté qu'on donna des cautions pour l'observation du traité. En conséquence on travailla à régler les limites des deux Etats, & l'on fit prêter serment aux habitans de ces différentes provinces, de s'en tenir à ce qui seroit décidé.

Ce Prince sincerement attaché à la France joignit ses troupes à celles de Philippe VI. de Valois dans la guerre que ce Monarque eut avec le Roi d'Angleterre, & il l'accompagna en Flandres. Après la conclusion de la paix il se rendit dans ses Etats, où il travailla au bonheur de ses sujets. Il mourut au château de Montmeillan le 24 de Juin 1343 treize jours après avoir fait son testament par lequel il instituoit Amedée son fils aîné, son héritier universel.

Aymon avoit épousé en 1330 Yolande fille de Theodore Paleologue

(12) Aymon fut le veritable nom de Baptême de ce Prince, & non pas Amé, quoique la plûpart des Historiens ayent souvent confondu ces deux noms en parlant de lui.

Duché de Savoye.

Marquis de Montferrat. Cette Princesse avoit eu pour dot les châteaux de Lancio, de Ciriès & de Caselle. On avoit reglé que si le Marquis de Montferrat ou ses descendans mouroient sans laisser d'enfans mâles, Yolande & ses successeurs auroient le Marquisat de Montferrat & qu'on donneroit aux filles leur mariage en argent. Cette clause a suscité de grandes guerres entre les Ducs de Savoye & ceux de Mantoue. Le Comte de Savoye eut d'Yolande, Amedée qui lui succéda ; Jean décédé en bas âge ; Blanche promise au fils d'Edouard Roi d'Angleterre & ensuite mariée à Galeas Viscomti Prince de Milan, & Catherine de Savoye. Il eut aussi plusieurs autres enfans naturels.

XVII. Amedée VI. surnommé le Verd.

Amedée surnommé le Comte verd (13) entra en possession des Etats de Savoye en conséquence du testament de son pere. Il étoit né le 4 de Janvier 1434, & il n'avoit que dix ans lorsque Aymon mourut. La sage conduite de Louis de Savoye Seigneur de Vaux son cousin & d'Amedée Comte de Geneve son neveu qu'on lui avoit donnés pour tuteurs, empêcha les troubles presque toujours inséparables d'une minorité. Ces deux Princes firent un accommodement avec Philippe de Valois au sujet des prétentions que Philippe Duc d'Orleans son fils avoit sur la Savoye comme héritier de Jeanne de Savoye Duchesse de Bretagne. Ils profiterent aussi de la négligence de Jeanne Reine de Naples pour s'emparer de plusieurs places que cette Princesse avoit dans le Piémont, & dont les Seigneurs voisins cherchoient à se rendre maîtres. Amedée qui les avoit accompagnés dans cette expédition, retourna à Chambery où il ordonna des tournois pendant trois jours. Ce fut dans l'un de ces tournois qu'il eut le surnom de *Comte verd*.

Il ne resta pas long-temps tranquille, & il se vit attaqué par Luchin Viscomti Seigneur de Milan. Ce Prince jaloux des heureux succès d'Amedée, résolut de lui faire la guerre, & se ligua avec Thomas Marquis de Saluces. Les projets du Duc de Milan ne purent avoir leur effet, ce Prince étant mort dans le temps qu'il se préparoit à entrer sur les terres du Comte de Savoye. Galeas & Barnabé neveux de Luchin, & qui avoient été élevés en Savoye, penetrés de reconnoissance pour leur bienfaiteur, engagerent Jean Viscomti Duc de Milan à faire un traité de paix avec la Cour de Savoye. Il fut cimenté par le mariage de Blanche sœur d'Amedée avec Galeas Viscomti. Ce fut alors que la maison du Marquis de Saluces commença à tomber. Le premier fruit de l'union du Comte de Savoye avec le Duc de Milan, fut la paix qui se fit par la médiation de ce dernier entre Amedée & Jean Marquis de Montferrat. Ces deux Princes se disputoient la Seigneurie d'Yvrée ; mais en conséquence de l'accommodement qu'ils firent ensemble, le Marquis ceda au Comte la moitié de cette ville.

Louis de Savoye un des tuteurs du Comte verd étant mort on apprehenda qu'il n'y eût du danger à laisser au Comte de Geneve le soin de la personne du Prince, & l'administration de ses Etats à cause des anciennes inimitiés des maisons de Savoye & de Geneve. On choisit à sa place Guillaume de

---

(13) Ce surnom lui fut donné, parce que dans un tournois il parut avec des armes vertes, & qu'il étoit monté sur un cheval caparaçonné de verd.

la Baume Seigneur de l'Abbergement à qui l'on donna pour l'aider son administration, plusieurs Seigneurs dont on connoissoit la sagesse & la probité. Sur ces entrefaites Humbert Dauphin de Viennois ayant cédé ses Etats au Roi de France, Amédée envoya proposer au Roi quelques échanges de terres enclavées dans ses Etats & dans ceux du Dauphiné. Ces propositions furent bien reçues, mais l'exécution en fut différée. Cependant la bonne intelligence ne dura pas long-temps entre le Comte de Savoye & le nouveau Dauphin. Quelques difficultés survenues entre les gens de justice de ces deux Princes pour l'Abbaye d'Ambronay & le château de Varey, furent le sujet des guerres qu'il y eut entre la France & la Savoye pendant les années 1353 & 1354. La victoire se rangea presque toujours du côté du Comte de Savoye & il eut l'avantage de gagner la celebre bataille des Abrès où il défit entierement les troupes de Hugues de Geneve qui avoit pris le parti du Dauphin. Le Roi Jean voulut enfin terminer une guerre si cruelle par une paix solide, & après quelques négociations infructueuses, il fit tenir à Paris une assemblée au Parlement, où il présida. On y examina les sujets de plainte des deux partis, & le 5 de Janvier 1355 on fit un traité qui étouffa toutes les semences de haine & de divisions entre les Peuples du Dauphiné & ceux de la Savoye. Il fut en même-temps décidé que le Comte épouseroit Bonne de Bourbon cousine du Roi.

Cette nouvelle alliance engagea Amédée à prendre le parti de Jean contre Edouard Roi d'Angleterrre. Ce Prince ayant repassé la mer, le Comte de Savoye retourna dans ses Etats. Les traités qu'il avoit faits avec le Dauphin, & l'alliance qu'il avoit contractée avec la France, le rendirent redoutable à ses voisins, qui n'oserent troubler la tranquillité dont ses Etats jouissoient. Il fit une ligue avec le Roi de Sicile & le Prince de Tarente son fils, & députa plusieurs Seigneurs pour faire exécuter le traité des échanges qu'il avoit fait avec le nouveau Dauphin en 1349 & qu'il avoit renouvellé en 1355.

L'union qui regnoit entre lui & le Dauphin, alors Regent du Royaume pendant la prison du Roi Jean, l'auroit porté à travailler avec le Dauphin à la délivrance du Roi s'il n'eût été occupé dans ses propres Etats. Jacques de Savoye Prince d'Achaie, avoit obtenu de l'Empereur Charles IV. la permission d'imposer quelque nouveau tribut en Piémont. La dureté avec laquelle il traita les habitans de cette province, les engagea à porter leurs plaintes au Comte de Savoye. Ce Prince envoya des Commissaires, qui après avoir fait les informations nécessaires condamnerent ce Prince & déchargerent les peuples des nouveaux impôts. Jacques irrité de ce jugement fit mourir les Officiers du Comte de Savoye. Ce procédé obligea Amédée de marcher contre lui. Il prit Turin & toutes les villes que le Prince d'Achaie possédoit, & lui livra un combat dans lequel il le fit prisonnier. Ce fut dans ces circonstances que Guillaume de la Baume acheta de Catherine de Savoye Comtesse de Namur, la Baronnie de Vaux & les terres qu'elle possédoit en Bugey & en Valromey pour être incorporées au Comté de Savoye.

La Principauté de Piémont avoit été cedée par Jacques de Savoye à Frederic Marquis de Saluces. Ce Prince refusa de rendre au Comte de Savoye l'hommage qu'il devoit pour le Piémont & pour les autres villes qu'il tenoit en fief. Amedée marcha contre lui & se rendit maître de cette province qui fut réunie au Comté de Savoye. Il confirma aux gentilshommes du Piémont tous les privileges que le Prince d'Achaie leur avoit accordés.

La guerre que Jean Marquis de Montferrat faisoit avec Galeas Viscomti Duc de Milan fut une occasion dont Amedée se servit pour se venger du Duc qui avoit soutenu le parti du Marquis de Saluces. Il fournit des troupes au Marquis de Montferrat ; mais cette bonne intelligence ne dura pas long-temps , & quoiqu'Amedée se fût raccommodé avec lui , il ne jugea à propos de s'en tenir au traité & s'empara de plusieurs châteaux qui appartenoient au Marquis. Ce Prince voulut alors se préparer à recommencer la guerre, afin de reprendre ce qu'il avoit perdu. Le Comte informé de ses desseins fit une ligue avec Galeas Prince de Milan , & ils convinrent de partager entr'eux les Etats du Marquis. L'année suivante il pardonna au Prince d'Achaie & lui rendit tous ses biens. Cet exemple de générosité ne fut point capable de ramener à son devoir le Marquis de Saluces , & il donna bien-tôt de nouveaux sujets de plainte au Comte de Savoye. Amedée résolu de le forcer à se soumettre, alla mettre le siege devant Saluces où il s'étoit retiré, & il serra la place de si près que le Marquis ne trouva plus d'autre ressource que dans la clémence de son vainqueur. Il se rendit à la tente du Comte, & lui déclara qu'il remettoit entre ses mains sa personne & ses Etats. Amedée surpris d'une action à laquelle il ne s'attendoit pas pardonna de nouveau à ce Prince, & consentit que leurs differends fussent jugés par des arbitres. Le Marquis de Saluces ne demeura pas long-temps tranquille. Il crut devoir profiter des troubles dont le Val d'Aouste étoit agité, & des secours que Barnabé Prince de Milan étoit en état de lui fournir.

Amedée ne fut pas long-temps à rétablir le calme dans le Piémont d'où il chassa les troupes Angloises qui commettoient tous ces désordres. Il envoya ensuite le Prince d'Achaie contre le Marquis de Saluces sur lequel on fit plusieurs conquêtes. Après avoir rendu le calme à tous ses Etats, il entreprit de passer en Grece pour secourir Jean Paleologue Empereur de Constantinople qui avoit été fait prisonnier par Amurat Empereur des Turcs. Il chargea de la regence de ses Etats Bonne de Bourbon son épouse , & s'embarqua à Venise avec son armée. Les grands avantages qu'il remporta contre le Roi de Bulgarie obligerent ce Prince de rendre la liberté à l'Empereur Paléologue. Cette expédition étant ainsi heureusement terminée , le Comte de Savoye retourna dans ses Etats, où il resta quelques années en repos.

Leonel d'Angleterre, Duc de Clarence, mari d'Yolande, fille de Galeas, Prince de Milan , & de Blanche de Savoye , étant mort un an après son mariage , le Gouverneur des villes & châteaux que Galeas avoit donnés pour dot à sa fille, refusa de les remettre au beau-pere après la mort du gendre , & en traita avec Jean , Marquis de Montferrat. Galeas indigné de cette perfidie déclara la guerre au Marquis de Montferrat qui eut recours au Comte de Savoye. Ce Prince tenta sans effet la voie d'un accommodement. Dans ces circonstances le Marquis de Montferrat mourut, & laissa ses enfans sous la tutelle d'Othon , Duc de Brunswich , mari de Jeanne , Reine de

Naples. Tout sembloit favoriser les desseins du Prince de Milan. Ast étoit assiegé, & les terres de Montferrat pouvoient facilement devenir la proie du premier qui auroit voulu s'en emparer, à cause de l'éloignement du Duc de Brunswich. Le Comte de Savoye fut alors sollicité de proteger de jeunes orphelins qui étoient sans défense : mais il hésita long-temps à prendre un parti. Il étoit beau-frere de Galeas, & neveu du feu Marquis de Montferrat : il auroit voulu ne pas rompre avec les Princes de Milan ses voisins, & cependant l'alliance que Barnabé avoit faite avec le Marquis de Saluces, le chagrinoit ; d'ailleurs il prévoyoit la ruine du Piémont, si Galeas s'emparoit de la ville d'Ast. Il se détermina enfin pour les jeunes Princes, & leva une forte armée qu'il envoya au secours d'Othon qui étoit dans Ast. Ce Duc fit alors une sortie, dans laquelle il eut l'avantage. Le Comte de Savoye se disposa ensuite à livrer bataille, mais les Milanois qui connurent le danger qu'il y avoit de s'y engager, & qui avoient souffert cette même journée un second échec, leverent le siege, & se retirerent.

Rien ne s'opposant plus aux progrès d'Amedée, il reprit le château de Vulpian que l'Abbé de sainte Benigne avoit enlevé au Marquis de Montferrat. Ces succès engagerent ce Prince à se lier plus étroitement avec Amedée, qui promit de faire la guerre à Galeas pour l'obliger à rendre ce qu'il avoit usurpé sur le Montferrat. Le Marquis de Saluces étoit du parti des Viscomti ; mais il ne fut qu'un foible obstacle aux conquêtes que le Comte de Savoye fit dans le Milanès.

Tant d'exploits forcerent enfin les Viscomti à demander la paix, & elle fut conclue le 22 de Juin 1375. Le Comte de Savoye ne songea plus alors qu'à tourner ses armes contre le Marquis de Saluces qui refusoit toujours de le reconnoître pour son souverain. Ce Marquis se voyant abandonné des Viscomti, se déclara Vassal de Charles V. Roi de France, afin d'engager ce Monarque à le prendre sous sa protection. Il arbora alors les armes de France sur les places les plus fortes de son Marquisat. Amedée s'en plaignit au Roi de France ; mais il n'osa se brouiller avec un Monarque si puissant, & cette affaire fut terminée par les voyes de la négociation. L'Empereur qui prétendoit que ce Marquisat étoit un fief de l'Empire, céda au Comte tous les droits qu'il pouvoit avoir sur ce Marquisat, avec défense de porter ailleurs que devant lui les affaires qui pourroient survenir à ce sujet.

Ce petit mécontentement n'empêcha pas dans la suite Amedée de prendre le parti du Duc d'Anjou, lorsqu'il fut nommé Roi de Naples. Ce fut pendant cette expédition qu'il fut attaqué de la peste dont il mourut. Quelques Auteurs croyent que ce Prince but de l'eau d'une fontaine empoisonnée, qui lui causa la mort. Il étoit alors dans la cinquantieme année de son âge. Ce Prince ne laissa de son mariage avec Bonne de Bourbon qu'un fils nommé Amedée, qui fut son unique héritier. Il avoit établi le droit de primogéniture entre ses descendans, & avoit fait une loi pour exclurre les filles de la souveraineté. Il avoit institué l'an 1362 l'Ordre du *Collier* ou simplement de *Savoye*. Il prit dans la suite le nom *d'Ordre des Chevaliers de l'Annonciade*.

Après la mort de ce Prince, Amedée son fils unique s'empara du Comté de Savoye. Il étoit né à Veillane en Piémont le 24 février 1360. A l'âge

DUCHÉ DE SAVOYE.

1371.

1375.

1383.

XVIII. Amedée VII. surnommé le Rouge ou le Roux.

DUCHÉ DE SAVOYE.

de dix-neuf ans, son pere lui avoit donné pour appanage les Seigneuries de Bresse & de la Valbonne, & il avoit forcé le Sire de Beaujeu à lui rendre hommage pour plusieurs villes & châteaux. Il s'étoit distingué dans la guerre que Charles VI. avoit entreprise en 1382 contre les Flamands. Il accompagna une seconde fois ce Prince qui fut obligé de repasser en Flandres pour punir les Gantois qui avoient appellés les Anglois à leur secours.

Quelques troubles qui survinrent dans ses Etats l'obligerent d'y retourner promptement. Les peuples du Valais s'étoient révoltés, & avoient chassé leur Evêque ; ils étoient même entrés dans le Chablais, où ils avoient fait quelques hostilités. Le Comte de Savoye les força bien-tôt à rentrer dans le devoir, & à implorer sa clémence. Theodore, Marquis de Montferrat avoit voulu profiter de ces troubles pour attaquer Amedée. Il eut lieu de se repentir de son entreprise, & accepta volontiers la médiation de Galeas Duc de Milan, qui le reconcilia avec le Comte de Savoye.

Frederic, Marquis de Saluces, ne pouvoit rester tranquille, & il formoit toujours quelqu'entreprise sur le Piémont. Le Comte de Savoye delivré de la guerre du Valais, passa les Monts, & enleva au Marquis deux places importantes. Il auroit fait même de plus grands progrès, si Charles VI. qui se préparoit à déclarer la guerre aux Anglois, ne l'eût engagé à se joindre à lui. Il fut donc obligé à faire une treve avec le Marquis de Saluces, jusqu'à ce que les arbitres qui avoient été nommés pour juger ce differend, eussent terminé cette affaire. Pendant qu'Amedée étoit en France, Theodore Marquis de Montferrat excita une révolte dans le Canaveys, & fit même le siége de Verrue. La présence d'Amedée fit changer les choses de face, le siége de Verrue fut levé, & les rebelles furent punis.

1391.

Un jour que ce Prince chassoit au sanglier, il tomba de cheval & se cassa la jambe droite. Cet accident fut cause de sa mort arrivée le premier de novembre 1391. Il n'étoit alors âgé que de trente-un ans. On soupçonna que ce Prince avoit été empoisonné, & plusieurs personnes même furent inquietées à ce sujet ; mais on reconnut leur innocence, & on rehabilita la memoire de Pierre de Lupinis qu'on avoit fait mourir comme coupable de cet attentat. Amedée avoit épousé en 1376 Bonne de Berry, fille de Jean Duc de Berry & de Jeanne d'Armagnac. Il n'en eut qu'un fils nommé Amedée, qui lui succeda, & deux filles, sçavoir Bonne mariée à Louis de Savoye, Prince d'Achaie, & Jeanne Posthume qui épousa Jean-Jacques Paleologue, fils du Marquis de Montferrat.

XIX. Amedée VIII. communement appellé Amedée VII. surnommé le Pacifique.

Amedée n'avoit que huit ans lorsque son pere mourut. Bonne de Berry sa mere & bonne de Bourbon son ayeule, prétendirent à la tutelle de ce Prince & à la Regence de ses Etats. Il fut enfin décidé que Bonne de Bourbon seroit tutrice & Regente, & qu'on lui donneroit pour Conseillers, le Prince de la Morée, Louis de Savoye, les Sires de Villars & de Beaujeu, & plusieurs autres Seigneurs. Bonne de Bourbon ayant fini avec honneur le temps de sa regence, songea à abandonner les Etats de Savoye. On fit quelques difficultés pour lui rendre son douaire, mais l'approche de Louis de Bourbon son frere, qui s'étoit avancé jusqu'à Grenoble, obligea le Comte de Savoye à donner satisfaction à cette Princesse, qui se retira à Mâcon, où elle passa le reste de ses jours. Amedée augmenta ses Etats par l'acquifition qu'il fit du comté de Geneve, moyennant une fomme d'argent qu'il donna à Odon de Villars. Ce Prince lui remit en même-temps tous les droits que les Comtes de Geneve avoient en Grefivaudan, dans le Viennois & dans le Dauphiné. Le Comte de Savoye lui céda la feigneurie de Château-neuf en Valromey. Le titre de cette acquifition eft daté du 5 d'août 1401. Il achetta encore pour cent mille florins d'or toutes les terres que Humbert VII. poffedoit en-deçà de la Saône dans la Breffe & dans le Bugey, à la réferve des feigneuries de Rouffillon & de Montdidier. Le motif de ces acquifitions étoit de s'oppofer à l'aggrandiffement de Louis Duc de Bourbon, qui depuis peu avoit fuccédé à Edouard, aux feigneuries de Beaujollois & de Dombes.

DUCHÉ DE SAVOYE.

Ce Prince refufa de rendre hommage à Amedée pour plufieurs villes & châteaux, fuivant le traité de 1337 fait entre Aymon Comte de Savoye & Edouard I. Seigneur de Beaujeu. Ce refus occafionna une guerre entre les deux Princes, & elle fut terminée à l'avantage du Comte de Savoye, à qui Louis de Bourbon fit rendre hommage par fon fils aîné. Quelque-temps après Amedée paffa en France, & affifta à une affemblée des Princes que Charles VI. avoit convoquée, pour chercher les moyens de remedier aux troubles dont la France étoit agitée. Le Roi le retablit alors dans la poffeffion du Vicomte de Maulevrier, que fes prédeceffeurs avoient poffedé.

Pendant fon féjour dans ce royaume, Theodore Marquis de Montferrat & Thomas Marquis de Saluces, fe liguerent enfemble pour lui faire la guerre. Cette nouvelle obligea Amedée de retourner dans fes Etats, où fa préfence retablit bien-tôt le calme. Il ne fut pas de longue durée, & le Comte de Savoye fe vit contraint de faire la guerre contre Thomas fils de Frederic, Marquis de Saluces, qui refufoit toujours de lui rendre hommage. Amedée paffa en Piémont, s'empara de plufieurs places qui appartenoient au Marquis, & l'affiegea dans Saluces même. Thomas fe vit alors dans la neceffité de reconnoître qu'il tenoit le marquifat de Saluces en fief du Comte Amedée, & les villes de Carmagnole & de Revel, du Prince de Morée.

1412.

Toutes les acquifitions qu'Amedée avoit faites, & les grands avantages qu'il avoit remportés fur ceux qui avoient refufé de lui rendre hommage, n'avoient pas peu contribué à relever la gloire de ce Prince, mais elle le fut encore davantage par le titre de Duc que l'Empereur Sigifmond lui accorda. L'Empereur lui donna en même-temps l'inveftiture de tous fes Etats, & lui confirma les anciens priviléges dont il jouiffoit. La mort de Louis de Savoye, Prince d'Achaie & de la Morée, Comte de Piémont, fervit encore à augmenter la domination du nouveau Duc. Louis étant mort fans enfans, Amedée fe trouva feul maître de tous fes Etats.

Comté de Savoye érigé en Duché.

1416.

Les grandes faveurs qu'il avoit reçues de Sigifmond, le porterent à fecourir ce Prince dans la Croifade qu'il fit contre les Huffites. Charles VII. Roi de France, qui connoiffoit fes talens, l'employa pour négocier la paix entre lui & le Duc de Bourgogne, & il fut auffi le principal auteur de la ligue que les Venitiens & les Florentins formerent en 1425 contre Philippe-Marie Duc de Milan. Il chaffa de fon fiége Jean de Poitiers, Evêque de Valence, qui avoit voulu s'attribuer plufieurs droits de fouveraineté dans les dépendances de son Evêché. Ce ne fut point en qualité de Vicaire Général de l'Empire, qu'il sévit contre ce Prélat, comme quelques Historiens l'ont avancé, mais ce fut en qualité de Comte de Valentinois & de Diois. Louis de Poitiers, par son testament du 22 juin 1419, avoit au défaut d'enfans, institué pour son successeur à ces deux comtés, Charles Dauphin de Viennois à de certaines conditions, & en cas que le Dauphin refusât de les exécuter, il appelloit à sa succession Amedée Duc de Savoye. Le Dauphin ayant manqué aux conditions prescrites, Amedée s'empara des comtés de Valentinois & de Diois.

Jusqu'alors Amedée avoit differé de se liguer avec les Venitiens contre le Duc de Milan, & d'ailleurs les troupes qu'il avoit envoyées à Janus Roi de Chypre, ne lui permettoient pas de faire quelqu'entreprise en Italie. Les secours qu'il reçut du Duc de Bourgogne, le mirent en état d'attaquer le Duc de Milan, sur lequel il remporta des avantages considérables. Philippe-Marie craignant les suites de cette guerre, fit proposer un accommodement au Duc de Savoye, qui se détermina enfin à y consentir. Ces deux Princes signerent un traité, par lequel ils renouvellerent les anciennes confédérations, tant pour leurs Etats que pour leurs alliés. Le Duc de Milan céda alors à perpétuité au Duc de Savoye la ville & le comté de Verceil.

La paix que le Duc de Milan avoit faite avec les Venitiens, fut bientôt rompue. Il voulut engager le Duc de Savoye à prendre les armes contr'eux, & il l'en fit même solliciter par l'Empereur Sigismond. Les Venitiens d'un autre côté, tâchoient de mettre dans leur parti le Duc de Savoye, en représentant à ce Prince que le Duc de Milan avoit commencé les premieres hostilités. Amedée qui désiroit vivre en bonne intelligence avec les deux peuples, temporisa le plus long-temps qu'il put. Les Venitiens n'esperant plus le mettre dans leurs intérêts, eurent recours à Jean Jacques Marquis de Montferrat. Ce Prince toujours ennemi d'Amedée, fit tout ce qu'il put pour porter Charles VII. à déclarer la guerre au Duc de Savoye, dont ce Monarque avoit lieu de se plaindre pour avoir prêté du secours au Prince d'Orange, lorsqu'il fit quelques tentatives sur le Dauphiné. Cette intrigue fut découverte ; mais le Duc de Savoye ne chercha pas à se venger du Marquis de Montferrat, il voulut au contraire faire un accommodement avec lui. Le Marquis de Montferrat qui se flattoit de recevoir des secours du Roi de France & des Venitiens, ne voulut écouter aucune proposition. Ses espérances se trouvant trompées, il se vit réduit à demander la paix. Les principaux articles du traité portoient que les sujets du Marquis obéiroient au Duc ; que ce Prince mettroit garnison dans les villes & châteaux du Montferrat, dont le Duc de Milan ne s'étoit pas encore emparé, & que le Marquis de Montferrat, ses successeurs & leurs vassaux rendroient hommages aux Ducs de Savoye, & leur prêteroient serment de fidelité.

Amedée travailla alors à reconcilier le Duc de Milan avec le Marquis de Montferrat. Philippe n'ayant point voulu y consentir, le Marquis se rendit à Venise dans l'espérance que le Duc de Milan ne pourroit refuser la médiation du Senat. Amedée ne fut pas content de cette démarche, parce qu'il appréhendoit que le Duc de Milan ne s'imaginât qu'il y eût quelque part. Il

obtint

obtint cependant de ce Prince une suspension d'armes, mais il negligea alors de le porter à faire la paix. Il refusa même à la priere du Duc de Milan, de remettre au Marquis de Montferrat ses terres & ses places jusqu'à ce qu'il eut donné une entiere satisfaction à ce Prince. Comme il avoit lieu de se défier du Marquis de Montferrat & des Venitiens, il fit avec le Duc de Milan un traité, dans lequel les Florentins furent compris.

Le Duc de Savoye qui avoit toujours aimé le repos & la solitude, songea enfin à satisfaire son inclination. Il se retira au prieuré de Ripaille, & il y établit un nouvel ordre de Chevalerie (14) seculiere qu'il nomma S. Maurice, patron de la Savoye. Il convoqua dans sa nouvelle retraite une assemblée des principaux Prélats & Seigneurs de Savoye, en présence desquels il déclara le dessein où il étoit de passer le reste de ses jours dans la tranquillité. Il créa alors Prince de Piémont, Louis son fils aîné, qui jusqu'alors n'avoit porté que le titre de Comte de Geneve, & il lui remit la lieutenance générale de ses Etats. Philippe son autre fils fut nommé Comte de Geneve. Le lendemain il prit l'habit d'hermite avec ses Chevaliers, & se rendit dans un hermitage qu'il avoit fait bâtir exprès. Le Prince de Piémont chargé du gouvernement de la Savoye, résolut de terminer par les voyes d'accommodement, les différends qui subsistoient depuis si long-temps entre sa maison & celle de Montferrat. On nomma des arbitres de part & d'autre, & cette affaire parut entierement terminée. On conclut alors le mariage d'Isabelle, fille du Marquis de Montferrat avec Louis Marquis de Saluces.

Pendant que le Duc de Savoye passoit ainsi sa vie dans la solitude, on tenoit à Bâle un Concile dans lequel on déposa Eugenes IV. Les Cardinaux s'étant enfermés dans le Conclave, élurent pour Pape Amedée qui prit le nom de Felix V. Son élévation ne fut pas generalement approuvée, & plusieurs Princes Chrétiens refuserent de le reconnoître. Amedée craignant les suites de ce Schisme, renonça à sa nouvelle dignité l'an 1449. Il fut alors nommé Legat Apostolique pour la Savoye, le Piémont, le Montferrat, les Evêchés de Bâle, de Strasbourg, &c. Amedée retourna ensuite dans sa solitude où il mourut le 5 janvier 1451 âgé de soixante & sept ans. Il avoit épousé l'an 1401 Marie de Bourgogne, fille de Philippe le Hardi. Il avoit eu de cette Princesse, Amedée Prince de Piémont & d'Achaie, qui mourut dix-huit ans avant son pere; Marie qui épousa Philippe-Marie Viscomti, Duc de Milan; Louis Comte de Geneve qui succeda à Amedée VIII. Bonne fiancée avec François de Bretagne, Comte de Montfort, fils de Jean Duc de Bretagne & de Jeanne de France. La mort de Bonne avoit empêché que ce mariage ne fut consommé. Marguerite qui fut mariée en premieres nôces avec Louis d'Anjou Roi de Jerusalem, & en secondes nôces avec Louis Duc de Baviere, & en troisiemes avec Ulrich Comte de Wirtemberg. Il eut encore Philippe, & deux princes nommés Antoine, qui moururent en bas âge.

Après la mort d'Amedée, Louis qui se trouvoit alors l'aîné des enfans de

---

(14) Il ne devoit y avoir que six Chevaliers & un Doyen. Il falloit qu'ils fussent tous Gentilshommes, & qu'ils eussent eu part au gouvernement.

ce Prince, fut reconnu souverain de tous les Etats que son pere avoit possedés. Le commencement du règne de ce Prince, fut rempli de troubles dont la France crut devoir profiter. La trop grande faveur de Jean de Compeys, Seigneur de Thorens, excita la jalousie d'un grand nombre de Courtisans, & leur fit chercher les moyens de le perdre. Ce favori ne tarda pas à se venger, & la plûpart furent bannis & perdirent leurs biens & leurs charges. Cette conduite de Compeys fit beaucoup de mécontens, qui s'adresserent d'abord au Pape Nicolas V. & au Roi d'Arragon. Mais ces Princes n'ayant pu rien obtenir du Duc de Savoye, ils implorerent la protection de Charles VII. Le Roi qui étoit peu satisfait du mariage du Dauphin avec Charlotte de Savoye, qu'on avoit fait sans son contentement, saisit cette occasion de causer quelque chagrin au Duc de Savoye. Il lui écrivit dans des termes qui irriterent ce Prince, & qui le déterminerent à se préparer à la guerre. Le Roi de son côté s'avança jusqu'à Feurs, à dessein de pénétrer dans la Savoye. Le Cardinal d'Estouteville lui proposa de suspendre son voyage jusqu'à ce qu'il eût eu une entrevûe avec le Duc de Savoye. Ce Duc se rendit en conséquence à Feurs, & entama une négociation qui fut terminée à la satisfaction des deux Princes. Ils renouvellerent alors les anciens traités, & ils convinrent du mariage du Prince de Piémont avec Yolande de France; à l'égard de celui du Dauphin, le Roi desira que la consommation fût differée. Louis de retour en Savoye, reçut diverses plaintes sur la maniere dont la justice étoit administrée à ses sujets; & pour remédier aux differends abus qui s'y étoient glissés, il convoqua à Geneve une assemblée des trois Ordres de ses Etats.

Charles VII. deputa alors vers lui, pour le sommer de tenir la promesse qu'il avoit faite à l'égard des Gentilshommes qui avoient été bannis de Savoye. Le Duc pour satisfaire le Roi, cassa la sentence qui avoit été prononcée contr'eux, & les retablit dans leurs biens & dans leurs charges. Cette bonne intelligence qui regnoit entre Charles VII. & le Duc de Savoye, fut en quelque sorte la cause de la guerre que le Dauphin fit peu de temps après au Duc de Savoye, & l'hommage du marquisat de Saluces que ces deux Princes prétendoient leur être réciproquement dû, en fut le prétexte. Le Dauphin fit plusieurs hostilités dans l'Etat de Savoye, & elles ne cesserent que trois mois après par la médiation du Duc de Bourgogne & des habitans de Berne. On décida que la question de cet hommage resteroit indécise pendant sept ans, sans préjudice des droits respectifs des deux partis. Le Duc de Savoye eut aussi quelques demêlés avec Jean Duc de Bourbon, qui lui avoit refusé l'hommage du château de Bezenens dans la principauté de Dombes, & il y eut même entr'eux un commencement de guerre. Louis XI. qui étoit alors sur le trône, voulut être l'arbitre de cette querelle; mais il ne put venir à bout de terminer leurs differends, & toutes les négociations ne produisirent que des treves.

Ce n'étoit pas le seul soin dont le Duc de Savoye étoit alors agité: les troubles que Philippe son fils excitoit dans sa Cour, lui causoient de plus grandes inquiétudes, & lui faisoient chercher les moyens d'y apporter quelques remedes. Il se rendit pour cet effet en France, & engagea Louis XI. à trouver un prétexte pour attirer Philippe dans ce royaume, & s'assurer de lui. Ce projet eut son exécution, & Philippe fut arrêté & conduit à Loches où il fut retenu prisonnier. Le Duc retourna ensuite dans ses Etats où il reçut des deputés de Charles Duc de Berry & des autres Princes du sang, pour lui proposer de se liguer avec eux contre le Roi. Le Duc les refusa, & il prit même le parti de passer en France, pour avertir Louis XI. de ce qui se tramoit contre lui. Il alla jusqu'à Lyon, où il tomba malade & où il mourut.

Louis eut seize enfans. 1°. Amédée qui lui succéda. 2°. Louis de Savoye Comte de Geneve & Prince d'Antioche, & depuis Roi de Chypre (15), de Jerusalem & d'Armenie. Il fut detrôné par Jacques, fils naturel de Jean Roi de Chypre son beau-pere, qui étoit soutenu de Melec-Ella Soudan d'Egypte. 3°. Janus de Savoye Comte de Geneve, qui épousa en premieres nôces Helene de Luxembourg, & qui eut pour seconde femme Magdeleine de Bretagne de Brosse. 4°. Jacques Comte de Romont, qui épousa Marie de Luxembourg. 5°. Philippe Comte de Baugé, qui dans la suite fut Duc de Savoye. 6°. Aymon mort au berceau. 7°. Pierre. 8°. Jean-Louis. 9°. François, ces trois Princes embrasserent l'Etat Ecclésiastique. 10°. Marguerite de Savoye, qui épousa en premieres nôces Jean Marquis de Monferrat, & en secondes Pierre de Luxembourg. 11°. Anne morte en bas âge. 12°. Charlotte femme de Louis XI. 13°. Bonne qui épousa Galeas-Marie Sforce Duc de Milan. 14°. Marie qui épousa Louis de Luxembourg. 15°. Agnès mariée à François d'Orleans Grand Chambellan de France. 16°. Jeanne qui resta fille.

Amédée l'aîné des fils de Louis succéda à son pere. Il étoit à Bourg-en-Bresse, lorsqu'il apprit la nouvelle de la mort de ce Prince : ce qui lui fit prendre la résolution de retourner en Savoye. Louis XI. le sollicita alors de faire la guerre à Jean Duc de Bourbon, l'un des principaux Chefs de la ligue, & le Duc de Bourgogne fit tout ce qu'il put pour le porter à demeurer neutre. Amédée balança long-temps sur le parti qu'il devoit prendre ; mais il se détermina enfin pour Louis XI. & envoya des troupes en Beaujolois. Cependant Amédée travailloit à procurer la paix à ses sujets, & il fit en conséquence différens traités avec les Princes voisins. Toutes ces précautions ne purent le garantir des entreprises du Marquis de Montferrat. Guillaume qui avoit succédé à Jean-Jacques son pere, refusa d'observer les traités qui avoient été faits entre la maison de Savoye & celle de Montferrat. Les secours que le Duc de Milan avoit fournis au Marquis, l'avoient mis en état de soutenir la guerre contre le Duc de Savoye. Louis XI. également porté pour Amédée & Galeas Sforce, travailla à rétablir l'union entre ces deux Princes. Amédée qui avoit de grands sujets de plainte contre le Duc de Milan, ne voulut consentir à aucun accommodement. Il demanda la restitution de Valence sur le Pô, & de plusieurs autres villes & châteaux que François Sforce pere de Galeas avoit enlevés à la maison de Savoye. Tant d'animosité de part & d'autre, sembloit annoncer une longue guerre ; elle fut cependant terminée sur la fin de la même année.

Amédée, dont la santé étoit extrêmement foible, ne pouvoit à peine vac-

(15) Il avoit épousé Charlotte de Chypre, & c'est sur ce mariage qu'est fondée la prétention de la maison de Savoye sur le royaume de Chypre, parce que Charlotte étant heritiere de cette isle, transporta ses droits à son neveu Charles III, fils d'Amédée IX.

DUCHÉ DE SAVOYE.

1471.

quer aux affaires du gouvernement. La noblesse & le peuple furent d'avis de donner la régence des Etats de Savoye & de Piémont à la Duchesse Yolande, Princesse d'une rare vertu & d'un merite singulier. Les Comtes de Geneve, de Romont & de Bresse en conçurent de la jalousie, & prétendirent que le gouvernement leur appartenoit. Ils leverent des troupes à dessein de forcer la Duchesse à leur abandonner l'administration des affaires, & penetrerent sans obstacles jusqu'à Chambery. Ils allerent ensuite mettre le siege devant le château de Montmeillan. Ils se saisirent de la personne du Duc; mais la Duchesse trouva moyen de s'échapper, & de se retirer dans le château d'Apremont. Louis XI. qu'elle informa de sa situation, lui envoya un prompt secours commandé par Charles de Savoye. Ce jeune Prince étant mort en chemin, le Comte de Comminges se mit à la tête des troupes, & délivra la Princesse qui se rendit à Grenoble. On parla alors d'accommodement. Les deux partis convinrent de mettre bas les armes, & l'autorité fut rendue à la Duchesse, en attendant que Louis XI. choisi pour arbitre, eût décidé à qui elle devoit appartenir. Amedée ne survecut pas long-temps: il mourut à Verceil l'an 1472 à l'âge de trente-sept ans.

Ce Prince avoit épousé en 1452 Yolande de France, fille de Charles VII. & il avoit eu de cette Princesse neuf enfans; sçavoir, Charles mort à l'âge d'environ quinze ans; Philibert qui lui succeda; une autre Prince nommé Charles; Jacques Louis Comte de Geneve; Bernard; Claude Galeas mort au berceau; Anne mariée à Frederic d'Arragon; Marie femme de Philippe, Marquis d'Haberg, Comte souverain de Neufchâtel en Suisse; & Louise qui épousa Hugues de Châlons, fils de Louis de Châlons Prince d'Orange.

XXII.
PHILIBERT I. surnommé le Chasseur.

Philibert qui succéda à Amedée, étoit né à Chambery le 7 d'août 1465, & il n'étoit que dans la septiéme année de son âge lorsque son pere mourut. Amedée avoit déclaré Yolande tutrice du jeune Prince & Regente de ses Etats; cependant Louis XI. Charles Duc de Bourgogne, les Comtes de Romont, de Bresse & l'Evêque de Geneve, oncles du Prince, prétendirent à la régence. Les Piémontois étoient portés pour la Duchesse; mais les Savoyards étoient partagés en differentes factions. La Duchesse qui s'étoit retirée à Montmeillan avec le jeune Duc, y fut assiegée par les Princes de Savoye. Elle fut contrainte de se rendre, & de consentir que la décision de cette affaire fut remise aux Etats généraux de Savoye. Les Princes contre la parole qu'ils avoient donnée, se rendirent maîtres du jeune Duc, & le conduisirent à Chambery. Yolande prit la fuite, & demanda des secours à Louis XI. aux Ducs de Bourgogne & de Milan; & au Marquis de Montferrat. Les Princes de Savoye ne se croyant pas assez forts pour résister, renoncerent à leurs prétentions, & la régence fut deferée de nouveau à la Duchesse.

Le premier acte d'autorité que fit cette Princesse, fut la publication d'un édit par lequel elle déclara, que les fiefs qui étoient en-deçà & au-delà des Monts, seroient alienables, comme les autres biens, en faveur de tous ceux qui voudroient les acheter, au lieu qu'auparavant l'aliénation, ne s'en pouvoit faire qu'à ceux de la même famille. Cette Princesse fut obligée de fournir des troupes au Duc de Bourgogne qui étoit en guerre contre les Suisses. Ces secours ne l'empêcherent pas de perdre tout son pays, & le Duc craignant que la Duchesse de Savoye n'abandonnât alors son parti pour prendre celui de Louis XI: forma le dessein d'enlever la Duchesse & ses enfans, & de les conduire en Bourgogne: On trouva cependant moyen d'enlever des mains des ravisseurs, le Duc Philibert & Jacques-Louis son frere.

DUCHÉ DE SAVOYE.

Louis XI. fit alors rassembler les Etats de Savoye, pour donner un tuteur au jeune Duc pendant la détention de la Princesse. On supplia ce Monarque de vouloir bien prendre sous sa protection le Prince & ses Etats. Le Roi chargea l'Evêque de Geneve du gouvernement des pays qui sont en-deçà des Monts, & donna au Comte de Bresse celui du Piémont. Le Duc de Savoye & son frere furent remis entre les mains du Roi, avec les places de Chambery & de Montmeillan. Cependant Louis XI. trouva moyen de rendre la liberté à Yolande, & il lui promit en même-temps qu'il lui remettroit ses enfans & ses places; qu'il la maintiendroit dans sa premiere autorité, & la deffendroit contre tous ceux qui voudroient la lui disputer. Cette Princesse ayant appris que Philippe de Savoye, Gouverneur du Piémont, n'abandonneroit pas facilement le gouvernement qui lui avoit été confié, voulut engager Louis XI. à l'y forcer. Ce Prince refusa de satisfaire la Duchesse; mais il lui déclara qu'il ne s'opposeroit point aux moyens qu'elle pourroit trouver pour contraindre Philippe à lui céder le gouvernement de Piémont. En conséquence Yolande s'adressa à Galeas-Marie Sforce Duc de Milan, qui ne tarda pas à entrer avec une puissante armée dans le Piémont, où il s'empara de plusieurs places. La rapidité de ses conquêtes engagea l'Archevêque de Turin à presser vivement Philippe de Savoye de remettre toute l'autorité entre les mains de la Duchesse. Philippe se rendit aux instances du Prélat, & les Milanois se retirerent dans leur pays.

Yolande de retour dans ses Etats, travailla au bonheur de ses sujets, & fit plusieurs loix, dont quelques-unes eurent pour but d'abréger les formalités ordinaires de la justice. Les peuples ne jouirent pas long-temps du bonheur de posséder une si grande Princesse. Elle mourut l'an 1478.

1478.

Cette mort renouvella les troubles qui avoient déja agité la Savoye au sujet de la tutelle du Duc Philibert. On convoqua une assemblée des principaux Nobles à Rumilli en Albanois, afin de prendre de justes mesures pour donner un tuteur au jeune Prince. On s'adressa cependant à Louis XI. qui chargea Grolée de ce poste important, & donna le gouvernement de la Savoye au Comte de la Chambre. Ce Seigneur abusa bien-tôt du pouvoir qui lui étoit confié: ce qui obligea le Roi à ordonner secretement à l'Evêque de Geneve de prendre le gouvernement de l'Etat. Ce Prélat se rendit en diligence à Turin, & de concert avec Grolée, il prit des arrangemens pour conduire le jeune Duc en Dauphiné. Le Comte de la Chambre informé du départ du Duc, le suivit jusqu'à Yenne au pied du mont du Chat, entra dans la maison où le Prince étoit logé, & envoya Grolée prisonnier à Maurienne. Il persuada ensuite le Duc, qu'il lui étoit plus avantageux de rester parmi ses sujets, que de se remettre au pouvoir des François. Il le conduisit à Annecy où il fut résolu que le Duc se mettroit à la tête de ses troupes, pour chasser du Piémont l'Evêque de Geneve. Le Duc de Savoye séduit par les discours du Comte de la Chambre, mit promptement une armée sur pied & commanda qu'on fît le siége de Verceil. Le Roi irrité de la conduite du

Comte de la Chambre, donna des ordres secrets pour faire arrêter ce Comte. On usa de ruse & d'artifice, & l'on vint à bout de se rendre maître de sa personne. Ses biens furent confisqués, & Grolée sortit de prison.

Louis XI. s'étant rendu à Lyon, y manda le Duc de Savoye. Ce Prince s'y rendit, & reçut du Roi toutes les marques d'amitiés qu'il pouvoit souhaiter. Le trop d'exercice que Philippe prit à la chasse, aux tournois & aux courses de bague, lui causa une maladie dont il mourut; il n'étoit âgé que de dix-sept ans.

Charles né le 29 de Mars 1468, n'avoit que quatorze ans lorsqu'il succeda à Philibert son frere. Louis XI. pour empêcher les troubles qui pouvoient survenir au sujet de la régence, se déclara tuteur du jeune Prince, chargea l'Evêque de Geneve de la Lieutenance générale des pays qui sont en-deçà des Monts, & obligea Philippe de quitter le gouvernement du Piémont.

Louis XI. étant mort peu de temps après, Charles prit lui-même l'administration de ses Etats. La nomination à l'Evêché de Geneve occasionna une brouillerie entre le Duc de Savoye & la Cour de Rome. Jean-Louis Evêque de Geneve étant mort, le Duc nomma en sa place François de Savoye son oncle Archevêque d'Auch. Le Chapitre de son côté élut un de ses membres, & le Pape Sixte IV. vouloit y placer Jean de Compeys Evêque de Turin, à condition qu'il remettroit son Evêché à Dominique de Ruere son frere qu'il avoit fait Cardinal. Le Duc de Savoye s'opposa à la volonté du Pape qui ne laissa pas que de donner des provisions à Jean de Compeys, après avoir menacé des censures de l'Eglise tous ceux qui s'opposeroient à son installation. En conséquence ce Prélat se mit en possession de l'Evêché de Geneve; mais il en fut chassé par Philippe de Savoye Comte de Bresse. Il se retira à Rome & pressa le Pape de lui rendre l'Evêché de Turin ou de le faire jouir de celui de Geneve. Sixte IV. irrité contre le Duc de Savoye excommunia le Conseil de ce Prince & menaça de jetter l'interdit sur la ville de Geneve. Le Duc députa alors vers le Pape pour l'appaiser, & Sixte IV. se rendit enfin aux remontrances de Charles. Il confirma la nomination de François, & dédommagea Jean de Compeys en lui donnant l'Archevêché de Tarentaise.

Le Duc de Savoye qui s'étoit entierement reconcilié avec le Pape, envoya sur la fin de l'année 1484 ses Ambassadeurs à Rome pour recevoir la donation que Charlotte Reine de Chypre sa tante lui faisoit de ce Royaume. Cette affaire fut terminée au mois de fevrier de l'année suivante. Ce fut cette même année qu'il se maria avec Blanche fille de Guillaume de Montferrat & d'Elisabeth de Milan.

L'Italie étoit alors agitée par la guerre qu'il y avoit entre Innocent VIII. & Ferdinand Roi d'Arragon. Les ennemis du Pape vouloient engager le Duc de Savoye à entrer dans leur ligue; mais ce Prince étoit trop occupé pour songer à prendre part à une guerre à laquelle il n'avoit aucun intérêt. Claude de Savoye Seigneur de Raconis à qui il avoit ôté le gouvernement de Verceil, & celui de Sommerive dont il avoit été obligé de le chasser par force, faisoit de grands ravages dans ses Etats, conjointement avec le Marquis de Saluces. Charles à cette nouvelle ne tarda pas à se mettre en campagne, & non-seulement il reprit toutes les places qu'on lui avoit enlevées, mais il entra même sur les terres du Marquisat de Saluces, où il s'empara de plusieurs forts & châteaux. Il mit ensuite le siege devant la Capitale, & malgré la vigoureuse résistance des assiegés il força cette place à se rendre. Cependant le Marquis de Saluces étoit passé en France pour demander du secours à Charles VIII. Ce Monarque qui ne vouloit pas se brouiller avec le Duc de Savoye pour un sujet aussi leger ne voulut employer que sa médiation pour porter le Duc à faire un accommodement avec le Marquis. Charles consentit à signer une treve d'un an, & cette treve donna lieu à une assemblée qui se tint au pont de Beauvoisin, entre les députés du Roi & ceux du Duc, pour y examiner les droits que ces deux Princes pouvoient avoir sur le Marquisat de Saluces. Il n'y eut cependant rien de terminé à ce sujet, & on régla seulement quelques limites du Dauphiné & de la Savoye qui occasionnoient tous les jours des differends entre les Officiers du Roi & ceux du Duc de Savoye.

La treve n'étoit pas encore expirée que le Marquis de Saluces envoya des troupes pour reprendre quelques postes que le Duc de Savoye lui avoit enlevés. Charles irrité de cette démarche, attaqua ces places, s'en rendit maître une seconde fois & fit passer les garnisons au fil de l'épée. Il s'empara ensuite de tout le Marquisat à la réserve du château de Revel, dont il leva le siege à la priere de la Marquise de Saluces sœur de sa femme qui y étoit enfermée. Charles VIII. vivement sollicité par le Marquis de Saluces, chargea Pierre Duc de Bourbon & François de Savoye Evêque de Geneve de travailler efficacement à reconcilier le Marquis de Saluces avec le Duc de Savoye. On proposa alors à Charles de mettre en dépôt les villes de Saluces & de Carmagnole en attendant que la question de l'hommage de ce Marquisat fut décidée. Le Duc ne parut pas trop content de cet arrangement; mais enfin il y consentit sur l'assurance que le Roi lui donna que s'il vouloit passer en France on travailleroit à le satisfaire. Charles se rendit en conséquence à Tours où le Roi l'attendoit, & il eut lieu d'être content de la réception qu'on lui fit. On tint plusieurs assemblées au sujet de l'affaire du Marquisat de Saluces; mais il paroît qu'il n'y eut encore rien de reglé, & que la décision fut remise à un autre temps.

Charles étoit à peine de retour dans ses Etats qu'il tomba malade & mourut le 13 de Mars 1489 n'étant âgé de vingt & un an. Philippe de Bergame auteur contemporain, & cité par Guichenon, rapporte que ce Prince mourut empoisonné, & que le soupçon tomba sur le Marquis de Saluces. Il étoit fondé sur ce que l'Echanson du Duc & Miaulaus Maréchal de Savoye étoient morts de la même maladie que le Duc. Charles n'eut que deux enfans de Blanche de Montferrat; sçavoir, Charles-Jean Amedée qui lui succéda, & une fille nommée Yolande Louise. Charles avoit prit en 1488 le titre & la qualité de Roi de Chypre comme neveu & le plus proche héritier de Charlotte Reine de Chypre morte à Rome au mois de Juillet 1487.

Charles-Jean Amedée né le 24 de Juin de l'an 1488 n'avoit que neuf mois lorsque son pere mourut. Sa minorité occasionna les mêmes troubles qui avoient agité l'Etat pendant celle de Philibert I. Les Comte de Geneve

& de Bresse, & François Evêque de Geneve ses oncles voulurent disputer la Régence à la Duchesse Douairiere. Il y eut même une sédition à Turin où plusieurs personnes de consideration perdirent la vie. Enfin le désordre fut appaisé : Blanche fut déclarée Régente ; la Lieutenance générale de Savoye fut donnée à l'Evêque de Geneve, & celle du Piémont au Comte de Bresse ; Merle de Piozasque Amiral de Rhodes fut nommé Gouverneur du jeune Duc.

Le Marquis de Saluces & les Seigneurs de Raconis & de Cardée, qui étoient en France à la mort de Charles I. repasserent promptement en Savoye avec quelques troupes Françoises dans l'esperance de rentrer en possession de leurs biens. Les secours qu'ils reçurent de Ludovic Sforce les mirent en état de contraindre la Régente à leur accorder ce qu'ils vouloient. Le calme étoit à peine rétabli que la mort de l'Evêque de Geneve arrivée en 1491 fut cause de nouveaux désordres. La Regente avoit nommé à cet Evêché Antoine de Champion Evêque de Montdevis, & le Pape lui avoit même donné ses Bulles. Le Comte de la Chambre avoit cependant fait nommer par le Chapitre Charles de Seyssel son parent Protonotaire d'Aix. Le Pape ayant refusé de consentir à cette élection le Comte de la Chambre se servit de ce prétexte pour troubler l'Etat. Il étoit irrité de ce que les habitans de Savoye n'avoient aucune part aux affaires, & que toutes les principales charges étoient occupées par les Piémontois. Il s'empara de Chambery & s'avança ensuite jusqu'à Geneve, dont il esperoit se rendre maître. Le Comte de Bresse marcha en diligence contre le Rebelle, le battit en différentes rencontres, lui enleva toutes ses places, & le contraignit de se retirer en France. On lui fit ensuite son procès, tous ses biens furent confisqués, & on étoit prêt à raser ses châteaux lorsque le Roi obtint de la Regente le pardon de ce Seigneur.

Cette Princesse delivrée de ces troubles, trouva moyen d'entretenir la paix dans les Etats de son pupille. Elle vint à bout d'arrêter les entreprises des peuples du Valais qui cherchoient à étendre leurs limites, & elle termina quelques différends survenus entre les Genois & les habitans de Nice. Elle favorisa Charles VIII. lorsque ce Monarque voulut faire la conquête du royaume de Naples, & elle lui ouvrit le passage par ses Etats. Elle ne conserva pas long-temps une place, où elle avoit donné tant de preuves de sa prudence & de ses talens ; son fils étant mort dans la huitiéme année de son âge.

Philippe cinquieme fils de Louis, se trouva alors possesseur du duché de Savoye ; mais il n'en jouit pas long-temps, étant mort un an & demi après qu'il en eut été reconnu Souverain. Ce Prince qui avoit été enfermé dans le château de Loches, comme on l'a vu plus haut, en étoit sorti deux ans après, & Louis XI. lui avoit donné le gouvernement de la Guienne & du Limousin. Amedée son frere lui avoit rendu toutes les terres de son appanage, & l'avoit fait Lieutenant Général de tous ses Etats. Philippe avoit toujours fidelement servi son frere ; mais il n'avoit pu oublier l'injure qu'il avoit reçue de Louis XI. & il s'étoit ligué contre ce Monarque avec le Duc de Bourgogne, qui l'avoit fait Chevalier de la toison d'or & Gouverneur des deux Bourgognes. Il se raccommoda dans la suite avec le Roi, dont il reçut

reçut les comtés de Valentinois & de Diois. Ce Monarque le chargea même du siége de Perpignan, où les Arragonois s'étoient enfermés. Il vecut en bonne intelligence avec Charles VIII. qui lui donna les charges de grand Chambellan & de grand Maître de France, avec le gouvernement du Dauphiné. Il fut aussi chargé par Philippe d'attaquer les Genois; mais cette entreprise n'eut pas un succès favorable. Il retourna ensuite en France, & il étoit à Grenoble lorsqu'il apprit la mort de son petit neveu. Il oublia alors les injures qu'il avoit reçues de ses ennemis, & donna des preuves de sa clémence & de sa modération.

DUCHÉ DE SAVOYE.

Ce Prince avoit été marié deux fois. Il avoit épousé en premieres nôces Marguerite, fille de Charles Duc du Bourbonnois & d'Auvergne. Ce mariage fut celébré en 1472. Il en sortit deux enfans; sçavoir Philibert II. qui succéda à Philippe, & Louise mariée à Charles d'Orleans, Comte d'Angoulême, pere de François I. La seconde femme de Philippe fut Claudine de Brosse de Bretagne, dont il eut six enfans; sçavoir Charles III. successeur de Philibert II. Louis qui entra dans l'Etat Ecclésiastique; Philippe Comte de Geneve, puis Duc de Nemours, qui forma la branche des Ducs de Nemours, de Genevois & d'Aumale; Absalon & Jean Amedée morts au berceau; & Philiberte Duchesse de Nemours mariée à Julien de Medicis, frere du Pape Leon X.

Philibert né le 10 d'avril 1480, avoit été élevé en France auprès de Charles VIII. & il avoit accompagné ce Monarque dans son expédition d'Italie. Ce jeune Prince conserva toujours de l'attachement pour la maison de France, & donna passage aux troupes de Louis XII. lorsque ce Prince voulut faire la conquête du duché de Milan. Il rendit le même service à ce Monarque, qui avoit formé le dessein de s'emparer du royaume de Naples. L'Italie étoit alors agitée par de grands troubles; mais le Duc se conduisit avec tant de prudence, qu'il sçut en garantir ses Etats & y maintenir la paix.

XXVI.
PHILIBERT II. dit le Bel.

La Savoye ne conserva pas long-temps un si bon Prince. Il mourut le 10 de septembre 1504 au pont d'Ains dans la même chambre où il étoit né. On attribue la cause de sa mort, à la fraîcheur de l'eau qu'il but au retour de la chasse. Il ne laissa point d'enfans, quoiqu'il eût été marié deux fois, la premiere avec Yolande Louise de Savoye sa cousine, & la seconde avec Marguerite d'Autriche, Princesse Douairiere d'Espagne, fille de l'Empereur Maximilien.

Philibert étant mort sans enfans, Charles son frere se mit en possession du duché de Savoye. Le regne de ce Prince fut long & malheureux: né timide & craintif, il ne sçavoit ni se déterminer, ni exécuter. L'éducation qu'il avoit eue, n'avoit pas peu contribué à cette foiblesse qui fut en partie la cause de ses infortunes. Janus de Duyne qu'on lui avoit donné pour Gouverneur, étoit peu capable de lui inspirer des sentimens héroïques: ce Seigneur étant plus propre à passer sa vie dans un cloître ou dans un cabinet, que d'être chargé de l'éducation d'un Prince (16).

XXVII.
CHARLES III. surnommé le Bon.

Charles fut à peine maître des Etats de Savoye, qu'il chercha les moyens

(16) Guichenon.

Tome II.   Zzz*

DUCHÉ DE SAVOYE.

d'entretenir la paix dont ils jouissoient alors. Il envoya pour cet effet des Ambassadeurs au Pape, à Louis XI. & aux cantons de Berne, de Fribourg & de Soleure, afin de renouveller les anciens traités d'alliance & de confédération qui étoient entr'eux & la Maison de Savoye. Il députa aussi vers l'Empereur, pour en obtenir l'investiture de ses Etats, & elle lui fut donnée le 5 de Mai 1505. Toutes ces démarches n'empêcherent pas les peuples du Valais de commettre quelques hostilités du côté du Chablais. Il fut obligé d'envoyer des troupes contr'eux ; mais le Général qu'il chargea de cette entreprise, ne sçut pas profiter de l'ardeur de ses troupes, & il fut obligé de conclurre un traité peu avantageux pour lui. Quelques années après Jean du Four son Secrétaire, ayant reçu quelques désagrémens à la Cour, se mit sous la protection des cantons de Berne & de Fribourg, qui lui donnerent le droit de bourgeoisie. Ce traître pour se venger, leur remit deux faux titres, par lesquels Charles I. Duc de Savoye donnoit aux Suisses des sommes considérables, & leur assignoit pour sûreté du payement, le pays de Vaux & les meilleures places de la Savoye. (17). Les Suisses munis de ces piéces, demanderent à Charles III. le payement de ces sommes, & sur le refus que le Duc en fit, ils le menacerent de lui faire la guerre. Charles pour les prévenir, s'avança jusqu'à Geneve dont il fit fortifier le fauxbourg S. Gervais. Cependant il envoya des Ambassadeurs aux Cantons pour traiter avec eux, & il convint de payer une partie des sommes qu'il ne devoit pas (18). Il conclut dans la suite avec les Cantons, une alliance pour vingt-cinq ans, & ce traité fut signé à la diette de Bade au mois de mai 1512.

1512.

Jules II. étoit alors en guerre avec Louis XII. Ces deux Princes voulurent engager Charles III. à mettre les Suisses dans leurs intérêts. Le Duc de Savoye se trouvoit fort embarrassé : il étoit naturellement porté pour le Roi de France ; mais l'Empereur le sollicitoit vivement pour le Pape. Il se détermina enfin pour le Roi de France, & il étoit occupé de cette négociation lorsque le Pape mourut. Louis XII. ne lui survécut que deux ans, & laissa la couronne à François I. neveu du Duc de Savoye. Charles travailla avec plus d'ardeur à porter les Suisses à faire une alliance avec le Roi, mais il ne put les y déterminer. Ce refus n'empêcha pas François I. de passer en Italie, & d'attaquer le Milanès. Je ne suivrai point ce Prince dans ces différentes expéditions, dont j'ai fait mention dans l'histoire de France. Il me suffit d'observer que le Duc de Savoye fit conclurre un traité de paix entre la France & les Suisses, & qu'il fut rompu par les intrigues du Cardinal de Syon. Il vint à bout dans la suite d'engager les Cantons à signer un nouveau traité avec le Roi, & de reconcilier ce Monarque avec le Pape.

Cependant Leon X. à la priere du Duc, avoit érigé en Evêché les villes de Chambery & de Bourg-en-Bresse, & ces diocèses furent composés de tout ce qui dépendoit de ceux de Grenoble & de Lyon, en Savoye, en Bresse, en Bugey & dans le comté de Bourgogne. François I. l'Evêque de Grenoble, Charles Duc de Bourbon, Seigneur de Dombes, l'Archevêque & le Chapitre de Lyon s'y étoient inutilement opposés, parce qu'alors le Pape & le Roi étoient brouillés ensemble. Ce Monarque après sa reconciliation avec

(17) Guichenon.   (18) Ibid.

le Pontife, demanda la révocation de ses Bulles; & obtint ce qu'il desiroit. Le Duc de Savoye envoya ses Ambassadeurs à Rome pour en solliciter le rétablissement, au moyen de certains arrangemens qu'il proposa au Roi, & qui furent rejettés. Telle fut la cause des préparatifs de guerre que François I. fit contre le Duc de Savoye. Ils n'eurent point de suites, parceque les Suisses menacerent de rompre l'alliance avec le Roi, & de se déclarer pour le Duc de Savoye. Le Duc se rendit en Suisse pour remercier les cantons, & à son retour il s'arrêta à Lausane afin d'y terminer quelques differens survenus entre l'Evêque & le peuple. Après le départ de ce Prince, ceux qui n'étoient pas content de son jugement, se mirent sous la protection des cantons de Berne & de Fribourg, qui leur accorderent le droit de bourgeoisie au préjudice du traité fait en 1512. Les Genevois suivirent l'exemple de ceux de Lausane, & obtinrent pareillement le droit de bourgeoisie. Charles s'avança alors avec des troupes vers Geneve, & somma cette ville de lui ouvrir ses portes. Les habitans de Fribourg à qui les Genevois avoient eu recours, prierent le Duc de se retirer. Cependant le Clergé se rendit au camp de Charles, & demanda le pardon de la ville. Le Duc se laissa fléchir & fit son entrée dans Geneve, dont les Syndics lui apporterent les clefs.

DUCHÉ DE SAVOYE.

Les guerres que l'Empereur Charles V. fit contre François I. jetterent le Duc de Savoye dans de nouveaux embarras. Il se trouvoit à la fois beau-frere de l'Empereur (18) & oncle du Roi de France, & il ne sçavoit quel parti prendre. D'un côté Charles V. le sollicitoit de se joindre à lui contre François I. & de l'autre le Roi de France le pressoit de lui ouvrir les passages pour entrer en Italie. Il voulut demeurer neutre & porter les deux Monarques à faire entr'eux une paix solide. Toutes ses tentatives furent inutiles, & il se détermina en faveur du Roi de France. Ce Monarque après divers évenemens, avoit été fait prisonnier à la bataille de Pavie, & il avoit obtenu sa liberté en 1526. Satisfait des secours qu'il avoit reçus de Charles III. il résolut alors de se lier plus étroitement avec la maison de Savoye, par le mariage de Louis Prince du Piémont, fils aîné du Duc avec Marguerite fille du Roi; quoiqu'ils fussent encore en bas âge. Après la conclusion de ce mariage, le Chancelier du Prat, à qui le Roi en avoit confié la négociation, lui proposa une ligue offensive & deffensive; mais elle n'eut pas lieu, parce que le Duc de Savoye voulut en excepter le Pape, l'Empereur & l'Empire.

Dans le voyage que le Duc de Savoye fit à Bologne pour y accompagner l'Empereur, il exposa à ce Monarque & au Pontife, la justice de ses prétentions sur le royaume de Chypre. Le Pape & l'Empereur ayant examiné le titre de la donation de la Reine Charlotte, déclarerent que ce royaume appartenoit de droit au Duc de Savoye, & que les Venitiens devoient lui restituer. Charles V. lui donna en même-temps le comté d'Ast, & le Vicariat du S. Empire sur ce comté & sur le marquisat de Ceve. François I. parut mécontent de ce que le Duc avoit accepté le comté d'Ast, & ce fut envain que ce Prince lui fit faire des représentations à ce sujet. Le temps marqué pour la conclusion du mariage du Prince de Piémont avec Margue-

(18) Il avoit épousé Beatrix de Portugal, belle-sœur de l'Empereur.

rité de France étant expiré, le Duc en voulut preſſer l'exécution. François I. répondit qu'*il vouloit remettre la choſe à un autre temps, & que le Duc ne devoit rien attendre de lui parce qu'il l'avoit offenſé.*

Le Roi de France crut avoir un nouveau ſujet de ſe fâcher contre le Duc de Savoye. On avoit arrêté à Bologne entre Clement VII. & les Ambaſſadeurs de France, qu'il y auroit une entrevûe à Nice pour y déliberer ſur les affaires préſentes. Le Pape avoit prié le Duc de lui remettre la ville & le château, & d'en faire ſortir tous les gens de guerre, avec promeſſe de lui rendre auſſi-tôt que l'entrevûe ſeroit finie. Charles III. par le conſeil de l'Empereur, ſe réſerva le château, & fit approuver ſes raiſons au Pape, & en conſéquence l'entrevûe fût renvoyée à Marſeille. Le Roi irrité du refus que le Duc avoit fait de livrer le château de Nice, obtint de Paul III. une Bulle qui ſupprimoit l'Evêché de Bourg-en-Breſſe, dont le Duc avoit procuré le retabliſſement. Charles III. qui ne cherchoit qu'à appaiſer François I. conſentit à l'exécution de cette Bulle.

1532.

Le droit de Bourgeoiſie que les habitans de Geneve avoient obtenu, & que le Duc voulut faire caſſer par les ligues aſſemblées à Soleure fut cauſe de nouveaux troubles. Les Genevois ſoutenus par le Canton de Berne chaſſerent Pierre de la Baume leur Evêque, & la plûpart d'entr'eux ſe déclarerent pour la nouvelle opinion de Luther qui faiſoit alors de grands progrès en Allemagne & en Suiſſe. Le Duc s'en plaignit aux ligues, & après pluſieurs aſſemblées on exigea de lui qu'il laiſſât aux Genevois liberté de conſcience. Charles III. loin de conſentir à cette déciſion arma contre les Genevois pour les faire rentrer dans le devoir. François I. prévenu contre le Duc de Savoye envoya aux rebelles à différentes repriſes des corps de troupes qui furent toujours battus. Charles III. s'en plaignit au Pape, à l'Empereur & au Roi même; mais il ne reçut pour toute réponſe que des menaces de ce dernier.

Cependant Geneve étoit ſerrée de près, & il n'y pouvoit plus entrer de vivres. Le Duc ſeroit venu à bout de forcer cette place ſi les habitans de Berne ne l'euſſent prié avec de vives inſtances de faire retirer promptement ſes troupes, & ne l'euſſent menacé en même-temps de lui déclarer la guerre. Charles III. abandonné du Pape, ne recevant que des paroles de l'Empereur, allarmé par les menaces du Roi de France & des habitans de Berne, ſe vit dans la néceſſité de conſentir à tout ce qu'on voulut exiger de lui.

1535.

Tant de condeſcendance de la part de Charles III. n'empêcha pas François I. de lui déclarer la guerre. Les hiſtoriens ont beaucoup varié ſur le véritable motif qui fit agir François I. Les uns ont prétendu que ce Prince n'avoit entrepris cette guerre que pour faire valoir de certains droits qu'il avoit ſur le Duché de Savoye; d'autres ont penſé que ce fut à cauſe du refus que le Duc avoit fait de livrer paſſage aux Lanſquenets qu'il envoyoit à Milan pour venger la mort de Merveille ſon Ambaſſadeur que les Milanois avoient fait mourir: d'autres enfin ont cru que le Roi étoit irrité contre le Duc de Savoye de ce que ce Prince avoit prêté de l'argent au Connétable de Bourbon pour faire des levées qui contribuerent beaucoup à la défaite de l'armée royale à Pavie. Guichenon eſt au contraire perſuadé que la véritable raison de François étoit de se venger du Duc de Savoye qu'il soupçonnoit de preferer l'amitié de l'Empereur à la sienne. Quoiqu'il en soit l'Amiral Chabot qui commandoit les troupes du Roi commença les hostilités par la conquête de la Bresse où il ne trouva point de résistance. Il penetra ensuite dans la Savoye & s'empara de Chambery, de Montmeillan & de tout ce qui est en-deça du Mont Cenis. Il ne fut pas si heureux dans la Tarentaise où ses troupes furent battues. D'un autre côté les habitans de Berne entrerent dans le pays de Vaux & s'en rendirent maîtres après avoir chassé l'Evêque de Lausane. Ils soumirent aussi le pays de Gex, le Genevois & le Chablais jusqu'à la riviere de Draute, tandis que les peuples du Valais faisoient la conquête du reste du pays, & que le Comté de Romont tomboit en la puissance des habitans de Fribourg. Les affaires du Duc de Savoye n'étoient pas en meilleur état dans le Piémont, & la ville de Turin étant passée sous la domination des François, il se retira à Verceil avec la Duchesse & le Prince son fils qu'il envoya ensuite à Milan.

DUCHE' DE SAVOYE.

L'Empereur qui étoit à Rome se plaignit au Pape de l'ardeur avec laquelle François I. poursuivoit le Duc de Savoye. Il y eut alors quelques négociations pendant lesquelles l'Amiral Chabot eut ordre de se retirer & de laisser les choses dans l'état où elles étoient, jusqu'au retour du Cardinal de Lorraine qui alloit trouver le Pape & l'Empereur de la part du Roi. Ce voyage fut inutile, le Pape persistant dans la résolution de rester neutre, & l'Empereur dans celle de faire la guerre. Après le départ de Chabot Charles III. soutenu des troupes Milanoises entreprit le siege de Turin qu'il fut obligé de lever.

Sur ces entrefaites l'Empereur qui étoit passé en Provence où il avoit échoué dans ses projets, étoit de retour en Italie. Pendant son séjour à Gênes il rendit un jugement par lequel il prétendit frustrer le Duc de Savoye des prétentions qu'il avoit sur la totalité du Montferrat, tant en vertu du contrat de mariage que de la succession d'Yolande & de Blanche de Montferrat. Il ordonna que Frederic de Gonzague & Marguerite de Montferrat son épouse entrassent par provision en possession des villes & châteaux portés dans la donation faite au Duc Amedée par Jean-Jacques Marquis de Montferrat, sauf au Duc de Savoye de faire juger en dernier ressort ces différends. Charles III. qui se trouvoit sans troupes, & qui voyoit ses Etats partagés entre les François & les Impériaux, se retira à Nice avec la Duchesse. Tandis que les François étoient occupés dans le Piémont, les peuples de la Tarentaise surprirent Chambery & en chasserent la garnison. Le Comte de S. Pol que le Roi envoya en Savoye reprit la capitale, & commit de grandes hostilités dans la Tarentaise. Le Val d'Aouste demeura fermement attaché au Duc, & les François ne purent jamais en forcer les avenues. Le Duc de Savoye ne retira aucun avantage des treves que l'Empereur & le Roi de France firent ensemble, il eut au contraire beaucoup à souffrir lorsque ces deux Monarques se brouillerent de nouveau, & ses Etats furent continuellement le theatre de la guerre. Par le traité que ces deux Monarques firent à Crepi l'an 1544 on étoit convenu que le Roi de France rendroit au Duc de Savoye tous ses Etats lorsque le Duc d'Orleans prendroit possession du Duché de Milan. Mais la mort de ce Prince & celle de François I. firent changer

1536.

DUCHÉ DE SAVOYE.

les choses de face, & empêcherent le rétablissement de Charles III. Ce Prince accablé de chagrin tomba malade d'une fievre lente dont il mourut à Verceil le 16 de Septembre 1553 dans la soixante & sixiéme année de son âge & la quarante-neuviéme de son regne.

Ce Prince eut de son mariage avec Beatrix de Portugal, Adrien-Jean Amédée qui ne vécut que six semaines, Louis Prince de Piémont mort à l'âge de treize ans; Emmanuel Philibert qui lui succéda; Catherine, Marie, Isabelle mortes en bas âge, Emmanuel I. & Emmanuel II. morts au berceau; enfin Jean-Marie de Savoye qui ne vécut que quelques semaines. Charles avoit fait de nouveaux statuts de l'Ordre du Collier, afin de le rétablir dans sa premiere splendeur. Il en changea le nom & voulut qu'il fut appellé l'Ordre de l'Annonciade, & que la fête de l'Annonciation fut celle de l'Ordre.

XXVIII. EMMANUEL PHILIBERT surnommé Tête-de-fer.

Emmanuel Philibert né à Chambery le 8 de Juillet 1528 étoit d'une complexion si foible qu'on l'avoit destiné à l'Etat Ecclésiastique; mais lorsqu'il fut devenu l'aîné de sa famille par la mort de ses freres, on l'exerça insensiblement au métier des armes. Dès l'âge de dix-sept ans il se rendit à la cour de l'Empereur, & il acquit beaucoup de gloire dans les guerres que ce Monarque eut à soutenir contre les Princes Protestans d'Allemagne. Il le servit avec le même zele dans les autres occasions où ce Prince l'employa. Il étoit en Flandres au service de l'Empereur lorsqu'il apprit la mort de son pere. Cette nouvelle qui l'affligea beaucoup ne l'empêcha pas de continuer la campagne.

Cependant les François continuoient à faire des conquêtes dans le Piémont, & le Maréchal de Brissac s'étoit emparé de Verceil, de Spino, de Pouzzon, d'Yvrée & de quelques autres places. Le Duc de Savoye profitant de quelques ouvertures de paix qu'il y eut entre l'Empereur & Henri II. partit de

1555.

Bruxelles au commencement de l'année 1555, & se rendit dans ses Etats où il donna des ordres pour conserver les places qui lui restoient. Il retourna ensuite en Flandres après avoir laissé pour son Lieutenant-général en Piémont Amé ou Amédée de Valpergue Comte de Mazin. L'absence de ce Prince fut préjudiciable à ses Etats, qui étoient mal défendus par les troupes Impériales. Il perdit encore plusieurs places, & la retraite de Charles V. qui abdiqua en faveur de Ferdinand son frere, lui ôta l'esperance d'un prompt rétablissement. Philippe fils de Charles V. étant monté sur le trône d'Espagne donna le gouvernement des Pays-Bas au Duc de Savoye, & le chargea de continuer la guerre dans ces provinces. Le Duc forma le dessein de surprendre Lyon dans l'esperance de recouvrer par ce moyen la Bresse & le Bugey qui étoient sous la domination de Henri II. Il crut devoir profiter de

1557.

l'avantage qu'il avoit remporté sur les François à S. Quentin, & envoya un manifeste dans la Bresse & le Bugey pour engager les peuples à le reconnoître pour leur souverain. Cette tentative n'eut aucun succès, & celui qu'il avoit chargé de la conduite de cette affaire fut obligé de se retirer, après avoir levé le siege de Bourg qu'il avoit entrepris. La guerre continuoit cependant en France avec différens succès & elle fut enfin terminée par la

1559.

paix du Câteau-Cambresis. On convint à l'égard du Duc de Savoye que ce Prince épouseroit Marguerite sœur de Henri, & qu'on lui rendroit tous ses Etats à la réserve de Turin, de Pignerol, de Quieres, de Chivas & de Villeneuve-d'Ast jusqu'à ce que les prétentions que le Roi de France avoit sur les Etats de Savoye en vertu des droits de Louise de Savoye, mere de François I. eussent été examinés. L'accident arrivé au Roi qui fut mortellement blessé dans un tournois, empêcha que le mariage du Duc ne fut célebré avec pompe, & le Roi voulut que la cérémonie s'en fit dans sa chambre.

François II. successeur de Henri exécuta généreusement l'article du traité du Câteau-Cambresis qui concernoit le Duc de Savoye. Ce Prince après son mariage remit au Roi d'Espagne le gouvernement des Pays-Bas & alla prendre possession de ses Etats. Il s'occupa alors à réparer tous les désordres que la guerre avoit causé dans le Piémont & dans la Savoye. Il récompensa ensuite les sujets qui lui étoient restés attachés & accorda un pardon généreux à ceux qui s'étoient rangés du parti des François, ou qui avoient paru garder une espece de neutralité. Le Duc & la Duchesse allerent en Piémont dont ils visiterent les places & où ils furent reçus avec de grandes démonstrations de joye. Henri III. étant monté sur le trône, rendit au Duc de Savoye toutes les places que la France s'étoit réservées par le traité du Câteau, & Philippe Roi d'Espagne lui remit aussi celles dont il n'étoit que le dépositaire. Les habitans de Berne en conséquence du décret de la chambre Impériale de Spire évacuerent le pays de Gex & tout ce qu'ils possédoient dans les Bailliages du Chablais, de Terniere, & de Gaillard en-deçà du lac de Geneve; mais ils voulurent conserver le pays de Vaux, & le Duc aima mieux y consentir que de recommencer la guerre. Il rentra aussi en possession du pays qui est en-deçà de la riviere de Morges jusqu'à celle de Drance.

Non content d'avoir recouvré tout ce que son pere avoit perdu, il songea à étendre ses Etats du côté de Nice, & fit un échange avec la Comtesse de Tendes. Il lui donna la Seigneurie de Rivole en Piémont, & le Comté de Baugé en Bresse qui fut érigé en Marquisat, & il reçut d'elle en souveraineté les Seigneuries de Marro & de Prella & tout ce qu'elle possédoit à Oneille, à Ventimille, & à Carpas de la succession d'Honoré de Savoye Comte de Tendes son frere. Quelques années après il fit l'acquisition de ce Comté qui pour lors étoit possédé par Henriette de Savoye Marquise de Villars. Le zele que ce Prince avoit pour la religion catholique lui fit chercher les moyens d'empêcher que ses sujets n'adoptassent les opinions de Luther. Il employa même les armes pour obliger les habitans des Vallées d'Angrogne, de Luzerne & de quelques autres endroits de retourner à la religion catholique. Ce même zele le porta à secourir les Venitiens lorsque les Turcs voulurent s'emparer de l'Isle de Chypre. Il sacrifia dans ces circonstances ses propres intérêts à ceux de la religion. Il fournit aussi des troupes à Charles IX. qui étoit en guerre avec les Protestans. Ce Prince après avoir rendu à ses Etats leur ancienne splendeur fut attaqué d'une fievre dont il mourut le 30 Août 1580. Il n'eut de Marguerite de France sa femme qu'un seul Prince nommé Charles-Emmanuel qui lui succéda. Emmanuel Philibert releva l'Ordre des Chevaliers de S. Maurice institué par Amedée VIII. & que les successeurs de ce Prince avoient négligé au point qu'il étoit presqu'anéanti. Gregoire XIII. donna au mois d'Octobre 1572 une Bulle en faveur de cet Ordre, & créa Emmanuel & ses successeurs grands maîtres de l'Ordre. Il fut ensuite réuni à celui de S. Lazarre.

Charles-Emmanuel I. étoit âgé de dix-huit ans lorsque son pere mourut, étant né le 12 de février 1562. Ce Prince avoit formé le projet de s'emparer de Geneve & il se flattoit que Henri III. le seconderoit dans cette entreprise ; mais ses esperances ayant été trompées & ses desseins découverts, il fut obligé d'y renoncer. Mécontent de ce que ce Monarque ne lui avoit pas fourni les secours qu'il en attendoit, il profita des troubles que la ligue excitoit en France pour s'emparer du Marquisat de Saluces qui le rendoit maître de tous les passages de France en Italie. Henri IV. étant monté sur le trône de France, & ayant appaisé les troubles domestiques & terminé toutes les guerres étrangeres par la paix de Vervins, songea à recouvrer le Marquisat de Saluces. Le Duc qui étoit résolu de le conserver n'oublia rien pour être dispensé de le rendre. Il passa même en France à ce sujet & fit toutes sortes de propositions. Henri IV. refusa d'entrer en accommodement & la guerre fut résolue entre ces deux Princes. Charles-Emmanuel trop foible pour résister au Roi de France perdit bien-tôt la Savoye & la Bresse. Ces pertes ne l'avoient cependant pas découragé, & il étoit dans le dessein de continuer la guerre, lorsque le Pape se rendit médiateur entre le Roi & le Duc de Savoye. Il n'étoit cependant pas facile de terminer cette querelle, parce que d'un côté Charles-Emmanuel ne pouvoit se résoudre à céder le Marquisat de Saluces, & de l'autre Henri ne pouvoit consentir à le laisser entre les mains du Duc. On convint cependant d'un échange, dont le traité fut signé le 27 de fevrier 1600. Le Duc en conséquence devoit céder tout le pays de Bresse, Barcelonnette avec son Vicariat jusqu'à l'Argentiere, le Val de Shore, celui de Perouse avec ses dépendances, la ville & le château de Pignerol avec son territoire. Il s'engagea en même-temps à démolir le fort de Beche-Dauphin. Charles-Emmanuel de retour dans ses Etats ayant refusé l'exécution de ce traité, les hostilités continuerent & les François firent de nouvelles conquêtes dans ce pays. Les succès de l'armée Françoise obligerent le Duc de Savoye à demander la paix qui fut signée à Lyon le 17 de janvier 1601. Par cette paix, la Bresse, le Bugey, le pays de Valromey & de Gex passerent sous la domination Françoise.

Charles Emmanuel délivré de cette guerre, & n'ayant plus rien à craindre du côté de la France, fit de nouveaux efforts pour rentrer en possession de la ville de Geneve. Il proposa d'abord à cette ville un traité de commerce, & cependant il fit assembler secretement des troupes. Elles profiterent d'une nuit obscure pour escalader les murailles, & une partie étoit déjà entrée dans la ville, lorsque les habitans s'éveillerent & coururent aux armes. Ils se deffendirent avec tant de valeur, qu'ils repousserent leurs ennemis & les forcerent à se retirer avec perte. Ils ne firent grace à aucun de ceux qui tomberent entre leurs mains, & les firent tous périr. La France & les Suisses s'étoient intéressés pour la ville de Geneve, & c'est ce qui fut cause en partie que cette entreprise ne put réussir.

La mort de François I. Duc de Mantoue, arrivée l'an 1612, reveilla les prétentions

DE L'UNIVERS. Liv. II. Ch. VII. 553

prétentions que le Duc de Savoye avoit sur le Montferrat, dont Vincent étoit possesseur. Il commença par s'emparer de plusieurs places de ce marquisat; mais la République de Venise & le Grand Duc de Toscane, ayant pris les intérêts des enfans du Duc de Mantoue, obligerent Charles-Emmanuel à restituer tout ce que ce Prince avoit pris. Il ne licentioit cependant pas ses troupes, & il y avoit lieu de croire qu'il avoit dessein d'attendre quelque nouvelle occasion de se rendre maître de ce marquisat. Le Duc de Milan qui pénétroit ses desseins, n'ayant pu l'obliger de désarmer, lui déclara la guerre, qui ne fut terminée qu'en 1618 par la médiation de la France.

Le marquisat de Zuccarello que l'Empereur avoit cédé à la République de Gênes, & sur lequel le Duc prétendoit avoir une cession antérieure, fut le sujet d'une nouvelle guerre avec la République de Gênes (19). Le Duc n'en vit point la fin, & cette affaire ne fut décidée que sous le regne de Victor-Amédée. Cette guerre avoit été suspendue par une nouvelle tentative que Charles-Emmanuel avoit faite sur le Montferrat, après l'extinction de la branche de Gonzagues Ducs de Mantoue. La France qui prit le parti de la branche cadette de Gonzague Ducs de Nevers, voulut obliger Charles de lui livrer le pas de Suze, pour aller secourir Casal qui étoit assiegé par les Espagnols. Le refus du Duc de Savoye obligea l'armée Françoise de marcher à Pignerol, dont elle s'empara. Sur ces entrefaites, Charles-Emmanuel mourut le 16 de juillet 1630. Ce Prince avoit eu de Catherine-Michelle Infante d'Autriche son épouse, Philippe-Emmanuel Prince de Piémont, né en 1586 & mort en 1603. Victor-Amédée qui lui succéda, Emmanuel-Philibert, Maurice Cardinal, Thomas-François Prince de Carignan, Marguerite qui épousa François de Gonzague Prince de Mantoue, Isabelle mariée à Alphonse d'Est Prince de Modene, Marie & Françoise-Catherine, Religieuses. Jeanne morte en naissant. Charles-Emmanuel fut par la grandeur de son courage, & par ses talens admirables pour le gouvernement, l'une des plus grands Princes de son siécle.

Victor Amédée étoit âgé de quarante-trois ans, lorsqu'il succeda à son pere. Il fut assez heureux pour voir terminer une guerre désavantageuse, & par le traité qui se fit le 17 d'octobre 1630 entre la France & l'Espagne, on lui rendit tous ses Etats. Il étoit d'ailleurs convenu avec les Genois, d'accepter une grosse somme, moyennant laquelle il renonçoit à tous ses droits sur le Montferrat. Le titre de Roi de Chypre qu'il prit dans la suite, lui occasionna une guerre avec les Venitiens. Elle étoit à peine finie, qu'il prit part à celle que la France & l'Espagne se firent en 1635 (20). Il se déclara pour cette premiere couronne, & donna des preuves de sa valeur dans les deux batailles qu'on gagna sur les Espagnols. Peu de temps après il tomba malade à Verceil, & mourut le 7 d'octobre 1637. Il avoit épousé le 10 de janvier 1619 Christine de France, fille de Henri IV, & de Marie de Medicis, dont il eut six enfans, sçavoir, Louise-Marie-

	Duché de Savoye.
	1618.
	1621.
	1628.
	1630.
	Victor Amedée I.
	1635.
	1637.

(19) On a vû les détails de cette guerre à l'histoire de cette République, pag. 477. (20) Voyez l'histoire de France, tom. I, pag. 314.

Tome II. Aaaa

DUCHÉ DE SAVOYE.

Christine, qui épousa Maurice Prince de Savoye son oncle ; François Hyacinthe qui lui succeda à l'âge de cinq ans ; Charles-Emmanuel II. successeur de ce dernier ; Marguerite Yolande, mariée avec Rainuce Farnese II. Duc de Parme & de Plaisance ; Adelaide-Henriette, épouse de Ferdinand Duc de Baviere ; & Catherine-Beatrix morte au berceau.

XXX. François Hyacinthe.

La mort du Duc Victor Amédée fut la source des guerres civiles, qui causerent dans la suite de grands désordres en Piémont. Madame Royale de France fut chargée de la régence des Etats de Savoye & de la tutelle des jeunes Princes, ainsi qu'il avoit été reglé par le feu Duc son époux. Quoique cette Princesse eût été reconnue en cette qualité par les Prélats, la noblesse, les peuples, & les Cours souveraines même, l'ambition des Princes de cette auguste famille, arma les sujets contre leur Souverain, attira en Italie les François & les Espagnols, & fut la cause de tous les maux dont la Savoye fut affligée.

A peine la Duchesse eut-elle été reconnue Régente, qu'elle écrivit au Prince Cardinal qui étoit à Rome, & au Prince Thomas pour lors en Flandres ; afin de les engager à ne point revenir dans le Piémont, dans la crainte de donner de l'ombrage au Roi de France ; parce que l'un étoit engagé dans les intérêts de l'Empereur, & l'autre dans ceux du Roi d'Espagne. Ces deux Princes n'eurent aucun égard à ses représentations. Le Prince Cardinal se rendit à Savone, d'où il envoya avertir la Duchesse de son arrivée. Cette Princesse étonnée de sa résolution, députa vers lui pour lui remontrer le danger où il s'exposoit, & l'embarras où il la jettoit. Elle lui fit connoître que les François inquiets de son séjour en Piémont, demanderoient des places pour leur sûreté. Elle lui donna d'ailleurs des assurances qu'il recevroit tous les arrérages qui lui étoient dûs pour son appanage ; elle lui en fit même toucher une partie & le détermina par ce moyen à reprendre la route de Rome. Le Prince Thomas avoit chargé le Marquis Hyppolite Pallavicini de passer en Piémont, sous prétexte de complimenter la Duchesse. Il lui avoit donné ordre de travailler secrettement à rendre la Régente suspecte aux peuples de la Savoye & du Piémont, & à lui faciliter les moyens de s'emparer du gouvernement. La Duchesse avertie de cette intrigue, la rendit inutile par ses précautions, & fit prêter au jeune Duc serment de fidelité par les trois Ordres de l'Etat.

Cependant le Maréchal de Crequi & l'Ambassadeur de France, pressoient la Duchesse de renouveller le traité de la ligue qui avoit été fait en 1635, entre le Roi & Victor Amédée. D'un autre côté les Espagnols cherchoient à la mettre dans leurs intérêts. Elle parut long-temps balancer sur le parti qu'elle devoit prendre ; mais enfin elle se détermina à signer une ligue offensive & défensive avec la France. Le jeune Duc ne survécut pas long-temps à ce traité : il mourut le 4 d'octobre 1638 à l'âge de six ans.

1638. XXXI. CHARLES EMMANUEL II.

Charles-Emmanuel qui succeda à son frere, n'avoit alors que quatre ans. La Régente se trouva dans les mêmes embarras où elle avoit été sous le regne précédent, & elle eut beaucoup à souffrir de la part des Princes de Savoye. Ils avoient surpris Turin, & s'étoient brouillés avec les Espagnols. Le Comte d'Harcourt de la Maison de Lorraine, qui avoit marché au secours de la Duchesse, reprit Turin par composition. Enfin on trouva moyen

de concilier tous les esprits; la tutelle du Prince regnant fut confirmée à la Duchesse Douairiere, & les deux Princes de Savoye, oncles du jeune Duc, eurent part au gouvernement. On vint ensuite à bout de retirer des mains des Espagnols, les places dont ils s'étoient rendus maîtres. L'Etat fut alors plus tranquille, & Charles-Emmanuel ayant été déclaré majeur l'an 1649, donna à la France de continuelles marques de sa reconnoissance pour les services qu'il en avoit reçus. Il eut cependant encore une longue guerre à soutenir contre les Espagnols; mais la paix des Pyrennées rendit le calme à ses Etats. Ce Prince ne s'occupa plus qu'à la conserver avec ses voisins, & profita de ce temps favorable pour réparer les dommages que la guerre avoit causés, & pour embellir plusieurs villes de sa dépendance. Un de ses ouvrages le plus considérable est une voûte de cinq cens pas géometriques, qu'il fit percer dans le roc au travers du Mont-Viso, pour faciliter le transport des marchandises de France en Italie. Ce Prince mourut l'an 1675. On prétend que sa maladie fut causée par la frayeur qu'il eut en voyant tomber de dessus son cheval, Victor-Amedée son fils unique, qui faisoit ses exercices.

Ce Prince étoit encore trop jeune pour gouverner lui-même ses Etats; ainsi la tutelle en fut donnée à sa mere Marie-Jeanne de Savoye Nemours. Lorsque ce Prince fut en état de gouverner par lui-même, il suivit l'exemple de Louis XIV: interdit la Religion protestante dans ses Etats, & chassa les Vaudois communément appelés Barbets. Ce ne fut pas sans répandre beaucoup de sang, qu'il vint à bout de détruire en partie la Religion protestante.

Victor qui avoit paru d'abord attaché à la France, se ligua avec les ennemis de cette couronne; mais il eut lieu de se repentir de cette démarche, qui lui fit perdre la plus grande partie de ses Etats. Il se détermina enfin à se reconcilier avec Louis XIV. & ce fut dans cette paix particuliere que l'on convint du mariage de la Princesse Marie Adelaïde de Savoye avec Monsieur le Duc de Bourgogne. On rendit alors à Victor Amedée toutes les places qu'il avoit perdues, & on y ajouta Pignerol avec ses dépendances; mais aux conditions que les fortifications seroient démolies & ne pourroient être retablies. La mort de Charles II. Roi d'Espagne, & l'élévation de Philippe d'Anjou sur le trône, fut un nouveau sujet de rupture entre la France & la Savoye. Ce Prince parut d'abord embrasser le parti de Philippe, & il lui donna même sa seconde fille en mariage; mais dans la suite, il se déclara pour l'Empereur, & appuya les intérêts de l'Archiduc. Je ne rapporterai point ici les évenemens de cette guerre, dont j'ai fait mention dans l'histoire de France. Le traité d'Utrecht fit rentrer le Duc de Savoye en possession de ce qu'on lui avoit enlevé pendant cette guerre. On convint donc que Louis XIV. rendroit à ce Prince la Savoye & le comté de Nice; qu'il lui céderoit de plus la vallée de Prajelas avec les forts d'Exiles, de Fenestrelles, les vallées d'Oulx, de Sezane, de Bardonache, de Château-Dauphin, & tout ce qui est au-delà des Alpes vers le Piémont. Le Duc de Savoye céderoit au Roi la vallée de Barcelonette & ses dépendances. Louis XIV. lui confirmoit par ce traité la cession du royaume de Sicile, que le Roi d'Espagne avoit faite au Duc de Savoye. Il consentoit pareillement que la renonciation du Roi d'Espagne, qui au deffaut de ses descendans, assuroit la

DUCHÉ DE SAVOYE.
1649.

1675.

XXXIII. VICTOR AMEDÉE II.

1689.

1696.
1701.

1713.

DUCHÉ DE SAVOYE.

succession de sa monarchie à la Maison de Savoye, fut regardée comme une condition essentielle à la paix.

En conséquence de ce traité, le Duc de Savoye malgré les oppositions, prit possession de la Sicile. Il ne conserva pas long-temps ce royaume, dont les Espagnols se rendirent maîtres (21); mais en 1720 on lui donna la Sardaigne, dont il fut reconnu Roi par tous les Princes de l'Europe.

1718.

1720.

Ce Prince ayant acquis un nouveau titre, travailla à rendre la paix à ses sujets, & à reformer la jurisprudence, tant pour le civil que pour le criminel. Il fit dresser un code qui contenoit ses nouvelles loix, & il le fit publier en 1723. Le but de ce code est de faire administrer la justice plus promptement, & de prévenir les frais excessifs des procédures. Victor-Amedée qui se trouvoit au plus haut comble de gloire, n'en fut point ébloui, & forma le dessein de passer le reste de ses jours dans la retraite. Au mois de septembre 1730 il fit assembler les Prélats, les Ministres d'Etat, & les Chefs des Cours Souveraines. Il leur déclara qu'il abdiquoit en faveur du Prince de Piémont son fils, & qu'il se retiroit à Chambery. Il mourut à Montcalier le 31 d'octobre 1732, âgé de soixante-six ans.

1723.

XXXIII. CHARLES EMMANUEL II.

Charles-Emmanuel après l'abdication de son pere, fut généralement reconnu Roi de Sardaigne & Duc de Savoye. Ce Prince prit le parti de la France en 1733, & déclara la guerre à l'Empereur. Les succès que les armées combinées de France & de Sardaigne remporterent, obligerent Charles VI. de consentir à la paix qui fut signée à Vienne. Par ce traité on donna au Roi de Sardaigne le Novarrois & le Tortonnois. Après la mort de l'Empereur, Charles-Emmanuel crut devoir embrasser les intérêts de la Reine de Hongrie, & prendre part à la guerre qui fut faite au sujet de la succession de l'Empereur. On a vu les détails de cette guerre dans l'histoire de France, & il paroît inutile de les repeter ici. Par la paix qui fut faite en 1748, il fut décidé que le Roi de Sardaigne resteroit en possession de tout ce dont il jouissoit anciennement & nouvellement, & particulierement de l'acquisition qu'il avoit faite en 1743 du Vigevanasque, d'une partie du Pavesan & du comté d'Anghera. Depuis ce temps, les Etats de Savoye ont joui d'une paix profonde, & le Roi de Sardaigne ne s'est occupé qu'à travailler au bonheur de ses sujets, dont il s'est toujours regardé comme le pere.

1740.

(21) Voyez ci-devant l'histoire de Naples & de Sicile, pag. 224.

Fin de l'Histoire de Savoye.

DIGRESSION SUR LE MONTFERRAT.

LE Montferrat faisoit autrefois partie du Royaume des Lombards, & fut ensuite compris dans le Royaume d'Italie, jusqu'à ce qu'enfin vers l'an 967 Alram ou Aleran, qui épousa Adelaïde, fille de l'Empereur Othon I. le posseda avec le titre de Marquis. Il étoit fils de Vittikind IV. Duc de Saxe, & arriere-petit-fils de Vittikind le grand dont on parlera au Chapitre des Ducs Electeurs de Saxe. Ses descendans & successeurs furent:

Guillaume I. vers l'an 980.
Boniface I.
Guillaume II.
Boniface II. épousa Constance, fille d'Amedée II. Comte de Savoye.
Guillaume III.
Reiner. Il mourut en 1126. Il avoit épousé Gisele de Bourgogne, fille de Guillaume II. veuve d'Humbert II. Comte de Savoye.
Guillaume IV. Il épousa Judith, fille de Léopold IV. Margrave d'Autriche.
Guillaume V. surnommé *longue épée*. Il mourut l'an 1170. Il avoit épousé Sibylle, fille d'Amauri, Roi de Jerusalem. Il eut pour successeur son frere.
Boniface III. aida à prendre Constantinople l'an 1202, & fut Roi de Thessalie. Il se maria trois fois, premierement avec Helene; 2. avec Marie veuve d'Isaac Comnene, Empereur de Constantinople; 3. avec Eleonore de Savoye, fille d'Humbert III.
Guillaume VI. son frere Demetrius eut le Royaume de Thessalie.
Boniface IV. surnommé *le Geant*, épousa Marguerite de Savoye, fille d'Amedée IV.
Guillaume VII. surnommé *le Grand*. Il mourut en 1292, après avoir gouverné 38 ans. Il avoit épousé Beatrix, fille d'Alphonse X. Roi de Castille.
Jean, surnommé *le Juste*. Il mourut en 1305, après avoir gouverné 13 ans. Son mariage avec Marguerite de Savoye, fille d'Amedée V. ayant été sterile, le Montferrat passa aux Princes de Grece. Yoland, sœur du Marquis Jean, porta son droit à Andronic Paleologue II. Empereur de Constantinople.
Theodore Paleologue I. mourut en 1358. Il avoit épousé Argentine, de la maison des Spinola de Gênes, de laquelle il eut outre Jean II. qui suit; Yoland qui fut mariée à Aimon, Comte de Savoye. C'est en vertu de ce mariage que sont fondés les droits de la maison de Savoye sur le Montferrat, parce que cette Princesse avoit eu en dot les Seigneuries de Lancie, de Ciries & de Caselle. Il fut aussi réglé alors que si les Marquis de Montferrat venoient à manquer d'héritiers mâles, le Marquisat appartiendroit aux Ducs de Savoye, en donnant aux filles la dot en argent. C'est cette convention qui a causé tant de troubles dans la suite du temps. Yoland est louée par les historiens de son temps à cause de sa sagesse, de sa piété, de sa charité envers les pauvres; en un mot, ils s'accordent à dire qu'elle étoit l'ornement des Princesses de son siecle.
Jean Paleologue II. mourut en 1371, ayant gouverné pendant 33 ans.

Othon Paleologue fut assassiné sans avoir eu d'enfans.

Jean Paleologue III. frere d'Othon, ne se maria point, & mourut en 1381.

Theodore Paleologue II. frere d'Othon, & de Jean III. succéda à ce dernier. Ce fut à lui que les Genois se donnerent, & il prit possession de sa nouvelle dignité le 9 Octobre 1409 ; mais leur inconstance ne s'accommoda pas long-temps du parti qu'ils avoient pris. Au mois de Mars 1412 ils chasserent George, Marquis de Carreto, son Lieutenant, & pour obliger Theodore à renoncer à ses prétentions, ils lui donnerent vingt-six mille ducats pour racheter leur liberté. Theodore mourut en 1418.

Jean-Jacques Paleologue se mêla avec les Venitiens dans la guerre qu'ils eurent contre Philippe Sforce Duc de Milan. Ce Duc tourna tout l'effort de ses armes contre le Marquis à qui il prit près de soixante places en 1431. Ensuite il se rendit maître de Casal, & de tout le reste du Montferrat, de sorte que Jean-Jacques fut réduit à se retirer chez les Venitiens ; mais il fut rétabli par le traité de Ferrare en 1433 ; & mourut deux ans après.

Jean IV. mourut en 1464, sans autre posterité que deux fils naturels. Son frere lui succéda.

Guillaume VIII. mourut l'an 1483, & laissa deux filles, sçavoir, Blanche mariée à Charles I. Duc de Savoye, & Jeanne mariée à Louis II. Marquis de Saluces.

Boniface V. troisieme fils de Jean-Jacques, mourut en 1493.

Guillaume IX. fils de Boniface, mourut en 1518.

Boniface VI. mourut sans prosperité en 1530, & sa succession remonta à son oncle.

Jean George, fils de Boniface V. & frere de Guillaume IX. avoit pris l'Etat Ecclésiastique & le quitta pour succéder. Il épousa Julie, fille du Roi de Naples, & mourut en 1533, sans avoir consommé le mariage.

Il restoit une sœur de Boniface VI. nommée Marguerite, qui avoit épousé Frederic Gonzague, Duc de Mantoue, à qui elle porta le Montferrat. Le Duc de Savoye & le Marquis de Saluces prétendirent que le cas porté dans le contrat de mariage d'Yoland, étant arrivé, ils devoient succéder ; mais Charles V. donna l'investiture au Duc de Mantoue.

Le Marquisat de Montferrat fut érigé en Duché l'an 1573 par l'Empereur Maximilien I. en faveur de Guillaume I. Duc de Mantoue & de Montferrat. Ces deux Duchés furent long-tems unis, excepté quelques démembremens que l'on fit de ce dernier au traité de Cherasque en faveur de la maison de Savoye. Mais Charles IV. Duc de Mantoue & de Montferrat, s'étant déclaré pour la France durant la guerre à laquelle la succession d'Espagne donna lieu, & ayant été mis au ban de l'Empire en 1708 ; la maison de Savoye prit ce temps pour demander le Montferrat à l'Empereur Joseph qui lui en accorda l'investiture. Ce pays lui a été confirmé par la paix d'Utrecht. Ainsi le Montferrat est présentement une annexe du Piémont, & un des Etats du Roi de Sardaigne.

Fin du second Volume.

TABLE
DES MATIERES
Contenues dans le second Volume.

Nota. La Lorraine commençant ce Volume, & comprenant 56 pages, les chiffres de ces pages sont distingués dans cette Table par une * des 56 premieres de l'Italie.

A

ACTIUS ou AZZO, Visconti, Prince de Milan, page 500. Fait étrangler son Oncle, qui avoit voulu lui enlever le Gouvernement, *ibid.* Défait les troupes de Léodrisius, p. 501. S'empare de la Bresce, *ibid.*

Adoalde, Roi des Lombards, p. 56. est chassé du Trône, *ibid.*

Adorno (*Antoine*), Doge de Genes, p. 457. Dépossédé quelques heures après, *ibid.* Elu pour la seconde fois p. 458. Abdique, & se retire à Savone. Veut rentrer dans la ville. Contraint le Doge à lui céder sa place, *ibid.* Est créé de nouveau Doge, p. 459. Propose aux Genois de se mettre sous la protection de la France. Remet les marques de sa dignité aux Commissaires François. Est nommé Gouverneur par interim. Meurt, *ibid.*

Adorno (*Antoine*), Doge de Genes, p. 470.

Adorno (*Gabriel*), Doge de Genes, p. 457. Déposé par le peuple, *ibid.*

Adorno (*George*), Doge de Genes, p. 461. Obligé d'abdiquer, *ibid.*

Adrien, Empereur des Romains, p. 26. Bâtit un Temple à Jupiter dans Jérusalem, à la place de celui de Salomon, *ibid.* Sa mort, p. 27.

Agilulphe, Roi des Lombards, p. 56.

Albert I. Duc de la Maison d'Alsace, p. 4 *.

Alboin, proclamé premier Roi des Lombards, p. 53.

Alexandre III. Pape, se réfugie à Venise, p. 348.

Alphonse I. dispute la Couronne de Naples à René d'Anjou, p. 188. L'obtient, p. 189.

Alphonse II. Roi de Naples, p. 198.

Alphonse I. succéde à Hercule I. son Pere, au Duché de Modene, p. 443. Jule II. lui enleve Modene & Reggio, qu'il reprend, *ibid.*

Alphonse II. succéde à son Pere Hercule II. au Duché de Modene, p. 444.

Alphonse III. succéde à son Pere César au Duché de Modene, p. 444. Se fait Capucin, *ibid.*

Alphonse IV. ou II. succéde à son Pere François I. au Duché de Modene, p. 445.

Amédée ou Amé I. Comte de Savoye, p. 513. Pourquoi surnommé *la Queue*, *ibid.*

Amédée II. Comte de Savoye, p. 514. reçoit en don de l'Empereur Henri III. le Pays de Bugey, *ibid.*

Amédée III. Comte de Savoye, p. 515. Comte de l'Empire, *ibid.* Ses démêlés avec l'Evêque de Turin, p. 516. Se croise. Sa mort, *ibid.*

Amédée IV. Comte de Savoye, p. 519. Créé Vicaire Général de l'Empire. Ses exploits. Ses Testamens. Sa mort, *ibid.*

TABLE

Amédée V. surnommé le Grand, Comte de Savoye, p. 524. Fait prisonnier de guerre. Va en Angleterre, *ibid.* Est reconnu Souverain, p. 525. Ses guerres contre le Comte de Geneve & le Dauphin de Viennois, *ibid.* & p. 526. Reçoit l'investiture, p. 527. Créé Prince de l'Empire provoque le Dauphin à un combat singulier. Son expédition de Rhodes, & sa devise en conséquence de sa victoire, *ibid.*

Amédée VI. Comte de Savoye, p. 530. Pourquoi surnommé le Comte Verd, fait la paix avec Jean, Visconti Souverain de Milan, & avec Jean, Marquis de Montferrat, *ibid.* Ses guerres contre la France, p. 531. Fait la paix & s'allie avec elle, Ses guerres avec Jacques de Savoye, Prince d'Achaye, *ibid.* Se rend maître du Marquisat de Saluces, & le réunit au Comté de Savoye, p. 532. Fournit des troupes au Marquis de Montferrat contre le Duc de Milan. Chasse les Anglois du Piémont. Va en Grece au secours de l'Empereur Paléologue, *ibid.* Secoure Othon, Duc de Brunsvich, contre Galeas, & protege les enfans du Marquis de Montferrat, p. 533. Fait la paix avec les Viscontis, *ibid.*

Amédée VII. surnommé le Rouge ou le Roux, Comte de Savoye, p. 534. Ses guerres contre le Marquis de Saluces. Se joint à Charles VI. contre les Anglois. Meurt de s'être cassé la jambe, *ibid.*

Amédée VIII. surnommé le Pacifique, Duc de Savoye, p. 534. Fait acquisition du Comté de Geneve, p. 535. Guerre entre lui & Louis de Bourbon. L'Empereur Sigismond lui accorde le titre de Duc. Secoure Sigismond dans la Croisade contre les Hussites, *ibid.* Devient Comte de Valentinois & de Diois, p. 536. Attaque le Duc de Milan, traite avec lui, & avec le Marquis de Montferrat, *ibid.* Se retire à Ripaille, p. 537. Etablit l'Ordre de S. Maurice. Est élu Pape. Abdique le Pontificat, *ibid.*

Amédée IX. dit le Bienheureux, Duc de Savoye, p. 539. S'unit à Louis XI. contre Jean, Duc de Bourbon. Sa femme Régente. Troubles à l'égard de la Régence. Ils sont calmés, *ibid.*

Amédée (Charles-Jean) Duc de Savoye, p. 543. Troubles au sujet de la Régence pendant sa minorité, p. 544. Autres troubles pour l'élection d'un Evêque de Geneve, *ibid.*

Amédée I. (Victor) Duc de Savoye, p. 553. Recouvre ses Etats par un traité entre la France & l'Espagne, A guerre avec les Vénitiens. Se déclare pour la France contre l'Espagne, *ibid.*

Amédée II. (Victor) Duc de Savoye, p. 555. Ses guerres avec la France, Se déclare contre Philippe V. appellé à la succession d'Espagne. Rentre en possession de ses Etats par la paix d'Utrecht, *ibid.* Se rend maître du royaume de Sicile; est ensuite reconnu Roi de Sardaigne, 556. Sa retraite & sa mort, *ibid.*

Anafeste (Paul Luce), premier Doge de Venise, p. 336.

Ancus Martius, Roi des Romains, p. 10. Sa mort, *ibid.*

André & Jeanne sa femme, élus Rois de Naples, p. 160. André est étranglé, 161.

Annibal, commande les Carthaginois contre les Romains en Espagne, p. 14. Passe les Pyrénées. Ses victoires contre les Romains, *ibid.* Quitte l'Italie, pour marcher au secours de Carthage, p. 16. Est vaincu par Scipion. Mene une vie errante, *ibid.* s'empoisonne, p. 17.

Annonciade (l'Ordre de l') Voyez Collier.

Ansprand, Roi des Lombards, p. 60.

Antenorio (Obelerius), Doge de Venise, p. 337.

Antheme, Empereur Romain, p. 48.

Antoine, Duc de Lorraine, succéde à René II. son Pere, p. 31. * S'attache à François I. Roi de France. Remporte plusieurs avantages sur les Lutheriens, Rétablit la bonne union entre François I. & Charles V. meurt à Bar-le-Duc, *ibid.*

Antoine (Marc), fait un second triumvirat avec Lepidus & Octave, p. 19. Devient amoureux de Cléopatre. Se tue, *ibid.*

Antonin, Empereur Romain, p. 27. Sa mort, *ibid.*

Aribert, Roi des Lombards, p. 57.

Arioalde, Roi des Lombards, p. 57.

Aripert, Roi des Lombards, p. 60.

Ason I. Duc de Modene, p. 441.

Ason II. Duc de Modene, p. 442.

Astolphe, Roi des Lombards, p. 64. traite avec Pepin, p. 65. investit Rome. Est battu par Pepin, *ibid.* Sa mort, p. 67.

TABLE

Athalaric, Roi d'Italie, p. 50.

Augustule, dernier Empereur d'Occident, p. 48.

Aurelien, Empereur Romain, p. 35. triomphe à Rome, p. 36. est assassiné, ibid.

Autharis, Roi des Lombards, p. 54. embrasse la Religion Chrétienne, p. 55.

Avitus, Empereur Romain, p. 47. privé du trône, ibid.

Aymon, surnommé le Pacifique, Comte de Savoye, p. 520. Ses guerres avec le Dauphin de Viennois. Aide Philippe de Valois contre le Roi d'Angleterre, ibid.

Azolin (*Eccelinus*), Aventurier soutenu par Frederic II. p. 391. Traite les Padouans en Tyran. Ses Troupes sont défaites par les Vénitiens. Est blessé mortellement, ibid.

B.

Badoer (*Ange*), ou *Participatio*, Doge de Venise, p. 338.

Badoer (*Jean*), Doge de Venise, p. 339. Fait trancher la tête à Obelerius. Est renfermé dans un Cloître, ibid.

Badoer (*Jean*), autre Doge de Venise, p. 339.

Badoer (*Orso I.*) Doge de Venise, p. 339.

Badoer (*Orso II.*) Doge de Venise, p. 340. Se retire dans un Couvent, ibid.

Badoer (*Pierre*), Doge de Venise, p. 340.

Balbin, Empereur p. 32. Est massacré, ibid.

Barnabé, Visconti, Prince de Milan, p. 503. Ses cruautés, p. 504. Sa prison & sa mort, ibid.

Barbarigo (*Marc*), Doge de Venise, p. 367.

Barbarigo (*Jean*) Doge de Venise, p. 367.

Bataille, de Bovines, p. 11.*. De Mons en Puelle, donnée par Philippe le Bel contre les Flamands, p. 15*. De Gibraltar contre les Maures, p. 17*. De Creci entre Philippe de Valois & le Roi d'Angleterre, p. 18.*. De Nanci entre les Ducs de Lorraine & de Bourgogne, p. 29*. De Cannes entre les Romains & les Carthaginois, p. 15. De Pharsale, entre César & Pompée, p. 19. Des Goths contre les Grecs, p. 41. Des Normands contre le Pape Léon IX. p. 83. De Corte-Nuova en-
Tome II.

tre l'Empereur Frederic & le Pape, p. 126. Entre les Vénitiens & les Padouans, p. 346. D'Uzum-Hassan Roi de Perse contre les Turcs, p 366. D'Aignadelle entre les Vénitiens & les François, p. 375. Des Espagnols & des Vénitiens, p. 381. De Lepanthe entre les Chrétiens & les Turcs, p. 392. De Francavilla entre les Espagnols & les Imperiaux, p. 225.

Berauld ou *Bertauld*, premier Comte de Savoye, p. 512. Sa naissance disputée. ibid.

Berenger I. & *Gui*, Rois d'Italie, p. 74. Berenger est détrôné par Gui, ibid. Remonte sur le Trône, 75. Se retire aux approches de Louis III. Roi d'Arles. Retourne en Italie & défait Louis. Est couronné Empereur. Est assassiné, ibid.

Berenger II. Roi d'Italie, 76. Est déposé, ibid.

Boccanegra, premier Doge de Genes, p. 455. Est forcé d'abdiquer, 456. Est nommé Doge pour la seconde fois, 457. Est empoisonné, ibid.

Boccanegra (*Baptiste*), nommé par les Genois pour commander au nom du Roi de France, p. 460. A la tête tranchée, ibid.

Boniface, Comte de Savoye, p. 520. Ses guerres. Ses mauvais succès. Sa prison & sa mort, ibid.

Boucicauli (le Maréchal de) nommé par le Roi de France Gouverneur à Genes, p. 460. Condamne Boccanegra & Lazardo à perdre la tête. Rend la tranquillité aux Genois. Ses expeditions militaires, ibid. & suiv. Obligé de retourner en France, 461.

Bozzolo (Maison de). Voyez *Sioneta*.

Bulgares, entrent en Italie, 59.

C.

Caligula, Empereur Romain, p. 21. Se fait adorer comme un Dieu. Est poigardé, ibid.

Calvi (*Nicolas*), envoyé Gouverneur à Genes par & pour la Cour de France, p. 459. Obligé de se retirer à Savone, 460.

Candie, les fréquentes révoltes de cette Isle contre les Vénitiens, p. 351. & 356. Assiégée par Ibrahim, 398. Capitule 399.

Candien I. (*Pierre*) Doge de Venise, p. 339. Tué dans un combat, ibid.

B bbb

Candien II. (*Pierre*) Doge de Venise, p. 340. Partage la souveraineté avec son fils, *ibid.*
Candien III. (*Pierre*) Doge de Venise, chassé & rappellé, p. 340. assassiné, *ibid.*
Candien IV. (*Vital*) Doge de Venise, 341. Suscite l'Empereur Othon II. contre les Vénitiens. Abdique, *ibid.*
Caracalla, Empereur Romain p. 30. Est assassiné, 31.
Carin, Empereur Romain, 37. Est tué, *ibid.*
Carlos (*Dom*), Roi des Deux Siciles, 226. Institue l'Ordre de Saint Janvier, 227.
Carthage, ruinée, 17.
Carus, Empereur Romain, 37.
Castiglione (Maison de), 441.
Catilina, conjure contre Rome, 18.
Celsi (*Laurent*), Doge de Venise, 359.
Centranicus. (*Pierre*); Doge de Venise, p. 342. Exilé 343.
César, fait par l'Empereur Duc de Modene & de Reggio, 444.
César (*Jules*), commence le Triumvirat & est nommé Consul. Fait la conquête des Gaules, p. 18. Poursuit Pompée, 19. Assassiné dans le Sénat, *ibid.*
Cerqui & Donati (les), factieux à Florence p. 235.
Charles I. Duc héréditaire de Lorraine succede à son Pere Jean I, p. 20*. Ses guerres en Hongrie, *ibid.* contre les habitans de Metz & de Toul 21*. Perd ses deux fils. Marie sa fille à René d'Anjou, qu'il veut faire son successeur, *ibid.*
Charles II. Duc de Lorraine, p. 32*. Sa minorité. Envoyé en France, *ibid.* Son retour en Lorraine, 33*.
Charles III. Duc de Lorraine, p. 34*. Traite avec Charles I. Roi d'Angleterre, & avec Louis XIII. 35*. Se démet en faveur du Cardinal de Lorraine son frere, 36*. Accepte le commandement de la Ligue 37*. Tâche de se remettre en possession de ses Etats, *ibid.* s'unit avec l'Espagne contre la France, 38*. Sort une seconde fois de ses Etats, 41*. Se joint au Duc de Baviere contre la France, *ibid.* Fait prisonnier par les Espagnols, 42*. Remis en possession de ses Etats, 44*. Transporte ses Etats à Louis XIV. *ibid.* Epouse la fille d'un Apoticaire, 45*. Et par Procureur la Princesse de Cante-Croix, puis la fille du Comte d'A-

premont, 46*. A guerre contre l'Electeur Palatin, 47*. Se réfugie à Cologne, *ibid.* Sa mort, 48*.
Charles IV. ou *Charles Léopold*, Duc de Lorraine. p. 48*. Fait la guerre contre la France pour l'Empereur, 49*.
Charles V. (*Léopold Joseph*) Duc de Lorraine p. 49*.
Charles le Chauve, Empereur & Roi d'Italie, 73.
Charles d'Anjou, Urbain IV. Pape lui offre le Royaume de Sicile, 139. Son arrivée en Italie, 141. Défait Mainfroy & est créé Roi de Sicile, 142. est fait Roi de Jerusalem, 145. Veut reprendre la Sicile, 151. Sa mort, *ibid.*
Charles, dit le Boiteux, Roi de Naples, 151.
Charles Martel, couronné Roi de Hongrie p. 152.
Charles, dit le Petit, & Louis I. Duc d'Anjou, Rois de Naples, p. 170. Charles monte sur le Trône de Hongrie, 172. Est assassiné, 173.
Charles VI. Empereur, reconnu Roi de Sicile, p. 226.
Charles I. Duc de Mantoue, p. 438.
Charles II. Duc de Mantoue, 438.
Charles III. Duc de Mantoue, 438.
Charles I. surnommé le Guerrier, Duc de Savoye, p. 542. A pour tuteur Louis XI. Son Conseil est excommunié. Fait des remontrances au Pape. Est écouté. Reçoit la donation du Royaume de Chypre. Ses guerres, 543.
Charles III. surnommé le Bon, Duc de Savoye p. 545. L'Empereur Charles V. & François I. tous deux en guerre, recherchent son amitié. Il se détermine en faveur du Roi de France, 537. François I. lui déclare la guerre, 548. Jugement inique de l'Empereur contre les Droits de Charles sur le Montferrat, 549. Les Etats de Savoye partagés entre les François & les Imperiaux, *ibid.* Charles III. meurt, *ibid.*
Claude I. Empereur Romain, p. 35.
Claude II. Empereur Romain, p. 35.
Cleph, Roi des Lombards, p. 54.
Collier (Ordre du) établi en Savoye, p. 533.
Commode, Empereur Romain, p. 28. étouffé par un Athlete, 29.
Conrad II. dit le Salique, Empereur d'Allemagne, élu Roi d'Italie, p. 80.
Conrad III. Empereur & Roi d'Italie, p. 85.

TABLE

Conrad, Empereur, élu Roi de Sicile, p. 130. Arrive en Italie, *ibid.*

Conradin, dispute la Couronne à Charles d'Anjou, p. 143. sa défaite & sa mort, 144.

Constance, femme de l'Empereur Henri IV. s'empare du Gouvernement de la Sicile, p. 113. sa mort.

Constantin (le Grand), Empereur Romain, premier Empereur Chrétien, p. 39. Partage l'Empire entre ses trois fils,

Constant.

Constantin.

Constantius, p 41.

Constantinople (la Ville de) siége de l'Empire, p. 40. surprise par Michel Paleologue, p. 352.

Constantius & Galerius, Empereurs Romains, p. 38.

Contarini (*André*), Doge de Venise p. 359.

Contarini (*Dominique*), Doge de Venise, p. 343. soumet la Ville de Zara qui s'étoit révoltée, *ibid.*

Contarini (*Jacques*), Doge de Venise, p. 353.

Cornazo (*Marc*), Doge de Venise, p. 359.

Côme I. créé Grand Duc de Toscane, p. 328.

Côme II. Duc de Florence, p. 329.

Côme III. Duc de Florence, p. 30.

Corse (l'Isle de), p. 482. Les Pisans s'en emparent, p. 484. Et les Genois, *ibid.* Gouvernée par les Noirs & par les Rouges, p. 485. Révolte contre les Genois, p. 388. *& suiv.* La France y envoye des troupes, 493. L'Isle se soumet au Général François, 495. Rentre sous la domination des Genois, 496. nouveaux troubles, *ibid.* La tranquillité rétablie, 497.

Crassus, forme le Triumvirat p. 18. Meurt p. 19.

Cunipert, Roi des Lombards, p. 60. sa mort, *ibid.*

D.

Dandolo (*André*), Doge de Venise, p. 357.

Dandolo (*François*), Doge de Venise, p. 356. sa soumission envers le Pape, suites de cette soumission, *ibid.*

Dandolo (*Henri*) Doge de Venise, p. 349. Défait les Pisans, *ibid.*

Dandolo (*Jean*) Doge de Venise, p. 353.

Dece, Empereur Romain, p. 33. Est tué dans une bataille, *ibid.*

Delfino, (*Jean*), Doge de Venise, p. 357.

Didier, Roi des Lombards, p. 67. Est vaincu par Charlemagne, & conduit en France, p. 68. Sa mort, *ibid.*

Dioclétien & Maximilien, Empereurs Romains, p. 38.

Domitien, Empereur Romain, p. 25. Est assassiné, *ibid.*

Donat (*Pierre*), Doge de Venise, p. 388. S'oppose à l'interdit jetté par Paul V. sur l'Etat de Venise, p. 394.

Donati (*les*). Voyez *Cerqui.*

Drogon, Comte de la Pouille, p. 90. Est assassiné, p. 91.

E.

Edouard, surnommé le Libéral, Comte de Savoye, p. 528. Ses Guerres contre le Dauphin de Viennois, *ibid.* Se reconcilie avec lui, 529.

Elagabale, Empereur Romain, p. 31. Est massacré, *ibid.*

Emilien, Empereur Romain, Est tué, p. 33.

Emmanuel I. (*Charles.*) Sa minorité, p. 554. Troubles à l'occasion de la Régence, *ibid.* La tutelle confirmée à la Duchesse, p. 555. Longue guerre contre les Espagnols. Tranquillité rétablie, *ibid.*

Emmanuel II. (*Charles*) Son avenement au Trône, p. 556. Déclare la guerre à l'Empereur Charles VI. Prend le parti de la Reine de Hongrie contre la France, *ibid.*

Eraric, Roi des Goths. Sa mort, p. 51.

Etienne, Pape, se retire en France. Engage le Roi Pepin à le secourir, p. 65.

Etrusques. Leur origine, p. 4.

F.

Falerius (*Ordelafo*), Doge de Venise, p. 344. Envoye du secours à Baudouin Roi de Jérusalem, défait les Padouans, *ibid.* Assiege Zara, p. 345. Est tué dans un combat contre les Hongrois, *ibid.*

Falerius (*Vital*), Doge de Venise, p. 344.

Falieri (*Marino*), Doge de Venise, p. 358. Ses projets contre le Sénat. Sa punition, *ibid.*

Farnese (la Maison de), son origine, p. 430.

TABLE

Farnese (*Alexandre*), élu Pape, p. 430.
Farnese (*Alexandre*), succede à son pere Octave au Duché de Parme, p. 433. Sa mort, *ibid*.
Farnese (*Pierre-Louis*), élu premier Duc de Parme, p. 411. Est assassiné, p. 422.
Ferdinand I. Roi de Naples, p. 192. Est attaqué par les Turcs, p. 196. Conjuration contre lui, *ibid*. Sa mort, p. 198.
Ferdinand II. Roi de Naples, p. 198. Sa mort, p. 199.
Ferdinand le Catholique, Roi d'Espagne, se rend maître du Royaume de Naples, p. 201. Retourne en Castille, p. 204.
Ferdinand I. Duc de Florence, purge la mer des Corsaires, p. 329. Sa mort, *ibid*.
Ferdinand II. Duc de Toscane, p. 33.
Ferdinand succede à son frere François au Duché de Mantoue, p. 438.
Ferri I. Duc hereditaire de Lorraine, p. 10 *. Meurt à Nanci, *ibid*.
Ferri II. après la mort du Duc Matthieu son pere gouverne la Lorraine sous la tutelle de Catherine sa mere, p. 13 *. majeur. Reçoit l'investiture des fiefs qu'il tenoit de l'Empire, *ibid*. Ses guerres avec Laurent Evêque de Metz, p. 14 *. Refuse son secours à Edouard Roi d'Angleterre, *ibid*.
Ferri III. Duc de Lorraine, p. 16 *. Embrasse les intérêts de Frederic III. Duc d'Autriche contre Louis de Baviere. Est fait prisonnier de guerre. Est délivré. A guerre contre les Messins, *ibid*. Secoure Charles le Bel contre les Anglois. Tué à la bataille de Montcassel, p. 17 *.
Flambannicus (*Dominique*), Doge de Venise, p. 343. Fait bannir à perpétuité la famille des Urseoles, *ibid*.
Florence (*la ville de*), son origine, p. 129. ruiné par les Goths. Rebâtie par Charlemagne, 130. République, 132. & *suiv*. Troublée par les Donati & les Cerqui, pendant la guerre du Milanès, 255. Changement dans le Gouvernement, 300. Révolution, 309. Assiegée & prise par le Prince d'Orange, 312. Erigée en Duché, 313.
Florien, Empereur Romain, p. 36. Est assassiné, *ibid*.
Foscari (*François*), Doge de Venise, p. 363. déposé, 364.
François, Duc de Lorraine, succede à Antoine son pere, 31 *. meurt d'apoplexie, *ibid*.
François-Etienne, Duc de Lorraine, succede à son pere Charles V. p. 50 *. Cede la Lorraine au Roi Stanislas. Est fait Empereur, *ibid*.
François, Duc de Florence, p. 328.
François de Lorraine, Duc de Toscane, p. 331.
François (*Jean*), succede à son pere dans la Charge de Capitan de Mantoue, p. 436.
François II. succede à son pere Frederic Marquisat de Mantoue, p. 436. Sa mort, 437.
François III. Duc de Mantoue, p. 537.
François IV. Duc de Mantoue, p. 438.
François I. Duc de Modene, succede à son pere Alphonse III. p. 444.
François II. succede à son pere Alphonse IV. au Duché de Modene, p. 445.
François-Marie, actuellement Duc de Modene, succede à Renaud son pere, p. 445.
Frederic I. Empereur & Roi d'Italie, p. 85. Sa mort, *ibid*.
Frederic I. Roi de Sicile, p. 113. Troubles pendant sa minorité, 115. Est couronné Empereur, 117. se brouille avec le Pape Honorius III. 119. Transporte les Sarrasins dans la Pouille, 121. S'embarque pour la Terre Sainte, *ibid*. Ses expéditions en Asie, 123. Son retour en Italie, 124. Henri son fils se révolte contre lui, 125. fait la guerre au Pape, 127. Concile de Lyon contre lui, 128. Sa mort, 129.
Frederic, frere de Jacques, & son Lieutenant en Sicile, se fait Roi de Sicile, p. 154. Charles lui dispute la Couronne, 155. Sa mort, 160.
Frederic II. dit le simple, Roi de Sicile, p. 163.
Frederic III. Roi de Naples, p. 199. Est chassé du Royaume par Louis XII. 200. Sa mort, *ibid*.
Frederic I. succede à François son pere au Marquisat de Mantoue, p. 436.
Frederic II. succede au Marquisat de Mantoue, p. 437. Acquiert le Montferrat, *ibid*. Sa mort, *ibid*.
Fregose (*Baptiste*), se fait élire Doge de Genes, p. 467.
Fregose (*Dominique*), élu Doge de Genes, p. 457. Mis en prison, *ibid*.
Fregose (*Jacques*), Doge de Genes, p. 458.
Fregose (*Jean*), Doge de Genes, p. 470. Abandonne Genes, *ibid*.
Fregose (*Louis*), Doge de Genes, p. 464.

Fregose

Fregose (Octavien), Doge de Gênes, p. 470.

Fregose (Spinetta), élu Doge de Genes, p. 474.

Fregose (Thomas), Doge de Gênes, p. 458.

G.

Galba, Empereur Romain, massacré, p. 30.

Galbaio (Maurice), Doge de Venise, p. 337.

Galeas (Jean) Visconti, Duc de Milan, p. 504. Reçoit de l'Empereur Ladislas le titre de Duc de Milan. Ses guerres. Fait échouer les projets de son oncle & de ses cousins contre lui, *ibid.*

Galeas I. Visconti, Prince de milan, p. 499. Ses guerres contre les Guelfes, *ibid.* & p. *suiv.* Conspiration contre lui, p. 499. Fait la paix avec le Pape, *ibid.* Elle est bien-tôt rompue, 500. Accusé par son frere Marc auprès de l'Empereur. Mis en prison avec ses fils. Il en sort & meurt, *ibid.*

Galeas II. Visconti, Prince de Milan, p. 502; Etroitement uni avec Barnabé son frere. Effets de cette union, *ibid.* Sa victoire sur le Marquis de Montferrat, 503. Partage ses Etats entre ses fils, *ibid.*

Galerius. Voyez *Constantius.*

Galla ou *Gaulo*, Doge de Venise, p. 337. Déposé, *ibid.*

Gallien, Empereur Romain, p. 34. Tué, p. 35.

Gallus & *Volusien* son fils, Empereurs Romains, p. 33. Sont massacrés, *ibid.*

Gaulois (les), leur établissement en Italie, p. 6.

Gaultier, Duc d'Athenes, déclaré protecteur de la République de Florence, 241. S'empare de la Souveraineté, 242. Est obligé de sortir de Florence, 243.

Genes (la ville de) son origine, p. 447. S'érige en République, *ibid.* Ruinée par les Sarrasins, 448. Rebâtie, *ibid.* Change son Gouvernement, 449. Troubles, 452. & *suiv.* Prise d'assaut & mise au pillage, 470. Differends entre les Nobles, 476. se soumet à l'Empereur Henri VII. pour 20 ans, 454. se donne à Charles VI. Roi de France, 459. secoue le joug de la France, 461. Reconnoît la domination des Sforces, 467. Reconnoît Louis XII. pour souverain, 468. secoue encore le joug, 471. Conjuration du Comte de Fiesque, 472. De Vachero, 478. bombardée par les François, 480. possedée par les Autrichiens, 481. les Hongrois en sont chassés, 482.

Georgio (Marini), Doge de Venise, p. 356.

Gerard d'Alsace III. premier Duc héréditaire de Lorraine, p. 4 *.

Geta, Empereur Romain, p. 30.

Giafferi (Dom Louis de), choisi par les Corses pour les Gouverner, p. 487.

Gibelins & *Guelfes* (les), factions contraires, p. 498. & *suiv.*

Glycerius, Empereur, quitte l'Empire, est ordonné Evêque, p. 48.

Godefroi de Bouillon, reçoit de l'Empereur Henri IV. le Duché de Lorraine, p. 7 *. monte sur le Trône de Jérusalem; sa mort, *ibid.*

Gondebert & *Pertarit*, Rois des Lombards, p. 57. Gondebert est tué, 58.

Gonzague (Louis de), se fait Seigneur de Mantoue, p. 436.

Gordien le jeune, Empereur Romain, tué, p. 33.

Gordiens (les deux), Empereurs Romains, p. 32. leur mort, *ibid.*

Gradenigo (Barthelemi), Doge de Venise, p. 356.

Gradenigo (Jean), surnommé Nason Doge de Venise, p. 358.

Gradenigo ou *Tradonic* (Pierre), Doge de Venise, assassiné, p. 39.

Gradenigo (Pierre), Doge de Venise, p. 354. Conjurations contre lui, & le Senat, 355.

Gratien, Empereur, p. 44. sa mort, *ibid.*

Grimani (Antoine), Doge de Venise, p. 382.

Grimoalde, Roi des Lombards, p. 58. Donne établissement aux Bulgares en Italie, 59. sa mort, *ibid.*

Gritti (André), Doge de Venise, p. 382.

Guarco, Doge de Genes, p. 457. se retire à Final, *ibid.*

Guarco (Antoine), se fait élire Doge de Genes, 458. se retire à Savone, *ibid.*

Guarco (Barnabé), nommé Doge de Genes, p. 461. forcé d'abdiquer, *ibid.*

Guerres, des Sabins contre les Romains, p. 9. des Samnites, 12. des Romains contre Pyrrhus, 13. Puniques, *ibid.* & p. 7. des Illyriens & des Gaulois contre les Romains, 13. des Romains contre differens peuples, 17. de Mithridate contre les Romains, 18. des Romains contre les Parthes, 28. entre l'Empereur Hen ri VII. & Robert, 158. Civile à Naples, au sujet de l'Inquisition, 206. Civile en Sicile, 214. de Florence avec l'Archevêque de Milan, 244. des Florentins avec les Pisans, 245. & 257. avec Grégoire II. Pape, 247. des Florentins contre le Roi de Naples. 268. contre l'Espagne, 305. & *suiv.* contre les Turcs, 365. des Venitiens contre les Sforces, 364. entre les Venitiens & les Genois dans la Terre Sainte 352. & *suiv.* entre les Venitiens & les Boulonois, 353. des Venitiens contre les Sarrasins & les Sclavons, 339. entre les Venitiens & les Turcs, 385. & 400. des Turcs en Chypre, 390. & *suiv.* des Genois contre les Sarrasins, 449. des mêmes contre les Pisans, *ibid.* contre les Venitiens, 450. contre l'Empereur Frederic II. 451. contre Charles d'Anjou Roi de Sicile, 453. Intestine dans Genes des Spinola & des Oria, 454. des Genois contre Henri II. Roi de France, 474. contre la France & le Duc de Savoye, 477. contre le Duc de Savoye, 479.

Gui. Voyez *Berenger*.

Guillaume, dit Bras de fer, premier Comte de la Pouille, *p.* 90.

Guillaume I. dit le mauvais, élu Roi de Sicile, *p.* 102. Rétablit les troubles de Sicile, 103. chasse les ennemis de la Pouille. 104. On conjure contre lui, 106. sa mort, 108.

Guillaume II. dit le bon Roi de Sicile, *p.* 108. ses expéditions en Grece, 109, sa mort, *ibid.*

Guillaume III. Roi de Sicile, *p.* 111. est détrôné, 112. a les yeux crevés. *ibid.*

Guillaume I. succede à son frere François au Duché de Mantoue, *p.* 437. sa mort, *ibid.*

H.

Hardouin, & *Henri II.* Rois d'Italie, *p.* 179. Le premier se fait Moine. Le second reçoit la couronne Imperiale à Rome, *ibid.*

Henri II. Roi de Fance arrive à Nanci, *p.* 32*. Engage la Duchesse de Lorraine régente à envoyer Charles II. en France, *ibid.* Sa mort, 33*.

Henri, Duc héréditaire de Lorraine, succede à Charles II. son pere, *p.* 34*. Sa mort, *ibid.*

Henri III. surnommé le Noir, Empereur & Roi d'Italie, *p.* 80. Sa mort, 84.

Henri IV. Empereur Roi d'Italie, *p.* 84. Sa mort, 85.

Henri V. Empereur & Roi d'Italie, *p.* 85. Sa mort, *ibid.*

Henri VI. Empereur & dernier Roi d'Italie, *p.* 85.

Henri I. Empereur, *p.* 110. Prétend à la couronne de Sicile, & envoye des troupes en Italie contre Tancrede, *ibid.* Déthrône Guillaume, 111. Est élu Roi de Sicile, ses cruautés en Sicile, *ibid.* Sa mort, 113.

Henri II. Duc de Guise, veut se rendre maître de Naples, *p.* 209. Est fait prisonnier, 210. sort de prison 211. ses nouveaux projets, *ibid.*

Hercule I. succede à son pere Lionel, au duché de Modene, *p.* 443. Sa mort, *ibid.*

Hercule II. succede à son pere Alphonse I. au duché de Modene, *p.* 444.

Honorius, Empereur, *p.* 45. Sa mort, *p.* 46.

Hugues, Roi d'Italie, *p.* 75. Retourne en Provence, 76.

Humbert, *Hubert* ou *Hupert I.* Comte de Savoye, *p.* 513.

Humbert II. surnommé le Renforcé, Comte de Savoye, *p.* 514. Se croise sous Godefroi de Bouillon, 515.

Humbert III. surnommé le Saint, Comte de Savoye, *p.* 516. Abandonne le parti de l'Empereur Frederic I. pour embrasser celui d'Alexandre VI. fait rentrer dans le devoir ses sujets révoltés, *ibid.* Ses disgraces occasionnées par la haine des Milanois, 517. Ses quatre femmes, & les enfans qu'il en eut. Avoit pris l'habit de Religieux, *ibid.*

Hyacinte, (*François*) Duc de Savoye, *p.* 554. Sa minorité, *ibid.* La Duchesse inquiettée dans sa régence. Elle signe un traité de ligue offensive & défensive avec la France, contre l'Espagne, *ibid.*

I.

Ildibade, ou *Heldibade*, ou *Theodebade*, Roi des Goths, *p.* 51. Est tué, *ibid.*

Italie, sous la domination des Empereurs d'Allemagne, *p.* 77. & *suiv.*

J.

Jacques, élu Roi de Sicile, *p.* 151. Refuse de rendre la Sicile, 153. Sa mort, 160.

Jean I. Duc de Lorraine, succede à son pere Raoul, *p.* 18*. Gouverne sous la tutelle de Marie de Blois sa mere, *ibid.* Prend en mains le gouvernement de ſes états, 19*. Se croiſe pour le Roi de France, *ibid.* Se joint à Charles VI. Roi de France, contre les Gaulois. Eſt empoiſonné, 20*.

Jean II. Duc de Lorraine, *p.* 26*. veut ſe rendre maître du Royaume de Naples. Eſt battu par Ferdinand, *ibid.* Se rend maître de la Catalogne, 27*. Meurt à Barcelonne, *ibid.*

Jean d'Anjou, invité à monter ſur le trône de Naples, *p.* 193.

Jean Gaſton, Duc de Florence, *p.* 330. ſa mort, 331.

Jean Viſconti, Archevêque & Prince de Milan, cede ſes droits à Luchin ſon frere. *p.* 501. Le gouvernement lui eſt remis après la mort de Luchin. *ibid.* Declaré ſouverain de Genes. 456. Excommunié par le Pape. 502. ſe reconcilie, diſtribue par ſon teſtament ſes Etats à ſes neveux. *ibid.*

Jeanne I. voyez André.

Jeanne II. Reine de Naples, *p.* 182. adopte Alphonſe V. Roi d'Arragon, 186. ſe brouille avec le Roi Alphonſe, 185. adopte Louis III. 186. ſa mort 187.

Jéruſalem, priſe par les Romains, *p.* 24.

Jovien, Empereur, *p.* 43. Fait abolir les ſacrifices, ſa mort, *ibid.*

Julien, Empereur Romain, *p.* 29. eſt maſſacré, *ibid.*

Julien l'Apoſtat, Empereur, *p.* 42. Fait r'ouvrir les Temples des faux Dieux, *ibid.* ſa mort, 43.

Julius Nepos, élu Empereur, *p.* 48. eſt tué, *ibid.*

Juſtiniano (François), proclamé Doge de Genes par les douze Commiſſaires, ſeulement pour une année. *p.* 458. abdique, *ibid.*

Juſtien, Doge de Veniſe, *p.* 339.

L.

Ladiſlas, Roi de Naples, *p.* 174. ſon divorce avec ſa femme Conſtance, 176. marche contre Louis d'Anjou, *ibid.* ſoumet Naples, 179. ſes expéditions en Hongrie, *ibid.* Prend Rome, 181. ſa mort, 182.

Lambert, proclamé Roi d'Italie, *p.* 75. ſa mort, *ibid.*

Lando (Pierre), Doge de Veniſe, *p.* 388.

Lazaro (Hubert Cathaned), Doge de Genes, *p.* 472.

Lepidus, fait un ſecond Triumvirat avec Antoine & Octave, *p.* 19. eſt vaincu par Octave, *ibid.*

Licinus, Empereur Romain, *p.* 39. étranglé, *p.* 40.

Lionel, Marquis d'Eſt créé Duc de Modene, *p.* 442. ſa mort, *ibid.*

Loredano (Leonard), Doge de Veniſe, *p.* 371.

Loredano (Pierre), Doge de Veniſe, *p.* 389.

Lothaire II. Empereur, & Roi d'Italie, *p.* 85.

Louis, Duc de Savoye, *p.* 537. troubles Troubles dans les commencemens de ſon regne, 538. brouilleries avec Charles VIII. ſuivies d'une bonne intelligence; ſes démêlés avec Jean Duc de Bourbon, *ibid.* Remedie aux troubles ſuſcitées dans ſa Cour par Philippe ſon fils, 539. ſa nombreuſe poſterité, *ibid.*

Louis, Roi de France, Empereur, ſes expéditions contre les Sarraſins, *p.* 72. ſa mort 73.

Louis III. Roi d'Arles veut ſe rendre maître de l'Italie, *p.* 75.

Louis, élu Roi de Sicile, *p.* 160. ſa mort, 163.

Louis, Roi de Hongrie, entre en Italie, venge la mort d'André, *p.* 162. ſa mort, 172.

Louis I. Duc d'Anjou, & Charles III. élus Rois de Naples, *p.* 170. Le premier ſe rend maître de la Provence, 171. entre en Italie, *ibid.*

Louis II. Roi de Naples, *p.* 172. fait la guerre à Ladiſlas, 176. abandonne le Royaume de Naples, 181.

Louis III. adopté par la Reine Jeanne. Voyez Jeanne II.

Louis XIV. Roi de France, s'empare d'une partie de la Sicile, *p.* 215. & *ſuiv.*

Luchin, Viſconti, Souverain de Milan, *p.* 501. conjuration contre lui, empoiſonné par ſa femme. *ibid.*

Lucius Cejonius Commodus Verus, Empereur Romain, *p.* 27. ſa mort, 28.

Lucques (la République de), *p.* 331. & *ſuiv.*

Lucrece, outragée, *p.* 10.

Luithpert, Roi des Lombards, *p.* 60. privé de la Couronne, *ibid.*

Luithprand, Roi des Lombards, *p.* 60.

M.

Marc (St.) ſon corps tranſporté à Veniſe, *p.* 339.

Marc Aureille, Empereur Romain, 27. défait les Marcomans, 28. ſa mort, *ibid.*

TABLE

Macrin, Empereur Romain, 31. eſt maſſacré, *ibid.*

Macrin, & ſes enfans s'emparent de l'Empire Romain, 34.

Mainfroi s'empare du Gouvernement de
Sicile, p. 132. Remet le Royaume entre les mains du Pape ; ſe fait Roi de
Sicile, 134. Fait la guerre au Pape,
135. eſt cité par Urbain IV. Pape,
138. ſa défaite & ſa mort, 142.

Majorin, Empereur Romain, 47. ſa mort,
ibid.

Malipiero ou *Maſtropetro Aurio*, Doge
de Veniſe, 349.

Malpiero (*Paſcal*), Doge de Veniſe,
365.

Mantoue, érigée en Marquiſat 436. en
Duché par l'Empereur, 437.

Marcello (*Nicolas*) Doge de Veniſe 366.

Marie, Reine de Sicile, 165. ſa mort,
180.

Marie (*Jean*), Viſconti, Duc de Milan,
505. Donne le Gouvernement à pluſieurs perſonnes ſucceſſivement. Aſſaſſiné, *ibid.*

Marie, (*Philippe*), Viſconti, Duc de
Milan, 505. défait l'armée d'Haſtor
uſurpateur, *ibid.* ſes bons & mauvais
ſuccès, 506.

Marin (la République de St.) 333. & ſuiv.

Matthieu I. élu Duc de la Haute-Lorraine, p. 8*. le Pape Eugene III. met
ſes terres en interdit, *ibid.* Excommunié par Henri Evêque de Toul,
9*. s'empare de pluſieurs terres ap-
partenantes à l'Egliſe ; ſes guerres, ſa
mort, *ibid.*

Matthieu II. Duc hereditaire de Lorraine, p. 12*. ſes guerres & ſa mort,
13*.

Matthieu I. ſurnommé le Grand, Viſconti, Prince de Milan, p. 497. Chaſſé, ſon retour, *ibid.* Conſpiration
contre lui, 498. ſa retraite & ſa mort,
ibid.

Matthieu II. Viſconti, Souverain de Milan, p. 502. Bologne lui écheoit en
partage avec Lodi, Parme, Plaiſance
& Lucques. Il perd Bologne, eſt empoiſonné par ſes freres, *ibid.*

Maurice (Ordre des Chevaliers de St.)
p. 537.

Maxime, Empereur, 47. ſa mort, *ibid.*

Maximien ou *Maximin*, Empereur, p.
38. Aſſiége Sévere dans Ravenne, 39.
ſa mort, 40.

Maximilien. Voyez *Dioclétien.*

Maximilien, Empereur Romain, eſt maſſacré, 33.

Medicis, ſuſpect aux Florentins, exilé,
p. 264. ſon retour, 265. Jalouſie des
Grands contre lui, 270. ſa mort, 271.

Medicis (*Alexandre de*), premier Duc
de Florence, p. 313. eſt aſſaſſiné par
Laurent de Medicis, *ibid.*

Medicis (*Côme de*) Duc de Florence, p.
315. ſes guerres, 316. Fait une tentative pour s'emparer de Piombino, 318.
Aſſiége Sienne, 322. La prend par capitulation, 323. l'Empereur lui remet
la ſouveraineté de tout le Siennois,
324. Conjuration contre lui, 325. Découverte, *ibid.* Inſtitue l'Ordre de
ſaint Etienne, 326. Tue l'un de ſes fils
pour venger la mort de l'autre, 327. eſt
créé Grand Duc de Toſcane, 328. ſa
mort, *ibid.*

Medicis (*Jules de*) Cardinal, gouverne
la République de Florence, 307.

Medicis (*Julien & Laurent de*) reconnus Princes de la République de Florence, p. 275. Conjuration contre eux,
276. Mort tragique de Julien, *ibid.*
Laurent va à Naples, 279. ſes occupations pendant la paix 283. ſa mort,
284.

Medicis, (*Laurent de*) après l'aſſaſſinat
d'Alexandre ſe ſauve à Vienne, 314.
eſt condamné. Fuit. Eſt tué, *ibid.*

Medicis I. (*Pierre de*), conjuration contre lui, p. 272. Appaiſée, 274. ſa
mort, *ibid.*

Medicis II. (*Pierre de*) ſuccede à ſon
Pere au Gouvernement de la République de Florence, 284. obligé de ſortir de Florence, 285. entreprend de
ſe rétablir, 290.

Memo (*Tribuno*) Doge de Veniſe 341.
abdique, *ibid.*

Michel (*Dominique*) Doge de Veniſe, p.
345. ſe trouve à la guerre de Paleſtine.
Ravage l'Iſle de Rhodes & pluſieurs autres de l'Empire de Conſtantinople.
Fait une monnoie de cuir pour la paye
des ſoldats, *ibid.*

Michel I. (*Vital*) Doge de Veniſe, p.
344.

Michel II. (*Vital*) Doge de Veniſe,
p. 346. Ravage le Ferrarois, *ibid.*
Fait priſonnier le Patriarche d'Aquilée.
Reçoit dans une ſédition élevée contre lui une bleſſure dont il meurt, p.
348.

Milan (le Duché de) ſous la domination
de pluſieurs puiſſances. Guerres au ſujet de la ſucceſſion à ce Duché depuis
la page 498. juſqu'à 506.

Milan

TABLE

Milan (la Ville de) bâtie par les Gaulois, p. 498. Rasée par l'Empereur. Rebâtie, *ibid*. Assiégée, 499.

Mocenigo (Jean), Doge de Venise, p. 367.

Mocenigo (Pierre) Doge de Venise, p. 363.

Monegario (Dominique), Doge de Venise, p. 337. Déposé. A les yeux crevés, *ibid*.

Montaldo (Antoine), se fait reconnoître Doge de Genes, p. 458. Est forcé d'abdiquer. Est élu de nouveau Doge. Se retire, *ibid*.

Montaldo (Leonard), nommé Doge de Genes, p. 457. Sa mort, *ibid*.

Montferrat (le Marquis de) proclamé Gouverneur des Genois, p. 461. Obligé d'évacuer l'Etat de Genes, *ibid*.

Moro (Christophe), Doge de Venise, p. 365.

Morosini (Dominique) Doge de Venise, p. 346.

Morosini (Marin), Doge de Venise, p. 351.

Morosini (Michel) Doge de Venise, p. 362.

Morta (Jean de), créé Doge de Genes, p. 456. Rétablit la tranquillité dans Genes. Sa mort, *ibid*.

N.

Neron, Empereur des Romains, p. 23. Fait mourir sa Mere, & brûler Rome. Premier persécuteur des Chrétiens. Sa mort, *ibid*.

Nerva (*Cocceius*) Empereur des Romains. Sa mort, p. 25.

Niger, Empereur des Romains, p. 29. Est tué, p. 30.

Nicolas, Duc heréditaire de Lorraine, succede à son Pere Jean II. p. 27. Se brouille avec Louis XI. Roi de France. Se joint au Duc de Bourgogne contre lui. Forme le projet de surprendre Metz. Ne réussit pas, *ibid*. Meurt sans enfans, p. 28 *.

Normands (les) Viennent en Italie, p. 88. Bâtissent Averse dans le Duché de Naples, 90. Leurs conquêtes dans la Pouille, *ibid*. Mettent la Principauté de Capoue sous leur domination, 91. Leurs conquêtes en Sicile, 93. La Principauté de Bénevent est en leur pouvoir, p. 94.

Novellara (Maison de) p. 441.

Novi (Paul de) Doge de Genes, p. 468.

Numa Pompilius, Roi des Romains, p. 9.

Numerien, Empereur Romain, p. 37. Poignardé, *ibid*.

O

Octave, Triumvir, p. 19 Elu Empereur, 20. Ferme les portes du Temple de Janus. Sa mort, *ibid*.

Octave, succede à Pierre Louis Farnese son Pere au Duché de Parme, p. 432. Sa mort, 433.

Odoacre, se fait Roi d'Italie, p. 48. Est vaincu par Théodoric. Sa mort, p. 49.

Odoard, succede à son Pere Rainuce au Duché de Parme, 434. Fait la guerre à l'Espagne. Ses Etats pillés par les Espagnols. Sa dispute avec le Pape pour le Duché de Castres, *ibid*. & suiv. Sa mort, 435.

Olibrius, Empereur, p. 48. Sa mort, *ibid*.

Origine de la Souveraineté temporelle des Papes, p. 163.

Othon, Empereur des Romains, p. 24. Se tue, *ibid*.

Othon, Doge de Venise, p. 342. Ses exploits. Exilé, *ibid*.

Othon I. élu Roi d'Italie & Empereur d'Allemagne, p. 76. Sa mort, 77.

Othon II. Empereur d'Allemagne, élu Roi d'Italie, p. 78. Fait massacrer plusieurs Seigneurs à Rome. Sa mort, *ibid*.

Othon III. Empereur d'Allemagne, Roi d'Italie, p. 78. Rétablit le Pape sur son Siége, 79. Meurt, *ibid*.

Othon, Comte de Savoye, p. 513. Variété des sentimens sur son extraction.

P.

Paix des Carthaginois avec les Romains, p. 13. Des Lombards & des François, 56. entre les Romains & le Pape, 95. De Roger Roi de Sicile avec le Pape, 98. Entre Mainfroi & le Légat du Pape, 136. Des Pisans & des Florentins, 245. Entre le Pape & les Florentins, p. 280. Entre les Vénitiens & les Genois, p. 354. & 358. Des Vénitiens avec le Roi de Hongrie, p. 359. Des Vénitiens avec François Sforce, 364. Des Vénitiens avec le Sultan, p. 367. Des Vénitiens avec les Turcs, p. 388. Du Câteau-Cambresis entre la France

D ddd

TABLE

& les Genois, 475. Entre les Genois & les Corses, 487.

Pepin, Roi de France, se transporte en Italie pour secourir le Pape, p. 65. Attaque les Vénitiens, 338. Sa flotte submergée. Sa réception à Rialte. Ses bienfaits, ibid.

Pertharit, Roi des Lombards, 59. Sa mort, 60.

Pertinax, Empereur des Romains, p. 29.

Philibert I. surnommé le Chasseur, Duc de Savoye, p. 540. Troubles au sujet de la Régence. La Duchesse Régente, ibid. Enlevement du Duc, 541. Son rétablissement, ibid. Mort de la Régente. Renouvellement des troubles, ibid. Mort du Duc, 542.

Philibert II. dit le Bel, élevé en France auprès de Charles VIII. p. 547. Donne passage aux troupes de Louis XII. Meurt sans enfans, ibid.

Philibert (Emmanuel), dit Tête-de-Fer, p. 550. Ses expéditions contre les Princes Protestans pour l'Empereur, ibid. Recouvre ses Etats & les étend, 551. Secoure les Vénitiens contre les Turcs qui vouloient s'emparer de l'Isle de Chypre, ibid.

Philippe, Empereur Romain, 33. Est poignardé, ibid.

Philippe V. Roi d'Espagne. Se rend à Naples, p. 219. En est reconnu Roi, 220. S'empare de la Sicile, 224. Renonce à ce Royaume, 225.

Philippe, Duc de Milan, déclaré Souverain de Gènes, 462. Chassé de Gènes, ibid.

Philippe I. Comte de Savoye, p. 522. Abandonne ses Bénéfices, & se marie, 523. Reçoit la Ville de Berne sous sa protection. Ses succès dans la guerre, ibid. & suiv. Ses différends avec Othon IV. 523.

Philippe II. Duc de Savoye, p. 544. avoit été prisonnier à Loches, 539. Fait Gouverneur de la Guyenne & du Limousin par Louis XI. 544. Puis par le Duc de Bourgogne, fait Chevalier de la Toison d'Or, & Gouverneur des deux Bourgognes, ibid.

Pierre III. Roi d'Arragon, se rend maître de la Sicile, p. 148. Sa mort, 151.

Pierre II. élu Roi de Sicile, p. 160. Attaqué par Robert. Sa mort, ibid.

Pierre, surnommé le petit Charlemagne, Comte de Savoye, p. 520. Quitte l'Etat Ecclésiastique, 521. Fait différens voyages en Angleterre. Les faveurs qu'il y reçoit, ibid. Fait héritier des droits d'Ebal de Geneve. Monte sur le Trône, 522. Soumet ses sujets révoltés. Leur pardonne. Retombe dans de nouvelles Guerres, ibid.

Pise (la République de), p. 332. & suiv.

Pompée, Triumvir, p. 18. Se retire en Egypte, 19. Assassiné par la perfidie de Ptolomée, ibid.

Primogeniture ou représentation (droit de) établie en Savoye par Amédée VI. p. 533.

Priuli (Jerôme), Doge de Venise, p. 389.

Priuli (Laurent), Doge de Venise, p. 388.

Probus, Empereur Romain, p. 36. Son triomphe à Rome, p. 37. Est assassiné, ibid.

Promontorio, se fait reconnoître Doge de Gènes, p. 458.

Puppien & Balbin, Empereurs Romains, p. 32. Puppien massacré, ibid.

Q.

Quintille, Empereur Romain, p. 35. Sa mort, ibid.

R.

Rachis, Roi des Lombards, p. 63. dépose la Couronne, p. 64.

Rainuce I. succède à son Pere Alexandre Farnese au Duché de Parme, p. 433. Sa mort, 434.

Rainuce II. succéde à son Pere Odoard, p. 435. Perd le Duché de Castro, ibid.

Raoul, succède à son Pere Ferri III. au Duché de Lorraine, p. 17*. Va combattre les Maures en Espagne, ibid. Est tué à la bataille de Creci, 18*.

Regnier, premier Duc de Lorraine, p. 3*.

Remus & Romulus, bâtissent Rome, p. 7. Romulus reconnu Roi des Romains, 8. Massacré, 9.

Renaud, reconnu Duc de Modene après la mort de François II. son neveu, p. 445. Dépouillé de ses Etats par la France. Rétabli. Sa mort, ibid.

René d'Anjou I. Duc héréditaire de Lorraine, succéde à Charles son beau-pere, p. 22*. Ses guerres contre Antoine

Comte de Vaudemont au sujet des prétentions de ce dernier sur la Lorraine, 23 *. ibid. Fait la paix avec les habitans de Metz, 25 *. Cede le Duché de Lorraine à Jean Duc de Calabre son fils. Marche au secours des Florentins, ibid. Institue l'Ordre de la Chevalerie du Croissant, p. 26. Meurt, 25 *.

René d'Anjou II. Duc héréditaire de Lorraine, p. 28 *. Refuse de se joindre au Duc de Bourgogne contre la France. Lui déclare la guerre, ibid. Le bat, 28. & 29 *. Recouvre ses Etats, ibid. 29. *. Bat les Ferrarois, 30 *. Prend le parti du Roi de France contre le Duc d'Orléans. Sa mort, 31 *.

René d'Anjou, Roi de Naples, p. 188. Arrive en Italie, 189. Vaincu par Alphonse, ibid.

Robert Guichard, Duc de la Pouille & de la Calabre, p. 91. Prend Bari, 93. Ses expéditions en Orient, 95. Sa mort, 96.

Robert, Roi de Naples, p. 157. A guerre contre l'Empereur, 158. Attaque la Sicile, 159. Sa mort, 160.

Rocca (de la), se fait élire Comte de Corse, p. 484. sa mort, 485.

Rodoalde, Roi des Lombards, p. 57. assassiné, ibid.

Rodolphe, Roi d'Italie, p. 75. dépossédé par Huges, ibid.

Roger, Comte de Sicile après la mort de Robert son pere, p. 96. sa mort, 97.

Roger Duc de la Pouille & de la Calabre, p. 97. sa mort, 98.

Roger II. élu premier Roi de Sicile & de la Pouille, p. 98. prend Salerne & Capoue, 100. soumet Naples, 101. ses expéditions en Afrique, ibid. sa mort, 102.

Rotharis, Roi des Lombards, p. 57. sa mort, ibid.

Rome, sa fondation, p. 7. origine de son nom, ibid. à la note. Change de face sous les Consuls, 11. prise par les Gaulois, délivrée, 12. attentat contre sa liberté, 18. brulée par Néron, 23. cesse d'être le siége de l'Empire, 40. assiégée par les Goths, 46. tombe sous la puissance de Belisaire Empereur d'Orient, 51. prise par Totila, 52.

S.

Sabines (enlevement des), p. 8.
Sabioneta (Maison de), p. 439.

Savoye, origine de cette Maison, p. 511. Loi Salique, ibid. érigée en Duché, 535.

Scipion, Général des Romains, s'oppose à Annibal, p. 14.

Servius Tullus, Roi des Romains, succede à Tarquin l'ancien, assassiné, p. 10.

Severe, Empereur Romain, p. 30. persécute les Chrétiens, sa mort, ibid.

Severe (Alexandre), Empereur Romain, p. 32. tué par les troupes, ibid.

Severe (Valerius) Empereur Romain, p. 38. sa mort, 39.

Severe II. Empereur Romain, p. 47. empoisonné, 48.

Sforce (François) s'empare du Duché de Milan, p. 508. traite avec les Vénitiens, ibid.

Sforce (François), frere de Maximilien Duc de Milan, p. 510. chassé & rétabli, ibid.

Sforce (Galeas Marie), Duc de Milan, p. 508. ses débauches, assassiné, ibid.

Sforce (Jean Galeas Marie), Duc de Milan, p. 509.

Sforce (Ludovic), Duc de Milan, p. 508. auparavant Régent du Milanès, sa politique, se ligue avec les Vénitiens contre Charles VIII. ibid. prisonnier de Louis XII.

Sforce (Maximilien), Duc de Milan, p. 510.

Sienne (la République de), p. 333.

Silvio (Dominique) Doge de Venise, p. 343. déposé, ibid.

Simon I. Duc hereditaire de Lorraine, commence à régner dans la haute Lorraine, p. 7 *. ses guerres avec l'Archevêque de Treves, p. 8 *. sa mort, ibid.

Simon II. Duc hereditaire de Lorraine, p. 9 *. ses guerres avec son frere Ferni, leur réconciliation, 10. sa retraite & sa mort, ibid.

Soranzo (Jean), Doge de Venise, p. 356.

Stanislas (le Roi), dernier Duc de Lorraine, mis en possession du Duché par la cession de François Etienne, p. 50. fonde les Ecoles à Nanci, & autres établissemens, p. 51. & suiv.

Steno (Michel), Doge de Venise, p. 362.

Sylla, Consul de Rome, p. 16.

TABLE

T.

Tacite, Empereur Romain, p. 36. sa mort, *ibid.*
Tancrede, proclamé Roi de Sicile, p. 110. sa mort, 111.
Tarquin, l'ancien, Roi des Romains, p. 10. assassiné, *ibid.*
Tarquin, le Superbe, s'empare du Trône des Romains, p. 10. chassé, veut y remonter, sa retraite, 11.
Tarquin Collatin, Consul des Romains, p. 11.
Teja, Roi des Goths, p. 52. sa mort, *ibid.*
Terentius Varron, Consul des Romains, p. 15.
Théodat, Roi d'Italie, p. 50.
Théodat ou *Déodat*, Doge de Venise, p. 337. déposé, on lui crève les yeux, *ibid.*
Théodore, arrive en Corse, p. 491. couronné Roi, 492. soumet les habitans de Calenza, accorde liberté de conscience aux Grecs & aux Juifs, *ibid.* ses fuites & retours, 493. & *suiv.*
Théodoric, Roi des Ostrogoths, chasse Odoacre de l'Italie, p. 49. prend le titre de Roi d'Italie, *ibid.*
Théodose, associé à l'Empire Romain, p. 44.
Thiebault I. Duc héréditaire de Lorraine, succede à son pere Ferri, p. 10 *. Vicaire de l'Empire, 11 *. ses guerres contre Frideric Roi des Romains, se trouve à la bataille de Bovines, fait prisonnier, *ibid.* remis en liberté, 12 *. meurt, *ibid.*
Thiebault II. Duc héréditaire de Lorraine, succede à son pere Ferri, p. 14 *. punit les Révoltés, *ibid.* prend le parti de Philippe le Bel contre les Flamans, 15 *. a guerre contre l'Evêque de Metz, meurt, 16 *.
Thierri, Duc héréditaire de Lorraine, p. 5 *. fait rentrer la Noblesse dans le devoir, 6 *. troubles dans la Lorraine, il se Brouille avec le Pape, *ibid.*
Thomas I. Comte de Savoye, p. 517. reçoit l'investiture de ses Etats, *ibid.* ses exploits contre les Albigeois, 518. Vicaire général de l'Empire, ses guerres, sa nombreuse postérité, *ibid.*
Tibere, Empereur Romain, p. 21. sa mort, *ibid.*
Tiepolo (Jacques), Doge de Venise, p. 351.
Tiepolo (Laurent), Doge de Venise, p. 352.
Titus, Empereur Romain, p. 25. sa mort, *ibid.*
Totilla, Roi des Goths, p. 51. s'empare de Rome, 52. est battu par les Grecs, *ibid.*
Trajan, Empereur Romain, p. 25. pousse ses victoires jusqu'aux Indes, 26. sa mort, *ibid.*
Trevisan (Marc-Antoine), Doge de Venise, p. 388. sa mort, *ibid.*
Tribuno (Pierre), Doge de Venise, p. 339.
Triumvirat, premier, p. 18. second, 19.
Trono (Nicolas), Doge de Venise, p. 366.
Tullus Hostilius, Roi des Romains, p. 9.
Turriani (les), puissance de cette famille dans le Milanès, p. 408. chassés par les Viscontis, rentrent dans Milan, *ibid.* leurs inimitiés contre les Gibelins, *ibid.* & *suiv.*
Tyrans (les trente), dans l'Empire Romain, p. 34.

U.

Urseole (Dominique), s'empare du Gouvernement de Venise, p. 343. factions contre lui, il s'exile, *ibid.*
Urseole (Pierre), Doge de Venise, p. 340. sa valeur contre les Sarrasins, sa piété, son abdication, *ibid.*
Urseole II. Doge de Venise, p. 341. ses exploits, 342.
Ursus, prend le Gouvernement de la République de Venise, p. 343. il abdique, *ibid.*
Uscoques, leur établissement dans la Dalmatie, p. 425. leur destruction, 396.

V.

Valentin (Jean de), Doge de Genes, p. 456. remet la Souveraineté entre les mains de Jean Visconti Archevêque de Milan, *ibid.*
Valentinien I. & *Valence* son frere, Empereurs Romains, p. 43. partagent l'Empire, *ibid.* leur mort, 44.
Valentinien II. Empereur Romain, p. 44. étranglé, 45.
Valentinien III. Empereur Romain, p. 46. assassiné, p. 47.
Valerien, Empereur Romain, p. 33. passe en Asie pour attaquer les Perses, 34. sa mort, *ibid.*

Vendramino

TABLE

Vendramino (*André*), Doge de Venise, p. 367.

Venieri (*Antoine*), Doge de Venise, p. 362.

Venieri (*François*), Doge de Venise, p. 388.

Venise (*la République de*), fait un traité d'alliance avec les Souverains d'Egypte & de Syrie, p. 341. trafique dans ses Provinces, 357. équipe une flotte pour le transport des troupes en Terre Sainte, 344. possede une partie de l'Empire de Constantinople, 349. se rend maître de l'Isle de Candie, 350. du Royaume de Chypre, 366. abandonne les Etats de Terre ferme, 375. ses Etats interdits par le Pape Paul V. 393. conjuration contre la ville, 395. son origine & l'ancienne forme de son Gouvernement, 401. établissement d'un Conseil indépendant, fixation du grand Conseil, *ibid.* forme actuelle de son Gouvernement, 402. le Dogat, & les conditions qui l'accompagnent, *ibid.* obseques du Doge, 403. son élection, *ibid.* sa marche aux cérémonies, 404. il épouse la Mer, 424. les six Conseillers du Doge, *ibid.* les six Sages grands, 407. les cinq Sages de Terre ferme, *ibid.* les cinq petits Sages, 408. le Prégadi. *ibid.* le grand Conseil, 409. le Conseil des dix, 410. les Inquisiteurs d'Etat, 411. les Avogadors, 412. la Quarantie criminelle, 413. les Procurateurs de Saint Marc, 414. le grand Chancelier, 416. le commerce, 423. ancienneté de la Noblesse Vénitienne, 417. differentes Classes des Nobles, *ibid. & suiv.* leur éducation, 420. leurs mariages, 422. Citadins, 419. leurs differentes Classes. *ibid.*

Vespasien, Empereur Romain, p. 24. Sa mort, 25.

Victiges, Roi d'Italie, prisonnier à Constantinople, p. 51.

Vincent I. Duc de Mantoue, 438.

Vincent II. succede à son Frere Ferdinand au Duché de Mantoue, 438.

Viscontis (les) Souverains de Milan, p. 498 *& suiv.*

Vitellus, Empereur Romain, p. 24. Massacré, *ibid.*

Z.

Zaoglio (*Nicolas*), nommé Doge de Genes, 458. Obligé d'abdiquer, *ibid.*

Xeno (*Regnier*), Doge de Venise, soutient une guerre en Syrie contre les Genois, p. 351.

Ziani (*Pierre*), Doge de Venise, succede à Dandolo, p. 349.

Ziani (*Sébastien*), Doge de Venise, p. 348. Ses largesses envers la Ville, *ibid.*

FIN DE LA TABLE.

APPROBATION.

J'AI lû par l'ordre de Monseigneur le Chancelier, le second Volume de l'*Introduction à l'Histoire générale & politique de l'Univers*, commencée par le Baron de Pufendorff, augmentée par M. Bruzen de la Martiniere. Nouvelle Edition. Les Additions & les Corrections considérables que contient cette seconde Partie, annoncent une Edition de cet important Ouvrage qui sera encore plus utile que les précédentes. A Paris, ce 20 Mai 1754.

BELLEY.

De l'Imprimerie de GRANGÉ, Rue de la Parcheminerie 1754.

www.ingramcontent.com/pod-product-compliance
Lightning Source LLC
Chambersburg PA
CBHW071201230426
43668CB00009B/1031